Ludwig Geiger

Renaissance und Humanismus in Italien und Deutschland

Verlag
der
Wissenschaften

Ludwig Geiger

Renaissance und Humanismus in Italien und Deutschland

ISBN/EAN: 9783957006226

Auflage: 1

Erscheinungsjahr: 2015

Erscheinungsort: Norderstedt, Deutschland

Webseite: http://www.vdw-verlag.de

Cover: Sandro Botticelli "Die Verleumdung des Apelles" (1495)

Allgemeine Geschichte

in

Einzeldarstellungen.

Unter Mitwirkung von

Felix Bamberg, Alex. Brückner, Felix Dahn, G. Droysen, Joh. Dümichen, Bernh. Erdmannsdörffer, Theod. Flathe, Ludwig Geiger, Richard Gosche, Gust. Hertzberg, Ferd. Justi, Friedrich Kapp, Bernh. Kugler, S. Lefmann, Wilhelm Oncken, M. Philippson, S. Ruge, Eberh. Schrader, Bernh. Stade, Alfr. Stern, Otto Waltz, Ed. Winkelmann, Adam Wolf

herausgegeben

Wilhelm Oncken.

Zweite Hauptabtheilung.

Achter Theil.

Renaissance und Humanismus in Italien und Deutschland.

Von Ludwig Geiger.

Berlin,
G. Grote'sche Verlagsbuchhandlung.
1882.

Renaissance und Humanismus

in

Italien und Deutschland.

Von

Dr. Ludwig Geiger,
Professor an der Universität Berlin.

Mit Illustrationen und Facsimile Beilagen.

Berlin,
G. Grote'sche Verlagsbuchhandlung.
1882.

Inhalts-Verzeichniß.

Erstes Buch.

Italien.

Zweites Buch.

Deutschland.

Erstes Buch.

Italien.

Erstes Kapitel.

Einleitung.

Der Uebergang vom Mittelalter zur Neuzeit vollzieht sich so langsam und allmählich, daß man keine bestimmte Periode, geschweige denn ein einzelnes Ereigniß als Anfangs- oder Endtermin der beiden Zeiten annehmen kann. Nur wer die alte Schulterminologie nicht loswerden kann, wird noch davon reden, daß das Alterthum 476 mit der Zerstörung des weströmischen Reiches zu Ende geht und die neue Zeit mit dem Anschlagen der Lutherischen Thesen am 31. Oktober 1517 anhebt; wer dagegen den Ideengehalt der Geschichte zu begreifen sucht, wird erkennen, daß eine mehr als tausendjährige Epoche einen einheitlichen Inhalt nicht darzubieten vermag, sondern sich in Zeiträume verschiedenartigen Charakters und ganz entgegengesetzter Bestrebungen zerspaltet. Unter diesen Bestrebungen aber, die aus den Ideen des Mittelalters herauszuführen, an das Alterthum geistig und künstlerisch anzuknüpfen und doch schöpferisch und selbstthätig sich zu erweisen suchen, sind die aus Italien entstammenden, dort und in Deutschland zur lebendigsten Entfaltung gelangten am wichtigsten. Sie gehören dem 13. bis 16. Jahrhundert an, bilden den Inhalt einer bewegten Epoche, die dem Mittelalter nicht zugerechnet werden kann, obwohl sie ihm zeitlich nahesteht und noch nicht als Bestandtheil der Neuzeit erfaßt werden mag, obwohl sie ihr inhaltlich verwandt ist. Aus diesem Grunde faßt man diese Zwischenperiode als ein eigenartiges Ganzes zusammen, gewährt ihr eine besondere Betrachtung und bezeichnet sie mit selbständigem Namen, dem der **Renaissance**, d. h. der Wiedergeburt, nämlich des Alterthums in Kunst, Wissenschaft und Leben, und dem des **Humanismus**, der Menschheitsbildung, der vollkommenen Entfaltung der innerlichen und äußerlichen Fähigkeiten und Fertigkeiten des Menschen.

Schon diese Namen erklären zum Theil Inhalt und Charakter der Periode. Sie deuten an, daß jener vornehmlich der Culturgeschichte entstammt, aus der politischen Geschichte weniger die Staatsumwälzungen und Veränderungen der Territorien, Ständestreitigkeiten u. a. umfaßt, obwohl auch derartige Ereignisse keineswegs fehlen, sondern mehr die Veränderungen in den politischen Theorieen, die Anschauungen von dem Umfang und der Wirkung des Staats, daß dieser, der Charakter, ein dem Alterthum verwandter, rein menschlicher Bildung entsprossener, der Kirche und den früher mächtigen Gewalten wenn nicht geradezu feindlicher, so doch entfremdeter ist.

Dem universalistischen Streben nämlich, das den Grundzug der mittelalterlichen Entwicklung bildet, tritt in der nach neuen Gestaltungen ringenden Periode das individualistische Streben entgegen. Hatte damals trotz aller Fehdelust und Selbständigkeitsbegier ein Drang nach gemeinsamem Handeln, ein förmliches Anschlußbedürfniß existirt, so daß die Völker des Occidents zu großen gemeinsamen Fahrten, den Kreuzzügen, sich verbanden und ihre vereinte Kraft einsetzten, um die geheiligten Stätten des Orients wiederzugewinnen, so tritt jetzt außer der selbstverständlichen Ermattung in diesen voll Idealität unternommenen aber kraftlos geführten Zügen, die allmählich so arg wird, daß selbst die letzte den Christen gebliebene Stätte ihnen verloren geht (Wegnahme von Ptolemais 1291), eine Trennung der bisher vereinten Nationen, das Bewußtsein von der Rechtmäßigkeit und Nothwendigkeit dieser Sonderung und zugleich das Bestreben ein, dem Vollgefühle der Kraft durch Kämpfe Ausdruck zu geben und statt wie vordem durch vereintes Thun dem Ansehn Aller Geltung zu verschaffen, nun durch selbständiges Auftreten dem eignen Namen auf Kosten der Anderen größere Ehre zu gewinnen.

Das Kaiserthum hatte damals das Machtbewußtsein der ganzen Welt dargestellt, es war die höhere Einheit gewesen, welche die Vielheit der Einzelstaaten zusammengefaßt und überragt hatte, trotz aller Widersetzlichkeit deutscher Fürsten und aller Sondergelüste auswärtiger Herrscher war es die Centralmacht des Mittelalters geblieben; nun findet es in Friedrich II. (1215—1250) denjenigen Repräsentanten, der den Höhepunkt und doch zugleich den Niedergang bezeichnet, der, zwar Herr der Welt, gleichwohl mit Vorliebe der Beherrscher eines Einzelstaates, Sizilien, ist, dem er eine Verfassung und besondere Gesetze gibt und der durch solches Thun die Reihe der Herrscher der neuen Zeit eröffnet, die, zwar ohne Sinn für constitutionelles Streben und Begünstigung des Volkswillens, sondern von dem Gefühle größter Machtvollkommenheit erfüllt, doch mit ihrem Lande und Volke sich verwachsen fühlen, den Einzelstaat erheben gegenüber der allgemeinen Macht, das nationale Bewußtsein stärken, um jedes Gefühl der universalen Zusammengehörigkeit zu ertödten und ihre Herrschaftsansprüche ins Ungemessene steigern, um dem Scheinwesen des Kaiserthums die wahre Bedeutung des Fürstenthums entgegenzusetzen.

Eine Goldmünze Friedrichs II. mit dem Staufischen Wappen.

Wie das Kaiserthum die weltliche, so hatte das Papstthum die geistliche Macht des Mittelalters in sich vereint. An Anstrengungen, dasselbe zu entkräften, hatte es nicht gefehlt seit dem Augenblicke, da das Kaiserthum und dieser war von dem ersten Momente des Erfassens seiner Bedeutung nicht weit entfernt, des Grundsatzes inne ward, es könne mit seinem Nebenbuhler nicht pactiren, sondern müsse ihn unterwerfen oder über ihn triumphiren.

Solche Anstrengungen wiederholen sich auch in der nachmittelalterlichen Zeit, aber nicht sie machen das Wesen derselben aus, sondern die Kämpfe der wahrhaft Gläubigen, die dem auch in ihnen lebendigen Geiste Gottes, oder ihrer innern Erleuchtung vertrauen und den starren Geboten der Kirchensatzung entgegentreten (Waldenser, Albigenser, Wiclef, Hussiten) und die Bemühungen der freien Geister, welche an Stelle des Christenthums das Heidenthum, an die der Religion die Philosophie setzen. Derartigen Angriffen, von verschiedenen Seiten unternommen und mit großer Kraft durchgeführt, erlag das Papstthum in jener Zeit der Neu- und Umbildung nicht; den ersten gewaltigen Anstoß erhielt es vielmehr durch die Angriffe einer Nation, welche als eine der frühesten zu innerlicher Erstarkung gelangt und von dem Gefühle ihrer Bedeutung durchdrungen und erhoben, ihre Selbständigkeit in kirchlichen Dingen ebenso gut wahren wollte, wie sie in der Politik dieselbe errungen hatte. Bonifaz VIII. nämlich (1294—1303), der unter den Päpsten eine ähnliche Machtvollkommenheit besaß wie Friedrich II. unter den Kaisern, mußte viel entschiedener als jener das Sinken seines Ansehns erleben. Er, der in der Bulle Unam sanctam die Unverletzbarkeit päpstlicher Autorität gepredigt, der in dem Kampfe gegen Albrecht I. von Deutschland sich als den Schlichter und Entscheider jedweden Streites und als den Träger beider Schwerter, des geistlichen und weltlichen, betrachtet hatte, unterlag in dem Kampfe gegen eine einzelne Macht und starb in dem traurigen Bewußtsein, das Papstthum in seiner Weltbedeutung geschädigt und aus seiner nationalen Wurzel gerissen zu haben.

Endlich hatten auch Wissenschaft und geistiges Leben damals eine Quelle und einen Gebieter gehabt, nämlich die Kirche: Inhalt und Form, Richtung und Ausdruck der Literatur war durch die Kirche bestimmt worden, die Theologie war nicht nur die umfassendste, sie war die vornehmste, die alleinige Wissenschaft gewesen; die Sprache der Kirche, die lateinische, war auch zum Ausdruck wissenschaftlicher Gedanken gewählt worden. Nun wechselten Inhalt und Form. Denn auch die Form wechselte, wenn auch äußerlich dasselbe Idiom blieb, denn die lateinische Sprache, welche nun, sorgfältig gehegt und gepflegt, bis in die kleinsten Einzelheiten dem Muster der classischen Vorbilder nachgeahmt, mit Liebe und Verehrung gesprochen und geschrieben wurde, war der verderbten mittelalterlichen vollkommen unähnlich geworden. In ihrem Inhalte aber befreite sich die Wissenschaft durchaus von der Herrschaft der Theologie, die Profanwissenschaften traten an ihre Stelle, die Vertheidigung der Poesie und Alterthumswissenschaft gegen die Theologie, der Versuch, beiden mindestens eine gleiche Berechtigung zu gewähren, sind Momente in dem nun ausbrechenden Kampfe, und der von der neuen Partei bald wenn auch nicht mühelos erfochtene Sieg wird durch nichts besser bezeugt, als durch den Umstand, daß die Theologen, nachdem sie eine Weile die Poesie gehaßt hatten, selbst suchen Poeten zu werden, daß sie sich selbst bemühen, elegant zu sprechen und zu schreiben und durch dieses Bemühen unabsichtlich und fast unmerklich von dem Inhalte jener Schriftsteller Manches in sich aufnehmen, die sie zuerst verpönt oder wenigstens vernachlässigt hatten. Zuletzt sucht dann dieser Inhalt eine ihm gemäße Form sich zu gestalten, denn der nationale und individuelle Geist, welcher der unnatürlichen Vereinigung aller Völker abhold gewesen war, welcher die allumfassende weltliche und geistliche Herrschaft mit gleicher Entschiedenheit abgewiesen hatte, duldete nicht die Herrschaft einer einzigen Sprache. Nicht in schüchternem Versuche, wie in manchen Ländern während des Mittelalters, und nicht als Eigenthum einer Classe oder eines Standes, wie zur Zeit des Ritterthums in Deutschland, sondern in sieghaftem Auftreten und als kostbares Gut des ganzen Volkes zieht die Landessprache in die Literatur ein: Dante, Petrarca, Boccaccio, die den Anfang und zugleich den Höhepunkt der Renaissanceliteratur in Italien bezeichnen, sind auch die Schöpfer und Vollender der wunderbaren nationalen Literatur und Sprache, und mögen sie und ihre Zeitgenossen diese ihre Bedeutung nicht genugsam erkennen oder geradezu verkennen, so sind sie durch diese ihre Doppelthätigkeit unbewußt, aber gewaltig wirkend, Träger des gebieterischen Zeitgeistes.

Eine Zeit von so hervorragend individuellem Gepräge und Geiste legt ihrem Schilderer gleichsam die Pflicht auf, sich, wenn auch nicht ausschließlich, so doch vorwiegend mit Individualitäten zu beschäftigen, weniger von Zeit- und Geistesströmungen, sondern mehr von den Trägern der geistigen Bewegung zu reden. Es ist daher nicht Zufall oder Willkür, sondern eine durch den Stoff gebotene Nothwendigkeit, wenn in der nun folgenden Literatur der Renaissance gleich zuerst von drei Männern, eben den Führern und Koryphäen der ganzen Richtung, von Dante, Petrarca und Boccaccio die Rede sein soll.

Zweites Kapitel.

Dante.

Zwei Männer dürfen als Vorläufer Dantes in der Literatur der Renaissance betrachtet werden: Albertino Mussato und Brunetto Latini.

Mussato ist 1261 geboren und 1330 gestorben. Er ist Politiker und Diplomat, Historiker und Dichter. So hoch er indessen die Ehren halten mochte, welche ihm wegen seiner politischen Dienste von seiner Vaterstadt Padua, die ihn freilich 1318 in die Verbannung trieb und in derselben elend untergehen ließ, und von dem erkenntlichen Kaiser Heinrich VII. erwiesen wurden, höhern Stolz empfand er doch, wenn er seinen vollen Titel: historicus et poeta Paduanus niederschrieb und die feierlichen Aufzüge der Bürgerschaft und der Universität empfing, mit denen man ihm, dem ersten gekrönten Dichter, alljährlich huldigte. Er selbst war empfänglich für diese Ehre, nahm sie aber als einen ihm gebührenden Tribut an, „wie der Lorbeer", so schrieb er einmal, „immer grünt und nie sein Laub welk werden läßt, so schafft er auch unvergängliche Ehre, darum werden auch die Dichter mit dem Lorbeer bekränzt." Schon diese Huldigungen sind ein indirekter Beweis, daß Mussatos Werke trotz der lateinischen Sprache, in der sie geschrieben waren, nicht blos den Gelehrten, sondern einem großen Theile des Volkes verständlich waren; ein direkter wird durch die auffällige von den Notaren in Padua an den Historiker gerichtete Bitte geliefert, er möge ein von ihm in Prosa geschriebenes Geschichtswerk in Verse bringen, um es dem Volke geläufiger zu machen, eine Bitte, welcher Mussato mit der von Gelehrtenstolz dictirten Antwort nachgekommen sein soll: „Ich will unwissend sein mit den Unwissenden."

Mussatos drei ausführliche historische Werke behandeln die Geschichte seiner Zeit von 1310—1329, mit besonderer Berücksichtigung der italienischen Verhältnisse und der Geschicke der Vaterstadt des Schriftstellers und mit ausführlichem Eingehn auf die Thaten der deutschen Könige Heinrich VII. und Ludwig des Baiern. Gerade durch diese ausschließliche Erzählung zeitgenössischer Handlungen unterscheidet sich Mussato von den mittelalterlichen Historikern: er beginnt nicht etwa mit der Schöpfung der Welt, sondern fängt mit der Geburt Heinrichs an und erzählt fast nur von dem, was er miterlebt, theilweise auch mitgehandelt hat. Sobald er sich auf andere Zeugen verläßt, wird er schwankend und unbestimmt in seinen Ausdrücken; solange er in dem Tone des Wissenden redet, ist er glaubwürdig und zuverlässig. Er erzählt, aber er will sich sein Urtheil nicht rauben lassen. Zwar sagt er einmal (Hist. Henr. VII, Anf. des 8. Buchs): er wolle lieber dafür getadelt werden, daß er Manches ausgelassen, als dafür, daß er geschmäht habe, und erwiderte einem Vornehmen, der sich nicht ungerügt Verräther nennen lassen wollte, er sei nicht Richter, sondern Zeuge und überlasse die Vertheilung von Lob und Tadel den Späteren, aber doch überschritt er in den über jenen Vornehmen, Marsiglio von Carrara, handelnden Stellen die dem wahrhaften Historiker gezogenen Grenzen, und machte in einer heftigen Invektive an das paduanische Volk der herben Stimmung Luft, welche ihn nach dem Tode Heinrichs ergriffen hatte. Denn er erhoffte gleich Dante und so vielen Anderen eine ideale Vereinigung des Kaiserthums mit Italien, er betrachtete Heinrich als den zur Herstellung einer solchen Verbindung Geeigneten, und schloß sich ihm an, lächelnd über die Vorurtheile seiner Zeit und seiner Mitbürger, welche die veralteten Parteiunterschiede der Guelfen und Ghibellinen für die Dauer gewahrt wissen wollten.

Als Dichter zeigte sich Mussato in seinen Elegien, Eklogen und poetischen Briefen, vor Allem in seinen zwei Tragödien: Achilleis und Eccerinis. Von diesen ist die eine, welche die Ermordung des Achilles durch Paris behandelt, unbedeutend, wird übrigens von Manchen Mussato abgesprochen, die zweite ist besonders wichtig. Die Sprache und Behandlungsweise derselben ist freilich dem Alterthum entlehnt: der Bote erzählt die wesentlichsten Vorgänge; nur wenige Personen sind zu gleicher Zeit auf der Bühne; der Chor, am Ende der einzelnen Akte auftretend, hat die Aufgabe, die Stimmung der Betheiligten und Unbetheiligten in Worte zu kleiden, aber trotz dieser Anlehnung an das Alterthum ist der Stoff fast der unmittelbaren Zeitgeschichte entnommen; er behandelt die Geschichte des grausamen Ezzelino de Romano. Ezzelino und sein Bruder Alberico erfahren nämlich von ihrer Mutter Adelheid, sie seien von ihr und dem Teufel erzeugt, wollen dieses teuflischen Ursprungs sich würdig zeigen und dem Vater gefallen, „dem einzig Trug, Verwüstung, Krieg und Listen und Ausrottung der Menschenbrut behagt" Ezzelino, dem Alberico nur als fratzenhafte Kopie zur Seite gestellt wird, erobert Padua, will ganz Italien unterwerfen, die Stätten zerstören, von denen aus das Christenthum triumphirend die Welt durchzogen hat, läßt sich durch den Frater Lukas, der im Namen der Religion Schonung für die Bedrängten erfleht, nicht erweichen, sondern droht dem Mönch, er wolle dem Nero „glückseligen Andenkens" ähnlich werden. Dieser Lästerung folgt die Strafe auf dem Fuße: kaum hat Ezzelino erfahren, daß Padua von den Verbannten zurückerobert ist, so zieht er zu neuem Kampfe aus und fällt in demselben an der Furth von Cassano, nicht etwa nur weil er schwächer ist, als die Feinde, sondern weil er sich an diese Stelle einer Prophezeiung seiner Mutter erinnert, dahin lautend, daß diese Furth ihm Verderben bereiten werde. Der Tyrann stirbt, nicht in Furcht vor Gott und nicht in Furcht vor den Menschen, sondern im Schrecken vor der unheimlichen Macht der Vorbedeutungen und der schrecklichen Gewalt des Schicksals.

Die Poesie wollte Mussato aber nicht nur für sich pflegen, sondern auch Anderen empfehlen und bemühte sich deswegen, die gegen die Poesie gerichteten Angriffe der Theologen zu entkräften, durch welche Kleingläubige so leicht erschreckt werden konnten. Durch einen solchen Kampf ist Mussato der erste der Streiter in dem Kriege der Wissenschaft gegen geistliche Bevormundung: ebenso wie der Giovannino, gegen den sich Mussato wandte, weil jener die Poesie zuerst in lächerlicher Vornehmthuerei unerwähnt gelassen, sodann aber als eine von dem Theologen verdammenswerthe Kunst erklärt hatte, einer der ältesten Widersacher des Humanismus ist, der freilich in den späteren Jahrhunderten unzählige Nachfolger fand; die Gründe aber, mit denen Mussato zu erweisen gedachte, daß die Poesie ein Theil der Theologie und gleich jener eine „göttliche Kunst" sei, wurden in ähnlicher Weise, wenn auch mit mehr Sachkenntniß und größerer Beredtsamkeit von vielen Späteren vorgebracht.

Brunetto Latini gehört einer etwas ältern Generation an als Mussato. Er ist 1230 geboren und 1294 gestorben. Er war ein mundano huomo, wie Villani sagt, d. h. im Sinne des Historikers gesprochen, ein mit schlimmen unnatürlichen Lastern befleckter Mensch, aber auch wenn man eine andere Deutung des Wortes wagen darf, ein Mann der neuen Welt, der seine eigne Persönlichkeit auszubilden, sich in selbständiger Weise zu entwickeln unternahm. Er besaß, wie Villani, der eine hübsche Charakteristik von ihm gibt, ferner sagt, hauptsächlich drei Eigenschaften, die erste, die Florentiner zu digrossare, aus dem Groben herauszuarbeiten, von der Unbildung zur Bildung zu fördern, die zweite, gut zu sprechen und zu schreiben und die dritte, verständige politische Maßregeln Anderen anzurathen und selbst klug zu handeln, sobald er an die richtige Stelle gesetzt war. Sieht man genauer zu, so sind diese drei Fähigkeiten gerade solche, welche die Eigenart der Renaissancebildung charakterisiren. Brunetto Latini war ein Gelehrter: er verstand genug lateinisch, um die Werke der Alten zu lesen und einige derselben zu übersetzen, trotzdem wendete er diese Sprache in seinen Werken nicht an, sondern bediente sich in seinem ersten der italienischen, in dem zweiten der französischen Sprache.

Das erste, der Zeit nach frühere, dem Umfange nach kleinere, ist das in italienischer Sprache abgefaßte allegorisch-didaktische Gedicht: Il tesoretto. Es sollte eine Encyklopädie werden, ist aber über die Anfänge nicht herausgekommen. Der Dichter erzählt, daß er bei seiner Rückkehr aus Spanien, traurig über die Niederlage der Guelfen, in einem Walde wandernd, die Natur getroffen, die ihm eingehenden Unterricht über physikalische Gegenstände ertheilt, dann die Tugend mit ihren vier Töchtern: Klugheit, Tapferkeit, Mäßigkeit und Gerechtigkeit, welche ihm moralische Vorlesungen gehalten, endlich Amor, der ihn, den Widerwilligen, habe in die Lehre nehmen wollen, daß er aber aus den Schlingen des Letztern durch Ovid befreit worden sei. Dann sei er nach Montpellier gegangen, um seine Sünden zu beichten und sei wieder im Walde von Ptolomäus eingeholt worden, der ihn in den noch fehlenden Wissenschaften unterwiesen habe; gerade diese Unterweisung aber, die mit den Lehren der Natur und der Tugend zusammen erst ein Ganzes ausmachen würde, fehlt. Jedoch auch in dieser fragmentarischen Gestalt erkennt man das äußere Vorbild zu Dantes Gedicht und zwar in der Form, ferner in der Annahme eines Führers aus dem Alterthum (bei Brunetto Latini: Ovid, bei Dante: Virgil), endlich in dem Flüchten aus der politischen Verwirrung in die spekulative Ruhe.

Von dem tesoretto ist der tesoro inhaltlich nicht sehr unterschieden, aber formell bietet er mannigfache Abweichungen dar: er ist nicht allegorisch, nicht in eine Erzählung eingekleidet, begnügt sich mit schlichtem prosaischem Ausdruck und bedient sich statt der italienischen der französischen Sprache. Zur Begründung der Wahl dieser Sprache braucht der Verfasser die für jene Zeit überaus merkwürdigen Worte: parce que cette langue est plus delicate et plus commune à toutes gens et court parmi le monde. Das prosaische Werk ist eine Encyklopädie, ein Abriß der Cosmologie, Naturlehre, Geschichte und Geographie, Moral, Rhetorik und Politik, ein Werk, wie es damals deren viele gab, deren Bedeutung durchaus nicht in selbständigen wissenschaftlichen Untersuchungen, sondern nur in der Zusammenfassung des zur Zeit bekannten Wissensschatzes bestand, ja das sich an ähnliche Werke jener Zeit, z. B. das des gelehrten Königs Alfons X. von Castilien enger anschließt, als es geistiger Eigenart geziemt. Trotz dieser Abhängigkeit aber bleibt es eine eigenthümliche Erscheinung, theils weil es in französischer Sprache geschrieben ist, zu dem Zwecke, auch dem Ungelehrten verständlich zu sein, theils weil es außer den gelehrten Kenntnissen auch der Wissenschaft des Tages, der Politik, einen breiten Raum gewährt. Gerade in diesen politischen Betrachtungen bekundet Brunetto Latini den stärksten Gegensatz zum Mittelalter; sein Satz: „Politik ist die edelste und höchste Wissenschaft und begreift die größten Thaten in sich, die es auf Erden gibt, denn sie enthält alle Künste, deren man in und zu der Gemeinschaft der Menschen bedarf", liest sich wie ein direkter Protest gegen die Theologie. Er stellt sodann nicht blos abstrakte Lehren auf, die für jede Zeit passen, sondern gibt vergleichende Bemerkungen über die politischen Zustände Frankreichs und Italiens, der beiden Länder, denen er durch Geburt und Neigung angehörte; (doch wird sich aus diesen Bemerkungen schwerlich feststellen lassen, welcher Staatsform er günstiger gesinnt ist, der Republik oder der Monarchie), er verlangt von dem Fürsten nicht blos Weisheit und moralische Größe, sondern — und gerade diese Forderung ist überaus charakteristisch für die Zeit, in der er lebt und schreibt — geistige Tüchtigkeit, insbesondere die Fähigkeit, gut zu sprechen, ja besser zu reden, als die meisten seiner Unterthanen; er begegnet sich endlich mit den freieren Geistern seiner Zeit in der Forderung, daß der Adel nur dann große Geltung verdiene, wenn er außer dem alten Namen auch wahrhafte Tugend besitze und durch edle Thaten sich den Vorrang vor den Anderen beständig neu verdiene. Solche charakteristische Bemerkungen müssen dann freilich zahllose Irrthümer und Oberflächlichkeiten wieder gut machen, z. B. daß er „das große Buch von Troja" als Quelle für den trojanischen Krieg citirt, daß er eine ununterbrochene Reihe griechischer Könige, — die zuletzt Kaiser genannt werden — von Nimrod, den er nach Josephus Erbauer des babylonischen Thurms nennt, bis Philipp und Alexander annimmt, daß er dann das römische Wort Forum von dem griechischen König Foroneus ableitet. Wie in diesen wissenschaftlichen Fragen, so erscheint er auch bei manchen anderen Gelegenheiten als ein rechtes Kind seiner Zeit, z. B. bei Erwähnung der Astrologie, als deren vollkommnen Adepten sich zu erklären er zwar Bedenken trägt, die er aber so matt bekämpft und in so lauer Weise als einen Frevel gegen Gottes Weisheit bezeichnet, daß man ihm wohl eher Zuneigung als Abneigung gegen dieselbe zuschreiben darf.

Trotz aller seiner Mißverständnisse und Schwächen indessen erlangte und verdient er hohen Ruhm dadurch, daß er Dantes Lehrer war. Diesen Ruhm hat Ugolino Verino (De illustr. urb. Flor. 1583, p. 12 fg.) in hübschen Versen verkündet: „Die alte Barbarei warf die tuscische Jugend unter Deiner Führung ab und verschaffte der lateinischen Sprache allmählich wieder die wohlverdiente Ehre und den alten Glanz, denn aus Deiner Quelle schöpfte Dante" und Dante selbst, trotzdem er ihm seiner Laster wegen einen Platz in der Hölle anweisen mußte, verkündet doch mit freudigem Danke sein Lob. (Hölle XV, 82 fg.):

Denn fest bewahrt mein Sinn, ob auch voll Schmerz jetzt
Das theure, liebe, väterliche Bild mir
Von Euch da in der Welt Ihr Tag für Tag mich
Den Weg gelehrt, wie sich der Mensch verewigt.
Und ob ich dankbar drob, solang' ich lebe,
Müßt Ihr an meinen Worten noch erkennen.

Dante ist ein Bürger zweier Welten: er steht noch mit einem Fuße in der alten Zeit und schreitet doch als Führer den Kindern einer neuen Zeit mächtig voran. Solches Doppelwesen führt leicht zur Halbheit: die Zeit ist wie die Geliebte, sie verlangt den Menschen ganz oder will ihn gar nicht und wendet sich darum unwillig von Demjenigen ab, der sich ihr nicht völlig ergibt. So wunderbar daher auch Dante dasteht, so umfassend sein Geist, so vielseitig seine Kenntnisse, so schöpferisch sein Sprachgenie, so tief und reich sein dichterisches Vermögen ist, so hat er doch kein Werk geschaffen, das von den Späteren mit unverkümmertem Genuß, mit ungetrübter Freude aufgenommen werden kann. Vielmehr stoßen seine lateinischen Werke ab durch ihre schwerverständliche, mit dem Gedanken anscheinend mühsam ringende Sprache, durch ihre durchaus scholastische Art der Beweisführung; und sein großes Gedicht, das eigentliche Denkmal seines Ruhmes, ist trotz der großartigen Conception, des weiten Flugs der Gedanken und der wunderbaren Sprachbehandlung ein Werk, zu dessen wahrer Erkenntniß man nicht blos

Genußfähigkeit, sondern Pietät und historischen Sinn besitzen muß. Ein wahrhaftes Kunstwerk will man genießen, man will es verstehen, sobald man es erschaut, Dantes göttliche Comödie dagegen kann ohne eingehenden

Dante.
Nach einem Aquarell von Mussini. Originalgemälde von Giotto (1276—1336).

Commentar überhaupt nicht gelesen werden, wenn sie nicht ein unverständliches Gewirre von Namen und Daten bieten soll; für den Fremden namentlich — denn der Italiener wird sich schon allein von den süßen Klängen der Sprache und dem zauberischen Wohllaut der Verse begeistern lassen — bleibt das Werk ein solches, das mit Mühe erarbeitet werden muß und kann nie ein solches werden, das mit reiner Freude genossen werden kann.

Trotzdem ist Dante Führer und Haupt der Renaissanceliteratur. In den sechs Momenten, in denen sich nach Jakob Burckhardts vortrefflicher Eintheilung die Eigenart der italienischen Renaissancecultur zeigt, in der neuen Auffassung des Staates, in der Ausbildung des Individuums, in der Wiederbelebung der Wissenschaft, in der Entdeckung der Welt und des Menschen, in der Neugestaltung der Geselligkeit und der Feste und in der Umwandlung von Sitte und Religion zeigt sich Dante als Begründer oder wenigstens als Mitarbeiter an dem von Anderen Geschaffenen.

Er theilt die neue Auffassung vom Staat, nach welcher der Staat nicht eine Anzahl neben einander stehender, besonderer, innerlich nicht zusammenhängender und höchstens äußerlich geeinter Bildungen zu einem losen Ganzen verbindet, nicht als eine durch göttliche Anordnung in bestimmter, durch menschliche Willkür nicht umzuändernder Ausprägung erscheint, sondern als ein nach den Bedürfnissen des Augenblicks und den Forderungen der Mitlebenden umzugestaltender Organismus. Dante liebte seine Heimath und arbeitet mit an der Herstellung einer solchen Verfassung, die der Eigenthümlichkeit ihrer Bewohner gemäß ist, aber er haßt die Neigung seiner Mitbürger, immer Neues zu versuchen und das Alte, nicht weil es sich als untauglich bewiesen, sondern weil es zu lange unverändert bestanden, zu verwerfen. Er liebt seine Heimath und trotzdem klagt er sie an wegen ihrer Unbeständigkeit und Undankbarkeit, verweigert die Rückkehr in sie, die ihn ungeachtet seiner Verdienste einmal verbannt hatte und betäubt den Schmerz, der ihn trotz seiner anscheinenden Gleichgültigkeit oft genug beschleicht, mit den Schmähworten, daß er nirgends sonst ruhmlos und schmachvoll zu erscheinen habe, mit dem wohlfeilen Trost, daß er auch anderwärts sein Brod finden werde oder mit den damals vielfach ausgesprochenen, wenn auch nicht immer wirklich gehegten Empfindungen des Weltbürgers, „das Licht der Gestirne kann ich überall schauen" und „meine Heimath ist die weite Welt". Er liebt seine Heimath und möchte sie, „den schönsten Ort, den es auf der Erde gibt", gern zu einer würdigen Stätte in dem Weltreich gestalten, das er erträumt. Seine Politik lehrte er in seiner Schrift de monarchia, in welcher er Kampfart und Beweise anwendet, die durchaus der mittelalterlichen Bildung entsprossen sind, und in der er sich doch von seinen mittelalterlichen Vorbildern durch das Kampfmittel: Bibel und classische Schriftsteller statt Kirchenväter und Schulmeinungen und durch das Ziel: die Verkündung der weltlichen Hoheit neben oder gar statt der geistlichen Macht so wesentlich unterscheidet. Diese Politik läßt sich in die drei Sätze zusammenfassen: 1. die Monarchie ist zum Heile der Welt unbedingt nothwendig, — ein Grundsatz, der ihn, den Weltbürger, nicht blos zur Forderung und Vertheidigung einer Weltmonarchie führt, sondern auch ihm, dem geborenen

Republikaner, die Behauptung abnöthigt, daß Gerechtigkeit und Wohlfahrt auch im Einzelstaate am besten gedeihen, sobald ein Monarch an dessen Spitze steht, — 2. das römische Volk, das gemäß den Beweisen der Vernunft und Offenbarung edelste und älteste, am frühesten für das Allgemeinwohl thätige Volk muß Träger dieser Monarchie sein, 3. der römische Kaiser, als der lebendige Ausdruck des monarchischen Gedankens, als der berufene Träger der Weltmacht, empfängt sein Amt unmittelbar von Gott durch den Kurfürsten, „die Herolde des göttlichen Willens“ und steht völlig ebenbürtig neben dem Papste. Diese Sätze sollen nicht bloße Theorieen sein, sondern Lehren, denen eine praktische Anwendung zugedacht ist, sie sind in offenbarem Hinblick auf die Zeitereignisse aufgestellt, mögen sie nun durch die weltherrschaftslüsterne Bulle Bonifaz' VIII. hervorgerufen, oder unter dem unmittelbaren Eindruck des Römerzugs Heinrichs VII. entstanden sein. Demgemäß bekämpft Dante sowohl in dieser Schrift als in seinen an verschiedene Adressaten, z. B. an die Florentiner, an Fürsten und Völker Italiens, an die italienischen Cardinäle gerichteten politischen Briefen — fast den ältesten publicistischen Erzeugnissen eines Laien — seine Gegner, unter denen er drei Classen: die päpstlich Gesinnten, die politischen Welfen und die Dekretalisten unterscheidet; er schleudert heftige Angriffe gegen die Feinde des Kaiserthums und braucht die furchtbarsten Ausdrücke gegen seine Vaterstadt, die er z. B. einmal „ein räudiges Schaf, das durch seine Berührung die Heerde des Herrn befleckt, eine Schlange, die an der Brust ihrer Mutter saugt“, nennt. Dagegen erscheint ihm Heinrich, selbst nachdem dieser ihm persönlich nahe getreten, in idealem Lichte: er ist ihm der gütigste und mildeste Herrscher, der Gesandte Gottes, der die Gnade des Herrn überall verbreitet, der Unbesiegbare, dem die Fürsten und Städte sich widerstandslos unterwerfen sollen.

Dante strebt ferner nach voller Ausbildung der eignen Persönlichkeit, er will die Eigenschaften entwickeln, die in ihm liegen, aber er verlangt auch die Anerkennung seiner Anstrengungen und die Belohnung für das Geleistete von den Zeitgenossen und von der Nachwelt. Als Anerkennung galt der Ruhm, als Zeichen des Ruhmes aber der Lorbeerkranz der Dichterkrönung. Einen solchen Kranz hatte Albertino Mussato für wenig bedeutende Leistungen davongetragen; Dante, sonst gewiß von Neid frei, hätte diese Ehre gar zu gern selbst genossen; er, der wußte, daß er ein Bahnbrecher war und am Anfange seiner lateinischen Schriften gern bekannte, daß er der Erste sei, der Derartiges zu schreiben unternehme, sehnte sich danach, in Florenz selbst, an dem Born, an welchem er getauft worden, den Lorbeerkranz zu erhalten. Doch besaß er Scharfsinn genug, um das Vergängliche derartiger Huldigungen einzusehen und genug ernste Lebensauffassung, um das Verderbliche des Strebens nach irdischen Ehren und zeitlichen Belohnungen zu erkennen. Und so kämpfte er, von verschiedenen Gewalten, der Ruhmbegier und der Verachtung äußern Scheins hin und hergetrieben, einen langen

Kampf, in dem er niemals eine stets gültige Entscheidung fand; denn das süße Gift des Ruhmes, das er einmal genossen, verlor nie seine Wirkung.

Dante gehörte sodann zu den ersten und wichtigsten Begründern des Studiums der Alten. Bei der hohen Verehrung, die er genießt, bei dem erstaunlichen Eifer, mit dem ein jedes seiner Worte abgewogen und jeder seiner Aeußerungen nachgespürt wird, ist es begreiflich, daß sein Verdienst übertrieben worden — gibt es doch Schriften, welche Dante eine gründliche Kenntniß der griechischen Sprache zuschreiben, und andere, die ihn sogar für einen Hebraisten erklären wollen — und nicht minder begreiflich, daß der Ueberschätzung eine Unterschätzung gefolgt ist und Dante von Manchen aus der Reihe der Schriftsteller der Renaissance überhaupt gestrichen worden; bei einer vorurtheilsfreien Prüfung dagegen muß sich ergeben, daß Dante für die Wiederbelebung des classischen Alterthums ebenso eifrig und nicht minder fördernd thätig gewesen ist, als für die übrigen Seiten der Renaissancebildung. Dantes Kenntniß der lateinischen Schriftsteller war vielleicht nicht größer, als die des Brunetto Latini, aber sein Verdienst ist ein bei weitem höheres dadurch, daß er die Anregungen, welche dieser nur für eine auserlesene Schaar gibt, allgemeiner macht. Latini hatte, wenn er vom Alterthum sprach, die wichtige Miene des Schulmeisters aufgesetzt, welcher von etwas ganz Neuem merkwürdige Mittheilungen machen wollte, Dante redet von den Männern und Frauen des Alterthums wie von Bekannten, von denen Jedermann weiß, wie von lieben und berühmten Vorfahren, an die man sich gern und unwillkürlich erinnert; jener hatte, einseitig den Werth auf Gelehrsamkeit legend, Ovid als seinen Geleitsmann erkoren, dieser erwählte Virgil als großen Dichter, als Römer, der zugleich ausschließlich römische Stoffe besungen, als Darsteller der Menschheitsentwicklung, als philosophischen Denker, der unter den römischen Dichtern in seiner Ideeentwicklung dem Christenthum am nächsten gestanden. Außer diesem „weisen Heiden, der Alles wußte", außer diesem „Meere des Geistes" kannte Dante noch gar manchen Schriftsteller des römischen Alterthums, kennt und citirt sie nicht nur, sondern wagt sie nachzuahmen, ja nimmt geradezu, in voller Naivetät, die an solchem Verfahren nichts auszusetzen hat, Worte und Sätze aus jenen Autoren in seine Schriften herüber. Aber er kennt nicht nur die Schriftsteller, sondern er vermag auch die Zeiten zu würdigen, in denen sie leben und von denen sie schreiben, dergestalt, daß seine Auffassung der römischen Geschichte auch von den Späteren noch berücksichtigt und getheilt wurde. Das römische Reich, so lehrt seine Auffassung, ist eine Gründung Gottes, die einzelnen Schicksale desselben sind durch Gottes Einfluß und Einwirkung bestimmt; „ich lebe der festen Ueberzeugung", so lautet ein begeisterter Ausspruch, „daß die Mauersteine der Stadt Ehrfurcht gebieten und daß der Platz, auf welchem dieselbe steht, würdiger ist, als Alles, was von den Menschen gepriesen und gefeiert worden." (Convito, lib. IV, 5). Diese Ehrfurcht gilt freilich nur dem alten Rom, nicht dem neuen, dieses vielmehr wird als ein entartetes Kind jener

Stadt gebrandmarkt, als ein verrufener Ort, dessen Bewohner in Sprache und Kleidung, besonders aber in Sitten und Charakter der Vergangenheit unwürdig sind; diese Ehrfurcht gilt der alten Sprache für das Alterthum, aber nicht für die spätere Zeit, vielmehr soll in ihr die italienische Sprache ihr Recht erhalten. Wie in der Politik Dante den Grundsätzen mittelalterlicher Staatslehre entgegentritt, die Weltmonarchie, die Einrichtung des Mittelalters zwar bewahren, aber in engste Verbindung mit Italien setzen will, so tritt er in dem allerdings lateinisch geschriebenen Buche: de vulgari eloquio (von der Beredtsamkeit in der Volkssprache), bei aller Verehrung der lateinischen für die Berechtigung und Hoheit der italienischen Sprache ein. Die Schrift ist unvollendet und enthält daher nur einen geringen Theil dessen, was Dante ausführen wollte: das 3. und 4. Buch, welche sich mit Sonett und Ballade, mit der komischen und elegischen Poesie beschäftigen sollten, sind nicht ausgearbeitet. In den Vorschriften dieser fehlenden Bücher würde der Hauptwerth gelegen haben; für das Mangelnde können die Ausführungen über den Ursprung der Sprache — Dante nimmt im Gegensatz zu seinen späteren Anschauungen an, daß der Seele des ersten Menschen eine gewisse Form der Sprache anerschaffen gewesen sei — über das allmähliche Eindringen der verschiedenen Idiome in Europa nicht entschädigen. Dagegen ist die Kritik der einzelnen damals in Italien gebräuchlichen Dialekte höchst bemerkenswerth, deren keiner in den Augen des strengen Richters Gnade findet, weder der römische, noch der von Spoleto, Verona, Mailand und Bergamo, weder der sicilische und apulische, noch auch der toskanische, „obwohl die in ihrem trunkenen Uebermuth wahnwitzigen Toskaner ihrer Sprache den Namen und die Ehre der erlauchten Volkssprache zusprechen. (lib. I, c. 13). Dieses herbe, übrigens auch ungeschichtliche Urtheil — denn wirklich ist der toskanische Dialekt für Dante selbst und die spätere italienische Literatur der grundlegende geworden — ist nun nicht etwa, wie sogar Machiavelli versucht hat, aus kleinlichem Gefühle des Neides zu erklären, sondern mag einerseits entstanden sein aus dem heftigen Zorn über Florenz, der Dante gerade damals wegen seiner Verbannung erfüllte, und ihm z. B. die von schmerzlicher Resignation zeugenden Worte entlockte: „weil wir die Stadt geliebt haben, erdulden wir das Exil“ (lib. I, c. 6), andererseits aus der nicht unberechtigten Empfindung des großen Schriftstellers, daß die „erlauchte, Haupt-, Hof- und Gerichtssprache“ nicht durch die zufällig in einer Stadt oder Provinz Wohnenden gemacht werden könnte, sondern durch die innerlich vereinten bedeutenden Dichter und Sprachkünstler als Kunstprodukt und doch als ein ihrem Genius entsprechendes natürliches Werkzeug gestaltet werden müßte. Ferner: die erlauchte Volkssprache sei nicht von Allen und für Alle zu brauchen, sondern nur von den hervorragenden Dichtern und für die vorzüglichsten Gegenstände: Kriegsthaten, Liebe, Tugend und ewiges Heil; der Ehrenname: poeta komme nur den Dichtern, welche die lateinische Sprache anwendeten, zu, die in der heimischen Sprache dichtenden müßten sich mit dem bescheidenern, mehr das

Aeußerliche der Reimkunst, als das Innerliche des wahrhaften Dichterwesens bezeichnenden Ausdrücken: dicitore per rima oder rimatore begnügen. War doch Dante selbst vielleicht von dem Verlangen getrieben, jenen Ehrennamen zu verdienen, vielleicht durch die Mahnungen mancher Zeitgenossen, besonders des Giov. von Virgilio, in seiner bessern Ueberzeugung wankend gemacht, nahe daran, seine „göttliche Comödie" lateinisch umzudichten und war er sicher wenig durch die Thatsache erbaut, daß er, der Dichter hoher Stoffe und das Mitglied vornehmer Kreise, in den untersten Classen des Volkes bekannt und gelesen war. Endlich: der Dichter müsse nicht blos, wie selbstverständlich, Kenntniß des zu besingenden Stoffes und Verständniß der von ihm angewendeten Sprache, sondern Gelehrsamkeit (d. h. doch wohl Erkenntniß des classischen Alterthums) besitzen; der Ungelehrte bleibe von der Poesie fern. Gerade diese Forderung, eine wie beschränkte ästhetische Auffassung sie auch kundgibt, beweist besser als viele Citate alter Schriftsteller Dantes Zugehörigkeit zur Renaissancebildung: der Gelehrte, der sich sein Wissen mühsam erarbeitet hat, will nun dieses Wissen auch in allen Gebieten, in denen er sich bewegt, geltend machen und auch von Anderen anerkannt und bethätigt sehen.

Zu dem Wesen der Renaissancecultur gehört außerdem die Entdeckung der Welt und des Menschen. Die Entdeckung der Welt geschah durch die Pflege der Naturwissenschaften; diese fanden in Dante einen eifrigen und verständnißvollen Förderer. Beweise solcher Förderung liegen theils in den zahllosen Anspielungen und Vergleichen aus der Natur, die sich in seinen Werken zerstreut finden, theils in einer selbständigen Schrift, in welcher er seine Kenntnisse und das Resultat seiner Studien niederzulegen gedachte. Diese Schrift, den letzten Lebensjahren des Dichters angehörend, Quaestio de aqua et terra, Frage über Wasser und Land, oder, mit genauerer Rücksichtnahme auf den Inhalt: „Frage, ob das Wasser (Meer) in seiner Rundung (Sphäre) irgendwo höher sei, als das Land, welches aus dem Wasser hervorragt", beschäftigt sich mit einer Streitfrage, die damals mehrfach aufgeworfen wurde und verneint dieselbe, während Brunetto Latini sie bejaht hatte. Der Frage entsprechend, die den Schulstreitigkeiten des Mittelalters sehr ähnlich sieht, ist die Behandlungsweise durchaus scholastisch: trotzdem dringen manchmal Lichtblicke durch die unheimliche Düsterkeit: der geniale Geist mochte sich nicht mit Kleinigkeiten abquälen, ohne das Allgemeine ins Auge zu fassen und der Mann, der sich vielleicht seinem Ende nahe fühlte, wollte sich nicht mit unnöthigen Sorgen belasten; daher die Mahnung (§ 22) sich mit geringer, aber feststehender Erkenntniß zu begnügen und dem Grübeln über Dinge zu entsagen, die sich menschlicher Forscherkraft entziehen. Einem Theile der Naturwissenschaft, der Sternlehre oder Sternkunde gab sich Dante mit besonderm Eifer hin, so daß er nicht etwa aus Zufall, sondern aus wohlbewußter Absicht alle drei Theile der „göttlichen Comödie" mit dem Worte stelle, Sterne, schließt und gerne, sowohl in diesem Gedicht als in anderen seiner Werke von den Sternen redet. Sterndeutung jedoch und der Glaube an die Einwirkung der Sterne auf die Geschicke der Menschen blieb seinem lichten Geiste fern, er glaubt nicht an die Astrologie und spottet der Astrologen; schwerlich hat er den Vorhersagungen sonderlichen Werth beigelegt, die Brunetto Latini, wie man sagt, für ihn aus den Sternen herausgelesen hatte. Dante gab sich der Naturwissenschaft hin, weil er die Natur liebte, weil er Freude hatte an den Schönheiten der Landschaft, wie er denn, vielleicht der erste Neuere, Berge bestieg, um die schöne Aussicht zu bewundern und durch den Anblick schöner Natur starke Eindrücke empfing auf sein Gemüth. Er entdeckt und erkennt die leblose Natur, aber er erkennt auch die Wesen, welche dieselbe beleben. Mit scharfem Blick weiß er auch Aeußerlichkeiten herauszufinden, er, der große Denker, dessen Geist, wie man vermuthen sollte, nur in höheren Sphären schwebt, hat Sinn für die kleinen Vorgänge des Tages und benutzt dieselben für seine Bilder und Vergleiche. Diesen Sinn beweist er z. B. dadurch, daß er von einem Verdammten sagt, er blicke die Vorbeiwandelnden an „mit dem Augenblinzeln eines Schneiders, der eine Nadel einfädelt", dadurch, daß er die Hölle so vollkommen klar aufgebaut hat, daß man nach seiner Beschreibung Karten derselben entwerfen kann und entworfen hat, dadurch, daß er die Personen der Verdammten, daß er Lucifer, das Ungeheuer mit sechs Flügeln, aus dessen sechs Augen Thränen und blutiger Geifer auf seine drei Klauen strömen, und der mit seinen drei Mäulern drei Verdammte „wie in einer Hanfbreche zermalmt", leibhaftig und greifbar vor die Blicke der Leser zu stellen scheint. Ueber die Schilderung Anderer aber vergißt Dante sich selbst nicht, ja, er erachtet es als eine Pflicht, sich klar zu werden über sich selbst und das Resultat seiner Untersuchung den Anderen mitzutheilen. Als derartiges Bekenntniß, als einen Rechenschaftsbericht über sein Handeln kann man seine vita nuova („neues Leben") auffassen, ein Werk, das zwar durch seltene Verquickung von Poesie und Prosa ästhetischen Anstoß gibt und durch eine oft ins Kleinliche gehende Seelenmalerei an den Verdacht der Unwahrheit nahe heranstreift, das ferner durch seine Zahlenspielereien besonders mit der Zahl 9, z. B. $9 = 3 \times 3$, „das selbst ein Wunder, dessen Wurzel allein die wundervolle Dreieinigkeit sein mag" ein Lächeln abnöthigt, und durch seine frostige, fast pedantische Erklärung der Gedichte das poetische Gefühl dämpft, das aber als erstes Vorbild für die Autobiographieen und Selbstschilderungen der folgenden Jahrhunderte einen ungeheuren culturhistorischen Werth besitzt. Denn es bleibt, trotzdem es ein Commentar seiner Liebe und Leidenschaft sein soll — die Liebe verträgt nun einmal keine Erläuterungen — der Ausdruck wahrhafter und edler Empfindung und zugleich des Bewußtseins, daß es das Programm einer neuen Zeit ist. Als Dante vor edlen Frauen vorbeigeht, die früher seine Freude kannten und nun seinen Kummer mitansehen, da wird er von einer derselben angehalten und gefragt: „Wozu liebst Du deine Herrin, da Du doch ihre Gegenwart nicht zu ertragen verto muouersi/se prima non si muoue la ragione. Entrai per lo camino alto; cioe profondo/chome diciamo alto mare et alto fiume; perche el primo camino fu per linferno cioe per la cognitione de uitii; equali sono infimi; perche sempre consistono circa le chose terrene. ET SILuestro; perche chome dicemo nel principio epeccati nascono dalla selua cioe dalla materia che e/elcorpo.

Facsimile einer Seite aus der in Florenz 1481 erschienenen, mit Kupferstichen von Baccio Baldini illustrierten Ausgabe von Dante's Göttlicher Komödie, mit Commentar von Christophoro Landino. (Erste illustrierte Dante-Ausgabe.)

CANTO TERTIO DELLA PRIMA CANTICA

P Er me si ua nella citta dolente
per me si ua nelletherno dolore
per me si ua tra laperduta gente
Iustitia mosse el mio alto factore
fecemi la diuina potestate
la somma sapientia el primo amore
Dinanzi a me non fur chose create
se non etherne et io etherno duro
lasciate ogni speranza uoi chentrate
Queste parole di colore obscuro
uidio scripte al sommo duna porta
perchio maestro el senso lor me duro.

S Ono alchuni equali credonoche edue primi capitoli sieno stati inluoghi di proemio; et questo terzo sia el principio della narratione. Ma se considerremo chon diligentia tutta la materia/facilmente si puo prouare che la narratione comincia nel primo capitolo: et nel uerso Io non ui so ben dire chomio uentrai. Impero che Danthe narra in questa sua peregrinatione esser si ritrouato nella selua; et hauere smarrito la uia Essersi condotto appie del monte. Et dipoi essersi addirizato uerso el sole per erto camino elquale lo conduceua asaluamento se le tre fiere non lauessino ripincto al basso. Et finalmente ridocto quasi al fondo hauere hauuto el soccorso di Virgilio et dalle tre donne. Et per lesue parole esser persuaso lasciando el corto andare del monte seguitar lo per linferno et purgatorio; laqual uia sanza sinistro intoppo lo puo conducere al cielo. Ilche significa quello che gia disopra habbiamo dimostro. Et se alchuno dicessi che in amendue questi canti molte chose scriue conle quali capta beniuolentia et attentione et docilita: Enon si uieta che in ogni parte del poema non si possi fare questo. Anzi maximamente sirichiede allo scriptore che le capti dounque truoua occasione di poterlo fare Hora perche siamo gia al puncto che el poeta descende nellinferno. Giudico sia utile exprimere che chosa sia inferno; et in quanti modi si dica alchuno scendere allinferno. Inferno adunque e/linfima; et bassa parte del mondo/decto inferno da questa dictione infra che significa disocto: Ne solamente dal popolo di dio e/posto lonferno: Ma anchora da molti poeti; et maxime da Homero da Virgilio. Ouidio. Statio; et Claudiano; Et molto piu egregiamente dal principe de philosophi Platone/Costui inciritone nel qual libro induce Socrate disputante della immortalita dellanimo/dimostra che lanime humane dopo la morte sono giudicate secondo le loro colpe; et nellonferno tormentate insino atanto che si purghino/se epeccati non sono stati molto graui. Ma quelle che hanno commesso scelerateze enorme; et sono impurgabili secondo lui/sono mandate in luogho piu profondo decto tartaro et quiui sono afflicte inetherno con grauissimi supplicii. La quale oppinione e/molto simile alla christiana fede; et abbraccia lonferno el purgatorio; Et la maggior parte

magst? Sag' es uns, denn der Endzweck einer solchen Liebe muß ein ganz neuer sein." Er aber erwidert: „Der Endzweck meiner Liebe war vormals der Gruß jener Herrin und in diesem Gruße lag meine Seligkeit und das Ziel meiner Wünsche. Seitdem es ihr jedoch gefallen, mir solchen zu verweigern, hat Amor, mein Gebieter, alle meine Seligkeit in das gelegt, was mir nimmer verloren gehen kann." Auf die verwunderte Frage jener ersten Frau nun, woraus denn diese Seligkeit bestehe, antwortet er: „In den Worten, die meine Herrin preisen." (Neues Leben, Cap. 13.) In diesen Worten liegt das Programm der gesammten Liebesdichtung der Renaissance, die Verkündung des sittlich gereinigten Gefühls, das aller Sinnlichkeit fremd ist, das keine Erhörung verlangt, das Bekenntniß von der höhern Stellung der Frau, der gegenüber der Liebende wie ein Betender vor seinem Gott steht, denn wie jener durch das gestammelte Gebetswort die innere Ruhe zu erhalten meint und sich von dem Frohgefühl durchströmt wähnt, das die Gewißheit der Erhörung bereitet, so empfindet der Liebende die größte Seligkeit nicht in der Erwartung der Liebesfreuden und nicht im Genuß, sondern in den Worten allein, die seine Herrin preisen.

Schon in dieser Gleich- oder Höherstellung der Frau zeigt sich ein fünftes Merkmal der Renaissancebildung, das Streben nämlich, das Wesen der Gesellschaft zu ergründen, das Bemühen, in dieser neu organisirten Gemeinschaft einem Jeden den ihm zukommenden Platz anzuweisen, dem ersten Versuche sich selbst zu erkennen den zweiten manchmal schwierigern anzureihen, sich über Andere klar zu werden. Bei Untersuchungen dieser Art spricht Dante schon Grundsätze aus, welche für die Folgenden maßgebend blieben; er bereitet, um wiederum ein Burkhardt'sches Wort zu gebrauchen, die theoretische Negation des Adels vor, die dann charakteristisch für die ganze Renaissancezeit blieb. Schon Brunetto Latini hatte freilich gesagt: „Durch die Tugend werde der Adel begründet, nicht durch die Reihe der Vorfahren", aber Dante geht bei der Behandlung der Frage viel entschiedener vor. Einmal zwar spricht er davon, daß die eigne Tüchtigkeit nebst der Bedeutung der Vorfahren den Adel begründe, doch neigt er sich immer mehr zu der Auffassung, daß der Adel nichts Ererbtes, sondern etwas Erarbeitetes sei. Daher braucht er schon in der Canzone, deren Erklärung das 4. Buch des „Gastmahls" (Convito) gewidmet ist, die Worte:

Es waltet Adel stets, wo Tugend waltet,
Doch Tugend nicht, wo er

und kommt in der langen jenem Gedicht folgenden Abhandlung zu dem Resultat: „Nicht das Geschlecht macht die einzelnen Personen edel, sondern die Einzelnen erheben das Geschlecht", ja er leitet aus dieser Definition die Forderung für einen Jeden her, sich den Adel stets neu zu verdienen, denn der Adel sei (göttl. Com., Paradies, 16. Buch)

ein Mantel, der bald sich kürzet,
So daß, wenn man nicht Tag für Tag hinzufügt,
Die Zeit ihn mit der Scheere rings beschneidet.

2*

Endlich gehört zum Wesen der Renaissancecultur die Auffassung der Sitte und Sittlichkeit, die Stellung zur Religion und Kirche. Wie schwer Dante Verbrechen Anderer gegen die Gebote weiser und guter Lebensführung strafte, wurde schon früher gezeigt und es wäre schlimm um sein Gerechtigkeitsgefühl bestellt, wenn er sich das gestattet hätte, was er bei Anderen verfolgte; zudem mußte der ideale Sinn, der sein Lieben bestimmte, der tiefe Ernst, der seine Politik durchzieht, der strenge Geist, von dem seine wissenschaftliche Arbeit getragen wurde, ihn von den müßigen Vergnügungen des Lebens abziehen und über den öden Sinnestaumel erheben. Solche Thatsachen können nicht erschüttert werden, weder dadurch, daß er vielleicht auch nach Beatrice noch eine Frau liebte, noch dadurch, daß er möglicherweise in seiner Jugend den Freuden der Tafel sich mehr hingab, als sich für den Weisen ziemte. Keinesfalls können es diese Vergehen sein, die dem Dichter so schwere Sorgen und Gewissensscrupel machen, die ihn die Ausschließung vom ewigen Heile befürchten und schlimmer Strafen gewärtig sein lassen. Die Verirrung vielmehr, deren sich der Dichter anklagt, die er sich von Beatrice, die freilich hierbei nur Namen und Gestalt von der einstigen Geliebten erborgt hat, in Wahrheit aber ein unkörperliches, rein geistiges Wesen ist, vorwerfen läßt, kann keine körperliche, sondern muß eine geistige sein: sie ist Dantes Beschäftigung mit der Philosophie, mit den profanen Wissenschaften, mit dem der Theologie entfremdeten oder geradezu feindlich entgegenstehenden Heidenthum. Denn wenn auch Dante nie ein Heide war, wenn er z. B. gewiß immer die Epikuräer und alle Leugner wichtiger religiöser Grundlehren verachtet und verbannt hat, — wie er ihnen dann auch aus innerer Ueberzeugung und nicht einer kirchlichen Lehrmeinung zu Liebe einen Platz in der Hölle anwies, so war er doch Zweifeln nicht unzugänglich und berichtet selbst, daß er sich mit der Frage, ob die Materie ewig oder geschaffen sei, vielfach beschäftigt, zu einer Entscheidung aber nicht habe gelangen können. Die Ewigkeit oder Zeitlichkeit der Materie war nur eine der philosophischen Fragen, über welchen Dante grübelte; die Philosophie aber überhaupt tritt bei ihm in den Vordergrund des Interesses, sie wird nach dem Tode Beatricens die Geliebte, welche jener Andenken zwar nicht zu vernichten vermag, aber für den Augenblick verlöschen kann. Das „neue Leben" war die Verklärung der gestorbenen Geliebten; dieser Schrift folgt zeitlich und inhaltlich gleichsam als Brücke zwischen der vita nuova und der divina commedia das „Gastmahl" (convito). Hier ist nun die donna gentile, das adlig-schöne, vollkommene Frauenbild, nicht mehr die weltliche Geliebte, sei es Beatrice selbst oder ein anderes Weib, das für kurze Zeit der Vielgefeierten Stelle einnimmt, sondern es ist die Philosophie, die als erhaben und göttlich, ja als erhabener gepriesen wird denn jenes Ideal. Die heiße Sehnsucht aber nach der Philosophie wird, trotz der Beibehaltung der Schulterminologie, trotz der echt mittelalterlich-pedantischen Art der Beweisführung, nicht etwa in der Sprache der Gelehrten, sondern sie wird italienisch ausgedrückt, in der wohlerwogenen Absicht, Gedanken dieser Art, die bisher den Ungelehrten verborgen waren, ihnen nicht weiter vorzuenthalten.

Zur Aufstellung solcher Fragen trieb die philosophische Lust des Jahrhunderts oder das Gefallen, das der Einzelne an Gedankenproblemen hatte, aber auch die Beschäftigung mit dem Alterthum verleitete leicht zu kirchenfeindlichen oder von der Kirche leicht zu mißdeutenden Aeußerungen. Dazu gehört, daß Dante es liebt, heidnische und kirchliche Beispiele zusammenzustellen, nicht anders, als schriebe er Beiden ähnliche oder gleiche Beweiskraft zu, daß er ferner dem Fatum, der durch die Alten neben oder geradezu über die Götter gestellten Schicksalsmacht, Einwirkung einräumt auf die Weltregierung, ja daß er einmal durch seinen Lieblingsdichter Virgil, von dem es freilich fraglich bleibt, inwieweit er alte oder neue Anschauungen vorträgt, der Fortuna die Weltherrschaft überläßt und durch eine solche Uebertragung der Macht auf ein blindes Wesen der Weisheit und Güte Gottes, die nicht in zufälligem Schalten, sondern in gerechtem Abwägen, nach Verdienst oder Schuld Jedwedem Strafe oder Belohnung zuzuweisen hat, in bedenklicher Weise zu nahe tritt. All dies beweist zwar keinen Abfall vom Christenthum, aber eine Entfremdung von der kirchlichen Lehrmeinung. Und selbst eine solche Abweichung verargte sich der in höheres Lebensalter tretende Dichter und rechnete sie sich als Vergehen an, das gesühnt werden müßte. Denn er war ein Denker und Grübler, aber kein rücksichtsloser Streiter, sondern ein bedächtiger Forscher, der im Frieden mit der Welt und den höheren Mächten leben wollte. Um diesen Frieden herzustellen, läßt er gegen Ende des Purgatorio, des zweiten Theils der göttlichen Comödie, jene großartige mystische Procession sich entgegenziehn, in der Christus, die Evangelien, die Schriften des alten und neuen Testaments, die Kirche nebst ihren Symbolen ihm erscheinen, der das Auftreten der Beatrice folgt. Die Anwendung solcher Mittel kann nicht blos den Zweck haben, den Liebenden mit der Geliebten zu versöhnen, sie muß eine höhere Absicht verfolgen. „Wenn Dante", so darf man wohl mit Scartazzinis treffenden Worten sagen, „seiner Beatrice entfremdet ist, so ist er auch der christlichen Kirche, die sich in ihrer idealen Gestalt in der ganzen mystischen Procession darstellt, entfremdet. Denn er ist von ihr durch den Lethestrom getrennt, welchen er nicht eher passiren darf, als bis er mit Thränen aufrichtiger Reue die Schuld getilgt hat, die noch auf ihm lastet. Zwar kommt der mystische Zug ihm entgegen und hält stille, sowie er ihm gegenüber angelangt ist, um sich erst wieder in Bewegung zu setzen, nachdem er in den Kreis der sieben allegorischen Jungfrauen, die den mystischen Wagen umstehn, aufgenommen worden ist. Darin ist wohl die christliche Liebe abgebildet, welche den Verirrten und Verlorenen sucht. Er folgt, muß aber Buße thun, bevor er in den Kreis der sieben Jungfrauen aufgenommen wird, bevor er dem mystischen Wagen sich nähern darf. Seine Aussöhnung mit Beatrice ist zugleich eine Aussöhnung mit der in der mystischen Procession repräsentirten christlichen Kirche; seine Wiederannäherung an Beatrice ist zugleich eine Annäherung an Christus, die Offenbarungsurkunden, die christlichen Tugenden, den Geist Gottes und seine Gaben."

Nicht dieses Anschlußbedürfniß bezeichnet Dantes Halbheit, denn man konnte ein trefflicher Humanist sein, ganz in dem Geiste der Renaissance leben und doch an frommer Gesinnung ein Gefallen finden, sondern der Wahn eines Zusammenstoßes zwischen der Kirche und der Wissenschaft, die Befürchtung, durch eine Hingabe an die letztere die Segnungen der erstern einzubüßen und demgemäß die Hast, jene aufzugeben und sich dieser zu unterwerfen. Dante bleibt ein unsterblicher Dichter und ein großer Geist, aber ein voller Repräsentant der Renaissance kann er nicht genannt werden.

Dantes Andenken wurde unmittelbar nach seinem Tode hochgeehrt. Dichter und Dichterlinge beeiferten sich seinen Ruhm zu verkünden; eine dieser poetischen Grabschriften mag hier in prosaischer Wiedergabe ihren Platz finden.

„Hier liegt die herrliche Säule römischer Beredtsamkeit, hier die Ehre des Erdkreises, der Ruhm des tuscischen Volkes, Zierde und Fürst der Dichter, Dante Alighieri. Durch Neid aus seiner Vaterstadt vertrieben, schmückte er die ganze Erde mit seinem Ruhm. Denn ihm waren weder die Bewegungen der Gestirne noch die Blitze des Himmels verborgen, noch der Sinn der Götter: ihm war die Stimme der Zukunft keine trügerische und die Zeichen der Zeit logen ihm nicht. Nie ward er stolz durch das Glück, entmuthigt durch das Unglück gesehen; wie ein unerschütterlicher Wall stand er jedem Geschick entgegen; von begehrlicher Lust frei, strebte er nur nach der Tugend, nach dem Edlen. Daher konnte der neidische Tod seinen Glanz nicht verwischen: sein Name bleibt heiliger ewiger Erinnerung geweiht und sein Ruhm unvergänglich für die Dauer der Zeiten."

Der Verfasser dieser Grabschrift war Francesco Petrarca.

Drittes Kapitel.

Francesco Petrarca.

Zwischen Dante und Petrarca liegt eine große Kluft. Wollte man nach beliebter Manier den Dichterruhm Beider messen — als wenn solche Dinge überhaupt eine Messung vertrügen — so würde der Petrarcas leicht zu kurz gefunden werden, denn der Gegenstand seiner Dichtung läßt sich weder an Verschiedenheit noch an Erhabenheit mit dem seines Vorgängers vergleichen; erwägt man indessen die Stellung Beider zur Renaissance, so erscheint Dante nur als der Vorläufer, Petrarca aber als der Begründer und Vollender.

Francesco Petrarca ist am 20. Juli 1304 in Arezzo', wo damals seine aus Florenz verbannten Eltern lebten, geboren. Vier Dinge sind bei ihm hauptsächlich zu betrachten: die Art seiner Persönlichkeit, sein Verhältniß zur Wissenschaft, seine Behandlung der Politik und seine Darstellung der Liebe.

Man nennt Petrarca gern den ersten modernen Menschen. Er verdient eine solche Bezeichnung dadurch, daß er mehr als die Meisten vor und nach ihm sich selbst zu erkennen und das Erkannte Anderen darzustellen beflissen ist. Sein Streben nach Selbsterkenntniß durchzieht sein ganzes Leben und darf nicht als unecht bezeichnet werden, obwohl es resultatlos blieb oder wenigstens nicht die beabsichtigte Wirkung einer innern Aenderung, einer Befreiung von den als verderblich erkannten Eigenschaften hervorrief. In mehreren Werken spricht Petrarca von sich: in seinen Briefen, die er in drei Theile theilte: freundschaftliche, Alters-, titellose Briefe (epistolae familiares, seniles, sine titulo), einem Lebenswerk von 40 Büchern, in dem er nicht so ausführlich, wie man wünschen möchte, von den Vorfällen seines äußern Lebens, aber eingehend und mit Behagen von den Zuständen seines Innern spricht; in dem Briefe an die Nachwelt (epistola ad posteros), dem Anfange einer kurzen, freilich kaum die zwei ersten Drittel des Lebens umfassenden Selbstbiographie, in welcher er als ein echter Biograph mindestens gleichen Werth auf die Darstellung seiner Charakterentwicklung als auf die Erzählung einzelner Ereignisse legt; hauptsächlich in seinen Selbstbekenntnissen, die von ihm und den Späteren unter verschiedenen Titeln: Geheimniß, Von Verachtung der Welt, Von dem Kampf seiner Sorgen (Secretum, de contemptu mundi, de conflictu curarum suarum) angeführt, eine Art Rückschau in die Vergangenheit und Vorblick in die Zukunft enthalten, aber freilich weder eine ganz unparteiische Darstellung des Geschehenen noch ein vollkommen zuverlässiges Programm für die zukünftigen Handlungen enthalten. Denn eben auch auf Petrarca und auf ihn vielleicht mehr als auf einen andern, der über sich im Geheimen nachdachte und öffentlich urtheilte, paßt Hettners schönes Wort: „Tagebücher und Selbstbekenntnisse werden, mit Stetigkeit fortgesetzt, immer den Fluch der Eitelkeit an sich tragen; man steht vor dem Spiegel, man stellt sich in künstliche Attituden, man denkt und gestaltet sich als Romanheld." Gleichwohl bleiben diese Selbstbekenntnisse ein merkwürdiges Denkmal der Zeit und ein unentbehrliches Werkzeug zur Erkenntniß des Menschen; trotz vieles Unwahren und manches Eitlen enthalten sie mannigfache Züge wirklichen ungeschminkten Lebens und schon der Versuch der Selbsterkenntniß, wenn auch mit schwachen Mitteln unternommen, ist weniger wegen des Resultats als wegen des Unternehmens selbst ein anziehendes Werk.

In einem oft angeführten Briefe schildert Petrarca, auf welche Weise er zu einer derartigen Selbstschau gekommen. Er bestieg, 32 Jahre alt, mit seinem jüngern Bruder Gerardo, der in Leben und Studium sein lieber, aber willig sich unterordnender Gefährte war, den Mont Ventoux und erreichte nach mancherlei Beschwerden, die der mit seinen Gedanken ernstlich beschäftigte Francesco mehr empfand als der nur des Weges achtende und die Schwierigkeiten desselben sorgfältig vermeidende Gerardo, endlich den Gipfel. „Da stand ich staunend", so schreibt er an Dionisio da Borgo San Sepolcro, den er gern als seinen Beichtvater ansieht (26. April 1335), „unter meinen Füßen schwebten die Wolken, vor meinen Augen ragten in den geliebten Fluren Italiens die schneebedeckten Häupter der Alpen, mir unerreichbar fern und doch so nahe scheinend, als wenn ich sie berühren könnte. Ich glaubte die Luft Italiens zu athmen, sehnte mich mit unglaublicher Lust darnach, Vaterland und Freunde wiederzusehn, schalt aber sogleich diese Lust weichlich und verwerflich. Dann erinnerte ich mich der vergangenen Zeit, ich dachte zurück an die in Bologna zugebrachten Studienjahre und erwog, wie zwar Wünsche und Neigungen sich geändert hätten, wie aber Untugenden und Fehler unverändert geblieben oder stärker geworden seien ... Wiederum lenkte ich den Blick auf das großartige Naturschauspiel, das mich auf den Berg gelockt hatte, sah ringsherum Berge und Thäler, die umliegenden Länder und das Meer und erfreute mich an dem Anblick. Während ich nun das Einzelne betrachtete, bald den Blick in die Tiefe senkte, bald Augen und Geist zum Himmel erhob, da zog ich unwillkürlich Augustins Bekenntnisse aus meiner Tasche hervor, ein Buch, das ich immer bei mir trage, weil es trotz seines geringen Umfangs unendlich reichen Inhalts ist und traf gleich beim Oeffnen desselben auf die Stelle: ‚Da gehen die Menschen hin, bewundern die Gipfel der Berge, die ungeheuren Meereswogen, die breiten Flußbetten, die Weiten des Oceans und das Kreisen der Sterne, vergessen sich aber selbst darob.' Ueber diese Worte erschrak ich, schloß das Buch und zürnte mir selbst wegen meines Anstaunens irdischer Dinge, da ich doch längst von heidnischen Philosophen sogar hatte lernen können, daß der Geist das einzig Große, Bewunderswerthe sei, verließ schweigend den Berg und wandte den Blick vom Aeußern in mein Inneres."

Der Mitveranlasser solcher Stimmung, der Lehrmeister alles Guten, der hl. Augustin, ist daher mit Recht der Unterredner Petrarcas in jenem Selbstbekenntniß, der die Selbstanklagen anzuhören hat und den Ankläger oft kräftig zurechtweist, aber im Grunde seines Herzens doch zu sehr begünstigt, um ihn der Verzweiflung zu überlassen oder gänzlich zu verdammen. Unter den Fehlern, zu deren Bekenntniß der Kirchenvater seinen jungen Freund veranlaßt, der erste, und nach der Meinung des Beichtigers auch der bedeutsamste, ist der „Ruhm bei den Menschen und das Verlangen nach Unsterblichkeit des Namens." Die Ruhmessucht, jene Krankheit, an der alle bedeutenden Männer der Renaissance litten, verzehrte auch Petrarca, spornte ihn an zur Entfaltung seiner geistigen Kraft, wenn sie auch keineswegs die einzige Erregerin edler Anstrengungen war, und verließ ihn nicht, auch nachdem sie von ihm in ihrer Verderblichkeit erkannt worden war. Mag Augustin immerhin, um solche Sucht zu ertödten, auf die Vergänglichkeit des Irdischen und auf den Neid der Genossen oder kraftloser Nachfolger hinweisen, welcher den Ruf eines Schriftstellers angreife und vernichte, noch schneller als die Bewunderung der Früheren ihn geschaffen habe; mag er auch den Tod als den Zerstörer aller weltlichen Schätze deuten und sittliches Streben, für welches der Lohn uns im Herzen gewährt wird, der geistigen Arbeit vorziehn, welche nach Anerkennung der Mitstrebenden geizt, so konnte er mit seiner Arznei, die schon für den Einzelnen zu schwach war, unmöglich die Krankheit eines ganzen Geschlechtes heilen. Daher hätte er sich, wenn er wirklich Petrarcas Berather gewesen wäre, nicht darüber wundern dürfen, daß sein Schützling bis ans Ende seines Lebens nach Ruhm verlangte, daß er die höchste Ehre, die ein Schriftsteller genießen konnte, die Dichterkrönung, auch nachdem er ihrer und aller Schmerzen theilhaftig geworden war, welche die Mißgunst kleinlicher Kunstgenossen oder die Verachtung hochmüthiger Wissenschaftsfeinde bereiten konnte, als erstrebenswerthes Ziel und befriedigendsten Lohn seiner Anstrengungen betrachtete. Er hätte es begreiflich finden müssen, daß Petrarca diejenigen seiner Schriften am höchsten stellte, welche als Verherrlichung eines großen Stoffs oder als Forschungen in dem Gebiete des Alterthums ihm bei den Gelehrten und durch sie bei der Nachwelt Ehre einbrachten (z. B. Afrika, Römische Geschichte, philosophische Schriften, Sonette), nicht aber diejenigen, durch welche er zum Gemüth der Mitlebenden sprach, Gefühle der Liebe oder des Hasses, die in ihm lebten, auch in Anderen entzündete, die Wehklagenden tröstete und dem Jauchzenden die Worte lieh, mit denen er seine Freude auszudrücken vermochte. Konnte er ja doch das feuchte Auge des Liebenden nicht sehn, das dankerfüllt zu seinem Bilde aufschaute und die aus gepreßtem Herzen gestammelte bewundernde Anerkennung nicht vernehmen, die sich einem Liebeskranken entrang, aber die Geschenke der Großen und die lobpreisenden Briefe der Gleichstrebenden, die verherrlichenden Dekrete der Städte und die Bemühungen der Fürsten, ihn in ihren Dienst zu ziehen, den Eifer der Florentiner, das an seinem Vater verschuldete Unrecht wieder gut zu machen und den großen Sohn als ihren Mitbürger zu begrüßen, den triumphähnlichen Einzug, welchen ihm die Aretiner bereiteten, geneigt, sein Geburtshaus als bleibendes Denkmal ihres eignen Ruhmes zu bewahren, die freudetrunkene Begrüßung, die ein alter erblindeter Schulmeister von Pontremoli ihm zu Theil werden ließ, und die fürstliche Bewirthung, mit der ein für die Literatur schwärmender Bürger aus Bergamo, ein ehemaliger Goldschmied, ihn bei sich aufnahm, — das Alles waren ihm so herzerquickende, lautredende Zeugnisse des Ruhms, daß er lieber dem Leben entsagt, als auf sie verzichtet hätte.

Die zweite Krankheit, von der Petrarca geheilt zu werden wünscht, ist die Acedia. Weder das Wort, noch der Begriff ist von Petrarcas Erfindung. Das Wort ist vielmehr schon von Apollonius Rhodius, dem Philosophen und Dichter (ca. 250 — 200 v. Chr.) gebraucht und durch Ciceros Vermittlung den mittelalterlichen Denkern überwiesen; der Begriff, der uralte, bald belobte, bald getadelte der Passivität, der Gleichgültigkeit gegenüber den Sorgen der Welt, wurde von der katholischen Moraltheologie als die „Unlust am geistlichen Gut, soweit es eine göttliche Gabe" ist, bezeichnet und verdammt. Während des Mittelalters sodann war die Acedia eine Klosterkrankheit, welche die Mönche häufig ergriff, nach der Analyse eines mönchischen Berichterstatters „eine aus Geistesverwirrung entstehende Traurigkeit oder Ekel und eine unmäßige Geistesbekümmerniß, durch welche die geistliche Fröhlichkeit vernichtet und der Geist wie aus einem Verzweiflungsabgrunde in sich selbst gekehrt wird." Die Acedia aber blieb nicht in den Klostermauern und rettete sich aus der durch die Renaissance vernichteten Mönchscultur, aber sie verwandelte sich zunächst bei Dante, dem Begründer einer neuen Epoche, gemäß der veränderten Anschauung in eine weltliche Krankheit, dergestalt, daß die mit ihr Behafteten „trüb in dem süßen, sonnenheitern Luftkreis" waren, daß sie von dem „trägen Feuer", der Unlust am Guten, der geringen Empfänglichkeit für die Freuden der Welt verzehrt wurden. Bei Petrarca nun gelangt die Krankheit in die dritte höchste Phase. Jetzt ist sie keine geistliche Sünde mehr, die den Gläubigen von der himmlischen Seligkeit ausschließen möchte, kein weltliches Leiden, das den Unbrauchbaren aus der Gesellschaft der Fröhlichen verbannt, sondern sie wird zu einem echt menschlichen Leiden, von dem gerade die Tüchtigsten heimgesucht werden, dem Kampfe nämlich zwischen Wesen und Schein, der Anstrengung, die Oede der Alltäglichkeit durch philosophisches Denken auszufüllen, dem unseligen Zustande, der durch den Nachhall früherer Leiden und durch die Vorahnung künftiger Pein hervorgerufen wird, der Verzweiflung, welche durch einen Vergleich der sichern Ruhe der Meisten und der qualvollen Unruhe des eignen Innern entsteht, dem Bewußtsein, daß die Wirkungen des Strebens und Schaffens den Anstrengungen nicht entsprechen, endlich zu der Erkenntniß, daß das Menschenleben ein ewiger unwürdiger und verwirrter Kreislauf ist, in welchem der Schlechtere voraneilt und der Bessere zurückbleibt. Nenne man einen solchen Zustand, um statt des Wortes Acedia einen den Modernen verständlichen Ausdruck zu gebrauchen, Pessimismus, Melancholie oder Weltschmerz, man wird jenes qualvolle, jeder bestimmten Bezeichnung spottende und wegen seiner engen Verknüpfung mit der strebenden und irrenden Menschennatur unheilbare Gefühl nie vollständig ausdrücken, das Verlangen, nämlich die Menschen zu fördern und doch von ihnen entfernt zu sein, der Erste zu heißen und doch in goldner Mittelmäßigkeit sich wohl zu fühlen, ernster Thätigkeit sich hinzugeben und doch der Beschaulichkeit sich zu widmen.

Andere Fehler als: das Vertrauen auf seinen Geist, Stolz auf seine Beredtsamkeit, Hochhalten von Kraft und Schönheit, Streben nach irdischen Dingen, von denen Petrarca sich keineswegs frei wähnt, hält er doch für minder bedeutend, noch andere, deren er von Anderen bezichtigt worden: Neid, Zorn und Schwelgerei, erklärt er als fern von seiner Natur. Dagegen bekennt er sich als Leidenden an einer Krankheit, die an Gefährlichkeit und Unbesiegbarkeit der Ruhmsucht und der Acedia gleichkomme, nämlich der Liebe.

Die Acedia erscheint durchaus als eine moderne Krankheit, die Ruhmsucht als eine Eigentümlichkeit der Kinder der Renaissance, die Liebe, ein so allgemeines Gefühl sie ist, ist doch bei Petrarca nicht zu verstehn ohne Hinblick auf die im späten Mittelalter herrschende Auffassung derselben und die Darstellung, welche sie bei den Troubadours gefunden hatte. Wie der Mariencultus einerseits, die Verehrung der verheiratheten Frau andrerseits die Liebesdichtung der Troubadours bestimmen, so üben sie auch ihre Einwirkung auf Petrarcas Empfindung und auf den Ausdruck dieser Empfindung. Und so seltsam es klingen mag: die Ruhmessehnsucht und die Acedia treten hinzu, um seinem Gefühl eine eigenartige Ausprägung zu geben. Jene bestimmt ihn, nachdem er kaum von der Liebe erregt worden, zu dem Wunsche, Lauras Namen der Unsterblichkeit zu weihen und zu der Hoffnung, durch seine Zärtlichkeit und Treue für sich neuen Anspruch auf Ruhm zu gewinnen, diese zwingt ihn, auch in der Liebe das Schmerzliche zu suchen, das er aus jeder Empfindung herauszuziehen und in sie hineinzulegen weiß, mit einer Art von Wollust am Wehklagen sich zu laben und jedes aufkeimende Frohgefühl als eine Sünde gegen seine Auffassung der Liebe zu verbannen. Nichtsdestoweniger ist seine Liebe eine wahrhafte und keine blos gedachte, und wer aus den Spielereien mit dem Namen Laura und seiner Ausdeutung als l'aura = die Luft und lauro = der Lorbeer den Schluß ziehen wollte, daß die ganze Liebe eine Spielerei war, der würde einen ähnlichen Fehlschuß thun, wie die Vielen, welche früher Laura als kein wirkliches menschliches Wesen, sondern als eine fingirte Person erklären zu müssen meinten. Freilich Sinnlichkeit und Leidenschaft, soweit solche überhaupt einer verheiratheten Frau zugewendet werden können, die ihrem Gatten eine zahlreiche Nachkommenschaft schenkt — denn von der Jungfräulichkeit der Laura kann gegenüber dem ausdrücklichen Zeugniß Petrarcas: corpus illud egregium multis partubus (aber keineswegs perturbationibus) exhaustum durchaus nicht die Rede sein — verschwinden allmählich oder ganz im Laufe einer Reihe von Jahren. Die ursprünglich einer irdischen Frau gewidmete Liebe wird alles Begehrens und alles eigentlich irdischen Wesens entkleidet, wenn sie einer zwanzig Jahre und länger im Grabe Ruhenden geweiht wird, aber doch bleibt der Herzensseufzer: „O wäre es Heuchelei und nicht Wahnsinn", mit welchem Petrarca die spöttische Bemerkung eines Freundes, er habe den Namen der Laura nur erfunden, damit er ihn verherrlichen könne, beantwortete und zugleich zurückwies, ein Ausdruck ernster Gesinnung und wahrhaften Gefühls.

Die Vergehen, deren sich Petrarca anklagt oder durch Augustin anklagen läßt, machen einen Theil seines Wesens aus, aber sie erschöpfen es nicht; sie alle bezeichnen Eigenschaften, zu deren Bewährung Petrarca kaum nöthig hatte, mit Anderen in Berührung zu kommen. Will man indessen sein Wesen wahrhaft erfassen, so muß man ihn im Verkehr mit Anderen betrachten, muß außer dem Liebenden den Freund zu erkennen suchen. Petrarca ist denen, die ihm freundlich begegneten, die ihm als gleichstehende Genossen oder als hülfesuchende Jünger nahetraten, wahrhaft ein Freund gewesen und doch hat er für den Freundschaftscultus, den er übt, im Alterthum direkte Vorbilder, nicht blos zufällige Anklänge. Gewiß schwebte ihm, als er seine Freundschaftsbriefe zu sammeln, ja vielleicht als er sie zu schreiben begann, die Sammlung Ciceros an Attikus als leuchtendes Muster vor, auch mochte er, sobald er ein Freundschaftsbündniß schloß, die Gedanken an ein berühmtes Römerpaar nicht unterdrücken, aber er war eine viel zu innerliche Natur, als daß er das edelste Gefühl, das der Mann dem Manne zu bieten vermag, bei Fremden erborgt hätte. Selbst aus den durchaus rhetorisch gehaltenen Briefen klingt die Sehnsucht nach der Freundschaft und die Empfänglichkeit für dieselbe durch; man kennt Männer genug, die an Rang und Stellung ziemlich niedrig standen und doch Petrarcas Freunde waren, um die Meinung, Petrarca habe nur diejenigen zu Freunden gewählt, die Mittel genug besaßen, ihm Gunstbezeugungen zu erweisen, als irrig zu verwerfen; man kennt reelle Dienste genug, welche Petrarca seinen Freunden leistete, um zu erkennen, daß er die volle Gegenseitigkeit als Grundlage und Wesen der Freundschaft betrachtete. Darum scheute er sich nicht, Häßliches zu tadeln, wie er Lobwürdiges zu rühmen wußte, darum verabscheute er den Argwohn wie tödtliches Gift, und verließ einen Genossen, wenn dieser sich durch unrühmliche Handlungen oder schlechte Gesinnungen als ein Unwürdiger bewiesen hatte. Für die Echtheit seiner Freundschaft am entschiedensten aber spricht vielleicht der Umstand, daß er auch Haß empfinden und Feindschaft fühlen konnte, daß er, ohne sich gerade in Streitigkeiten zu gefallen, als Angegriffner ein heftiges Wort zurückgeben, oder als Angreifer schlimme Eigenschaften des Gegners schonungslos ans Licht zu ziehen verstand.

Er halte keine Zeit, so schrieb Petrarca einmal, für weniger verloren als die, welche nächst Gott den Freunden gewidmet werde. Nächst Gott, denn über den Menschen stand ihm Gott, und Gottesdienst sollte nicht durch Menschendienst verdrängt werden. Petrarca besaß geistliche Beneficien und war Priester, aber der Besitz jener, und die Zugehörigkeit zum Priesterstande bedingte nicht wahrhaft geistliche Gesinnung. In hohem Grade wird jene durch heftige Worte gegen unwürdige Priester und unpäpstliche Päpste bewiesen, aber sie wird unumstößlich als echt bezeugt durch strenge Beobachtung der geistlichen Gebräuche, durch Verehrung der kirchlichen Schriftsteller, durch geistliche Gesänge und prosaische religiöse Tractate, die er zu seiner eignen Erhebung und zur Erbauung Anderer verfaßte.

Kirchenglaube aber war bei ihm mit wissenschaftlicher Ueberzeugung vereint, beide sollten friedlich neben einander bestehn, nicht eifersüchtig um die Herrschaft kämpfen. Erhob sich aber unter ihnen ein Streit, in welchem Unduldsamkeit und Gewalt sich allein die Herrschaft verschaffen zu können meinten, so trat er auf die Seite der bedrängten oder unterliegenden Partei. Nun aber hat die wahre Wissenschaft zu keiner Zeit Verlangen getragen, sich die Theologie zu unterwerfen, die Theologie dagegen fühlte zu manchen Zeiten das Begehren, über die Wissenschaft zu triumphiren; solchem Begehren gegenüber war den freien Geistern ihre Bahn vorgezeichnet. Zu Petrarcas schönsten Ruhmestiteln gehört es nun, daß er trotz der vorherrschenden Richtung seiner Zeit, trotz seiner Hinneigung zur Religion und seiner Vorliebe zum geistlichen Berufe seinem wahren Geistespriesterthum niemals untreu wurde und daß er, wenn er auch vielleicht in einem Streite der Fakultäten der theologischen als der ältesten den Vorrang hätte geben mögen, bei der Wahl zwischen selbständiger Geistesthätigkeit und sklavischer Geistesbevormundung immerdar auf Seiten der Wissenschaft stand.

Petrarca ist Humanist, Verehrer Roms und begeisterter Pfleger der lateinischen Sprache. Diese Begeisterung verleitete ihn zur Einseitigkeit, dergestalt, daß er den Griechen abgeneigt wurde und trotz der häufig verkündeten Liebe zur griechischen Sprache und Literatur in beiden zeitlebens ein Unkundiger blieb. Seine Versuche griechisch zu lernen scheiterten an der eignen Unlust und an der Unfähigkeit seiner Lehrer, der wandernden Griechen, welche ihm der Zufall zuführte; das Exemplar der homerischen Gedichte, das ihm durch Freundeshand zu Theil geworden war, blieb ihm zeitlebens ein verschlossenes Buch.

Lateinisch aber war die Sprache, die er gern schrieb und redete und die er, wenn auch nicht kunstvoll, so doch selbständig gestaltete. Petrarca ist in seiner Sprache kein Classiker, kein Muster des Stils nach dem Sinne der Späteren, welche die möglichst treue Wiedergabe der römischen Sprache schön und rühmenswerth nannten, aber er ist mehr, nämlich ein Lateiner von eigenartigem Sprechen und Denken. „Die lateinisch schreibenden Schriftsteller", sagt Schopenhauer einmal, „welche den Stil der Alten nachahmen, gleichen doch eigentlich den Masken, man hört nämlich wohl, was sie sagen, aber man sieht nicht dazu ihre Physiognomie, den Stil. Wohl aber sieht man auch diesen in den lateinischen Schriften der Selbstdenker, als welche sich zu jener Nachahmung nicht bequemt haben, z. B. Petrarca."

Seine schriftstellerische Eigenart zeigt sich in vier Classen lateinischer Schriften: in den Gedichten, Geschichtswerken, philosophischen Untersuchungen und polemischen Tractaten.

Er schätzt die Poesie sehr hoch, er vergleicht die Dichter, weit entfernt davon, sie nach dem Vorgange einzelner Poesieverächter Lügner zu nennen, mit Propheten, und erklärt sie für ebenso seltene und wunderbare Erscheinungen als diese; er verlangt von dem Dichter die Entfernung von Eitlem und Nichtigem und das Streben nach Wahrheit, aber er will gemäß den Anschauungen jener Zeit Wahrheit unter Allegorie verstecken; „die Wirklichkeit solle mit künstlichen Farben bemalt und mit der Hülle einer anmuthigen Fiction bedeckt sein, bei deren Wegnahme die Wahrheit klar hervorleuchte, die um so mächtiger wirke, je schwieriger sie gefunden würde."

Für Denjenigen nun, der so hohen Aufgaben genügt, verlangte Petrarca den höchsten Lohn, den poetischen Lorbeer. Aufforderungen, denselben anzunehmen, erhielt er von zwei Städten, von Paris und Rom, wie er erzählt, an demselben Tage; er schwankte wohl schwerlich, obwohl er eine Weile unentschlossen gewesen zu sein vorgibt, denn Rom zog ihn mit aller Macht. Um indessen seine Würdigkeit zu erkunden, an der er in wirklicher oder angenommener Bescheidenheit zweifelte, unterwarf er sich einer Prüfung bei König Robert von Neapel und erst, nachdem er diese glücklich bestanden, reiste er nach Rom. Dort fand am 8. April 1341 unter Zuströmen und Zujauchzen der Menge und unter begeisterter Theilnahme der Freunde die Krönung statt. Voran ging eine Rede — sie ist erst neuerdings bekannt geworden, — in welcher Petrarca, an einen Vers Virgils anknüpfend, Heidnisches und Christliches fromm verschmelzend, von den schweren Aufgaben des Poeten, den Hindernissen, die sich ihm in den Weg gestellt hätten, und der Ermuthigung sprach, welche er aus der Erinnerung an die Vergangenheit und aus der Liebe zum Vaterlande geschöpft habe, auf die Bedeutung und hohe Aufgabe der Dichtkunst hinwies, das Wesen und den Ruhm des Lorbeerkranzes begeistert pries. Dann folgte die Krönung, Reden zum Lobe des Gekrönten von Orso di Anguillara und Stefano Colonna; der Zug vom Capitol nach St. Peter, wo der Dichter die Kränze aufhing; endlich ein Festmahl bei Colonna. Indessen nicht diese einzelnen Festlichkeiten machen die Bedeutung dieses Ereignisses aus; vielmehr ist die Thatsache der Krönung selbst ein Ereigniß von höchstem geschichtlichem Werth. „Die Krönung Petrarcas auf dem Capitol", mit diesen herrlichen Worten bestimmt Gregorovius die Bedeutung des Festes, „eröffnete in Wahrheit ein neues Jahrhundert der Cultur. Mitten unter den Freveln der Parteikämpfe, in der düstern Verlassenheit Roms glänzte der Ehrentag des Dichters von dem leuchtenden Lichte reiner Menschlichkeit. Er rief vom Capitol herab der in Haß und Aberglauben versunkenen Welt ins Bewußtsein zurück, daß die erlösende Arbeit des Geistes ihr ewiges Bedürfniß, ihr höchster Beruf und ihr schönster Triumph sei." Auf Petrarcas Geistes- und Gemüthsleben jedoch übte die Krönung keine nachhaltige Wirkung aus. So wenig das offene Bekenntniß seiner Fehler und Sünden ihn freier und besser machte, so wenig verschaffte ihm die öffentliche Anerkennung der Besten wahrhafte Selbstachtung und größeres Glück; nach wie vor kämpfte er vergeblich an wider den Neid der Zeitgenossen und schwankte hin und her zwischen Ueberschätzung und Unterschätzung des eignen dichterischen Vermögens.

Die lateinischen Dichtungen, welche Petrarca den Lorbeerkranz verschafften — denn nur die lateinischen wurden von den Krönenden beachtet — waren die poetischen Briefe, das bukolische Gedicht, die Afrika.

Die 77 poetischen Briefe sind unter diesen Werken bei weitem das Bedeutendste. Sie sind ein dichterischer Commentar zu Petrarcas Leben und enthalten Schilderungen und Betrachtungen über einzelne Vorfälle, Lob seiner Freunde und Genossen, Verherrlichung Italiens und seiner Fürsten. Neben den äußeren Ereignissen aber, die in seinem und Anderer Leben eine Rolle spielen, ist es vor Allem die Dichtkunst, mit der er sich auch in dieser Dichtung beschäftigt, Unwürdige und Unfähige, mochten sie auch sonst tüchtig und hochgestellt sein, aus den heiligen Hallen verweisend — scheute er sich doch überhaupt nicht, Männer, die er achtete, ja hoch verehrte, Cola di Rienzi und Cicero für unwürdig des Dichternamens zu erklären — Dichtkunst und Reimfertigkeit streng von einander scheidend. Durch Hinblick auf die Verderbnisse der Literatur, ebenso wie auf die verwirrten Zustände seines Landes trübt sich der Blick des Dichters: er wird mit Grauen erfüllt durch die entsetzensvolle Gegenwart und spricht den vergeblichen Wunsch aus, seiner Zeit entrückt und als Genosse einer frühern oder spätern Epoche geboren zu sein.

Aehnliche Wünsche und Hoffnungen, Gesinnungen und Befürchtungen finden sich in dem bukolischen Gedicht, das damals so beliebt war, daß seine 12 Eklogen in 11 Tagen von einem begeisterten Anhänger auswendig gelernt wurden, das jetzt indessen nur geringen Beifall finden kann. Was damals nämlich den Genuß erhöhte, vermindert ihn heute: das Hirtengewand der Dichtung, die Anspielungen und Andeutungen, in denen sich der Dichter gefällt. Wir scheuen uns nicht, der tiefen Weisheitslehre einer Dichtung nachzuspüren, die sich nicht sogleich bei oberflächlicher Lektüre ergibt, aber wir verdammen mit Recht das Häufen von äußerlichen Schwierigkeiten, die das Verständniß auf Schritt und Tritt hemmen, deren Auflösung aber das Behagen nicht steigert. Was aber hier die Hirten einander erzählen — der eine der Unterredner ist gewöhnlich der Dichter selbst, der andere der König von Frankreich, England, der Papst, die römische Kirche, der Cardinal Colonna, Cola di Rienzi u. A. — das ist so unklar und andeutungsweise ausgedrückt, daß schon die Zeitgenossen nach einer Deutung verlangten und wir selbst mit Hilfe commentirender Briefe Petrarcas, ausführlicher Erklärungen seiner Zeitgenossen und fleißiger Zusammenstellungen neuerer Forscher nicht Weniges im Ungewissen lassen müssen. Der Inhalt des Werkes ist politisch und moralisch, allgemein und persönlich: die Ermordung des Königs Andreas von Neapel wird ebensowohl wie das Streben nach Tugend und Vervollkommnung behandelt, die Kämpfe zwischen Frankreich und England ebenso wie die Zwistigkeiten Petrarcas mit dem Hause Colonna; der Freundschaft und der Liebe wird oft gedacht und beide Empfindungen sind in dem Gemüth des Dichters stark genug, um durch die Allegorie hindurch klar und kräftig zu erscheinen.

Die Liebe ist es sodann auch, welche dem Dichter eine der schönsten Stellen seines Epos Afrika eingegeben hat. Die Schilderung des Liebespaares Masinissa und Sophonisbe nämlich gemahnt an die trefflichsten Schöpfungen des Dichters; die Schönheit der numidischen Prinzessin wird mit Ausdrücken beschrieben, die als Entlehnungen aus den liebetrunkenen Darstellungen der Sonette gelten können. Außer der Liebe kommt in dieser merkwürdigen epischen Dichtung das patriotische Gefühl zum Ausdruck: indem der Dichter den Kampf Scipios mit Carthago berichtet, will er von der Glanzperiode des alten Rom erzählen und ergötzt sich, hinweisend auf Roms Herrlichkeit in der vorscipionischen Zeit und durch Andeutungen der Weltherrschaftsperiode, in welche Rom nach Beendigung der punischen Kriege trat, an der Größe der Stadt, die er für den Mittelpunkt der Welt und für seine wahre Heimath hielt. Das Aussprechen von Liebesempfindungen und die Darstellung patriotischen Gefühls bilden nur Episoden in dem epischen Gedichte; das Epos selbst soll erzählen. Die Erzählung aber, welche Petrarca gibt mit ihren unendlichen Reden und ihren zahllosen Abschweifungen, interessirt wenig, nicht des behandelten Stoffes wegen, als welcher vielmehr gerade für ein Epos durchaus geeignet ist, sondern wegen der Art der Behandlung. Daher kann man den großen Ruhm, welchen Petrarcas Epos erhielt, nur aus der wunderbaren Stellung, die der Dichter einnahm und aus der critiklosen Bewunderung seiner Verehrer erklären, selbst wenn diese ein Colluccio Salutato, ja auch ein Boccaccio waren und man wird dem Dichter, der ursprünglich unter den Lobrednern seines Werks nicht der letzte gewesen war, recht geben, daß er später dasselbe mißbilligte, seine Veröffentlichung verhinderte, einem Freunde zürnte, als dieser einige Verse daraus bekannt machte und zuletzt ernstlich daran dachte, die nie ganz vollendete Arbeit, die er ehedem so hoch gehalten hatte, zu vernichten.

Die Afrika, als eine Mischung von historischer Darstellung und dichterischer Erfindung, bietet den Uebergang zu den historischen Werken, in denen

Petrarca als nüchterner, bisweilen critischer Berichterstatter von vergangenen Tagen redet, ohne seine dichterische Phantasie walten zu lassen und von den Vorfällen vergangener Tage höchstens Abschweifungen macht auf seine Zeitgenossen und auf sich selbst. Er spricht als Critiker, indem er z. B. das angeblich von Caesar und Nero ertheilte österreichische Privilegium aus inneren und äußeren Gründen, die er treffend entwickelt, als eine Fälschung späterer Tage nachweist oder indem er den Versuch Virgils, Aeneas und Dido zu Zeitgenossen zu machen, als gänzlich ungeschichtlich ablehnt. Als Erzähler charakteristischer Züge von Mitlebenden erscheint er dadurch, daß er Anekdoten z. B. von Dante und König Robert von Neapel berichtet.

Die Mittheilungen letzterer Art finden sich in der großen unvollendeten Sammlung von merkwürdigen Dingen (de rebus memorandis), welche eine Art von Gesammtdarstellung der menschlichen Eigenschaften und Kenntnisse in bezeichnenden Aussprüchen und seltsamen Vorfällen aus dem Leben hervorragender Männer werden sollte. Bei einer derartigen Sammlung wußte Petrarca seine umfassende Kenntniß und scharfsinnige Benutzung der römischen Historiker zu bewähren — es bleibt Aufgabe der Forschung, für die einzelnen von ihm mitgetheilten Erzählungen die Quellen nachzuweisen — und lieferte dadurch den Unkundigen seiner Zeit einen Ersatz für die ihnen verschlossene Quelle, den Kundigen eine bequeme Wiederholung des Frühergelesenen. Außer den gelehrten Mittheilungen enthält indessen das Werk Stellen genug, welche Petrarcas Lust zu Selbstbekenntnissen verrathen und seine für jene Zeit seltne Vorurtheilslosigkeit bekunden. Unter den Bekenntnissen ist besonders das eine hervorzuheben, daß auch er ein Beispiel für die vergebliche Bemühung darbiete, der Natur zu widerstehen: dem Willen der Eltern folgend, habe er eine Zeit lang Jurisprudenz getrieben, aber er habe der Natur Folge leisten und trotz des kindlichen Gehorsams den Humanitätsstudien sich hingeben müssen. Die Vorurtheilslosigkeit aber bewies er durch seinen Kampf gegen den Glauben an Wunder, Vorzeichen, Vorbedeutungen und Ahnungen, den er, so vielfach er auch bezeugt sein möge, nicht gelten lassen will; nur die Orakel, vielleicht in frommer Scheu vor dem Glauben des Alterthums, wagt er nicht zu bespötteln und nicht zu bestreiten.

Dem Alterthum, dem Petrarca in derartig heiliger Scheu entgegentritt, ist der Haupttheil dieses Buches gewidmet, neben den Romani und externi (Griechen und Barbaren) sind die recentiores (Neueren) nur in sehr mäßiger Anzahl vertreten; dem Alterthum ausschließlich wendet sich sein zweites Geschichtswerk zu, dessen italienische Uebersetzung längst bekannt, dessen lateinischer Originaltext aber erst vor einigen Jahren veröffentlicht worden ist. Es sind die „Lebensbeschreibungen berühmter Männer", oder, wie man richtiger sagen kann, „bedeutender Römer", denn von den 31 Biographieen sind nur zwei Ausländern und zwar Hannibal und Alexander dem Großen gewidmet. Die Einführung des Alexander Macedo in einen ihm räumlich und einigermaßen auch zeitlich fernliegenden Kreis wird gleichsam entschuldigt durch den Anschluß dieser Biographie an die des Papirius Cursor; dieser, so heißt es, wäre der einzig geeignete Lehrer gewesen, wenn Alexander, wie die Sage ging, nach Italien hätte kommen wollen. Ein Bewunderer Alexanders ist Petrarca keineswegs. Vielmehr tadelt er die Schriftsteller, die ihn zum Musterbild der Größe machen wollen, die ihn „Beherrscher der Welt" nennen, während er doch weder Rom, „das damals bereits zu blühen angefangen", noch Deutschland noch andere Länder besessen habe, die ihn groß nennen, obwohl doch seine Thaten mehr zahlreich als wirklich tapfer seien, die ihn als einen römischer Krieger würdigen Gegner bezeichnen wollen, obgleich einer seiner Verwandten, der doch nur Bruttier und Lukaner angegriffen, aber nicht zu besiegen vermocht, gesagt hätte: er sei wirklich auf Männer, Alexander aber nur auf Weiber gestoßen. Daß sodann der zweite Ausländer Hannibal erwähnt wurde, war in Petrarcas Auffassung der römischen Geschichte begründet, galt ihm doch die Epoche des zweiten punischen Kriegs als die Glanzperiode der Vorzeit, die daher auch mit großer Ausführlichkeit und vollem Behagen dargestellt werden müßte. Im Gegensatz zu dieser Fülle der Mittheilungen über die Kämpfe gegen die Carthager steht die Dürftigkeit der Berichte über die Zeit der Bürgerkriege — Sulla fehlt z. B. völlig —, nur Caesar wird mit einer die sonstige Oekonomie des Werkes störenden Ausführlichkeit behandelt. Freilich auch diese Biographie ist keine geschichtliche Musterleistung; ihre Hauptquelle ist Sueton; ihre Eigenthümlichkeit besteht nicht in critischer Durcharbeitung des Materials, sondern in lebhafter Erzählungsweise, häufiger Anführung classischer Zeugen, lebhafter Anerkennung, ja Bewunderung Caesars und heftiger Wendungen gegen die Wahrheit der Träume und den Werth der Astrologie. Petrarca faßte in der Einleitung zu seinem Werke die Bedeutung desselben dahin zusammen, daß er nicht ein Friedensstifter unter den Geschichtschreibern, sondern ein Nachahmer Derjenigen, welche größere Wahrscheinlichkeit und mehr Ansehn besäßen, sein wolle, daß er nicht Alles erzählen, sondern nur hervorragende Beweise von Tugend oder Laster anführen wolle. In dem Aussprechen der letzten Absicht liegt das Bekenntniß der Tendenz: das Geschichtswerk sollte lehren, die Zeitgenossen sollten durch die antike Weisheit, Vaterlandsliebe, Unbescholtenheit und Tapferkeit zu ähnlichen Thaten wie die Vorfahren ermuntert werden.

Petrarcas philosophische Schriften stehen mit seinen historischen in näherer Beziehung als man auf den ersten Anblick glaubt: die historischen Schriften wollen durch ihren Unterricht über vergangene Ereignisse gewisse Lehren begründen; die philosophischen bemühen sich, ihre Grundsätze durch Anführung zahlreicher Beispiele zu bestätigen. Von geringerm Umfang und Werth sind unter denselben zwei: de ocio religiosorum (von der Muße der Mönche) und de vera sapientia (von der wahren Weisheit); von bedeutendem Werth und daher hier ausschließlich zu betrachten die beiden größeren Arbeiten de vita solitaria (über das einsame Leben) und de remediis utriusque fortunae (über die Heilmittel in Glück und Unglück).

An der erstern Schrift arbeitete Petrarca zwanzig Jahre (1346—1366) und verkündete in derselben die Grundsätze seines ganzen Lebens: Er, der „große Einsame", der, ursprünglich vielleicht von der Lust nach etwas Besonderm getrieben, später aber aus wahrhafter Neigung die Einsamkeit aufsuchte und die Ruhe an dem Flüßchen Sorgue und dem romantischen Vaucluse den Schönheiten aller Länder vorzog, wollte nun seine Privatneigung zur allgemeinen erheben und das, woran er Gefallen fand, als nothwendig zur Glückseligkeit Aller erweisen. Voran geht eine Theorie des einsamen Lebens: nicht der Haß gegen die Menschen, sondern die Erkenntniß, daß die Ausbildung des eignen Geistes und Charakters die erste und vornehmste Pflicht sei, nöthige zur Einsamkeit; nur der Gelehrte indessen könne die Süßigkeit derselben kosten, dem Ungelehrten sei sie der Tod; Einsamkeit bedeute nicht Entfremdung von den Menschen, vielmehr bleibe die Freundschaft auch für den Einsamen Bedürfniß und Genuß. Der Theorie folgt die praktische Anwendung, die Herbeischaffung einer „Wolke von Zeugen"; das classische Alterthum, das alte und neue Testament, das christliche Mittelalter muß seine Repräsentanten liefern, die Zeugniß für Nutzen und Werth der Einsamkeit abzulegen haben. Wie Petrarca indessen in seinen historischen Werken in die Erinnerungen an die Vergangenheit Erwähnungen seiner Zeit hineinwebt, so bemüht er sich auch in den philosophischen Schriften, oft an ungehörigen Orten, das Interesse an den Zuständen, die er mitanschaute, zu bekunden. Zu solchen Abschweifungen gehört ein Vergleich der damaligen und der früheren Herrscher und eine Bevorzugung der letzteren, „unsere Könige lieben nur sinnlichen Zeitvertreib und unsere Päpste nichts als Reichthümer"; Wendungen gegen den Papst (gemeint ist meist Clemens VI.), der Rom verlassen und an Stelle der ewigen Stadt die Fremde aufgesucht habe, gegen Deutschland „das bezahlte Räuber zum Untergange unsers Staats waffne und aus seinen Wolken einen eisernen Regen auf unser Land herabgieße" und gegen Karl IV, „der, nachdem er die Krone geraubt, gen Deutschland zurückgezogen sei, zufrieden mit seinen heimischen Schlupfwinkeln und dem bloßen Namen der Herrschaft." Erkennt man in solchen Aeußerungen den eifrigen Patrioten, so ist man erstaunt, in anderen den Weltbürger zu finden, der vor Anhänglichkeit an die Heimath warnt, „wenn Jemand durch Zufall ein ungerechtes Vaterland erlangt habe" und die willige Hingabe des Lebens nur anräth „für das himmlische Vaterland Jerusalem" (2. Tract. 4. Buch).

Derartige weltbürgerliche oder richtiger das Irdische verachtende Gedanken finden sich auch in dem zweiten philosophischen Hauptwerke: Ueber die Heilmittel in Glück und Unglück. Da wird in zwei Dialogen (II, 67 und 124) — die Weisheitsrednerin und Schlichterin der Streitigkeiten in beiden Theilen des Werks ist die Vernunft (ratio), ihre Widerredner im ersten Theile sind Freude und Hoffnung (gaudium et spes), im zweiten

Schmerz und Furcht (dolor et metus) — die Frage des Exils und der Vaterlandsliebe erörtert. Die Verbannung, heißt es, sei niemals ungerecht, denn werde sie seitens eines Königs verhängt, so könne sie nie Zeichen seiner Ungerechtigkeit sein, seitens eines Tyrannen, so sei sie eine Ehre für den Betroffenen, seitens des wetterwendischen und gegen die Guten beständig gereizten Volkes, so sei sie keine Vertreibung, sondern eine wünschenswerthe Entfernung von den Schlechten. Auch andere politische Bemerkungen erregen Interesse, z. B. gegen Geburtsadel: „Selten ist der Sohn eines trefflichen Mannes dem Vater ähnlich", oder: „Ein wahrhafter Adliger wird nicht geboren, sondern allmählich gebildet." Neben den politischen stehen literarische und culturhistorische Bemerkungen: einmal (lib. I, dial. 32) wird die Thatsache erwähnt, daß die Franzosen bessere Jäger seien als die Italiener, ein andermal (lib. I, dial. 42) mit Schmerz der Ausspruch eines vornehmen Bürgers mitgetheilt, er wolle es sich eine große Geldsumme kosten lassen, um zu verhindern, daß ein literatus in seine Stadt käme. Alles dies sind zwar Abschweifungen, die das Wesen des Werkes nicht ausmachen, aber sie sind vielleicht ebenso interessant, als die langen Unterhaltungen. Diese beziehen sich auf die Leiden und Freuden der Menschen, machen jede namhaft und suchen Grund oder Ungrund derselben darzuthun. Freilich logische Anordnung und tiefe Begründung von Schmerz und Genuß darf man nicht erwarten; die Vernunft triumphirt gar zu leicht mit ihren Darlegungen, daß menschliche Freuden und Leiden eingebildet seien, und Freude und Hoffnung sowie Schmerz und Furcht erklären sich zu schnell besiegt.

Das Werk erlangte großen Ruhm, — von den lateinischen Werken Petrarcas vielleicht den größten — und sehr große Verbreitung, aber es verdient dieselbe höchstens durch die allgemein gangbare und grade durch die Allgemeingültigkeit etwas platte Moral, nicht durch die Originalität der Gedanken. Viel origineller dagegen ist Petrarca in seinen polemischen Schriften; in ihnen ist er vielfach ein Erster, d. h. einer, der zuerst bedenkliche Schäden erkennt und dringend zur Abstellung derselben mahnt. Solch polemisches Auftreten birgt namentlich in Zeiten, in denen Neues sich selbständig gestalten will, manche Gefahren in sich, außer der der Vergrößerung wirklich vorhandener Mängel die Erfindung neuer, die der Streitende in der Lust, seine Kraft zu bewähren, zu sehen glaubt. Derart ist das Auftreten Petrarcas gegen die Averroisten in Venedig, von dem bei anderer Gelegenheit zu sprechen ist, ein Auftreten, bei welchem die Phantasie des Dichters und die Streitlust des gewandten Fechters das Uebel ganz gewiß größer angab als es in Wirklichkeit war. Dagegen richten sich drei andere Arten von Kämpfen gegen wirklich vorhandene Uebel.

Der erste gegen die Juristen. In den Augen Petrarcas und vieler Humanisten ist die Jurisprudenz ein Unglück, zunächst weil die rein formale Schulung des Denkens ihrem idealen Hange widerstrebt, sodann weil die starren Normen des Gesetzes ihrem unklaren Billigkeits- und

Gerechtigkeitsgefühl nicht selten zuwiderlaufen, endlich weil die von den Rechtsgelehrten angewandte unclassische barbarische Sprache ihr classisch gewöhntes Ohr beleidigt. Bei Manchem, auch bei Petrarca, kam noch ein persönlicher Grund zum Hasse hinzu. Die Jurisprudenz nämlich war ein Brodstudium, zu welchem die praktischen Väter ihre Söhne überredeten und, soweit ihnen die Mittel zu Gebote standen, mit Gewalt nöthigten; die jungen Humanisten aber suchten sich von diesem Zwange zu befreien, wandten sich dem Studium ihrer geliebten Alten zu und warfen nun auf jene Wissenschaft, der sie widerwillig eine Zeitlang obgelegen hatten, einen grimmigen Haß. Manche der den Gerichtssälen Entronnenen schrieben heftige Invektiven gegen die Wissenschaft, der sie mit Zwang hatten zugeführt werden sollen, Petrarca begnügte sich damit, die Unverträglichkeit seiner Natur mit der Rechtsprechung zu betonen, die Vielgespaltenheit der Rechtsbegriffe, die Unfähigkeit des Irrenden, Recht von Unrecht zu unterscheiden, hervorzuheben. Er ging nicht soweit, die Gesetze für ungerecht und alle Juristen für Thoren zu erklären, aber er hatte keine sehr günstige Meinung von den Juristen seiner Zeit und meinte, daß eine schlechte Behandlung selbst der besten Gesetze ein vorhandenes Gut in ein Uebel verkehre.

Weit entschiedener als die Juristen bekämpfte er die Aerzte. In Krankheitsfällen wandte er sich nicht an sie und rieth auch seinen Freunden ab, ihre Hülfe in Anspruch zu nehmen. Er haßte die Aerzte nicht aus unklarer Abneigung, sondern nach wohlerwogener Prüfung und längerm Studium, er haßte sie, weil er der Ueberzeugung war, daß sie die Heilkraft der Natur unterschätzten, daß sie den Menschen meist nach ihrer allgemeinen Kenntniß des menschlichen Körpers, selten nach der körperlichen Individualität des Einzelnen beurtheilten, niemals aber seine seelischen Kräfte und Eigenthümlichkeit in Erwägung zögen, daß sie, nicht auf Grund besserer Erkenntniß, sondern aus thörichter Verblendung und Selbstüberschätzung die Lehren der Alten verachteten, daß sie sich einbildeten, durch Vorschriften und Recepte dem Menschen Gesundheit zu verschaffen, die er sich nur durch Einfachheit und Mäßigkeit erhalten oder wiedergewinnen könnte. Nicht eine Wissenschaft der Medicin, so wenig wie eine Wissenschaft der Jurisprudenz läugnete Petrarca, sondern nur die Erkenntniß derselben durch die Zeitgenossen. Bei der Lebhaftigkeit seines Geistes indessen und bei der Wichtigkeit, die er selbst dem Gegenstand beilegte, begnügte er sich nicht, die angegebenen Meinungen zu hegen und im Freundeskreise zu verbreiten, sondern bemühte sich, allerwärts Bundesgenossen dafür zu werben. Daher scheute er sich nicht, obwohl Laie, den kunstgerechten Aerzten entgegenzutreten und seine Meinung von der Verderblichkeit ihrer Ausübung der Kunst immer tiefer zu begründen und schärfer zuzuspitzen. Freilich wie die Wendung gegen die Jurisprudenz nicht frei ist von persönlichen Momenten, so auch die gegen die Medicin. Gegen jene hatte sich der jugendliche Stürmer erhoben, der es nicht vergessen konnte, daß man ihn zum Rechtsstudium hatte zwingen wollen, gegen diese richtete sich der reifere Mann, der es unwillig empfand, daß die Aerzte jener Zeit vielfach Verächter der Humanitätsstudien waren und die Großen vor den Dichtern als vor Lügenpropheten warnten. Daher ist seine Streitschrift gegen einen schmähenden Arzt (Invectivarum libri quatuor contra medicum objurgantem) mehr eine Vertheidigung der Poesie und ein Ausfechten persönlicher Differenzen, als ein Angriff gegen die Medicin, obwohl ein solcher durch die Veranlassung zu der Schrift, die Krankheit des Papstes Clemens VI. und die an diesen seitens Petrarcas gerichtete Warnung vor den Aerzten geboten gewesen wäre. Eine Stelle aus dem Briefe Petrarcas an den Papst, in welchem er die mündlich vorgebrachten Warnungen auszuführen unternahm, legt vielleicht am besten seine Gesinnungen dar: „Die Furcht, die mich und Deine Verehrer in Folge Deiner Krankheit erfüllt, wird vornehmlich durch die Menge Aerzte erregt, die Dein Bett umlagern. Denn sie sind unter sich uneinig, weil Jeder, ohne daß er etwas Besseres als sein College weiß, doch etwas Neues angeben will; wir aber, in der thörichten Hoffnung, rascher zu genesen, vertrauen dem Neuen und erinnern uns nicht, daß die Aerzte, um zu lernen, Menschen brauchen und die Tödtung eines Einzelnen als eine ganz unsträfliche Handlung betrachten. Sie, unsere angeblichen Retter, sind unsere Feinde und Jener hatte Recht, der auf seinen Grabstein die Worte setzen ließ: durch die vielen Aerzte bin ich zu Grunde gegangen. Daher verabschiede die vielen Aerzte, die Dich umgeben, verbanne besonders die Schönredner und wähle nur einen durch Treue und Wissen Hervorragenden, damit Du durch ihn gesundest."

Der wissenschaftlich gebildete Arzt neuerer Zeit wird über solche Ausfälle als über die unreifen Redereien eines Unzünstigen spotten, aber in Einem wird er die Rechtmäßigkeit des Kampfes anerkennen. Die meisten Aerzte jener Zeit nämlich waren Astrologen und glaubten ihre angebliche Kenntniß von der Einwirkung der Gestirne bei ihrer Heilkunst benutzen zu können; Petrarcas heller Geist aber erkannte, daß die Astrologie ein Wahnglaube und daß die Astrologen Narren oder Betrüger seien. Diese Erkenntniß gereichte ihm zur Ehre und der Eifer, mit welchem er diese Erkenntniß mitten in einer Zeit, in welcher der Spott über die Astrologie mindestens als thöricht galt, trotz dieser Vorurtheile offen aussprach, ist einer seiner schönsten Ruhmestitel. Machten auch Cicero und Augustin, seine Meister, schon vor ihm auf die Unwahrheit der Sterndeutung hingewiesen haben, wer hatte mit so unerschrockener Kühnheit, mit so siegesgewissem Muthe wie er, gleich einem gotterfüllten Eiferer gegen die falschen Propheten gedonnert: „Gewiß ist der Tod, ungewiß wie, wo und wann er eintritt, das Schicksal der Menschen bleibt in undurchdringliches Dunkel gehüllt. Was wollen also die Seher? Was quälen sich die Astrologen? Warum bemühen sich dieselben in eitler Neugier? Lasset doch, o Thoren, die Sterne ihre Bahnen ziehen. Denn mögen diese nun Einfluß auf unser Schicksal haben oder Künftiges andeuten, eines ist sicher: sie bleiben uns unerklärlich und reden laut vor aller Welt, daß eure Angaben Lügen sind Ihr spielt mit Namen wie Mars und Venus, Jupiter und Saturn, Ihr versetzt Wesen in den Himmel und wollt Diejenigen zu unseren Heilsträgern machen, die als Verdammte in dem Tartarus wohnen. Wir aber wollen nicht den dienenden Himmelsschaaren uns unterwerfen, sondern Gott selbst dienen; auf ihn vertrauen wir, an ihn glauben wir, bei ihm schwören wir, ihm allein gehorchen wir, ihm, der uns geschaffen hat und den Himmel und die Sonne und der weder der Sterne bedurfte, um uns hervorzubringen und zu beherrschen, noch unserer Hülfe, um den Sternenlauf zu regeln."

Petrarcas Sinn gehört der Wissenschaft an, er lebt mehr in der Vergangenheit als in der Gegenwart. Einen so gearteten Geist wird man keinen politischen nennen können, als welcher ja gerade in dem augenblicklichen Getriebe sich schnell und immer aufs Neue zurechtfinden und jeden Moment das durch die jeweiligen Umstände Gebotene erklügeln muß. Daher darf man bei ihm ein politisches System nicht suchen, theoretische Begründung allgemeiner Grundsätze nicht erwarten, auch nicht einmal sichere Antworten auf bestimmte einzelne Fragen verlangen. Wie er sich in seiner Polemik häufig von seinem Gefühl leiten und durch dieses Gefühl seine wissenschaftliche Ueberzeugung bestimmen läßt, so ist er in seiner Politik abhängig von Stimmungen und nicht immer von Grundsätzen, dergestalt, daß er, der Republikaner, sich in einer Monarchie wohl fühlt, wie er, der Einsamkeitsschwärmer, sich an einem menschenerfüllten Fürstenhofe behagt. Von solchen Zwiespältigkeiten im Tone sittlicher Entrüstung zu reden, ist sehr wohlfeil, trifft aber die Sache nicht. Nun hat Petrarca im Dienste einiger Fürsten gestanden, des Azzo von Correggio, des Giovanni Visconti von Mailand, in ihrem Dienste hat er Reden gehalten und Briefe geschrieben, die beide weniger als diplomatische Aktenstücke, denn als rhetorische und epistolographische Werke zu betrachten sind; er machte wohl auch in ihrem Auftrage Reisen, bei denen er indessen dem wirklichen Geschäftsträger als eine Art kostbaren Beiraths zur Seite stand — wie ein Prunktisch, der neben den Arbeitstisch gestellt wird; er versuchte, theils auf Zureden Anderer, theils in eigner Machtvollkommenheit den Friedensstifter zu spielen, z. B. zwischen Genua und Venedig und war eitel genug, seinem Zuspruch das Verdienst zuzuschreiben, daß diese Mächte sich die Hände reichten, während in Wirklichkeit der Triumph des einen und die Erschöpfung des andern Staates eine friedliche Einigung nothwendig machten. Aber wirklich politische Handlungen sind alle diese Anstrengungen nicht. Nur in einer Beziehung war Petrarca vielleicht ein Politiker, aber freilich ein recht idealer, der die realen Verhältnisse nicht genugsam kannte oder nicht genau erkennen wollte, der auf ein großes, indessen unerreichbares Ziel hinsteuerte: in dem Streben nämlich, Rom zu erheben und seine Größe dauernd zu begründen.

Durch drei verschiedene Mächte nun konnte die gesunkene Bedeutung

Roms gehoben werden: durch die Päpste, d. h. durch die Herrscher, welche seit Jahrhunderten als die wirklichen, wenn auch den nationalen Idealen wenig entsprechenden Besitzer galten; durch das römische Volk, das, so gerne es sich auch als Erbe der alten Römer gerirte, nur wenig von ihren Eigenschaften bewahrt hatte; durch die Kaiser, die der alten Caesaren so wenig würdig wie die modernen Römer der antiken, kaum mehr an die Ansprüche Jener dachten, zu deren Verwirklichung ihnen freilich, selbst wenn sie an eine solche gedacht, die Kraft gefehlt hätte.

Wenige Jahre nach Petrarcas Geburt (1309) war durch Clemens V. der Sitz des Papstthums von Rom nach Avignon verlegt worden; erst einige Jahre nach seinem Tode (1378) wurde durch Urban VI. Rom wieder päpstliche Residenz. Gewiß nöthigten politische Erwägungen zur Uebersiedelung und dieselben veranlaßten auch die Rückkehr; Petrarcas oft wiederholte eindringliche Mahnrufe dagegen hatten keine sichtbare und gewiß keine augenblickliche Wirkung; aber wer will sagen, wie und wann ein zur guten Stunde ausgesprochenes kräftiges Wort eine gute Stätte gefunden haben mag?

Petrarca haßte Avignon, das er aus nächster Nähe und eigenster Erfahrung kannte, denn er war ziemlich jung, von seinen Eltern begleitet, dahin gekommen und lebte etwa 15 Jahre (zwischen 1326 und 1353 mit langen Unterbrechungen) in der Stadt oder in ihrer unmittelbaren Nähe. In Invektiven und Briefen, in ruhigen Auseinandersetzungen und leidenschaftserfüllten Sonetten redete er von seinem Zorn und schilderte die Stadt in unvergänglichen Versen, in denen die Gluth des Poeten und die Kraft des Wahrheitsfreundes trefflich erkennbar ist:

Des Himmels Blitz fall' auf dein Haupt voll Trug!
Du sonst vom Quell genährt und Eichelfrucht,
Die jetzt von Andrer Armuth Reichthum sucht,
Durch soviel Missethaten reich genug;

Verrätherneft, zu brüten jeden Fluch,
Mit dessen Gift die Welt von heut verflucht,
Voll Saufen, Fressen, voll von schnöder Zucht
Und jeder Wollust höchstem Schandversuch.

Durch deine Hallen ras't der Hexenreigen
Von Alt und Jung; Beelzebub tanzt vornen
Mit Blasebalg, mit Spiegeln und mit Flammen.

Jetzt willst du nur in üpp'ger Pracht dich zeigen,
Sonst nackt und barfuß gingst du unter Dornen;
Zum Himmel stinkst du, mag dich Gott verdammen.

Dieser Haß gegen Avignon hinderte ihn freilich nicht, von einzelnen Päpsten Beneficien anzunehmen, mit hohen geistlichen Würdenträgern freundschaftliche Beziehungen anzuknüpfen und einem oder dem andern Papst Lobsprüche zu ertheilen, aber er stachelte ihn stets aufs Neue an zum Hinweise auf Rom, als den eigentlichen Sitz des Papstthums und zur Betonung der idealen Aufgaben, die desselben warteten. Die Verlegung der Residenz und die Unternehmung eines Kreuzzugs, das waren die beiden Pläne, durch deren Hegung der sonst nicht eben treffliche Johann XXII. (1316—1334) Petrarcas Neigung gewann und durch deren schleuniges Aufgeben er den Zorn des Dichters erregte. Die beiden Nachfolger Benedikt XII. (1334—1342) und Clemens VI. (1342—1352) wußten von solchen Plänen nichts. Vielmehr setzten sie sich in Avignon fest, als wenn sie niemals aus der Stadt zu weichen gedächten und hörten die lateinischen Gedichte, durch welche Petrarca sie theils im eignen Namen, theils im Auftrage der Stadt Rom zur Uebersiedelung in die letztere, als in ihre wahre Heimath, aufforderte, zwar freundlich an, ohne daran zu denken, des Dichters und mancher Patrioten Wunsch zu erfüllen. Benedikt war ein strenger Mann, nicht gerade das Musterbild eines Papstes, aber dem Ernste seiner Aufgaben zugänglich und von eitler Prachtliebe entfernt; Clemens dagegen liebte die Pracht und ehrte die Wissenschaft dergestalt, daß er Petrarca schon deshalb, weil er einer der berufensten Jünger derselben war, wohlwollte. Im Gegensatze zu ihm trat Innocenz VI. (1352—1362), der an den wissenschaftfeindlichen Traditionen früherer Päpste festhielt, gleichgültig, ja geradezu gehässig Petrarca gegenüber; er sah in ihm ebenso wie in dem von ihm bevorzugten Dichter Virgil einen Zauberer und wurde daher von dem also Verdächtigten kaum für würdig gehalten, die mächtigen Aufgaben des Papstthums zu erfüllen. Umsomehr war Urban V. (1362—1370), obgleich er Franzose war, der Mann nach dem Herzen der Italiener, Petrarcas voran; an ihn wurde daher ein feuriges Mahnschreiben gerichtet, das durch Reichhaltigkeit der Gründe und durch Lebhaftigkeit des Ausdrucks höchst bedeutsam war. An seine eignen Aussprüche, den einen: „Wenn es keinen andern Grund gäbe, nach Rom und nach Italien zu gehn, als um die Frömmigkeit der Gläubigen zu erhöhen, so ist auch dieser Grund schon genug", und an den andern: „Unter den Uebeln, mit denen Rom überhäuft ist, erscheint als das schlimmste: die Trennung vom Papste", wird Urban erinnert, auf seinen Namen hingewiesen, der schon an urbs, die Stadt d. h. die ewige Stadt gemahne, auf die traurigen Zustände Roms, die eines Helfers bedürften und auf die Vielseitigkeit und leichte Erreichbarkeit der Mittel, um der Stadt die erflehte Rettung zu bringen. Wenn Petrarca in seinen übrigen Sendschreiben und Reden die Aussprüche der Alten seinen Mahnungen zu Grunde legte und ihnen die größte Kraft der Ueberredung beimaß, so bediente er sich hier, da er zu dem geistlichen Oberhaupte redete und eine eben dem Kirchenfürsten zustehende Handlung verlangte, mit Vorliebe der Bibelsprüche, die er verständig auswählte und geschickt benutzte. Und so erschien er selbst einem alten Gottesmann nicht unähnlich, wenn er dem Papste das alte, dem Abraham erklungene Gotteswort zurief: „Entferne dich von deinem Lande und von deiner Verwandtschaft und komme in das Land, das ich dir zeigen werde, auf daß ich dich zu einem großen Volke mache und deinen Namen erhöhe", wenn er den in Italien Einziehenden mit dem Ausspruche des

Psalmisten begrüßte: „Als Israel aus Egypten zog, das Haus Jakob von einem fremden Volk, da ward Freude und Frohlocken überall“, und wenn er endlich dem aus Italien wieder Entweichenden das Beispiel des Petrus entgegenstellte, dem, während er auf feiger Flucht begriffen war, der Heiland erschien und auf die Frage: „Wohin gehst du, Herr?“ erwiderte: „Ich gehe nach Rom, um nochmals den Kreuzestod zu erdulden.“ Denn wirklich war Urban nach Rom gegangen (1367), war aber, nachdem er die Schwierigkeiten für zu bedeutend und seine Kraft zu gering befunden hatte, wieder aus Italien fortgezogen und hatte die Freude des immer aufs Neue hoffenden Dichters in Schmerz verwandelt. Diesen Schmerz vermochte auch der letzte Papst, dessen Anfänge Petrarca noch erlebte, Gregor XI. (1370—1378) nicht zu mildern, ja er vermehrte denselben noch dadurch, daß er die Veröffentlichung einer gegen Petrarcas Mahnbrief gerichteten Schmähschrift gestattete, in welcher nicht blos der unermüdliche, in seinen Mahnungen aber so wenig erfolgreiche Briefschreiber verspottet, sondern Rom, das heilige Rom selbst geschmäht wurde.

Rom durch den Wiedereinzug des Papstes die alte Größe zu verschaffen, war den Bemühungen Petrarcas nicht gelungen; ein zweiter Versuch mußte gewagt werden und zwar der, von innen heraus den fast erstorbenen Gliedern neues Leben einzuhauchen. Der Versuch wurde gemacht, aber mißlang (1347—1353). Nicht Petrarca freilich hat das kühne Wagniß des Cola di Rienzi, Rom zu einer Republik unter Führung eines Tribunen umzugestalten, veranlaßt, aber seine stets wiederholte Verherrlichung der glänzenden altrömischen Zeiten konnte thatkräftigen Gesinnungsgenossen ein Ansporn zur Wiederbelebung der herrlichen Vergangenheit sein. Durch Lieder, Reden und Briefe ermunterte er das römische Volk zur Theilnahme an dem Heldenwerke seiner Befreiung, mahnte den Tribun zur Mäßigung im Siege, die Fürsten Italiens und des Auslandes zum Aufgeben jeden Widerstandes. Alle die Schriftstücke, welche jener kurzen Zeit des republikanischen Traumes ihre Entstehung verdanken, u. A. das Ermunterungsschreiben an Cola und das römische Volk, die italienische Canzone und die lateinische Ekloge an den zur höchsten Macht Erhobenen, die Sendschreiben an die Römer, den bedrängten und in päpstliche Gefangenschaft gerathenen Tribun zu befreien, athmen dieselbe freiheitschwärmende Gesinnung und zeigen den charaktervollen, nicht blos dem Erfolg zujubelnden Politiker: denn Petrarca entzieht dem Unglücklichen, trotzdem er seine Mahnungen unberücksichtigt gelassen, sein Mitleid nicht und gibt die Hoffnung auf die Republik nicht auf, auch nicht nachdem die erste schmählich gescheitert war. Freilich von praktischer Politik, von bestimmten Einzelvorschlägen zur Erläuterung und Ausführung theoretischer Grundsätze ist in allen diesen poetischen und prosaischen Schriftstücken nicht die Rede; wozu hätten solche auch vollendeten Ereignissen gegenüber dienen sollen? Nur einmal war Petrarca berufen, in römischen Dingen politische Vorschläge zu machen und auch bei dieser Gelegenheit zeigte er sich mehr als Rhetor denn als Praktiker. In der Zwischenzeit nämlich zwischen dem ersten und zweiten Auftreten Colas (1351) war in Rom das Verlangen nach einer neuen Verfassung laut geworden; zur Befriedigung dieses Verlangens hatte sich unter Zustimmung des Papstes eine Commission gebildet, aus der sich ein Mitglied auch an Petrarca wandte und um sein Gutachten bat. Petrarcas Antwort ist erhalten, der Gedankengang seines Schreibens etwa folgender:

Roms Größe und Erhabenheit, die durch das mit dieser Stadt verknüpfte Kaiser- und Papstthum unvergänglich sei, mahne Jeden sich an Dem zu betheiligen, was Roms Heil betreffe. Nun zerfleische der Streit zweier adliger Parteien, deren eine (Orsini) er nicht hasse, deren andere (Colonna) er aufs Zärtlichste liebe, die Allen gleich ehrwürdige Stadt. Aber diese sei nicht dazu da, um zwei Familien, und seien sie noch so hochstehend, zu bereichern. Da indessen die Streitigkeiten des Adels, dessen Mitglieder barbarischen Ursprungs seien, durch schwächliche Maßregeln nicht beigelegt werden könnten, so bleibe als einziges Mittel übrig, die Adligen überhaupt von der Regierung auszuschließen und nur Glieder des römischen Volks, echtrömische Bürger, zu staatsverwaltenden Senatoren zu ernennen. Gegen ein solches Gewaltmittel führe man drei Gründe an, aber keiner der drei vermöge etwas zu beweisen, weder die Macht der Adligen, denn sie habe bisher nur Unfrieden und traurige Zerrissenheit hervorgerufen, noch ihr Reichthum, denn er sei der größte Feind der Tugend, noch endlich ihr Adelstitel, denn er sei ein leerer Schall und diene nur dazu, die Kluft im Innern des Staates zu erweitern statt zu verengen.

Das Merkwürdige an diesem Aktenstücke ist nicht staatsmännische Weisheit, sondern die demokratische Gesinnung, die das Ganze durchzieht: wie im alten Rom, so sollen auch im modernen die Bürger die wahren und einzigen Herren der Stadt sein. Nur einen Herrn erkennt der Republikaner über sich an: den Kaiser nämlich, der dem Weltall gebieten soll und darum für würdig befunden wird, Rom zu beherrschen.

Kaiser war damals Karl IV. (1347—1378), ein nüchterner Fürst, der nur nach leicht erreichbaren Zielen strebte und nur solchen Aufgaben sich zuwandte, von denen er unmittelbaren Nutzen erwartete. Das Kaiserthum betrachtete er als einen leeren Titel, nicht aber als schönste Zier seiner Krone; Italien sah er als ein Land an, aus welchem er durch Verleihung von Würden und Ehrenstellen an Rang- und Titelsüchtige möglichst viel Abgaben und Hülfsgelder für andere Unternehmungen erpressen könnte, nicht aber als sein wahres Vaterland, zu dessen Regierung er geboren sei; Rom mochte er als eine alte, durch ihre Erinnerungen nicht uninteressante Stadt gelten lassen, aber er erkannte nimmer in ihr die ehrwürdige, durch ihren Ruhm und ihr Unglück gleich heilige Stätte; in dem Papste erblickte er als frommer Katholik das geistliche Oberhaupt, dem er sich willig beugte, nicht nur, um von ihm die Krönung zu erlangen, sondern auch in der Ueberzeugung, daß dieser kraft seiner Autorität, das Recht habe, jedes Zugeständniß zu verlangen, keineswegs aber den höchstens gleichstehenden, ja in weltlichen Dingen untergeordneten Fürsten, der keine Ansprüche auf irdischen Besitz habe, dem Kaiser vielmehr das weltliche Schwert überliefern müsse.

Einem solchen Fürsten nun, der in vielen Dingen klar, tüchtig und verständig, aber für ideale Forderungen dieser Art durchaus keinen Sinn hatte, versuchte Petrarca unermüdlich, 18 Jahre lang, (1350—1368) durch große Sendschreiben, denen man trotz ihrer stilistischen Glätte die wahre lebhafte Empfindung anmerkt, von welcher der Schreiber erfüllt war, ferner durch mündliche Unterredungen zu seinen Anschauungen zu bekehren. Er zeigte ihm in immer neuen Wendungen, die doch nur die Ausdrücke für denselben Gedanken waren, das trauernde, verlassene, seiner, des Bräutigams harrende Italien, er mahnte ihn an seinen Ahn Heinrich, jenen von Dante gepriesenen und später beklagten Kaiser, der die Befreiung zu bringen gehofft, aber nur seinen Tod gefunden hatte, er schilderte ihm das ehemals so herrliche, nun traurige und hoffnungslose Rom, er redete von den idealen Aufgaben des Kaiserthums, welche trotz allen Widerstands der Kleinen und Großen erfüllt werden müßten, er bemühte sich die Unterordnung unter das Papstthum, so hohe Achtung er auch diesem zollte und so würdige Aufgaben er ihm zuwies, als eine Entwürdigung der kaiserlichen Weltstellung darzulegen. In allen diesen Bemühungen hatte Petrarca nicht den geringsten Erfolg; es ehrt sein ideales Streben, dem die Befriedigung irgend eines persönlichen Interesses vollkommen fern lag, daß er trotz der Vergeblichkeit seiner Anstrengungen niemals ermattete, aber es ist freilich kein Zeichen politischen Sinnes, daß er von einem so gearteten Ausländer, den er übrigens gelegentlich einen Barbaren zu schelten kein Bedenken trug, die Ausführung von Plänen verlangte, zu deren Verwirklichung italienischer Patriotismus, kühner Idealismus und inniges Gefühl für die Erhabenheit des Alterthums gehörte.

Wie Petrarca sich der Achtung der meisten Päpste, der freundschaftlichen Verehrung Colas erfreute, so genoß er auch die wohlwollende Berücksichtigung des Kaisers und erzählte gern, wie er bei einer mehrtägigen Zusammenkunft mit ihm in Mantua durch wiederholte längere Gespräche ausgezeichnet wurde. Die Sage indessen bemächtigte sich lieber eines andern Stoffes und schmückte die Begegnung aus, welche König Karl 1346 in Avignon mit der von Petrarca besungenen Laura gesucht, und die Huldigung, welche der mächtige Herrscher der durch den Dichter der Unsterblichkeit Geweihten dargebracht hatte.

„Laura, die durch ihre eigenen Tugenden berühmt, durch meine Gedichte weithin bekannt wurde, erschien meinen Augen zum ersten Male in der Clarakirche zu Avignon am Morgen des 6. April 1327." So schrieb Petrarca in eine ihm gehörige Virgilhandschrift, die noch heute in der Ambrosiana zu Mailand aufbewahrt wird. Laura starb zu Avignon am 6. April 1348.

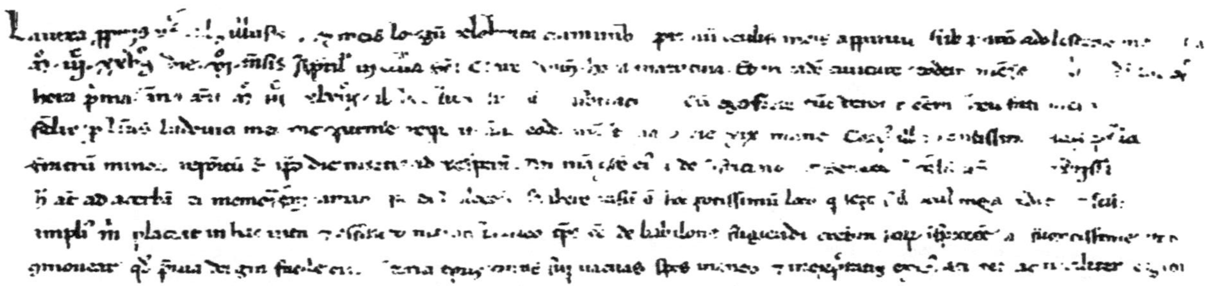

Facsimile von Petrarca's Nachricht über Laura.

Auf dem ersten Blatt der sogenannten Virgil-Handschrift des Petrarca. In der Ambrosianischen Bibliothek zu Mailand.
Originalgröße. (Uebersetzung s. Seite 44 f.)

Transcription.

LAVRA propriis virtutibus illuſtris & meis longum celebrata carminibus primùm oculis meis apparuit ſub primum adoleſcentiæ meæ tempus Anno Domini 1327. die 6. Aprilis in Eccleſia S. Claræ Auinioni hora matutina. & in eadem ciuitate, eodem menſe Aprilis eodem die ſexto, eadem hora matutina. Anno autem Domini 1348, ab hac luce lux illa ſubtracta, cum ego ſorte Veronæ eſſem, heu fati mei neſcius. Rumor autem infelix per literas Ludouici mei me Parmæ reperit Anno eodem menſe Maio die XVIII. mane. Corpus illud caſtiſſimum, ac pulcerrimum in locum Fratrum Minorum repoſitum ipſo die mortis ad Veſperam: animam verò eius, vt de Africano ait Seneca, in Cælum, unde erat, redyſſe mihi perſuadeo. Hæc autem ad acerbam rei memoriam amara quadam dulcedine ſcribere viſum eſt, hoc potiſſimùm loco, qui ſæpe ſub oculis meis rediit, ut cogitem, nihil eſſe debere, quod amplius mihi placeat in hac vita, & effracto majori laqueo tempus eſſe de Babylone fugiendi, crebra horum inſpectione, ac fugaciſſimæ ætatis æſtimatione commouear, quod præuia Dei gratia facile erit præteriti temporis curas ſuperuacaneas, ſpes inanes, & inſpectatos exitus acriter & viriliter cogitanti.

Ueber dieses Ereigniß bemerkte Petrarca, in seiner ebenerwähnten Inschrift fortfahrend: „Ich war am Todestage in Verona und ahnte mein Geschick nicht. Die Trauernachricht wurde mir erst durch einen Brief meines Freundes Sokrates bekannt, der mich zu Parma am 19. Mai traf. Der schöne Körper der Geliebten wurde am Abend des Todestages in der Franziskanerkirche begraben, ihr Geist kehrte, meiner festen Ueberzeugung nach, in den Himmel zurück, von wo er gekommen war. Dieses Ereigniß habe ich zum traurigen Gedächtniß mit bitter-süßer Empfindung gerade an diese Stelle geschrieben, die mir oft vor die Augen tritt, damit ich in dieser Welt an nichts mehr inniges Wohlgefallen empfände und nun, da auch dieses stärkste Band zerrissen ist, durch Erinnerung daran und durch Nachdenken über das flüchtige Erdenleben ermahnt würde, aus Babylon (Avignon) zu entfliehen. Das wird mir, mit Hülfe der göttlichen Gnade, Trost sein, wenn ich die überflüssigen Sorgen, die nichtigen Hoffnungen und die unerwarteten Folgen ernst und streng bedenke."

Diese beiden Notizen sind die einzigen, zur historischen Beglaubigung freilich ausreichenden statistisch-chronologischen Nachrichten über das Liebesverhältniß zwischen Laura und Petrarca. Aber die wirklichen Zeugnisse für einen Liebesbund dürfen nicht chronologisch-statistisch sein, der Schriftsteller muß wie von seinen anderen Gefühlen auch von seiner Liebe reden; Petrarcas Aeußerungen sind zahlreich genug in Abhandlungen und Briefen, in lateinischen und italienischen Gedichten enthalten. Die Schriften, in denen solche Stellen vorkommen, sind oben erwähnt, aber es muß wiederholt nachdrücklich darauf hingewiesen werden, daß eben die lateinischen ernste Gegenstände behandelnden Schriften offenkundige und unzweideutige Erwähnungen seiner Liebe enthalten, — ein sicherer Beweis, wenn man eines solchen überhaupt bedürfte, daß die Liebe, weit davon entfernt eine Fiction zu sein, vielmehr eine Empfindung war, die den Dichter alle Zeit mit gleicher Stärke durchdrang. Mehr als in diesen eben angedeuteten Aeußerungen tritt die wahre Empfindung Petrarcas in seinen speciell der Liebe gewidmeten italienischen Dichtungen hervor. Es sind Sonette — im Ganzen 317, von denen der größere Theil, 227, bei Lauras Leben verfaßt ist, — Canzonen, Sestinen, Balladen und Triumphe, unter denen der Triumph der Liebe begreiflicherweise der wichtigste ist, Dichtungen, die freilich außer der Liebe die Freundschaft besingen, der Natur huldigen, politische und religiöse Lehren ertheilen: feurige Mahnworte und düstere Klagen, aber immer und immer wieder zu dem einen und Hauptgegenstand, zur Liebe zurückkehren. Eine solche Einheit wird leicht zur Einseitigkeit. Sie wird es um so mehr, als Petrarca und Laura kein Liebesleben führen, reich an Vorgängen aller Art, etwa bestehend in Suchen und Meiden, Grollen und Versöhnen, Kampf mit feindlichen Mächten und Sieg über mannigfachen Widerstand, sondern als beide neben einander, nicht mit einander lebten, er in hoffnungslosem Sehnen sich verzehrend, sie, die Huldigungen als gebührenden Tribut annehmend oder, vielleicht in ihrem Herzen dem Sänger hold, ihrer

Pflicht mehr als ihrer Neigung folgend sich von ihm abwandte. So kranken die Verse an einem ermüdenden Einerlei, wie der Dichter an dem Weh, das ihn selbst kraftlos und matt macht; des Dichters geschäftige Phantasie gestaltet natürliche und einfache Vorgänge zu seltsamen und ungewöhnlichen und der zum Grübeln geneigte, dem schmerzlichen Entsagen und wehmuthsvollen Klagen nur allzu sehr ergebene Poet will aus dem Jammer über das ihm versagte Glück sich nicht erheben.

Trotz Alledem: hier ist Empfindung und hier ist Liebe. Dieser Satz läßt sich nicht beweisen und wenn man Hunderte von Stellen anführte, die das wahrste Gefühl verkünden und er läßt sich nicht zunichte machen durch die Hervorhebung gekünstelter und verzierter Phrasen. Wer die Gedichte in einem Zuge liest, mit dem Spürsinn des Critikers, der wird freilich das Gefühl des Unbehagens nicht los, immer wieder von denselben Dingen in gleichen Tönen zu hören; wer an ästhetische Betrachtungsweise gewöhnt, nur in dem Buche blättert und an den Versen nascht, wird an dem unvergänglichen Wohllaut des Klanges wie an einem süßen und berauschenden Duft sich erlaben. Aber Critiker und Aesthetiker sollen nicht die einzigen Richter in dieser Frage sein; über Liebeslieder soll nur der Liebende urtheilen. Und nun frage man den Glücklichen, ob er nicht in den wenigen von Lust und Seligkeit geschwellten Gesängen seine Freude zu hören, und den Unglücklichen, ob er nicht in den zahlreichen von Schmerz und Weh durchzitterten Liedern sein eignes Leid zu erkennen glaubt. Wer möchte, um nur eine einzige Blüthe aus dem duftausströmenden und farbenprächtigen Kranze hervorzuheben, nicht mit uns sagen: hier ist Empfindung, hier ist Liebe.

Ist's Liebe nicht, was ist es, das ich trage?
Doch ist es Liebe, Gott! was ist dies eben?
Ist's gut, warum wird Qual und Tod gegeben?
Ist's bös, warum so süß dann alle Plage?

Lieb' ich freiwillig, warum Thrän' und Klage?
Was soll das Klagen, will ich widerstreben?
O Schmerz voll Süßigkeit, o Tod voll Leben,
Was quälst du so mich, wenn ich dir entsage?

Und wenn ich nicht entsage, klag' ich sündlich. —
Bei solcher Stürme Kampf in leichtem Kahne,
Bin ich auf hohem Meere ohne Steuer.

So schwach an Weisheit und so voll vom Wahne,
Daß ich mir selbst im Wollen unergründlich,
Und Frost im Sommer bin, im Winter Feuer.

Von den Dichtungen anderer Liebesdichter unterscheiden sich die Petrarcas vor Allem durch den Umstand — und gerade dieser gereicht ihm zu ganz besonderer Ehre —, daß sie gänzlich frei von Sinnlichkeit und heftiger Leidenschaftlichkeit, das Liebesgefühl verklären und den Geist zu Höherm erheben. Petrarca war kein Tugendspiegel und gewissenhaft genug, sich nicht sittlicher Makellosigkeit zu rühmen, aber er bekannte froh, wie der durch die

Triumph der Liebe nach Petrarca.

Facsimile eines italienischen Holzschnittes des 15. Jahrh. in einer zu Venedig 1488 erschienenen Ausgabe der „Triumphi del Petrarcha“.

Liebe Geläuterte in dem Gefühle seiner neuen Menschwerdung immer bekennen wird:

Von ihr kommt mir das liebevolle Denken,
Das im Geleit die Tugend mit sich führet,
Nur wenig schätzt, was Andrer Sinne rühret,
Von ihr kommt mir des frischen Muthes Segen,
Der Leitpfad, in den Himmel mich zu lenken.

Laura starb. Aus der Thatsache, daß Petrarca auch nach ihrem Tode nicht aufhörte zu lieben und zu dichten, hat man die Unwahrheit der Empfindung schließen wollen; ich möchte meinen, gerade dadurch wird die Echtheit des Gefühls bekundet, das tiefe Wurzeln der Liebe in ihm bezeugt, daß er noch nach ihrem Tode nicht aufhört zu verlangen und zu frohlocken, zu klagen und sich in Jammer zu verzehren. Die Lebende wünscht Petrarca zu besitzen oder nur zu begrüßen; der Todten will er durch sein eignes Absterben nahe kommen, oder doch durch ein gottgeweihtes Leben ähnlich werden. Wohl ruft er seufzend und doch innerlich vergnügt aus:

Den Boten mein' ich stündlich schon zu hören,
Der mich zu meiner Herrin soll bescheiden. —
O sel'ger Tag, wenn aus dem Kerkerthor
Der Erd' ich fliehe und zerrissen schau'
Dies lastend schwere, sterblich schwache Kleid!
Dann aus der tiefen Nacht schweb' ich empor
So hoch zu jener hellen Ewigkeit,
Bis meinen Herrn ich schau' und meine Frau.

Aber häufiger erhebt er sich zu jener reinen und klaren Empfindung, daß er im Andenken an die Dahingegangene den Himmel sich auf Erden zu bereiten habe, der Wahrheit nachstreben, das Gute fördern, das Schöne lieben müsse.

Am 18. Juli 1374 starb Petrarca, der Begründer einer neuen Cultur, der rastlos an sich Arbeitende und Bessernde, der sich zu erkennen sucht, wenn er sich auch oft verkennt, der den Kampf mit den gewaltigen Mächten des Lasters aufnimmt, wenn er auch mitten in diesem Ringen ermattet und verzweifelt. Drei Dinge sind es, die außer dieser Gestaltung seiner Persönlichkeit sein Wesen bestimmen: die Hochhaltung patriotischer Ideen, die Mitarbeit an der Erhöhung und Verherrlichung der Nation, deren Sohn zu sein er sich rühmte; ferner das rastlose Bemühen, in strenger Arbeit seinen Geist auszubilden, und die kostbaren Güter, die das Alterthum überliefert hatte, sich und Denen, die nach ihm kamen, zu dauerndem, in seinem Werth wahrhaft erkanntem Besitz zu erwerben; endlich die Lobpreisung und Verklärung inniger Hingebung und sehnsuchtsvollen Verlangens nach der Geliebten. Und darum darf man seiner nie vergessen, solange die Menschheit jene drei Güter festhält, die sein Leben verschönten und die bestehn bleiben müssen, um das Leben begehrenswerth zu machen, jene drei Güter, welche heißen: Vaterland, Wissenschaft, Liebe.

Viertes Kapitel.

Giovanni Boccaccio.

Dante wird bewundert, Petrarca gerühmt, Boccaccio wird gelesen. Ein ungleiches Schicksal, das den drei Heroen der italienischen Literatur nach ihrem Tode geworden, während in ihrem Leben Manches gleich gewesen war.

Alle drei nannten Florenz ihre Heimath, alle drei liebten die Stadt und mieden sie doch, freiwillig oder gezwungen, sie schätzten Italien höher als die Geburtsstätte und trauerten über die Zerrissenheit des geliebten Landes.

Alle drei sind herausgetreten aus dem Gedankenkreise des Mittelalters, in welchem die Kirche eine gleichförmige Bildung des Geistes und des Charakters zu erzwingen, jede individuelle Regung zu unterdrücken bestrebt gewesen war, herausgetreten dadurch, daß sie das Recht der freien Persönlichkeit zur Geltung zu bringen bemüht waren.

Alle drei waren während des größten Theils ihres Lebens von tiefer Liebe für eine Frau erfüllt, einer Liebe, die sich bei einem Jeden verschieden, je nach der Art seines Wesens ausprägte, bei Dante in erhabener Begeisterung, bei Petrarca in zarter Innerlichkeit, bei Boccaccio in leidenschaftlicher Gluth, einer Liebe, die aber darin gleich war, daß sie die von ihr Beherrschten nie verließ, sondern sie stets in ihrem Dichten und Denken bestimmte.

Alle drei waren Dichter, aber auch Männer des öffentlichen Lebens für Fürsten und Städte, in Staatsämtern und Gesandtschaften thätig. Doch richteten sie, während sie einem Einzelnen dienten, ihr Auge stets auf das ganze Vaterland, beklagten mit herbem Schmerze dessen Ohnmacht und Zerrissenheit und erflehten eine Rettung desselben aus seinem Elend.

Alle drei waren Bürger ihrer Zeit und frei von der schwächlichen Sehnsucht, aus derselben zu entfliehen, aber trotz aller Werthschätzung der Tage, in welchen sie lebten, erkannten sie, daß der Grund ihrer Bildung in der Vergangenheit ruhe, trotz aller Heilighaltung des Christenthums und der Bewahrung frommer religiöser Anschauungen empfanden sie kein Grauen davor, ihre liebsten Stunden mit den heidnischen Autoren des Alterthums zuzubringen und trotz ihrer Liebe zur vaterländischen Sprache, der gerade sie die schönsten Töne zu entlocken verstanden, bedienten sie sich mit Vorliebe der lateinischen Sprache und glaubten nur durch ihren Gebrauch des echten Lorbeers würdig zu werden.

In der Reihe der großen italienischen Schriftsteller ist Boccaccio nicht blos zeitlich der Letzte, sondern auch dem Charakter nach der Schwächste, aber er ist ein Mensch von so glänzender Begabung, von so wunderbarer Vielseitigkeit, daß ihm auch heute noch der Ruhm gebührt, mit welchem die Zeitgenossen verschwenderisch ihn überschütteten.

Giovanni Boccaccio war 1313 in Paris geboren. Sein Vater, ein thätiger und geachteter Florentiner Kaufmann, war auf seinen Geschäftsreisen nach der französischen Hauptstadt gekommen und hatte hier die Liebe einer Wittwe gewonnen, welche ihm dies Söhnchen geboren hatte. Aber durch seine Geschäfte weggerufen, oder des leichtsinnig geknüpften Verhältnisses überdrüssig, verließ gemäß der Angabe des Sohnes, welcher später in dem Werke Ameto unter dem durchsichtigen Schleier der Allegorie die traurige Geschichte seiner Mutter erzählt, der alte Boccaccio Paris und nahm das Kind nach Certaldo mit. So kam Giovanni zwar zu dem Namen eines Certaldesen, den er als der Erste zu einem beneidenswerthen machte, aber er mochte gar Manches von dem mütterlichen Blut mitgebracht haben und wurde nur zu bald daran erinnert, daß er mutterlos dastand. Denn der Vater wollte aus dem Knaben, ohne sich um seine Eigenart zu kümmern, einen Kaufmann machen und ließ ihn, obwohl er schon bei dem Elfjährigen, der kaum die ersten Elemente des Lateinischen bei einem toskanischen Lehrer erlernt hatte, mehr Lust zu Versen und Büchern als zu Geschäften hätte spüren können, sechs Jahre am Wechslertisch stehen. Dann aber sah er, daß er mit dem Zwange nichts ausrichtete und um den Knaben nicht ganz verderben zu lassen, schickte er ihn nach Neapel, damit er dort Jurisprudenz studire.

So hatte Giovanni in jungen Jahren schon den Kampf aufzunehmen, welchen soviele freiere Geister der Renaissancezeit gegen die Rechtswissenschaft führten, aber er machte sich diesen Kampf leicht, wie es seiner Natur gemäß war und dem Orte entsprach, nach welchem ihn der Vater zwar mit schlechten Absichten, aber zu des Jünglings Glück gesendet hatte.

Neapel war damals selbst für ruhigere Naturen kein zu Studien einladender Ort. Innere Kriege der gefährlichsten Art beschäftigten und vernichteten die Starken, Lüste und Vergnügungen verderbten die Schwachen. Auf Robert von Neapel, den Gönner Petrarcas, war die junge, schöne und sinnliche Johanna gefolgt, welche, unzufrieden in ihrer Ehe mit dem ebenso jugendlichen, aber rohen und schwerfälligen Andreas von Ungarn, sich nach anderen Freuden sehnte, sich der Leitung gemeiner Menschen, vor Allem ihrer Amme Philippa von Catania hingab, ihre Augen auf den schönen Prinzen Ludwig von Tarent warf und befangen in dieser verbrecherischen Neigung die Ermordung ihres Gemahls ohne Widerstand geschehen ließ (1345). Zwar wurde sie von der Unthat freigesprochen und übte durch

Hinrichtung der Mörder scheinbare Gerechtigkeit, aber sie richtete sich selbst dadurch, daß sie ihren Geliebten heirathete und mit ihm schmählich das Land verließ, als der Rächer des Ermordeten, Ludwig von Ungarn, in Neapel, einem zerstörenden reißenden Bergstrom gleich, erschien. Nun überließ sie nicht lange dem im Triumphe Eingezogenen das Land, denn aufs Neue von den Cardinälen freigesprochen — sie hatte freilich kurz zuvor dem Papste für eine große Summe Avignon verkauft — kehrte sie, nachdem der ungarische Eindringling ihr Platz gemacht hatte, zurück, in Gemeinschaft mit ihrem Gemahl, der von dem schmeichelnden Dichter Alcestes genannt wurde, der Tugendeifrige, denn „Alke" bedeute Tugend und „Aestus" Eifer. Aber vor ihrer Flucht, während ihrer Abwesenheit und nach ihrer Rückkehr glichen sich die sonst in steter Veränderung befindlichen Verhältnisse darin, daß von Rittern und Räubern unerhörte Grausamkeiten verübt wurden und verschwenderische Feste fast ohne Unterbrechung einander folgten.

Boccaccio: Medaille in Manni: Storia del Decamerone.

In dieses Leben und Treiben trat Boccaccio ein, zuerst noch als Vertreter des Florentiner Geschäftshauses, dann als Student, jung, lebenskräftig, lebensfreudig, witzig und unterhaltend. Er war — wie ein Zeitgenosse sein Aeußeres geschildert hat — groß und stark, hatte einen schönen Mund, obwohl die Lippen ein wenig zu dick waren, ein Grübchen am Kinn, das ihm besonders beim Lachen sehr schön stand, rundes Gesicht und etwas eingedrückte Nase. Durch seine äußere Erscheinung und durch vornehme Gönner verschaffte er sich Zugang am Hofe, durch seinen Witz und seine geistigen Fähigkeiten Beachtung und durch seine Liebenswürdigkeit die Zuneigung einer natürlichen Tochter des Königs Robert, Maria.

Maria Fiammetta, wie Boccaccio sie gewöhnlich nennt, eine jugendlich schöne, liebreizende Frau, war seit einigen Jahren an einen vornehmen Neapolitaner verheirathet, mit dem sie nicht unglücklich lebte, als sie am Charsonnabend, dem 27. März 1334 in der Kirche St. Lorenzo Maggiore in Neapel von Boccaccio erblickt wurde. Dante und Petrarca hatten auf dieses erste Begegnen mit der Geliebten besonders Acht gegeben und Ort und Stunde häufig genannt, auch Boccaccio verfehlte nicht, davon zu sprechen: „Es geschah an einem Tage", so schreibt er einmal, „dessen erste Stunde Saturn beherrschte, an dem Phoebus mit seinen Rossen den sechzehnten Grad des himmlischen Widders erreichte und an dem die Rückkehr des Jupitersohns aus dem beraubten Reiche Pluto's gefeiert wurde, als ich in Neapel einen Tempel betrat, von Jenem benannt, der sich auf dem Rost verbrennen ließ, um unter die Götter versetzt zu werden." Nicht sogleich ergab sich Maria ihrem Liebhaber, widerstand vielmehr seinen Bitten, dann aber geschmeichelt durch die ungewohnten süßen Huldigungen und endlich der Stimme der Neigung mehr folgend als dem Gebote der Pflicht, machte sie ihn glücklich und verschaffte ihrem Namen dichterische Unsterblichkeit. Denn hätte sie den Dichter nicht mit ihrer Huld beglückt, so wäre sie von ihm, dem sinnlichen Menschen, der nicht gesonnen war, die schwärmerische Liebessehnsucht seiner Vorgänger nachzuahmen, schwerlich gepriesen worden; nun aber wurde sie, manchmal freilich unter seltsamen Umkleidungen, der Gegenstand seiner Dichtung.

Zunächst pries er die Geliebte in seinen Sonetten, in denen er, allerdings gar zu häufig an Dante und Petrarca sich anlehnend, die Zufriedenheit des glücklichen und die Verzweiflung des unglücklichen Liebhabers zum Ausdruck bringt, bald mit vollem Entzücken den Wiederbesuch einer durch Liebe geweihten Stätte schildert und mit aller sinnlichen Gluth die Schönheit der ihm ergebenen Geliebten beschreibt, bald der treulos Gewordenen flucht, ihr den Verlust der Reizmittel androht, durch welche sie ihn angelockt habe, oder die widrigen Umstände und ihre Härte beklagt, durche welche er von ihr fern gehalten werde und, wie die Sonettisten und Liebesdichter aller Zeiten, sich den Tod wünscht, da er sie entbehren müsse.

Aber Boccaccio that mehr als die Dutzendsonettisten Italiens. Während diese, sobald sie eine genügende Anzahl Sonette geschmiedet hatten — Manche brachten es dabei zu mehreren Hunderten — sich anderen Gegenständen zuwandten, da sie ja im Ausdruck der Liebe nur der Mode, nicht innerm Bedürfniß gefolgt waren, bethätigte Boccaccio seine Liebe auch in anderen Werken. Fünfzehn Jahre lang ist Fiammetta die Göttin, welche er anbetet und ebenso lange ist es die Liebe, welche seine Arbeiten dictirt. Denn entweder behandeln seine Jugenddichtungen, die er in italienischer Sprache schrieb und schon durch die Wahl dieser Sprache auch für Ungelehrte bestimmte, seine Liebe, oder es sind geschichtliche, der Sagenwelt entlehnte Stoffe, welche von dem Dichter auf Wunsch der Geliebten bearbeitet wurden, auf ihre Anregung entstanden.

Das erste Werk des Dichters ist Filocopo (Freund der Mühe), fast sein größtes und gewiß sein schwächstes. Es ist die Bearbeitung einer aus französischen Quellen entlehnten Geschichte von Floire und Blanceflor, (bei Boccaccio: Florio und Biancafiore) welche schon hundert Jahre vorher von einem deutschen Dichter benutzt worden war. Nicht in dieser Entlehnung liegt der Fehler — denn das Verdienst des Dichters beruht nicht in der Erfindung, sondern in der poetischen Gestaltung des Stoffes —, vielmehr in dem Mangel an technischem Geschick, in der jugendlichen Ungeübtheit, die weder das Maß ihrer Kräfte, noch die Bedeutung des Gegenstandes recht erkennt.

Florio ist der Sohn des Königs Felix von Spanien, Biancafiore die Tochter eines römischen Ehepaares, das bei Gelegenheit einer Wallfahrt nach Spanien gekommen war. Die Kinder, an demselben Tage geboren, werden zusammen erzogen, fühlen Liebe für einander und erzürnen dadurch den königlichen Vater. Dieser erwirkt nach langer Mühe und nachdem er Versprechungen gegeben, die er nicht zu halten gedenkt, daß Florio auf die Universität geht, nicht ohne von seiner Geliebten einen Ring erhalten zu haben, vermöge dessen er in jedem Augenblick ihr Schicksal erfahren kann, und benutzt nun die Abwesenheit seines Sohnes, um das Mädchen zu verderben. Aber sein erster Angriff schlägt fehl: denn nachdem er Biancafiore eines Vergiftungsversuchs angeklagt, vermag er nicht zu hindern, daß Florio zur Rettung erscheint und durch einen siegreichen Kampf mit dem Ankläger die Unschuld der Geliebten erhärtet. Aber kaum ist Florio an seinem Bestimmungsort wieder angelangt, so wird er der Verführung unterworfen, die er herzhaft bekämpft, von der Eifersucht geplagt, der er unterliegt, so daß er den angeblich glücklichen Nebenbuhler erschlägt und nach Italien flieht. Diese Abwesenheit benützt der König, um Biancafiore an Seeräuber zu verkaufen und glaubt nun den Sohn geheilt, da er ihm das Mährchen vom Tode der Geliebten erzählt. Doch Florio erfährt die Wahrheit und durchirrt nun die Länder, um das Mädchen zu finden. Nach vielem Fragen erkundet er ihren Aufenthalt und nach zahllosen Abenteuern gelangt er nach Alexandrien, wo sie in trauriger Gefangenschaft schmachtet. Aus dieser sie zu erretten, ist sein einziges Streben; schon glaubt er, durch List und Kühnheit ans Ziel gelangt zu sein; da wird er mit der Geliebten ergriffen und zum Tode verurtheilt. Aber noch einmal werden sie, nun durch Einmischung der Götter, gerettet, ja sie finden in dem Wächter, den sie als Todfeind gefürchtet hatten, einen nahen Verwandten, werden vermählt, kehren nach ihrer Heimath zurück und besteigen, da Vater Felix bald stirbt, den väterlichen Thron.

Boccaccio hat dieser Geschichte, die mancherlei rührende Momente aufzuweisen hat, nicht die rechte Seite abzugewinnen gewußt: die Erzählung ist schleppend, indem die Handlung durch unendlich lange Reden und Unterhaltungen verzögert wird, die Abenteuer unglaublich, die Charaktere unwahrscheinlich. Aber manche Umstände lassen schon den Dichter ahnen und zeigen die Eigenthümlichkeiten des Mannes, die sich später so glänzend entwickelten.

Zunächst die erste Spur des Decamerone: eine Schaar Männer und Frauen vereinigt sich zu fröhlichem Geschichtenerzählen. Sodann die Erinnerung an sein eignes Leben: Fiammetta und Galeone — denn mit diesem oder dem Namen Panfilo bezeichnete sich Boccaccio als Liebhaber — befinden sich in der Gesellschaft zu Neapel, in welche Florio auf seinem Zuge geräth. Endlich das Hineinragen des Alterthums: die Anwendung eines großartigen mythologischen Apparates, welcher die antiken Götter und Göttinnen, die freilich von den christlichen Heiligen oder den personifizirten Tugenden nicht immer streng geschieden sind, nach Belieben in die Handlung eingreifen läßt, die Nachahmung Ovids, dessen Buch einmal geradezu „das heilige“ genannt wird.

Das zweite Werk ist der „Ameto“, in welchem der Allegorie der breiteste Raum gewährt ist. Der Hauptinhalt ist die Bekehrung des Helden von der sinnlichen zur geistigen Liebe, eine Bekehrung, welche besonders durch sechs Jungfrauen-Nymphen hervorgebracht wird, unter denen Fiametta — die Hoffnung — die erste Stelle einnimmt. Aber neben diesem Hauptinhalt, der durch viele Allegorieen schwer verständlich gemacht wird, gehen nicht minder schwierig zu deutende Nebenbemerkungen einher: Andeutungen von Zeitereignissen, Auseinandersetzungen über die Geschichte Neapels und Roms, Erzählungen von Boccaccio's Mutter und ihrem traurigen Schicksale, Ausfälle gegen die Mönche, die freilich noch versteckt genug gehalten sind. Doch möge die Allegorie auch verschieden gedeutet werden, — auch dieses Werk ist von der Liebe dictirt und selten ist die läuternde und erhebende Kraft der Liebe so schön geschildert worden, wie es hier im Gesang des Hirten Teogapen nach dem Venusfeste geschieht.

Noch manche andere Werke verdanken jener Jugendzeit, die der Dichter in Neapel zubrachte, jenen Jahren, in denen er zwischen Freud und Leid schwankte, ihre Entstehung. Unter ihnen ist eins, die Theseide, besonders namhaft zu machen aus drei Gründen. Zuerst wegen der Veranlassung. Fiammetta grollte einstmals ihrem Liebhaber, wollte sich erst versöhnen lassen, wenn sie wieder eine jener Liebeserzählungen erhielte, in deren Aufstöbern und Wiedererzählen ihr Panfilo ihr unerreichbar zu sein schien und in deren Lectüre sie alle Schmerzen und Genüsse der Liebe durchkostete, und empfing zur Besänftigung ihres Zorns diese Erzählung. Sodann wegen des Stoffes. Denn es ist eine Bearbeitung der alten Theseussage, freilich mit Hinzufügung seltsamer Episoden und ungehöriger Zuthaten und einer durchaus unkünstlerischen Verquickung der antiken Erzählung mit einem modernern Stoffe, dessen Quelle bisher nicht aufgefunden ist, den Kämpfen nämlich; welche zwischen den beiden Helden Palemon und Arcitas um die schöne Emilie entbrennen und welche mit dem Tode des Letztern und der feierlichen Abtretung der Geliebten an den überlebenden Sieger schließen. Die Erwähnung antiker Vorstellungen, die Einführung von Göttern und Göttinnen als thätigen und in die Handlung eingreifenden

Mächten, die Benutzung und Nachahmung bekannter Stellen aus römischen Dichtern tritt in diesem Werke weit bedeutender hervor als in den früheren Arbeiten Boccaccios und bekundet zwar einen Mangel in seiner ästhetischen Anschauung, aber einen bedeutenden Fortschritt in seinen Kenntnissen. Endlich wegen der Stellung des Werkes in der italienischen Literatur. In ihm nämlich erkennt man nicht nur Boccaccios ersten größern in gebundener Rede gemachten Versuch, sondern das erste italienische Epos überhaupt und das erste Werk, welches der achtzeiligen Stanze ihre classische Form gegeben und ihre Herrschaft für das italienische Epos begründet hat.

Aber von weit größerer Bedeutung waren endlich zwei Werke, welche gleichfalls aus dem Verkehr mit Fiammetta entstanden sind, deren eines den Namen der Geliebten selbst trägt, deren anderes „Filostrato" benannt ist. Beide gehören zusammen, so verschieden auch ihre Form, so abweichend von einander der Inhalt ist, man könnte sie als zwei große Monologe in einer Liebestragödie auffassen und das eine Werk: „Der Liebende jubelt", das andre: „Die Verlassene jammert" überschreiben.

„Es ist unbegreiflich", darf man mit Hettner sagen, „wie eine so herrliche Perle echtester Poesie, wie Boccaccios Filostrato, vergessen sein kann. Es ist der laute Jubelruf eines von glücklichster Liebe erfüllten glückseligen Herzens." Der Name Filostratus ist eine wunderliche Mischung aus dem Griechischen und Lateinischen und bedeutet „von Liebe geschlagen"; der Inhalt, entlehnt aus der lateinischen Uebersetzung einer dem 12. Jahrhundert angehörigen großen französischen Dichtung des Benoit de St. More, der seiner Bearbeitung wiederum zwei spätlateinische Werke über den Untergang Trojas zu Grunde gelegt hat, ist die Geschichte der Liebe des trojanischen Prinzen Troilus und der griechischen Priesterstochter Chryseis (Cressida). Wenn man von diesem Inhalt spricht, so muß man freilich von jedem Vergleich mit Shakespeares Behandlung desselben Stoffes, der Parodie der trojanischen Mythe, absehen, obwohl der britische Dichter mit dem italienischen insofern zusammenhängt, als des erstern Quelle, Chaucer, sich nachweislich nach Boccaccio gerichtet hat. Denn die Stellung Beider zum Alterthum war eine so verschiedene, daß der Eine ein freies Herrschergefühl spürte, wo der Andere ein verehrungsvolles Grauen nicht unterdrücken konnte und während Jener mehr gelegentlich, abseits von einer größern Aufgabe, schildert, wie ein ehrlicher Mann von einer durchtriebenen Dirne betrogen wird, betrachtet es dieser als seine Hauptaufgabe, mit dem Glücklichen zu jubeln und mit dem Unglücklichen thränenreiche Klagen anzustimmen.

Prinz Troilus, der bisher den allezeit siegreichen Pfeilen Amors Widerstand geleistet hat, wird endlich von ihnen verwundet und entbrennt in Liebe zu der jungen schönen Wittwe Griseida, welche ihr Vater Kalchas, da er zu den Griechen überging, in Troja gelassen hatte. Er kann seine Gefühle nicht unterdrücken, ist aber auch nicht stark genug, sich mit einem bloßen Anschauen zu begnügen, und bedient sich daher, um zum ersehnten Ziele zu gelangen, seines Freundes Pandarus, eines Verwandten der Chryseis, der hier, wie bei Shakespeare, aus Neigung und Beruf den Kuppler macht. Aber die Vereinigung der Liebenden ist für Troilus nicht das Ende der Liebe, sondern nur eine Quelle neuer Beseligung und neuen Glückes; er, der unverdorbene Jüngling ist ein phantastischer Schwärmer, der trotz des sinnlichen Rausches in seinen idealen Vorstellungen beharrt, und hingerissen von der Schönheit seiner Geliebten auf ihre Tugend und Treue baut. Chryseis jedoch steht auf der Uebergangsstufe zwischen ehrbarer Frau und feiler Dirne, die an dem schönen Königssohn Gefallen gefunden und den Ueberredungskünsten des Vermittlers nur scheinbaren Widerspruch entgegengesetzt hatte, die in der Liebe nicht wahre seelische Befriedigung findet und, ohne geradezu die Treue zu verletzen, schon in ihren Liebesbetheuerungen mehr das heuchlerische Echo Anderer, als die wirkliche Stimme ihres Herzens zum Ausdruck bringt.

Das Liebesglück des jungen Paares wird schnöde unterbrochen dadurch, daß Kalchas seine Tochter wiederzusehen wünscht und ihre Auslieferung bei einer Auswechslung der Gefangnen durchsetzt. Die bevorstehende Trennung erfüllt die Liebenden mit dem heftigsten Schmerz; angesichts des Verlustes wird das Verlangen um so heftiger und die Liebesleidenschaft, welche kein anderes Band respectirt und in Eltern und Geschwistern, sobald diese sich dem Bunde widersetzen, nur Feinde sieht und um so schlimmere, je größere Rechte sie durch ihre Verwandtschaft beanspruchen, erpreßt ihnen unkindliche Verwünschungen. Trotz dieser bleibt Troilus der Unverdorbene, der gehorsame Sohn, der es weder wagt, Cressida dem Befehle ihres Vaters abwendig zu machen, noch sich die Seinigen, deren unbeugsamen Widerstand er kennt, durch eine Entführung der Geliebten für immer zu entfremden. Daher muß die Trennung vor sich gehn: noch einmal kommen die Liebenden zusammen, versprechen sich ewige Treue, besiegeln dieses Gelöbniß mit Liebkosungen und Geschenken, und trennen sich endlich, nachdem Cressida ihren Besuch auf den zehnten Tag zugesagt hat.

Troilus ist allein und bleibt allein. Denn Cressida läßt von ihrer Liebe, die ja nur auf sinnlichen Genuß begründet war, sobald sie den Geliebten nicht mehr erschaut, sie war schon längst untreu in Gedanken, sie wird es nun mit der That, sobald sie in Diomedes, dem „großen und schönen, jungen und starken" Helden, welcher sie im Auftrage ihres Vaters in das griechische Lager geholt hatte, einen Ersatz für Troilus erblickt. Aber dieser hat von solchem Wankelmuth keine Ahnung. Sobald er allein gelassen ist, beginnt er seine Klagen, welche nur manchmal durch die Erinnerung an die früheren so genußreichen Stunden gedämpft, dann wieder gerade durch sie bestärkt werden, er wird aufrecht erhalten von der sichern Erwartung der Ankunft seiner Geliebten, er schöpft, nachdem auch diese Hoffnung fehlgeschlagen, Trost aus ihren Briefen, in welchen sie, die Falsche, ihn mit nichtigen Vorspiegelungen zu täuschen sucht, er wird in seinem felsenfesten Vertrauen weder durch Gerüchte noch durch Anzeichen erschüttert, bis er, durch Thatsachen überführt, seinen falschen Glauben opfern und die Wahrheit einsehen muß. Denn er erkennt in einer Spange, welche Deiphobus dem Diomedes abringt, ein Geschenk, das er einst der Cressida gegeben hatte, kann nun das Geschehene nicht mehr läugnen und beschließt in wilder Verzweiflung sich an dem glücklichen Nebenbuhler, der ihn verdrängt, zu rächen. Aber auch in dieser letzten That seines an Unglück reichen Lebens ist er unglücklich; wohl findet er den Tod, aber nicht nach rühmlichem Kampfe mit seinem Gegner, den er ersehnt hatte, sondern unrühmlich erschlagen von Achilles. So ist er in Wahrheit ein Filostrato, ein von der Liebe Geschlagener, der die Pein des Lebens endet durch qualvollen Tod.

Der Filostrato ist keine Geschichte, welche der Dichter aus bloßem Wohlgefallen am Stoffe wählte, und auch keine, in welcher er wirkliche Personen und Vorgänge unter erdichtetem Namen und Thatsachen verhüllte, denn nicht er hat so geliebt wie Troilus und auch Fiammetta darf nicht ähnlicher Untreue wie Chryseis angeklagt werden, sondern eine Träumerei, welcher sich der Dichter in verzweiflungsvollen und doch so seligen Momenten ergab, eine Rechtfertigung seiner selbst, die er der Freundin entgegenhalten mochte, wenn Zweifel sie überkamen.

Diese Zweifel aber mochten nur zu begründet sein. Zwar war Boccaccio kein Wüstling. Ein solcher hätte die Geliebte, an der er kein Gefallen mehr fand, verlassen und hätte seinem Verrath die Krone dadurch aufgesetzt, daß er die Verschmähte gehöhnt, der öffentlichen Verachtung preisgegeben hätte; Boccaccio dagegen, obwohl er ein junger Mann war, den die Frucht der verbotenen und verborgenen Liebe nicht immer aufs Neue reizte, den die altgewordenen Züge der seit Jahren vertrauten Freundin nicht mit derselben Macht lockten, als die zuerst erblickten, hielt lange aus, und erst als er die Liebe erkalten fühlte, trat er zurück, hatte aber auch die Aufrichtigkeit, der Geliebten, der er so Vieles geschrieben, auch das zu schreiben, daß er für sie gestorben sei. Denn in dieser Weise kann man die „Elegie der Frau Fiammetta allen verliebten Frauen gewidmet", auffassen, ein prosaisches Werk von mäßigem Umfange, Tagebuchbekenntnisse, die der Dichter, um sich desto herber anzuklagen und vielleicht, um durch das hier hervortretende Uebermaß der Gefühle sich desto sicherer zu entschuldigen, der verlassenen Frau in den Mund legte.

Von einer Erzählung kann bei diesem Werkchen, das nur Gefühle schildert, nicht die Rede sein, die Situationen indeß, in denen diese Gefühle entstehen, die Vorgänge, durch welche sie erregt werden, sind etwa folgende:

Panfilo hat Fiammetta gesehen, geliebt, verlassen, und bei einem rührenden Abschiede ihr versprochen, nach vier Monaten, in welchen er den Auftrag seines Vaters auszuführen hofft, zu ihr zurückzukehren. Die Tage der verabredeten Trennungszeit entschwinden langsam, während die Verlassene, in mächtiger Erregung zitternd, wartet und der versprochenen Rückkehr harrt; die Zeit ist verstrichen und statt des Erwarteten kommt die Nachricht, daß Panfilo eine Florentinerin geheirathet hat. Diese Kunde stürzt die Arme in schreckliche Verzweiflung: sie wehklagt und jammert, zerreißt seine Briefe, flucht seinem Andenken, kann aber doch von ihm nicht lassen, sucht Gründe für sein Ausbleiben und für die Unmöglichkeit der ihr zugekommenen Nachricht. Aber durch solches Grübeln und Sinnen wird sie schwermüthig, schädigt ihre Gesundheit und welkt dahin, so daß sie von ihrem Gatten, den sie ja des Treulosen wegen verrathen, zu einem Aufenthalte in Bajä veranlaßt wird, um durch die Zerstreuung des Badelebens und durch die stärkende Seeluft ihre frühere Frische wieder zu erlangen. Doch der erhoffte Erfolg bleibt aus: denn zu ihrer Sehnsucht kommen Gewissensqualen und zu ihnen gesellt sich jenes peinvolle Gefühl, das den Unglücklichen beim Anblicke Glücklicher ergreift. Aus einer so gesteigerten Qual vermag nur der Tod sie zu erlösen, den sie ersehnt und den sie, da er nicht rasch genug kommt, sich selbst zu geben beschließt. Aber an der Ausführung dieser grausigen That wird sie von ihrer Vertrauten gehindert.

Das Unnatürliche des Büchleins liegt in dem Umstande, daß eine namenlos Unglückliche, auf den Tod Verwundete, des Lebens Ueberdrüssige überhaupt schreibend gedacht wird — denn es soll keine aus später Wiedererinnerung geflossene Klage, sondern ein über das augenblicklich herzzerreißende Weh ausgestoßener Schmerzensschrei sein —, sodann auch darin, daß lange Deklamationen, gelehrte Abschweifungen und Anspielungen, die dem wirklichen Schmerze unmöglich sind, vorkommen. Aber abgesehen davon, welche Wahrheit und Zartheit der Empfindung und welche Kraft der Sprache! Selten ist der verzweiflungsvolle Schmerz der Verlassenen mit solcher Treue und zugleich mit solch rührender Entsagung ausgedrückt worden, wie in diesem Buche, das man wegen der Innerlichkeit seiner Empfindung einen Vorläufer des Werther nennen und wegen der darin geschilderten allgemein menschlichen Zustände trotz der Hinweisung auf bestimmte Zeiten als ein allgemein gültiges, unvergängliches bezeichnen kann.

„Du mußt zufrieden sein“, so spricht Fiammetta zu ihrem Buche, da sie es in die Welt entläßt, „zu erscheinen gleich meiner Zeit, welche als die unseligste dich mit Elend umkleidet hat, wie sie mir gethan... Dir gebührt es mit zerstreutem Haar, befleckt und mit Todtenblässe gefärbt zu wandern, wohin ich dich sende, in den Seelen derer, die dich lesen, ein heiliges Gefühl mit meinem Unglück zu erwecken; und sollte ein solches Gefühl sich in irgend einem reizenden Antlitz aussprechen, o dann eile schnell, es zu würdigen, so sehr du kannst, denn ich und du sind ja vom Glück noch nicht so erniedrigt, daß wir nicht einmal das Herrlichste zu würdigen vermöchten. Was uns aber geblieben, ist nichts Andres, als was kein Unglücklicher verlieren kann, nämlich Glücklicheren eine Lehre zu geben, damit sie ihr Heil schonend behandeln und vermeiden mögen, uns ähnlich zu werden.“

Auch der Roman „Fiammetta", oder mit welchem Namen man dieses seltsame Werkchen bezeichnen will, beruht nicht vollkommen auf historischer Wahrheit. Sicher bleibt indessen, daß Boccaccio, nach 15jährigem Aufenthalte in Neapel, diese Stadt (1341) verließ und, dem Wunsche seines Vaters folgend, nach Florenz kam. Der Aufenthalt in Neapel war aber nicht allein für seine Gemüthsentwicklung, sondern für seine geistige Ausbildung von entscheidender Bedeutung gewesen. Er hatte sich nämlich, so wenig er auch den Wunsch des Vaters, juristische Studien zu treiben, beachtet hatte, ernstlich mit lateinischer Sprache und römischer Literatur beschäftigt und in seinen während jenes Zeitraumes entstandenen dichterischen Schriften — nicht selten am ungehörigen Orte — Proben seiner Kenntnisse abgelegt.

Diese seine Studien setzte er nun fort, nicht etwa, wie er vielleicht gewünscht, in ununterbrochener wissenschaftlicher Muße, aber doch so, daß sie von jetzt an der Hauptgegenstand seiner Neigung wurden. Noch einmal (1345—1348) kam er allerdings nach Neapel zurück und mag in diesen Jahren manche der obengenannten Werke vollends ausgeführt, auch der Liebe nicht ganz entsagt haben, welche sein bisheriges Leben verklärt hatte; seine späteren Jahre gehören indeß hauptsächlich dem Staate, der Freundschaft und der Wissenschaft an.

Im Auftrage der Republik Florenz hat Boccaccio mehrere Gesandtschaftsreisen unternommen, auf welchen er theils literarische, theils politische Geschäfte abzumachen hatte. Diese Reisen führten ihn theils nach Deutschland, nach Tyrol zum Markgrafen Ludwig von Brandenburg, dem ältern Sohn des Kaisers Ludwig, theils nach den verschiedensten Gegenden Italiens, theils nach Frankreich zum Papste, der in Avignon residirte; sie hatten, wie namentlich die letztgenannten (denn Boccaccio ging zweimal, 1354 und 1365, an den päpstlichen Hof), den erwünschten Erfolg, und trugen dem Gesandten die Zufriedenheit seiner Auftraggeberin ein, während er nicht selten die Anschauungen und Handlungsweise seiner Vaterstadt mißbilligte, und in Folge dieses Zwiespaltes sich den Aufträgen nur widerwillig unterzog. Wenn er aber doch immer aufs Neue die unangenehme Bürde auf sich nahm, so that er dies mit Rücksicht darauf, daß sich nicht allzuviele des Schreibens und der lateinischen Sprache Kundigen in Florenz finden mochten und wenn er, der Spötter und Mönchsverächter, zum Papste ging, so konnte er solches wagen, mit Rücksicht darauf, daß die Angriffe gegen die Geistlichkeit sich bei ihm, wie bei so manchen Anderen jener Zeit mit kirchlicher Frömmigkeit und persönlicher Ergebenheit gegen den Papst ganz wohl vertrugen.

Ein Politiker war Boccaccio nicht. Wohl hatte er bestimmte Ideen von Treue und Beständigkeit, Liebe zu seinem republikanischen Gemeinwesen, Schwärmerei für ein geeintes Italien und Hoffnungen, wie das Alterthum sie überliefert hatte, auf die kaiserliche Herrlichkeit und die Wiedererweckung altrömischer Größe, aber diese Anschauungen waren nicht allzu lebhaft in ihm, veranlaßten ihn höchstens zu einigen phrasenhaften Deklamationen, nicht aber zu einer selbständig hervortretenden Thätigkeit. Nur gelegentlich bei Mittheilung von Thatsachen äußert er seine Zustimmung und offenbart seine Abneigung; er erklärt sich für einen entschiedenen Anhänger der Anjou, unter deren Herrschaft er in Neapel lebte, und für einen bittern Feind der von diesen bekämpften Staufer, er nennt Manfred, welchen Dante gepriesen, einen „schmachvollen" Unterdrücker der Kirche. Heinrich VII., auf welchen Dante gehofft hatte als auf einen Wiederhersteller der kaiserlichen Macht, ist ihm „ein Räuber, der von wilden Doggen begleitet auszog, um fremde Länder zu verwüsten"; und Karl IV., welchen Petrarca als Retter Italiens herbeigesehnt und willkommen geheißen hatte, empfängt von ihm den Zuruf: „Möge er eilig seinen Rückweg zu den rheinischen Wäldern nehmen und dort ein Grab finden für seine leeren Titel und für seinen ekeln Leib".

Zu den Gesandtschaften, mit denen Boccaccio beauftragt war, gehört auch eine nach Padua (1351), deren Zweck war, Petrarca nach Florenz zur Uebernahme einer Professur an der dortigen Universität einzuladen. Diese Gesandtschaft hatte zwar nicht den gewünschten Erfolg, aber sie bewirkte Größeres, denn sie half dazu, die beiden großen italienischen Schriftsteller in einem Freundschaftsbündnisse zu vereinigen, welches dem Goethes und Schillers würdig an die Seite gestellt worden ist.

Boccaccio sah den 9 Jahre ältern Freund wahrscheinlich zuerst im Jahre 1341 in Neapel, er mag bald darauf in literarische Verbindung zu ihm getreten sein, schloß sich aber erst 1350 näher an ihn an, als Petrarca auf der Reise nach Rom seine Vaterstadt Florenz besuchte. Seit jener Zeit entspann sich zwischen Beiden ein lebhafter, in lateinischer Sprache geführter Briefwechsel, von welchem 30 Briefe Petrarcas, 4 Boccaccios erhalten sind. In demselben erscheint Petrarca als der Spendende, Boccaccio als der Empfangende, Jener auch äußerlich als der Hochstehende, der den Freund zu sich einlädt, bei sich beherbergt und beschenkt, Dieser als der Minderbegünstigte, „ein Feind des Geschickes", wie er sich selbst einmal nennt, als der Arme, der sich seiner Armuth freut. In seiner edlen Bescheidenheit blickte Boccaccio neidlos zu dem Freunde auf, zeigte sich zu mühevollen Diensten bereit, verschaffte ihm Abschriften seltener Schriften — und was war damals nicht selten? — und schrieb kein Werk, ohne den Meister zur Stütze für seine Behauptungen anzuführen und ihn als Anreger seiner Studien zu bezeichnen. Diese Verehrung trieb er so weit, daß er ihn einmal als „Arche der Wahrheit, Muster der Heiligkeit, Ruhm der Dichter, süßen Redner, der alle Menschen an Geist und Kenntnissen übertrifft" pries, daß er seinen Nachruhm von den Briefen erhoffte, welche Petrarca ihm geschrieben hätte. Er ermunterte den Dichter zur Herausgabe seiner Werke, schrieb zu den veröffentlichten empfehlende Verse und erfreute ihn nicht blos durch solche literarische Zuvorkommenheiten, sondern auch durch persönliche Artigkeiten, für welche Petrarca sehr dankbar war. Unter den wenigen Briefen Boccaccios nämlich, die wir besitzen, ist einer aus Venedig geschrieben, welcher eine Beschreibung des Haushalts von Petrarcas Tochter und eine rührende Schilderung der kleinen Enkelin enthält.

Solche Beweise innigster Verehrung hätte Petrarca dankbar anerkennen müssen, selbst wenn er sie von einem geringern Mann erhalten hätte, um wieviel mehr, da er sie von einem Freunde bekam, dessen Verdienste er hochschätzte. Daher hielt er mit dem Ausdrucke seiner Theilnahme keineswegs zurück, entwarf vielmehr dem Freunde eine Schilderung seines häuslichen stillen Gelehrtenlebens, übersandte ihm seine Dichtungen mit beigefügten Erklärungen, Verbesserungsvorschlägen und mit der Bitte um unbefangene Kritik, nannte den Freund trotz dessen bescheidener Ablehnung einen Dichter, indem er ihm, dem Ungekrönten, vorführte, daß nicht der Lorbeerkranz den Dichter mache und die Musen nicht schwiegen, selbst wenn aller Lorbeer aus der Welt schwände, und drang in ihn, daß er gemeinsam mit ihm lebe, damit sie Beide, der übrigen Welt vergessend, blos den Studien und der Freundschaft ihr Dasein widmeten.

Bei diesen gegenseitigen Lobsprüchen waren Beide aufrichtig genug, auch den Tadel auszusprechen, sobald er am Platze schien. In Folge dessen äußert Petrarca Vorwürfe über den lockern Lebenswandel Boccaccios und gibt diesem die Krankheiten schuld, an denen er in seinen späteren Jahren zu leiden hatte; mahnt Boccaccio in einem Briefe, in welchem er freilich von Personen und Städten, die er anführt, nur unter fingirten Namen spricht, Petrarca (Silvanus), von dem er „eine solche Charakterlosigkeit, ein solches Verläugnen seiner Grundsätze aus bloßer Habgier" kaum erwartet hätte, den Dienst der Visconti, sowie überhaupt jedes Tyrannen zu meiden und seine republikanische Gesinnung durch Fernhaltung von den Fürstenhöfen zu bewähren. Ueber den letztern Punkt konnte freilich zwischen den beiden Männern eine Uebereinstimmung nicht erzielt werden; denn Boccaccio betrachtete jeden Dienst als Zeitverlust und Freiheitsraub, während Petrarca sich für stark genug hielt, Herrendienst mit literarischer Unabhängigkeit zu vereinigen.

Offener Tadel kleiner Gebrechen ist ein großer Freundschaftsdienst, aber ein größerer ist die Rettung aus Gefahren, welche körperlichen oder geistigen Untergang bereiten können. Und eine solche Rettung verdankt Boccaccio seinem Freunde. Denn er war ein schwacher Mensch, anderen Einflüssen leicht zugänglich, und zeigte diese Schwäche namentlich bei folgender Veranlassung.

Im Jahre 1361 kam ein Mönch Gioachino Ciani zu ihm, der im Namen seines verstorbenen Klostergenossen Pietro Petroni verkündete, daß ihm Christus erschienen sei und ihm aufgetragen habe, dem Boccaccio und mehreren Anderen, unter ihnen auch Petrarca, mitzutheilen, daß sie nur noch wenige Jahre zu leben hätten, und ihnen dringend zu empfehlen, für diese kurze Zeit ihre Lebensweise zu ändern und sich statt der bisherigen wissenschaftlichen Beschäftigung frommen Betrachtungen und Uebungen hinzugeben. Um seine Mahnungen eindringlicher zu machen, offenbarte der Mönch ihm wichtige Mittheilungen über seine verborgensten Geheimnisse und erschreckte ihn dadurch so, daß er schwankend wurde, entschlossen war, den Warnungen Gehör zu geben und Petrarca ängstlich und eilig ausführliche Nachrichten über die Botschaft des Mönchs zukommen ließ. Auf dieses Schreiben antwortete Petrarca am 28. Mai 1362.

Er stellt nicht in Abrede, daß Sterbende die Fähigkeit haben können, Zukünftiges vorherzusagen, aber er leugnet, daß in der Mittheilung des Mönches etwas Schreckhaftes enthalten sei: denn das Leben des Menschen sei kurz und werde deshalb von dem Weisen so eingerichtet, daß er stets auf den Tod gerüstet sei. Daher müsse der Verständige, der nach reifer Ueberlegung sich seinen geistigen Weg vorgezeichnet habe, auch von der Richtigkeit desselben durchdrungen sein und dürfe sich durch zufällige Warnungen nicht irre machen lassen. „Sollten wir etwa", fährt Petrarca fort, „die heidnischen Dichter und Schriftsteller meiden, welche von Christus Nichts wissen, da man doch ohne Scheu die Werke der Ketzer liest, welche Christus geradezu leugnen. Glaube mir: Viele möchten ihre Feigheit und Trägheit gern für Klugheit und Ernst ausgeben. Die Menschen verachten oft, was sie nicht erreichen können, und gerade die Unwissenden pflegen das zu verurtheilen, was ihnen versagt ist und möchten gern Niemanden in das ihnen verwehrte Gebiet gelangen lassen. Wir aber, die wir die Wissenschaft kennen, dürfen uns ihr nicht entziehen, selbst wenn man uns durch tugendreiche Ermahnungen oder Todesandrohungen von ihr entfernen will, denn gerade sie erregt in dem empfänglichen Gemüthe die Liebe zur Tugend und vernichtet oder vermindert wenigstens die Furcht vor dem Tode; sie hält also ihren Jünger nicht von dem Wege zur Vervollkommnung zurück, sondern hilft ihm auf diesen Weg und ebnet ihm den Pfad." Nachdem Petrarca dann gezeigt hat, daß die großen Männer des Alterthums bis in ihr höchstes Alter den Studien obgelegen haben, schliesst er seine Auseinandersetzung folgendermaßen: „Wohl weiß ich, daß Manche die Heiligkeit ohne Bildung erlangt haben, aber ebenso weiß ich, daß Keiner wegen seiner Bildung von ihr ausgeschlossen worden ist. Freilich hat der Apostel Paulus die Thorheit gerühmt, welche die Wissenschaften verschmäht, aber Jedermann weiß, was dieses Rühmen bedeutet. Soll ich Dir nun offen meine Meinung verkünden, so sage ich so: Der Weg zur Tugend durch Unwissenheit ist eben, aber verächtlich. Alle Guten haben nur ein Ziel, doch verschiedene Wege, und die gemeinsam Wandelnden sind unter einander sehr verschieden. Der Eine geht schnell, der Andere langsam; jener Allen sichtbar, dieser den Blicken verborgen; hier Einer hoch erhoben, dort Einer demüthig gebeugt. Der Weg Aller kann zum ersehnten Ziele führen; am ruhmvollsten der, welcher frei und hoch daliegt. So ist auch das Wissen, das sich zum Glauben durchgerungen hat, weit besser als die Einfalt, und sei sie noch so heilig, und keiner der Thoren, die ins Himmelreich eingegangen sind, steht so hoch wie ein Wissender, der die Krone der Seligkeit erlangt hat." — Dieser Brief hatte die gewünschte Wirkung, er befreite den Boccaccio von seiner Furcht und führte ihn zur Wissenschaft zurück. Aber wenn der also Geleitete und Zurechtgewiesene 12 Jahre später, da er den Tod des Führers zu beklagen hatte, äußerte, daß er sich wie ein steuerloses Schiff vorkomme, das in den Wellen schwanke und wie ein ruderloses Fahrzeug, das von den Winden umhergetrieben werde, so mochte er damit mehr sagen, als eine bloße Redensart.

Wenige Jahre vorher (1359) hatte auch Boccaccio seinerseits den Freund von einem Flecken zu reinigen gesucht, der, wie er meinte, ihm anhaftete. Er wußte nämlich, daß Petrarca Dantes Namen selten erwähnt habe und von seinen Gedichten niemals spreche, meinte, daß Unkenntniß oder Neid die Gründe dieses Stillschweigens seien und schickte ihm daher eine Abschrift der göttlichen Comödie mit einem lateinischen Gedichte, angefüllt mit dem Lobe des herrlichen Gedichtes und mit der Aufforderung schließend, Petrarca möge das Werk lesen.

Dieser Aufforderung kam Petrarca nach. In dem Briefe, in welchem er die Versicherung gibt, jetzt erst die Werke Dantes gelesen zu haben — und es liegt nicht die geringste Veranlassung vor, an der Wahrhaftigkeit dieser Aeußerung zu zweifeln — gibt er als Grund der bisherigen scheinbaren Vernachlässigung die Befürchtung an, er möchte, wenn er diese Schriften stets vor Augen gehabt hätte, Dantes Nachahmer geworden sein. „Nun aber", so fährt er in seinem höchst charakteristischen Schreiben fort, „da diese Furcht geschwunden ist, habe ich seine Werke gelesen und bekenne gern, daß ich ihm unter den Meistern der italienischen Sprache ohne Widerrede den ersten Rang einräume." Seinem Freunde gewährt er den zweiten, sich selbst behält er den dritten Platz vor. „Hätte Dante länger gelebt", so schloß Petrarca, „so wäre ich wohl sein bester Freund geworden und gewiß ein besserer Beurtheiler als der unverständige große Hause. Nun da ein persönlicher Verkehr unmöglich ist, verkünde ich gern Dantes Ruhm, und bedaure nur, daß er blos in italienischer Sprache gedichtet, sich dadurch von dem auserlesenen Kreise der Gebildeten entfernt und seinen Namen und Ruhm dem Volke preisgegeben hat, dessen Lobsprüche, und seien sie noch so begeistert, nicht die Anerkennung sind, welche einem Großen geziemt."

Ein Danteschwärmer wurde Petrarca freilich auch später nicht. Der Gegensatz der beiden Naturen, welche in dem vorstehenden Briefe mehr angedeutet, als ausgesprochen ist, war zu groß, und die Selbstüberwindung, welche Petrarca zu üben wußte, war zu klein, als daß die Nichtbeachtung vieler Jahrzehnte nun zu einer eifrigen Pflege sich hätte verwandeln sollen: aber es hieße die großen Personen der Geschichte mit einem erbärmlichen Maßstabe messen, wenn man einen solchen Gegensatz, wie man oft versucht hat, nur durch Neid zu erklären wüßte. Ueberdies hat Petrarca später Dantes mehrfach in würdigster Weise erwähnt und wenn er auch nicht, wie man ihm manchmal zuschrieb, die göttliche Comödie mit eigner Hand abgeschrieben und das Purgatorio erklärt, auch nicht, wie man in jüngster Zeit vermuthet aber bald als irrig erkannt hat, ein Gedicht zum Lobe Dantes verfaßt hat — der Dichter ist vielmehr Benvenuto da Imola —, so hat er durch jene Grabschrift Dantes (oben S. 22) auch unter den Lobrednern des göttlichen Sängers sich eine ehrenvolle Stätte bereitet.

Mit solcher gelegentlicher Erwähnung Dantes begnügte sich aber Boccaccio nicht. Er betrachtete es vielmehr als seine Lebensaufgabe, Dante zu erklären und sein Andenken im Bewußtsein der Zeitgenossen lebendig zu erhalten. Um diesen Zweck zu erfüllen, hatte er in seiner Jugend ein poetisches Inhaltsverzeichniß der göttlichen Comödie geschrieben, arbeitete in seinem Mannesalter (1354 bis 1355) eine Biographie Dantes aus, und begann am Ende seines Lebens (1373) einen Commentar zu Dantes großem Werk.

Das Inhaltsverzeichniß ist ohne sonderlichen Werth, die kurzen Capitel, deren jedes mit demselben Vers beginnt, wie die betreffenden Gesänge von Dantes Gedicht, bekunden höchstens eine glückliche Nachahmung der Verse des großen Dichters.

Die Biographie dagegen ist von hoher Bedeutung; man könnte sie die erste Lebensbeschreibung in modernem Sinne nennen. Sie schreitet zwar nicht ganz ordnungsmäßig vor, sie trennt Leben und Werke, sie stellt seltsame Betrachtungen mitten in die Erzählung, sie hält sich nicht frei genug von oratorischem Beiwerk, aber sie ist in ihrem frischen Italienisch das Abbild einer kräftigen Gesinnung und in ihrer ungezwungenen Natürlichkeit den meisten kunstmäßigen biographischen Versuchen des folgenden Jahrhunderts weit vorzuziehn. Mag Boccaccios Aeußerung, daß Dante, wenn er frei von Hindernissen und Sorgen gewesen, „ein Gott auf Erden geworden wäre" übertrieben klingen, so bleibt sie doch der Ausdruck einer wahren Gesinnung. Dantes Feinde sind auch Boccaccios Feinde, so daß die Florentiner, welche Jenen verbannt haben, nun beredten Tadel für ihre Undankbarkeit hören müssen; Dantes Sehnsucht auch die Boccaccios, die Poesie nämlich, die in lebhafter Weise vertheidigt, von den Vorwürfen, daß sie lügenhaft und verderblich sei, befreit, und der Theologie als ebenbürtig an die Seite gestellt wird.

Der Commentar endlich — 60 Vorlesungen, die Boccaccio als der von seinen Landsleuten berufene Erklärer von Dantes Werken in Florenz hielt, in denen er aber nur die 16 ersten Gesänge der „Hölle" auseinandersetzte — nimmt unter den zahllosen Werken dieser Art eine ehrenvolle Stellung ein, die ihm nicht blos durch sein Alter garantirt wird; er hat, wie Hegel sagt, „den großen Vorzug eines wahrhaft dichterischen Verständnisses, welches überall dem poetischen Ausdruck gerecht wird und ihn aufs Beste ins Licht stellt." Dieses Werk gilt noch heute als eines der vorzüglichsten italienischen Prosawerke; es imponirt durch seine für die damalige

Zeit sehr bedeutende Gelehrsamkeit, die sich aber selten unbescheiden aufdrängt; es belehrt durch seine reichen Mittheilungen über die Zeitgenossen; es erfreut durch die Milde des Urtheils, welche zwar den Autor nicht zur Beschönigung des Unrechts verführt — er tadelt vielmehr Völlerei und Luxus, Neid und Habsucht und andere Laster der Zeit —, aber ihn doch veranlaßt, dieselben Florentiner, die er an anderen Stellen herbe tadelt, gelegentlich als „Männer hohen Verständnisses und wunderbaren Scharfsinnes" zu bezeichnen; es überrascht durch politische Anschauungen, durch welche, ungeachtet der Vorliebe des Dichters für Italien, den übrigen Ländern eine fast gleichwerthige Stellung mit seinem Heimathlande eingeräumt wird; es ruft zwar einen seltsamen Eindruck hervor durch die Betonung der Bedeutung und Wichtigkeit der Astrologie, durch den unweisen Satz: „die Philosophen und Astrologen lehren, daß die Gestirne die irdischen Geschöpfe zeugen und nähren, ja auch leiten, wenn nicht die Vernunft, von göttlicher Gnade erleuchtet, ihnen widersteht"; aber es besänftigt die dadurch erzeugte unangenehme Empfindung wieder durch die ungekünstelte Verehrung des Dichters und durch die muthige Vertheidigung der Poesie, in der es ohne Scheu selbst die Aeußerung des Hieronymus „Die Werke der Dichter sind Speise für die Dämonen" zu verwerfen oder wenigstens zu beschränken wagt.

Denn eben die Poesie — ein Wort, mit welchem er, sowie die Zeitgenossen überhaupt, die Alterthumsstudien zu bezeichnen pflegt — war der Gegenstand, mit dem er sich am Liebsten beschäftigte. Schon in früher Jugend hatte er die lateinische Sprache erlernt und benutzte dieselbe zu seinen Briefen, Gedichten und wissenschaftlichen Arbeiten, aber er besaß den Ehrgeiz weiter zu gehn, und versuchte die griechische Sprache zu erlernen. Bei diesem Versuche bediente er sich der Hülfe eines Griechen Leontius Pilatus, den er vermuthlich 1360 auf einer seiner Reisen traf, mit sich nach Florenz nahm, und mehrere Jahre ungeachtet großer Opfer und Unannehmlichkeiten in seinem Hause hielt. Er empfing von seinem Lehrer Uebersetzungen der Ilias und Odyssee und verdankte ihm, dem freilich flüchtigen und unzuverlässigen Meister, mancherlei Belehrungen über Archäologie und Mythologie, die er dann, nachdem er sie kaum gelernt, in großen Werken auch anderen Wissensdurstigen mittheilte.

Unter diesen Werken ist das umfangreichste — es füllt einen stattlichen Folianten — und bedeutendste das wahrscheinlich 1359 vollendete, dem König Hugo IV. von Cypern, nicht dem Prätendenten gleichen Namens gewidmete Werk de genealogia Deorum (gentilium setzen die Handschriften und zeitgenössischen Autoren hinzu). Der König, welcher die Widmung erhielt (1324—1361), hatte schon mit Boccaccios Vater in Geschäftsverbindung gestanden, war mit hervorragenden italienischen Gelehrten befreundet, und hatte in der Begierde, sein Wissen zu vermehren, den Schriftsteller mit der Abfassung seiner Untersuchungen beauftragt. Das Werk ist in 15 Bücher getheilt, welche, mit Ausnahme der zwei letzten, die Kriegs- und Liebesgeschichten der

Götter, die nach ihren Geschlechtern und Familien zusammengestellt werden, erzählen, zugleich aber die Mythen der Alten theils physikalisch-astronomisch, theils allegorisch zu erklären versuchen. Bei dem nahen Zusammenhange nun, welchen Griechen und Römer zwischen Göttern und Menschen statuirten, mußte ein Werk, welches die Genealogie der Götter vor- und rückwärts verfolgte, ebenso auf die Urgeschichte des Weltalls wie auf die ersten heroischen Zeiten des Menschengeschlechts Rücksicht nehmen und sich zu einem Handbuch der Heldensage und einem Quellenwerke für Archäologie gestalten.

Eine solche Darstellung war nur möglich auf Grund umfassender Benutzung der Schriftsteller des Alterthums, welche denn auch von Boccaccio mit einem gewissen Stolz betont wird, so daß er seinen Gegnern zuruft: „Wenn die, welche mir nicht glauben wollen, behaupten, daß ihnen die alten Autoren, die ich citire, nicht bekannt sind, so ist nur ihre Unwissenheit daran schuld.“ Zugleich aber spricht er mit Zaghaftigkeit und Bescheidenheit, so daß er, entweder sobald er einem der alten Autoren widerspricht, alsbald hinzusetzt, daß trotz dieses Gegensatzes ihr Ansehen unangetastet bleibe, oder an anderen Stellen die Unzulänglichkeit seiner Kenntnisse aufrichtig zugibt. Außer den Schriftstellern des Alterthums wird namentlich Petrarca citirt und gelobt, er, „der christlichste, der mit heiligem Geist, untrüglichem Gedächtniß und wunderbarer Beredsamkeit Begabte, dessen Schriften denen Ciceros durchaus nicht nachstehen.“

Durch das ganze freilich schwerfällig und oft unklar geschriebene Werk weht ein Zug so heiligen Ernstes, daß man über historische Seltsamkeiten, und über wundergläubige Vorstellungen nicht lächeln darf. Denn wenn Boccaccio den Franzosen das Zugeständniß macht, sie stammten von den Trojanern ab — während ein ähnlicher von den Engländern, „die dadurch ihre Barbarei zu adeln wünschen“ erhobener Anspruch zurückgewiesen wird; — wenn er in etymologischer Spielerei, Pandora als eine Zusammensetzung von Pan = alles und doris = Bitterkeit erklärt (zu der Ableitung des Wortes Centauri von centum-aurae kann er sich dagegen nicht verstehen, da er den Satz aufstellt, man dürfe ein griechisches Wort nicht aus einem lateinischen herleiten); oder wenn er erzählt, man habe jüngst den Leichnam eines Riesen gefunden, der 200 Ellen lang gewesen sein müsse, so zollte er durch solche und ähnliche Stellen der Unkenntniß seiner Zeit seinen Tribut. Noch weniger ist man berechtigt, wegen einzelner Irrthümer dem Buche Vorwürfe zu machen; ein Werk, „aus welchem“, wie Landau richtig hervorhebt, „fast ganz Europa durch mehrere Jahrhunderte die Mythologie und Symbolik der alten Völker lernte“, verdient, daß man es pietätsvoll behandelt.

Den historischen Auseinandersetzungen der dreizehn ersten folgen in den zwei letzten Büchern des Werkes Zusätze allgemeinerer Art, programmartige Vertheidigungen der Poesie und des Werkes selbst, in denen Boccaccio alle Vorwürfe zurückzuweisen sucht, welche seitens der christlichen Theologie den Alterthumsstudien gemacht werden, und in denen er läugnet, daß durch die Pflege der letzteren eine Schädigung frommer Gesinnungen bewirkt werden könne: das nicht sehr geistreiche, theilweise Petrarcas Ausführungen entlehnte, aber ehrliche Bekenntniß eines Mannes, welcher den mühsam errungenen Schatz, in welchem er bisher seine Lebensfreude erblickt hat, bedroht sieht und sich zur Rettung desselben mit aller Kraft rüstet. Diese Vertheidigung, welche in solcher Ausführlichkeit noch niemals geliefert worden war, führt einen Schritt weiter als die bisherigen Zurückweisungen mittelalterlicher Angriffe. Boccaccio will nämlich die „Poesie" auch aus dem Gesammtrahmen der Moralphilosophie herausnehmen und als eine selbständige Kunst erweisen. Geht er vielleicht in seinem Kampfe zu weit, so darf er als der zuerst Angegriffene und als der begeisterte Eiferer nicht gescholten werden; schmäht er die Juristen, so folgt er in diesem Tadel nur einer Ansicht seiner humanistischen Freunde; die Juristen brauchten gegen ihn nur ihr „barbarisch" gescholtenes Latein zu vertheidigen, er mußte gegen die Angriffe der Theologie seine Rechtgläubigkeit beweisen. Und darum bekundet er fromme Gesinnungen, wo er nur kann; er paraphrasirt hier wie in anderen seiner Schriften das katholische Credo; an den Anfang des 9. Buches stellt er eine an die Gläubigen gerichtete Mahnrede, das heilige Land zu befreien, welche einem Kreuzzugsprediger alle Ehre gemacht hätte.

Dem Werke de Genealogia folgt in den meisten Ausgaben — Hortis kennt deren 10 lateinische und 11 italienische — ein kleineres Buch: „Von den Bergen, Wäldern, Quellen, Seen, Flüssen, Sümpfen und Namen des Meeres", ein innerhalb jeder einzelnen Abtheilung alphabetisch geordnetes geographisches Lexikon, das zur Erläuterung der alten Schriftsteller dienen soll. Diesen zu folgen, selbst gegen bessere eigne Ansicht, ist daher sein einziges Bestreben; Attilio Hortis, der gelehrte Boccaccio-Kenner, hat sich die Mühe gegeben, die einzelnen Entlehnungen zusammenzustellen und die mannigfachen Irrthümer zu bezeichnen, die theils aus mangelhaftem Verständniß, theils aus der Benutzung fehlerhafter Handschriften der Schriftsteller zu erklären sind. Da unter den stark benutzten Schriftstellern auch ein Vibius Sequester sich befindet, der im 4. (oder 7.?) Jahrhundert ein Werkchen unter ziemlich gleichlautendem Titel schrieb, so hat es nicht an Solchen gefehlt, welche Boccaccio ungerechter Weise zum Plagiator stempeln wollten; denn Boccaccios mühevolle Arbeit beruht, um Anderer zu geschweigen, fast ebenso auf den Werken des Plinius und Pomponius Mela (dessen kurzer Abriß einer Weltbeschreibung de situ orbis eine Zeit lang sogar als Boccaccios Fälschung galt); und was man heute als Plagiat bezeichnet und verdammt, mochte damals als Wiederentdeckung verlorengeglaubter Nachrichten gelten. Außer den Alten zieht er dann freilich auch Zeitgenossen zu Rathe: Andalone di Negro, dem er in der Astronomie so große Autorität zuschreibt, wie Cicero in der Beredtsamkeit und Virgil in der Poesie und Paolo de' Dagomari, „den Geo-

ytalia dilectus habentur / arma imperantur / pecunie a municipiis exiguntur / e fanis tolluntur / His rebus cogni-
tis cesar apud milites contionatur / Omnium temporum iniurias inimicorum commemorat / a quibus deductum ac depravatum pompe- — Contionatur ce.
ium queritur invidia atque obtrectatione laudis sue / cuius ipse honori et dignitati semper fuerit / tribunitia potestate intercessionem / pompeium qui amissa restituisse videbatur dona / ... quod antea habuit ademisse. Quotiens decre-
tum fieret darent operam magistratus ne quid detrimenti res publica caperet / qua voce et quo senatus consulto populus romanus ad arma
vocatus sit / templa altiora loca occupata esse / Hortatur ut cuius imperatoris ductu viiii annis bene gesta
sit res publica et felicissime plurimaque prelia secunda fecerint / omnemque galliam et germaniam pacaverint / eius — · Gallia · Germania ·
existimationem et dignitatem ab inimicis defendebat. / Conclamant legionis xiii milites qui aderant hanc enim
ab initio tumultus evocaverat. reliqui nondum convenerant. sese paratos esse imperatoris sui tribunorumque plebis
· Ariminum · — iniurias defendere // Cognita militum voluntate ariminum cum ea legione proficiscitur. Ibi tribunos plebis qui
ad eum confugerant convenit / reliquas legiones ex hibernis evocat et subsequi iubet / Venit ad eum a pompeio — Venit mandatum pompei ad cesarem.
· L. cesar · — L. cesar adulescens cuius pater legatus cesaris erat / pompei mandata profert / velle se pompeium ce-
sari purgatum. ne ea que rei publice causa egit / in suam contumeliam vertat / semper se rei publice commoda privatis ne-
Excusat se pompeius ce. — cessitudinibus habuisse potiora / Cesarem quoque pro sua dignitate debere et studium et iracundiam suam rei publice
dimittere / neque adeo graviter irasci inimicis ne cum illis nocere se sperent rei publice noceat / paucaque addit eius-
modi cum excusatione pompei / Eadem fere Roscius pretor commemorat / et agit cum cesare / et se ea a pompeio
Mittit ce. ad pompeium. — habere dicit. / Cesar nactus ydoneos homines ad pompeium sua verba deferri petit / ab eis ut magnas
controversias tollere possint / et armis liberare ytaliam / Sibi semper primam potiorem fuisse dignitatem
Doluisse se quod populi romani beneficium contumelia per se dari ab inimicis quod erepto semenstri imperio in urbem retraheretur /
cuius absentis rationem haberi proximis comitiis populus iussisset / Tamen hanc iacturam sui honoris rei publice causa eq-
uo animo tulisse / Cum litteras ad senatum misit ut omnes ab exercitibus discederent / ne id quidem impetravisse /
Tota ytalia dilectus haberi / retineri legiones duas que ab se simulatione parthici belli sint abducte / ci- — · parthici belli ·
vitatem esse in armis / quorsum hec nisi ad suam perniciem pertinere / Sed tamen paratum ad omnia descendere /
atque omnia pati rei publice causa. proficiscatur pompeius in suas provincias / ipsi exercitus dimittant / discedant
in ytalia omnes ab armis / metus civitati tollatur / libera comitia atque tota res publica senatui
populoque romano permittatur / Hec iure iurando sanciatur / et aut ipse propius accedat / aut patiatur ad — Roscius nuncius ce.
se accedere / fore ut per colloquia omnes controversie componantur // Acceptis mandatis cesaris Roscius capuam — · Capua
Remittit Roscius consules ... — [illegible]
[illegible]

· [illegible]
[illegible] / q̄ q̄ per eos erat sentētia. Cesar ī gallia reuertatur / Arimino excederet / exercitus dimitteret / q̄ si fecisset pompeius ī yspania ituꝝ / cūctaq; q̄ ad fidē eēt data / z cesar polliceret̄ se ea facturū / cōsules z pompeium nō intermissuros dilectus. — · Duo cōsulū appō[illegible] adiectū eē. · Arimini.
Cesar ab arimino ad aretiū · M · anthoniū cū cohortib; · v · mittit / ipē arimini cū legiōi
bus duab; subsistit · ibiq; dilectū hr̄e instituit. Pisaurū / fanū / anconā / singulis cohorti — Arimini. Aretiū.
bus occupat. Interea certior fcūs hermiū p̄torē tenet̄ Iguuiū cū v cohortib; cōmu — · Hermiū p̄torē. · Iguuiū. Pisaurū. Fanū. Ancona.
nire / z uoluntate iguinoꝝ erga se bona. Curionē cū. z. cohortib; quas habebat / pi — · Curio
sauri z arimini illuc mittit / Thermus diffisus eis omīb; cū cohortib; oppidū deserit. — Termus.
milites sui ī itinere ab eo discedūt / z reuertuntur ad domū. Curio oppidū recepit. Cesar
cohortes · leg · xiij · ex p̄sidijs deducit / z auximū cōtendit. Ibi acius uarus p̄erat. Oppi — · Auximū.
dani docēt acium ē prudentē / nō posse pati cesarē bn̄ meritū ī r. p. oppido p̄hiberi. Var — · Acius uarus.
rus p̄sidiū educit / z fugit / pauci milites cesaris hunc īsequuntur / cōmisso p̄lio acius deserit̄ /
pars domū abierunt / reliq ad cesarē ueniūt / eos cesar collaudat / grās agit auxi
manis / z se memorē fore pollicetur. Nunciatis his reb; rome repēte terror omēs ī
uasit. Lentulus cōsul cū ad aperiendū erariū uenisset / z pecunia pompeio ex senatus — Lentulus cōsul. · Fugit lentulus a roma.
cōsulto p̄ferenda uellet exponere / p̄mus aperto sanctiore erario ex urbe p̄fugit. / nā cesa
rē aduenturū falso nūciabatur. Hunc marcellus collega / z pleriq; magistratus cōsecuti
sunt / p̄die eius die p̄fectus erat ad legiones pompeius ex urbe / quas acceptas a cesare
ī apulia ybernoꝝ cā disposuerat / dilectus intra urbē intermittit̄ / nichil extra capuā — Apulia. · Capua.
tutū eē uidet̄. Capue copias cōgregantur. Gladiatores q̄s ibi cesar ī ludo habebat ad
forū p̄ducto s / lentulus libertatē cōfirmat / z his equos attribuit / z se seq̄ iussit. Cū ex hoc
monitus rep̄henderetur a suis custodie campanie distribuit. Magno progressu cesar agrū — · Campania.
picenū occupat. Ab his libenter excipitur / z omib; reb; iuuatur. Ex cingulo q̄d labien? — Iō. Cingulū a labieno hedificatū fuisse. · Agrū picenū. · Cingulo. · Labienus

meter", den er schon in seinem vorhergenannten großen Werke angeführt hatte. Bei derartiger Unselbständigkeit fehlt es natürlich nicht an Wiederholung alter Fabeln und Hinzufügung neuer Thorheiten, aber manchmal überrascht eine gesunde Ansicht und hübsche Beschreibungen, z. B. des Badeortes Bajä, der in den früher besprochenen Dichtwerken eine Rolle spielt, des Lieblingsaufenthaltes Petrarcas Vaucluse mit dem Flüßchen Sorgue, kräftige politische Bemerkungen, z. B. gegen die Grausamkeiten der Venezianer, entschädigen für viele trockene und falsche Aufzählungen.

Endlich beziehen sich auf das Alterthum trotz ihres verheißungsvollen allgemeinern Titels auch zwei historische Werke, welche beide nach 1360 entstanden sind, beide mühevolle Arbeit, aber sehr geringe historische Kunst erkennen lassen.

Das eine derselben: De claris mulieribus „Von berühmten Frauen" beginnt mit Eva, behandelt 97 Frauen aus dem Alterthum und 7 aus dem Mittelalter, mit der „Päpstin" Johanna anfangend und mit der Königin Johanna von Neapel schließend. Diese Fürstin, welche ja auch für das Leben Boccaccios nicht ohne Bedeutung ist, lebte damals noch und erfreute sich trotz Allem, was man ihr nachsagen konnte, der günstigsten Beurtheilung ihrer Zeitgenossen; was Wunder, daß Boccaccio, der dieses Werk entweder in Neapel schrieb, oder jedenfalls wußte, daß es in dem ihm so theuern Orte bald Verbreitung finden würde, die Königin in ungemessenster Weise lobt. Ja er hatte daran gedacht, das Werkchen ihr, „dem strahlendsten Glanz Italiens, dem besondern Ruhm nicht nur der Könige, sondern auch der Frauen, ebenso berühmt durch die Tugend der Ahnen, wie durch die selbsterworbenen Lorbeeren", zu widmen, fürchtete aber, daß „sein Büchlein diesen Glanz nicht vertragen könnte" und entschädigte sich dadurch, daß er in ihrer Biographie sie, deren Geschlecht bis auf Dardanos, den Sohn des Zeus, und durch ihn auf die Götter zurückgehe, als die größte Königin preist, welche durch ihren Muth und Verstand allein ein großes Reich beherrsche, Sicherheit und Freiheit in demselben wiederhergestellt, vermöge ihrer Stärke den Schlechten ein Schrecken, durch ihre Schönheit und Majestät den Guten eine Wonne sei. Sonst aber ist Boccaccio in seiner Schrift keineswegs eifriger Lobredner des weiblichen Geschlechts, sondern scharfer Beurtheiler der schlechten Eigenschaften desselben, nicht schlüpfriger Erzähler, sondern strenger Moralist. Nur selten streut er Erzählungen ein, die auch im Decameron stehen könnten, wie die der Paulina, welche sich vom Gotte Anubis geliebt wähnt und in Folge dieses Wahns einen lange schmachtenden Liebhaber glücklich macht, selten solche, in denen anmuthige Darstellungskraft sehr erfreulich hervortritt, wie die traurige Geschichte der Thisbe, meistentheils wiederholt er breit und ungeschickt Alles, was er in der Bibel oder in seinen römischen Quellen findet. Nur einmal, an einer sehr charakteristischen Stelle hat er den Muth, denselben zu widersprechen; in der Biographie der Dido nämlich behauptet er im Gegensatze gegen Virgil, an anderer Stelle sogar in offener Auflehnung gegen Dantes Autorität, daß Dido nach dem Tode ihres Gatten keusch geblieben sei und sich dem Aeneas nicht ergeben habe, aber möglicherweise ist er auch zu diesem Widerspruche nur durch Petrarcas Vorgang ermuthigt worden.

Noch geringere Beachtung erfährt die Zeitgeschichte in dem zweiten historischen Werke Boccaccios, das den Titel führt: De casibus virorum illustrium, „Von den Schicksalsschlägen berühmter Leute", denn nur drei Zeitgenossen werden hier besprochen: Jakob von Molay, der Vorsteher des Tempelherrenordens, bei dessen Feuertode (in Paris 1314) Boccaccios Vater zugegen war, Walther von Brienne, der „Herzog von Athen", dessen Schreckensregiment (in Florenz 1342 und 1343) der Verfasser miterlebte und Philippa von Catania, von deren Intriguen und deren Antheilnahme an der Ermordung des Königs Andreas von Ungarn (vgl. oben S. 49) Boccaccio während seines Aufenthalts in Neapel gewiß mehr erfahren hatte, als er mitzutheilen für gut fand; deren Ende aber er nicht mitansah, sondern nur durch seine Freunde Marino Bulgaro und Constantino della Rocca erfuhr. Diese letztere ist übrigens eine der wenigen Frauen und die einzige Plebejerin, welche in dem Buche ihren Platz erhalten hat, sonst werden nur Fürsten und große Herren vorgeführt, deren Beispiel darthun soll, in welches Elend selbst Hochgestellte gerathen können, sobald sie die Tugend verlassen und sich dem Laster ergeben. Schon aus dieser Tendenz des Werkes erklärt sich, daß Boccaccio in demselben weder als Lobredner der vergangenen Zeit, noch als Schmeichler der Fürsten erscheint. Vielmehr faßte er hier in einzelnen Ausrufen und in langen Deklamationen die ganze Bitterkeit des alten Republikaners, des Schülers des den gewaltthätigen Herrschern feindlichen Alterthums zusammen, der in seinen Lieblingsschriftstellern die Lobpreisung der Vaterlandsretter und die Rechtfertigung des Tyrannenmordes gelesen, und der nun, treu dieser Lehre, in die berühmt gewordenen Worte ausbricht: Cum nulla fere Deo sit acceptior hostia tyranni sanguine, „daß es für Gott kaum ein wohlgefälligeres Opfer gebe als Tyrannenblut." Außer den weltlichen Fürsten tadelt er die Päpste, schont auch das „sündhafte, unbillige" niedrige Volk nicht, schmäht die Juristen und verdammt die Frauen, „denn da wenige gute unter ihnen zu finden sind", lautet sein Urtheilsspruch, „so sind sie allesammt zu fliehen". Tugend ist sein erstes und letztes Wort und er ist mit der Empfehlung derselben so sehr beschäftigt, daß er kaum Zeit findet, seine Götter Dante und Petrarca zu ehren und der Zurückweisung des Vorwurfs, die Poeten seien Lügner, einige Worte zu widmen.

Von einem Schriftsteller, der sich so eingehend wie Boccaccio mit den Autoren des Alterthums beschäftigt hat, kann erwartet werden, daß er auf mancherlei Art versuchte, ihnen die schuldige Dankbarkeit zu erweisen. Wirklich besitzt man zwei derartige Schriften, welche man Boccaccio zuschreibt; aber bei beiden ist seine Autorschaft nicht über allen Zweifel erhaben. Die eine ist eine kurze Biographie des Livius, deren Werth gering ist und deren Bedeutung höchstens darin besteht, daß sie als eine der ersten derartigen humanistischen Arbeiten Aufsehn erregte und zur Nachahmung reizte; die andere eine italienische Uebersetzung der vierten Dekade des Livius, welche trotz ihrer Mangelhaftigkeit und trotz des Fehlens authentischer Zeugnisse für Boccaccios Autorschaft fast allgemein als sein Eigenthum gilt, und, ohne in die Sammlung seiner Werke aufgenommen zu sein, nicht weniger als 13 mal gedruckt worden ist.

Will man endlich das Verhältniß kennzeichnen, in welchem Boccaccio zu den Schriftstellern des Alterthums steht, so mag man ihn Petrarca gegenüber stellen, aus den alten Autoren Cicero herausgreifen und dann sagen: Boccaccio kennt viele Schriften Ciceros, aber nur oberflächlich, er citirt viele, aber in einer Weise, daß die Vermuthung nahe liegt, er habe eben mehr die Titel, als die Schriften gelesen; die leichtfertige Art, mit welcher er auf Stellen, die er wirklich kennt, hinweist, steht in merkwürdigem Contraste zu der fast religiösen Gewissenhaftigkeit, mit welcher Petrarca citirt. Auch die Beurtheilung des römischen Schriftstellers durch die Hauptvertreter der Renaissance ist eine verschiedene, weil ihr Ausgangspunkt ein verschiedener ist. Boccaccio sucht in Ciceros Schriften nur gelehrte Notizen oder bewährte Urtheile, Petrarca dagegen moralische Lehren, die er als bindende für sich und alle Zeiten erklären möchte; Jener verlangt von ihm eine Bestätigung seiner abergläubischen Vorstellungen, eine Stütze seiner Behauptung, daß nicht alle Träume trügerisch sind, Dieser preist ihn als „Verächter der Träume", möchte ihn geradezu zum Vorherverkünder des Christenthums machen und bricht in lebhaften Tadel aus, sobald Cicero seinen Erwartungen nicht entspricht.

Nur einmal hat Boccaccio die Sprache der Alten, die er sonst ausschließlich für ernste, das Alterthum behandelnde Schriften verwendete, für ein Werk gebraucht, in welchem er von den Zuständen der Gegenwart sprach: für seine Eklogen. Diese Gespräche, in welchen Hirten und Hirtinnen als Unterredner auftreten, sind nämlich dazu bestimmt, über persönliche Verhältnisse des Dichters und über allgemeine Zustände der Zeit zu handeln, sind aber, trotz der eignen Erklärungen Boccaccios, durch welche er wenigstens das ungefähre Verständniß anbahnte, so unklar, daß sie nur geringen Genuß und höchstens halbe Belehrung verschaffen. Denn Boccaccios politische Anschauung ist auch aus anderen Zeugnissen bekannt; man bedürfte der Eklogen daher nicht, um von der Zugehörigkeit des Dichters zur guelfischen Partei, von seiner Verherrlichung neapolitanischer Zustände, von seinem Hasse gegen den „doppelzüngigen trunkenen" Carl IV, von seiner Lust, seinen Landsleuten, den Florentinern, Strafreden über Treulosigkeit und Weichlichkeit zu halten, überzeugt zu sein.

Aus jenen gezwungenen Versen würde Niemand ein Bild der Zeit herzustellen im Stande sein; wie anders aus jenen freien, leicht dahinfließenden Schilderungen, durch welche sich Boccaccio den Ruhmestitel des „Vaters der italienischen Prosa“ erworben hat. Und doch, seltsame Selbstbeurtheilung der Menschen, seltsames Schicksal der Bücher! Von jenen Versen, von seinen lateinischen Werken, die freilich vollständig, wenn auch in überaus verderbter, das Verständniß erschwerender Gestalt auf die Nachwelt gekommen sind, erhoffte Boccaccio seinen Ruhm, und sie werden heute nur von wenigen Gelehrten gelesen oder durchblättert; durch dasjenige italienische Werk, das er am Liebsten mit den in dieser Sprache geschriebenen Sonetten vernichtet hätte, erwarb er seine Unsterblichkeit: wer von Boccaccio spricht, lobt oder tadelt sein Dekameron.

Am 4. Juni 1373 schickte Petrarca dem langjährigen Freunde eine lateinische Uebersetzung der Griseldis-Novelle, welche den Schluß des Dekameron bildet, mit einem Briefe, in welchem er ihm mittheilt, daß er sein Buch, er wisse nicht von wem, erhalten habe und dann wörtlich fortfährt: „Aber ich würde lügen, wenn ich sagte, daß ich es gelesen hätte, die Dicke des Bandes, die italienische Sprache und die Bestimmung des Buches für das Volk waren Gründe genug für mich, um mich ihretwegen nicht von meinen ernsteren und wichtigeren Beschäftigungen abbringen zu lassen.“ Jedoch nicht Alle dachten damals und denken heute so, wie Petrarca wirklich dachte und Boccaccio wenigstens zu denken vorgab.

Das Dekameron (Zehntagebuch) ist eine Sammlung von 100 Geschichten, welche an zehn aufeinanderfolgenden Tagen von zehn jungen Leuten (7 Mädchen und 3 Jünglingen) erzählt werden. Dieselben kamen, wie der Autor angibt, nachdem sie der 1348 in Florenz wüthenden Pest glücklich entflohen waren, in einem von der Stadt nicht allzuweit entfernten, die Aussicht auf dieselbe noch gestattenden Landgute zusammen und vertrieben sich die Zeit ängstlichen Harrens mit Spielen und heiteren Erzählungen. Solche Zusammenkünfte mögen in jenen Tagen oft genug vorgekommen sein — Geschichtenerzählen war ein Gesellschaftszeitvertreib, von dem auch andere damalige Dichter und Maler Nachricht geben —, aber sonst ist wohl Alles von Boccaccio fingirt, der Ort der Zusammenkunft, die einzelnen Personen, und es bleibt auch gleichgültig zu wissen, ob die Fiammetta des Romans in der That die neapolitanische Maria-Fiammetta bedeuten soll und ob unter dem ihr zugetheilten Liebhaber Dioneo ihr wirklicher Verehrer Boccaccio versteckt ist; oder ob er sich unter dem Studenten hat schildern wollen, welcher seine Geliebte, nachdem er von ihr empfindlich getäuscht worden war, in so unmenschlicher Weise bestraft. (VIII, 7.)

Boccaccio hat keineswegs alle Geschichten seiner Sammlung frei erfunden, vielmehr hat er zahlreiche Quellen benutzt, — sie sind in jüngster Zeit von M. Landau sehr sorgfältig zusammengestellt — aber er büßt in Folge dieser Benutzung ebensowenig von seinem Dichterruhm ein, als die Pestbeschreibung, mit welcher das Dekameron anhebt, an ihrer furchtbaren Schönheit etwas verliert durch die Thatsache, daß sie der berühmten Schilderung des Thucydides nachgeahmt ist und in einzelnen Ausdrücken an Verse Ovids erinnert.

Denn trotz aller Benutzung Fremder gibt Boccaccio sein Eigenthum, gibt er ein treues Bild des Lebens, wie es die damalige Gesellschaft, vornemlich in Neapel und Florenz, führte. Mögen auch manche Geschichten in fremden Ländern, in Frankreich und England, selbst im Orient, spielen, der eigentliche Schauplatz bleibt doch Italien, bleiben doch die zwei genannten Städte und zwar so, daß Neapel der Geburtsort der Ritter und Helden ist, die durch ihre Intriguen und kühnen Thaten, durch ihre Irrfahrten und Liebesabenteuer sich hervorthun, Florenz und seine Umgebung die Heimath für die Tölpel und Bauern, die Narren und Schälke, — nur selten ragen aus ihnen bedeutende Männer z. B. Guido Cavalcanti hervor — welche durch ihre Witze und Thorheiten, durch ihre Rede- und Faustkämpfe weit über das Gebiet ihrer Stadt hinaus berühmt und berüchtigt waren. Diese Gesellschaft nun, wie sie hier in einem oft nur zu treuen Spiegelbilde erscheint, war wollüstig, sinnlich, sie schlürfte in tiefen Zügen aus dem Becher des Vergnügens, sie erkannte keine Schranken an, welche Sitte und Gesetz gezogen, sie verletzte offen die Ehe und zerstörte die heiligen Bande der Familie, sie ließ das Laster, freilich nicht das ekelhaft freche, sondern das anmuthige, das listig und verschmitzt auftretende, über die Tugend triumphiren. Diese Gesellschaft war aus den Banden der Kirche, aus den Schrecken des Mittelalters hervorgegangen, sie suchte diese Bande abzuschütteln, setzte an die Stelle des Grauens Gelächter, und an die Stelle der scheuen Verehrung den Skepticismus, nicht den des gelehrten Forschers und Grüblers, sondern den des gesunden Volkssinnes.

Diese Zustände, so erklärlich und berechtigt sie durch die historische Entwicklung auch sind, bleiben Fehler und Schäden; sie bleiben es auch in der Schilderung Boccaccios. Er ist oft frivol, nicht weil er viele obscöne Geschichten erzählt, die, wie gesagt, nicht immer sein Eigenthum sind, sondern weil er diese Erzählungen in einer Weise vorbringt, die deutlich sein Behagen an denselben, seine Freude an dieser fessellosen Herrschaft der Sinnlichkeit bekundet, aber er darf deswegen nicht als Erzketzer der Frivolität verdammt werden, denn er that nicht mehr, als was die früheren und gleichzeitigen Trouvères in ihren Liedern, was Chaucer in manchen seiner Canterbury-Geschichten, und deutsche Schwankdichter des 14. und späterer Jahrhunderte thun. Jene Gesellschaft vertrug mehr als die jetzige, weil sie naiver und weniger raffinirt war, und damals konnten Erzählungen jungen Mädchen in den Mund gelegt werden, welche die heutigen mit Recht erröthen machen und darum am Besten von ihnen ferngehalten werden. Aber ein Werk verliert an seinem Kunstwerthe Nichts durch den Umstand, daß es sich nicht zum Kinderbuch eignet.

Ein Anderes ist die Irreligiosität des Dekameron. Sie ist von Pfaffen, die sich an den Frivolitäten nicht so sehr stoßen mochten, immer als ein ganz besonderer Makel des Buchs hervorgehoben worden; sie sollte wenigstens, da man das ganze Buch nicht vernichten konnte, unterdrückt werden, so daß in einer castigirten Ausgabe des 16. Jahrhunderts aus einem Abt, der Einem ein Schlafpulver gibt, ein Zauberer, aus dem Propst von Fiesole, der sich statt einer schönen Wittwe mit deren häßlicher Magd begnügen muß und bei ihr angetroffen wird, ein Beamter der Podestà, und aus dem schurkischen Priester Gianni, welcher in der Beschwörung von Frauen Meister sein will, „Einer, welcher Gianni hieß“, wird. Aber diese sogenannte Irreligiosität ist, sobald sie sich nur durch die Erzählung schlechter Streiche sittenloser, unwissender und verderbter Geistlicher dokumentirt, nichts anders als eine berechtigte Klage, welche von allen aufrichtigen Schriftstellern des 14. Jahrhunderts entschieden, von Manchen noch weit entschiedener als von Boccaccio erhoben wird. Und kann man angesichts dieses kläglichen Zustandes der Geistlichen, angesichts der Betrügereien, die von schlauen Menschen im Namen der Religion verübt worden, angesichts der Sittenlosigkeit, durch welche die Stadt Rom den anderen Städten ein trauriges Beispiel gab, angesichts der freiwilligen Verbannung nach Avignon, in welcher sich das Papstthum gefiel, kann man da einen Schriftsteller irreligiös nennen, der, während er häufig genug, vorher und nachher, sein gläubiges Bekennen der christlichen Lehren, seine Ueberzeugung, daß der Papst „die Rechte des Himmels und der Erde und Machtfülle über Alle“ besitze, aussprach, gegen Unfug lauten Protest einlegte? War es denn nicht wahr, daß manch Einer sich als Krüppel verstellte, wie Martellino (II, 1) und vorgab, durch Berührung der Gebeine des h. Erich plötzlich geheilt worden zu sein; nicht wahr, daß ein verruchter Sünder, wie der Ciappelletto (I, 1) durch seine heuchlerische Beichte den Priester so betrog, daß er nicht nur Vergebung der Sünden erlangte, sondern sogar zum Range des Heiligen aufstieg; mochte nicht ein Nichtchrist, wie der Jude Abraham (I, 3) seinen Uebertritt zum Christenthum mit der geistreichen Wendung begründen, daß einer Religion, die trotz der teuflischen Wirksamkeit ihrer obersten Diener immer heller und reiner glänze, „Grund und Pfeiler der heilige Geist selbst sein müsse?“ Daß er aber die Geschichte der drei Ringe (I, 4), die lange vor ihm schon erdacht war, aufnahm, und ihr durch eine feinere Zuspitzung die Tendenz der Gleichberechtigung der drei Religionen gab, dafür wird er seitens klardenkender Menschen nie einen Vorwurf erhalten, sondern lebhaften Dank ernten.

Doch selbst wenn man die frivolen Geschichten verdammt und die religiös bedenklichen fortwünschen möchte, was für eine Fülle schöner Erzählungen bleibt noch übrig, welche reine Liebe, treue Freundschaft, aufopfernde Hingebung, unverschuldetes Unglück schildern! Mit welcher Kraft hat der Dichter verstanden, den Leser zu rühren und zu erheitern, ihm Jubelrufe über die Glücklichen zu entlocken und die Lehre vorzutragen, „daß es menschlich sei, mit den Betrübten Mitleid zu empfinden.“ Der erste Tag beginnt mit dem Zweifel, der letzte endet mit dem Glauben an die Tugend und nicht ohne Absicht hat der Dichter am Schlusse seines Werkes — und zwar durch den

Mund desjenigen Jünglings, der durch das Ganze als der ärgste Spötter der Frauen erscheint — die wunderbare Erzählung von der treuen Griseldis vortragen lassen, die mit himmlischer Geduld jede Unbill und alle Prüfungen erträgt und endlich für alle ihre Tugend die würdige Belohnung empfängt.

Noch heute, mehr als fünfhundert Jahre nach der Entstehung des Buches, sind nur wenige der von Boccaccio gewählten Ausdrücke veraltet; noch heute gilt seine Sprache als musterhaft, wenn auch sein Stil als unklar und gezwungen, als durch die sklavische Nachahmung der Alten, besonders Ciceros, verdorben erscheint.

Wegen dieser Meisterschaft der Sprachbehandlung, wegen der vollendeten Kraft der Erzählung, wegen der wunderbar treuen Abbildung eines ganzen Zeitalters und wegen der vielen herrlichen Einzelerzählungen wird das Dekameron ein kostbares Kleinod der Weltliteratur bleiben. Will man seine Schönheit definiren, so mag man das Wort eines geistreichen Italieners unterschreiben, daß es „die Schönheit der Aspasia sei, welche über die Weisheit philosophirte und Perikles und Sokrates zu ihren bewundernden Zuhörern hatte." Petrarca aber, welcher die Novelle von der schönen Griseldis ins Lateinische übersetzte und dadurch zum Eigenthum der Weltliteratur machte, hatte nicht Unrecht, wenn er bei Zuschickung der Uebersetzung an den Autor schrieb: „Da ich Dein Buch durchblätterte, wunderte ich mich weder darüber, daß es von den Gegnern bissig angegriffen, noch daß es von Dir trefflich vertheidigt worden ist, denn ich kenne sowohl Deine herrlichen Geistesgaben, als die freche und feige Art der großen Menge, die, zu allem Guten unfähig, nur zum Schimpfen bereit ist."

Das Dekameron, von welchem nur drei Abschriften aus dem 14. Jahrhundert existiren, — das Autograph Boccaccios ist verloren — wurde schon 1471, sechs Jahre, nachdem man in Italien die deutsche Kunst des Druckens zu üben begonnen hatte, durch den Druck bekannt gemacht. Seitdem ist es in unzähligen unverstümmelten, aber auch in vielen „gereinigten" Ausgaben — schon die Geistlichen des 16. Jahrhunderts veranstalteten ja eine solche —, in Uebersetzungen in alle Cultursprachen — die erste gedruckte, gleichzeitig mit dem Original war die deutsche von Heinrich Steinhövel — verbreitet, oft ausgeschrieben, von einer zahlreichen keineswegs immer glücklichen Schaar Novellisten aller Länder nachgeahmt worden und hat endlich vor Kurzem den Lohn erhalten, mit welchem man in neuester Zeit berühmte Männer und Ereignisse der Vorzeit zu ehren pflegt: es ist der Gegenstand einer burlesken Operette geworden.

Die Abfassungszeit des Dekameron fällt in die Jahre 1348—1358. Nach der Vollendung dieses Buches verbrachte Boccaccio den größten Theil seines Lebens in Florenz. Freilich lebte er nicht ununterbrochen daselbst: auf seinen Gesandtschaften kam er in verschiedene Länder, einmal wurde er, wenn auch auf kurze Zeit, verbannt, mehrere Male reiste er nach Venedig und Neapel, theils um seine Freunde zu besuchen, theils um mit Hülfe alter

Gönner eine Versorgung für sein Alter zu erlangen. Aber trotz des Ruhmes, den ihm sowohl seine gelehrten Arbeiten als seine poetischen Leistungen verschafft hatten, fand er Nichts und mußte auch von seiner letzten, 1371 nach Neapel unternommenen Reise unverrichteter Sache zurückkehren. Hier aber hörte er von einem hohen Beamten, Jacobo Pizinghe, der die Studien eifrig pflegte, und wandte sich, über diese Nachricht erfreut — denn es war damals noch eine große Seltenheit, daß hochgestellte Männer sich dieser Studien annahmen — in einem ausführlichen Briefe an ihn, in welchem er das Lob der Wissenschaft, welcher Beide sich hingegeben, verkündet und auf den Ruhm hinweist, welchen drei ihrer vorzüglichsten Jünger, Dante, Petrarca und Zanobi di Strada sich errungen haben. „Denn", so schließt er wehmüthig, „Rom und Italien sind tief gesunken, unser militärischer Ruhm, die Autorität unserer Gesetze, unsere Sitten, nach denen sich einst andere Völker richteten, sind dahin; darum müssen wir bestrebt sein, unsern literarischen Ruhm zu bewahren, damit Rom unter den barbarischen Völkern wenigstens etwas von seinem Glanze behalte."

Endlich aber ward ihm das Ersehnte zu Theil. Er wurde nämlich am 25. August 1373 von seinen Landsleuten dazu berufen, „das Buch Dantes" öffentlich zu erklären, nahm die ihm dargebotene Stellung an, und hielt in derselben die Vorlesungen, von welchen bereits die Rede war. So war einer seiner Wünsche erfüllt; aber seine letzten Lebensjahre waren nicht frei von Unannehmlichkeiten: sie wurden von Krankheiten und Schmerz getrübt. Zur Behandlung und Vertreibung jener wollte er sich lange keines Arztes bedienen, da er von Petrarcas Haß gegen die Aerzte angesteckt war, entschloß sich aber endlich dazu und wurde alsbald geheilt; ein unheilbarer Schmerz aber wurde ihm durch den Tod seines Meisters und Freundes Petrarca bereitet. Von dieser Nachricht sehr ergriffen, schrieb er einen Brief an Petrarcas Schwiegersohn, voll Trauer und Klage, voll Verehrung des Todten und voll zürnenden Ausdrucks gegen die Ueberlebenden, welche ihn nicht genug gewürdigt hätten.

Boccaccio verbrachte die letzten Monate seines Lebens in Certaldo, das er seine Vaterstadt nannte, lebte dort allein, — denn seine drei Kinder: Olympia (Violante), Markus und Julius waren früh gestorben; den Namen ihrer Mutter kennt man nicht — und starb am 21. Dezember 1375.

Es ist ein weiter Gang von dem siebenjährigen Knaben, der, nach seinem eignen Bekenntniß, ohne Bildung und Unterricht, nur dem innern Drange folgend, Geschichtchen, wie sie ihm gerade einfallen, aufschreibt, bis zu dem Sechzigjährigen, der des größten italienischen Dichters unsterbliches Werk mit Mühe und Anstrengung den Zeitgenossen näher zu bringen versucht, — aber es ist ein Weg, dessen einzelne Stationen klar erkennbar sind, und dessen Wegweiser, wenn sie eine Inschrift trügen, die Worte enthalten würden: Studium fuit alma poesis; sein Streben galt der holden Poesie.

Das war der Wahlspruch seines Lebens und der Schlachtruf des kommenden Geschlechts.

Fünftes Kapitel.

Zeitgenossen und Nachfolger Petrarcas und Boccaccios.

Colluccio Salutato war der unmittelbare Nachfolger der drei Heroen Dante, Petrarca, Boccaccio. Diese seine enge Zusammengehörigkeit mit den Vorgängern bewies er schon dadurch, daß er Dantes göttliche Comödie in lateinische Verse zu übertragen begann, daß er, wie man freilich nur durch Berichte Späterer weiß, Lebensbeschreibungen Petrarcas und Boccaccios entwarf, und daß er, wie man noch in seinen Briefen lesen kann, den Tod der Führer, auch Dantes, den er wie Wenige seiner Zeit zu würdigen wußte, obgleich auch er sein Verdienst nicht völlig begriff, unaufhörlich beklagte, zu ihrer Nacheiferung anspornte und sie, selbst in ihren verfehlten oder unbedeutenden Werken, den Alten ebenbürtig zur Seite zu stellen versuchte. Nachdrücklicher aber bekundete er seine Verwandtschaft mit den Begründern des Humanismus, daß er das von ihnen Begonnene mit Muth und Geschick fortsetzte.

Die gelehrte Bildung war bisher auf einen kleinen Kreis beschränkt gewesen. Einzelne bedeutende Männer hatten sich da und dort den neuen Studien geneigt erwiesen, sie hatten in den Städten, in denen sie wohnten, verwunderte Theilnahme erregt, bei den Fürsten, in deren Nähe sie sich aufhielten, herablassende Beachtung gefunden, aber jene Theilnahme war das Produkt der Neugier und hörte auf, sobald die Neugier befriedigt war, diese Beachtung galt nur der Person, nicht aber der Sache. Bei diesem Zustande der Dinge lag die Gefahr nahe, daß die Studien des Alterthums Eigenthum eines kleinen Kreises blieben; der Thätigkeit des nun wirkenden Geschlechtes war es vorbehalten, dieselben zum Eigenthum der Nation zu machen, auch weitere Kreise mit der Ueberzeugung zu durchdringen, daß in der Literatur des Alterthums Schätze verborgen lägen, welche vom höchsten Werthe wären für die Neugestaltung des Lebens.

Man rechnet es deutschen Staatsmännern als hochpatriotische That an, daß sie im diplomatischen Verkehre die alleinherrschende französische Sprache verdrängten und Ebenbürtigkeit für die deutsche Sprache erzwangen, in ähnlichem Sinne darf man es dem Colluccio als eine Culturthat anrechnen, daß er in Briefen und Staatsaktenstücken das barbarische Latein des Mittelalters durch die classische Sprache Ciceros ersetzte. Denn die Sprache ist nichts Aeußerliches. Wenn Petrarca einem Correspondenten lächelnd auseinandersetzt, daß er die dem Höchstgestellten gebührende Ehrfurcht nicht verletze, indem er ihn nicht mit vos, sondern mit tu anrede, wie auch die Alten geschrieben, so leistet er durch diese Wiederherstellung einer classischen Regel mehr als einen bloßen praktischen Dienst; er statuirt vielmehr durch diese scheinbare Aeußerlichkeit eine Gleichheit in der Republik der Wissenschaften, die manchem Hochgestellten zuerst befremdlich vorkommen mochte. Und Höheres noch wirkt Salutato, indem er in seiner Thätigkeit als Kanzler der Republik Florenz — er wurde zu diesem Posten am 25. April 1375, da er 45 Jahre alt war, befördert, — des classischen Briefstils sich befleißigt. Denn dadurch macht er die Weisheit des Alterthums für das Staatsleben fruchtbar. Statt des Geistlichen, der während des Mittelalters auch in sehr ungeistlichen Dingen die Feder zu führen hatte, schreibt nun ein Laie; statt des Beamten, der als ein federkundiges aber willenloses Werkzeug der Oberen diente, steht nun ein selbstbewußter Mensch, der von der Bedeutung seiner Aufgabe und dem Werthe seiner Person durchdrungen ist; statt des Fürstenknechts, der jedem gekrönten Haupte die von ihm beanspruchte Ehrerbietung willig erzeigte, ein freier Mann, erfüllt von dem republikanischen Staatsbewußtsein, das sich in ihm darstellt und von ihm würdig vertreten sein muß; statt des scheuen vor Roms Erhabenheit sich beugenden Gläubigen ein Forscher, der auch den Papst als Menschen und den päpstlichen Hof als eine allzumenschliche Einrichtung betrachtet.

Schon wenn er in Privatbriefen dem Papste Innocenz VII. den Leonardo Aretino empfiehlt, thut er das wie ein gleichberechtigter Privatmann, der freundliches Entgegenkommen fordern darf und geht mit spielender Leichtigkeit über harte Ausdrücke fort, welche der Papst ihm übelgenommen hatte; wenn er einen Ordensgeistlichen abmahnt, nach einem hohen Kirchenamte zu verlangen, so scheut er sich nicht zu bemerken, daß aus Rom nur Schmutz und Schande kommen und erregt durch diesen verwegenen Ausruf noch nach vier Jahrhunderten seinem frommen Herausgeber Mehus einen solchen Schauder, daß dieser sich einer berichtigenden Anmerkung nicht erwehren kann.

Aber in seinem öffentlichen Auftreten weiß er die gelegentlichen Aeußerungen zu einem System zusammenzufassen. Am 31. März 1376, kaum ein Jahr, nachdem Collucio sein Staatsamt angetreten, hatte Papst Gregor XI. von Avignon aus die Florentiner, welche sich an die Spitze der italienischen Staaten gegen die in Frankreich weilenden und französisch gesinnten Päpste gestellt, das römische Volk vergeblich zur Freiheit aufgerufen, Bologna aber und andere Städte für sich gewonnen hatten, für vogelfrei erklärt. Sie hatten es freilich um die Päpste verdient. Denn sie führten ein rothes Banner, auf welchem mit silbernen Lettern libertas stand und sie verkündeten die Freiheit in ihren Worten. Sie warnten durch die Feder ihres Staatskanzlers vor der Leichtfertigkeit der Barbaren und riefen den Römern zu: „Erwägt, theure Brüder, ihre Handlungen, nicht ihre Reden. Nicht Euer Wohl rief sie nach Italien, sondern die Begierde zu herrschen. Laßt Euch nicht durch den Nectar ihrer Worte täuschen; duldet nicht, daß Euer Italien, welches Eure Ahnen mit ihrem Blute zur Herrin der Welt gemacht, Barbaren und Fremdlingen unterthan sei. Erhebt zum öffentlichen Beschluß jenen Spruch des berühmten Cato: wir wollen frei sein, indem wir mit Freien leben."

Der Papst kehrte nach Italien zurück und wurde, trotz der Warnung der Florentiner, von den Römern aufgenommen. Bereits von Frankreich aus hatte er blutgierige Banden gegen seine Feinde losgelassen, die gleichsam in seinem Auftrage unerhörte Grausamkeiten begingen; nun setzte er den Rachezug fort. Aber Colluccio und die Seinen ermüdeten nicht. „Wir wissen", so schrieb er, „daß die Kirche viel vermag. Wir glauben, daß der Papst eifrig auf Rache sinnt und auf die Verwüstung Italiens. Aber der Herr vernichtet die Rathschläge der Ungerechtigkeit und wendet sie auf die Häupter Derer, von denen sie ausgegangen. — Uns aber ist eine umstrittene Freiheit theurer, als eine müßige Knechtschaft. Mag der Feind drohen, reicher und vielleicht mächtiger: wir werden der Macht die Macht entgegensetzen und zeigen, daß die Freiheit der Florentiner wohl von Feinden bedroht, aber nicht so leicht überwunden werden kann. Und endlich wird das Alles, da es über die Kräfte der Menschen hinausgeht, in den Händen Gottes sein. Er wird über die Sache seines Volkes richten und in seiner Barmherzigkeit uns und unsern Nachkommen die Freiheit schützen." Selbst dem Papste gegenüber tritt er mit äußerster Kühnheit auf. Es ist stark genug, wenn er zu Anderen sprechend von dem Papstthum sagt, daß es aus der Fülle seiner Macht Bünde zu brechen pflegt, aber es ist noch stärker, wenn er dem Papste zuruft: „Bedenke, daß du geschworen hast und nicht Gott gleich bist, aber selbst von Gott heißt es, er hat geschworen und es reut ihn nicht." Der Krieg war für beide Theile unerträglich, er wurde nicht ausgekämpft. Verhandlungen begannen, welche in Folge des baldigen Todes des Papstes (1378) zu keinem Abschlusse gediehen, aber auch ohne einen förmlichen Friedensschluß ruhigere Zustände herbeiführten.

Nicht nur gegen den Papst hatte Colluccio Salutato die Freiheit und Unabhängigkeit von Florenz zu vertheidigen, sondern auch gegen andere Feinde, wie Giangaleazzo Viskonti von Mailand. Freilich brauchte er bei diesen Vertheidigungen nicht durch sein Wort Vereinigungen gegen die Gegner ins Leben zu rufen und wurde nicht durch bewaffnete Söldnerheere unterstützt, aber er wirkte durch seine Feder dermaßen, daß jener Viskonti von ihm sagte, Salutato habe ihm durch seine Schriften mehr geschadet, als tausend Florentinische Reiter. Nicht immer konnte er Drohungen und scharfe Worte anwenden, vielmehr mußte er sich manchmal der Schmeichelei, der zierlichen Täuschung bedienen; er kannte und wendete die Mittel an, durch welche die spätere Staatskunst sich furchtbar zu machen wußte.

Aber aus diesem dumpfen Getriebe flüchtete er gern in die reine Luft der Studien und derselbe Mann, der nur zur prophetenartigen Verkündigung der Freiheit geboren schien, konnte sich bei einem Freunde über die Bedeutung von aliter erkundigen und lange Betrachtungen über Deklination und Conjugation anstellen. Bei seiner Liebe zu Studien achtete er auf Kleines wie auf Großes: er streute begierig eine griechische Floskel in einen lateinischen Brief, um sich als Kundiger zu erweisen, wenn er auch sonst wie so manche andere Humanisten der ältern Generation den Vorrang, den sich Griechenland in den Wissenschaften anmaßte, heftig leugnete, aber er wird wärmer und freudiger erregt, wenn er die Poesie und die Beredtsamkeit in Schutz nehmen, wenn er die Widerstrebende zur Pflege der geliebten Studien ermahnen kann. Diese Studien nun machten ihn nicht zum Heiden, sie ließen vielmehr seine Frömmigkeit unangetastet, die er gern bezeugt, die christlichen Dogmen vertheidigend, die Unsterblichkeit der Seele verkündend. Auf solche Gesinnung bauend durfte auch Fra Giovanni Dominici seine umfangreiche Schrift Lucula noctis — die, nachdem sie lange für verloren gehalten, erst in der jüngsten Zeit aufgefunden, aber noch nicht veröffentlicht worden ist — eine heftige Anklage gegen die Pfleger und Vertreter der antiken Bildung dem Salutato widmen, mit der Aufforderung, „freundlich und milde" auf dieselbe herabzusehen. Christliche Alterthumsverächter, wie jener Mönch, und dem Alterthum ergebene Christen, wie Salutato, mochten, solange sie vom Fanatismus frei waren, eine Zeit lang ruhig neben einander wandeln.

Durch sein Wesen und durch seine Stellung ließ Salutato den Studien mächtige Förderung zu Theil werden, einen besondern Dienst leistete er ihnen aber dadurch, daß er der Erste war, der durch Gaspare de Broaspini in Verona und durch Pasquino de'Cappelli in Mailand sich vollständige Abschriften der Briefe Ciceros verschaffte. Diese, in der Laurenziana in Florenz aufbewahrt, behalten ihren Werth, selbst wenn sie nicht mehr als Autographen Petrarcas betrachtet werden dürfen, wofür sie bis in die allerneueste Zeit, bis auf Voigts scharfsinnige Untersuchungen galten, denn sie erschlossen, trotz ihres verderbten Textes, Hunderten diese reiche Quelle classischer Latinität und müssen noch heute wegen der vortrefflichen Randbemerkungen Salutatos anerkannt und gerühmt werden.

Außer Colluccio Salutato darf man Luigi Marsiglio und Giovanni Malpaghini da Ravenna als Schüler Petrarcas bezeichnen.

Marsiglio (geb. 1342, gest. 1394) ist das Haupt der ersten freien Akademie, d. h. einer Gesellschaft gleichdenkender aber nur durch gemeinsame Studienrichtung, nicht durch ein äußeres Band zusammengehaltener Gelehrten, einer Akademie, welche sich im Kloster San Spirito versammelte, aber in ihren Unterhaltungen sich um den heiligen Geist weniger kümmerte, als um die heidnischen Autoren und die antike Philosophie. Marsiglio dagegen war nicht blos äußerlich ein Christ, Mitglied des Augustinerordens und als

Prediger bekannt, sondern auch innerlich fromm, und zwar fromm geworden nicht ohne Einwirkung Petrarcas. Denn dieser hatte ihn durch die Schenkung von Augustins Confessionen gleichsam geweiht, und zum Kampfe gegen die stolzen Gottesleugner (Averroisten) auserseheu; nun wurde Marsiglio ein gelehrter Theologe, der von den Jüngeren, welche den Studien oblagen, als ein göttliches Orakel gepriesen und von seinen Mitbürgern als Bischof von Florenz begehrt wurde. Aber seine Hinneigung zur Theologie entfernte ihn nicht von der Verehrung des Alterthums, die Liebe zur lateinischen Sprache verdrängte nicht die Lust zur italienischen, deren er sich in seinen wenigen Schriften bediente, und der geistliche Stand, in dem er verharrte, hinderte ihn nicht, in der Erklärung einer Canzone seines Meisters Petrarca heftige Angriffe gegen das Papstthum zu schleudern. Seinen jugendlichen Zuhörern imponirte er dergestalt, daß er als der Quell alles Wissens erschien; einer seiner Hörer meinte einmal geradezu, ihm sei Alles bekannt und vertraut, die Stellen der entlegensten Schriftsteller sei ihm nichts Neues.

Um Marsiglio, der in Florenz blieb, drängte sich die florentinische Jugend; Giovanni Malpaghini aus Ravenna mußte, getrieben von Eifer und Lust, den neuen Studien zu dienen, sich eine Wirksamkeit erkämpfen. Aus einem halben Jahrhundert etwa, von 1365 bis 1412, gibt es Nachrichten über ihn, aber theils unsichere, theils unzuverlässige, in dem ersten Jahre erscheint er als Schreiber bei Petrarca, der ihn dafür, daß er ihn den Studien zugeführt, in untergeordneter Stellung bei sich behalten und Nutzen von ihm ziehen will; im letzten ist er seit acht Jahren, 1404, denn den Ruf, der ihm 1397 zu Theil ward, nahm er nicht an, ein hochgeachteter und bedeutender Lehrer von Florenz, der zu seinen Schülern die edelsten Söhne der Stadt, die später selbst vortreffliche Gelehrte wurden, aber auch auswärtige, wie Vittorino da Feltre und Guarino aus Verona zählt, die ihrerseits ein neues Geschlecht heranzubilden eifrig beflissen waren. Die Zwischenzeit aber, ein volles Menschenalter, reiste er, obwohl dem geistlichen Stand angehörend, in dem er es freilich nicht zu besonderen Ehren gebracht hat, von humanistischem Wandertrieb erfaßt, durch ganz Italien, sah Rom, erlangte den Magistergrad, erwarb sich eine Fülle gelehrter Kenntnisse, wenn er auch in die Geheimnisse der griechischen Sprache nicht eindrang, mußte sich oft in Dienstbarkeit begeben, die drückender und erniedrigender war als diejenige, welcher er bei Petrarca sich entzogen hatte, war Lehrer in Udine und mehrfach Professor in Padua, wenn er auch schwerlich 40 Jahre, wie die acht Lustra, von denen man meldet, vermuthen lassen sollten, sondern nur acht Jahre bei den Fürsten aus dem Hause Carrara geweilt hat, und fand endlich in Florenz eine Ruhestatt und eine glänzende Wirksamkeit. Giovanni da Ravenna war Lehrer, aber kein Schriftsteller, seine Hauptgaben waren ein ausgezeichnetes Gedächtniß und ein gluthvoller Eifer für die neuen Studien; aber sie machten ihn geeigneter und geneigter zum Mittheilen des von Anderen Erlernten und Ererbten als zur Fassung und Ausarbeitung eigner Gedanken.

Zu San Spirito und in den Vorträgen des Giovanni Malpaghini war ausschließlich von antiker Literatur die Rede, in den Gärten und der Villa Paradiso des Antonio degli Alberti, eines reichen und vornehmen Florentiners dagegen, wurde von Antikem und Modernem, von lateinischer und italienischer Literatur gesprochen. Glücklicherweise gibt uns ein Werk „das Paradies der Alberti" (1389) von diesen Unterhaltungen Kunde und lehrt uns die vorzüglichsten Theilnehmer kennen. Der Wirth selbst (geb. 1358, gest. 1. September 1415) war ein vielseitig thätiger und vielseitig gebildeter Mann. Er war Kaufmann und Gelehrter, bald Mystiker, bald praktischer Politiker, Büßender in Rom, Professor in Bologna, dichterisch thätig, in hohen Aemtern beschäftigt, häufig verbannt, während seiner Verbannung ein Meister im Conspiriren und wegen dieser Versuche, mit Gewalt in die ihm verschlossene Heimat einzudringen und anderer Bemühungen, welche die zeitweise herrschende Partei verrätherisch nannte, häufig genug mit hohen Geldstrafen belegt.

In seinem Hause nun versammelte sich eine froh erregte Menge, die durch Scherz und Ernst, durch lebhafte Unterhaltungen und durch Erzählung von Geschichten ihre Zusammenkünfte zu würzen wußte; Politik und Moral, Philosophie und Literatur bildeten die Gegenstände der Diskussion. Da untersuchte man, welche die bessere Art der Herrschaft sei, die eines Einzigen oder Vieler, und ob man sich wohler fühle unter der Regierung eines trefflichen Königs oder derjenigen weiser Gesetze; da erörterte man, welches die erlaubten Mittel seien Geld zu verdienen und ob es gestattet werden könne, Wucher zu nehmen; da stritt man darüber, ob die Thiere Vernunft hätten, und stellte in Widerspruch mit der sonstigen Anschauung der Renaissance den Satz auf, daß der Mann ein viel vollkommneres Wesen als die Frau sei, obwohl man anerkannte, daß manche Frauen in Rhetorik und Sprachkenntniß, Logik und Philosophie sehr weit vorgeschritten seien; da erklärte man gleichfalls im Gegensatz zu der Betrachtungsweise der Renaissance, der zufolge die lateinische Sprache wenn nicht geradezu die allein herrschende, so doch die für den wissenschaftlichen Gebrauch vorherrschende war „daß die florentinische Sprache so geglättet und reich sei, daß jede abstracte und tiefe Weisheit sich vollkommen in ihr sagen und auseinandersetzen läßt"

Zu den Mitgliedern dieses Kreises gehörten außer dem Wirth des Hauses Salutato und Marsiglio, die Häupter der florentinischen Literaturbewegung, aber auch Andere schlossen sich an, von denen wenigstens Einige hier genannt werden mögen. Zunächst Guido Tommaso di Neri di Lippo (gest. 25. August 1399), ein gütiger, mildthätiger Mann, der seinen Reichthum trefflich zu benutzen verstand, ein kühner bedeutender Politiker, der die Selbständigkeit seiner Vaterstadt auch gegen die stärksten Feinde vertheidigte; sodann Francesco Landini (1325, gest. 1397), von seinen Kindesjahren an blind, aber geistig geweckt und künstlerisch hochbegabt, der als Sänger und

Orgelspieler die Bewunderung seiner Zeitgenossen erregte, dabei aber auch in lateinischer und italienischer Sprache von der Liebe und der Unbeständigkeit des Lebens dichtete und in Philosophie und Astrologie nicht ungelehrt war: endlich Biagio Sernelli (gest. 19. Dezember 1398), der Spaßmacher der Gesellschaft, der die Geberden und die Sprachweise der einzelnen Mitglieder trefflich nachzuahmen verstand, der sein Costüm wechselnd und seine Sprache verändernd Denjenigen, welchen er in seiner wirklichen Gestalt durchaus bekannt war, weil er täglich mit ihnen zusammen kam, unkenntlich blieb und zwar dergestalt, daß sie ihren Irrthum nicht eingestehen wollten, selbst nachdem er sich ihnen zu erkennen gegeben hatte.

Auch ein weit größerer Humorist, der nicht blos die Eigenheiten Einzelner zu copiren wußte, sondern ein Bild der ganzen Zeit durch Humor und Satire zu beleben verstand, gehörte entweder geradezu diesem Kreise an, oder stand ihm jedenfalls nahe — Alberti und er begrüßten sich in manchem Gedichte —: Franco Sacchetti. Sichere Daten besitzt man über sein Leben sehr wenig, weder Geburts- noch Todesjahr sind genau zu bestimmen (er lebte ungefähr von 1335 bis etwa 1405), er war Beamter der florentinischen Republik, sieben Jahre lang (1385 bis 1392) Podestà in Bibbiena, ein angesehener und beliebter Mann und ein fruchtbarer Schriftsteller. Den großen Männern der Literatur widmete er herzliche Verehrung und beklagte den Tod Petrarcas und Boccaccios in schönen wahrhaft gefühlten Versen. Aber lieber war es ihm, wenn er, statt den Verlust solcher Männer zu beweinen, deren Richtung doch nicht die seinige gewesen war, die Freuden des Lebens besingen konnte mit unverhohlener Freude und kaum versteckter Lüsternheit, wie in seinem Scherzgedicht: „Der Streit der jungen und alten Weiber", oder wenn er die Verwandtschaft mit seinen großen Vorgängern dadurch bekundete, daß er, wie Petrarca, Liebeslieder dichtete, die er dann wohl selbst unter Freunden vorsang, und daß er, wie Boccaccio, Novellen schrieb. Von diesen Novellen — es waren ursprünglich 300, aber nur 223 sind erhalten — sagte er selbst, sie seien abgefaßt, theils um dem Begehren der nach Neuem verlangenden Menschen entgegenzukommen, theils um die durch Kriege und Krankheiten schwer bedrückten Landsleute zu erheitern. Um der erstern Absicht entgegenzukommen, redete er von Zeitgenossen und berühmten Leuten, und berichtete Aufsehn erregende Skandalgeschichten, um den letztern Zweck zu erreichen, meldete er komische Züge, Witzworte, Späße und Anekdoten. Besonderes Gefallen hat er am absichtlich Derben und Rohen, und ist von der Naivetät Boccaccios sehr entfernt, er wirkt durch seine Zoten um so abstoßender, als er solchen Geschichtchen eine Moral hinzufügt, die heuchlerisch erscheinen würde, wenn sie nicht so platt wäre; entgegen der im Dekameron verkündeten Toleranz lehrt er Judenhaß, gibt aber wie Jener der grimmigen Feindschaft gegen das Papstthum Ausdruck. Er liebt den Hohn und höhnt am Häufigsten, weil er sie am Besten kennt, seine Landsleute, die Florentiner, insbesondere die thörichten Bürger, welche nach Ehren und Vergnügungen des

Ritterstandes verlangen. Der ästhetische Werth seiner Sammlung ist sehr gering, auch der sprachliche ist nicht sehr groß, zumal der Text der Novellen verstümmelt überliefert ist, aber der culturhistorische Werth ist sehr bedeutend; er besteht darin, daß die Sammlung ein treues, wenn auch nicht immer schönes Spiegelbild der Sitten und Zustände Italiens und besonders der Stadt Florenz im Ausgange des 14. Jahrhunderts gibt. Nicht minder groß ist der Einfluß, den diese Novellen, die durch mündliche Tradition Jahrhunderte eher als durch den Druck verbreitet waren, auf andere Nationen übten; gar manche derselben wurden zu wandernden Geschichten, die sich in späteren Sammlungen der verschiedensten Völker in ähnlicher Weise, wie bei Sacchetti wiederfinden.

Der Novellist schildert die Zustände, die er anschaut oder miterlebt, als Zugabe zu seinen Erzählungen, wie der Genremaler die Landschaft nur als Staffage zu seinem Gemälde hinzeichnet, er darf daher nicht befragt werden, wenn man sichere und vollständige Nachrichten über eine Epoche erwartet. Solche Berichte zu geben ist vielmehr Aufgabe des Historikers; der Renaissance hat es glücklicherweise nie an derartigen Berichterstattern gefehlt. Den Anfang machen die drei Villani, der ältere Giovanni, der bei seinem Tode 1348 zwölf Bücher einer Geschichtsdarstellung hinterließ, sein Bruder Matteo (gest. 1368), der zehn weitere hinzufügt, und die Beendigung des elften von ihm begonnenen Buches seinem Sohne Filippo überließ. Von dem Leben dieser drei Mitglieder einer Historikerfamilie weiß man ziemlich wenig, sie, die von Anderen so gern und oft berichteten, waren zu bescheiden, um viel von sich zu reden. Der bedeutendste von ihnen ist Giovanni.

Drei Umstände geben seinem Geschichtswerk eine eigenthümliche Bedeutung. 1. Er beginnt sein Werk bei Gelegenheit des päpstlichen Jubiläums 1300. Damals war er selbst in Rom und konnte die Zustände der ewigen Stadt, aus der, obwohl die Päpste noch anwesend waren, der Glanz zu weichen begann, mit denen seiner Heimath vergleichen, und voll Selbstbewußtseins durfte er schreiben: „Rom ist im Sinken, meine Vaterstadt aber im Aufsteigen und zur Ausführung großer Dinge bereit und darum habe ich ihre ganze Vergangenheit aufzeichnen wollen und gedenke damit fortzufahren bis in die Gegenwart und soweit ich noch die Ereignisse erleben werde.“ Denn das Bewußtsein, daß Florenz eine Weltstellung einzunehmen berufen ist, erfüllt ihn; sie spricht sich nicht nur in dem angeführten Satze aus und in der Thatsache, daß er oder seine Zeitgenossen sein Werk bald „florentinische Chronik“, bald „allgemeine Weltgeschichte“ nannten, als wären diese beiden Ausdrücke vollkommen gleichbedeutend, sondern in dem Eifer, der ihn indessen nicht blind gegen Anderer Bedeutung und parteiisch für seine Heimath macht, mit dem er jedes noch so kleine Ereigniß, das zum Ruhme von Florenz in den Augen der Zeitgenossen oder Nachkommen beitragen könnte, registrirt.

Villani ist zweitens ein Mann der Renaissance. Er kennt die Historiker und Dichter des römischen Alterthums, verehrt und benutzt sie, wenn er auch nicht in ihrer Sprache zu schreiben gewillt ist, aber mehr als die äußerliche Beziehung zum Alterthum will er die innerliche aufrecht erhalten, schreibt die Bedeutung, die er dem modernen Rom abspricht, in erhöhtem Maße dem antiken zu, indem er den Zusammenhang eines Ortes mit Rom in alter fabelhafter Zeit als Grund für seine Größe und Wichtigkeit angibt und indem er italienischen oder gar ausländischen Worten ein höheres Ansehn durch Ableitung aus lateinischen Worten zu geben versucht.

Trotzdem ist Villani kein Gelehrter, so wenig sein Volk ein Ritter- und Gelehrtenvolk ist, sondern er ist drittens Kaufmann, der sich bewußt ist, für Kaufleute zu schreiben und schon deshalb, aber auch aus eignem Interesse von kaufmännischen Dingen redet. Er hat Sinn für Statistik, weil er Sinn für das Leben hat: es ist ihm nicht zu geringfügig, von Preisen und Lebensbedürfnissen zu reden, vielmehr tritt bei ihm der Handel und die Gestaltung der finanziellen Verhältnisse wie im Leben, so auch in der Geschichte in den Vordergrund des Interesses. Daher berichtet er von den großen Anleihen des Königs von England bei den Bankhäusern Perruzzi und Bardi in Florenz, nicht blos, weil er bei dem Bankerott dieser Häuser Geld verlor, und ins Gefängniß kam, sondern weil er die Verbindung dieser Geld- und Staatsmacht für ein höchst wichtiges Ereigniß hielt: gibt Notizen über Staatseinnahmen, über die Zählung der Bürger seitens der Pfarrer, Statistik der Schulkinder, Kirchen und Klöster, ja selbst eine Bettlerstatistik, schildert die Wirkung der großen Pest (des schwarzen Todes 1348) nicht etwa, wie Novellisten und Moralisten thaten, auf Sittlichkeit und Leben der Gesellschaft, sondern auf ökonomische Zustände.

Natürlich ist nur derjenige Theil des Geschichtswerks von besonderm Interesse, den Villani miterlebt hat, etwa von 1286 an, für diese Zeit gibt er eine umfassende Weltchronik, außer den Berichten über seine Vaterstadt auch eine Geschichte der deutschen Könige und der Päpste. Er ist kein eleganter Historiker, sondern ein behaglicher Plauderer, aber trotz der anscheinenden Flüchtigkeit in der Erzählung sehr sorgfältig und genau in seinen Berichten: Karls I. von Anjou Worte, die dieser beim Vernehmen der Nachricht von der sicilianischen Vesper gesprochen haben soll, gibt er z. B. in halbfranzösischer Sprache wieder, die Worte, welche die Bewohner von Sorrent zu Karl II., dem Gefangenen des Ruggieri di Loria sagen, theilt er in deren Dialekt mit. Er ist ein vielseitig gebildeter Mann: er hat Interesse für Theologie und Sinn für Astrologie, der er sich im Ganzen gläubig zuneigt, wenn er auch bisweilen über ihre Ausschreitungen ergrimmt. Als Politiker denkt er ruhig, ist mehr Guelfe als Ghibelline, selten leidenschaftlich, meist zur Mäßigung rathend, verehrt den Papst, treibt aber die Verehrung nicht zu weit, wünscht für seine Vaterstadt die Fortdauer des Regiments der weisen Bürger und Kaufleute und registrirt mit Schmerz die Ausschreitungen des niedern Volkes, welches mit schreckenerregenden Rufen sich gegen die Reichen erhob, den

Prioren den Tod androhte, die Steuern abschaffen und sich den Eingang in den Staatspalast erzwingen wollte.

Bei Matteo verwandelt sich dieser Schmerz in Zorn; er eifert heftig gegen die Unwürdigen, die sich zu den Aemtern drängen; er jammert, daß die verderbenbringenden Krankheiten, die Strafgerichte Gottes „nicht zur christlichen Demuth und Liebe“ geleitet haben und constatirt in einem besondern Kapitel, das eher für den Theologen als Historiker paßt, „daß die Menschen jetzt schlechter sind als früher“.

Filippos Antheil an dem Villani'schen Geschichtswerk ist zu unbedeutend, um besonders durchgenommen zu werden, Anspruch auf Beachtung und Werthschätzung erwarb er sich aber durch seine Sammlung Biographieen. Filippo liebte die Einsamkeit und die Studien, darum kümmerte er sich weniger um die Welthändel seiner Zeit — obwohl er einer Nachricht zufolge lange Jahre Kanzler in Perugia gewesen sein soll — als um die politischen Schicksale der Vergangenheit, pflegte die Erinnerung an Geistigstrebsame jedweder Richtung und hinterließ Aufzeichnungen über Männer aller Art: Dichter, Juristen, Aerzte, Philologen, Theologen, Astrologen, Künstler, auch einige Kriegsmänner damaliger und früherer Zeit, weniger ausgeführte Biographieen als Charakteristiken ihres Wesens zusammen mit Bemerkungen über Aussehn und äußere Erscheinung. Er liebte die Dichtkunst, wie er denn auch ein Verehrer Dantes war, als dessen Erklärer in Florenz, also als Nachfolger Boccaccios, er 1401 oder 1404 eingesetzt wurde; darum war er nicht verschwenderisch mit dem Dichternamen und richtete in seinem biographischen Werke eine Abtheilung de semipoetis „von den Halbdichtern“ ein, als welche er alle Diejenigen bezeichnet, welche theils in Prosa theils in Versen schrieben, sowie die, welche außer ihren Berufsarbeiten Dichtungen, aber nur lateinische — denn zu solcher Einseitigkeit war der Nachkomme italienischer Chronisten und der Erklärer Dantes gediehen, freilich im Sinne des Letztern (vgl. oben S. 13) — veröffentlichten.

Solche Gesinnung veranlaßt den Filippo aber nicht etwa italienisch Dichtende vollkommen auszuschließen, vielmehr findet sich mancher derselben unter den von ihm Charakterisirten, z. B. Zanobi da Strada (1312—1361) nach seiner Schilderung ein Mann „von fast jungfräulicher Schönheit.“ Er theilte mit Petrarca die gleiche Ehre der Dichterkrönung, trotzdem galt er ihm und seinen Gesinnungsgenossen als Abtrünniger, hatte er doch den Kranz nicht von der Stadt Rom, der einzig berechtigten Verleiherin erhalten, sondern er, „der Jüngling der ausonischen Muse war von einem barbarischen König“ (Karl IV.) gekrönt worden. Ehedem war er mit Petrarca befreundet gewesen, von ihm mit vielen Briefen geehrt und mit manchem Lobspruch bedacht worden; nun konnte sein treues Festhalten an den Anschauungen der Renaissance, die Vertheidigung des Ruhmesstrebens und der Ehrbegier, seine Uebersetzung profaner und kirchlicher Schriftsteller — neben dem Traum Scipios z. B. die moralischen Schriften des heiligen Gregor — ihn von der Verdammung nicht retten. Aus dieser Verdammung vermögen aber auch wir den Dichter kaum zu erretten, denn wenn wir auch von seinen Lebensereignissen und den Stellungen, die er einnahm, Mancherlei wissen, so besitzen wir Nichts von seinen Dichtungen, sei es nun, daß diese durch Ungunst der Zeit, oder, wie eine alte Anklage lautet, durch die Schuld seiner Verwandten untergegangen sind.

Viel mehr als von Zanobi da Strada ist von Fazio degli Uberti übrig geblieben, von seinem Leben dagegen verlautet kaum die dürftigste Kunde. Sein Hauptwerk il Dittamondo (Weltbeschreibung) ist eine bewußte Nachahmung Dantes: eine Wanderung durch die sichtbare Welt statt durch die unsichtbare; wie bei Jenem Virgil, so ist bei Diesem Solinus Wegweiser und Führer. Ebensowenig wie Dante ist Uberti ausschließlich ein Gelehrter, der blos von Unbekanntem unterrichten will, auch bei ihm vielmehr wiegt die moralische Tendenz vor: wie er für sich die Absicht ausspricht, sich von den Lastern ab der Tugend zuzuwenden und sich in diesem löblichen Bestreben weder durch den Eremiten Paulus, noch durch eine alte Lais hindern läßt, so möchte er auch die Welt auf ihre Sünden hinweisen und zur Umkehr mahnen. In Folge dieser Tendenz ist seine Erdbeschreibung und Weltgeschichte — denn Historie und Geographie gehen in diesem Werke mehr als nothwendig wäre zusammen — mit moralischen Betrachtungen reichlich gemischt, manchmal müssen diese eintreten, wenn die wissenschaftlichen Kenntnisse den Autor im Stich lassen, so daß er sich z. B. auf die an Solinus gerichtete Frage nach der Lage des Paradieses mit einer Schilderung vom Glück und der Unschuld des ersten Menschen abspeisen läßt, da er nicht im Stande ist, sich eine befriedigende Antwort zu ertheilen. Aber auch an Belehrung fehlt es nicht. Der Beschreiber beginnt mit Asien, geht dann auf Europa über, verweilt mit sichtlicher Vorliebe bei den im Alterthum berühmten und durch solchen Ruhm gleichsam geweihten Stätten; spricht mit Anerkennung von Paris und beweist bei Erwähnung französischer Zustände seine Sprachkenntniß dadurch, daß er einen Courier französisch und einen Pilger provençalisch reden läßt; gedenkt auch Deutschlands und kann als Italiener einen Ausfall gegen die schlimme Art des Lebens der Barbaren ebensowenig unterdrücken wie als Gelehrter die etymologische Erklärung von Toringia durch terra dura, bringt indessen auch einzelne rühmende Bemerkungen, z. B. bei den Baiern von der Treue der Unterthanen gegen ihren Herrn und ihrer Geschicklichkeit in den Waffen. Jeder Schriftsteller, der deutsche Geschichte des Mittelalters berührt, muß den Streit zwischen Kaiser und Papst erwähnen und kann es kaum vermeiden, seine eigne Ansicht über diesen Kampf auszusprechen. Uberti geht dieser Schwierigkeit aus dem Wege, indem er Friedrich I. nur kurz erwähnt — um sein erstes Regierungsjahr zu bezeichnen 1152 = MCLII, bedient er sich der sehr unpoetischen Spielerei: In M un C duo I con uno elle — und bei Heinrich IV. zwar sagt, er sei der erste König gewesen, der excommunicirt worden sei, aber hinzufügt, es sei besser, die Gründe des Uebels zu verschweigen. Dagegen zeigt er sich so recht als Schriftsteller des 14. Jahrhunderts, indem er bei Erwähnung Avignons nicht blos das Unrecht der Päpste, Italien zu meiden, hervorhebt, sondern die Sünden des Papstthums überhaupt heftig straft. Solche Strafreden sind nun nicht etwa Zeichen irreligiöser Gesinnung, sondern Beweise wirklich frommer Entrüstung; denn auch sonst gibt sich Uberti als einen frommen Mann zu erkennen, er besucht die Kirchen und Capellen und verweilt gerne bei der Schilderung heiliger Oertlichkeiten. Eine fast ebenso große Verehrung wie dem Christenthum spendet er aber dem Alterthum, er verweilt bei Rom mit großer Ausführlichkeit und Sachkenntniß und gibt, da er noch Manches sah, was bald vom Erdboden verschwand, eine Schilderung, die nicht ohne archäologischen Werth ist; aber er gibt vor Allem, indem er von dieser Stadt redet, die wahre und tiefe Achtung zu erkennen, die gerade eine Eigenheit der Männer der Renaissance ist: Rom selbst, eine hehre Greisin, erläutert den Wanderern ihre Monumente und erzählt ihre Geschichte, sie offenbart sich selbst in ihrer wahren Größe che comprender potrai quanto fui bella „damit Du einsehen magst, wie schön ich früher war".

Sechstes Kapitel.

Cosimo von Medici.

Zu den Florentiner Bürgern, welche für Einführung der Renaissancecultur in ihrer Vaterstadt thätig waren, gehört vor Allem Cosimo von Medici. Aber er verdient nicht blos als Mitarbeiter an Culturbestrebungen, sondern als Begründer eines großartig weit über die Grenzen einer Stadt hinaus wirkenden Geschlechts genannt zu werden.

Er ist der Sohn des Giovanni Averardi mit dem Beinamen Bicci, eines sehr reichen Florentiner Kaufmanns, der kraft seines Reichthums in der Handelsstadt, der er durch Geburt angehörte, eine fürstengleiche Stellung einnahm und seinem Geschlechte nun jene Doppelstellung von Fürst und Kaufmann zum Erbe ließ, wie sie nur in Florenz und nur den Medici zu Theil ward.

Cosimo wurde 1389 am Tage des heiligen Cosmus und Damian geboren. Dem Heiligen seines Namenstages zu Ehren empfing er den Namen Cosmus, der antik klang und christlich war, gleichsam eine Vorbedeutung für sein Wesen und das seiner Zeit, das durch eine seltsame Mischung des Antiken und Christlichen überraschte. Er genoß eine gute Erziehung, die ihn befähigt hätte, Gelehrter zu werden, wenn er nicht zum Kaufmann und Herrscher geboren gewesen wäre. In seiner Jugend wurde er von seinem Vater zum Constanzer Concil mitgenommen und lernte auf dieser Versammlung, die mehr eine der Vertreter ganz Europas als eine Kirchenversammlung zu sein schien, das Getriebe der Welt kennen, und vereinigte sich mit dem Papst Johann XXIII., der schon als Baldassare Cossa mit den Medici in Verbindung gewesen war und später als abgesetzter Kirchenfürst bei und mit ihnen seine Tage in Florenz zubrachte und daselbst auch beschloß. Dann machte er Reisen, die durch das gewaltige Getriebe der Geschäftsverbindungen seines Hauses nöthig waren, kam durch seine Verheirathung mit einer Gräfin Bardi in Verbindung mit einem gleichfalls vornehmen und angesehenen Geschlecht und trat 1429 bei dem Tode seines Vaters selbständig an die Spitze der Geschäfte. Der Geschäfte und damit zugleich auch an die Spitze der Regierung. Aber der Beginn der Herrschaft war nicht ohne Stürme; ein langer und gefährlicher Streit entbrannte mit dem Führer der Gegenpartei, mit Rinaldo degli Albizzi, ein Streit, in Folge dessen Cosimo verhaftet wurde, jedoch aus der Gefangenschaft entkam und Florenz verließ.

Fünf Jahre später, 1434, kehrte er nach Florenz zurück und leitete nun 30 Jahre lang, nicht ohne Widerspruch der Gegner, aber ohne erhebliche Schädigung seiner Macht, die Geschicke von Florenz. Er hatte die Stadt durch manche äußerliche Fährlichkeiten hindurch zu leiten, den Kriegen nämlich mit Filippo Maria Viskonti von Mailand und Alfonso von Arragonien und mußte, da auf die Söldnerheere, mochten sie auch noch so gut bezahlt sein, kein rechter Verlaß war, sich häufig auf seine diplomatische Geschicklichkeit mehr verlassen als auf die Kraft seiner Waffen. Denn auch auf seine Mitbürger konnte er nicht immer rechnen; sie neigten sich zu Venedig oder hielten sich am Liebsten, dem Handelsgeiste ihrer Vorfahren treu, von Politik fern, während er, mehr als klug berechnender Mann, denn als Republikaner oder italienischer Patriot, die Billigung seiner Landsleute nicht achtend, bestimmte Ziele verfolgte, die Verbindung mit einem italienischen Nachbarstaate und die Gunst der französischen Könige. Der Nachbarstaat war das durch bedeutende Geldsummen unterstützte Herzogthum des Francesco Sforza; die französischen Könige, mit denen er in Verbindung trat, waren Karl VII. und Ludwig XI. Wohl klingt es erniedrigend genug, wenn es in einem Schreiben der Florentiner an den französischen König heißt: „Wer etwa an unserer Zuneigung und Liebe, Verehrung, Treue und Hingebung zweifelt, der mag einen Blick in unsere Stadt werfen. Die Greise und die Jünglinge, die Knaben und die Erwachsenen thun dar, mit welchem Eifer sie den königlichen Namen verehren, die Mauern selbst geben Bericht davon. Denn welcher Palast, welche Halle, welches Theater, welche Kirche kann in unserer Stadt gefunden werden, an denen die Lilien oder königlichen Abzeichen nicht gemalt oder ausgehauen wären? Denjenigen zu begünstigen, welcher den Wünschen des uns so wohlgesinnten Königs widerstrebt, würde nach unserer Meinung nicht nur undankbar, sondern verbrecherisch und gottlos sein“, oder in einem andern: „Es ist diese Verehrung jedem Florentiner von Natur eingepflanzt, so daß nur die zwei Möglichkeiten vorliegen: entweder wird der florentinische Name ganz untergehen oder in unseren Herzen wird eine unvergeßliche Hinneigung zu der Ehre und dem Ruhm, dem Glanze und der Erhebung jenes triumphirenden Hauses sich zeigen, indem wir immer auf dasselbe hinschauen als auf unsere besondere und einzige Zuflucht, Tröstung und Hoffnung“. Aber solche und ähnliche Aussprüche dürfen nicht zur vollständigen Verdammung von Cosimos Politik benutzt werden, denn sie geben einerseits, nach der Diplomatengewohnheit aller Zeiten nicht die wirkliche Gesinnung wieder, und bieten andererseits nur ein Zeugniß mehr für die damals in ganz Italien beliebte rücksichtslose Art einzelner Staaten, mit auswärtigen Mächten Verträge zu schließen, die zum Unheile des gesammten Vaterlandes ausschlagen konnten. Cosimo ahnte solches Verderben, wehrte ein Bündniß und wirkliche Gunstbezeugungen Frankreichs ab, wie denn die Verleihung dreier goldener Lilien im azurnen Felde für das Wappen der Medici, deren sich Lorenzo in seinen Ricordi rühmt, erst 1465, also nach dem Tode Cosimos erfolgte, aber er besaß nicht Kraft genug, dem mächtigen Andrängen der Vorurtheile der Zeit zu widerstehen.

Auch im Innern herrschte Cosimo den vielen Tyrannen des damaligen Italiens nicht unähnlich. Er war nicht allgemein beliebt: „seine Krankheit", so heißt es in einem Gesandtschaftsbericht, „gibt seinen Feinden Muth"; war er aber gesund und kräftig, so trat er mit Entschiedenheit gegen seine Gegner auf. Er schreckte vor dem Morde nicht zurück, wandte heftige Gewaltmaßregeln an, drückte die Reichen und Angesehenen durch Steuern — „die Steuern versahen die Stelle der Dolche", sagt Guicciardini — dermaßen, daß einzelne, z. B. der hochberühmte Giannozzo Mannetti, an den Bettelstab kamen. Er begünstigte seine Anhänger und Freunde, unter denen Luca Pitti und Nero Capponi die angesehensten waren, aber achtete wohl darauf, daß auch sie nicht übermächtig wurden, er gab — oder richtiger, er ließ geben, da er ja ein äußerliches Fortbestehen der republikanischen Einrichtungen, also der Wahl oder Ernennung der Beamten durch das Volk duldete — Unbedeutenden, die er aber als bedingungslose Anhänger kannte, hohe Ehrenstellen, z. B. jenem thörichten Reichen, der dann, da er sich in seiner neuen Würde gar nicht zu benehmen wußte und Cosimo um Verhaltungsmaßregeln bat, von ihm die bündige Lehre empfing: „Kleide dich gut und rede wenig." Denn er wußte die Worte wohl zu setzen, Spott und Hohn wohl anzuwenden, ein echter Florentiner auch in dieser Beziehung, aber er war im Grunde seines Wesens ernst, so daß er Spiele und eitle Zerstreuungen nicht liebte, sich höchstens manchmal am Schachspiele ergötzte, leere Zeitvertreiber aber, Gaukler und Possenreißer an seinem Hofe nicht dulden mochte.

Die Bildungsinteressen seiner Zeit förderte er mit Eifer, ja mit Enthusiasmus. Er besaß namentlich eine Leidenschaft, die des Bauens: Michelozzo und Brunelleschi waren seine Hauptbaumeister, er ließ große Paläste aufführen und gab ungeheure Summen für Kunstwerke aus, er gestaltete seinen Lieblingsaufenthalt, die Villa Careggi, zu einem Lustorte, dem es an keinerlei Schmuck gebrach. Er war gelehrt, nach dem Zeugniß des Vespasiano-Bisticci, der ihn genau kannte, „besaß er eine vortreffliche Kenntniß der lateinischen christlichen und heidnischen Schriftsteller." Das Vornehmste, was er thun konnte, um die Studien zu fördern, war die Errichtung einer Bibliothek. Da es nicht anging, Handschriften zu kaufen, so ließ er, ausgerüstet mit einem vom spätern Papst Nikolaus V. aufgestellten Verzeichniß und unterstützt durch den ebengenannten Bisticci, durch eine kleine Armee von 45 Schreibern alte Codices abschreiben, so daß er in 22 Monaten 200 Bände zusammenbrachte. Da fanden sich die Bibel-Concordanzen mit Commentarien, die griechischen und lateinischen Kirchenväter wie Origenes, Ignatius, Basilius und Gregor und die mittelalterlichen Kirchenväter Thomas von Aquino und Albertus Magnus; von den Alten die Philosophen wie Aristoteles mit seinen Erläuterern, lateinische Dichter in großer Auswahl, Redner und Geschichtsschreiber von den Griechen und Römern. Auch die Neueren fehlten nicht. Aber neben Vallas Elegantien standen friedlich Papias und Ugutio, als wenn nicht eine unausfüllbare Kluft diese wenige Jahrhunderte auseinanderliegenden Autoren trennte.

Sodann bewirkte Cosimo durch sein Beispiel viel mehr als die Humanisten durch ihre gewaltig klingenden Strafreden, daß die Abneigung, die etwa noch bei einigen Vornehmen gegen die neuen Studien herrschte, vernichtet wurde und ein allgemeiner Wetteifer an die Stelle der früher herrschenden Gleichgültigkeit trat. So suchte Cosimos Gegner, Rinaldo degli Albizzi, ihn auch im wissenschaftlichen Eifer zu übertreffen, freilich auch ihm in der Literatur zu schaden wie im Leben, indem er Filelfos Schmähschrift gegen Cosimo eigenhändig abschrieb, Roberto de Rossi schrieb Handschriften ab und übersetzte einzelne Schriften des Aristoteles, Palla de Strozzi wurde durch den spätern Nikolaus V. in die Studien des Alterthums eingeführt; Leonardo da'Dati, Lapo da Castiglionchio, der Plutarchübersetzer waren treue Mitarbeiter in der Liebe und Pflege des Alterthums.

Endlich liebte es Cosimo sich mit Berufsgelehrten, Männern vom Fache, zu umgeben, nicht wie ein mit seiner Stellung oder seinem Reichthum prahlender Mäcen, der an einem Kreise Andersgearteter Gefallen findet und leichten Genuß aus der schweren Arbeit Jener zu schöpfen gedenkt, sondern wie ein Genosse, der sich als Ehre rechnet, der geistigen Anstrengung klingenden Lohn zu spenden und trotz seiner Fürstenstellung stolz darauf ist, von den Gelehrten als ebenbürtig betrachtet zu werden.

Die geistige Arbeit indessen, das Leben in und mit den Ideen des Alterthums machte ihn nicht zum Heiden. Vielmehr zeigte er gern, daß er Christ war. Auf einem Gemälde des Sandro Botticelli, die Anbetung der heiligen drei Könige darstellend, ließ er sich in frommer Stellung abbilden; er bediente sich gerne biblischer Wendungen, z. B. indem er einem Gesandten sagte, er möge seinem Herrn schreiben, „nicht Anderes als was Maria und Martha zu Jesus redeten: Lazarus, dein Herr ist krank“, und diesen Gesandten gleichsam nöthigte, einen ähnlichen Ton anzuschlagen, so daß dieser über Cosimo berichtend, einmal meldete: „Augenblicklich ist das Herz Pharaos verstockt“. Er hatte die Ueberzeugung, aber auch das Bedürfniß, gut mit seinem Gott zu stehen, er besaß den Glauben an die Macht und das sichere

Cosimo de Medici als einer der anbetenden Könige auf dem Gemälde des Sandro Botticelli (1447—1515) in den Uffícien zu Florenz.

Eingreifen der göttlichen Weltregierung. Der eben angeführte Gesandte erwähnt einmal als Aeußerung Cosimos: „Eine der größten Anfechtungen oder vielleicht die größte, welche ihm in dieser Welt widerfahre, bestehe darin, daß unser Herr und Gott lasterhafte und betrügerische Menschen so lange leben ließe; doch bezog er sich auf jenes Wort Cäsars und Sallusts, daß späteres Eintreffen der Strafe durch die Schwere einer größern Pein ausgeglichen würde". (Es ist freilich charakteristisch für den Mann der Renaissance, daß er das Zeugniß heidnischer Schriftsteller als Stütze eines religiösen Satzes anruft.) Um seine religiöse Gesinnung zu bethätigen, baute er mit Aufwand großer Geldmittel Kirchen, Klöster, geistliche und wohlthätige Anstalten, nicht blos in Florenz, sondern auch für Florentiner in fernen Städten, z. B. Paris und Jerusalem.

Fromm wie er gelebt hatte, ist er im Frieden mit sich, mit dankbar-zufriedenem Blick auf seine Nachkommen gestorben, am 1. August 1464. Der Ehrennamen „Vater des Vaterlandes" wurde ihm nach seinem Tode auf Staatsbeschluß verliehen. Nicht minder ehrenvoll war aber der Nachruf, den Marsilio Ficino in einem Briefe an den jugendlichen Lorenzo dem Verstorbenen widmete (Reumonts Uebersetzung): „Ein Mann, vor allen Anderen verständig, fromm vor Gott, gerecht und hochherzig gegen die Menschen, gemäßigt in Allem, was ihn selbst betraf, in seinen Privatangelegenheiten thätig, aber noch sorgfältiger und vorsichtiger in den öffentlichen. Nicht für sich allein hat er gelebt, sondern für den Dienst Gottes und des Vaterlandes. Keiner hat ihn übertroffen an Demuth wie an Hochsinn. Zwölf Jahre lang habe ich mit ihm philosophische Unterredungen geführt und erkannt, daß er ebenso scharfsinnig im Disputiren war wie weise und kräftig im Handeln. Ich verdanke Plato viel; Cosimo verdanke ich nicht weniger. Er ließ mich die Ausübung jener Tugenden gewahren, deren Idee Plato mir vorführte. Mit der Zeit geizte er, wie Midas mit dem Golde; er maß Tage und Stunden und klagte selbst über den Verlust von Minuten. Nachdem er sein Lebenlang auch inmitten der ernstesten Angelegenheiten sich mit Philosophie beschäftigt, widmete er sich ihr nach Solons Beispiele mehr denn je in den Tagen, in denen er vom Schatten zum Lichte überging. Denn wie Du weißt, da Du gegenwärtig warst, kurz vor seinem Hinscheiden noch las er mit mir Platos Buch: „Von dem einen Grunde der Dinge und dem höchsten Gut", gleichsam als wollte er nun in Wirklichkeit das Gut genießen gehen, welches er in der Unterhaltung gekostet hatte."

Ficino ist nur einer der Hervorragendsten aus dem Literatenkreise, der sich um Cosimo versammelte; außer ihm sind Niccoli und Mannetti, Traversari und Marsuppini, Bruni und Poggio zu nennen.

Niccolo Niccoli ist 1364 geboren und 1437 gestorben. Er sollte Kaufmann werden, wie sein Vater und konnte erst, als dieser todt war, seinen gelehrten und literarischen Neigungen genügen. Den Reichthum, den er ererbt hatte, wandte er nun für Andere an: er förderte junge Leute, er schickte Reisende aus, um Handschriften und Alterthümer zu sammeln. Von jenen brachte er soviel zusammen, daß er bei seinem Tode 800 Codices hinterließ, aber nicht etwa als Familienbesitz oder zur Bereicherung eines Einzelnen, sondern mit der Bestimmung, es sollte eine öffentliche Bibliothek, für Alle benutzbar, daraus gemacht werden; diese stellte er gern um sich herum, mitten unter den Zeugen und Zeugnissen einer großen Vergangenheit liebte er zu sitzen, in reinlichem weißem Gewande, an Zierlichkeit der Gefäße, am Wohlgeruch und Wohlgeschmack der Speisen und Getränke sich erlabend, mit seinem ästhetischen Sinne Alles betrachtend, — denn seine Sinne waren so ausgebildet, „daß er weder das Brüllen eines Esels, noch das Knirschen einer Säge, noch das Quieken einer Maus anhören konnte“ — er selbst ein ächtes, herrliches Bild des Alterthums (a vederlo in tavola cosi antico come era, era una gentilezza). Nach solchen Berichten seiner Freunde und Zeitgenossen — die erstere Stelle ist von Giannozzo Mannetti, die letztere von Vespasiano da Bisticci — muß man Niccoli beurtheilen, denn von ihm selbst ist Nichts erhalten, er veröffentlichte Nichts, weil er kein Genügen fand an Dem, was er niedergeschrieben hatte, er sprach selten, aber gut und schön, wenn er redete. Aber auch die Berichte der Zeitgenossen über ihn stimmen nicht überein. Denn Leonardo Bruni, der ihm ehedem sein Leben Ciceros gewidmet und an ihn geschrieben hatte: „An wen könnte ich mich eher wenden als an Dich, der Du eine so große Kenntniß der lateinischen Literatur besitzest, wie kaum ein Anderer zu unserer Zeit“, überhäufte ihn später mit Schimpf, indem er von ihm sagte, „er habe niemals zwei lateinische Werke zusammenbringen können wegen der Unkenntniß der Sprache, der Thorheit seines Verstandes und seines durch Unzucht (man warf ihm nämlich vor, seinem Bruder ein Mädchen geraubt zu haben und mit ihr zu leben) verderbten Geistes.“ Lieber indessen als solchen Berichten, die von Neid nicht frei sind, wie denn auch Niccoli aus Neid gegen Gelehrte, von denen er fürchten mochte, daß sie ihm den geistigen Principat streitig machen konnten, sich zu heftigen Aeußerungen hinreißen ließ, hören wir auf die Schilderungen, die Niccoli im Verkehr mit seinen Jüngern, die ja auch Jünger des Humanismus waren, vorführen. „Wer nicht bei Niccoli gewesen war, glaubte nicht in Florenz gewesen zu sein“, mit diesem Worte ist die Gesinnung der Fremden, die sich nur zeitweise in Florenz aufhielten aber auch die der Florentiner Bürger gekennzeichnet. Die Jünglinge drängten sich um ihn, er hatte stets 10 bis 12 um sich, die eine Art freier Universität bildeten und theils von ihm, theils von bedeutenden Lehrern, deren Berufung nach Florenz er durchsetzte, unterrichtet wurden. Aber er wartete nicht, bis sie zu ihm kamen, sondern suchte sie auf, und fand eine Ehre darin, die müßigen Schlemmer, die ihre Zeit in Wohlleben vergeudet hatten, zu emsigen Arbeitern und eifrigen Pflegern wissenschaftlicher Studien zu machen.

Diese wissenschaftlichen Studien, manchmal ziemlich äußerlich, mehr den Buchstaben als den Inhalt der Handschriften betreffend, waren auch einseitig, denn sie mußten ausschließlich dem Alterthum gewidmet sein. Nur die altrömischen Dichter, Geschichtschreiber und Redner schienen ihm der Beachtung der Nachgeborenen werth; schon Alcimus Avitus (der christliche Dichter, gest. 523), und Cassiodorus Senator (der Geschichtschreiber, Grammatiker und Diplomat, gest. um 570) dagegen sind ihm „Träume, die selbst ein mittelmäßiger Gelehrter niemals zu lesen wünschen möchte", die neueren Schriftsteller sind ihm geradezu verächtlich. Von Niccoli stammt zum Theil der Haß gegen die Landessprache, weil deren Pflege den classisch gebildeten Geist schädige, von ihm die für die meisten namentlich auch florentinischen Humanisten des 15. Jahrhunderts so charakteristische Abneigung gegen die Begründer des Humanismus in Florenz, Dante, Petrarca, Boccaccio, nicht blos etwa weil sie die wahre Classicität noch nicht erreicht, sondern weil sie durch ihre italienischen Schriften den durch die lateinischen erworbenen Ruhm geschädigt hätten. Von Dante will er durchaus Nichts wissen, denn der könne kein Dichter sein, der kein Latein verstehe; von Boccaccio redet er wenig; die meisten Bedenken hat er gegen Petrarca, „obwohl er wisse, daß er sich damit auf ein gefährliches Gebiet begebe". Er tadelt seine Afrika, dies Werk sei eine ridiculus mus, die nach langem Kreißen geboren sei; der Unterschied zwischen ihm und Virgil sei, daß dieser dunkle Menschen und Dinge erhellt, er aber den Scipio Afrikanus, einen der bekanntesten Menschen durch seine Schilderung unkenntlich gemacht habe; sein bukolisches Gedicht biete nichts Hirtenmäßiges dar und seine Reden zeigten alles Andere, nur nicht rhetorische Kunst.

Nur in einem Grundsatze stimmte Niccoli mit diesem von ihm arg geschmähten Dichter überein, in dem nämlich, daß wissenschaftliche Forschung Hand in Hand gehen müßte mit religiöser Gesinnung; denn trotz seines Glaubens an Vorbedeutungen und Prophezeiungen war er sehr fromm, vertheidigte die Unsterblichkeit der Seele, und beschloß sein gläubiges, gut geführtes Leben durch einen frommen Tod. In seinem Krankenzimmer nämlich hatte er einen Altar errichten lassen, an ihm mußte Fra Ambrogio täglich Messe lesen, er hörte mit Andacht die Vorlesung der Briefe Pauli an und gab sich in Gemeinschaft mit den Nächststehenden erbaulichen Gesprächen hin.

Niccolo Niccoli ist das Muster eines frommen, nur sich und der Wissenschaft lebenden Bürgers, sein Biograph Giannozzo Mannetti (geb. 1393, gest. 1459), das Ideal eines treuen Beamten, der durch wahre Bildung und strenge Frömmigkeit zu sittlich reiner Gesinnung sich erhebt. Er war nacheinander in den verschiedensten Besitzungen der Stadt Florenz Statthalter, hatte im Auftrage seiner Stadt oft die unangenehmsten Geschäfte zu besorgen, erlangte aber trotz dieses den Selbständigkeitsgelüsten der Unterworfenen entgegentretenden Verfahrens und trotz seiner Unbestechlichkeit und

Unparteilichkeit, die vielleicht dazu angethan war, es mit allen Parteien zu verderben, eine derartige Achtung und Beliebtheit bei allen Parteien, daß er nach Ablauf seiner Amtszeit für eine neue begehrt, und, nachdem dieser Wunsch nicht bewilligt worden, mit köstlichen Geschenken geehrt wurde. Auch in anderen Geschäften, z. B. der Ausführung von Gesandtschaften nach Venedig und Rom, zu dem Könige Alfons von Neapel vertrat Mannetti eifrigst und erfolgreich das Interesse seiner Vaterstadt, wachte sorgsam über ihre Ehre, lehnte aber die ihm zugedachten Gunstbeweise ab. Er erhielt wegen kluger Voraussicht den Beinamen eines Propheten, und erlangte wegen seiner Reden und Unterhandlungen großen Ruhm. Denn eben er war ein Redner von merkwürdiger Kraft und Gewandtheit, der vermöge seiner oratorischen Begabung und unterstützt durch seine große Gelehrsamkeit aus dem Stegreif eine von Citaten strotzende Rede, wie sie damals beliebt war, halten konnte; der sich lateinisch und italienisch gleich gut auszudrücken vermochte, aber doch die erstere, die Sprache der Gelehrten dermaßen vorzog, daß er in ihr ein Conzept machte, wenn er in der Muttersprache redete; der durch seine Glanzreden dem in dieser Beziehung ziemlich verwöhnten Papst Nikolaus V. so imponirte, daß dieser die Rede des Florentiners stenographiren ließ.

Unterschied sich Mannetti durch diese Lust am öffentlichen Auftreten, durch seine Theilnahme an Staatsangelegenheiten von dem Ruhe und Zurückgezogenheit liebenden Niccoli und war er auch nicht, wie Jener, Gegner der italienischen Sprache und Tadler der Heroen der nationalen Literatur — vielmehr verfaßte er lobende Biographieen der drei von Jenem so arg Geschmähten — so war er ihm ähnlich in seiner strengen Frömmigkeit. Der christliche Glaube, so pflegte er zu sagen, sei kein Glaube, sondern eine Gewißheit, die Lehre der Kirche so wahr wie ein mathematischer Lehrsatz. Um diese Lehre tiefer zu ergründen und um sie gegen Andersgläubige zu vertheidigen, denn eines Beweises bedurfte sie für ihn nicht, lernte er hebräisch, suchte in den hebräischen Schriften nach Andeutungen und Vorherverkündungen der Lehre Christi, schrieb gegen die Juden als gegen die Ungläubigen, die wegen ihres Unglaubens ihr trauriges Schicksal verdient hätten, übersetzte die Psalmen, und vertheidigte die Uebersetzungsgrundsätze, denen er gefolgt war. Inmitten dieser vielseitigen Beschäftigung, der eine gewisse Großartigkeit nicht abzusprechen ist, hatte er Zeit und Lust, sich mit kleinlichen theologischen Erörterungen abzugeben und fällte die Entscheidung in sehr rigoroser Weise, so daß er z. B. die Kinder, welche vor dem Empfang der Taufe gestorben seien, von der Seligkeit ausschloß, da für sie, die noch nicht einmal das erste Sakrament erlangt hätten, das Verdienst Christi nicht wirksam seine könne.

Solche Entscheidung könnte bei dem Weltmann Mannetti befremden, bei dem Kirchenmann Ambrogio Traversari (1386—1439), dem Mönche und spätern (seit 1431) General des Camaldulenserordens würde sie natürlich erscheinen. Dennoch war Traversari keineswegs blos ascetischer Theologe. Als einflußreicher Geistlicher vielmehr hatte er Gelegenheit genug, sich in die Welthändel und insonderheit in die großen Angelegenheiten der Kirche zu mischen, sah in seinem Orden auf große Frömmigkeit und auf die Abstellung von Mißbräuchen. Doch zeigte er schon in diesem öffentlichen Auftreten eine seltsame Halbheit. Er ermahnte nämlich den Papst zu Reformen, zeigte sich dann aber jeder Besserung, sobald sie ernstlich geplant war, abgeneigt, nannte Basel, wo das Concil versammelt war, das seiner angeblichen Sehnsucht hätte Genüge leisten können, das westliche Babylon — derselbe Ausdruck in dem Munde eines Kirchenfürsten manchmal auch für Rom gebraucht, klingt erstaunlich genug — und die dort zur vernünftigen Berathung Vereinten irrationabilia monstra, war aber trotzdem so eitel und zugleich so unwahr, daß er sich den Hauptantheil an dem zu Basel Erreichten, an den Resultaten der großen Kircheneinigung zwischen Lateinern und Griechen und an den übrigen bedeutenden Kirchenereignissen zuschrieb. Dieselbe Halbheit wie in kirchlichen bewies er auch in geistigen Dingen. Obgleich er nämlich ein sehr gelehrter Mann war, der durch seine Kenntniß des Griechischen manchem in dieser neuen Wissenschaft nicht erfahrenen Freunde aushalf und durch seine großartige Sammlung von Handschriften profaner griechischer Schriftsteller — er hatte in Venedig allein 238 zusammengebracht — auch den Gelehrten nützlich wurde und obgleich er Hebräisch lernte, vielleicht der erste Mönch der neueren Zeiten, der dies that, so war er doch in beständigem Streit mit sich, ob er nicht durch solche profane Beschäftigung seiner geistlichen Würde zu nahe trete und ob er nicht durch die Vorliebe zu den heidnischen Autoren sein Seelenheil schädige. In ihm ringen, wie Georg Voigt so treffend gesagt hat, christliche Grundsätze und heidnische Anwandlungen, Mönchthum und Literatenthum. Darum ist er dem Papste gegenüber durchaus der demüthige, den Ehren der Welt entsagende Mönch, in seiner Zelle aber erträumte er eine große Zukunft und sah sich vielleicht mit dem Cardinalpurpur geschmückt; auf seinen Amtsreisen visitirt er mit Ernst und Gewissenhaftigkeit jedes Kloster und füllt sein Tagbuch mit sorgfältigen und ausführlichen Berichten über die vorgefundenen Zustände, hat aber auch ein heimliches Plätzchen für Meldungen über die Bibliotheken, die er mit Lust durchstöbert; er erschrickt, wenn sich in seine Briefe oder Schriften ein Vers aus einem profanen lateinischen Dichter einschleicht, gleichwohl hat er keine Bedenken, ja achtet mit ängstlicher Sorgfalt darauf, daß diese selben Briefe und Schriften nach den Regeln strengster Latinität abgefaßt seien. Er geräth in Verlegenheit über den Vorschlag einiger Freunde, ein profanes griechisches Werk, des Diogenes Laertius Nachrichten von berühmten Philosophen ins Lateinische zu übersetzen, frägt aber doch, scheinbar um diese Verlegenheit zu beseitigen, in Wirklichkeit aber um eine Förderung seines Herzenswunsches zu erlangen, gelehrte und fromme Freunde um Rath. Da Manche ihm zureden, macht er sich ans Werk, trotzdem Einige ihm rathen, der Lockung aus dem Wege zu gehn und vollendet die Arbeit unter häufigem Stöhnen über die Gefährlichkeit der Arbeit, der Selbstvorspiegelung, daß das Werk ja ein moralisches, den jungen Geistlichen nützliches und heilsames sei und dennoch in dem Bewußtsein, daß er sich durch dasselbe den übrigen Humanisten seiner Zeit, die den Kampf mit der geistlichen Würde und den Anforderungen des Kirchenamtes nicht nöthig hatten, ebenbürtig zur Seite stellte.

Es läßt sich kaum ein größerer Gegensatz denken als zwischen Ambrogio Traversari, dessen innerstes Wesen lautere Frömmigkeit war, und Carlo Marsuppini von Arezzo, der ein offenkundiger Heide war. Und dennoch waren Beide Mitglieder desselben Kreises. Carlo Aretino, wie er häufig nach seiner Heimath, der Geburtsstätte so mancher trefflicher Männer zur Zeit des Humanismus, genannt wurde, starb nämlich (24. April 1463, er war ca. 1399 geboren) „ohne Beichte und Abendmahl, nicht aber, wie ein guter Christ", büßte indessen dadurch nicht die Achtung und den Ruhm bei den Zeitgenossen ein, sondern erhielt ein christliches Begräbniß und ein herrliches Grabmal in der Kirche S. Croce zu Florenz. Er kannte nur die Autoren des römischen und griechischen Alterthums und wußte sie, unterstützt durch sein ausgezeichnetes Gedächtniß in einer Weise zu citiren, die selbst die an eine derartige prunkende Gelehrsamkeit gewöhnten Zeitgenossen in großes Erstaunen setzte, er war als Lehrer und als Kanzler der Stadt Florenz gerühmt und beliebt, als Kenner des Griechischen derart geachtet, daß er von Papst Nikolaus V. zur Herstellung einer Homerübersetzung nach Rom berufen wurde. Freilich nahm er den Ruf nicht an und brachte nur Fragmente einer Uebersetzung zu Stande — trotzdem blieb er bescheiden, verehrungsvoll den großen Männern des Alterthums gegenüber, aber nicht minder den wahrhaft bedeutenden Männern seiner Zeit, z. B. dem Niccoli, dessen Autorität er so hoch stellte, daß er mit dem kurzen Worte: „er hat es gesagt", jedes Bedenken, das Andere erheben wollten oder das er selbst im Sinne hatte, niederschlug. Carlo d'Arezzo war unter den Getreuen der Mediceer einer der Treuesten, er begleitete die Brüder in die Verbannung, er hatte den Muth entschiedener politischer Meinung so gut wie den freier religiöser Ueberzeugung.

Carlo d'Arezzo hielt einem andern nicht minder berühmten Aretiner Leonardo Bruni (geb. 1369, gest. 9. März 1444) die Leichenrede. Leonardo hatte als kleines Kind den berühmtesten Aretiner Petrarca gesehen und verkündete später als Erwachsener begeistert dessen Lob. So sehr er sich nun diesem großen Landsmann unterordnete, in einer Beziehung durfte er sich ihm überlegen dünken. Denn während Petrarca sich sein ganzes Leben hindurch in unbefriedigter Sehnsucht nach der griechischen Sprache verzehrte, hatte Leonardo schon in ziemlich jungen Jahren das Glück, den Emanuel Chrysoloras, einen der ersten wissenschaftlich gebildeten Griechen, der die Kenntniß seiner Muttersprache Anderen mitzutheilen begierig war, zu hören, da dieser 1396 auf Veranlassung zweier begeisterter florentinischer Alter-

Grabmal des Marsuppini in S. Croce zu Florenz.
Von Desiderio de Settignano (1457—1485).

thumsschwärmer, Roberto de' Rossi und Giacomo d'Angelo de Scarparia, nach Florenz berufen worden war. Das Entzücken, das dieser Verkünder einer neuen geistigen Weltmacht durch sein Erscheinen und durch die Mittheilung seiner Kenntnisse erregte, ist heute unfaßbar und unbeschreiblich; die beste Kunde von dem Eindruck, den „dieser weiseste und göttliche Philosoph seines Zeitalters, dieser süßeste Lehrer" hervorrief, mag Leonardo selbst geben. Er schreibt: „700 Jahre lang hatte in Italien das Studium der griechischen Sprache geschlummert, da kam Chrysoloras, ein gelehrter, in der Wissenschaft wohl bewanderter Mann und erweckte es wieder. Ich beschäftigte mich damals mit Jurisprudenz und war, nachdem ich schon andere Studien getrieben, Neigung zu Studien allgemeiner Art und besondere Vorliebe für Dialektik und Rhetorik bezeigt hatte, der Meinung, daß ich Unrecht thäte meinen Beruf zu verlassen. Als aber Chrysoloras kam, da hielt ich es für ein Verbrechen, eine solche Gelegenheit griechisch zu lernen, unbenutzt vorübergehen zu lassen. Und ich sprach so zu mir selbst: Vermagst du wirklich, wenn du Homer, Plato und Demosthenes nebst anderen Dichtern, Philosophen und Rednern anstaunen kannst, über welche so große und wunderbare Dinge gesagt worden sind, wenn du dich mit ihnen unterreden und ihre überraschende Belehrung empfangen kannst, vermagst du da wirklich dich selbst zu verlassen und die dir so glücklich dargebotene Gelegenheit zu versäumen? 700 Jahre lang ist kein Lehrer der griechischen Sprache in ganz Italien gewesen, und doch sind wir nun zur Ueberzeugung gelangt, daß alle Wissenschaft von den Griechen stammt. Lehrer des bürgerlichen Rechts gibt es in jeder Stadt Italiens, wenn aber dieser einzige Meister der griechischen Sprache sich entfernt, wirst du Keinen finden, der dich zu unterrichten im Stande ist. Durch diese und andere Gründe bewogen, wandte ich mich dem Chrysoloras zu, mit solcher Leidenschaft, daß ich von dem, was ich durch ihn wachend am Tage gelernt hatte, auch während der Nacht im Traume erfüllt war".

Indessen nicht durch seine Kenntniß der griechischen Sprache allein erwarb sich Leonardo Bruni großen Ruhm, sondern durch seine politische und literarische Wirksamkeit. Sein Ruhm war so groß, daß er selbst zu jener Zeit, in der der Ruhm eifriger begehrt und lebhafter gespendet wurde als heutzutage, das gewohnte Maß überstieg, dergestalt, daß Bruni in jeder Stadt, durch die er kam, Leute antraf, die seine Schriften abschrieben, und daß er von ferne her, z. B. aus Frankreich und Spanien, Besuche von Verehrern bekam, die selbst durch Niederknieen dem Gefeierten ihre Huldigung darbrachten. Jahre lang war er päpstlicher Sekretär in Rom, gleichfalls eine ziemlich geraume Zeit Staatskanzler von Florenz, er war mehrfach Gesandter, z. B. bei Papst Martin V., den er wegen des über ihn in Florenz cursirenden Spottverses: Papa Martino non vale un quattrino, Braccio valente qui vince ogni gente beruhigen sollte. Seine literarische Wirksamkeit ist sehr groß: Briefe, Reden, Geschichtswerke, philosophische Abhandlungen, Uebersetzungen erwerben ihm noch heute Beachtung, wenn sie auch nicht den

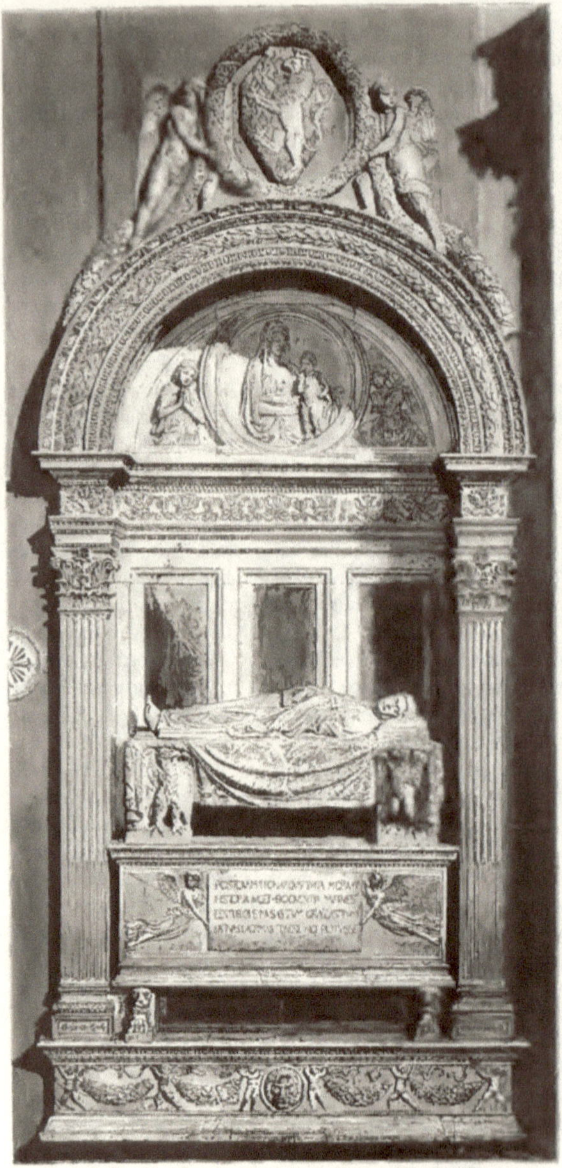

Grabmal des Leonardo Bruni in S. Croce zu Florenz. Von Antonio Rosellino (1409—1490).

unvergleichlichen Ruhm begreiflich machen, den er bei den Zeitgenossen besaß.

Seine Briefe sind individuell gefärbt, sie bringen Mittheilungen über Lebensereignisse und Schriften, geben Schilderungen von Orten, die er auf seinen Reisen besucht hat, auch von deutschen, bei deren Erwähnung das obligate Schmähwort gegen die Barbaren nicht fehlt. Zum Inhalt seines Lebens gehört vor Allem die gelehrte Beschäftigung, daher sind auch die Briefe, welche das Leben wiederspiegeln sollen, mit gelehrten Notizen gefüllt, mit Lobpreisung der Sprachen außer der hebräischen, denn diese gewähre in Folge der jüdischen Unkultur keinen Genuß, mit sprachlichen und syntaktischen Anfragen, mit Untersuchungen über die Entstehung und allmähliche Ausbildung der Volks- (italienischen) aus der Gelehrten- (lateinischen) Sprache und mit Ausdrücken rührender Verehrung, die sich selbst auf das Aeußerliche erstreckt, für die classischen Schriftsteller des Alterthums. Leonardo ist fromm, betrübt über das Schisma, die Wiederherstellung der Einheit in der Kirche ersehnend, nicht immer der Sache des jeweiligen Papstes zugethan — sagt er doch einmal geradezu, er folge ihm mehr aus Pflicht der Freundschaft als aus Uebereinstimmung mit seinen Anschauungen — er preist das Klosterleben, obwohl es nicht das seinige ist und weigert sich, einen Mönch, der das Kloster verlassen will, zu unterstützen, denn solche velamenta inconstantiae et vacillationis seien nicht seine Sache, er empfiehlt die „heiligen Studien", die ihrem Charakter gemäß unter den „süßen Mühen" die süßesten sein müßten.

Schon in den Briefen tritt Brunis Patriotismus hervor: er preist Italien, gibt freilich bald dieser bald jener Stadt den Vorzug, je nach dem Adressaten seiner Briefe, noch deutlicher zeigt sich diese Vaterlandsliebe in seinen Geschichtswerken. Von diesen sind die kleineren Arbeiten, soweit sie sich nicht als eine Art von Abklatsch classischer Autoren auf das Alterthum beziehen, der Stadt Florenz gewidmet, von den größeren behandelt die eine in zwölf Büchern die florentinische Geschichte bis 1404, die andere in zwei Büchern die Zeitgeschichte von 1378 bis 1440.

Die florentinische Geschichte predigt oft und manchmal an ungehörigen Orten den Patriotismus, preist Italien, rühmt Florenz, seine Macht, Schönheit, seinen Reichthum und verklärt die Vaterstadt Arezzo, die, wenn sie an großen Ereignissen auch nicht im Uebermaße betheiligt ist, eine Beachtung erfährt, die oft mehr den Sohn als den Geschichtschreiber verräth. Solche Voreingenommenheit indessen macht ihn nicht ungerecht, sie gestattet ihm vielmehr Billigkeit und im Großen und Ganzen auch Unparteilichkeit. Daher bewahrt er sich auch dem geliebten Alterthum gegenüber eine gewisse Freiheit und Selbständigkeit dergestalt, daß er mit den alten Fabeln midleidslos aufräumt und nur historische Kunde, nicht aber sagenhafte Ueberlieferung gelten läßt. Nicht minder frei denkt er in politischer Beziehung, er lebt nicht blos in einem republikanischen Staat, sondern er ist auch Republikaner der Gesinnung nach. Nichts, so lautet sein Lehrsatz, sei für die Bürger, denn von Bürgern spricht er und nicht von Unterthanen, schlimmer als Knechtschaft: er ist für Gleichheit der Bürger untereinander, daher liebt er die Adligen nicht, nennt sie einmal geradezu unerträglich und bezeichnet an einer andern Stelle als besondere Uebel des Adels: Ehrgeiz und Stolz. Nur in einer Beziehung ist er unfrei und unselbständig, in dem Glauben nämlich an Vorzeichen, in dem Wahne z. B., daß Kometen sichere Vorboten unglücklicher Ereignisse seien. Nach dem Tode Papst Urbans IV. heißt es: es sei ein Komet erschienen, Vieles sei darauf gefolgt: „welches den alten Ruf des Kometen als Vorherverkünders großer Staatsumwälzungen durch sicherste Zeugnisse bewährte" und zum Jahr 1339 wird, ganz im Tone eines Historikers aus dem

Alterthum oder eines mittelalterlichen Chronisten erzählt: „Viele und schaurige Zeichen verkündeten zukünftige Niederlagen, der Thurm einer Kirche, die Mauern der Stadt wurden vom Blitz getroffen, auch ein Thor wurde gestreift und drei Menschen getödtet".

In seiner Zeitgeschichte beschränkt er sich durchaus auf seinen Stoff. Er beginnt mit dem Schisma, das ihm wie so vielen Einsichtigen als ein höchst beklagenswerthes Ereigniß erschien, und endet mit dem Sieg der Florentiner bei Aughiari 1440, nicht unabsichtlich, denn er hätte ja früher schließen oder noch einige Jahre den Faden der Erzählung fortspinnen können, sondern mit wohlerwogener patriotischer Tendenz, die z. B. aus dem Schlußsatz hervorgeht: „So hat sich aus einer Zeit der gefährlichsten Stürme, in welche unsere Geburt fiel, schließlich eine Periode des Glücks und Gedeihens herausgebildet zum großen Ruhme und Jubel unserer Stadt". Zeitgeschichte überhaupt zu schreiben, erscheint ihm als ein für den Mithandelnden verdienstliches und nöthiges Werk, denn so sehr er die Alten liebt, so beklagt er es doch, daß in Folge des Mangels an Aufzeichnungen im 14. Jahrhundert die Zeiten des Cicero und Demosthenes ihm vertrauter seien als die italienische Geschichte vor 60 Jahren. Als den Inhalt solcher Geschichte aber gibt er an: ausgezeichnete Menschen, wichtige Ereignisse, Entwicklung der Studien. Freilich, trotz dieses Programms ist das Werk ziemlich unvollkommen: die Florentiner Geschichte ist eine Erzählung voll Leben und Antheilnahme, ein Werk, in dem man gar manchen Versuchen künstlerischer Darstellung begegnet, die Zeitgeschichte, in der, wie er selbst einmal sagt, nur die Hauptpunkte angegeben aber keine Geschichte geschrieben werden soll, erhebt sich nicht über den Charakter einer Chronik. Wenn z. B. von den Concilen zu Constanz und Basel gesprochen wird, so geschicht dies im nüchternsten Referententon unter kurzer Erwähnung der Hauptbeschlüsse oder wichtigsten Resultate aber ohne Spur besondern Interesses an den erzählten Dingen. Dieser Charakter wird nicht alterirt durch den Umstand, daß er manchmal von seinen persönlichen Schicksalen spricht, von der Lebensgefahr, in die er bei einem Aufstand in Rom geräth, von seiner Wahl zum Decemvir, von seinen Beziehungen zu einzelnen Päpsten; auch diese so recht lebendigen Zuthaten vermögen dem todten Ganzen kein warmes Leben einzuhauchen. Unter den kleineren historischen Schriften verdienen zwei noch ein Wort der Erwähnung, eine Abhandlung über griechische Geschichte mit der deutlich ausgesprochenen Tendenz, „damit die Gefahren Anderer uns zur Lehre dienen" und Biographien Dantes und Petrarcas, in welchen den Begründern der Renaissancebildung bei aller Werthschätzung die Vorwürfe nicht erspart werden darüber, daß sie ein Leben voll von Liebe, Seufzern und Thränen geführt und dadurch die wahre Manneswürde verletzt hätten.

Wollte man bei Leonardo Bruni die Geschichtswerke wegnehmen und ihn nach dem Uebrigbleibenden beurtheilen, so würde die Verehrung, die er zu seiner Zeit genoß, schwer begreiflich sein; von Francesco Poggio dagegen, der auch eine florentinische Geschichte geschrieben hat, würde man ein vollkommen zutreffendes Bild erlangen, selbst wenn man sein Geschichtswerk außer Acht ließe. Dieses Werk, das die Geschichte der Vaterstadt von ihrem Ursprunge bis zum Jahr 1455 behandeln sollte, in Wirklichkeit aber nur das mit 1350 beginnende Jahrhundert dargestellt hat, ist von Vollkommenheit weit entfernt und hat seine Vorzüge nur darin, daß es wesentlich zeitgenössisch, in schönem Stil geschrieben und von guter florentinischer Gesinnung erfüllt ist. Die beiden letzteren Vorzüge aber sind von sehr fragwürdiger Art. Denn der schöne dem Livius nachgeahmte Stil verführte auch dazu, dem römischen Historiker innerlich ähnlich zu werden, nämlich ebenso wie er „eine trockene und blutlose Tradition in Anmuth und Fülle zu verwandeln" und die gute florentinische Gesinnung rechtfertigte Sannazars Epigramm, „durch sein Lob des Vaterlandes und die Verdammung des Feindes erweise sich Poggio zwar als guter Bürger aber als schlechter Geschichtsschreiber". Mit dieser geschichtlichen Parteilichkeit hängt dann politische Unkenntniß zusammen. Für Poggio wie zum Theil auch für Bruni besteht die Geschichte in Aufzählung von Kriegen und Schlachten, in Lobpreisung berühmter Männer, nicht aber in der Darstellung der allmählichen Ausbildung der Verfassung, in der Schilderung der Parteiungen, welche Jahrzehnte, ja Jahrhunderte lang das Schicksal von Florenz bestimmten. Durch solches Schweigen aber haben, wie Machiavelli mit Recht hervorhebt, jene Geschichtschreiber ein unvollständiges, wenn nicht geradezu ein unrichtiges Bild der Verhältnisse gegeben. „Sie haben", so sagt er, „sich sehr geirrt und bewiesen, daß sie den Ehrgeiz der Menschen und die Begier nach Fortdauer des Namens wenig kannten. Wie Manche, die sich durch Löbliches nicht auszeichnen konnten, strebten danach durch Schmähliches. Jene Schriftsteller erwogen nicht, daß Handlungen, welche Größe an sich haben, wie dies bei Handlungen der Regenten und Staaten der Fall ist, immer mehr Ruhm als Tadel zu bringen scheinen, welcher Art sie auch seien und welches der Ausgang sein möge".

Der also getadelte Historiker Francesco Poggio wurde 1380 zu Terranuova bei Arezzo geboren, könnte also, wie mehrere der Vorgenannten, den Namen eines Aretiners beanspruchen, nahm früh das geistliche Gewand, ohne die Weihen zu erhalten, wurde päpstlicher Sekretär unter Martin V., lebte lange in Florenz, dann unter Nikolaus V. in Rom, wurde als 72jähriger als Staatskanzler nach Florenz berufen und starb einige Jahre später 1459. Poggio war ein Mensch von unverwüstlicher Lebenskraft. Er lebte mit einer Concubine, von der er 14 Kinder hatte und erwiderte in frivoler Weise auf den Vorwurf, daß er, obschon er Geistlicher sei, Kinder habe, er sei ja Laie und auf die Bemerkung, er lebe doch mit jenem Frauenzimmer in einem ganz unerlaubten Verhältniß, er ahme darin nur die alte Sitte des Clerus nach. 1433 verließ er seine Gefährtin, heirathete ordnungsgemäß und zeugte in dieser Ehe noch vier Kinder. Von seiner gesammten Nachkommenschaft hat freilich kaum ein Einziger seinen Namen bekannt gemacht.

Poggio ist ein sehr vielseitiger, einflußreicher Schriftsteller der Renaissance. Er ist vertraut mit den Sprachen und dem Sachinhalt des Alterthums, schreibt mit Gewandtheit und Eleganz, besitzt den Muth seiner Ueberzeugung in Wissenschaft und Moral, in Politik und Religion. Unter seinen Eigenschaften sind am Charakteristischsten zwei: seine ungezügelte Spott- und Streitlust und seine begeisterte Liebe zum Alterthum.

Zunächst bekundet sich seine Spottlust in seinen Facetien. Wenn man unter allen Italienern, insbesondere den Florentinern damals nachsagte, sie hätten „scharfe Augen und böse Zungen", so verdiente Poggio wohl ein Florentiner zu sein. Denn selten hat Jemand die Lächerlichkeiten, Thorheiten und Schlechtigkeiten seiner Zeitgenossen mit solcher Schärfe beobachtet und mit so viel böswilligem Behagen wiedererzählt, wie Poggio. Denn wenn er auch, wie jeder Sammler eines Schwankbuches, manche Wandergeschichten aufnimmt, die keiner Zeit und keinem Lande anzugehören scheinen, weil sie eben allerwärts und zu allen Zeiten wiederkehren, so erzählt er doch zumeist solche, die er allein oder in Gemeinschaft mit Anderen im Lügenstübchen (bugiale) der päpstlichen Curie erfand oder selbst miterlebte oder von Anderen als kürzlich geschehen berichten hörte. Darum sind es Persönlichkeiten des damaligen Rom, theilweise auch Bürger der Stadt Florenz, die mit ihren wirklichen Namen oder in leicht kenntlicher Umhüllung auftreten, Narren und Bösewichter, betrogene Ehemänner und unkeusche Frauen, seltener züchtige Gattinnen und buhlerische Männer. Wird schon durch diese Art von Auswahl und Darstellung Poggios Tendenz gekennzeichnet, so geschieht dies noch mehr dadurch, daß die handelnden und behandelten Personen vielfach Priester, besonders Mönche sind, die in der Unredlichkeit ihres Thuns, ihrer Unwissenheit, Aufgeblasenheit und Unsittlichkeit geschildert und dem öffentlichen Gelächter preisgegeben werden sollen.

Die Mönche sind es sodann, gegen welche sich der Spott Poggios, und man darf wohl sagen sein Zorn an unzähligen Stellen richtet, oft gerade an solchen, an denen man es am Wenigsten erwartet, in Briefen, Reden und Abhandlungen. Es gibt einen Dialog von ihm „über die Habsucht" (avaritia) die er aufs heftigste verdammt, während er gleichsam ihr Widerspiel, die Schwelgerei und Verschwendung (luxuria) für nicht ganz unrühmlich erklärt, in dem es einmal heißt: „Halte mir nicht jene rohen und bäurischen Gesellen, jene heuchlerischen und possenreißenden Herumtreiber entgegen, welche unter dem Schein der Religion ein Leben ohne Arbeit und Anstrengung führen, Anderen Armuth und Verachtung des Irdischen predigen und aus solcher Predigt für sich den lohnendsten Gewinn ziehen." Ein andrer seiner Dialoge „vom menschlichen Elend" (de miseria humanae conditionis), in welchem, wie in den meisten derartigen Schriften Poggios und der Zeitgenossen, Cosimo von Medici als Unterredner erscheint, enthält die stärksten Worte gegen die elenden Buben, die dem Verderben anheimzufallen bestimmt sind, während sie durch das angeblich armselig elende Leben, das sie führen, den Himmel zu verdienen sich einbilden. Und endlich ist nicht die in die Form eines Briefes an Leonardo Bruni eingekleidete Abhandlung über den Tod des Hieronymus von Prag (1416) ein höchst energischer Protest gegen das verfolgungssüchtige Priesterthum überhaupt? Die Ueberschrift freilich lautet „über die Verdammung und Todesstrafe des Ketzers Hieronymus", die Bezeichnung „Ketzer" aber wird alsbald durch den Satz beschränkt: „wenn es wahr ist, was man über ihn erzählt, denn meine Sache ist es nicht, über so schwierige Dinge zu urtheilen", und die wahre Meinung des Autors tritt hervor in dem Lobe der Beredtsamkeit und Gelehrsamkeit des Verurtheilten und in dem merkwürdigen Schluß, in welchem er sich zunächst entschuldigt, daß er Nichts aus dem Alterthum berichtet habe, diese Entschuldigung indessen wieder zurücknimmt mit den Worten, daß mit diesem Ereigniß, das er selbst mitangesehen, keines aus dem Alterthum zu vergleichen sei. „Denn mit so ruhigem Gemüthe litt Mucius Scävola nicht die Verbrennung eines Gliedes, wie dieser die des ganzen Körpers, und Sokrates trank nicht mit solch edler Standhaftigkeit den Giftbecher, wie dieser das Feuer ertrug."

Mit demselben Eifer, mit welchem Poggio die Geistlichen verspottet und tadelt, wendet er sich, theils in gewichtigem Ernst, theils in leichtem Hohn gegen politische Unsitten und Mißbräuche. Und nicht etwa gegen die ihm Gleichstehenden, gegen die Bürger richtet sich sein Angriff, sondern gegen die Fürsten und gegen die, welche sich einen höhern Rang als die Bürger usurpiren, gegen die Adligen. In einem seiner Dialoge über das Unglück der Fürsten (de infelicitate principum), in welchem Cosimo von Medici, Niccoli und Papst Eugen IV., dessen Unglück gerade die Veranlassung zu dem Dialoge gegeben hat, als Unterredner eingeführt werden, wendet sich Poggio gegen die unbegrenzte Tyrannis, d. h. eben gegen das Wesen des Fürstenthums seiner Zeit, verdammt die feige Gesinnung, die aus der hohen Stellung des Fürsten Straflosigkeit wegen Verbrechen folgere und verlangt, daß der Hochgestellte durch Pflege der Tugend, durch Hochhaltung der Wissenschaft und der berufenen Träger derselben seine Würdigkeit bekunde. Noch entschiedener als gegen die Fürsten trat Poggio gegen den Adel auf; sein Dialog: über den Adel (de nobilitate), in welchem Lorenzo von Medici, der Bruder Cosimos, die Angegriffenen freilich vertheidigt, aber weniger in Hinblick auf ihren innern Werth, als auf die äußere Beglaubigung des Adels durch die alten Schriftsteller, könnte mit ebenso großem Rechte „Streitschrift gegen den Adel" heißen. Denn einzig und allein der Adel des Verdienstes wird anerkannt, der Geburtsadel dagegen verhöhnt. „Vom wahren Adel", so heißt es einmal, „sei einer nur um soviel weiter entfernt, je länger seine Vorfahren kühne Missethäter gewesen. Der Eifer für Vogelbeize und Jagd rieche nicht stärker nach Adel, als die Nester der betreffenden Thiere nach Balsam. Landbau, wie ihn die Alten trieben, wäre viel edler als das unsinnige Herumrennen im Wald und Gebirge, wobei man am Meisten den Thieren selber gleiche. Eine Erholung dürfe dergleichen etwa vorstellen, nicht aber ein Lebensgeschäft." (Burckhardts Uebersetzung.)

Poggios Eifer ist freilich nicht immer so sachlich, wie er sich hier ebenso wie gegen Fürsten und Geistliche bekundet. Vielmehr wird er auch dazu verwendet, um die eigne Person gegen Angriffe der Gegner zu vertheidigen und noch häufiger dazu, selbstgeschaffene Feinde in heftigster Weise anzugreifen oder Widersacher, die wegen der Unwürdigkeit ihrer Person oder der Geringfügigkeit ihres Thuns keinen derartigen Eifer verdienten, zu vernichten. Unter den Polemikern der Renaissancezeit nun ist Poggio einer der schlimmsten, einer Derer, der die Angesehensten wegen der geringfügigsten Beleidigungen anfällt und der das Streitobjekt unter dem Wuste von Schimpfwörtern fast verloren gehen läßt. Daher gewähren seine zahlreichen Invektiven gegen den Antipapst Felix — mit dessen Gegner Papst Eugen stand er, wie früher bemerkt, in gutem Einvernehmen —, gegen Francesco Filelfo und Lorenzo Valla, die Beide, wie später auseinanderzusetzen ist, von derselben heftigen Gemüthsart, aber auch von demselben edlen geistigen Streben erfüllt waren, wie ihr Angreifer, ein sehr wenig erfreuliches Bild, denn es bleibt ein klägliches Schauspiel, bedeutende Männer über erbärmliche Dinge einen nichtigen Streit führen zu sehen. Fast ebenso schlimm, wie dies unwürdige Auftreten gegen verdiente Männer, ist die plumpe und unwürdige Manier, mit welcher er Fürsten und hochstehende Männer, um deren Gunst er sich vielleicht früher bemüht hatte, in der Achtung der Zeitgenossen herunterzusetzen suchte, sein unmännliches Keifen macht in solchen Fällen keinen tiefern Eindruck, als die geringschätzige Geberde, mit welcher der handwerksmäßige Bettler die Gabe zurückweist, die seine Gelüste zu befriedigen nicht geeignet ist.

In allen diesen Schriften zeigte Poggio eine bedeutende Kenntniß und eine große Verehrung des Alterthums. Diese bethätigte er aber außerdem in manchen anderen Leistungen, die ihm schon damals ein unbedingteres Lob verschafften als seine Streitschriften. Zunächst in seinen Uebersetzungen einzelner Stücke griechischer Schriftsteller, z. B. des Lucian, Diodorus Sikulus, Xenophon, Uebersetzungen, denen er manche gelehrte und geistvolle Bemerkung über den behandelten Autor beifügte. Sodann durch seine Sammlung und Beschreibung der Ueberreste des alten Rom: er sammelte Inschriften und schrieb eine, freilich verlorengegangene Schrift über dieselben, er brachte Büsten und Medaillen zusammen und verfaßte eine Beschreibung der Ruinen Roms — sie bildet einen Theil eines ausführlichen moralisch-historischen Dialogs de varietate fortunae —, die großen historischen Werth besitzt durch die kenntnißreiche Aufzählung der Reste des Alterthums, welche Poggio noch vorfand als geringe Ueberbleibsel antiker Herrlichkeit, die sich aus der grausamen Barbarei früherer Zeiten gerettet hatten und die eigenthümliches Interesse einflößt durch die in ihr zu Tage tretende Ruinensentimentalität. Vor Allem aber bewährte sich Poggio als unermüdlicher

Handschriftensucher und glücklicher Handschriftenfinder. Zu diesem Zwecke bereiste er Frankreich, England und Deutschland, er fand Quintilian und schrieb die Handschrift mit eigner Hand ab; sicher hat er auch die ersten Abschriften von Lucretius, Silius Italicus, Ammianus Marcellinus gemacht oder anfertigen lassen und höchst wahrscheinlich ist er auch Ausspürer der ersten Bücher von Tacitus' Annalen gewesen. Das Verdienst, das sich Poggio durch solche Auffindung erwarb, wird nicht geschmälert durch die große Ruhmredigkeit, mit er davon spricht, — denn derartige Thätigkeit war oft mit schweren Mühseligkeiten verknüpft, und das Resultat derselben war eine Bereicherung der eigensten Welt, in welcher Poggio und die Humanisten lebten — und vielleicht nicht einmal durch die Unredlichkeit, die er sich zu Schulden kommen ließ dadurch, daß er kein Bedenken trug, manche Handschriften aus den Kerkern (ergastula), in denen sie, seiner Erzählung nach, unter Schutt und Staub bei den Barbaren, nämlich den Deutschen, vergraben lagen, zu befreien.

Solche Barbaren hatte Poggio u. A. in St. Gallen und Constanz gefunden, wo er ja zur Zeit des Concils gewesen war und den Feuertod des Hieronymus von Prag mitangesehen hatte. Vielleicht hatte er dort schon den damals gleich ihm jugendlichen Cosimo von Medici getroffen und mit ihm die Bekanntschaft angeknüpft, welche beide Männer so viele Jahre vereinigte. Treue und Anhänglichkeit ist sonst gerade kein wesentlicher Zug in Poggios Charakter; den Medici aber blieb er treu und anhänglich bis ans Ende.

Während seiner Jünglingszeit hatte Cosimo von Medici mit Papst Johann XXIII. wichtige und folgenreiche Verbindungen unterhalten; in seinem Mannesalter lebte er mit Papst Eugen IV. mehrere Jahre in naher Gemeinschaft. Am 10. Januar 1439 hatte dieser das bisher in Ferrara stattgehabte Concil aus verschiedenen Gründen nach Florenz verlegt, leitete nun dessen Verhandlungen und verweilte vier Jahre lang in Florenz, der päpstlichen Würde genießend, obwohl er am 25. Juni 1439 von dem zu Basel versammelten Concil derselben entsetzt worden war. Er, der abgesetzte Papst, der, als Vertreter der kirchlichen Gewalt von manchem unkirchlich Gesinnten mit Abneigung betrachtet, und als Römer von vielen Florentinern ungern gesehen wurde, bewirkte doch, vermöge des Eindrucks, den prunkvolle Handlungen gerade in jenem vom Aeußerlichen schnell geblendeten Zeitalter leicht hervorriefen und vermöge der Werthschätzung, welche man trotz der Verspottung des Papstthums den päpstlichen Segnungen zuerkannte, große Erregung und Rührung in der versammelten Menge, wenn er auf dem im Klosterhof von S. Maria Novella errichteten Gerüste stand, um den Segen zu sprechen und die Hilfe Gottes für sich und das Volk zu erflehen. Für einen größern Triumph jedoch mochte er die feierliche Anerkennung seiner, des römischen Papstes, Autorität durch die Griechen, welche am 6. Juli erfolgte, betrachten, die lange angestrebte und stets durch erneute Widerwärtigkeiten gehinderte Vereinigung der griechischen und römischen Kirche — wenn man das Aufgeben von jahrhundertelang erfolglos verfochtenen Ansprüchen seitens der Schwächeren wirklich eine Vereinigung nennen kann. Mochte auch das griechische Volk den hier geschlossenen Vertrag mißbilligen, mochten Eiferer die 1453 erfolgende Einnahme der griechischen Hauptstadt durch die Türken als eine Strafe für die übergroße griechische Willfährigkeit auffassen, mochten endlich drei der von ihrer bisherigen Stellung verdrängten Patriarchen 1443 die „Räubersynode" von Florenz feierlich verdammen; — für den Papst, für die Florentiner und die, sobald Griechenland mit in Frage kam, stets gut römisch gesinnten Italiener überhaupt, war das Bekenntniß der Griechen ein freudig begrüßtes, hochwillkommenes Aktenstück. Es lautete: „Wir erklären, daß der heilige apostolische Stuhl und der römische Papst den Primat hat über die ganze Welt, daß der römische Papst selbst der Nachfolger des Apostelfürsten Petrus ist, der wahre Statthalter Christi, das Haupt der ganzen Kirche, der Vater und Lehrer aller Christen, daß demselben in dem heiligen Petrus von dem Herrn die volle Gewalt, die allgemeine Kirche zu weiden, zu regieren und zu verwalten übergeben worden ist, in der Art und Weise, wie es auch in den Beschlüssen der allgemeinen Synoden und in den Canones enthalten. Wir erneuern zugleich das in den Canones überlieferte Rangverhältniß der übrigen Patriarchen, daß der von Constantinopel der zweite nach dem römischen Bischof sein und auf ihn die von Alexandrien, Antiochien und Jerusalem der Reihe nach folgen sollen mit Wahrung aller ihrer Rechte und Privilegien."

Nicht das eben mitgetheilte Resultat der Verhandlungen macht das Florentiner Unionsconcil wichtig für die Geschichte der Renaissance, sondern der Umstand, daß Griechen an demselben Theil nahmen, welche durch ihre Erscheinung und durch ihre Lehren von großem Einflusse auf die Folgezeit geworden sind: Gemisthos Plethon und Cardinal Bessarion.

Gemisthos (1355—1450), der erst in Italien den Namen Plethon wegen des Anklingens an Plato annahm, war, nachdem er sich lange am „Hofe der Barbaren", d. h. in dem osmanischen Adrianopel aufgehalten hatte, vornämlich in Sparta thätig als Politiker, Theologe und Philosoph und kam 1439, obwohl er 11 Jahre vorher die Vereinigung der lateinischen und griechischen Kirche mißbilligt hatte, in Begleitung des Kaisers zum Concil nach Florenz. Hier aber beschäftigte er sich weniger mit den Unionsarbeiten, als mit dem Lehren der platonischen Philosophie und rief einen gewaltigen Eindruck bei seinen Zuhörern und Schülern hervor, zu denen Cosimo selbst, ferner der berühmte Pomponius Laetus gehörte. Von der Art seiner Einwirkung hat einer seiner Schüler Zeugniß abgelegt mit folgenden Worten: „Wie staunten die Römer (d. h. die Italiener) über den Mann wegen seiner Weisheit und Tugend und der Kraft seiner Rede. Glänzender als die Sonne leuchtete er unter ihnen; die Einen erhoben ihn als gemeinsamen Lehrer und Wohlthäter, die Anderen nannten ihn Plato und Sokrates".

Gemisthos Pletho wirkte aber nicht blos durch seine Rede, sondern auch durch seine Schrift, durch seine Arbeit *οἱ νόμοι*, die Gesetze, die freilich von seinem Gegner Gennadios für ketzerisch erklärt, dem Feuer überliefert wurde und in Folge dieses summarischen Verfahrens nur bruchstücksweise erhalten worden ist, die aber doch von den Zeitgenossen eifrig gelesen, fast gläubig angenommen wurde.

Der Zweck seines Buches sollte nichts Geringeres sein, als „eine gründliche Umwälzung des gesammten staatlichen, sittlichen und religiösen Lebens" In seinen religiösen Anschauungen kehrt er zum Heidenthum zurück. Zeus wird wiederum zum Range des obersten Gottes erhoben, neben und unter ihn aber Götter der zweiten und dritten Ordnung gesetzt, welche die Welt beherrschen. Der Mensch steht den Göttern keineswegs gleich, aber er versucht ihnen nahezukommen und erhält in diesem Streben eine Unterstützung durch seine unsterbliche Seele, die aber, als rein menschliches Eigenthum, niemals in das Götterreich eingehen kann, sondern, weil nothwendig mit dem menschlichen Körper verbunden, von einem Leibe in den andern übergehen muß. In der Vertheidigung beider Lehren, der Unsterblichkeit und der Seelenwanderung wendet sich Pletho mit großer Entschiedenheit gegen die Christen, die er als Sophisten kennzeichnet und in folgender Weise bekämpft:

„Nur in dieser Lehre (Unsterblichkeit und Seelenwanderung) können wir die lautere Glückseligkeit finden, soweit uns dieselbe zu Theil werden kann. Bei allen anderen Lehren aber bleiben die Anhänger derselben ebenso weit hinter der Glückseligkeit zurück als eine jede dieser Lehren hinter der unsrigen zurückbleibt und nähern sich in demselben Maße dem Unglück. Die unglückseligsten Menschen sind also diejenigen, welche Lehren anhängen, die sich von den unsrigen am Weitesten entfernen, weil sie wegen ihrer Unwissenheit in den höchsten Dingen sich in schrecklicher Finsterniß dahinwälzen" .. „Aber es möchte etwa Jemand sagen, daß einige Sophisten, zu denen sich sehr viele Menschen bekennen, ihren Anhängern größere Güter verkünden, als wir dem Menschengeschlecht zugesagt haben, wenn sie z. B. fest behaupten, daß die Menschen zu einer unbedingten Unsterblichkeit gelangen würden, als welche mit den Sterblichen niemals wieder in Verbindung träten, während unsere Lehren behaupten, daß die Seele niemals aufhören werde, sich immer wieder mit der sterblichen Natur zu verbinden, sobald im Zeitenumlauf an jede die Reihe kommt. Aber es ist die Meinung aller wohldenkenden Menschen, daß man sich nicht sowohl mit Denen, welche Größeres versprechen, als vielmehr mit Glaubwürdigen einlassen müsse. Denn es ist gewiß das schrecklichste Elend, in Betreff der Götter und der für den Menschen wichtigsten Einsichten sich zu irren. Darum ist es auch nicht zu verwundern, wenn Menschen, die mit richtigem Urtheil begabt sind, unsere Offenbarungen in Bezug auf das Menschengeschlecht für erhabener halten, als die Verheißungen dieser Sophisten".

In seiner Staatslehre knüpft er an die bestehenden Verhältnisse an und betrachtet es als seine Hauptaufgabe, die verirrten Zustände des griechischen Reichs zu ordnen. Er hält die Monarchie für die beste Staatsform, weil er von der Ansicht geleitet ist, daß der Staat ein Abbild der göttlichen Ideenwelt sein soll, der König soll in Gemeinschaft mit einem aus tüchtigen Männern bestehenden Staatsrath — der Betrieb kaufmännischen Gewerbes schließt die Bekleidung eines Staatsamtes aus — regieren, eine Beschränkung der königlichen Macht durch ständische Vertretung wird nicht für nothwendig erachtet. Trotzdem besteht eine für eine solche Vertretung nothwendige Gliederung des Volkes in drei Klassen: Ackerbauer, Gewerbetreibende, Regierende und Krieger. Zu der letztern Klasse gehören auch die Priester, Mönche sind dagegen durchaus nicht zu dulden; gegen sie werden die heftigsten Worte gebraucht; jeder der drei Klassen soll ein Drittel der Steuern zugewendet werden. Zu den Reformen, welche Gemisthos anregt, gehört besonders die Bildung eines Heeres aus Landeskindern, — denn ein Miethlingsheer erachtet er für verderblich —, gehört ferner die Untersagung der Verstümmelung des Menschen, während er die Todesstrafe gestattet. Er hat merkwürdige Ideen über Handel und Gewerbe; er will gemünztes Geld verbannen und an dessen Stelle in Naturerzeugnissen Abgaben und Besoldungen bezahlt haben; er wünscht möglichste Abschließung seines Landes von dem Auslande, dergestalt, daß die Ausfuhr der im Lande selbst zu verwendenden Artikel durch schwere Abgaben fast gänzlich verhindert und die Einfuhr — aber diese auch zollfrei — nur solcher Gegenstände gestattet würde, die im Lande nicht erzeugt und doch nothwendig gebraucht würden.

Der zweite griechische Theilnehmer am Unionsconcil war Cardinal Bessarion (1403—1472), welcher nach dem Tode des Meisters Gemisthos Plethon seine Hochachtung und Verehrung für denselben in einem Briefe bezeugte, welchen man mit Recht „mehr eine kurze aber glänzende Leichenrede als einen Trostbrief" genannt hat. Er betrachtet ihn gleichsam als eine überirdische Erscheinung und wagt es, ihn den Größten des Alterthums an die Seite zu stellen.

Seit 1440 lebte Bessarion dauernd in Italien; der Einfluß, den er fast ein Menschenalter hindurch auf die Italiener ausübte, gewährt ihm einen Ehrenplatz in der Geschichte der Renaissance Italiens. Dieser Einfluß konnte von ihm hauptsächlich geübt werden, weil er Grieche war, weil er schon als Kind fast spielend die Sprache lernte, deren Kenntniß von den Besten unter den Italienern mühsam errungen werden mußte und den weniger Hervorragenden stets ein Geheimniß blieb; weil er bei seiner Vertheidigung Platos den wissenschaftlichen Eifer mit nationaler Eifersucht verband. Der nationale Sinn nämlich mußte gerade für Plato sich ereifern, weil seine Werke ausschließliches Eigenthum der Griechen geblieben waren, während die Schriften des Aristoteles, in den verschiedensten Sprachen, freilich auch unter den seltsamsten Gestalten die Cultur des Mittelalters bestimmt hatten, und er mußte doppelt entfacht werden, da es in seinem großen Werke: „Gegen einen Verläumder Platos“ (In calumniatorem Platonis libri IV) galt, den Versuch eines andern Griechen, des Georg von Trapezunt „Vergleich zwischen Aristoteles und Plato“ (Comparatio Aristotelis et Platonis) zurückzuweisen, in welchem Ersterer auf Kosten des Letztern erhoben war. Jenes Insinuationen nun, daß Plato unmethodisch geschrieben, daß er ein schändliches Leben geführt habe und daß er sich in beständigem Widerspruch mit den Lehren der christlichen Kirche befinde, werden zurückgewiesen, nicht mit Schmähworten gegen den modernen Gegner und nicht mit vollständiger Verwerfung des antiken Philosophen, dem vielmehr in Physik und Naturwissenschaft der Vorrang willig eingeräumt wird, sondern in wissenschaftlicher Auseinandersetzung, die vor Allem den Grundsatz, nur die lauteren Originalquellen, nicht aber die trüben Uebersetzungen oder Commentare zu benutzen, verficht. In dieser Bekämpfung mußte allerdings der Mann der Wissenschaft die methodische Behandlungsweise seines Vorbildes glorificiren und der selbst moralisch Denkende mußte in seinem Ideal den strengen Befolger des Sittengesetzes preisen, aber dem hohen kirchlichen Würdenträger mußte es vor Allem darauf ankommen, die von dem Widersacher angenommene Feindschaft Platos gegen das Christenthum als irrig zu erweisen. Wenn er sich daher auch verwahrt, die Ideen des heidnischen Philosophen über die Präexistenz der Seele, über die Vielgötterei, über das Leben im Himmel und auf den Gestirnen und über andere von der Kirche verdammte Punkte zu billigen oder gar zu theilen, so erkennt er in seinen Anschauungen doch Vorahnungen der christlichen Lehrsätze, betrachtet ihn als eine Brücke zwischen Heidenthum und Christenthum und erklärt die Begeisterung mancher Heiligen, z. B. des Basilius, Gregor, Cyrill und Augustinus für Plato nicht als Zufall, sondern als Zeichen der Erkenntniß des zwischen ihnen herrschenden Zusammenhangs. Um solchen Zusammenhang zu statuiren, hebt er die Meinung Platos hervor, Gott habe die Welt aus Nichts erschaffen, er lobt ihn, daß er von der Unsterblichkeit der Seele überzeugt gewesen sei und kann nicht zugeben, daß er an eine Einwirkung der Gestirne auf die Geschicke der Menschen geglaubt habe.

Mag auch die Richtigkeit dieser und anderer Sätze des Bessarion bestritten werden, die Wirkung seiner Schrift bleibt unbestreitbar: es ist die Verherrlichung Platos gegenüber allen gegnerischen Angriffen. Der Sieg des griechischen Philosophen war nun entschieden oder jedenfalls ein Dokument vorhanden, durch dessen Vorlegung man die Gründe der Gegner hinfällig machen konnte; aus der mühsamen Untersuchung war, um ein hübsches Wort des Marsilio Ficino zu gebrauchen, „der heilige Schatz unseres Plato geläutert wie das Gold aus dem Schmelztiegel hervorgegangen“.

Durch diese Verherrlichung Platos erwarb sich Bessarion ein großes Verdienst um die Geistescultur Italiens: ein geringeres, aber keineswegs zu unterschätzendes durch die Herstellung einer Bibliothek, die sowohl durch die Zahl als durch die Kostbarkeit — ebenso in Rücksicht auf ihren

Inhalt als auf die Textbearbeitung — der Handschriften ihres Gleichen nicht in Italien fand, ferner durch seine Akademie. Für die Vortrefflichkeit jener spricht nicht nur die Summe von 30000 Dukaten, welche er zur Herstellung derselben verwandte, sondern auch die Namen der aus allen Nationen zusammengesuchten Schreiber und der Reisenden, welche im Auftrage des Cardinals, wie Geier nach Raub ausspähend, die fremden Länder nach Handschriften durchstreiften. Diese kostbare Sammlung nun, 900 Handschriften, zu welchen später noch 300 gedruckte Werke, die ersten Drucke Italiens kamen, die ihm selbst Genuß und Belehrung in so reichem Maße verschafft hatte, Anderen nutzbar zu machen, war Bessarions eifriges Streben und da er als Privatmann, mochte er auch noch so liberal sein, immer nur eine beschränkte Anzahl von Benutzern an sich ziehen konnte, so faßte er den für einen Gelehrten hochherzigen, für einen Bücherliebhaber fast unbegreiflichen Entschluß, sich schon während seines Lebens seiner Bibliothek zu entäußern und zwar sie der Stadt Venedig, der er sich mannigfach verpflichtet glaubte, als Geschenk zu überlassen (31. Mai 1468).

Nicht geringern Einfluß als diese Bibliothek, die zwar nicht gerade eine unliterarische Stadt zu einer literarischen machte, aber doch vielen Einzelnen die Mittel zu einer gelehrten Ausbildung gewährte und z. B. viel dazu beitrug, den Aldo Manuzio nach Venedig zu ziehen, übte Bessarions Akademie. Sie war keine streng abgeschlossene Gesellschaft, die etwa einer beschränkten Anzahl gewählter oder ernannter Mitglieder Rechte zuerkannte und Pflichten auferlegte, sondern ein freier Verein aller Derer, welche in der Beschäftigung mit den Wissenschaften ihre Lebensaufgabe erblickten. Sie war in Rom gestiftet zur Zeit eines wissenschaftfeindlichen Papstes und mußte daher naturgemäß darauf hinarbeiten, eine Stätte freien Meinungsaustausches zu werden, aber sie wollte weder eine bloße Vereinigung papstfeindlicher Männer, noch ein Kreis ausschließlich römischer Gelehrten sein und gestattete daher willig den Eintritt hohen Geistlichen, die dem Verlangen nach dem päpstlichen Stuhl nicht fremd waren, und Fremden, sowohl Bürgern anderer italienischer Städte als Ausländern, die ihren Aufenthalt in Italien dazu benutzten, um griechisch zu lernen. Ein so ungezwungener Ton, wie in derartigen wissenschaftlichen Vereinigungen, ein so pflichtmäßiger Eifer, trotz des Bewußtseins der Pflichtlosigkeit, eine so freudige Hingabe an die selbstgewählte Beschäftigung, ohne irgend einen Gedanken an persönlichen Vortheil, wie sie in diesen Akademieen herrschte, ist selten wieder vorgekommen; die Mitglieder glichen wahren Bürgern der Republik der Wissenschaften, wie sie sich am Liebsten nannten und nennen hörten und selbst, wenn sie einander oder ihr gemeinsames Haupt priesen, waren sie frei von kleinlicher Selbstüberschätzung und niedriger Schmeichelsucht, vielmehr erfüllt von der Erkenntniß, daß derartiges Lob nur eine Anerkennung des Geistes sei, dem sie Alle dienten, daß sie durch die Lobsprüche, welche sie sich ertheilten, nur den unsterblichen Meister Plato ehrten.

Aber auch an einer andern Stätte, eben in Florenz, von wo aus Bessarion seine für Italien segensreiche Wirksamkeit begonnen hatte, wurde der Cultus Platos gepflegt. Als Folge des Zusammenströmens von Griechen in der Stadt Florenz nämlich, als Folge der von diesen glücklich durchgeführten Erhebung Platos auf Kosten und in die Stelle des ehemals vergötterten Aristoteles, mag die Begründung der platonischen Akademie betrachtet werden. Ein bestimmtes Jahr für die Stiftung derselben und ein genaues Mitgliederverzeichniß läßt sich bei dem privaten und inofficiellen Charakter derartiger Vereinigungen ebensowenig angeben, wie bei der des Bessarion, gleichwohl gehören beide, übereinstimmend in ihren Tendenzen, auch ungefähr derselben Zeit an und wie jene die Koryphäen Roms, so zählt diese die bedeutendsten Bürger von Florenz zu ihren Mitgliedern.

Am 7. November, dem Tage, den man zugleich als Geburts- und Todestag des Meisters beging, versammelten sich mehrere Männer — man liebte es, die Zahl auf 9 zu beschränken, wegen des Anklanges an die neun Musen — theils in einem Palaste der Stadt, theils in den mediceischen Gärten der villa Careggi und ergötzten sich an der Lectüre des Platonischen „Gastmahls“ und an Gesprächen, die durch diese Lectüre erregt wurden. Zu anderen Malen hielt man längere Versammlungen, so daß das großartige Redetournier des Jahres 1468 nicht vereinzelt dasteht, bei welchem Leon Battista Alberti als Hauptredner fungirte und bei welchem man am ersten Tage über das beschauliche und thätige Leben, am zweiten über das höchste Gut sprach, am dritten und vierten sich darüber belehren ließ, daß in Virgils Aeneis alle platonischen Ideen enthalten seien. Der Hauptredner der ebengenannten Versammlung kannte und verstand zwar Alles, aber war kein Philosoph von Fach, auch die übrigen Mitglieder waren keine Fachgelehrten, sondern Dilettanten im besten Sinne, weder die Medici, welche nicht blos ihre Gärten zu Versammlungsorten hergaben, sondern eine Ehre darin sahen, an der Beantwortung der aufgestellten Fragen sich zu betheiligen, noch die vornehmen Florentiner Naldo Naldi, Alamanno Rinuccini und Giovanni Cavalcanti. Naldo Naldi ist Biograph, der das Leben des Giannozzo Manetti in seinen vielfachen Beziehungen zur Politik und Gelehrsamkeit klar darlegt und sich in diesem Versuche, ähnlich wie in seinem Briefe über die berühmte Bibliothek des Königs Matthias Corvinus von Ungarn im Preise der Studien gefällt. Alamanno Rinuccini (1426—1504) ist Gräcist, der, um auch den Ungelehrten die Kenntniß seiner Lieblingsautoren möglich zu machen, Lebensbeschreibungen des Plutarch übersetzte und das vielverbreitete, gleichfalls griechisch geschriebene Werk, in welchem Philostratus Lehre und Leben des gefeierten Philosophen Apollonius von Tyana geschildert hatte, ins Lateinische übertrug. Giovanni Cavalcanti ist Historiker. Trotz humanistischer Bildung schreibt er seine florentinische Geschichte von 1420 bis 1454, die zwar lange handschriftlich geblieben, doch von den Späteren, z. B. Machiavelli eifrig benutzt worden ist, in italienischer Sprache; trotz seiner Abneigung gegen die Tyrannis der Medici verehrt und preist er Cosimo; trotz seines richtigen Verständnisses für die Entwicklung der modernen Verhältnisse bedient er sich der antiken Darstellungsart mit langen, oft von Bombast nicht freien Reden; trotz seines Hochhaltens der Freiheit ist er ein eifriger Gegner der „bestialischen Menge", welche die Freiheit schädige oder geradezu vernichte unter dem Vorwande, sie zu schützen und zu erhöhen; trotz seiner Armuth, welche ihn ins Gefängniß treibt, weil er die ihm auferlegte Steuer nicht zu zahlen vermag, ist er stolz auf seinen Adel. Aus seinem Geschichtswerke würde man schwerlich den philosophischen Denker errathen, aber aus den politischen Visionen, die er manchmal in seine Erzählungen einstreut, erkennt man den feingebildeten Schüler Ficinos. Zwei Mitglieder der platonischen Akademie waren nämlich wirkliche Fachphilosophen und Platoniker: Marsilio Ficino und Christoforo Landino.

„Andere Menschen kennen kaum ihren Vater, ich besaß und besitze zwei Väter: meinen leiblichen, dem ich meine Geburt und Cosimo von Medici, dem ich meine Wiedergeburt verdanke, jener wollte mich dem Galenus bestimmen, dieser weihte mich dem göttlichen Plato". Mit diesen Worten bezeichnete Marsilio Ficino sein Verhältniß zu Plato und seine Stellung zu den Medici. Cosimo nämlich hatte dem alten Ficino den Sohn entzogen mit den Worten: „Du wardst mir gegeben zur Heilung der Körper, aber dieser da hat vom Himmel die Gabe empfangen, die Seele zu heilen." Ficino ist 1433 in Figline geboren und Anfang 1499 in Florenz gestorben. Mit Cosimo, der den eben zum Jüngling Gereiften an sich zog, lebte er nur 12 Jahre, er geleitete den Lorenzo durch seine ganze Regierungszeit und überdauerte den Sturz des mediceischen Hauses um mehrere Jahre.

Ficino lernte eifrig Griechisch und erwarb sich eine tüchtige Kenntniß dieser Sprache; er wurde 1473 Priester, wartete gern und freudig seines geistlichen Amtes und erwarb sich auch als Prediger bedeutenden Ruhm. Die Beschäftigung mit dem Griechischen näherte ihn dem heidnischen Alterthum, der theologische Beruf nöthigte ihn zur Vertheidigung der christlichen Lehrsätze, der Hang zu dem einen und das pflichtmäßige Bekennen der anderen erregt in ihm heftige Kämpfe und veranlaßt ihn, einen Commentar über Lucretius zu verbrennen, den er früher geschrieben hatte, in der Erwägung, „es sei schädlicher, schlechte Meinungen zu verbreiten, als ein schlimmes Gift auszustreuen". Er war ein armer, kränklicher Mensch — er spottete selbst über seine Kleinheit und Dürftigkeit —, der trotz seiner Pfründen und der Gaben seiner Gönner in Folge der Unredlichkeit seiner Diener und der Habgier seiner Verwandten beständig Noth litt, ein emsiger Arbeiter, der nur drei Arten von Vergnügungen kannte, durch die er seine Arbeiten unterbrach: Musik, Landaufenthalt und Umgang mit Freunden. Nur für diese, nicht für die Welt gedachte er zu leben; wenn er sich daher in die Welthändel mischte, so that er es nur im Interesse von Freunden, z. B. 1478, da er an Papst

Sixtus IV. im Namen der Christenheit einen offenen Brief schrieb, um den Papst, der Lorenzo von Medici in den Bann gethan hatte, zur Anwendung milderer Maßregeln zu bewegen.

Ficino war Philosoph, nahm es ernst mit seiner Wissenschaft, aber legte ihr auch einen unvergleichlich hohen Werth bei. Er verlangte von dem Philosophen reinen Sinn, Entfernung von Unwahrheit, Verachtung der weltlichen Dinge, Hochherzigkeit und Furchtlosigkeit, Maßhalten, Gerechtigkeit und Freiheit von Ruhmsucht, er pries die Philosophie mit begeisterten Worten: „O, Philosophie, du hast die Städte erbaut, die getrennten Menschen vereinigt, zuerst durch Wohnung, dann durch Ehe, dann durch die Gemeinschaft der Sprache und Wissenschaften, du hast die Gesetze erfunden, du bist die Schöpferin der Gewohnheit und der Zucht." Seine philosophischen Gedanken legte er in seinen zwei Hauptwerken dar, in seinen 38 Kapiteln „von der christlichen Religion" (De religione christiana) und seinen 18 Büchern „platonischer" Theologie oder von der Unsterblichkeit der Seele (Theologia platonica de immortalitate animarum).

„Bei Allem, was ich hier und anderwärts behandelt habe, will ich nur soviel beweisen, als von der Kirche gebilligt wird", so präcisirt Ficino seinen Standpunkt, der freilich mehr dem Theologen als dem Platoniker geziemt: jene Worte aber waren ihm völlig Ernst und nicht etwa, wie manchem Religionsläugner späterer Tage, eine bequeme Waffe gegen die verfolgungsliebende Kirche. Demgemäß erkennt und bekennt er die christliche Religion als die einzig wahre, glaubt an die von Gemisthos Plethо als Erfindungen der Sophisten verdammten Wunder, ja erklärt es als eine Pflicht des Philosophen, dieselben durch seine Beweise als wahr zu erhärten, und lebt der Ueberzeugung, daß „die christliche Religion nicht untergehn kann, selbst wenn sie von den Ihren schlecht verwaltet und von den Feinden grausam bedrängt wird." Mit dem Aussprechen dieser Ueberzeugungen indessen meint er seiner religiösen Pflicht nicht genügt zu haben, glaubt vielmehr, der Philosoph müsse seine Meinung auch gegen die in seinen Augen als Irrende Erscheinenden vertheidigen und eifert daher gegen vier Widersacher; 1. die Läugner des Daseins Gottes, 2. die Angreifer der göttlichen Vorsehung, 3. die Verbreiter der Ansicht, Gottes Zorn lasse sich nur durch Geschenke und Opfer beruhigen, 4. die Verehrer gottähnlicher aber niedriger stehender Wesen, die auf diese den Gott gebührenden Ruhm übertragen.

Ficino ist Platoniker und Christ, aber er ist nicht etwa Christ, weil er Platoniker ist, d. h. aus seinem Platonismus schöpft er nicht etwa seine christliche Ueberzeugung, in Platos Schriften will er nicht die christlichen Dogmen wiederfinden. Im Gegensatz zu späteren christlichen Neuplatonikern, die ihre philosophische Lehre mit ihrem religiösen Bekenntniß seltsam verquickten, behauptet er mit aller Entschiedenheit, daß er an keiner Stelle in Platos Schriften das Geheimniß der christlichen Dreieinigkeit gefunden habe.

Der Eifer für das Christenthum und der Sinn für die ernste Wissenschaft machen ihn zum Feinde der Wahnwissenschaft der Astrologie, so daß er z. B. einmal mit einem im Deutschen unübersetzbaren Wortspiel die Astrologen charakterisirt: „sie lügen ebensoviel wie die Astronomen ausmessen" (Quantum astronomi metiuntur, tantum astrologi mentiuntur), ein anderes Mal eine heftige Auseinandersetzung gegen die Urtheile der Astrologen schreibt und oft genug ihre schiefen Darlegungen im Einzelnen spöttisch und ernsthaft aufzeigt. Trotz dieses Eifers war er geistig in dem Maße schwach, wie er denn ein körperlicher Schwächling zeitlebens blieb, daß er auf Träume großen Werth legte, seinen Freunden aus freiem Antriebe das Horoskop stellte, an Geistererscheinungen als an die fortwirkende Göttlichkeit der Seele, die sich in ihrem Einflusse auf das fernere Geschick der Menschen bethätige, glaubte, Bekannten die Zukunft voraussagte, nicht etwa wie ein freundlicher Gönner, der Denen, welchen er wohl will, künftiges Glück in Aussicht stellt, sondern wie ein Wissender, der höhere Entschlüsse verkündet. Ja einmal, in dem schon angeführten Briefe der christlichen Gemeinde an den Papst, ging er soweit eine Weisagung zu verkünden, des Inhalts, die nächsten zwei Jahre würden sehr unglücklich sein durch Krieg, Pest, Hunger, Tod vieler Fürsten, eine neue Ketzerei und einen falschen Propheten; während dieser Zeit würde das Schifflein Petri auf den Wassern umherschwanken und die Barbaren würden Italien verwüsten.

Die Weissagung war zwar gänzlich verkehrt, denn die neue Ketzerei kam ebensowenig wie die Verwüstung durch die Barbaren, aber sie mochte, da sie nicht sonderlich kirchenfreundlich war, den ohnehin durch Ficinos Angriffe verletzten Papst verstimmen und den Gegnern des Philosophen Macht verschaffen, dem Ficino nach dem Erscheinen seiner Schrift „Ueber die Erwerbung des himmlischen Lebens" (De vita coelitus comparanda) durch Erhebung einer auf Zauberei gehenden Anklage lästig zu werden.

Es gibt gottlose und gottgläubige Zauberer, solche, welche eine höhere Macht läugnend sich selbst an deren Stelle setzen möchten und solche, die, wähnend, in besonderer Beziehung zur Gottheit zu stehen einen Theil der göttlichen Kraft in sich zu spüren meinen. Hätte Ficino zur Zauberei geneigt, so wäre er von der letztern Partei gewesen.

Aber nicht nur sich allein, den Menschen überhaupt schreibt er innige Verwandtschaft mit Gott zu. „Was ist unser Geist anders als ein Funke des höhern Geistes?" ruft er aus. Die Unsterblichkeit der Seele ist ihm daher erstes und oberstes Axiom seiner Philosophie; durch fünfzehn Beweise, die alle die nahe Verwandtschaft derselben mit Gott und ihren Vorrang vor dem Körper darzulegen haben, sucht er sie zu erhärten. Der mit unsterblicher Seele begnadete Mensch müsse, seines höhern Ursprungs stets eingedenk, nach der Vollkommenheit streben; die Menschennatur sei von Grund aus gut und trotz menschlicher Verderbnisse und Verkehrtheiten erhebe sie sich durch einen ewigen höhern Schwung zum Guten, gleichsam zu ihrem Vaterlande (tamquam ad patriam).

Außer der Menschenseele indessen gebe es eine Erdenseele, „die große Erzeugerin“; der Erdseele ähnlich seien die Seelen der zwölf Bilder des Thierkreises, nicht die einzigen, die in der Welt existiren, — denn die ganze Welt ist voll von Genien, in dem All eine gemischte Seele, das Ganze voll von „Göttern“ — sondern die hauptsächlichsten, so daß die Weltseele gleichsam zwölf Hauptseelen und jede dieser unzählige Nebenseelen einschließe. In jedem Sternbild sei ein Stern, der ähnlich der Seele des Menschen, das Leben bestimme, im Widder herrsche Pallas, im Stier Venus, in den Zwillingen Apollo u. s. w.

Diese zwölf Sternbilder spielen in Ficinos Buche „von der Sonne“ de sole) nicht minder ihre Rolle. Sie entsprechen dort ebensoviel „Himmelshäusern“, je sechs der Sonne und dem Mond unterworfen und haben gleich Schatzbehältern ein jedes seinen besondern Inhalt, welcher nach Zufall oder Verdienst der Menschheit zu Theil wird: Leben, Reichthum, Gesundheit, Verwandtschaft, Würden, Religion, Freundschaft und Feindschaft, sie wirken ein auf Fruchtbarkeit und Unfruchtbkrkeit der Menschen und der Erde, sie bestimmen durch ihre Stellung das Geschick der Menschen. Die Sonne aber ist das Herz des Himmels, sie ist nur 160 mal größer als die Erde.

Trotz seiner mangelhaften naturgeschichtlichen Kenntnisse, trotz seiner Neigung zum Aberglauben und trotz seiner philosophischen Afterweisheit ist Ficino ein Denker, der sich oft zur reinen Geisteshöhe erhebt. Er gemahnt an die erhabensten Denker späterer Zeiten, wenn er das Wesen des Menschen in seiner Anlehnung an den Gottesgeist mit den Worten definirt: „Der göttliche Strahl, in seinem Durchdringen des Alls, existirt schon im Stein, aber lebt nicht darin, lebt in den Pflanzen, aber erglänzt nicht in ihnen, erglänzt in den Thieren, aber spiegelt sich nicht in ihnen wieder und kehrt nicht zu seiner Quelle zurück; nur in dem Menschen existirt er, lebt, erglänzt und wirft seinen Schein zurück“.

Ficino will seine Philosophie nicht blos dazu benutzen, um die Stellung des Menschen zu niedrigeren und höheren Geschöpfen, sein Verhältniß zu Gott darzulegen, sondern auch dazu, seine Pflichten gegen seine Mitmenschen zu bestimmen. Daher gibt er Vorschriften über das Verhalten der einzelnen Stände, Geschlechter und Altersstufen, spricht von der Thätigkeit des Kaufmanns, des Bauern, wobei es an Ermahnungen zu Redlichkeit und Einfachheit, an Hinweisungen auf die Gestirne, von deren Lauf und Stellung die Fruchtbarkeit der Felder abhängt; des Dichters, wobei es an Empfehlungen moralischer Stoffe und natürlicher Schilderungsmanier nicht fehlt. Staatsleben und Staatsverwaltung zieht er sodann gleichfalls in den Kreis seiner Betrachtungen: er empfiehlt vor Allem Bürgertugend als Grundlage jeden Staatslebens und hält, auf dieser Grundlage aufgebaut, manche Staatsform für möglich — nimmermehr aber eine für die ausschließlich berechtigte: die Monarchie, wenn sie dem Ideale Platos entspreche, die Aristokratie und Demokratie, wenn sich jene von den

Fehlern und Schäden der Oligarchie, diese von denen der Pöbelherrschaft frei zu halten wissen.

Ficinos Einwirkung auf die Zeitgenossen ist eine ungemein große; nicht blos der Inhalt, sondern auch die Methode seiner Lehre wirkte für lange Zeit bestimmend ein; und dies war ein um so überraschenderer Erfolg, da Ficino fast gar nicht öffentlich lehrte, sondern zur Verbreitung seiner Ansichten auf seine Schriften und Briefe angewiesen war. Durch diese Briefe (12 Bücher 1474 bis 1494) trat er mit aller Welt in Beziehung, besonders auch mit Deutschland, dessen Gelehrten er Gerechtigkeit widerfahren ließ, und dessen Handwerker er wegen ihrer Kunstfertigkeit pries.

Schon die bisher erwähnte schriftstellerische Thätigkeit beweist eine große Vielseitigkeit, dieselbe erscheint indessen noch viel staunenswerther, wenn man bedenkt, daß er das Riesenwerk einer Uebersetzung der platonischen Schriften unternahm und glücklich durchführte (1463 bis 1477), daß er ferner andere Uebersetzungen einzelner Schriften des Plotin, Jamblichus, Dionysius Areopagita veröffentlichte. Außerdem widmete er seiner Lieblingserholung, der Musik, ermunternde Worte, schrieb als Frucht der medicinischen Studien, die er in seiner Jugend getrieben hatte, ein oft gedrucktes Hilfsbüchlein wider die Pest, verfaßte, das Andenken großer Männer der Vorzeit erneuernd, ein Elogium Dantes, gab eine Uebersetzung von dessen politischem Tractat „von der Monarchie" heraus, bekannte seine Zustimmung zu den dort vorgetragenen Ansichten und begrüßte endlich mit großer Freude den Dantecommentar seines Schülers und Freundes Landino als eine würdige Feier des Andenkens des Meisters.

Christoforo Landinos (1434, nicht 1424 bis 1504) Werke sind von mäßigerm Umfang, aber auch von geringerer Bedeutung als die seines Vorgängers und Meisters. Er war ein Schüler des Carlo Marsuppini, dessen Andenken er zwar ehrte, wie er in einem ausführlichen, an Piero de' Medici gerichteten Schreiben darlegte, dessen religiöse Gesinnung er aber nicht zu der seinigen machte; ein Günstling des Cosimo, dem er bereitwillig in Prosa und Versen seine Huldigung darbrachte, gern bereit, gleiche Verehrung den übrigen Mitgliedern des mediceischen Hauses zu zollen. Er wurde Lehrer der Rhetorik und Poetik an der Florentiner Hochschule und in dieser Thätigkeit Bildungsspender für das kommende Geschlecht, außerdem Politiker, der bis in seine späten Jahre das Amt eines Geheimschreibers der Republik verwaltete, als solcher aber nicht blos Interesse an der eleganten Abfassung der Schriftstücke, sondern lebhafte Theilnahme an der Entwicklung der politischen Angelegenheiten bewies.

Von dieser politischen Beschäftigung vielleicht beeinflußt ist sein philosophisches Hauptwerk, die 1472 dem Federigo von Urbino gewidmeten und nicht lange nachher gedruckten vier Bücher „camaldulensischer Unterhaltungen". Denn dieses, eine freie Wiedergabe des 1468 stattgehabten Redeturniers (oben S. 113), bei welchem der Antheil des Berichterstatters von dem der Unterredner freilich schwer zu trennen ist, knüpft zunächst an die alte, nie entschiedene Streitfrage von Leiden und Handeln, Contemplation und Aktivität an, und wenn es auch den platonischen Grundsatz, daß die menschliche Natur durch Enthaltung von weltlichen Geschäften der Vollkommenheit am Sichersten zugeführt werde, mit Vorliebe verficht, so gibt es doch auch dem Gegenredner Gelegenheit, die bürgerlichen Pflichten, deren Erfüllung mit stricter Durchführung der Beschaulichkeit unverträglich sei, zu verherrlichen, und zu einer Verbindung des thätigen und beschaulichen Lebens, als der wahrhaft vollkommenen Gestaltung des Daseins, zu mahnen.

Der praktische Zug, der so auch diese freilich nicht selten ins Abstruse sich verlierenden Gespräche durchzieht, tritt deutlicher in dem übrigen schriftstellerischen Wirken Landinos hervor. Denn wenn er sich gelegentlich auch dem Alterthum zuwendet, z. B. in Klagen ausbricht über die gänzliche Verwahrlosung des alten Rom, so bekundet er doch schon durch die übertriebenen Ausdrücke, in welchem er dieselben vorbringt, ihre innere Unwahrheit, und wenn er lateinische Reden hält und u. d. T. Xandra eine Sammlung lateinischer Gedichte zusammenstellt, in denen er eine wahre oder fingirte Liebe zu einer gewissen Alexandra besingt, so genügt er damit weniger einem wirklichen Bedürfniß, sondern huldigt einer Mode der Zeit. Er aber ist nur zeitweilig in solcher Modenachahmung befangen, ist trotz der humanistischen Allüren, die er annimmt, Italiener, stellt daher dem bei seinen Genossen so beliebten Abklatsch oder der Uebertragung römischer Geschichtschreiber, eine italienische Uebersetzung der 1490 erschienenen Geschichte Francesco Sforzas von Giovanni Simonetta entgegen und dementirt gleichsam seine eignen lateinischen Briefe durch das von ihm herausgegebene italienische Briefformelbuch. Schon durch ein solches Lehrbüchlein ist er praktischer Neuerer, noch energischer aber vertritt er seine moderne Sonderauffassung dadurch, daß er der unter den Gelehrten verbreiteten Verachtung der italienischen Poesie trotzend, im Jahr 1460 beginnt, Vorlesungen über Petrarca zu halten und 1481 einen großen Dantecommentar veröffentlicht.

Gerade die zuletztangeführten Dantestudien sichern Landino Bedeutung für alle Zeiten. Sein gewaltiges Werk ist zwar nicht ausgezeichnet durch kritischen Scharfsinn, nicht durch Emendation der fehlerhaften Stellen des Textes, obwohl er sich rühmt, denselben gereinigt von barbarischen Zusätzen in seiner wahren Lesung wiederhergestellt zu haben, auch nicht durch feinsinniges Verständniß der dichterischen Schönheiten, obwohl er genug von dem göttlichen Ursprung der Poesie redet, sondern bemerkenswerth wegen seiner bis ins Einzelste strengdurchgeführten allegorischen Deutung. Schon in dem früher erwähnten seltsamen Versuch, die platonischen Ideen in der Aeneis wiederzufinden, hatte er das von Allegorie gänzlich freie Werk des römischen Dichters dergestalt zu deuten unternommen, daß er in Aeneas das Sinnbild des irrenden, nach langem Irren zum Heil gelangen den Menschen erblickte, in Troja das Sinnbild der sinnlichen Lust, in welcher die Tugendschwachen, die sich aus niedriger Sphäre nicht zu erheben vermögen, untergehen, in Italien dagegen das Sinnbild der Tugend und Glückseligkeit, die ihm auf Antrieb und unter Einwirkung seiner himmlischen Mutter Venus, der göttlichen Liebe, zu Theil werden sollen. In ähnlicher Weise, aber freilich den Anschauungen des christlich-philosophischen Dichters mehr entsprechend als denen des heidnischen Erzählers, deutet er nun Dantes göttliche Comödie von der Verirrung im Walde — nämlich der Gefangennehmung der Seele durch den Leib — bis zur Begegnung mit der Gottheit, d. h. „der spekulativen Anschauung des höchsten Guts in der Gestalt der göttlichen Dreieinigkeit". Die dieser Begegnung sich widersetzenden Thiere sind menschliche Fehler und zwar der Panther die sinnliche Lust, die Wölfin die Habsucht, der Löwe der Ehrgeiz; der führende Virgil bezeichnet die Moralphilosophie und die heidnische Wissenschaft, der als Erretter verkündete Windhund aber bedeutet Christus, den Befreier Italiens und Richter der Welt. Bei derartigen Allgemeinheiten indessen bleibt der Commentator nicht stehen, sondern treibt seine allegorischen Deutungen so weit, daß er in den drei Rachen des Cerberus die drei leiblichen Bedürfnisse des Essens, Trinkens und Schlafens erkennt; in den drei verschiedenfarbigen Gesichtern Lucifers drei menschliche Laster, und zwar in dem rothen den Zorn, in dem weißen Habsucht oder Neid, in dem schwarzen die Trägheit; in dem Gold und Silber, das Gott den aus Egypten ziehenden Israeliten mitzunehmen befahl, das Gold der Weisheit und das Silber der Beredtsamkeit Derselbe Landino aber, der sich in derartigen Spielereien gefiel, die so aussehen, als wenn sie nur in dem Hirne eines weltvergessenen Träumers reifen konnten, hat eine bestimmte Anschauung von der Welt und verhehlt sie nicht; er ist, trotz Dante, ein Guelfe, der, dem Kaiserthum wenig gewogen, die Vertheidigung des Papstthums gegen jedweden Angriff für rechtmäßig und erforderlich hält, und der, entgegen Dantes Autorität, Caesar, den Begründer weltlicher Herrschaft und weltlicher Ansprüche, als Tyrannen verdammt und ein höchst grausames Thier benennt. Ja er spielt nicht nur auf die Verhältnisse und Stimmungen seiner eignen Zeit an, sondern er deutet auf Veränderungen in der Zukunft, er weist, voll des Glaubens an die Gestirne, den er übrigens auch Dante imputirt, auf eine am 25. November 1484 zu erwartende Constellation von Saturn und Jupiter im Scorpion hin und auf die durch dieselbe geweissagte Religionsänderung oder richtiger das „Fortschreiten der christlichen Republik zu besserm Leben und besserer Regierung".

„Der christlichen Republik", damit meinte Landino schwerlich die ideale Verbindung der Gläubigen, die an keine Zeit und an keinen Ort gebunden war, sondern einen sehr realen Staat, dessen Gebrechen er bei aller Hochachtung der geistlichen Gewalt deutlich erkannte, nämlich das päpstliche Rom.

Siebentes Kapitel.

Die Begründung des päpstlichen Mäcenats.

Unter den Theilnehmern am Florentiner Unionsconcil befand sich auch Thomas Parentucelli, der Sohn eines Chirurgen aus Sarzana, geboren in Pisa 1398. Er war Schulmeister, Sekretär, Bibliothekar, arm und anspruchlos wie ein wahrer Gelehrter, der im emsigen Studium und eifriger Unterstützung Gleichstrebender seine größte Lebensfreude erblickte. Er wurde Geistlicher und kam in Begleitung seines Gönners, des Cardinals und Erzbischofs Nicolao Albergati, nach Florenz, wo er im Kreise der Medici Freunde und Genossen, Mitarbeiter an der Erhöhung der Eloquenz und Bewunderer seines staunenswerthen Gedächtnisses fand. Aber wirkliche Förderung und zwar größere als er in seinem bescheidenen Sinn erwartet hatte, erlangte er erst in Rom, wohin er nach dem Tode seines ersten Gönners (1443) seinen Wohnsitz verlegt hatte; schon 1444 wurde er Cardinal und Erzbischof von Bologna, derselben Stadt, der sein Gönner als erster Geistlicher vorgestanden hatte, und 1447 wurde er wider sein Erwarten und das Derjenigen, die sich gut unterrichtet wähnten, zum Papste gewählt. Er gab sich den Namen Nikolaus V. (18. März 1447 bis 24. März 1455), in dankbarer Erinnerung an seinen kurz vorher dahingeschiedenen Gönner.

Von den durch seine Wahl Ueberraschten sagten Einige, er verdanke die Wahl der Rede, welche er bei der Leichenfeier seines Vorgängers, des Papstes Eugen, gehalten hätte, Andere betrachteten sie gern als ein Zeichen des Sieges, den die humanistische Cultur erfochten und ein Verehrer des neuen Papstes pries nach den Worten Platos die Welt glücklich, in welcher die Weisen zu herrschen oder die Könige weise zu werden anfingen. Sicher war nun zum ersten Male ein Mann Papst geworden, der sein bisheriges Leben ausschließlich dem Studium gewidmet hatte, und der nun, nach Erlangung der höchsten geistlichen Würde, fest entschlossen war, Vermögen und Ansehn zur Pflege der Wissenschaft zu verwenden, der er bisher nur Zeit und Gesundheit zu opfern vermocht hatte.

Das Pontifikat Nikolaus V. war ein im Ganzen glückliches: der letzte Gegenpapst, Felix V. resignirte, das Basler Concil, der letzte mächtige, schon durch seine Existenz, noch mehr durch seine Gesinnung gefährliche Gegner des Papstes löste sich auf: innerhalb und außerhalb Roms herrschte Ruhe und bereitete der päpstlichen Macht Gewinn: in Rom dadurch, daß eine ordnungsmäßige Verwaltung eingeführt, außerhalb Roms dadurch, daß durch milde Ueberredung Städte, die der päpstlichen Herrschaft abgeneigt waren, wie Bologna, derselben wieder zugeführt wurden. Besondern Glanz aber erlangte dieses Pontifikat durch die glänzende Feier des Jubiläums im Jahre 1450, die an die herrlichsten Tage der Papstzeit erinnerte und durch die Kaiserkrönung Friedrichs III., überhaupt die letzte zu Rom erfolgte, die, in Folge ihrer Gleichzeitigkeit mit Friedrichs und der Prinzessin Eleonora von Portugal Vermählung, Gelegenheit zu prunkvollen Festen gab und in Folge des kleinlichen, seine Machtlosigkeit bekundenden Auftretens des Kaisers das Ansehn des Papstes wesentlich erhöhte. Nur der Fall Constantinopels, als einer Hauptstätte des christlichen Bekenntnisses, die sich kurz vorher dem Papstthum unterworfen und dadurch den gewichtigsten Anspruch auf dessen Schutz erworben hatte, schmälerte in gewisser Weise die Ehrfurcht vor Roms gewaltiger Macht; aber auch dieser brachte Nutzen, indem er zur Liga von Lodi, der Vereinigung italienischer Staaten zu gemeinsamem Schutze ihrer Besitzungen gegen die Türken, Anlaß gab, einem Bund, in welchem das Papstthum seine staatserhaltende, weltvereinigende Aufgabe von Neuem bewähren konnte. Wenn dann in Rom selbst ein Angriff gegen Nikolaus V., als zeitigen Träger der geistlichen Macht seitens eines römischen Ritters Stefano Porcaro versucht wurde, so war dieser Angriff zumeist eine Reaction des durch das Alterthum genährten republikanischen Sinnes gegen jede Bevormundung, die man gern mit dem Namen Tyrannis belegte und war, eben als Ausdruck einer mehr entlehnten als wahrhaft originellen Empfindung, nicht mächtig genug, um den Bestand, ja auch nur das augenblickliche Ansehn der geistlichen Macht, zu gefährden. Der Aufstand wurde sehr bald durch die Hinrichtung Porcaros beendet (9. Januar 1453) und hatte keine weiteren Folgen, eben weil Papst Nikolaus sich mit der Bestrafung des Hauptanführers begnügte und nicht begehrte „die unendliche Zahl der Mitschuldigen“, wie ein damaliger Dichter übertreibend sang, aufzuspüren, sondern, nach dem Rathe desselben Dichters „die unangreifbarste Festung, die Liebe der Bürger“ sich zu erbauen strebte. Freilich wurde Porcaro von Manchen als Märtyrer gefeiert und von Vielen als ein Ehrenmann, der nur nach dem Wohle seines Volkes strebte, gepriesen und vielleicht ließ der Papst, um diese Ansichten zu zerstören, hauptsächlich aber, um die Ansprüche, für deren Durchführung auch Porcaro gekämpft hatte, in ihrer Richtigkeit zu erweisen, durch einen seiner Getreuen Petrus de Godes eine Schrift erscheinen, in welcher der Verlauf und das Ende der Verschwörung erzählt, namentlich aber der Satz, daß nur Rom der Sitz des Papstes sein könne, nachdrücklich betont und die Lehre von der weltlichen Herrschaft des Papstthums energisch vertheidigt wird. In Folge dieser Entfaltung weltlicher Macht brachte der Papst seine Gegner völlig zum Schweigen und nur selten wagte ein Spottvogel, da er von heftigen Angriffen abstehen mußte, heimlich aufzutreten, so daß er die Anfangsbuchstaben des päpstlichen Namens N. P. V., statt wie er hätte thun sollen, in Nicolaus papa quintus, in das lästerliche nihil papa valet (der Papst ist nichts werth) auflöste.

In einer Rede, welche Nikolaus, wie sein Biograph Mannetti berichtet, vor seinem Tode an die Cardinäle gehalten haben soll, charakterisirt er selbst seine Amtszeit und seine Regierungsthätigkeit folgendermaßen (Gregorovius' Uebersetzung): „Ich habe die heilige römische Kirche, welche ich von Kriegen verstört und von Schulden erdrückt vorfand, so reformirt und so befestigt, daß ich ihr Schisma tilgte und ihre Schlösser und Städte wiedergewann. Ich habe sie nicht allein von ihren Schulden befreit, sondern zu ihrem Schutz prachtvolle Festungen, wie in Gualdo, Assisi, Fabriano, Civita Castellano, in Narni, Orvieto, Spoleto und Viterbo errichtet, ich habe sie mit herrlichen Bauten, mit den schönsten Formen einer von Perlen und Edelsteinen schimmernden Kunst geschmückt, sie mit Büchern und Teppichen, mit goldenen und silbernen Geräthen, mit köstlichen Cultusgewändern überreich ausgestattet. Und alle diese Schätze sammelte ich nicht durch Habsucht, Simonie, Geschenke und Geiz, vielmehr jede Art großmüthiger Liberalität ward von mir geübt, in Bauwerken, im Ankauf zahlreicher Bücher, in fortgesetzter Abschrift lateinischer und griechischer Handschriften und in der Besoldung von gelehrten Männern der Wissenschaft. Aus der göttlichen Gnade des Schöpfers und aus dem beständigen Frieden der Kirche während meines Pontifikats ist mir Alles dies zugeflossen".

Rom wurde eine Stätte der Renaissance; es bereitete sich vor, die Hauptstadt derselben zu werden, — mit diesen Worten mag man die Bedeutung der Regierung dieses Papstes nicht für die Geschichte des Papstthums, sondern für die Cultur- und Literaturgeschichte bezeichnen. Unter ihm glich Rom einem einzigen Bauplatz, einer großen Werkstätte; es glich zur selben Zeit einer unendlichen Schreiberstube. Denn war das Bauen seine Lust, so war das Schreiben, Uebersetzen und Sammeln des Geschriebenen und Uebersetzten in Bibliotheken seine Leidenschaft.

Acht Jahre lang war Nikolaus V. Papst und acht Jahre lang war er beständig von einem Hofe von Copisten, gewöhnlichen Schreibern und Scrittori (gelehrten, besonders des Griechischen kundigen Schreibern) umgeben, die ihn auch auf seinen Reisen begleiteten, unaufhörlich beschäftigt, alte, seltene und schwer lesbare Codices durch mehrmaliges Abschreiben zu verewigen oder durch lesbarere Schrift leichter zugänglich zu machen. Der Stoff zu solchen Abschriften häufte sich dermaßen, daß Filelfo den begeisterten Ausspruch that: „Griechenland sei nicht untergegangen, sondern es scheine nach Italien, das ehedem im Alterthum Großgriechenland (magna Graecia) genannt worden, durch die Liberalität dieses einen Papstes herübergewandert zu sein." Doch das aus römischen oder italienischen Bibliotheken zur Verfügung stehende Material genügte den Bedürfnissen nicht: man hielt sich nicht für glücklich, so lange man nicht den handschriftlichen Besitz anderer Länder aufgespürt und sich zu eigen gemacht hatte. Zu diesem Behufe war es nöthig, Reisende auszuschicken, die mit glücklichem Spürsinn begabt waren und zugleich etwas dehnbare Begriffe vom Eigenthumsrecht hatten, die leicht geneigt waren, Handschriften, welche im Besitz von Unwissenden waren, als Eigenthum der Wissenden zu erklären, aber nicht gesonnen, das einmal Errungene aus ihren Krallen zu lassen. Ein derartiger Sammler war Alberto Enoche aus Askoli, der mit päpstlichen Schreiben ausgerüstet, welche den Zweck hatten, ihm Bibliotheken und Beutel der Klöster und Geistlichen zu öffnen, Deutschland durchreiste. Aber auch er erfüllte die oft betrogene und stets von Neuem gehegte Hoffnung, einer vollständigen Handschrift der Dekaden des Livius habhaft zu werden, nicht und brachte, wenn man dem Poggio, der ja selbst mehrfach als Handschriftensucher ausgezogen war, oder dem das Ausland bespöttelnden und Italien als das einzige Vaterland guter Codices betrachtenden Vespasiano Bisticci trauen will, wenig Bemerkenswerthes nach Hause. Der genannte Bisticci (oben S. 91) und Nikolaus Perotto waren die Haupthelfer bei der mühsamen aber erfolgreichen Herstellung dieser Abschreiberarbeit. Perotto, geb. 1430 in Sassoferato, gest. 1480 als Erzbischof von Siponto in Manfredonia, war nicht blos ein fleißiger Abschreiber, sondern ein kenntnißreicher Gelehrter, der für die lateinische Sprache ein werthvolles grammatisch-exegetisches Werk, das sich an eine Erklärung des Martial anlehnte, schrieb (Cornucupiae sive commentariorum linguae latinae liber primus, ein zweites Buch ist niemals erschienen). Seine Kenntniß der griechischen Sprache bewies er durch verschiedene Uebersetzungen, z. B. der fünf ersten Bücher des Polybius, und mehrerer kleinerer Stücke des Aristoteles, Plutarch, Epiktet, Basilius, seine Hochschätzung der griechischen Sprache und Literatur aber bekundete er durch eine Biographie ihres Hauptpflegers, des Cardinals Bessarion. Er schrieb Streitschriften, wie ein echter Humanist und es scheint nicht, daß sein hohes geistliches Amt ihn irgend wie den gelehrten Studien abwendig gemacht hätte.

Viele der Abschreiber übersetzten auch, aber nur wenige Uebersetzer waren als Abschreiber thätig. Denn mochte Abschreiben auch damals schon als untergeordnete Beschäftigung gelten, Uebersetzen war eine literarische Thätigkeit, für die sich selbst der Höchste nicht für zu gut hielt. Daher verdient auch die fieberhafte Uebersetzerthätigkeit, welche Papst Nikolaus V. unter seinen Genossen anregte und durch Ermahnungen und Belohnungen immer mehr steigerte, nicht den verächtlichen Namen einer Uebersetzerfabrik, durch den man sie hat verdammen wollen. Denn unter den Uebersetzern begegnen uns die ersten Männer jener Zeit außer Perotto auch Poggio, Guarino, Decembrio, Valla, Filelfo, sie übten ihre Thätigkeit mit Fleiß und Kunst, und schufen Werke, welche, wenn auch von Vollkommenheit weit entfernt, von den damaligen Liebhabern der Wissenschaft angestaunt und von dem Papste in mehr als königlicher Weise bezahlt wurden. Trotzdem konnte der Papst eine vollständige Homerübersetzung nicht erlangen: den Polybius bezahlte er mit 500 Dukaten, den Strabo mit 1000 scudi, für den Homer bot er vergeblich 10000 Goldstücke. Vergeblich, denn Carlo Marsuppini brachte es nicht über die ersten zwei Bücher (oben S. 98), und Oratius, der Römer, der von zeitgenössischen Dichtern als Uebersetzer gepriesen wird, lieferte nur Fragmente, daher mußte man sich mit einer Revision des Auszugs der Ilias begnügen, welche Pindar aus Theben in den ersten christlichen Jahrhunderten geliefert hatte und der prosaischen Paraphrase der ersten 16 Bücher, welche am Anfange der vierziger Jahre von Lorenzo Valla veranstaltet wurde.

Glücklicher als in der Anregung von Uebersetzungen war der Papst in der Herstellung einer Bibliothek, denn er darf mit Recht als der eigentliche Begründer der Vatikana angesehen werden. Konnte unter seinen Vorgängern, den unliterarischen Päpsten, die Klage erhoben werden, daß die römischen Büchersammlungen nicht besser daran seien als die barbarischen, denn auch sie müßten ihre schönen Pergamentblätter den Heiligenmalern hergeben, so war unter Nikolaus V. von solcher Vermischung des Heiligen und Profanen, die den Männern der Renaissance unwürdig erschien, nicht mehr die Rede. Er, der früher die mediceische Bibliothek eingerichtet hatte, wollte dem Florentiner Fürsten und Kaufmann nicht nachstehn und brachte in der That eine Bibliothek von 5000 Bänden zusammen, die wegen ihres stattlichen Aussehns und ihres Inhalts gleich sehr gerühmt wurde.

In der Herstellung und Vermehrung dieser Bibliothek war dem Papst der von ihm ernannte und ihm befreundete Bibliothekar Giovanni Tortello (gest. 1466) sehr behülflich. Er war ein anspruchsloser Gelehrter, der nur in seinen Büchern lebte, von dem Leben der Anderen wenig wußte und kein Glück hatte bei seinen Versuchen, sich in dasselbe zu mischen — Zeuge dessen sein verfehltes Bemühen, einen unwürdigen Cardinal zu bessern, — ein fleißiger Uebersetzer und vielseitiger Forscher, der bei seinen mannigfachen amtlichen Geschäften Zeit genug zu einzelnen medicinischen und theologischen Abhandlungen fand und zu einem wichtigen Werke, einer Zusammenstellung nebst sprachlicher und sachlicher Erklärung der aus dem Griechischen entlehnten Wörter (de orthographia dictionum e Graecis tractarum, zuerst gedruckt 1471), das gerade damals für die Herausgeber und Uebersetzer griechischer Schriftsteller von größtem Nutzen sein mußte. Trotz seines Eifers und seiner Anspruchslosigkeit entging Tortello den Schmähungen nicht, ja er, der, wie nicht viele Andere, ein „beider Sprachen Kundiger“ genannt werden konnte, erhielt von Filelfo den höhnenden Nachruf, daß er sich nur den Anschein gegeben, die griechische und römische Literatur zu kennen, in Wirklichkeit aber gröbliche Unwissenheit beider bekundet habe.

„Der Papst liebt hübsche Bücher und vergoldete Kleider“, mit diesen Worten charakterisirt Enea Silvio seinen Vorgänger; man kann seine Schilderung durch den Zusatz ergänzen: er liebte Pracht und Schmuck in allen Dingen. Rom umzugestalten, die Stadt durch Neubauten und großartige Anlagen zur ersten Stadt der Welt zu machen, war sein Streben. Die Aufzählung der Neubauten, die Schilderung der Pläne, die er verfolgte, die Würdigung der Künstler, welche ihn bei deren Ausführung unterstützten, gehört der Bau- und Kunstgeschichte an. Nur auf Einzelnes ist hinzuweisen. Zunächst darauf, daß unter seiner, des Alterthumsfreundes Herrschaft, dennoch die Reste des Alterthums theilweise in derselben schonungslosen Art behandelt wurden, als unter der Regierung seiner alterthumfeindlichen Vorgänger: Steine wurden aus den Ruinen ausgebrochen — freilich auch aus den Steinbrüchen zu Tivoli — um zu Neubauten verwendet zu werden; ohne Bedenken wurde die alte Basilika des Vatikan niedergerissen, obwohl sie vielleicht bei großer Schonung hätte erhalten werden können; der Tempel des Probus wurde zerstört. In anderen Fällen dagegen zeigte sich sorgsame Bewahrung der Antike: alte Pflaster, alt-christliche Gräber wurden mit Mühe erhalten; der Ausbau des Capitols ist des Papstes Werk. Derselbe Papst aber, den man gern als einseitigen Verehrer des Alterthums hinstellt, sorgte mehr als mancher Andere für Verbesserung und Neugestaltung vieler Kirchen, obwohl bei einzelnen dieser Werke kundige Zeitgenossen erklärten, er habe mehr verschlimmert als gebessert, S. Celso, S. Stefano rotondo, S. Eusebio, S. Giovanni Laterano, S. Maria Maggiore, Pantheon, S. Teodoro. Das charakteristische Zeichen aber für die seltsame Verquickung von Antikem und Christlichem zeigte der Papst in der Ausschmückung seines Arbeitszimmers: nicht allegorische Gestalten der Poesie und Beredtsamkeit, noch weniger Darstellungen aus dem antiken Leben sollten dasselbe zieren, sondern zwei Gemälde von der Hand des Fra Angeliko, die Bilder der Heiligen Laurentius und Sebastian.

Zu den künstlerischen Genossen des Papstes, seinen Rathgebern und Anregern, gehört nach dem Zeugnisse vieler Zeitgenossen, auch des spätern, aber durch eine lebendige selten täuschende Tradition unterrichteten Vasari — die Urkunden schweigen indessen über ihn — vor Allem Leon Battista Alberti. Sicher ist nur, daß Alberti dem Papst sein Hauptwerk de re aedificatoria gewidmet hat — und eine solche Widmung beweist für einen so freien und selbständigen Geist, wie Alberti war, eine innere Zusammengehörigkeit, nicht etwa blos ein äußerliches und zufälliges Zusammentreffen —; wahrscheinlich ist, daß er in seinem Auftrage ein Dach über die Engelsbrücke gebaut hat. — Wenn er aus der großen Reihe der Mitarbeiter allein genannt wird, so geschieht dies nicht blos, weil er einer der bedeutendsten und gewiß vielseitigsten ist, auch nicht blos deswegen, weil er künstlerisches Schaffen und schriftstellerisches Arbeiten in wunderbarer Weise zu vereinigen verstand, sondern ganz besonders deswegen, weil er durch sein imponirendes Wirken den Literaten Achtung und Verehrung für sich und dadurch für die Künstler überhaupt abnöthigt. Wenn Enea Silvio von dem berühmten Bernardo Rosselino spricht, so sagt er einfach von ihm: „er sei unter allen Architekten der Zeit besonderer Ehre würdig", redet er aber von Alberti, so nennt er ihn „einen gelehrten Mann, den kundigsten Erforscher von Alterthümern, den Verfasser ausgezeichneter Schriften". Nun wetteisert man in der Lobpreisung der Künstler und in der Zusammenstellung derselben mit den Genien des Alterthums: Fra Angeliko wird mit Apelles verglichen, Andrea Guazalotti dem Pyrgoteles als würdiger Nebenbuhler beigesellt, die Meister, welche die Cathedrale von Orvieto mit ihren Skulpturen schmückten, stehen nach Papst Pius' Bericht nicht hinter Phidias und Praxiteles zurück.

„Was blieb wohl diesem Manne verborgen?" fragte Poliziano, „welche Wissenschaft wäre so dunkel, welche Kenntniß so entlegen, daß sie nicht Leon Battista erreicht und ergründet hätte?"

Broncerelief des XV. Jahrhunderts, wahrscheinlich Leon Battista Alberti darstellend.

Leon Battista ist vermuthlich 1404 im Exil in Venedig geboren, kehrte später nach Florenz, der Heimatsstätte seines Geschlechts zurück, dessen würdiger Nachkomme er ist, würdig durch seine Leistungen, würdig aber auch durch den Familienstolz und die Verehrung, welche er den Leistungen seiner Vorfahren in Kunst und Literatur, ihrem Reichthum und ihrer Geschicklichkeit im Handel zu Theil werden ließ. Er lebte lange Zeit in Florenz, dann an den Höfen einiger Fürsten, deren Gunst er erhielt, ohne Höfling zu werden, nahm die geistlichen Weihen, ohne Geistlicher zu werden, studirte Jurisprudenz, wurde aber kein Jurist, trieb humanistische Studien und beschäftigte sich praktisch und theoretisch mit jeder Art von Kunst. Er war ein Allseitiger, wie er in dieser wunderbaren Vollkommenheit nur selten erschien, in jeder körperlichen Fertigkeit, im Laufen, Reiten, Springen, Ballwerfen ebenso geschickt wie in geistigen Uebungen.

Bei solcher Viel-, ja Allseitigkeit konnte es begreiflicherweise an Widersprüchen nicht fehlen. Ein solcher zeigt sich zunächst in seiner Beurtheilung der Frauen. Bald ist er der begeisterte Lobredner von Frauenschönheit, Keuschheit und Treue, rühmt die Liebe zum Weibe als das köstlichste Gut und analysirt die Pflichten der Männer und Frauen in der Liebe, bald verkündet er mit gelehrter Miene und mit einer großen Anzahl historischer Beweise den Satz, daß die Weiber das Uebel in die Welt gebracht haben; bald räth er die Weiber zu fliehen, weil diese nur Trug, List und Verstellung besitzen und vermöge dieser Eigenschaften eine ungerechtfertigte Herrschaft über die Männer sich anmaßen, bald verkündet er am Schlusse einer Novelle den schönen Satz: „Wen die Liebe nicht berührt, der weiß nicht, was Melancholie und Wonne heißt, er kennt nicht Muth und nicht Furcht, nicht die Trauer und nicht die Süßigkeit des Daseins".

Ein anderer Widerspruch zeigt sich in seiner Beurtheilung der Sprachen. Bald ist er einseitig wie jeder Humanist, ein unbedingter Vertheidiger der lateinischen Sprache als des einzigen dem Gelehrten, ja überhaupt dem Gebildeten möglichen Idioms, bald erklärt er, unter Ausdrücken des Bedauerns über den Verlust einer Weltsprache, daß die toskanische durchaus keinen Widerwillen erregen dürfe, vielmehr vollkommen geeignet sei, gute Gedanken klar und verständlich wiederzugeben. Daher bedient er sich auch beider Sprachen: der italienischen z. B. zu seinem Werke über das Hauswesen, einer weisheitsvollen Darstellung des Familienlebens, der lateinischen zu seiner Comödie und Selbstbiographie, zu seinen kunsttheoretischen Schriften und anderen gelehrten Arbeiten.

Damit hängt dann seine Beurtheilung der Zeiten zusammen, der lateinischen und italienischen, d. h. der antiken und modernen, die im Laufe der Jahre wechselt. Früher war es ihm vorgekommen, „als ob die Natur alt und müde geworden wäre und keine großen Geister, wie keine Riesen mehr hervorbringen möchte"; als er aber nach langjähriger Abwesenheit wieder Florenz besuchte, sah er dort Meister, die den Alten an Vortrefflichkeit Nichts nachgaben.

Der größte Gegensatz aber zeigt sich in seiner verschiedenartigen Weltanschauung: der heidnisch-humanistischen und der christlichen. Sein ganzes

Wesen nämlich ist vollkommen verwebt mit drei Ansichten, die den Zögling der Renaissance kennzeichnen, der einen, daß die Ruhmessehnsucht das treibende Motiv zu guten Gesinnungen und vortrefflichen Thaten sein müsse, der andern, daß die volle rücksichtslose Ausbildung der eignen Persönlichkeit oberstes Gebot für den Strebenden sei, der dritten, daß die Alten die einzigen Quellen seien, aus denen das Gute geschöpft werden könne und die wahren Leitsterne, die zu dem Guten hinführten. Und doch hält er wiederum die Lehre aufrecht, daß das Christenthum, welches die Ruhmessehnsucht als Vernichterin der christlichen Demuth verdammt, die Ausbildung der Persönlichkeit nur gestattet, soweit sie den Geboten der Kirche nicht zuwiderläuft und statt der Alten die Bibel als einzige oder Hauptquelle der Erkenntniß zu verehren gebietet, daß das Christenthum die Welt aus dem Thale des Irrthums zu den Höhen der Wahrheit erhebe, daß dasselbe erst die Weisheit aus einer unmöglichen und unfruchtbaren zu einer möglichen und fruchtbaren mache.

In diesen Hauptanschauungen liegt der große Reiz, den Alberti zu seiner Zeit ausübte, liegt die hohe Bedeutung, die er noch heute beanspruchen darf. Seine Bedeutung erschöpfen könnte man freilich nur, wenn man seine Hauptschriften analysiren, wenn man seine Bauwerke, unter denen die Kirche S. Francesco zu Rimini eines der hervorragendsten ist, oder die Façade der Kirche Sta Maria Novella in Florenz, beschreiben, wenn man sein Gefühlsleben, z. B. seine schwärmerische Hingabe an die Natur und alles Schöne, das äußerlich erkennbar war, darstellte. Indessen eine solche Schilderung gehört fast durchaus der Kunstgeschichte an, überschreitet daher die Grenzen unserer Aufgabe.

In den letzten Jahrzehnten seines Lebens weilte Alberti häufig in Rom, noch weit über das Pontifikat Nikolaus V. hinaus; er starb erst 1477; ein römischer Chronist erwähnt sein Hinscheiden unter den denkwürdigen Stadtereignissen mit den Worten: „Ein Mann voll anmuthiger Gelehrsamkeit und holden Geistes ist von uns geschieden".

Leon Battista Alberti ist zu vielseitig, um nur als Schriftsteller der Renaissance in Anspruch genommen zu werden; manche andere seiner Zeitgenossen, die sich gleich ihm der Gunst Nikolaus V. erfreuten, trugen mit Stolz diesen ihren einzigen Ruhmestitel: Lorenzo Valla (1407—1457), Maffeo Vegio (1406—1458), Flavio Biondo (1388—1463).

Lorenzo Valla gehört zwar nicht während seiner ganzen Lebenszeit Rom an, aber er ist dort geboren, unterrichtet und zwar von Leonardo Bruni und Giovanni Aurispa, und dort gestorben. Da er das Amt eines päpstlichen Sekretärs, nach welchem er strebte, nicht erlangen konnte, war er 24jährig nach Piacenza gezogen, hatte sich dann lange umhergetrieben, bis er am Hofe von Neapel einen ihm genehmen Aufenthaltsort fand und war 1447 einer Einladung des Papstes Nikolaus V. nach seiner Vaterstadt gefolgt, in welcher er, auch nach des Papstes Tode, bis zu seinem eignen Ableben verweilte.

Bei seiner Berufung legte der Papst das größte Gewicht auf Vallas philologische Gelehrsamkeit und ermunterte ihn zu Vorlesungen; er wünschte in ihm einen Genossen Tortellos zu besitzen. Dem Tortello ist daher auch Vallas gelehrtes Hauptwerk, die **elegantiae linguae latinae**, gewidmet. Es ist ein Buch, das den in den letzten Jahrzehnten aus der reinen Quelle der

Fassade von Santa Maria Novella zu Florenz.

Alten entnommenen Sprachschatz sammeln und Musterbeispiele für die classische Fortbildung der Sprache bieten soll; eine Grammatik höherer Art, die nicht den ganz Uneingeweihten die Grundbegriffe der Sprache, sondern den Kundigen die Feinheiten des Ausdrucks darlegen soll, eine Sammlung von Redensarten, Satzfügungen, stilistischen Regeln mit Mittheilung zahlloser Beispiele aus den classischen Schriftstellern. Diese ungeheure Materialienmasse, die, bei dem Mangel ähnlicher grammatikalisch=lexikalischer Hilfsmittel der neuen Schule nicht durch eine bequem erborgte Lexikonweisheit, sondern durch eine mühsam erworbene Kenntniß aus erster Hand zusammengebracht war, ferner der feine Sprachsinn, die Ahnung des Kunstmäßigen und Harmonischen im Sprachgefüge machen noch heute den Werth des Werkes aus und machten es Jahrzehnte, ja vielleicht Jahrhunderte hindurch zu einer unerschöpflichen Fundgrube für die Gelehrten. Weniger bedeutsam erscheint das Methodische des Buches: die Anordnung ist unübersichtlich und unsystematisch, syntaktische Regeln wechseln in ungehöriger Weise mit Bemerkungen über den Gebrauch einzelner Worte und Wortformen, mit Lehren von der Bedeutung gewisser Endungen; selbst bei dem sorgfältigsten Nachdenken wird man z. B. keinen innern Zusammenhang zwischen zwei unmittelbar aufeinander folgenden Kapiteln entdecken können, von denen das eine de eventu, jussu und das zweite von den auf tilis, xilis und silis endenden Adjektiven handelt. Wichtiger aber als Reichhaltigkeit des Inhalts und Gesetzmäßigkeit der Anordnung war für die Zeitgenossen das Triumpfgefühl, welches das Buch belebt, die sieghafte Empfindung des Römers und des Bürgers der neuen Zeit. Jene trat in dem stolzen oft angeführten Satz hervor: „Wir Römer haben die weltliche Herrschaft eingebüßt, aber kraft der glänzenden Herrschaft der Sprache regieren wir noch heute über einen großen Theil des Erdkreises: unser ist Italien, unser Frankreich, Spanien, Deutschland und viele andere Nationen, denn wo die römische Sprache herrscht, da ist römisches Reich"; diese, die Erkenntniß von der Zugehörigkeit zu einer neuen Zeit trat in dem starken Selbstbewußtsein und in den heftigen Wendungen gegen die Gegner hervor. Denn Valla erklärte sein Werk für das erste, in welchem die wahre Latinität gelehrt würde, er nannte Den, welcher die Eleganz nicht kenne, unverschämt und wahnsinnig Den, welcher sie verachte, er eiferte gegen die Theologen, welche sich in Verkennung der classischen Schriftsteller gefallen um „dadurch erhabener und heiliger zu erscheinen", er wüthete gegen die Juristen früherer Zeit, welche als Hauptvertreter barbarischer Ausdrucksweise seine und so vieler Humanisten geschworene Feinde waren. Vertreter der angegriffenen Stände und streitbare Kämpen überhaupt, die ein so rücksichtslos auftretender Schriftsteller wie Valla herausfordern mußte, suchten nun gern die Angriffe zurückzuschlagen und gerade ihm, dem Grammatiker, grammatische Fehler vorzuwerfen; Valla, der von seinem Wahlspruch: „es sei schändlich zu streiten, aber schändlicher im Streite zurückzuweichen", lieber den zweiten als den ersten Theil beherzigte, gab Anklagen und Schimpfworte, denn die letzteren machen einen Haupttheil der Streitschriften jener Zeit aus, mindestens in demselben Maße zurück, in welchem er sie empfangen hatte. Durch seine maßlose Ausdrucksweise aber bewirkte er nur, daß er in seinen Invektiven gegen Poggio, Bartolomeo Facio u. A., über den Schmähworten den Gegenstand des Streits vergessen machte und nur der eignen Person Weihrauch streute, während er der Wissenschaft zu dienen vorgab.

In dem sechsten Buche der Eleganzien (Kap. 34), in welchem die kritischen und polemischen Bemerkungen die grammatischen bei Weitem überragen, erläutert Valla auch das Wort persona und will es gegen Boëtius, der es als Substanz bezeichnet, als eine Qualität erhärten, als eine geistige oder körperliche Eigenschaft, vermöge deren sich ein Mensch von dem andern unterscheidet. Substanz, Qualität und Aktion sind aber die drei Categorieen, welche Valla in seinem Werke über Dialektik (Dialecticarum disputationum libri tres) an Stelle der zehn aristotelischen Categorieen setzt. Diese Vereinfachung der Schulterminologie ist freilich kein sonderliches Verdienst und auch sonst sind die positiven Leistungen des Buches nicht eben groß; sein Hauptwerth besteht in der Negative, in dem Auftreten gegen die früheren Philosophen, gegen die Scholastiker des Mittelalters. „Ich befreie die Studirenden von den Netzen und Stricken der Sophisten", diese Worte, die sich in der Vorrede zum dritten Buche finden, bezeichnen die Tendenz und den wesentlichen Gehalt des Werkes.

Die Dialektik hat nach der Begriffsstimmung jener Zeit die Methode des Denkens zu lehren, die Formeln mitzutheilen; der philosophische Denker aber darf bei diesen Aeußerlichkeiten nicht stehen bleiben. Bevor Valla Grammatik und Dialektik schrieb, hatte er sein System der Philosophie in seiner Schrift: Vom Vergnügen und vom wahren Gut (De voluptate et de vero bono) aufzustellen gesucht. Die Schrift zerfällt in drei Dialoge, in denen Antonio Beccadelli (Panormita) die Lehre der Epikuräer verkündet, Leonardo Bruni als Anwalt der Stoiker auftritt und Niccolo Niccoli die lebhafte Vertheidigung des „wahren Gutes" übernimmt. (Als später Valla seine Schrift umarbeitete, ließ er an Stelle der Genannten, mit deren Einem er sich entzweit hatte, zur Vertheidigung der nun theilweise veränderten Ansichten andere Kämpfer auftreten, unter denen Maffeo Vegio und Candido Decembrio zu nennen sind.) „Was die Natur erzeugte und bildete, kann nur löblich und heilig sein", und „die Natur ist eben oder fast dasselbe wie Gott", in diesen beiden an den spätern Materialismus anklingenden Sätzen faßt Beccadelli — der Redende aber bringt doch nur Vallas Ansicht zum Ausdruck — die religiösen und moralischen Grundgedanken des Philosophen zusammen. Der letztere Satz — die Gleichstellung des Geschöpfs mit dem Schöpfer, des bewußtlosen Produkts mit dem wissenden Beweger des Alls — rüttelt an den Grundlagen des Christenthums, der erstere zerstört die Stützen der festgegründeten Moral, indem er an die Stelle der Tugend „des Willens oder der Liebe zum Guten, der Abneigung gegen das Schlechte", das Vergnügen „das von allen Seiten herbeigeholte, in Ergötzung des Geistes und Körpers bestehende Gute" setzt. Der Philosoph preist den Genuß des Auges, des Ohres, des Mundes, die Freude an der Schönheit des Weibes, am süßen Klang der Musik, am Wein, „dem Lehrer und Vater aller Freuden"; er gestattet dem Einzelnen zügellose Befriedigung seiner Lüste, und vernichtet dadurch das Leben der Gesellschaft, das auf dem Sittlichkeitsprinzip aufgebaut ist, denn er rechtfertigt den Ehebruch und fordert die Frauengemeinschaft. Vor Allem aber wendet er sich gegen die Geistlichen, nicht blos gegen die von diesen gebilligte und gepflegte Scholastik, sondern gegen ihre Einrichtung des Cölibats und des Mönchs- und Nonnenthums; jenen verdammt er als ein Verbrechen wider die Natur, dieses bekämpft er als eine abergläubische Institution und erklärt: „Wer das Nonnenthum aufgebracht, der hätte wegen so ungeheuerlicher Vorschrift bis an die Grenzen der Erde verbannt werden müssen".

Valla kennt keine Autorität. Er, der sich von Aristoteles und dessen Verehrern und Commentatoren nicht im Geringsten imponiren läßt, der z. B. ausrief: „Und ich sollte diese Menschen fürchten und mir von ihnen verbieten lassen, etwas gegen Aristoteles zu sagen, sollte dulden, daß sie sich eine Autorität zuschreiben, die nicht einmal der Gesammtheit der Philosophen zusteht? Nein, ich werde trotz ihrer Alles aussprechen, was ich gegen Aristoteles auf dem Herzen habe, nicht um den Menschen anzuklagen, sondern um die Wahrheit zu ehren", er legt sein kritisches Messer auch an Urkunden und Aktenstücke, die seit Jahrhunderten als heilig oder wenigstens als echt galten. Besonders kämpft er gegen die sogenannte Schenkungsurkunde Constantins, durch welche Kaiser Constantin dem Papst Sylvester als Dank für die durch diesen empfangene Taufe den lateranensischen Palast, Rom, Italien, ja das ganze Abendland zum dauernden Besitz überlassen haben soll. In seinen Angriffen ist er freilich nicht der erste, denn Nicolaus von Cusa war ihm mit ähnlichen Behauptungen vorangegangen, wird auch nicht blos von wissenschaftlichen Erwägungen geleitet, sondern durch seine nahen Beziehungen zu Alfons von Neapel und dessen Feindschaft gegen Papst Eugen IV. mitbestimmt, so daß manche heftigen Aeußerungen gegen das Papstthum nur als Wirkungen der Abneigung gegen den einen Papst aufzufassen sind, aber er bleibt bedentsam und kühn.

Die Unechtheit der constantinischen Schenkung ist ihm erwiesen aus sachlichen, sprachlichen und historischen Gründen. Sachlichen, denn es mußte ihm, der politisch genug gebildet war, um die Mühe des Erwerbs und die Lust am Festhalten des Erworbenen zu kennen, allzu seltsam erscheinen, daß ein Kaiser mit einem Federzug sich des größten Theils seines Besitzes entäußerte; sprachlichen, denn die Sprache des Dokuments schmeckte ihm, dem classisch Gebildeten, allzusehr nach der unclassischen Ausdrucksweise des Mittelalters; historischen, denn es fehlte ihm, dem historisch Geschulten, die äußere Gewähr für die Glaubwürdigkeit. Der Umstand aber, daß so viele Päpste mehrerer Jahrhunderte an die Echtheit des Aktenstückes geglaubt haben, ist für ihn kein Beweis, vielmehr ein Zeugniß ihrer Unkenntniß und Leichtgläubigkeit: hätten sie aber auch an der Echtheit gezweifelt, so würden sie schon ihres Vortheils wegen jeden Zweifel unterdrückt haben. Valla genügt es jedoch nicht, die Nichtigkeit der Schenkungsurkunde zu erweisen, ihm kommt es darauf an, weitgehende Folgerungen aus diesem Beweise zu ziehen. Er läugnet nämlich das Unrecht der Päpste auf weltliche Herrschaft überhaupt; er ruft die Römer zum Abfalle von dem ihm verhaßten Papst Eugen IV. auf. Diesen Aufruf begründet er auf zwiefache Weise. Zuerst mit einem Hinweis auf die biblische Geschichte: „Wenn es Israel erlaubt war, von David und Salomo abzufallen, die doch Propheten gesalbt hatten, sollten denn wir nicht das Recht haben, eine so große Tyrannei abzuwerfen und von Denen uns loszureißen, welche weder Könige sind noch es sein können, ja die aus Hirten der Lämmer Diebe und Räuber geworden sind." Sodann mit einem Hinweis auf die erhabene Stellung der Römer: „Wenn es anderen Nationen, die unter Roms Botmäßigkeit standen, zukam, sich einen König zu wählen, oder eine Republik zu begründen, so muß es umsomehr dem römischen Volke gegen die neue Tyrannei des Papstes gestattet sein." Mit dem Aufhören solcher unbegründeten Herrschaft werde das Papstthum nicht vernichtet sein, sondern in seiner wahren Gestalt geschaut werden, „dann wird der Papst wahrhaft der Statthalter Christi sein, dann wird er genannt werden und wirklich sein heiliger Vater, Oberhaupt Aller, Herr der Kirche."

Der kritische Sinn, welcher den Angriff gegen die constantinische Schenkung veranlaßt und durchzieht, ist bei Valla aufs Höchste ausgebildet, er richtet sich gegen Personen und Sachen, gegen Mittelalter und Alterthum, gegen Profanes und Heiliges. Unter den Untersuchungen über das Alterthum sind die über Livius zu erwähnen, veranlaßt durch Vorlesungen und Erklärungen des Livius, die vor König Alfons von Neapel gehalten wurden, Untersuchungen und Verbesserungen, welche nach dem Ausspruch eines neuern Philologen, vermöge ihres Scharfblicks und feinen Sprachgefühls, zum großen Theil noch heute im Text des Livius ihre Stelle finden.

Eine Kritik des Livius erschien nur den blinden Vergötterern des Alterthums unberechtigt, eine Kritik der Bibel dagegen, eine Gleichstellung ihrer Autoren mit heidnischen Geschichtsschreibern mußte vielen Frommen anstößig sein. Ungeachtet des zu erwartenden Widerspruchs indessen wagte Valla in der über das Wesen der Geschichte handelnden sehr bemerkenswerthen Einleitung zu seiner Geschichte des Königs Ferdinand, des Vaters Alfonsos, den kühnen Ausspruch: „Moses, der erste und weiseste Schriftsteller und die verehrungswürdigen Evangelisten müssen als Historiker bezeichnet werden." Durch solche Betrachtung bahnte er sich den Weg zur Kritik der Bibel und schrieb die „Anmerkungen zum Neuen Testament" (Annotationes in Novum Testamentum), in denen er die große Mangelhaftigkeit der in der Kirche hoch-, fast heiliggehaltenen lateinischen Uebersetzung gegenüber dem griechischen Texte nachwies und auch die Handschriften des griechischen Textes in ähnlicher Weise wie die Worte der profanen Schriftsteller zu behandeln Lust zeigte. Ja, er ging weiter, er läugnete die damals allgemein angenommene Echtheit des Briefes des Abgaros an Christus, er bestritt die Abfassung des apostolischen Symbolums durch alle Apostel und wurde von Alfo'ns gegen die über solche Behauptungen erbitterten Geistlichen, insbesondere den wider ihn in öffentlichen Reden wüthenden Minoritenprediger Fra Antonio di Bitonto, in Schutz genommen. Ob der Schutz des Königs aber auch gewährt worden wäre und wenn gewährt, ob er ausgereicht hätte, wenn Valla wirklich seine nach Pontanos Mittheilung öffentlich gethane Aeußerung, Pfeile gegen Christus selbst zu werfen, wahr gemacht hätte? Aber die Aeußerung, an deren Glaubwürdigkeit nicht zu zweifeln ist, ist schon bezeichnend genug. Und wenn irgend etwas die friedliche Vereinigung der crassesten Gegensätze in der Zeit der Renaissance zu lehren vermag, so ist es die Thatsache, daß der Philosoph, welcher der epikuräischen Anschauung im Gegensatz zur christlichen das Wort redete, der Historiker und Politiker, welcher die weltliche Herrschaft des Papstthums bekämpfte und einen Inhaber der höchsten geistlichen Gewalt mit schmähenden Worten belegte, der Theologe endlich, welcher die Meinungen der Geistlichen belächelte und bereit war, Dogmen der Kirche in Zweifel zu ziehen, daß dieser in Rom leben durfte, nicht etwa im Schlupfwinkel verborgen, sondern offen, unangefochten, als Schützling, ja als Freund des Papstes.

Einer der Unterredner in der Umarbeitung von Vallas Dialog de voluptate ist Maffeo Vegio aus Lodi gebürtig (Laudensis), der, nachdem er Professor der Poesie und Jurisprudenz in Pavia gewesen, unter Eugen IV. nach Rom kam, Augustinermönch wurde und bis zu seinem Tode in Rom lebte. Er läßt sich an Kühnheit der Gedanken und Rücksichtslosigkeit der Sprache nicht mit Valla vergleichen, aber er beweist seine Zugehörigkeit zu derselben geistigen Atmosphäre, in der Jener lebte, durch die in ihm erkennbare Mischung von Antikem und Christlichem, die um so eigenthümlicher erscheint, als er Geistlicher ist und bleibt. Derselbe Mann nämlich schrieb ein großes Werk (vier Bücher) über das Leben des heiligen Antonius und eine Fortsetzung Virgils, ein 13. Buch der Aeneide. Jenes widmet er dem Papste, beruhigt ihn „den Heiligen, der heiliger Geschichten würdig sei", daß er hier nicht die „Lügen der alten Dichter" finden würde und beginnt seine erbauliche Historie gleich mit dem Versprechen, nicht von den falschen Göttern Jupiter und Phoebus, sondern von dem einzig wahren Christus zu sprechen. Dieses dagegen ist seinem Inhalte nach „unheilige" Geschichte: die Unterwerfung der Rutuler nach dem Tode des Turnus unter die Herrschaft des Aeneas, die Klage des Latinus und Daunus über jenen Tod, die Heirath des Aeneas und das Glück, das er in der Ehe findet, und ist seiner Behandlungsart nach durchaus antik, mit dem ganzen mythologischen Apparat von Göttern und Göttinnen und mit der ganzen Anschauung des heidnischen Dichters. Derselbe Gegensatz und dieselbe Mischung zeigt sich auch in anderen Werken des genannten Autors. Er liebt die mythologischen Stoffe, nicht blos die Aeneassage, die ihm als Italiener am Herzen liegen mußte, sondern auch die Heroengeschichten, von denen er den Tod des Astyanax, Hektors unglücklichen Sohnes und den Argonautenzug (Velleris aurei libri quatuor) in zwei selbständigen Gedichten behandelt, in denen wiederum die alten Götter, Pallas Athene voran, eine wesentlich nicht immer göttergleiche Rolle spielen. Zugleich wendet er sich aber der heiligen Geschichte zu, gibt eine fromme und gelehrte Beschreibung des alten Doms von St. Peter, die um so wichtiger ist, als die von ihm beschriebene Kirche nicht lange darauf einer neuen Platz machte, erzählt das Leben des großen Bußpredigers Bernardino von Siena, übersetzt einige Psalmen in lateinische Verse und widmet Augustins Mutter, Monica, eine rührende Verehrung. Diese frommen Gedichte verschafften ihm einen Ehrenplatz unter den kirchlichen Größen des spätern Mittelalters, noch mehr aber seine frommen prosaischen Tractate z. B. über die vier Enddinge des Menschenlebens, nämlich Tod, jüngstes Gericht, Hölle, Paradies oder über religiöse Standhaftigkeit, in welchem das Ertragen der von der Gottheit verhängten Strafen oder der von den Menschen bereiteten Plagen empfohlen und gelehrt wird. Bei alledem ist Maffeo Vegio ein moderner Mensch, der für die Fragen der Zeit offenen Sinn hat. Zeuge dessen ist seine Abhandlung über Kindererziehung (de liberorum educatione), in welcher er trotz seiner oft betonten frommen Gesinnung — an Erwähnungen der Monica fehlt es selbstverständlich nicht — das Bildungsideal seiner Zeit hochhält. Demgemäß verlangt er außer der sittlichen Erziehung die wissenschaftliche und körperliche (Empfehlung des Turnens), er unterscheidet zwischen Knaben- und Mädchenerziehung und widerräth im Gegensatze zu anderen Theoretikern jener Zeit die gelehrte Bildung der Frau, für den Knaben aber verlangt er Pflege der Beredtsamkeit und Hochhaltung der Poesie, schlägt Virgil zur Lektüre vor und fordert einen classisch gebildeten Ausdruck, er warnt vor veralteten Ausdrücken und falschen Etymologien, und erzählt zur Verspottung unwissenschaftlicher Sprachbehandlung die lustige Geschichte, daß ein Grammatiker das venezianische Schiff Bucentaur, das er bucentorium nannte, von buccis und centum (hundert Parasiten) abgeleitet hatte, weil doch ein Fürst immer ein bedeutendes Gefolge hinter sich haben müßte.

Das Hochhalten eines correcten lateinischen Ausdrucks ist allen Schriftstellern der Renaissance gemeinsam, doch unterscheidet sich Flavio Biondo in dieser Beziehung sehr von manchen seiner Zeitgenossen. So gern er nämlich classisches Latein liest und schreibt, so duldet er es nicht, sobald er es auf Kosten der Deutlichkeit und Genauigkeit des Ausdrucks gebrauchen müßte; daher hütet er sich wohl, den Anführer eines beliebigen Heeres mit dem altrömischen Ausdruck imperator zu bezeichnen und gebraucht für die neuen Schießwaffen, von denen er eine anschauliche Beschreibung gibt, das gänzlich unclassische Wort bombardae, freilich mit der Bitte an die Lateiner, an demselben, in Anbetracht seiner Nützlichkeit, keinen Anstoß zu nehmen. Dieselbe Gesinnung, welche seine philologische Ansicht leitet, bestimmt auch seine historische Auffassung und veranlaßt ihn, trotz aller Verehrung des alten Rom das moderne zu erheben. Eine solche Werthschätzung mußte den Zeitgenossen bedenklich erscheinen; er aber scheute sich nicht, auszusprechen:

„Ich bin nicht der Meinung Derer, welche die Gegenwart der Stadt so ganz verachten, als ob alles Denkwürdige von ihr mit den Legionen und den Consuln, dem Senat und den Zierden des Capitols und Palatins gewichen sei, denn noch steht der Ruhm und die Majestät Roms auf ihren Füßen und sie sind auf soliderm Boden gegründet." (Gregorovius' Uebersetzung.)

Diese Worte finden sich am Ende von Biondos Werk Roma instaurata (1447), dem später zwei ähnliche folgten: Italia illustrata (1459) und Roma triumphans (ca. 1460). Das erste, das dem Papste Eugen überreicht wurde, ist die erste wissenschaftliche Stadtbeschreibung, die Schilderung des alten und neuen Rom, ohne die langen Auseinandersetzungen, die einem pedantischen Gelehrten oder begeisterten Alterthumsfreunde nöthig erschienen wären und nur mit gelegentlichem schmeichelhaftem Hinweis auf die von dem Papste restaurirten Denkmäler. Eine Ergänzung zu dem ersten bildete das zweite, dem großen Gönner humanistischer Studien Alfons von Neapel gewidmete Buch, — die wohlstilisirte Widmung aber verfaßte Francesco Barbaro, der Gönner Biondos, da Letzterer selbst sich die einem hochgebildeten Fürsten gegenüber nothwendig erscheinende Eleganz nicht zutrauen mochte — eine Beschreibung Italiens nach den 14 alten Landesregionen, Aufzählung der einzelnen Städte und Darlegung der älterer und neuerer Zeit angehörigen Merkwürdigkeiten nebst Anspielungen auf die zeitgenössischen Verhältnisse, zu denen ebensowohl die Erörterung der Frage, ob die Fürsten wissenschaftliebende Männer sein sollen, als der gelegentliche Hinweis auf sich und seine Familie gehören. Das dritte endlich ist eine Darstellung des Staatswesens, der Religion und der Sitten der alten Römer, ein Werk, auf das sowohl Derjenige, dessen Namen es trug, Papst Pius II., als der Verfasser stolz waren; Letzterer nannte es ein Werk vieler Studien und Mühen (multarum lucubrationum opus). In allen drei Werken braucht der begeisterte Alterthumsforscher gern Ausdrücke der Verehrung für die Ruinen, die ruhmvollen und zugleich traurigen Reste des Alterthums und Worte des Zorns gegen die Schänder dieser ehrwürdigen Antiquitäten; er flucht der „gottlosen Hand Derer, welche Steine und Marmor zu anderen erbärmlichen (sordidissimas) Bauwerken wegtragen".

Während sich Biondos bisher genannte drei Werke zumeist mit dem römischen Alterthum beschäftigten, behandelt sein Hauptwerk, welchem der Schriftsteller auch seinen eigentlichen Ruhm verdankt, die Gesammtgeschichte des Mittelalters. Es sind die historiarum decades tres ab inclinatione imperii Romani, eine Geschichte des römischen Reichs, d. h. eine Weltgeschichte nach dem Sinn, welchen jene Zeit mit diesem Begriff verband, von 412, dem Jahre der Einnahme Roms durch die Gothen, bis 1440. Die Wahl dieses Stoffes ist bemerkenswerth und wichtig, weil gerade in einer Zeit der einseitigen Bevorzugung des Alterthums und der lebhaften Theilnahme an den Vorgängen der eignen Zeit eine Berücksichtigung des Mittelalters als Verdienst angesehen werden muß. In der Wahl dieses Gegenstandes liegt denn auch das größte Verdienst des Buches, denn der Werth der Nachrichten ist nicht unbestritten; die Darstellung ist keineswegs glänzend, weder in Sprache, die vielmehr ohne Anmuth und Eleganz ist, noch in Anordnung, die durch allzu strenge Befolgung der Chronologie ermüdend wirkt, noch in Art der Erzählung, die mehr dem referirenden Chronisten als dem urtheilenden Historiker ansteht; die Kritik endlich ist schwach. Denn wenn auch Biondo häufig über Faulheit und Unzuverlässigkeit der Schriftsteller klagt (deplorata scriptorum ignavia u. ähnl.), wenn er auch das Verschweigen der Namen durch diesen und jenen Historiker rügt, und z. B. bei der Geschichte Heinrichs VII. Widersprüche zeitgenössischer Autoren aufdeckt, so zeigt er nie und nirgends ein bestimmtes kritisches System, läßt Vorliebe und Abneigung, nicht aber innere Gründe die Wahl seiner Führer entscheiden und nimmt daher trotz seines Gerechtigkeitssinns und seiner Wahrheitsliebe Fabeln und tendenziöse Berichte in Menge auf. Von den bedeutenden Männern der Literatur ist wenig die Rede: nur Petrarca wird von Biondo mehrfach genannt, seine Dichterkrönung mitten unter politischen Ereignissen erwähnt, seine Briefe als historische Quellen benutzt; „Dies Alles", so heißt es einmal, „würden wir nicht versichern, wenn nicht Francesco Petrarca, der dabei war, es ausdrücklich bestätigte".

Flavio Biondo war in Forli geboren, lebte lange in Mailand und Bergamo, als Sekretär des hochangesehenen Francesco Barbaro, nahm unter Eugen IV. eine nicht unbedeutende Stellung ein, trat zu ihm in ein vertrautes Verhältniß, das ihn veranlaßte, den Papst ins Exil zu begleiten und nach seinem Tode Rom zu verlassen, vermochte aber die Gunst des neuen Papstes, wenigstens in den ersten Jahren von dessen Pontifikat nicht zu gewinnen. Vielleicht genoß Biondo die Gunst des Papstes Nikolaus nicht, weil er seinem Vorgänger zu nahe gestanden hatte, vielleicht deswegen, weil er das Griechische gar nicht oder wenig verstand; erst von den folgenden Päpsten wurde der bescheidene anspruchslose Gelehrte, der durch sein musterhaftes Familienleben ebenso einzig dasteht, wie durch seine von Prunksucht gänzlich freie Gelehrsamkeit, geschätzt, besonders von Pius II.

Achtes Kapitel.

Enea Silvio Piccolomini und das Papstthum bis zum Ende des 15. Jahrhunderts.

Calixt III., (1455—1458), der Nachfolger des Papstes Nikolaus V., bedeutet für die Geschichte des Papstthums so wenig, daß die Bezeichnung des „hochherzigen Alten", mit der ihn Palmieri wegen seines Eifers für den Kreuzzug belegt, nicht gerechtfertigt erscheint, und für die Geschichte der Renaissance nichts, so daß der Ausspruch eines Humanisten über ihn: „er war nutzlos in der Reihe der Päpste" begreiflich wird. Sein trauriger Ruhm besteht darin, daß er Verwandte ohne Verdienst begünstigte, und durch solchen Nepotismus ein Vorläufer Pius' II. nicht blos der Zeit nach wurde, und daß er die Bibliothek, welche Nikolaus in vielen Jahren mit großer Mühe gesammelt hatte, in wenigen Tagen zerstreute.

Um so mehr bedeutet Pius II. (1458—1464), der, bevor er Papst wurde, Enea Silvio Piccolomini hieß. Er wurde in Corsignano, nahe bei Siena am 18. Oct. 1405 geboren, theils in Siena, theils in Florenz erzogen, und nahm frühzeitig Stellungen an, durch die er sich und die Seinigen ernährte. Als Sekretär des Bischofs von Fermo nahm er am Concil von Basel theil, dessen eifriger Anhänger er wurde, trat mit Felix V. in Beziehung und ging als dessen Gesandter zu Friedrich III. nach Wien. Erst 1446 wurde er Geistlicher, im folgenden Jahr Bischof von Siena, dann päpstlicher Legat bei Friedrich, 1456 wurde er Cardinal. Als er 1458 Papst geworden war, wandte er seine Aufmerksamkeit den politischen und kirchlichen Angelegenheiten gleichmäßig zu, hatte aber weder in diesen noch in jenen sonderliche Erfolge aufzuweisen. Denn die kirchliche Thätigkeit macht seinem Charakter keine große Ehre: über dem Papst, der in heftigen Bullen jede Appellation an ein Concil, von wo sie immer ausgehe, als Majestätsbeleidigung bestraft wissen will, kann man den Privatmann und einfachen Geistlichen nicht vergessen, der in dialektisch geschickten Dialogen, in historischen Auseinandersetzungen und in Briefen den Grundsatz unbedingter Autorität des Concils aufgestellt und den Satz verfochten hatte, daß ein Concil nur mit seiner eignen Zustimmung aufgelöst und verlegt werden könnte. Seine politische Thätigkeit aber ist ruhmvoll, jedoch erfolglos: sein Plan eines Türkenkriegs entsprach den Idealen jener Zeit vielleicht ebensosehr, wie sein Versuch, durch einen Brief den Sultan Mohammed zum Christenthum zu bekehren, aber der große Fürstencongreß zu Mantua (1459) mit seinen vielen langen Reden und seinen wenigen Beschlüssen war die einzig sichtbare Folge dieser Bemühungen; von allen verbündeten Mächten dachte der Papst fast allein daran, der Beschlußfassung die Ausführung folgen zu lassen; er reiste nach Ancona, um sich an die Spitze des europäischen Heeres zu stellen, starb aber daselbst am 15. August 1464.

Pius II. ist einer der gebildetsten und gelehrtesten Fürsten aller Zeiten. Zudem war er einer der echtesten Zöglinge der Renaissance. Er hat, obwohl er selbst kein glücklicher praktischer Politiker ist, einen guten Blick für die politische Entwicklung der Zeit: er ahnt gewissermaßen die Umwandlungen voraus, welche das Condottierenwesen jener Zeit zur Folge haben mußte, er billigt das neu entstehende kräftige Königthum, „denn ein edles Königsgemüth belohnt jede Trefflichkeit". Die Belohnung der Trefflichkeit liegt ihm sehr am Herzen, nicht am wenigsten die der eignen. Er verlangt nach Ruhm, hört daher gern die Gedichte an, welche man ihm widmet, ja nimmt sie in seine Werke auf, er wünscht, daß sein Name und seine Leistungen der Ewigkeit überliefert würden. Als seine Leistungen aber betrachtet er nicht die wenigen seines kurzen Pontifikats, sondern die vielen seiner langen Schriftstellerlaufbahn. Er ist ein Eiferer für das römische Alterthum, dem griechischen aber ebenso wie viele andere Humanisten abgeneigt, ein Redner und Dichter. Man betrachtete ihn als den „ersten, in welchem die neue Bildung des Jahrhunderts deutlich hervortrat", man kannte „nichts Erhabeneres als den Schwung seiner Rede." Er verehrte das Alterthum indessen nicht nur in seiner Sprache, sondern auch in seinen sichtbaren Ueberresten. Als einfacher Geistlicher hatte er Verse an Rom gerichtet, in denen die Worte vorkommen: „Ich ergötze mich daran, Rom, deine Ruinen zu schauen, aus deren Gemäuer die alte Größe erscheint, aber wenn dein Volk fortfährt, aus dem Marmor Kalk zu brennen, so wird in dreihundert Jahren kein Zeichen des alten Adels mehr vorhanden sein", als Papst mußte er versuchen, diesem Aufruf gemäß zu handeln. In der That veröffentlichte er eine Bulle (28. April 1462), laut welcher es Jedermann bei schwerer Strafe verboten sein sollte, alte Gebäude zu zerstören; trotzdem scheint es ziemlich sicher, daß in Rom und ist ganz gewiß, daß in Ostia und Tivoli von dem Anderen streng drohenden Papste alte Säulen und altes Gestein zu neuen Bauwerken benutzt wurden. Er schildert die Menschen und beschreibt das Land. Er hat das Auge des Künstlers für die landschaftliche Umgebung und das Gemüth des Kindes, das von der Landschaft die anmuthigsten und erfreulichsten Eindrücke erhält. Freilich nicht immer bekundet er Unverdorbenheit des Gemüths, vielmehr ergötzt er sich gern an verbotenem Liebesspiel, ist nicht frei von Frivolität und hält Obscönes nicht zurück; die Gedichte seiner Jugendzeit schlagen oft einen sehr freien Ton an und seine Briefe sind nicht selten von erschreckender Lüsternheit. Unter den erotischen Dichtungen jedoch befindet sich eine Perle der Erzählungsliteratur, der Roman von Euryalus und Lucretia, die meisterhafte Schilderung von dem Erwachen einer (freilich unerlaubten) Liebe zwischen einem jungen Mann, dem deutschen Canzler Caspar

Enea Silvio Piccolomini wird von Friedrich III. gekrönt.
Fresko von Bernardino Pinturicchio (1454—1513) in der „Libreria" des Domes von Siena.

Schlick und einer verheiratheten Frau, von der allmählichen Steigerung der freundlichen Neigung zu heißer Leidenschaft, von den Schwierigkeiten und Gefahren, welchen die Liebe begegnet und welchem sie siegreich durch List und Gewalt entgegentritt, von der Freude des Besitzes und der Seligkeit des Genusses, von dem Schmerz kurzer Entfernung, von der nüchternen Losreißung des befriedigten Mannes, und von dem stets erneuten, dem tiefsten Innern entstammenden Leide der verlassenen Frau. Das sind die echten Töne des Gefühls, die nur ein Herzenskundiger und nicht ein bloßer Sinnenmensch anzuschlagen vermag.

Die Geschichte spielt in Siena, der Stadt, die Enea Silvio als Geburtsstadt betrachtete und aus diesem Grunde vor allen anderen ehrte und begünstigte. Aber die Liebe zur Stadt verleitete ihn zu der Untugend des übermäßigen Hervorziehens seiner Landsleute. Mochte er Sienas Plätze schmücken, ihre Kirchen und Paläste verschönern, so schadete er durch solches Verfahren Niemandem; durch seine allzugroße Begünstigung der Sienesen aber machte er sich eines crassen Nepotismus schuldig, der die Römer kränkte und ihnen einen für den damaligen Papst ungünstigen Vergleich mit seinem Vorgänger Nikolaus aufdrängen mußte. Und vielleicht war er ihnen auch wegen einer andern Eigenschaft unangenehm, die Manchen als eine Tugend erscheinen mußte. Nikolaus V. nämlich hatte die Kunst und die Pracht geliebt, er hatte Enthusiasmus besessen, der die Anderen mit fortriß, er war durch seine Leidenschaft anregender und ansteckender geworden als durch sein Kunstverständniß. Pius dagegen besaß zwar auch Interesse für die Kunst, aber nur wie ein feiner Kenner, der sich an dem Kunstwerk erfreute, ohne das Verlangen zu spüren, es in seinem Besitz zu sehen; als ein kritischer Kopf, dem jede Leidenschaft, am Meisten aber eine der kostspieligsten, der Kunstenthusiasmus, fern blieb, konnte er wohl, einer augenblicklichen Regung folgend, verschwenden, war jedoch nicht eigentlich freigebig. Nur freigebige Menschen aber können wahrhafte Förderer von Literatur und Kunst sein. Dazu kam bei Pius eine ans Uebertriebene grenzende Einfachheit in Bedürfnissen und Manieren. Er trank, zum Schrecken der Höflinge, aus dem nicht gerade saubern Gefäße, das ihm ein Hirt reichte, begnügte sich in Tibur oder sonst in einem Landaufenthalt wochenlang mit einer Hütte, die nur wenig gegen die Unbilden der Witterung, kaum gegen den Regen geschützt war und, weil er selbst von den Freuden der Tafel Nichts kannte, zwang er seine Genossen zu einer derartigen Einfachheit, daß er für ungefähr 270 Personen täglich etwa sieben Dukaten verbrauchte.

Durch diese Charaktereigenschaften und Beziehungen zur Kunst unterschied sich Pius von seinem Vorgänger, noch mehr aber durch sein Verhältniß zur Literatur. Nikolaus schrieb Nichts, sondern vergnügte sich an der Literatur zu eigner Ergötzung und Belehrung. Enea Silvio schrieb und veröffentlichte unaufhörlich zum Genusse und zur Belehrung Anderer. Von ihm als Redner und Dichter, als Vertheidiger der Concilsrechte, solange diese der eignen Gewalt nicht gefährlich werden konnten, war schon die Rede; seine Briefe, welche streng humanistisch denkenden Zeitgenossen, z. B. dem Deutschen Heinrich Bebel wenig beachtenswerth und durchaus nicht nachahmungswürdig erschienen, „weil sie von der Eigenthümlichkeit und Würde des gebildeten Ausdrucks weit entfernt waren", sind gerade wegen dieser Ungesuchtheit und Natürlichkeit eine Quelle reicher Belehrung. Freilich mehr über Andere als über Enea selbst. Er erzählt lieber von politischen und literarischen Neuigkeiten, als daß er Betrachtungen über sich anstellt, er vergißt als Papst, ja schon vorher als hoher geistlicher Würdenträger die humanistische Würdelosigkeit, und das Gleichheitsgefühl der Gelehrten dergestalt, daß er nicht mehr in der Einzahl von sich spricht und den Adressaten als ebenbürtigen Genossen mit „Du" anredet, sondern so, daß er von sich mit „wir" redet und den Angesprochnen mit „Ihr" titulirt, er verschmäht die anmuthige Plauderei über ein Nichts und will auch in den Briefen mehr durch den Stoff als durch die Art der Behandlung Einwirkung üben. Daher finden sich in den Briefen weitschweifige theologische Erörterungen und allerlei Stücke, die nur durch äußerliche Briefform den Eintritt in die Sammlung erlangt haben, z. B. der Roman von Euryalus und Lucretia, hauptsächlich aber geographische und historische Abhandlungen.

Enea Silvios Arbeiten letztgenannter Art bieten unter allen seinen Schriften für uns das größte Interesse dar, z. B. seine Beschreibung von Schottland, Basel, Wien, bei welch letzterer die haarsträubende Etymologie von biennio (denn Caesar habe es kaum zwei Jahre nach der Eroberung wieder hergestellt) oder von Flavianum (von der Aussprache Flabien und Abstreifung der ersten Silbe) nicht von der Lektüre und der Würdigung des Ganzen abschrecken darf. Denn der Schriftsteller hat die Gaben zu sehen, das Angeschaute in seiner vollendeten Gestalt Anderen zu zeigen und das allmähliche Werden des Fertigen zu beobachten und zu entwickeln. Daher wird er pragmatisch in seinen geschichtlichen Erzählungen und verflicht historische Bemerkungen mit seinen geographischen Auseinandersetzungen.

Schon die Titel seiner beiden der Geographie gewidmeten Hauptwerke: Cosmographie oder allgemeine Weltgeschichte (Cosmographia vel de mundo universo historiarum liber I) und Europa oder Geschichte Europas (historia Europae) zeigen diese Mischung. Beide entsprechen nicht ganz ihren Titeln, das erstere, weit entfernt davon eine Weltbeschreibung zu sein, beschäftigt sich fast ausschließlich mit Asien, das letztere bevorzugt die östlichen Länder auffallend vor den westlichen. In dem erstern werden alle Theile Asiens geschildert, seltsamerweise mit Ausschluß Palästinas, das gerechtermaßen den Schriftsteller besonders hätte interessiren müssen; das Christenthum, das durch die Nichtberücksichtigung seines Heimathslandes eine ungerechtfertigte Einbuße erlitt, wird mit Vorliebe beachtet; alte Sagen aus der Urzeit der Völkergeschichte gern, ohne ihnen Glaubwürdigkeit beizulegen, berichtet. Denn der Grundsatz des Schriftstellers, der in der Vorrede — einer Vertheidigung gegen den Vorwurf, daß er als Papst derartige Studien betreibe — zum Ausdruck kommt, lautet: „In der Geschichte suchen wir Ernst und Wahrheit, Ergötzen aber in den Fabeln". Die Wahrheit zu suchen ist sein Streben; um sie zu ergründen, ist ihm Nichts zu klein und unbedeutend. Aber Darstellung des Wirklichen ist ihm nicht gleichbedeutend mit ermüdender Aufzählung des Vorhandenen, vielmehr unterbricht er gern die Einzelbeschreibungen mit allgemeinen Betrachtungen politischer, religiöser, moralischer Art, nicht selten in resignirtem Ton; das Schwinden der Fichten auf dem Berge Ida entlockt ihm die melancholische Aeußerung: „Auch die Bäume haben ihren Tod: Alles auf der Erde ist sterblich".

Weniger geographisch als das Werk über Asien ist das über Europa, das unmittelbar da beginnt, wo jenes schließt, nämlich bei den Türken. Denn schwerlich war in einem geographischen Werke ein Verweilen bei der Jungfrau von Orleans nöthig, die mit angeblich göttlicher Hülfe (divinitus ut credunt) ihre Thaten verrichtet habe und gewiß kein Kapitel über Sigismondo Malatesta und über die drei letzten Vorgänger des Papstes. Ja bei der Besprechung Deutschlands, wo er mehr in das geographische Detail eingeht, entschuldigt er sich wegen dieses Verfahrens; er habe es gethan, „weil die alten Schriftsteller sowenig von Deutschland sprechen und die Neueren, sobald sie von diesem gleichsam außerhalb der gebildeten Welt liegenden Lande reden, häufig Erdichtungen vorbringen." Bei der Besprechung Sachsens redet er auch von der Mark Brandenburg und braucht folgende Worte: „Diese Provinz durchströmt der Spreefluß, welcher dem Tiber gleicht, an seinem Ufer liegt die Stadt Berlin" (Sprova fluvius aequandus Tyberi, Berlinum in ejus littore oppidum jacet), Worte, bei deren Niederschreiben dem stolzen Italiener gewiß Nichts ferner lag und liegen konnte, als ein Vergleich Berlins mit Rom.

Von den historischen Werken des päpstlichen Schriftstellers interessiren heute nicht mehr die Darstellungen des Alterthums, so fleißig sie auch sein mögen, weder seine gothische Geschichte, noch der Auszug aus den Dekaden des Blondus, noch die weitschweifigen Untersuchungen über den Ursprung der Böhmen, sondern seine Werke, welche die Zeitereignisse behandeln, nämlich die Geschichte Friedrichs III. und die Memoiren seines eignen Lebens.

Beide gleichen sich in der Eigenthümlichkeit der Quellen, sie sind geschöpft aus Briefen und Relationen der Zeitgenossen und aus eignen Notizen, die je nach der Stimmung aufgefaßt werden, so daß dasselbe Aktenstück zu verschiedenen Folgerungen benutzt werden kann und nicht selten nach dem Bedürfniß des Latinisten redigirt wird beide sind sich auch in der Tendenz ähnlich: sie wollen mehr ergötzen und unterhalten als belehren; sie unterscheiden sich aber von einander durch die Art ihrer Bearbeitung: das Werk über deutsche Geschichte (de vita et rebus gestis Friderici III. oder historia Austriaca) ist ein wohlstilisirtes, methodisch geordnetes, vollkommen ausgearbeitetes Buch, die Memoiren (Commentarii rerum memorabilium quae

temporibus suis contigerunt) dagegen bieten eine ungefeilte, wenig geordnete und nicht bis zum Ende geführte Materialienmasse dar. Auch das erstere Werk hat etwas Memoirenartiges. Es konnte selbstverständlich keine vollständige Geschichte Friedrichs III. sein, denn der Schilderer starb dreißig Jahre vor dem Geschilderten, aber es verzichtet von vornherein darauf, eine Darstellung sämmtlicher Regierungshandlungen zu sein, welche der Papst erlebte, begnügt sich vielmehr damit, diejenigen Ereignisse ausführlich darzulegen, bei denen der Berichterstatter als Mithandelnder oder als Zuschauer betheiligt war z. B. den deutschen Fürsten- und Städtekrieg (1446—1448), die Mailänder Angelegenheit (1447—1450) und Friedrichs Romfahrt. und übertreibt wohl nicht selten Werth und Bedeutung der eignen Thätigkeit: Trotz der ausschließlichen Betrachtung Friedrichs und trotz der nahen Beziehung des Autors zum Kaiser ist das Werk weit davon entfernt, ein Panegyrikus zu sein, der Verfasser scheut sich vielmehr nicht, in einem zur kaiserlichen Lektüre bestimmten Buche mit leicht verständlicher Ironie von dem Kaiser zu reden, z. B. da er von seiner Krönung berichtet, in der angeblich das Krönungsgewand Karls des Großen gebraucht wurde: „Wenn es der Schmuck Karls des Großen war, so ist es gewiß, daß die älteren Fürsten und Könige nicht sowohl die Zier der Kleidung, als den Ruhm ihres Namens gesucht haben und daß sie lieber glanzvoll handeln, als sich glanzvoll kleiden wollten."

Tritt in diesem Werke die Persönlichkeit des Historikers mehr als billig hervor, so ist es nur billig, daß diese in der dem eignen Leben gewidmeten Schilderung die erste Stelle einnimmt. Aber diese Erwähnung der eignen Persönlichkeit müßte in naiverer Weise geschehen, aus den Ereignissen selbst diese Besprechung naturgemäß sich ergeben, nicht aber als etwas Fremdes, willkürlich Herbeigeholtes erscheinen. Um ferner den Anspruch, ein treffliches Geschichtswerk zu sein, in Wahrheit erheben zu können, müßte es eine der drei Bedingungen erfüllen: es müßte entweder den innigen Zusammenhang mit der Zeitgeschichte wahren, als nothwendigen Theil des Ganzen sich darstellen, oder die einzelnen selbst kleinlichen Ereignisse des eignen Lebens äußerst treu und zuverlässig, mit genauester Angabe von Zeit und Ort mittheilen, oder endlich, unter Verzichtleistung auf die erste und zweite Bedingung, eine vollkommen wahrhafte und geistreich durchgeführte Selbstcharakteristik sein. Diese Bedingungen indessen sind nicht erfüllt, der Zusammenhang mit der Zeitgeschichte ist nicht gewahrt; die Angaben sind nicht treu, theils weil die Tendenz sich zu erheben vorwiegt, theils weil der Verfasser die Ereignisse nicht, wann sie geschehen, sondern wann sie ihm zufällig bekannt wurden, aufzuschreiben pflegte, theils weil er Genauigkeit der chronologischen Angaben nicht liebte, sondern sich mit Flickwörtern, wie „nach einiger Zeit, dann, bald, später" u. a. begnügte; und zur wirklichen Selbstschilderung ist kaum der erste Ansatz vorhanden. So weit entfernt daher auch die geschichtlichen Arbeiten Pius' II. von dem Ideale historischer Werke sind, so bleiben sie höchst interessant und wichtig, weil sie uns das Bild eines bedeutenden Menschen und mancher anderer bedeutender Persönlichkeiten darbieten, die mit und neben ihm lebten.

So wenig Federigo von Urbino oder ein Anderer unter den wahrhaft gelehrten Fürsten der Zeit einen Literatenhof hatte, — denn sie hatten nicht nöthig, Ruhm von Geringeren zu empfangen und eine vielleicht nicht unberechtigte Scheu, Größere beständig um sich zu sehen — so wenig hatte auch Pius II. das Verlangen, sich von Poeten und Rednern umgeben zu sehen. Man mag in ausführlichen Biographieen nachlesen, wie wenig der Papst spendete und wie ungern er sich mit seinen Collegen, den Dichtern und Rednern, einließ. Die Meisten, die etwas von ihm erlangen wollten, sahen sich in ihren Hoffnungen betrogen und verwandelten, sobald sie sich genau überzeugt hatten, daß Nichts zu erlangen wäre, die Lobesworte in heftige Schmähungen: z. B. Filelfo, der fast bis zu Pius' Lebensende dem Papste schmeichelte, nur zuletzt in unwürdigster Weise gegen ihn losfuhr und nach seinem Ende gar eine gratulatio de morte Pii II. anstimmte.

Wer den Frechen für solche Lästerreden bestrafte, ist deswegen noch nicht ein Genosse oder Günstling des Papstes zu nennen, aber Hieronymo Agliotti, der dies mit heftiger Zurückweisung des Angreifers und mit offener Verherrlichung des Angegriffenen that, darf unter den von Enea Silvio Beförderten genannt werden. Er ist in Arezzo 1412 geboren, war seiner Angabe nach fünf Jahre lang auf der Schule mit Enea Silvio zusammen, wurde 1430 Geistlicher, lebte längere Zeit in Rom, wurde 1445 Abt in Arezzo und behielt diese Stellung bis zu seinem Tode (1480). Er ist keiner der Höchststehenden jener Zeit, auch keiner der Gebildetsten, seine Briefe — neun Bücher von 1433 bis 1479, an Päpste und Cardinäle, meist aber an die römischen Literaten gerichtet — voll Betteleien, Schmeichelworten, Höflichkeitsphrasen, hätte auch ein Anderer schreiben können, aber er ist interessant wegen der eigenthümlichen Mischung geistlichen Wesens und humanistischer Bildung. Denn wenn er sich auch nicht scheut, seine Freunde und Bekannten ganz in der Art der Humanisten anzureden und es für ein großes Compliment hält, wenn er einen derselben an Ernst mit Plato, an Schärfe mit Aristoteles, an Kenntniß mit Varro und an Beredtsamkeit mit Cicero vergleicht, so vergißt er doch keinen Augenblick, daß er Geistlicher ist. Daher unternimmt er in Briefen und Tractaten eine Vertheidigung des Mönchsthumes, verlangt aber die Vereinigung von geistiger Bildung und frommer Gesinnung. Zwar nicht Alles will er den Mönchen freigeben: der Name: poeta, meint er, stehe dem Geistlichen nicht an, denn es zieme sich nicht für den Christenmenschen, etwas zu erdichten, aber die Beschäftigung mit den Dichtern früherer Zeiten gestattet, ja verlangt er für den Geistlichen und erhofft durch eine derartige Verweltlichung eine Hebung des geistlichen Standes, ja der Kirche. Denn im Allgemeinen gehört er nicht zu den Hoffnungsfreudigen, glaubt vielmehr aus einer ihm bekannt gewordenen Prophezeiung des Carmeliten Cyrillus mancherlei Unglück „über den zukünftigen Zustand der Kirche" zu entnehmen und möchte lieber schweigen als durch Verkündung seines Wissens Andere verzagt und mißmuthig zu machen.

Zu den Correspondenten Agliottis gehört auch Joh. Ant. Campanus, der eigentliche und einzige Hofdichter des Papstes. Er war ein abschreckend häßlicher aber geistvoller und witziger Mensch, aus niedrigem Stande, der aber in den Ton der feinern Gesellschaft sich rasch hineinlebte und die Genüsse der höheren Stände bald nicht mehr entbehren mochte. Wenigstens sah man ihm, da er als Gesandter Pauls II. auf dem Regensburger Reichstag sich befand, nicht an, daß er als Sohn eines campanischen Knechts in seiner Kindheit die Schafe gehütet hatte. Diese Gesandtschaft unternahm er 1471, vorher war er, nachdem er in Neapel seine Ausbildung erhalten, Professor in Perugia gewesen, durch Pius war er Bischof von Teramo geworden. Er starb 1477.

Auf Pius nun bezieht sich zunächst seine literarische Thätigkeit: er hat das Leben des Papstes geschrieben, eine mehrfach gedruckte Arbeit, eine Lobrede mehr als eine unparteische Charakteristik und Erzählung, eher eine Sammlung von Anekdoten als eine historische Schilderung einer literarisch, politisch und kirchlich wichtigen Zeit. Die Späteren haben diese Biographie sehr verschieden beurtheilt: Voigt sagt, sie sei „mit hinreißender Kunst" geschrieben, Gregorovius nennt sie „ohne Zusammenhang, Wärme und Natur"; Campanus hatte jedenfalls die günstigste Meinung von ihr, stellt er doch schon seine Biographie des Fortebraccio, die einen Vergleich mit dem Papstleben nicht aushalten kann, in der historischen Literatur jener Zeit obenan. Die Neigung für den Papst tritt auch in Campanus' Briefen hervor, trotzdem die Sammlung (9 Bücher) wahrscheinlich erst nach Pius' Tode angelegt und gewiß erst nach demselben veröffentlicht worden ist, sonst hat die Sammlung, deren Briefe häufig undatirt und nicht mit den Namen der Adressaten versehen sind, geringes zeitgeschichtliches Interesse. Denn die vielfachen Lobsprüche auf den Cardinal Bessarion, den der Briefschreiber im päpstlichen Schmucke zu sehen wünscht, tragen Nichts zur Individualisirung des Bildes des Kirchenfürsten bei und die an den König Ferdinand gerichtete Aufforderung gegen die Türken zu ziehen, ist eine zu oft gehörte und zu wenig ernst gemeinte, um charakteristisch zu sein. Dagegen ist seine Abneigung gegen das Landleben bemerkenswerth, die mit der damals üblichen Schwärmerei für Villa und Landaufenthalt seltsam contrastirt: er sei, sagt er, als Bauer geboren und habe von dieser Herrlichkeit während seiner Jugend genug genossen: nun sei ihm das, was Anderen Vergnügen gewähre, zum Ekel geworden.

Nur eins ist in diesen Briefen wahrhaft charakteristisch, nämlich der ausgeprägte, bis ans Kindische streifende Haß gegen die Deutschen. Auch die anderen Italiener betrachteten ja die Deutschen als Barbaren, aber sie hüteten sich davor, aus dieser Meinung ein Dogma zu machen, und wenn sie tadeln, so sind sie gewissenhaft genug, diesen Tadel als ihre wahre Meinung zu begründen. Campanus dagegen entblödete sich nicht, in einer Rede an den Kaiser den Angeredeten, wie sich von selbst verstand, aber auch die Deutschen in Vergangenheit und Gegenwart zu beloben, in Briefen Einzelne, von denen er vielleicht Belohnungen erwartete, wie den Erzbischof von Mainz, zu verherrlichen, zugleich aber in den nach Italien gesandten Briefen die Deutschen zu verfluchen. Seine dem Papst beständig vorgetragene Bitte lautet: „Sorge dafür, daß ich zurückgerufen werde“, seine oft wiederholte Klage ist, daß man in Deutschland nicht leben könne, höchstens athmen, seine Abneigung richtet sich gleichmäßig gegen Schmutz, Kälte, Armuth, den schlechten Wein und das entsetzliche Essen, als besonders unglücklich bedauert er seine Nase, die Alles riechen müßte, als einzig glücklich hingegen preist er seine Ohren, die Nichts verstehen könnten.

Wie in den Briefen, so behandelte er auch in den Gedichten (carmina, 7 Bücher) sein Lieblingsthema und gewann dem scheinbar leicht zu erschöpfenden manche neue Seiten ab. Die Verspottung der Deutschen bildet indessen nicht den einzigen Inhalt der Gedichte: außerdem findet sich das Lob des Papstes und der römischen Gelehrten, der Preis der Gelehrsamkeit und vor Allem der Dichtkunst. Doch dringt nicht selten durch dieses Lob das Gefühl der Unbefriedigung: in Momenten, in denen Campanus sich durch die allzu hohe Steigerung seiner Ansprüche oder durch die Hartherzigkeit eines Gönners unglücklich wähnt, stimmt er Klagen an „über das Elend der Dichter“, die melancholisch und praktisch genug lauten, z. B. die folgende: „Der Maler lebt von dem Preis seines Bildes, der Musiker von dem Klang seines Instrumentes, jede Kunst ernährt ihren Jünger: nur dem Dichter wird die Muse zum Unglück“.

An Campanus kann man Bartolommeo Sacchi, genannt Platina, anreihen, theils weil auch er einigermaßen die Gunst des Papstes genoß, theils weil auch er Papstbiographieen geschrieben hat. Platina, der seinen Namen nach seiner Vaterstadt, dem Oertchen Piadena, und nicht etwa, wie man seltsamerweise vermuthet hat, nach Plato führt, ist ein Schüler des Vittorino von Feltre, kam durch Vermittlung des Cardinals von Gonzaga nach Rom, wurde von Pius II. zum päpstlichen Abbreviator gemacht und starb in Rom 1481. Er war Historiker in officiellem Auftrage, hatte nach den ihm von Sixtus gegebenen Instruktionen sowohl die Dokumente über die weltlichen Rechte des heiligen Stuhles zu sammeln, als auch eine Papstgeschichte zu schreiben. Jene Sammlung ist handschriftlich in der Vaticana erhalten, die Geschichte, welche die Thaten der Päpste bis zum Jahr 1471 verfolgt, ist mehrfach gedruckt. Für die älteren Zeiten benutzte er schwerlich viele Originalquellen, sondern beschränkte sich darauf, die unter verschiedenen Autornamen bekannten Papstchroniken zu latinisiren und die einigermaßen heiligen Geschichten zu säkularisiren, schwächte einzelne starke Ausdrücke ab, die er in seinen Vorlagen fand, so daß er aus einem „im Trunk schlagenden“ Papst einen „im Zorn schlagenden“ machte, hielt aber sonst

Sixtus IV ernennt Platina zum Bibliothekar der Vaticana. Gemälde von Melozzo da Forli (1438—1494) (Rom, Vatican).

lebhafte, und nicht immer gerechte, Ausdrücke keineswegs zurück. Die Geschichte der Päpste verliert unter seiner Hand häufig ganz den geistlichen Charakter, das Moderne soll auch gänzlich modernisirt werden; daher schreibt Platina weit entschiedener als Biondo dies gethan, sich und seinem Zeitalter die Berechtigung zu, neue lateinische Ausdrücke zu bilden für diejenigen Dinge, die dem Alterthum unbekannt waren: „nicht den Alten allein möge dies gestattet sein, sondern auch unserer Zeit“, sagt er einmal, oder, wie er vielleicht in einer Mischung von Ernst und Ironie hinzusetzt, „vielmehr der christlichen Theologie“.

Denn ein christlicher Theologe ist Platina keineswegs, eher ein Philosoph nach dem Ausdrucke jener Zeit, d. h. ein eleganter Stilist, der Abhandlungen über mancherlei Dinge schrieb, deren Besprechung damals üblich war. Ein wenig außerhalb dieses Rahmens steht zwar sein Tractat „über das ehrbare Vergnügen oder die Kochkunst“ — und dieser wurde ihm noch dazu später als ein Plagiat vorgeworfen — aber durchaus innerhalb desselben stehen Abhandlungen „über das wahre und falsche Gut“, „gegen die Liebe“, „über den wahren Adel“ und „vom trefflichen Bürger“. Die erste variirt oft vorgetragene Anschauungen von dem Vorrange der Tugend vor dem Laster, und entscheidet sich in dem damals vielbehandelten Kampfe zwischen der Moral der Stoa und der Immoralität der Epikuräer ehrbar für die erstere. Die zweite unterscheidet streng zwischen der erlaubten Liebe, nämlich derjenigen, die zur Ehe führt und der unerlaubten, welche blos den Genuß begehrt, fügt aber zu den moralischen Abschreckungstheorien auch noch historische, doppelt wirksame Beispiele hinzu von Männern, welche durch solche Liebe verderbt worden seien. Die dritte bekämpft die landläufige Meinung von dem Vorzug des Geburtsadels, scheut, als echt humanistisches Erzeugniß, auch nicht den Widerspruch gegen die vielfach heilig gehaltene Meinung des Aristoteles, daß die Trefflichkeit der Vorfahren den Adel begründe, ja sie läßt auch nicht einmal die Meinung des einen Unterredners, daß der Reichthum nothwendige Bedingung des Adels sei, gelten und verficht den Satz, daß Armuth mit dem Adel verbunden sein könne. Die vierte endlich ist keine Enthüllung neuer politischer Weisheit, sie ist weniger ein Bürgerelementarbuch als ein Buch „vom Fürsten“, eine Mahnung an dieselben zur Moral, Freigebigkeit, Wahl guter Rathgeber, Entfernung von Schmeichlern u. A.

Platinas Leben und Schriftstellerei indessen ist nicht zu verstehn, wenn man nicht seines, zwar nicht großen, aber gefährlichen Gegners, Pauls II. gedenkt. Er ist der vierte in einer merkwürdigen Reihe von Päpsten. Nikolaus V. eröffnet sie, der erste Beförderer antiker Studien auf Petri Stuhl, der zweite ist der wenig bedeutende Calixt III., ihm folgt Pius II., der zu sehr selbst Schriftsteller ist, um Zeit und Neigung übrig zu haben, Mäcen zu sein, und Paul II. schließt die Schaar, er, der Wissenschafthasser und Humanistenverfolger.

Am Carneval des Jahres 1468 wurden zwanzig Gelehrte, unter denen

Platina sich befand, verhaftet. Sie gehörten alle einer der damals häufigen freien Akademieen an, als deren Oberhaupt Pomponio Leto galt. Von anderen Akademieen unterschied sich diese durch eine der priesterlichen Rangordnung nachgeahmte Gliederung, die Mitglieder nannten sich Priester: sacerdos, bezeichneten ihr Oberhaupt als heiligen Vater (pontifex maximus); auch für Platina kommt einmal eine ähnliche Anrede vor (pater sanctissimus). In der Annahme derartiger Titulaturen muß nicht geradezu eine Verspottung kirchlicher Einrichtungen gesehen werden, aber sicherlich liegt in ihr kein Beweis sonderlichen Respekts. Daher war es vielleicht angemessen, daß der Papst auf das Treiben dieser Schaar achtete und die Häupter warnte, aber sicherlich ungerecht, daß er mit Gewaltmaßregeln einschritt. Um diese zu begründen, klagte er die Verhafteten heidnischer Gesinnung und politischer Verschwörungslust an und bediente sich heftiger Mittel, um die Beschuldigten zum Geständniß zu bringen. Statt zu gestehen, versuchten sie nur sich zu vertheidigen; Pomponio Leto, dessen Vertheidigungsschrift Gregorovius entdeckt hat, suchte sich von den sittlichen Vergehen zu reinigen, deren man ihn beschuldigt hatte, und darzulegen, daß er von dem Papste nie übel gesprochen, die Geistlichen nur beredet, weil sie ihm seinen Gehalt nicht gezahlt, die kirchlichen Gebräuche aber niemals verletzt, sondern alle Ostern gebeichtet, die Unsterblichkeit der Seele in Schutz genommen und Distichen auf die Heiligen gemacht hätte. Wirklich setzte der Vorsteher der Akademie durch, daß er freigelassen wurde, aber Platina mußte ein Jahr im Gefängniß bleiben.

Des Gefangenen Rache war furchtbar: eine Biographie des Papstes voll Spott und Hohn, in welcher der geistliche Fürst als Urbild aller Barbarei dargestellt werden sollte. Paul hätte Kaufmann werden sollen, so meint der Biograph, und hätte zu einem solchen eher als zu einem Fürsten gepaßt, er hätte nur durch elende Schmeichelei und Kriecherei bei Nikolaus V. sich Beachtung und geistliche Würden verschafft und hätte während seines Pontifikats die schlimmsten Befürchtungen seiner Gegner noch übertroffen.

Paul II. war vielleicht nicht so schlimm, wie ihn sein Biograph erscheinen läßt, aber er war gewiß kein Fürst nach dem Herzen der Männer der Renaissance. Mochte er es auch dulden, daß man seinen Namen Barbo von Venedig von dem römischen Ahenobarbus ableitete, so ließ er dies aus Eitelkeit, nicht aus Verehrung des Alterthums geschehn; denn er selbst verstand so wenig Latein, daß er, wie ein Humanist voll Entsetzen berichtet, bei feierlichen Veranlassungen eine an ihn gerichtete lateinische Ansprache mit einer italienischen erwidern mußte. Wenn aber unter seiner Regierung der Humanismus in Rom immere größere Fortschritte macht, — man citirt gern das Beispiel eines Cardinals, der seinen Köchen die Ethik des Aristoteles vortragen läßt — so bezeugen diese Fortschritte nicht etwa die Theilnahme des Papstes, sondern die Lebenskraft der neuen geistigen Macht, die des Schutzes der Obrigkeit recht wohl entbehren mochte. Wenn sodann während dieses Pontifikates die Buchdruckerkunst in Rom eingeführt wurde, so ist zu wenig festgestellt, ob und welchen aktiven Antheil der Papst daran hatte und die Reorganisation der römischen Universität, zu deren Ehren eine Medaille mit der Umschrift: laetitia scholastica geprägt wurde, hatte für den Augenblick geringe Folgen und kam der Theologie mindestens ebenso sehr zu gute, wie der Profanwissenschaft. Gleichwohl mag man solche Handlungen als wider willige Koncessionen an die neue geistige Richtung betrachten, der der Papst zwar nicht huldigte, der er sich aber nicht ganz zu entziehen vermochte. Sicher in dessen ist — und gerade in neuester Zeit durch ausgezeichnete Forschungen dargethan worden, — daß er für die Kunst des Alterthums Interesse und Verständniß besaß. Ihm verdankt man die Restauration der Triumphbogen des Titus und des Septimius Severus, der Kolosse auf Monte Cavallo und der Reiterstatue des Marc Aurel, den Transport eines großen Por phyrsarkophags auf den Platz von S. Marco; — der Plan eines Vorgängers, den Obelisken auf dem St. Petersplatz aufzurichten, wurde von ihm wieder auf- früheren genommen. Zudem war Paul II. ein geborener Sammler, der von seiner Jugend an Allerlei zusammenzutragen begonnen hatte, der in dieser Sammel wuth durch seinen Onkel, den Papst Eugen IV. unterstützt wurde und, schon lange bevor er selbst Papst wurde, gefördert durch viele in ganz Italien zer- streute Genossen, einen friedlichen Wettstreit mit den größten Sammlern der Zeit, den Medici, unternahm. Durch eine derartige Thätigkeit, welche in den Jahren des Pontifikats mit gleichem Eifer, nur mit größeren Mitteln fortgesetzt wurde, erlangte die Sammlung eine ungeheure Ausdehnung; das kürzlich veröffentlichte Verzeichniß setzt noch heute in gerechtes Erstaunen. In um so gerechteres, da man erfährt, daß Paul nicht nur Sammler, sondern auch Kenner war, daß er, begabt mit einem außerordentlichen Gedächtniß, Namen von Personen und Sachen, die er einmal gewußt, nicht wieder vergaß, daß er mit einem Blick auf eine alte Münze Herkunft derselben und Namen des dargestellten Fürsten bezeichnen konnte. Ja an diese Sammlungen und Schätze hat sich das Gerücht von einem unnatürlichen Tod geknüpft, das sein rasches Ende erklären sollte. Ein zeitgenössischer Historiker sagt, indem er nur das im Volk allgemein verbreitete Gerücht wiedergibt: Er sei von Teufeln erwürgt worden, die er in den Edelsteinen seiner Ringe eingeschlossen hielt.

Inwieweit Papst Paul II. durch solche Sammelthätigkeit der Kunst genützt hat, ist hier nicht zu erörtern; seltsam bleibt indessen einerseits, daß er trotz seiner Art von Mäcenat von den Künstlern nicht eigentlich verherr licht wurde und andrerseits, daß sein Kunstenthusiasmus so vorherrschend und ausschließlich war, daß er für Begünstigung der Literaturbestrebungen keinen Platz ließ. Die Geringachtung solcher Bestrebungen aber bedeutet nicht nur die Unlust an schlechten Gedichten und hochtönenden Reden, sondern sie bedeutet die Verkennung einer geistigen Macht, welche als ein mindestens ebenbürtiger Faktor der Kunst zur Seite steht. Und darum war es nicht blos Rachegefühl des Literaten, sondern gerechtes Urtheil des Historikers, das den Papst, der die Bekenner der neuen Wissenschaft von sich wies, mit dem Namen eines „Barbaren“ brandmarkte.

Der furchtbare Sixtus IV. (1471—1484), der Nachfolger Pauls II., spielt in der Geschichte des Kirchenstaats und in der politischen Entwicklung Italiens eine weit bedeutsamere und wichtigere Rolle, als in der Literatur- und Culturgeschichte der Renaissance. Gleichwohl verdient er auch in dieser einen Platz. Sixtus IV., der schon manche Eigenschaften darbietet, die in seinem Neffen, dem spätern Papst Julius II., glänzend hervortraten, erhob den Nepotismus zum System durch übermäßige Begünstigung seiner Neffen, der prachtliebenden und beschlslustigen Pietro und Girolamo Riario, die seiner eignen Herrschaft gefährlich zu werden drohten, begünstigte die Simonie und die Käuflichkeit der Aemter, so daß Vermögenden aber Unwürdigen ein gefährlicher Zutritt zu Würden gestattet ward, kämpfte wie ein Krieger, nicht wie ein Papst, verschaffte aber dadurch dem Kirchenstaat im Innern Ruhe und Glanz nach außen. Trotz dieser weltlichen Neigungen und kriegerischen Gelüste erfüllte der Papst seine geistlichen Funktionen mit Ernst und Würde, hatte Interesse für geistige Bestrebungen und entwickelte großen Eifer für die Beförderung der Kunst. Die Würde bewahrte er auch, wenn er Widerspruch fand: als er z. B. erfuhr, daß Pater Paolo Toskanella, nicht etwa der berühmte fast gleichnamige Geograph und Astronom, gegen ihn und die Seinigen gepredigt hatte, lächelte er nur, empfand aber keine Neigung, den Schuldigen zu bestrafen. Sixtus IV. war kein Gelehrter, weder ein Kenner der classischen Schriftsteller noch ein Verehrer der mittelalterlichen Theologen und er erscheint daher nicht in seiner wahren historischen Gestalt, wenn er in Benozzo Gozzolis Bild (erwähnt bei Vasari V., 198) unter den Bewunderern und Erklärern des Kirchenvaters Thomas von Aquino dargestellt wird. Sein Interesse für geistige Bestrebungen bewies er weniger durch große Schenkungen, — er enttäuschte vielmehr den für seine Uebersetzung und Erklärung einer aristotelischen Schrift bedeutende Summen erwartenden Theodor Gaza ziemlich arg durch eine nach humanistischer Schätzung winzige Summe von 50 Goldgulden, — als durch seine Sorge für Archiv und Bibliothek. Diese verlegte er in vier neue Säle, vermehrte die Bücher durch Ankäufe, bei denen ihm seine gelehrten Sekretäre behülflich waren; ernannte zur Wahrung und Ordnung der gesammelten Schätze tüchtige Bibliothekare, zuerst den für die Beförderung des Buchdrucks thätigen Joh. Andrea de Bussi (1472—1475), der die neuen Drucke der Deutschen Pannartz und Schweinheim — sie brachten es bis 1475 auf 12,475 Exemplare ihrer verschiedenen Bücher — mit Widmungsschreiben an die Päpste versah, später den bereits genannten Platina; fügte endlich den Beamten der Bibliothek einige gelehrte Abschreiber für die verschiedenen Sprachen hinzu. In den Räumen der Bibliothek ließ der Papst auch das Archiv verwahren, die von früheren Päpsten bereits angelegte, aber durch ihn geordnete und bereicherte Sammlung von Urkunden, welche Platina gleichfalls zu verwalten und zu bearbeiten hatte.

Doch das literarische Verdienst steht unter denen, die sich Papst Sixtus erwarb, nicht obenan. „Er erbaute die nach ihm benannte Brücke, ebnete und pflasterte die Straßen, errichtete einige neue Kirchen, stellte alte wieder her und scheute keine Kosten zum Schmucke der Stadt", mit diesen ziemlich allgemeinen Worten bezeichnet Pontano die Thätigkeit des Papstes für Rom. Man könnte diese Worte nach Gregorovius' eingehender Darlegung im Einzelnen begründen und erweitern. „Die Zeit Sixtus IV.", sagt er einmal, „bezeichnet den Höhepunkt der römischen Kunstthätigkeit überhaupt im 15. Jahrhundert". Denn nicht er allein baute, vornämlich unterstützt durch seinen bedeutsamen Architekten Baccio Pontelli, sondern auch seine prunksüchtigen und repräsentationswüthigen Nepoten, auch viele geistliche Würdenträger und Privatleute bauten gleich ihm, angelockt durch die Gewährung des Eigenthumsrechts, welches der Papst allen Bauunternehmern in Aussicht stellte. So schmückte sich Rom mit gewaltigen Bauwerken, z. B. dem großen Hospital und der freilich erst durch Michelangelos Gemälde so berühmt gewordenen sixtinischen Capelle, Bauwerken, die, um wiederum mit dem Geschichtschreiber der Stadt Rom zu reden, zwischen der Gothik und der Classicität stehen, ebenso wie für das lateinische Formgefühl der Skulpturen jener Zeit doch noch immer das mittelaltrige Wesen den Hintergrund bildete. Die Bauwuth ging dem Papste bei Weitem über die Verehrung des Alterthums, ward es doch unter ihm wieder gestattet, antiken Marmor zu Neubauten zu benutzen; trotzdem zeigte er sich den Monumenten der alten Zeit geneigt: die Wiederherstellung des bronzenen Marc Aurel ist sein Werk.

Von den Thaten des Papstes Sixtus IV., von seinem Hofe spricht Jakob von Volterra in seinen Tagebüchern (1472 bis 1481). Obwohl er erst 1479 päpstlicher Sekretär wurde — vorher war er Sekretär des Cardinals Jacopo Ammanati gewesen — wußte er doch gar Manches, was an der Curie vorging und obwohl er nicht zur Befriedigung eines tiefern Bedürfnisses schrieb, vielmehr selbst von sich sagte: „er schreibe, weil ihm Schreiben mehr fromme als Nichtsthun", so erzählte er doch schlicht und wahrheitsgemäß. Die Wahrheit verletzte er nicht, trotzdem er Sixtus geneigt war: hatte er doch den Muth, das Bekenntniß abzulegen, daß die Entwicklung der Wissenschaften ihren Höhepunkt erreicht habe und schon unter Papst Sixtus zu sinken beginne.

Jakob von Volterras Berichte werden durch die Tagebücher des Johann Burkhard (1483—1506, freilich mit mehrfachen großen Lücken) abgelöst.

Johann Burkhard war ein Deutscher, ein Straßburger, aus seinem Wirken indessen könnte man seinen Ursprung nicht erkennen. Jene eigenthümliche Art der specifisch elsässischen deutsch-humanistischen Bildung, wie sie bei Jakob Wimpfeling und dessen Kreis hervortritt, zeigt sich bei Burkhard nicht, obwohl er im Grunde diesem Kreise angehört; das Deutschthum ist bei ihm verloren und der Humanismus scheint spurlos an ihm vorübergegangen zu sein. Seine

Laufbahn war eine ungewöhnlich rasche: noch 1479 ist er Geistlicher in Straßburg, 1483 bereits päpstlicher Ceremonieenmeister in Rom und behält dies Amt bis zu seinem Tode 1506. In diesem Amte nun hat er Ceremonieenbücher geführt, bei deren Abfassung ihn seine Treue, Gewissenhaftigkeit und Unbildung unterstützte. Denn letztere zwang ihn einfach und schlicht zu erzählen und sich alles humanistischen Schmucks zu enthalten, der durch das äußerlich Conventionelle in Denk- und Redeweise die innere Wahrheit nicht selten schädigt. Doch besitzen wir seine Ceremonieenbücher nicht in der ursprünglichen Gestalt: sein Autograph liegt im vatikanischen Archiv und ist unzugänglich; die Kunde, welche man seit langer Zeit von dem Buche besitzt, wurde aus verstümmelten fehlerhaften Handschriften geschöpft, welche in verschiedenen italienischen und ausländischen Bibliotheken sich befinden. Aus diesen Handschriften nun stammt das Meiste, was man über Alexander VI. und das Treiben an seinem Hofe erzählt; über Wesen und Charakter der Lucrezia Borgia aber spricht Burkhard kein Wort. Außer den historischen Mittheilungen bringt er aber besonders Nachrichten über die bei den Festlichkeiten beobachteten Ceremonieen: jene sind ihm Nebenereignisse, diese sind ihm die Hauptsache; ihre geringste Verletzung bringt ihn daher in großen Zorn und dringt ihm, dem sonst leidenschaftslosen Beobachter, heftige Worte ab. Von Deutschen, die damals in Rom waren, spricht er so gut wie gar nicht und auch die Deutschen schweigen von ihm: er ist einer der vielen Auswanderer, die es so geschickt verstehen, rasch und gründlich ihre deutsche Nationalität zu verläugnen. Eine vollständige Ausgabe seiner Tagebücher wäre höchst wichtig, der neueste Biograph des Ceremonieenmeisters hat Recht: Schlimmeres als in den Abschriften sich findet, kann im Original nicht stehen; sind jene schlimmen Dinge, wie man von päpstlicher Seite behauptet, wirklich Einschiebungen von Ketzern, warum zögert die Curie nur einen Augenblick, diesen Entlastungsbeweis zu führen?

Von humanistischer Bildung frei ist auch Stefano Infessura, der die römische Geschichte vom Ende des 13. bis zum Ende des 15. Jahrhunderts behandeln wollte, in Wahrheit aber nur die Ereignisse am Ausgange des letzten dargestellt hat. Gerade der Umstand, daß er im Gegensatze zu allen früheren Papstbiographen nicht im Dienste der Curie gestanden hat, gibt seinen Tagebüchern ein eigenartiges Interesse, er berechtigt ihn zu selbständigem Urtheil, befähigt ihn aber freilich nicht zu gründlicherer Kenntniß als seine Vorgänger. Er ist Republikaner und Feind des Papstthums; er ist römischer Bürger und wenn er auch von der Herrlichkeit des alten Rom nur unklare Begriffe hat, so weiß er doch genug davon, um jeder Tyrannei abhold zu sein, besonders aber den Nepotismus gründlich zu verabscheuen.

Während er schrieb, war nun freilich Nepotismus und Tyrannei aufs Aeußerste gediehen: Infessura und die Historiker seiner und der späteren Jahrzehnte hatten von Innocenz VIII. (1484—1492) und Alexander VI. (1492—1503) zu reden. Die Papstgeschichte hat von der Regierung dieser

Menschen, eines berechnenden Schwächlings und eines zügellosen Verbrechers Akt zu nehmen. Sie hat von den Gefahren zu berichten, welche das Papstthum lief in Folge der Habgier der Nepoten, der Säkularisationsgelüste der Papstverwandten, des Einfalls fremder Nationen; sie hat von dem schmählichen Handel zu erzählen, der mit diesen Nationen, den Franzosen sowohl als den Türken getrieben wurde; von dem unwürdigen Schacher mit geistlichen Würden; von der Aera der Giftmorde, die nicht einmal auf Rom beschränkt blieb und durch die zum Jubiläum (1500) massenhaft nach Rom strömenden Pilger in der Welt bekannt wurde; von den Scheußlichkeiten innerhalb einer Papstfamilie, die durch solch grauenhaften Wandel ihre Existenzberechtigung beweisen wollte. Cesare Borgia ist ein gewaltiger Frevler und ein charakteristischer Studienkopf für Politiker und Philosophen; der Literatur der italienischen Renaissance gehört er aber nicht an, wenn er auch gelegentlich einen Künstler beschäftigte und einem Dichter eine gewisse Zuneigung bewahrte. Sein Verhältniß zu Lionardo da Vinci entspringt ganz gewiß nicht der reinen Begeisterung und dem tiefen Verständniß für dessen künstlerische Genialität, — sagt doch eine kundige Zeitgenossin von Cesare: non se delecta molto de antiquità, was in dem Munde der Sprecherin und in dem Sinne der Menschen jener Zeit weit mehr bedeutet, als daß er an Alterthümern keine sonderliche Freude habe. Ebensowenig dürfen der ungebildete Innocenz und der Spanier Alexander VI. als Männer der italienischen Renaissance genannt werden. Aus dem Beginn des Baues einer Universität unter Alexanders Pontifikat darf man nicht auf eine Begünstigung der Wissenschaft schließen; eher aus der Umwandlung des Grabmals Hadrians in das Castell St. Angelo auf eine sträfliche Gleichgültigkeit gegen die Reste des Alterthums. Wenn unter Alexander Rom wirklich die Stadt der Epigramme wurde, so wurde sie es nicht vermöge päpstlicher Protektion, sondern vermöge der durch das Wesen und die Thaten des Papstes erregten Spottlust. Rom hörte zwar nicht auf, trotz der Päpste, eine Stadt der Renaissance zu bleiben, aber es hatte die erste Stelle, die es unter Nikolaus V. eingenommen hatte, längst verloren; an die Stelle des gelehrten ähnlichen Papstes war Lorenzo von Medici, der königgleiche Bürger getreten.

Von einem Ereignisse indessen und einer Persönlichkeit, die beide den zwei letzten Pontifikaten des 15. Jahrhunderts angehören, muß hier die Rede sein.

Das Ereigniß ist die Ausgrabung einer römischen Leiche (15. April 1485). Es wurde von den Zeitgenossen der höchsten Bedeutung werth gehalten, so daß die Chronisten ausführlich davon reden; es bleibt aber noch heute, zur Erkenntniß der Stimmung jener Tage, von so außerordentlicher Bedeutung, daß es gestattet sein muß, den Bericht eines Augenzeugen, einen erst kürzlich veröffentlichten, zwei Tage nach der Leichenauffindung geschriebenen Brief in seiner Uebersetzung hier mitzutheilen: „Arbeiter fanden, als sie in der via

Appia am sechsten Meilenstein von der Stadt nach Marmor gruben, einen marmornen Sarg. Als man ihn öffnete, fand man eine auf dem Gesicht liegende, mit einer starkriechenden, etwa zwei Finger dicken Essenz bestrichene weibliche Leiche; als man die Rinde entfernte, erschien zunächst ein etwas bleiches Antlitz, als wenn das Mädchen erst an demselben Tage begraben worden wäre. Ihre Lippen waren blaßroth, ein wenig geöffnet, so daß sie die kleinen weißen Zähne durchschimmern ließen. Kleine Ohren, niedrige Stirn, schwarze Wimpern und dunkle Augen zeigten die Schönheit an; das schwarze Haar, das nach hinten in einen Knoten zusammengesteckt war, wurde durch ein Netz festgehalten; die Nase war wohl erhalten und so weich, daß sie nachgab, sobald man sie drückte. Wangen, Kinn, Hals, Kehle waren dergestalt, daß man eine Athmende zu sehen glaubte; die Arme, vollkommen an der Schulter hängend, folgten jeder leitenden Bewegung. Alle übrigen Theile waren völlig frisch und machten den Eindruck blühenden Lebens, kurz sie erschien als eins der edelsten und schönsten Mädchen aus der Blüthezeit der Stadt Rom. Aber da das herrliche, ehedem auf Erden weilende Frauenbild vor vielen Jahrhunderten zerstört wurde, ohne daß man genaue Kunde von ihr hatte, so weiß man weder Name, noch Familie, noch Alter dieses ausgezeichneten und ruhmwürdigen Leichnams, der am 15. Mai 1485 nach Christi Geburt, im ersten Jahre des Pontifikats Innocenz VIII., gefunden und zwei Tage darauf, laut Befehl der Stadtconservatoren, unter ungeheurem Zulauf des Volkes nach dem Capitol gebracht wurde."

Bartolommeo Fonte, der Schreiber des eben mitgetheilten Briefs, war, als er ihn abfaßte, kein schwärmerischer Jüngling (denn er ist 1445 geboren) schrieb auch nicht in eitler Verehrung der römischen Hoheit (denn er war ein Florentiner): er war vielmehr ein ernster Mann voll Forschungseifer und Lernbegier, der mit den Besten seiner Zeit, z. B. mit Guarino in Beziehung stand, und, da die Kunde seiner Gelehrsamkeit weit über die Grenzen Italiens gedrungen war, durch eine Einladung an den ungarischen Hof geehrt wurde. Wenn ein ernster, wissenschaftlich gebildeter Mann solchem Entzücken Worte lieh und Unglaubwürdigem Glauben schenkte, so darf es nicht Wunder nehmen, daß die neugierlüsterne Menge herzuströmte und die begeisterungsfähigen Künstler dieses Wunder im Bilde festzuhalten versuchten; „denn sie war", wie ein Zeitgenosse sagt, „schön, wie man es nicht sagen noch schreiben kann und wenn man es sagte und schriebe, so würden es, die sie nicht sahen, doch nicht glauben." Papst Innocenz VIII. aber machte kurzen Prozeß. Für den Cultus der Schönheit hatte er keinen Sinn: den Cultus des Alterthums qualificirte er als Heidenthum; um Beides unmöglich zu machen, ließ er einmal Nachts die Leiche heimlich einscharren; nur der Sarkophag blieb im Conservatorenpalast stehen. „Das Rührende an der Sache", sagt Jakob Burckhardt, „ist nicht der Thatbestand, sondern das feste Vorurtheil, daß der antike Leib, den man endlich hier in Wirklichkeit vor sich zu sehen glaubte, nothwendig herrlicher sein müsse, als Alles, was jetzt lebe."

Diese rührende Begeisterung für das Alterthum ist auch kennzeichnend für einen Mann, der in Rom zur Zeit Alexanders VI. lebte und im Jahre 1498 starb, zu Grabe getragen von den Höflingen des Papstes, Giulio Pomponio Leto. Er war ein illegitimer Sprößling der Fürsten von Sanseverino, schmückte sich aber lieber froh und frei als unabhängiger Gelehrter mit seinem dem Alterthum entlehnten Namen, als daß er in unfürstlicher Abhängigkeit den Fürstennamen trug, antwortete daher den Seinen, die in ihn drangen, zu ihnen zurückzukehren, mit dem berühmt gewordenen Absagebriefe: „Ich grüße meine Verwandten. Was Ihr wünscht, kann nicht geschehen. Lebt wohl" und wäre selbst gewiß am Wenigsten mit dem Versuche seines Freundes und Verehrers Pietro Marso einverstanden gewesen, der in seiner Leichenrede den geliebten Meister von dem Schimpf unehelicher Geburt befreien wollte. Er machte weite Reisen nach dem Orient, um den Schauplatz der alten Geschichte kennen zu lernen, nach Sizilien, um an Ort und Stelle Zuverlässigkeit und Glaubwürdigkeit der Berichte Virgils zu prüfen und die Beschreibungen des Dichters mit den wirklichen Zuständen des Landes zu vergleichen, später nach Deutschland, freilich nicht zur Befriedigung seiner Lernbegier, sondern im Auftrage oder wenigstens mit Zustimmung des Papstes Sixtus IV., aber am Liebsten weilte er in seinem Rom. Hier war er Vallas Schüler und wurde später sein Nachfolger.

In Manchem unterschied er sich freilich von dem Lehrer. Dieser hatte ja das Leben mit den Vornehmen, in den Prunksälen der Gesellschaft geliebt, er aber zog sich in sein hochgelegenes Landhäuschen zurück und baute den berühmten römischen Vorvordern gleich selbst seinen Acker, begnügte sich mit Wenigem und nahm es nicht allzuschwer auf, als in dem Kriege des Papstes Innocenz gegen die Colonna sein Haus ein Raub der plündernden Schaaren wurde. In dem Wichtigsten indessen war er seinem Meister ähnlich: nämlich in geistigen Bestrebungen und in religiöser Gesinnung.

Jene wandten sich dem Alterthum zu. Pomponius Laetus war ein eifriger Lehrer, der durch seine Vorlesungen über die Schriftsteller des römischen Alterthums bei der studirenden Jugend Eifer erweckte, der durch seine antiquarischen Untersuchungen die Reste des alten Rom verklärte und manches dem Verderben Bestimmte vom Untergang rettete, der durch die von ihm angeregte und unterstützte Aufführung römischer Dramen nicht blos die Schaulust befriedigte und dem Vergnügen seiner Jünger diente, sondern zur Neubelebung dramatischer Dichtung mitwirkte, der endlich durch seine Sammlungen antiker Münzen den Forschungseifer anregte, obwol er nicht ganz von dem Vorwurf freigesprochen werden kann, Münzen und Inschriften eben aus übergroßer Liebe zum Alterthum bisweilen gefälscht zu haben. Seine religiöse Gesinnung aber war die des antiken Weisen, nicht die des frommen Christen. Wenn er wirklich, wie sein Leichenredner erzählt, häufig mit seinen Schülern ein Madonnenbild anbetete, das auf dem quirinalischen Hügel stand, und vor seinem Tode mit großer Andacht das Abendmahl nahm, so war er trotzdem kein Gläubiger. Ein sicheres Zeugniß für das Heidenthum des Pomponius Laetus haben wir freilich nicht. Denn wenn er und seine Genossen den Gründungstag der Stadt Rom feierten, so thaten sie Nichts, was in jener alterthumsüchtigen Zeit irgendwie anstößig sein konnte, sicherlich nicht mehr als die florentinische Akademie, welche Platos Geburtstag festlich beging, und gewiß nicht genug, um die Meinung des Raphael Volaterranus zu begründen, diese Feier sei der Anfang zur Abschaffung des Glaubens (initium abolendae fidei) gewesen. Aber doch ist in ihm keine Spur von christlicher Frömmigkeit, er glaubt nicht an die Dogmen und hält nicht die Gebräuche; er verehrte vielmehr meist, wie einer seiner ergebenen Schüler von ihm berichtet, „den Genius der Stadt Rom“; wir würden sagen: den Geist der Antike. Wenn daher Paul II. ihn verfolgte, so hatte er von dem Standpunkte streng christlicher Auffassung nicht Unrecht, und wenn Alexander VI. seine Leiche begleiten ließ, so that er es nicht, weil er seine religiöse Richtung anerkannte, sondern weil er sich nicht enthalten konnte, diesem kleinen unansehnlichen Manne oder richtiger dem Geiste, dem er gedient, auch nach seinem Tode die Achtung zu erzeigen, die der Lebende sich selbst bei den Höchsten zu erzwingen gewußt hatte.

Geistige Bestrebungen und religiöse Gesinnung fanden ihren vorzüglichsten Ausdruck in der Akademie des Pomponius Laetus. Sie hatte durch die Verfolgungen Pauls II. eine Störung erlitten, die aber kaum so lange dauerte, als die Regierungszeit dieses Papstes. Sie erwachte, eben weil sie einem dringenden Bedürfnisse jener Zeit entsprach, nach der Störung zu desto frischerm Leben. Nach den Leistungen derselben wird man freilich nicht viel fragen dürfen, — das Feiern einzelner Feste macht ihre Thätigkeit ebensowenig aus, als die Bezeichnung der Mitglieder durch antike Namen ihre eigenthümlichen Gebräuche —, aber schon der Umstand, daß Historiker, die von literarischen Tendenzen ziemlich frei sind, die Erzählung von den Schicksalen dieser Akademie in ihre Berichte aufnehmen, daß die Gelehrten jener Zeit, nicht nur die Mitglieder, sondern auch die Außenstehenden und zwar die Letzteren mit einem Gefühl von Neid, bewundernd von der Gesellschaft reden, spricht eindringlich von ihrer großen Bedeutung. Es war eine freie gelehrte Gesellschaft, wie es damals deren viele gab, die Mitglieder verbunden durch gleiches Streben und ähnliche Gesinnung. Aber die römische Akademie that es ihren Schwestern zuvor in der Hoheit und Sittenreinheit ihres unvergleichlichen Führers und in dem unvergänglichen Boden, aus dem sie erwachsen war und mit dem sie verwachsen zu sein schien: mitten in der Hauptstadt des Christenthums die erhabenste Verkünderin des Alterthums, inmitten der Verderbniß das unverdorbene Zeugniß edelwirkenden Geistes. So gewährt sie einen Lichtblick in einer Zeit der Trübsal und rechtfertigt das stolze, vielleicht im Hinblick auf jene Akademie gesprochene Wort des Francesco Filelfo: incredibilis quaedam hic libertas est: hier herrscht eine unglaubliche Freiheit des Geistes.

Grabmal des Giovanni Galeazzo Visconti von Galeazzo Pellegrini in der Certosa zu Pavia.

Neuntes Kapitel.

Die Renaissance in den kleineren Staaten Italiens (Mailand, Mantua, Verona, Bologna.)

Der Fürsten von Mailand aus dem Hause Viskonti wurde schon bei Petrarca gedacht. Sie gehören zu den ersten Fürsten Italiens und damit der modernen Welt überhaupt, welche die Unterstützung von Wissenschaft und Kunst als eine Aufgabe des Fürstenthums betrachteten und einen Kreis gelehrter Männer für einen bedeutsamern Schmuck ihres Hofes hielten als zahlreiche Beamte und namenlose Hofschranzen. Reine Liebe zur Literatur war es freilich nicht immer, weder bei den mailändischen Fürsten noch bei den Hochgeborenen anderer Orte, welche sie zur Begünstigung der Schriftsteller und Künstler bestimmte. Vielmehr war es bei den Einen das unklare Verlangen nach etwas Geistigem, so unklar, daß man nicht selten zwischen Spaßmacher, Astrologen und Gelehrten abwechselte, ja wohl auch die Befähigung für alle drei Aemter in einer Persönlichkeit suchte und fand: bei den Anderen das klare Sehnen nach Ruhm, den man eben durch die Schriftsteller zu gewinnen hoffte. Wie die Veranlassung, tüchtige Männer an die Höfe zu ziehn, nicht immer lauter, so war auch die Wirkung der Fürstengunst auf Kunst und Literatur nicht immer heilsam. Denn der Eifer der Humanisten, sich für die Berufung und Begünstigung dankbar zu erweisen, verführte zur Lobsucht und Schmeichelei, die beständige Schmeichelei aber zur Erniedrigung der Gesinnung: unterschiedslos wurden gute und schlechte Fürsten gepriesen, der Tyrann als Volksbeglücker und der Feigling als muthvoller Streiter erhoben, natürlich unter der Bedingung, daß Beide die Wissenschaften beachteten und, was noch wichtiger war, deren Vertreter gut bezahlten.

Auf Giovanni Visconti, den Verehrer Petrarcas (gest. 1354), waren seine Neffen Galeazzo und Barnabo gefolgt, die, trotz des tiefen Mißtrauens, das sie gegen einander hegten, leidlich gut mit einander auskamen, durch ihre Härte und Grausamkeit aber dem Volke gleichmäßig zur Last fielen. Als Galeazzo starb (1378), schien sein Sohn Giangaleazzo, der nach ihm kam, weder die Verträglichkeit noch die Grausamkeit des Vaters geerbt zu haben, denn die Härte des Oheims, die mit den Jahren und der immer abnehmenden Fähigkeit seinen Befehlen Respekt zu verschaffen stets größer wurde, suchte er durch Leutseligkeit und Milde auszugleichen, mit seinem Mitherrscher dagegen vermochte er das richtige Verhältniß nicht zu finden und nachdem er die offene Feindschaft durch eine halbe Versöhnung mehr verhüllt als vernichtet hatte, bemächtigte er sich Barnabos nebst zwei seiner Söhne, tödtete sie (1385), und erhielt nun selbst, ohne Rücksicht auf die übrigen Kinder des Ermordeten, die Herrschaft über Mailand. Bald änderte er nun den Namen der Regierung und die Stellung seines Hauses, indem er bei Kaiser Wenzel die Umwandlung der Grafschaft in ein Herzogthum durchsetzte (1395), aber änderte auch sein Wesen oder zeigte vielmehr jetzt erst seine wahre Gestalt: noch mehr als sein Vorgänger bekundete er Ehrgeiz und Ländergier, Grausamkeit und Verstellung. Er wollte kein kleiner Tyrann bleiben, sondern gedachte König von Italien zu werden, ja Pläne auf das Kaiserthum, deren Ausdenken nicht blos einen ungewöhnlichen Ehrgeiz, sondern auch eine gewisse Idealität der Gesinnung verräth, lagen ihm nicht fern. An der Ausführung dieser Pläne aber wurde er durch seinen Tod (1402) verhindert. Glücklicher als in seinen politischen Ideen war er in seinen künstlerischen und literarischen Entwürfen. Denn von ihm ging die Gründung der Certosa von Pavia aus, die er zu seiner Grabstätte ausersehen hatte und für deren Fortbau er große Summen bestimmte, die ein Zeitgenosse „das wunderbarste aller Klöster“ nennt; von ihm die Erbauung des Mailänder Doms, der nach dem Urtheil desselben Zeitgenossen „an Größe und Pracht alle Kirchen der Christenheit übertrifft“. Aber ebenso ist die Ausschmückung des Castells von Pavia mit Bildwerken und Malereien auf seine Anregung erfolgt, und die Sammlung einer Bibliothek, in welcher „die besten Griechen und Lateiner“ vertreten waren. Wenn freilich derselbe Fürst mit gleichem Eifer Heiligenreliquien sammelte, so zeigte er, daß seine Lust an Seltenheiten und Seltsamkeiten mindestens ebensogroß war als sein Verständniß für das Zusammengebrachte.

Von seinen Söhnen, die bei dem Tode des Vaters minderjährig waren, endete Giovanni Maria, der trotz kurzer Regierung Leichen auf Leichen gethürmt, durch Mord in der Kirche (1412), Filippo Maria regierte lange zum Schrecken Mailands und zur Gefährdung von ganz Italien (bis 1447). Seine gewaltigen Kriegspläne, zu denen u. A. auch eine Eroberung der Stadt Florenz gehörte, gingen glücklicherweise nicht in Erfüllung, obwohl er sich zur Ausführung derselben eines der genialsten Kriegsmänner jener Zeit bediente, des Francesco Sforza. Diesem hatte er zur Belohnung seiner vorzüglichen Dienste seine Tochter zur Frau gegeben, und bahnte durch diese Verheirathung dem Condottiere den Weg auf den Thron. Ein Fürst, wie Filippo Maria, gewaltsam und auf steten Raub bedacht, mißtrauisch und kleinlich, nach Vermehrung seiner Schätze und Erhöhung wollüstiger Behaglichkeit trachtend, konnte kein verständnißvoller Gönner geistiger Bestrebungen sein. Er hat höchstens literarische Gelüste wie er physische hat, die Mittel zu ihrer Befriedigung jedoch sind ihm gleich: er liest alte Autoren, findet Freude an Dantes und Petrarcas Dichtungen und läßt sich aus französischen Ritterromanen vorlesen.

Ansicht einer Ecke der Certosa bei Pavia.

(Von Giovanni Galeazzo Visconti 1396 als ein Kartäuserkloster gegründet; die außerordentlich reiche und prachtvolle, ganz in weißem Marmor ausgeführte Fassade von Ambrogio Borgognone 1473 entworfen.)

Einige Jahre herrschte nach seinem Tode Verwirrung, die allmählich republikanischer Staatsverwaltung Platz machte; 1450 bestieg Francesco Sforza den herzoglichen Thron und bewahrte die Herrschaft bis 1466. Francesco Sforza war ein geschickter und glücklicher Heerführer und ein für die Seinen eifrig wirkendes Familienoberhaupt, ein Mann von tiefer Einsicht, der wohl erkannte, wann die Zeit zum Schlagen und wann die Zeit zum Unterhandeln war, und der durch Eroberungen und Ueberredung, durch gewaltthätiges Losfahren und geduldiges Abwarten sich und den Seinen einen großen Besitz verschaffte. Er war, nach der Charakteristik seines Zeitgenossen, des Papstes Pius II., fast glücklich zu nennen, — denn er hatte nur die, freilich für unsern Begriff recht entsetzlichen, Widerwärtigkeiten innerhalb seiner Familie zu bestehn, ohne welche das Leben eines Hauses, namentlich eines Fürstenhauses, in jener Zeit kaum denkbar war — sonst war er „als Reiter einem Jüngling gleich, hoch und äußerst imposant an Gestalt, von ernsten Zügen, ruhig und leutselig im Reden, fürstlich im Benehmen, ein Ganzes von leiblicher und geistiger Begabung ohne Gleichen in unserer Zeit, im Felde unbesiegt. Seine Gemahlin war schön und tugendhaft, seine Kinder anmuthig wie Engel des Himmels, er war selten krank; alle seine wesentlichen Wünsche erfüllten sich.“ (Burckhardts Uebersetzung). Ruhe und Leutseligkeit im Reden, —

Franz Sforza, Herzog von Mailand. Vicecomes ist der Name Visconti, den die Sforza von ihren Vorgängern annahmen. Franz war 1401 geboren und starb 1466; da er hier bejahrt erscheint, ist die Medaille wohl etwa 1466 modellirt und gegossen worden. Der Künstler ist Sperandio aus Mantua. 2/3 der Originalgröße. (Berlin, Kgl. Münz-Cabinet). (Nach Julius Friedländer, Die ital. Schaumünzen des 15. Jahrh.).

das ist die einzige geistige Eigenschaft, welche nicht nur der redegewandte Papst, sondern auch die nach rühmenswerthen Gaben begierig ausspähenden Hofhumanisten an ihm zu loben wußten. Denn „er war zwar ausgezeichnet durch herrliche Vorzüge, der feinern Literatur aber und der Musen völlig unkundig“, so urtheilt Francesco Filelfo, der hier in seinem Tadel um so glaubwürdiger ist, als er den mailändischen Herrscher sonst beständig lobt. Jedoch war er einsichtig genug, den Mangel seiner eignen Bildung durch tüchtige Erziehung seiner Kinder gut zu machen, so daß z. B. seine Tochter Hippolita fast als gelehrt galt und, ohne für Dichtkunst zu schwärmen, sah er, gemäß der Sitte seiner Zeit, Dichter und Künstler gern um sich. Diese lohnten ihm sein Entgegenkommen je nach ihrer Fähigkeit. Die Dichter schrieben große Gedichte: Sforziaden, von denen freilich keine gedruckt ist, ohne daß man ihren Verlust zu bedauern hat, denn Filelfo, der statt der von ihm versprochenen 12,800 Verse nur 6400 vollendete, war ein feiler Verskünstler, dessen poetischen Versuchen man sofort die Höhe der Bezahlung anmerkt und Decembrio hatte viel redlichen Willen, aber wenig dichterisches Talent. Die Künstler ihrerseits benutzten Persönlichkeit und Thaten ihres Helden zu künstlerischen Darstellungen aller Art; Antonio Filarete, nicht der Geringsten Einer, entwarf z. B. den Plan, eine Sforziade, d. h. eine Stadt zu Ehren des mailänder Herrscherhauses zu bauen, bei deren Herstellung zu gleicher Zeit 103,200 Arbeiter beschäftigt sein sollten.

„Das Gestirn Franz Sforzas bedeutet einem Manne Glück, seiner Nachkommenschaft Verderben", dieser Spruch der Astrologen, deren thörichte Vorhersagungen Francesco kraft seiner Klarheit und Weitsichtigkeit verachtet hatte, schien sich schon bei seinem Sohn und unmittelbaren Nachfolger Galeazzo Maria (1466—1476) vollkommen zu bewahrheiten. Er war zwar kein größerer Tyrann als manche der zeitgenössischen Herrscher, obwohl er ausschweifend und grausam genug war, aber er erschien seinen Unterthanen widerwärtig und gefährlich. Unter diesen Gefahrwitternden einer der eifrigsten war Cola de'Montani, der entweder als ausgeprägter Fürstenhasser — denn er war auch den Medici feindlich gesinnt — oder weil er sich von seinem ehemaligen Schüler Galeazzo aufs Tiefste gekränkt wähnte, unter den jungen Mailändern förmlich gegen ihren Herrscher warb und endlich drei derselben zum Morde bestimmte: Lampugnani, Olgiati, Viskonti. Alle drei waren weder Politiker, noch persönliche Feinde des Herrschers, sie waren vielmehr als treue Schüler der Alten Anhänger einer idealen Republik und Verfechter der Meinung, daß es kein Verbrechen, sondern ein edles Werk sei, einen Gewaltherrscher aus dem Wege zu räumen und durch seinen Tod einem daniedergehaltenen Volk die Freiheit zu gewähren. Darum starben sie mit dem Bewußtsein einer glorreichen Handlung und die Worte, die der eine der Thäter, schon in den Armen des Henkers, sich zur Ermunterung zurief: „Nimm dich zusammen! man wird lange an dich denken; der Tod ist bitter, der Ruhm ist ewig", sind charakteristisch für die Auffassung der ganzen Zeit.

Galeazzo Maria, der von Humanisten Ermordete, bewies seine eigne Zugehörigkeit zur Renaissance höchstens durch seltsame Kunstlaunen und durch eine nicht üble Fertigkeit in lateinischen Reden, die er von seinem Erzieher Guiniforte Barzizza erlernt hatte. Aber die Götter der Alten und die neun Musen, die ein zeitgenössischer Dichter ihn in seiner Todesnoth anrufen läßt, auf daß sie helfen in ein allgemeines Klagegeschrei über das an ihm verübte Verbrechen einzustimmen, standen ihm völlig fern; auch bei ihm, wie bei allen Wüthrichen und Kleingläubigen jener Zeit, waren es wohl die dunkeln Schicksalsmächte, an deren Einwirkung auf sein eignes Geschick er glaubte.

Nach vierjähriger schwacher vormundschaftlicher Regierung und dadurch erzeugten verwirrten Zuständen bemächtigte sich Ludovico Moro, Galeazzos Bruder, mit Nichtachtung seines Neffen, des rechtmäßigen Thronfolgers, der mailändischen Herrschaft. Er behielt auch, trotzdem dieser leben blieb und für seine Ansprüche manche Vertheidiger fand, die alleinige Regierung und übte sie als ein glänzender Herrscher, doppelt machtvoll nach Unterdrückung einer Verschwörung, die von seinen ehemaligen politischen Freunden angezettelt war. Seinem Ansehn in Italien schadete die nahe Verbindung mit ausländischen Fürsten, dem deutschen und französischen Herrscher, nichts, denn er war stolz genug, sie nicht als seine Vorgesetzten, ja nicht einmal als seine Verbündeten, sondern als seine Untergebenen zu betrachten. Er scheute nicht die kühnsten Vergleiche, er hörte es gern, wenn man in Florenz den an Gotteslästerung streifenden Vers sang: Cristo in cielo e il Moro in terra Solo sa il fine di questa guerra. Denn er glaubte an seinen Stern, aber er glaubte auch an die Sterne überhaupt und befragte, bevor er zu seinen Unternehmungen ausging, gern die Gestirne: nur selten besaß er stolzes Selbstvertrauen genug, um den Spruch zu beherzigen, den er selbst einmal als Inschrift gebraucht hatte: der Weise beherrscht die Sterne (Vir sapiens dominabitur astris). Er selbst war sehr unterrichtet, fast gelehrt, hatte er doch schon als elfjähriger Knabe an einem und demselben Tage zwei lateinische Reden gehalten, und sie mit eigner Hand abgeschrieben (sie sind noch jetzt handschriftlich in Paris), dennoch verkehrte er mit Gelehrten und Künstlern nicht wie ein Gleichstehender, sondern wie ein Fürst. In Bessarions und Pomponio Letos gelehrten Gesellschaften waren nur Männer gewesen, die, so verschieden auch in wissenschaftlicher Bedeutung, einander ebenbürtig waren im Rang, in Florenz prävalirte Platos Geist zu sehr, als daß der Fürst in erster Reihe hätte stehen sollen, zumal das Vordrängen gar nicht in Cosimos Natur lag: in Mailand dagegen war die Akademie eine Schaar von Gelehrten, die von dem Fürsten gesammelt war und die, in dieser Beziehung ein Vorbild der französischen Akademie, in der Verherrlichung des Fürsten ihre Hauptaufgabe erkennen mußte. In ähnlicher Weise wie für die Akademie soll der Moro für die Universität Pavia gesorgt haben; er soll, — denn statt historischer Zeugnisse sprechen hauptsächlich die Verse eines gänzlich unberühmten Dichters davon, die zugleich von dem gewaltigen Zusammenströmen der auswärtigen Nationen reden, welche „den seltenen Ruhm der heiligen Kuppel (nämlich des Universitätsgebäudes) als Lob des Herzogs“ verkünden. Aber noch eine andere Kuppel zeugte von ihm; 1490 ernannte er die Meister für die Errichtung der mailänder Domkuppel, „welche schön, würdig und ewig sein soll, wenn sich auf dieser Welt etwas Ewiges hervorbringen läßt“. Denn für Kunst und für Künstler hatte der Moro Interesse und Verständniß, Bramante und Lionardo da Vinci lebten einige Zeit an seinem Hofe.

Der eigentlich mailändischen Gelehrten ist nur eine verhältnißmäßig kleine Anzahl. Denn es ist nicht Aufgabe dieser Betrachtung, einen Katalog sämmtlicher Literaten, auch derer, welche eine unbedeutende Wirksamkeit entfalteten oder derer, welche nur kurze Zeit in einer Stadt zubrachten, zu geben, sondern nur diejenigen zu schildern, welche durch Geburt oder durch langjährige Thätigkeit einer Stadt angehörten. Mögen daher auch Valla, Beccadelli und einige wenige ähnlich bedeutende Männer einzelne Jahre in Mailand verlebt und während derselben daselbst gelehrt haben; mögen auch Manche, deren Namen nebst spärlichen Notizen über ihre geringfügigen Leistungen kaum auf die Nachwelt gekommen sind, durch einzelne lateinische Briefe, Reden und Gedichte zu ihrer Zeit einen damals leicht zu erlangenden Ruhm genossen haben, der mailänder Kreis ist genugsam geschildert, wenn man von Antonio Loschi, Gasparino da Barzizza und seinem Sohne Guiniforte, Antonio da Rho, Pier Candido Decembrio und Francesco Filelfo spricht.

Antonio Loschi ist im letzten Drittel des 14. Jahrhunderts, vielleicht noch zu Lebzeiten Petrarcas geboren. Schon als Knabe galt er als vielversprechender Dichter, wandte sich daher trotz des Drängens seines Vaters, der einen Juristen aus ihm machen wollte, den schönen Wissenschaften zu. Dann, kaum mannbar geworden, führte er ein Wanderleben, wie viele Humanisten, war außer seinem längern Aufenthalt in Mailand, der gewiß von 1390 bis 1406 dauerte, in Verona, Neapel, später in Rom, wo er auch hochbetagt starb, gegen 1450. Er scheint Priester gewesen zu sein und dichtete vielleicht auch ein weltlich-heidnisches Trauerspiel, — wenigstens gibt es handschriftliche Zeugnisse, welche die Tragödie Achilleis, die sonst als Eigenthum des Mussato galt, (oben S. 8) ihm zuschrieben; er war päpstlicher Diener und zwar gesinnungstreuer, nicht blos auf seinen persönlichen Vortheil bedachter und hatte doch Wohlgefallen an Geschichten, welche die Priester in ihrer Thorheit und Leichtgläubigkeit bloßstellten, so daß er z. B. Boccaccios arge Geschichte von Ser Ciappeletto (vgl. oben S. 72) ins Lateinische übersetzte. Ein witziger Mensch war er überhaupt: er ersand oder erzählte gern lustige Geschichten, von denen Poggio manche in seine Facetien aufnahm. In solchen Dingen aber erkannte er nur Zeitvertreib; sein Streben war ein ernstes, dem Vaterland und der Wissenschaft geweihtes. Dem Vaterlande, nämlich Italien. Dessen Unabhängigkeit liebt er, jammert daher über den gefürchteten Einfall der Fremden, beklagt die Zerrissenheit des Landes und die Uneinigkeit der einzelnen Staaten. Trotzdem hat er, soviel an ihm lag, gethan, um diese Uneinigkeit dauernd zu machen. In mailändischem Interesse nämlich schrieb er eine Herausforderung an Florenz, warf dieser Stadt ihre Verbindung mit den Franzosen und ihr Liebäugeln mit dem Kaiser vor, ihre Feindseligkeit gegen die Kirche und ihre Treulosigkeit gegen Bologna, und spottete der Bürger darüber, daß sie Römer zu sein meinten, weil sie aus einer römischen Stadt stammten. Diese Vorwürfe, die nur theilweise begründet waren, berechtigten freilich den Angreifer nicht zu seinen heftigen Ausfällen; diese aber wurden genugsam bestraft durch die Ehrentitel, mit denen Colluccio Salutato in seiner Erwiderung die Mailänder belegte, unter denen: Bestie, Frosch, Misthaufe, Sklave der Sklaven nicht die allerschlimmsten sind. Mehr als diese Schimpfworte, die an dem solche Bezeichnungen Gewohnten leicht abprallten, mußten indessen dem viel herumgeworfenen Fürstendiener die stolzen Worte des Republikaners wehe thun: „Die Lombarden verabscheuen die Freiheit, während die Toskaner sie lieben" und die selbstbewußten Ausdrücke des Florentiners: „Meiner Mitbürger gibt es so viele und so reiche, daß sie allein, die über die ganze Erde zerstreut sind, genügen würden, Florenz, im Falle es zerstört würde, wieder aufzubauen und zu bevölkern". Denn ein heimathloser Fürstendiener war Loschi, abhängig von dem Zufall, der ihn bald dahin bald dorthin verschlug und von dem Herrn, dem ihn ein gütiges Geschick zuwies. Sonst hätte er wohl schwerlich von dem scheußlichen Giangaleazzo in einer Grabschrift sagen können: „Seine seelischen Eigenschaften waren ebenso schön wie seine körperlichen. Klug, mildthätig, großherzig war er der weiseste Fürst, welcher in Europa regierte" Nur ein Gutes bewies er durch diese Worte, daß er nämlich seine Gesinnungen nicht so leicht änderte und seinen Wohlthätern auch über das Grab hinaus Dankbarkeit bewahrte.

Antonio Loschi diente auch der Wissenschaft, ebenso treu wie seinen Fürsten. Sein Hauptverdienst ist sein Commentar zu den 11 Reden Ciceros, welchen Flavio Biondo begeistert als den ersten und einzigen jener Zeit pries und von dessen Berühmtheit die vorhandenen 13 Handschriften und Drucke genügendes Zeugniß ablegen. Zu nennen sind außerdem seine Bemerkungen zur Ilias, die nicht grade zu der vielbestrittenen Annahme nöthigen, daß er Griechisch verstanden habe, endlich sein Formelbuch für den Verkehr der päpstlichen Curie, durch dessen Abfassung er dem geistlichen Staate einen ähnlichen Dienst leistete, wie sein ehemaliger Freund und späterer Feind Colluccio Salutato dem weltlichen (vgl. oben S. 75 f.), nämlich die Verwerthung der classischen Sprache für einen Verkehr, der bisher jede Hinneigung zur Sprache Ciceros vornehm abgelehnt hatte.

Trefflicher Behandlung der lateinischen Sprache verdankt auch der zweite mailänder Schriftsteller seine Bedeutung. Gasparino da Barzizza (1370—1431) — so genannt nach einem kleinen Ort in der Nähe von Bergamo — machte seinen unberühmten Geburtsort nicht berühmt und Mailand, wo er seit 1418, nach langjähriger Thätigkeit in Padua und Venedig lehrte, nicht beneidet und Guiniforte, sein Sohn (1406—1459), der, wenn man dem Vater glauben will, von allen Mitlebenden ein divinissimus puer genannt wurde, weil er so trefflich zu disputiren verstand und auf die verschiedensten Fragen Bescheid zu geben wußte, wurde kein „göttlich erhabener Mann", aber Beide sind charakteristisch für jene Zeit. Ihre selbständigen Schriften bedeuten nicht viel, Commentare über einzelne Schriften Ciceros sind verloren und die Abhandlungen über lateinische Orthographie und Etymologie bieten nicht mehr als die damals üblichen und vielfach wiederholten Schulbücher; als hauptsächliche Denkmale ihres Ruhmes sind Briefe und Reden übrig geblieben. Diese, theils im eignen Namen, theils im Namen Anderer gehalten, sind Leichen-, Amts- und Staatsreden, die letzteren vielfach an gekrönte Häupter gerichtet, von Schmeicheleien strotzend, wie die damaligen Reden überhaupt, aber von den ähnlichen zeitgenössischen Elaboraten abweichend durch merkwürdige Kürze und einen gewissen individuellen Zug, die Betonung der Beziehungen zwischen Redner und Angeredetem. In diesen Reden fehlt es nicht an gelegentlichem Preise des Ruhms und des Vaterlandes, an der dem Humanisten gleichsam angebornen Verachtung der Jurisprudenz, freilich auch nicht an der bei ihnen nicht häufigen Verherrlichung der Medicin; der Glaube an Astrologie wird in der überhaupt höchst charakteristischen Rede an Filippo Maria Visconti als ein fast nothwendiger oder naturgemäßer erklärt: „die große Gewalt der Gestirne", heißt es einmal, „die deine Geschicke lenkt". Die Briefe sind weniger inhaltlich als formell bedeutend; neben wirklichen Briefen an einzelne hervorragende aber auch an viele selbst dem Namen nach unbekannte Männer meist Briefformulare oder Reden und Abhandlungen über die verschiedensten Dinge, die nur vermöge einer oberflächlichen Briefähnlichkeit das Eintrittsrecht in die Sammlung erworben haben.

Guiniforte hatte Galeazzo Maria unterrichtet; trotz der Verdienste indessen, die er sich durch solchen Unterricht um das Fürstenhaus erworben hatte, erhielt er die lateinische Professur, um die er sich bewarb, nicht; statt seiner trat Antonio da Rho (Raudensis) an die Stelle des verstorbenen Gasparino. Er war ein gelehrter, scharfsinniger Mann niedrigen Ursprungs, dessen er sich geschämt zu haben scheint, wenigstens mußte ihn Alberto da Sarteano darauf hinweisen, daß es keine Schande sei, unberühmter Familie zu entstammen. Er übersetzte im Auftrage Filippo Marias Mancherlei aus dem Lateinischen ins Italienische, schrieb aus eignem Antriebe eine lange Invektive gegen Beccadellis Hermaphrodit, zeigte sich aber auch als selbständiger Schriftsteller in zwei Werken, von denen freilich nur wenig auf die Nachwelt gekommen ist. Das eine, de imitatione elegantiae betitelt, wird nur in Vallas Invektiven genannt, und verfolgte, soweit man aus den wortreichen aber sacharmen Angriffen des Grammatikers ersehen kann, einen ähnlichen Zweck wie Vallas Elegantien, wurde aber durch die Arbeit des berühmtern Mannes völlig verdrängt. Das andere, „Drei Dialoge über die Irrthümer des Lactantius" (1443), das nur handschriftlich erhalten ist, verdarb es durch die Hervorhebung der Schönrednerei und der philosophisch-theologischen Thorheiten seines Autors gleichmäßig mit Humanisten und Theologen, so daß Filelfo in einem Briefe und der Mönch Adamo von Genua in einer besondern Schrift die Kühnheit des Verfassers heftig tadelten. Nicht weniger als 53 Irrthümer meint Rho bei Lactantius gefunden zu haben: moralische, historische, religiöse; die Nichtübereinstimmung mit Plato wird als Verbrechen betrachtet und der Glaube an Astrologie als Wahn verurtheilt. Bei Lesung einzelner von Rho angeführter Sätze — nur das Inhaltsverzeichniß der Angriffsschrift ist neuerdings gedruckt worden — meint man im vollsten Mittelalter zu sein; als Irrthümer werden z. B. folgende Meinungen bezeichnet: Gott habe sich selbst erschaffen, die Engel seien nicht von Anfang an zu der Menschen Schutz bestimmt gewesen, der Teufel habe die Engel allmählich zu Lastern verlockt, die Engel haben mit menschlichen Weibern Kinder erzeugt, diejenigen seien thöricht, welche durch Anzünden von Kerzen in Kirchen ein gottgefälliges Werk zu üben vermeinen.

Antonio da Rhos Leben und das Schicksal seiner Schriften bleibt ein merkwürdiger Beweis für den Satz, daß selbst in einer Zeit, die so gründlich mit dem Autoritätsglauben brach, wie die Zeit der Renaissance, neue Schulmeinungen an Stelle der alten sich gebildet hatten und daß ein Schriftsteller, der zwischen beiden Wegen sich einen dritten gestalten wollte, bald zu der Ueberzeugung kommen mußte, daß ihm die von beiden Seiten entgegengestellten Hindernisse das selbständige Gehen erschwerten oder geradezu unmöglich machten. Die geistig weniger selbständigen Gelehrten (z. B. Decembrio) Mailands brachten es zu weit höheren Lebensstellungen, erfreuten sich ungetrübtern Glücks und genossen in der Zukunft größern Ruhm.

P. Candidus studiorum humanitatis decus (Zierde der Humanitätsstudien) — übrigens einer der ersten Fälle, in welchen das Wort humanitas zur Bezeichnung der Renaissancestudien gebraucht wird — so wird Pier Candido Decembrio (1399—1477), der 1447 Präsident der mailändischen Republik war, auf einer mit seinem hohen Ehrenamte gleichzeitigen Medaille des berühmten Vittorio Pisano bezeichnet. Er stammte aus einer gelehrten Familie. Schon sein Vater Uberto war zwar kein berühmter aber ein kenntnißreicher Mann gewesen, der Griechisch verstand, das Verständniß dieser Sprache durch mehrfache Uebersetzungen bewies, Lateinisch als seine Muttersprache betrachtete, seinen Söhnen lateinische Namen gab und dem einen, Modestus, eine Schrift de modestia, dem andern, unserm Candidus, eine Schrift de candore widmete und der für uns von besonderm Interesse ist, weil er eine Reise nach Deutschland gemacht (1399) und über das, was er gesehen, z. B. die Stadt Prag, nicht uninteressante Berichte geschrieben hat. Der Sohn ahmte dem Vater nach und übertraf ihn in Uebersetzungen aus dem Griechischen ins Lateinische, aus dem Lateinischen ins Italienische; er schrieb unzählige Briefe und viele Tractate über römische Staatsverwaltung, Cosmographie und Geschichte, Grammatik und Rhetorik. Hauptsächlich bekannt indessen wurde er durch drei Biographieen, von denen die des Francesco Sforza unvollendet, die des Petrarca unbedeutend, die des Filippo Maria aber vollendet und bedeutend ist. Bedeutend nicht etwa wegen Vollständigkeit der Nachrichten oder wegen Objectivität des Urtheils, denn sie läßt mancherlei Wichtiges neben vielem Unwichtigen aus und schildert mit Behagen nur die tadelnswerthen Eigenschaften ihres Opfers, während sie die lobwürdigen ganz verschweigt, sondern wegen der Art der Schilderung, die ein klar erkennbares, bis in seine feinsten

Einzelheiten kunstvoll ausgeführtes Bild eines der seltsamsten Herrscher ist. Die Biographie ist, wie Jakob Burckhardt sagt, „eine große erweiterte Nachahmung des Sueton, — die den gemischten Charakter des Filippo Maria und an und in demselben mit wunderwürdiger Genauigkeit die Voraussetzungen, Formen und Folgerungen einer bestimmten Art von Tyrannis darstellt. Das Bild des 15. Jahrhunderts wäre unvollständig ohne diese in ihrer Art einzige Biographie, welche bis in die feinsten Miniaturpünktchen hinein charakteristisch ist."

Decembrio lebte lange genug, um Viele zu überleben, vielleicht auch zu lange für seinen eignen Ruhm, aber er hielt sich in rühmlicher und damals seltener Bescheidenheit vor Ueberhebung und Angriffen gegen Gleichstrebende und Andersmeinende zurück, so daß er mit den Meisten in Frieden lebte und nur mit Einem, dessen dauernder Anhänglichkeit sich vielleicht kein Mensch rühmen konnte, in Streit gerieth, mit Francesco Filelfo. Filelfo ist der Typus der widerwärtigsten Art der Humanisten, der Selbstverherrlicher, Bettelpoeten und Streithengste. Seine Gelehrsamkeit reichte zu wirklich gründlichen Forschungen nicht aus und sein Verstalent konnte keine wahrhaft poetischen Werke schaffen, aber er besaß mannigfaltige Kenntnisse, geschickte Art der Sprachbehandlung und eine derartig leichte Handhabung des Verses, um über Alles und zu jeder Zeit zu reden, so daß er dadurch bei Vielen die Meinung erweckte, er verstände Alles, und in sich die Ueberzeugung nährte und sie ganz unverblümt aussprach, er sei der größte Mann seiner Zeit. Am Crassesten thut er dies in einem Gedicht, in welchem er sich mit Virgil und Cicero vergleicht, sich über jenen stellt, weil er auch in Prosa zu schreiben und vor diesem den Vorzug giebt, weil er auch Verse zu machen verstehe, Beide aber zu überragen meint, weil er außer der lateinischen auch die italienische Sprache beherrsche. Dieses unverschämte Selbstlob beschließt er dann mit der unglaublichen Frage, wen man ihm denn überhaupt als ebenbürtig zur Seite stellen könne, Talem quem mihi des alium.

Francesco Filelfo ist 1398 in Tolentino geboren, studirte in Padua, wurde Professor in Venedig, kam 1420 als Gesandtschaftssekretär nach Constantinopel und eignete sich während eines langjährigen Aufenthalts daselbst eine tüchtige Kenntniß der griechischen Sprache an, kehrte 1427 zurück und lebte mehrere Jahre in Florenz (bis 1431). Von dort mußte er weichen, nachdem er es mit aller Welt verdorben, die angesehensten Männer, z. B. Carlo Aretino, Ambrogio Traversari, Niccolo Niccoli und Giannozzo Manetti in unwürdigster Weise gehöhnt und selbst Cosimo von Medici wörtlich und thätlich angegriffen hatte. Den Aretino verfolgte er in seinen Satiren unter dem Namen Codrus, den Niccoli nannte er Nichilus cognomine Lallus („Nichts mit dem Beinamen Schwätzer"), dem Poggio rief er einmal zu (Sat. II, 3): „Dir müßte die Zunge ausgerissen werden, mit der du die Guten unermüdlich verlästerst". Dagegen mußte er es dann auch erdulden, daß der Angegriffene (in der Leichenrede auf Niccoli) von ihm sagte: „Den Filelfo nenne ich der Schmach halber, ihn, den verbrecherischsten und unwürdigsten Menschen, dessen Laster und Schandthaten unsere Jünglinge und die Stadt befleckt haben, so daß es besser gewesen wäre, die unbedeutende Belehrung dieses verderblichen Menschen zu entbehren als seine Schändlichkeit zu besitzen.“ 1439 kam er nach Mailand, heirathete zum zweiten, später zum dritten Male und erzeugte im Ganzen 24 eheliche und noch einige uneheliche Kinder. Er lebte wie ein großer Herr und bettelte wie ein armseliger ehrloser Schlucker, kroch vor den jeweiligen Machthabern, Filippo Maria, den Männern der Republik, Francesco Sforza. Manchmal schien er freilich Anwandlungen von Männerwürde und Dichterstolz zu besitzen, z. B. als er die Aeußerung that, der Poet könne selbst die Größten in die Tiefen des Acheron versenken; doch besaß er sie nur dann, wenn er sich die feste Ueberzeugung verschafft hatte, daß seine Forderungen nicht erfüllt würden. Zweimal war er in Rom, unter Nicolaus V. und Sixtus IV., er dachte daran Geistlicher zu werden — selbst Gedanken an Cardinalat und Papstthum lagen ihm nicht fern, war doch auch Pius II. vordem ein frivoler Dichter gewesen — und bat schon um Dispens wegen seiner Ehen, aber erreichte in Rom nicht, was er wünschte. In der Zwischenzeit war er dann wieder in Mailand und dichtete an der Sforziade (oben S. 161), die er als bequemstes Mittel betrachtete, immer wieder seinen Beutel zu füllen, dann ging er nach Florenz, wo er, der scheinbar Unverwüstliche, endlich am 31. Juli 1481 starb.

Ein Catalog aller seiner Schriften füllt viele Seiten. Ueberblickt man diese Schriften, so findet man keine Art, deren Begründer Filelfo wäre, obwohl er es an Lobpreisung seiner Verdienste nicht hat fehlen lassen: in den Gedanken vermißt man jede Spur von Originalität. Er verfaßte Briefe und Reden, Gedichte, Erziehungstractate, Briefformulare und Fabeln für die Jugend, historisch-biographische Schriften über Papst Nicolaus V. und Federigo von Urbino, die er womöglich noch bei Lebzeiten der Geschilderten veröffentlichte, um den klingenden Lohn für seine Bemühung zu empfangen, eine griechische Grammatik und viele Uebersetzungen aus dem Griechischen, endlich auch sogenannte philosophische Untersuchungen.

Natürlich schrieb er lateinisch, weil er dies für die einzige Sprache der Gelehrten hielt, italienisch schrieb er schlecht, in Folge dessen nur, wenn er mußte, und auch nur für Dinge, „deren Andenken wir nicht auf die Nachwelt kommen lassen wollen.“ Daher war er sehr verstimmt darüber, daß er italienische Vorlesungen über einen Vulgärdichter, Petrarca, halten mußte (sein sprachlich und sachlich unbedeutender Commentar ist oft gedruckt) und rächte sich an seinem Opfer dadurch, daß er ihn, den Keuschen, zum obscönen Erotiker zu machen versuchte. Auch sonst liebte er wohl den Widerspruch. Er pries jeden Fürsten und jeden Vornehmen, der nur durch einen Titel, freilich auch durch Geld sich von den Uebrigen unterschied, erklärte dann aber in einer Anwandlung puritanischer Gesinnung: „Nur die Tugend gibt und nimmt den Adel und schmückt einen Jeden mit verdienten Ehren.“ Er liebte den Genuß, fröhnte namentlich dem sinnlichen, rühmte sich, nicht ohne hämische Seitenblicke auf die Scholastik, einer vernünftigern Philosophie; gleichwohl begründete er, wie der echteste Scholastiker, den Vorzug des ehelosen Lebens vor der ehelichen Gemeinschaft durch den Satz, daß die ungleiche Zahl vollkommen sei, die gleiche aber Unflat andeute. Er hatte keinen frommen Sinn, sein Glaube war rein äußerlich, auf die Lehren der heidnischen Philosophen fast ebenso wie auf die Lehren der Kirche gegründet, trotzdem verherrlichte er gelegentlich die Bußprediger und war unduldsam gegen Andersgläubige. Solche Widersprüche aber zeigen nicht etwa den vielseitigen, der Belehrung zugänglichen Denker, der, zu einer bisher unerkannten Wahrheit überredet, sich nicht scheut, das Bessere zu bekennen, sondern sie beweisen nur die gesinnungslose Art des Filelfo, der seine Anschauungen nach dem augenblicklichen Bedürfniß schlau zu modeln wußte. Ohne besondern Geist und gewiß ohne Charakter imponirt Filelfo höchstens durch seinen Eifer für das Studium der Alten, obwohl auch dieser Eifer manchmal erheuchelt zu sein scheint, ferner durch seine rastlose Thätigkeit, die eben nur einer herkulischen Natur, wie der seinigen, möglich war. Aber mit Lust kann der Historiker bei seinem Bilde nicht verweilen; es ist ein erborgter Glanz, der ihn umstrahlt und der vor dem prüfenden Auge der Geschichte sehr rasch erbleicht.

Zu den Fürsten, denen Filelfo sich bittend nahte, gehört auch Ludovico Gonzaga. Ludovico, sein Vorgänger Giovan Francesco I. und sein Nachfolger Giovan Francesco II. sind die drei Beherrscher Mantuas während der Blüthezeit der Renaissance; der spätere Federigo (1519—1540) führt schon aus dieser Blüthezeit heraus. Weil es Geburtsstadt Virgils war, meinte Mantua schon frühzeitig das Recht und die Pflicht zu haben, die neue Cultur zu pflegen; bereits 1257 hatten die Mantuaner eine Münze mit dem Bilde Virgils geprägt und später dem Dichter eine Bildsäule errichtet, die von ihnen theils aus landsmännischem Gefühl, theils aus Bewunderung der von dem Dichter verkündeten Ideen eine vielleicht übertriebene Verehrung genoß. Sie wurde 1397 von dem Herrscher Mantuas, Carlo Malatesta, in den Mincio geschleudert, aus einem unklaren Gefühl, das zusammengesetzt war aus Neid gegen eine allzusehr begünstigte Persönlichkeit des Alterthums und aus Furcht, es möge ein der Religion und Politik gefährlicher Aberglaube hier entstehn. Wider den fürstlichen Alterthumsschänder erhob sich berechtigter Unwille der Literaten, aber der Malatesta kümmerte sich wenig um dies von Seite seiner Gegner kommende Geschrei und dachte nicht daran, ihrem Verlangen zu entsprechen und die Statue wieder aufzurichten. Ein Jahrhundert später, als die Anschauungen andere geworden waren und das, was damals wohl als ein tadelnswerthes Vergehen gegolten, nun als kaum zu sühnendes Verbrechen erschien, wurden von der kunstsinnigen Fürstin Isabella Versuche gemacht, die Bildsäule wieder aufzustellen, aber, wie es scheint, ohne Erfolg.

Zusammentreffen des Herzogs Ludovico Gonzaga mit seinem Sohne dem Cardinal Francesco Gonzaga vor Rom.

Gemälde von Andrea Mantegna (1431—1506) im Castello di Corte zu Mantua.

Giovanni Francesco I. (1407—1448) — seine Frau war Paula aus dem Hause Malatesta — war ein Gönner der Wissenschaften, der, was ihm etwa selbst an Kenntnissen mangelte, seinen Kindern zuzuführen gedachte und zu diesem Zwecke den besten Lehrmeister, Vittorino da Feltre, nach Mantua berief, dadurch seine Residenz zu einer Stätte hoher Bildung machte und sich selbst bedeutenden Ruhm bereitete.

Vittorino da Feltre, eigentlich Rambaldoni, — er nannte sich aber lieber Mantuaner nach dem Ort seiner Hauptwirksamkeit als Feltrenser, nach dem seiner Geburt — wurde ungefähr 1378 geboren, studirte in Padua, verdankte aber bei diesem Studium sich selbst mehr als seinen Lehrern, lehrte dann einige Jahre in Venedig, und folgte 1425, zuerst unwillig, denn er mochte nicht den Aufenthalt in einer Republik mit dem in einem Fürstenthum vertauschen, dem Rufe des Markgrafen nach Mantua. Bald aber betrachtete er diese Stadt als seine wahre Heimath und blieb in ihr bis zu seinem Lebensende (2. Februar 1446).

Vittorino ist*) einer jener Menschen, die ihr ganzes Dasein einem Zwecke widmen, für welchen sie durch Kraft und Einsicht im höchsten Grade ausgerüstet sind. Er schrieb fast Nichts: Jugendverse, die lange aufbewahrt blieben, vernichtete er zuletzt; nur ein einziger seiner Briefe an den ihm innig vertrauenden Ambrogio Traversari ist gedruckt. Er studirte aufs Fleißigste, begehrte aber nie nach einem Titel, der ihm vielmehr wie alles Aeußerliche verhaßt war, wurde innig befreundet mit Lehrern, Genossen und Schülern, deren Freundschaft er für die Dauer aufrecht erhielt. Wie geistige, so pflegte er auch körperliche Uebungen, wurde ein ausgezeichneter Reiter, Tänzer und Fechter, kleidete sich im Winter ebenso wie im Sommer, trug selbst während der härtesten Kälte nur Sandalen und lebte so einfach und mäßig — er trank niemals ungemischten Wein, — daß er bis in sein hohes Alter niemals krank wurde. Seine Leidenschaften — Neigung zur Wollust und zum Zorn — bekämpfte er so, daß er sein ganzes Leben hindurch keusch blieb und selten durch ein hartes Wort Jemanden verletzte: er würde am Liebsten gesehen haben, wenn auch die übrigen Humanisten in arbeitsamer Friedfertigkeit ihr Leben zugebracht hätten.

Er erzog zunächst die Söhne und Töchter des Herrscherhauses und zwar auch von den letzteren eine bis zu wahrer Gelehrsamkeit; als aber sein Ruhm

*) Der folgende Abschnitt über Vittorino ist im Wesentlichen der dritten von mir veranstalteten Auflage des oft angeführten Werkes von Jakob Burckhardt entnommen, mit mannigfachen für die vierte Auflage bestimmten Zusätzen. Wer grade diese Stelle mit den früheren Auflagen desselben Buches zu vergleichen Lust hat, wird finden, daß gar Manches neu von mir hinzugefügt ist; wenn ich aber die nicht von mir veränderten, von Burckhardt ausschließlich herrührenden Sätze hier gleichfalls aufnehme, so darf ich wohl als Grund für diese Aneignung die Erwägung anführen, daß gewisse Dinge, wenn sie einmal trefflich gesagt sind, ein derartiges kanonisches Ansehn erlangen, daß sich statt ihrer kaum etwas Anderes geschweige denn Besseres sagen läßt.

sich weit über Italien verbreitete und sich Schüler aus großen Familien von nahe und ferne, selbst aus Deutschland, meldeten, ließ es der Gonzaga nicht nur geschehen, daß sein Lehrer auch diese erzog, sondern er scheint es als Ehre für Mantua betrachtet zu haben, daß es die Erziehungsstätte für die vornehme Welt sei. Dazu aber kam noch eine andere Schaar, in deren Ausbildung Vittorino vielleicht sein höchstes Lebensziel erkannte: die Armen und Talentvollen, manchmal 70 an der Zahl, die in seinem Hause ernährt und erzogen wurden per l'amore di Dio neben jenen Vornehmen, welch letztere sich hier gewöhnen mußten mit dem bloßen Talent unter einem Dache zu wohnen. Je mehr Schüler zusammenströmten, desto mehr Lehrer mußten auch vorhanden sein, um den Unterricht zu ertheilen, den Vittorino nur leitete. Der wissenschaftliche Unterricht war sehr vielseitig — nur Rechte und Medizin waren ausgeschlossen — dergestalt, daß der Gedanke nahelag, die Schule in eine Universität umzuwandeln. Lateinische und griechische Schriftsteller: Dichter, Redner und Geschichtschreiber wurden gelesen, auswendig gelernt und übersetzt, Philosophie und Mathematik, letztere Vittorinos Lieblingsgegenstand, wurden eifrig gepflegt. Sodann ward hier zum ersten Mal mit dem wissenschaftlichen Unterricht auch das Turnen und jede edlere Leibesübung für eine ganze Schule ins Gleichgewicht gesetzt. Ferner unternahm man Erholungsfahrten und Ausflüge: Vittorino, der niemals allein reiste, kannte kein größeres Vergnügen als mit seiner ganzen Schaar Fußreisen zu unternehmen.

Der Gonzaga hatte ihm eigentlich 240 Goldgulden jährlich zu bezahlen, baute ihm aber noch ein prachtvolles Haus la Giocosa, in welchem der Meister mit seinen Schülern wohnte, und trug manches zu den Kosten bei, welche durch die ärmeren Schüler verursacht wurden; was sonst nöthig war, erbat Vittorino von Fürsten und reichen Leuten, die seinen Bitten freilich nicht immer williges Gehör schenkten, sondern ihn durch ihre Hartherzigkeit nöthigten Schulden zu machen. Doch befand er sich zuletzt in behaglichem Wohlstand, besaß ein Häuschen in der Stadt und ein Landgut, auf dem er sich während der Ferienzeit mit seinen Schülern vergnügte, eine berühmte Bibliothek, deren Handschriften er gern verlieh und verschenkte, über deren eigenmächtige Beraubung er aber sehr zürnen konnte. Des Morgens las er heilige Bücher, dann geißelte er sich und ging in die Kirche; auch seine Schüler mußten die Kirche besuchen, gleich ihm jeden Monat einmal beichten und die Fasten aufs Strengste beobachten. Seine Schüler verehrten ihn, fürchteten sich aber vor seinem Blicke; hatten sie etwas begangen, so wurden sie hart gestraft, unmittelbar nach der That. Bei diesen Strafen gebrauchte Vittorino niemals die Ruthe; die härteste Strafe, welche er dictirte, war die, daß der Knabe knieen oder sich auf die Erde legen mußte, so daß alle Mitschüler ihn sahen. Trotz solcher Beschämung bewahrten die Schuldigen ihm ihre Achtung und Neigung. Aber nicht blos von den Schülern, sondern von allen Zeitgenossen wurde er hochgeehrt; man machte die

Reise nach Mantua nur, um ihn zu besuchen; sein Tod wurde als ein nationales Unglück beklagt.

Von einem seiner fürstlichen Schüler, dem spätern Markgrafen Ludovico III., ist wenig zu sagen, desto mehr von seinem Nachfolger Giovanni Francesco II. (geb. 1466, kam früh zur Regierung, gest. 1519) und seiner Gemahlin Isabella von Este (geb. 1474, verheirathet 1490, gest. 1539). Der Markgraf liebte wilden Lebensgenuß, erfreute sich an Pferden und fühlte sich im wechselvollen Kriege wohler als in einförmiger Friedensbeschäftigung, war Condottiere und Politiker und Beides in der schlimmen, nicht selten gewissenlosen Art, die zu jener Zeit üblich war: er war z. B. ein Freund des türkischen Sultans, trotzdem wollte er nicht Italien unter die Herrschaft der Ausländer gerathen lassen, sondern galt als eifriger Patriot, besonders nachdem er als Heerführer der Venetianer gegen Karl VIII., in der Schlacht am Tano (1491), gestritten und, wenigstens nach der Meinung der Seinen, gesiegt hatte.

Der Markgraf Giovanni Francesco war ein gebildeter Mann, er hatte Sinn für italienische Literatur und war selbst, wenn man eine Andeutung Ariostos (Orlando 37, 9) richtig versteht, schriftstellerisch thätig; er fand Schmeichler, freilich recht unbedeutende Männer, wie Antonio Averoldo und Antonio de Comitibus, die offen genug waren, den ihnen gebührenden Lohn für die Huldigung zu verlangen; auch unter den Späteren einen für seine Thaten übermäßig Begeisterten, der auf des Fürsten Büste, die zwischen der Virgils und der des gleich zu erwähnenden Dichters Battista Mantovano stand, die übertriebenen Worte schrieb: Argumentum utrique ingens si saecla coissent.

Mehr als solche Verse sprechen für Giovanni Francesco seine Kriegsthaten, für Isabella von Este ihre Briefe. Vor Allem fühlte sie sich als Gattin und Mutter. Ihr war die Ehe keine Conventionssache, sondern Herzensangelegenheit und darum mußte ihr die Hochzeit ihres Bruders mit Lucrezia Borgia trotz alles aufgewendeten Pompes „kalt" erscheinen; die kurze Entfernung von Mann und Kind dünkte ihr „wie tausend Jahre", denn sie kannte kein Vergnügen, wenn sie von ihren Lieben fern sein mußte. Sodann fühlte sie sich als Italienerin. In einer Zeit, in der man je nach Bedürfniß mit den Fremden Bündnisse schloß und die Wohlfahrt des Ganzen aufopferte, um den Vortheil des Einzelnen zu vergrößern, rühmte sie die Standhaftigkeit der Bewohner von Faenza, welche „die Ehre Italiens wieder gewannen" und feierte andächtig das Anniversarium der in der Schlacht bei Fornuovo Gefallenen, weil diese ihr Leben für das Heil Italiens eingesetzt hätten. Für die lateinische Sprache interessirte sie sich nicht sonderlich, sie hatte den Muth zu bekennen, daß sie sich bei Aufführung plautinischer Stücke langweile, aber der italienischen Literatur widmete sie Neigung und Verständniß. Aldo Manuzio, der den Auftrag hatte, jedes bei ihm erscheinende Werk auf schönem Papier und in herrlichem Einband ihr zuzuschicken, widmete ihr Schriften, zu deren Verständniß sie einer ungewöhnlichen

Kenntniß bedurfte: Ariosto entwickelte ihr zuerst den Plan seines unsterblichen Gedichtes; außer ihm schickten Bembo, Bandello und Bernardo Tasso häufig ihre Schriften an diesen Hof. Noch größere Theilnahme indessen als an der Literatur bewies die Fürstin für die Kunst. Sie war zur Unterstützung jeder künstlerischen Bestrebung bereit und bewunderte großartige Leistungen, sie bewies bei Sammlung älterer und Bestellung neuerer Werke einen feingebildeten Geschmack; ihre Kunsturtheile, ihre Mahnschreiben an säumige Künstler und ihre begeisterten Ausrufe, sobald sie einen neuen Schatz erworben hatte, erregen noch heute Interesse und freudiges Staunen. Dichter und Künstler zeigten sich für die ihnen erwiesene Gunst dankbar: manche Dichtungen zur Verherrlichung der Fürstin sind noch erhalten, Leonardo da Vinci malte sie, das Gemälde ist aber nicht erhalten, Tizian malte zwei Bilder von ihr, von denen nur Copieen übrig geblieben sind, eine Medaille mit ihrem Porträt rührt von Benvenuto Cellini her.

In Mantua lebte nicht ohne Beziehungen zum Hofe, wenn auch keineswegs blos als Hofdichter, Battista Mantovano (geb. 17. April 1448, gest. 20. März 1516). Er war früh in den Carmeliterorden eingetreten und wurde wenige Jahre vor seinem Tode, 1513, General des Ordens. Er hatte seine Bildung sich auf Reisen verschafft, zu denen ihn die „Liebe zur Tugend" veranlaßte, und als deren Frucht er „verschiedene Meister der Weisheit" sich erworben, lebte seit 1478 dauernd in Mantua, erzog den Sigismund, den Sohn des genannten Fürstenpaares, und widmete dem Markgrafen und dessen Gemahlin die einzelnen Theile seiner dichterischen Werke.

Mantovanos Bestreben ist nicht die Versöhnung des Christenthums mit dem Heidenthum, wie sie soviele Dichter und Philosophen jener Zeit anstrebten, sondern die Unterwerfung des letztern unter das erstere; er bezeichnet selbst einmal (Epitome vitae suae, Dist. 10 und 11) als den Inhalt seines Strebens: „Die umherschweifende Dichtkunst machte ich Christus unterthänig und gab den Göttern Kräfte und Geist; meine Sorge aber war, unsere Gebräuche zu erheben und die alten Götter zu erniedrigen." Demgemäß griff er die „schamlos redenden Dichter" in zahlreichen Versen an, und forderte in einem andern Gedichte zur Erhöhung des christlichen Eifers und zur Vermehrung des den Gläubigen zugewiesenen Gebiets einen Kreuzzug gegen die Türken. Hauptsächlich aber bethätigte er seine christliche Gesinnung in zwei Werken: Parthenice und: De sacris diebus.

Das erste ist ein gutgemeinter Versuch, die heiligen Frauen — von den männlichen Heiligen ist zwar auch, aber nicht mit solcher Ausführlichkeit die Rede — zu preisen, zuerst die Jungfrau Maria, die dem Dichter auch als die geeignetste Helferin gegen gefährliche Krankheiten erscheint, sodann andere weibliche Heilige: Katharina, Agathe, Lucia, Apollonia, Caecilia. Die Verherrlichung dieser Frauen beweist frommen christlichen Sinn, aber die Art und Weise der dichterischen Ausarbeitung bekundet die auch bei einem „christlichen" Dichter unvermeidliche Abhängigkeit von den Poeten des Alterthums. Denn der Olympus wird auch hier gleichbedeutend mit dem Himmel gebraucht; Gott Vater muß sich die Bezeichnung Jupiter tonans gefallen lassen; nach dem Muster der Alten werden zahlreiche Reden eingeschoben, die weit mehr von heidnischer römischer Geschichte als von christlichen Gebräuchen enthalten.

Das zweite ist ein Festkalender, der nicht nur im Einzelnen die Aufgabe verfolgt, die Feste aufzuzählen und ihre Entstehung geschichtlich zu begründen, sondern im Allgemeinen den Sieg des Christenthums über das Heidenthum darstellen soll: während der Engel Gabriel, so erzählt er, zu Nazareth die Maria begrüßt, ist ihm Merkur, der Sendling der Götter des Alterthums, nachgeeilt, hat, an der Thüre lauschend, von der Erhebung der Jungfrau zur Göttin vernommen, seinen Auftraggebern diese gefahrdrohende Neuerung berichtet und sie durch solche Mittheilung zu den äußersten aber erfolglosen Entschlüssen angeregt. Auch im Einzelnen mahnt er zur Befolgung christlicher Vorschriften und warnt vor heidnischen Gebräuchen: er klagt über einige „Taugenichtse", welche an die Echtheit des heiligen Blutes zu Mantua nicht glauben wollen, er mahnt ab vor dem Ausstellen von Speise für die Todten am 18. Febr. „gebet Speisen den Lebenden, den Todten aber heilige Weihe". Auch fürchtet er nicht, daß die Denkmäler der alten Kunst zur Verehrung der alten Götter wieder anreizen könnten; „die Bildsäulen bringen uns keine Gefahren, die Malerei birgt kein Verderben; das sind nur unschuldige Zeichen", so singt er in wenig zutreffender Beurtheilung des Geistes jener Zeit, der freilich nicht durch die alten Kunstwerke allein erzeugt, aber durch diese theilweise mitbestimmt wurde.

Trotz seiner frommen Gesinnung und seiner hohen geistlichen Stellung, ja trotz der Widmung, mit der Battista Mantovano das letzterwähnte Werk Sixtus IV. überreichte, ihn wegen seiner „heroischen Tugend" lobend, aber an die zwei großen seiner harrenden Aufgaben, die sittliche Hebung Roms und den Kampf wider die Türken, erinnernd, ist er kein unbedingter Anhänger der Päpste, sondern tadelt heftig, daß in dem päpstlichen Rom „Tempel und Priester, Altar und Weihrauch, ja der Himmel und Gott selbst käuflich sei." Trotz seiner Hinwendung ferner zu den ältesten Zeiten, zu der Entstehung des Christenthums, wendet er sich nicht von seiner eignen Zeit ab, sondern bespricht in manchem Werke Vorfälle, die er mitangeschaut, und Personen die er gekannt hat. Voll solcher Anspielungen ist sein Lehrgedicht de calamitatibus temporum, in welchem er zwar im Allgemeinen von dem Unglück der Zeiten, auch von den sieben Hauptsünden, welche die Menschheit schädigen, spricht, aber auch von den Vorgängen des Tages, von dem Türkenkriege und den Lastern der Humanisten, seiner Dichtungsgenossen zwar, aber nicht seiner Gesinnungsgenossen, redet. Weit mehr von zeitgenössischen Erinnerungen enthalten seine 4 Bücher Gelegenheitsgedichte (Sylvae). In ihnen werden die Fürsten aus dem Hause Gonzaga, ferner Federigo von Urbino, einzelne Päpste, besonders Innocenz VIII., gepriesen, König Alfonso wegen der Wiedereinnahme von Otranto beglückwünscht und die

Hoffnung, welche man auf den jugendlichen Maximilian setzen dürfe, mit beredten Worten dargestellt: von Freunden werden Schriftsteller wie Pontanus und der jüngere Beroaldus, Maler und Bildhauer z. B. Andrea Mantegna besungen; Beschreibungen von Oertlichkeiten, Bädern und ländlichen Aufenthaltsorten sind beliebt und mahnende Zurufe an das von Kriegen zerrüttete Rom. Der Behandlung von Zeitfragen sind zum Theil auch die Eklogen, Hirtengedichte, gewidmet. Denn wohl handelt es sich bei diesen auch um Darstellungen des Landlebens; freilich mehr conventionelle Lobpreisungen ländlicher Ruhe und ländlichen Glücks als wirkliches Eingehen auf bestimmte reale Verhältnisse — in dem auch hier vorgetragenen Streite zwischen Bauern und Städten steht der Dichter auf Seite der ersteren —, aber lieber bespricht er Dinge, die mit dem bäuerlichen Leben gar nichts zu thun haben, beklagt die Gleichgültigkeit der Fürsten gegenüber dem Ruhm und die Geringfügigkeit des von Manchen den Wissenschaften und Künsten gewidmeten Mäcenates, eifert gegen die Astrologen, „die Thörichten, welche die Sterne zählen und sich einbilden, die Geschicke begreifen zu können", gegen die Juristen, „das unheilbare Geschlecht der Narren", gegen Rom, das den Menschen dasselbe sei, „wie die Nachteule den Vögeln." —

Battista Mantovano wurde aber, trotz einzelner satirischer Angriffe, nie Satiriker und Spötter, vielmehr blieb er ein ernster, strenger, frommer Mann, der außer in seinen Gedichten namentlich in seinen prosaischen Schriften und Dialogen: über Geduld, über glückliches Leben (de patientia, de vita beata), weise Lebensführung, Beachtung der Tugend, Verehrung der Heiligen empfiehlt — wie Maffeo Vegio den Augustin, so hatte er den h. Battista zum Sonderheiligen sich erwählt —, die Freuden des Lebens als unheilbringend widerräth und als einzigen Stand, in welchem man für das Heil seiner Seele zu arbeiten vermöge, den Mönchsstand preist.

Dem eifervollen Geistlichen, der im Kloster leben und sterben will, mag der entsprungene Mönch, der, so lange er Lebenskraft besitzt, des Zwanges sich entledigen und seine Lust austoben will, Teofilo Folengo entgegengestellt werden. In seinen Schriften nannte er sich Limerno Pitocco oder Merlino Coccajo. Er ist in Mantua 8. November 1491 geboren und in der Nähe von Padua 9. Dezember 1544 gestorben. 1509 war er Benedictinermönch geworden, hatte aber 1515 das Kloster verlassen, um den Liebesspielen nachzugehn, an denen er größeres Gefallen fand als an geistlichen Uebungen, war dann (1526) nach einem wild durchstürmten Leben in den Orden zurückgekehrt und suchte nun durch strenges Leben seine frühere Zügellosigkeit und durch religiöse Schriften seine frivole und antireligiöse Schriftstellerei zu sühnen.

Folengo bildet aus und vollendet die makkaronische Poesie, deren Wesen darin besteht, scherzhafte Dinge in einer scherzhaften, aus Latein und dem Landesidiom seltsam gemischten Sprache zu sagen. Das Hauptwerk seiner makkaronischen Dichtung ist das maccaronicum opus. Es erzählt die

Geschichte des Baldus, des aus dem Frankenstamm in Mantua Geboruen, des Sohnes des Guido und der Baldovina. Schon der Knabe übertrifft alle seine Genossen im Prügeln und Raufen, herricht im Verein mit seinen drei Spießgesellen Falchetus, Cingar, Fracassus über die Genossen und wird aus einem ungeberdigen Knaben ein ungerathener Mann. Seine Frau Bertha sucht ihm in schlechten Streichen gleichzukommen und erreicht dies löbliche Ziel während der Zeit, in welcher der Gatte im Gefängniß sitzt, um einige der Schlechtigkeiten, deren er überführt worden, abzubüßen. Aus dem Gefängniß wird er durch Freunde befreit, welche als Priester gekleidet in den Aufenthalt der Verbrecher eindringen und mit dem heiligen Gewand den sehr Unheiligen beschützen. Nun aber beginnt ein tolles Treiben zu Land und See. In einer Landschlacht schlägt Baldus allein 2000 Mann; die Seeabenteuer beginnen damit, daß ein Leithammel, der von einem der Gefährten des Baldus gekauft worden, ins Meer geworfen wird und bewirkt, daß sämmtliche Thiere der fremden Heerden ihm folgen. Schiffbrüche wechseln mit gefahrvollen Schlachten; einem Kampf gegen wilde Thiere folgt eine Verwandlung der Gefährten in Ungeheuer, nicht lange darauf aber die Befreiung; sie gehen nach Lybien, tödten den Wächter des Nil und gelangen endlich in die Unterwelt. Dort zwingen sie Charon, der sie zuerst nicht übersetzen will, lernen die Furien kennen und die Pein der Verstorbenen, insbesondere die Strafen der Philosophen und Dichter, welche darin bestehen, daß einem Jeden ein Extrateufel zugesellt ist, welcher die Aufgabe hat, den Verkündern erfundener Geschichten oder erdachter Weisheit für jede Unwahrheit, die sie im Leben gesagt haben, einen Zahn auszubrechen.

Schon aus diesem Schluß erkennt man die Tendenz des Dichters. Sie beruht nicht etwa darin, seltsame Geschichten zu häufen, sondern Unsitten der Zeit zu verhöhnen. Zunächst wird das Ritterthum verspottet, denn Baldus soll eine Personifikation des thatendurstigen, ruhmverlangenden, aber auch wortreichen und ehrlosen Heldenthums sein, der sich um Gott und den Teufel nicht kümmert (nil curat mundum, nil coelum nilque diablum); gelegentlich auch Evangelium und die Religion überhaupt gehöhnt; vor Allem aber Zauberei, (der Stein der Weisen) und Astrologie. Solcher Spott kehrt nun freilich in Versen und Prosa vieler Zeitgenossen wieder, charakteristisch für Folengo dagegen ist seine aus Neid und Bewunderung gemischte Stimmung dem Alterthum gegenüber. Zwar fügt er dem Lobe der zeitgenössischen Dichter, Mantovano, Pontano, Sannazaro — auch seine Landesherren, die Fürsten aus dem Hause Gonzaga, erhalten ihr wohlgezähltes Lob — die Bemerkung hinzu, sie würden den Dichtern des Alterthums nicht gleichen, könne ja nicht einmal er selbst eine jenen ähnliche Bedeutung erwerben, aber er begründet diese Verschiedenheit nicht etwa durch eine Anerkennung von der Inferiorität des Verdienstes der Modernen, sondern durch den merkwürdigen Satz, daß der Ruhm der Alten die Neueren nicht recht aufkommen lasse (namque vetusta nocet laus nobis saepe modernis).

Baldus, der Held des makkaronischen Werkes (so wird am Anfang des zweiten Buches erzählt) hatte schon in seiner Jugend den Roland gelesen; der Parodie des Ariosto'schen Werkes, vielleicht auch der Verhöhnung des estensischen Hauses im Gegensatz zu dem der Gonzaga, ist Folengos zweites Werk, der Orlandino, gewidmet. Der Orlandino, ein italienisches Gedicht in 8 Capitoli, mit seltener Einmischung lateinischer Verse, (einmal, VIII, 34, eine ganze lateinische Stanze) ist in seiner Tendenz dem makkaronischen Werke ganz ähnlich und nur durch bestimmtere satirische Zuspitzung von ihm unterschieden. Der kleine Orlando, der Sohn des Milon und der Bertha, wächst in Sutri auf als ein Taugenichts, der es nicht weit zum Verbrecher hat und der sein Leben mit Kämpfen und schlechten Streichen ausfüllt. Aber wichtiger als die bekannten Quellen entlehnten und willkürlich erfundenen Erzählungen sind die satirischen Ausfälle, von denen die gegen die Gelehrsamkeit und wider die Religion hervorgehoben sein mögen. Die ersteren beginnen gleich am Anfange der Erzählung. Er habe sich, so berichtet er, ins val Camonica zu einer Hexe begeben und habe sie gefragt, ob die Chronik Turpins gut unterrichtet sei, da habe er 30000 Bände, darunter auch den ganzen Turpin, gesehn und gebe nun wieder, was er in ihm über den jungen Roland gefunden habe. Ferner rühmt er sich seines Wissens: io son antentico, er citirt sich selbst, um mit Gelehrsamkeit zu prunken als la prima deca del dottore; er macht sich lustig über die etymologischen Spielereien jener Zeit: Mailand müsse eigentlich Milon heißen nach Rolands Vater, aber der vulgo insano habe den Namen verderbt; Roland (Orlando) bedeute der Angeheulte, weil die Wölfe heulend (urlando) um sein Lager gestrichen seien. Letztere, die Spöttereien wider die Religion, durchziehen das ganze Werk: er wolle von Religion nichts wissen, heißt es einmal, sondern sei ein bloßer Grammatiker, wenn man es aber wünsche, „so glaube ich an das ganze Credo und, wenn das nicht genug ist, auch noch an das Doctrinale," ein anderes Mal verlacht er Ohrenbeichte und Vermittlung der Heiligen. Aber mit solchen ketzerischen Aussprüchen darf man es kaum ernst nehmen, denn unmittelbar auf derartige Aeußerungen folgen Verwahrungen des Autors: das seien verbrecherische Gedanken der Bertha, die eine Deutsche (d. h. Lutheranerin) gewesen, folgt sodann ein gut katholisches Glaubensbekenntniß eines Andern.

Die übrigen Schriften Folengos: Zanitonella, die Lebensgeschichte des Tonello und der Zanina, und die drei Bücher von den Fliegen (Moschearum oder Moscheidos) d. h. von dem Kriege der Fliegen und der Ameisen und dem Siege der letzteren bedeuten nicht viel. Auch hier sind mehr oder minder deutliche Parodieen, die erstere gegen die conventionelle Bukolik und das Liebesgeflüster jener Tage, die letztere gegen Homer. In der erstern kommen einmal makkaronische Verse gegen die Deutschen vor, die der Anführung werth sind:

Nos Todescorum furiam scapamus	Foeminas sforzant, vacuant vascellos
Qui greges robant, casamenta brusant	Cuncta ruinant;

in dem letztern ein starkes Distichon, das, wenn es auch dem Bremsenkönig Scannacavallo in den Mund gelegt wird und angeblich gegen Jupiter gerichtet ist, die religiöse Gesinnung aus der frühern Zeit des Autors erkennen läßt:

Jupiter humanam si vellet sternere gentem
Sumamus cur non? proelia contra Jovem.

Der frühern Zeit: denn später wurde Folengo fromm, schrieb reuig sein Leben in dem dunkeln Werke: Chaos del Triperuno (= drei für einen, mit Anspielung auf die drei Namen, unter denen Folengo als Mensch und Schriftsteller bekannt war), verfaßte eine vita Christi und dramatisirte eine Geschichte der Erschaffung der Welt und der Fleischwerdung des Wortes, atto della Pinta, so genannt nach der alten Kirche Sta Maria della Pinta, in der es zur Aufführung gelangte.

„In Mailand gibt man den Schriftstellern Alles, in Verona aber nichts", so heißt es einmal in Poggios Facetien. Diesen Ausspruch thut freilich ein hungriger Literat, der in Verona nichts hatte und in Mailand etwas zu erhalten wünschte, aber, wenn er auch vielleicht in seinem Lobe übertreibt, in seiner Klage hat er nicht so ganz Unrecht. Trotzdem gehört Verona den Städten der Renaissance an. Wollte man gegen diese Zugehörigkeit die merkwürdige Thatsache geltend machen, daß in Verona keine Feindschaft gegen die Deutschen existirt, sondern daß schon 1407 ein gewisser Niccoli mit einer jährlichen Besoldung von 100 Lire als Lehrer des Deutschen angestellt wurde, so bedenke man, daß Verona durch seine Lage und seinen regen Handelsverkehr mit Deutschland eine halb internationale Stadt geworden war. Dagegen wird die Zugehörigkeit zur Renaissance durch die ausschließliche Berücksichtigung der lateinischen und die Vernachlässigung der italienischen Sprache und durch den seltsamen auf das Alterthum gegründeten Lokalpatriotismus bekundet. Jene Berücksichtigung und Vernachlässigung wird bewiesen durch die bemerkenswerthe Thatsache, daß in dem ganzen Jahrzehnt von 1471—1489 nicht ein Werk in italienischer Prosa von einem Veronesen in- und außerhalb Veronas herausgegeben worden und daß während jenes Zeitraums 97 aus Verona hervorgegangenen lateinischen Büchern nur 8 italienische gegenüberstehn; dieser Lokalpatriotismus durch folgenden Vorfall. Bis zum Ende des 15. Jahrhunderts hatten die beiden Plinius als Söhne der Stadt Como gegolten, da versocht Matthäus Rufus in einer (1496) von Al. de Benedictis herausgegebenen Streitschrift den Satz, daß der ältere Plinius ein Veronese sei, alsbald änderten in Folge dieser Erörterung die Drucker August und Jakob Britannikus in einer neuen Ausgabe der historia naturalis die bisher übliche Bezeichnung: Plinius Novocomensis in die dem Bewußtsein der Stadt Verona schmeichelhaftere: Plinius Veronensis.

Den Beinamen Veronensis führt in jener Zeit der Renaissance mit freudigem Stolze Battista Guarino, der mit dem oben erwähnten Vittorino da Feltre, von welchem er in manchen Fächern lernte, wie er ihn in anderen belehrte, ein Paar von Lehrern und Schulmeistern bildet, wie sie in gleicher Vortrefflichkeit nur wenige Zeiten aufzuweisen vermögen. Guarino ist im Jahre 1370 geboren und 1460 gestorben. 1429 wurde er, nachdem er vorher schon 9 Jahre in Verona Schule gehalten, nach Ferrara berufen und hatte sich hier, wo er zuerst die Fürstenkinder, dann auch die vornehme Jugend und mit besonderer Vorliebe die Armen unterrichtete und erzog, und wo er nach seiner privaten erziehlichen Thätigkeit lange Jahre als Lehrer an der Universität wirkte, der Gunst der Fürsten Lionello und Borso zu erfreuen. Beide Fürsten zeigten Vorliebe für Bildung, obwohl sie selber nichts weniger als gelehrt waren, sie begünstigten die Universität und beförderten die Einführung der Buchdruckerkunst, sie unterstützten oft mit großen Summen einzelne Dichter und Gelehrte. Aber für solche Begünstigung erwarteten und verlangten sie ihren Lohn, so daß Borso ein ihm gewidmetes Heldengedicht, die Borseïs, als einen ihm mit Recht zukommenden Tribut annahm, und trugen auch kein Bedenken, sich selbst die Ehre zu verschaffen, die ihnen Andere nicht zu Theil werden ließen, so daß derselbe Borso wohl in Nachahmung des Alfonso von Neapel (s. u. Kap. 13) sich einen triumphirenden Einzug in Reggio dekretirte (1453).

Lionell von Este, Herr von Ferrara u. s. w. GEneralis Romanae ARmatae. Die Medaille ist von Victor Pisanus modellirt und gegossen, dem Künstler, der solche Arbeiten zuerst und am vorzüglichsten machte. Sie ist von 1444, dem Jahre, in welchem Lionell sich mit Maria, der natürlichen Tochter des Königs Alphons von Neapel vermählte. Hierauf bezieht sich die Darstellung: Amor läßt den Löwen (Anspielung auf den Namen Lionell) singen. Oben an dem Pfeiler ist eine Säule dargestellt, an welche ein aufgeblähtes Segel befestigt ist, ein Symbol der Unerschütterlichkeit. 2/3 der Originalgröße. (Berlin, Königl. Münz-Cabinet.) (Nach Julius Friedlaender, Die ital. Schaumünzen des 15. Jahrh.)

Von Ferrara aus zog Guarino nach Verona, nicht mit leichtem Herzen, wie ein merkwürdiges Gedicht für die an sein Heimathsgefühl appellirenden

Die Familie des Giovanni Bentivoglio.

Gemälde von Lorenzo Costa (1460—1535) in der Kirche San Giacomo zu Bologna.

Landsleute (Guarinus ad Veronenses sub patriae nomine eum vocantes), errathen läßt, sondern unter sehnsüchtigen Lobpreisungen des estensischen Fürstenhauses und mit energischen Mahnungen, die Seinen möchten auch etwas für die Poesie thun. Ueberall, wo er war, übte er seine erziehliche Thätigkeit mit derartigem Eifer und Erfolg, daß er, wie Enea Silvio sagt, „Lehrer fast aller Derer wurde, die in unserer Zeit sich in Humanitätsstudien auszeichneten". Er lehrte die Sprachen, aber vernachlässigte, trotz aller Werthschätzung der geistigen, die moralische Ausbildung nicht. Er selbst war ein frommer Mann, studirte die Bibel und stand mit heiligen Zeitgenossen in Verbindung, scheute sich aber nicht, gegen die einseitigen Kirchenmänner eine Vertheidigung der Profanschriftsteller zu unternehmen; eine solche Mischung von humanistischer Thätigkeit und streng kirchlicher Gesinnung wünschte er auch bei seinen Schülern zu erzielen. Trotz seiner großen Lehrthätigkeit fand Guarino indessen noch Zeit genug zur Abfassung einer Anzahl von Schriften der verschiedensten Art: Uebersetzungen aus dem Griechischen, Empfangs-, Leichen und Festreden, einleitenden Vorträgen zu Universitätsvorlesungen, philologisch critischen Abhandlungen über lateinische und griechische Schriftsteller, Biographieen, Gelegenheitsschriften und Gedichten, lauter Arbeiten, von denen die wenigsten gedruckt, mehr als hundert aber noch handschriftlich erhalten und viele der Veröffentlichung nicht unwerth sind. Nicht von Allen freilich wurden diese Schriften anerkannt: von Bart. Fazio gepriesen, wurden sie von Paolo Cortese verdammt mit den Worten, Guarino hätte besser für seinen Ruhm gesorgt, wenn er, ähnlich dem großen Vittorino, Nichts geschrieben hätte. Jenem Erziehungsmeister freilich war Guarino noch in manchen anderen Dingen unähnlich, er besaß weder dessen weise Zurückhaltung noch gütige Milde. Obgleich er nämlich den Ausspruch des Xenocrates gern im Munde führte: es hat mich schon manchmal gereut, gesprochen zu haben, geschwiegen zu haben aber nie, so sprach er doch lieber als er schwieg und oft heftiger als er nachher gewünscht hätte. Durch solche Heftigkeit gerieth er dann in Streitigkeiten über gelehrte Dinge, z. B. über die damals häufig ventilirte Frage, wer größer sei, Caesar oder Scipio, oder über kleinliche persönliche Angelegenheiten, Fehden, die mit einer Wichtigkeit und Erbitterung geführt wurden, als handele es sich um Dinge von größtem Werth; nicht selten hatte er sich wegen zu rasch ausgesprochener Urtheile, z. B. des lobenden über Beccadellis vielfach angegriffenen Hermaphrodit öffentlich zu verantworten.

Bologna hat durch die in ihr mächtige Familie der Bentivoglio keine allzugroße Bedeutung für die Politik Italiens erlangt, trotz der Tüchtigkeit Einzelner, z. B. Giovanni II., auch war die Universität daselbst nicht die glänzendste, wenn auch eine der ältesten, trotzdem verdient sie eine Erwähnung. Sie verdient eine solche wegen des Umstandes, daß Deutsche hier

Büste des Giovanni II. Bentivoglio. Relief (von Francia?) in St. Giacomo zu Bologna.

zu allen Zeiten, vornehmlich aber im Zeitalter der Renaissance so zahlreich studirten, daß gerade diese Universität als Vermittlerin italienischen Geistes in Deutschland aufgefaßt werden mag, theils wegen der hier einige Zeit lang wirkenden Lehrer, die ihren Hauptruhm freilich an anderen Stätten erlangten, der bereits Geschilderten, Filelfo, Guarino von Verona, des durch seine Kenntniß der griechischen Sprache berühmten Giov. Aurispa, theils wegen des Codro Urceo, der als Professor in Bologna seine Hauptthätigkeit entfaltete und der zu charakteristisch ist, um an dieser Stelle übergangen zu werden.

Codro Urceo wurde 1446 in Rubiera geboren, kam 1482, nachdem er vorher einige Jahre lang bei den Ordelaffi in Forli Lehrer gewesen war, nach Bologna und blieb hier, als Professor des Griechischen bis zu seinem Tode (11. Februar 1500). Er entfaltete als Lehrer dieser Sprache eine große Wirksamkeit, wenn er auch schwerlich Lehrer des großen Nikolaus Kopernikus gewesen ist. Sicher aber war sein Ruf so bedeutend, daß Studirende aus allen Theilen Italiens, ja auch aus Deutschland nach Bologna kamen, um ihn zu hören. Auch war er ein guter Latinist: seine lateinischen Gedichte, theils Loblieder auf Fürsten und Gelehrte, theils Gelegenheitsgedichte, z. B. ein Gedicht, das in der Form eine Art Vorbild des Gaudeamus, dem Inhalt nach ein Panegyrikus des von Codrus besonders verehrten Homer ist, zeigen Talent und Geschmack, seine Uebersetzungen und Commentare — unter den letzteren der erklärende und ergänzende zu den Aulularia des Plautus — bekunden große Gelehrsamkeit und seine lateinischen, meist vor dem Vortrage concipirten Reden zeichnen sich vor ähnlichen humanistischen Erzeugnissen durch Kürze, Vermeidung von Wortgepränge und streng sachlichen Inhalt aus. Besondere Beachtung aber verdient er wegen seiner höchst charakteristischen Persönlichkeit. Er war nicht tadelsüchtig wie die meisten seiner Genossen, sondern lebte still für sich dahin, unbekümmert um das Lob der Anderen, die er kurz mit den Worten abwies: Sibi scire videntur; bescheiden-stolz über sich denkend, so daß er nur die wenige Worte enthaltende und doch vielsagende Grabschrift: Codrus eram für sich verlangte; freigebig und mildthätig gegen seine Schüler, die aus Dankbarkeit ihn, den Kinderlosen und Alleinstehenden gern Vater nannten, gegen Fremde aber, denen er sich nicht verpflichtet glaubte, rauh und geizig; ein Mann von entschiedenstem religiösen Freisinn, der den schlechten Lebenswandel ebenso wie die thörichten theologischen Diskussionen der Priester verhöhnte, die Lehre von der Unsterblichkeit der Seele verspottete, und einmal nach einem Brande seines Hauses der Jungfrau Maria offen seine Verehrung absagte und erklärte, nun mit dem Teufel in Ewigkeit zu wohnen; trotz dieses Freisinns indessen dem crassesten Aberglauben ergeben, so daß er z. B. das 54. Jahr für ein Unglücksjahr hielt, weil es ein Produkt der Zahlen 6 und 9 enthielte. Gerade durch solche eigenthümliche Mischung von guten und schlechten Geistes- und Charaktereigenschaften ist Codro Urceo ein höchst beachtenswerther Repräsentant seiner Zeit geworden.

Zehntes Kapitel.

Lorenzo von Medici.

Lorenzo von Medici war ein Sohn Pieros des Gichtbrüchigen, hatte aber mehr des Großvaters, Cosimos, als seines Vaters Eigenschaften geerbt. Seine Mutter war Lucrezia Tornabuoni, die dem Sohne das Leben gab und sein Wesen gestaltete, die ihm die „Frohnatur und die Lust zu fabuliren" gewährte. Sie war eine schöne Frau, ihren sieben Kindern eine gute Mutter, eine wackere Hausfrau, ein Weib, das Gefallen hatte an den stillen Freuden der Familie und an dem Glanz des Hauses, an dem heitern Spiel des Lebens und an den ernsten Erquickungen der Poesie und Literatur. Sie hat selbst Gedichte gemacht, Lauden, kirchliche Gesänge zum Lobe der heil. Jungfrau und des Messias, poetische Uebersetzungen von Stellen der Bibel; zugleich aber hat sie Luigi Pulcis großes Rittergedicht, von dem später die Rede sein wird, das außer in der komischen Verherrlichung ritterlicher Thaten, sich in haßathmenden Ausdrücken gegen die Priester, im Verspotten des Wunderglaubens und im Vorbringen antireligiöser Bemerkungen gefällt, unter ihren Augen entstehen sehen und durch ihren Zuspruch sein Entstehen begünstigt.

Lorenzo ist am 1. Januar 1449 geboren. Seine Jugend fiel in eine bewegte Zeit. Piero war seinem Vater Cosimo in der fürstengleichen Stellung in Florenz gefolgt; wie dieser, so hatte auch er den Kampf mit gegnerischen Parteien zu bestehn. Diotisalvi Nerone, der dem Sohne vom Vater als einer der Treuesten empfohlen worden war, gab ihm den Rath, die Kapitalien, welche die Mediceer ihren Anhängern zinslos gegeben hatten, einzuziehn und erzeugte dadurch Unlust und Verstimmung; Diotisalvi vereinigte sich mit einigen anderen angesehenen Männern, um die Tyrannei der Medici zu brechen und Piero zu tödten. Verschwörer sind nicht verlegen um Gründe und nicht wählerisch mit Worten: in den Parteikämpfen aller Zeiten und aller Völker kehrt das heilige Wort der Freiheit wieder, aber nicht selten ist es ein leerer Schall; 1434 hatte man sich unter dem Rufe popolo für die Medici erhoben, 1494 fiel man mit demselben Rufe von ihnen ab. Die Verschwörer sprechen zwar von dem niedergetretenen Rechte des Volkes, aber sie denken nur an die eigne unbefriedigte Herrschbegierde, sie reden von der Unabhängigkeit, die erkämpft werden müsse, meinen aber die Erringung einer selbständigen Stellung für sich, die sie Anderen beneiden: daher ist der Sinn einer solchen Verschwörung derselbe, ob auch die Namen: Medici, Soderini, Pitti, Neroni verschieden sind. Das war auch der Inhalt der Verschwörung von 1466, die unterdrückt war, ehe sie recht begann, die weder zu diplomatischen Verhandlungen, noch zu

Piero de Medici. Büste von Mino. (Florenz, Bargello).

kriegerischen Unternehmungen Gelegenheit bot, obwohl beide Parteien sich mit nichtflorentinischen Kriegshäuptern in Verbindung gesetzt hatten und die nur bemerkenswerth ist durch das Verhalten Lorenzos. Lorenzo machte sich eines Morgens von der Villa Carreggi auf, um nach der Stadt zu gehn, traf auf dem Wege Verdächtige, die unvorsichtig genug waren, nach seinem Vater zu fragen, ritt ruhig weiter, um keinen Argwohn zu erwecken, schickte aber einen seiner Knechte nach dem Landgut des Vaters ab, um ihn zu warnen, denselben Weg zu nehmen, den er sonst zu nehmen gewöhnt war. Durch diesen kühnen Zug rettete er des Vaters Leben.

Lorenzo genoß eine sorgfältige Erziehung, Pflege des Leibes, Geistes und Herzens wurde ihm zu Theil. Die Zeit drängte nach harmonischer Ausbildung des ganzen Menschen: darum trat auch die körperliche Pflege, die bisher ziemlich vernachlässigt worden war, in den Vordergrund. *Lorenzo* wurde ein kräftiger Jüngling, ein tüchtiger Reiter, zeichnete sich in den Kampfspielen seiner Zeit aus und war froh, wenn man seine in denselben gewonnene Geschicklichkeit pries.

Einer dieser Vorgänge wurde für sein Leben von großer Bedeutung. *Braccio Martelli*, einer seiner Freunde, hatte 1467 zur Vermählung seiner Schwester ein Turnier veranstaltet. *Lorenzo* nahm an demselben Theil und erlangte dadurch einen derartigen Ruhm, daß er sich selbst veranlaßt sah, seinen Freunden und besonders einer Dame, *Lucrezia Donati*, aus deren Hand er den Siegespreis erhalten hatte, das Versprechen zu geben, ein ähnliches Turnier zu veranstalten. Es dauerte zwei Jahre, bis er sein Versprechen erfüllte, aber eben sein Turnier im Jahre 1469 wurde denn auch eine der glänzendsten Festlichkeiten, welche Florenz in seinen Mauern sah. Natürlich war *Lorenzo* in demselben Sieger, überstrahlte durch seine Pracht die Mitkämpfer, aber weniger durch diesen Glanz als durch die Dame, der zu Ehren es gegeben war, wurde das Turnier verherrlicht. Denn *Lucrezia* war die Idealgestalt, welcher *Lorenzo* während seines ganzen Lebens treu blieb. Er widmete ihr eine Reihe von schönen, nicht blos formgewandten, sondern auch inhaltlich bedeutenden Sonetten, welche die kleinen Vorgänge seines Liebelebens enthüllen, den Schmerz zum Ausdruck bringen, den er fühlte, wenn er von ihr fern sein mußte, die Freude, wenn er sich ihr nähern durfte. Einzelne dieser Gesänge erinnern in Gefühlen und in der Ausdrucksweise an die *Petrarcas*. Auch hier jene Wollust des Schmerzes, jenes Behagen an der Verkündung des Unglücks und der Entsagung, auch hier aber jene wundervollen Töne, welche die Sonette der Dichter des 14. und 15. Jahrhunderts von denen späterer Zeit so vortheilhaft auszeichnen. Zwei derselben mögen (nach v. Reumonts Uebersetzung) hier Platz finden.

I.

Ihr Purpurveilchen, reich an Farbenpracht,
Die ihre weiße Hand im Grünen pflückte,
Woher die Luft, die euch so lieblich schmückte,
Der Thau, in dem ihr uns entgegenlacht?

Was gab der Sonne solche Zaubermacht?
Wer fand den Duft, der unsern Sinn erquickte,
Des Reizes Fülle, die das Aug' entzückte,
Natur, die Süß'res nie hervorgebracht.

Ihr lieben Veilchen, jene Hand, die euch
Im Schatten unter Tausenden gefunden,
Sie war's, die euch geziert so wunderreich;

Die mir das Herz nahm, wie sie den Gedanken
Den höhern Schwung gab in beglückten Stunden,
Ihr, die euch wählte, dürft allein ihr danken.

II.

Was mir mißfällt, dem folg' ich voll Begehren,
Zu höherm Leben wünsch' ich oft mein Ende,
Ich ruf' den Tod und fleh', daß er sich wende,
Ich suche Ruh', wo Friede nie kann währen.

Ich streb' nach dem, was ich doch will entbehren,
Voll Liebe reich' ich meinem Feind die Hände,
Mir grauet nicht vor bitt'rer Nahrungsspende,
Frei wünsch' ich mich und lieb' der Knechtschaft Lehren.

In Flammen frier' ich, muß in Luft verzagen,
Such' Tod im Leben, Friedensglück in Kriegen,
Ich möchte fliehn und dennoch Fesseln tragen.

So lenk' mein Schiff ich durch den Sturm der Wogen,
Nicht segeln kann's und nicht im Hafen liegen,
Und vor der Furcht ist der Verdacht entflogen.

Dasselbe Jahr, das in Lorenzo von Medici die Liebe erweckte, führte ihm auch die Gefährtin seines Lebens zu. Am Ende des Jahres 1468 reiste Lorenzos Mutter nach Rom und suchte dort ihrem Sohne eine Frau aus. Diese Vermittlung der Mutter, ohne daß der Sohn um seinen Willen gefragt wurde, galt damals als natürlich; Lorenzo nahm daher gern aus der Hand der Mutter, die er verehrte, die Gefährtin entgegen, von der er sich nicht mehr trennte. Clarice, aus dem Hause Orsini, wurde seine Gattin, ein schönes, reiches Mädchen, welches sich mit den Geschicken ihres Mannes eng verband und in Treue bis 1488 bei ihm aushielt. Lorenzo sprach selten von ihr. Wohl freute er sich seines Glücks, freute sich der drei Söhne, die Clarice ihm schenkte, Piero, Giovanni, Giuliano, und erzog dieselben zuerst in Gemeinschaft mit ihr, dann nach ihrem Tode in ihrem Sinne; aber er liebte es nicht, von seinen häuslichen und persönlichen Verhältnissen viele Worte zu machen, und erwähnte daher in seinen Gedichten, zumal diese bestimmt waren, die Reize und Vorzüge jener erträumten Idealgestalt Lucrezia zu verherrlichen, niemals den Namen seiner Gattin. Aber in seinen Briefen vermochte er nicht von ihr zu schweigen und wie er unmittelbar nach der Hochzeit von dem Glücke seiner jungen Ehe gesprochen, so konnte er auch nach ihrem Tode sich nicht enthalten, in einem diplomatischen Aktenstücke an Papst Innocenz VIII. von seinem Schmerze zu reden: „Der eben erfolgte Tod meiner geliebten und süßen Clarice ist für mich aus unzähligen Gründen ein solcher Schmerz und Verlust, daß er meine Geduld und Ausdauer in Prüfungen und Verfolgungen des Schicksals, gegen welche ich mich schon abgehärtet erachtete, besiegt hat. Meiner freundlichen Lebensgewöhnung und Gesellschaft beraubt, fühle ich, daß die Grenze überschritten ist und finde keinen Trost und keine Beruhigung meines tiefen Schmerzes."

Das Jahr 1469, das in dieser merkwürdigen und wichtigen Weise in Lorenzos Leben eingriff, sollte ihn auch aus der bescheidenen Rolle entfernen, die er bisher gespielt, sollte ihn, den Privatmann, als Sohn des

Fürsten, an die Spitze des Staates stellen. Piero war 1469 nach nur fünfjähriger Herrschaft gestorben; er hatte mannigfach zu kämpfen gehabt und hatte doch nicht vermocht, alle Gegner zu besiegen, die sich ihm entgegengestellt. Machiavelli hat eine merkwürdige Rede überliefert, die Piero kurz vor seinem Tode vor den florentinischen Großen hielt, eine Rede, welche die Eigenartigkeit der Stellung der Mediceer, den Widerstand der Großen sehr gut charakterisirt. Piero spricht zu ihnen: „Ihr beraubt den Nachbar

Büste des Lorenzo Magnifico. Terracotta. (Berlin, Königl. Museum).

seiner Güter, Ihr verkauft die Gerechtigkeit, Ihr entzieht Euch den bürgerlichen Entscheidungen, Ihr unterdrückt die Friedliebenden, Ihr erhebt die Uebermüthigen. Ich glaube nicht, daß in Italien soviele Beispiele von Heftigkeit und Habsucht sind, wie in dieser Stadt. Hat Euch Euer Vaterland deswegen das Leben gegeben, damit Ihr es ihm nehmt? Euch siegreich gemacht, damit Ihr es zerstört, Euch geehrt, damit Ihr es tadelt?“

In solche verwirrte Verhältnisse trat Lorenzo als Herrscher ein, mehr ein Jüngling als ein Mann, wider seinen Willen das Mahnwort des Vaters bewährend: „Bedenke, daß Du vor der Zeit alt werden sollst.“

Er war ein hochgewachsener Mann, mit schwarzen Haaren, fahler Gesichtsfarbe, mit einer Stimme, die meist einen heisern Klang hatte, liebenswürdig im Umgang, in der Discussion scharfsinnig und beredt. Er war witzig und konnte boshaft sein: seine Witzworte machen einen beträchtlichen Theil der motti und burle aus, der Witzworte, welche die Florentiner im Laufe des 15. Jahrhunderts von ihren Mitbürgern gesammelt haben. Als einstmals ein Sienese ihm, der kurzsichtig war, entgegenhielt, daß die Luft von Florenz den Augen schade, entgegnete er: und die Luft von Siena dem Gehirn. Er trat mit seinem Spott selbst Dem entgegen, was Anderen heilig und ehrwürdig schien. Er liebte spät aufzustehen und da er einmal, kaum aufgestanden, einem Bekannten begegnete, sagte dieser vorwurfsvoll, daß er bereits sein Gebet verrichtet und die Messe der Sänger bei S. Giovanni gehört habe; Lorenzo aber entgegnete, er habe etwas weit Besseres gethan, denn während Jener sich mit dem Gottesdienst beschäftigt, habe er geschlafen und geträumt. Lorenzo hatte Vergnügen an den Ergötzungen des Lebens, er liebte Wein, Weib und Gesang, aber er kannte ein Maß: er war zu harmonisch ausgebildet, um durch irgendwelche Unmäßigkeit seine Kräfte zu vernichten und sich selbst zu schänden. Nur seine Sinne führten ihn manchmal weiter als er gewünscht hätte; Machiavelli, der strenge Sittenrichter, erhebt als einzigen Vorwurf den unmäßiger Liebschaften gegen ihn. Er war kurz in seinen Reden, schnell in seinen Thaten: Dem, womit er sich beschäftigte, gab er sich voll und ganz hin; „ist mein Sinn", so sprach er einmal aus, „mit einem Ding vollauf beschäftigt, so taugt er wenig für Anderes." Er war kein Tyrann, aber er liebte zu herrschen; er wünschte, daß man seine Winke verstehe; ein venetianischer Gesandter hat einmal von ihm gesagt: „Ehe sein Mund zu sprechen begann, redeten schon seine Augen." Er war offen und natürlich, zu edel, um zu heucheln, man konnte ihn leichter durchschauen, als irgend einen seiner Zeitgenossen. Er war muthig und kühn; er stellte sich seinen Gegnern; mehr als einmal ist er im Bewußtsein seiner Kraft großen Gefahren entgegengetreten. Er war ein Kind seiner Zeit, aber, obwohl er der Gegenwart angehörte, dachte er der Zukunft und versuchte Vergangenheit und Gegenwart zu lebensvollem Bunde zu verknüpfen. Einer seiner Wahlsprüche lautete: Le temps revient „die Zeit kehrt zurück", — so versuchte er das flüchtige Dahinrauschen des Augenblicks hinwegzutäuschen; und ein anderer: semper „immer": das Bleibende gegenüber dem Zeitlichen, das innerlich Dauernde gegenüber dem äußerlich Dahinschwindenden, das Beständige gegenüber dem Vergänglichen.

So geartet trat er den Gefahren seiner Zeit entgegen. Er hatte zunächst Florenz selbst umzugestalten, hatte in Italien eine Rolle zu spielen, mußte gegen das Ausland kämpfen. In allen drei Beziehungen hat er die größten Vorwürfe auf sich geladen, indem er beschuldigt worden, Florenz durch seine Tyrannei bedrückt, Italien durch seine Niederhaltung der Stadt Florenz geschädigt und dem Ausland oder den Ausländern den Eingang in Italien verschafft zu haben.

Aber alle drei Vorwürfe sind nur halb gerechtfertigt. Man darf sagen:

er hat Florenz nicht tyrannisirt, hat weder versucht, die republikanischen Einrichtungen zu schädigen noch den Fürstentitel zu erlangen. Nach wie vor wurden auch unter ihm die Beamten gewählt, die in Florenz amtirten, nach wie vor hatten sie nicht nur den Namen, sondern auch alle Rechte und Pflichten, welche mit diesen Aemtern vereinigt waren. Freilich: Alle drängten sich an ihn und um ihn, um von ihm Belohnungen zu erhalten, Aemter oder Geld zu erlangen, Stellenjäger und politische Flüchtlinge, Humanisten und Nonnen, welch letztere z. B. seine Unterstützung erbaten, um die Heiligsprechung ihrer Todten durchzusetzen.

Er hat auch Italien nicht erniedrigt. Wenn freilich unter ihm Florenz zum Theil von der hohen Stufe herabsteigen mußte, welche es bisher einnahm, so lag die Schuld weniger an ihm, als an den Verhältnissen, mit denen er zu kämpfen, an den Persönlichkeiten, denen er zu begegnen hatte. Seine Hauptfeinde waren Papst Sixtus IV. und König Ferrante von Neapel, mit denen er von 1478 an einen gefährlichen Krieg zu bestehen hatte. Er selbst nicht in den Waffen erfahren, sein Heer nicht gewohnt im Kriege zu dienen, unterlag den kriegsgeübten Schaaren des Papstes und des Königs von Neapel. Aber freilich seinen Muth bewies er auch hier, denn als er sah, daß er nicht fähig sei, mit den Waffen die Gegner zu bekämpfen, begab er sich im Jahre 1479 nach Neapel, um hier den Frieden für sein bedrängtes Heimathland zu erwirken. Das war eine That, die im damaligen Italien das größte Aufsehen machte. Zehn Jahre vorher war in ähnlicher Weise einer der bedeutendsten Heerführer jener Zeit, Jacopo Piccinino, zu Ferrante gegangen, nur im Vertrauen auf dessen Menschlichkeit, aber er hatte dies Vertrauen mit dem Tode büßen müssen. Die Freunde Lorenzos sagten diesem ein ähnliches Schicksal voraus; aber er erwiderte, daß ihm lieber sei, dem Vaterlande Frieden zu verschaffen als sein eignes Leben zu verlängern; die Neider zeigten erheuchelte Theilnahme, Lorenzo ließ ihnen bemerken, er sei so oft durch Briefe und Gesandte ermahnt worden, der Majestät des Königs sich anzuvertrauen, daß er nun endlich den Entschluß dazu gefaßt habe, hauptsächlich um ihren weisen Rath zu befolgen. Sein Verfahren war von den erwünschten Folgen begleitet. In Folge der Macht seiner Persönlichkeit, in Folge der Beziehungen, die er anknüpfte, erlangte er den Frieden, der am 24. März 1480 geschlossen wurde; einen Frieden, der freilich weder ihm noch der Stadt Florenz zum Ruhme gereichte. Denn er sah sich genöthigt, alle Eroberungen abzutreten, die Gefangenen zu entlassen und dem König Ferrante ein Jahrgeld zu gewähren. Aber ein noch schlimmerer Gegner als Ferrante, der Papst Sixtus IV., war zu besänftigen. Lange wollte dieser den Lorenzo, den er gebannt hatte, nicht vom Banne lösen, da wurde er durch den Einfall der Türken, welche Otranto genommen hatten, genöthigt, dem größern Feinde sich zuzuwenden und den kleinern zu entlassen, Lorenzo vom Banne loszusprechen (Juni 1481), ja von dem reichen Florentiner zu begehren, daß er in Rom selbst eine Bank

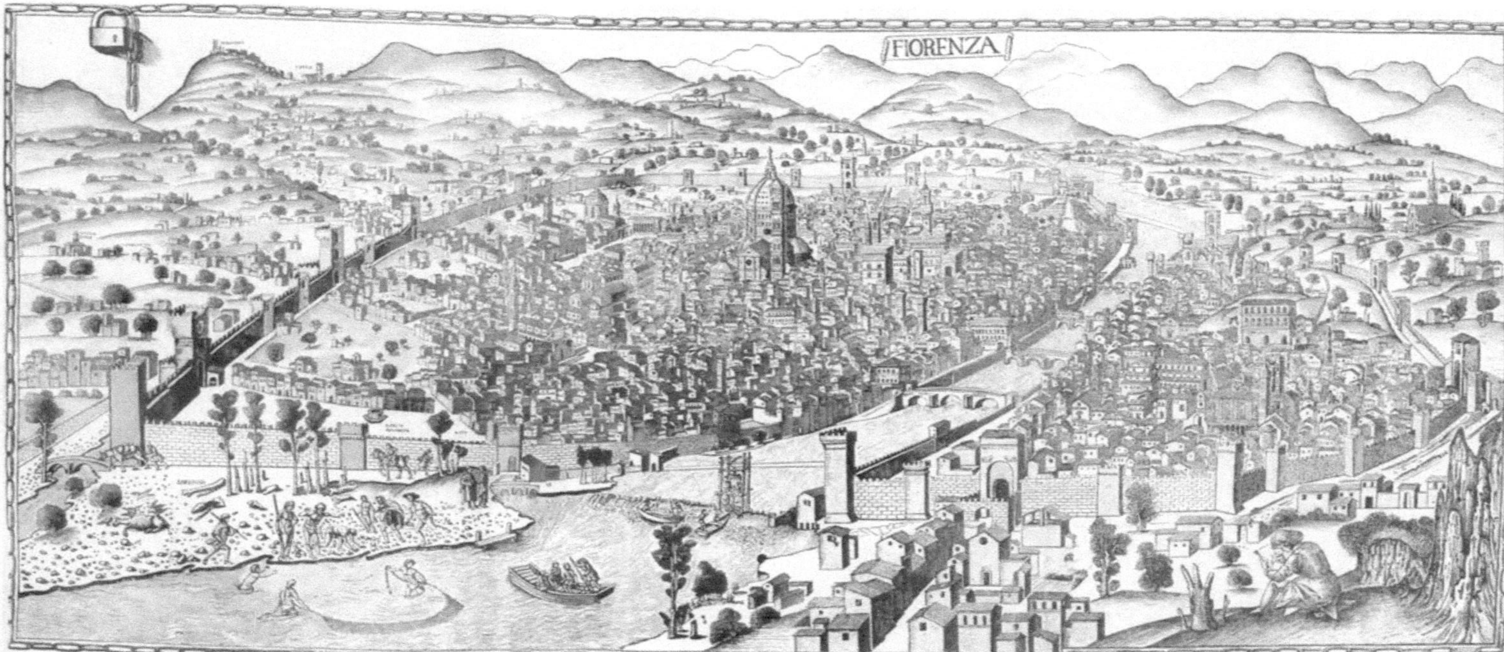

Ansicht von Florenz um das Jahr 1490, von Südwest in der Nähe des Klosters Monte Oliveto aus gesehen.

Verkleinerte Nachbildung eines gleichzeitigen Holzschnittes, von dem sich das einzige bekannte Exemplar im K. Kupferstichkabinet in Berlin befindet. Das Datum der Aufnahme um 1490 ergibt sich unter Anderem auch daraus, daß der Palazzo Strozzi, dessen Bau 1489 begonnen wurde, auf dem Blatte nicht sichtbar ist. Vom Palazzo Pitti erscheint erst ein siebenfenstriger Mittelflügel ausgebaut u. s. w. Es ist dies zugleich die älteste in dieser Weise ausgeführte Stadtansicht. Größe des Originals: 580 Millimeter hoch und 1315 Millimeter breit.

errichte. Ein Jahrhundert später hat man dann versucht, diesen Einfall der Türken als eine grause That Lorenzos zu bezeichnen, aber die Quellen jener Zeit sprechen ihn von diesem Verdachte frei.

Auch der dritte Vorwurf endlich, welcher auf Lorenzos Andenken lastet, daß er es nämlich gewesen sei, welcher die Franzosen nach Italien gebracht habe, ist keineswegs vollbegründet. Lange vor Lorenzo haben italienische Fürsten mit den französischen Königen unterhandelt; lange vor ihm hat Ludwig XI. von Frankreich sehr genau diejenigen gekannt, auf welche er in Italien rechnen konnte. Freilich Lorenzo war nicht viel besser als seine Zeitgenossen; und dazu kam, daß er nicht blos als Herrscher von Florenz, sondern als einer der größten europäischen Kaufleute französisches Geld brauchte, und den französischen Markt als den Hauptplatz seiner Handelsbeziehungen betrachtete, aber niemals hat er sich soweit erniedrigt, ein Sclave Ludwigs zu werden, wie dieser es wünschte. Stets hat er die Freiheit seines Handelns Frankreichs Fürsten gegenüber gewahrt und wenn er auch, wie manche andere Italiener, mit Ludwig in freundlicher Verbindung stand und Ludwigs höfliche Worte: „Ich will wie mein Vetter Lorenzo" mit ähnlichen Ausdrücken erwiderte, wenn er auch dem bigotten König, der, zumal in seiner letzten Krankheit, nicht genug kirchliche Gegenstände um sich versammeln konnte, Ringe des h. Zanobi zuschickte und dessen Wunderthaten beglaubigen ließ, so hat er doch als Ludwig eine Gesandtschaft nach Florenz schickte, um bestimmt zu erfahren, ob er auch sicher auf Lorenzos Hilfe rechnen könnte, sich entfernt, um nicht genöthigt zu sein, eine ablehnende Antwort zu geben, und auch sonst in muthiger Weise seinen Standpunkt gewahrt. Es wird ihm das freilich nicht recht bezeugte Wort zugeschrieben: „Ich vermag noch nicht meinen Nutzen der Gefahr ganz Italiens vorzuziehen! Wollte Gott, es fiele den französischen Königen niemals ein, ihre Kraft in diesem Lande zu versuchen! Wenn es dazu käme, ist Italien verloren"; aber sicherlich hat er gesagt: „Mir gefällt nicht, daß Ultramontane und Barbaren anfangen in Italien sich einzumischen; wir sind durchaus nicht einträchtig und so betrügerisch, daß wir Schaden und Schande davon haben; die jüngste Erfahrung mag uns über die Zukunft belehren."

So verschieden Lorenzo auch von Ludwig XI. sein mochte, in Einem hatte er ein ähnliches Schicksal mit ihm, nämlich darin, daß die Völker Beider sich gegen die Herrscher wendeten, daß sie mit Mißtrauen ihre Thaten betrachteten.

Schon der Großvater Lorenzos war verbannt und zurückgerufen worden, der Vater war den Anschlägen auf sein Leben glücklich entgangen; auch Lorenzo mußte es erleben, daß der Mordstahl gegen ihn gezückt wurde. Es war am 26. April 1479 in der Hauptkirche zu Florenz. Die Brüder Lorenzo und Giuliano, von denen der Letztere noch unwohl fast mit Gewalt zur Kirche geschleppt werden mußte, waren mit einer glänzenden Versammlung zum Gottesdienste erschienen; während der heiligsten Handlung desselben ertönte ein Ruf, das verabredete Signal zum Mord: ein Kriegsmann tödtete den schwächlichen Giuliano, zwei Geistliche, des kriegerischen Handwerks weniger gewohnt, griffen den stärkern Lorenzo an, welcher, nur leicht am Nacken verwundet, die Angreifer abwehrte und aus der Kirche entfloh. Der Mord an geweihter Stätte gehörte in jener Zeit, in welcher für das Schlechte wie für das Gute ein ostentatives Ausdrängen Sitte wurde, nicht zu den Seltenheiten, aber unerhört war es, daß zwei Geistliche sich zu dem verbrecherischen Versuche hergaben, dessen Uebernahme von einem Banditen abgelehnt worden war.

Und Geistliche waren es, welche bei dieser Verschwörung, deren erster Akt jener Mordversuch war, mitwirkten: als Mitwisser und vielleicht Mitanstifter stand im Hintergrunde Papst Sixtus IV. Aber den Namen gaben der Verschwörung Mitglieder der Familie der Pazzi, die, durch Verschwägerung mit der Familie Medici eng verbunden, durch politische Concurrenz und durch Handelsneid in feindselige Stellung zu ihnen gerathen war. Die Pazzi hatten sich in die engste Verbindung mit dem schrecklichen Sixtus IV. eingelassen und hatten im Verein mit einem seiner Nepoten, Girolamo Riario, dem sich der Erzbischof von Pisa anschloß, Front gemacht gegen die Medici, deren Politik sie als ein Haupthinderniß der Ausbreitung ihrer Macht in Imola betrachteten. Nur durch den Tod der Medici glaubte man für sich Freiheit der Bewegung zu erlangen.

Sehr bald wurden die Unruhen gedämpft und die Verschwörung, auf die man von Seiten der Anstifter große Hoffnungen gesetzt hatte, diente nur dazu, Lorenzos Ansehn zu verstärken und dadurch die Macht der Medici in Florenz zu befestigen. Nach jener einzigen Empörung wurde die Ruhe nicht weiter gestört. Der nun herrschende friedliche Zustand ermöglichte es dem Fürsten, seine Einsicht und seine Reichthümer der Pflege der Wissenschaft und Kunst zuzuwenden. Um die Würdigen und der Förderung Werthen herauszufinden, bedurfte es aber nicht blos tiefeindringenden Kunstverständnisses, sondern männlicher Standhaftigkeit, denn Alle drängten sich herzu, Sänger und Tänzer, Künstler und Dichter, Jeder in seinen Augen der Verdienteste und daher begierig der größten Ehren theilhaftig zu werden.

Von seinem Großvater hatte Lorenzo gelernt, die großen Männer der Vergangenheit zu ehren. Als er daher 1469 durch Spoleto reiste, erbat er von dem Rathe der Stadt die Leiche des daselbst gestorbenen Malers Fra Filippo Lippi, um sie ehrenvoll nach Florenz überzuführen, zürnte nicht, da er die Verweigerung seiner Bitte erfuhr, sondern ehrte den Maler durch ein Denkmal, das er ihm in Spoleto errichten und mit Versen Polizianos schmücken ließ. Doch nicht blos den Todten, sondern auch den Lebenden schenkte er seine Theilnahme.

Die Malerei begann damals in Florenz zu blühen und besaß eine Reihe trefflicher Vertreter schon an Lorenzos Hof. Lorenzo unterstützte sie nicht blos dadurch, daß er ihnen Aufträge gab, sondern beförderte sie dadurch, daß er sie mit seinem Urtheil kräftig mahnte, daß er ihnen Aufgaben andeutete, an welchen sie ihr Talent bewähren konnten. Unter den Malern war z. B. Antonio Pollajuolo ihm bekannt, welcher für ihn ein Bild des Herkules und Antäus malte, Baldovinetti, welcher den Besuch der Königin von Saba bei Salomo darstellte und dem besuchten König die Züge Lorenzos lieh, endlich Domenico Ghirlandajo, der in dem Gemälde des h. Franziskus gleichfalls Lorenzo darzustellen versuchte. Indessen weit mehr als der Malerei war der Bildhauerkunst Lorenzos Interesse zugewandt; denn hier konnte er seine Neigung und Sehnsucht nach dem Alterthum befriedigen, hier die großen Vorbilder griechischer und römischer Kunst als Muster und Lehrmeister für sich und seine Freunde dienen lassen. Auch hier hatten Cosimo und Piero ihm vorgearbeitet. Bei dem Tode des Letztern soll die mediceische Sammlung von Alterthümern einen Werth von 28,000 Goldgulden repräsentirt haben. Diese Sammlung zu vermehren, zu verschönern und zu ordnen, war sein Streben und seine Lust. Wer ihm den Bericht von Alterthümern gab, wer für ihn sammelte, war sein Freund; kein Land war ihm zu fern, kein Preis zu hoch, er mußte Alles erwerben, was entdeckt wurde. Aber er begnügte sich nicht, eine Sammlung von Werken des Alterthums um sich hinzustellen, sondern er wollte nun auch in seiner Zeit Künstler erwecken, welche im Stande seien, jene hohen Vorbilder zu benutzen und ihnen wenn auch nicht gleich, so doch ähnlich zu werden. Zu diesem Zweck gründete er in den Gärten, welche seinen Palast umgaben, eine Akademie, welcher er den damals berühmten Bildhauer Bertoldo, den Lieblingsschüler des Donatello, vorstellte, einen Meister, welcher es verstand eine Reihe trefflicher Schüler anzulocken und auszubilden. In diese Academie wurden junge Leute aufgenommen, die in dem Hause Lorenzos wohnten, die, durch sein Beispiel gefördert, durch seine Mahnungen dem hohen Ziele, der Nachahmung des Alterthums, näher gebracht wurden. Die Academie mit ihrem Vorsteher und Begründer würde unsterblich sein, wenn sie auch nichts Anderes gethan, als daß sie den größten Bildhauer, Michelangelo, aufnahm und der Bildhauerkunst gewann. Ihm, der als Schüler Bertoldos in die Academie kam, gewährte Lorenzo einen Platz in seiner nächsten Umgebung, sah und sprach ihn oft, verbesserte durch Mahnungen seine jugendlichen Werke, und fand stets freundliche Nachgiebigkeit bei dem Knaben, der wohl erkannte, daß er aus diesem durch langes Studium der antiken Bildwerke geläuterten Urtheile nur treffliche Anregung für seine Studien erhalten konnte. Später hat der dankbare Meister wohl versucht, seinen großen Förderer zu verherrlichen. Als er nämlich nach Jahrzehnten den Auftrag erhielt, die Mediceergräber in Florenz zu gestalten, wollte er auch das Bild Lorenzos in dieselben hineinmeißeln, aber der Auftrag, der ihm gegeben wurde, konnte nicht in der Weise ausgeführt werden, wie er wünschte, und so mußte er darauf verzichten, seinen Lieblingsgedanken zu verwirklichen.

Doch mehr als die bildenden Künste pflegte Lorenzo die Dichtung und die Wissenschaft. Daher wetteiferten Künstler und Dichter, ihn als Mäcen zu preisen. Die Meisten thaten es, als Lohndichter mit der ganzen Unwahrheit und widerwärtigen Uebertreibung gedungener Künstler; Manche mit dem redlichen Bemühen, die Wahrheit zu sagen; nur Wenige, um der Freundschaft zu genügen, welche sie mit Lorenzo verband. Ein Ausdruck solcher echter, innig gefühlter Freundschaft ist ein Gedicht Polizianos, in welchem die Verse vorkommen (Reumont II, S. 69, lauro = Lorbeer=Lorenzo):

Du edler Lorbeer, unter dem auf Matten
Voll Blüthenpracht Florenz in Frieden ruht,
Und Zeus im Zorn nicht fürchtet, noch ermatten
Die Kräfte fühlt, in droh'nder Stürme Wuth,
O, nimm mich auf in deinen duft'gen Schatten,
Dem scheuen Wort gieb Kraft in deiner Hut:
So Grund wie Zweck bist du in meinem Streben,
In deinem würz'gen Hauch nur kann ich leben;

ein fernerer ein Brief des Pico della Mirandola. In diesem rühmt er Lorenzos Tugend, preist seine Thaten und verherrlicht ihn als Dichter. Dante habe zwar durch die Gewalt seines Stoffes sich ausgezeichnet, aber habe nicht die Fähigkeit besessen, die Sprache meisterhaft zu gestalten, Petrarca habe zwar das Verdienst gehabt, die Sprache als Schöpfer zu behandeln nach seinem Gutdünken, aber er habe keine würdigen Gedanken ausgedrückt, Lorenzo übertreffe daher Beide, denn er besitze sowohl die Herrschaft über die Sprache, als die Gewalt über die Gedanken. Dieses Lob wird man freilich nicht vollkommen theilen wollen, aber eins wird man zugestehen müssen, nämlich daß Lorenzo ein Dichter war. Wie er die Liebe pries, wurde oben gezeigt, aber auch den Freunden wendet er seine Theilnahme zu und schildert das ernste Leben, das er mit ihnen führt, die heitere Geselligkeit, in welcher er sich mit ihnen erfreut. Es gibt ein heiteres Gedicht von ihm, „das Gelage", in welchem er schildert, wie er, am Thore seiner Stadt stehend, die Genossen von einem fröhlichen Feste, Alle mehr oder weniger berauscht, zurückkehren sieht, in welchem er einen Jeden nach seinen Eigenthümlichkeiten zeichnet, einem Jeden einige Scherzworte, einige boshafte Bemerkungen anzuhängen versucht: da ist der Eine, Adovardo, der sich lieber Durst genannt wissen will, „das seltsamste Ding, das von Gott dem Menschen gegeben ist", da ein Anderer, Piovano Arlotto, der auszieht, um seinen verlornen Durst zu suchen.

Aber nicht blos in dieser scherzhaften Weise schildert er seine Freunde, sondern er weiß auch mit Ernst von dem Kreise, in dem er lebt, zu reden, die Natur, in der er sich wohl fühlt, zu verherrlichen, Einzelne zu feiern, die um ihn und unter ihm lebten. Er hielt sich nicht für zu hoch, um zum Landvolk, zum Landleben herabzusteigen. In einem seiner schönsten Gedichte, **La Nencia da Barberino**, schildert er die Liebe eines Landmädchens zu einem Bauernburschen, verarbeitet in sein Gedicht Volkslieder und ergeht sich in derbrealistischer Schilderung des Volkslebens. In anderen Liedern beschrieb er das Landleben selbst, die Freude, die er und seine Freunde an der Natur haben, die Erquickung, welche sie genießen, indem sie, aus dem Staube der Stadt kommend, in die freie Natur treten, die innig fromme Empfindung beim Anblick der Schönheiten, welche die Natur bietet. Denn diesen höhern Aufschwung nimmt er gern, weit lieber als daß er sich in komischen Dingen ergeht. Bei einer Gelegenheit, bei der man es am wenigsten vermuthen sollte, bei der Darstellung eines sogenannten heiligen Stückes La rappresentazione di S. Giovanni e Paolo hat er in merkwürdiger Weise politische Grundsätze entwickelt, in vielen anderen Gedichten religiöse Gedanken ausgesprochen. In jenem Stück schildert er den Kaiser Constantin, beschreibt, wie dieser seine Tage dahinschwinden, seinen Tod herannahen sieht und wie er mit einigen Worten scheidet, welche er seinem Sohn als politisches Testament hinterläßt. Man mag in diesen Worten nicht blos die Meinung Constantins, sondern auch die Lorenzos erkennen:

Nicht sein Wohl such' der Fürst, nicht sein Vergnügen.
Nach dem Gemeinwohl muß er einzig trachten;
Dem Schlafe darf sein Auge nicht erliegen,
Die Andern ruhn, weil seine Augen wachten.
Mit gleicher Wage muß gerecht er wiegen
Und Geiz und Wollust nüchtern stets verachten,
Leutselig, sanft und dankbar sich erweisen,
Sich als den Diener seiner Diener preisen.

In seinen Hymnen und anderen religiösen Gedichten äußerte er in schöner Sprache religiöse Empfindungen, die sich von den Gesinnungen der Meisten seiner Zeit bedeutsam unterscheiden. „In den Hymnen Lorenzos", sagt Jakob Burckhardt, „spricht sich ohne Rückhalt der Theismus, und zwar von einer Anschauung aus, welche sich bemüht, die Welt als einen großen moralischen und physischen Cosmos zu betrachten. Während die Menschen des Mittelalters die Welt ansehen als ein Jammerthal, welches Papst und Kaiser hüten müssen bis zum Auftreten des Antichrist, während die Fatalisten der Renaissance abwechseln zwischen Zeiten der gewaltigen Energie und Zeiten der dumpfen Resignation oder des Aberglaubens, erhebt sich hier im Kreise auserwählter Geister die Idee, daß die sichtbare Welt von Gott aus Liebe geschaffen, daß sie ein Abbild des in ihr geschaffenen präexistirenden Vorbildes sei und daß er ihr dauernder Beweger und Fortschöpfer bleiben werde. Die Seele des Einzelnen kann zunächst durch das Erkennen Gottes ihn in ihre Schranken zusammenziehn, aber auch durch Liebe zu ihm sich ins Unendliche ausdehnen, und dies ist dann die Seligkeit auf Erden."

Unter den Literaten seines Hauses und Hofes der Erste und Bedeutendste war Angelo Poliziano (14. Juli 1454 bis 24. September 1494), der schon deshalb unmittelbar an Lorenzo angereiht werden muß, weil sich bei Keinem besser als bei ihm das Wesen von Lorenzos Mäcenat zeigt und weil Keiner häufiger und wahrer als er den Fürsten pries, den er nur um zwei Jahre überlebte.

Angelo Poliziano kam aus Montepulciano, wo er geboren war und woher er seinen Namen führte — sein Vater hieß Benedetto Ambrogini — als Knabe nach Florenz, wurde von den Medici aufgenommen und gewann die Freundschaft Lorenzos. Diese Freundschaft ist eine echte und gediegene, fern von Schmeichelei des Niedrigstehenden und vornehmer Herablassung des Hochgestellten, ein Seelenbund, der auch mit dem Tode des dahingegangenen Gönners nicht aufhörte. Vielmehr ward der Ueberlebende, da er mit unstillbarer Wehmuth die Zerstörung alles Herrlichen, das Lorenzo geschaffen hatte, betrachtete, von stets erneutem Schmerz ergriffen, so daß er dem Gönner bald ins Grab folgte. So bewährte Poliziano bis ans Ende die Betheuerungen, die er dem Freunde gemacht hatte: „Dein bin ich auf ewig", und gab durch seinen frühen Tod ein rührendes Zeugniß von der Echtheit seiner Versicherung: „Rufe mich, wann und wo Du willst, ich komme." Lorenzo erkor den Poliziano zum Erzieher seiner Söhne. In dieser Stellung hatte der Lehrer freilich mit Madonna Clarice, der Gemahlin Lorenzos, manchen Strauß zu bestehen, er mußte ihre Ansprüche, die Grundsätze der Erziehung zu bestimmen, abwehren und ihren Einzelforderungen, welche eine größere Berücksichtigung des Christenthums an Stelle der von Poliziano bevorzugten heidnischen Schriftsteller betrafen, entgegentreten. So kam es denn, daß Clarice sich über die mille villanie beklagte, welche der Hauslehrer ihr zu hören gab, daß dieser, wie man aus seiner pädagogischen Schrift, „daß der Zorn bei dem Knaben oft das Zeichen einer guten Natur sei", einer höfischen Vertheidigung von Fehlern, die sich gewiß recht unangenehm äußerten, entnehmen kann, auch von seinen Zöglingen Mancherlei zu leiden hatte, und daß Lorenzo, um die Streitigkeiten zwischen Gattin und Freund wenigstens äußerlich zu beenden, Letztern auf Urlaub nach Fiesole schickte.

Seitdem wirkte Poliziano nur noch als öffentlicher Lehrer in Florenz und als fleißiger, vielseitiger Schriftsteller. Er lehrte Lateinisch und Griechisch, bevorzugte unter den Lateinern die Autoren der sog. silbernen Latinität: Quinctilian, Statius, Persius, nicht blos, weil diese im Allgemeinen weniger gelesen wurden, sondern weil sie ihm für die Jüngeren als Vorstufe zur eigentlich classischen Zeit passend dünkten; unter den Griechen: Aristoteles und die Philosophen der Stoa und hielt den Widersachern, welche ihm vorwarfen, er habe sich doch eigentlich niemals mit Philosophie beschäftigt, entgegen: daß er diese Studien mehr als Grammatiker denn als Philosoph betreibe. In diesem Sinne hat man auch seine den Juristen nützliche Thätigkeit, seine Collation des berühmten Pisaner Codex der Institutionen anzusehen. Denn er war vornehmlich Philologe und als solcher übersetzte, edirte er die Schriftsteller des Alterthums mit Feinheit und Verständniß, ohne Pedanterie und ängstliche Wörtlichkeit, mit Scharfsinn, so daß schon er den Grundsatz aufstellte, nicht die Menge der Handschriften, sondern das Alter und die Güte derselben seien zur Herstellung eines Textes entscheidend. Ganz besondere Aufmerksamkeit widmete er Homer und Cicero. Den Erstern bewunderte er ungemein, pries seine dichterischen Schönheiten, wenn er auch nach der kurzsichtigen Ansicht jener Tage Virgil nicht blos neben ihn stellt, sondern über ihn zu stellen Gefahr läuft, und versuchte, vier Bücher der Ilias zu übersetzen. Cicero stand hoch in seiner Verehrung, aber deswegen sollte er nicht Alleinherrscher sein: Selbständigkeit des Stils auch ihm gegenüber galt als oberste Bedingung für den gewissenhaften Schriftsteller. „Das Gesicht eines Stiers oder eines Löwen", so sagt er einmal, „kommt mir viel schöner vor als das eines Affen: dieser hat zwar Aehnlichkeit mit dem Menschen, aber gerade diese verpfuschte Aehnlichkeit ruft einen widerlichen Eindruck hervor. Ganz dasselbe Gefühl erzeugt aber die mit Leib und Seele sich ergebende Nachahmung. Solche, welche nur nachahmen, statt zu componiren, gleichen Papageien oder Elstern, welche nicht verstehn, was sie sagen: sie legen ihrem Geiste Fesseln an. Man muß ohne Korkholz schwimmen können; wie derjenige am rüstigen Laufe gehindert wird, der seine Fußtapfen immer in die seines Vorgängers setzen will, so schreibt auch der nicht gut, der aus einem gleichsam um ihn gezogenen Kreise nicht herauszutreten wagt."

Die Selbständigkeit, welche er den Großen des Alterthums gegenüber zeigte, bekundete er auch gegen die Religion. Er haßte die Priester und sprach diesen Haß offen aus. Er ging selten in die Kirche und wenn er ging, wohl mit dem ausgesprochenen Zweck, den Priestern auf den Zahn zu fühlen und die Barbarismen ihres Latein zu verspotten. Aber deswegen darf er nicht als Ketzer betrachtet werden. Denn wenn er wirklich gesagt hat — die Zeugen dafür sind nämlich sehr spät und unzuverlässig — daß er die pindarischen Oden lieber lese, als die davidischen Psalmen und daß er die horae canonicae, die den Priestern vorgeschriebenen Gebete, zwar gelesen, aber seine Zeit nie schlechter angewendet habe, so sind das freilich frivole und wenig zu billigende Ausdrücke, aber die Vorwürfe des Atheismus verdienen sie nicht. Besonders deswegen nicht, da sich den angeführten Ausdrücken anderslautende entgegenstellen lassen. Denn Poliziano war ein merkwürdig zweiseitiger Mensch, der bald die Religion verspottete, bald ein hohes Kirchenamt begehrte, der bald als ein „Herkules in Bekämpfung der Astrologie" gerühmt wurde, bald als ein Bekenner derselben, als Anhänger des Hexen- und Wahnglaubens jener Zeit erscheint, welcher den Vorzeichen traute, die Lorenzos Tod verkündeten und von dem Eingreifen des Satan in die Geschicke der Menschen überzeugt war.

War er selbständig gegenüber den Männern und den Anschauungen des Alterthums, so trat er noch viel selbständiger gegen die Zeitgenossen auf. Denn er hatte ein Bewußtsein von sich und seiner Bedeutung. Dem Könige von Portugal schrieb er einmal, er wolle den portugiesischen Reiseberichten durch eine Uebersetzung Unsterblichkeit verleihen, und dem Mathias Corvinus von Ungarn sagte er, daß seit tausend Jahren Keiner die Kenntniß der griechischen Sprache so verbreitet habe wie er. Dieses Bewußtsein von sich bestätigte er sodann besonders in Streitigkeiten mit seinen Gegnern, in denen er weniger die Sache verfocht als die Person in den Vordergrund stellte, und bemüht war, seine Vortrefflichkeit zu erweisen aber auch die Schändlichkeit der Gegner zu enthüllen. Dies geschah vor Allem in den Kämpfen mit dem Florentinischen Staatskanzler Bartolomeo Scala, einem hochverdienten Manne und dessen Schwiegersohn, Michael Marullus, einem nicht unglücklichen, früher von Poliziano selbst gepriesenen Dichter. Ob Scala wirklich durch einige Fehler gegen die classische Latinität, die er sich in einer Staatsschrift zu Schulden kommen ließ, den großen Zorn des Gegners hervorrief, ob Marullus, weil er in der Bewerbung um die Gunst der Alessandra Scala Sieger war, in den Augen des Abgewiesenen alle dichterische Fähigkeit verlor, sicher ist, daß Beide in Briefen und Gedichten verfolgt, Scala als „Diebsungeheuer" hingestellt und wegen seiner niedrigen Geburt verhöhnt, Marullus (unter dem Namen Mabilius) des Schmutzes, der Unsittlichkeit, des Unglaubens angeklagt und gebeten wurde, er möchte sich nicht aufhängen, damit er den Henker nicht um seinen Lohn betröge. Gegen solche Schmähungen bedeutete es wenig, daß die vereinigten Gegner den Poliziano wegen seiner langen Nase lächerlich zu machen suchten (er erwiderte: er brauche dieselbe, um alle Fehler in den Schriften seiner Feinde zu riechen) und seinen schönen Namen in den minder schönen Pulicianus (von pulex, Floh) verwandelten.

Glücklicherweise füllte Poliziano nicht alle seine Gedichte mit derartigen Schmähungen aus. Vielmehr benutzte er seine lateinischen Verse, um von der Liebe zu singen, dem Wohlgefallen Ausdruck zu geben, das er an schönen Knaben und Mädchen empfand und zu verkünden, daß er von der Liebe nicht lassen könne, trotzdem er sich Mühe gebe, dieselbe aus seinem Herzen zu reißen. Er pries die Dichtung selbst, verherrlichte verstorbene Dichter, rühmte die Kunst, z. B. in schönen Versen auf Giotto, welche beweisen, daß er ein feines Verständniß für die Wiederbelebung der Kunst besaß, und feierte seine Gönner, die er in einer gar nicht mißzuverstehenden Weise auf die ihm in Aussicht gestellten, aber nicht gewährten Belohnungen hinwies. Einem gegenüber hatte er solche Hinweisungen nicht nöthig, nämlich Lorenzo. Dieser wußte zu spenden und empfing dafür gebührenden Dank, denn nicht nur daß er eine seiner Thaten — den Krieg um Volterra — zum Gegenstand einer größern Dichtung erhoben sehen sollte, aber schließlich nicht sah, so erhielt er die Widmung fast aller selbständigen Werke Polizianos: der Iliasübersetzung, der giostra, des Orfeo. Den zweiten Gesang dieser schon erwähnten Uebersetzung überreichte der Dichter mit folgenden Versen (Reumonts Verdeutschung):

> Dir, dem blumenumrankt das Bild des tuscischen Löwen,
> Dem die syllanische Stadt und der Väter gereifte Beschlüsse
> Haben die Götter vertraut, Lorenzo, mäonischen Stammes
> Größter, es schlinget sich dir um die Stirne ein zwiefacher Lorbeer.

O sacro sancta Dea figlia di Gioue
Per cui eltempio di Ian sapre & serra:
La cui potente dextra serba & muoue
Intero arbitro & di pace & di guerra:
Vergine sancta che mirabil proue
Mostri del tuo gran nume in cielo enterra:
Che ualorosi cuori a uirtu infiammi:
Socchorrimi hor Tritonia & uirtu dammi.

Oratione di Iulio a Pallade.

Sio uidi drento alle tua armi chiusa
La sembianza di lei che me a me fura
Si uiddi eluolto horribil di Medusa
Far lei contro ad amor troppo esser dura:
Se poi mia mente dal tremor confusa
Sotto iltuo schermo diuentò sicura:
Se amor con teco a Grande opre michiama
Mostrami elporto o Dea deterna phama.

Et tu che dentro alla infochata nube
Degnasti tua sembianza dimostrarmi:
Et cognaltro pensier dal cor mirube
Fuor che damor dalqual non posso atarmi:

Parole di Iulio a Venere.

Facsimile einer Seite aus der illustrirten Florentiner Ausgabe von Angelo Poliziano's
„La Giostra di Giuliano di Medici".
(Der Holzschnitt stellt Giuliano de Medici vor der Göttin knieend dar.)

Sei's, daß Mars dir im Sinn, wenn stürmischen Laufes die Zügel
Schießen er lässet dem Roß, wie dort im glänzenden Scheinkampf,
Als auf offenem Plan vor der Kirche benannt nach dem Kreuze
Jäh auf die Reiter herab, die mit Panzer bewaffnet und Schilde
Stürzen, und Hieb austauschen um Hieb wie in heißester Feldschlacht,
Stolz dich und freudigen Sinns die dir ergebene Stadt sah.
Sei's, daß lieber du wählst das Maß kunstreicher Gesänge,
Schmiegend der Leier dich an, die erstaunte Natur zu bezaubern,
Hier den lauschenden Baum und dort die besänftigte Löwin."

Die giostra oder die stanze, wie man das unvollendete Gedicht auf das Turnier Giulianos von Medici nennt, ist eine Sammlung wunderbar schön klingender aber inhaltsleerer Strophen, in denen der eigentliche Inhalt nur wenig berührt und statt dessen Mythologie und Allegorie, Christenthum und Heidenthum, Preis des mediceischen Geschlechts und Lob der Stadt Florenz in seltsamer Verquickung geboten wird. Das Orfeo ist ein Theaterstück, das in zwei Bearbeitungen, einer kürzern und einer längern (favola und tragedia), erhalten, ursprünglich beim Einzuge des Cardinals von Mantua in Bologna (1472) gedichtet und später umgearbeitet worden ist: ein dialogisirtes Melodrama, das literarhistorisch nicht unwichtig ist, weil es, wie ein neuerer Forscher bemerkt, „der erste Schritt ist, das Drama weltlich zu machen." Es entlehnt seinen Inhalt der alten Orpheussage, aber vermittelt das Verständniß der letztern den Zeitgenossen dadurch, daß es Scenen aus dem Hirtenleben einflicht, und durch die halbkomische Gestalt eines Satyrs das grausige Geschick vorbereitet und mildert. Eurydice spielt in diesem Drama kaum eine Rolle: sie entflieht und nach ihrer Flucht verbreitet sich erst die Nachricht von ihrem Tode; auch im Orkus ist sie die Passive, welche dem durch den unwiderstehlichen Gesang des Orpheus hervorgerufenen Beschluß der Götter folgt und auf Grund desselben Beschlusses den gegen das göttliche Geheiß fehlenden Sänger verläßt. Diesen neuen Verlust vermag Orpheus nicht zu ertragen; wild ruft er aus, daß ihn nie eines Weibes Liebe fesseln soll; er beklagt es daher nicht als Strafe, sondern begrüßt es als köstliche Wohlthat, daß die Mänaden auf ihn anstürmen und ihn zerreißen und horcht wollüstig in Todesschmerzen auf das von wilder Lust überschäumende Lied des Mänadenchors (J. L. Kleins Uebersetzung):

Mit Epheulaub und Epheubeeren
Das Haupt bekränzt, wie jede mag,
Für deinen Dienst, zu deinen Ehren
So zechen wir bei Nacht und Tag.
Und jubeln wir beim Weingelag:
Laß mich auch trinken ewig so!

Mein Trinkhorn ist schon lange leer.
Reich' mir den Krug, den vollen drum,
Es dreht der Berg sich um mich her,
Es kreist das Hirn mir um und um.
Hoch springe Jede, hoch und höher,
Wie ich es mach', mach's Jede so.

In einer ähnlichen Stimmung der Lust, wenn auch nicht in so wildem Taumel gedichtet, sind Polizianos kleinere Gedichte, in denen er das Landleben schildert: das lateinische: Rusticus, aus welchem besonders die Beschreibung des Herbstes, des Kelterfestes, der Weinlese hervorzuheben ist und die canzone zingaresca, das volksthümliche Lied eines Zigeunerburschen.

An Angelo Poliziano mag man Luigi Pulci anschließen, der Jenem nicht blos durch den ähnlich klingenden Namen, sondern auch durch manche dichterische Eigenthümlichkeiten verwandt ist.

Luigi Pulci, der wohl auch nach humanistischer Weise seinen Namen in Aloysius Pulcher latinisirte, wurde am 15. August 1432 geboren und starb im November 1484. Er war Beamter und Dichter, am Hofe seines Fürsten gern gesehen und vielfach zu Aemtern und Gesandtschaften gebraucht, mit Lorenzo innig befreundet, zugleich aber als Mitglied einer weitverzweigten und reichen Familie zur Wahrung eigner und Geschäftsinteressen verpflichtet.

Pulci ist ein Freidenker und ein Spötter. In seinen Briefen macht er sich lustig über Unglücksfälle, welche bei einer Leichenfeier stattfanden, gleichsam als wollte er sie als nothwendige Folgen einer frommen Handlung hinstellen, und mahnt seinen Freund Lorenzo, doch einmal wieder Christ zu werden; selbst in dem christlichen Gruß am Schlusse eines Briefes: Che Christo vi guardi ist es ihm mehr um eine scherzhafte Wendung, oder um eine allgemein angenommene Formel, als um den Ausdruck seiner Gesinnung zu thun. Denn schon der anderweitig vorkommende Ausdruck „helf' uns Gott oder der Teufel“ läßt sattsam erkennen, daß er sich dieser Formel bedient, ohne mit ihr eine bestimmte Gesinnung zu verbinden, gerade so wie er gelegentlich, mit unrichtig aufgeschnappten arabischen Brocken prunkend, Salamalech braucht. Noch deutlicher spricht er in seinen Sonetten, welche, wie er einmal stolz bemerkt, „die Natur ihm zur Mitgift verlieh“, Dichtungen, in denen er nicht nur die Anmaßung und Heuchelei der Bettelmönche tadelt, — denn das thaten auch Strenggläubige jener Zeit, — sondern auch die in der Bibel erzählten Wunder läugnet und diejenigen verspottet, welche an die Unsterblichkeit glaubten. „Diese Leute“, so sagt er, „welche so lebhaft über die Seele streiten und sich fragen, in welcher Weise sie in uns hineinkommt, auf welchem Wege sie uns verläßt und durch welche Mittel sie in uns verweilt, beschäftigen sich mit seltsamen Thorheiten und wollen, mit Inanspruchnahme von Plato und Aristoteles, uns mit hirnverrückenden Redensarten überzeugen, daß die Seele einst in Frieden ruhe, in ewiger Harmonie, unter dem Klange himmlischer Chöre. Gegen solche Behauptungen muß man die Ansicht festhalten, daß die Seele im Körper steckt, wie eine Rosine im Kuchen und daß sie mit jenem zu Grunde geht.“ „Wer“, so fährt er nach einzelnen anderen Spöttereien fort, „ein Paradies erwartet voll köstlicher Genüsse und himmlischer Freuden, der irrt; wir werden klanglos in das schwarze Thal herabsteigen und das Halleluja weder anstimmen noch vernehmen.“ Freilich weiß man bei ihm häufig nicht, ob er ernsthaft oder scherzhaft spricht, — der ganze Cyklus von Streitsonetten gegen Matteo Franco z. B. ist derartig, daß er im Spaß begonnen wurde und, wenn man einer Notiz in Pulcis Briefwechsel glauben darf, bedenklich genug endete, — auch hat es der Dichter nicht an einer Zurücknahme seiner Anschauungen in seinem Werke: La confessione fehlen lassen, in welchem er sich bemüht, sich als einen frommen Christen hinzustellen und die Madonna wegen der gegen sie verübten Frevel um Entschuldigung bittet.

Aber daß er freisinnig denkt und sich von dem strengen Kirchenglauben entfernt, das zeigt er auch an unzähligen Stellen seines großen epischen Gedichtes: Il Morgante maggiore. Wenn er auch hier gegen die Priester unaufhörlich losfährt und sie als Heuchler brandmarkt, so bedeutet das nicht viel, zumal das Gedicht in einer Zeit geschrieben ist, da Lorenzo von Medici im heftigsten Streite mit Sixtus IV. begriffen war; mehr aber wollen Spöttereien besagen, wie die: es sei nicht zu glauben, daß die Heiligen blos von Heuschrecken gelebt hätten, Gott werde ihnen schon Manna haben regnen lassen (I, 25) oder die: Petrus sei alt, er werde bei seinem himmlischen Pförtneramte viel betrogen und müsse sich in seiner Thätigkeit so anstrengen, daß ihm Haare und Bart schwitzten (XXVI, 21). Und sind nicht die Hauptpersönlichkeiten: Morgante und sein Cumpan Margutte Verhöhnungen christlich frommer Helden? Kann man die Bekehrungen stärker persifliren als durch Morgantes schnelle Annahme des Christenthums, die in Folge eines Traums geschieht, in welchem die heidnischen Götter ihm ihre Hülfe versagen und die in solcher Raschheit vor sich geht, daß der Täufling die Unterweisung seines Meisters Orlando mit der Bemerkung unterbricht: „dem Weisen pflegen wenige Worte zu genügen?“ Gibt es einen crassern und einen absichtlichern Gegensatz gegen das christliche Glaubensbekenntniß als die folgende gotteslästerliche Tirade: „Ich glaube an die schwarze Farbe nicht mehr als an die blaue, wohl aber an Capaunen, an Gekochtes und Gebratenes, manchmal auch an Butter, auch an Bier, und wenn ich keines habe, an Most, aber lieber an herben als an süßen, besonders aber an guten Wein; ja ich lebe der Ueberzeugung, daß derjenige, der an ihn glaubt, sein Heil findet. Ich glaube an die Torte und den Kuchen, die eine ist die Mutter, die andere der Sohn, das wahre Paternoster aber ist die gebackene Leber und sie könnte drei, zwei und eins sein. Und wenn Mohammed den Weingenuß tadelt oder verbietet, so glaube ich, daß das ein Traum oder eine Phantasie ist.“

Pulcis Verdienst besteht jedoch nicht in solchen spöttischen Redewendungen, die sich beliebig vermehren ließen, sondern in ernsten Reden. Da finden sich z. B. theologische Erörterungen des Zauberers Malagigi mit dem von diesem berufenen Geist Astarotte (XXV, 141—161), die man nicht selten als Eigenthum des Marsilio Ficino hat bezeichnen wollen; da kommen Sätze vor von großer Tragweite, unendlich verschieden von dem engen Kirchenglauben, so die folgenden (XXV, 236—238): „Die Gesinnung allein heiligt und verdammt“, oder „der, welcher sein Gesetz gut befolgt, wird Wiedervergeltung erlangen“; da wird die Ueberzeugung verkündigt, daß die verschiedenen Religionen nicht feindselig entgegengesetzte Meinungen sind, die ihre Wahrheit in beständigem Kampfe gegen einander erproben müssen, sondern Ansichten, die sich friedlich einander nähernd zu der alleinigen Wahrheit führen, so daß die schöne Heidin Antea eine Gemeinsamkeit zwischen sich und den Christen feststellt durch ihre Anrede an die Letzteren (XVI, 6): „Jener Gott, welcher Himmel und Erde machte, Natur und Sterne, Sonne und Mond, der, wenn ihn Lust anwandelt, den Abgrund eröffnet und schließt, und wenn er will, die Luft hell und dunkel macht, der mild und gerecht ist und niemals irrt, obwohl Jeder unbefriedigt nach Glück verlangt, — er bewahre und behüte Euch.“

Das komische Epos nun, aus welchem die eben angeführten Stellen entlehnt sind, il Morgante maggiore, „der große Morgant“, wurde von Pulci für den Kreis der Medici gedichtet. Lucrezia Tornabuoni war die Gönnerin des Werkes, sie, die vor der Vollendung des Ganzen starb, erhält daher (XXVIII, 132—136) großes Lob als eine vortreffliche Fürstin, die der Dichter nicht würdig genug preisen, die Welt nicht gebührend erkennen kann, so daß die Engel aufgefordert werden, ihren Ruhm lauttönend zu singen; in der feinen Gesellschaft wurden die einzelnen Gesänge vorgelesen, die dann, theils mit Rücksicht auf die hohe religiös gestimmte Patronin, theils entsprechend einem bei Improvisatoren und Vorlesern heimischen Gebrauche, nicht aber aus Blasphemie gegen heilige Gewohnheiten, mit Gebeten begannen. Die hervorragendsten Männer des mediceischen Kreises interessirten sich für das Epos: von Ficinos Theilnahme war schon die Rede; daß er von seinen Freunden Bernardo Bellincioni und Antonio Alamanni Rath und Hülfe erwarte, sagt Pulci selbst (XXVIII, 143), und dem Poliziano dankt er für Hinweisung auf einzelne Quellen (XXV, 169). Denn Quellen benutzte er zahlreich, ja ging vielleicht, wie Rajna neuerdings nachgewiesen hat, in der Aneignung fremden Eigenthums weiter, als er gedurft hätte, indem er ein Rittergedicht des 15. Jahrhunderts als Vorlage benutzte und demselben, bezüglich des Haupttheils seines Werkes Schritt für Schritt, ja Strophe für Strophe folgte; die Erfindung des Margutte aber und die Schilderung von dessen Zusammensein mit Morgante ist durchaus Pulcis Verdienst.

Der große Morgant ist eine Parodie des Ritterthums. Bei den Florentinern, den vielgereisten, praktischen Kaufleuten und den feingebildeten geistig erregten Gelehrten und Künstlern, mußte das Ritterthum mit seinem falschen Idealismus und mit seinem Uebermaß roher Gewaltthätigkeit verächtlich und der Versuch seiner Wiederbelebung lächerlich erscheinen. Pulci trat daher nur in die Fußtapfen Sacchettis und anderer Novellisten des 14. Jahrhunderts, welche die Anstrengungen florentinischer Krämer und Sonntagsreiter, in ritterlicher Kleidung einherzustolziren und Ritterturniere nachzuahmen, verspottet hatten, aber er parodirt nicht blos Einzelheiten, sondern das ganze Wesen und Treiben. Ja, er verspottet Alles. Wenn er Dante und Petrarca citirt, so thut er das in einer drolligen Manier, die gleich weit entfernt ist von der Verehrung späterer Zeiten, wie von der gehässigen Stimmung der Schriftsteller der Renaissance, er bespöttelt z. B. einmal (XXV, 283) Petrarca, weil dieser dem Rinaldo einen Vers gestohlen habe. Selbst das Alterthum verschont er nicht. Morgante will einmal (I, 72) ein todtes Roß tragen, das er durch die Last seines Körpers erdrückt hat, Roland warnt ihn davor, das Roß könnte Rache nehmen, wie Nessus einst that; „ich weiß freilich nicht", setzt er hinzu, „ob du diese Geschichte gehört oder gelesen hast". Nicht selten citirt er Personen und Dinge aus dem Alterthum, mit kundigem Eingehn auf Einzelheiten, aber mit spöttischen Nebenbemerkungen; sollte die Person des Margutte, des geborenen Griechen, der freilich seine Ahnen nicht genau und vollständig bezeichnen kann, des Säufers und Fressers, der sein Leben durch Verbrechen jeder Art besudelt und der, von Speise und Trank aufgeschwemmt, berstet in Folge unbändigen Lachens über einen Affen, der sich seiner Stiefel bemächtigt und in possierlichster Weise mit denselben schmückt, — sollte Margutte nicht die Parodie eines jener armen Teufel sein, die so zahlreich aus Griechenland nach Italien kamen, aufgebläht von ihrem bischen Wissen und die durch ihren Hochmuth, ihre Schwelgerei und Sittenlosigkeit den Florentinern, Poliziano voran, so unangenehm waren? Jedenfalls ist Pulcis Stellung dem Alterthum gegenüber keine sehr respektvolle; sonst hätte er nicht Turpin ebenso hoch halten können wie Horaz; sonst hätte er nicht zu sagen vermocht (XXVIII, 138, 139): „Ich fordere keinen Lorbeerzweig wie Griechen und Römer; es werden Andere kommen mit anderm Stil, besserer Cither, vorzüglichere Meister; ich halte mich in dem Gehölz bei den Buchen auf, bei dem Landvolk, die Hülfe des Parnasses habe ich nie begehrt".

Pulci wollte mit diesem Epos seine Thätigkeit nicht abschließen. Vielmehr sagt er (XXVIII, 82): „Ich lasse viele herrliche und würdige Helden und Dinge weg, denen ich mit dem Gedächtniß nicht folgen, und nicht an jeden Ort, wo ihre Fahnen wallen, zu jedem ihrer Siege begleiten kann; aber wenn mich der Tod nicht vor der Zeit verhindert, diese Geschichten in ihrem wahren Lichte zu zeigen, so sollen sie in anderm Stil mit anderer Leier und Versen der ganzen Welt bekannt werden." Mit solchen Worten deutete er wohl den Ciriffo Calvaneo an, ein Ritterbuch, das die Kämpfe aus der Zeit Königs Ludwig d'Outremer von Frankreich in der Zeit von 921 bis 954 behandelt und das mit Unrecht als eine Arbeit seines ältern Bruders Luka (1431—1470) gilt. Vielleicht beendete er auch (Lettere, p. 86) die Dichtung, welche der ebengenannte Luka über das früher (S. 186) geschilderte Turnier Lorenzos begonnen hatte, sicher verfaßte er als Gegenstück zu Lorenzos ländlichem Gedichte (S. 194) sein Beca da Dicomano, das aber mehr belustigen als das Landleben wirklich schildern soll.

Heiterkeit und Frohsinn herrschte in Lorenzos Kreise vor, aber auch der Ernst war aus demselben nicht verbannt. Denn zu den Bestrebungen des Fürsten ist der Eifer für die platonische Philosophie zu rechnen; zu den Mitgliedern von Lorenzos Tafelrunde gehören auch Ficino und Landino. Beide indessen und manche andere Wohlverdiente überstrahlte der jugendliche aber hochberühmte Giovanni Pico della Mirandula, geb. 1462, gest. 1494.

„Als seine Mutter, die schöne Julia von Sandiano", so erzählt sein erster Biograph, sein Neffe Giovan Francesco, „bei ihrer Arbeit saß, erschien ihr zu Häupten eine kreisförmige Flamme, die alsbald erlosch." Dieses Vorzeichen deutet sein Wesen und Leben an: ein hellstrahlendes aber rasch verlöschendes Licht. In seiner Jugend war er dem Vergnügen nicht abgeneigt, er liebte die Frauen und ward auch von ihnen gesucht; später wurde er durch das Streben nach Weisheit den irdischen Freuden entzogen. „Er war beredt und tugendhaft, ein Heros eher als ein Mensch" sagt Poliziano von ihm und sein Neffe charakterisirt ihn folgendermaßen: „Er war ein schöner junger Mann, von hohem Wuchs, schmiegsamer Gestalt, mit hellen Haaren, tiefblauen Augen, blendend weißen Zähnen. In seiner ganzen Persönlichkeit lag eine Mischung von engelhafter Milde, schamhafter Keuschheit und erquickendem Wohlwollen, welche die Blicke erfreute und die Herzen anzog."

Einen ähnlichen Eindruck wie durch seine Persönlichkeit machte Pico durch seine Schriften, besonders durch drei: die neunhundert Sätze und die dazu gehörige Apologie, die Schrift gegen die Astrologen und die Abhandlung von der Würde des Menschen.

Das Wesen der ersten besteht darin, daß es Griechenthum und Judenthum in ihren Wechselbeziehungen zu erkennen und diese beiden weltbewegenden Mächte mit einander zu vereinigen sucht. Pico hatte sich die Mühe nicht verdrießen lassen, die hebräische Sprache zu erlernen, er hatte dem auch in dem freigesinnten Italien herrschenden Vorurtheile, das die Juden des Lehrens für unfähig und für unwürdig des Umgangs erklärte, kühn getrotzt. Doch begnügte er sich in diesen Studien nicht mit dem Verständniß der Bibel und der oberflächlichen Kenntniß der talmudischen Schriften, die ihm jeder halbgebildete jüdische Lehrer verschaffen konnte, sondern er suchte auch in die jüdische Geheimlehre, die Kabbalah, einzudringen, deren Erkenntniß ihm der bedeutende Philosoph Eliah del Medigo vermittelte. Von ihm und seinen anderen jüdischen Meistern hatte er mancherlei Geheimnißvolles über Würdigung und Benutzung übernatürlicher Kräfte erfahren und lernen können; diese Mittheilungen nun verband er, keineswegs im Sinne seiner Lehrer, sondern im Kampfe mit ihren Ueberzeugungen zu einem System, indem er aus der Kabbalah und anderen jüdischen Schriften heraus die Reinheit und Wahrheit der christlichen Lehren, als der Dreieinigkeit, der Fleischwerdung des Wortes, der Ankunft des Messias, der Erbsünde zu beweisen suchte.

Geschichtlich bedeutender als diese zu ihrer Zeit als wunderbar gepriesene und durch überschwängliches Lob ausgezeichnete Leistung ist sein Kampf gegen die Astrologie. Diese Wahnwissenschaft zu verspotten hatten schon Mehrere versucht, unter ihnen gar Mancher, der heimlich selbst an den Wahn glaubte, den er bestritt; nicht Wenige waren auch bei einzelnen Gelegenheiten dem zu stark sich hervorwagenden Aberglauben mit ernsten Gründen entgegengetreten, aber in so umfassender Weise, mit solcher Klarheit und Entschiedenheit wie Pico hatte es noch Niemand gethan. Denn er erklärt die Astrologie als Quelle der Gottlosigkeit und Sittenverderbniß, er wagt zu zeigen, daß Diejenigen, welche an die Sterne glauben, alle Tugenden in dem Menschen, allen Glauben an ein Höheres vernichten; er unternimmt es dann, im Einzelnen die Unrichtigkeit der Wetterprophezeiungen der Astrologen nachzuweisen und endlich im Gegensatz zu der astrologischen Lehre eine Theorie der christlichen Weltregierung und der Willensfreiheit aufzustellen.

Unsterblich aber würde Pico sein, wenn er nichts Anderes geschrieben hätte als jene Sätze in der Schrift de dignitate hominis, in welcher er den Begriff des Menschen, sein Verhältniß zur Gottheit auseinandersetzt. Diese Sätze aber lauten (nach Jak. Burckhardts Uebersetzung) so: „Gott hat am Ende der Schöpfungstage den Menschen geschaffen, damit derselbe die Gesetze des Weltalls erkenne, dessen Schönheit liebe, dessen Größe bewundere. Er band denselben an keinen festen Sitz, an kein bestimmtes Thun, an keine Nothwendigkeit, sondern er gab ihm Beweglichkeit und freien Willen. Mitten in die Welt, spricht der Schöpfer zu Adam, habe ich dich gestellt, damit du um so leichter um dich schauest und sehest, was darinnen ist. Ich schuf dich als ein Wesen weder himmlisch noch irdisch, weder sterblich noch unsterblich allein, damit du dein eigner freier Bildner und Ueberwinder seiest: du kannst zum Thiere entarten und zum gottähnlichen Wesen dich wieder gebären. Die Thiere bringen aus dem Mutterleibe mit, was sie haben sollen, die höheren Geister sind von Anfang an oder doch bald hernach, was sie in Ewigkeit bleiben werden. Du allein hast eine Entwicklung, ein Wachsen nach freiem Willen, du hast Keime eines allartigen Lebens in dir."

Man sollte denken, ein Mann von so großartiger Gotteserkenntniß hätte den Männern der Kirche fast als ein Heiliger, jedenfalls als ein verehrungswürdiger Weiser erscheinen müssen; statt dessen wurden seine 900 Sätze für bedenklich, ja 13 von Einigen geradezu für ketzerisch erklärt. Unter diesen befanden sich z. B. die, daß Christus nicht wirklich, sondern der Wirkung nach in die Hölle hinabgestiegen sei, ferner, daß eine Todsünde, die in Rücksicht auf Zeit beschränkt sei, nicht durch ewige Strafen gestraft werden könne, endlich, daß die Weihungsworte: Dies ist mein Leib u. s. w. nicht materiell, sondern deutungsweise verstanden werden müssen. Sie und einige andere veranlaßten eine milde gestimmte Commission zu dem Urtheil, die Sätze seien nur disputationsweise aufgestellt worden, drückten aber nicht die Meinung eines christlichen Denkers aus, und dieses Urtheil führte zu dem durch Papst

Innocenz VIII. erlassenen Verbote der 900 Sätze, freilich mit einer gnädigen Nebenbemerkung über Geist und Charakter des Grafen. Erst Alexander VI. hob (1493) das Verdammungsurtheil seines Vorgängers auf und befreite durch solche Entscheidung den fromm und päpstlich Gesinnten von einer drückenden Last.

Von den Päpsten war Pico befreit, vor einem Feinde des Papstes, Girolamo Savonarola, sollte er oder richtiger sein Andenken keine Ruhe haben. Savonarola war mit Pico wohl bekannt, er hatte von seiner Schrift gegen die Astrologen einen kurzen Auszug veranstaltet, er war bei der Abfassung seines Codicills zugegen gewesen. Aber er konnte sich der Meinung derer, welche Pico vollkommen zu seinem Gesinnungsgenossen machten, so daß einer in einer Vision Pico zu schauen meinte und zu hören, wie dieser den Savonarola als „würdigen Nachahmer Christi in allen Dingen" begrüßte, nicht anschließen, sondern verzieh es dem Bekannten nicht, daß dieser versäumt hatte, in den Orden einzutreten. Darum hegte er unmittelbar nach Picos Tode den Zweifel, ob er zur Seligkeit gelangt sei und glaubte später nur annehmen zu dürfen, daß er einen Platz im Fegefeuer erhalten habe.

Savonarola wurde in Padua 1452 geboren, wurde 1475 Mönch, kam 1482 nach Florenz und starb 1498. Sein Leben und seine Wirksamkeit wird von zwei Richtungen bestimmt: der moralisch-religiösen und der politisch-demokratischen. Er trat ins Kloster ein, wie er selbst an seinen Vater schrieb, „wegen des großen Elends der Welt, der Ungerechtigkeiten der Menschen, der Unzucht und des Ehebruchs, der Räubereien und des Stolzes, des Unglaubens und der Gottlosigkeit, die den höchsten Grad erreicht hat"; er predigte, um eine Sittenänderung und religiöse Umgestaltung zu erzielen, um das Volk gegen die Tyrannen aufzuwiegeln, die Träume eines einheitlichen Italiens zu verkünden und aus seinen Weissagungen den Eroberungszug eines fremden Eindringlings anzudeuten. Savonarola war erfüllt von dem Glauben an seine Eingebungen, er war ein Mann der Wahrheit und Feind jeden falschen Scheins, ein unerschrockener Kämpfer selbst gegen die Höchstgestellten, ein kühner und rücksichtsloser Angreifer der Verderbtheit des Papstthums, ein Prediger, den Gluth der Ueberzeugung und oratorische Meisterschaft zu einem gewaltigen Lenker und Leiter der Massen machten.

Selbst die Massen indessen wurden ihm untreu. Freilich am 8. April 1492 war er der Mann des Volkes gewesen. Damals kam er vom Bette des sterbenden Lorenzo, dem er lebendiges Vertrauen auf die göttliche Gnade anempfohlen, von dem er Rückerstattung widerrechtlich erworbener Schätze erbeten und erlangt, dem er aber vergeblich gepredigt hatte, dem unterdrückten Volke die Freiheit wiederzugeben. Er hatte sich, da er nur den Widerspruch des Todtkranken erhalten, vom Sterbelager entfernt, ohne jenem den Segen zu ertheilen. Damals hatte er die Menge für sich, die selbst ihren Liebling aufgibt, sobald sie ihn von einer höhern gleichsam unsichtbaren Macht

Rechts erblickt man den (1298 von Arnolfo di Lapcz erbauten) Palazzo della Signoria, vor welchem man eine Estrade aufgerichtet hatte, auf der die Verurtheilten ihre letzte Andacht verrichteten und die Magistratspersonen saßen. Diese Estrade war durch eine Art Brücke mit dem Scheiterhaufen verbunden. Weiter nach Rechts erblickt man die Loggia de' Lanzi (erbaut von Andrea Arcagna 1343—1374), ganz links ein Theil der Domkuppel. Im Hintergrunde die alten Stadtmauern und der Arno.

Der Feuertod des Hieronymus Savonarola und der Dominikanermönche, die mit

Nach einer ungefähr gleichzeitigen Malerei in der Zel

ingerichtet wurden, auf der Piazza della Signoria in Florenz, 7. April 1498.
avonarola im Kloster von San Marco in Florenz.

bedroht sieht. Kaum sechs Jahre später (23. Mai 1498) hatte sich die Sachlage völlig geändert: Savonarola war mit zweien seiner Gefährten zum Tode verurtheilt worden. Eine große Menschenmenge, mehr aus Gaffenden als aus Antheilnehmenden bestehend, umwogte den Platz, auf dem die Hinrichtung stattfinden sollte, man wartete begierig auf den Moment, in welchem den vom Henker Getödteten die Flammen erreichen sollten, die bestimmt waren, seine Gebeine zu verzehren. Das Triumphgeschrei des entmenschten Pöbels übertönte die leisen Klagen der herbeigeströmten Gläubigen und gegenüber den Vielen, welche mit Steinen nach dem Leichnam warfen, so daß es, wie ein Zeitgenosse sagt, Blut und Eingeweide regnete, waren nur Wenige, welche sich an den Scheiterhaufen drängten, um eine Reliquie zu erhalten.

Nicht dies wetterwendische Urtheil der Menge darf den Richterspruch der Geschichte bestimmen. Ebenso wenig aber darf der Feuertod Savonarolas, der ihm den Ruhm des Martyriums gewährte, ihm den Namen eines Reformators verschaffen. Weil er in seinen gewaltigen Predigten und Schriften gegen das Papstthum auftrat, ist er wohl von den Protestanten, welche in der Vernichtung dieser Macht eine ihrer Aufgaben erblickten, als einer der Ihrigen betrachtet worden, doch mit Unrecht, denn er steckt noch tief in der Scholastik, welche Jene als eine dem Papstthum an Gefährlichkeit gleiche Macht bekämpften. Noch weniger darf Savonarola, weil er die lateinische Sprache geschickt handhabte, gelegentlich einige Gedichte machte und manchmal von dem Werthe der Poesie zu reden wußte, als ein Mann der Renaissance betrachtet werden. Um ihn aus der Gemeinde der Humanisten auszuschließen, würde die eine Stelle aus einer seiner Predigten allein schon genügen (nach Jak. Burckhardts Uebersetzung): „Das einzige Gute, was Plato und Aristoteles geleistet haben, ist, daß sie viele Argumente vorbrachten, welche man gegen die Ketzer gebrauchen kann. Sie und andere Philosophen sitzen doch in der Hölle. Ein altes Weib weiß mehr vom Glauben als Plato. Es wäre gut für den Glauben, wenn viele sonst nützlich scheinende Bücher vernichtet würden. Als es noch nicht so viele Bücher und nicht so viele Vernunftgründe und Disputen gab, wuchs der Glaube rascher als er seither gewachsen ist.“ Aber bei dem Beweise von Savonarolas Gegensatz gegen die Renaissance handelt es sich nicht blos um seine Betrachtung der classischen Literatur; dieser Gegensatz tritt vielmehr in allen seinen Anschauungen und Bestrebungen deutlich hervor.

Savonarola verlangte die Unterdrückung des Individuums unter die Gebote der Kirche, die Renaissance aber wollte die schrankenlose Ausbildung des Individuums nach seinen Kräften und Neigungen. Er verlangte, daß der Staat sich richte nach den für heilig gehaltenen Dogmen der Kirche, die Renaissance aber forderte, daß der Staat sich nach modernen Principien gestalte, den Bedingungen und Bedürfnissen des Augenblicks gehorche. Er verlangte, daß die Bildung einzig und allein nach den Grundsätzen der Moral und Sittlichkeit, nach den Vorschriften der Religion sich regele, die Renaissance aber hob als ihr Princip hervor, daß man sich dem Alterthum, nicht gerade blos als der heidnischen Zeit, sondern als dem rein menschlichen Zeitalter zuwenden und aus ihm, vielleicht manchmal im Gegensatz zum Christenthum, das Beste und Edelste zu eigen mache. Er verlangte, daß die Frau sich unter den Mann beuge, nicht Theil nehme an dem Schönen, was Bildung und Kunst bot, die Renaissance aber forderte, daß die Frau dem Manne gleichstehe, daß sie nicht blos durch Dichtung und Kunst gefeiert werde, sondern selbst mitarbeiten solle an der Hebung der Künste und Wissenschaften. Er verlangte, daß der Mensch sich beschränke auf seine Stadt, auf das Land, in dem er geboren, auf den Kreis, in den er durch Zufall oder Pflicht gebannt sei; die Renaissance aber forderte, daß der Mensch sich frei machen solle von seiner

Savonarola predigend; Facsimile eines gleichzeitigen Holzschnittes.

Geburtsstätte, sie erregte in ihm weltbegehrenden Kosmopolitismus statt einseitiger Vaterlandsliebe und nöthigte ihn zur Losreißung aus selbstgezogenen oder längsterrichteten Schranken. Er verlangte Beschränkung des Geistes, des Willens und der That, die Renaissance aber forderte und erreichte Freiheit des Denkens, Freiheit des Redens, Freiheit des Handelns.

Dieser Gegensatz der Systeme ist auch verkörpert in der Persönlichkeit der beiden Hauptträger der feindlichen Ideen: in Lorenzo von Medici und Savonarola. Wenn man an Lorenzo denkt, so stellt man sich am Liebsten jene schönen Feste vor, an denen außer der leichtsinnigen Jugend auch ernste Männer sich betheiligten, um durch die Fülle künstlerischer Genüsse solche

Feier zu einer Quelle dauernder köstlicher Erinnerung zu machen: bei Erwähnung Savonarolas erscheint unwillkürlich vor dem Auge des Betrachters die „Verbrennung der Eitelkeiten" (1497), der Versuch, durch Kinder und Erwachsene Alles zusammenbringen zu lassen, was zur Ergötzung und Erheiterung der Menschen dient, Werke der Kunst und der Literatur, Bücher und Bilder, Schmuckgegenstände aller Art, sie zu Scheiterhaufen thürmen und anzünden zu lassen unter fröhlichen Gesängen der Kinder. Bei Savonarola der Verzicht auf die Freude, auf das Leben: das düstere Wort: „Der Glaube vermag Alles, überwindet Alles und verachtet das irdische Leben, weil ihm das himmlische gewiß ist", oder der andere Satz: „der wahre Christ wünscht den Tod eher, als er ihn fürchtet"; bei Lorenzo dagegen der echte volle Lebensgenuß, der dem Leben gibt, was des Lebens ist, die volle Theilnahme an allem Guten, Schönen, Wahren und zugleich doch das Bewußtsein, daß die Freude, die man genießt, eine kurze und die Herrlichkeit, in der man sich sonnt, eine erträumte ist. Dies aber ist die wahrhaft menschliche Anschauung, die immer anzieht und erquickt, während das Uebermenschliche und zugleich Unmenschliche in Savonarolas Wesen wohl auf Augenblicke packen, aber nicht auf die Dauer fesseln und erheben kann. Darum, wie wir mit unversiegbarer Freude an die eigene Jugendzeit denken und nur leise Wehmuth in uns erzittern lassen, die bei dem Gedanken an das Schwinden jener Tage uns ergreifen will, so lauschen wir mit stets erneutem Genuß auf die halb wonnevollen halb traurigen Klänge aus einem Carnevalgesange Lorenzos, den man als Motto für seine ganze Zeit betrachten möchte: „Wie schön ist die Jugend und dennoch entflieht sie. Wer daher fröhlich sein will, der freue sich, denn über das Morgen haben wir keine Gewißheit."

Quanto è bella giovinezza
Che si fugge tuttavia
Chi vuol esser lieto sia
Di doman non c'è certezza.

Elftes Kapitel.

Urbino.

Nach Florenz verdient Urbino, nach Lorenzo von Medici Federigo von Montefeltro Beachtung und Würdigung.

„Wie ein Adler erhob er sich", sagt ein neuerer Geschichtschreiber über alle Mitglieder seines Hauses. Im Jahre 1444 war sein Halbbruder Oddantonio, der einzige eheliche Sohn des Herzogs Guido, nach kaum einjähriger Herrschaft ermordet worden. Die Volkspartei, welche diese That verübt hatte, dachte wohl daran, die Republik auszurufen, wurde aber durch die Furcht, in solcher Verfassung durch Sigismondo von Malatesta oder den schrecklichen Piccinino, welche in der Nähe hausten, die Selbständigkeit zu verlieren, davon zurückgehalten und wählte den natürlichen, aber durch eine päpstliche Bulle legitimirten Sohn des vorletzten Herzogs, Federigo. Doch bevor er einziehen durfte (23. Juli 1444), mußte er eine Capitulation von 21 Paragraphen unterschreiben, in welcher er sich eidlich verpflichtete, das Vergangene zu vergessen, die alten Freiheiten zu schützen, die Prioren in alter Weise wählen zu lassen und ihnen ein neues Haus einzuräumen, die Steuern zu verringern, aber keinen Einzelnen von der Steuerzahlung zu befreien, ein Drittel aller Einkünfte zur Befestigung und Verschönerung der Stadt zu verwenden, die Hauptleute aus der Mitte der Bürger zu wählen, zwei Stadtärzte anzustellen, welche gehalten sein sollten, die Kranken umsonst zu behandeln, und einen Schulmeister (magister scolariorum!) nebst einem erfahrenen und trefflichen Unterlehrer (cum uno repetitore optimo et experto) zu berufen.

Beim Antritt seiner Regierung war Federigo 22 Jahr alt. Er war von dem großen Vittorino da Feltre erzogen worden, der in diesem seinem Zögling, in welchem er scharfsichtig die spätere Größe erkannte, und ihn, den ehrgeizigen Jüngling, mit den Worten: tu quoque Caesar eris zu beruhigen suchte, der Heimath gleichsam das wiedergab, was er ihr durch sein eigenes Fortgehen entzogen hatte. Jung war er als Geisel nach Venedig gekommen und hatte, von dort zurückgekehrt, Gelegenheit, im Kriege sich auszuzeichnen und seinem Vater das Leben zu retten. Er war noch nicht 15 Jahre alt, als er sich mit der reichen aber unschönen Gentile Brancaleoni verheirathete, die Ehe blieb kinderlos und die ungeliebte Frau ging in ein Kloster, wo sie starb. 22 Jahre später (1459) heirathete er Battista, die Tochter der Constanza Varano und des Alessandro Sforza, die damals kaum aus dem Kindesalter getreten war und die ihm später Nachkommen brachte. Aber schon bei Lebzeiten seiner ersten Frau hatte er außer der Ehe Kinder gezeugt und sie anerkannt; denn wie er seine eigne Geburt nicht als Schimpf betrachtete, so mochte er auch die Früchte seiner ungesetzlichen Liebe nicht schädigen.

Bildnisse des Herzogs Federigo von Urbino und seiner Gattin Battista Sforza. Gemälde von Piero della Francesca (1408—1494). Florenz, Uffizien.

Solche Vorgänge, den Sitten der Zeit entsprechend, raubten ihm das Lob der Zeitgenossen nicht; diese sahen vielmehr gern in ihm den Musterherrscher und verkündeten sein Lob in volltönenden Reden, wie es Tati fast unmittelbar nach Federigos Einzug gethan, indem er ihn über alle anderen Fürsten und Heerführer seiner Zeit gestellt hatte. Zum Erwerben derartiger Lobsprüche bedurfte er bei den meisten Schriftstellern jenes lobseligen Zeitalters nur des Umstandes, daß er Fürst war; den Wenigen, die nach den Gründen ihres Lobes fragten, genügte er durch seine Kriegstüchtigkeit und durch seine Gelehrsamkeit.

Federigo war ein Krieger, in der Schule des Franzesco Sforza und des Jacopo Piccinino unterwiesen, Jenes, des berechnenden, alle Umstände erwägenden, vorsichtigen Feldherrn, den man in classischem Vergleiche den Fabius Cunctator nannte, Dieses, des muthig anstürmenden, angriffslustigen, kühn, oft unbesonnen auf sein Geschick vertrauenden, meist vom Glück begünstigten Condottiere, den man als Scipio zu bezeichnen pflegte; von Jedem hatte er gelernt; von Beiden sich das Beste angeeignet. Er verstand das Heer zu führen und selbst zu kämpfen, so daß er zum Zweikampf herauszufordern liebte und den angebotenen nicht verweigerte, er hielt sich nicht als Feldherr zurück, sondern kämpfte als Führer den Anderen voran und brachte durch sein Beispiel nicht selten die Fliehenden zum Stehen. Er liebte seine Soldaten und sorgte für sie im eignen Lande, noch lieber aber im Lande der Feinde; aus Schonung für sie konnte er ungerecht gegen ihre Gläubiger werden, so daß er einem von ihnen, der seine Forderungen anmeldete, schrieb: „Ihr habt wohl Lust, geprügelt oder todtgeschlagen zu werden, daß Ihr jetzt auf Bezahlung dringt." Er ehrte den Kampf, den er gern nach der Sitte der alten Zeit Mann gegen Mann ausfocht, aber er bediente sich auch der Hülfsmittel der neuen Zeit und bestellte z. B. aus Siena „einen tüchtigen Meister im Kugelwerfen"

Diese Kriege aber führte er nicht immer als Landesherr und selbständiger Fürst, sondern oft als Condottiere im Dienste Anderer, von Francesco Sforza, oder vom Papst Pius II. gedungen, dessen Gunst er besaß, nachdem er von dessen Vorgänger Eugen IV. gebannt und durch Nikolaus V. vom Banne losgesprochen worden war, oder endlich auf Seiten Ferrantes im großen „Baronenkriege" von Neapel. Am Liebsten jedoch zog er das Schwert gegen Sigismondo von Malatesta.

Gismondo Malatesta, Beherrscher von Rimini, der Sohn Pandolfos, der auch kein Tugendspiegel gewesen war, ist einer der schrecklichsten Herrscher aller Zeiten. Er war ein Condottiere, wie Federigo auch, aber während dieser seinen Verpflichtungen redlich nachkam, folgte jener nur dem eignen Vortheil und verfeindete sich durch seine Treulosigkeit Alle, selbst Diejenigen, denen er Nützliches erwiesen hatte und von denen er Nutzen hätte erlangen können. Tapfer und kühn, geschickt und oft glücklich in seinen Unternehmungen, wenn er auch die hochtönende Umschrift auf einigen seiner Münzen: „Städtebelagerer und stets unbesiegter Feldherr" nicht verdient, vereinigte er die Eigenschaften des Fuchses und des Löwen, welche Machiavelli zur Begründung einer Tyrannis für nothwendig hielt, erlangte zu Zeiten eine unheilverkündende Macht, stand aber zuletzt so allein, daß er 1463, nachdem er zwanzig Jahre hindurch der Schrecken vieler Fürsten und Päpste gewesen war, von dem unkriegerischen Pius II. zur Unterwerfung genöthigt wurde und nur gegen Zahlung von Tribut seine einzige Stadt Rimini behielt.

Gismondo war ein ungeheurer Verbrecher; es gibt keine Unthat, die er nicht gethan oder die zu verüben er nicht wenigstens für fähig gehalten wurde. Wie er in seiner eignen Familie wüthete, so daß er hinter einander drei Ehefrauen, aus den vornehmsten Häusern Este und Sforza, aus Eifersucht und Leidenschaft tödtete oder von sich stieß, eine That, der er sich in der widerlichen Grabschrift erinnerte: „Ich trage Hörner, die ein Jeder sieht, aber ich trage sie so, daß Keiner daran glaubt", daß er ferner seine Tochter schwängerte und seinen Sohn zu nothzüchtigen versuchte, so beging er auch außerhalb seines Familienkreises, von wüster Sinnenlust und nicht zu befriedigendem Blutdurst getrieben, die schrecklichsten Thaten. Man erwartete von ihm, daß er die Türken nach Italien riefe und war allgemein einverstanden mit der Unterschrift, welche der Papst 1461 unter sein zur öffentlichen Verbrennung verurtheiltes Bild setzte: „Dies ist Gismondo Malatesta, Sohn des Pandolfo, Haupt der Verräther, Feind Gottes und der Menschen, zum Feuer verdammt durch den Beschluß des heiligen Collegiums.“ Denn er war ein Gottesläugner, ein Heide, der höchstens an Träume und Geistererscheinungen, nicht aber an die Satzungen der Religion glaubte,

S. Francesco in Rimini.

ein Ketzer, der durch die Verbrennung seines Bildes und die darauf folgende Excommunication nicht sonderlich betroffen wurde und lächelnd fragte, ob die Gebannten den Geschmack für gute Speisen und treffliche Weine beibehielten. Die kirchlichen Ceremonieen hatte er schon früher ins Lächerliche gezogen: so hatte er einmal das Weihbecken mit Tinte füllen lassen und sich gefreut darüber, daß die Gläubigen, ohne es zu merken, sich schwarz färbten.

Und derselbe Mann hatte in Rimini eine herrliche, der heil. Francesca gewidmete Kirche erbauen lassen (1445—1450). Zwar entfremdete er dieselbe durch allerlei antike Zierrathen, z. B. ein Grabmal, das er seiner Geliebten, der klugen und schönen Isotta degli Atti, mit der Aufschrift: Divae Isottae sacrum — er dachte wohl daran, sich und diese Geliebte als Heilige verehren zu lassen — in derselben errichtete, dem kirchlichen Gebrauche fast gänzlich, bereicherte sie aber wiederum durch ein kirchliches Object, nämlich durch ein Bild, das ihn selbst knieend vor seinem Schutzpatron, dem heil. Sigismund von Burgund, nicht blos in frommer Lage, sondern auch mit frommem verklärtem Ausdruck darstellte. Er, den man für fähig hielt, die Türken herbeizurufen, hat in seinen letzten Lebensjahren, da er freilich fast seiner ganzen Herrschaft beraubt war, im Dienste der Venetianer einen Kriegszug gegen die Ungläubigen auf Morea unternommen; und er, der vom Papste Gebannte, wurde von demselben Papste als ein Mann bezeichnet, „der die Historien kannte, eine große Kunde der Philosophie besaß und zu Allem, was er ergriff, geboren schien.“

Wirklich war Malatesta ein gebildeter Mann, fast ein Gelehrter zu nennen. Während er im Felde keine Ruhe hatte, von einer Unternehmung zur andern eilte, immer beschäftigt, Alles selbst anordnend und Anderer Widerspruch nicht ertragen konnte, hörte er die Disputationen seiner Gelehrten ruhig an, ließ sich gefallen, wenn Einer ihm widersprach, freute sich freilich mehr, wenn Einer den Andern in heftigen Reden angriff. Er erklügelte selbst mit Hülfe gelehrter Männer, wie Valturio berichtet, „aus den verborgensten Abgründen der Philosophie“ bildliche Formen für die in den Gemälden seiner Kirche zu allegorisirenden Begriffe, er brachte als edelste Beute jenes von ihm unternommenen Türkenzuges die Leiche des Gemisthos Plethon aus dem Peloponnes und ließ sie, „wegen der ungeheuren Liebe zu den Gelehrten, von der er entbrannt ist“, wie es auf dem Leichenstein heißt, in seiner Kirche beisetzen. Das geschah 1465; 16 Jahre früher hatte er einem Andern dieselbe Ehre zu Theil werden lassen: Giusto de' Conti (gest. 1449), einem feinsinnigen Lyriker, der in seinen zarten, melodiösen, inhaltsarmen, aber trotz ihrer beständigen Wiederholungen wirklich gefühlvollen Sonetten eine strenge Geliebte, die entweder, weil sie in Klostermauern gefangen, oder weil sie, obschon äußerlich frei, der Liebe keinen Zugang zu ihrem Herzen gewährte, hart erschien, gepriesen, ihre schöne und Hand (la bella mano) sowie die Reinheit ihres Geistes verherrlicht hatte.

Die Ehre, welche diesen beiden Heroen zu Theil wurde, war eine durchaus spontane, dem Genius erwiesene, doch liebte es Gismondo, wenn man ihn und seine Isotta lobte.

Denn in der Lobpreisung der Fürsten bestand die eigentliche Aufgabe des Philologenhofes, den Gismondo hielt, einer der ersten Herrscher, der Solches that und gewiß einer der seltsamsten; dafür bekamen sie ihre Besoldung, Ehrenstellen und Geschenke, und wenn sie todt waren, eine Grabstätte in der Kirche, nahe bei dem Denkmal „der heil. Isotta“. Ein merkwürdiges Denkmal dieses Mäcenatenthums ist noch heute in der Sammlung Trium poetarum opuscula (Paris 1539) vorhanden. Drei Dichter, oder sage man lieber: Versmacher, haben in derselben Alles zusammengestellt, was sich an höfischer Schmeichelei und mittelmäßigen Versen leisten ließ. Der erste ist

Porcellio, der sich Jahrzehnte lang an den verschiedensten Fürstenhöfen umhertrieb, 1434 schon von Eugen IV. gefangen gesetzt wurde und noch im sechsten Jahrzehnt die Kriege zwischen Francesco Sforza und Piccinino in erbärmlichen Hexametern beschrieb, ein feiler Poet, unsittlich in seinem Leben und in seinen Schriften; der zweite, Basinius aus Parma (1425—1452), ein fleißiger Schriftsteller, nicht unwürdiger Schüler des Vittorino, ein Pfleger der griechischen Sprache und ein bescheidener Mensch, der die ihm zu Theil werdende Gunst verdiente trotz seines Spottes gegen die armen Schlucker, welche sich, unbestrahlt von der Sonne der Fürstenhuld, in Rimini herumtrieben; der dritte endlich, Trebanio, von dem man nichts wissen würde, wenn seine Verse nicht in diese Sammlung

Isotta (Isolde) degli Atti. Medaille von Matteo de Pasti aus Verona, 1446 modellirt und gegossen. Der Elephant auf dem Revers ist eins der Wahrzeichen des Gismondo Malatesta. 3/5 der Originalgröße. (Königl. Münz-Cabinet zu Berlin. — Nach Julius Friedlaender, Die ital. Schaumünzen des 15. Jahrh.)

aufgenommen worden wären. Diese Dichter, sowie Andere, welche nicht in Rimini lebten und doch dem seltsamen Liebespaare huldigten z. B. Tito Vesp. Strozza leben der festen Ueberzeugung, daß sie es sind, welche den Fürsten Ruhm verleihen. „Dein Name", redet der eine Gismondo an, „wird durch meine Verse wachsen, wie die hohe Pappel, wenn sie vom Wasser getränkt wird" und „Du wirst unsterblich sein durch mein Lied", spricht der Andere zu Isotta. Sie überbieten sich in Schmeicheleien: in ihren Versen erscheint Gismondo als „Gott der Dichter" und Isotta als Auserwählte des Jupiter; über diese Wahl, welcher die Tugend der Isotta ein schweres Hinderniß entgegenstellt, geräth der Olymp in Aufregung: die Götter schreiben einander Briefe und schicken Kundschafter auf die Erde, sie vermögen nach langen Unterhandlungen das Haupt der Götter zu bewegen, die Sterbliche, freilich der Unsterblichkeit werthe, dem mächtigen Fürsten zu überlassen, und sich mit dem ästhetischen Wohlgefallen an ihr zu begnügen. Der Liebesbund, durch die Götter besiegelt, verdient auch den Preis der Menschen: daher bemühen sich die Dichter, Liebesbriefe des Herrschers an die Herrin zu geben, in welchen die Treue Beider, welche allen Lockungen widerstehe, verherrlicht wird. Isotta ist die Krone der Keuschheit, Gismondo aber der mächtige Herr: wäre er nicht, so würde der Barbar über Italien triumphiren und billig sei es daher, daß Italien ihn zum Gebieter verlange. In ähnlicher Weise wie die Dichter feierten die Künstler das seltsame Fürstenpaar, kaum eine andere hervorragende Persönlichkeit des damaligen Italiens ist so oft auf Münzen dargestellt worden, wie jene beiden, und diese Darstellungen, keineswegs immer auf Bestellung, sondern aus freiem Antrieb der Künstler hervorgegangen, dienten als Huldigungen schon durch ihre lobpreisenden Umschriften, deren eine der Isotta gewidmete: forma et virtute Italiae decori, (durch Schönheit und Tugend der Schmuck Italiens), als charakteristisch für alle übrigen gelten mag.

Es ist nicht wunderbar, daß ein Verruchter feile Dichterlinge zu Söldnern und demgemäß auch zu Lobrednern erhielt: aber seltsam bleibt es, daß derselbe Fürst, der zu den verächtlichsten Wesen jenes Jahrhunderts gehört, Männer an sich fesselte, welche zu den edelsten Erscheinungen der Zeit zu zählen sind. Schon Valturio, der Kriegsingenieur, der nach einer von Porcellio entworfenen Schilderung des Hofes die leges und jura militiae d. h. wohl die Schlachtpläne und die Bestimmungen über das Soldatenwesen zu entwerfen hatte, war ein achtungswerther Mensch, aber L. B. Alberti, der fünf Jahre an Gismondos Hof aushielt, war ein Genie und ein Mann von Energie, welcher Bande, sobald sie ihm lästig schienen, rücksichtslos gesprengt hätte. Sein Bleiben wirft daher einen verklärenden Schimmer auf den düstern Hof und Gismondos dauernde Anhänglichkeit zu Isotta, die zwar von Theatralischem nicht frei, doch weit entfernt ist von bloßer Genußsucht, gibt dem Unmenschen einen Schein von Menschlichkeit.

Federigo und Malatesta waren Todfeinde. Schon in der ersten Schlacht, in welcher jener seinem Vater hatte hülfreich sein können, war der Gegner ein Malatesta gewesen; noch zwanzig Jahre später standen sich Beide als Kämpfer gegenüber. In diesen Kämpfen nun kam es zu seltsamen Scenen: Beide forderten sich zum Zweikampfe heraus, um durch diesen das Schicksal ihrer Heere und Völker zu entscheiden und warfen sich später gegenseitig vor, die Herausforderung sei geschehen zu einer Zeit, da der Angegriffene nicht gekonnt, oder an einem Orte, wo er sich nicht hätte zeigen dürfen. Zweimal kam es zwischen ihnen zu Friedensversuchen: das eine Mal durch Vermittlung des Borso von Ferrara, der seinem Friedenswerke durch die Zusammenkunft der ehemaligen Gegner größere Kraft geben wollte; da aber prallten die Feinde aufeinander und schleuderten sich gegenseitig Worte zu, die „weniger als ehrbar waren" und welche von dem Chronisten, der Solches vermeldet, verschwiegen werden „aus Achtung für die hohen Herrschaften"; das andere Mal auf Anstiften Pius II., der es sogar dahin brachte, daß die beiden Gegner einander die Hände reichten und sich umarmten. Aber freundliche Gesinnungen wurden durch solche äußerliche Annäherungen nicht erzeugt, vielmehr wuchs die Feindschaft noch mehr und ein Vernichtungskampf folgte, in welchem Sigismondo von Federigo hart bedrängt, und mancher seiner Besitzungen beraubt wurde. Um diesen Kampf abzuwehren oder rascher zu beenden, schlug Sigismondo, der meinte, jetzt solle er des Papstes Koch werden, es werde nicht lange dauern, bis Federigo zum Maulthiertreiber ausersehen sei, eine Heirath zwischen seinem Sohne Roberto und einer von Federigos Töchtern vor; Federigo aber, der einen solchen Vertrag von sich wies, bediente sich zur Vernichtung seines Gegners der Gewalt und der List, gewann durch ein Schreiben, in welchem er den Namen seines Feindes mißbrauchte, eine seiner besten Städte und fügte ihm empfindlichen Schaden zu.

Durch diese Kriege erwarb Federigo sich kriegerischen Ruhm, vergrößerte sein Land durch Eroberungen und konnte durch die auswärts gemachte Beute die Lasten seiner Unterthanen erleichtern, verminderte aber die Zahl der Letzteren durch die unaufhörlichen Kriege und erregte durch deren beständige Wiederholung nicht selten Unzufriedenheit und Klagen.

Derselbe Herrscher nun, der als einer der größten Krieger seines Jahrhunderts gepriesen wurde, galt auch und mit Recht als ein bedeutender Gelehrter und als ein sinniger Beförderer von Wissenschaft und Kunst.

Zunächst fühlte er das Bedürfniß, als ein Zeugniß seiner erweiterten Macht einen Palast zu errichten, der so trefflich gelang, daß er als ein Wunderwerk gepriesen und die berühmtesten Baumeister jenes Jahrhunderts, selbst die, welche damals schon gestorben waren, Brunellesco und L. B. Alberti als Erbauer genannt wurden. Das Verdienst aber gebührt dem Luciano da Laurana aus Illyrien, der 1468 von Federigo berufen „zur Herstellung eines Hauses", wie es in der betreffenden Urkunde heißt, „welches schön, der Stellung und dem löblichen Ruhm unserer Vorfahren und unserm eignen Stande angemessen ist", in Gemeinschaft mit Francesco da Giorgio aus Siena, der auch als Beaufsichtiger von Fabriken genannt wird — er war nur zu mehrjähriger Thätigkeit aus Siena „geliehen" — und mit Baccio Pintelli aus Florenz, der in seiner Grabschrift als „Architect des Palastes" gerühmt wird, Jahre lang an der Herstellung des Werkes arbeitete. Noch ehe der Bau vollendet war, wurde er angestaunt, und Federigo, froh des Lobes, verweigerte es nicht, Auswärtigen, wie dem Lorenzo von Medici, auf ihre Bitte Grundrisse und Zeichnungen übersenden zu lassen. Der Palast war ein Zeichen seiner Größe, aber Jeder sollte den Ruhm des Erbauers auch sofort erkennen und so wurden zwei lateinische Inschriften an demselben angebracht, deren eine lautete: „Federigo, Herzog von Urbino, Gonfaloniere der heiligen römischen Kirche und Herr der italischen Liga, erbaute dieses Haus, das er von Grund aus errichtet hatte, seinem Ruhme und seiner Nachkommenschaft", und deren andere: „Er, der mehrmals im Zweikampf stritt, sechs Fahnen eroberte, oftmal die Feinde schlug, in allen Schlachten Sieger, sein Reich vermehrte und durch Gerechtigkeit, Milde, Freigebigkeit und Frömmigkeit, Tugenden, welche er im Frieden übte, seine Siege verschönerte und verherrlichte." Seit 1606 schmückt seine Statue die Treppe des freilich nun verlassenen Palastes.

In diesen Räumen versammelte sich der Hofstaat, 500 Köpfe stark, unter ihnen nicht weniger als 45 Grafen aus dem Herzogthum und anderen italienischen Staaten, ein Hofstaat, für welchen Federigo Vorschriften aufsetzte, die noch heute handschriftlich vorhanden sind, Vorschriften, die mit der Forderung des unbedingten Gehorsams beginnen, ohne welchen eine Hof- und Staatsverwaltung nicht möglich sei.

Triumph des Federigo von Urbino. Gemälde von Piero della Francesca auf der Rückseite seiner Bildnisse von Federigo von Urbino und Battista Sforza (s. S. 211). (Florenz, Uffizien.)

Er war ein Gönner und Beförderer der Wissenschaft und Kunst: dem Lazzaro, der ihn Griechisch gelehrt hatte, verschaffte er das Bisthum von Urbino, den Gelehrten, welche ihm Werke zugeeignet oder in ihren Schriften lobend seiner gedacht hatten, vergalt er diese Aufmerksamkeit mit klingendem Lohn. Er selbst war ein wohlunterrichteter Mann, galt als vorzüglicher Redner, welcher vor der Schlacht durch seine Reden den Soldaten Muth einflößte, war gleichbewandert in den christlichen und heidnischen, den griechischen und lateinischen Schriftstellern, unterschied sich aber von den meisten Zeitgenossen dadurch, daß er den Dichtern die Historiker und Philosophen vorzog, und daß er unter den letzteren Aristoteles besonders liebte. Dessen

Schriften und die anderer griechischer Autoren ließ er übersetzen, von den Originalen Abschriften anfertigen, beschäftigte dadurch stets eine Anzahl Schreiber und gab große Summen für dieselben aus. Denn die Gelegenheit, alte Handschriften zu kaufen, bot sich selten, und „gedruckte Bücher zu besitzen hätte er sich geschämt", so gern er auch sonst die übrigen neuen Erfindungen benutzte. Die von ihm gesammelten alten Manuskripte und neuen Abschriften vereinigte er nun in seiner Bibliothek, die alsbald für eine der reichsten und am Systematischsten geordneten galt. Diese Ordnung war dadurch bewirkt worden, daß Thomas von Sarzano, der spätere Papst Nikolaus V., sich die Catalogisirung angelegen sein ließ, und daß man die Verzeichnisse anderer großen Bibliotheken der neuzuordnenden zu Grunde legte. Die lateinischen Schriftsteller hatten natürlich den Vorrang vor den italienischen, die Alten vor den Modernen, doch war der Gegenwart und der Person des Herrschers insoweit Rechnung getragen, als alle dem Federigo gewidmeten Schriften sorgfältig aufgehoben und Sammlungen von Privilegien des Hauses Montefeltro wohl verwahrt wurden. Wenn er, im Gegensatz zu so vielen Zeitgenossen, die Schriften der Kirchenväter des Aufhebens werth erachtete, sie studirte und sorgfältig mit einander verglich, so that er dies nicht aus bloßer Laune, sondern aus Frömmigkeit. Denn er war wirklich fromm, — Sultan Mohammed nannte ihn „den großen Christen" — beobachtete aufs Strengste die kirchlichen Gebote, hörte jeden Morgen die Messe und gewann gerade durch diese frommen Vorstellungen jenes ängstliche Wahren von Treu und Glauben, durch das er sich vor so vielen Fürsten seiner Zeit vortheilhaft unterschied. Er sah auch auf die Frömmigkeit seines Landes und dachte, um die ehemalige nun verlorengegangene Heiligkeit des Wandels wiederherzustellen, an eine Reformation der Klöster, die ihm aber nicht gelang: für die wild Fluchenden kannte er weder Gnade noch Erbarmen; die Frommen aber, wie die h. Francesca Ugolini, die Vorsteherin des Agathenklosters in Urbino, ehrte er mit seinem Besuche und ließ sich gern mit ihr in ernste Gespräche ein. Er liebte die Kunst, interessirte sich lebhaft für Architectur, so daß man einen Baumeister zu hören meinte, sobald er mit den Künstlern sprach, und ließ Weber und Maler aus Flandern kommen, denen er wichtige Aufträge ertheilte.

Vor Allem aber ist Federigo ein edler Mensch, freundlich und leutselig gegen Jeden und darum von Allen geliebt und geehrt. Nichts charakterisirt das echt menschliche Verhältniß, in welchem er zu seinen Unterthanen stand, besser als folgende kleine Geschichte, welche Castiglione berichtet. Als er bei einem Kriegszuge an das Ufer eines reißenden Flusses gelangte, wendete er sich an einen Trompeter, der ihm folgte, mit dem Zurufe: „Marsch"; der Soldat aber zieht seine Mütze, verbeugt sich tief und erwidert demüthig: „Nach Ihnen, Majestät." Das Geschichtchen mag nicht allzu stramme Disciplin bekunden, wohl aber zeigt es eine anmuthige Vertraulichkeit zwischen Herrn und Unterthanen, welche den Letzteren wohlthat und sie keineswegs hinderte, sondern eher anspornte, auch Aufopferung zu beweisen, wo sie Noth that.

Von einem Literatenhof war in Urbino keine Rede, aber der Fürst bedurfte solcher officiellen Schmeichler nicht, da er für seine wirklich bedeutenden Thaten in Vespasiano da Bisticci den beredtesten Schilderer erworben hatte. Dieser, Buchhändler und Schreiber, ein vielerfahrener, unterrichteter, weniger aber durch tiefes Studium als durch richtigen Blick, durch Belehrung und Umgang hervorragender Geister gebildeter Mann, schrieb in ungekünstelter italienischer Sprache die Biographieen berühmter Zeitgenossen und räumte unter ihnen Federigo eine bedeutende Stelle ein. Die Biographieen sind eine überaus werthvolle Quelle zur Erkenntniß jener Zeit, obwohl sie die Spuren des Greisenalters an sich tragen, in welchem Vespasiano sie schrieb, in dem Sinne nämlich, daß er für die Jüngeren kein Verständniß mehr besaß, daß er auf ihre Kosten die Aelteren pries und in Folge dieser Lobpreisungen sich von Ueberschwänglichkeiten nicht frei zu halten wußte.

Federigo starb, nachdem er im Jahre 1474 auf Erlaubniß des Papstes Sixtus IV. den Namen eines Grafen von Montefeltro mit dem eines Herzogs von Urbino vertauscht hatte, am 10. September 1482. Er hinterließ von seiner zweiten Frau acht Töchter und einen Sohn Guidobaldo, welcher dem Vater folgte (1482—1508), und gleich ihm Condottiere wurde. Aber während der Vater, in Folge glücklicher Zufälle, trotz seines Lohndienstes nicht wetterwendisch in seinen Neigungen zu werden brauchte, kämpfte Guidobaldo bald für, bald wider den Papst, bald in Gemeinschaft, bald als Feind der Florentiner: während der Vater stolz verkünden konnte, daß er stets siegreich gewesen, mußte Guidobaldo einmal in die Gefangenschaft wandern und zweimal flüchtig sein Land verlassen: Federigo lebte in Italien, da es von den Ausländern höchstens mit sehnsüchtigen Blicken angeschaut wurde, Guidobaldo dagegen erlebte die Einfälle der Franzosen und mußte in den durch sie erregten Unruhen seine Stellung wahren. Guidobaldo war kein Kriegskünstler, wie der Vater gewesen war, kein Kenner der Kriegswissenschaft wie Jener, der mit dem Papste Pius II. gelehrte Gespräche über die Taktik der Alten hatte führen können: er führte die Kriege weniger aus Neigung als aus Bedürfniß. Er war auch kein Gelehrter. Zwar hatte er eine gute Erziehung genossen durch Ludovico Odasio, einen vornehmen Paduaner, der seinem Zögling später noch die Leichenrede hielt, und Ottaviano Ubaldini, seinen Vetter, einen Liebhaber der Dichtkunst und der Malerei, zugleich einen Adepten der Magie und einen Meister der Hofintriguen, aber er legte, trotz mancher Anregungen, die er von diesen Lehrern empfangen hatte, nicht sonderliches Gewicht auf die gelehrte Bildung und konnte, selbst wenn er sie mehr geschätzt hätte, wegen der Unruhe der Zeiten nicht tief genug in sie eindringen. Aber gerade weil er unbedeutender war als der Vater, fühlte er mehr als dieser das Bedürfniß an Andere sich anzuschließen, ließ sich von ihnen leiten, besonders von seiner Gemahlin, der edlen Elisabeta aus dem Hause Gonzaga, die in ihrer keuschen Jungfräulichkeit bei dem unmännlichen Gemahl ausharrte und gestaltete mit ihrer Hülfe seinen Hof zu einer Stätte edler Sitte und fein-geselligen Lebens.

Elisabeta (1475—1526) ward der Mittelpunkt dieses Kreises. Sie besaß den feinen Sinn, Talente zu entdecken und zu fesseln, sie besaß Liebe zur Kunst und Interesse für die Künstler, das, ohne sich Einem ausschließlich zuzuwenden, Jedem nur allein gewidmet schien und doch Allen förderlich wurde, sie übte, ohne herrschen zu wollen, auf ihre Umgebung eine Herrschaft aus, der sich Jeder willig unterwarf. Sie ahnte Großes, ehrte z. B. in Giovanni Santi den Vater des berühmten Raphael und sie vergaß Bedeutendes nicht, so daß sie die Liebe und Verehrung, die sie für Andrea Mantegna gehegt, nicht mit seinem Tode verlöschen ließ, sondern auf seinen weniger bedeutenden Sohn Francesco übertrug. So ward sie eine Idealgestalt, die man verklärte und pries, und büßte nicht, wie soviele Fürstinnen jener Zeit, mit dem Tode ihren Ruhm ein, sondern gewann Unsterblichkeit besonders durch die Schriften zweier Männer, welche an ihrem Hofe lange und gern geweilt hatten, durch die Lobgedichte des Pietro Bembo und durch den Cortegiano des Baldassare Castiglione.

Baldassare Castiglione (geb. 1478, gest. 1529) war Schriftsteller, Staatsmann und Krieger. Er war aus Mantua gebürtig, kam aber frühzeitig nach Urbino und entfremdete sich dadurch seinem Heimathslande so sehr, daß der Herzog von Mantua sich eine Zeit lang weigerte, ihn, den treulosen Unterthan, als urbinatischen Gesandten aufzunehmen oder in seinen Diensten zu beschäftigen. Er blieb Urbino treu, trotzdem er häufig über mangelhaften Sold zu klagen hatte, betheiligte sich an Guidobaldos Kriegen, ging in seinem Auftrage nach England, diente auch seinem Nachfolger Francesco Maria della Rovere und hatte, da er sich im Dienste des Fürsten eine Krankheit zuzog, das Glück, von den Frauen des Hofes liebevoll gepflegt zu werden. Dann lebte er lange als mantuanischer Gesandter in Rom und starb auf einer Reise, welche er im Auftrage des Papstes Clemens VII. nach Spanien unternommen hatte.

Castiglione beherrscht die lateinische und italienische Sprache mit gleicher Vollkommenheit. In jener hat er Gedichte an Freunde und Verwandte geschrieben, nicht unwichtige Beiträge zur Zeitgeschichte, in dieser Gesandtschaftsberichte an seine Fürsten, Briefe an seine Frau und seine Mutter, endlich jenes Werk,* Il cortegiano, das ihn und den Kreis, in welchem er lebte, unsterblich machen sollte.

Der Cortegiano ist eine Schilderung des vollkommenen Hofmanns, entwickelt in Unterhaltungen der Männer und Frauen, die an dem damaligen urbinatischen Hofe eine Rolle spielten. Zu den Unterrednern gehören Giuliano da Medici (1478—1516), der dritte Sohn Lorenzos, der, nachdem er in Florenz regiert, zum Beherrscher Mailands ausersehen war und zum Generalcapitän des Papstes ernannt wurde, Cesare Gonzaga (gest. 1512), ein kriegerischer Jüngling, auch dichterisch begabt, der in der Blüthe seiner Jahre starb; die Brüder Ottaviano und Federigo Fregoso, zwei Genuesen, von denen der ältere in seiner Vaterstadt gegen die Franzosen wirkte, aber gefangen wurde und im Gefängniß starb, der jüngere in hohen geistlichen Stellungen durch frommes Leben und reiche Kenntnisse sich auszeichnete; endlich, außer einigen anderen weniger Bedeutenden, Cardinal Bibbiena, der bei anderer Gelegenheit zu schildern ist, und Pietro Bembo, von dem gleich die Rede sein wird.

Giuliano de Medici. Bildniß von Sandro Boticelli. (Original in der Königl. Gemäldegallerie zu Berlin.)

Der Hofmann hat sich äußerlich und innerlich zu bilden: da der Hof das Bild der feinsten und vortrefflichsten Gesellschaft darstellen soll, so muß der Einzelne auch für sich die möglichste Vollkommenheit erstreben. Diese Vollkommenheit besteht nun in Fertigkeiten aller Art, in Leibesübungen, in Sprachkenntnissen, in Verständniß für die Kunst; sie besteht vor Allem auch in harmonischer sittlicher Ausbildung. Man kann es zwar als eine mittelbare Einwirkung des edlen urbinatischen Damenhofes bezeichnen, daß Castiglione von einer geistigen Ebenbürtigkeit des Weibes mit dem Manne spricht, — dagegen warnt er vor männlichem Behaben der Frau, vor läppischem Zurschautragen männlicher Kraft und ähnlichem unweiblichem Gebahren —, daß er ferner auch Verzeihung für das Weib verlangt in Fällen, in denen man bisher dem Mann jede mögliche Nachsicht gewährte, um alle Schande auf das Weib zu häufen. Gar oft aber ist es in den Vorschriften, welche der Cortegiano enthält, nicht der dem Fürsten verpflichtete Diener, welcher spricht, sondern der freie Mensch der in dem Hofe nur die ideale Verbindung Gleichgesinnter und Gleichstehender sieht. Castiglione, der damalige Hofmann und spätere päpstliche Gesandte, scheut sich daher nicht, in dem Capitel über den Witz, in welchem er eine Anzahl guter Anekdoten sammelt, auch solche einzufügen, welche gegen Fürsten und gegen die Päpste gerichtet sind. Er entwirft ferner ein Bild des Fürsten und der Umgebung desselben, aus welcher er insbesondere die Schmeichler entfernt wissen will; er entscheidet sich in dem Streit zwischen Republik und Monarchie für die letztere, weil ein Einzelner leichter vernünftig gebildet werden könne, als eine Menge; er wünscht eine gewissermaßen beschränkte Monarchie, gewissermaßen, weil die Mitglieder der beiden Räthe, des obern und des untern, welche dem Könige zur Seite zu stehen haben, vom Könige ernannt werden sollen und zwar die des obern aus den Adligen, die des untern aus dem Volke; er will den Fürsten kriegerisch und prunkliebend, aber weniger zur Verherrlichung seines eignen Namens als zur Ehre des Gesammtvaterlandes, er beklagt das Loos Italiens und möchte, vornehmlich um dies Land beruhigt zu sehen, die mächtigsten Fürsten der Erde zur Begründung eines Weltfriedens aufrufen.

Zu ähnlichen idealen Wünschen und Anschauungen erhebt er sich endlich, indem er an den Schluß seines Werkes jene herrliche Rede über die geistige Liebe setzt, die selbst damals manchen Hofleuten sehr verwunderlich klingen mußte.

„Du verbindest", so lautet eine Stelle derselben, „die Elemente, bestimmst die Natur zum Erzeugen und das Erzeugte zum Weiterleben. Du vereinigst das Getrennte, gibst Vollkommenheit dem Unvollkommenen, dem Unähnlichen Aehnlichkeit, Freundschaft dem Feindlichen, du gewährst der Erde die Früchte, dem Meere die Ruhe, dem Himmel das Lebenslicht. Du bist Mutter der wahren Vergnügungen, der Anmuth, des Friedens, der Milde und des Wohlwollens, Feindin der Rohheit und Trägheit, kurz Anfang und Ende alles Guten... Verbessere du die Falschheit der Sinne, gib uns nach langem Irrthum die Wahrheit, laß uns jenen geistigen Duft spüren, welcher die Tugenden belebt, und die himmlische Harmonie hören, welche die Zwietracht besänftigt, berausche uns an der unerschöpflichen Quelle der Befriedigung, welche stets erquickt, und durch ihr klares Wasser dem Trinkenden einen Vorgeschmack der Seligkeit gibt, erhelle du mit deinem Licht die Augen unserer finstern Unwissenheit, damit sie nicht mehr die sterbliche Schönheit schätzen, nicht mehr nur das Sichtbare, sondern das Unsichtbare verehren, entzünde unsere Seelen durch jenes lebendige Feuer, welches alles niedrig Häßliche vernichtet, damit sie, vom Körper gänzlich getrennt, im ewigen und süßen Bunde sich mit der göttlichen Schönheit vereinen, damit wir wie wahre Liebende uns selbst entfremdet in das Geliebte uns verwandeln und zu den Engeln erhoben mit Gott uns vereinigen können."

Der Sprecher, dem diese Rede in den Mund gelegt wird, ist Pietro Bembo. Bembo kann nicht in den Kreis des urbinatischen Hofes gebannt werden, er gehört vielmehr ganz Italien an, ja er darf als ein universeller Schriftsteller gelten. Er war ein geborener Republikaner (1470 in Venedig), diente eine Zeit lang dem ebengenannten edlen Fürstenpaar, dem er übrigens durch eine lateinische Lobschrift den Tribut des Dankes abstattete, wurde nach dem Regierungsantritt Leos X., von dem er sagte, er sei im Auftrage der unsterblichen Götter, welche Jesum Christum geliebt hätten, gewählt worden, päpstlicher Beamter und starb hochbetagt (1547) als Cardinal. Er widmete seine Jugend der Liebe, die Zeit seiner männlichen Kraft den Musen und sein Alter der Religion. Trotz der geistlichen Würden, die ihm zu Theil wurden, ergötzte er sich an Liebe und Liebesspiel, pries in glühenden sinnlich erregten Gedichten seine Geliebte, kein Phantasiebild, sondern eine schöne Römerin, mit der er drei Kinder zeugte, und schrieb schlüpfrige Elegieen in lateinischer Sprache; und trotz dieser erotischen Poesie verfaßte er idealgehaltene Gespräche über die Liebe, gli Asolani, in denen er sich den Gedanken nähert, welche sein Freund Castiglione ihm in den Mund gelegt hatte. Diese der Lucrezia Borgia gewidmeten Gespräche, genannt nach dem Städtchen Asolo in Treviso, dem Sitze der berühmten Catarino Cornaro von Cypern, behandeln die Liebe und zwar dergestalt, daß die Liebe am ersten Tage als Ursache des größten menschlichen Glückes gelobt, am zweiten als Urheberin des menschlichen Unglücks verdammt und am dritten in vermittelnder Weise als Erzeugerin des Guten und des Bösen, als Vorstufe zum amor divino, zur Alles beseligenden göttlichen Liebe dargestellt wird. Bembo war Dichter und Prosaiker, lateinischer und italienischer Schriftsteller, Philologe und Historiker. Er veranstaltete eine critische Ausgabe der Werke Dantes (1502), gab unter dem Titel prose toscane Regeln über den italienischen Sprachgebrauch heraus (1522) und präsidirte (1531) einen Sprachcongreß, der den seit vielen Jahren zwischen Lombarden und Toskanern über den Vorzug ihrer Dialekte geführten Streit beenden sollte. So gerne er nun sich auch der italienischen Sprache bediente, so eifrig pflegte er wiederum die lateinische Sprache, wurde, da er nicht die Kraft in sich fühlte, der Zeitströmung zu widerstehn, unbedingter Ciceronianer und stellte in seinen amtlichen und privaten Briefen, deren Sammlung er selbst veranstaltete, Muster für den Briefstil jener Zeit auf. In seiner venetianischen Geschichte, die in officiellem Auftrage abgefaßt war, gab er sodann ein Beispiel jener Geschichtsbücher, die durch ihre aus dem heidnischen Cultus oder dem römischen Staatswesen entlehnten Ausdrücke äußerlich an die antiken Vorbilder erinnerten, aber in methodisch geordneter historischer Darstellung unendlich weit hinter jenen zurückstanden. Er war zwar ein Diener der Kirche, blieb aber ein Weltmann, der Astrologie ergeben und von heidnischen Aeußerlichkeiten nicht frei und als er die Ernennung zum Cardinalat erfuhr, wollte er sie nicht annehmen, bis er in der Kirche aus dem Evangelium die Worte Christi verlesen hörte: Pietro, segnimi, Petrus, folge mir, und in diesen eine an sich gerechte Mahnung zu hören wähnte.

Nach Guidobaldos Tode schwindet Urbino, wenn es auch noch ein Jahrhundert lang seine Selbständigkeit wahrte, ehe es, wie so manche ehemals blühende Staaten von der anwachsenden päpstlichen Macht verschluckt wurde, aus der Reihe der Fürstenthümer, welche für die Entwicklung der Renaissance Bedeutung haben. Das den Montefeltro verwandte Haus delle Rovere, aus dem auch Papst Sixtus IV. und sein größerer Neffe Julius II. entstammt war, lieferte zwar tüchtige Herrscher — Francesco Maria I., Guidobaldo, Francesco Maria II. —, welche auch in gewisser Weise bemüht waren, die kriegerischen und literarischen Traditionen der Vorgänger fortzusetzen, aber die Zeit forderte andere Mittel und andere Menschen und Urbino mußte sich nun damit begnügen, ein Spielball der hohen Politik zu werden, oder an dem Ruhme zu zehren, welchen eine große Vergangenheit oder große Söhne, die im Auslande lebten — der größte von ihnen, Rafael Sanzio — über die Stadt verbreiteten.

Zwölftes Kapitel.

Ferrara.

Länger als Urbino bewahrte Ferrara seinen Ruhm, eine hohe Stätte für Kunst und Wissenschaft zu sein.

„Ferrara ward durch seine Fürsten groß". Dieser Satz, oft angewendet, hat doch nur eine theilweise Berechtigung. Wirklich große Männer sind aus dem Hause der Este kaum hervorgegangen, aber die Tüchtigen, die demselben entstammten, wußten die Zeitströmung geschickt zu benutzen, ihre innerliche Leere durch äußern Glanz zu verdecken. Sie hatten das Glück, stets Schriftsteller zu finden, die sich bereitwillig zeigten, Herolde ihres Ruhms zu werden; erlangten durch diese Lobsprüche den Namen von Friedensfürsten, während sie doch, nicht besser als andere italienische Tyrannen, ihr Haus und Land mit Mord und Greueln befleckten und erwarben den Ruhm des Mäcenatenthums, während sie doch die Dichter und Redner, die lautesten Beförderer ihrer Trefflichkeit, mehr mit schönen Worten abspeisten, als mit werthvollen Geschenken bedachten.

Die Fürsten Ferraras in der Blüthezeit der Renaissancezeit waren Ercole I. (1471—1505) und Alfonso I. (1505—1534); der Peiniger Tassos, Alfonso II., der gerade durch den von ihm gequälten Dichter unermeßlichen Ruhm erlangen sollte, gehört einer etwas spätern Zeit an.

Ercole I. ist ein kräftiger, vielseitig thätiger Mann. Als ehelicher Sohn des Markgrafen Niccolo III. brachte er, nach der Herrschaft zweier Bastarde (s. oben S. 178) und nachdem er sich selbst, nicht ohne Gewalt, seinen Platz errungen hatte, die Herrschaft wieder an den legitimen Stamm zurück und sorgte durch seine Vermählung mit Lianora von Aragon, der Tochter Alfonsos von Neapel, die er nach glänzenden, auf Veranlassung des Cardinals Pietro Riario veranstalteten Festen (1473) heimgeführt hatte, für eine eheliche Nachkommenschaft. Aber das Glück dieser pompös eingeleiteten Ehe war nicht groß: Leonora starb 1493, wie man sagte, an Gift, das sie von Ercole bekommen, nachdem sie freilich versucht haben sollte, ihren Gemahl zu vergiften, wurde trotzdem offiziell betrauert und durch Gedichte gefeiert, unter denen das des jugendlichen Ariosto das merkwürdigste ist. Ercole leitete den Staat Ferrara durch mancherlei Fährlichkeiten, zwar nicht ohne Verlust, doch mit möglichster Wahrung seiner Integrität, er bewährte seinen Kriegsmuth und sein diplomatisches Geschick in dem großen Kriege, welchen Venedig und der Papst im Jahre 1482 wider ihn führten und betrachtete es seitdem als eine Hauptaufgabe seiner Politik, den Hauptfeind, das Papstthum, sich zu versöhnen und mit Frankreich gut zu stehen, das immer größern Einfluß auf die italienischen Angelegenheiten erlangte. Durch solche Handlungsweise, die ihn schließlich dazu drängte, seinen Sohn mit des Papstes Tochter zu vermählen, obschon er den Papst verachtete und vor der Tochter ein Grauen empfand, entfremdete er sich den nationalen Interessen und verdiente den Namen „Krämer" (mercatante), den Alexander VI. einmal im Unmuth gegen ihn schleuderte. Im Innern herrschte Ercole als Tyrann: Er sah jeden Tag die Fremdenliste seiner Stadt Ferrara durch, monopolisirte den Handel, ließ den ungerechten, willkürlichen Polizeidirector Gregorio Zampante grausam schalten, der sich von den großen Verbrechern bestechen ließ und die kleinen Uebelthäter vernichtete und den Zorn des Volkes derart erregte, daß dieser sich endlich in einem furchtbaren Ausbruche gegen ihn entlud; er verkaufte die Aemter und zwang zu solch schmachvollem Handel selbst achtbare Männer, wie den Dichter Tito Strozza, der zwar von sich sang, „daß er sich während der Führung seines Amtes die Hände rein bewahrt habe", aber von dem Volke, das die Wirkungen dieser Reinheit zu spüren hatte, „ärger als der Teufel" gehaßt wurde; er feierte jedes Jahr seinen Regierungsantritt mit einer Prozession und machte seine Ordensritter, denen er gewisse Rechte und Einkünfte zuwies, zu einer abgeschlossenen Kaste mit bestimmten Obliegenheiten; er ordnete selbst zu wiederholten Malen, die Bußfertigkeit seines Landes durch das Gebieten von Prozessionen und den Erlaß scharfer Andachtsedikte. Der Erfolg von Ercoles Thätigkeit für Ferrara war ein sehr großer: die Stadt wurde erweitert und mit glänzenden Palästen geschmückt; die Bevölkerung wuchs, so daß im Jahre 1497 kein Haus mehr zu vermiethen war: aber die Menge seufzte unter den schweren Lasten und gab trotz Aufpassern und Angebern ihren Unwillen manchmal kund, wenn sie auch nicht Lust hatte, nach dem Rathe eines sonst guthöfisch gesinnten Dichters, Lud. Carbone, zu verfahren und sämmtliche estensische Beamten todtzuschlagen.

Ercole war kein Gelehrter, aber nicht ungebildet, er interessirte sich für die Kunst, besonders, wie es scheint, für die Musik, er vergrößerte die Universität und wies den Professoren höhere Gehälter an; er sah die ersten Buchdruckereien in seinem Lande erstehn; er freute sich darüber, daß Dichter und Gelehrte seinen Hof aufsuchten und denselben durch ihre Anwesenheit oder durch Schriften und Lieder verherrlichten.

Von dieser Sinnesart war sein Nachfolger Alfonso, der bald nach seiner Thronbesteigung die Empörung einiger Bastarde des herzoglichen Hauses niederzuschlagen hatte, weit entfernt. Er war durchaus unliterarisch, sei es nun, daß er wirklich in seiner Jugend durch Kränklichkeit verhindert war, sich Kenntnisse anzueignen, sei es, daß er das Literatenwesen nicht dulden mochte; er hatte daher an den Redeblumen, welche ihm bei seiner ersten Vermählung mit Anna Sforza von Filelfo gestreut wurden, ebensowenig Freude, wie an den festlichen Aufzügen und den Aufführungen plautinischer Comödien, welche er bei seinen Einzügen in Ferrara mitansehen mußte. Denn auch an der Kunst hatte er kein sonderliches Gefallen, wenngleich er in seinen späteren Jahren auf seinen Schlössern von Belriguardo und Belfiore die besten Meister Ferraras beschäftigte und gelegentlich auch Tizian und Rafael Aufträge gab, höchstens an der Musik, dagegen liebte er es, in einer Drechslerwerkstätte, die er sich eingerichtet hatte, zu arbeiten und benutzte eine große Reise, die er nach Frankreich und England unternahm, hauptsächlich zur Erforschung der politischen und industriellen Verhältnisse der fremden Länder. Vor Allem aber liebte und kannte er das Kriegswesen, und hatte Gelegenheit genug, Proben dieser Kenntniß abzulegen. Denn die Verbindung mit der Tochter Alexanders VI. gewährte den ferraresischen Fürsten nur so lange Ruhe, als dieser Papst regierte; unter den folgenden Päpsten begann der nur unterbrochene Kampf aufs Neue. In demselben vermochte Alfonso trotz seiner Tapferkeit, die z. B. den Sieg von Ravenna entschied (1512), nicht die Integrität seines Landes zu wahren, er mußte dem Papste Julius II., der ihn gebannt und nur widerwillig vom Banne losgesprochen hatte, Modena und Reggio abtreten und erlangte beide Provinzen erst zurück (1528), als er Karl V. bei seinem Zuge gegen Rom unterstützte. So konnte er sein Land in unverletztem Bestand seinem rechtmäßigen Nachfolger übergeben und sich mit der freilich trügerischen Hoffnung schmeicheln, die Zukunft seines Gebietes sichergestellt zu haben.

Alfonso war ein einfacher Mensch, schlicht in seinem Wesen und seiner Kleidung, ein Lebemann zwar, aber ohne verderbliche Leidenschaften, eher rauh zurückhaltend als verbrecherisch und ausschweifend, so daß er ohne allzugroße Verletzung der Wahrheit von dem Novellisten Giraldi als hochherzig und edelmüthig, enthaltsam und tugendhaft gepriesen werden konnte. Er war schwer zu bewegen, Lucrezia, das Pfaffenkind, zu heirathen, correspondirte daher, als er durch seine Verlobung der Politik des Vaters das schwere Opfer brachte, nicht mit seiner Braut, enthielt sich aber nicht, bei ihrem Zuge nach Ferrara ihr verkleidet entgegenzureisen und sie in Bentivoglio zu begrüßen. Seitdem er aber wirklich mit ihr vermählt war, ließ er ihr es nie an der gebührenden Achtung fehlen, welche sie als Fürstin verdiente und ihrem Gemahle erwiderte.

Lucrezia Borgia war, ehe sie nach Ferrara kam, eine Sünderin, sie war nahe daran, eine Verbrecherin zu werden. Ihre starke Sinnlichkeit hatte sie zu Excessen geführt und ihre moralische Trägheit hatte schreckliche Thaten geschehen lassen. Wie weit sie selbst an Allem schuld war, womit man ihren Namen und ihr Andenken befleckt hat, wird sich im Einzelnen nie ganz feststellen lassen. Sicher betheiligte sie sich an den Orgien des päpstlichen Palastes; wer aber will sagen, ob sie die Ermordung ihres Gemahls kannte und billigte, ob sie eingeweiht war in die Scheußlichkeiten ihres Vaters und Bruders und ob sie durch unnatürliche Laster die Brandmarkung verdient hat, welche man ihr streng und oft hat zu Theil werden lassen? Verdiente sie dieselbe, so würde jeder Zug ihres schönen und liebreichen Antlitzes lügen und die Schamlosigkeit und Verworfenheit ihrer Bewunderer und Verehrer würde den denkbar höchsten Gipfel erreicht haben. Wie hätte sie selbst, belastet mit allen Unthaten, die spätere Geschichtschreiber auf sie gehäuft haben, in eine Familie einzutreten wagen können, welche zu den erlauchtesten Italiens gehörte, wie hätte sie, noch 16 Jahre nach dem Tode ihres allmächtigen Vaters, einherschreiten können mit stolz erhobenem Haupte unter dem Jubel des Volkes, den begeisterten Zurufen der Dichter und der immer größer werdenden Achtung ihres Gatten? Sicher war Lucrezia, so lange

Lucrezia Borgia als Gemahlin des Herzogs Alfonso Este von Ferrara. Die Medaille ist 1503 modellirt und gegossen, vielleicht von dem Florentiner Maler Filippino Lippi. Wie aus einem Briefe der Lucrezia an Bembo sich ergibt, hat dieser die Darstellung und Umschrift der Kehrseite angegeben: Amor mit verbundenen Augen an einen Lorbeerbaum gefesselt, an welchem sein Köcher und, mit zerrissener Sehne, sein Bogen und einige musikalische Instrumente hängen. (Julius Friedlaender.) 26/29 der Originalgröße. (Berlin, Königl. Münz-Cabinet.)

sie in Ferrara weilte, eine der achtbarsten Frauen, wie sie eine der schönsten immer gewesen war; sie konnte von Glück sagen, daß sie von ihrem schrecklichen Vater und ihrem schrecklichern Bruder bald befreit wurde und selten genug durch peinliche Vorfälle an ihre grauenhafte Vergangenheit erinnert ward; sie lebte nun als glückliche Gattin, als Vorsteherin eines freien, geselligen, durch bedeutende Menschen mehr als durch üppigen Glanz ausgezeichneten Hofes, als Mutter von Kindern, welche in den folgenden Jahrzehnten dem Namen Este Ehre machten. Aus einer leichtfertigen Weltdame wurde sie eine ernstgestimmte Frau und als sie ihren Tod nahe fühlte, schrieb sie — 22. Juni 1519, zwei Tage vor ihrem Hinscheiden — folgenden Brief an Papst Leo X. (nach Gregorovius' Uebersetzung):

„Mit aller nur möglichen Ehrfurcht der Seele küsse ich die heiligen Füße Ew. Seligkeit und empfehle mich demuthsvoll in Ihre heilige Gnade.

Nachdem ich durch eine schwierige Schwangerschaft mehr als zwei Monate lang viel gelitten hatte, gebar ich, wie es Gott gefiel, am 14. dieses in der Morgenfrühe eine Tochter und hoffte nach dieser Geburt auch von meinen Leiden befreit zu sein; doch das Gegentheil davon ist eingetreten, so daß ich der Natur den Tribut zahlen muß. Und so groß ist die Gunst, welche mir unser gnädigster Schöpfer schenkt, daß ich das Ende meines Lebens erkenne und fühle, wie ich in wenigen Stunden ihm entnommen sein werde, nachdem ich zuvor alle die heiligen Sacramente der Kirche werde empfangen haben. Und an diesem Punkt angelangt, erinnere ich mich als Christin, obwohl eine Sünderin, daran, Ew. Heiligkeit zu bitten, daß Sie in Ihrer Gnade geruhen, mir aus dem geistlichen Schatz eine Unterstützung zuzuwenden, indem Sie meiner Seele die heilige Benediction ertheilen: und so bitte ich Sie darum in Demuth und empfehle Ew. heiligen Gnade meinen Herrn Gemahl und meine Kinder, welche alle Ew. Heiligkeit Diener sind."

Lucrezia hatte ihr Leben auf 39 Jahre gebracht. Sie war keine Gelehrte, wie manche ihrer Zeitgenossinnen, stand in ihrer allgemeinen Bildung hinter vielen derselben zurück; auch eine geistreiche Frau darf man sie nicht nennen. Dagegen war sie eine verständige Frau, von rascher Fassungskraft, die spanisch, italienisch, wohl auch französisch gut sprach, in den beiden ersteren Sprachen in Prosa und Versen sich leicht und gewandt ausdrückte; sie mag auch, wie die meisten Mädchen aus vornehmen Familien, lateinisch gelernt haben, brachte es aber nicht zu einer vollkommenen Kenntniß dieser Sprache. In einem 1502 und 1503 aufgenommenen Verzeichniß ihrer kleinen Büchersammlung finden sich spanische Bücher, heilige Schriften, ein Dante, ein Petrarca und ein Donato, wenig genug, aber immerhin ausreichend, um sie zur verständnißvollen Leserin neuer Werke und zur Patronin literarischer Bestrebungen befähigt erscheinen zu lassen. Da ihr Gemahl, der Herzog Alfonso, nun durchaus unliterarisch war, so überließ er mit Recht ihr die Pflege der Literatur an seinem Hofe. Jedes Mäcenatenthum einer schönen Frau aber bringt persönlichere und intimere Verhältnisse hervor, als die Begünstigung eines mächtigen Herrn und sei er Schriftstellern und Dichtern noch so wohlgesinnt: dem Fürsten kann man nur schmeicheln, die Fürstin jedoch kann man lieben und begehren. Solches zeigte sich auch in Ferrara, am Hofe der Lucrezia Borgia.

Schon bei ihrem Einzuge in die Stadt wurde sie von den Dichtern begrüßt: Nicolaus Maria Paniciatus stellte seine lateinischen Epigramme unter dem Titel „Borgias" zusammen und zog die jugendliche Fürstin der schönheitberühmten Helena vor, weil sie mit deren Schönheit Sittsamkeit verbinde; Celio Calcagnini veröffentlichte ein Epithalamium, in welchem er die Ankommende in Begleitung der Venus erscheinen und von Mnemosyne und deren Töchtern, den Musen, bewillkommnet werden läßt; Ariosto verfaßte ein ähnliches Gedicht, das freilich allein nicht genügt hätte, ihm seinen hohen Dichterruhm zu erwerben, in welchem er die Fürstin als die „schönste Jungfrau“ verherrlicht, den Vergleich zwischen ihr und der Lucrezia des Alterthums nicht scheut und Rom beklagt, welches durch den Verlust dieses Kleinods einen unwiederbringlichen Schaden erlitten habe. Aber bei dieser einen Veranlassung hatten die Dichter ihre Bewunderung nicht erschöpft. Nur selten noch, indessen um so lauter feierte Ariosto die Fürstin in einer Art, die diesen gottbegnadeten Dichter zu einem Scheusal entwürdigen würde, wenn sie nicht einigermaßen wenigstens durch das Verdienst der Besungenen gerechtfertigt erschiene. Im „rasenden Roland“ nämlich sagt er (Gries'sche Uebersetzung):

Lucrezia Borgia, die mit jeder Stunde
Stets Schönheit, Tugend, Sittsamkeit vermehrt,
Und wächst an Ruf und Glück so wie die Pflanze
Im lockern Erdreich wächst beim Sonnenglanze.
Wie Mohn zur Rose, wie die blasse Weide
Zum immergrünen Lorbeer sich verhält,
Gefärbtes Glas zum Diamantgeschmeide,
Zum Silber Zinn, zum Gold sich Kupfer stellt,
So läßt mit ihr, die meines Herzens Freude,
Sich nur die Frau vergleichen auf der Welt,
Die von Verstand und Schönheit auserlesen,
Durch jede Trefflichkeit berühmt gewesen.

Unter den Fremden, die sich nur zeitweilig in Ferrara aufhielten, war es besonders Pietro Bembo, der die schöne Frau pries, und, wie ihre und seine Briefe beweisen, in innigem Verhältnisse zu ihr stand; unter den Einheimischen Tito Strozza, der Vater, und Ercole Strozza, der Sohn.

Strozzii poetae, pater et filius, — so lautet der Titel einer Sammlung lateinischer Gedichte (zuerst erschienen Venedig 1513), welche für die Geschichte des Hofes von Ferrara und die Literatur der Renaissance von großer Wichtigkeit sind. Die Strozzi gehörten einem vornehmen Geschlechte zu Florenz an, das daselbst noch im 16. Jahrhundert die größte Macht besaß; ein Sproß desselben, Nannes, war am Anfang des 15. Jahrhunderts nach Ferrara gekommen, hatte sich durch tapfere Kriegsthaten ausgezeichnet und war 1424 gestorben. Vermuthlich in demselben Jahre war ihm ein Sohn, Tito Vespasiano, geboren, der bis zu seinem Tode — er starb 25. Januar 1505 — Ferrara treu blieb, vom Vater die kriegerische Lust, besonders das Vergnügen an der Jagd erbte, aber zugleich die literarischen Bestrebungen in der Familie heimisch machte. Er war einer der höchsten Hofbeamten, wurde zu verschiedenen Gesandtschaften gebraucht, war Statthalter in Rovigo und nahm später eine hohe Richterstelle ein, mußte aber einmal Ferrara verlassen und in die Verbannung wandern, wie es scheint wegen freier Reden (Gedichte fol. 118 b), wenn er auch einmal diese Verbannung als Folge eines Befehls seiner Geliebten darstellen möchte (fol. 128 b). Er war Gelehrter und Dichter, der von seinem 13. Jahre ab sein langes Leben hindurch die verschiedensten Gegenstände besang, seine Freunde: Guarino, „den göttlichen Poeten“

Der Palazzo Strozzi in Florenz.

Tribrachus, Franc. Filelfo lobte, seine Feinde u. A. den Philosophen Cambio schmähte, die Wissenschaften verherrlichte, aber die Afterwissenschaften in ihrer Verderblichkeit erkannte und daher einen Freund — Manzonus — vor der Beschäftigung mit der Alchymie warnte, Ferraras Fürsten von Lionello und Borso bis herab auf Alfonso, dessen erste Gemahlin Anna und dessen zweite Gattin Lucrezia pries und die Musen aufforderte, Ferrara zu ihrem Wohnorte zu machen. Die Vorgänge der Zeit gehen sonst spurlos an ihm vorüber: höchstens begeisterte ihn der Einzug Pius II. in Ferrara zu einem Gedicht, er ist mit sich beschäftigt und vergißt daher nicht, ein Ereigniß wie das der Uebersendung von Früchten durch Zacharia Barbaro, den Vater des Ermolao, zu besingen und das Datum dieser Uebersendung — 23. Juli 1484 — zu verewigen. Wichtiger freilich als diese Kleinigkeiten erscheinen ihm die Zustände seines Herzens; ihnen weiht er daher seine Betrachtungen und unterhält den Leser, dem er gelegentlich mittheilt, daß seine Gattin, Domicilla, die Tochter des Guido Rangone, am 26. April 1487 zweiunddreißigjährig gestorben sei, nachdem sie mit ihm fast 17 Jahre in glücklicher Ehe gelebt habe, mit weit größerer Vorliebe von seiner Liebe zur Anthia und Sylvia. Wie weit solchen Liebesschilderungen wirkliche Vorgänge zu Grunde liegen, wie weit die Phantasie den Dichter geführt hat, läßt sich nicht entscheiden, jedenfalls spricht der alte Herr ziemlich deutlich von seinen Liebesfreuden, von dem niveus sinus der Geliebten, und von der conscia anus, die ihn zur verabredeten Zeit in sein Paradies geleitet habe. Er freute sich der Entwicklung seines Sohnes, den er, wohl in dankbarer Gesinnung gegen den Fürsten, Ercole nannte, wollte ihn aber zu Höherm leiten und richtete ein Gedicht an ihn, in welchem er dem Sohne die berühmten Männer des Strozzischen Geschlechtes aufzählt, zu denen er „wenn das Geschick es gewollt", auch sich gern gestellt hätte, ihn zur Nacheiferung derselben ermuntert, zur Pflege geistiger Interessen und zum Verlassen weltlicher Vergnügungen z. B. der Jagd ermahnt und ihn zum Schlusse daran erinnert, daß „die Götter" nicht getäuscht werden können. Diese Mahnungen befolgte der Sohn und widmete seinem Vater, nach dessen Tode, ein Trauergedicht, in welchem er seine Verdienste als Beamter und Dichter preist und ihn als ruhmreichen Fortsetzer eines berühmten Geschlechts begrüßt.

Ercole, der Sohn, wurde 1471 geboren, brachte sein Leben aber nur auf 37 Jahre. Er war ein geistvoller Mensch und ein gewandter Dichter. Man besitzt wenig von ihm und dies Wenige möchte nicht geeignet sein, ihm so hohen Dichterruhm zu gewähren wie die Zeitgenossen ihm zusprechen, aber Mancherlei ist verloren und vielleicht hat sein jähes Ende dazu beigetragen, seine Bedeutung in den Augen der Zeitgenossen zu vergrößern. Unter Ercoles Gedichten finden sich auch einige geistliche auf die kirchlichen Feste, auf die Heiligen, besonders auf die h. Jungfrau, Gedichte, in denen antike und christliche Vorstellungen beständig miteinander ringen, Verse auf Ludovico Moro und Kaiser Maximilian, Lobsprüche auf seine Freunde und die berühmten

Männer seiner Zeit: Luca Ripa, A. Tebaldeo, Giovanni Pico, Angelo Poliziano, Scherzgedichte und Liebesklagen, die er der amica unter sehr verschiedenen Namen weiht, ohne daß man über die Personen, denen er seine Gunst schenkt, und über die Vorgänge seines Liebelebens etwas Sicheres erfährt. Daß er sich etwa soweit verstiegen, unter der Neaera und Nape — der erstere Name ist der einer attischen Hetäre — nach deren Küssen er schmachtete, unter der Coelia, die er zur Erwiederung seiner Neigung auffordert, Lucrezia Borgia anzudeuten, ist ganz undenkbar und darum bleibt es auch mehr als zweifelhaft, daß die Freundin, deren Weggang ihm selbst die Stadt verleidet habe, die Fürstin sei. Denn die vielen der Letztern gewidmeten Gedichte sind, trotz der Schönheit einiger unter ihnen, doch nichts Anderes als die Aeußerungen des Hofdichters, eines geistreichen, wohl auch gefühlvollen, nicht aber die eines Verliebten. Wenn er die magische Kraft ihres Auges schildert, die bald belebe, bald versteinere, wenn er von ihrem Gesange zu rühmen weiß, daß er süßer erschalle, als die holden Klänge aus der perikleischen Zeit, wenn er Kunstwerke feiert, die sich in ihrem Besitze befinden, wenn er ihr Kind als den Begründer einer neuen großen Zeit begrüßt, wenn er von ihrer Rose lieblich singt (Uebersetzung von Gregorovius):

Rose, dem Boden der Freude entsproßte, vom Finger gepflückte,
Warum scheinet als sonst schöner dein farbiger Glanz?
Färbt dich Venus aufs Neu'? hat eher Lucrezias Lippe
Dir im Kusse so hold schimmernden Purpur verliehn?

ja, wenn er sie mit den Göttinnen des Alterthums vergleicht und sich endlich soweit versteigt, sie als „Ursache der Ursachen, als Jupiter, der da Alles schafft und Alles beseligt", zu bezeichnen, so braucht er trotz alledem für die Herrscherin seines Landes kein anderes Gefühl als das schwärmerischer Huldigung gehegt und nebenbei die Erwartung gehabt zu haben, für diese poetischen Dienste eine Belohnung zu erlangen. An ein Liebesverhältniß zwischen der Fürstin und dem Dichter aber ist gewiß nicht zu denken, zumal dieser im Mai 1508 die schöne Barbara Torelli, die junge Wittwe des Ercole Bentivoglio, heimführte, und wenn er dreizehn Tage später, am 6. Juni 1508, ermordet auf der Straße gefunden wurde, so ruht auf Lucrezia kein Schatten eines Verdachts, während vielleicht Alfonso, der seine Unterthaninnen nicht selten für sich begehrte, zornig auf seinen beglückten Nebenbuhler, der grausen That nicht ferne stand. Von seinem frühen, ja von einem gewaltsamen Tode scheint Ercole eine Vorahnung gehabt zu haben: er beklagt einmal sein Liebesunglück und meldet, daß böse Träume ihm ein schlimmes Ende vorausgesagt hätten, er beschuldigt sich ein anderes Mal, daß er die Musen verlassen und sich den Staatsgeschäften ergeben habe, dafür werde er von einem frühen Tode ereilt werden und gezwungen sein, seine Werke unvollendet und ungefeilt zurückzulassen. Sollten derartige Aeußerungen wirklich nur Spielereien gewesen sein? Das schreckliche Schicksal, welches Ercole Strozza getroffen hatte, erhöhte noch seinen Ruhm, sein Leben ward mit mancherlei Sagen angefüllt und Ariosto sorgte dafür, daß Ercole Strozza als Herold der Tugenden Lucrezias unsterblich würde.

Die beiden Strozzi sind Dichter, die zwei Freunde: Celio Calcagnini und Lil. Greg. Gyraldus sind, wenn sie auch gelegentlich Verse machten und dieselben leider auch veröffentlichten, Gelehrte und zwar von jener vielseitigen Art, wie die Zeit der Renaissance sie kennt, voll lebhafter Antheilnahme an den Fragen der Zeit. Der Erstere (1478—1541) war mit den beiden Strozzi befreundet, so daß er von dem Aeltern als Dichter gelobt wurde und dem Jüngern, so früh Verstorbenen, die Leichenrede hielt, war unter den kriegerischen Fürsten Maximilian I. und Julius II. Soldat gewesen, hatte später das Kriegsschwert mit der Diplomatenfeder vertauscht, um endlich in dem Hafen stiller Gelehrsamkeit und weltentsagender Frömmigkeit zu landen. Ja, er neigte sich sogar — und zwar schon vor Renatens von Frankreich Regiment — dem Lutherthum zu, von dem ihn ein theologischer Freund abzubringen versuchte, entfernte sich aber wieder von seiner Ansicht dergestalt, daß er das Ehescheidungsverfahren Heinrichs VIII. zu billigen vermochte, und war von einer ausschließlichen Beschäftigung mit der Theologie soweit entfernt, daß er sich auch mit Astronomie abgab und — vor Copernicus — eine Schrift herausgab, in der er beweisen wollte, „daß der Himmel feststehe, die Erde sich aber bewege.“ Indeß Astronomie war nicht seine einzige Fachwissenschaft, er war vielmehr Dr. juris und Humanist, der alte Handschriften sammelte, durch die große Zahl der von ihm zusammengebrachten den Zeitgenossen imponirte und durch seine Alterthumsstudien einen ehrenvollen Rang unter den Forschern einnimmt. Sein Eifer für diese Lieblingsstudien trieb ihn soweit, daß er die italienische Sprache gern ganz verbannt sehen wollte, machte ihn aber sowenig einem Götzen unterthan, daß er selbst an der Autorität Ciceros zu rütteln wagte und eine Kritik seines Buchs „von den Pflichten“ zu schreiben unternahm. Diese Freiheit von Vorurtheilen bewährte er auch dadurch, daß er neidlos die Bestrebungen anderer Völker anerkannte, deutsche Gelehrte, welche von seinen Landsleuten oft noch als Barbaren verachtet wurden, würdigte, und die Berufung eines derselben, Jakob Ziegler, nach Ferrara veranlaßte, ja, er hatte den auch für seine Zeit seltenen Muth, einem Juden, Ruben, bei Gelegenheit der Doctoratsertheilung, zuzurufen: In wissenschaftlichen Dingen unterscheide man nicht den Juden vom Christen und frage nicht, ob Jemand ein Heide oder ein in die christlichen Mysterien Eingeweihter sei.

In seinen gelehrten Bestrebungen fand Celio Calcagnini an Lil. Greg. Gyraldus (1479—1552) einen würdigen Genossen, der freilich nur in den zwei letzten Jahrzehnten seines Lebens Ferrara angehört, nachdem er dieser seiner Vaterstadt durch die langjährigen Dienste als apostolischer Protonotar bei drei Päpsten und als stiller Schützling bei den Fürsten von Carpi sich entfremdet hatte. Gyraldus ist ebenso bedeutsam durch seine dem Alterthum gewidmeten Studien, wie durch diejenigen Arbeiten, welche merkwürdige Beiträge zur Erkenntniß seiner Zeit liefern. In jenen erforschte er das Leben des Hercules, weswegen er sich später gegen den Vorwurf der Ketzerei vertheidigen und den Nachweis liefern mußte, daß seine Beschäftigung mit heidnischen Dingen seinen christlichen Gesinnungen keinen Abbruch gethan habe; er untersuchte in einem großen Werke (Syntagmata de diis) die alte Mythologie, schrieb über das Schiffswesen der Alten und ihre Leichenbestattung, — archäologische Arbeiten, die freilich mehr durch die Fülle des Materials, als durch Neuheit und Scharfsinn der Untersuchungen überraschen, aber als reichhaltige und gründlich gearbeitete Compendien lange geschätzt blieben. Zu den Arbeiten der zweiten Art gehört eine Literaturgeschichte seiner Zeit — de poetis suorum temporum —, deren erste Abtheilung er zur Zeit Leos X., deren zweite er 1548 schrieb: Dialoge, in denen der Verfasser selbst, Alessandro Rangone und Giulio Sadoleto, der Bruder des bekannten Cardinals, als Unterredner auftreten und durch ihre thatsächlichen Mittheilungen einen Schatz wichtiger Notizen, durch ihre Kritiken werthvolle Beiträge zur Erkenntniß der ästhetischen Anschauungen und der Literaturbehandlung jener Zeit den Späteren überliefern. Dieser wichtigen Quelle für die Literaturgeschichte, dem erquickenden Lichtbilde einer schönen Periode, stellt sich als schauriges Nachtgemälde eine schon 1533 vollendete, aber erst 1541 veröffentlichte Arbeit entgegen Progymnasmata adversus literas et literatos, in welcher der Verfasser schwere Anklagen gegen seine Zeit- und Arbeitsgenossen erhebt und sie der Leidenschaftlichkeit und Eitelkeit, des Starrsinns und des Atheismus, der Unzucht und der Selbstvergötterung zeiht. Manche dieser Beschuldigungen war ja gegründet, aber in ihrer Totalität macht die Streitschrift doch den Eindruck der Uebertreibung; die verdüsterte Stimmung des Verfassers läßt ihn kleine Fehler vergrößern und macht ihn blind gegen die Tugenden; die ersten Regungen der katholischen Reaction mögen auf Gyraldus nicht ohne Wirkung geblieben sein. Ein Jahrhundert war verflossen, seitdem Guarino nach Ferrara berufen worden war in der ausgesprochenen Absicht, durch den Humanismus eine neue Periode der wissenschaftlichen Bildung zu eröffnen, eine neue geistige Atmosphäre zu schaffen; wie schnell hatten sich die Zeiten geändert, hatten Hoffnungen sich in Befürchtungen verkehrt!

Alle diese Männer, so bedeutend auch damals ihr Ruhm war und so anerkennenswerth ihre Leistungen sind, wären nicht im Stande gewesen, jenen heitern Sonnenglanz um sich zu verbreiten, in welchem Ferrara noch heute vor den Blicken aller Literaturkundigen strahlt; dieser Glanz ist vielmehr die Wirkung zweier Dichter, auf die Ferrara und Italien mit Recht stolz sein darf: Matteo Bojardo und Ludovico Ariosto.

Matteo Maria Bojardo wird gewöhnlich nicht so geschätzt, wie er es verdient, ein Geschick, das er mit so Vielen theilt, welche eine neue Bahn brachen, aber in dieser Bahn von Späteren überholt wurden. Bojardo ist der Schöpfer des kunstmäßigen Ritterepos in Italien. Er war aus vornehmem Geschlecht — er gehörte zu den Grafen von Scandiano — wurde 1434 geboren, trat früh in ferraresische Dienste, in denen er es zu hohen Stellungen, z. B. der Statthalterschaft von Reggio brachte, und starb 1494. Als Beamter wird er gerühmt, aber seinen Nachruhm verdankt er nicht seiner richterlichen, sondern seiner dichterischen Thätigkeit. Diese ist eine vielseitige: sie theilt sich in lyrische, dramatische und epische Werke. Seine Liebeslieder, einer Rosa gewidmet, die er „seit seinen ersten Jahren" geliebt, sind nicht besser und schlechter als soviele Sonette jener Zeit, nicht frei von Ueberschwänglichkeiten, so daß er z. B. die Engel auf die Erde niedersteigen läßt, um die Schönheit seiner Dame zu bewundern, und Allen, die sie nicht gesehn, die Berechtigung bestreitet, von Frauenreiz zu sprechen, sie sind erfüllt von Vergleichen zwischen Rosa und der Blume, deren Namen sie trägt, aber trotz aller Aeußerlichkeiten und Spielereien durchweht von einer Innigkeit, die man nicht als eine künstlich gemachte schlechtweg verwerfen darf, sondern die man für die praktische Bethätigung seines Wahlspruchs halten muß, den man auch auf den ihm gewidmeten Medaillen wiederfindet: Amor vincit omnia (die Liebe besiegt Alles).

Bojardos Drama: Timon ist theils wichtig wegen der oft wörtlichen Anlehnung an Lucian, — denn der Dichter zeigte sich auch sonst durch Uebersetzungen und Ausgaben classischer Schriften als humanistisch gebildeten Schriftsteller —, theils bedeutend wegen der eigenartigen Behandlung des Stoffes, welche im Gegensatze zu der des griechischen Dichters steht. Bei Bojardo nämlich erregt Timon durch sein ungeberdiges Benehmen die Aufmerksamkeit der Götter und veranlaßt Jupiter, den Reichthum in Begleitung Merkurs auf die Erde zu schicken, mit dem Auftrage, dem durch eigne Schuld arm gewordenen Timon wieder einen Schatz zu verleihen. Timon aber, der in seiner Verbitterung wünscht giftige Kräuter zu säen oder Pestilenz und Mord aus seinem Acker zu erlangen und der von der Armuth, die sich das Verdienst zuschreibt, ihn erst zum wahren Menschen gemacht zu haben, in seinen Gesinnungen bestärkt wird, will von den Gottgesandten nichts wissen, muß indeß zugeben, daß die Armuth sich entfernt und wird, nachdem er durch ihre Entfernung einen großen Theil seiner Widerstandskraft eingebüßt hat, zur Annahme des Schatzes, den er ursprünglich abgelehnt hatte, bewogen. Dieser neue Besitz jedoch führt ihn nicht den Menschen, die er bereits zu fliehen begonnen hatte, wieder zu, sondern entfremdet ihn denselben nur noch mehr. Er sagt (nach J. L. Kleins schöner Uebersetzung):

Mit Niemand will ich ferner Umgang pflegen;
Mit Fremden nicht, noch Freunden und Bekannten:
Als Freund soll Timon nur den Timon hegen,
Nach menschlichen Gesetzen nicht, nach Rechten
Soll zwischen uns sich Einsamkeit nur legen;
Als einzig Band sich Mark- und Grenzscheid flechten.
Nur Mißmuth, Widerwillen, bittres Kränken
Und unwirsch-barsche Rauheit will ich athmen,
Mit solcher Kost sie füttern jetzt und tränken.

Verstärkten Haß fühl' ich die Brust zerreißen
Und grimme Wuth im innern Herzen brennen,"
Nicht Timon, — anders will ich künftig heißen,
Will Menschenfeind fortan mich selber nennen.

Er findet bald Gelegenheit, diese seine Gesinnungen zur That zu machen, dadurch, daß er die von dem Gerücht seines neuen Reichthums — er hat am Grabmal des Timokrates zwei Krüge geprägten Goldes gefunden — herbeigelockten Schmarotzer verjagt. Aber noch ein Anderer kommt zu dem Grabe: Parmenio nämlich, der alte Diener des Verstorbenen, der auf Grund eines 10 Jahre lang versiegelt gewesenen und jetzt erst eröffneten Briefes seines Herrn seinen jungen Gebieter Filocoro als rechtmäßigen Eigenthümer des Schatzes erweist. Timon nun, der ohne seine Schuld den Schatz verloren hat und erkennt, daß selbst der von den Göttern verheißene Besitz trügerisch sei, sieht die Thorheit des Wüthens gegen sich selbst und des Trotzens gegen Menschen und Götter ein und beschließt, in Zukunft zwar einsam, aber in versöhnlicher und zugänglicher Stimmung zu leben. Diese Lösung ist durchaus Bojardos Eigenthum, sie zeugt ebenso von poetischem Verständniß wie von psychologischer Erkenntniß.

Während Bojardo nun den Stoff zu seinem Drama der Antike entnahm, wählte er den Gegenstand seines epischen Gedichts aus den mittelalterlichen Sagenkreisen, aus den über die Helden Karls d. Gr. erdichteten Erzählungen, die von Frankreich aus, wo sie entstanden und zuerst behandelt worden waren, sich nach Italien verbreitet hatten und hier trotz und neben den Dichtungen des Alterthums ein aufmerksames und theilnehmendes Publikum fanden. Seltsames Geschlecht, das zu gleicher Zeit an den Gestalten Homers und den rohen Kämpen des Mittelalters Gefallen hatte, wie es ja auch Männer zeugte, die, in feinem Hofton erfahren, die tiefsten Fragen des menschlichen Wissens erörterten und zugleich nicht besser als Mörder und Straßenräuber wegen nichtiger Vorwände grause Thaten begingen.

Der Lieblingsheld aus den karolingischen Sagenkreisen wurde für die Italiener Roland (Orlando), den man bald zu einem Italiener machte und mit Eigenschaften ausstattete, an welchen die Zeitgenossen Behagen fanden. Sollte dieses erzeugt werden, so durfte Roland keine Idealgestalt werden, sondern mußte ein Mensch bleiben mit menschlichen Tugenden und menschlichen Schwächen, zwar fromm, hingebend, tapfer, aber auch einfältig, leicht zu durchschauen und zu betrügen, rasch auflodernd im Zorn und in der Liebe. Grade die Liebe sollte in Bojardos Werk, das 1472 begonnen, 1494, beim Tode des Dichters noch nicht zu Ende gebracht war, die Hauptrolle spielen, daher sein Titel: Orlando innamorato (der verliebte Roland), daher die dem Helden gegenübergestellte weibliche Hauptperson Angelika, die Orlando beständig ersehnt und nie erlangt. Aber auch sie ist Fleisch und Bein, ein Wesen mit Fehlern und Vorzügen des Weibes und nichts hat wohl Bojardo ferner gelegen, als die ihm von Manchen zugeschriebene

Absicht, nämlich in den zwei Haupthelden seines Gedichtes Personifikationen Europas und Asiens zu schaffen und in ihrer Liebe zu einander das gluthvolle Sehnen des Westens nach dem Osten darstellen zu wollen. Die Hauptpersonen sind natürlich nicht die einzigen des Gedichts; vielmehr folgen in raschem Wechsel, in bunter Fülle der Erfindungen die Abenteuer, erscheinen und verschwinden die Personen, scheinbar Ungehöriges zu einem Ganzen vereint; ein verworrener Knäuel, der auf den ersten Anblick unentwirrbar aussieht, wird geschickt gelöst. Dem ritterlichen Rinaldo, dem nur auf Krieg und Heldenthum bedachten Recken, der nur im Kampfe Muth besitzt, in der friedlichen Begegnung mit Mann oder Weib aber Bescheidenheit und mädchenhafte Schüchternheit zeigt; dem stets auf tolle Streiche sinnenden Astolfo, der sich aus allen Fährlichkeiten zu retten und seine Niederlagen schlau zu bemänteln weiß; dem tapfern Ruggiero, der als Stammvater des Hauses Este unter den Berühmten fast die berühmteste Stelle einnimmt; dem unerschrockenen Rodomonte, dessen Namen Bojardo einst auf der Jagd fand, und froh des glücklichen Fundes in sein Dorf zurückritt und alle Glocken läuten ließ, einem Helden, der seinem Könige treu, sonst aber einem Wütherich, der nur an sein Streitroß, sein Schwert und seinem Arm glaubt; dem winzigen Brunell, der trotz seiner Kleinheit und Ohnmacht sich vermißt, dem Himmel den Mond, der Glocke den Ton und der Christenheit den Papst zu stehlen; — diesen und anderen Männern stehen in dem Gedichte Frauen gegenüber, die das Widerspiel der Helden sind, denn Bojardo gehört zu denen, welche den Frauen seiner Zeit und denen der Vergangenheit männliche Gesinnung und Tapferkeit zuschreiben: Fiordelisa, jung, schön und von göttlichem Verstande, Bradamante, ein wunderbares Gemisch von Kraft und Unschuld, Marfise, bitter, auf ihre Unbesieglichkeit trotzend, die den Himmel stürmen und das Paradies verbrennen will.

Der Dichter glaubt nicht an alle seine Gestalten und weiß wohl, daß er theils aus Quellen, in denen die freie Phantasie gewaltet, geschöpft, theils Vieles selbst erfunden hat, aber er wählte den Stoff nicht aus Spottlust, sondern von seiner Würdigkeit überzeugt in dem sichern Glauben, daß das Ritterthum eine Wiederbelebung zu erwarten habe, daß, wie er es einmal ausdrückt, „die Welt sich aufs Neue mit der Blüthe der Tugend schmückt." Vielleicht schwebten ihm wie so manchem sinnenden Manne jener Zeit Ideen vor von einem neuen Kampfe der Christenheit gegen die Ungläubigen; denn kaum zwei Jahrzehnte, bevor er die Arbeit begann, war durch den triumphirenden Einzug der Türken in Constantinopel die Türkengefahr für Europa nahe genug gelegt und während der Arbeit pochten die Türken bereits ungestüm an Italien; so mochte er denken, durch Erinnerung an die kühnen Kämpfe des Mittelalters in dem neuen Geschlecht den alten Glaubensmuth und die frühere Ritterlichkeit wieder zu erwecken.

Denn ganz vom Mittelalter hat sich Bojardo noch nicht entfernt, der Aberglaube findet bei ihm eine Stätte: Zauberwasser, das Haß und solches, das Liebe erzeugt, Ringe, die unsichtbar machen, ein goldnes Schwert, das selbst den tapfersten Ritter aus dem Sattel zu heben vermag, Löwenmark und Löwensehnen, welche Kraft verleihen, Drachen und Zauberer, die überirdische Gewalt haben, spielen in seinem Gedichte eine bedeutende Rolle. Dagegen spricht Bojardo, was für jene Zeit recht bemerkenswerth ist, einen leisen Zweifel an der Wirksamkeit der Astrologie aus, (II. 16, 35,) die sonst an dem Hofe von Ferrara ihre Gönner fand. Wie er sich durch diesen Zweifel zu den freieren Geistern jener Zeit gesellt, so schließt er sich ihnen auch in seiner Hochschätzung des Alterthums an: gewiß gehören Circe, Sphinx und Polyphem nicht in ein Gedicht, das die Sagengestalten des Mittelalters zu behandeln hat, und doch erscheint ihre Einführung und Erwähnung ganz natürlich. Bojardo ist kein vollkommener Dichter und Künstler: seine Charakteristiken sind ungenügend und seine Erzählungen häufig abgebrochen; er will den Neugierigen durch Stoffreichthum unterhalten, nicht aber den des Gegenstandes Kundigen durch kunstvolle Bearbeitung des Stoffes erfreuen; er ist, wie der etwas spätere Teofilo Folengo richtig sagt, plus sentimento, facili quam carmine dives, mehr ausgezeichnet durch unbewußtes dichterisches Gefühl als durch die Fähigkeit gewandten und leichten poetischen Ausdrucks.

Da Ruggiero, der Stammvater des estensischen Hauses, einer der Haupthelden des Gedichtes ist, so versteht es sich von selbst, daß es an Lob für dieses Haus nicht fehlt, welchem Bojardo in Treue ergeben war. Unter allen Fürsten desselben ist ihm aber sein Landesherr Ercole I. der Ruhmreichste. Von ihm heißt es, nachdem er auch sonst ehrenvoll erwähnt wird, an einer Stelle (II., 25, 43 ff. Regis Uebersetzung).

Da sah man ihn erwachsen nach und nach
An Ruhm, Erfahrung, Tapferkeit, mit schweren
Streitwaffen bald und bald im Spiel dem Tag
Vor aller Welt sein edles Herz bewähren.
Ein Feuer dann erschien er bald danach
In großen Schlachten und Triumphesehren
Vor ihm, wo er auch war in soviel Gauen
Und Landen, flohn die Feinde her mit Grauen.

Bojardos Werk veraltete bald theils in Folge der archaistischen Ausdrucksweise, welche eine Neubearbeitung nöthig machte, die dann durch Francesco Berni, den Satiriker besorgt, das Original völlig verdrängte, theils durch Ariosts Werk, welches das allgemeine Interesse ganz in Anspruch nahm.

Auch Ariosto gehört wie Bojardo dem estensischen Hofe zu Ferrara an, auch er hat, wie Jener, in der Lyrik, im Drama und im Epos sich versucht, aber er verhält sich zu ihm wie der Vollender zum Anfänger. Die Lyrik gewinnt bei ihm Leben und Wahrheit, das Drama Witz und rasche Beweglichkeit, das Epos künstlerisch vollendete Form und einen Inhalt, der auch beim Dahinschwinden der Jahrhunderte nicht veraltet.

Ludovico Ariosto wurde am 8. Sept. 1474 in Reggio geboren und starb am 6. Juni 1533 in Ferrara. Er kam früh an den Hof, nachdem er das ihm verhaßte Rechtsstudium, zu welchem ihn der Vater zwingen wollte, aufgegeben hatte, machte sich zuerst durch ein Trauergedicht auf den Tod der Leonora, Gemahlin Ercoles I., bekannt und lernte im Privatdienste bei Cardinal Ippolito von Este, der sich als Gönner der Gelehrten aufspielte, im Grunde sie aber verachtete, später in amtlichen Stellungen unter Herzog Alfonso alle Ehren und Vortheile, aber auch alle Kränkungen und Lasten des Hof- und Dienstlebens kennen. Für diese Unbilden und all das Ungemach, das er von einzelnen Menschen oder dem Geschick erfuhr, rächte er sich in seinen Satiren, in denen er aber auch seinen wirklichen Gönnern und wahren Freunden Lob spendet und stolz der Muse dankt, die ihm innere Zufriedenheit verleihe und ihn gelehrt habe, die äußeren Schätze zu verachten.

Seine lyrischen Gedichte gewähren laute Zeugnisse für ein reiches Leben. Die lateinischen führen den überall kostenden und genießenden Lebemann vor, der nicht mit Unrecht über sich einmal Verse mit der Aufschrift: De diversis amoribus schreibt, welche ziemlich deutlich an die Worte: „Heut lieb ich die Johanna und morgen die Susanna" anklingen, sie sind den Verbindungen eines Tages gewidmet, für welche der Dichter glüht, um sie dann zu verachten, aber bemerkenswerth, weil er auch in diesen flüchtigen Momenten bei denen, die sich ihm hingeben, weniger nach Schönheit und Witz als nach Güte fragt. Die italienischen Gedichte dagegen schildern sein Verhältniß zu Alessandra Strozzi, mit der er seit 1513, nachdem er andere flüchtige Beziehungen, die freilich nicht ohne Folgen geblieben waren, abgebrochen hatte, in heimlicher Ehe, — heimlich, weil er die Einkünfte eines ihm verliehenen Canonicats nicht verlieren wollte, — zusammenlebte. Sie war ihm „der Hafen, in dem er Winde und Stürme dem Meere verzieh", sie war ihm der Ansporn zu fleißiger Thätigkeit, wenn sie auch nicht, wie eine oft erzählte Anekdote berichtet, jeden Monat einen neuen oder die Verbesserung eines alten Gesangs seines großen epischen Gedichts von ihm verlangt haben mag; er liebte sie „wegen ihrer franken und freien Seele, ihrer edlen Sitte und ihrer aus dem Quell der Gedanken strömenden Beredtsamkeit." Die Briefe an ihre hochstehende Familie, die noch erhalten sind, unterzeichnete er als ihr „Kanzler", er ist gern zu ihren Diensten bereit und da er die Geburt einer Tochter verkünden kann, da jubelt er voll Freude und rühmt sich seines Glücks; „wenn er es aber je bereue, so möge Gott ihm die Zunge ausreißen und die Stimme rauben."

In dieser Stimmung seligen Glückes sind seine Liebeslieder (Sonette, Elegien, Canzonen, Madrigale) gedichtet, nicht schwärmerisch schüchtern, sondern voll üppiger Phantasie und sinnlicher Gluth. Man merkt diesen Gedichten an, daß sie nicht mühsam ersonnen, sondern wirklich Erlebtem mühelos nachgeschrieben sind, man spürt in ihnen den lauten Nachhall genossenen Glücks. Durch die volle Befriedigung, welche ihm die eine Frau gewährt, wird Ariosto, bei aller sonstigen Strenge und gelegentlichen heftigen Ausfällen, milde gegen das weibliche Geschlecht überhaupt, er will es nicht zu Sklavinnen der Männer herabwürdigen, sondern zu gleichstehenden Genossinnen erheben, er braucht einmal das hübsche Wort: „Du siehst jede Tugend in der Frau, sobald sie dir gefällt.

Aber der Dichter der Liebe und Frauen ist nicht immer heiter, er seufzt nach der Freiheit, die er nie erlangt, er klagt, daß Armuth und Dürftigkeit stets sein Los bleibe; er wendet nicht selten den resignirten Wahlspruch an: Pro bono malum: Statt des Guten, das er erwarten sollte, oder für das Gute, das er selbst that, das Uebel. Gegen die falschen Freunde, die sich auch ihm gegenüber schnell und eifrig mit Versprechungen, langsam in ihren Thaten bezeigten, trat er in seinen Satiren auf; gegen manche Unsitten, die er im Leben bemerkte, eiferte er in seinen Comödien.

Unter den vier Comödien, welche von Ariost erhalten sind, verdienen zwei: La cassaria und il negromante besondere Berücksichtigung.

Die erstere, die ihren Titel nach einer im Stücke vorkommenden, mit Goldfäden angefüllten Cassette führt, ist ein Jugendwerk des Dichters, in welches er eine Strafrede aufgenommen haben soll, die ihm, dem mit Ungehörigem Beschäftigten, einst sein Vater hielt. Sie ist eine ganz lustige freilich aus mancherlei bekannten Motiven zusammengesetzte Intriguencomödie. Crisobolo, der von Geschäftsfreunden eine Cassette in Verwahrung erhalten hat, ist verreist. Diese Reise wird von Crisobolos Sohn Erofilo und dessen zu allen Streichen aufgelegtem Diener Volpino benutzt, um dem alten treuen Haushüter Nebbia mit Gewalt die Cassette wegzunehmen, vermittelst deren zwei Mädchen Eulalia und Corisca, die Geliebten des Jünglings und seines Freundes, eines Sohns des Oberrichters, die sich im Besitze eines Sklavenhändlers Lucramo befinden, losgekauft werden sollen. Um dies zu ermöglichen, wird ein Schuft Trappola in die Kleider des Crisobolo gesteckt und mit der Cassette zu Lucramo geschickt, erlangt auch die Eulalia, muß sie aber betrunkenen Dienern ausliefern, welche das Mädchen als Geliebte des stadtbekannten jungen Herrn kennen, ihren alten Begleiter aber für einen Mädchenräuber halten, und demgemäß behandeln. Während Trappola noch seinem Auftraggeber den traurigen Erfolg seiner Sendung meldet, kehrt Crisobolo heim, sucht das Kästchen, läßt sich leicht weismachen, daß es in Folge der Nachlässigkeit des alten Nebbia von Lucramo gestohlen worden sei und nimmt es, da er es bei Letzterm findet, als sein rechtmäßiges Eigenthum in Anspruch. Als er nun mit seinem wiedergewonnenen Schatze nach Hause zurückkehrt, findet er den Trappola in seinen Kleidern, kann zwar von dem Schurken, der sich stumm stellt, keine Antwort erhalten, gibt sich aber mit Volpinos Bescheid, auch diesen Kleidertausch habe der alte Nebbia verschuldet, nicht zufrieden und erfährt endlich Alles, nachdem er den beiden Schurken mit Gericht und Gefängniß gedroht hat. Doch löst sich die ganze Sache noch friedlich auf. Der Alte begnügt sich nämlich damit, den Dienern Schrecken einzujagen und dem leichtsinnigen Sohne eine lange Strafpredigt zu halten, — eben jene, zu der die Rede des alten Ariost das unbeabsichtigte Vorbild war —, ja in seiner Herzensgüte bewilligt er für die zwei Mädchen einen Kaufpreis, von welchem der mit der Auszahlung beauftragte Volpino einen guten Theil dem Wucherer abzuzwacken sich vornimmt. Die Comödie ist, abgesehen von einigen zu langen Reden, leicht und anmuthig geschrieben, die Scenen namentlich, in welchen Trappola vorkommt, der sich keineswegs immer stumm stellt, sind voll der ergötzlichsten Komik, das Ganze ein Sittenbild aus dem Gesellschaftsleben von unläugbarer Wahrheit.

Wucherer, betrügerische Diener, polternde und leichtversöhnte Väter sind Typen, welche das Lustspiel aller Zeiten kennt: der Astrologe aber ist eine Figur, welche grade damals besonders charakteristisch war. Es gehörte immerhin Muth dazu, den Astrologen als einen Betrüger, und als Gefoppten darzustellen, den Grundsatz zu verkünden

Denn Kunst, die der Natur nachahmet, duldet nicht,
Daß arger Schelme böses Thun ein anderes
Als schlechtes Ende nehme.

Ariost bewies diesen Muth in seiner Comödie: Il negromante freilich in etwas derber Weise: Der Astrologe, welcher die Entzauberung eines jungen Mannes vornehmen soll, welcher bei einer ungeliebten Frau die ehelichen Pflichten nicht erfüllt, weil er mit einer Andern heimlich vermählt ist, wird von dem zu Entzaubernden, von seinem Vater und seinem Nebenbuhler zu gleicher Zeit bestochen und verspricht Jedem die Erfüllung seines Wunsches. Er will aber nicht nur die Leichtgläubigen um ihr Geld bringen, sondern den einen derselben auch bestehlen, wird indeß an der Ausführung des letztern Vorsatzes verhindert. Ja er wird, da die verwirrte Heirathsgeschichte sich ohne sein Zuthun durch einen in den Comödien jener Zeit sehr beliebten Kunstgriff auflöst — die heimlich Vermählte wird nämlich von dem Adoptivvater des widerwilligen Ehemanns als seine längst verlorengeglaubte Tochter erkannt und, nach Auflösung der gezwungenen Ehe, ihrem Geliebten als rechtmäßige Frau angetraut — wegen Nichterfüllung seines leichtsinnig gegebenen Versprechens aus der Stadt gejagt, die er, im leichtesten Gewande, nachdem er noch dazu von seinem Diener empfindlich bestohlen worden, verläßt. Dieser Diener nun, Nibbio, ein ebenso schurkischer Geselle wie sein Herr, der dessen Geschicklichkeit zu rühmen und ihn bei allen seinen Betrügereien trefflich zu unterstützen weiß, ist eine vortreffliche Figur; ebenso trefflich der Diener des Haupthelden, Temolo, der durch seine witzige Bekämpfung der Astrologie die Zuschauer belustigt, aber seinen Herrn nicht zu bekehren vermag. Als der Herr ihm einmal bemerkt, der Astrologe könne ja Männer und Frauen in Thiere verwandeln, erwidert Temolo, das geschehe ja alle Tage ohne astrologische Hülfe: „sobald einer Bürgermeister, Regierungscommissar, Steuerverwalter, Richter, Notar geworden ist, verwandelt er sich augenblicklich in die respective

Bestie: Wolf, Fuchs, Habicht u. dgl. Und wer aus einem geborenen Lumpen Rath oder Sekretär geworden, wird der nicht sofort zum Esel!?"

Ariostos Comödien sind nicht so gewürdigt, wie sie es verdienen, selbst nicht in Italien. Als Riccoboni in Venedig eine dieser Comödien aufführen ließ, da lockte er zwar durch die Ankündigung das Publikum schaarenweise ins Theater, sah sich aber genöthigt, da die Herbeigeströmten eine dramatisirte Episode aus dem Roland erwarteten, noch vor Beendigung des Stücks den Vorhang fallen zu lassen. Der Ruhm des Orlando furioso war selbst anderen Leistungen desselben Autors ungünstig.

Als Ariosto seinem Vertrauten Pietro Bembo mittheilte, daß er mit der Abfassung eines italienischen Heldengedichts beschäftigt sei, erhielt er von diesem den Rath, sich bei einem solch würdigen Werke der lateinischen Sprache zu bedienen, und als er die ersten fertig gewordenen Gesänge seinem Herrn, dem Cardinal Ippolito, überreichte, wurde er von diesem mit den Worten empfangen: „Messer Ludovico, wie seid Ihr auf solche Schnurrpfeifereien gekommen?", — ja, der hochgeborene Herr bediente sich eines noch weit unedlern Ausdrucks; aber Bembo änderte seine Ansicht bald und der Cardinal, welcher an manchen Stellen des Gedichtes ein ungemessenes Lob erhält, mochte für niedrigere Vergnügungen ein ausgebildeteres Verständniß haben als für Genüsse edler Art.

Der „rasende Roland", der in seiner ersten unvollständigen Ausgabe (40 Gesänge) 1516, in seiner vielfach veränderten vollständigen Ausgabe (46 Gesänge) 1532 erschien, knüpft durchaus an Bojardo an, bildet erst mit diesem ein Ganzes und ist ohne diesen nicht recht zu verstehn. Erwägt man dies, so wird man den landläufigen Vorwurf, Ariostos Werk habe keinen Anfang und kein Ende, nicht gelten lassen. Denn sein Anfang liegt eben in Bojardo und sein Ende wird richtig durch den schließlichen Triumph Ruggieros bezeichnet, der, als Stammvater des estensischen Hauses, für die beiden ferraresischen Hofdichter die Hauptperson bleibt. Aber wenn auch Ariost der Fortsetzer Bojardos, so ist er dies, wie ein genialer Künstler es sein kann. Er nimmt den Stoff auf, den er überkommen, er verwendet die Figuren, die er vorgefunden hat, aber er thut dies mit Freiheit und Selbständigkeit. Bojardo klammert sich an seine Personen mit einer fast sklavischen Treue, Ariosto steht über ihnen mit heiterer Ruhe; dem würdigen stets aufs Neue hervorgekehrten Ernste des Erstern, der grade durch die beständige mit Anstrengungen verknüpfte Bemühung fast komisch erscheint, setzt er ein freundliches Spiel, eine beabsichtigte Komik entgegen. Er liebt es, wie in seinen Briefen und Satiren, der Erzählung wundersamer Mären den Zusatz beizufügen „ob es wahr oder falsch ist"; er scheint, — wenigstens macht der erste Gesang mit seinem fast tollen Wechsel der Scenerie und seiner ganz unmöglichen Häufung von Abenteuern diesen Eindruck — wohl zuerst eine Satire auf die mittelalterlichen Ritterbücher mit ihren eitlen Fabeln beabsichtigt zu haben. Trotzdem ist das Ganze nicht etwa ein komisches

Heldengedicht, ja, wenn man genauer zusieht, ist es seinem Ideengehalt nach ernster als Bojardos umfangreicheres und schwerfälligeres, schwerer tönendes Werk. In Bojardos Werk nämlich bleibt es bei wechselvollen Ritterthaten mannigfacher Art, in Ariostos Gesängen liegt eine Idee zu Grunde: die Geschichte der zwei Hauptpaare, des Christen Orlando und der schönen Heidin Angelika, des tapfern Heiden Ruggiero und der kriegerischen Christin Brandamante verflechten sich wundersam, aber haben einen verschiedenen Ausgang und zwar dergestalt, daß Orlando, zwar von der Macht des Wahnsinns umfangen, seiner Gegnerin nicht unterliegt, Ruggiero wohl geistig gesund bleibt, aber von seinem frühern Glauben sich lossagt, das Christenthum annimmt, und sich der Brandamante beugt. So zeigt sich in dem Kampfe der Einzelnen die Anschauung des Dichters über den großen Gegensatz, welcher die Zeit beherrschte, und sein Wunsch, den Kampf zwischen dem europäischen Ritterthum und den Helden des Morgenlandes neu erstehen, aber mit einem Siege des erstern enden zu sehen, seine Hoffnung, gegenüber den Irrthümern einzelner Christen den Triumph des Ganzen zu erblicken.

Schon Bojardo hatte aus dem Alterthum geschöpft, aber in Folge seiner geringern Kenntniß manche Sagen bis zur Unkenntlichkeit entstellt; Ariosto, der humanistisch gründlich Durchgebildete, weiß in umfassenderer und richtigerer Weise den überlieferten antiken Stoff zu verwerthen. Diese Verwerthung geschieht nun freilich nicht in der Weise, daß er seine Helden geradezu nach dem Muster der Alten gebildet, und man darf also nicht annehmen, daß der Held Ruggiero eine bloße Kopie des tapfern Achilles ist, wohl aber „erficht", um mit Leopold Rankes vortrefflicher Charakteristik zu reden, „das Alterthum in ihm einen entschiedenen Sieg." „Die Frauen", so fährt Ranke fort, „sind so schön wie von Phidias gebildet, oder sie sind in künstlicher Arbeit erfahren wie Pallas, oder ihr Alter ist das der Hecuba und der Cumanerin. Will er einen Mann loben, so war Nereus nicht so schön, Achill nicht so stark, Ulyß nicht so kühn, Nestor, der so lang lebte und so viel wußte, nicht so klug. „Grausames Jahrhundert", ruft er einmal aus, „voll von Thyesten, Tantalen und Atreen; in welchem Scythien ist dies Kriegssitte! — Er war der kühnste Jüngling von den äußersten Küsten der Inder bis da, wo die Sonne sinkt. Bei einem Polyphem hätte er Gnade gefunden, aber du bist ärger als ein Cyclop und Lästrygone." Der Duft ist bei ihm wie von Indiern und Sabäern; ein Gastmahl, wie es kein Nachfolger des Ninus genießen könnte; der Buhle der Alcina wird ihr Atys genannt. Wie Orlando mit dem Meerungethüm so gewaltsam gebahrt, vergißt der alte Proteus seine Heerde und flieht über den Ocean; Neptun läßt den Wagen mit Delfinen bespannen und geht zu den Aethiopen."

Bei Bojardo hatte das Mittelalter eine weit bedeutendere Rolle als das Alterthum gespielt; bei Ariosto tritt jenes naturgemäß zurück. Zwar benutzt er, da er aus antiken Reminiscenzen nur Episoden, Vergleiche und Benennungen entnehmen kann, und da er nur die wenigsten der Figuren, die er vorbringt, und der Abenteuer, die er erzählt, frei erfand, mittelalterliche Quellen, aber behandelt sie in selbständiger Weise. Demungeachtet wendet er manches Fabelhafte und Wunderbare, das in den Ritterepen eine oft entscheidende Rolle spielt, an: auch bei ihm finden sich die zwei Quellen, deren eine dem Trinkenden ewigen Haß, deren andere glühende Liebe erzeugt, auch bei ihm die bezauberten Thiere, z. B. daß Roß Bajard, das lange Zeit dem Rinaldo gehört hat, in Folge dessen sich nicht wider ihn brauchen läßt und als sein Bundesgenosse „mit fast menschlichem Verstande" ihn zu der Schönen, nach der er sich sehnte, hinleiten will; Zaubereien aller Art: Ringe, Schilde u. s. w., der Zauberer selbst, der aus seinem Buche Geister hervorlockt, denen er gebieten kann; Seltsamkeiten in verschiedenster Weise, vor Allem der Mond als Bewahrungsort der Verstandesfläschchen und vieles Andere.

In Einem aber sind Bojardo und Ariosto gleich, darin nämlich, daß sie der Zeit, in der sie lebten, in ihren der Vergangenheit geweihten Werken gedachten, nur daß auch in diesem Punkte Ariosto seinem Vorgänger weit überlegen ist. Denn er benutzt sein Werk nicht blos dazu, seinen fürstlichen Gönnern in Ferrara Huldigungen darzubringen, dem Cardinal Ippolito, der weder durch sein Wesen überhaupt, noch durch sein Verhalten gegen den Dichter eine solche Huldigung verdiente und ganz gewiß nicht der „Augustus" hätte genannt werden dürfen, „dem seiner Tugenden wegen ein Maro verliehen war"; dem Herzog Alfonso; und unter den Frauen des estensischen Hauses besonders dreien, Isabella d'Este, der kunstsinnigen Markgräfin von Mantua, Lucrezia Borgia und Renata, der Tochter des französischen Königs Ludwig XII., der später durch ihre Hinneigung zum Protestantismus vielgenannten Fürstin, — sondern er ahnt auch und deutet, freilich leise genug, an (III, 62, und XLI, 67), daß das Geschick wandelbar sei, daß in der Vergangenheit des ruhmreichen Hauses Manches enthalten sei, das der Vergessenheit anheimfallen werde, und in der Zukunft Manches geben werde, das besser noch mit einem Schleier bedeckt sei.

Denn Ariosto verschließt seine Augen nicht vor der Gegenwart, betrachtet vielmehr aufmerksam die politischen Ereignisse seines Vaterlandes und erkennt bei dieser Betrachtung in den Franzosen, den Fremden überhaupt — denn in seinen Satiren und Comödien gedenkt er mit bitterm Hohn auch der Spanier — das Unglück Italiens. Zwar tröstet er sich einmal (XXXIII, 10) mit einer dem Pharamund gewordenen Prophezeiung, daß Italien die Vernichtungsstätte für jedes französische Heer sein werde, weil es von der Gottheit nicht zugelassen werden könne, daß die Lilie in Italien Wurzel fasse, aber lieber möchte er, daß auch die Menschen zu ihrer Befreiung die Hände regen. Daher mahnt er eifrig zur Vertreibung der Franzosen als zur lobenswerthesten That und durchmustert, um einen Anführer für dieselbe zu finden, wiewohl vergeblich, die Zahl der Fürsten Italiens. Auch die eignen Fürsten und Völker nämlich, — und erst durch diese Behauptung wird Ariosts patriotischer Schmerz ein reiner — erfüllen in den Augen des Dichters ihre Aufgabe nur in sehr geringem Maße, „ihre Frevelthaten haben vielmehr das Maß überschritten", statt wie Hirten die Heerden zu weiden, verzehren sie dieselben wie Wölfe, sie sind sich ihrer großen Aufgaben — vornehmlich des Zuges gegen die Türken — wenig bewußt. „Wehe Italien", ruft er einmal aus, „du bist zur Kloake geworden, träge liegst du da und spürst nicht, daß du zur Magd, ja zur Sklavin der Völker herabgesunken bist."

Mochte er nun voll Trauer auf die politische Lage seines Vaterlandes schauen, so wurde er freudig erregt, sobald er auf die geistige Blüthe hinsah. Gern erwähnte er daher die Dichter und Schriftsteller, die Italien zur Ehre gereichten, und stellte einmal (XLV, Str. 3—18) in einer Aufzählung der Freunde und Bekannten, welche seinem Werke Beifall geschenkt hätten, einen fast vollständigen Catalog der damals berühmten Männer und Frauen zusammen, die Meisten nur nennend, Viele mit kurzen Worten treffend charakterisirend: Vida, Bibbiena, Bembo, Sannazar und viele Andere.

Alle derartigen Erwähnungen und Anspielungen sind gelegentliche Zusätze, die den Hauptinhalt wenig berühren. Dieser ist ein vielseitiger, den Kämpfen und Liebesabenteuern der Paladine Karls d. Gr. gewidmeter, so reich an Erzählungen, Thatsachen und Namen, daß es unmöglich ist, selbst in der größten Kürze denselben nur anzudeuten. Roland, der dem Gedichte seinen Namen gegeben hat, wird in der Hälfte der Gesänge gar nicht genannt oder höchstens erwähnt; die Entstehung seines Wahnsinns bildet nicht etwa den Inhalt des ganzen Werks, sondern nur eines, des 23. Gesangs. Roland ist nämlich bei der Verfolgung eines Gegners an einen Platz gekommen, wo die schöne Angelika, die er beständig ersehnt, aber nie erlangt, sich mit ihrem Geliebten Medoro vergnügt hat. Auf diesem Platze sieht er überall die beiden Namen, gibt sich zuerst der angenehmen Täuschung hin, daß er unter dem Namen des Mannes verstanden sein solle, muß aber diesen Glauben aufgeben, als er an der Grotte, in welcher die Liebenden geruht, die Strophen angeschrieben sieht (XXIII, Str. 108, 109, Gries'sche Uebersetzung, etwas verändert):

Ihr Bäum', und Gras, von klarer Fluth umflossen,
Du Grott', die holde Kühlung uns bescheert,
Wo nackend oft, von meinem Arm umschlossen,
Die Schöne lag, die Viel' umsonst begehrt,
Angelika von Galafron entsprossen; —
Für alle Gunst, die Ihr so treu gewährt,
Kann ich Medor Euch nie auf andre Weise
Als dadurch lohnen, daß ich stets Euch preise.

Und diese Bitt' an Herrn und Frauen wage
Und Jeden, den der Liebe Glück belohnt,
Den Absicht oder Zufall her verschlage,
Ob er im Land, ob in der Fremde wohnt,
Daß er zu Gräsern, Bäumen, Schatten sage
Zu Grott' und Bach: Hold sei Euch Sonn' und Mond!
Mög' über Euch der Chor der Nymphen walten
Und Heerd' und Hirten stets entfernt Euch halten.

Diese Inschrift vermag er zuerst nicht zu glauben, versucht sich dadurch zu beruhigen, daß er sich einredet, es habe Jemand die Schriftzüge seiner Geliebten nachgeahmt, wird aber aus seiner Ruhe vollkommen gestört durch einen Landmann, bei dem er einkehrt und von dem er die im ganzen Umkreise bekannte Liebesgeschichte erfährt. Und als er nun gar auf dem Lager schlafen soll, das einst die Liebesseligen beherbergt hatte, da beginnt er zu rasen, stürmt aus dem Hause, der Stätte zu, an der durch die Kenntnißnahme der verhängnißvollen Inschriften sein Leiden begonnen, zerhaut die Inschriften, zerstört alles seinem wilden Grimm irgendwie Erreichbare und liegt drei Tage lang, ermattet von der übergroßen Anstrengung, in bewußtlosem Halbschlafe da. Als er dann am vierten Tage wieder erwacht, und nun im Halbdunkel seines gestörten Geistes das Gethane überblickt, da schämt er sich seiner selbst, zerreißt seine Gewänder und schleudert seine Waffen von sich. In diesem Zustande verläßt ihn der Dichter, um ihn dann gelegentlich wieder vorzuführen, und ihn seine Rasereien, die bald kindische Thorheiten, bald riesenhafte Greuelthaten sind, vornehmen zu lassen. Aber in dem Wahnsinn ist er ebensowenig der Hauptheld des Epos, wie früher in seinen gesunden Tagen und später nach seiner Genesung. Denn auch diese tritt ein und zwar herbeigeführt durch Rolands Vetter Astolfo, der auf einer vermittelst des Hippogryphen angestellten wundersamen Reise dem irdischen Paradiese näher kommt, von dem Evangelisten Johannes die Nachricht von dem Wahnsinne Rolands als einer Strafe für seine Liebe zur Heidin Angelika und zugleich die Kunde erhält, daß seine Heilung erwirkt werden könne durch das Einnehmen des Inhalts eines Fläschchens „Rolandsverstand", das mit den vielen Verstandesbehältern der übrigen Menschen im Monde aufbewahrt werde. Natürlich unterzieht sich Astolfo der seltsamen Aufgabe und kehrt nach vollkommenem Gelingen wieder zur Erde zurück.

Dem modernen Leser und vornehmlich dem Deutschen wird die Würdigung des ariosteischen Epos nicht leicht. Was er nämlich von einem epischen Werke verlangt: reichen Gedankengehalt und Erzählung von Thatsachen, die seinem Begriffs- und Empfindungsvermögen entsprechen, wird er bei Ariost nicht finden; wer es einerseits mit den antiken Epen, andererseits mit den Gedichten Dantes, Miltons oder Klopstocks vergleicht, wird ihm nie vollkommen gerecht werden. Alles das, was dem Südländer und dem Italiener insbesondere — und zwar dem Italiener des 16. Jahrhunderts noch weit mehr als dem der Gegenwart — rühmenswerth gilt: das unvergleichliche Geschick des Erzählens, die Fähigkeit, bunte Abenteuer zu häufen und durch diese Häufung den Leser in beständiger Spannung zu erhalten, die herrlichen Bilder, die er aus Natur und Alterthum wählt, die sinnlich packende Schilderung der Liebe und endlich, aber nicht zum Mindesten, „der Reiz der prächtig dahinströmenden Ottaven", kommen für den Deutschen doch erst in zweiter Linie in Betracht. Daher ist der „rasende Roland" in Deutschland nie ein populäres Werk geworden; die wenigen Uebersetzungen, die freilich nur einen geringen Grad der Vollkommenheit besitzen, verbleiben in kleinen Kreisen. Aber ein Deutscher ist es, Goethe, der wohl die schönste Würdigung des Gedichts gegeben hat und zwar in folgenden Versen (Tasso, Akt I, Sc. 4):

Wie die Natur die innig reiche Brust
Mit einem grünen, bunten Kleide deckt,
So hüllt er Alles, was den Menschen nur
Ehrwürdig, liebenswürdig machen kann,
Ins blühende Gewand der Fabel ein.
Zufriedenheit, Erfahrung und Verstand
Und Geisteskraft, Geschmack und reiner Sinn
Fürs wahre Gute, geistig scheinen sie
In seinen Liedern und persönlich doch
Wie unter Blüthen-Bäumen auszuruhn,
Bedeckt vom Schnee der leicht getragnen Blüthen,
Umkränzt von Rosen, wunderlich umgaukelt
Vom losen Zauberspiel der Amoretten.
Der Quell des Ueberflusses rauscht darneben
Und läßt uns bunte Wunderfische sehn.
Von seltenem Geflügel ist die Luft,
Von fremden Heerden Wies' und Busch erfüllt:
Die Schalkheit lauscht im Grünen halb versteckt,
Die Weisheit läßt von einer goldnen Wolke
Von Zeit zu Zeit erhabne Sprüche tönen,
Indeß auf wohl gestimmter Laute wild
Der Wahnsinn hin und her zu wühlen scheint
Und doch im schönsten Tact sich mäßig hält.

Dreizehntes Kapitel.

Neapel.

Von den Unruhen, welche während der Regierung der Königin Johanna (oben S. 49) geherrscht, hatte sich Neapel unter dem kräftigen Regiment des Königs Ladislaus zu erholen begonnen, aber kaum war durch ihn die Ruhe im Innern hergestellt und die äußere Macht derartig befestigt, daß die Freunde hofften, die Neider fürchteten, er werde die Begründung eines Königreichs Italien anstreben, als durch seinen plötzlichen Tod (1414) das Erreichte vernichtet und das Erhoffte in aussichtslose Ferne geschoben wurde. Das Königthum der Anjous neigte seinem Ende zu. Noch ein Menschenalter verging, während dessen die entarteten letzten Sprößlinge des Hauses ein Spielball der mächtigeren italienischen Fürsten und der von Johanna II. selbst, einem weiblichen Wüstling, herbeigerufenen Aragonesen waren, dann begann durch die Herrschaft der Letztgenannten eine neue Epoche für Neapel und für die Renaissance.

Am 2. Juni 1442 zog Alfonso von Aragonien in Neapel ein. Schon dieser Triumphzug, der damals großes Aufsehn machte und in einer ausführlichen Beschreibung verewigt worden ist, kündigte den Beginn einer neuen Epoche an: es war nicht die trotzige Machtentfaltung eines ausländischen Usurpators, sondern die Huldigung, welche ein nichtitalienischer Fürst dem Geiste der Antike und den allegorischen Liebhabereien des damaligen Italiens brachte. Kaum war Alfonso Fürst, so galt er nicht mehr als Fremder, er wurde vielmehr in den italienischen Angelegenheiten als Eingeweihter betrachtet, als Mithandelnder angesehen und geschätzt. Sein Hof ward bald zum Sammelplatz, aus dem die höchststehenden Männer hervorgingen, z. B. Papst Calixt III., der sich freilich später sehr undankbar für die daselbst empfangenen Wohlthaten erzeigte, ein Platz, an dem die in Neapel Heimischen am Meisten geehrt wurden, nicht blos durch hohe Geldsummen und Ehrenbezeugungen, sondern durch die verständnißvolle Anerkennung eines Fürsten, dem die Begünstigung der Wissenschaften weniger eine Mode-, als eine Ehren- und Herzenssache war. Denn Alfonso war zwar kein Gelehrter wie Federigo von Urbino, aber ein Liebhaber der Gelehrsamkeit; wie Jener beim Bau seines Palastes, so bediente sich Dieser bei Restauration seines Schlosses der Vorschriften der alten Architecten, gleich ihm liebte er

Der Triumphbogen des Königs Alfons zu Neapel.

Erbaut seit 1443 von Pietro di Martino.

besonders Geschichtschreiber des Alterthums, gleich ihm wußte er die Verehrung der heidnischen Poeten mit der Hochachtung kirchlicher Schriftsteller in sich zu vereinigen. Er war fromm, aber ließ sich nicht durch fromme Betrügereien der Priester täuschen; ja er braucht einmal in einem diplomatischen Aktenstücke Ausdrücke, die nicht eben den Priesterzögling bekunden, „daß auf die Priester Schläge besser wirkten als Bitten“; er haßte die Astrologie, die er als religionsfeindliche Afterwissenschaft erklärte, und wußte die Bibel beinahe auswendig, nachdem er sie vierzehnmal gelesen hatte. Gegen seine Lehrer und die Gelehrten an seinem Hofe war er so freigebig, daß er in jenem schmähsüchtigen Zeitalter nur Einem, dem Poggio, Gelegenheit zu einer wegwerfenden Bemerkung gab; seine Unterthanen ermunterte er zum Studium und schickte einzelne junge Leute auf seine Kosten nach Paris. Den meisten Eindruck aber machte sein ungekünsteltes Staunen über die Leistungen großer Männer, so daß man gern erzählte, wie er während einer Rede des Giannozzo Manetti „wie ein Erzbild“ regungslos auf dem Throne gesessen und nicht einmal eine Mücke abzuwehren gewagt habe, oder wie er durch die Lektüre einiger Seiten des Quintus Curtius von einer Krankheit geheilt und durch Uebersendung eines schönen Liviusexemplars seitens Cosimos von Medici zum Frieden mit dem Letztern bewogen worden sei. Durch diese überschwängliche Begeisterung für die Studien verlor er die Schätzung der übrigen Interessen seines Landes, machte seine Günstlinge zu einer Landplage und drückte Reiche wie Arme mit fast unerschwinglichen Steuern, verschwendete ungeheure Summen für seine Bauten und gab durch seine Liebschaften den Unterthanen ein schlechtes Beispiel. Trotzdem war er ein beliebter Herrscher, weil er in persönlichem Verkehr sich Jedermann freundlich zu erzeigen wußte, nicht selten wie ein Familienoberhaupt seine Großen mit deren Angehörigen bei sich versammelte und weil er den Grundsatz befolgte, Niemanden mit traurigem Antlitze von sich gehen zu lassen.

Alfonso von Aragonien, König von Neapel. Medaille von Victor Pisano, 1449 modellirt und gegossen. Am Helm ist ein Buch dargestellt, offen, vom Rücken gesehen. (Berlin, Königl. Münz Cabinet. Nach Julius Friedlaender, Die ital. Schaumünzen des 15. Jahrh.)

Sein natürlicher Sohn und Nachfolger Ferrante (1458—1494), glich in Nichts dem Vater, am Wenigsten in seinem Verhältniß zur Literatur.

Während der ersten Jahre seiner Regierung hatte er den durch den undankbaren Papst Calixt III. erregten Kampf mit seinen Baronen zu bestehen und benutzte, nachdem er diesen siegreich beendet, die späteren Jahre dazu, mit unerhörter und ausgeklügelter Grausamkeit an seinen Gegnern, mochte er sie todt oder lebendig in seine Gewalt bekommen, Rache zu nehmen: gegen Ende seiner Herrschaft (1485) hatte er noch einmal einen schrecklichen Baronenkrieg, einen schlimmern als den ersten zu bestehn, welcher aufs Neue bewies, wie seine ganze Macht nur eine erzwungene, durch rücksichtslose Energie den zitternden Unterthanen aufgenöthigte war. Ferrante war ein Tyrann, der durch Zwangsanleihen, Erpressungen und Monopole und durch andere Hülfsmittel seines erfindungsreichen Schatzmeisters Francesco Coppola seine Kassen zu füllen, und durch die geschickten Depeschen seiner Staatssekretäre Antonello Petrucci und Gioviano Pontano, die er, so oft sie ihn auch verlassen wollten, durch Ueberredung zum Bleiben bewog, sein Ansehn in Italien und im Auslande zu behaupten verstand. Aber trotz seiner Gewaltthätigkeiten und trotz der Tüchtigkeit seiner Beamten vermochte er nichts Bleibendes zu schaffen. Er hatte, ebenso wie sein Minister Pontano, die Gefahren vorausgesehn, welche Neapel durch den Einfall der Franzosen drohten, hatte mit düsterer Prophetenstimme den italienischen Fürsten seine Befürchtungen dargelegt und, bei dem Andränger selbst sowie bei Spanien Rath und Hülfe gesucht, aber er hatte das Unheil nicht aufzuhalten vermocht. Kaum war Ferrante todt und kaum hatte sein ältester Sohn Alfonso, der Herzog von Calabrien, der schon bei Lebzeiten des Vaters Mitregent gewesen war, ein widerlicher, lasterhafter Mensch, die Herrschaft selbständig übernommen, als Karl VIII., nachdem er die neapolitanische See- und Landmacht besiegt hatte, in Neapel einzog (22. Febr. 1495). Alfonso flüchtete und starb noch in demselben Jahre in Sicilien, sein Sohn Ferrante II., der einige Monate später unter dem Freudejauchzen desselben Volkes, das kurz zuvor den Franzosen zugejubelt hatte, wieder in Neapel einzog, starb 1496, ein 27jähriger Jüngling, der seine Kräfte durch übermäßigen Genuß frühzeitig erschöpft hatte. Das Haus der Aragonesen hatte sich aufgezehrt. Denn es bedeutete wenig, daß ein Oheim Ferrantes II., Federigo, ein Fürst, der von den früheren Herrschern in vortheilhafter Weise abstach, die Regierung übernahm. Es fehlte ihm an Kraft, seine Pläne auszuführen, seine Gesinnungen durch Thaten zu bekunden. Wie er 1498 den Antrag des Papstes Alexander VI., den Cesare Borgia mit seiner Tochter Carlotta zu verheirathen, schnöde abwies, mit dem Bemerken, daß er, ehe er in die Verbindung mit einem Priester, dem Bastardsohne eines Priesters, willigte, lieber Reich, Kinder und Leben verlieren wollte, und doch in demselben Jahre die Vermählung eines Verwandten, Alfonso, mit der Lucrezia Borgia gestatten mußte, so schwankte er überhaupt, geschüttelt durch die Verhältnisse, denen er nicht gewachsen war, ohnmächtig hin und her. Nach wenigen Jahren (1501) wurde er durch den erneuten Einfall der Franzosen verjagt und verbrachte seine übrige Lebenszeit als Verbannter in Frankreich. Neapel wurde ein Spielball in den Kämpfen zwischen Spanien und Frankreich und schied durch die dauernde Vereinigung mit der spanischen Monarchie aus der Reihe der italienischen Staaten.

Inmitten dieser Greuel, inmitten des unruhigen Zustandes des Staats blühte die Literatur. Diese Blüthe war keine künstliche, erzeugt durch die Berufung hervorragender Männer an den Hof von Neapel, sondern eine natürliche, die sich in der Wirksamkeit einheimischer mit dem Hofe in Beziehung stehender Männer zeigte: Antonio Beccadelli, Giovanni Pontano, Jacopo Sannazaro.

Antonio Beccadelli, bekannter unter seinem Beinamen Panormitanus, welchen er von seiner Geburtsstadt Palermo führte, (1394—1471) ist besonders wegen seines Hermaphroditus berüchtigt. Er selbst ermahnt in der Vorrede jenes Werks die Leser, sich nur in der Einsamkeit mit dieser Frucht seiner Muße zu beschäftigen, bittet sie um Nachsicht, da er ja mit anderen großen Dichtern gemeinsam gefehlt habe, und beschwört sie, aus dem Geschriebenen keinen Schluß zu ziehen auf sein Leben, denn dieses sei fleckenlos und rein; und auch Andere versichern, daß er die Tugend für die glänzendste Leuchte gehalten und ihr mit allem Eifer nachgestrebt habe. Vernimmt man ferner, daß das Werkchen dem ernsten und würdigen Cosimo von Medici gewidmet ist, von Guarino, Poggio, dem Bischof Bartolommeo von Mailand sehr gerühmt wurde, so erblickt man vielleicht in den Urtheilen dieser Männer ein Gegengewicht gegen den Vernichtungskrieg, welcher dem Buche von den Bußpredigern jener Zeit angedroht und durch die verdammende Bulle des Papstes Eugen IV. scheinbar bereitet wurde. Freilich bleibt die Sammlung von 81 lateinischen Gedichten, wie sie in den zwei Büchern des Hermaphrodit vereinigt sind, ein leichtsinniges Buch, im Taumel entstanden, bei frohem Gelage, für Zechbrüder und Lustgenossen bestimmt. Es lehrt die Freude und den Sinnesgenuß, aber es geißelt mit Strenge die unnatürlichen Laster, es höhnt mit vielem Witz die lächerlichen Unwissenden und die aufgeblasenen Gelehrten, es rühmt die Freunde z. B. Giovanni Aurispa und Leonbattista Alberti und vertheidigt die Dichtkunst, und damit auch Tugend und Keuschheit nicht fehle, verherrlicht es in hübschen Versen zwei schöne Mädchen aus Siena, welche jungfräulich eines frühen Todes starben.

Beccadelli gedachte, „wenn ich", wie er bemerkt, „kein eitles Zutrauen in meinen Geist setze," den Hermaphrodit vergessen zu machen durch „Verse, welche keine Zeit zerstören soll," aber er hat nichts geschrieben, das jenem Buch an die Seite gesetzt werden kann. Denn sein Werk de dictis et factis Alphonsi, eine inhaltsreiche Anekdotensammlung, durch welche er den König Alfons, der nicht sparsam in Gunstbeweisen gegen ihn gewesen war, verherrlichte und nicht wenig dazu beitrug, ihm für die Zukunft den Beinamen des Großen, des Hochherzigen zu verschaffen, ist zwar belehrend und als die erste moderne zur Schilderung eines Einzelnen bestimmte anekdotischbiographische Schrift bemerkenswerth, hätte ihm aber schwerlich die Unsterblichkeit verschafft; seine Reden sind nicht bedeutender als die der meisten Zeitgenossen; andere seiner Werke aber, die gelegentlich erwähnt werden: Tragödien, eine Geschichte Ferrantes I. u. a. sind nicht erhalten.

Beccadelli stand mit den Schriftstellern Neapels in Verkehr und vereinigte sich mit den Bedeutenderen unter ihnen zu einer Akademie, die in Beccadellis Todesjahr nach dem Namen des Stifters die Bezeichnung Academia Pontaniana annahm, und unter diesem Namen, freilich in häufig veränderter Gestalt, nicht blos den Stürmen der damaligen Invasion trotzte, sondern die Jahrhunderte überdauerte und noch heute besteht.

Zu den Mitgliedern dieser Akademie gehörte Tristan Caracciolo (1439—1517) Pontanos erster Biograph, der durch mannigfache geschichtliche Arbeiten sich ausgezeichnet hat, durch eine Schilderung der ersten Königin Johanna, in welcher er der Vielgeschmähten gerecht zu werden sucht und durch ein großes zeitgeschichtliches Werk: de varietate fortunae, das die Wechselfälle des Schicksals in Neapel unter dem großen Alfonso und unter Ferrante I. darstellen soll; eine der lesenswerthesten Schriften jener sonst reichen Jahre, wie Jakob Burckhardt sagt, „wundersam verflechten sich in den Gestalten, die er uns vorführt, Schuld und Schicksal; ja man könnte ihn wohl einen unbewußten Tragiker nennen."

Giovanni Gioviano Pontano (geb. 1426 in Cereto in Umbrien, gest. 1503 in Neapel) war ein treuer Diener seiner Fürsten, deren Ansichten und Pläne, Hoffnungen und Enttäuschungen er in seinen lebendig und klar abgefaßten Staatsschriften zum Ausdruck brachte, aber ein zu großer Liebhaber seiner Ruhe und Bequemlichkeit, als daß er seinen Gebieter ins Exil begleitet oder die triumphirenden Eindringlinge mit List und Gewalt zu bekämpfen versucht hätte. Vielmehr begrüßte er den einziehenden Karl VIII. mit einer Bewillkommnungsrede und war sehr unwillig darüber, daß ihm die malevoli nebulones dieselbe verdachten, und wenn er das ihm von Ludwig XII. gemachte Anerbieten einer Stelle in Frankreich ausschlug, so that er dies weniger aus Franzosenfeindschaft, als aus Unlust, seinen Aufenthaltsort zu wechseln. Mit seinem Patriotismus fand er sich durch sein Geschichtswerk: „über den neapolitanischen Krieg" ab, das, die Ereignisse der Jahre 1460 ff. behandelnd, als eine Art persönlicher Rechtfertigungsschrift und als Verherrlichung seines Königs betrachtet werden kann; seine übrigen Schriften hätte ebensogut ein Nichtneapolitaner schreiben können. Die Behauptung, daß Pontano gleichgültig gegen sein Vaterland gewesen sei, wird nicht erschüttert durch die Thatsache, daß er seinen Fürsten Alfonso und Ferrante manche Schrift gewidmet hat, — denn durch solche Widmungen machte er nur die herrschende Mode mit und genügte weit mehr einem persönlichen Dankgefühl als einer patriotischen Pflicht und neben dem Lobe findet sich mitunter bitterer Tadel, z. B. der, daß die Aragonesen in das mit Menschenleben nicht eben sparsame Neapel noch überdies den Dolch gebracht hätten —, noch weniger durch die an vielen oft ziemlich ungehörigen Stellen vorgebrachten Klagen über die Verwüstung Italiens, „der ehemaligen Herrin der Nationen und jetzigen Sklavin," und über die Söldnerheere, welche das Land verwüstend durchziehen. Denn Pontano gehört zu den Cosmopoliten jener Zeit, der u. A. den Satz aussprach: „In allen unsern volkreicheren Städten sehen wir eine Menge Leute, die freiwillig ihre Heimath verlassen haben; die Tugend nimmt man ja überall hin mit" und als eigentliches Vaterland der Gelehrten die Wissenschaft erklärt, die weder an Zeit noch an Ort gebunden sei.

Ihr zu dienen war Pontanos Hauptbestreben. Zur Wissenschaft rechnete er aber vornehmlich die Astrologie, zu deren Anhängern er sich bekannte, und die er in seinen zahlreichen und großen mathematisch-astronomischen Werken lehrte. Die Bedeutung der letzteren besteht nun keineswegs blos in der volltönenden Lobpreisung der Astrologie, sondern darin, daß sie ein ziemlich vollständiges Repertorium der Kenntnisse jener Zeit darbieten; Astronomen haben hervorgehoben, daß Pontano als Erster die alte Meinung des Demokrit erneuert habe, nach welcher das Licht der Milchstraße von einer unendlichen Zahl kleiner Sterne erzeugt werde. Die Astrologie aber pries er bei jeder Gelegenheit: er glaubte an die Möglichkeit, Zukünftiges vorherzusagen und wollte dem Wahrsager keine Schuld beimessen, wenn einmal eine Prophezeiung nicht eintraf, er war überzeugt davon, daß Untugenden und Laster, Krankheiten und Abnormitäten durch Einwirkung der Gestirne erzeugt würden und mochte sich nicht ausreden lassen, daß nur Derjenige ein Dichter werden könnte, bei dessen Geburt Venus und Merkur zusammengestanden hätten. Darum bemühte er sich, seine Freunde zu seinen Ansichten zu bekehren und gab seine Lieblingsvorstellungen nur theilweise auf, als der Glaube an die Astrologie durch Picos Widerlegung einen argen Stoß erlitten hatte, tadelte nun die Astrologen zwar, aber weniger deswegen, weil sie sich mit einer trügerischen Kunst beschäftigten, als vielmehr deswegen, weil sie sich bei der Ausübung derselben nicht genügende Mühe gäben.

Astronomie und Mathematik waren für ihn nur ein Zweig der Philosophie, der er sich mit besonderer Vorliebe ergab. Die meisten seiner Schriften behandeln moralische Gegenstände, aber freilich in sehr praktischer Art. Er begnügt sich nämlich nicht damit, die Tapferkeit, Klugheit, Freigebigkeit und Hochherzigkeit — so lauten die Titel einiger seiner größeren Abhandlungen — theoretisch zu erläutern, sondern gibt zugleich zahlreiche Beispiele für seine philosophischen Auseinandersetzungen, so daß er diese Schriften durch ihre dem Alterthum entlehnten Anekdoten zu einem beredten Zeugniß seiner Belesenheit und Gelehrsamkeit und durch die über Zeitgenossen berichteten Erzählungen zu einer nicht unwichtigen Quelle der Zeitgeschichte macht. Am Wenigsten thut er dies in einer Schrift, in der man es am Meisten erwarten sollte, nämlich in seiner Abhandlung „vom Fürsten;" sie ist eine trockene Zusammenstellung lehrhafter Vorschriften, die auch von einem minder bedeutenden Menschen ebenso gut oder besser hätte gemacht werden können.

Durch alle diese Abhandlungen hätte Pontano nur den Namen eines Gelehrten, nie den eines geistreichen, poetisch hochbegabten Mannes erringen können. Aber auch diesen erlangte er durch seine Dialoge und Gedichte.

Wenn man die Dialoge liest, so wird man schon äußerlich überrascht: statt der schwerfälligen, manchmal gekünstelten Sprache der Abhandlungen findet man in ihnen eine leichte, natürliche Ausdrucksweise, statt der allgemeinen philosophischen Erwägungen die Schilderung von Augenblicksbildern, Volksfesten und Liebesscenen, Declamationen gegen moralische Gebrechen, gegen die Unbildung des Volkes und die pedantischen Streitigkeiten der Gelehrten. Ohne sich streng an den Zusammenhang zu kehren, gibt Pontano in diesen Dialogen: Charon, Antonius, Asinus, seine Gedanken und Ansichten kund, z. B. über die Unsterblichkeit, die er nicht unbedingt annimmt, er kündigt Italien den Einheitsstaat an und warnt seine Landsleute, freilich zu spät, vor den Franzosen und Deutschen, er rühmt die Gelehrsamkeit, und verherrlicht die Reinheit der vergangenen Zeiten gegenüber der Verderbtheit der Gegenwart. Um diese recht deutlich zu kennzeichnen, fingirt er einmal eine Reise durch ganz Italien, die er zu dem Zwecke unternimmt, einen Weisen und Tugendhaften zu suchen: er habe aber, so schließt er resignirt, nirgends einen Solchen gefunden, nur in Neapel und Venedig habe er einige Hoffnung geschöpft.

Schon in die Dialoge hat Pontano eine Anzahl Gedichte eingereiht, eine weit größere hat er in besonderen Sammlungen zusammengestellt. Von diesen sind die lehrhaften, an denen jene Zeit großes Gefallen fand, heute wenig genießbar, um so genießbarer die lyrischen Gedichte, welche Natur und Leben treu abspiegeln, in denen Pontano sich bewegte. Hier ist Frische und Unmittelbarkeit der Empfindung und des Ausdrucks, eine Beweglichkeit der Sprache, der gegenüber man sich staunend sagen muß, daß es ja ein todtes Idiom ist, in welchem sie geschrieben sind. Die kleinen Gewohnheiten und Vorgänge des neapolitanischen Lebens werden in ihnen geschildert, die Fürsten und Freunde, die Mitglieder der Akademie erhalten in ihnen ihr Lob; ein früh verstorbener Sohn Lucius wird in einer rührenden Todtenklage besungen; bedeutende und verdiente Männer, Neapolitaner und Fremde, neben Beccadelli und Masuccio der Römer Pomponio Leto und der in Venedig lebende Antonio Sabellico werden gerühmt, berüchtigte Personen z. B. Lucrezia Borgia mit kräftigen Worten verfolgt, Zeitereignisse wie der Sieg bei Otranto gefeiert. Den ernsten, würdigen, auf Großes bedachten und mit wichtigen Angelegenheiten beschäftigten Pontano muß man in den Prosaschriften suchen; in den Gedichten erscheint er keck und leichtsinnig, Liebe suchend, Liebe singend und in die Natur und ihre Schönheiten sich versenkend. Ein Beispiel dieser Natur- und Liebeschwärmerei ist sein Gedicht: Lepidina, das seinen Namen trägt von einer Frau, die in inniger Liebe mit ihrem Gemahle Macro vereinigt ist und sieben Aufzüge phantastischer Wesen beschreibt, welche herbeikommen, um eine Hochzeit zu verherrlichen. Diese Wesen stellen die Städte und Dörfer, die Quellen und Hügel um Neapel dar; der Vesuv kommt herbei, ein alter Mann auf einem Esel den Berg herabtrabend, von Allen mit Freude bewillkommnet, einen Jeden erfreuend durch ein kleines Geschenk. Sodann die Sammlungen, welche den Titel Amores und Bajae führen. Es sind meist kleine Gedichte, welche, wie man nicht mit Unrecht gesagt hat, die wollüstige Luft jenes Lieblingsbadeortes der neapolitanischen Großen athmen, den Liebesgenuß preisen und Sehnsucht nach neuen Freuden verkünden, die Grausamkeit der Geliebten beklagen und die Eifersucht verdammen. Der Dichter bringt der Geliebten Ständchen und mahnt die Nachbarn, ihn in seinem Treiben nicht zu stören, er verwünscht den Hofdienst, durch welchen er dem Liebesdienst entzogen zu werden fürchtet und freut sich der Kälte, die ihm die Nähe der Geliebten um so wünschenswerther macht; von den Turteltauben will er das Wesen der Liebe erkunden und Musen und Charitinnen erfleht er als Genossinnen. Ob er wirklich Grund hatte, sich über Untreue oder Kälte seiner Gemahlin zu beklagen, wie er manchmal thut, weiß man nicht, ob er in all den Liebesspielen, welche er beschreibt, nur seine Phantasie walten läßt, oder wirkliche Vorgänge schildert, bleibt sich gleich; jedenfalls herrscht in allen diesen Gesängen eine Grazie des Ausdrucks, ein Wohllaut des Tones, eine Unmittelbarkeit der Empfindung, daß man Volkslieder zu hören meint. Selbst des Lateins Unkundige werden sich an dem Melodischen erfreuen in Versen, wie die folgenden (Amorum lib I. ad Fanniam):

Amabo mea chara Faniella,
Ocellus Veneris decusque Amoris,
Jube isthaec tibi basiem labella,
Succiplena, tenella, mollicella,
Amabo mea vita suaviumque
Face istam mihi gratiam petenti.

Unter Pontanos Gedichten befindet sich eins: ad Actium Syncerum Sannazarium, in welchem er den Angeredeten aus Sicilien, wo Jener sich damals aufhielt, zu entfernen und nach Bajae zu locken sucht, dessen Reize und Annehmlichkeiten er verführerisch schildert. „Hier ist es dem Jünglinge und dem Mädchen erlaubt, im Liebesspiele zu scherzen, zu singen, zu tanzen; hier ziemt es dem Alter, den Streit der Jugend zu schlichten, und den Frieden zu verwirren, die Scherzenden zum Weinen, die Weinenden zum Lachen zu bringen, im Liebesgerichte sitzend Strafen zu dictiren, welche die Gestraften nur gar zu gern über sich ergehen lassen; hier ist ein Ort, der alle anderen vergessen macht, ein seliger Aufenthalt, denn die Menschen ehren ihn und die Götter."

Der also Angeredete, Jacopo Sannazaro (geb. in Neapel 1458, gest. daselbst 1530) war mit Pontano innig verbunden, theilte mit ihm Eifer und Leidenschaft für die Studien, unterzog sich nach Pontanos Tode der Herausgabe seiner Schriften, unterschied sich aber von ihm durch die Hingebung, welche er dem fallenden Herrscherhause bezeigte. Denn als er erlebte, daß König Federigo sein angestammtes Land verlassen und nach Frankreich wandern mußte, begleitete er ihn, um ihm nun auch durch die That die Treue zu beweisen, von welcher er bisher nur Worte gemacht hatte, und harrte lange bei ihm aus; später, als er den Tod des Königs zu beklagen hatte, ließ er ihm in seiner Lieblingsvilla, einem Geschenk des Fürsten, jährlich mehrmals Messe lesen. Diese Begleitung des auswandernden Fürsten ist um so anerkennenswerther, als Sannazaro in der Heimath eine Frau zurückließ, der er in voller Innigkeit ergeben war. Viele andere Dichter jener Zeit haben nur von Liebe gesprochen, Sannazaro hat sie wirklich gefühlt. In früher Jugend schon, angeblich als Achtjähriger, vielleicht um sich mit Dante zu vergleichen, entbrannte er in Liebe für die schöne Carmosina Bonifacio und blieb ihr treu bis zu ihrem Tode; mit ihrem Tode erlosch seine Liebesgluth und es war nur anhängliche Freundschaft, welche ihn seitdem mit einer ältern Frau Cassandra Marchese verband. Jene ist die Heldin eines seiner größeren Werke (Arcadia), diese die Gefeierte seiner kleinen Gedichte (Rime). In Eklogen und Elegieen, in Sonetten und Epigrammen spricht er von seiner Liebe, er verkündet die Ewigkeit derselben in dem schönen Distichon:

Tu puero teneris ignis mihi primis ab annis;
Ultima tu tremulo flamma futura seni

und weiß in allen Formen seine Empfindungen auszudrücken. Diese Empfindung ist echt, trotz der Anklänge an Petrarca, die sich manchmal finden, trotz des gewissermaßen neidischen Hinblicks auf ihn, der durch seine Gedichte sich und die von ihm Besungene unsterblich gemacht, trotz der häufig vorgetragenen Absicht, durch die Muse unsterblich zu werden. Man lauscht gern seinen Klagen, lieber seinen Jubelgesängen, man erfreut sich der Geschicklichkeit, mit der er häufig vorgebrachte Themata, die Hand der Geliebten, welche ihre schönen Augen bedecke, den Schleier, der das Glück habe, ihr Antlitz zu berühren, behandelt. Größeres Interesse aber erregt er, wenn er Vorgänge aus seinem eignen Liebeleben, und seien sie noch so unbedeutend, anmuthig schildert, wie den Tod eines für seine Geliebte bestimmten Rebhuhns, das mit zwei anderen von ihm einem äthiopischen Sklaven anvertraut, durch diesen entwendet, sich nun über sein Dahinscheiden beklagt, daß es allein zu den Thoren des Tartarus gekommen, während die anderen ins Paradies „und zum glücklichen Dasein gelangt seien“; wenn er schmerzlich ergriffen von der schweren Krankheit der Geliebten verzweiflungsvoll ihren Tod wünscht, weil er dann doch eine Lebensaufgabe habe, nämlich ihre Asche zu bewahren und Todtenklagen anzustimmen.

Die Arcadia (zuerst 1504) ist ein Werk von dichterischer Schönheit und noch größerer literarischer Bedeutung. Diese wurde schon von Sannazaro selbst ausgesprochen durch seinen an die Muse gerichteten Schlußanruf: „Du hast zuerst die entschlafenen Wälder erweckt und Hirten die Kunst gezeigt, ihre verlorenen Gesänge anzustimmen", sie wurde laut anerkannt durch die ungeheure Theilnahme der Zeitgenossen, so daß im 16. Jahrhunderte allein 60 Drucke nothwendig wurden, und durch die vielfachen Nachahmungen der folgenden Dichter. Die Arcadia ist ein Hirtengedicht, oder vielmehr eine Sammlung von Hirtengesängen (Eklogen) mit einem verbindenden Text, in denen der Dichter zwar fremden Quellen folgte — für das Ganze ist Boccaccios Ameto, für Einzelnes z. B. die 12. Ekloge Pontanos, Melisens, benutzt — aber zumeist aus eigener Empfindung schöpfte. Denn das Werk ist eine Todtenklage für die verstorbene Carmosina, welche Sannazaro zu betrauern hatte, als er von seiner nach Frankreich unternommenen Reise zurückkehrte; er selbst erscheint in demselben unter dem Namen Ergasto und Sincero, der nach Arcadien geht, um seine Geliebte zu beweinen, der in Gemeinschaft mit den übrigen Hirten Gesänge anstimmt, um die Schönheit und Tugend der Verlorenen zu verherrlichen, der durch Reisen selbst in unterirdischen Gegenden, in welchen er von einer Najade geleitet wird, Trost zu erlangen sucht, und endlich nach langdauernder aber fruchtloser Entfernung in sein Heimathland zurückkehrt.

Freilich der Hirtenton ist nicht immer vollkommen getroffen: der gelehrte und kunstgeübte Dichter gebraucht vielmehr Wendungen und Lieder, die nicht den Naturkindern, sondern gebildeten Menschen angehören, aber er weiß trotzdem das Gefühl des Ländlichen in dem Hörer und Leser zu erwecken durch die beredte Schilderung der Natur, die aus einer unverfälschten Empfänglichkeit, nicht aus einer künstlich gesteigerten Begeisterung hervorgeht. Diesem Naturleben entspricht es denn auch, wenn er seine Hirten und Hirtinnen von Pan und Bacchus, von Ceres und den Najaden sprechen und singen, wenn er sie — nach dem glücklichen Ausdruck eines modernen Critikers — die Religion Theocrits und Virgils bekennen läßt, ohne selbst ihr anzuhängen, entspricht es ferner, wenn er Liebesscenen nicht in dem unnatürlich verfeinerten Tone der höhern Gesellschaft, sondern in dem derbrealistischen Tone der Bauern schildert. Doch liegt es ihm ferne, durch solche Schilderungen Sinnlichkeit zu erregen; vielmehr hält ihn die reine Gesinnung, die er gegen die Beherrscherin seines Herzens hegt, vor jeder unreinen Regung und jedem unlautern Verlangen zurück.

Sannazaro benutzt sein Gedicht aber nicht nur zur Verherrlichung der Geliebten, sondern zum Preise seiner Freunde, zur dankbaren Verklärung seiner früh verstorbenen zärtlich geliebten Mutter, und zu dem, freilich ziemlich versteckten Lobe der vertriebenen aragonesischen Fürsten. Denn ihnen ist er ergeben, der herrschenden französisch-spanischen Macht bleibt er feindlich gesinnt und drückt diesen Haß gegen Frankreich durch die seltsame Schilderung des Landes aus, das er aus eignem Anschaun kannte: „es sei eine Einöde, welche nicht edle Jünglinge erzeugen und ernähren könnte, sondern die kaum zum Wohnsitze wilder Thiere passend erscheinen möchte".

Sannazaro fand keine rechte Freude an dem Ruhme, welchen er

durch die Arcadia erlangt hatte, „er sei", meinte er, „nicht sicher, da er nur auf das Urtheil der Menge gegründet sei", er mochte, wie die meisten Schriftsteller jener Zeit, lieber durch lateinische als durch italienische Schriften seinen Namen auf die Nachwelt bringen, und, wie wenige derselben, sich mehr an heiligen Stoffen, als an weltlichen Dingen ergötzen.

Ein Zeugniß dieser Gesinnung ist sein lateinisches Gedicht de partu virginis (Ueber die Geburt Jesu), die reife Frucht seines Cultus der Jungfrau Maria, welcher er, wie Goethe sagt, „als einem Ausbund weiblicher Schönheit und Tugend Leben und Talente widmete." Dieses mäßig große Gedicht, an welchem er 20 Jahre gearbeitet, jeden Gesang, ja jeden Vers mit seinen Freunden durchgenommen haben soll, verschaffte ihm den größten Ruhm und erwarb ihm den Ehrennamen eines „christlichen Virgil", welcher zum ersten Male das Christenthum dichterisch verklärt habe, nachdem die früheren christlichen Dichter nur die bloße Religion ohne dichterischen Schmuck verkündet hatten.

Der Inhalt des Gedichts lehnt sich ziemlich treu an die Tradition an: Gott erkennt, daß es genug sei an den Sünden der Menschen, will der Welt einen Erlöser schicken und beauftragt den Engel Gabriel, der Jungfrau Maria ihre hohe Bestimmung zu verkünden. Gabriel geht auf die Erde hinab, findet Maria bereit, der Geist steigt nieder und die wunderbare Empfängniß findet statt. Dadurch nun wird die ganze Natur, das Lebendige und Todte erregt, die Seelen der Verstorbenen in der Unterwelt erheben sich: David verkündet in begeisterter Rede den Lebenslauf Jesu. Maria reist zu Elisabeth und Beide schwelgen in seliger Freude. Aber die Freude wird bald durch die äußeren Ereignisse gestört: die Einführung des Census im römischen Reich nöthigt Maria und Joseph zur Flucht nach Bethlehem, die Ueberfüllung der Stadt nöthigt sie, ein Unterkommen in einer Grotte zu suchen, hier wird Jesus geboren. In Folge dieses Ereignisses wird die Welt von Jubel und Freude ergriffen: die Engel und Hirten stimmen Lobgesänge an und der Jordan verkündet mit begeisterten Worten den Ruhm Jesu, des Befreiers der Welt.

Nicht etwa in der Erfindung des Inhalts, sondern in der Ausführung, in der künstlerisch vollendeten, tadellosen Form der Verse besteht Sannazaros Verdienst; seine Schilderung, die sich nicht scheut, an das Höchste, an die Erscheinung Gottes selbst zu gehen, ist plastisch, die Frömmigkeit, welche zum Ausdruck gelangt, ist keine blos gemachte. Man erkennt: dies ist keine zufällig gewählte Aufgabe, sondern eine, welche den eigentlichen Lebensgehalt des Dichters ausmacht, er wird aus innerm Bedürfniß zu ihr gedrängt. Diese Beurtheilung darf nicht durch die seltsame, den ästhetisch gebildeten Leser störende Vermischung von Heidnischem und Christlichem, Antikem und Modernem geändert werden; denn jene Zeit fand nichts Tadelnswerthes darin, daß der Dichter Verse aus Virgils vierter Ekloge in den Gesang der Hirten an der Krippe einflocht, daß er Gott Züge von Jupiter, Gabriel solche von Merkur, Maria von Dido gibt, oder die Genannten geradezu mit heidnischen Namen bezeichnet; daß beim Gesange des David der Erebus sich erregt, die Megäre knirscht, der Cerberus heult, der Cocytus schaudert, Sisyphus aber unbewegt bleibt; daß der Jordan größere Glaubwürdigkeit zu er langen meint, wenn er seine Prophezeiungen als diejenigen des Proteus mittheilt.

Doch man kann nicht sein ganzes Leben in heiliger Stimmung zubringen. So ernst es Sannazaro auch mit seinem Liede und seinen Gesinnungen war, so war er doch aufrichtig genug, die Gesänge mit dem Bekenntniß zu schließen, daß er nun das Heilige abbrechen müsse, denn jetzt erwarteten ihn die Tritonen und Nereiden und sein Mergellina, wo immer neue Kränze grünten, die er sich um die Schläfen winden wollte.

Mergellina hieß das Landgut, das er von dem König Federigo erhalten hatte, wo er der heiligen Jungfrau eine Kapelle errichtete, wo er auf dem Lande lebte, sich der Stille und Abgeschiedenheit freute und seinen Namensheiligen verehrte. Denn diesen zu preisen, wo er sich auch befand, ob in seinem schönen Besitzthum oder auf der Flucht wehmüthig seiner Heimath denkend, und die Natur zu verherrlichen in lieblichen Hirtengedichten und in stimmungsvollen Gesängen, welche die Schönheiten des Meeres, die Lieblichkeit des Frühlings anschaulich schildern, das war der Hauptzweck seiner kleineren Dichtungen, soweit sie von Liebe und Mariencultus schweigen. Daneben aber gedenkt er auch der Zeitereignisse in kurzen Versen, die zwar nicht alle so einträglich für ihn waren wie seine drei Distichen auf Venedig, welche der Rath jener Stadt ihm mit 100 Dukaten bezahlte, die aber wegen ihres Freimuths und wegen ihrer Entschiedenheit Anerkennung verdienen. Wenige Dichter wagten es, so muthvoll, wie er, die Päpste anzugreifen, von Innocenz VIII., den er höhnt, er habe durch seine Nachkommenschaft die von ihm entkräftete Stadt wiederbevölkert bis Hadrian VI., den Barbaren, gegen den Christus als Rächer aufgerufen wird. Selbst Leo X. muß den Spott erdulden: er habe in seiner Todesnoth nicht das Abendmahl nehmen können, denn er habe auch dies mit den übrigen päpstlichen Schätzen verkauft gehabt; vor Allem aber wird Alexander VI. und seine ganze Familie ein Gegenstand des erbitterten und wohlbegründeten Hasses.

Dieser Haß gegen die jeweiligen Träger der geistlichen Macht verführte ihn niemals zu irreligiösen Aeußerungen überhaupt; seine Frömmigkeit war zu sehr gefestigt, als daß sie selbst durch die Verbrechen, welche die Höchstgestellten begingen, einen gefährlichen Stoß hätte erhalten können. Ohne Geistlicher zu sein, beobachtet er streng die religiösen Gebräuche und befördert die Achtung vor dem Priesterstande. Wie anders sein Landsmann und älterer Zeitgenosse Masuccio, der gleichfalls dem Kreise des Pontano angehört.

Pontano ist auch fast der Einzige, der einige Nachrichten über Masuccio (Diminutiv von Thomas) gibt, daß er nämlich aus vornehmem Geschlecht (Guardati) zu Salerno geboren und daselbst auch gestorben sei. Er lebte zwischen 1420 und 1480, war Sekretär der Fürsten von Sanseverino und scheint, trotzdem die Letzteren in dem Baronenkriege die Führung gegen Ferrante übernahmen, dem neapolitanischen Gelehrtenkreise sich nicht entfremdet zu haben.

Glücklicherweise ist die Kunde von seinem schriftstellerischen Wirken weniger dürftig als die Notizen über sein Leben. Masuccio schrieb nämlich eine Novellensammlung, novellino (vermuthlich 1463—1468), welche zum ersten Male 1476, vielleicht also noch bei seinen Lebzeiten, gedruckt, seitdem häufiger veröffentlicht worden ist. Masuccio ist kein Gelehrter, aber er lebte lange genug in dem gelehrten Kreise, um dessen Kenntnisse zu würdigen und dessen Gewohnheiten sich anzueignen, dergestalt, daß auch er wie die Alterthumskundigen sich auf Juvenals Beispiel stützt und die unsterblichen Götter sowie den höchsten Zeus und den strahlenden Apollo anruft. Indeß bleibt er Italiener, erinnert sich seines adligen Herkommens insoweit, als er manchmal eine vornehmere Sprache affectirt, um seine Standesgenossen zu erheben, das Volk herabzusetzen, bleibt aber Volksmann genug, um sich von dem Ehrgeiz, Lateinisch zu schreiben, fernzuhalten, in seinen Novellen „die geschmückte Sprache und den Stil des wohlbelobten Poeten Boccaccio" nachzuahmen und seine Erzählungen dem Treiben des Tages oder bekannten Stoffen zu entnehmen. Daher scheut er sich auch nicht, seine Sprache durch neapolitanische Redensarten zu vermehren und ein ungeschminktes Bild der Zustände des Landes und besonders der Hauptstadt zu geben. Sollte dies Bild treu sein, so mußte es auch, trotzdem es der jugendlichen, feingebildeten Ippolita Sforza, der Braut des Prinzen Alfonso (II.), gewidmet war, von der schrecklichen Unsittlichkeit reden, die überall herrschte, und von dem hochgesteigerten Priesterhasse, der zu Neapels besonderen Eigenthümlichkeiten gehörte. In dem Kampfe gegen die Priester nun, deren Regiment Masuccio schon als Neopolitaner hassen mußte, weil Neapels Selbständigkeit durch die Päpste beständig bedroht wurde, besteht das eigentlich charakteristische Element der Novellensammlung. Das ganze erste Buch (10 Novellen) ist den falschen Priestern gewidmet: ihr verbrecherischer Umgang mit Weibern, das Unrecht, das sie deren Männern anthun, die Strafe, die sie dafür erleiden, die Schlauheit, mit der sie oder ihre Mitschuldigen sich der Sühne zu entziehen wissen — auch das Vorgeben, den fünften Evangelisten zu erzeugen, das zwei Jahrhunderte später von Grimmelshausen so lustig erzählt werden sollte, spielt schon hier eine Rolle — ferner ihre Betrügereien mit Reliquien, ihre Versprechungen, Todte zu erwecken', ihre Verheißungen des Paradieses natürlich gegen hinreichende Bezahlung und endlich die Art, in der sie vermöge der Schlauheit Anderer ihr durch Betrug erworbenes Geld verlieren, wird mit großer Lebendigkeit und offenbarer Wahrheit geschildert. Wer aber meinen sollte, Masuccio hätte diese Erzählungen nur zufällig gewählt oder mehr in der Absicht, dem Bedürfnisse Anderer zu genügen als seine eignen Anschauungen auszusprechen, der möge die Widmungen in Briefform lesen (esordio), die er seinen Novellen voranstellt, oder die Nachreden, denen er seinen Namen vorgesetzt hat. Deutlicher als in ihnen konnte man seine Erfahrungen nicht schildern, seine Entrüstung nicht kundgeben. „Darum öffne sich", so ruft er einmal aus, „die Erde und verschlinge solche Verbrecher, diese Soldaten des Teufels, lebendig sammt ihren Gönnern."

Aus dieser Gesinnung erklärt sich eine gewisse Vorurtheilslosigkeit gegen Andersgläubige, welche Masuccio eigen ist, er spricht z. B. von den Muhamedanern nicht blos als Ungläubigen, sondern weiß von ihrer Dankbarkeit und ihrem Edelmuth zu berichten; erklärt sich ferner das Bestreben, auch aus früherer Zeit Vorgänge zu erzählen oder zu erfinden, welche zur Nährung des Priesterhasses Gelegenheit geben. So berichtet er eine seltsame Geschichte von Kaiser Barbarossa, der, durch Verrath des Papstes auf einer Pilgerreise vom Sultan gefangen, gegen ein Pfand freigelassen wird und dieses Pfand so schnell und gewissenhaft einlöst, daß er nicht nur das Lösegeld zurückerhält, sondern auch sich den Sultan zum Freunde und Bewunderer macht. Dem Papste aber kann Barbarossa die Unthat nicht vergessen, zieht mit einem Heere gegen ihn, verjagt ihn aus Rom und läßt ihn in ein Hospital zu Siena einsperren, wo er elend stirbt.

Die letztere Erzählung gehört zur 5. Abtheilung der Novellensammlung, welche großmüthige und ritterliche Thaten schildert. In ihr finden sich auch sonst sehr schöne und rührende Geschichten von treuer, aufopfernder Liebe, während die anderen Abtheilungen, besonders die zweite und dritte: „Streiche, die den Eifersüchtigen gespielt werden" und „schlechte Künste der Weiber" voll sind von Derbheiten und Obscoenitäten, in denen sich die Novellisten jener Zeit gefallen und über welche Antonio Beccadelli, dem die eine Novelle gewidmet ist, wohlgefällig gelächelt haben mag.

Es gibt vielleicht keinen größern Gegensatz als die zwei Bürger derselben Stadt, die Söhne derselben Zeit, der zarte, feinfühlende, der Wirklichkeit oft entrückte Sannazaro und der derbe, das reale Leben nur zu treu schildernde Masuccio. Sie sind fast in Allem verschieden und begegnen sich höchstens in Einem: dem Hasse gegen die Päpste und alle unwürdigen Träger der geistlichen Gewalt. Solche Gegensätze als seltsame Wirkungen der Renaissance und der christlichen Anschauungen zeigten sich in dem damaligen Italien häufig genug; in Neapel trat zu diesen Einwirkungen noch ein sonderbares Element hinzu: der Einfluß des Auslandes. Schon die Aragonesen nämlich hatten als Nichtitaliener etwas Fremdes ins Land gebracht und bewahrten dasselbe bei aller Fügsamkeit gegen die übermächtige Kraft des italienischen Geistes, da sie den Zusammenhang mit ihrem Mutterlande Spanien niemals ganz abbrachen; die Spanier, die sodann herrschten, waren besonders in Folge ihres streng kirchlichen Eifers und ihres stark ausgeprägten nationalen Gefühls unempfänglich für die italienische Cultur und einer Literatur feindlich, welche deutliche Spuren des Heidenthums erkennen ließ. Von dieser unter spanischem Einfluß entstandenen Cultur und Literatur kann hier nicht die Rede sein; als ein frühes Zeichen derselben mögen zwei

Dramen aus dem Jahre 1492 genannt werden, von welchen Gregorovius kurze Mittheilungen gemacht hat. Das eine derselben, Historia baetica, von Carlo Verardi, behandelt den Fall Granadas, der letzten Stütze der maurischen Herrschaft auf der spanischen Halbinsel, das andere, Ferdinandus servatus, von Marcellino Verardi, die Rettung des spanischen Monarchen aus den Händen eines Meuchelmörders schildernd, ist eine Huldigung, welche der Cardinal Rafael Riario dem Könige Ferdinand darbrachte; beide Stücke sind dramatisch durchaus unbedeutend und nur bemerkenswerth wegen der Rücksicht, welche man damals auf Spanien zu nehmen anfing.

Auch später fanden die Spanier — nicht blos Karl V., der als Kaiser den Spanier vergessen machte — Lobredner und Hofdichter; aber man merkt ihnen, wie dem talentvollen Luigi Tansillo (1510—1568), einem nicht unglücklichen Nachahmer der von Sannazaro geschaffenen Hirtenpoesie und einem Moralisten, welcher in seinen Lehrgedichten die Culturzustände jener Zeit klar erkennen läßt, den Zwang an, welchen ihnen die Dienstbarkeit bei den Fremden, den Barbaren, wie sie dieselben wohl geradezu nennen, auferlegt und man hört nicht selten den heimlichen Spott, mit dem sie sich an dem offenen Zwange rächen. Die Blüthe der Literatur, wie sie zur Zeit Alfonsos und Ferrantes geherrscht hatte, war zu Ende.

Eine Partie aus der großen Ansicht von Venedig, die im Jahre 1500 auf Bestellung des dort ansä

Verkleinerte Nachbildung. Das überaus meisterhafte Original stellt die Stadt mit ihrer nächsten Umgebung aus der Vogelperspective dar und besteht aus sech
Piazetta mit den beiden die Bronzefiguren des h. Michael und den Marcuslöwen tragenden Säulen, rechts der Dogenpalast, dahinter die Marcuskirche mit ihren
Bogengängen. Links von der Piazetta der Marcusthurm. Seine ursprüngliche Bekrönung war im Jahre 1489 durch den Blitz heruntergeschlagen und durch das
der linken Seite des Marcusplatz waren damals noch nicht vorhanden und ebensowenig di

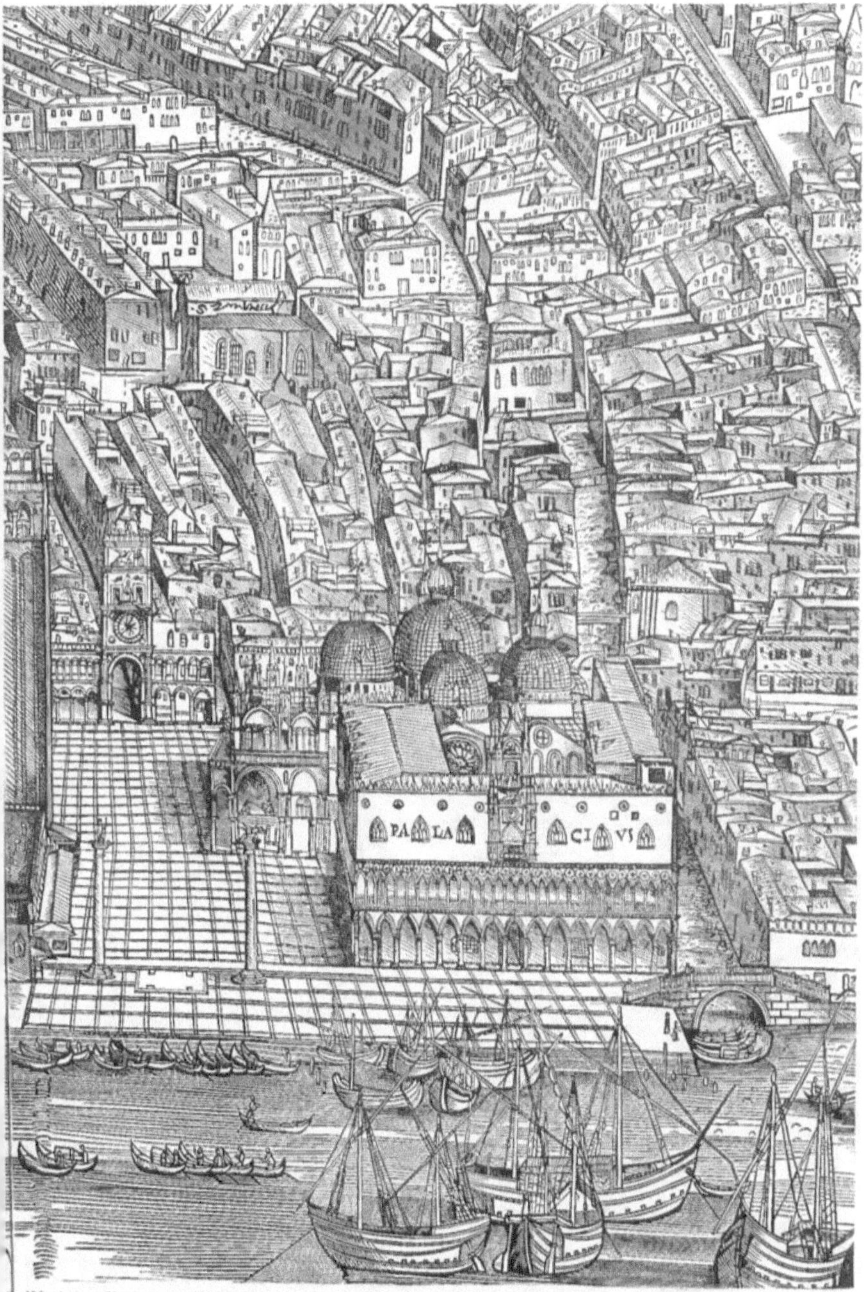

… Nürnberger Kaufmannes Anton Kolb von Jacopo de Barbarj in Holzschnitt ausgeführt wurde.

…ttern, die zusammen drei Meter breit und anderthalb Meter hoch sind. Der hier daraus entnommene ungefähr die Mitte des Ganzen bildende Theil zeigt die …en. Im Mittelgrunde erstreckt sich der Marcusplatz mit dem Uhrthurm (Torre del Orologio) und dem Gebäude der sog. „Alten Procuratien" mit seinen …ach ersetzt werden, das man auf dem Holzschnitte sieht. Die jetzige hohe Steinpyramide des Thurmes wurde 1514 aufgesetzt. Die „Neuen Procuratien" auf …iothek San Marco, an deren Stelle links von der Piazetta ein niedriges Gebäude steht.

Vierzehntes Kapitel.

Venedig und Julius II.

Der Löwe von S. Marco (auf der Piazetta zu Venedig).

Venedig nimmt unter den für die Renaissance-Literatur wichtigen Städten keine der ersten Stellen ein. Zwar hatte Petrarca dieser Stadt seine Bibliothek vermacht, hatte aber durch dies Vermächtniß keinen Eifer für die Studien erwecken können — seine Bibliothek wurde vielmehr vernachlässigt und zerstreut —; ein Jahrhundert später übergab Bessarion derselben Stadt seine großartige Büchersammlung, mit etwas größerm Erfolge (vgl. oben S. 112). Schon diese Schenkungen beweisen nicht nur die Achtung vor der reichen und mächtigen Stadt, sondern die Anerkennung eines literarischen Geistes, für den freilich keine äußeren Zeugnisse vorhanden sind. Vielleicht spricht aber für ihn die merkwürdige Thatsache, die doch keineswegs vollständig erklärt wird durch die weitreichenden Handelsverbindungen, die eben alle Produkte nach Venedig gelangen ließen, daß hier die ersten Sammlungen von Gegenständen des Alterthums zu finden waren. Ein merkwürdiges Dokument des Oliviero Forza, eines reichen Bürgers von Treviso aus dem Jahre 1335 lehrt, daß Venedig schon damals die Stadt war, in welcher Sammlungen von Medaillen, Münzen, Bronzen, Marmor, geschnittenen Steinen und Handschriften classischer Autoren vorhanden waren und zwar

Die Scuola S. Marco zu Venedig.

derart, daß Lücken anderer leicht aus ihnen ergänzt werden konnten. Allerdings war der Geschmack, der die Auswahl dictirte, kein geläuterter, so daß Zeiten und Richtungen unterschiedslos zusammengeworfen wurden, aber der Geschmack war vorhanden, und die reiche Handelsstadt bot die Mittel, selbst die weitestgehenden Gelüste zu befriedigen.

So wurde in Folge der früherwachten Neigung und der durch die reichen Schätze gewährten Möglichkeit, diese Neigung zu befriedigen, Venedig

Die Procession der Kreuzesreliquie a

Gemälde von Gentile Bellini (142

dem Markusplatze in Venedig 1496.
[5]01) in der Akademie zu Venedig.

zu einem großartigen Sammelplatz wunderbarer Kunstwerke. Stolz und mächtig erhoben sich die Paläste, welche Zahl und Macht der Bewohner, sowie auserlesenen Geschmack der Auftraggeber und der ausführenden Künstler bekundeten; die Kirchen füllten sich mit Bildern, Zeugnissen frommer Gesinnung der Maler und Stifter; verdiente Männer erhielten Denkmäler auf den Plätzen der Stadt und würdige Große empfanden schon zu ihren Lebzeiten das Verlangen, durch prächtige Grabmale den Ruhm ihres Lebens und ihrer Thaten der Nachwelt zu verkünden.

Die Aufzählung und Beschreibung aller dieser Werke gehört der Kunstgeschichte an; nur einzelne wenige für die Stadt Venedig, insbesondere auch für die Bestrebungen der Renaissance merkwürdige Schöpfungen mögen hier genannt werden.

Zu den charakteristischsten Gebäuden der Inselstadt gehört die Scuola di S. Marco, erbaut 1485, deren prächtige Façade, fast der einzige, noch unversehrt erhaltene Theil des alten Bauwerks, von einem der hervorragendsten Kunstkenner bezeichnet worden ist, als „eins der wichtigsten geschichtlichen Denkmale des alten venezianischen Lebens, dessen ganze elegante Fröhlichkeit sich darin ausgesprochen hat."

Bekundeten die Venezianer durch die Benennung dieses Bauwerks ihre Verehrung für den Schutzheiligen, dem sie die Größe ihrer Stadt zu verdanken meinten, so waren sie doch zu treue Kinder der Gegenwart, um nicht ihre eigentlichsten Kunstwerke der Zeit, in der sie lebten, zu widmen. Unter derartigen Kunstwerken nun nehmen die Porträts eine bevorzugte Stellung ein, welche das Leben am Treuesten widerspiegeln und sind zumal dann von hoher Wichtigkeit, wenn der Darsteller und Dargestellte in das Leben ihrer Zeit bedeutsam eingegriffen haben. Dies ist z. B. mit Bellinis Gemälde des Dogen Leonardo Loredano der Fall. Denn Giovanni Bellini (1426—1516) war einer der berühmtesten Maler der Zeit, in Venedig hochgeachtet, durch Isabella von Mantua beschäftigt und geehrt, durch Ariosto und Pietro Bembo enthusiastisch gepriesen, Loredano aber (1501 bis 1521) muß als der Doge bezeichnet werden, der zu einer Zeit, da Venedig schwere politische Kämpfe durchzumachen hatte, Kunst und Wissenschaft mit edlem Sinn beförderte. Er wurde für dieses Verdienst nach seinem Tode von dem Humanisten Andrea Navagero in einer Leichenrede gepriesen, die den Zeitgenossen als würdigstes Todtenopfer erschien.

Der Bildnißmaler und der zum Bilde Sitzende denken wenig oder gar nicht an den Nachruhm, den sie durch ihre Darstellung erwarten könnten. Wohl aber war die Sucht nach Ruhm auch in dem damaligen Venedig verbreitet, Politiker und Krieger hofften ihn durch ihre Thaten zu verdienen, die Gelehrten meinten ihn durch ihre Schriften begründen und verbreiten zu können. Gar Manche erlangten auch, daß sie für ihre Thaten bei Lebzeiten gepriesen und nach ihrem Tode durch Denkmäler verherrlicht wurden. Ein Beispiel dafür bietet das Grabmal des Dogen Pietro Mocenigo, gestorben 1476, der als Feldherr seiner Vaterstadt treffliche und hoch anerkannte Dienste leistete, im Jahre vor seinem Tode zum Dogen gewählt

Bildniß des Dogen Leonardo Loredano von Giovanni Bellini (London, Nationalgalerie).

ward, und nach seinem Tode durch ein überaus prächtiges Grabmal geehrt wurde (s. Seite 270); ein anderes Beispiel das des Dogen Vendra-

Grabmal des Dogen Vendramin († 1478); von Alessandro Leopardi († 1510). In S. Giovanni e Paolo zu Venedig.

min. Abgesehen von seinem Kunstwerth ist das erstere Werk aber noch merkwürdig durch seine Vermischung des Heidnischen und Christlichen und durch die überwiegende Berücksichtigung des erstern: statt der Engel erscheinen hier kriegerische Pagen, statt heiliger Geschichten werden die Thaten des Herkules dargestellt; nur auf einem obern Flachrelief sind die Frauen am heil. Grabe und auf zwei Giebelstatuen der Heiland und zwei Engel zu schaun.

Ein ferneres viel deutlicheres Beispiel dieses Ruhmesstrebens ist das Reiterbild des Colleoni (s. S. 272). Bartolommeo C., geb. 1400, zeichnete sich früh als Condottiere aus, war als echter Repräsentant seines Standes im Dienste verschiedener Herren thätig, bis er sich dauernd 1448 an Venedig anschloß als an den Staat, welcher die meiste und die lohnendste Beschäftigung bot und zum Danke für seine Treue lebenslängliche Anstellung in der von ihm beschützten Stadt fand. Er wurde ein reicher Mann und hatte die Sehnsucht, die Erinnerung an seine Leistungen nicht untergehen zu lassen; deshalb plante er ein Standbild für sich, das ihn auch der Nachwelt in der gebietenden Stellung zeigen sollte, in welcher er den Mitlebenden oft furchtbar genug erschienen war. Aber er erlebte die Ausführung nicht mehr; statt seiner ließ die Stadt Venedig die Arbeit durch Andr. Verrochio und A. Leopardi verfertigen und erhielt durch diese beiden Künstler ein Werk, das, wie Jak. Burckhardt sagt, „den Anspruch erheben darf, das großartigste Reitermonument der Welt genannt zu werden. Roß und Reiter sind nicht wieder so aus einem Guß gedacht, so individuell und so mächtig zugleich; die große gewaltige Zeit des Quattrocento, die in den Condottieren eine ihrer ausgeprägtesten gewaltsamsten Erscheinungen darbietet, ist in keiner andern Figur so mächtig und überwältigend ins Leben getreten."

Die Begünstigung der Kunst ist in Venedig allgemein und beginnt ziemlich früh; der aus Venedig stammende Papst Paul II. brachte schon um die Mitte des 15. Jahrhunderts den venetianischen Kunstenthusiasmus nach Rom. Aber gerade er zeigte an seinem Beispiel, daß Kunstliebhaberei nicht nothwendig mit Pflege der Wissenschaft verbunden zu sein brauchte. Außer der Vorliebe für Kunst trat der Begünstigung der Literatur noch ein anderes störendes Moment entgegen, nämlich der vorwiegend praktische Sinn der Venezianer. Wohl gab es daselbst manche Schulen, auch Anstalten, in denen für höhere Bildung gesorgt und Vorlesungen über die Literatur und die Philosophen des Alterthums gehalten wurden, aber die Betrachtungsweise, welche man derartigen Anstalten widmete, geht z. B. aus einer Bestimmung des Jahres 1446 hervor, nach welcher die Jünglinge besonders solche Dinge erfahren sollten, die „sich den Sitten und Gewohnheiten unserer Stadt und unseres Staates anpaßten." Und ferner: In anderen Städten und Staaten trieb man die Literatur meist aus Liebe zur Sache, in Venedig dagegen aus Ruhmsucht und in der Meinung, man könnte sich für Geld dasselbe verschaffen, was Andere besäßen; ebenso wie man, neidisch auf den florentinischen Rednerruhm zur Bekundung seiner eignen Fähigkeit sich einen Redner nach-

Grabmal des Dogen Pietro Mocenigo in St. Giovanni e Paolo zu Venedig

kommen ließ, stellte man auch bezahlte Historiographen an, um mit den florentiner Geschichtschreibern in Concurrenz zu treten.

Trotzdem darf man von einer Renaissanceliteratur in Venedig reden. Als erster Repräsentant derselben ist Carlo Zeno (gest. 1418) zu bezeichnen. Freilich, er ersehnt mehr die Kenntniß als daß er sie besitzt, er gewährt seine Gunst den Vertretern der humanistischen Wissenschaft mehr, als daß er vollkommen in ihren Reihen steht; aber als einer der ersten Gönner des literarischen Treibens verdient er Beachtung. Größere Beachtung gebührt den beiden Giustiniani. Der Vater, Leonardo (1388—1446), hatte Zeno die Leichenrede gehalten, war gleich Jenem hoher Staatsbeamter gewesen — er starb als Procurator von S. Marco — war ihm überlegen durch sein humanistisches Wissen, durch seine Kenntniß der griechischen Sprache, durch sein vielseitiges auch der Musik und der italienischen Literatur gewidmetes Interesse, aber ihm untergeordnet durch die Unbeständigkeit und Schwäche seines Sinnes, die ihn, den humanistisch Gebildeten, am Ende seines Lebens zu ausschließlicher Betreibung theologischer Studien bewog. Der Sohn dagegen, Bernardo (1408—1489), war von Anfang an und blieb bis zu seinem Ende einseitiger Humanist. Zwar nahm er die hohen Staatsämter an, zu welchen seine Heimath ihn erwählte, wurde gleich seinem Vater Procurator von S. Marco, empfing als Redner Kaiser und Könige, unternahm Gesandtschaften nach italienischen Republiken und auswärtigen Staaten, aber lieber lebte er im Alterthum, pflegte die Kunst der römischen Rede und des lateinischen Briefstils, verehrte die Ueberreste der alten Zeit und versenkte sich in ihre Geschichte, sowohl die des alten Rom als die des frühern ruhmreichen und ehrfurchtgebietenden Venedig. Sowenig indessen die diplomatische Beschäftigung ihn von seiner humanistischen Liebhaberei, so wenig entfernte ihn der Aufenthalt in fremden Ländern von seiner Liebe zur Heimath. Vielmehr wagte er vor dem französischen König in einer Rede die Abhängigkeit der französischen von der italienischen Bildung zu behaupten und scheute sich nicht, die Deutschen, deren Kaiser er bewillkommnet hatte, Barbaren zu nennen, weil sie ihr Oberhaupt mit dem Namen: imperator bezeichneten, während dies Wort im classischen Latein nie die Bedeutung von Staatsoberhaupt gehabt hätte.

Ein Zeitgenosse des ältern Giustiniani war Francesco Barbaro (c. 1398—1454). Mehr als bei irgend einem der damaligen Venezianer tritt bei ihm die Mischung von politischem und literarischem Interesse hervor. Dies zeigt sich zunächst darin, daß er, der hohe Beamte, der von seinen Landsleuten mit vielen Würden geehrt und von den auswärtigen Staaten als Gesandter und Vermittler begehrt wird, der in seine Briefe Schlachtberichte und Erzählungen von diplomatischen Unterhandlungen aufnimmt, zugleich den Studien die wärmste Theilnahme beweist, gelehrte Tractate schreibt, Reden hält, mit großem Eifer, der durch ungewöhnlich rasche Fassungsgabe unterstützt wird, sich der griechischen Sprache zuwendet und zu den Wenigen gehört, die, von größter Verehrung für Griechenland erfüllt, die Abhängigkeit der römischen Cultur von der griechischen zugestehn. Als Gelehrter ist er bescheiden, als Politiker ist er selbstbewußt, so daß er einmal klagt: „Zehn Monate lang habe ich keine Nachricht von dem Rathe der Stadt, kein Zeugniß erhalten, in welchem ich eine kleine Vergeltung meiner

Reiterstatue des Colleoni, von Andrea del Verrocchio; Venedig.
(Das Piedestal ist zu Gunsten einer größern Wiedergabe der Statue selbst nicht mit in unsere Abbildung aufgenommen.)

unglaublichen Leiden und Arbeiten für den Staat hätte sehen können". Auch als Politiker indessen beweist er die vielseitige Theilnahme, die ihn als Gelehrten auszeichnet: er kümmert sich nicht blos um Kriege und Verhandlungen seiner Heimath, sondern folgt z. B. mit großer Theilnahme den Berathungen des Florentiner Unionsconcils und ermahnt seine Zeitgenossen zur Veranstaltung eines Zuges gegen die Türken. Sodann bekundet sich jene eigenthümliche Mischung seiner Anschauungen darin, daß er, fern von einseitiger

Bevorzugung der Gelehrsamkeit, eine Heranbildung des Einzelnen zum Bürger des Staats, nicht blos zum Mitgliede der Gelehrtenrepublik verlangt, die Bildung selbst der Politik dienst- und nutzbar zu machen suchte. Diese Gesinnung bezeugte er z. B. durch die Aeußerung, die er einmal einem Freunde zuruft: „Es ist Zeit, daß du die Philosophie aus der Behausung unnützer Jünger in das offene Feld und in den Kampf führst. Denn solche Männer erscheinen als glücklich, die unter einem freien Volke für das gemeinsame Beste arbeiten, die sich mit Würde in großen Geschäften bewegen, und des Ruhmes der (politischen) Weisheit genügen." Wenn er indessen seinen Freund zum Kampfe aufruft, so meint er den Kampf des Lebens und nicht den literarischen Streit. Denn im Gegensatz zu den meisten Zeitgenossen war er den Schriftstellerfehden abhold, begann selbst nie einen Streit und ließ sich selten bewegen, in Zwistigkeiten Anderer das Wort zu ergreifen. Als echten Sohn der Renaissance dagegen bekundete er sich durch das von ihm geübte großartige Mäcenat und durch die Art der einzigen von ihm veröffentlichten größern Schrift. Denn diese: de re uxoria (vom Ehewesen) ist nicht etwa eine Reihe von Erfahrungen, die der Mann gesammelt hatte, oder von Erwägungen, die ein Historiker, Politiker und Philosoph anstellen konnte, sondern eine Zusammenstellung von Aeußerungen der alten Schriftsteller über Dinge, die dem jugendlichen Autor — Barbaro war nämlich bei der Abfassung jener Schrift 17 Jahr alt — gänzlich fremd sein mußten.

Der jüngern Generation der venezianischen Humanisten gehört Andrea Navagero an. Er war ein Venezianer, aber er fühlte sich als Römer; Bembo schreibt einmal, er werde mit Navagero und einigen Anderen nach Rom kommen, „um Alles zu sehen, das Alte und das Neue. Wir gehen dorthin, hauptsächlich zur Ergötzung des Herrn Andrea, der nach Venedig zurückgehen wird, nachdem er in Rom Ostern zugebracht hat." Zu den Genossen dieses Kreises gehörte Rafael, der damals das Bild Navageros malte; das Original des Bildes ist freilich verloren, nur eine Kopie ist erhalten.

Andrea Navagero ist 1483 (in demselben Jahre wie Rafael) zu Venedig geboren. Er lernte die Humaniora in seiner Vaterstadt bei M. A. Sabellico, Griechisch in Padua bei M. Musurus, durch welchen Begeisterung für Pindar auch in ihm geweckt wurde, freisinniges Denken bei P. Pomponazzo. Ernst und Strenge dieser Jugenderziehung zeigten sich auch in seinem spätern Wesen. Er war offen und freimüthig, ohne derb zu werden, erfüllt von der Lust zu gefallen, aber entfernt von jeder Coquetterie. Navagero wurde ein Dichter, aber ein solcher, der, wie ein Zeitgenosse sagte, „seine Camoenen rein erhalten wollte", der daher, den Catull noch ertragend, Martial haßte und jährlich ein Exemplar von dessen Dichtungen verbrannte. In seinen eignen Gedichten, die zu den schönsten der Renaissanceliteratur gehören, z. B. den Oden an Venus und die Nacht, dem Gruß an die Heimath, verkündet er moderne Gedanken in antiker Form mit sehr sparsamem Gebrauch der Mythologie, mit lebhafter Betonung seiner Frömmigkeit und seines Patriotismus. Er hielt Reden auf Dogen und bedeutende Gelehrte jener Zeit, sammelte Handschriften und gab einzelne Schriften z. B. Ciceros heraus, schrieb kenntnißreiche Berichte über die Alterthümer, die er mit seinen verständigen und hochsinnigen Freunden beschaute und war eifrig bemüht, das über Venedig handelnde Geschichtswerk seines Lehrers Sabellico fortzusetzen. Und endlich war er Politiker. Als solcher richtete er nicht nur ein Gedicht an Julius II., um ihn wegen des mit Venedig geschlossenen Bündnisses zu beglückwünschen, und hielt Reden, um den von Leo X. geplanten Türkenzug zu unterstützen, sondern war im Auftrage seiner Vaterstadt als Gesandter in Spanien, dann in Frankreich thätig, wo er, nachdem er kaum seinen Auftrag ausgeführt hatte, starb (1529).

Navagero stand mit den Gelehrten seiner Heimath, auch mit denen, die nur zeitweise Venedig angehörten, in engster Beziehung, mit dem mehrfach genannten Sabellico, der, wie er sein Lehrer und Meister in historischer Darstellung, auch sein Vorgänger in der Leitung der venezianischen Bibliothek war, besonders aber mit Aldo Manuzio.

Aldus Pius Manutius Romanus oder Bassianus (geb. wahrscheinlich 1449, gest. 1515) führte seinen Beinamen Romanus von seiner Geburtsstadt Rom, Bassianus gleichfalls von seiner Heimath, Pius von den Fürsten von Carpi, deren einen er erzog; seinen Namen Manutius dagegen vermag man nicht recht zu erklären. Aldus wurde in Rom und Ferrara wissenschaftlich gebildet, lebte während des Krieges 1485 bei seinem Freunde Piko von Mirandula, mit dessen Neffen, dem obengenannten Fürsten, er auch weiter in Verbindung blieb, Briefe angefüllt mit Weisheitssprüchen an ihn richtend und ihm seine werthvollen Editionen zusendend. Er vertiefte sich in die griechische Literatur, besonders in die platonische Philosophie, hielt sich von den Wahnlehren der Astrologie fern und wurde, trotz philosophischer Bildung, seiner Religion nicht untreu. Seine Lust, die Kenntniß der griechischen Literatur zu verbreiten, wurde durch den Mangel an griechischen Büchern — denn bisher waren solche nur in geringer Zahl in Mailand, Vicenza und Florenz gedruckt — nicht nur nicht unterdrückt, sondern spornte ihn an, selbst zu drucken; er begann damit 1490 in Venedig, nachdem er die Einladung des Fürsten von Carpi, zu ihm nach Novi zu kommen, abgelehnt hatte. Die Anfänge der neuen Beschäftigung waren mühsam, denn Setzer und Correktoren waren schwer zu beschaffen, bald ging es leichter und es dauerte nicht lange, da hatte Aldus seine Weltbedeutung erlangt. Großen Gewinn jedoch erzielte er aus seiner eifrigen Thätigkeit nicht, vielmehr starb er in ärmlichen Verhältnissen. Auch Dankbarkeit erwarb er nicht von der Stadt, in der und für die er so eifrig thätig gewesen war: sein Andenken wurde bald vergessen und von seinem Hause blieb keine Spur übrig.

Aldus war kein gewöhnlicher Drucker, sondern ein gewandter Kauf-

cum religioso tripudio plaudendo & iubilando, Quale erano le Nymphe Amadryade, & agli redolenti fiori le Hymenide, riuirente, saliendo iocunde dinanti & da qualũq; lato del floreo Vertunno stricto nella fronte de purpurante & meline rose, cum el gremio pieno de odoriferi & spectatissimi fiori, amanti la stagione del lanoso Ariete, Sedendo ouante sopra una ueterrima Veha, da quatro cornigeri Fauni tirata, Inuinculati de strophie de nouelle fronde, Cum la sua amata & bellissima moglie Pomona coronata de fructi cum ornato defluo degli biõdissimi capigli, parea ello sedéte, & a gli pedi dellaquale una coctilia Clepsydria iaceua, nelle mane tenente una stipata copia de fiori & maturati fructi cum ĩmixta fogliatura. Præcedéte la Veha agli trahenti Fauni propinq; due formose Nymphe añsignane, Vna cũ uno hastile Trophæo gerula, de Ligoni. Bidenti. sarculi. & falcionetti, cũ una ꝑpendéte tabella abaca cũ tale titulo.

INTEGERRIMAM CORPOR. VALITVDINEM, ET
STABILE ROBVR, CASTASQVE MEMSAR. DELI
TIAS, ET BEATAM ANIMI SECVRITA
TEM CVLTORIB. M. OFFERO.

m iiii

Facsimile einer Seite aus der »Hypnerotomachia Poliphili« gedruckt von Aldus Manutius Venedig 1499.
(Aus Probe der Typographien des Aldus Manutius in Venedig.) Schrift und Papier in Originalgröße.

mann, ein Mann von Geschmack und Kunstverständniß und ein Gelehrter. Als Kaufmann wußte er sich Handelswege zu eröffnen, die bisher Keiner zu betreten gewagt hatte; als Kunstverständiger richtete er seine Verlagsartikel praktisch ein und stattete sie zierlich aus, nicht blos um sich durch solche Neuerungen Vortheile zu verschaffen, sondern auch um Andere zu erfreuen; als Gelehrter achtete er ebenso sehr auf den Inhalt, wie auf das Aussehen seiner Verlagswerke. Er schrieb auch Einiges, zumeist kleine Lehrbücher der lateinischen, griechischen und hebräischen Sprache oder ließ sie unter seinem Namen erscheinen, um durch seinen bekannten Namen den Büchern einen Absatz zu verschaffen, den sie als Schriften eines unbekannten Grammatikers niemals erlangt hätten: Lehrbücher, die sich durch geschickte Anordnung des reichen Stoffes große Beliebtheit erwarben.

Aldus war Humanist, dabei aber frommer Christ, und als solcher empfahl er in der Vorrede zu dem von ihm herausgegebenen Lucrez, Alles zu verwerfen, „was den Anschauungen unserer Theologen widerspreche." Er war Humanist und eben deswegen besonderer Gönner der alten Dichter, Philosophen und Historiker; trotz humanistischen Eifers aber weit davon entfernt, die heimischen Größen zu verkennen oder, wie es bei Manchen guter Ton war, vollständig zu verachten. Vielmehr veranstaltete er, freilich erst im zwölften Jahre seiner Druckerthätigkeit, eine Ausgabe des Dante, plante eine solche des Boccaccio und ließ die italienischen Werke Petrarcas mehrfach, zuerst 1501 „nach dem Autograph des Dichters und unter Aufsicht des Pietro Bembo", die zweite 1514 erscheinen. Durch den Vorzug, den er solchergestalt den italienischen vor den lateinischen Schriften Petrarcas zu Theil werden ließ — denn auch die letzteren wurden damals 1501 und 1503 und zwar gleichfalls in Venedig gedruckt — bewies er eine für jene Zeit merkwürdige geistige Selbständigkeit und durch die Auslassung der gegen den päpstlichen Hof gerichteten Sonette bekundete er eine stark ausgeprägte kirchliche Gesinnung. Er hatte weitausschauende Pläne: er trug sich mit dem Gedanken, eine Polyglotte, freilich zunächst nur den griechischen, lateinischen und hebräischen Bibeltext enthaltend, herauszugeben — es wäre bei weitem das erste derartige Unternehmen gewesen — er kündigte schon die demnächstige Veröffentlichung an, aber der Plan kam nicht zur Ausführung.

Wenn Aldus auch keine deutsche Schrift druckte, so stand er doch mit deutschen Gelehrten in geschäftlicher und freundschaftlicher Verbindung: er gab eine Rede Reuchlins heraus und gedachte Celtis Verleger zu werden. Eine von diesem angebotene Schrift zum Lobe Maximilians I. lehnte er zwar aus politischen Bedenklichkeiten ab, aber er veröffentlichte eine andere zum Lobe desselben Kaisers bestimmte, erfreute sich der Gunst dieses wissenschaft- und kunstliebenden Fürsten und wünschte mit ihm in nähere Verbindung zu treten. Der Kaiser nämlich sollte Protector einer von Aldus gegründeten Akademie werden, welche einen praktischen Zweck verfolgte, und zwar den, eine Censur über die von Aldus herauszugebenden Schriften zu üben und einen idealen, die griechische Sprache, deren ausschließliche Benutzung bei den Akademiesitzungen oberstes Gesetz war, zu pflegen und zu befördern. Um den Kaiser zu diesem Schritt zu veranlassen, war Reuchlin thätig; nachdem dieser sich erfolglos bemüht hatte, wurden Joh. Cuspinian und Joh. Colaurius, beide in der nächsten Umgebung des Kaisers lebend und beide nicht ohne Einwirkung auf seine Entschließungen, um ihre Vermittlung ersucht. Aber die Hoffnungen aller Gräcisten schlugen fehl; Aldus mußte von seinem Wunsche abstehn, „Deutschland zu einem zweiten Athen zu machen"; von einem Deutschen selbst, eben von jenem Reuchlin, erhielt er die resignirte Antwort: „Du kennst unser Deutschland; es hat nicht aufgehört ungebildet zu sein. Laß es mich dir in kurzen Worten sagen, wir sind deiner nicht würdig."

Trotz des Fehlschlagens seiner Hoffnungen und trotz dieser von Deutschen selbst ausgesprochenen Verzichtleistung auf seine Achtung hörte Aldus nicht auf, seine Hoffnung auf Deutschland zu setzen, einer der wenigen Italiener jener Zeit, der ohne nationale Voreingenommenheit auch fremdes Verdienst anerkannte und ungeachtet des Weltruhms, den er genoß, ehrerbietig auf das Land hinblickte, dem er seine Kunst und damit auch seinen Ruhm verdankte.

Am Anfang des 16. Jahrhunderts hatte Venedig schwere Kämpfe zu bestehen. Es hatte sich gegen den deutschen Kaiser Maximilian I. zu wenden, der schon lange die seinen Plänen sich widersetzende Inselstadt haßte, der aber zum Glück der bedrohten Stadt auch diesmal mit dem bloßen Einfall die Sache abgethan zu haben meinte. Daher kam es wohl zu hochtönenden Worten der kaiserlichen Befehlshaber, aber nur zu kleinen Thaten. Den stolzklingenden Versen der kaiserlich gesinnten Dichter aber z. B. Huttens:

Jüngsthin wagte der Frosch sich hervor aus den Sümpfen Venedigs,
Und auf dem trockenen Land quakt er: der Boden ist mein!
Doch ihn erspähte der Vogel des Zeus von erhabener Warte,
Packt mit den Krallen und wirft derb in den Pfuhl ihn zurück —

mochte die verspottete Stadt ruhig mit einem Hinweis auf ihre Feldherren und deren Siege antworten; der Frosch durfte die Krallen des Adlers erwarten. Aber schlimm, ja scheinbar hoffnungslos gestalteten sich die Verhältnisse für Venedig, als unter der Führung eines Papstes sich ein Bund gegen die Inselstadt erhob. als durch gewaltige Niederlagen Venedigs Söldnerschaaren zerstreut wurden und eine grausame Staatskunst die augenblicklich peinliche Lage der Stadt rücksichtslos benutzte. Nur nach großen Anstrengungen und in Folge eigenthümlicher Verwirrung der europäischen Verhältnisse vermochte Venedig aus dieser gefährlichen Lage sich zu erretten.

Der Papst, der mit Kriegswaffen und Bannstrahl der Lagunenrepublik entgegentrat, war Julius II. (1503—1513), der Begründer des Kirchenstaats. Er war ein kraftvoller Mensch, für die verrotteten Zustände Italiens eifrig und erfolgreich thätig, nicht ein Fürst des Friedens, und nicht ein kirchlicher Führer, sondern ein streitbarer weltlicher Herrscher, der lange ernstlich bestrebt war, seinem Ausruf: „Fort mit den Barbaren“ Wahrheit und Bedeutung zu geben. Aber er war weder ein Wahrheitsheld, noch ein Kämpfer von unbeugsamem Muth, noch ein Charakter, unnahbar dem Gemeinen. Vielmehr war er zwar derb, roh, in Momenten der Aufwallung seine wahre Natur hervorkehrend, zu den Zeiten aber, da er sich beherrschte, schlau, zurückhaltend und wohl geübt, die wahrheitentstellende Sprache der Diplomatie seiner Zeit zu reden. Wohl besaß er Muth, aber dann wurde er wieder schwach, z. B. in einem entscheidenden Moment, als die Franzosen gegen Bologna, wo er krank lag, vorrückten, und war bereit, sich seinen Todfeinden schmachvoll zu unterwerfen, wenn er nicht noch in der letzten Stunde von seinen Verbündeten gerettet worden wäre. Mag er endlich auch von unnatürlichen Lastern freizusprechen sein, welche die Zeitgenossen ihm schuld gaben, so war er grausam und blutgierig, unsittlich und unredlich, mehr ein Diener seines Eigenwillens und seiner Lüste, als ein Vollzieher himmlischer Befehle und ein Knecht Gottes.

Papst Julius II. Auf der Kehrseite die Ansicht der Peterskirche, nach dem Entwurf des Bramante. Darunter steht: VATICANVS Mons. Medaille von dem berühmten Mailänder Goldschmied und Bildhauer Caradosso 1506 modellirt und gegossen. (Berlin, Königl. Münz-Cabinet.)

Es gibt ein Bild dieses Papstes, das Rafael gemalt hat. Es zeigt den Papst in höheren Jahren, aber noch im Besitze der alten Kraft. „So wie er dasitzt“, darf man wohl mit den Worten A. Springers sagen, „die Arme leicht auf die Lehnen des Stuhles gestützt, das tiefliegende Auge scharf prüfend auf den Beschauer gerichtet, mit festgeschlossenen Lippen, großer kräftiger Nase, mächtigem bis auf die Brust reichendem weißen Barte, ruft er die Beschreibungen der Zeitgenossen lebendig in die Erinnerung. Ein gar gewaltiger Herr, unablässig thätig und mit großen Plänen beschäftigt, auf den Niemand Einfluß gewinnen kann, der dagegen Alle beherrscht. Er hört wohl die Meinung Anderer an, entscheidet aber nach seinem Gutdünken, nach seiner Einsicht. Alles an ihm überschreitet das gewöhnliche Maß, seine Leidenschaften, wie seine Entwürfe. Sein Ungestüm, sein Jähzorn verletzten seine Umgebung, doch weckte er nicht Haß, nur Furcht. Ebenso erregten seine Pläne wohl Staunen, aber nicht Unglauben, denn weit entfernt von phantastischen Träumen, hielt er stets für die Erfüllung seines Willens reiche Mittel bereit".

Ein solcher Mann mußte in die Cultur der Zeit mächtig eingreifen. Magnarum semper molium avidus nennt ihn ein Zeitgenosse; man könnte diese Charakteristik übersetzen: sein Sinn war auf das Machtvolle, Gewaltige gerichtet. Freilich er blieb einseitig, wie die meisten Gewaltigen.

„Was sprichst du mir von Büchern, gib mir einen Degen in die Hand; ich verstehe nichts von Literatur", mit diesen Worten soll Papst Julius II. die Frage Michelangelos, ob er ihn mit einem Buche in der Hand darstellen solle, beantwortet haben. Diesem Ausspruch gemäß handelte er auch, er kümmerte sich nicht um die Gelehrten, sondern ließ sie höchstens gewähren; beförderte er sie, so that er dies nicht aus Liebe zu den Studien und deren Pflegern, sondern entweder in der Absicht, Personen und Einrichtungen nicht untergehen zu lassen, oder aus persönlicher Vorliebe. Aus ersterm Grunde vollzog er die Ernennung des Scipio Fortiguerra, eines gelehrten Hellenisten zum Erzieher seiner Neffen, die des Fedro Inghirami zum Direktor der vatikanischen Bibliothek, aus letzterm Grunde wurde er bestimmt, dem Bembo manche Privilegien zukommen zu lassen.

Denn gerade mit Bembo theilte er dieselbe Leidenschaft, die für die Kunst. Die Kunst war, wie ein neuerer Historiker sagt, die Signatur des Zeitalters und des italienischen Volksgeistes geworden; Julius II. liebte die Künste nicht als Enthusiast des Schönen, sondern als ein großer Charakter, der eine entschiedene Richtung auf das Plastische besaß. Er schmückte Rom mit großartigen Bauwerken, hatte das Glück, geniale Mitarbeiter zu gewinnen, und lebte in einer Zeit, die wunderbare Reste des Alterthums neu entdeckte. Zu den Bauwerken gehören der Hof des Damasus, der Anfang des gewaltigen Neubaues von St. Peter und die Grabdenkmale des Girolamo Basso und des Askanio Sforza, die noch heute als die schönsten Roms gelten; von den Resten des Alterthums seien nur die Laokoonsgruppe und der Apollo von Belvedere genannt; unter den Mitarbeitern sind gleichgestimmte Gönner wie der feingebildete umsichtige und reiche Geschäftsmann Agostino Chigi, sodann Künstler wie Bramante und Michelangelo zu rechnen.

Aus dieser Künstlerschaar sei nur einer, freilich der bedeutendste, Michelangelo, hervorgehoben, der zwar schon mehrfach erwähnt worden (vgl. S. 153 u. 193), und auch später nochmals zu nennen ist; der aber durch seine Persönlichkeit und sein Wirken recht eigentlich der Periode Julius II. angehört.

Nicht sein Leben und seine Kunst freilich sind hier zu schildern, aber

Grabmal des Ascanio Sforza in Santa Maria del Popolo zu Rom.

Seit 1505 im Auftrag Papst Julius II. ausgeführt von Andrea Sansovino (1460–1529).

von zweien seiner Werke ist ein Wort zu sagen, deren eins im direkten Auftrag des Papstes entstanden, deren anderes sein Andenken dauernd zu erhalten bestimmt war. Michelangelo empfing im Mai 1505 die Berufung nach Rom. Er sollte dort bei Lebzeiten des Papstes ein großartiges Grabmal für ihn herstellen. Mit Freuden unterzog er sich diesem Auftrage. Aber bald sah er sich in seinen Erwartungen getäuscht. Durch den neuerwachten, mit regem Eifer betriebenen Plan eines Neubaues der Peterskirche wurde der ältere Plan in den Hintergrund geschoben, ja von dem Papste selbst, zu dessen Verherrlichung das Denkmal bestimmt gewesen, niemals wieder aufgenommen. Der Künstler aber, eben weil er in der colossalen Verherrlichung des gewaltigen Mannes eine seinem Künstlergeist entsprechende Aufgabe erblickte, mochte gerade von dieser Aufgabe nicht lassen und beschäftigte sich zeitlebens mit ihr, ohne zu ihrer Vollendung zu gelangen. Denn das fast 30 Jahre später ausgeführte Denkmal entspricht, zumal es aus Arbeiten der Schüler fast in demselben Maße besteht, wie aus dem Werke des Meisters, nur wenig den ursprünglichen Absichten des Letztern. Eine Figur indessen ist vollendet und gerade sie ist der charakteristischste Tribut, den der Künstler dem Papste und seiner Zeit abstattete: die Figur des Moses. Soviel Anklagen von Aesthetikern und Medicinern auch gegen dieses Werk erhoben worden sind, das auch auf Laien in Folge seiner ungünstigen Aufstellung nicht den erwarteten und erwünschten Eindruck machen kann, einen ungeheuren Vorzug behält dasselbe, nämlich den der eminenten historischen und persönlichen Bedeutung. Denn in ihm, mehr als in einem andern Bilde kommt der Typus des dem Künstler congenialen Papstes zur Erscheinung, nicht des Gesetzgebers und nicht des geistlichen Hirten, sondern des Heerführers, der, in tiefes Sinnen versunken, dem Feinde Verderben brütet. Darum erkannten des Künstlers künstlerische Zeitgenossen, die nicht blos sein Werk vor sich sahen, sondern in dem Werke die Absicht des Bildners spürten, in dem Moses den terribilissimo principe und den capitano.

Statt des Julinsdenkmals nun erhielt der Künstler vom Papste eine andere Aufgabe, die er zwar mit den Worten: „Ich bin kein Maler" stolz von sich zu weisen schien, die er aber in der wunderbarsten Weise ausführte: die Deckengemälde in der sixtinischen Capelle. Mehr als vier Jahre, die Hauptzeit von Julius' Pontifikat (1508—1512) sind mit dieser Thätigkeit ausgefüllt. Die Gemälde sind die überwältigende Darstellung der Schöpfungsgeschichte, mancher Erzählungen des alten Testaments und der Vorahnungen des neuen, aus dem alten, theilweise im Gegensatz zu demselben sich entwickelnden und gestaltenden Glaubens. Nur ein Mensch von so herkulischer Kraft und allseitiger, selbst das unmöglich Scheinende spielend überwältigender Begabung konnte sich an derartiges Uebermenschliche wagen und nur in einer Zeit, der das Höchste erreichbar vorkam, konnten solche Werke entstehen. Unter diesen Gemälden ist das der Belebung Adams das bedeutendste. Jakob Burckhardt sagt darüber: „Von einer Heerschaar jener göttlichen Einzelkräfte, tragenden und getragenen umschwebt, nähert sich der Allmächtige der Erde und läßt aus seinem Zeigefinger den Funken seines Lebens in den Zeigefinger des schon halbbelebten ersten Menschen hineinströmen. Es gibt im ganzen Bereiche der Kunst kein Beispiel mehr von so genialer Uebertragung des Uebersinnlichen in einen völlig klaren und sprechenden sinnlichen Moment. Auch die Gestalt des Adam ist das würdigste Urbild der Menschheit. Die ganze spätere Kunst hat sich von dieser Auffassung Gottes des Vaters beherrscht gefühlt, ohne sie doch erreichen zu können."

Michelangelo verdient nicht blos wegen seiner Beziehungen zu Julius II., nicht blos wegen seiner unübertroffenen, schon durch ihre Vielseitigkeit einzig dastehenden künstlerischen Leistungen, sondern auch wegen seiner Antheilnahme an der Literatur Beachtung. In seinen italienischen Sonetten, deren strenges Formgefüge der in dem Dichter lodernden Gluth der Gefühle und der übermäßigen Kraft des Ausdrucks zu spotten scheint, hat er seine Anschauungen und Hoffnungen dargelegt. Nicht der Verherrlichung jenes Auftraggebers, des Papstes, sind diese Gedichte gewidmet, vielmehr sprechen sie mit Unwillen von ihm, da er dem Künstler nicht die gebührende Beachtung schenkte; sondern der Freundschaft, der Liebe, vor Allem der Religion. Wenn irgend einer der gegen Michelangelo erhobenen Vorwürfe unbegründet ist, so ist es derjenige der Irreligiosität; ist doch sein ganzes Sinnen und Denken durch die Religion bestimmt; der Cultus Jesu und der Maria erfüllt ihn ganz. Nicht als der selbstbewußte, auf die eigne Kraft vertrauende Mensch erscheint er in seinen Gedichten, sondern als der Zweifelnde, der ungewiß hin und her schwankt und für seine Hilflosigkeit rührende Ausdrücke gebraucht:

Bald auf dem rechten Fuß, bald auf dem linken,
Bald steigend, bald ermüdet zum Versinken,
Hintaumelnd rathlos zwischen Gut und Böse,
Such' ich, wer meiner Seele Zweifel löse;
Denn wem Gewölk verhüllt des Himmels Weiten
Wie können den des Himmels Sterne leiten?

Er, der durch seine Kunstschöpfungen in Tausenden den schlummernden Glauben erweckt und Unzähligen den verlornen wiedergegeben, er ringt nach dem Glauben in hoffnungslosem Sehnen:

O, Herr, mit jener Kette mich umschlinge,
An die geknüpft ist jeder Himmelssegen,
Den Glauben mein' ich, gern möcht' ich ihn hegen,
Ihn, den durch Schuld gehemmt ich nie erringe. —

Es läßt sich wohl kein crasserer Gegensatz denken, als die zwei persönlich sich nahestehenden Männer derselben Stadt und derselben Zeit, der kriegsgerüstete Papst, der seine Regierungszeit mit sehr unheiligen Thaten anfüllt und doch der Stellvertreter Gottes auf Erden zu sein vorgibt, und der gottbegnadete Künstler, der sein Leben zubringt mit immer erneuter Verklärung

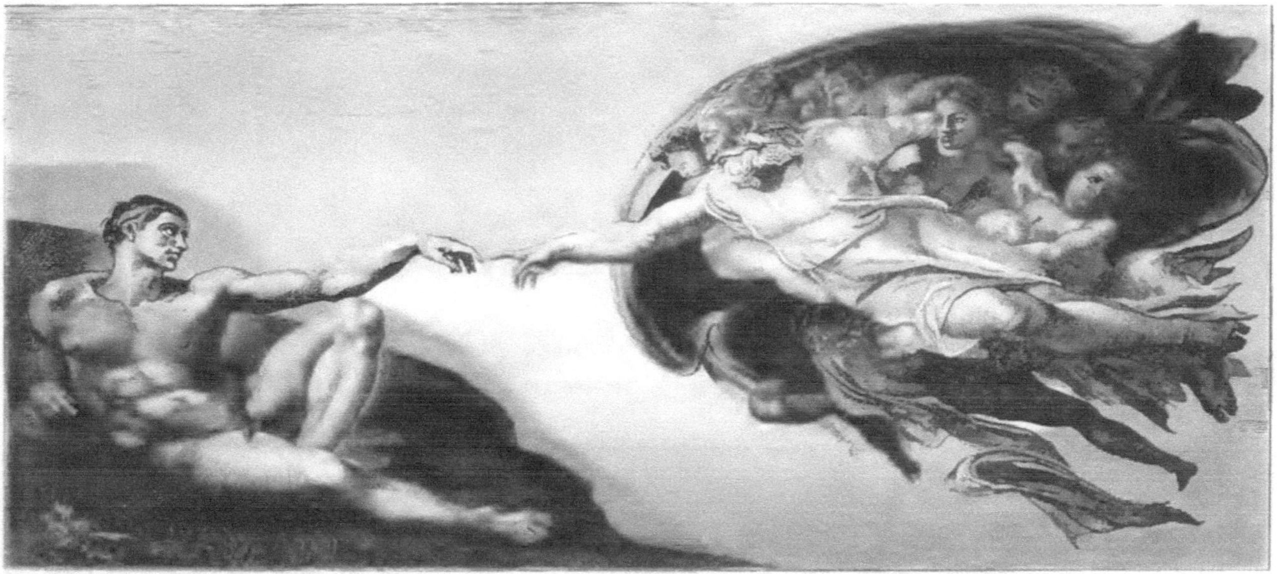

Die Erschaffung des Adam.

Fresko (1508) von Michelangelo Buonarroti an der Decke der sixtinischen Kapelle im Vatican

des göttlichen Wirkens und doch nicht zu der Gewißheit gelangen kann, ein würdiger Jünger der Gottheit zu sein.

Ein neuerer bedeutender Forscher hat über Julius II. gesagt: „Als den Gründer des Kirchenstaates betrachtet ihn der politische Geschichtsschreiber, als den wahren Papst der Renaissance preist ihn der Kunsthistoriker und gibt ihm zugleich den Ruhmestitel zurück, welchen unbilliger Weise sein Nachfolger Leo X. an sich gerissen hatte. Das Zeitalter Julius II. ist das Heldenalter der italienischen Kunst.“ Man ist wohl nicht berechtigt, diesen Satz, soweit er der Kunstgeschichte angehört, zu läugnen, aber wenn man Renaissance nicht blos einseitig als Wiederbelebung der Kunst, sondern als neuen Aufschwung des gesammten Geisteslebens auffaßt, so wird man bei aller Werthschätzung des kriegerisch bedeutsamen kunstfreundlichen Papstes doch nicht ihn als wahrhaften Träger und Vollender der Renaissancebildung bezeichnen, sondern seinen Nachfolger Leo X.

Fünfzehntes Kapitel.

Leo X.

Leo X. war der dritte Sohn Lorenzos von Medici. Von seinen drei Söhnen: Giuliano, Pietro, Giovanni pflegte der florentinische Herrscher zu sagen: der Erste sei gut, der Zweite ein Thor, der Dritte aber sei klug. Diese Klugheit hatte Giovanni namentlich während seines Papstthums zu bewähren.

Er war am 11. Dezember 1475 in Florenz geboren, genoß unter der Leitung seines Vaters durch die bedeutendsten florentinischen Gelehrten vortrefflichen Unterricht und wurde schon in frühester Jugend zum geistlichen Stande bestimmt. Daher sah der Vater es gern, daß König Ludwig von Frankreich dem noch nicht Achtjährigen (Mai 1483) eine Abtei zuwies und ihm das Erzbisthum von Aix-en-Provence, das, wie sich später herausstellte, noch gar nicht erledigt war, bestimmte und daß der Papst das Kind zur Annahme geistlicher Beneficien fähig erklärte und zum Protonotar ernannte, drängte sogar Monate lang den beständig nach Ausflüchten suchenden Papst, den jungen Giovanni zum Cardinal zu ernennen und setzte es endlich durch, daß dessen Ernennung am 9. März 1489 stattfand. So war der dreizehnjährige Knabe Cardinal geworden — freilich sollte die Ernennung einstweilen geheimbleiben —, bald wurde er nach Rom geschickt, um hier, nur von ferne durch den Vater beobachtet und durch seine Mahnungen geleitet, seine Laufbahn zu beginnen. Das Vierteljahrhundert, das seine Erhebung zum Cardinalat von seinem Antritt der päpstlichen Herrschaft trennt, war voll Gefahren für einen Jüngling, der erst lernen sollte, das Gute vom Bösen zu unterscheiden und war bei all seinem Reichthum an geistigen und künstlerischen Großthaten wenig geeignet, Charaktere zu bilden. Auch Leo unterlag. Aber er bildete seinen Geist in so eigenthümlicher und reicher Weise aus, daß er seinem Pontifikat einen Glanz verlieh, der die Jahrhunderte überdauert und seinem Zeitalter den Namen des goldenen verschafft hat.

Am 4. März 1513 begann das Conclave, aus welchem Giovanni von Medici als Papst hervorging unter dem Namen Leo X. Man kannte den neuen Papst sehr wenig; bald nach seiner Thronbesteigung schrieb der kaiserliche Botschafter: „Der Papst wird eher sanft sein wie ein Lamm als wild wie ein Löwe und ein Mann des Friedens.“ Auch Andere setzten große Hoffnungen auf ihn: die Politiker, die in ihm ein gefügiges Werkzeug erwarteten, die Literaten und Dichter, die Gelehrten und Künstler, welche in ihm einen echten Mediceer, einen Unterstützer ihrer geistigen Bestrebungen und einen freigebigen Helfer für ihre materiellen Bedürfnisse erblickten, die Theologen, welche ein Ende der Verweltlichung des Papstthums ersehnten und einem unkriegerischen Papst eher als einem kriegstüchtigen Neigung für fromme Uebungen und durchgreifende kirchliche Reformen zutrauten, und endlich die Lebemänner, welche sich Rom als Mittelpunkt des Vergnügens und den päpstlichen Hof als Hauptstätte sinnlichen Genußlebens ausgemalt hatten. Wer sollte nun seine Hoffnung am Meisten erfüllt sehen?

Kein Papst vielleicht ist auch in seiner äußern Erscheinung den Späteren so vertraut wie Leo X. durch Rafaels Bild. Er ist kein schöner Mann: ein fettes Gesicht mit blöden Glotzaugen drängt sich aus der engen Mütze hervor, die das Haupt umschließt; der schwerfällige Körper hielt sich nur unsicher auf den dünnen Beinen, er war lässig in seinen Bewegungen und erregte den Umstehenden einen peinlichen Anblick durch sein beständiges Bemühen, von Kopf und Händen den Schweiß zu trocknen. Aber der unangenehme Eindruck verschwand, wenn er sprach oder lachte, wenn er die schöne, weiße Hand erhob, in der er meist eine Lupe trug, mittelst deren er Menschen und Dinge freundlich und wohlgefällig zu betrachten pflegte.

„Genießen wir das Papstthum, da Gott es uns gegeben hat", mit diesem Ausruf soll Leo seine Erhebung zu der höchsten geistlichen Würde begrüßt haben. Er liebte den Genuß, wie er das Leben liebte, an dem er noch kurz vor seinem Ende krampfhaft festzuhalten suchte und dessen Bedroher, z. B. einen Mönch von Bologna, der ihm seinen Tod weissagte, er mit schweren Strafen belegte. Er war nicht unmäßig, aber er gab gern Anderen Gelage, bei denen geschwelgt und gezecht und Speisen und Getränke mit Scherzreden oft sehr derber Art gewürzt wurden: selbst bequem und doch ergötzte er sich an der Jagd, ja that es in kühnem Wagen Anderen zuvor, wurde aber sehr unwillig, wenn er durch allzugroße Dienstfertigkeit oder Ungeschicklichkeit Anderer seine Beute verlor; er liebte die Ruhe, aber er versäumte keinen der Aufzüge, Stiergefechte oder Büffelrennen, mit denen das festfrohe römische Volk sich selbst unterhielt oder die er, zur Belustigung der Getreuen, am Carneval und bei anderen Gelegenheiten, veranstaltete. Er war stets heiter, selbst bei widrigem Geschick, auch bei schmerzlichen Veranlassungen zeigte er keine Trauer, die Zeitgenossen hätten es unpassend gefunden, daß ein semidens dem Schmerz unterworfen sei. Er scherzte gern und machte Andere lachen, aber er war nicht wählerisch in der Art des Scherzes: er ergötzte sich ebensosehr an den Witzen einer feinen Comödie, wie an den losen Reden seiner Possenreißer und den verzerrten Mienen seiner Freßkünstler. Er war ein Meister im Höhnen und Carrikiren: seinen Parasiten setzte er manchmal das Fleisch ungenießbarer Thiere, wie Affen und Raben, unter dem Anschein köstlicher Braten vor und seinen Improvisator Baraballa, einen elenden Dichterling, hetzte er so lange, bis dieser sich ernstlich um die kapitolinische Dichterkrönung bewarb; dann ließ er ihn, mit Gold und Purpur angethan, auf einen reichgeschmückten Elephanten setzen

Papst Leo X. und die Cardinäle Medici und de Rossi. Gemälde von Rafael, im Palazzo Pitti zu Florenz. Nach dem Kupferstiche von S. Jesi.

und gab ihn dem Gelächter des ganzen Volkes preis. Er war gutmüthig und freigebig, er wollte auch Andere stets fröhlich sehen, wie er selbst war, darum schlug er seinen Verwandten und Landsleuten, ja auch den übrigen zahlreichen Hülfesflehenden keine Bitte ab, sondern ermunterte mit freundlichem Wort und verheißungsvollen Geberden, selbst dann, wenn er den Wunsch weder erfüllen konnte noch wollte. Mit dieser Freigebigkeit hing seine Verschwendung zusammen: die 500,000 Dukaten, auf welche man sein jährliches Einkommen berechnete (etwa 4 Millionen Mark), und von denen er ungefähr 90,000 für seinen Tisch brauchte, verschwanden in rasender Schnelle, „es wäre ebenso möglich gewesen", meint ein Zeitgenosse, „daß er einmal 1000 Dukaten zusammenhielt, als es möglich wäre, daß ein Stein von selbst nach oben fiele". Durch diese Lust am Geben bekundete er wahre Größe, denn fern lag ihm jeder Schein und alles unechte Großthun; er wollte so wenig imponiren, daß er das äußere Ceremoniell oft mit Absicht vergaß, im Chorhemd ging, ja wie der päpstliche Ceremonienmeister mit sittlicher Entrüstung hinzufügt: „was das ärgste ist, mit Stiefeln an seinen Füßen". Er war ein Mensch unter Menschen, der die Anderen erkennen und durchschauen wollte, sie freilich zu seinen Zwecken zu benutzen gedachte und bei solchem Versuche wohl auch ihre kleinen Schwächen ausspürte, um aus ihnen Vortheil zu ziehen, ihre Einfalt und Offenheit zu Zwecken seiner Schlauheit und Geschicklichkeit ausbeutete, aber liebevoll sich den Schwächeren zuwandte, leutselig die Niedrigstehenden zu sich heranzog, die Sklaverei, die damals selbst von Hochgebildeten begünstigt wurde, energisch bekämpfte, auch den Thieren gütig und mildthätig sich erwies, die Menschen aber anerkannte und werthschätzte und sich ihnen unterordnete, sobald er ihre Ueberlegenheit erkannte. So lange er Cardinal war, entließ er die Geschäftsführer seiner Collegen nicht, ohne den Letzteren sagen zu lassen, der Cardinal Medici sei den Herren ganz und gar ergeben, aber auch als Papst bewährte er diese gefällige Art des Ausdrucks und der Gesinnung. Er ordnete sich gern unter, aber am Liebsten übte er diese Unterordnung in Dingen der Wissenschaft und der Kunst; er war im höchsten Grade bildungsfähig, er schwelgte förmlich in geistigen Genüssen. Und darum ist sein Name unsterblich, darum sein Zeitalter so gefeiert worden, weil er in jenen höchsten Genüssen ein Lebensbedürfniß, weil er in ihnen eine Pflicht, eine Ausübung seines Berufes sah und nicht blos eine Ausfüllung müßiger Stunden. Wenn es auch viele größere Männer gegeben hat als ihn und weit größere Dichter als die, welche in seinen Tagen lebten, so gibt es kaum eine Zeit, welche so wie die seine vom „Sonnenlicht der Heiterkeit umflossen" ist, kaum einen Namen, der so glückstrahlend erscheint, wie der seine. Auf den Ruhm, der sich in späterer Zeit an ihn knüpfte, wie auf die Schätzung, die ihm während seines Lebens zu Theil ward, paßt das Wort, das ein zeitgenössischer Historiker, Vettori, auf ihn anwandte: „Jemehr Fehler er beging, desto mehr machte das Glück für ihn gut".

Wenn man Leo gefragt hätte, wer das Glück seiner Tage ausmachte, so würde er auf die Dichter und Künstler hingewiesen haben, die um ihn lebten, und wenn man weiter in ihn gedrungen hätte, einen bestimmten Namen zu nennen, so würde er Bibbiena genannt haben.

Bernardo Dovizi, der sich Bibbiena, nach seinem Heimathsort, dem gleichnamigen Städtchen, nannte, war dort am 4. August 1470 geboren und starb in Rom am 9. November 1520. Er war schon Pieros von Medici Gesandter bei Ludovico Moro gewesen und hatte seinen Herrn mit trügerischen Berichten über die freundliche Stimmung des angeblichen Verbündeten unterhalten, seine Mittheilungen aber noch lieber zur Schilderung der lustigen Nächte und der herzoglichen Liebesabenteuer benutzt und solche Darstellungen wohl naiv mit den Worten geschlossen: „Wenn ich ein bischen unsauber gewesen bin, so möge mich der Stoff entschuldigen, welcher dies verlangte.“ Dann hatte er sich lange am urbinatischen Hofe aufgehalten und dort wie an den anderen Stätten seiner Wirksamkeit sich durch seine Schlauheit bedeutende Stellungen, durch seinen Witz und gute Laune allgemeine Beliebtheit verschafft — in Castigliones Cortegiano ist er es, welcher die Auseinandersetzungen über Scherz und Witz zu geben hat —; in Rom war er Leos Spaßmacher und wurde von dem Papste 1513 zum Cardinal erhoben. Zu des Spaßmachers Obliegenheiten mochte das Dichten belustigender Werke gehören, zu des Cardinals Verpflichtungen diplomatische Reisen; jene brachten Lob und klingenden Lohn, diese waren nicht frei von Fährlichkeiten und vielleicht hat seine letzte Gesandtschaftsreise nach Frankreich, auf der er, wie man sagt, sich in verrätherische Abmachungen mit Franz I. einließ, seinen Tod beschleunigt. Bibbiena führte ein üppiges Leben, fühlte sich nur wohl in Frauenumgebung und jubelte daher, als er die Nachricht erfuhr, daß Giuliano Medici mit seiner Gemahlin Filiberta von Savoyen nach Rom kommen würde. „Die ganze Stadt“, schrieb er, „sagt: nun sei Gott gelobt, denn nichts fehlte uns hier als ein Damenhof, und diese Frau, so erlaucht, so hochbegabt, so gut und so schön, wird einen halten und so dem römischen Hofe seine Vollendung geben.“ Aber er lebte nicht blos im Genusse; er machte vielmehr sein Haus zum Sammelplatz der Künstler und Gelehrten, unter denen Rafael vor Allem zu nennen ist, welcher vier Cartons entwarf, nach denen das Badezimmer des Cardinals ausgemalt wurde und welcher mit der Nichte Bibbienas vermählt werden sollte; er ergötzte sich an den Unterhaltungen seiner Günstlinge, unterstützte sie für ihre Leistungen in freigebiger Weise und beförderte durch solche Unterstützungen gewiß trefflichere Werke als das war, mit welchem er selbst die Literatur bereicherte.

Die Comödie — La Calandra —, welche häufig die erste italienische Kunstcomödie genannt wird, wenn ihr nicht Ariosts Jugendlustspiele diesen Rang streitig machen und von der es zweifelhaft ist, ob sie zuerst in Urbino oder in Rom die weltbedeutenden Bretter betrat, wurde 1514 in Rom vor Leo X. aufgeführt. Sie schließt sich an die Menächmen des Plautus an, nur mit dem Unterschiede, daß es in dem modernen Stücke nicht zwei Brüder, sondern Bruder und Schwester sind, Lidio und Santilla, die sich sehr ähnlich sehen und, an demselben Orte lebend, ohne von einander zu wissen, in die seltsamsten Abenteuer verwickelt werden. Lidio, als Mädchen verkleidet, verliebt sich in Fulvia, die Frau eines Tölpels Calandro, und erlangt sehr bald Gegenliebe; Santilla, in Mannskleidern, findet Gunst bei einem Kaufmann Perillo und wird von ihm zum Schwiegersohn ausersehen. Nun aber läßt Calandro seine Augen wohlgefällig auf dem schönen Lidio ruhen, den er für eine Frau hält, während Fulvia die vorübergehende Santilla, die sie mit ihrem Lidio verwechselt, zu sich hereinlockt. Da sie indessen erkennt, daß sie es mit einer Frau zu thun habe, so schickt sie, eine dämonische Verwandlung befürchtend, zum Zauberer Ruffo, beruhigt sich aber bald, da Santilla, die sich schlau aus der Schlinge zu ziehen weiß, an ihrer Stelle ihren Diener Fannio schickt, der bald von dem wirklichen Lidio abgelöst wird. Diese Vorgänge sind dem Calandro, der durch die Schuld seines schurkischen Dieners Fessenio in seinen eignen Liebesabenteuern sehr unglücklich, um so eifriger die Freuden Anderer zu stören sucht, nicht entgangen; er überrascht nun die Schuldigen und verlangt, vor seinen und seiner Frau Verwandten, die er eilig zusammenrufen läßt, die verletzte Hausehre zu retten. Die Bedrohten sind jedoch schlauer als er: die Geschwister, die sich endlich erkennen, wechseln ihre Kleider und tauschen ihre Plätze, so daß die erbetenen Zeugen in der verschlossenen Kammer nur die zwei Frauen antreffen, und statt die Beschämung den Triumph der verschlagenen Frau bezeugen helfen. Als Lösung der verwirrten Scene ergibt sich nun, daß Santilla mit dem erwachsenen Sohne des unkeuschen Ehepaares vermählt werden, während Lidio, der seine wenig ehrenhafte Rolle bei Frau Fulvia beizubehalten Lust hat, die Heirath, welche seiner für einen Mann gehaltenen Schwester zugedacht ist, mit Perillos Tochter vollziehen soll.

Das Stück ist reich an drastisch komischen Zügen, besonders in den Scenen, in welchen Calandro mit seinem Diener Fessenio vorkommt. Letzterer überredet nämlich seinen Herrn sich wie todt in einen Koffer zu legen und sich an das Haus der Geliebten tragen zu lassen, und gibt den Thorwächtern, welche die Träger mit ihrer Last nicht durchlassen wollen, den Bescheid, drinnen liege ein an der Pest Gestorbener. Darüber ergrimmt Calandro, springt aus der Kiste, muß diese nun, da Diener und Träger geflohen sind, selbst tragen, gelangt, keuchend unter der schweren Bürde, an das Haus seiner Geliebten, findet aber hier, statt Einlaß zu erlangen, seine eigne Frau, die ihr unerwartetes Erscheinen durch ihre schon lange gehegte Befürchtung von den schlechten Streichen ihres Mannes begründet und den also Ertappten nachdrücklich zurechtweist.

Indessen nicht in diesen komischen Zügen und nicht in den einzelnen Witzen liegt die Bedeutung des Stückes, sondern in der Gesinnung, welche dasselbe als diejenige des Verfassers und gewiß auch eines großen Theils der Zuschauer erkennen läßt: es ist die Ansicht von dem Rechte der Schlauheit über die guten Sitten und die Gesetze, die Ansicht von der Ehe als einem blos äußerlichen Zusammenleben, nicht aber einer inneren Verbindung, die Ansicht, daß in dem Genusse die eigentliche Lebensphilosophie, der wahre

Lebensgehalt liege. Was hier ein Cardinal verkündet: chi amor non gusta non sa che sia la dolcezza del mondo (Wer Liebesgenuß nicht kostet, der kennt die Süßigkeit der Welt nicht), das war nicht die absonderliche Meinung eines Einzelnen, sondern war das allgemeine Urtheil des leoninischen Rom.

Neben Bibbiena ist zunächst Pietro Bembo zu nennen, der als Freund und Sekretär des Papstes zu seiner nächsten Umgebung gehörte, in manchen Beziehungen das Gegenstück zu Bibbiena bildet, in vielen ihm gleich ist, und durch die Vielseitigkeit seines Wissens und Könnens eine der merkwürdigsten Erscheinungen der Renaissanceepoche genannt werden muß (vgl. oben S. 223).

Von Bembo ist Jacopo Sadoleto (1477—1547) nicht zu trennen, nicht nur, weil er, wie jener päpstliche Sekretär, Bischof und Cardinal war, sondern besonders auch, weil er gleich Jenem die verschiedenen Seiten lateinischer und italienischer Cultur in sich vereinigt. Er war ein Meister des Briefstils, so daß er selbst geschäftlichen Aktenstücken eine classische Form zu geben versuchte; dichterisch beanlagt, so daß seine bei der Auffindung der Laokoongruppe (1506) gedichteten Verse von Lessing als „eines alten Dichters würdig" bezeichnet werden und sein dichterisches Verstummen von gar Manchem bedauert ward. Er war ferner ein trefflicher Philosoph und Pädagoge, der, zwar in philosophischen wie in stilistischen Dingen ein Nachahmer Ciceros, Jenes verloren gegangene Schriften De laudibus philosophiae und de gloria durch neue gleichnamige zu ersetzen und den Ruhm des Alten, wenn nicht ganz, so doch einigermaßen auf sich zu übertragen bemüht war, aber doch bei aller Hochschätzung des Wissens und bei aller Verehrung der antiken Studien die Bildung des Charakters als Hauptpunkt der Erziehung und die Vortrefflichkeit, Sittenreinheit und Güte des Erziehers als oberstes Gebot aufstellte. Dabei blieb er ein frommer Theologe, der zwar in den Geboten der Kirche lebte und starb, aber, von der heidnischen Philosophie angesteckt, einen Freund, bei dem Tode von dessen Mutter, nicht mit den Trostgründen der Religion, sondern mit Aufzählung der aus dem Alterthum entlehnten Beispiele von Standhaftigkeit und Seelengröße im Leiden zu stärken suchte. Durch solche und manche andere seiner Lehren erregte er zwar Anstoß bei den Gläubigen, aber er war zu freisinnig, um der Diener einer streng abgeschlossenen Partei zu sein, und glaubte seiner katholischen Rechtgläubigkeit keinen Abbruch zu thun dadurch, daß er mit den Häuptern der Gegenpartei in freundlichem Verkehr stand. Derartige Gesinnungen durfte er ungestraft hegen und sie durch Thaten zum Ausdruck bringen, weil er, durch ein sittenreines und fleckenloses Leben geadelt, Allen ehrwürdig war; was bei Anderen Doppelzüngigkeit genannt und als Falschheit verdammt worden wäre, galt bei ihm als Ausdruck gewissenhafter Forschung und redlichen Strebens.

Der eine der Zuletztgenannten, Pietro Bembo, hatte von Leo den Auftrag erhalten, ein Buch zu lesen, das damals sehr großes, bei den Gläubigen sehr widriges Aufsehn machte; er aber hatte nichts daran auszusetzen gefunden, es war Pietro Pomponazzos De immortalitate animae (Von der Unsterblichkeit der Seele).

Pomponazzo war am 14. September 1462 in Mantua geboren, er lehrte in Padua und Bologna und starb in der letztgenannten Stadt 1525. Er war ein kleines Männchen, fast ein Zwerg, beständig kränklich, aber immer bereit zu forschen und zu unterrichten. Am 24. September 1516 beendete er seinen berühmten Traktat, im vierten Jahre von Leos Pontifikat. Er schloß denselben mit den Worten „zum Lobe der h. Dreieinigkeit", unterwarf seine Lehren dem Urtheil des apostolischen Stuhles, protestirte dagegen, den Vorschriften der Kirche entgegenzutreten: „Die Wahrheit dieses Satzes erleidet durch mich keinen Zweifel, da sie durch die heilige Schrift bestätigt wird, welche, als von Gott gegeben, der Vernunft und menschlichen Einsicht bei weitem vorzuziehen ist", und doch ist kaum je ein stärkerer Angriff versucht worden. Nur äußerlich bleibt er ein Vertheidiger der christlichen Lehre, er flüchtet sich unter den Schutz des großen Kirchenvaters Thomas von Aquino und bekämpft mit ihm den gemeinsamen Feind, Averroes, aber er zieht aus seinen Sätzen die eigenthümlichsten Folgerungen, er läugnet die Seelenwanderung der Pythagoräer und die Auferstehungslehre der katholischen Kirche. Sein Hauptsatz ist der, daß Seele und Körper untrennbar zusammenhängen, daher müsse die Seele materiell, vergänglich, sterblich sein. Zu der Aufstellung dieses Satzes aber bestimmt ihn nicht nur naturwissenschaftliche Forschung, sondern die bescheidene Auffassung der Menschennatur. Denn der Mensch stehe niedrig, wenn man ihn mit höheren Wesen vergleiche: „wer aber den Menschen so hoch erhebt, der betrachtet nur das, was er weiß und vor Augen sieht, erwägt aber das Hohe und Unbegreifliche nicht, das ihm verborgen ist." Und ferner ist es die Tugend, der er durch seine Lehre von der Kürze des Menschendaseins dienen will, „Hoffnung auf Belohnung und Furcht vor der Strafe sind Anzeichen knechtischen Sinnes, welchen die Tugend widersteht", sagt er an einer Stelle, und an einer andern: „Den Tod muß man verachten, halte man nun die Seele für sterblich oder unsterblich, und was auch nach dem Tode eintreten möge, nichts berechtigt, vom Pfade der Tugend abzuweichen."

Diese sittlich reinen, moralisch erhabenen Lehren sind es dann auch, welche ihn bei der Widerlegung der gegnerischen Ansichten leiten. Denn er stellt niemals undiscutirbare Sätze auf, sondern merkt auf die Einwände, freilich um sie in ihrer Nichtigkeit zu erweisen. Solcher Einwände läßt er sich im Ganzen acht vortragen: Erzählungen des Plato, Behauptungen des Aristoteles, Berichte über Dämonen, die die Existenz eines Jenseits nothwendig voraussetzen; auf den Einwand: alle Gesetze beruhen auf der Annahme der Unsterblichkeit der Seele, antwortet er mit dem merkwürdigen Satz: „Man müsse zugeben, daß die ganze Welt oder wenigstens der größte Theil derselben sich im Irrthum befinde. Denn vorausgesetzt, daß nur drei religiöse Gesetzgebungen existirten, die Mosis, die Christi und die Mohammeds, so müßten entweder alle falsch und die ganze Welt betrogen sein, oder wenigstens zwei irrig und die Mehrheit der Menschen sich im Irrthum befinden", und auf die mehr theologischen Entgegnungen, daß man bei dieser Anschauung von der Vergänglichkeit kein Glück der Menschheit annehmen, Jedem das Recht absprechen müsse, den Tod zu wählen und Zweifel hegen müsse an der Gerechtigkeit Gottes, erwidert er, daß das Glück nicht in einer unbeschränkten Dauer des Lebens liege, sondern in dem Tugendbegriffe, von dem sich Jeder erfüllen könne, daß man gerade in dem Bewußtsein, das Leben ende mit dem Tode, durch einen dem Vaterland oder Freunden geweihten Tod die höchste Tugend übe und daß die Gerechtigkeit Gottes sich nicht durch äußere Strafen allein, sondern durch Gewissensqualen dokumentire, die der Tugendlose erdulde. Zu großer Wärme aber erhebt er sich, da ihm der letzte Einwand, alle Läugner der Unsterblichkeit seien frivole, unmoralische Menschen gewesen, gemacht wird, da erkühnt er sich zu der Behauptung, gar Manche hätten sich zu den Vertheidigern gesellt, um bei den Kleinmüthigen keinen Anstoß zu geben, er mustert die Gesinnungsgenossen und findet unter ihnen: Seneka, Plinius, Homer, er will lieber mit ihnen irren, als mit den Anderen in eingebildeter Weisheit verharren.

Noch weiter ging Pomponazzo in seiner zweiten Schrift De incantationibus (über Zaubereien), deren hauptsächliches Bestreben in ihrem Nebentitel: De naturalium effectuum admirandorum causis (über die Ursachen wunderbarer Naturereignisse) erkennbar ist. Die natürliche, gesetzmäßige Erklärung aller Ereignisse, welche den Gläubigen als Wirkungen göttlicher Kraft und selbst dem Ungläubigen als Schrecknisse übernatürlicher Mächte erscheinen, ist Pomponazzos Zweck; Wunder sind ihm daher „nicht widernatürliche und die ewigen Gesetze durchbrechende Erscheinungen, sondern seltene und ungewohnte, nur einmal in längeren Zeiträumen auftretende und nicht dem gewöhnlichen Laufe der Dinge entsprechende Ereignisse." Indessen, er begnügt sich nicht damit, sondern, die natürliche Entwicklung aller Dinge besprechend, unterwirft er auch die Religion seiner Betrachtung, und rechnet sie zu den vergänglichen Erscheinungen wie alles Andre. „Wir haben gesehen", so meint er, „daß Cultus und Wunder des Götzendienstes anfänglich schwach waren, später wuchsen, ihren Gipfel erreichten und sodann herabsanken, bis sie wieder in ihr Nichts zerfielen. So erkaltet jetzt auch Alles in unserm Glauben, die Wunder hören auf, Betrug und Täuschung wird von den Priestern gebraucht, denn das Ende scheint nahe."

Was half es bei solcher Läugnung eines Hauptlehrsatzes des Christenthums, bei dieser Verkündung der Vergänglichkeit der Religion, daß auch in dieser neuen Schrift der Autor seine Sätze aus der „heilsamen Lehre des orthodoxen Glaubens" zu beweisen, und sich in Allem dem Urtheile der heiligen Schrift und der Entscheidung der Kirchenväter zu unterwerfen erklärte? Und Leo X.? Er begnügte sich mit dem Urtheile Bembos, der die Schrift für ungefährlich erklärt hatte, er ließ den Autor ungekränkt und das Buch unbeanstandet, obgleich beide dem Oberhaupte der Christenheit höchst verderblich hätten erscheinen müssen; nur eine Nachricht besagt, daß er ihn zum Widerrufe mehr aufgefordert als gezwungen hätte.

Pomponazzo hat vielleicht niemals in Rom gelebt, aber er ist unbedingt in den Kreis Leos zu rechnen, wie er in seine Zeit gehört. Denn er vertritt als würdigster Repräsentant den wissenschaftlichen Geist und den unerschrockenen Wahrheitsdrang, die ernste, nicht auf den Erfolg hinarbeitende und keine Belohnung ersehnende Arbeit gegenüber dem frivolen Lebensgenuß und dem eiteln Streben, Gewinn aus jeder noch so kleinen Mühewaltung zu ziehen.

Mit Bibbiena, Bembo und Pomponazzo ist der Kreis der Männer nicht abgeschlossen, welche um Leo X. lebten. Ein reges wissenschaftliches Leben war vielmehr durch ihn und mit ihm in Rom eingezogen: die dem Verfalle nahe römische Universität wurde durch Leos Constitution vom 4. November 1513 reformirt, laut welcher z. B. die bis dahin wenig gepflegten orientalischen Studien eine regelmäßige Vertretung erlangen sollten. Auch die griechische Sprache fand Gunst und Förderung: Aldo Manuzio aus Venedig, der für seine schönen und trefflichen Ausgaben griechischer Classiker an so vielen Fürstenhöfen bereitwillige Abnehmer und eifrige Leser fand, wurde auch durch Leo unterstützt, und seine Ausgaben erhielten sich trotz der in Rom errichteten und von dem Papste beförderten griechischen Druckerei; der Grieche Markus Musurus, der mit manchen anderen seiner Landsleute nach Rom gezogen war, genoß bei dem Papste und dessen Getreuen hohes Ansehn und wohlbegründeten Ruhm.

Trotz aller Vorliebe für die griechische Sprache war ein hellenisches Zeitalter nicht erblüht; die Gelehrtensprache war und blieb die lateinische. Die wissenschaftliche Thätigkeit wurde dem römischen Alterthum zugewendet: es galt zu sammeln und zu sichten, die Denkmäler des Alterthums wurden mit Treue verzeichnet und mit Schonung gepflegt, alte Handschriften und Drucke in der Vatikana, deren Vermehrung Leo am Herzen lag, sorgfältig verwahrt. Die Bibliothekare dieser reichhaltigen Sammlung waren schon in Folge ihres Amtes die berufenen Vertreter wissenschaftlicher Arbeit, unter ihnen ist Fedra Inghirami einer der bekanntesten, dessen Ruhm sich freilich weniger an gelehrte Werke knüpft, sondern an seine schauspielerische Geschicklichkeit, durch welche er in seiner Jugend geglänzt hatte, und an sein Rednertalent, welches er mit seltsamer Vorliebe bei Leichenbegängnissen übte. Aber es ist ein beredtes Zeugniß für die Lebenslust, die im leoninischen Kreise herrschte, daß auch die gelehrte Thätigkeit nicht blos dem Alterthum, sondern auch der Neuzeit zugewendet ward, daß Paolo Giovio (1483—1552, seit 1516 in Rom), dessen Hauptruhm freilich einer spätern Zeit angehört, schon damals begann, in seinen elogia illustrium virorum den berühmten Gelehrten und Kriegsmännern seiner Tage ausführliche Würdigungen angedeihen zu lassen. Diese Schilderungen sind allerdings nicht ganz frei von Schönfärberei, verläugnen aber nie Wahrheitsliebe und historische Gerechtigkeit und zeichnen sich von so manchen ähnlichen biographischen und literarhistorischen Arbeiten dadurch aus, daß sie nicht unterschiedslos Alles loben, sondern individuell zu charakterisiren verstehen, daß sie das Wesen der Biographie nicht in Aufzählung einzelner Thaten erblicken, sondern in der Darlegung von Geist- und Charakterentwicklung, auch in der Hinweisung auf Gesichtszüge und Aeußeres, und daß sie, eben erfüllt von wahrhafter Verehrung alles Großen, nicht einseitig dem Vergangenen Lob spenden, sondern auch in dem Miterlebten Rühmliches zu erkennen wissen.

Galt ferner die lateinische Dichtung als besondere Eigenthümlichkeit der Renaissanceliteratur, so durfte sie an Leos Hofe nicht fehlen, ja sie war in solchem Uebermaße da, daß zwei Literaturgeschichten — gereimte und ungereimte Cataloge — sich mit den Dichtern beschäftigten. Die eine war des Arsillus poetisches Sendschreiben de poetis urbanis, das an Paolo Giovio gerichtet, gerade der Eigenthümlichkeit des Adressaten widersprach, Bedeutende und Unbedeutende unterschiedslos zusammenwarf und mit übertriebenen Lobsprüchen selbst Diejenigen beehrte, deren Namen sich kaum in unsere Zeiten herübergerettet hat, und das eine gewisse Bedeutung höchstens dadurch in Anspruch nimmt, daß es mit einer im damaligen Italien nicht gewöhnlichen Unparteilichkeit den fremden, zumal den deutschen Humanisten gerecht wird. — Die andere war, da man Gyraldis de poetis nostrorum temporum (s. oben S. 236) doch nicht völlig in diesen Kreis ziehen darf, des Pierius Valerianus, eines geschmackvollen, von Leo sehr begünstigten Latinisten, eines gelehrten Antiquars, der, vielleicht angeregt durch die römischen Alterthümer, die Hieroglyphen zu erklären suchte und schon in diesem Werke einen Rückgang des wissenschaftlichen Interesses, eine Gleichgültigkeit gegen die von ihm getriebenen Specialstudien und damit gegen gelehrte Arbeiten überhaupt constatirte, eigenartige, wahrhaftige, wenn auch etwas weinerlich gehaltene Literaturgeschichte — de infelicitate literatorum — in welcher er von dem Unglück der Gelehrten, zumal des leoninischen Kreises, sprach und von der unmittelbaren Folgezeit jener Glanzepoche ein trübseliges Bild entwarf, das dem Lobredner der vergangenen Zeit Manches zu denken geben mochte.

Wollte man unter den Dichtern jener Zeit einen Glücklichen nennen, so könnte man M. A. Flaminius (1498—1550) erwähnen, unter den Unglücklichen aber auf Joh. Corycius (gest. 1527) hinweisen. Flaminius war ein formgewandter, empfindungsvoller Dichter, er verdiente den Horazischen Spruch, mit dem ein Zeitgenosse seine Medaille zierte: „Die Muse beschenkte ihn mit dem Himmel", er schwärmte für ein einheitliches Italien und rief den Papst zur Vertheidigung des bedrängten Vaterlandes an, er stand den antiken Anschauungen nahe genug, um das Andenken an einen verstorbenen Freund nicht durch Erwähnung der christlichen Lehre der Unsterblichkeit wachzuhalten, sondern durch Schilderung seines Eintritts in den Heidenhimmel, er war reformatorisch gesinnt und hatte wegen seiner protestantischen Anwandlungen Bedenklichkeiten der Censur zu bestehen. Joh.

Coryci us konnte auch ein paar Verse machen, aber seine eigentliche Bedeutung erlangte er doch durch Herbeischaffung von Gedichten Anderer, die sodann von einem Mitgliede seiner Tafelrunde, Blosio Palladio, 1524 unter dem Titel: Coryciana als „erster Musenalmanach“ herausgegeben wurden. Er hatte 1514 von dem Bildhauer Andrea Sansovino in der Kirche des heil. Augustin eine der heil. Anna, Maria und Jesus geweihte Capelle mit den Bildsäulen der Genannten schmücken lassen und drängte nun seine dichterischen Freunde, dem Kunstwerke und dem Künstler ihre Huldigungen darzubringen. Daß diese dem Wunsche gern entsprachen, ist in Anbetracht der Stellung des Bittenden und der Verswuth der Humanisten leicht erklärlich, aber ebenso erklärlich ist es bei der Lobsucht des dichtenden Völkchens, daß nicht blos den Heiligen und dem Künstler Lob ertheilt wurde, sondern auch den Dichtern selbst, — und zwar vertheilte Jeder die Ruhmesspenden gewissenhaft zwischen sich und den Anderen — ferner dem Papste Leo, der jenem Werke ebensogut als Mäcen zugetheilt wurde, wie den zeitgenössischen Produkten überhaupt, und endlich dem Stifter des Werks, der ja zugleich Anreger und Beförderer der Versammlung war. Durch diesen mannigfachen Inhalt wurde die Sammlung zu einem Spiegelbild des geistigen Lebens jener Tage, zu einem Widerhall der frischen Stimmung, welche die meist jugendlichen Genossen erfüllte: mag mancher Vers lahm sein, manches Lob übertrieben und manche Vorhersagung unbegründet — wie denn alle Verheißungen von Glück und Seligkeit dem guten Corycius sein kummervolles Ende nach der Eroberung Roms 1527 nicht ersparen konnten — die Coryciana bleiben eine anziehende Produktion und führen anspruchslos und doch herzgewinnend in den Kreis ein, in welchem auch Leo sich wohl fühlte.

Eine ähnliche Sammlung in italienischer Sprache aus jener Zeit gibt es nicht: gleichwohl wurde auch diese Sprache an Leos Hofe gepflegt, Dichter und Dichterlinge, die sich derselben bedienten, von ihm begünstigt. Viele derselben haben ihren großen Ruhm nicht behaupten können: Manche, denen ihre Kunstart keine lange Dauer gestattete, z. B. der damals hochgefeierte Improvisator Antonio Tebaldeo, sind in Betreff ihrer Leistungen völlig vergessen. Einige haben ihr Ansehn bewahrt. Unter ihnen sind Trissino und Rucellai zu nennen: und ihnen mag Vittoria Colonna angeschlossen werden, obgleich sie, streng genommen, nicht mehr in diese Periode gehört.

G. G. Trissino (1478—1550) ist ein ehrbarer, würdiger Mann weit mehr als ein Dichter. Er meint es mit seinen Versen ebenso ernst wie mit den Gesandtschaften, zu denen er von Papst Leo verwendet wurde, aber er war mit den einen nicht glücklicher als in den anderen. Er war ein vortrefflicher Patriot, der sich an der augenblicklichen blühenden Lage des Vaterlandes ebenso erfreute wie an dessen ruhmvoller Vergangenheit, und der der italienischen Sprache als Ausdruck der modernen Cultur ähnliche Werthschätzung erwies, wie der lateinischen als dem Idiome der Vorfahren. Um diese seine Doppelliebe zu bekunden, besang er einen Stoff, der aus dem späten Alterthum oder dem frühen Mittelalter entnommen war, in seinem großen Epos L'Italia liberata dai Gothi (das von den Gothen befreite Italien, vollendet 1548); aber weder Stoff noch Behandlung, weder die gewaltigen Völkerkämpfe, noch die Liebschaften Justinians, weder die höflichen Reden Belisars, noch die mythologischen Anspielungen und Abschweifungen reizten Neugier oder Beifall des Publikums, sodaß Trissino, der sonst dem Gefühl des Neides nicht eben leicht zugänglich war, unwillig ausgerufen haben soll: „Verdammt sei der Tag und die Stunde, da ich die Feder ergriff und nicht von Roland sang." Die Liebe zum Alterthum aber und die Lust am Dichten hatte ihn schon zu manchen anderen dichterischen Erzeugnissen veranlaßt. Unter ihnen ist seine Tragödie Sophonisbe bemerkenswerth. Sie ist wichtig, weil sie als eine der ersten Tragödien gilt, welche antike Stoffe in antiker Weise behandelt — es fehlt weder an dem Chor, welcher die Gefühle einer der handelnden Personen oder der Zuschauer zum Ausdruck bringt, noch an dem Boten, der das Geschehene den Mithandelnden erzählt, statt daß der Dichter es vor den Augen des Publikums sich entwickeln läßt; es fehlt weder an stolztönenden Worten des Patriotismus, noch an Erinnerungen an das Alterthum. Aber doch will das Stück keine bloße römische Heldentragödie sein und noch weniger eine Huldigung für die alten Götter, vielmehr ist es ein Liebesspiel und trotz der antiken Namen in gewissem Sinne ein christliches Stück. Die Liebe und Freundschaft der Sophonisbe zu Masinissa und zur Erminia wird in schönen Worten gefeiert, es gibt in der damaligen italienischen Literatur nicht viele Todtenklagen, derjenigen würdig, welche Erminia der sterbenden Freundin mitgibt und nachruft. Christliche Gesinnungen aber bekundet der Dichter nicht selten: schon durch die feine Wendung, daß Masinissa die Hand, mit der er die Leiche berühren wollte, zurückzieht, damit er nicht durch diese unreine Berührung die Seele der Dahingeschiedenen beflecke, sodann dadurch, daß er in den Chorgesängen nicht von dem Schicksal und nicht von den Göttern, sondern nur von dem Gotte spricht, der die Geschicke der Menschen lenkt.

Trissino war fromm. Mit Recht durfte es von ihm — freilich an einem Ort, an dem man es nicht erwarten möchte, in einem Lehrgedicht über die Bienen, nachdem von dem Verhältniß der Bienen zu ihrem König und der Vertheidigung des Herrschers durch das Volk die Rede gewesen war — heißen: „Aus diesen Zeichen und aus so schönen Beispielen haben einige erlauchte Geister gemeint, daß in ihnen (den Bienen) etwas Göttliches lebe, welches mit beständiger himmlischer Bewegung das Körperliche bewegt und das Unkörperliche regiert: ähnlich wie die große Weltseele als Wagenlenker dasteht und eingegossen in die todte Masse die bestirnten Sphären in Bewegung setzt, den ewigen Himmelsstrich und den, wo der Blitz, der Regen, der Sturm und das seltsame Meerungeheuer entsteht unter dem gewichtigen Kreis der alten Mutter Erde. Daher haben alle Menschen und Thiere ihren Ursprung, das Leben, Bewegung, Sinne und Vernunft und eine gewisse Ahnung der Zukunft. Zu ihr kehren unsere Seelen zurück und in ihr löst sich jede Bewegung auf; dadurch ist die Seele in den Körpern aller Lebenden himmlisch und unsterblich und kehrt endlich in ihren Anfang zurück, die einen zu den hellen Sternen, die anderen zu der Sonne. Diesen schönen und hohen Gedanken hast Du zuerst ins Leben gerufen vor allen menschlichen Geistern, Du Trissino mit Deiner hellen und klaren Stimme, Du hast zuerst die furchtbaren Strafen des Acheron mit gutem Grund zerstört, die Unwissenheit der Sterblichen vernichtend".

Das Lehrgedicht über die Bienen, — von Giov. Rucellai, einem Vetter Leos X. (1475—1526), 1539 erschienen —, aus dessen an Trissino gerichteter Widmung die eben mitgetheilten Worte entnommen sind, ist ein großes poetisches Werk von einer Art, an welcher die Zeitgenossen viel Geschmack fanden. Es ist ein Werk fleißiger Studien, deren sich der Dichter rühmt und bei deren Erwähnung er nicht ohne Stolz hinzusetzt: che chiama anatomia la lingua greca, liebevollen Ausmalens auch des geringfügigen Details und feinsinnigen Versenkens in Lust und Leid der Thierwelt. Für seine Auseinandersetzungen fand der Dichter ein Vorbild in Virgil, den er gelegentlich rühmt; die Art seines Meisters ahmt er gern nach dadurch, daß er wie jener Anspielungen auf zeitgenössische Ereignisse macht, von der Neigung der Schweizer zu Empörungen, von den räuberischen Zügen der Türken spricht, und dem neugewählten Papst Clemens VII. ungemessene Schmeicheleien darbringt. Das didaktische Epos dünkte Rucellai Erholung von der strengen Dichterarbeit, „nun ist es Zeit", so schließt er sein Werk, „daß ich zu dem traurigen Orest zurückgehe mit dem erhabenen und thränenreichen Verse, wie er sich für den tragischen Cothurn ziemt". Denn Rucellai war, gleich seinem Freunde Trissino, auch Tragiker; ein Orest, den die Schlußworte der „Bienen" andeuten, erschien 1524, die Rosmonda, der Rucellai seinen Hauptruhm verdankt, war schon 1515 erschienen und wahrscheinlich bald in dem für derartige Arbeiten auf dem Capitol errichteten Theater aufgeführt worden.

Die Rosmonda, die Geschichte der langobardischen Prinzessin, welche dem tyrannischen Nachfolger ihres Vaters, trotzdem derselbe das Haupt des Vaters zu einer Trinkschale umarbeiten läßt, ihre Hand reicht, dem feindlichen Gemahl jedoch Verderben sinnt und frohlockt, als an ihrer Stelle ein Freund den rächenden Arm gegen den gesetz- und pietätlosen Wütherich erhebt, ist kein gutes Stück, obwol die Chöre und überhaupt die lyrischen Theile desselben nicht ohne melodiösen Reiz der Sprache und nicht ohne Schwung der Gedanken sind. Die Tragödie ist kein gutes Stück, weil die in ihm behandelte Geschichte gegenüber der benutzten Quelle, nämlich der Erzählung des Paulus Diakonus, unhistorische, vor Allem unpsychologische Aenderungen erfahren hat, weil die Heldin die Stärke ihres Hasses, von der soviel geredet wird, in dem Momente der Entscheidung wenig bewährt, weil die Handlung selbst, obwol spannend und aufregend, nicht genügend durchgearbeitet ist, um wahrhafte Theilnahme zu erregen, weil die einzelnen Charaktere, zu wenig individualisirt, den Leser nicht zu erwärmen und nicht für sich zu interessiren vermögen. Nur von der Liebe wird in schönen Worten geredet; das Gefühl des Dichters, das sonst schwer seinen Ausdruck findet, versucht hier sich lebendig zu offenbaren.

Wenn die Dramatiker jener Zeit ein Beispiel opferfreudiger und werkthätiger Liebe gesucht hätten, so hätten sie es in Vittoria Colonna (1490—1547), der mächtigen und schönen, der geist- und gemüthreichen Dichterin finden können. Selten ist von einer Dichterin mit so starker Leidenschaft die Liebe und vielleicht niemals von einer Italienerin mit solcher Innigkeit die eheliche Treue gepriesen worden. So lange sie mit ihrem Gemahl, dem kriegsgewaltigen Marchese von Pescara, vereint war und auch nachdem sie ihn (in der Schlacht bei Pavia 1525) durch den Tod verloren hatte, bleibt sie unermüdet in den Versicherungen ihrer Liebe; als der Inhalt ihres ganzen Seins mögen ihre Worte bezeichnet werden: „Denn nur in seinem Leben fand ich Leben.“ Sie denkt an Andere und erschließt ihr Herz der Freundschaft so gut wie der Liebe; sie erfreut sich an der Natur, weniger aus Schwärmerei oder der sinnlich-naiven Lust am Schmelz der Farben oder am Reiz der Wohlgerüche, sondern weil sie einen lebendigen Gotteshauch in derselben spürt; sie gibt sich mit Inbrunst religiösen Gefühlen hin, die nun ihr ganzes Sein ausmachen, nachdem die irdischen in ihr erstorben sind. Sie wird nicht müde, Gottes Allmacht und Weisheit zu preisen, Christus zu lobsingen — die männlichen Dichter verehrten lieber Maria —, ohne jemals in den liebeseligen Ton zu gerathen, der männlichen und weiblichen Verkündern religiöser Gedanken so gewöhnlich ist und beiden so wenig ansteht, sie ist sich menschlicher Schwäche und Schuld bewußt, winselt aber nicht um Gnade und Erbarmen, sie erkennt im Tode ein höheres Leben, nicht blos weil sie eine Wiedervereinigung mit ihrem Gatten erhofft, sondern weil sie dann ein reineres Licht zu schauen glaubt, und doch empfindet sie keineswegs Ekel an ihrem Dasein. Wenn sie von der Zukunft spricht, so denkt sie an ein ewiges Leben und nicht an ein Fortleben im Gedächtniß der Menschen; sie ist soweit entfernt davon, für ihre Gedichte auf Nachruhm zu hoffen, daß sie ihre Verse ungefeilt lassen möchte, um sie der Beachtung der Späteren zu entziehn.

Trotz ihrer Verachtung des Ruhms erlangte sie in reichem Maße Anerkennung und Verehrung, trotz ihrer Zurückgezogenheit von der Welt und den Menschen erregte sie bei Frauen Neugier und Leidenschaft bei den Männern, trotzdem sie, gelegentliche Begrüßungs- und freundliche Anerkennungsverse abgerechnet, keinem Lebenden und nur einem, eben ihrem Todten, poetische Huldigungen darbrachte, konnte sie es nicht hindern, daß Viele sich huldigend ihr nahten, theils dem Huldigungsdrange der Zeit folgend, theils von wahrhafter Verehrung, vielleicht sogar auch von der Lust sie zu besitzen getrieben. So wenig Gedichtsammlungen jener Zeit frei sind von Versen, die Leos X.

Tugenden priesen und seine Huld erflehten, so wenige schweigen von der Schönheit und der reinen Seele der Vittoria Colonna, und wer möchte sagen, daß jene, nicht selten von Bedürftigen und des Schmeichelns Gewohnten herrührenden Verherrlichungen des mächtigen Fürsten ebenso aufrichtig sind, als die Lobpreisungen der Dichterin, welche keine Gnade zu ertheilen und keine Geschenke zu geben hatte, zumal wenn sie so wahr und innig ausgedrückt, so häufig wiederholt sind, wie die liebestammelnden Sonette Michelangelos?

Michelangelo machte Gedichte, Rafael war Alterthumsforscher und schrieb z. B. an und für Leo jenen Brief, in welchem er des Papstes Schutz für die Ueberreste des Alterthums erfleht und von Wiederherstellung des alten Rom wie ein Gelehrter und wie ein Künstler spricht. Aber es ist aller Welt bekannt, daß Beide ihre Unsterblichkeit weniger ihren Schriften als ihren Kunstwerken verdanken. Freilich hat sich Leo ihnen gegenüber nicht als so bereitwillig spendender Mäcen, nicht als so großartig fördernder Auftraggeber gezeigt, wie ihn eine überdankbare Nachwelt darzustellen liebt, aber er wurde auch von den Künstlern gesucht, weil er nicht blos Aufträge zu ertheilen, sondern Künstler und Kunstwerke zu benutzen und zu beurtheilen, zu rühmen und zu belehren verstand.

Sie sind nicht die einzigen Künstler, welche zu Leos Zeiten in Rom lebten; eine ganze Schaar hochbedeutender erfüllte Rom, aber ein kurzes Verweilen bei den beiden Genannten muß hier, da es sich nicht um eine Geschichte der Kunstbestrebungen handelt, genügen.

Michelangelo war in Rom, als Leo gewählt wurde; in seinen Briefen zeigt er sich ängstlich bemüht, die Meinung zu vernichten, als habe er ungünstig über die Medici gesprochen. „Ich bin gegenwärtig ohne Arbeit und warte ab, daß mir der Papst einen Auftrag gibt.“ An Aufträgen fehlte es dann auch nicht, aber sie waren nicht von besonders hervorragender Natur — Erwähnung verdient der der Erbauung einer Marmorfaçade der Kirche San Lorenzo in Florenz — und wurden auch nicht in Rom ausgeführt, denn Michelangelo, der bei Leo die imponirenden Eigenschaften seines Vorgängers vermißte, hatte keine Freude an den Gesellschaftskreisen des Papstes und an dem römischen Leben und zog sich nach Florenz zurück. Von hier aus aber blieb er mit dem Papste in Verbindung, und charakteristisch für ihn ist, daß er sich mit unter den Bittstellern befindet, welche die Errichtung einer Dantestatue verlangen, und daß er der Einzige ist, der mitten unter den lateinisch Schreibenden seine Unterschrift italienisch setzt.

Kein Werk Michelangelos hat eine innere Beziehung zu Leo X.; nichts statuirt einen lebendigen Zusammenhang zwischen beiden Männern, die zu derselben Zeit und, wenn auch kurz, an gleichem Orte lebten; Rafaels Wirken dagegen bietet die mannigfachste Anknüpfung an die Bestrebungen des Papstes, sein Leben fällt innerlich so gut wie äußerlich in das Zeitalter Leos X.

Im September 1508 kam Rafael, von Julius II. gerufen, nach Rom und blieb bis zu seinem Tode in dieser Stadt. Seine Thätigkeit war schon eine große und bedeutende gewesen vor Leos Pontifikat, sie wurde aber durch und unter Leo eine allumfassende. Nicht blos daß er selbst malte, nach antiken Kunstwerken zeichnete und stach, plastische Kunstwerke schuf und Pläne zu Palastbauten entwarf, sondern daß er nun im Auftrage des Papstes die Arbeiten Anderer leitete und mit seinem Rathe den Auftraggeber und die Beauftragten förderte und unterstützte; dergestalt daß schon 1518 der Ferraresische Gesandte schreiben konnte: „Alles, was sich auf Kunst bezieht, überträgt der Papst Rafael." Dieser gewaltigen Thätigkeit kann nur ein ausführliches Werk gerecht werden, und selbst eine Aufzählung und kurze Beschreibung sämmtlicher Werke würde mehrere Bogen füllen; hier, wo weder das Eine noch das Andere versucht werden kann, kommt es nur darauf an, das Verhältniß des Künstlers zum Mäcen anzudeuten.

Der Künstler liebte die Gegenwart, er freute sich der Freundschaft bedeutender Männer und suchte das Bild derselben, wie es sich seinem Künstlerauge darbot, festzuhalten. Darum malte er jene Porträts, von denen einzelne leider verloren sind, die allein genügten, um eine anschauliche Vorstellung jener Zeit zu gewinnen: zuerst Papst Leo selbst mit den beiden Cardinälen Giulio de Medici und Lodovico de Rossi, sodann noch zwei Mitglieder des mediceischen Hauses, Giuliano und Lorenzo, und sechs andere hervorragende Männer, Dichter und Gelehrte, Diplomaten und Geistliche, die fast alle im Verlauf dieser Darstellung bereits genannt oder ausführlich gewürdigt worden sind: Cardinal Bibbiena und Castiglione, Inghirami und Tebaldeo, die Venezianer Beazzano und Navagero. Selbst an solchen Stellen, an denen es des historischen Zusammenhangs wegen nicht gerathen schien, an Zeitgenossen zu erinnern, wagte Rafael den Schritt, der einen minder großen Künstler zu Falle gebracht hätte. So erscheint z. B., unter grober Verletzung der Zeiteinheit, auf dem großen die Vertreibung Heliodors aus dem Tempel darstellenden Gemälde, in einer Gruppe Papst Julius II., als wollte er persönlich an dem Triumph der Kirche theilnehmen, getragen von vier Kämmerern, die höchst wahrscheinlich Beamte des päpstlichen Hofes oder damals lebende Künstler darstellen; wenigstens wird allgemein angenommen, daß der Vorderste die Züge des Kupferstechers Marcanton trägt.

Doch das Interesse des Künstlers gehörte der Gegenwart allein nicht an. Durch die Verbindung mit Leo, der sowohl durch die Traditionen seiner Familie, als durch die Zahl des Namens, die er trug, und endlich durch die Würde, die er bekleidete, an die Vergangenheit erinnert wurde, wurde auch er an frühere Zeiten gewiesen und namentlich auf die Darstellung von Stoffen gelenkt, die dem Pontifikat Leos III. und IV. entnommen, zur Verherrlichung des spätern gleichnamigen Papstes zu dienen schienen. Das sind die Gemälde aus den Stanzen, die man die des Leo-Cyklus genannt hat: der Sieg über die Saracenen bei Ostia, der Burgbrand, die Krönung

Aus Rafaels Bild „Vertreibung Heliodors aus dem Tempel“, die linksseitige Partie mit der Porträtfigur des in den Tempel hineinziehenden Papstes Julius II. (Vatican).

Karls d. Gr. und der Reinigungseid Leos IV., Ereignisse, die freilich, soweit sie nur historische Vorgänge betrafen, Geist und Gemüth des Künstlers zu wenig erregen konnten, um eine meisterhafte Darstellung zu erlangen, die aber dem Besten ebenbürtig wurden, was Rafael geschaffen hat, sobald sie echt menschliche Vorgänge: Leiden und Verzweiflung, Mitgefühl und thätige Beihülfe schildern konnten. Darum fesseln immer aufs Neue die herrlichen Schaaren kämpfender und geretteter, dem Feuertode entronnener und jubelnd die Befreiung und ihr Leben begrüßender Frauen, vor Allem aber die unwillkürlich an Aeneas, Anchises und Askanius gemahnende Gruppe des jungen Mannes, der seinen Vater auf dem Rücken trägt und sein eignes Kind an der Hand hält, rasch und sicher dem Unglück entrinnend und dem neuen Leben entgegeneilend.

Schon in diesem Bilde lassen sich Anklänge vernehmen aus zwei Gebieten, denen Rafael am liebsten seine Stoffe entlehnte: dem Alterthum und der christlichen, speciell heiligen Geschichte; ihnen gehören auch die Hauptwerke aus der damaligen Thätigkeit des Meisters an. Man braucht nur ihre Namen zu nennen, um ihre Bedeutung auszusprechen und den gewaltigen Eindruck anzudeuten, den sie auf die für Kunst Schwärmenden und mächtigen Erregungen gern und leicht Zugänglichen machten: die vier Sibyllen, die Sixtinische Madonna und Transfiguration; die Bilder in der Farnesina: Galatea, Psyche und Amor, der Triumph der Psyche. Für uns, die Nachgeborenen, die wir, wes Glaubens wir auch sind, nicht müde werden den Geist zu stärken und das Herz zu erheben an den unvergänglichen Darstellungen reiner Mutterliebe, innigster Hingebung an das Hohe und Heilige, selbstvergessener und opferfreudiger Entsagung irdischer Güter und weltlichen Genusses, die wir gern, geleitet von der hochfliegenden Phantasie des Künstlers, in gestaltlose Welten uns zu versetzen lieben, von dem Triumph des Guten und der allgewaltigen Herrschaft der Gerechtigkeit uns vorträumen lassen, für uns haben gerade jene Bilder aus der biblischen Geschichte und dem Leben der Heiligen ewige Jugendfrische und unvergleichlichen Reiz; für die Zeitgenossen Leos dagegen, die durchaus Weltkinder waren, der Zukunft über der Gegenwart vergaßen, trotz allen idealen Schwunges von dem eigentlich Religiösen sich abwendeten, waren jene das Alterthum zauberisch verklärenden Bilder, mit ihrer gelehrten Sucht, ihrer etwas prunkenden Anwendung mythologischer Spielereien, vor Allem aber mit ihrer stummen und doch so beredten Lobpreisung der sinnlichen Schönheit, die eigentlichen Meisterwerke des Rafaelischen Genies. Wir mögen uns denken, daß Leo vor der Sixtina einer leisen Anwandlung des Spottes zugänglich blieb und beim Anschauen der Transfiguration nicht von einem Schauer überirdischen Entzückens durchrieselt wurde, aber gewiß hat er die Liebe Amors und Psyches bewundert und vor dem Bilde der Galatea vielleicht die Verse Polizians gemurmelt, denen Rafael die Hauptgestalt des Bildes entlehnt hatte.

Rafael starb am 6. April 1520. Vasari braucht von ihm das schöne

Vermählung Amors mit der Psyche.

Gemälde von Rafael (ausgeführt seit 1518) an der Decke einer Halle der Villa Farnesina zu Rom.

Wort: „Rafael beschäftigte stets eine gar gewaltige Zahl von Künstlern, und wenn er von seinem Hause nach dem Vatikan ging, dann umgaben ihn wohl an fünfzig Maler, alle gut und tüchtig, die ihn durch ihr Geleite ehren wollten. Er lebte überhaupt wie ein Fürst und nicht wie ein Künstler." Vierzehn Tage lang dauerte das zehrende Fieber, dem Rafael endlich erlag; jeden Tag schickte der Papst in das Haus, um nach dem Befinden des Künstlers und Freundes zu fragen; er brach in Thränen aus, als er die Todesnachricht erhielt. Dann, nachdem das grause Ereigniß geschehen war, mochte er eine ähnliche Empfindung haben, wie Castiglione, der diese in die Worte zusammenfaßte: „Rom ist leer und ausgestorben für mich, seit Rafael nicht mehr da ist."

Gerade Rafael gegenüber zeigt sich am besten die Art des Mäcenates des Papstes: das feinsinnige Mitleben mit den geistig bedeutenden Männern, das Bewußtsein, daß keine Kluft bestehe zwischen den Bedürftigen und dem Vielvermögenden, sondern daß der Geistesadel eine Gleichheit herstelle, die mächtiger sei als die Unterschiede von Rang und Stand.

Leo unterstützte die Gelehrten, er freute sich an den Werken seiner Zeit, aber noch mehr konnte er sich an den Schriften der Vergangenheit erbauen. Ihm war's ein Freudentag, wenn aus der in Folge des Mißgeschicks der Medici zerstreuten Bibliothek ein Buch, das sein Vater Lorenzo besessen hatte, in seine Hände kam: dann untersuchte er es Blatt für Blatt, er glaubte durch solche peinliche Treue den Beifall des Vaters zu verdienen. Aber seine Freude galt nicht nur den Exemplaren, nicht blos dem werthvollen Familienbesitz, sondern dem Inhalt der Bücher. Er theilte mit den Zeitgenossen die Verehrung für die lateinische Sprache, er liebte es, italienische Briefe mit lateinischen Floskeln zu schmücken, ja er trieb die Verehrung für das Latein so weit, daß er einen Mathematiker, von dem man rühmte, er trage seine Wissenschaft in elegantem Latein vor, aus Portugal berufen ließ; er pflegte die griechische Sprache, nicht weil, sondern obgleich sie die Sprache des Neuen Testamentes war, denn die Begünstigung der durch Erasmus veranstalteten Bibel- und Hieronymus-Ausgaben geschah auch vorzugsweise dem Idiom und nicht dem Inhalt zu Liebe und die Theilnahme an Agostino Nifos Bestrebungen war ziemlich äußerlich. Leo war kein Gelehrter, er war auch nicht eigentlich ein Künstler, nur in der Musik besaß er theoretisches Verständniß und praktische Uebung, aber er hatte Sinn für die Bestrebungen und Freude an den Leistungen Anderer. Trotzdem ist seine Förderung der Einzelnen nicht so großartig, wie man wohl erwartet, oder wenigstens nicht so allgemein, wie die hungrigen Literaten wünschten. Daher wurden einzelne Beispiele großartiger Gnadenerweisungen, die vielleicht bei anderen Fürsten als gewöhnliche Zeichen ihrer Sinnesart aufgeführt worden wären, gern und häufig als außergewöhnliche Thaten gepriesen, z. B. daß Andrea Marone für seine Verse ein Canonikat empfing, daß der Lautenschläger Giammaria den Grafentitel und ein Castell bekam und daß Bernardo

Accolti, der sich selbst in stolzem Dichterbewußtsein l'unico Aretino nannte, so reich beschenkt wurde, daß er sich den Titel eines Herzogs von Nepi kaufen konnte. Indessen auch die weniger oder gar nicht Beschenkten stimmten mit den Reichbegnadeten in die Verherrlichungen des Mäcens ein und ein Chor von Lobreden erhob sich, so stark und vollstimmig, daß selbst die Unzufriedenen sich einreden mußten, die goldene Zeit für Kunst und Literatur sei wieder angebrochen. Wie der Löwe der König der Thiere, so galt Leo als Herr der Menschen und Beherrscher der ganzen Welt: er war Sol, der die Erde erleuchtet, Apollo, der den Lichtbedürftigen die strahlende Helle gewährt; er erhielt eine göttergleiche Stellung angewiesen, so daß es in einem an Christus, Maria und die Heiligen gerichteten Gebete des Guido Posumo Silvestri heißen konnte, sie möchten Leo, dieses numen, der Menschheit noch lassen, da sie ja im Himmel ihrer genug seien: man meint in den Rühmungen der Zeitgenossen den Ausruf wieder zu hören, mit welchem die Egypter ihren König Sethos empfingen: „Du erscheinst wie Dein Vater, der Sonnengott, man lebt bei Deinem Anblick."

Freilich nicht Alle fielen in solche Jubelrufe ein und wenn man die Stimmen wägt, statt sie zu zählen, so würde Ariosts versteckter Tadel mehr bedeuten, als das offene Lob so vieler unbedeutender Menschen, die für eine erhaltene oder auch nur erwartete Wohlthat Ruhmeshymnen anstimmten. Ariost nämlich, auf seine alten Beziehungen zu den Medici, insbesondere zu Leo, vertrauend, war 1513 nach Rom gekommen, sah sich aber bald in seinem Vertrauen getäuscht und in seinen Erwartungen betrogen. Voll Unmuth schrieb er eine Satire etwa folgenden Inhalts: „Ein Hirt entdeckte eine Wasserquelle, zog hin mit Weib, Kindern und allen Getreuen, um aus ihr zu schöpfen, trank selbst daraus und gestattete allen den Seinen nach ihm, sich der Quelle zu nähern. Eine Elster, die bisher von dem Hirten und seiner Familie sehr gepflegt worden war, stand traurig dabei, weil sie unbeachtet blieb, und sprach zu sich: Weh mir, ich bin nicht seine Verwandte, ich habe nicht an der Quelle gearbeitet, ich habe jetzt nicht mehr für ihn gethan, als ich sonst that, so werde ich denn erst als die letzte an die Quelle gelangen und müßte vor Durst sterben, wenn ich mich nicht wo andershin wendete." Vielleicht merkt man dieser Satire noch die heimliche Neigung für die Medici an, aber jedenfalls läßt sich auch der Groll in ihr spüren, der bald von anderen Seiten ausbrach.

Denn neben dem Lichte fehlt in Leos Bilde nicht der Schatten. Ruht auf seinem Andenken heller Glanz, sobald man von ihm als Beförderer von Kunst und Wissenschaft spricht, so weicht der Glanz tiefem Dunkel, sobald man seines politischen Treibens und seiner religiösen Lässigkeit, seiner geringen Würde im Glauben und Handeln gedenkt.

Leo X. ist mit Recht ein politischer Virtuose genannt worden. Selten hat sogar ein Mediceer so wie er es verstanden, durch seine Geschicklichkeit Andere zu beschäftigen, hinzuhalten und zu täuschen. Der Grundzug seiner

Politik war: seine Verbindungen vor Anderen zu verheimlichen, mit seinen Erklärungen so lange zu warten, bis eine der streitenden Parteien siegreich geworden war und sich der siegreichen hinzugeben, zu gleicher Zeit mit zwei oder mit mehr Factionen abzuschließen und von dem geschlossenen Bündniß nur nach Erlegung eines großen Kaufpreises abzustehn.

Italien war durch Julius II. zwar von den Franzosen befreit worden, aber es befand sich noch in den Händen der Schweizer und Spanier, ja es wurde unter Leo zum Tummelplatz der Völker. Der große Gegensatz, der die ganze Zeit durchzieht, der nämlich zwischen Valois und Habsburg, zwischen Franz I. von Frankreich und Maximilian I. und später Karl V., den Kaisern von Deutschland, kommt auch in Italien zum Ausdruck und bestimmt Leos X. Politik.

Franz' I. Auftreten in Italien gleicht dem Erscheinen des Frühlings: auch sein Vorgänger, Ludwig XII. war bejubelt und festlich empfangen, dessen Vorfahr Karl VIII. freudig begrüßt worden: er, der mit der ausgesprochenen Absicht kam, die Scharte, welche die früheren Könige erlitten, auszuwetzen, Italien in dauernde Abhängigkeit zu versetzen, wurde als Befreier aufgenommen. „Die Stütze der Guten, der erwählte Sitz der Gerechtigkeit und der Ehre, der hohe Spiegel vollkommener Güte, das treue und reine Licht unbesiegter Ritterlichkeit, das irdische Beispiel aller himmlischen Geschenke, die Gott den Menschen verleiht," so nennt ihn Luigi Alamanni in seinem Lehrgedicht (La Coltivazione Buch 1), und derselbe sagt an einer andern Stelle: „Ihr gebt das Beispiel, keinen Augenblick müßig entfliehen zu lassen, indem Ihr bald den Waffen, bald den Musen den stets bereiten königlichen Geist zuwendet, bald die Gesetze in trefflicher Weise handhabt, wie es für Ort und Zeit paßt, bald zum Beendigen langwieriger Streitigkeiten, bald zur Erlösung ungerecht Verdammter."

Franz I. war 21 Jahre alt, als er in Italien erschien, ein Jüngling eher als ein Mann. Als er kam, wurde er als Fortsetzer Ludwigs XII. betrachtet, ihm gleich an Plänen, an Willen und Glück ihm überlegen. Daher begegnete er, wenn auch viele ihm zujubelten, bei nicht Wenigen offener Feindschaft; auch Leo, seinen sonstigen Grundsätzen untreu, hatte sich zur Schaar seiner Feinde gesellt. Mit einem Schlage änderte sich aber die Sachlage, als Franz I. unmittelbar nach seinem Eintritte in das Land, in der gewaltigen Schlacht bei Marignano (13., 14. Sept. 1515) die Schweizer aufs Haupt schlug und durch diesen Sieg Herr von Italien ward. Am ersten Schlachttage hatte man den Schweizern den Sieg zugeschrieben; in Folge dieser falschen Nachricht wurden in Rom Freudenfeuer angezündet. Am nächsten Tage aber kam der venetianische Botschafter, Marin Zorzi, in den Palast und verkündete dem Papste den Triumph der Franzosen und die Niederlage der Schweizer. Der Papst schien davon betroffen und bange wegen seines Schicksals zu sein, aber der Gesandte beruhigte ihn mit den Worten: „Uns wird es gut gehn, denn wir sind mit dem König, und Ew. Heiligkeit wird kein Leid widerfahren." Und Leo, schnell gefaßt, schloß die Unterredung mit dem charakteristischen

Ausspruch: „Herr Botschafter, wir wollen sehen, was der allerchristlichste König thun wird; wir wollen uns in seine Hände geben und Misericordia rufen." Wirklich erbat er Gnade, gab in einer Zusammenkunft zu Bologna manche geistliche Prärogative preis und büßte einige Besitzungen ein, erkaufte sich aber Ruhe und Frieden.

Unterwürfigkeit gegen die Mächtigeren, Strenge, ja Grausamkeit gegen die Schwächeren sind die kennzeichnenden Eigenschaften von Leos italienischer Politik: einige Thaten, in denen diese Eigenschaften zum Vorschein kamen, sind die Vernichtung des Hauses der Baglionen in Perugia, die Nichterfüllung der dem Alfonso von Ferrara gemachten Versprechungen, das Einziehn des Herzogthums Urbino als mediceischen Privatgutes, das rachsüchtige und wortbrüchige Vorgehn gegen die Cardinäle, denen eine Verschwörung gegen das Leben des Papstes schuldgegeben wurde. Wie weit in diesen und anderen Handlungen Leo der eigenen Neigung oder der Anreizung Anderer folgte, läßt sich nicht feststellen; die Zeitgenossen waren vielfach der Meinung eines venetianischen Gesandten, der von dem Papste sagte: „Er ist ein gutherziger Mensch; wenn seine Verwandten ihn nicht dazu brächten, würde er alle Irrungen vermeiden."

Die in Bologna getroffenen Vereinbarungen waren keine Abmachungen für die Ewigkeit: Franz I. blieb nicht lange allein auf dem Plan, sondern wurde von Karl V. verdrängt; Beide, um die Weltherrschaft kämpfend, stritten auch um den Besitz des Papstes, dessen Bündniß mehr bedeutete als die geringe Ländermacht, über welche er gebot. Fünf Jahre lang wogte der Kampf; endlich wurde er zu Gunsten des Kaisers entschieden: das mit ihm geschlossene Bündniß (8. Mai 1521) schien den alten Traum einer kaiserlich-päpstlichen Weltherrschaft erneuern zu wollen, denn es war nicht blos gegen Frankreich gerichtet und dazu bestimmt, des Papstes italienischen Besitz zu vermehren, sondern enthielt auch stolze Worte von den geistlichen und weltlichen Oberhäuptern der Menschheit, die kraft ihrer Gewalt von ihren Untergebenen Gehorsam zu fordern berechtigt seien.

Von demselben Tage, an welchem Papst Leo sein Bündniß mit Karl V. schloß, ist die kaiserliche Achterklärung gegen Luther datirt. Denn auch in schwere religiöse Händel wurde Leo X. verwickelt, obwohl er von religiösen Dingen wenig wußte und nichts wissen wollte. Nicht der erste Papst, der von solcher Gesinnung erfüllt war, aber der erste, unter welchem das Heidenthum eine so offizielle und allgemeine Geltung erlangt hatte. Ob er das berüchtigte Wort von dem Märchen von Christus, das er gelten lassen wolle, weil er Vortheil daraus ziehen könnte, wirklich gebraucht, ob er das leichtfertige und wohlfeile Scherzwort, die Lehre von der Unsterblichkeit der Seele erschiene ihm zwar wahr, aber das Leugnen derselben sei geeigneter seinen Leibesumfang zu vermehren, ausgesprochen hat, seine frivole Betrachtung des Heiligen und seine Hinneigung zum Heidenthume bleiben offenkundige Thatsachen. Er, der weltlichen Festlichkeiten das längste Zeitmaß verstattete und volle Aufmerksamkeit schenkte, hatte für geistliche Dinge wenig Zeit und geringe Neigung: noch lachend aus der Aufführung einer plautinischen Comödie heimkehrend, ertheilte er dem Volke rasch den Segen und, während er stundenlang den wohlgesetzten lateinischen Reden der Humanisten lauschen konnte, gebot er seinen Caplänen, Sonntags nie länger als eine Viertelstunde vor ihm zu predigen und achtete streuge darauf, daß dieses Gebot gehalten wurde, wenn nicht etwa, was auch vorkam, freilich unter spöttischen und tadelnden Bemerkungen Mancher, der Prediger Götter und Göttinnen anrief und auch sonst heidnische Anspielungen in seine Rede mischte. Denn es gehörte zum guten Ton, über das Christenthum zu spötteln und diese Religion als eine Ausgeburt schlauer Betrüger zu bezeichnen, es war gleichsam zur Pflicht geworden, das Alterthum auch in seinen religiösen Anschauungen und Handlungen neu zu beleben. Daher geschah es, daß in den Zeiten Leos, nach alter Sitte, ein Stier geopfert wurde, daß bei einem Umzug ein vornehmer Bürger vor seinem Hause eine Statue der Göttin Venus aufstellte, mit der Inschrift: Mars fuit, est Pallas, Cypria semper ero. ein Vers, der geradezu wie eine Verhöhnung der Göttlichkeit und Jungfräulichkeit der Maria klingt, die man sonst gern des Pullus bezeichnete; daß bei der Wiederherstellung einer Cisterne auf dem Capitol das Gebet gesprochen wurde: „Wir haben das Gefäß gegründet, erfülle Du, o Jupiter, es mit Regen und sei den Vorstehern Deines Felsens gnädig,“ daß endlich der Redner bei Bibbienas Begräbniß die Worte aussprechen durfte: „Wir forschen nicht, auf welchen Ort des Olymp Deine unsterbliche Tugend Dich auf goldner Quadriga geführt hat, aber wenn Du die himmlischen Welten durchwanderst, die Heroen zu schauen, dann vergiß nicht, vom Himmelskönige und allen anderen Göttern zu erbitten, daß wenn anders sie hier auf Erden ihren Cultus genießen wollen, sie Leo die Jahre zulegen, um welche die gottlose Parze Giuliano Medici und Dich verkürzt hat.“

Es gehört zu den wahrhaft großartig ironischen Zügen der Geschichte, daß derselbe Papst, unter dessen Regierung nicht nur, sondern mit dessen Einverständniß solche Worte gesprochen wurden, von seinen Getreuen als der erste Herrscher, ja als der einzig wahre Vertreter der Christenheit gefeiert wurde, daß er für erhaben erklärt wurde über den Kaiser, mehr als Gold über das Blei; „der Kaiser,“ so hieß es in einer damaligen Schrift, „mit allen Gesetzen, mit allen christlichen Völkern würde gegen den Willen des Papstes nicht das Mindeste zu bestimmen vermögen.“

Diese Schrift rührte von Silvester Prierias her, einem der frömmsten und fanatischsten Kämpen an Leos Hof, der zweimal Gelegenheit gehabt hatte, die päpstliche Autorität gegen fremde Angriffe zu vertheidigen, gegen Reuchlin und gegen Luther, und bei denen beiden er wenigstens äußerlich den Sieg für sich und den von ihm Vertheidigten davon getragen hatte.

Freilich es waren Pyrrhussiege, denn der Reuchlin'sche Streit hatte das Ansehn des Papstes und seiner Diener bei den Gebildeten vernichtet, die Reformation riß Deutschland und einen großen Theil Europas von der

Kirche, deren Oberhaupt der Papst war, für immer los. Eine solche Bedeutung konnte Leo den Ereignissen nicht beilegen, zumal er schwerlich dieselben in ihren Einzelheiten verfolgte und selbst, wenn er dies gethan, ihre Tragweite nicht erkannt hätte, und wenn er wirklich etwas von den Mahngedichten und Scheltreden Huttens wußte, — die „barbarische Sprache" hinderte ihn, die stärksten zu lesen —, so mochte er sich mit unwilliger Miene oder spöttischem Achselzucken von ihnen abwenden und sich lieber an den Lobsprüchen erbauen, mit denen ihn seine Getreuen überschütteten.

Jedoch auch diese hielten nur aus, so lange sie ihn in der Fülle seiner Macht wußten. Leo X. starb am 1. December 1521, nachdem er eine Siegesnachricht der Kaiserlichen, die damals seine Verbündeten waren, erhalten und sich an ihr erfreut hatte. Er wollte nicht sterben; „betet für mich, ich mache Euch noch alle glücklich," rief er den Umstehenden entgegen. Wohl lächelten ihm noch Viele zu, aber gar Mancher blickte wohl begierig auf den Kranken, um zu sehn, ob es nicht Zeit sei, das schmeichelnde Lächeln in grinsenden Hohn zu verwandeln, ja es gibt eine Nachricht, die besagt, daß nur ein Einziger, Fra Mariano, der Narr, über den sich der Papst so oft erlustigt, an seinem Todtenbette stand und dem Sterbenden zuflüsterte: „Erinnert Euch an Gott, heiliger Vater," worauf der Papst dreimal seufzend ausrief: „Guter Gott." Und kaum hatte Leo die Augen geschlossen, so wurden Schmähschriften gegen ihn verbreitet und Spottreden gegen ihn gehalten; statt der vergötternden Worte der Lobredner aber erscholl nun der entehrende Ruf: „Wie ein Fuchs hast Du Dich eingeschlichen, wie ein Löwe hast Du regiert, wie ein Hund bist Du dahingefahren."

Sechzehntes Kapitel.

Der Niedergang der italienischen Renaissance.

Papst Hadrian VI., der auf Leo X. folgte, war in jeder Beziehung sein Gegenbild. An die Stelle der Kunstschwärmerei war bei ihm Verachtung der Kunst, an die Stelle des freudigen Mitlebens mit der Literatur grämliche Entfremdung gegen die Geistesschätze, an die Stelle der Prachtliebe die Sucht nach Einfachheit getreten, so daß der Papst „dem Gott doch den schönsten Palast in Rom gegeben", sich ein einfaches Haus zur Wohnung einrichten ließ, an die Stelle der nationalen italienischen Gesinnung trat Gleichgültigkeit gegen Italien und Hochhaltung des Fremden.

Denn Hadrian war ein Ausländer, ein Niederländer (geboren in Utrecht 2. März 1459), also in den Augen der Italiener ein Deutscher, d. h. ein Barbar, „dazu eine Creatur seiner Kaiserlichen Majestät." Trotz seiner Abhängigkeit vom Kaiser suchte er indessen dem Papstthum Selbständigkeit zu erringen und wurde von tiefem Schmerze erfüllt, wenn er die fremdländischen Schaaren, die unter seinen Vorgängern schon in Italien eingedrungen waren, sich immer weiter und gefährlicher ausbreiten sah. Weit größeres Unheil jedoch als die deutschen Schaaren schien ihm die deutsche Ketzerei zu verkünden; ihre Bekämpfung, ja ihre Vernichtung sollte die Aufgabe seines Lebens werden. Jedoch es war ein vergebliches Ringen. Vergeblich, trotzdem der Papst den Grund des Uebels erkannte: die Reformbedürftigkeit nämlich der Kirche, die Irreligiosität der Menschen; sein alter, schon in Spanien gebrauchter Spruch: er wolle die Kirchen mit Menschen, nicht die Menschen mit Kirchen versorgen, konnte in Italien nicht durchgeführt werden. Ein wunderbares Zeugniß aber für dieses Doppelstreben des Papstes, der Reformation entgegenzutreten und die Kirche zu verbessern, ist die dem Botschafter Chieregati nach Nürnberg 1522 mitgegebene Instruction, in welcher das Bekenntniß vorkommt: „Wir wissen, daß bei dem heiligen Stuhl seit Jahren viel Abscheuliches geschehen, Mißbräuche im Geistlichen, Ueberschreitung der Mandate und daß Alles ins Arge verkehrt worden ist. Kein Wunder, wenn die Krankheit vom Haupte zu den Gliedern, von den Päpsten zu den unteren Prälaten herabstieg. Wir Alle und die Geistlichkeit sind von ihren Wegen abgewichen; niemand hat seit lange Gutes gethan, ja nicht Einer; deshalb thut es noth, daß wir alle Gott die Ehre geben, unsere Seelen vor ihm demüthigen und Jeder zusehe, woher er gefallen ist." So großartig indessen dieses Bekenntniß als Geschichtsdenkmal ist, so unwirksam mußte es bei den Italienern jener Zeit bleiben.

Als daher Hadrian starb (14. Sept. 1523), wurde sein Tod als ein freudiges Ereigniß begrüßt. Man schmückte das Haus des päpstlichen Arztes mit der Inschrift: „Dem Befreier des Vaterlandes der Senat und das Volk von Rom." Und wie bei des Papstes Lebzeiten nicht etwa ein hungriger Literat, sondern ein hochstehender Politiker geschrieben hatte: „Rom ist nicht mehr Rom. Von einer Pest befreit sind wir in eine größere gefallen. Dieser Papst kennt Niemanden; nicht ein Gnadengeschenk wird geschn; Alles ist voll Verzweiflung;" so prophezeite ein Gelehrter nach des Papstes Tode: „Würde dieser grimmigste Feind der Musen, der Beredtsamkeit und alles Schönen länger gelebt haben, so hätten sich die Zeiten gothischer Barbarei erneuern müssen."

So war die allgemeine Stimmung der Humanisten jener Zeit. Kein Wunder daher, daß Hadrian von den Satirikern aufs Furchtbarste gehöhnt wurde. Franc. Berni machte es Leo zum Vorwurfe, einen solchen Menschen zum Cardinal erhoben zu haben; er zählt die Namen seiner deutschen Begleiter und Genossen auf, bei deren Nennung man sich, wie er höhnt, die Zunge ausbrechen müsse; er erklärt als einzige Wohlthat, welche der Papst Italien erweisen könne, die, sobald wie möglich nach Flandern zurückzukehren.

Solch allgemeinen Haß — denn die Urtheile der übrigen Humanisten stimmen inhaltlich durchaus mit dem Bernis überein — erregte Hadrian nicht eben durch seine Frömmigkeit. Vielleicht hätte er bei den Männern der Renaissance Gunst erlangt, trotzdem er fromm war, mit den Pflichten seines Amtes Ernst machte, ja geradezu das Leben eines Heiligen führte, hätte er nur nicht Latein mit barbarischem Accent gesprochen, hätte er nur nicht die Schriftsteller, deren Kunst größtentheils in elegantem Lateinreden bestand, vernachlässigt und alle Aeußerlichkeiten, die ihm heidnisch dünkten, z. B. die Errichtung eines Triumphbogens bei seinem Einzuge, untersagt. Dergestalt waren die Vergehen, deren die Zeitgenossen ihn beschuldigten; aber auch die Späteren werden eine große Verkennung des Geistes der Zeit an ihm rügen, die nicht ungestraft bleiben konnte. Er besaß nämlich keine Achtung, geschweige denn Ehrerbietung vor den Denkmälern des Alterthums, er machte das Belvedere unzugänglich und wandte sich von der Laokoonsgruppe mit dem verächtlichen Ausrufe ab: „das sind Götzenbilder der Heiden." Die wirkliche Barbarei, nicht blos jene von den um ihre Eloquenz besorgten Ciceronianern befürchtete, schien über Rom und Italien wieder einzubrechen.

Mit Clemens VII., der ehemals Julius Medici geheißen, stieg der alte mediceische Geist wieder auf den päpstlichen Thron. „Einen Mann von großem Geiste und großem Herzen," so hatte ihn schon zu den Zeiten Leos, als dessen entschiedener Berather er galt, ein venezianischer Berichterstatter genannt; als einen Mann von Muth und Ausdauer im Ertragen von Leiden hatte er sich während seines Pontifikates zu bewähren.

In einer Beziehung schien er zunächst seinem Vorgänger ähnlich zu sein, in der Stellung zum Kaiser, so daß des Letztern Gesandter an seinen Auftraggeber schreiben konnte: „Medici ist Eure Creatur; jetzt ist Eure Macht so groß, daß sie Steine in gehorsame Söhne verwandeln kann"; in seinem Verhältniß zur Bildung dagegen war er ihm grade entgegengesetzt. Denn allgemein wurde die Ansicht eines Zeitgenossen angenommen: „Man hofft, daß die schönen Wissenschaften, welche durch die frühere Barbarei in die Flucht geschlagen waren, nun wieder hergestellt werden, denn es ist der Stolz des mediceischen Hauses, die Wissenschaften zu pflegen."

Beide Hoffnungen und Verheißungen gingen indessen nicht vollständig in Erfüllung. Bald nämlich suchte Papst Clemens eine selbständige politische Rolle zu spielen, das Geschöpf erhob sich gegen den Schöpfer. Aber dieser einzige Selbständigkeitsversuch des Papstes war von den schlimmsten Folgen für ihn, für das Schicksal Roms und der italienischen Cultur begleitet. Denn der Kaiser benutzte die in der Schlacht bei Pavia gewonnene Uebermacht in Italien zur Bestrafung des unbotmäßigen Papstes, die Antwort auf dessen Herrschaftsgelüste war die Eroberung und Verwüstung Roms (sacco di Roma 1527). Freilich kehrte der Papst aus Orvieto, wohin er geflohen war, wieder zurück — die kurze Zeit ventilirte Frage, ob die weltliche Macht des Papstthums fortbestehen solle, war bald bejahend beantwortet worden — aber er mußte sich dem Kaiser aufs Neue unterwerfen und bekannte kurz vor seinem Tode (er starb 25. Sept. 1534) in einem Briefe, daß er die apostolische Würde Niemandem als dem Kaiser verdanke.

Auch für die Bildung begann kein neues glänzendes Zeitalter. Zwar hatte Clemens eine Anzahl Gelehrten um sich, entließ sie selbst in den Zeiten seiner Bedrängniß nicht, ja ließ sie, da er mit ihnen in der Engelsburg eingeschlossen war, einen Jeden besonders, Bittschreiben an den Kaiser concipiren, aber er wurde, theils durch sein eignes Unvermögen, theils durch die Ungunst der Zeiten daran gehindert in ähnlicher Weise, wie ehemals einige Mitglieder seiner Familie, eine wahrhaft großartige Rolle als Mäcen zu spielen. Denn mit dem Jahre 1527 ist die Schaar der Künstler und Gelehrten zerstreut, die in Rom vereint gewesen war und fand sich nie wieder weder dort noch anderswo in ähnlicher Weise zusammen: vor dem täppischen Eingreifen der rohen Gewalt schließt sich die Blüthe der Renaissance.

Bevor aber von dieser Vernichtung einer köstlichen Bildungsepoche die Rede sein kann, muß von drei Männern gesprochen werden, die zur Vervollständigung des Bildes jener Zeit nothwendig gehören, theilweise auch mit Clemens in naher Beziehung stehen: Machiavelli, Pietro Aretino, Benvenuto Cellini.

Niccolo Machiavelli (1469—1527), dessen Hauptwirksamkeit freilich einer frühern Zeit angehört, mag lieber an unpassender Stelle eine kurze

Erwähnung finden, als daß er, einer der bedeutsamsten Träger der Renaissancebildung, in dieser Uebersicht ganz fehlen sollte. Freilich steht er mit Papst Clemens VII. in Beziehung. Er räth ihm nach der Schlacht bei Pavia die Errichtung einer Nationalmiliz an, schlägt ihm die Unterstützung der „schwarzen Banden" des Giovanni de' Medici, die Förderung der neuen Befestigung von Florenz vor, lauter Maßregeln, welche nach den Plänen des Vorschlagenden zur Abwehr der Uebergriffe der Fremden dienen sollten, bei dem Papste aber nur halbes Gehör fanden. Trotzdem erklärt sich der Papst, ebenso wie er es schon als Cardinal gethan hatte, zur Unterstützung des Schriftstellers bereit, und gewährt ihm eine jährliche Unterstützung von 100 Dukaten, um ihn in den Stand zu setzen, gemächlich an seiner Florentinischen Geschichte fortzuarbeiten, deren Entstehung theilweise auf die thätige Fürsprache des Cardinals zurückzuführen ist und die nach seinem Abschluß mit Recht dem Papst gewidmet wurden.

Machiavelli; Terracotta-Büste im königl. Museum zu Berlin.

Dieses Werk (Le Istorie fiorentine) begründet eine neue Epoche in der Geschichtschreibung. Gegenüber der unkünstlerischen, keine schriftstellerischen Ansprüche erhebenden, die Ereignisse schlicht berichtenden Chronik, und der eleganten, aber Lokal- und Zeitcolorit verwischenden humanistischen Geschichtsdarstellung, versucht Machiavelli eine beredte, die Ursachen der Ereignisse ergründende, die Charaktere der Handelnden untersuchende, die Entwicklung der politischen Parteien darlegende Schilderung. Sein Werk sollte mit dem Jahre 1434, der Rückkehr Cosimos von Medici aus der Verbannung, beginnen und die Erzählung vielleicht bis zu dem von dem Schriftsteller Mitangeschauten führen; in Wirklichkeit beschreibt es in seinen 8 Büchern die florentiner und auswärtigen Ereignisse bis zum Jahr 1492. Während nämlich in der Einleitung, nach den Worten eines der bedeutendsten neuesten Historiographen, „die Epochen der italienischen Geschichte bis zum 15. Jahrhundert hin so geschieden sind, daß seitdem Keiner Machiavellis Spur verlassen konnte, ohne sogleich Mangel an Einsicht in die Sache zu verrathen"; wird in einem zweiten Theil (2.—4. Buch) die Verfassungsentwicklung von Florenz und in einem dritten (5.—8.) die Geschichte der auswärtigen Kriege dargestellt. Der Grund dieser Verschiedenheit der beiden letzten Theile liegt darin, daß der Autor bei einer fortgesetzten Beschränkung auf die innere Geschichte seiner Vaterstadt in die Nothwendigkeit versetzt worden wäre, beständig von den Medici zu reden, ein solches Verweilen bei den Häuptern des Geschlechts aber von mannigfachen Bedenklichkeiten nicht zu trennen war, da das Werk einem Nachkommen Jener gewidmet war, während der Autor keineswegs zu ihren unbedingten Anhängern zählte. Nicht in der Benutzung von Urkunden und unbekannten Documenten, überhaupt nicht in dem stofflichen Reichthum liegt der Werth des Werkes, vielmehr hat der Autor, wie Villari jüngst gezeigt hat, fast für jedes Buch, selbst in Betreff der ihm zeitlich naheliegenden Ereignisse eine Quelle oft mit sehr engem sachlichen und wörtlichen Anschluß benutzt; von den früher ausführlich Geschilderten namentlich drei: Giovanni Villani, Flavio Biondo, Giovanni Cavalcanti. Auch Genauigkeit, Vollständigkeit, klare Anordnung der Angaben können nicht als Vorzüge des Geschichtswerks bezeichnet werden, vielmehr herrscht Ungenauigkeit in einzelnen Angaben, Verwirrung in der Anordnung einzelner Theile. Der Hauptwerth des Werkes liegt dagegen in dem wohlgeglätteten Stil, der nicht ängstlich einem Vorbilde nachgeahmt ist, sondern aus der eignen Individualät des Autors stammt, seiner natürlichen Beredtsamkeit entquillt, ferner in der kunstvollen Art, das allmähliche Werden der Ereignisse zu belauschen, den Zusammenhang derselben und die Gründe der Entwicklung darzulegen, endlich in der Gesinnung. Diese Gesinnung ist der Enthusiasmus der Freiheit, der politischen, die eine Verherrlichung der Medici selbst in dem einem Mediceer gewidmeten Werke nicht duldete, und der kirchlichen, die, trotzdem ein Papst der Begünstiger dieses Geschichtswerkes war, in lebendiger Weise bei der Darstellung der Kämpfe zwischen den Kaisern und den Päpsten zum Ausdruck kam und in heftigen Ausrufen gegen die verweltlichten, egoistischen Pläne einzelner Päpste und des gesammten Papstthums verkündet wurde. Vornehmlich wichtig war die wesentlich politische Tendenz des Werkes, der an der Hand der Geschichte zu liefernde Nachweis, daß das Heilmittel für die Uebel Italiens eine von einem tüchtigen Heerführer befehligte Nationalmiliz sei, welche das Vaterland vertheidigen, die Macht der Päpste erniedrigen, und die Herrschaft der Gesetze, durch welche die Freiheit gesichert werden müsse, beschützen könne.

So ist die florentinische Geschichte gewissermaßen eine Fortsetzung und Vollendung der früheren politischen Schriften des Machiavelli, des principe und der discorsi. Beide Werke gehören dem Jahre 1513 an, der Fürst ist in dem genannten Jahre vollendet, die Reden und Betrachtungen aber, Betrachtungen anknüpfend an das Geschichtswerk des Livius, in jenem Jahre hauptsächlich gearbeitet, oft wieder vorgenommen, aber immer ein Bruchstück geblieben. Beides sind politische Theorien mit eminenter praktischer Bedeutung, geschrieben unter beständigem Hinblicke auf die augenblicklichen Zustände Italiens, nicht aber mit dem Anspruch, allgemeine politische Fragen zu lösen.

Die Diskorsi handeln in drei Büchern über Gründung und innere Einrichtung der Staaten, d. h. streng genommen der Republiken, über die Mittel, sie zu vergrößern, über ihr Wachsen und Sinken, über ihre allmählichen Aenderungen und ihre politischen Verwandlungen. Drei Arten der Begründung werden unterschieden, die Art der Etrusker, die wahrhafte Vereinigung getrennter Gemeinwesen, die Art der Römer, die Erhebung der Unterworfenen zu Genossen, mit der Beschränkung freilich, daß der erobernde Staat den Sitz des Reiches behalte, die Art der Athener, die Erniedrigung der Besiegten zu Untergebenen. Zur Begründung eines Staates bedürfe es eines Einzigen, der mit Weisheit und Geistesgröße Kraft und unumschränkte Gewalt verbinde und der das Wesen des künftigen Staates bestimme. Außer einzelnen Bestimmungen nun über die Einrichtung des Staates werden ausführliche Vorschriften über die Kriegskunst gegeben. Indessen weit größere Bedeutung als alle Einzelvorschriften haben die allgemeinen Grundsätze. Sie leiten sich her einestheils aus Machiavellis republikanischer Gesinnung, andererseits aus seiner humanistischen Ueberzeugung. Diese macht ihn zum Nachahmer der Alten, wenn auch keineswegs, wie man wohl gesagt hat, zum Plagiator des Aristoteles. Sie macht ihn ferner zum Heiden, d. h. zum Leugner der kirchlichen Autorität und zum Zweifler an der Wahrheit des Christenthums. In einem scheint er freilich mit der christlichen Lehre übereinzustimmen, nämlich in seiner Meinung von der Verderblichkeit der Welt, aber er trennt sich von ihr in seiner Auffassung der Moral und der Tugend. Moral ist ihm nämlich kein allgemein festgestelltes Sittengesetz, am wenigsten ein durch die Gebote der Religion fest begründetes, sondern ein nach Ort und Zeit wechselndes, Moral ist ihm ferner kein Grundgebot der Politik; an Stelle der heiligen Mittel tritt vielmehr der Erfolg; das Ziel rechtfertige selbst krumme Wege, Schlauheit und Gewaltthat. Demgemäß kennt er keine Tugend, d. h. keine beständige Uebung des Guten um des Guten willen, Tugend (virtù) bedeutet ihm vielmehr: Muth und Energie, sowohl für das Gute und Schlechte, es gebe daher auch schöne und ruhmvolle Verbrechen. Fest und bleibend sind ihm dagegen zwei Wünsche, der eine die Erringung der Einheit Italiens, der andere die Herstellung von Freiheit und Gleichheit betreffend, beide in gewisser Weise den Geboten der Kirche entgegengesetzt, da diese den Unterschied von Freien und Knechten sanctioniren und den unbedingten Gehorsam gegen die Obrigkeit, selbst gegen die widerrechtlich gebietende, predigen.

In ganz ähnlichem Gedankenkreise wie die Diskorsi bewegt sich der Principe. Auch dieses Buch ist keine blos theoretische Abhandlung, sondern eine durch die augenblicklichen Verhältnisse Italiens hervorgerufene Gelegenheitsschrift, ja es hat einen bestimmten Anlaß durch den damals aufkommenden Plan, in Parma oder Modena einen neuen Staat für Giuliano de Medici zu gründen. Trotz der Aehnlichkeit mit den Diskorsi zeigt die Schrift aber mannigfache Unterschiede. Die Diskorsi entlehnen ihre Beispiele aus dem Alterthum, aus der Geschichte der Griechen und Römer, der Principe aus der neuen Zeit, zumeist den Schicksalen der Franzosen und Italiener, jene haben es mit den Republiken zu thun, dieser spricht getreu seinem Titel von dem durch einen Fürsten regierten Staate. Von dem neuen Fürsten im neuen Staate, d. h. also nicht von einer Idealgestalt, wie sie die humanistischen Fürsten-Tractatschreiber im 15. Jahrhundert so gern zeichneten, sondern von einer Persönlichkeit, die für die verrotteten politischen, kirchlichen und sittlichen Zustände des damaligen Italiens nothwendig war. Eine solche Persönlichkeit brauchte nun nicht erst durch die Phantasie des Politikers gestaltet zu werden, sie war vielmehr gefunden in der gewaltthätigen, vor keiner Unthat, die seine und des Staates Wohl befördern konnte, zurückschreckenden Person des Cesare Borgia, der in seiner schnell vollendeten, freilich auch rasch dahinschwindenden Staatengründung in der Romagna das Vorbild des modernen Staates geschaffen hatte. Dieser Fürst ist grausam und listig, Fuchs und Wolf zugleich, nicht tugendhaft, wohl aber den Schein wahrend, manche Tugenden zu besitzen, auf das Volk gestützt, durch das er seine Macht errungen hat und zu bewahren hofft, den neuen geistigen und künstlerischen Ideen geneigt, ohne in dieselben aufzugehen und ohne die Lust, Opfer für dieselben zu bringen, ein Feind der Kirche, ein eifriger und kampfbereiter Gegner der Fremden, sehnsüchtig nach der Einheit Italiens verlangend und selbst bereit, mit allen Kräften für dieselbe zu arbeiten — Typus der Fürsten der Renaissancezeit.

Machiavellis übrige Schriften, so wichtig einige derselben, z. B. seine Gesandtschaftsberichte für die Entwicklung der politischen Verhältnisse jener Zeit, zur Begründung der Kunst der Diplomatie sind, seine übrigen historischen, biographischen und kriegstheoretischen Arbeiten, welche letztere ihm nicht Träumereien eines Laien, sondern grundlegende Untersuchungen seines politischen Systems sind, auch seine Stellung zu den Bestrebungen der Renaissance, seine vielumstrittene Kenntniß der Sprachen des Alterthums müssen hier unerörtert bleiben; nur eine Comödie, unter seinen dichterischen Arbeiten jedenfalls die merkwürdigste, soll noch mit einigen Worten besprochen werden.

Machiavellis Lustspiel La Mandragora ist kein Stück von besonders hohem dichterischem Werth, aber wichtig wegen der in ihm berührten Zeitverhältnisse. Der Dichter schrieb es, fern von der Politik, im Exil, in der Absicht „seine traurige Zeit angenehmer zu gestalten," sich selbst und seine Freunde zu unterhalten. Die Handlung ist einfach: das Ehepaar Lucrezia und Nicia Calfucci, letzterer ein stolzer mürrischer Mann, sehnen sich nach Kindern; Erfüllung dieser Sehnsucht verspricht der in die Frau verliebte Callimaco, der sich durch einen Parasiten als Arzt in das Haus einführen läßt. Als unfehlbares Mittel empfiehlt er das Kraut Mandragora; die Frau die dasselbe eingenommen, werde zur Empfängniß bereit sein; aber freilich der Erste, der sich ihr nahe, müsse sterben und erst der Zweite werde die Frucht ernten. Begreiflicherweise läßt nun der vertrauensselige und todesbange Nicia den Vorrang dem angeblichen Arzte, der freilich bei der keuschen Frau die Befriedigung seiner Gelüste erst dann erlangt, nachdem er ihr durch ihre eigene Mutter und ihren Beichtvater dringendst empfohlen worden. Durch solchen Zuspruch verführt, nimmt sie die Hülfe des Liebhabers an und wird allmählich zur Buhlerin, sie findet nun, obwohl sie längst die Wirkungen jenes Krautes spürt, an dem vertrauten Umgang mit ihrem Liebhaber Vergnügen, aber sie möchte nicht der eigenen Leichtfertigkeit, sondern der Lockung Anderer die Schuld geben; „da deine Schlauheit," sagt sie einmal zu dem Parasiten, „die Thorheit meines Mannes, die Einfalt meiner Mutter und die Traurigkeit meines Beichtvaters mich zu Dem verführt haben, was ich von selbst nie gethan haben würde, so bin ich der Ueberzeugung, daß dies aus einer himmlischen Eingebung stammt, welche es so gewollt hat und fühle nicht mehr die Kraft in mir, Den abzuweisen, von welchem der Himmel will, daß ich ihn annehme."

Weiter kann man nicht gehn. In der Kalandra des Bibbiena (oben S. 282) hatten lüderliche Männer und Frauen ihr Spiel getrieben, bis Schlauheit über die gute Sitte den Sieg gewann; hier dagegen wird nicht der Schlechte, sondern der durch seine Thorheit Lächerliche betrogen; die Tugend einer keuschen Frau wird vernichtet: Sinnlichkeit und Schlechtigkeit feiern ihre Triumphe. Nicht allein vom sittlichen, auch vom künstlerischen Standpunkte aus verdient jene frühere Comödie den Vorzug: in ihr redet jede Person ihrem Charakter gemäß, der Einfältige verkündet keine Weisheitssprüche; in der Mandragora dagegen wird gerade der Tölpel Nicia dazu verwendet, die besten Dinge über Religion und Politik, über das Volk von Florenz und über die sittenverderbende Wirksamkeit der Priester zu sagen. Mag denn auch die Kalandra im Einzelnen mehr obscöne Witze und Anspielungen enthalten; im Allgemeinen ist die Mandragora viel verderbter, ja durch und durch frivol; trotzdem sie nur wenige Jahre nach jener entstanden ist, trägt sie mehr die Züge einer spätern Literatur an sich, deren Hohepriester Pietro Aretino war.

Nicht durch seine Comödien indessen, die mit großer Vorliebe und in einer fast erschreckenden Natürlichkeit gemeine Weiber und deren Zuhälter vorführen, hat sich Pietro Aretino (1492—1552) seine literarische Bedeutung erworben, sondern durch seine Novellen und Dialoge, vor Allem durch seine Briefe.

„Ohne Stellungen zu begehren, ohne Höfen zu dienen, ja ohne einen Fuß zu rühren, habe ich alle Herzöge, Fürsten und Könige der Tugend zinspflichtig gemacht, durch mich wird daher in der ganzen Welt Ruhm erworben, in Persien und Indien kennt man mein Bild und schätzt meinen Namen." In diesen Worten faßt Pietro Aretino selbst einmal seine Bedeutung zusammen. Er übertreibt nicht sehr, wenn er von der Dienstbarkeit der Herren der Welt spricht, ja er hätte noch die Geistesgrößen: Künstler, Dichter und Gelehrte hinzufügen können; nur eine Verwechslung, freilich eine recht plumpe und absichtliche, begeht er dadurch, daß er von der Tugend redet, denn er meint nur sich selbst und sein Behagen. Sich die Anderen tributpflichtig zu machen, war die Aufgabe seines Lebens: sich, dem Privatmann, die Höchsten zu beugen, war das Geheimniß seiner Feder. Will man diese für unsere Zeit unbegreifliche, und auch für jene Zeit überaus seltene Stellung verstehn, so erwäge man die geistreiche vielseitige Schreibweise des Schriftstellers, sein unglaubliches Talent, die Menschen zu durchschauen, vornehmlich ihre Schwächen zu erkennen, seine

Pietro Aretino. Nach dem Kupferstich von Marc Antonio Raimondi (ca. 1475—1527).

Unermüdlichkeit, sich an die Vornehmen zu drängen und trotz mancher verfehlten Versuche nicht von ihnen abzulassen: man erwäge ferner die Ruhmessehnsucht der Zeitgenossen, die sie dazu trieb, an dem süßen Dufte gehäufter Lobesworte sich zu berauschen und am liebsten Den zum Lobredner zu erkiesen, der alle Welt kannte, und, von der Wuth des Proselytenmachens angesteckt, Jeden, mit dem er irgendwie in Beziehung stand, zu seiner Ansicht zu bekehren suchte; man erwäge endlich ihre oft ans Lächerliche streifende Furcht vor Tadel und Spott, die sie, selbst wenn sie unantastbar schienen, nöthigte, mit großen Opfern das Schweigen des größten Lästerers Europas zu erkaufen. Durch solche Umstände wurde Aretino wirklich „die Geißel der Fürsten," nicht in dem Sinne, den er dem Worte gab, daß er nämlich als ein Werkzeug Gottes Vergehen strafte und Gutthaten belohnte, sondern in dem Sinne, daß er, der Lüstling und der Verbrecher, sich ihnen selbst als Zuchtruthe setzte, um sie nach seinem Gefallen zu peinigen. Ein Mensch ohne politische Grundsätze, gibt er sich den Anschein, die Geschicke der Länder und Völker zu bestimmen; ohne Moral, wagt er selbst edlen Menschen gegenüber den Sittenrichter zu spielen; obgleich selbst nur ein mittelmäßiger Dichter, entscheidet er über Dichtergröße und Schriftstellerruhm, und während er jedes wahrhaft idealen Zuges, ohne den der Künstler nicht schaffen kann, entbehrt, erhebt er den Anspruch, jedem Künstler die ihm gebührende Stelle anzuweisen. Alles war ihm um Geld feil. Er, der sich gerne den „Göttlichen" nannte, wedelte in hündischer Weise, um eine Belohnung zu erlangen, vermehrte die ungemessenen Lobsprüche noch, wenn die Bezahlung seinen Erwartungen genügte, entblödete sich aber nicht, die Lobreden in die gemeinsten Schimpfwörter zu verwandeln, wenn der Tribut hinter seinen Ansprüchen zurückblieb. Viele der also Mißhandelten konnten den Zorn des Aretiners nicht vertragen und bequemten sich zu den erniedrigendsten Zugeständnissen, um die verscherzte Gunst dessen, der über den guten Ruf Zahlloser entschied, wiederzugewinnen; Manche, die muthig genug waren, den Wuthausbrüchen des Reizbaren Stand zu halten, oder zu ausgebeutelt, um den ewigen Forderungen des Unersättlichen zu genügen, zahlten ihm mit gleicher Münze, so daß er, der seine Ehrengeschenke und die Goldgulden seiner Verehrer gern vorwies, auch eine artige Sammlung von Prügeln, Dolchstichen und Satiren, mit denen seine Feinde ihn bedachten, hätte vorführen können; ja in Venedig, wo er die letzten dreißig Jahre seines Lebens zubrachte, durfte er nur des Nachts und auch dann nur bewaffnet sich auf die Straße wagen.

Das merkwürdigste Denkmal seiner unvergleichlichen Stellung ist die Sammlung der an Aretino gerichteten, von ihm selbst, höchstens mit leichter Aenderung der wirklich vorhandenen Originale, noch bei Lebzeiten der meisten Absender, herausgegebenen Briefe. Was in diesen an Schmeichelei für den hochmüthigen Pamphletisten zusammengestellt ist, übersteigt alles Maß. Nur zwei zufällig herausgegriffene Stellen mögen als Proben der Gesinnung dienen, welche von den meisten Correspondenten ausgesprochen, aber schwerlich gehegt wurde. Da schreibt der Eine: „Ich sage, daß Ihr der Sohn Gottes seid, freilich, damit mir die psallirenden Bettelmönche nichts anhaben, mit der Einschränkung, daß Gott die höchste Wahrheit im Himmel, und Ihr die auf Erden seid. Keine andere Stadt ist fähig, Euch Aufenthalt zu gewähren, als Venedig, denn Ihr seid der Schmuck der Erde, der Schatz des Meeres und der Ruhm des Himmels. Ihr seid die Goldschaale von Edelsteinen, die man auf den heiligsten Altar der Markuskirche am Himmelfahrtstage legen sollte." Aber nicht blos die Laien sprachen so, auch ein Mönch drückte sich in ähnlicher Weise aus: „Ihr seid eine Säule, eine Leuchte, eine Fackel, ein Glanz der heiligen Kirche, welche, wenn sie reden dürfte, Euch großartige Einkünfte geben würde mit den Worten: Gebet sie dem Pietro, der mich erleuchtet, erhöht und ehrt, der in sich den Scharfsinn des Augustinus, die Moral Gregors, die tiefen Gedanken des Hieronymus und den wohlgeglätteten Styl des Ambrosius vereint. Dieses sage ich nicht allein, sondern die ganze Welt bekennt, daß Ihr ein neuer Paulus seid, welcher den Namen Gottes vor die Könige gebracht, ein neuer Johannes der Täufer, der kühn und furchtlos die Bosheit, Schlechtigkeit und Heuchelei der Welt aufgezeigt und zu bessern gesucht, ein neuer Evangelist Johannes, der die Guten geehrt, erhoben und geläutert hat."

Zu den jugendlichen Genossen am Hofe Clemens VII. gehört auch Benvenuto Cellini (1500—1571), auch kein Idealmensch, aber trotz seiner kräftigen, manchmal rohen Sinnlichkeit, trotz der Gewaltsamkeit, mit der er die gefesteten Verhältnisse zu sprengen sucht, trotz seiner nicht selten widerlichen Genußsucht, trotz seines zu stark ausgeprägten Selbstgefühls, trotz des Hanges zur Uebertreibung, der ihn häufig zur Unwahrheit führt, ein Mensch voll regen innern Lebens, nicht unfähig des Aufschwunges zu Höherem. „Unserm Helden" so schildert ihn Goethe, der bekanntlich Cellinis Selbstbiographie ins Deutsche übersetzt hat, „schwebt das Bild göttlicher Vollkommenheit als ein unerreichbares beständig vor Augen. Wie er die äußere Achtung von Anderen fordert, ebenso verlangt er die innere von sich selbst, um so lebhafter, als er durch die Beichte auf die Stufen der Läßlichkeit menschlicher Fehler und Laster aufmerksam erhalten wird. Sehr merkwürdig ist es, wie er in der Besonnenheit, mit welcher er sein Leben schreibt, sich durchgehends zu rechtfertigen sucht und seine Handlungen mit den Maßstäben der äußern Sitte, des Gewissens, des bürgerlichen Gesetzes und der Religion auszugleichen denkt. Nicht weniger treibt ihn die Glaubenslehre seiner Kirche, so wie die drang- und ahnungsvolle Zeit zu dem Wunderbaren. Anfangs beruhigt er sich in seiner Gefangenschaft, weil er sich durch ein Ehrenwort gebunden glaubt, dann befreit er sich auf die künstlichste und kühnste Weise: zuletzt, da er sich hülflos eingekerkert sieht, kehrt alle Thätigkeit in das Innere seiner Natur zurück. Empfindung, Leidenschaft, Erinnerung, Einbildungskraft, Kunstsinn, Sittlichkeit, Religiosität wirken Tag und Nacht in einer ungeduldigen, zwischen Verzweiflung und Hoffnung schwankenden Bewegung und bringen bei körperlichen Leiden die seltsamsten Erscheinungen einer innern Welt hervor. Hier begeben sich Visionen, geistig sinnliche Gegenwarten treten auf, wie man sie nur von einem andern Heiligen oder Auserwählten damaliger Zeit andächtig hätte rühmen können."

In dieser seiner heiligen, gottergebenen, von Aberglauben freilich nicht freien religiösen Gesinnung bildet Cellini den denkbar schärfsten Gegensatz gegen den frivolen Spötter Aretino, der sich eine Grabschrift gemacht haben soll, des Inhalts, er habe von Jedem übel geredet, außer von Gott, dies Schweigen aber mit der Bemerkung entschuldigt, Gott kenne er nicht. Auch sonst läßt sich zwischen Beiden ein starker Gegensatz erkennen: Aretino arbeitet ohne Beständigkeit und ohne Anstrengung, für den Moment, wie er nach dem Momente lebt, Cellini ist ein gewissenhafter Arbeiter, der sich in den verschiedensten Gebieten versucht, in manchen theils durch geniale Begabung, theils durch treufleißige Uebung, durch eine das Schwerste nicht scheuende aber auch das Kleinste nicht verachtende Anstrengung es zur Meisterschaft bringt; Aretino ist frech, aber nicht muthig, er greift aus dem Hinterhalt an, trotzt und prahlt vom sichern Versteck aus, er mochte, wie sein neuester Biograph sagt, die Versicherung des Rabelais'schen Helden wiederholen: „Gefahr ausgenommen, fürchte ich in der ganzen Welt nichts", Cellini dagegen fühlt sich gerade in der Gefahr wohl, er sucht die bedenklichsten Lagen auf und bewährt sich mannhaft in ihnen, wenn auch wahrscheinlich nicht so heldenmäßig, wie er seine Leser glauben machen möchte, aber sicher hat er Muth und Energie in der Belagerung Roms gezeigt, selbst wenn er nicht den Herzog von Bourbon durch einen Büchsenschuß und den Prinzen von Oranien durch einen Kanonenschuß getödtet haben sollte.

Durch die Zerstörung Roms, welche jener Belagerung als eine nothwendige aber höchst traurige Folge sich anschloß, wurde nicht nur Cellini genöthigt, Rom zu verlassen, sondern der ganze froh erregte Kreis von Künstlern und Gelehrten, der sich um Leo X. versammelt, Hadrian überdauert, und unter Clemens VII. sich wieder frei gefühlt hatte, wurde in alle Winde zerstreut. „Den 6. Tag May", so schrieb Schertlin, einer der Führer der plündernden Haufen, in seinen Aufzeichnungen, „haben wir Rom mit dem Sturm genommen, ob 6000 Mann darin zu todt geschlagen, die ganze Stadt geplündert, in allen Kirchen und ob der Erd' genommen, was wir gefunden, ein guten Theil der Stadt abgebrannt." Entsetzliche Greuel wurden von den rohen Soldaten verübt, kein Alter, Stand und Geschlecht geschont. Vornehmlich aber wurden die Geistlichen — und gerade zu ihrem Stande gehörten viele unter den Literaten — von den Pöbelhaufen verhöhnt und mißhandelt. Viele von denen, die Jahre lang Stolz und Ruhm der ewigen Stadt gewesen worden, verloren ihr Hab und Gut, fast alle erlitten Plagen und Quälereien, nicht wenige büßten ihr Leben ein. Wer aber heil aus der entsetzlichen Verwirrung hervorgegen war, der floh nun den Schauplatz furchtbarer Thaten.

Die Erinnerung an die Mordscenen verblaßte zwar, aber der Geist, der durch solche Thaten vernichtet worden war, erwachte nicht wieder zu neuem Leben; schwere politische Verwicklungen, die Herrschaft der Fremden in Italien hemmten die fröhliche Entfaltung der Cultur; bald trat die kirchliche Reaction hinzu, den Hauch der Freiheit ertödtend, ohne den eine lebenskräftige Blüthe der Literatur unmöglich ist. Durch äußere Feinde waren die herrlichen Bauwerke Roms zerstört und zertrümmert worden; den inneren, weniger sichtbar aber verderblicher wirkenden Feinden fiel der neue, dem Alten entstammte Geist Roms zum Opfer.

Rom war zerstört, die Blüthezeit der Renaissance in Italien zu Ende. Dies letztere allgemeine Leid wurde schmerzlicher empfunden, als das Weh der einen Stadt; für jenes hatten hauptsächlich die Bürger Roms, für dieses alle Weltbürger den Ausdruck tiefen und wahren Mitgefühls. Daher begreift man den Erasmus, der klagend ausrief (diese und die folgende Stelle nach Gregorovius' Uebersetzung): „Das entsetzliche Verhängniß hat alle Nationen mit betroffen, denn Rom war nicht allein die Burg der christlichen Religion, die Ernährerin der edlen Geister und das ruhigste Asyl der Musen, sondern auch die Mutter aller Völker. Denn wen hat diese Stadt nicht, mochte er auch auf einer fremden Erde geboren sein, in ihren sanften Schooß aufgenommen, geliebkost und erzogen? Wer erschien sich dort als Fremdling, wenn er auch vom Ende der Welt hergekommen war? Ja, wie Vielen war Rom nicht theurer, süßer, segensreicher als ihr eigenes Vaterland? Oder wo gab es einen noch so rauhen Geist, den nicht die Stadt Rom durch das Leben in ihr milder und reifer uns zurückkommen ließ. Oder wer brachte nicht nur eine kurze Zeit in ihr zu, der nicht ungern von ihr schied, der nicht jede ihm dargebotene Gelegenheit zu ihr zurückzukehren freudig ergriff, oder sie selbst herbeizog, wenn sie ihm nicht geboten war? In Wahrheit, dies war der Untergang, nicht der Stadt, sondern der Welt."

Für die Römer aber kam damals noch ein Anderes hinzu, das drückende Bewußtsein nämlich, daß auch ohne jenes furchtbare Ereigniß der Traum ihrer geistigen Weltherrschaft zu Ende geträumt sei. So groß nun die Freude des Vaters ist, der selbst noch bei rüstiger Kraft einen Erben lustig aufwachsen gesehen, bei eintretender Kraftlosigkeit dem jüngern Nachfolger sein Besitzthum übergibt, so trostlos ist die Empfindung des Kinderlosen, der gleichsam bei lebendigem Leibe sich dahinscheiden und, während er noch über die volle Kraft verfügen zu können meint, einen Unberechtigten an seiner Statt in sein Besitzthum einziehen sieht. Eine derartige Empfindung ist es, welche in den Schlußworten der elogia des Paulus Jovius (oben S. 291 fg.), jenes Werkes, das eine Art wehmüthiges Resumé über die literarischen Großthaten der eigenen Zeit ist, zum Ausdruck kommt, und gerade der Ausdruck dieser Empfindung mag den Schluß der Betrachtungen über die Renaissance Italiens bilden: „Es scheint durch den Wechsel der Gestirne geschehen zu sein, daß jener eiskalte Nordhimmel Deutschlands die einst dort trägen und rohen Geister gemildert und erregt hat. Sie begnügen sich nicht mehr mit dem alten Kriegsruhm, der festen Disziplin und der trotzigen Kraft, durch welche sie die Ehren des Mars den Römern entrissen haben, sondern auch die Zierden des Friedens, die Wissenschaften und die Blüthe der Kunst haben sie dem ausgebrannten Griechenland und dem entschlafenen Italien geraubt. Denn noch zu unserer Väter Zeiten wurden zuerst Baumeister, dann Maler,

Bildhauer, Mathematiker, geschickte Handwerker, Brunnenmeister und Feldmesser aus Deutschland geholt. Kein Wunder, da sie uns die wunderbare Erfindung des Buchdrucks und die schrecklichen Geschütze von Erz gebracht haben. Doch ist wohl dies feindliche Jahrhundert ihnen nicht so ganz eine segensreiche Mutter, uns nicht so ganz eine unmilde Stiefmutter, daß uns nichts von dem alten Erbe übrig bliebe. Wenn wir uns nach dem fast gänzlichen Verlust der Freiheit noch ein wenig rühmen dürfen, so halten wir ja noch das Capitol unvergänglicher Beredtsamkeit, in welchem wir, wenn es den Musen gefällt, den reinen, echt römischen Geistesadel gegen die Fremden vertheidigen. Auf diesem Posten muß jeder Bürger sorgsam wachen, damit wir unter der Fahne von Bembo und Saidoleto den Rest der großen Hinterlassenschaft unserer Väter heldenhaft behaupten. Aber ach! dieser Trost unseres Elends ist fast nichtig; denn nicht ohne unser Verschulden ging die bei uns zerstörte Freiheit unter, und nur sie ist die Ernährerin der Studien, welche alles Edle und Schöne erwecken und verbreiten kann!"

Wirklich war der Trost recht nichtig, zumal er auf unwahren Voraussetzungen beruhte. Denn auch die Zierde der römischen Beredtsamkeit schwand dahin; fast in jeder Beziehung war das „barbarische Deutschland" der Erbe Italiens geworden.

Zweites Buch.

—

Deutschland.

Erstes Kapitel.

Einleitung. Die Vorläufer.

Im Jahre 1482 trat zu Rom in den Hörsaal des Joh. Argyropulos, eines um die Wiederbelebung hellenischer Cultur in Italien hochverdienten Griechen, mitten hinein in die glänzende Versammlung lernbegieriger Großen ein junger Deutscher, Johannes Reuchlin. Er gab in wohlgesetzten Worten sein Begehren kund, von dem Meister zu lernen, erklärte auf Befragen, daß er der griechischen Sprache nicht ganz unkundig sei und begann ohne Zögern eine Stelle des Thucydides zu lesen und zu übersetzen, welche der Lehrer ihm bezeichnet hatte. Als er seine Aufgabe trefflich beendet und statt der Beschämung, welche ihm zugedacht war, sich einen Triumph bereitet hatte, rief der Lehrer klagend aus: „O weh! Durch unsere Verbannung ist Griechenland über die Alpen geflogen!“

Wenige Jahrzehnte früher hatte das Urtheil über Deutschland und die Deutschen ganz anders gelautet. Damals war Enea Silvio, den man als den ersten Apostel des Humanismus in Deutschland bezeichnen kann, durch seine jahrelang erfolglos versuchte Propaganda ermüdet und erbittert, zu einer grimmigen Verurtheilung der Fürsten wegen ihrer Nichtachtung der Poesie gelangt; „wenn sie lieber“, so hatte er gesagt, „Pferde und Hunde haben wollen als Dichter, werden sie auch ruhmlos wie Pferde und Hunde hinsterben.“ An den Adligen hatte er nur Rohheit und Völlerei bemerkt und wurde nicht müde, Geschichtchen über die Trunkenheit der Deutschen in seine Briefe einzumischen; von der Gelehrten unfruchtbaren Spekulationen und ihren wissenschaftlichen d. h. den rein theologischen Untersuchungen sprach er nur mit einem an Verachtung streifenden Lächeln.

Diese verschiedenartigen Aeußerungen sind nicht zufällige Ergüsse, die eine hervorgerufen durch fassungsloses Staunen, die andere durch uncritisches Uebelwollen, das sich in Folge der unfreiwilligen Entfernung von der Heimath verschärfte, sondern unzweideutige Bemerkungen der vollkommen entgegengesetzten Stimmung, die sich der Italiener beim Anschauen deutscher Verhältnisse bemächtigte und die, im Wesentlichen richtig, den geistigen Zuständen Deutschlands entsprach.

Denn ein großartiger Umschwung hatte sich innerhalb dieser vierzig Jahre in Deutschland vollzogen. An Italien knüpfte die Veränderung an, denn nach Italien waren die jungen Deutschen eifrig und lernbegierig gezogen und glaubten ihre Bildung erst vollendet, wenn sie mit reichen Schätzen heimgekehrt waren; trotz dieser Zusammengehörigkeit aber, ja Abhängigkeit von italienischer Cultur, welcher Unterschied zwischen italienischer Renaissance und deutschem Humanismus! In Italien war es eine gewaltige Geistesströmung gewesen, welche, fast zwei Jahrhunderte hindurch unaufhörlich fließend, selbst die widerstrebendsten Elemente mit fortreißend, schließlich dem Halt hatte gehorchen müssen, das elementare Kräfte ihr geboten; in Deutschland eine Bewegung, die, kaum ein halbes Jahrhundert andauernd, von gleich mächtigen Gegnern im Siegeslaufe aufgehalten, endlich durch eine entschiedenere, die ganze Nation fortreißende Erregung in andere Bahnen gelenkt wurde: in Italien hatte das Eindringen der Fremden und die kirchliche Reaction der Renaissance ein Ende bereitet, in Deutschland trat an die Stelle des Humanismus die Reformation.

Die ganze Nation konnte in Deutschland erst durch die kirchliche Umwälzung in ihren Tiefen aufgerüttelt werden, die bloßen Bildungsinteressen waren ihr fern geblieben. Denn in Deutschland bezweckte die neue Bewegung, wenn sie auch nicht ausschließlich eine gelehrte war, doch zunächst eine Aenderung der gelehrten Bildung, während sie in Italien eine Reform der gesammten Lebensanschauung und Lebensführung zur Folge hatte. In Italien waren Alle, Geistliche und Laien, Hoch und Niedrig, geeint in demselben Streben, — waren doch die Päpste in der Unterstützung der Studien und in der Begünstigung ihrer Pfleger vorangegangen — in Deutschland dagegen waren einerseits die Humanisten selbst in Parteien zerspalten, in vorgeschrittene und zurückgebliebene, namentlich in Fragen, in denen Wissen und Glauben sich unsanft berührten, waren andrerseits die Geistlichen natürliche Feinde der neuen Studien und wurden vielleicht noch mehr, als sie es verdienten, zu Gegnern derselben gestempelt. Trotzdem war der Humanismus in Deutschland weder antireligiös noch frivol, während er in Italien beide Färbungen angenommen hatte. Diese größere Vertiefung indessen, diese Hinneigung zum Volksgemüth, wie sie sich in der religiösen Färbung des deutschen Humanismus zeigt, erweckte die Volksliteratur nicht zu neuem Leben. Während in Italien die bedeutendsten Humanisten von Dante an bis zum Ende der Renaissanceepoche, die Einen freiwillig, die Anderen halbgezwungen, der italienischen Sprache neben der lateinischen sich bedienten, so daß beiden Literaturen gleichzeitig eine Blütheperiode zu Theil ward, bemächtigte sich vieler deutscher Humanisten, die ihre Bestrebungen in einer Zeit frischer Regung der Volksliteratur begannen, im Anschauen dieser Neugestaltung eine widerwillige Empfindung, die nicht frei von Neid war. Andere dagegen, nicht weil sie patriotischer waren als jene, — denn auch den Letzteren mangelte keineswegs der vaterländische Sinn — sondern weil sie weitsichtiger die Unzulänglichkeit einer blos gelehrten Cultur klar erkannten, suchten der deutschen Sprache eine ähnliche Berechtigung wie dem lateinischen Idiom zu verschaffen. Sie alle aber, mochten sie noch so volltönende Worte über Deutschlands Herrlichkeit brauchen und jeden Vorrang Italiens vornehm ableugnen, sie hätten gern für Deutschland auch die förderliche Theilnahme der Fürsten gehabt, welche für die Renaissancecultur Italiens von so segensreichen Folgen begleitet war. Sie fühlten sich mit dem Volke verwachsen, aber verschmähten, in denselben Lauten mit ihm zu reden; sie begehrten Schutz und verständnißvolle Theilnahme der Fürsten, und mußten sich doch meist mit einer lauen Huldversicherung begnügen.

So sehr nun auch die deutsche Geistesbewegung jener Jahre von Italien abhängig ist, so wenig darf man doch den deutschen Humanismus als eine blos importirte, gänzlich unselbständige Bildung bezeichnen. Vielmehr regen sich, noch bevor die nahe Berührung mit Italien stattgefunden hat, eigenthümlich deutsche Elemente; eine deutsche Erfindung vorab, die Buchdruckerkunst, erspart dem Einzelnen ermüdende und zeitraubende Arbeit und gewährt den Schriftstellern die Möglichkeit, mit ungeahnter Raschheit auf die Zeitgenossen, nahe und ferne zu wirken.

Eine Geschichte der Buchdruckerkunst ist an dieser Stelle nicht zu geben. Dagegen ist darauf hinzuweisen, daß diese Erfindung mit größter Schnelligkeit die Welt eroberte, daß sie ferner den in Deutschland schlummernden Bildungstrieb zu frischem Leben erweckte. Sie eroberte die Welt, denn von Deutschland aus, — mag nun Mainz oder Straßburg die Heimath der Künstler und die erste Pflanzstätte der Kunst sein — zogen die deutschen Pioniere in alle Lande mit solcher Schnelligkeit und solchem Erfolg, daß sie noch vor dem Ende des 15. Jahrhunderts Italien und Frankreich, England, selbst Spanien und Portugal erobert hatten; denn in allen Ländern waren es eben deutsche Handwerker, die, von eignem Unternehmungsgeist getrieben oder von ausländischen Fürsten erbeten und bestellt, die neue Kunst zu betreiben kamen. Sie erweckte den Bildungstrieb der Deutschen, denn sie zwang ihnen, die bisher über Mangel an Bildungsstoff zu klagen hatten, den Stoff gleichsam auf. Nicht als wenn die Drucker sich ausschließlich damit beschäftigt hätten, die Werke der alten Literatur zu vervielfältigen — vielmehr wurden in den ersten Jahrzehnten viel mehr Volksbücher, Bibeln und theologische Schriftsteller gedruckt als Classiker — aber sie legten durch ihre billigen, leicht lesbaren, meist in je tausend Exemplaren abgezogenen Ausgaben dem Leser ein reichhaltiges Material vor, das sich von den früher vorhandenen Handschriften in jeder Beziehung zu seinen Gunsten unterschied. Darum verkündeten Alte, Geistliche und Laien, unterschiedslos ihre Vortrefflichkeit; Wissenschaftliebende, wie Jakob Wimpheling, schrieben Tractate über die Buchdruckerkunst und versuchten ihre Wirkung auf Bildung und Moral im Voraus zu ahnen, Geistliche wie der Benediktiner Bernhard Witte bezeichneten sie als die würdigste und lobenswertheste, nützlichste und göttlichste Kunst. Solche und ähnliche leicht ins Ueberschwängliche gerathende Lobpreisungen haben ihren Grund indessen nicht blos in der Ahnung oder in der Erkenntniß des eingetretenen Umschwungs, sondern in dem Bewußtsein, daß durch diese Erfindung Deutschland sich zu einer gebietenden Stellung in der Reihe der Nationen erhoben habe. Denn wenn auch damals noch ein Italiener verächtlich sagen mochte: „Jüngst ist bei den Barbaren eine neue Kunst entdeckt worden," so hatten doch die Deutschen Recht, wenn sie meinten, durch diese Entdeckung dem Barbarenthum entronnen zu sein. Wohl gab es Einige, welche, wie der ungenannte Verfasser des avisamentum salubre quantum ad exercitium artis impressoriae literarum, grämlich Nutzen und Schaden der neuen Kunst gegen einander abwogen und in jenem beschränkten aristokratischen Sinne, der auch die geistigen Schätze nur einer kleinen Minderheit gewähren will, von dem Verderben sprachen, das die Bibel, wenn sie gebildeten Laien leicht zugänglich gemacht oder gar wenn sie übersetzt dem gemeinen Volke in die Hände gegeben würde, anrichten könnte, aber mit Recht verhallte eine solche Stimme ungehört. Wahrhaft fromme Männer vielmehr wie Jakob Wimpheling legten die Vortheile dar, welche die Kirche aus dieser Erfindung ziehen könnte; in seinem derselben gewidmeten Tractate rief er aus: „Auf keine Erfindung oder Geistesfrucht können wir Deutsche so stolz sein als auf die des Bücherdrucks, die uns zu neuen geistigen Trägern der Lehren des Christenthums, aller göttlichen und irdischen Wissenschaft und dadurch zu Wohlthätern der ganzen Menschheit erhoben hat;" Heinrich Bebel in einem Gedicht und Beatus Rhenanus in seinem großen historischen Werke erwiesen die Deutschen als wirkliche Erfinder und deckten den Ungrund der von einzelnen Italienern vorgebrachten Vermuthung auf, die Italiener seien schon vor Zeiten die Begründer jener Kunst, die Deutschen nur die glücklicheren Ausbildner und Vervollkommner derselben gewesen.

Als „Lehrerin aller Künste zum Besten der Kirche" wird die Buchdruckerkunst, ihre Pfleger als „Priester, die nicht durch das Wort predigen, sondern durch die Schrift" gerühmt durch die Mitglieder einer diese Kunst fleißig übenden Schaar, nämlich der „Brüder des gemeinsamen Lebens." Der Stifter dieser kirchlichen Gesellschaft war Gerhard Groot (1340—1384). Er gab dem Vereine nicht nur seinen Namen, sondern auch seinen Geist. Denn wie er, ehedem der Aeußerlichkeit ergeben, dem Rufe eines Freundes: „Was stehst Du hier auf eitle Dinge gerichtet, Du mußt ein anderer Mensch werden," folgend, der Pflege seines Geistes und Herzens sich hingab, und wie er, trotz seiner großen als Prediger hervorgebrachten Wirkungen, mit stets gleicher Entschiedenheit ablehnte, Priester zu sein: „Für alles Geld Arabiens möchte ich nicht auch nur eine Nacht die Sorge der Seele übernehmen," so wollte sein Orden, dem von dem Meister gegebenen Vorbilde treu, still für sich leben und nur als Prediger und als Lehrer des Volkes wirken. In dieser ihrer Thätigkeit wurde die Gesellschaft von Papst Eugen IV. anerkannt (1431), trotzdem sie von Vielen theils wegen ihrer mangelnden Klostergelübde, theils wegen ihrer offen bekundeten antipriesterlichen Gesinnung angefochten wurde.

Durch die päpstliche Bestätigung nun gefördert entfaltete sie hauptsächlich in Deutschland eine rege Thätigkeit, die vornehmlich dem Abschreiben von Büchern und dem Unterricht der Jugend gewidmet war. Ersteres wurde systematisch betrieben, denn es galt als Pflicht, die eignen Bibliotheken mit den Schriften der christlichen und heidnischen Vorzeit zu bereichern und durch den Verkauf der für den eignen Gebrauch unnöthigen andere Wissenslustige zu fördern. Letzterer gründete sich auf eine christliche Erziehung, „auf eine Errichtung geistlicher Säulen im Tempel des Herrn," aber er berücksichtigte, bei aller Ehrfurcht vor den christlichen Schriften als „der Wurzel des Studiums," die deutsche Sprache, legte das Hauptgewicht auf die lateinischen Schriftsteller, selbst die poetischen, und blieb der griechischen Literatur nicht fremd.

Die Wirkung, die von den Brüdern des gemeinsamen Lebens ausging, war eine räumlich weit ausgedehnte und innerlich mächtige. Denn sie beschränkte sich nicht auf den Holland benachbarten Westen Deutschlands, sondern sie erstreckte sich tief in das Innere des Landes, ja hatte ihre Ausläufer selbst im fernen Osten, sie war ferner von so nachhaltigem und allgemeinem Einfluß, daß nicht blos sämmtliche Vertreter der ältern Humanisten-Generation sich als Schüler der Brüder des gemeinsamen Lebens bekannten, sondern daß, wenn man einer oft erzählten Anekdote glauben darf, in dem Städtchen Ammersdorf die geringsten Handwerker lateinisch verstanden, die Mädchen lateinische Lieder sangen und überall auf den Straßen ein zierliches Latein gehört wurde.

Die frommen Brüder, welche Schreiben und Lehren als ihre Hauptaufgabe betrachteten, waren indessen nicht die einzigen Vorboten einer neuen Bildung. Vielmehr traten zu ihnen, bei denen eine Einwirkung seitens Italiens schwerlich vorhanden, und keinesfalls äußerlich sichtbar ist, Männer, die in ihrer Bildung und in ihrem Wesen durchaus von Italien abhängig erscheinen.

Der Hauptvertreter der Letzteren ist Petrus Luder, geboren etwa 1415 in Kislau im Kraichgau, verschollen seit 1474. Er kam jung als Cleriker nach Rom, durchstreifte die Welt, ließ sich in Padua nieder und wurde von einigen dort studirenden Pfälzern ihrem Landesherrn empfohlen. Dieser, durch eine lateinische Rede des Humanisten gewonnen, bestellte ihn zum Professor der lateinischen Sprache und Erklärer der alten Autoren in Heidelberg (1444). Der junge Professor aber hatte gegen die alten Collegen, die ebensowohl dem Neuling als der von ihm vertretenen Richtung gram waren, einen schweren Stand; erst sollte er das Manuscript zu seiner Antrittsrede, in welcher man Bedenkliches vermuthete, vorlegen, dann sollte er von der Benutzung der Bibliothek ausgeschlossen, oder in derselben behindert werden. Trotz dieser Hinderungsversuche, die freilich nur theilweise Erfolg hatten, fuhr Luder in seinem Wirken fort, lehrte die lateinische Sprache und vertheidigte die alten Schriftsteller gegen den Vorwurf der Unsittlichkeit, mußte aber 1460 der Pest wegen aus Heidelberg entweichen. Dann lehrte er eine Zeitlang in Ulm, in Erfurt, später in Leipzig, wo er von einem Kreise strebsamer Jünglinge, unter ihnen Hartmann Schedel, die sich schon lange nach einem humanistischen Lehrer gesehnt hatten, freudig aufgenommen, aber von einem italienischen Humanisten angegriffen, der Unkenntniß der lateinischen Sprache bezichtigt und wegen seiner freilich ungeschickten und schwächlichen Vertheidigung verhöhnt wurde. Um dem Spotte zu entgehen, entwich er auch von hier, ging wiederum nach Padua (1462), diesmal, um Medicin zu studieren, lehrte, seit 1464, mehr als Mediciner denn als Humanist, an der neugegründeten Universität Basel und erscheint zuletzt 1474, ein akademisches Amt bekleidend, in Wien. Luder war ein heiterer Mensch, ein guter Trinkgenosse, den Liebesfreuden mehr als sich ziemt ergeben, in beständiger Geldnoth, ohne rechten moralischen Halt. Mit der Religion nahm er es nicht sehr ernst: in Heidelberg kam er einmal, vielleicht ohne seine Schuld, mit dem Stadtpfarrer in Conflikt, und in Basel spöttelte er, da ihn die Theologen wegen seines Zweifelns an der Dreieinigkeit zu verketzern suchten: er wolle, ehe er sich verbrennen lasse, selbst an die Viereinigkeit glauben. Der Mangel an Weihe und Heiligkeit war aber auch in seinem wissenschaftlichen Streben zu spüren, indem dieses mehr auf eine den Italienern abgelernte Formencultur, als auf Vertiefung des Denkens und Wissens gerichtet war. Diese Aeußerlichkeit erkennt man sowohl in seinen Reden als in seinen Briefen und Gedichten, denn sie alle lehren zwar den liebenswürdigen Menschen kennen, der durch seine leichten angenehmen Manieren im Umgange erfreute, aber sie bekunden niemals den selbständigen Gelehrten, den gewissenhaften Arbeiter, den strengen Forscher. Daher blieb Luder, trotz seiner schönen Anlagen, trotz seines Verdienstes, die humanistischen Studien in Deutschland begründet zu haben, ohne nachhaltigen Einfluß; vielmehr verwischte sich die Spur seiner Thätigkeit sehr bald, selbst an den Stätten seines Wirkens, an denen der Humanismus sich später glänzend entfaltete.

Zu derselben Zeit und in derselben Art wie Luder lehrte an verschiedenen Orten Deutschlands, zuletzt noch 1509 in Heidelberg, Samuel Karoch von Lichtenberg, in Italien gebildet, aller Orten herumlungernd, dem Trinken mehr als billig geneigt, stolz auf seine Kenntnisse, die freilich nur ihm allein als wirklich bedeutsam erschienen. Was sich von seinen Produkten handschriftlich erhalten hat, Bruchstücke gespreizter Reden, prahlerische Universitätsanschläge, Liebesgedichte, ein Poem, das die humanistischen Studien empfiehlt und zugleich die Annehmlichkeit des Sommers preist, Erzählungen und andere Gedichte, die sich meist auf recht unanständigem Gebiete bewegen, — das sind Alles hinlängliche Beweise für einen guten Willen aber ein sehr kleines Talent. Er war, wie man nicht unpassend gesagt hat, ein humanistischer Bänkelsänger, oder, wie ein ihn klar durchschauender Zeitgenosse ihn bezeichnet hat, „voll von Thorheiten, Barbarismen verbreitend und schlechte Verse lehrend," der von den Späteren, die, weit über ihn hinweggeschritten, auch die Anregung vergaßen, welche sie ihm verdankten, wohl zur Zielscheibe des Spottes erkoren wurde.

Waren Luder und Karoch Wanderprediger der neuen Richtung, wenn auch sehr unheilige, so walteten Andere, in ruhiger Stetigkeit und ernster Gesinnung ihres Apostelamts. Zu diesen gehört der Augsburger Patricier Sigismund Gossembrot, der, von dem Werthe der neuen aus Italien nach Deutschland gelangten Studien durchdrungen, dieselben auch in seinem Vaterlande zum Siege führen möchte und bei Ausführung solcher Pläne in einen, brieflich geführten Streit (1452 fg.) mit dem Wiener Professor Conrad Säldner geräth. Der Augsburger nämlich ist unbedingter Anhänger der Lateiner und erlabt sich an deren Inhalt und deren Form, der Wiener versichert zwar die Bedeutung der alten Autoren nicht anzutasten, will nur von dem Ruhme der neumodischen Poeten nichts wissen und geht ihnen, z. B. Valla, Poggio, Aretino und ihren Anhängern, derb zu Leibe, im Grunde aber sucht er in dieser Unterscheidung nur eine Ausrede. Vielmehr sind es zwei verschiedene Systeme, die sich gegenüberstehen und die in Folge ihres schroffen Gegensatzes jeder Vereinigung widerstrebten. Denn der Streit, wie ihn Gossembrot mit Säldner führte, ist kein anderer, als der, den bereits Petrarca mit seinen Gegnern durchgekämpft hatte: der um die Berechtigung, ein fest gefügtes System der Lebens- und Studienweise zu durchbrechen und ein andres an dessen Stelle zu setzen, das weder durch die starke Autorität eines langen Daseins, noch durch die stärkere der Kirche geschützt wird, sondern auf die ihm innewohnende Kraft vertrauend Lebensanspruch erhebt. In diesem Streit mag uns die biedere Ehrlichkeit Säldners in gleichem, vielleicht auch in höherm Maße anmuthen, als der gute, freilich nicht selten schwache Wille Gossembrots: aber das höhere Recht der Geschichte ist doch auf des Letztern Seite.

Indessen nicht von herumschweifenden Poeten, noch von guten Bürgern, die zwar von einer Reise nach Italien einen löblichen Studieneifer heimgebracht und auch für die Folgezeit bewahrt hatten, aber in ihrer städtischen Abgeschlossenheit von Philisterhaftigkeit nicht frei geblieben waren, konnte Deutschland das Heil einer neuen Bildung erhalten. Vor Allem deshalb, weil eine Nation ihre wissenschaftliche Cultur ungern von Fremden oder vaterlandslosen Heimathgenossen entnimmt, sondern auch bei Erlangung derartiger Schätze sich mit Vorliebe der Leitung Derjenigen anvertraut, die mit ihr durch ein stärkeres Band als das geistiger Gemeinsamkeit verknüpft sind. Darum ist die Wirksamkeit dreier anderer Vorläufer des Humanismus, obwohl ihre specifisch humanistische Kenntniß viel geringer als die der bisher Genannten sein mag, für die Entwicklung des deutschen Geisteslebens weit größer gewesen: des Felix Hemmerlin, Gregor von Heimburg und des Nikolaus von Cusa.

Felix Hemmerlin (c. 1398—1460) gehört Zürich, der damals zum deutschen Reiche gehörigen Stadt, an. Er hatte seine Bildung in Italien gewonnen, verwendete sie aber in und für Deutschland. In einer deutsch und lateinisch geschriebenen Schwanksammlung des 16. Jahrhunderts, in Augustin Tüngers Facetien findet sich eine Anekdote über ihn, die so lautet: Hemmerlin hatte einen Bürger schwer beleidigt, war vor Gericht gezogen und dazu verurtheilt worden, vor einer Kirche die beleidigenden Worte zurückzunehmen. Er fügte sich dem Gebote, setzte aber seinem Widerruf, während dessen der hinkende Küster vorbeiging, hinzu: „Wie vergeblich wäre es, wenn ich behaupten wollte, daß unser Küster nicht hinke, da ihr doch Alle mit eigenen Augen seht, daß er hinkt!" Aus dieser Geschichte kann man Hemmerlins Charakter und Schicksale erkennen. Er war angriffslustig, hartnäckig in Wiederholung einmal ausgesprochener Anklagen, verschonte in seinem Eifer nicht die Hochstehenden, welche Macht und Lust der Rache besaßen, und litt ungebeugt die Strafen für seine Kühnheit. Sein Angriff richtete sich gegen die Verderbtheit der Geistlichkeit, sowohl allgemein gegen die offenbaren Schäden des Papstthums, als speciell gegen die Heuchelei der Züricher Bettelmönche und Nonnen (Begharden und Beghinen), die unter dem Vorgeben, sich von der Welt zurückzuziehen und sich Gott zu weihen, ein üppiges und unsittliches Leben führten. Er war ein Eiferer, aber kein Reformer, vielmehr ein Vertreter des Alten in Religion und Politik. Er redete einem übertriebenen Reliquiencultus das Wort, und entschuldigte den Diebstahl, wenn es nur vermittelst desselben möglich war, in den Besitz besonders kostbarer Schätze zu gelangen, er vertheidigte alle Arten von Aberglauben: Geistererscheinungen, Teufelsbeschwörungen, Wetterbesprechungen, und spielte wohl selbst, wenn es nöthig war oder rathsam schien, den Hexenmeister. Als Politiker ist er dem Kaiserthum mehr zugethan als dem Schweizer-Volk, ja, in einer großen Schrift „vom Adel“ beflissen, der „pöbelhaften Bauerschaft“ (rudissima rusticitas seu ruralitas) seine Meinung über ihren Ursprung und ihr Wesen zu sagen, die Adligen zu rühmen als die von Gott gegen allen Unfug der Bauern eingesetzten Strafrichter und eine Begründung ihres Vorrangs in der Thatsache zu sehn, daß unter den Aposteln drei Adlige sich fänden und daß Christus seine Wunder meist an Adligen verrichtet habe. Trotz solcher Beschränktheit und seiner nicht eben classischen Ausdrucksweise ist Hemmerlin ein Vorläufer des Humanismus, stolz auf den wissenschaftlichen Grad, den er erlangt hatte, — er war Doctor in Bologna geworden — und von dem Bewußtsein erfüllt, daß das geistige und wohl auch das sittliche Heil in der Wiederbelebung des Alterthums ruhe. Wenn er z. B. grade in jenem berüchtigten Dialog vom Adel (cap. 3) den Adligen, der über das vom Bauer in der Anrede gebrauchte „Du“ unwillig ist, belehren läßt, daß das tibizare die durchaus angemessene Anrede sei, denn so spreche der Papst zum Kaiser, Gott zu Moses und umgekehrt, so mag dies auf den ersten Anblick als eine Kleinigkeit erscheinen; in Wirklichkeit ist es doch eine Ahnung von der Gleichheit selbst der äußerlich Verschiedensten innerhalb der menschlichen Gesellschaft, ein Gefühl, welches mit dem Verschwinden jener ebenmäßigen Anrede den früheren Zeiten gänzlich abhanden gekommen war.

In dem Kampfe gegen die Verderbtheit der Curie findet Hemmerlin einen Bundesgenossen in Gregor von Heimburg (1410—1472), der im Anlaufe kühner, in einem weit größern Gebiete thätig, aber zum Schlusse seiner Wirksamkeit wankelmüthiger ist. Denn Hemmerlin bleibt fest in seinem Widerspruch und stirbt im Gefängniß, Heimburg dagegen, dessen ganzes Leben ein Kampf gegen die päpstlichen Strafdekrete gewesen war, beugt sich gegen Ende seines Lebens demüthig den Geboten, deren Autorität er beharrlich geleugnet hatte. Ehedem hatte er die Deutschen begeistert zum

Türkenkriege aufgefordert, später bekämpft er lebhaft den von Anderen zu einem solchen Zuge entworfenen Plan; früher war er für die Neutralität der deutschen Churfürsten im Streite zwischen Kaiser und Papst eingetreten, hernach mahnte er zur Betheiligung an demselben. So lange Heimburg aber von kräftigem Streben erfüllt ist, vertritt er energisch den Standpunkt des Anticurialisten, des Vertheidigers der Ansprüche und Rechte weltlicher Fürsten, gegen die Uebergriffe des Papstes und seiner Beamten, vertritt er namentlich auch die Selbstbestimmung des Deutschen gegenüber den Einmischungsgelüsten und der Anmaßung des Fremden. In seinen verschiedenen Kämpfen hatte er, in Folge eines seltsamen Zufalls, mit einem und demselben Gegner, mit Enea Silvio, zu kämpfen und vielleicht hat grade die Persönlichkeit dieses Feindes den Kämpfenden zu lebhafterm Eifer entfacht. Die Persönlichkeit und die geistigen Tendenzen desselben, denn Heimburg bekämpft außer den politisch-kirchlichen Grundsätzen des Papstes auch seine beschränkten humanistischen Gelüste. Er, der von Enea Silvio bezeichnender Weise als „Meister der deutschen Beredtsamkeit" Gepriesene bestreitet nicht den Humanismus als solchen, denn dieser besteht nicht in Wohlrednerei und Zierlichkeit, sondern er bekämpft die Aeußerlichkeiten, die einige italienische und deutsche Gelehrte für das Wesen der Sache hielten oder zu halten vorgaben. Er that sich viel darauf zu Gute und wird noch von seinen heutigen Lobrednern sehr bewundert, wenn er zur Widerlegung übereifriger Classicitätsvertheidiger Sätze brauchte, wie die folgenden: „Doch ist es das Zeichen eines erhabenern Geistes, wenn wir uns nicht den Stil dieses oder jenes Autors aneignen, sondern als Resultat der Beschäftigung mit ihnen gleichsam unsern eigenthümlichen Geist für uns haben. Das Glücklichste aber ist, nicht nach Weise der Bienen Zerstreutes zu sammeln, sondern nach dem Vorbilde jener Würmer, aus deren Eingeweiden die Seide kommt, aus sich selbst heraus zu reden wissen;" und doch sagte er mit solchen Declamationen nicht das geringste Neue, sondern brachte nur dieselben Gedanken vor, welche Flavio Biondo, Poliziano und andere Vertreter der italienischen Renaissance vor ihm geäußert hatten oder zu gleicher Zeit wie er aussprachen.

Unter den Streitigkeiten, in denen Gregor als Bekämpfer päpstlicher Ansprüche auftritt, eine der merkwürdigsten ist der im Auftrag des Herzog Sigismund von Oesterreich erhobene Protest gegen die vom Papst gebotene Einsetzung des Nikolaus von Cusa zum Bischofe von Brixen. Um so merkwürdiger als Letzterer (1401—1464), ein Deutscher von Geburt, der freilich in Italien seine Bildung erwarb und in Italien auch starb, seiner innersten Ueberzeugung nach ein Bundesgenosse seines Angreifers ist, gleich ihm überzeugt von der Nothwendigkeit einer Wiederbelebung des Studiums und einer Reform der Kirche. Aber während der Jurist Heimburg seine Rechtskenntniß und die Macht seiner Persönlichkeit dazu benutzt, um im lebendigen Streite seine Grundsätze zur Geltung zu bringen und die von den Gegnern vertheidigten Lehren zu vernichten, waltet der Geistliche in stiller Arbeit, deren Erfolg er erst von der Zukunft erwartet. Jener fühlt sich wohl in dem Streite der beiden weltbewegenden Mächte, Kirche und Staat, Dieser arbeitet an dem utopistischen Plane, alle Religionsstreitigkeiten beizulegen; Jener verschmäht am Ende seiner Tage das Wissen, weil er Gefahren in ihm lauern sieht, Dieser ist unermüdet bemüht, sich eine vielseitige Gelehrsamkeit zu erwerben. Als Philosoph hat Cusa in seltener Vielseitigkeit die Kenntniß der alten Philosophen und der mittelalterlichen Mystiker vereint; als Mathematiker und Astronom große Entdeckungen, wie die Achsendrehung der Erde, vorausgeahnt, Kalenderverbesserungen vorgeschlagen und wissenschaftlich begründet, als Theologe seinen Glaubenseifer bewiesen durch das Erträumen und Hinarbeiten auf die Einheit der gesammten abendländischen Kirche und seinen trotz jenes Eifers ungetrübten critischen Sinn durch die Längnung mancher lange unbeanstandet gebliebenen kirchlichen Bestimmungen, wie der pseudo-isidorischen Dekretalen; als Humanist endlich sich eine gründliche Kenntniß römischer und griechischer Schriftsteller angeeignet, die von ihm gesammelten Handschriften Freunden nutzbar gemacht, die Genossen und Jünger durch Zuspruch und Unterstützung gefördert und zum Ausharren bei ihren mühevollen und selten mit Anerkennung belohnten Anstrengungen ermuntert. Kein Wunder, daß die Humanisten mit hochtönenden Worten sein Lob verkündeten, und daß auch die Späteren, welche sonst wohl die Vorläufer als stümperhafte Anfänger verspotteten, seiner immer mit Ehrfurcht gedachten. So sagt Joh. Trithemius in einer von Janssen angeführten Stelle: „Nicolaus von Cues erschien in Deutschland wie ein Engel des Lichts und des Friedens inmitten der Dunkelheit und Verwirrung, stellte die Einheit der Kirche wieder her und befestigte das Ansehn ihres Oberhauptes und streute reichen Samen neuen Lebens aus. Ein Theil desselben ist durch die Herzenshärte der Menschen gar nicht aufgegangen, ein anderer Theil trieb Blüthen, die aber in Folge von Trägheit und Lässigkeit rasch wieder verschwanden, aber ein gut Theil hat Früchte getragen, deren wir uns noch gegenwärtig erfreuen. Er war ein Mann des Glaubens und der Liebe, ein Apostel der Frömmigkeit und der Wissenschaft. Sein Geist erfaßte alle Gebiete des menschlichen Wissens, aber all sein Wissen ging von Gott aus und hatte kein anders Ziel als die Verherrlichung Gottes und die Erbauung und Besserung der Menschen. Man kann darum aus seiner Wissenschaft wahre Weisheit lernen."

Durch diese Vorläufer war der Grund gelegt zu einer gesunden, ja großartigen Entwicklung; der deutsche Humanismus erhebt sich zu einer gebietenden geistigen Macht. Indessen fast von seinem ersten Auftreten an bis zu seinem Verschwinden, etwa von 1470—1520, wobei freilich zu bedenken ist, daß diese Jahre nur ganz ungefähr die Abschnitte der geistigen Entwicklung begrenzen, macht sich statt der erwarteten Einheit ein tiefgehender Zwiespalt bemerkbar. Dieser Zwiespalt, der zwar wirkungsvoll die Einseitigkeit der innern Entwicklung hindert, andererseits aber eine mächtige Kraftentfaltung nach Außen hemmt, nimmt verschiedenartige Formen an, scheint beständig ein anderer zu sein und ist doch immer derselbe, nämlich der der Zurückgebliebenen und der Vorwärtsdrängenden. Bald erscheint dieser Gegensatz als ein nationaler, indem die Einen, Italien als das Mutterland der Cultur verehrend, sich ihm in Bildung und Gesittung möglichst anzunähern versuchen, oder, von cosmopolitischen Gedanken erfüllt, den engen Anschluß an das Vaterland als unrühmliche Schwäche verwerfen, die Anderen, den Patriotismus in den Vordergrund stellend, den Ruhm des Vaterlandes in Vergangenheit und Gegenwart, mitunter nicht mit lobenswerthen Mitteln, zu erhöhen trachten, wenn sie auch den mit diesem Streben scheinbar eng verknüpften Versuch, der deutschen Sprache zum Siege zu verhelfen, nicht wagen. Bald erscheint der Gegensatz als ein theologischer, indem die Einen, der mittelalterlichen Ansicht treu, die Theologie als das ausschließliche oder wenigstens vornehmste Studium betrachten und pflegen, und, selbst im Fall der Hinneigung zu einem nicht theologischen Fach, die Kirche als Herrscherin der Geister weiter verehren und ihre Gebote als oberste Richtschnur wie für die Lebensführung, so auch für die Geistesbildung erkennen; die Anderen, unabhängig von dem Gebote der Kirche, nur der Wissenschaft dienen wollen, ja sich nicht scheuen, mit den Theologen, falls sie die freie Bewegung zu hemmen sich erkühnen, in offenen, langwierigen und gefährlichen Streit zu treten. Endlich zeigt sich dieser Widerstreit als ein wissenschaftlicher, indem die Einen, statt der bloßen Form-, die Sachcultur anstreben, mit Hülfe der alten Autoren die von jenen begründeten Wissenschaften neu beleben, nach den seitdem gemachten Erfahrungen und eigenen Beobachtungen bereichern, durch diese aufreibende Thätigkeit aber völlig in Anspruch genommen, sich von den Forderungen des Lebens völlig abwenden; die Anderen dagegen, mitten im Leben stehend, dem Pulsschlage der neuen Zeit lauschen, als ihre Aerzte, wo es noth thut, eilig auftreten, um ihre Gebrechen zu heilen, als ihre Recepte aber nicht dicke Lehrbücher darreichen, sondern fliegende Blätter; auch sie glauben der Wissenschaft zu dienen, aber mehr durch Lobpreisung der Ideen, durch Verspottung der Gegner, als durch ernste Arbeit. Solche Gegensätze, die der Alten und Jungen, der Griesgrämigen und Lebensfrohen, der Bedenklichen und unbedacht Kühnen wiederholen sich zu allen Zeiten; in der Geschichte des deutschen Humanismus zeigen sie sich ziemlich deutlich in drei Perioden, die zeitlich auf einander folgen, wenn sie sich auch nicht durch bestimmte Jahre abgrenzen lassen.

Die erste Periode ist die **theologische**. Sie hat, obwohl sie zeitlich und inhaltlich dem eigentlichen Humanismus angehört, mit den Vorläufern desselben nahe Berührung. Diese Verwandtschaft besteht nicht allein in der Ehrerbietung, welche die Vertreter beider Richtungen der Religion und den kirchlichen Einrichtungen zollen — denn solche Verehrung ward den geweihten Institutionen auch von Späteren zu theil —, sondern in der besondern Hinneigung an die Kirche, welche Schwache und Anschlußbedürftige kundgeben. Ihnen nämlich gewährt die Kirche nicht blos Spenden des Gemüths, Trostesreichthum im Leide und höhere Erhebung in freudigen Zeiten, sondern mißt ihnen auch

Schätze des Geistes zu. Daher fühlen sie sich bei Betreibung humanistischer Studien, denen der Begriff des Heidnischen immer einigermaßen anklebte, nicht selten in ihrem Gewissen beengt, sie fragen sich ängstlich, ob sie durch Bereicherung ihres Geistes Schaden an ihrer Seele erleiden und sind zur Rettung ihres Heils bereit, ihre Studien zu verlassen. Ja sie gehen noch weiter, sie kennen die Gefährlichkeit des weltlichen Treibens und da sie sich nicht stark genug fühlen, den Lockungen desselben zu widerstehen, so suchen sie sich durch klösterliche Abgeschiedenheit oder Annahme eines Priesteramts von den Reizungen der Welt zu entfernen. Derartige Anwandlungen sind zu keiner Zeit bei Schwächlingen wunderbar; in der ersten Zeit des Humanismus werden sie auch bei Rittern vom Geiste bemerkt; sie sind nicht Seltsamkeiten eines Einzelnen, sondern gemeinschaftliches Merkmal einer ganzen Zeit. Manche der so gearteten Männer, ihrem Berufe nach tüchtige Pädagogen, werden noch später zu erwähnen sein; mag die Schilderung eines unter ihnen und zwar eines der Tüchtigsten, des Rudolf Agrikola, für sie Alle genügen.

Rudolf Agrikola (1443—1485) gehört zu den Männern, die sich weniger nach ihren wirklichen Leistungen, nach ihren auf die Nachwelt gekommenen Schriften, als nach den Aeußerungen der Zeitgenossen beurtheilen lassen. Fragt man diese, so erhält man von den Italienern sowohl, den zeitweiligen Collegen Agrikolas an der Universität Ferrara, als von deutschen Humanisten, z. B. von dem edlen Alexander Hegius, der, trotzdem er älter war, gern der Belehrung des Jüngern lauschte, oder von dem großen Erasmus, obwohl er in Folge seiner Sehnsucht nach Gegenlob mit der Rühmung Verstorbener nicht eben verschwenderisch war, von ihnen Allen das übereinstimmende Urtheil, daß er einer der bedeutsamsten Vertreter des Humanismus und einer der Begründer des neuen geistigen Lebens in Deutschland gewesen: „er hätte," so formulirt einer von ihnen seine Entscheidung, „der Erste in Italien sein können, aber er zog Deutschland vor." Sucht man dagegen aus den Briefen, Gedichten und Schriften des also Gerühmten sich selbst ein Urtheil zu bilden, so wird man nichts Anderes sagen können, als daß die Briefe allerdings trotz ihres mißtönenden Phrasengellingels individuelles Leben verrathen, daß die Gedichte wortreiche und inhaltsarme Predigten sind, und daß seine ausführlichen philosophischen und pädagogischen Schriften zwar Zeugnisse eines gewissenhaften Studiums der Alten sind, aber an dem schwer zu bewältigenden Stoffe zaghaft und bedächtig herumtasten, statt ihn muthig und selbständig zu gestalten. Sein ausführlichstes, trotz der Ausführlichkeit später wenig beachtetes Werk De inventione dialectica ist nichts als eine weitschweifige Darstellung der verschiedenen Arten, nach denen man einen Gegenstand untersuchen kann, und trotz vielfacher herber Angriffe gegen die frühere Studienweise kein Zeugniß einer großartigen Reform. Seine kleine, im Gegensatz zum Hauptwerk viel gerühmte und als Zusammenfassung der pädagogischen Lehren des Humanismus bezeichnete Schrift De formando studio geht durchaus nicht tief in die zeitbewegenden Fragen ein. Statt einer in großen Zügen gehaltenen

Darstellung der neuen Studien, der dann als Gegenbild die Schilderung des verderbten Zustandes der Wissenschaften in früherer Zeit entgegentreten sollte, gibt **Agrikola** hier nur eine Empfehlung der Philosophie, einschließlich Moral und Physik als derjenigen Wissenschaft, die den Menschen geistig erhebe und zur vollkommenen Glückseligkeit führe, sodann einen ausdrücklichen Hinweis auf

RODOLPHVS AGRICOLA GROENINGVS.
Si tibi maturis tantum licuißet ab annis,
Quod medium stâtuis perficere Agricola;
Auctores alij poterant tacuiße diserti:
32. *Quidquid enim ratio postulat. ipse dabas.*

Rudolf Agrikola. Nach einem gleichzeitigen Kupferstich.

die lateinische Sprache, die seinen Vorschlägen gemäß beständig mittelst der deutschen erläutert werden sollte. Wenn er aber dann an diese allgemeinen Lehren drei specielle Forderungen anschließt und zugleich die Mittel angiebt, denselben nachzukommen, nämlich 1. Verständniß des Gelernten — durch Fleiß, 2. Bewahrung des Verstandenen — vermöge des Gedächtnisses, und

Verwerthung des Erworbenen — durch Uebung, so gibt er damit keineswegs Grundsätze an, die ihn zu einem Reformator der Pädagogik stempeln. Derselbe Mann nun, der Erziehungsprincipien aussprach, wollte niemals ein Schulamt annehmen und an der Verwirklichung seiner Lehren mitarbeiten; er spottete, daß man die Schule, die doch ein Ort der Unruhen und Bekümmernisse sei (curarum sedes und φροντιστήριον), als Muße oder Spiel (ludus literarius und σχολή) bezeichnete, er, der in patriotischer Gesinnung den Lautesten und Begeistertsten sich gleichstellte, fühlte sich doch lange in Italien behaglich und glücklich; und er, der sein Leben lang mit Erfolg den profanen Wissenschaften obgelegen hatte, suchte sein Lebensende durch Beschäftigung mit der Theologie zu heiligen. Von einem solchen Plan gibt er seinem Freunde Reuchlin in einem charakteristischen Briefe Kenntniß: Reuchlin habe ihn zwar abgemahnt, trotzdem wolle er, der Unbeschäftigte, seine Muße zur Erlernung der Sprache benutzen, welche Jener ungeachtet seiner zahlreichen Beschäftigungen sich angeeignet; habe er bisher für Andere gelernt, um der Gelehrtenrepublick zu nützen und in den Augen der Menschen berühmter zu werden, so wolle er nun, sein Seelenheil bedenkend, für sich arbeiten, sich in die Theologie versenken, um die heiligen Mysterien zu ergründen.

Die zweite Periode des deutschen Humanismus ist die wissenschaftliche. Durch sie wird das Vorurtheil, daß der Studirende dem geistlichen Stande angehören müsse, vernichtet, an dessen Stelle tritt nun die Ueberzeugung, daß auch „ein Laie die theologischen Subtilitäten ergründen" könne, ja daß gerade er, als ein von äußeren Banden Freier, geeigneter sei, die tiefstgehenden theologischen Fragen unbefangen zu würdigen. In ihr erweitert sich der Kreis der Studien. Die griechische Sprache, bisher wenig beachtet, tritt gleichwerthig mit der bisher allein herrschenden lateinischen in den Vordergrund; neben diesen beiden Sprachen des classischen Alterthums beginnt die hebräische die Aufmerksamkeit der Forscher auf sich zu ziehen; der ehrenvolle Beiname: utriusque linguae peritus wird in den stolzer klingenden: trium linguarum p. verwandelt. Die Entdeckung neuer Ländergebiete regt, da die Kunde derselben schleunig nach Deutschland gelangt, zur Bekanntmachung der neugewonnenen Thatsachen an und nöthigt aufs Neue, den Blick auf die längst bekannten Länder zu werfen, Richtigkeit und Genauigkeit der bisher geltenden Annahmen zu untersuchen; der lebendig gewordene Forschergeist wendet sich auch der Geschichte zu, bekundet sich in dem Verlangen, die Richtigkeit des bisher ohne Prüfung Geglaubten und Erzählten zu untersuchen, und verbindet sich andrerseits mit dem Wunsche, die deutsche Vergangenheit strahlend hell erscheinen zu lassen. Die patriotische Regung, als deren Ausfluß dieses Streben bezeichnet werden kann, wird gekräftigt und gefördert durch das gewinnende Wesen, die ritterliche Kühnheit des deutschen Königs Maximilian I. und hat die vortheilhaftesten Folgen für die neue Gestaltung der deutschen Verhältnisse. Denn durch sie wird erwirkt, daß Fürsten und Gelehrte wetteifern,

Universitäten und Schulen neu zu errichten und die bestehenden glänzend zu gestalten, theils um den Deutschland gemachten Vorwurf der Barbarei zu entkräften, theils um anderen Nationen das Geständniß geistiger Ebenbürtigkeit abzunöthigen. Zu diesem Kampf gegen die Fremden gesellt sich aber der mit den eigenen Genossen. Während nämlich die Vertreter der ersten Periode nur mit sich den Streit zwischen der gewohnten Lebensrichtung und der neugewonnenen Erkenntniß auszumachen haben und in demselben nicht selten unterliegen, haben die der zweiten, Sieger in diesem innern Streit, sich mit den äußeren Gegnern zu messen, die, dicht gedrängt um ihr gefährdetes Eigenthum, dem erwarteten Angriff der Gegner durch heftige Streiche zuvorkommen wollen.

Die Nöthigung, die Waffen zu führen, erzeugt in dem Kämpfer nicht selten die Streitlust. An die Stelle der zweiten, der friedlichen Förderung der Wissenschaft geweihten Periode tritt die dritte, die **polemische**. Nun hält man es nicht mehr für angebracht, sich gegen Angriffe zu wehren, sondern für nöthig, den Feind anzugreifen und von dem Platze, den er einnimmt, zu vertreiben; man führt den Streit heftig, weil es sich in ihm nicht um Aeußerliches handelt, sondern um wichtige, die geistige Entwicklung bestimmende und fördernde Grundsätze, die daher, wenn von der einen Partei geleugnet, von der andern mit tiefer Ueberzeugung verfochten werden. Bald aber artet der Streit aus, denn es dauert nicht lange, dann werden die Grundsätze verlassen und nur deren Vertreter angegriffen; der heilige Ernst der Ueberzeugung tritt zurück hinter der Lust, spöttisches Lachen zu erregen; ja, im Bewußtsein der errungenen Macht verlangt man nach Sieg und Triumph, man will den Gegner zu seinen Füßen. In dieser dritten Periode erhebt sich der nationale Gedanke zu größerer Höhe, patriotische Empfindung verbindet und vermischt sich mit religiöser. Immer mehr verstärkt sich der Gegensatz gegen Italien und gegen Rom, das, zunächst als geistige Hauptstadt Italiens, dann als Sitz des Papstthums die scheelen Blicke auf sich zog. Nun erschien der Anspruch des Papstthums auf Weltherrschaft, auf Geistesunterdrückung als frevelhaft; denn statt der Sittenreinheit, die man als Würdigkeitszeichen solch hehren Amtes an dem päpstlichen Hofe erwartete, fand man Frivolität und Verderbtheit; statt der Tugend, die um ihrer selbst willen geübt werden sollte, Käuflichkeit und Unredlichkeit. Im eigenen Vaterlande dagegen sonnte man sich an den hehren Strahlen, die von **Maximilians** Wesen ausgingen, pries die Hoheit, die Machtfülle des Kaisers, des Lichtes der Erde, des Ruhmes des Weltalls. Noch schlimmer als der päpstliche Hof, der wenigstens fern war, mußten dessen nahe, stets sichtbare Vertreter, die Geistlichkeit in Deutschland, den Humanisten erscheinen; denn sie entbehrte der italienischen zwar oft äußerlichen, aber doch anmuthenden Cultur, welche den römischen Hof zierte. Sie wurde daher, weil sie noch immer von Stolz erfüllt war auf die winzigen und lächerlichen Ueberreste des Alterthums, die sie das Mittelalter hindurch gerettet hatte, weil sie eine höhere Stellung beanspruchte und doch die Mittel ablehnte, welche damals allein eine solche hohe

Stellung gewähren konnte, zu verachteten Verächtern der neuentstandenen Bildung. Zum politischen und religiösen Gegensatz trat nun bei den deutschen Humanisten das Bewußtsein der geistigen Ebenbürtigkeit, das, schon in den älteren ruhigeren Vertretern der zweiten Generation rege, bei den jugendlichen Stürmern der dritten zum gewaltigen Ausbruche kam. Denn sie waren nun von der Erkenntniß gehoben, daß auch sie die Sprache Ciceros redeten, daß auch sie dichten konnten in der Art und Trefflichkeit, wie Horaz und Vergil gesungen, sie waren zu der Ueberzeugung gelangt, daß sie, um Griechisch zu lernen, weder nach Griechenland zu reisen, noch sich griechischer Lehrer zu bedienen brauchten, daß sie durch ihre Arbeit Plato und Aristoteles sich zum Eigenthum errungen und dieselben von dem Unrathe scholastischer Erklärer, von den Banden unverständiger Uebersetzer befreit hätten. Sie konnten ferner frohlockend aussprechen, daß, wenn sie für jene beiden Sprachen die zwar von Anderen gebahnten Wege, jedoch selbständig, beschritten hätten, sie für die hebräische recht eigentlich Neuerer waren, daß sie die in Italien gedruckten hebräischen Bücher, die anfänglich wie todte Geräthe erschienen waren, mit lebendigem Odem erfüllt hätten. Endlich durften sie, das weite wissenschaftliche Gebiet durchmusternd und überall Pfade erblickend, die sie selbst gefunden oder wenigstens geebnet und erweitert hatten, von einer vollkommenen Blüthe des geistigen Lebens reden und das stolze Gefühl in sich nähren, daß erst durch ihre Thätigkeit die wahre und höhere Lebensfreude erzeugt worden sei.

Diese dritte Periode des Humanismus, die gerade wegen ihrer jugendlichen Frische nicht mit Unrecht inhaltlich als Blüthezeit der humanistischen Bewegung gilt, ist zeitlich die kürzeste. Sie hat weder einen deutlich erkennbaren Anfang, noch ein scharf abgegrenztes Ende; ihre Anfänge verschlingen sich, oft bis zur Unkenntlichkeit vermengt, mit dem Ausgang der zweiten Periode; ihr Ende ist noch weniger deutlich erkennbar, wenn man nicht den Tod des Hauptführers Hutten als einen äußerlichen Abschluß annehmen will; der Humanismus wird abgelöst, ja theilweise in seinen Wirkungen vernichtet durch die Reformation.

Zweites Kapitel.

Kaiser und Fürsten.

Zur Zeit des Humanismus saßen zwei deutsche Herrscher auf dem kaiserlichen Thron, Friedrich III. (1440—1492) und Maximilian I. (1493 bis 1519). Denn Karl V., dessen Regierungsanfänge in die Ausgangsjahre des deutschen Humanismus fallen, kommt nicht in Betracht, theils, weil er als Fremder den deutschen Interessen fern, ja feindlich gegenüberstand, theils, weil er für die eigentlichen Bildungsangelegenheiten keinen Sinn hatte; wer, wie er, nach Bartholomäus Sastrows Bericht, einem Dichter, der ihm ein Poem überreicht hatte, sagen lassen konnte: „das Gedicht gefalle dem Kaiser, der Verfasser möge sein Begehren mittheilen und der Gewährung sicher sein, er könne den Adelstitel erlangen, die Dichterkrone erhalten, aber Geld solle er nicht verlangen, denn das würde er doch nicht bekommen," der bewies mit solchem Ausspruch zur Genüge, daß seine zur Schau getragene Begünstigung der Studien eine äußerliche, keinesfalls zu Opfern bereite sei.

Dagegen waren die Kaiser, die vor Friedrich geherrscht hatten, geistigen Bestrebungen nicht unzugänglich gewesen. Seit Karl IV. mit Petrarca verkehrt und seinen Ideen Duldung, wenn nicht Theilnahme bewiesen hatte, war den deutschen Kaisern, zumal solchen, die viel mit Italien zu thun hatten, die Berührung mit italienischen Humanisten unvermeidlich, Vielen ward sie erwünscht. Zu den Letzteren gehört Kaiser Sigmund (1411—1437), ein leicht beweglicher, schnell erregbarer Fürst, der bei seiner zweimaligen Anwesenheit in Italien (1414 und 1432) als Politiker zwar kläglich auftrat, aber bei den Dichtern und Gelehrten durch persönliche Liebenswürdigkeit und kaiserliche Gnaden sich angenehm zu machen wußte. Bestanden diese Gnadenbezeigungen auch nicht in Unterstützung — denn Geld nahm er als Bezahlung seiner Hulderweise lieber selbst in Empfang —, sondern meist im Ertheilen der Dichterkrönung, im geduldigen verständnißvollen Anhören lateinischer Reden und in freundlichen, freilich nicht ausschließlich gelehrte Dinge behandelnden Gesprächen mit Humanisten, so machte er sich doch bei hervorragenden Dichtern und Gelehrten, wie Beccadelli und Cyriakus von Ancona, bekannt und beliebt. Von dem Letztern ließ er sich die Alterthümer Roms zeigen und erklären zu einer Zeit, da ein solches Betrachten noch keineswegs allgemeine Mode geworden war; und einen andern Humanisten den P. P. Vergerio, den er auf dem Constanzer Concil kennen gelernt, nahm er mit sich nach dem Osten und ließ sich von diesem vielseitigen und gelehrten Humanisten, den er auch zu theologischen und diplomatischen Geschäften gebrauchte, Arrians Geschichte Alexanders des Großen übersetzen, allerdings in einfacher Sprache, denn schmuckvolle Rede war ihm nicht verständlich.

Unter Friedrich III. nun, — denn Albrecht, der vor ihm kam, bedeutete für die Entwickelung der Studien nichts — kam Enea Silvio als Apostel des Humanismus nach Deutschland. Freilich für Friedrich selbst kam der Apostel nicht. Denn dieser Fürst war, wie Georg Voigt scharf aber treffend bemerkt, „ein Phlegma, das sich durch nichts aus seiner stillen Beschäftigung mit Gartenzucht und Hausthieren, mit Gold und Edelsteinen, mit ökonomischen Berechnungen und Finanzjuden, mit Astrologie und Alchymie heraustreiben ließ. Etwas Neues in sich aufzunehmen, dazu war er völlig unfähig, der Sinn für eigentliche Wissenschaft hat ihn niemals angewandelt.“ Dabei war er nicht dumm, höchst schlau vielmehr im Verkehr mit Einzelnen und in Führung großer Geschäfte, nicht unwitzig, so daß noch die Späteren sich seiner guten, bisweilen allerdings recht derben Scherze erinnerten. Er hatte Sinn für prunkvollen Empfang, zu dem nach der Sitte der Zeit auch lateinische Begrüßungsreden gehörten und konnte, wenn er auch gewandten Rednern nicht zu folgen vermochte, wohl über einen armen Schelm von Magister lächeln, der von den Reinfeldern für schweres Geld gedungen worden war und nun nicht über die Anfangsworte: beneveneritis domine rex herauskam. Er war enthaltsam und geduldig, durchaus mäßig und von keuschem Sinn, von großer Frömmigkeit erfüllt, die er auch dadurch zu bethätigen glaubte, daß er nur in vollem Prunk die Kirche betrat und die er besonders dem heil. Georg, seinem Hauptpatron bewies, als dessen Priester er sich gern bezeichnete. Er überkam das Reich in keiner glänzenden Verfassung, denn auch mancher der früheren Kaiser war machtlos gewesen oder hatte sein Sonderinteresse dem allgemeinen Nutzen vorgezogen, aber er war doch der Erste, der kaiserliches Ansehn und kaiserliche Macht ausschließlich zur Vermehrung des Besitzthums und zur Stärkung des Einflusses seines, des habsburgischen Hauses gebrauchte. Wohin er nur kam, verminderte er das Ansehn des kaiserlichen Namens und erschien wie eine Carrikatur der frühern Größe. Ehedem war in Italien der Kaiser wie ein göttlicher Gesandter erwartet und empfangen worden, von welchem man Bestätigung seiner Rechte, Geschenke und Beförderung erhofft hatte, jetzt kam er in seiner ganzen Aermlichkeit, um seine leere Kasse durch die Gelder zu füllen, welche von den titelsüchtigen Italienern für pomphaft klingende Titel bezahlt wurden; ehedem war er von den Humanisten mit herzlicher Begeisterung gepriesen worden, die zwar zumeist eine Wirkung der idealen Erinnerung an die alte römische Kaiserherrlichkeit war, manchmal aber doch durch den Eindruck einzelner glanzvoller Persönlichkeiten erweckt wurde; jetzt wurde er mit conventionellen Redensarten gepriesen aber mit Verachtung genannt, theils, weil der erstarkte antimonarchische Sinn überhaupt Abneigung vor dem Kaiserthum hervorgerufen, theils, weil das erbärmliche Gebahren

Friedrichs jede persönliche Sympathie verscheucht hatte. Handelte es sich in Italien, dem traditionellen Lande kaiserlicher Herrlichkeit, nur um ideale Güter, so handelte es sich in anderen um reelle, um Macht und Besitz. Diese aber gingen wie jene verloren. Schleswig-Holstein kam an Dänemark, Preußen an Polen, Böhmen, zu politischer und religiöser Selbständigkeit gelangt, löste sich vom deutschen Reiche los, im Westen war das mächtige Burgund ein bedenklicher Nebenbuhler, von dem neuerstarkten französischen Königthum mußte man täglich die ernstesten Gefahren befürchten; im Osten waren die Türken, die aus europäischen Gästen nun Wirthe geworden waren, höchst bedrohliche Nachbarn, die von 1463 an fast jedes Jahr plündernd und verwüstend, Schätze und Menschen raubend, einen Theil deutscher Reichslande durchzogen, während von den Bedrückten nur große Worte gebraucht wurden, ohne daß

Bildniß Kaiser Friedrichs III. auf einer Medaille. (Berlin, königl. Münz-Cabinet).

Muth und Kraft zu kühnen Thaten sich zeigte. Dazu kamen dann im Innern die schwersten Verwicklungen. Auf unendlichen Reichstagen wurden politische und religiöse Reformfragen behandelt, revolutionäre Bewegungen, die Bauernunruhen des folgenden Jahrhunderts vorherverkündend, zeigten sich, die Macht der Fürsten erhob sich neben der königlichen und gegen dieselbe zu gewaltiger Höhe.

Bei einer solchen Natur des Kaisers und derartigen inneren und äußeren Zuständen des Reiches konnte von einer wahren Blüthe der Studien nicht die Rede sein. Enea Silvio hatte, als er nach Deutschland und an den Hof des Kaisers kam (1442), dessen Geschichte er später beschrieb (vgl. oben S. 144), sich den Kaiser etwa so vorzustellen gesucht, wie die großen Poetengönner unter Italiens Fürsten, aber er sah bald genug das Irrige seiner Vorstellung ein und war klug genug, keine Bekehrungsversuche bei einem so gearteten

Fürsten zu unternehmen. Fand er doch auch sein Bemühen, andere Fürsten, die jünger waren, und eine weniger stark ausgeprägte Abneigung gegen die Studien zu haben schienen, zum Humanismus zu bekehren, von geringem Erfolg gekrönt, bei Siegmund von Tirol erweckte er nur Freude durch einen frivolen Liebesbrief und den Herzog Albrecht von Oesterreich verführte er zu dem bald bereuten Wunsche, die äsopischen Fabeln zu lesen. Noch erfolgloser war Eneas Streben bei seiner nähern Umgebung, bei den Adeligen und Gelehrten, er fand unter ihnen keine Genossen; „sie sind gute, treuherzige Leute, aber sie lieben nicht nach meiner Weise die Wissenschaften, ihre Lust ist nicht das, was die meine ist." Denn den Adligen, die an wilden Jagden, an derben Liebesabenteuern, und an rohen Trinkgelagen ihre Freude fanden, fehlte der Sinn für die geistige und sinnliche fein zugespitzte Genußsucht des Italieners; den Gelehrten der Wiener Universität, welche noch Logik und Dialektik, mit Zugrundelegung mittelalterlicher Lehrbücher ausschließlich betrieben, ging der Sinn für die Dichtungen des Alterthums und der Geschmack für die Eleganz der Modernen völlig ab oder sie fürchteten wie der oben erwähnte (S. 329) Conrad Säldner, daß der Cultus der Formschönheit die Verehrung christlicher Lehren gefährde. Zeigte sich einmal ein wirklicher Humanist, so stellte er, wie Gregor von Heimburg (oben S. 330 f.), den Gegensatz des deutschen zum italienischen Wesen dar, und gab sich einer als Nachahmer Eneas aus, wie Johannes Tröster oder übersetzte einer Eneas Schriften wie Niklas von Wyle (unten S. 354), so wurden sie gewiß durch seine erotischen Schriften angezogen. Nur einen wirklichen Schüler konnte Enea aufweisen, Johann Hinderbach, einen Redner und Geschichtschreiber, der in der Fortsetzung der österreichischen Geschichte seines Meisters von ihm als einem „göttlichen Historiker und göttlichen Dichter" redete und in einer 1459 vor ihm dem nunmehrigen Papste gehaltenen Rede es aussprach: „Die deutsche Nation verdankt Dir viel, da Du sie durch Lehre und Beispiel zu jenem alten Glanz der römischen Beredtsamkeit und zu den Humanitätsstudien hingeleitet. Sie wird von Tag zu Tag darin wachsen und zunehmen." Solch hochtönende Worte enthalten dennoch keine Uebertreibung. War auch die unmittelbare Wirkung Eneas eine sehr geringe, die mittelbare war eine große und dauernde. Trotz der verschiedensten anderweitigen Anregungen blieb für die deutschen Humanisten Eneas Einfluß maßgebend, ebenso wie für des unempfänglichen Friedrich empfänglichen Nachfolger Maximilian trotz der verschiedenen anderen Lehrmittel und Lehrmeister das von Enea ehedem für den jungen Ladislaus von Ungarn bestimmte und damals von Neuem vorgenommene Erziehungsbuch fruchtbar und anregend wurde.

Der eigentlich humanistische Kaiser, der wahre Fürst nach dem Herzen der Humanisten ist Maximilian. Dieser deutsche Mann mit dem immer jugendlichen Wesen erscheint ihnen wie eine Idealgestalt, etwa wie für Dante und Petrarca das Bild eines erträumten Imperators, für sie ist es kein Zufall, daß ihr leibhaftiger Kaiser zu den Zeiten Leos X. lebt. Hätten

Kaiser Maximilian. Holzschnitt von Albrecht Dürer.

sie freilich schärfer gesehen, so würden sie den Unterschied zwischen dem deutschen Fürsten und dem italienischen Papste leicht bemerkt haben. Dieser war der Erbe einer mehrhundertjährigen Bildung und der Abkömmling eines literarischen Geschlechts, das der Renaissancecultur als eines Lebenselementes bedurfte, und über ihrer Pflege seine Obliegenheiten als Fürst und Kirchenhaupt vergaß, ein Mann, der kraft seiner Fähigkeiten selbst Schriftsteller oder Künstler hätte sein können, wenn er nicht zufällig Papst gewesen wäre; jener trat als erster seines Geschlechts, ohne die lebendigen Traditionen einer großen Vergangenheit, in eine neue Bildung ein, in der er trotz alles löblichen Willens doch stets ein Fremder blieb, theils, weil er nicht die Fähigkeiten besaß, sich ganz in dieselbe einzuleben, theils, weil er in Folge seiner Kriegszüge und der mannigfaltigen Zerstreuungen des Hof- und Jagdlebens der richtigen, zu einer geordneten, geistigen Thätigkeit nothwendigen Sammlung entbehrte.

Maximilians politische Thätigkeit ist eine rastlose, fieberhafte zu nennen. Sie gilt der innern Neugestaltung Deutschlands und der Befestigung oder Begründung seiner Stellung nach außen. Für das Erstere sind drei Einrichtungen von hervorragender Bedeutung: die Errichtung des Kammergerichts und die theilweise zur leichtern Ausführung der Gerichtsurtheile begründete Eintheilung Deutschlands in zehn Kreise, durch welche die Rechtsprechung geregelt, die bürgerliche Ordnung gefestigt werden sollte; die Stiftung des allgemeinen ewigen Landfriedens, durch welchen die Schließung einzelner, nur für kurze Zeiten und einzelne Landestheile geltenden Waffenstillstände beseitigt und eine Beendigung der zahllosen Fehden, der häufigen Territorialkriege, namentlich der gewaltsamen und rechtlosen Raubritterzüge erzwungen werden sollte; die Herstellung des Reichsregiments, durch welches sowohl eine Vertretung des Kaisers bei seiner häufigen Abwesenheit ermöglicht, als auch während seiner Anwesenheit ein Fürstenrath geschaffen werden sollte, der ihm bei Erledigung wichtiger Angelegenheiten zur Seite träte. Aber das Letztere, soweit es überhaupt in Wirksamkeit kam, trug fast nur zur Schwächung des kaiserlichen Ansehns bei; der Landfriede theilte das Schicksal seiner Vorgänger und wurde ebenso wenig wie sie ein allgemeiner und ewiger, das Raubritterthum verschwand nicht völlig, trotz redlicher Bemühungen des Kaisers, ja fand sogar Nahrung in seinen beständigen Kriegen, und eine Art noch niedrigerer Fortsetzer in den bei diesen Zügen mit Vorliebe benutzten Landsknechten; das Kammergericht war nur das Zerrbild einer höchsten richterlichen Autorität und verfiel bald in jene Verschleppungsmanie, durch die es zum Gespötte aller Rechtsuchenden wurde. Auch die übrigen, zur innern Umgestaltung des Reiches geplanten und durchgeführten Einrichtungen hatten geringen Erfolg und bewirkten nicht selten das Umgekehrte von dem, was man erwartete; der gemeine Pfennig, die allgemeine Reichssteuer, von der man eine dauernde Füllung der Kassen erwartet hatte, brachte wenig ein und befreite den Kaiser keineswegs von seinem beständigen, unangenehmen Begleiter, der Geldnoth.

Diese Geldnoth war es denn auch einerseits, welche den Kaiser ungeeignet zur Durchführung seiner zahlreichen kriegerischen Unternehmungen machte; andererseits störte sein ungeduldiges, ruheloses, mehr zum Anfangen als zum Durchführen geeignetes und geneigtes Wesen; endlich trat ihm die bei Weitem größere politische Geschicklichkeit seiner Gegner hemmend in den Weg. In Folge aller dieser Umstände sind die politischen Thaten Maximilians trotz aller löblichen Anstrengungen gering: er vermochte die durch die Heirath mit Maria von Burgund gewonnenen Lande nicht zu behaupten, er konnte die Lostrennung der Schweiz von Deutschland nicht hindern, er richtete gegen Frankreich das ihn schwer gekränkt hatte, nichts aus, trotz alles patriotischen Grimmes, den er redlich geltend machte, und er scheiterte schmählich in seinen mehrfach aufgenommenen Versuchen, die alte Imperatorenrolle in Italien weiter zu spielen, trotzdem oder vielleicht gerade weil er bald mit dem Papste, bald mit Venedig sich verband und nach kurzer Frist den ehemaligen Bundesgenossen als Todfeind bekämpfte.

Trotz dieser Mißerfolge im politischen Leben, trotz dieser nichts weniger als heldenhaften Stellung, erscheint Maximilian zu allen Zeiten seines Lebens als Liebling der Dichter und der Gelehrten. Diese Gunst erwarb er sich nicht durch Geschenke, denn seine Kasse war meist zu leer, um die der Dichter zu füllen, die von ihm häufig verliehenen Titel eines Pfalzgrafen oder eines gekrönten Dichters aber schmeichelten doch nur für kurze Zeit der Eitelkeit, auch nicht durch glänzende Hofhaltung, denn er hatte keine feste Residenz und wechselte seinen Aufenthalt zu schnell, um irgendwo recht seßhaft zu werden. Die Theilnahme Derer, welche den Nachruhm der Menschen bestimmen, ward ihm vielmehr deshalb erwiesen, weil sie, die Schleichwege seiner Politik nicht erkennend, an der rastlosen Thätigkeit des eifrigen Mannes, an dem kühnen, stets jugendlich bleibenden Streben selbst des Alternden ihre Freude hatten, weil sie ferner trotz oder gerade wegen ihres Respects vor fürstlichem Wesen, von dem Einfachen, echt Menschlichen in des Kaisers Art sich fesseln ließen und seine milde Freundlichkeit zu den Niedrigstehenden als einen Beweis wahrer Charaktergüte, nicht als ein Zeichen gnädiger Herablassung betrachteten.

Daher erschallt denn das Lob des Kaisers aller Orten und in allen Zungen. Zunächst im deutschen Volksliede. Selten ist ein Fürst in solchem Grade der erklärte Liebling aller Parteien ohne Unterschied gewesen wie Maximilian. Das Volkslied frägt nicht nach Heldengröße und literarischem Sinn: es gibt sich keine Rechenschaft über die Gründe seiner Vorliebe, läßt sich von ihr auch nicht durch Gegengründe abbringen; es lobt, weil es loben muß, in diesem Falle gewiß deswegen, weil die Persönlichkeit des Gelobten den Männern aus dem Volke ebenso sympathisch war, wie den Männern von Bildung, vielleicht auch weil den Ersteren wie den Letzteren Maximilian als der von der Vorsehung auserwählte Kämpfer gegen die deutschen Erbfeinde, Türken und Franzosen erschien. Die Mahnung, gegen die Ersteren das Schwert zu ziehen, wird unaufhörlich wiederholt und auch die Hoffnung, den Letzteren obzusiegen, schwindet nicht, trotz der erfolglosen Bemühungen der ersten Zeit. Kann man nicht Siege verzeichnen, die über die Franzosen davon getragen worden, so kann man doch den von ihnen erlittenen Schimpf als racheforderndе Unthat besingen; daher denn das Lied vom „Fräulein von Britannien", der durch Ludwig XII. geraubten Brant Maximilians so oft gesungen wird, daß dessen Ton (Melodie) Jahrzehnte lang für das Volkslied herrschend bleibt. Lieber aber als bei diesem immerhin unsichern Wechsel auf die Zukunft verweilen sie bei den freudigen Ereignissen der Gegenwart, bei dem Schweizerkrieg (1499), bei dem bairisch-pfälzischen Krieg (1504), bei den mannigfachen Zügen gegen Venedig (vgl. oben S. 276) und rühmen die Siege des Kaisers oder auch, wenn sie keine Erfolge zu preisen haben, seine Tapferkeit und seinen Kriegsmuth. Als der Kaiser dann stirbt, in einem Momente, da die Gefahren weit drohender waren als früher, da die Türkenfurcht aufs Aeußerste gestiegen, das Machtgefühl der Franzosen durch einige wichtige Erfolge und durch die glänzende Erscheinung ihres jungen Herrschers ungebührlich erhöht war und als das vielumworbene Italien die Hand Deutschlands gänzlich verschmäht zu haben schien, selbst dann tritt die Empfindung, daß sein Streben ein erfolgloses gewesen, wenn sie überhaupt zum Bewußtsein wird, hinter dem Schmerze zurück, welchen sein Abscheiden verursacht, und hinter der Verherrlichung seines tüchtigen männlichen Wesens:

Ein Kaiser auserkoren,
Ein Kaiser ehrenreich,
Von edlem Stamm geboren,
Wo findet man sein geleich
Von Adel und von Regiment,
Das er so wohl hat geführet
Bis an sein letztes End . .
Sein Lob steht hoch zu Preise
Für ander Fürsten all
Der edle Kaiser weise,
Sogar mit reichem Schall,
Geregieret hat seine Gerechtigkeit
Gegen Arme und auch Reiche
Gegen Gott zu aller Zeit.
Darumb hat Gott begeret,
Der ewig Gott so fron,
Daß er ihn selber ehret
Wohl an des Himmels Thron,
Daß er bald schied aus dieser Zeit,
Die ewig Kron zu entfahen,
Die er ihm hat bereit.

Die gelehrte Dichtung unterscheidet sich von der Volksdichtung vornehmlich durch ihre größere Allgemeinheit, durch ihre Vernachlässigung der einzelnen Ereignisse und ihr uncharakteristisches Rühmen der Person. Selbst wenn die Humanisten von einer bestimmten Schlacht oder von einer für das Leben des Kaisers und für die Geschichte des Reiches wichtigen Handlung sprechen, reden sie in so gewohnheitsmäßigen Ausdrücken, daß man bei ihrer Rühmung der Böhmenschlacht eben so gut an die Thermopylen und bei der Lobpreisung des Kaisers als Mäcen an Augustus denken könnte. Inhaltlich betrachtet ist diese höchst umfangreiche Dichterei und Lobrednerei, deren Zusammenstellung einen ansehnlichen Quartanten beanspruchen würde, von geringem Werthe, auch der eigentlich dichterische Gehalt dieser Erzeugnisse ist, wenn man von einzelnen Productionen Celtis und Huttens absieht, nicht bedeutend, und doch ist dieser überlaute Wettgesang verschiedener Nationen —

denn auch Italiener und nicht gerade die unbedeutendsten z. B. Ermolao Barbaro, Pandolfo Collenuccio betheiligten sich an demselben, — ein unverwerfliches Zeugniß für die hohe Stellung, welche Maximilian in Herz und Geist der Zeitgenossen einnahm. Aus dem vollstimmigen Chor der Lobredner sei einer hervorgehoben, ein Italiener, dessen Panegyrikus bisher ungedruckt und wohl auch unerwähnt geblieben ist, Ludovico Ticiano. Er schrieb eine Schrift „von dem Lob des Kaisers und der Deutschen", in der er, anspielend auf ein homerisches Wort, Maximilian als König der Könige, Herzog der Herzoge bezeichnet, freilich nicht in dem Sinne, wie Max selbst das Wort zu brauchen pflegte, um damit seine eigne Machtlosigkeit und die geringe Fügsamkeit seiner Großen anzudeuten —, und dann folgendermaßen fortfährt: „Er ist im Kriege und im Frieden tüchtig, alles kriegerischen Ruhmes würdig, ausgezeichnet nicht allein durch Verstand und Geist, sondern auch durch Körperkraft, zum friedlichen Regieren und zum Anführen im Kriege so geschickt, daß man nicht unterscheiden kann, ob er dem Bürger oder dem Soldaten theurer ist. Denn der Soldat kann keinem Feldherrn mehr vertraun, unter keinem mehr wagen, keinem mehr Kühnheit im Aufsuchen von Gefahren und mehr Klugheit im Bestehen derselben zumuthen; der Bürger keinen gerechtern und mildern Fürsten verlangen und zwar einen, bei welchem Gerechtigkeit und Milde sich so völlig die Wage halten." Der Verfasser rühmt dann des Kaisers Einfachheit, Freundlichkeit, Keuschheit, vor Allem aber seine unverdorbene Treue zu den Menschen und seine unerschütterliche Liebe zur Religion, vergißt zwar nicht zu bemerken, daß man ihm Trägheit, Erkaufen des Friedens um Geld und Armuth vorwerfe, weist aber die beiden ersten Vorwürfe als unbegründet zurück, endlich tröstet ihn in Bezug an fden letzteren mit dem moralischen Gemeinplatz, Armuth sei keine Schande und mit der Erinnerung an das Alterthum, daß auch Cyrus und Alexander arm gewesen seien.

Vielleicht wurde diese allgemeine Huldigung der Schriftsteller und Dichter durch ein gewisses Gefühl der Zusammengehörigkeit hervorgerufen oder wenigstens unterstützt. Denn man wußte, daß Maximilian sowohl literarische Neigungen hegte, als auch selbst dichterisch zu schaffen liebte. Die schriftstellerischen Arbeiten des Kaisers, unter denen sich freilich auch Jagdbücher und andere den wilden Neigungen des Verfassers entstammende Aufzeichnungen befinden, gehören der deutschen Literaturgeschichte, nicht der des Humanismus an, aber die größeren deutschen Werke bieten so charakteristische Beiträge für die Erkenntniß des Wesens ihres fürstlichen Autors, daß sie hier nicht unerwähnt bleiben dürfen. Es sind der Weißkunig und der Teuerdank.

Beider Erfindung ist Eigenthum Maximilians; die Ausführung aber überließ er, da er sich nicht Dichterkraft und Beharrlichkeit genug zutrauen mochte, seinen Geheimschreibern, die des Teuerdank dem Melchior Pfinzing (1484—1535), die des Weißkunig dem Marx Treitzsauerwein (1470—1527). Der Teuerdank, das ältere, schon 1517 veröffentlichte, wegen seiner köstlichen Ausstattung vielgerühmte Werk, ist eine allegorische Schilderung der Schwierigkeiten, welche sich der Verbindung des tapfern Teuerdank (Maximilians) mit Erenreich (Maria von Burgund), der Tochter Romreichs (Karls des Kühnen) entgegenstellen. Der Held nämlich, der in steter Begleitung seines treuen Gefährten Erenhold erscheint, soll von dem Bösen durch drei Lehren, und zwar alleiniges Befolgen seines Naturtriebes, Bestehen jedweden Abenteuers und Unterwerfung aller selbst friedlich gesinnten Länder unter seine Botmäßigkeit, verführt werden und wird, da er diese seinem tugendhaften Sinn widerstrebenden Lehren abweist, den beständigen Lockungen dreier Diener des Bösen ausgesetzt: Fürwittig, Unfalo, Neidelhard. Der erste derselben ist, das vorwitzige Begehren des Jünglings, Geschicklichkeit und Kraft, Gewandtheit und Leichtigkeit der Bewegung, ohne besondere Veranlassung, aus bloßem Uebermuth zu beweisen; Unfalo der Reiz, welcher für den vornehmen jungen Mann in Gefahren und Abenteuern zu Wasser und Lande, Jagden und Seefahren liegt, zugleich die schwierige Lage, in welche der Kranke durch die vorgebliche Weisheit der Aerzte gebracht wird, zu deren Vermeidung er durch ein „vernünftiges Aufmerken seiner Natur" geleitet wird; Neidelhard endlich der Neid, der Widersacher, welcher den jungen kriegslustigen und kriegsgeübten Fürstensohn bei seinen nicht immer aus Nothwehr unternommenen Feldzügen in die schwierigsten Lagen bringt. Aus allen diesen durch den Bösen bereiteten Nöthen und Fährlichkeiten wird der jugendliche Held durch seine ihm innewohnende Tüchtigkeit und durch den Genius der Liebe gerettet. Trotz seiner Rettung aber dauert es noch lange, bis er das ersehnte Ziel erreicht, denn nicht nur werden nach einem vorläufigen freundlichen Empfang am Hofe der Geliebten zahlreiche Kampfspiele veranstaltet, welche, indem sie die Lust Vieler befriedigen, sehnsüchtige Begier des Einzelnen in den Hintergrund drängen, sondern der Vollzug der Ehe wird, nachdem der Verspruch gehalten und eine priesterliche Einsegnung vorgenommen worden, aufgeschoben bis nach der, wie nicht anders zu erwarten steht, siegreichen Heimkehr des Helden von einem Zuge gegen die Türken.

Diese Hoffnung auf einen Türkenkrieg spielt auch die Hauptrolle in dem „Weißkunig", der unvollendet bleiben mußte, da auch der Türkenkrieg nicht ausgeführt ward. In diesem Werke ist Maximilian vielfach durchaus selbständiger Schriftsteller, dessen Dictate nur von seinem Secretär zu ordnen waren. Das ist wenigstens der Fall in der Geschichte der Kriege Maximilians von 1478 bis 1513, also einer directen Fortsetzung der im Teuerdank geschilderten Thaten, in weit geringerem Maße dagegen in den beiden ersten Theilen, deren erster die Brautfahrt und Heirath Friedrichs III. und den glücklichen Moment der Eintracht zwischen Papst und Kaiser schildert und deren zweiter die Jugend- und Bildungsgeschichte Maximilians I. erzählt. Trotzdem die letzteren verhältnißmäßig wenig von Maximilian selbst herrühren, sind sie für uns interessanter als das dritte Buch, weil dieses, Dichtung und Wahrheit vermischend, derart undeutlich oder geradezu entstellend von historischen Vorgängen spricht, daß man sie selbst mit Zuhülfenahme von Commentaren nicht erkennt, jene beiden aber, wenn auch ohne Originalität, doch von bestimmt erkennbaren Ereignissen reden, die gerade für Maximilians geistiges Wesen von Bedeutung sind. Denn die gesammte Bildung und Erziehung des jungen Fürsten wird hier dargestellt. Man erfährt theils aus dem prosaischen, oft überaus

17

Holzschnitt von Hans Burgkmaier im Weißkunig: Maximilian Unterricht empfangend.

platten Text, theils aus den schönen von Hans Burgkmaier gefertigten Holzschnitten, die ein Vierteljahrtausend nach ihrer Erfindung und Ausführung ruhen mußten, ehe sie 1775 veröffentlicht wurden, wie Maximilian in den verschiedensten offenbaren und geheimen Wissenschaften und Künsten, — er lernt auch die Schwarzkunst — in vielen technischen Fertigkeiten und jedem einzelnen Gegenstande der Kriegskunst unterrichtet und ausgebildet wird, bis er auf allen diesen Gebieten zum Kenner und Wissenden sich entwickelt. Aber auch an speciellen Unterweisungen für seine künftige Regierungsthätigkeit fehlt

23

Holzschnitt von Hans Burgkmaier im Weißkunig: Maximilian die Schwarzkunst erlernend.

es nicht. Eine Probe der gewonnenen Kenntnisse legt er sodann in einer Unterredung mit seinem Vater, dem alten Weißkunig ab, dem er einen Abriß seiner geheimen Weisheit, seines Begriffes von Staats- und Regierungskunst gibt. Als die fünf Hauptstücke derselben bezeichnet er die Lehren von der Allmacht Gottes, von dem Einfluß der Planeten auf die Geschicke der Menschen, von der Vernunft des Menschen, von der zu großen Sanftmuth in der Regierung, von der allzu großen Strenge in der Gewalt; erwirbt durch die Darlegung dieser seiner kraft des Unterrichts gewonnenen Ueberzeugungen den vollkommenen Beifall seines Vaters und die Bewunderung seines Biographen.

Der etwas ruhmredige Zug, der in diesen Arbeiten unverkennbar ist, zeigt sich auch in den künstlerischen Aufträgen, welche der Kaiser dem Künstler Albrecht Dürer ertheilte und welche der genannte Meister und einzelne seiner hervorragenden Genossen ausführten. Die „Ehrenpforte" und der „Triumphzug" sind Beides Werke, die dem Anschauenden eine ähnliche Vorstellung von dem Glanz und der Machtfülle des Kaisers geben sollten, wie die historisch dichterischen dem Leser, Beides zugleich Werke, welche durchaus als eigenartige Erzeugnisse der Renaissancezeit gelten können. Denn über die Ehrenpforte belehrt Joh. Stabius, des Kaisers gelehrter Rathgeber, Geograph und Historiograph, daß „die Pforte der Ehren des Kaisers Maximilian in der Gestalt von ihm aufgerichtet sei, wie vor alten Zeiten die Arcus triumphales den römischen Kaisern in der Stadt Rom, deren etliche zerbrochen sind und etliche noch gesehen werden" und für den Triumphzug, die Darstellung einer Ehre, nach der die Renaissancefürsten Italiens so sehnsüchtig verlangten, wie sie denn auch die künstlerische Wiedergabe derselben liebten, gab Wilibald Pirckheimer gelehrte Anweisungen, dergestalt, daß in einem bei diesem Triumphzuge getragenen Lorbeer- und Ehrenkranz jedes Lorbeerblatt mit einer guten Eigenschaft beschrieben war, so daß der Kranz gleichsam ein alphabetisches Verzeichniß sämmtlicher Haupttugenden enthielt, das mit victoria und virtus, gewissermaßen der Krönung des ganzen Sieges- und Tugendgebäudes, schloß.

Schon bei diesen Arbeiten bediente sich Maximilian der Hülfe der Gelehrten; aber überhaupt wußte er, getreu seinem Ausspruche, „daß sie es seien, die da regieren und nicht unterthan sein sollten, und denen man die meiste Ehre schuldig wäre, weil Gott und die Natur sie Anderen vorgezogen," die Thätigkeit der Gelehrten zu benutzen und zu fördern. Seine Vorliebe war allerdings eine einseitige, für die lateinische Dichtung hatte er, so viele gekrönte Dichter er auch machte, keinen Sinn; sein Interesse war ein ernsteres, ausschließlich den Wissenschaften, vorzugsweise der Erforschung der Geographie und Geschichte, vornehmlich seines Hauses und seines Reiches, zugewendet. In seinem Auftrage wurden Reisen gemacht und Forschungen unternommen, genealogische Tafeln entworfen, Verzeichnisse von Münzen aufgestellt; die Idee einer großen Monumentensammlung für die deutsche Geschichte des Mittelalters, wie sie erst Jahrhunderte nach ihm ausgeführt wurde, lag ihm nicht fern. Es ist rührend, den Eifer zu betrachten, welchen der Kaiser bei diesen Studien entfaltet, und doch bleibt es charakteristisch für ihn, daß er bei denselben den Fürsten und den Habsburger nicht verleugnet. Den Habsburger nicht, so daß er seinen Abgesandten in der ihnen ertheilten Instruction sorgfältig einschärft, die Chroniken „aller swebischen Grafen geslecht und die vor Zeitten der Graven von Habspurg gesipt gewesen sein," abzuschreiben und ihnen besonders anempfiehlt, die Namen der „Graven von Habsburg" zu notiren, „die abgestorben sein und mit in das geslecht gehören, davon kunig Rudolff komen ist." Den Fürsten nicht, so daß er bei seinen Erkundigungen und den von Anderen angestellten Forschungen nur die Hochgeborenen, ihre Abstammungen und Verzweigungen im Auge hat. Wer wollte ihm aber einen Vorwurf machen aus seiner Auffassung der Geschichte, als einer Erzählung von Zwist und Frieden der Könige, da diese damals bei Hohen und Niedrigen allgemein war und lange Zeit noch die einzig geltende blieb.

Die deutschen Fürsten, die in politischer Beziehung so selbständig ihre Wege gingen, daß sie mehr als einmal den Bestand und Zusammenhang des Reiches in Gefahr brachten, und die höchstens in dem Widerstand gegen die kaiserliche Autorität einig waren, wußten von humanistischer Bildung nichts und lächelten, wenn sie sie überhaupt duldeten, über die Lobgedichte der Hofpoeten und die feurigen Deklamationen der Redner. Wohl gab es Einige, die Sinn für Bildung und Gelehrsamkeit besaßen, wie den Kurfürsten von Brandenburg, der Beziehungen zu Joh. Trithemius unterhielt, der seine neubegründete Universität nicht nur mit den Augen des liebenden Vaters, sondern mit der aufmerksamen Miene des Kenners betrachtete, oder den Kurfürsten Philipp von der Pfalz, der, von einem gewissen Selbständigkeitsgefühl durchdrungen, ohne gerade antipäpstlich zu sein, die Wissenschaft begünstigte, deren Pflege Befreiung des Geistes zur Folge haben mußte; aber die Meisten beachteten das Erwachen neuer Studien überhaupt nicht, oder befürchteten, wenn sie scharfsinniger waren, durch dieselben höchstens eine Schädigung der geistlichen Macht und des fürstlichen Ansehns. Und wie nun Fürstengunst und Literatentreue sich wechselseitig bedingt, so waren die Humanisten auch nicht übereifrig, die Fürsten zu preisen, die ihrer nicht achteten. Nur drei aus ihrer Schaar kann man hervorheben, die allgemeinern Lobes theilhaftig wurden, weil sie zu spenden verstanden: Eberhard von Württemberg, Friedrich der Weise von Sachsen, Albrecht von Mainz.

„Das ist ein Fürst, dem ich im ganzen römischen Reiche an Verstand und Kunst Keinen zu vergleichen weiß," mit diesen Worten soll Maximilian an Eberhards Sarge die Vortrefflichkeit des Verstorbenen gerühmt haben. Auch dem Lebenden hatte der Kaiser seine Anerkennung gewährt durch die Verleihung der Herzogswürde (Worms 1495). Eberhard im Bart (1445 bis 1498) aber verdiente das Lob seines Oberherrn und die Ruhmpreisungen, welche ihm von deutschen und selbst italienischen Humanisten zu Theil wurden: hatte ihm doch Marsilio Ficino eines seiner Bücher, das über die Sonne handelte (oben S. 117), geschickt mit einer Widmung voll feiner Schmeichelei „wie die Sonne unter den Sternen, so strahlst Du hervor unter den deutschen Fürsten." Den Italienern war er bekannt geworden durch seine Romreise 1482, auf der er auch in Florenz Halt gemacht und Lorenzo nebst den Seinen begrüßt hatte; den Deutschen war er bekannt und werth durch seine Staatsklugheit und seinen Bildungseifer. Jene bewies er dadurch, daß er seinem Lande mittelst Verträge Einheit und Untheilbarkeit verschaffte, demselben durch den schwäbischen Bund Sicherheit nach außen, durch eine vollkommene Landesordnung Ruhe und Gesetzmäßigkeit im Innern verlieh; diesen bekundete er durch die Stiftung der Universität Tübingen und durch seine den Gelehrten und Dichtern erwiesene Güte und Freigebigkeit. Freilich, ein Gelehrter war er nicht; „ich wurde verhindert," so berichtet sein Erzieher, „ihn zum Lateiner zu machen, denn seine Vormünder meinten, es sei genung, wenn er deutsch lesen und schreiben könnte." Er aber erachtete dieses geringe Maß des Wissens nicht für genügend und suchte, da er in seinem Alter die Unterlassungssünde der Jugend nicht wieder gut machen konnte, sich wenigstens durch Uebersetzungen über die bisher verschlossenen Gebiete zu unterrichten. Durch fleißige Benutzung derselben wurde er ein gründlicher Bibelkenner, vielseitig mit den Lehren der Alten vertraut, z. B. Columellas von der Landwirthschaft, des Petrus von Argellata von der Medicin, ihren Weisheitssprüchen z. B. des Buches der Beispiele der sieben alten Weisen, ihren geschichtlichen Berichten z. B. des Livius, Sallust, aber auch des Josephus, ihren Rednern sowohl dem Cicero als dem Demosthenes; nur die Dichter fehlen, schwerlich weil er einen Widerwillen gegen sie hegte, denn er war sonst, zumal in seiner Jugend, der Lust des Lebens durchaus nicht abgeneigt, sondern weil er für die Lösung derartig schwieriger Aufgaben keinen geeigneten Mann besaß. Daß er aber eine gute Unterhaltungslektüre, die auch seine Mutter Mechthildis „das Fräulein von Oesterreich" gern gesehen hatte, nicht verschmähte, des sind Zeug-

Das Grabdenkmal Eberhards im Barte; in der Stiftskirche zu Stuttgart.

nisse Heinrich Steinhövels, des Schwaben, Uebersetzungen der Fabeln des Aesop und der Novellen des Boccaccio, des Niklas von Wyle Translationen — einige derselben sind ausdrücklich an Eberhard gerichtet — unter denen sich neben ernsten politische und religiöse Zeitfragen streifenden Abhandlungen auch die Wiedergabe der ergreifenden und trefflich erzählten Liebesgeschichte Euryalus und Lukretia von Enea Silvio (vgl. oben S. 140 f.) befindet, vor Allem aber ein Werk, das, an Eberhards Hofe entstanden, für den Grafen selbst bestimmt erscheint, ihn aufs Eifrigste lobt, obwohl es nicht verschweigt, daß der Graf es ungern sehe, wenn man ihn lobe, nämlich die erst neuerdings zum ersten Mal gedruckte Sammlung von Augustin Tüngers Facetien. Der Sammler war, da er sein Büchlein zusammenstellte, 31 Jahre alt, ein humanistisch gebildeter Mann, der es aber nicht als seine Aufgabe erachtete, den Fürsten zu belehren, sondern ihn durch seine Schwänke, die zumeist in des Grafen Gebiet oder dessen unmittelbarer Umgebung geschehen waren, zu unterhalten und zu ergötzen. Er befolgt das Schema der meisten Geschichtenerzähler jener Zeit, er spricht von Bauern, Weibern und Pfaffen. Meist verspottet er die Thorheit der Bauern, rühmt aber bisweilen, vielleicht nicht ganz ohne demokratische Nebenabsicht, den Triumph ihrer Schlauheit, oder gefällt sich auch darin, den Sieg des Bösen, der mit Verstand die Schwächen des Gegners zu erspähen und zu benutzen versteht, über den tölpelhaften Guten darzustellen. Der Weiber Untreue und Putzsucht, Verlangen nach Liebesgenuß tadelt er und nur selten hat er, obwohl er eine strenge Scheidung zwischen guten und schlechten, treuen und treulosen Frauen zu machen vorgibt, unter allen seinen vom Sinnengenuß handelnden Geschichten eine, welche von wahrer Liebe, und auch dann nicht ohne schalkhafte Beimischung, erzählt. Von den Priestern und ihrer Unsittlichkeit berichtet er in sehr derben Geschichten, in denen die Geistlichen gefoppt werden, während sie Foppende und Uebelthäter sein wollen; aber auch ihren übrigen schlechten Eigenschaften läßt er Bestrafung angedeihen: ihrer Unwissenheit, die so groß sei, daß ein Küster, der selbst nicht lesen konnte, einem Geistlichen im Meßbuche die Stellen zeigen mußte, die er vorzutragen hatte; ihre pfäffische Ueberhebungslust, die sie veranlasse, ihren Beichtkindern strenge Strafen aufzuerlegen, während sie selbst straflos ihren Gelüsten nachgehen; ihre falsche Bescheidenheit, die nur bis zur Erlangung einer angesehenen Stellung vorhalte, nach Erwerbung von Amt und Würden sich aber in Hochmuth und Verachtung der früheren Freunde verkehre; ihre Pfründenhäufung, als deren einzige aber nothwendige Folge die schlechte Verwaltung der einzelnen Stellen erkennbar sei. Durch dieses Auftreten gegen die Geistlichen reiht sich Tünger der großen Schaar der humanistischen Moralisten an, ähnelt ihnen aber auch darin, daß er gleich ihnen die Unsitten jener Zeit zu bekämpfen bemüht ist, vor Proceßsucht warnt, Traumdeuterei und Aberglauben bespöttelt, den Patriotismus befördern will, nicht blos dadurch, daß er die treuen Deutschen den wortbrüchigen Italienern gegenüber stellt, sondern auch indem er den Deutschen den Gebrauch ihrer Sprache, die den fremden ebenbürtig sei, lebhaft anempfiehlt. Grade mit dem letztern Zusatz mochte er auch des Grafen Eberhard, der die Wissenschaften liebte, ohne der lateinischen Sprache kundig zu sein, Meinung verkünden.

Was Tübingen für das südwestliche, das sollte Wittenberg, die während der Blüthezeit des Humanismus entstandene Universität, für das mittlere Deutschland leisten; wie dort Eberhard, so vertrat hier Friedrich der Weise (1463 bis 1526), Kurfürst von Sachsen, auch er ein Vertrauter des Kaisers und mannigfach von ihm geehrt, in würdigster Art die Interessen seines Landes. Friedrich war ein weiser Fürst, wie er damals einer der mächtigsten war, ein Mann, der nach Maximilians Tode nicht geringe Aussicht hatte, Kaiser zu werden und bei der Wahl wirklich einige Stimmen erhielt, ohne daß er sich irgendwelche Mühe gab, dieselben zu erlangen. Er liebte den Frieden und sah es gern, daß man seinen Namen: „Friedreich, reich an Fried“ erklärte, vergrößerte daher sein Land nicht, aber wahrte treulich das Ererbte. Friedrich war klug im Rath, fand auch in schwierigen Angelegenheiten scharfsinnig das Richtige, so daß er einem naiven Bewunderer das Wort entlockte: „wenn Herzog Friedrich nicht als Fürst geboren wäre, so hätte er wenigstens Schultheiß im Dorfe sein müssen,“ er war langsam und bedächtig in der Ausführung, so daß er Schriftstücke vor ihrer Absendung zehn- bis zwanzigmal ändern ließ und auch die Reformation, trotzdem sie in seinem Lande ihren Ursprung hatte, nicht mit stürmischer Heftigkeit, sondern „säuberlich und mit Mußen“ aufnahm. Daher blieb er bis zu seinem Ende einigermaßen den Gebräuchen der alten Kirche treu, beichtete, und versäumte keinen Morgen, selbst nicht bei Jagden oder auf Reisen, die Messe. Aber er beobachtete nicht nur die Ceremonieen, sondern besaß wahrhaft frommen, milden, reinen Sinn, er fluchte niemals, bediente sich vielmehr fast zärtlicher Anreden für seine Umgebung: „meine liebe frumme Kinderlein“; selbst gegen seine Feinde, deren er freilich wenige hatte, brauchte er keine schlimmen Worte, sondern sagte höchstens: „Gott vergebe es ihnen.“ Er war gütig gegen die Menschen, schenkte lieber als daß er lieh, weil ihm die Erinnerung an seine Schuldner, zu denen übrigens auch Maximilian gehörte, peinlich war, verlangte auch von den Seinen ähnliches Handeln und Thun und verdammte eben in Folge seiner Milde die Hartherzigen, so daß er einen Edelmann mit den „nicht an ihm gewohnten beschwerlichen Worten“ charakterisirte: „Wahrlich, es ist ein böser Mensch, denn er ist armen Leuten ungütig.“

Friedrich war kein Gelehrter. Er hatte in seiner Jugend Latein gelernt, bewies seinem Lehrer bis zu seinem Tode eine rührende Zuneigung, wahrte auch in treuem Gedächtniß die erworbenen Kenntnisse, aber sprach nicht gern Latein und citirte höchstens die Sprüche, die er sich aus dem Cato und Terenz gemerkt, oder schmückte seine Rede mit lateinischen Brocken, die mehr die Neigung zu der Sprache, als die Kenntniß derselben verriethen. Den Umgang mit Gelehrten aber liebte er; „er hat gewißlich alle gelehrte und kunstreiche Leute, beide in Schriften und Handwerken in allen Gnaden lieb und werth gehalten, ihnen auch Gnad, Wohlthat und Vortheil in manchfältige Wege erzeigt, in Räthe auch

Friedrich der Weise von Sachsen.

Kupferstich von Albrecht Dürer.

etliche und zu Tisch und zu grossen Händeln und Sachen gnädiglich gebraucht und gnädiglich wol ehrlich gehalten." So sagt sein vertrauter Historiograph und zählt, um sein Urtheil zu begründen, eine stattliche Menge der also Begünstigten auf. Doch würde die Mittheilung dieser Liste nur eine überflüssige Namenhäufung sein; statt viele wenig Bedeutende oder in anderen Gebieten als denen des Humanismus tüchtig wirkende Männer zu nennen, mag es genügen, einen Bedeutenden, den der Aufzähler übergeht, zu charakterisiren, nämlich den Historiographen selbst, Georg Spalatin.

Georg Spalatin (eigentlich Burkhard aus Spalt, daher Spalatin, 1484—1545) ist Politiker und Historiker, Theologe und Humanist. Für zwei Fürsten, Friedrich den Weisen und Johann den Beständigen, führte er die Geschäfte und beschrieb mit bemerkenswerthem Talent, einer achtbaren Kunst der Charakteristik, unterstützt durch ein gutes Gedächtniß, durch eine kostbare Fülle werthvoller Materialien und durch die Lust Wahrheit zu berichten, Leben und Zeitgeschichte der Genannten. Schon in diesen geschichtlichen Werken ist er trotz des manchmal trocken referirenden Tones, der etwas gezwungenen annalistischen Erzählungsweise, die ihn verhindert, den Ursachen der Ereignisse nachzugehen und die Verknüpfung und weiteren Folgen der Thatsachen darzulegen, eifriger Lutheraner, so daß er, z. B. bei Erwähnung zweier gleichzeitigen Ereignisse, der Verbrennung eines lutherischen Märtyrers in Wien (1524) und eines wenige Tage nachher eingetretenen Brandes, der 800 steinerne Häuser vernichtet, einen innern Zusammenhang beider Fakta statuiren möchte und die Worte braucht: „als wollte Gott sagen: Wollt ihr mir meine Leut verbrennen, unverschuldet und ohne Ursach, so kann ich euch auch ein Feuer anrichten und nieder brennen." Am anmuthigsten erscheint er aber als Humanist, als Forscher und Gelehrter, in seinem ausgedehnten Briefwechsel, durch welchen er literarische Verbindungen mit den Genossen in ganz Deutschland unterhielt, in seinem Eifer für die griechische Sprache, der besonders rührend in der ersten Zeit erscheint, da es noch mit großen Schwierigkeiten verknüpft war, griechische Bücher über die Alpen her zu erlangen, in seinem Verkehr mit Mutian, dem geistreichen Verkünder großer humanistischer Ideen, der des Lebens Noth und kleinliches Elend im Umgang mit diesem harmlosen und eifervollen Jünglinge vergißt. Jener Jugendgesinnung bleibt Spalatin treu, mit der Pietät für den Meister bewahrt er auch trotz Politik und Religion die Vorliebe für die alten Studien, die der Lehrer in ihm erweckt hatte.

Der dritte der deutschen Fürsten, Albrecht, Kurfürst, Cardinal und Erzbischof von Mainz, hat während eines langen Lebens (1480—1545) eine vielseitige, nicht immer rühmliche und erfolgreiche Thätigkeit entfaltet. Er ist kein Patriot, der bei Allem, was er thut, die Interessen des Vaterlandes zuerst vor Augen hat, kein Mann religiösen Denkens, der ausschließlich oder hauptsächlich sein Gewissen zur Richtschnur nimmt: er weiß geschickt zu laviren und seine gefährdete Stellung immer wieder zu behaupten, so daß er die Widmung einer gegen die weltliche Gewalt des Papstthums gerichteten Schrift annahm und sich sehr ungnädig gegen die bezeigte, welche sich in dem hauptsächlichen humanistischen Kampfe als Vertheidiger der angegriffenen Religion ausgaben, daß er das durch derartiges Handeln verlorene kirchliche Ansehn aber bald wieder einbrachte durch strenge Verfolgung der religiösen Gegner, die er bereitwillige Ketzer nannte, und durch demüthige Unterordnung unter die päpstlichen Befehle. Mag er indessen politischer und kirchlicher Festigkeit entbehren, so zeigt er während seines ganzen Lebens beständig einen offenen Sinn für die literarischen und künstlerischen Interessen seiner Zeit und ist vielleicht der einzige deutsche Fürst, der eine Art von Literatenhof um sich versammelt. In einer Widmung, die Reuchlin (1518) an Albrecht übersandte, und in welcher er den Fürsten wegen seines reichen Geistes, seiner Gelehrsamkeit, seiner Sittenreinheit und seiner thatkräftigen Unterstützung der Bedürftigen rühmt, unterbricht er seine Lobpreisung, theils weil er fürchtet, sie könne wie Schmeichelei klingen, theils weil er meint: „Wozu soll ich Deine Tugenden aufzählen? Sprechen doch laut genug für Dich die Männer, die Dich umgeben, Ulrich von Hutten, Heinrich Stromer, Lorenz Truchseß.“ Der Letztgenannte, Dekan der Mainzer Kirche, war ein edeldenkender, wissenschaftlich gesinnter, daher der neuen Richtung ergebener Theologe; Stromer ein vielseitig gebildeter Arzt, der außer den medicinischen Schriftstellern seine Classiker genau kannte und den humanistischen Standpunkt gegen dessen Gegner mit aller ihnen oft recht unerwünschten Energie vertrat; Hutten ist später ausführlicher zu schildern, denn seine Thätigkeit als Mainzischer Hofbeamter, als welcher er auch einmal eine Gesandtschaftsreise nach Frankreich unternahm, ist nur eine vorübergehende. Wohl aber ist bei Erwähnung Huttens eines Mannes zu gedenken, der ihn in Mainzer Dienste brachte, und zweier Schriften, die er über den Mainzer Hof schrieb. Der Mann ist Eitelwolf von Stein (c. 1450 bis 1515), der zu früh starb, um von Reuchlin unter den Zierden des erzbischöflichen Hofes mitgenannt zu werden, der aber, hätte er noch gelebt, gewiß genannt worden wäre, war er doch auch Reuchlins Freund und pflegte dessen Gegner mit dem derben Ausdruck: Kapnionsläuse zu bezeichnen. Er war einer der ersten Ritter, welche ernstliche Studien trieben, er hatte in Italien seine Ausbildung erlangt und fühlte sich, trotzdem er Ritter blieb und hoher Beamter wurde, so sehr als Mitglied des Gelehrtenkreises, daß er einem Ritter, der ihm von „Leuten unseres Standes“ sprach, die Frage entgegenwarf: „welchen Standes? Des Ritter- oder gelehrten Standes? denn wir gehören beiden an“. Er schrieb nichts, weil er in Folge seiner vielen amtlichen Geschäfte — war er doch, um moderne Ausdrücke zu gebrauchen, brandenburgischer Reichstagsabgeordneter und erster Minister — keine Muße zum Schriftstellern hatte, unterstützte aber mit großem Eifer jedes geistige Streben, suchte die Frankfurter Universität, an deren Gründung er mitgeholfen hatte, zu einer Stätte des Humanismus zu gestalten und wünschte die Mainzer, die, wie er bald nach dem Antritt seiner Wirksamkeit bemerkte, eine wesentlich theologische Lehranstalt war, zu einer Musteruniversität umzubilden

Albrecht von Mainz.

Kupferstich aus dem Jahre 1519 von Albrecht Dürer.

und durch das Heranziehen bedeutender junger Männer eine ausgewählte Academie der Wissenschaften um sich zu vereinigen.

Unter diesen Jünglingen rechnete er vornehmlich auf Hutten, ihn bestimmte er daher zu dem Werke, das der unmittelbare Anlaß zu Huttens Berufung nach Mainz war, zu dem Panegyrikus auf Albrecht. In diesem Gedichte nimmt Hutten den Mund sehr voll: er läßt die Größe des Besungenen schon durch frühere Geschlechter verkünden, er ruft den Rhein und sämmtliche Flußgötter herbei, um den neugewählten, am Rheinstrom thronenden Herrscher zu begrüßen, er vergleicht ihn dem Hercules, der am Scheidewege die Tugend erwählt habe, und preist ihn, mit ausdrücklichem Hinweis auf die minder vortrefflichen Berufsgenossen des Fürsten als Muster der Mäßigung und Sittsamkeit, der Wohlthätigkeit und Liebe zu Kunst und Wissenschaft. Daß Hutten aber, wie er auch sonst gewohnt war, seinem Gönner gegenüber frei zu reden wußte, das bewies er nicht nur durch seine an Albrecht gerichtete stark antipäpstliche Vorrede zu Vallas Schrift über die constantinische Schenkung, sondern auch durch seinen Dialog vom Hofleben, oder wie er mit einem die Gesinnung des Autors besser kennzeichnenden Titel heißt: Misaulus, der Feind der Fürstenhöfe. In diesem Dialoge nämlich (einer Unterredung zwischen Misaulus und Castus) — übrigens einer Nachahmung älterer Schriften — gilt der Hof nicht nur als Sitz der Unfreiheit, als welcher er jedem Feinde der Dienstbarkeit erscheinen mußte, sondern auch als Brutstätte von Krankheiten und Lastern. Nun wird zwar in ihm vom Hofleben im Allgemeinen gesprochen und einzelne Aeußerungen, z. B. der Hinweis auf Frau und Tochter des Fürsten, vor denen als vor gefährlichen Klippen im Meere des Hoflebens man sich besonders zu hüten habe, schließen die Ansicht aus, daß Hutten nur von Mainz habe reden wollen, gleichwohl muß es der Mainzer Hof sein, übrigens der einzige, den der Schriftsteller genauer kannte, welcher Anlaß und Stoff zu den heftigen Anklagen gab. „Die meisten deutschen Fürsten", lehrt Hutten, wie D. F. Strauß angibt — „sind jetzt arm, in Folge ihrer Verschwendung, ihres Prassens und Großthuns, der Hofmann hat seine liebe Noth, seinen kargen Sold von ihnen herauszupressen und muß oft im Dienste, statt zu gewinnen, sein Eigenes zusetzen. Auch in der Wahl und Schätzung ihrer Dienstboten zeigen sich die Fürsten höchst unverständig. Sie wollen athletische Gestalten in ihrem Gefolge haben, gleichviel, wie's in ihrem Hirnkasten aussieht; dagegen werden kleinere, unscheinbare Leute, wenn sie auch die klügsten und geschicktesten sind, hintangesetzt."

Wäre Hutten damals gefragt worden, wo er, der an Fürstenhöfen so ungern Weilende, denn hinstrebe, so würde er die Antwort ertheilt haben: als freier Ritter auf seine Burg; später, als er die ritterliche Einseitigkeit abgelegt und einen weiterschauenden Blick erlangt hatte, würde er auf eine Stadt hingewiesen haben. Denn zuletzt erkannte auch er, daß die Städte, wie er sich ausdrückte, mithelfen müßten „deutscher Nation Vermeiden Schaden, Spott und Hohn" oder daß sie, wie wir sagen möchten, die wahren Hauptstätten geistiger Cultur seien.

Drittes Kapitel.

Die deutschen Städte.

Die politische und geistige Entwicklung der Städte und des Bürgerthums ist eines der merkwürdigsten Momente in der Uebergangsperiode vom Mittelalter zur Neuzeit. Die festen Mauern trotzten den Angriffen der Ritter; die zum Gefühle der Sicherheit gelangten Einwohner verwendeten ihre Ruhe nicht nur zur Ausdehnung ihres Handels, sondern zur Entwicklung ihres Verfassungslebens, zur Einführung neuen Rechtes und neuer Bildung.

Wer eine Geschichte der deutschen Städte im 15. und 16. Jahrhundert schreiben wollte, der hätte eine stattliche Liste solcher aufzuführen, die durch ihr Gedeihen eine Bürgschaft für die Kraft und Gesundheit deutschen Lebens boten, unter ihnen würde Frankfurt, das schon damals den Ausländern imponirte, besonders ehrenvoll zu nennen sein und manche andere Stadt, die als Sitz einer Schule oder Universität noch später zu betrachten ist; wer aber die Hauptstätten humanistischen Treibens aufzählen will, der kann sich mit der Nennung von Straßburg, Augsburg, Nürnberg begnügen.

In einer aus dem letzten Viertel des Jahrhunderts stammenden Comödie werden die vom Tode erstandenen römischen Schriftsteller Cicero und Caesar auf einer Reise durch Deutschland vorgeführt und in ihren Wechselreden über das Wunderbare belauscht, das ihnen in diesem ehemaligen Barbarenlande begegnet. Da erscheint ihnen Straßburg als „die schönste von den deutschen Städten, ein Hort und eine Zier des Vaterlands;" von Augsburg meinen sie, „Rom mit seinen alten Quiriten sei dorthin ausgewandert" und Nürnberg sei „Deutschlands Korinth, Betrachtet man der Künstler Wunderwerke, Doch siehst du auf die Mauern und Bastein, Wird es kein Mummius so leicht erobern."

Straßburg verdient unter diesen Städten den Vorrang. Dort, in der Nähe und unter beständigen Drohungen Frankreichs entwickelte sich ein eigenartiges deutsches Geistesleben, am frühesten hatte hier der humanistische Gedanke Wurzel gefaßt. Der Träger dieser neuen Richtung ist Jakob Wimpheling. Er und seine Genossen unterscheiden sich in mancher Beziehung von den gleichzeitigen Männern ähnlichen Strebens im übrigen Deutschland. Er ist ein halber Reuchlinist (medius Reuchlinista), sagen die Dunkelmännerbriefe von ihm. Das will zunächst nur sagen, er ist mit halbem Herzen auf Seite Reuchlins in dessen berühmtem Kampfe mit den Kölnern, aber es bedeutet des Weitern: er ist nur halb eingeweiht in humanistisches Wesen und humanistische Ideen. Denn er spricht ein wenig geläutertes Latein in Folge seiner unterschiedslosen Berücksichtigung der augusteischen und der spätern unclassischen christlichen Zeit, er versteht kein Griechisch, und er kann sich bei seiner Beschäftigung mit dem Alterthum nie von dem Gedanken befreien, eine heidnische Zeit zu betrachten und daher niemals theologischer, christlicher Bedenken erwehren. Selbst unduldsam und durchaus nicht geneigt, dem Gegner zu weichen, war er aufs Höchste erbittert, sobald er gegen seine Behauptung Widerspruch spürte; dann wurde seine humanistische Streitlust durch theologische Hartnäckigkeit gestützt und gestärkt. Denn er ist wesentlich Theologe und zwar Weltgeistlicher, der die Mönche wegen ihrer Unsittlichkeit und wegen ihrer Verachtung der Wissenschaften angreift. Wegen solcher Angriffe hatte er selbst einmal einen Kampf zu bestehn. In seiner Schrift von der Sittenreinheit (de integritate) nämlich hatte er, in dem Bestreben, Mancherlei gegen die Mönche zu sagen, auch die Behauptung gewagt, die jetzt sehr natürlich erscheint, damals aber großes Aufsehn machen mußte, Augustinus sei kein Mönch gewesen und eine Schrift, aus der die Augustiner die Zugehörigkeit des Kirchenvaters zum Mönchsstande beweisen wollten, gehöre ihm gar nicht an. In derselben Schrift hatte er ferner, um seine Meinung von dem Vorrange der Weltgeistlichkeit zu beweisen, eine Liste aller der Nichtordensgeistlichen, unter denen Moses und Christus voran paradirten, aufgestellt, welche Ausgezeichnetes geleistet hätten. Durch diese Aufzählung fühlten sich die Gegner natürlich weit mehr betroffen als durch jene Behauptung, gleichwohl griffen sie die letztere an, da sie der erstern nicht wohl etwas anhaben konnten, denn die Nachricht von einer Predigt Murners, des Inhalts, daß Christus selber ein Mönch gewesen sei, ist schwerlich ernst zu nehmen. Und so erhob sich ein langer heftiger Streit, in welchem mit großen Worten für und wider die Bedeutung der Klostergeistlichkeit gekämpft wurde, ein Kampf, der von den erbitterten Mönchen bis vor den Papst gebracht und durch dessen Machtwort wohl beigelegt, nicht aber entschieden wurde. Man hat dieses literarische Gefecht gern ein Vorspiel des Reuchlinschen Streites genannt, aber man sieht auch hier wiederum, Wimpheling war nur ein medius Reuchlinista, denn er bekämpft höchstens die Kuttenträger und die von ihnen erhobenen übermäßigen Ansprüche, nicht aber die Geistlichen oder geistliches Wesen überhaupt.

Freilich, er kann sie nicht bekämpfen, weil er selbst zu ihnen gehört, sowohl seinem Stande als seinen Anschauungen nach. Zur deutlichsten Darlegung derselben fühlte er sich in einer literarischen Streitigkeit veranlaßt, der er, wäre er minder eitel und streitsüchtig gewesen, recht gut hätte fern bleiben können. Jakob Locher nämlich (1471—1528), der schon durch seinen Beinamen Philomusus seine Liebe zu den classischen Studien bekundete, und durch manche treffliche Arbeiten, z. B. eine Horazausgabe, die erste, die in Deutschland erschien, seine Berechtigung darthat, einen solchen Namen zu führen, stand seinem Collegen, dem Ingolstädter Professor Georg Zingel feindlich gegenüber. Während Letzterer die Theologie als die einzige wahrhafte Wissenschaft bezeichnete und jede andere, namentlich auch die humanistische, die Poesie, als unnütz, sogar als schädlich verurtheilte, soweit sie sich nicht jener Mutterwissenschaft unterordneten, erklärte Locher die von Zingel gepflegte Theologie als scholastischen Unsinn und behauptete, daß die wahre Theologie, nämlich die der Bibel und der Kirchenväter, welche auch von ihm geehrt würde, die Poesie nicht als unterworfene Magd, sondern als ebenbürtige Genossin betrachten müsse, daß beide zusammen erst ein harmonisches Ganze, die echte Wissenschaft, bildeten. Diesem Gegensatze, welcher durch die verschiedene Lebensanschauung, die heitere, leichtlebige und leichtsinnige des Humanisten und die ernstere und strengere des Theologen, verschärft wurde, gab Locher in zwei Schmähschriften 1503 und 1505 heftigen Ausdruck, nach Manier der Polemiker Person und Sache des Gegners ungebührlich vermengend und wohl auch Seitenhiebe austheilend, die andere als den Hauptgegner treffen konnten. Vornehmlich fühlte sich Wimpheling durch den gegen einen Gesinnungsgenossen und persönlichen Freund gerichteten Angriff getroffen, ermunterte daher den Angegriffenen zur Vertheidigung und unterstützte ihn in einer bei der Universität eingereichten Beschwerde. Theils als Abwehr gegen diese unerbetene und unwillkommene Einmischung, theils als weitere Fortsetzung seines Kampfes gegen die veraltete Anschauung ließ Locher seine Comparatio Mulae et Musae erscheinen, in der er in schärfster Weise die scholastische „Mauleseltheologie" mit ihren spitzfindigen Untersuchungen geißelt, die Poesie dagegen, das göttliche Geschenk der Musen, die durch so viele hochbegnadete Dichter gepflegte Kunst, vertheidigt und nachweist, daß sie, mit echter Gotteserkenntniß wohl vereinbar, von den großen Kirchenlehrern früherer Zeiten stets gepflegt worden sei. Diese Schrift machte bei den Gesinnungsgenossen weniger Aufsehen als sie verdiente und wurde bald vergessen; auch Lochers Name wurde von den Späteren wenig genannt. Eine solche Vernachlässigung, theilweise eine Folge der Isolirung, in der Locher zuletzt lebte, erklärt sich indessen leicht aus dem Umstande, daß er, der Demagoge von gestern, Altliberaler von heute, Conservativer von morgen wurde, den Ansichten der jüngern Humanistenperiode ebenso feindlich wie den Anschauungen der älteren Theologen. Für den Historiker jedoch bleibt seine Gesinnung, die einerseits die ästhetische genannt werden kann, weil sie durch die Freude an der schönen Form bestimmt wird, andererseits die vermittelndhistorische, weil sie, die Anforderungen der Gegenwart in verständiger Weise würdigend, mit der Vergangenheit nicht brechen, sondern aus ihr das Gute schöpfend, eine allmähliche Ueberleitung zu neuen Bildungen versuchen will, der höchsten Beachtung werth.

Damals fand Lochers Schrift wenig Freunde und viele Gegner. Selbst Murner, der sonst mit Wimpheling nicht eben gut stand, reihte sich in die Schaar der Letzteren ein, die Wimphelingianer strömten in hellen Haufen herbei, um ihren Meister zu beschirmen und Wimpheling selber ergriff das Wort zu zürnender Gegenrede, die er „Vertheidigung" der Theologie gegen Lochers schändliches Buch (Contra turpem libellum Philomusi defensio theologiae) betitelte. In der Schrift sucht er die Person und die Sache des Gegners zu verunglimpfen. Die Person dadurch, daß er den Gegner der Dichterkrönung für unwürdig erklärt, daß er in den früheren und jetzigen Schriften des Feindes unlösliche Widersprüche aufzudecken sucht, daß er endlich den Inquisitor gegen ihn hetzen möchte und ihn mit dem Exil, mindestens mit dem Pranger bedroht. Die Sache dadurch, daß er, seine schon früher vorgetragene Nützlichkeitstheorie verschärfend, die Dichtkunst als unnütz, ja geradezu als schädlich erklärt, denn sie sei weder zur Entscheidung eines Processes noch zur Heilung einer Krankheit brauchbar, der Poesie den Namen einer Wissenschaft abspricht, — denn sie als Kunst zu bezeichnen, wäre dem biedern Wimpheling eher als eine Beschimpfung denn als ein Ehrentitel erschienen — endlich mit großem Triumphgefühl, aber mit mindestens ebenso großer historischer Unkenntniß auf die Thatsache hinweist, daß die Dichter meist eines schmählichen Todes gestorben seien. Nur eine Classe Dichter nimmt er von der Verdammniß aus, nämlich die christlichen, richtiger gesprochen die Theologen, welche sich für ihre frommen Auseinandersetzungen der gebundenen statt ungebundenen Rede bedienten. Soweit kam ein deutscher Humanist, theils allerdings durch den über das Ziel hinaus schießenden polemischen Eifer getrieben, theils mit Behagen seine beschränkte Ansicht weiter spinnend, in der Verachtung der Schätze, welche den Humanisten aller Länder wahre Lebensfreude und echter Lebensgehalt waren.

Wäre dieser Gedanke gelegentliche Aeußerung eines Einzelnen, so verdiente er kaum mehr als flüchtige Erwähnung; er bedarf aber nachdrücklicher Hervorhebung, da er das Programm einer ganzen Partei ist. An Wimphelings Gedanken sich anlehnend schrieb nämlich Zasius eine Abhandlung, daß die profanen Dichter von Geistlichen nicht gelesen werden dürften: und geradezu gegen Locher'sche Ausführungen richtete Conrad Wimpina seine „Apologie der Theologie, gegen Diejenigen, welche die Poesie für ihr Haupt, ihre Quelle und ihren Schutz betrachten", in welcher er die Nutzlosigkeit, ja sogar die Schädlichkeit der Lectüre der Dichter nachzuweisen sucht, erstere u. A. mit der drastischen Wendung, man nehme doch alle Dichter des römischen und griechischen Alterthums und versuche mit ihrer Hilfe die wichtige theologische Frage sacramentalia a sacramentis distincta zu lösen.

Aehnlich beschränkt ist Wimpheling in seiner patriotischen Polemik. Er ist ausschließlich Deutscher, darum empfindet er nur Verachtung gegen die Schweizer und ihre Freiheitskämpfe, und hat keinen Sinn für die Wirksamkeit anderer Völker, sondern möchte in seiner „deutschen Geschichte" alles Treffliche den Deutschen zuschreiben. Die Einseitigkeit seines Patriotismus zeigt sich aber am deutlichsten in seinem Haß gegen die Franzosen. Diesen drückt er theils in Briefen aus, theils in schlechten deutschen Versen, die an Robert Gaguin gerichtet waren, der die Wegführung der Anna von Bretagne, der Braut Maximilians, durch König Karl VIII. von Frankreich gebilligt hatte, theils in einer deutsch und lateinisch abgefaßten Schrift: Germania (Deutschland), die durch Thomas Murner eine Entgegnung fand.

Der zuletzt erwähnte Schriftenwechsel ist nicht blos für die beiden Nächstbetheiligten, sondern für den elsässischen Gelehrtenkreis, ja für die Gesammtgeschichte des deutschen Humanismus so charakteristisch, daß er eingehend dargestellt werden muß.

Wimphelings Schrift Germania, die in lateinischer Sprache 1501 im Druck erschien, während die deutsche Fassung nur den Mitgliedern des Straßburger Raths übergeben wurde, zerfällt in zwei Theile, die strenggenommen gar nicht zusammengehören. In dem einen, eben dem für die Bürgerschaft bestimmten, handelt der Autor von der Stadtverfassung, in dem andern versucht er den Nachweis, daß der Elsaß niemals zu Frankreich gehört habe. Dieser Nachweis soll auf dreifache Weise geführt werden: durch wahrscheinliche Vermuthungen, durch treffliche Zeugnisse, durch bewährte Schriftsteller. An die Spitze seiner Darlegung stellt er den Satz: „Niemals ist ein römischer König aus gallischem Stamme hervorgegangen, vielmehr stammten die Könige, wenn nicht aus Italien, so doch aus anderen Provinzen des römischen Reichs, aus Thracien, Arabien, Pannonien, Illyrien bis auf Karl den Großen, der ein Deutscher war und das römische Reich als Erbe den Deutschen übergeben hat, welche es in ununterbrochener Reihenfolge beherrschten. Caesars Meinung, der Rhein sei Galliens Grenze, ist eine irrige; denn zwischen dem eigentlichen Gallien und dem Rhein liegt das ganze austrasische Land und die Vogesen, welche eine vortreffliche Scheidewand bilden."

Dieser Hauptsatz wird zunächst durch einige Vermuthungen unterstützt: durch die Erinnerung an Pipin, den Austrasier, die so sehr in das deutsche Volksbewußtsein eingedrungen, ja sogar in sprüchwörtliche Redensarten über gegangen sei; durch das Deutschthum Karls des Großen, der seine Kinder, ferner die Monate mit deutschen Namen benannt, in Deutschland seinen Lieblingsaufenthalt gehabt und dort am liebsten Klöster und Städte gegründet habe; durch den Heldenmuth der alten Deutschen, welche, da sie nicht einmal von den Beherrschern des Erdkreises, von Caesar und Augustus, unterworfen werden konnten, das Joch französischer Herren, die doch jenen nicht gleichkämen, niemals über sich geduldet haben würden.

Doch die Vermuthungen reichen zur Abwehr aller Bedenken nicht aus; daher werden Zeugnisse und Beweise, geschöpft aus Urkunden und Schriftstellern, beigebracht: das Zeugniß des Tacitus, der Köln, Speier, Worms, Straßburg unter den Städten Deutschlands nenne, die von Ammianus Marcellinus und vom Corpus juris, welche Jenem folgten, die von Enea Silvio und M. A. Sabellico gebrauchte Bezeichnung: „Deutscher" für Karl den Großen, der vom Papst Innocenz III. in einer Urkunde gewählte Ausdruck, daß das römische Reich von den Griechen auf die Deutschen übergegangen sei und endlich Petrarcas Angabe: das ganze Rheinthal bilde einen herrlichen Theil Deutschlands.

Nachdem Wimpheling sodann Frankreichs und Straßburgs Uebereinstimmung im Wappen (nämlich der Lilie) als einen Zufall dargestellt und das

Schließen weiterer Folgerungen aus einem solchen immerhin seltsamen Zusammentreffen als unzulässig erklärt hatte, schließt er mit patriotischem Stolze: „Wir sind Deutsche und nicht Franzosen und unser Land muß, weil Deutsche in ihm wohnen, Deutschland, nicht Frankreich genannt werden. Diese Thatsache haben die Römer schon anerkannt. Denn als sie uns, die Alemannen am Rhein, unterworfen hatten, über den Rhein zogen und nun sahen, daß die Bewohner des jenseitigen Ufers uns glichen an kühnem Muth, Körpergröße und blondem Haar, auch an Sitten und Lebensweise, da nannten sie uns Germanen, d. h. Brüder. Daß aber wir, diese Germanen, den wirklichen Galliern weder an Haarfarbe, Sprache, Gesicht, noch an Charakter und Sitte gleichen, steht fest. Daher bewahrt mit Recht unsere Stadt und das ganze Elsaß die Freiheit des römischen Reichs und wird sie, trotz französischer Ueberredungs- und Eroberungsversuche auch in Zukunft behaupten."

Wimpheling wurde von den Seinen wegen dieser Schrift sehr gepriesen, am meisten in den Lobversen eines begeisterten Dichterjünglings, in denen er Camillus genannt wurde, weil er den Elsaß neu gegründet, Lykurg, weil er Gesetzesvorschriften für seine Stadt empfohlen, Numa, weil er die bestehenden Verhältnisse gleichsam durch göttlichen Ausspruch geweiht habe. Um so peinlicher daher wurde er, der durch Lob Verwöhnte, von dem Spott und Tadel Murners berührt, der nun sein „Neudeutschland" des Vorgängers „Deutschland" entgegenstellte. Er setzt in dieser Schrift Behauptung gegen Behauptung; er sagt, daß allerdings einzelne römische Könige aus gallischem Stamme gewesen seien, und Karl der Große ein Gallier, wenn er auch später als Deutschen sich zu geben liebte, daß der Rhein Deutschlands Grenze, nicht Deutschlands Strom sei, und daß Austrasien, wie die Herrschaft Chlodowechs u. A. beweise, zu Gallien gehört habe; er weist ferner Wimphelings Vermuthungen zurück und verwirft seine Zeugnisse. Aus einem Sprüchwort hatte Wimpheling Pipins Deutschthum geschlossen. Darauf Murner: da müßte ja auch Salomo ein Deutscher sein, denn man sage oft: „Selbst wenn ich die Weisheit Salomos hätte, könnte ich dies nicht erreichen." Karl der Große soll deutschen Ursprungs gewesen sein, weil er deutsch gesprochen, dann müsse Maximilian Franzose von Geburt sein, denn er rede trefflich französisch; die Unabhängigkeit der Deutschen habe nur so lange gedauert, wie ihr Heidenthum; sobald sie das Joch des Christenthums auf sich genommen, hätten sie sich zum Tragen jeden Joches bereit gezeigt.

Mit Wimphelings Beweisen macht Murner sich's leicht: Jener hatte sieben Autoren ins Treffen geführt, darauf bemerkt Dieser: „Wer von sieben spricht, lügt gern;" Jener hatte auf die Benennung: „Germanen" bei Tacitus großes Gewicht gelegt, darauf Dieser: ja, Germanen, d. h. Brüder der Römer in Tapferkeit, Muth und edler Gesinnung. Mußte sich dann Wimpheling winden, um aus der Gemeinsamkeit des Lilienzeichens für Frankreich und Straßburg nicht etwa die Ansicht von gleicher Abstammung oder staatlicher Zusammengehörigkeit entstehen zu lassen, so verweilt Murner mit Behagen bei Darlegung dieser Uebereinstimmung, zerstreut aber die durch solche Darlegung entstehenden Befürchtungen mit den Worten: „Knechte der Gallier waren wir nie und sind wir nicht, denn mit Freiheit sind wir von Karl dem Großen begabt worden."

Wozu nun, wird man auf Grund dieser freiheitlichen und durchaus deutschen Aeußerung fragen, überhaupt der Gegenbeweis gegen Wimphelings historische Ausführungen? Auch darauf gibt Murner die Antwort: „Damit wir nicht wegen unserer geschichtlichen Unkenntniß zum Gelächter bei aller Welt werden, damit wir nicht die heilige Pflicht der Dankbarkeit gegen die Franzosen verletzen, denen wir das Christenthum und viele wohlthätigen Einrichtungen verdanken, damit wir nicht, durch Verachtung der Franzosen veranlaßt in schläfrige Sicherheit uns wiegend, um so leichter in ihre Netze stürzen."

Murners Schrift wurde natürlich von allen gesinnungstüchtigen Humanisten verlästert. Sie verdient jedoch solche Verspottung nicht trotz ihrer Oberflächlichkeit und ihrer leichten Behandlung ernster Dinge, sondern ist beachtenswerth als ein nicht unwitziger Versuch, das Gegengewicht gegen übermäßig patriotische Phantastereien zu bieten. Indessen, selbst wenn Murners Schrift dem Gedankenkreise jener wackeren Elsässer näher gestanden hätte, so hätte sie schwerlich lauten Beifall gefunden. Denn solchen spendete die Humanistenschaar, die, wenn sie auch keine aufgeschriebene Innungsordnung hatte, eine echte und rechte Zunft war, nur den Genossen ihres Kreises. Ein Humanist aber war Murner nicht; seine eben behandelte lateinische Schrift blieb fast seine einzige in dieser Sprache. Er war kein Gelehrter, obwohl er gelegentlich Gelehrsamkeit affectirte; charakteristisch für ihn ist gerade das Bestreben, gelehrtes Wissen zu popularisiren. In dieser Thätigkeit, mochte sie von den Humanisten auch noch so scheel angesehen werden, liegt Murners Hauptverdienst; sein zweites in der Abfassung einer stattlichen Anzahl deutscher poetischer Schriften, Satiren gegen die verderbten Sitten der Geistlichkeit, gegen die übeln moralischen Zustände der Zeit, Schriften, in denen er zwar unselbständig ist, wie in allen seinen Arbeiten, und zwar Nachahmer Sebastian Brants, aber geistreicher und witziger erscheint als dieser.

Sebastian Brant (1457—1521), ein geborener Straßburger, Professor in Basel, seit 1500 Stadtschreiber in seiner Vaterstadt, ist ein Humanist, vollkommen nach dem Herzen Wimphelings. Er hat ähnlich beschränkte patriotische Ansichten wie Jener, theilt in gewissem Grade seine Anschauungen über die alten Dichter, obwohl er in seiner Jugend einmal eine Terenzausgabe veranstaltet hat, bekämpft dieselben Feinde, z. B. Locher, und zwar den Letztern in heftigen fast schmutzigen Versen, obwohl er dem Geschmähten, dem Uebersetzer seines „Narrenschiffs", einen guten Theil seines Ruhmes verdankt. In mancher Beziehung aber weicht er von ihm ab. Er bedient sich weit mehr als Jener der gebundenen Rede, macht Verse über politische und religiöse Angelegenheiten, Stadtneuigkeiten und Wundermähren, singt das Lob seiner

Freunde und der Männer der Vorzeit, Verse, in denen er trotz seines Prunkens mit antiken Metren nicht selten unpoetisch wird, theils vermöge seiner nüchtern prosaischen Gesinnung, theils vermöge seiner Sucht nach Allegorieen, in denen er aber manchmal Anmuth in seinen Beschreibungen und Schalkhaftigkeit in seinen Erzählungen verräth. Er fühlt sich so sehr als Dichter, daß er trotz seiner Amtsgeschäfte, trotz juristischer und historischer Arbeiten sich niemals, seinem eigenen Ausdrucke zu Folge, abhalten läßt, von den Wassern der Hippokrene zu trinken: so sehr als Latinisten, daß er seinen Namen Brant in den wohlklingendern Ticio verwandelt; so sehr als Humanisten, daß er sich Kenntniß der griechischen Sprache aneignet und zwar unter Reuchlins Leitung, und das einmal Gelernte später mit Liebe pflegt. Trotzdem wurde er kein Reuchlinist, obwohl der Meister und Freund ihn flehentlich bat, sich seiner anzunehmen, und wenn er gelegentlich in den Dunkelmännerbriefen erwähnt wird, so geschieht es wegen seines Auftretens gegen die Makulisten.

Damit verhielt es sich folgendermaßen: Unter Makulisten — der Ausdruck selbst soll von Brant erdacht worden sein — verstand man diejenigen Theologen, welche das Dogma von der unbefleckten Empfängniß (immaculata conceptio) der Maria nicht annahmen, daher selbst als Beflecker der Jungfrau betrachtet wurden. Dieses Dogma, auf dem Baseler Concil erlassen, am Ende des Jahrhunderts von einzelnen theologischen Fakultäten gebilligt, fand namentlich im Straßburger Kreise eifrige Förderer, in Brant und Wimpheling poetische Lobredner. Brant fand vielleicht die unmittelbare Veranlassung zum Preise dieses Dogmas in dem Umstande, daß es in Basel erlassen worden war, der Stadt, der er seit vielen Jahren angehörte, die mittelbare in seiner Frömmigkeit und dem speciell der Jungfrau Maria geweihten Cultus. Beweise führt er für seine Meinung nicht an; er stützt sich nur auf seine Frömmigkeit, die für die Jungfrau keine unedlere Herkunft zulassen kann, als für ihren Sohn und auf Gottes Allmacht, die auch das Seltsamste und Wunderlichste zu erwirken vermag. Nun wendeten sich die Dominikaner, die sich mit jenem Dogma nicht befreunden konnten und gerechtes Bedenken tragen mochten, direkt gegen die kirchliche Autorität aufzutreten, gegen die Laien, welche sich als dichterische Vertheidiger jener Lehre gezeigt hatten. Brant blieb die Antwort nicht schuldig. Nun verschärfte sich aber der Streit dadurch, daß der den Dominikanern ohnehin feindliche Orden der Franziskaner die von jenen eingenommene Stellung für passend erachtete, um seinen Triumph zu vollenden. Zu diesem Zwecke maßen sich in Predigten und öffentlichen Disputationen der Franziskaner Joh. Sprenger und der Dominikaner Wigand Wirth, wandten sich, da durch derartige Redeturniere der Streit eher verschärft als beigelegt wurde, an Anwälte, der Immaculist an Brant, der Maculist an Thomas Wolff in Straßburg, und appellirten, da sich der Dominikaner mit der gegen ihn ergangenen Entscheidung nicht begnügen wollte, nach Rom. Die päpstliche Entscheidung, welche 1502 erging, war eine halbe, sie ließ die Streitfrage im Wesentlichen unberührt und verbot nur, im Anschluß an eine schon von einem Vorgänger erlassene Bulle, den Parteien, sich Ketzer zu schimpfen. Die Dominikaner schöpften aus dieser Vertagung, die sie für einen halben Sieg halten mochten, neuen Muth und veröffentlichten gegen Brant, den sie als den schlimmsten Gegner betrachteten, eine heftige Schrift, in der sie einen, wenn auch unbedeutenden Humanisten, Adam Werner von Themar, zum Bundesgenossen erlangten und Brant als Einen denuncirten, der weiser sein wolle als der Papst, ja selbst Papst werden wollte, der aber für seine Verbrechen den Feuertod und die ewige Verdammniß verdient hätte. Auf solche Schmähungen antwortete Brant einstweilen nicht; er hatte freilich seinen Gegner früher in ähnlicher Weise apostrophirt, ihn Esel und Hallunke genannt, ihm den Aussatz gewünscht und die Hoffnung ausgesprochen, seine Zunge durch Disteln und Nesseln zerrissen zu sehen; er harrte seines Triumphes, und er erlangte ihn.

Die Dominikaner nämlich, von dem Wunsche getrieben, ihren Widerspruch gegen das Dogma von der unbefleckten Empfängniß durch ein Zeugniß oder Ereigniß zu bestärken, stifteten ihre Ordensbrüder in Bern zu einer Täuschung an, welche unter dem Namen des „Berner Verbrechens" (Bernense scelus 1509) damals ein ungeheures Aufsehn machte. Ein etwas stumpfsinniger Laienbruder, Johann Jetzer, erhielt während der Nacht oder der Messe Erscheinungen von Heiligen, natürlich verkleideten Mönchen, bald sah er blutige Hostien, hörte die Maria weinen, empfing von ihr das Geständniß, sie sei in Sünde empfangen (concepta in peccato), und erhielt endlich die Wundmale Christi in seinen Körper eingebrannt, denn auch die Dominikaner wollten ihren Stigmatisirten haben. Solche Quälereien waren nun dem guten Jetzer, der ehedem als ehrsamer Schneider ein ruhiges Klosterleben geträumt hatte, zu arg: er entfloh und gab seine Plagegeister an. Natürlich wurden die vier Mönche, welche die Täuschung vollführt hatten, verbrannt, die Dominikaner, die nicht läugnen konnten, diesem groben Betruge nahe zu stehn, erlitten eine empfindliche Niederlage. Diese allgemein bekannt zu machen, rüsteten sich nun die Feinde der Dominikaner; in Briefen und Gedichten, in großen lateinischen und deutschen Schriften wurde die Angelegenheit behandelt; später, als auch die Gegner Reuchlins größtentheils Dominikaner waren, blieb das Bernense scelus eines der Lieblingsthemen in den Angriffen der Humanisten gegen die Mönche.

Auch für Brant war die Angelegenheit mit der öffentlichen Niederlage der Mönche nicht zu Ende. Freilich ist es unsicher, ob er sich an dem Schriftenkampf des Jahres 1509 betheiligt hat, obwohl die Betroffenen ihn bestimmt unter den Kämpfern vermutheten, aber sicher hat er 1512 einen Dialog geschrieben, wenn auch nicht veröffentlicht, in welchem Vulkan dem h. Franziscus den Berner Handel mit seiner Vor- und Nachgeschichte erzählt und für die erfolgte Bestrafung der Missethäter die nachträgliche Zustimmung des großen Ordensstifters erlangt. Vielleicht sollte dieser Dialog die Antwort sein auf verläumderische Verse, die von den Gegnern wider Brant verbreitet wurden, und blieb deshalb handschriftlich, weil auf päpstliche Anordnung eine Einigung zwischen den feindlichen Parteien erzielt und Wirth zum öffentlichen Widerruf der gegen Brant u. A. ausgestoßenen Schmähungen veranlaßt wurde.

Die fromme Gesinnung, welche in diesen Streitigkeiten hervortritt, an denen übrigens in Brants Sinne auch andere Humanisten, z. B. Joh. Trithemius sich betheiligten, zeigt sich auch in dem großen deutschen Werke, das Brants Namen recht eigentlich auf die Nachwelt gebracht hat, in dem „Narrenschiff". Denn zwei Gedanken vornehmlich durchziehen dieses Werk, Reinhaltung der katholischen Kirche und Rettung des Reichs vor dem Einfall der Türken. Darum wird er nicht müde, einerseits Christus als das Haupt der Kirche zu verkünden, dem ein Jeder in seinem Leben nachzueifern habe, Gottvertrauen zu lehren, das mehr werth sei als Vertrauen auf die Menschen, andererseits die Ehrerbietung vor dem Kaiser zu fordern und alle Glieder des Reichs zur Unterstützung der kaiserlichen dem Wohle des Ganzen geweihten Pläne aufzurufen. Diejenigen aber, welche zu der Verwirklichung dieser Hauptpläne nicht mitwirken, verfolgt er mit strengen Worten, die Fürsten, welche, statt sich dem Oberhaupte zu unterwerfen und ihm in der Vollendung seiner Unternehmungen beizustehn, nur die Befriedigung ihres Ehrgeizes anstreben und eine Förderung ihrer persönlichen Interessen durch den Kaiser wünschen; die Priester, welche statt Christi Helfer zu sein, seine Widersacher sind, so daß er, wenn er wiedererschiene, um alle Sünde aus dem Tempel auszutreiben, „er fing gar dick beim Pfarrer an, Und wird bis an den Meßner gan". Außer den Geistlichen werden von den Satirikern jener Zeit besonders gern Weiber und Bauern getadelt. Dieser Methode schließt sich Brant im Ganzen an. Er tadelt die Frauen, welche durch Putzsucht und moralische Vergehen sich der Ehre, die das weibliche Geschlecht ziert, verlustig gemacht haben, die würdigen Frauen dagegen preist er mit schönen anerkennenden Worten. Auch bei den Bauern vermißt er die alte Einfachheit und die ehedem gerühmte Sittlichkeit, aber er verzweifelt nicht an einer Rückkehr der alten ehrbaren Zustände. Lieber indessen greift er die Hohen an als die Niedrigen, die Herren statt der Knechte; an Stelle der Bauern treten die Adligen. Ihnen wird besonders die Vergänglichkeit alles Irdischen vorgeführt, ihr Vertrauen auf das Wappenschild, ihr Pochen auf das Alter und die durch dasselbe begründete Ehrwürdigkeit ihres Geschlechtes als thöricht und vergeblich verspottet:

Aber wer hätt' kein Tugend nit,
Kein Zucht, Scham, Ehr' noch gute Sitt,
Den halt' ich alles Adels leer,
Wenn auch ein Fürst sein Vater wär'.

Brant ist kein großer Dichter. Weder erfindet er seinen Stoff frei, vielmehr sucht er ihn sich mühsam aus der Lectüre der alten Schriftsteller und der Bibel zusammen: noch gestaltet er ihn künstlerisch, läßt vielmehr den glücklichen Gedanken des „Narrenschiffs" allermeist ganz aus den Augen und reiht lange Narrencategorieen an einander, ohne je von Schiffsabtheilungen zu reden. Er hat weder große Gesichtspunkte, noch weiß er dem Leben kleine Züge abzulauschen; er ist ein platter Moralist, der Gemeinplätze in nüchternen wenn auch nicht übel gebauten Versen vorträgt. Er war auch kein bedeutender Künstler, obwohl er die Zeichnungen zu den zahlreichen Holzschnitten selbst entwarf und ausführte, mit denen viele seiner Werke, vornehmlich das Narrenschiff, geziert sind, denn auch in diesen Zeichnungen ist kein geistreicher Zug, ja nicht einmal ein großes technisches Geschick. Wenn trotzdem dieses Werk in seiner Originalfassung bei dem ganzen deutschen Volke, in der von Locher verfaßten lateinischen Uebersetzung bei der gesammten Gelehrtenrepublik unvergleichliches Aufsehen machte und ungemessenen Beifall erhielt, so verdankt es diese ungetheilte Zustimmung weniger seinem Kunstwerthe, als seiner Allgemeinverständlichkeit, der glücklichen Verbindung von Wort und Bild, der geschickten Mischung von Gedanken, die nicht bestimmten Zeiten und Orten angehören und gerade deswegen Eigenthum aller Zeiten und Orte sind, endlich solchen Erwägungen, die eben in jener Zeit die Geister beschäftigten und die Gemüther erregten.

Wimpheling, Brant und gleich ihnen die meisten der elsässischen Humanisten, sind nicht aus Deutschland herausgekommen — hat doch Brant die kühnen Seefahrer, sowie die Reisenden überhaupt verspottet, mit der Begründung, der könne nicht Gott dienen „dem sein Sinn zu wandeln stot", — die Bewohner von Augsburg dagegen waren ganz naturgemäß auf eine Verbindung mit Italien hingewiesen. Daher ist es kein Zufall, daß diese Patricierstadt, die, wenn auch schon im Mittelalter wichtig, ihre wahre Bedeutung erst zur Zeit der Renaissance errang, eine der ersten war, in welcher die neue Bildung ihre Vertreter fand. Seit Sigismund Gossembrot (vergl. S. 328 f.) in Italien die Begeisterung für die classischen Studien geschöpft und die neue Kunde muthig und eifrig in der Heimath verkündet hatte, war in Augsburg die Beschäftigung mit der Literatur des Alterthums eine rege geworden; das damals neu aufblühende Benediktinerkloster zu St. Afra, in welchem 1472 auch eine Druckerei errichtet wurde, hatte auch die Geistlichen zu gewinnen gewußt, Conrad Peutinger wurde Lehrer und Anreger für die Laien, sein Haus der Mittelpunkt des gelehrten Treibens.

Conrad Peutinger (1465—1547) holte seine Bildung in Italien, von wo er 1485 als Kenner des Alterthums und als Doctor der Rechte heimkehrte. Schon diese eine Thatsache ist charakteristisch für ihn und sein Wesen. Während nämlich die übrigen Humanisten gerade in Italien die Verachtung der sogenannten Brodstudien annahmen und es als eine Beschränkung freier wissenschaftlicher Gesinnung erachteten, einen Titel zu führen und ein Amt zu bekleiden, ist Peutinger Beamter nicht aus Noth, sondern von Natur und Beruf, Gelehrter aus Neigung, ein Geschäftsmann, der in seinen nicht eben ciceronianischen Briefen etwas Trockenes, Geschäftsmäßiges verräth, aber grade wegen seiner Phrasenarmuth um so stoffreicher wird, und ein Gelehrter, der in seinen Geschäften den edlen durch das Alterthum geläuterten Sinn bekundete und in seinen Schriften, namentlich seinen Lieblingsarbeiten, den historischen, den scharfen Blick des Praktikers verrieth.

Zunächst war er Politiker. Wie wenig freilich wissen wir, da das reiche Augsburger Archiv bisher aus seinen Schätzen über ihn nur wenig gespendet hat, von seiner politischen Thätigkeit. Seit 1490 erscheint er im Dienste seiner Vaterstadt, kurze Zeit darauf auch als Beamter des Königs Maximilian. Da der Letztere sehr enge Beziehungen zu Augsburg unterhielt, drei Jahrzehnte lang (1491—1518) fast jährlich und häufig viele Wochen daselbst weilte, so mußte er theils für seine Beziehungen zur Stadt, theils für seine mannigfaltigen, verwickelten auswärtigen Geschäfte einen persönlich ihm ergebenen, schreib- und redegewandten, geschäftskundigen Beamten besitzen. Zu Alledem war Peutinger völlig geeignet und so erscheint er in Ungarn, Italien, England und den Niederlanden als kaiserlicher Gesandter, Secretär, Redner, der dann wohl neben der Ordnung der politischen Verhältnisse die echt humanistische Aufgabe hat, eine wohlgeformte Begrüßungsrede anzuhören und mit einer ähnlichen Prachtleistung zu beantworten oder überhaupt durch seine Kenntniß der lateinischen Sprache den Verkehr mit fremden Nationen zu vermitteln. Ueber die Art und die Erfolge seiner politisch-diplomatischen Thätigkeit weiß man nicht viel zu sagen: der patriotische Gedanke belebt ihn stets; in den Verhandlungen mit fremden Nationen waltet die Neigung vor, die Ehre des deutschen Namens geltend zu machen. Doch wußte Peutinger auch seine Doppelstellung als kaiserlicher Rath und städtischer Beamter dergestalt zu verwenden, daß er leicht entstehende Mißhelligkeiten zwischen Kaiser und Reichsstadt beizulegen, und Freiheiten für seine Vaterstadt zu erwirken verstand, und daß er wohl auch, für sich selbst zwar durchaus uneigennützig, höchstens den einen gelehrten Eigennutz verrathend, von den kaiserlichen Kriegszügen alte Handschriften als „Beutepfennige“ zu erhalten, seinen Verwandten, den Häuptern des reichen Handelshauses Welser, manche Privilegien verschaffte. Sah er deren Rechte beeinträchtigt, so konnte er wohl zürnen und sich beklagen, wie er denn manchmal ein offenes Wort an den Kaiser nicht scheut, ihn, den säumigen Schuldenzahler, an die Erfüllung seiner Verbindlichkeiten erinnernd; aber andererseits weiß er den Kaiser durch feine Complimente zu gewinnen, z. B. dadurch, daß er in den Geleitsbrief für das Welsersche Haus die Worte einfügt, daß der König „diese ersten Deutschen, welche Indiam suchen, in seinem Namen schicke.“ Nicht blos in politischen, sondern auch in geistigen und künstlerischen Angelegenheiten wurde Peutinger Maximilians Rathgeber. Bald war er Censor und hatte die Aufgabe, bedenkliche Aeußerungen der Schweizer gegen das Haus Habsburg zu unterdrücken oder etwa übermäßiges Lob des Kaisers zu verhindern, bald hatte er Namen aus dem Alterthum zusammenzustellen, deren sich Maximilian für die Taufe seiner Kanonen zu bedienen gedachte, bald hatte er des Oberherrn künstlerische Neigungen zu befriedigen, die Künstler ausfindig zu machen und anzufeuern, die an dem Grabmal zu Innsbruck oder an der Illustrirung der kaiserlichen Werke (vgl. oben S. 347ff.) thätig sein sollten.

Maximilians gelehrte Neigung wandte sich vornehmlich der Geschichte zu, Peutinger war von gleicher Neigung erfaßt. Er gab zum ersten Male mehrere Historiker des deutschen Mittelalters heraus, wendete aber seine Hauptaufmerksamkeit den Münzen, Alterthümern und Urkunden zu, sowohl den Ueberresten des römischen Alterthums in Deutschland, für die er eine Augsburg betreffende Sammlung (1505) veröffentlichte und eine allgemeinere handschriftlich hinterließ, als den Denkmälern der spätern christlichen Zeit. Die Sammlung, vielleicht auch die Verarbeitung aller dieser Schätze war zu Peutingers Lebenswerk bestimmt, zu dem großen „Kaiserbuch" (liber augustalis oder de caesaribus), dessen Bereicherung er durch viele Reisen und ausgebreiteten brieflichen Verkehr anstrebte, dessen Vollendung er aber nicht erreichte, einem Werke, das, soweit man aus den dürftigen Nachrichten erkennen kann, eine reichhaltige regestenartige Geschichte Deutschlands während des Mittelalters werden sollte. Zu seinen kostbaren Besitzthümern, und zwar durch Celtes in Speier aufgefunden und dem Augsburger Freunde übergeben, gehörte auch die römische Reichskarte aus dem vierten Jahrhundert, die später vielfach unter seinem Namen (Tabula Peutingeriana) herausgegeben worden ist. Sein eigenthümlichstes historisches Werk indessen sind die Tischgespräche (sermones convivales), die recht wohl die mit den Freunden wirklich geführten Wechselreden wiedergeben mögen und einen Einblick gewähren in die Beschäftigung und Gesinnung jenes Kreises. In diesen Gesprächen handelt es sich wohl auch um fernliegende Dinge, um die Verheirathung des Apostels Paulus oder um lebhaft ventilirte Zeitfragen, etwa die Indienfahrten der Portugiesen, hauptsächlich aber um die große patriotisch-geschichtliche Erörterung, die schon von Wimpheling und seinen Straßburger Freunden behandelt wurde, ob die rechtsrheinischen Städte von Köln bis Straßburg seit Cäsars Zeiten den Franzosen, oder deutsch-römischen Königen gehorcht hätten. Man erwarte nun in diesen Streitgesprächen keine von beiden Seiten ebenmäßig geführte Diskussion, vielmehr ist der Sieg entschieden, bevor der Streit beginnt; der Vertheidiger des Deutschthums erhält nicht nur Recht durch das Gewicht seiner Gründe, sondern er ist schon deswegen im Rechte, weil er die deutsche Sache vertritt. Als Stützen seiner Ansicht werden zumeist Stellen römischer Autoren verwendet, aber auch solche moderner Italiener und Deutscher — als wären diese, zumal die Genossen Peutingers, wirklich Zeugen in einer Streitsache, die sie selbst so lebhaft interessirte —: in unkritischer Weise wird auch Berosus citirt, obwohl man an seiner Echtheit damals schon zu zweifeln begann; gelegentlich werden noch andere, den Patrioten verletzende Behauptungen, z. B. die, daß die Buchdruckerkunst schon vor Zeiten in Italien geübt und von den Deutschen nur neu erfunden worden sei, erwähnt und als nichtig abgethan. Aus den geringfügigen geschichtlichen Arbeiten, welche Peutinger veröffentlicht hat, läßt sich kaum entnehmen, was er zu leisten im Stande war; vielleicht war er mehr Sammler als Kritiker und Darsteller, aber schon die reichhaltige Sammlung, die er plante, würde ein staunenswerther Beitrag zur Historiographie des 16. Jahrhunderts gewesen sein.

Auch die dritte Art von Peutingers Bestrebungen, die theologischen, werden durch den Verkehr mit dem Kaiser gefördert. Der Augsburger Stadtschreiber gehört nämlich zu den Männern, deren Gutachten vom Kaiser eingeholt wurde über die Frage, ob es angebracht sei, Schriften herauszugeben, in denen die Mysterien der christlichen Religion auf eine, auch für den gemeinen Mann verständliche Weise entwickelt seien (1517). Sein Gutachten ist bisher nicht aufgefunden; man kann nur vermuthen, daß er die Frage bejahend beantwortet habe. Denn er gehörte damals zu den reformatorisch Gesinnten, er eiferte gegen die übermächtigen, das Volk in Unwissenheit haltenden Geistlichen, er ließ eine leichte, freilich sehr leichte Mißbilligung des Cölibats durchschimmern, indem er zu beweisen suchte, daß der Apostel Paulus verheirathet gewesen sei, er nahm Luther freundschaftlich wie einen Gleichgesinnten in seinem Hause auf (1518). Indessen ein Protestant wurde er in der Folge nicht, schon 1521 gehörte er zu Denen, welche Luther riethen, seine Lehre zu widerrufen. Wenn er wirklich 1524 eine Schrift Oekolampads von Austheilung der Almosen übersetzte, so braucht er deswegen nicht die anderweitigen theologischen Ansichten des Reformators getheilt zu haben, und wenn er in einer ungedruckten Schrift über das Abendmahl eine vermittelnde Stellung zwischen dem Ebengenannten und Pirckheimer eingenommen zu haben scheint, so darf er nicht als Anhänger Luthers bezeichnet werden, zumal er für seine Ansicht die Billigung des ihm befreundeten Abtes Conrads anführen kann und ausdrücklich betont, „daß er nichts unehrerbietig und ungläubig gegen die katholische Kirche behaupte.“ So blieb er Katholik, eine friedliche Reform wohl begehrend und in manchen Fragen sein freieres Urtheil bewahrend, aber der völligen Neugestaltung religiöser Verhältnisse durchaus abgeneigt.

Um Peutinger in Augsburg sammelte sich ein zahlreicher Humanistenkreis. Es sind tüchtige Männer darunter, von denen wenigstens zwei genannt werden mögen, obwohl sie wie alle ihre Genossen hinter dem viel bedeutendern Peutinger weit zurückstehen. Der eine ist Ottomar Luscinius (Nachtigall 1487—1537), der die specifisch elsässischen Anschauungen, welche er bei seinem Meister und Landsmann Wimpheling gelernt hatte, auch in Augsburg geistreich und elegant zu vertreten wußte, ein guter Lateiner und ein tüchtiger Grieche, ein Mann von großer Vielseitigkeit, Erzähler witziger Geschichten, Musiker, Theologe und Jurist, Geistlicher ohne rechte Parteistellung, so daß er die Priester tadelte, die Humanisten vertheidigte, die Scholastik verdammte, zur Lectüre der Bibel aufforderte und doch gegen Luther auftrat, ein Mann von großer Begabung, aber ohne rechte Beständigkeit und in Folge dieses Mangels auch ohne merkliche Einwirkung auf die Zeit. Der andere ist Bernhard Adelmann von Adelmannsfelden (1457—1523), ein entschiedener Parteigänger des Humanismus und der Reformation, der wegen seiner humanistischen Gesinnung Lob der Großen, wegen seiner religiösen Neuerungslust aber heftige Angriffe der Päpstlichgesinnten erfährt, ein Mann, der trotz seiner Entschiedenheit nicht zum öffentlichen Auftreten und trotz seiner Gelehrsamkeit nicht zur schriftstellerischen Verwerthung derselben geneigt ist, der seine Befriedigung nicht in der Ausführung geschäftlicher Angelegenheiten findet, obwohl er auch darin Pflichteifer und Geschick beweist, sondern in dem stillen Betreiben seiner Lieblingsstudien oder dem harmlosen Verkehr mit seinen Genossen.

Ein anmuthiges Zeugniß dieses Literatentreibens bietet eine kleine an den kaiserlichen Rath Blasius Hölzelius gerichtete Gedichtsammlung. Der Genannte, ein einflußreicher Beamter, lebte vielfach in Augsburg und erscheint in besonders innigem Verkehr mit Peutinger, der dann auch zu den Hölceliana wenigstens einen Brief beisteuert und mit dessen Tochter Juliane, die hohen Ruhm dadurch erlangt hatte, daß sie als Kind dem Kaiser ein lateinisches Gedicht hergesagt. Den Dichtern, nicht etwa blos den Augsburgern, denn in der Sammlung sind die Fremden vorwiegend vertreten, galt Hölzelius als „vorzüglicher Mäcen"; sie beeilten sich daher, seine Gunst zu erlangen, seine diplomatische Geschicklichkeit und seinen Eifer für die Wissenschaft zu preisen, sie vergessen aber auch nicht seine Geschenke zu rühmen und sein Lob zu verkünden, daß er als Einziger convivales epulas et pocula laeta zu geben verstehe.

Diese Sammlung 1518 wurde während des Augsburger Reichstages gedruckt, der nicht blos eine Vereinigung der weltlichen und geistlichen Würdenträger, sondern auch einen Congreß der Humanisten in Augsburgs Mauern sah. Diese aber waren nicht mit der Absicht herbeigeeilt, von der Unterredung Luthers mit Cardinal Cajetan schnelle und sichere Kunde zu erlangen — denn diese Angelegenheit betrachteten sie damals als eitel Mönchsgezänk —, sondern mit dem Wunsche, Kaiser und Reich zur Ausführung eines gewaltigen Türkenkrieges, dieser stillen Hoffnung aller humanistischen Träumer, zu bewegen. Allen voran schritt Hutten. „Das angenehmste Schauspiel", so schrieb er einem Freunde, „bietet sich hier Aller Augen dar. So viele Fürsten, ausgezeichnet durch Jugend und Wohlgestalt, eine so große Menge von Grafen und Rittern, die Blüthe des deutschen Adels: wer sie anschaut, der kann die Türken nicht für sehr furchtbar halten. Wenn heute die Deutschen soviel Hirn als Kraft haben, möchte ich der Welt mit Unterjochung drohen. Gebe Gott, daß Diejenigen sich wohl berathen, von deren Rath Alles abhängt. Denn was Anders müssen wir wünschen, als daß jetzt eben Deutschland sich erkennen möge?" In seiner Türkenrede billigt er durchaus die päpstlichen Vorschläge einer allgemeinen Besteuerung, während er früher gegen ähnliches Ansinnen der Curie starkes Mißtrauen gezeigt hatte, mahnt die Fürsten zur

Einheit und Unterwerfung unter den Kaiser und hofft auf einen sichern Erfolg seines Bemühens. Aehnliche Gedanken wie er drücken manche andere Humanisten aus. Denn die wenigsten, als deren Sprecher sich ein Ungenannter, vermuthlich Friedrich Fischer, Huttens Freund, gerirt, hegen noch die alte Befürchtung, daß der erbetene Zehnte zur Bereicherung des Papstes auf Kosten des wiederum bethörten Deutschlands bestimmt sei; die meisten betrachten die Türkengefahr als eine so dringliche für ganz Europa, daß sie auch an der guten Absicht des Papstes, diesem allgemeinen Uebel zu steuern, keinen Zweifel hegen. Die Reden, welche Tranquillus Parthenius Andronikus, Erasmus Vitellius und Richard Bartholinus wirklich halten, oder als vor Gott, vor dem deutschen Volke, vor den Fürsten gehalten vorgeben, bewegen sich in demselben Gedankenkreise, sie sind mehr wortreiche Deklamationen als politisch-historische Abhandlungen, und bekunden mehr ein Studium der einschlägigen römischen Schriftsteller über Einfälle und Grausamkeiten der Barbaren, als eine Kenntniß der Türkei und der Verhältnisse Osteuropas.

Von Augsburg aber kann man nicht sprechen, ohne mit einem Worte des großen Sohnes der Stadt, Hans Holbeins, zu gedenken. Er ist kein Humanist in dem Sinne, daß er die Sprachen und die Literatur des Alterthums eifrig fördert, wohl aber in dem höhern, daß er ausgebildetes Verständniß und Interesse für die neue Bildung besitzt und beweist. Zeugnisse dafür sind seine Gemälde des Erasmus, mit dem sein Name unzertrennlich verbunden ist, sein Bildniß des Bonifacius Amerbach, seine Illustrationen zu humanistischen Schriften, zu des Erasmus' Lob der Narrheit oder zu den von demselben übersetzten lucianischen Dialogen, zu der Utopia des Thomas Morus und zu Murners Schriften, seine künstlerischen Titelumrahmungen, die von humanistischen Buchdruckern zu verschiedenen Schriften verwendet, seine Buchdruckerzeichen und Initialen, die er namentlich für Joh. Froben in Basel anfertigte. Alle diese Werke, auch die letzterwähnten, die man leicht für handwerksmäßige Erzeugnisse halten könnte, zeigen die Lust an diesen Schriften und den von ihnen behandelten Gegenständen, geistreiche Satire, die die Gelehrten ebensowohl wie die Geistlichen, ja auch die Religion selber angreift, bewußtes Persifliren oder herzliche Anerkennung, immer aber selbständige Auffassung und Beurtheilung der Gegenstände des Alterthums.

Der Stadt Augsburg schließt sich die Schwesterstadt Nürnberg an, der alten Augusta Vindelicorum die alte Augusta Praetoria, wie Celtes, auf Grund seiner Peutingerschen Tafel mit absichtlicher Geschichtsfälschung oder aus Unkenntniß sein vielgeliebtes Nürnberg nannte. Auch Nürnberg erhält wie Augsburg frühzeitig von Italien die Keime der neuen humanistischen Bildung; nur wenig später als dort Gossembrot wirkte hier Hartmann Schedel für die Wiederbelebung der Studien des Alterthums. Schedel (1440—1514) war in Leipzig ein Schüler Luders und hatte durch ihn, nachdem er vorher den beschwerlichen Cursus des Baccalaureus und Magister durchgemacht und

Ansicht von Nürnberg. Radierung v

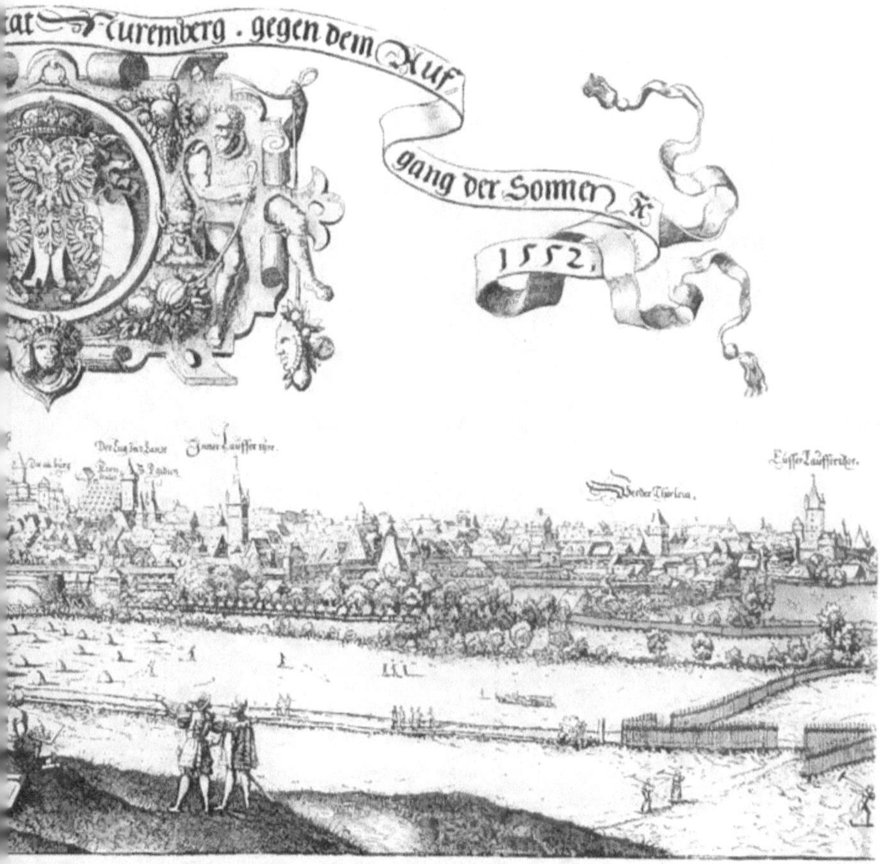

Hans Sebald Lautensack (etwa 1507—1560).

das Studium der Jurisprudenz begonnen, Widerwillen eingeimpft bekommen gegen „die mannigfachen Aenderung des Rechts und den Wortreichthum der Gesetze". Er hatte sich zur „heiligen Medicin" gewendet, hatte seine Studien in Italien gemacht und kehrte 1480 als wohlbestallter Arzt in seine Vaterstadt zurück. Als Frucht seines italienischen Aufenthaltes jedoch brachte er nicht blos den Doctorhut mit, sondern lebhaftestes Interesse für das Alterthum, eine Menge von Excerpten und Abschriften aus alten und neuen Autoren, wie er denn überhaupt eine wahre Leidenschaft zum Abschreiben besaß, ein von ihm angelegtes Werk über die Merkwürdigkeiten Italiens, besonders die Inschriften, vielleicht auch einzelne Abgüsse von Antiken und ein, wenn auch beschränktes Talent, das von ihm Angeschaute oder durch seine Phantasie Gestaltete darzustellen. Ein großes Werk aus seiner Feder: Die neue Weltchronik, die, ohne einen großen Fortschritt in der Historiographie zu bezeichnen, geschickt zusammengestellt ist und von den Späteren vielfach als Nachschlagebuch, von Manchen geradezu als Quelle gebraucht wurde, erschien 1493 lateinisch und deutsch, mit 2000 Holzschnitten geziert und fand innerhalb und außerhalb Deutschlands großen Ruhm und ungeheure Verbreitung. Schon die Entstehung eines solchen Werkes, des ersten weltlichen, das in ähnlicher Ausstattung erschien, gibt Zeugnis von der Werthschätzung des Wissens und der Gelehrsamkeit; andere Zeugnisse aus derselben Zeit bestätigen diese Erfahrung. Nürnberg ist im ganzen 15. Jahrhundert eine Stadt ausschließlich weltlicher Bildung: hier lebten Johann Königsberg (Regiomontan), der berühmteste Astronom Deutschlands, vielleicht Europas, durch dessen Einwirkung Nürnberg der Mittelpunkt mathemathisch-astronomischer Studien ward, ein Forscher, der in manchen Ländern bekannt und in vielen sehnsüchtig begehrt, freiwillig nach Nürnberg zurückkehrt, weil er, wie er sagte, keine geeignetere Stadt für seine Studien finden kann; hier Siegmund Meisterlin, der humanistisch gebildete Chronikenschreiber.

Meisterlin, ein Augsburger Mönch, der aus seinem Kloster nach verschiedenen Städten Süddeutschlands zum Prediger berufen ward, wurde, nachdem er über Augsburgs Alterthümer und Merkwürdigkeiten Mancherlei beschrieben, 1488 von den zwei obersten Würdenträgern Nürnbergs aufgefordert, eine Chronik Nürnbergs zu schreiben. Er entledigte sich seiner Aufgabe mit Fleiß und Geschick und verfaßte eine Geschichte der Stadt von dem Anfang der Römerkriege in Deutschland bis zum Jahre 1418 in engem äußern Anschluß an die Kaisergeschichte und in innerer Abhängigkeit von älteren Nürnberger Chroniken. Er ist kein Critiker, nimmt vielmehr Sagen und Geschichtchen gern auf, ja gibt ihnen dann, z. B. der Erzählung vom Schweppermann diejenige Form, in welcher sie von den Späteren gern wiederholt wurden; er ist humanistisch gebildet, wenn er auch kein Griechisch versteht, und citirt gern in der lateinischen Fassung seiner Chronik, die älter ist als die deutsche, die römischen Classiker und die italienischen Humanisten, unter Letzteren namentlich die Historiker Enea Silvio und Flavio Biondo, die ihm als Quelle gedient haben; er ist fromm, und berichtet nicht nur gern von kirchlichem Leben und kirchlichen

Einrichtungen, sondern schildert auch gern die göttliche Einwirkung auf das Schicksal der Menschen. Trotz seiner Frömmigkeit konnte er den Vorwürfen seiner Collegen oder derer, die sich für geistlicher hielten als die Geistlichen, nicht entgehen, unter denen er besonders durch den, „daß ein geistlich Mann geschehen Ding beschreibe," gekränkt wurde. Sieht man genauer zu, so ist dieser Vorwurf nichts anderes als der alte antihumanistische, daß der Theologe sich nur mit theologischen Dingen zu beschäftigen, von unheiligen Dingen aber, selbst wenn er mit heiligem Sinne daran gehe, sich abzuwenden habe.

Der eigentliche Vertreter des Humanismus indessen ist Wilibald Pirckheimer, einer der bedeutendsten deutschen Humanisten überhaupt. Er ist 1470 geboren und 1528 gestorben. Er erhielt durch seinen Vater Johann, einen reichen und angesehenen Mann, der selbst bereits ein Gönner der neuen Studien gewesen war, eine treffliche Erziehung in Wissenschaften und Künsten, lernte sehr jung schon das Waffenhandwerk kennen und wurde, da er als Jüngling seinen Vater auf Geschäftsreisen begleitete, früh in die Welthändel eingeweiht. Für diese hätte ihn der Vater am liebsten gewonnen und sah es daher nicht gern, daß der Sohn während seines Aufenthaltes in Padua und Pavia (1490—1497) keineswegs nur die Jurisprudenz, sondern mit größerer Vorliebe die Humaniora studirte. Aus Italien zurückgekehrt, wurde er Rath der Stadt und blieb in diesem Amte, freilich mit einigen Unterbrechungen bis 1522; im Auftrage der Stadt unternahm er Gesandtschaftsreisen, befehligte auch die Stadttruppen im Kriege, z. B. im Schweizerkriege Maximilians, und erwarb sich bei dieser Gelegenheit und manchen anderen das besondere Vertrauen des Kaisers. Er war reich und benutzte seinen Reichthum zur Ausschmückung seines Hauses und seines Lebens und zur Förderung Anderer; wenn Sickingens Burg als Herberge der Gerechtigkeit gerühmt wurde, so durfte sein Haus bezeichnet werden als Sammelplatz der Guten und Strebenden.

Pirckheimer ist in mancher Beziehung seinem Nachbar und Genossen Peutinger ähnlich, auch er steht wie Jener dem Kaiser Maximilian nahe, auch er ist Diplomat, Historiker, Theologe, auch er stellt wie Jener die Geschichte in den Dienst des Patriotismus, auch er verharrt wie Jener nach kurzathmigen, reformatorischen Anläufen im Schoße der alten Kirche, auch er versammelt wie Jener, ja noch in viel höherm Grade als er, um sich die Anhänger der neuen Richtung, er macht, unterstützt von seinem unabhängigen Sinn und seinem Reichthum, sein Haus zum Mittelpunkt eines frischen gedeihlichen Lebens. Aber durch gar Manches unterscheidet sich der Nürnberger von dem Augsburger. Dieser ist einseitig, hängt gewissen Lieblingsneigungen sein ganzes Leben lang an und beschließt daher sein Leben, ohne seine literarische Thätigkeit zu einem gedeihlichen Ende geführt zu haben, Jener ist vielseitig, weiß sich aber trotz seiner Vielseitigkeit zu beschränken, und hinterläßt statt unvollendeter Folianten manch fertiges Büchlein. Diesem geht der Stoff über die Form, weshalb er denn in seinen Schriften keine Eleganz verräth, und auch im Leben trotz mancher köstlichen Besitzthümer des wahren Kunst-

Willibald Pirckheimer. Kupferstich von Albert Dürer

sinnes entbehrt; Jener ist ein halber Künstler, durch den Umgang mit wahren Künstlern veredelt, bestrebt, seine Schriften zu zierlichen Werken zu machen, an deren Anmuth man sich ebenso ergötzen mochte, wie an der Schönheit der Erzeugnisse älterer und neuerer Kunst, mit denen er sich gern umgab; Dieser kennt die Freundschaft und hält einzelne Freunde hoch, aber er bedarf nicht wie Jener der Freundschaft als eines Lebenselements, welches das Dasein erträglich und freudenreich macht; Dieser knüpft Beziehungen mit manchem Fremden und Gleichgiltigen an, um eine Urkunde oder Münze zu erlangen, Jener lebt mit seinen Freunden in einer reinern, höhern, geistigen Atmosphäre, denn was sie treibt, ist, wie ein neuerer Geschichtsschreiber so schön gesagt hat: die Erforschung des Menschen — des Menschen in seiner äußern Erscheinung, wie in seinen geistigen Anlagen. Dieser lebte am liebsten in seinem wohleingerichteten Stadthause und vergrub sich während der spärlichen Mußestunden, die seine Amtsgeschäfte ihm übrig ließen, in mühevolle und kleinliche Untersuchungen; Jener sehnte sich aus den städtischen Bequemlichkeiten heraus aufs Land, wo er gern blieb, trotzdem er des Umgangs mit Freunden und geistiger Anregung entbehrte, fühlte sich wohl in dem Zusammenleben mit der Natur und wußte die Seligkeit eines solchen Lebens als ein wahrer Dichter, wenn er auch keine Verse schrieb, zu schildern. Dieser ist ernst und streng, schon in seiner Jugend alt, Jener ist heiter und witzig, theils in gutmüthiger Neckerei, theils in böswilligem Spott, auch in seinem Alter noch, trotz körperlicher Gebrechlichkeit, jugendfrisch. Peutingers Bild, von Christoph Amberger gemalt, dem tüchtigen Rivalen des jüngern Holbein, stellt einen wohlgenährten, gutmüthigen, verständigen alten Herrn vor, der wie ein milder Beichtvater aussieht, dem man wohl seine Geheimnisse anvertrauen könnte; Pirckheimer erscheint auf seinem von Dürer mit wenigen Strichen hingeworfenen Bilde, nach den Worten des jüngsten Dürerbiographen, als „der lustige Weltweise von Nürnberg, sowie er in seinen besten Jahren die gelehrten Sodalen bewirthete mit Speise und Trank und mit den derben Späßchen, deren eines wohl von seiner eigenen Hand in ebenso gutem wie obscönem Griechisch dem Bildniß beigeschrieben steht."

Der alte Herausgeber von Pirckheimers Schriften, der schwer gelehrte aber herzlich beschränkte Altorfer Professor Rittershaus, hat die Schriften seines Helden in vier Classen getheilt, Historica, Politica, Philologica, Epistolica, und sicher geglaubt, mit dieser Eintheilung die Erkenntniß seines Wesens zu fördern. Doch wird man aus dieser Eintheilung, ebenso wie aus dem von Rittershaus Zusammengestellten schwerlich ein volles Bild von Pirckheimers Persönlichkeit gewinnen. Denn der Politiker könnte nur nach einer gründlichen Benutzung archivalischer Quellen gewürdigt werden, nicht aber aus den bis jetzt bekannten gelegentlichen, an Kaiser Maximilian, an die Stadt Nürnberg gerichteten Versen und aus einzelnen Reden und Briefen politischen Inhalts. Der Historiker ist theils Patriot, der neue Beiträge zu den schon von Anderen gesammelten Stellen alter Schriftsteller über den Ruhm der Deutschen zusammensucht, theils Verfasser eines lesbaren anziehenden Buches über den Schweizer Krieg, das um so wahrhafter und anschaulicher an den Stellen ist, in denen der Verfasser aus eigner Kunde von dem Miterlebten, nicht blos nach Hörensagen von den Thaten Anderer berichtet. Als Philologe schreibt er ein gutes Latein, versteht besser Griechisch als die meisten Zeitgenossen und benutzt diese Kenntniß zur Uebersetzung griechischer Schriften, die er, gewiß nicht ohne Grund, gern aus Lucians Werken wählt. Als Briefschreiber leistet er Vollkommenes, er kennt Alle und findet für Jeden das rechte Wort, er versteht zu plaudern und ernste Auseinandersetzungen zu geben, er weiß in ernsten und scherzhaften Gesprächen sich zu ergehen, Mittheilungen über sich zu machen und Bekenntnisse aus Anderen hervorzulocken.

Nicht ohne Grund wählte er lucianische Dialoge zum Uebersetzen, denn er selbst hat eine lucianische Ader in sich, Beweis dafür ist sein Dialog Eccius dedolatus (der gehobelte Eck), eine der schärfsten und derbsten Streitschriften aus jener scharfe und derbe Angriffe liebenden Zeit, gerichtet gegen Joh. Eck, den Ingolstädter Theologen, der damals durch seine Vertheidigung des Wuchers die Gemüther gegen sich erregt hatte, durch seine nach der Leipziger Disputation eingenommene Stellung den Lutheranern, und durch seine Verachtung der gelehrten Bildung den Humanisten verhaßt worden war. Darum spricht Eck hier in barbarischem Deutschlatein und gibt in demselben seiner Vorliebe für die Sophisten, der Humanisten Todfeinde, lebhaften Ausdruck. Eck ist krank und verlassen, sein einziger Freund ist die Weinkanne, welche der ihm aufwartende Knabe beständig füllen muß, ja, für dessen Füllung durch einen Stellvertreter er auch bei nur kurzdauernder Abwesenheit zu sorgen hat. Er wird nämlich fortgeschickt, Freunde herbeizuholen, aber nur Wenige kommen, und auch diese nur unwillig, sie rathen einen Arzt zu holen, aber der Kranke traut nicht Allen, am wenigsten den Nürnbergern und Augsburgern, die von den Humanisten angestachelt sein könnten, ihn zu vergiften. Darum gilt es, einen raschen und zuverlässigen Boten nach Leipzig zu gewinnen; als solchen stellt sich eine Hexe vor, die, auf ihrem Bock nach Leipzig reitend, dem Theologen Rutens eine Eck'sche Epistel bringen und durch dessen Vermittlung von den Leipziger Theologen, Ecks besonderen Gönnern, einen Arzt auswirken soll. Der Arzt wird bewilligt, er und Rutens, der dem fernen Freunde als geistlicher Trost zur Seite stehen will, sind zur Reise bereit; zum raschen Transport erbietet sich die Hexe und die Beiden sind, nach anfänglichem Schaudern, mit dem von der Botenfrau zur Verfügung gestellten seltsamen Vehikel einverstanden, an dessen Schwanz sie sich zu hängen haben, nachdem sie die ermunternde Versicherung erhalten haben, daß der Bock ein Onkel des Emserischen Bockes ist. Nun wird die Reise angetreten, nachdem die Botin die Beschwörungsformel: Suregnut, Tartsheoh, Nekrokre, Ffepf (die umgekehrten Namen der Hauptgegner der Humanisten: Tungerus d. h. Arnold von Tungern, Hochstraten, Pfefferkorn) ausgesprochen, und alsbald treffen die Reisenden in Ingolstadt ein und kommen zu dem Kranken. Der Arzt führt sich mit einer den Kranken nicht sonderlich beruhigenden Schilderung seiner Thätigkeit ein, constatirt, nachdem er als Ursache des Uebels Ecks lüderliches Leben erkannt, Fieber und schleichenden Puls und verlangt, da äußerste Gefahr vorhanden, daß, bevor die Operation vorgenommen werde, der Kranke mit einem Beichtvater rede. Dieser kommt, hört aber statt eines reuigen Sündenbekenntnisses eine ruhmredige Erzählung der Thaten des Patienten, weiß indessen geschickt aus ihm das Geständniß herauszulocken, daß seine Unternehmungen nicht der Liebe zur Wahrheit, sondern schlechten Beweggründen, dem Begehren nach Gewinn und Ruhm, dem Neide gegen die Großen ihre Entstehung verdanken und entgegnet dem Halbbeschämten, der selbstverständlich einen verkappten Lutheraner in ihm sieht und eine Veröffentlichung seiner Geheimnisse durch ihn fürchtet: „Ich bin weder Lutheraner noch Eckianer, sondern Christ, ich werde nie Verschweigenswerthes enthüllen, denn die Wahrheit, die nur zeitweise bedrückt, aber niemals unterdrückt werden kann, wird sich selbst endlich offenbaren.“ Darauf macht der Seelenarzt dem Arzt des Leibes Platz, der alsbald seine energische Kur beginnt. Er läßt den Kranken durch sieben Männer, deren Jeder einen gewaltigen Stock führt, so lange bearbeiten, bis alle Winkel, Ecken und Kanten abgeprügelt sind, läßt ihn glatt scheren und den Kopf von allem scholastischen Wesen: Sophismen, Syllogismen, Propositionen, Corollarien befreien, gibt ihm einen Trunk, der zugleich Brech- und Einschläferungsmittel ist und bewirkt dadurch theils das freiwillige Entweichen der dialektischen Commentarien, des canonischen Doktorhutes u. A., theils entfernt er gewaltsam während des festen Schlafes des Patienten seine Laster: Stolz, Neid, Heuchelei, Schwelgerei. Der Erwachende fühlt sich froh und frei und hat, als er von den Resultaten der vorgenommenen Operation erfährt, nur eine Bitte, nämlich die, daß man Hutten und den „vermaledeiten Wittenberger Poeten“ nichts von dem Vorfalle mittheile.

Dieser Satire, einem witzigen, derben, nicht selten cynischen Ausdrucke persönlicher Abneigung und humanistischer Gesinnung, schließt sich eine geistreiche Selbstironie, nicht ohne Hinblick auf Fehler und Schäden der Zeit an, nämlich das „Lob der Gicht“ (Laus podagrae), eine Schrift, die der gute Rittershaus, man weiß nicht warum, unter die politischen einzureihen für gut fand. Von körperlichen Leiden geplagt, sieht sich der alternde Mann, der, ohne ein Sinnenmensch zu sein, den Genüssen nicht abhold war, zum Stillsitzen und zur Enthaltung von jeglicher materieller Freude genöthigt und faßt den resignirten Entschluß, seinen Plagegeist, gegen den er höchstens ohnmächtig wüthen könnte, als den Bringer geistiger und gemüthlicher Freuden zu loben. Er thut dies in einer Rede, welche er die Gicht vor einem fingirten Richtercollegium halten läßt, von dem sie Freisprechung, ja Verherrlichung für ihr Thun zu erhalten hofft.

Während die obenerwähnte Schrift, zwar nicht in ihrem Inhalt, wohl aber in ihrer ganzen Art, denn es war damals ein beliebtes Spiel des Witzes, das Lob schädlicher Dinge zu verkünden, ferner in ihrer Häufung von Namen und schriftstellerischen Zeugnissen des Alterthums, eine Zugehörigkeit zur humanistischen Literatur bekundet, führt eine dritte und letzte durchaus in die Angelegenheit der Zeit. Es ist eine Schutzschrift für Reuchlin und dadurch eine Vertheidigung der humanistischen Studien, die Pirckheimer in einem apologetischen Briefe führte und der Uebersetzung eines lucianischen Dialoges vorsetzte (1517). Es ist eine muthige, überzeugungstreue Schrift, erfüllt von edlem Eifer für die das eigene Leben ausmachende und verschönernde Arbeit, von männlichem Zorn gegen die Gegner, welche, nach des Verfassers Meinung, das geistige Leben der Nation muthwillig in seiner Entwicklung aufhalten.

Höchst charakteristisch in dieser Vertheidigungsrede ist die neue Wendung, welche er dem alten Streite zwischen Theologie und Humanismus gibt. Die Theologie nämlich, welche Pirckheimer kennt, ist keine Gegnerin, sondern eine Fortbildnerin des Humanismus, ein Theologe kann daher, seinem Erachten nach, nur Derjenige genannt werden, der mit ernstem, sittlichreinem Streben gediegenes Wissen in allen Fächern verbindet; indem er eine Liste würdiger Theologen aufstellen will, gibt er in Wirklichkeit einen Catalog der Humanisten. Diesen Gesichtspunkt hält er auch fest bei der Betrachtung der Reformation, er ist deren Anhänger, so lange er von ihr eine geistige und sittliche Wiedergeburt des Volkes, — Volk nicht etwa in der Bedeutung: niedere Classen — sieht, er wird ihr Gegner, sobald er in ihr eine nur theologische Neuerung erkennt, die an nicht wenigen Orten den Verfall der Wissenschaften beschleunigte und statt einer Besserung nur Verschlimmerung der sittlichen Zustände hervorrief. „Von den Meisten werde ich als Verräther an der evangelischen Wahrheit geschmäht," so klagte er dann wohl, „weil ich an der nicht evangelischen, sondern teuflischen Wahrheit so vieler Apostaten, Männer wie Weiber kein Gefallen finde, um von den anderen unzähligen Lastern, die fast alle Liebe und Frömmigkeit vertilgt haben, gar nicht zu reden." Diese und ähnliche Ausdrücke, die sich in Briefen und Schriften der spätern Zeit nicht selten finden, sind nicht Aeußerungen grundloser Verbitterung, sondern Schmerzensrufe einer gerechten Empfindung. Pirckheimer ist ein unverwerflicher Zeuge, er ist kein Zurückgebliebener und kein Ueberläufer. Er war keine religiöse Natur und mochte daher die Vertiefung der religiösen Empfindung, wie die Reformation sie bot, nicht genugsam erkennen, aber er war zu scharfblickend, um die grade in der ersten Zeit hervortretenden üblen äußeren Folgen zu übersehen. Er gehörte zu den freien Geistern, die unter den Humanisten nicht eben selten waren, welche vielleicht neben, nicht außerhalb der Kirche einen Bund der Erleuchteten träumten, der bei reinstem geistigen Streben die Aufgabe gehabt hätte, dem Ideale der Sittlichkeit näher zu führen; zu denen, welche in der neuen evangelischen Gemeinde einen solchen Bund gefunden zu haben wähnten, in ihrer Hoffnung aber getäuscht, sich in die alte Kirche, deren sie nun einmal gewohnt waren, zurückzogen, und ihrem Schmerze über diese Enttäuschung herben, oft ungemessenen Ausdruck gaben. Wenn er aber solche Ausdrücke gebrauchte, so that er dies nicht aus Lust am Schelten und Streiten, sondern kummervollen Sinnes in dumpfer, hoffnungsloser Ermattung.

Pirckheimers Kraft war gebrochen, die Freudigkeit des Empfindens, die Lust an der Zeit war geschwunden. Er, der Lebensfrohe, der jugendlichen Leichtsinn auch im Mannesalter bewahrt hatte, der körperliche Freuden mehr als billig geliebt und durch solches Gebahren dem spottlustigen Dürer Gelegenheit zu manchem Witzwort gegeben hatte, wollte nur noch von geistigen Freuden wissen und gab alles Andere dem Tode Preis (vivere ingenio, caetera mortis erunt); er, der in der Gemeinschaft der Freunde erst wirklich gelebt hatte, sah sich nun vereinsamt, des Umgangs der Besten beraubt. Seine Stimmung tritt am klarsten in der Trauerode hervor, die er seinem kurz vor ihm am 6. April 1528 verstorbenen Freunde Dürer nachruft: „Der Du mir so lange am innigsten verbunden warst, Du meiner Seele bester Theil, mit dem ich sicher trauter Zwiesprach gepflogen, der Du meine Worte bewahrt im treuen Busen! Warum verlässest Du, Unseliger, plötzlich den trauernden Freund und enteilest raschen, nimmer rückkehrenden Schrittes. Nicht vergönnt war es mir, das theure Haupt zu berühren, die Hand zu fassen und dem Scheidenden ein letztes Lebewohl zu sagen, denn kaum hattest Du die müden Glieder dem Lager vertraut, als auch schon der Tod eilends Dich dahinraffte."

Zu Pirckheimers Schriften gehört auch eine Vertheidigungsschrift für die Clarissinnen, die Nonnen von St. Clara in Nürnberg. Zur Abfassung einer solchen wurde er durch den Umstand bewogen, daß seine Schwestern Charitas und Clara in diesem Kloster lebten und in den ersten Zeiten der klösterfeindlichen Reformation den wilden Ansturm einer heftigen, nicht selten ungerechten Partei zu bestehn hatten. Die ältere dieser beiden Frauen Charitas (geb. 1466, ins Kloster eingetreten 1478, Aebtissin 1503, gest. 1532) verdient nicht nur ihres berühmten Bruders wegen, sondern um ihrer eignen Tüchtigkeit willen ein Wort der Erwähnung. Peutingers kleine Tochter wurde angestaunt, da sie in sehr jungen Jahren ein lateinisches Gedicht deklamirte, um wieviel mehr mußte Pirckheimers Schwester bewundert werden, die nicht nur lateinische Prosa und Verse zu lesen verstand, sondern mit ihren Freunden in dieser Sprache zu verkehren wußte. Sie schrieb lateinische Briefe an ihren Bruder und an Celtes, vollgültige Beweise für ihre Beherrschung der Sprache, wenn sie auch bescheiden von den Unebenheiten ihres Stiles spricht, sie empfing von Jenem die ihr gewidmete Uebersetzung der Schrift des Plutarch „über die zögernde Rache der Gottheit" und die Werke des heil. Fulgentius; von diesem die dichterischen Werke der Nonne Hrotsuitha und das Lobgedicht auf Nürnberg. Bruder und Freund wetteifern in den diesen Sendungen vorangestellten Widmungsbriefen und Gedichten in ihrem Lobe, Jener rühmt sie als würdiges Mitglied eines altberühmten Geschlechts, Dieser nennt sie „der Frauen leuchtenden Stern und Krone; seltne Zier bist Du in den deutschen Gauen, Bist, o Jungfrau, ähnlich den Römertöchtern". Charitas indessen, so gerechten Stolz sie über die

Lobpreisungen solcher Männer empfindet, lehnt die Huldigungen ab; dem Bruder spricht sie ihre Verwunderung aus, daß er, der Hochgelehrte, der Mindergelehrten soviel Ehrenvolles sage; dem Freunde, der mit seiner Schmeichelei ein früher empfangenes Briefchen als lindernden Balsam für körperliche Schmerzen und den Verlust seiner Habe bezeichnet, redet sie ernst ins Gewissen. Denn wie sie Christin bleibt und die Lectüre der Bibel und der Schriften der Heiligen dem Lesen profaner Erzeugnisse vorzieht, so möchte sie als eine Liebhaberin des Seelenheils des Freundes ihn von „der Verherrlichung der unziemlichen Sagen von Jupiter, Venus, Diana und anderen heidnischen Geschöpfen" ablenken und zu der einzigen wahrhaft beglückenden Weisheit, die in der heiligen Schrift verborgen sei, hinleiten. „Dort finden wir die kostbarsten Perlen, denn auf jenem Acker des Herrn zieht die Gotteswissenschaft aus der Schale den Kern, aus dem Buchstaben den Geist, aus dem Felsen das Oel, aus den Dornen die Blume." Charitas ist aber nicht nur die Nonne, die bei aller hohen literarischen Bildung fromme Gefühle hegt und auszudrücken weiß, die Aebtissin, die ihren Schwestern und Untergebenen als eine getreue, freundliche, liebe, würdige Mutter entgegentritt, sondern sie ist auch die Frau, die gern die Ehre des Weibes wahrt und von der Gleichberechtigung des weiblichen Geschlechts auf dem Gebiete des Geistes redet. Daher freut sie sich über die Werke der Hrotsuitha nicht nur als über ein merkwürdiges literarisches Denkmal und ein Zeugniß erbaulicher Gesinnung, sondern als Produkt einer Frau und beglückwünscht den Herausgeber zu der Beachtung, welche er den Gedichten „eines armen Nönnleins" geschenkt. „Fürwahr," so fährt sie fort, „ich muß gestehn, Ihr habt solches gegen die Gewohnheit vieler Gelehrten oder vielmehr Hoffährtigen gethan, welche sich unbillig bemühen, alle Worten, Thaten und Aussprüche der Frauen so gering zu schätzen, als wenn das andere Geschlecht nicht denselben Schöpfer, Erlöser und Seligmacher hätte und ohne zu beachten, daß die Hand des höchsten Werkmeisters noch keineswegs verkürzt ist. Er hat den Schlüssel der Kunst und theilt einem Jeden aus, nach seinen Wohlgefallen, ohne Ansehn der Person."

Aehnlich wie mit Celtes — es hat natürlich nicht an Unedlen gefehlt, welche sich unterfingen dieses reine Verhältniß zu besudeln — stand die hochbegabte Frau mit manchem tüchtigen Humanisten in Verbindung, wie mehrere noch erhaltene ernste und schalkhafte Briefe beweisen; unter den Nürnbergern waren ihr Christoph Scheurl und Albrecht Dürer die vertrautesten.

„Den ruhmredigen, frechen und thörichten Schmerz beider Rechte" (utrinsque juris dolorem statt doctorem), mit diesen Worten verspottet Pirckheimer seinen Landsmann Christoph Scheurl, mit dem er, trotz mancher gleichartiger Bestrebungen, nie in rechter Gemeinsamkeit leben konnte. Scheurl (1481—1542), Jurist, in Italien gebildet und dort hoch geehrt, während der letzten Jahrzehnte seines Lebens einer der angesehensten Beamten seiner Vaterstadt, ist eine höchst seltsame Erscheinung. Während nämlich alle übrigen bedeutenderen Menschen in jener Zeit drei großen Classen zuzurechnen sind, den Humanisten, die, bei allem Eifer für Politik und Religion dem geistigen Kampfe sich ausschließlich ergeben, Sprache und Literatur des Alterthums einseitig pflegen, den Reformatoren, den Vorkämpfern religiöser Besserung und Kirchenreinigung, den Verehrern der Bibel und Lobrednern der deutschen Sprache, und den Anhängern des Alten, welche Humanisten und Reformatoren als Eindringlinge in Geistesleben und Kirche betrachten, geringes Wissen und unaufgeklärtes Denken für ersprießlicher als Gelehrsamkeit und Begriffsläuterung halten, gehört Scheurl keiner dieser drei Classen an. Hochmüthig, geblendet durch das zu frühzeitig ihm gespendete Lob, hält er seine kleinen Angelegenheiten für wichtiger als die Dinge der Welt, geistesträge trotz aller geistigen Thätigkeit, baar jeder Wärme und jedes Enthusiasmus, bleibt er kühl bei den humanistischen Kämpfen, welche die Genossen zur Begeisterung entflammten, hat keine persönliche Beziehung zu den Führern und kein Interesse an den Dingen, so daß er selbst Aufsehn erregende Streitschriften nicht kennt und in Folge einer in derartig erregten Zeiten unerlaubten Objectivität in einem Athem von Reuchlins Triumph spricht und einen seiner Hauptgegner grüßen läßt und möchte der reformatorischen Bewegung durch Herstellung einer friedlichen Einigung zwischen Luther und Eck ein Halt zurufen. Da er aber weder die geistige noch die religiöse Bewegung in die von ihm gewünschten Bahnen leiten kann, so zieht er sich gekränkt zurück und wird erbittert gegen beide. Durch solches Gebahren zeigt Scheurl die schlimme Seite der reichen Großstädter, während Pirckheimer die gute offenbart: bei Diesem das lebhafte Interesse an dem Neuesten und Besten, die große Auffassung, das vielseitige Mitleben, die rasche That; bei Jenem das Vornehmthum ohne innere Vornehmheit, das hochmüthige Vorbeigehn vor Dem, was Anderen erhaben und heilig dünkt.

Was Holbein für Augsburg, der humanistisch angehauchte Repräsentant der Renaissance der Kunst, das ist Dürer für Nürnberg. Ja, er ist es in noch höherm Grade, denn während Holbein den größern Theil seines Lebens im Auslande, in der Schweiz und in England zubringt, weilt Dürer, Studien- und Geschäftsreisen abgerechnet, durchweg in Nürnberg. Auch dem Humanismus gehört er mehr an als Jener. Er ist nicht grade ein Gelehrter, obwohl er für die Forschungen Anderer Verständniß besitzt, sich wohl für einen Freund nach griechischen Büchern erkundigt, in seinen wissenschaftlichen Arbeiten sich auf die Leistungen Anderer beruft und den Durst nach Wissen als einzig unersättliche Begierde des Menschen in dem charakteristischen Satz erklärt: „Alle begehrenden und wirkenden Kräfte des Gemüthes können eines jeglichen Dinges, wie nützlich und lustbar das immer erscheinen mag, von täglicher Uebung vielem und überflüssigem Gebrauche befriedigt, erfüllet und zuletzt verdrießlich werden, allein die Begierde viel zu wissen, die da einem Jeglichen von Natur eingepflanzet ist, die ist gegen solche Ersättigung gefeiet und aller Verdrießlichkeit ganz und gar nicht unterworfen.“ Schon diese Gesinnung, die Holbein

Der Hof des Schlosses zu Nürnberg.
Zeichnung von Albrecht Dürer (Wien, Albertina).

ziemlich fremd war, macht ihn zum Humanisten, noch mehr der Umstand, daß er innigere Beziehungen als Jener zu hervorragenden Schriftstellern hat; er fühlt sich ferner enger verbunden mit Italien, so daß er bei dem Auszug aus diesem Lande das resignirte Wort braucht: „o wie wird mich nach der Sonnen frieren! Hier bin ich ein Herr, daheim ein Schmarotzer;" er hat eine ausgeprägtere religiöse Gesinnung, er verehrt Luther, bricht, als er das Gerücht von dessen Gefangenschaft vernimmt, in erschütternde Klagen aus und fleht den Erasmus an, daß nun er „als Ritter Christi hervorreite neben dem Herrn Jesus, die Wahrheit beschütze und der Märtyrer Krone erlange." Dürer ist nicht nur Künstler, sondern auch Schriftsteller. Aber von seinen Hauptwerken, seinen kunsttheoretischen Arbeiten, seinen verschiedenartigen wissenschaftlichen Untersuchungen ist hier nicht zu reden. Verzichtet doch auch der neueste gelehrte Dürerbiograph auf eine ausführliche Betrachtung derselben mit der Bemerkung, daß „es vielleicht überhaupt die Kräfte und den Wissenskreis des Einzelnen übersteigt, einer so vielseitigen Geistesthätigkeit auf allen ihren Spuren zu folgen." Nur daran mag erinnert werden, daß Dürer Tagebücher, Briefe, Reime geschrieben hat, in deutscher kunstloser Sprache, die von seiner geistigen Auffassung und seinem innigen Gemüthsleben vollgültiges Zeugniß ablegen. Seine Tagebücher sind keine Sammlungen geistreicher Betrachtungen, sondern einfache, aber gerade in ihrer Schlichtheit anmuthende belehrende Berichte über die kleinen Vorgänge des Tages, die Merkwürdigkeiten, die er auf seinen Reisen gesehen, Notizen über die wichtigen Vorkommnisse der Zeit. Seine Briefe sind frische Stimmungsbilder, Zeugnisse eines regen, auch durch Widerwärtigkeiten nicht zu bannenden Humors, Beweise selbstloser opferbereiter Freundschaft und freudiger Unterwerfung unter Höherstehende, Äußerungen einer stets lebendigen, nicht etwa blos bei schweren Schicksalsschlägen erwachenden Frömmigkeit. Seine Verse endlich geben entweder sinnige, auch hier nicht selten religiöse Gedanken in angemessener Form wieder, oder sie belachen in schalkhafter Weise den Dichter selbst oder nahestehende Genossen; er berichtet einmal sehr anmuthig von seinen Reimversuchen und beantwortet ein andermal mit vielem Humor das Spottgedicht, das sein Reimverbesserer Lazarus Spengler auf ihn gemacht hatte. Was aber in allen diesen schriftstellerischen Erzeugnissen erfrischender auf uns wirkt, als alle etwaige künstlerische Vollkommenheit, das ist der reine und gute Mensch, der aus ihnen spricht, die edle Bescheidenheit, die selbst den Vielgepriesenen nicht verläßt. Diese Eigenschaft kann man aber bei ihm eine Frucht der Renaissancebildung nennen, insofern sie hervorgerufen ist durch das von Dürer gern und häufig zum Ausdruck gebrachte Bewußtsein, daß die moderne Kunst ebenso wie die geistige Bildung auf den Alten beruhe, daß ihre Kunstbücher und Kunstwerke den Grund zu einer großartigen Entwicklung gelegt, ihr Verlust oder die Mißachtung, in die sie gerathen waren, die Uncultur des Mittelalters zur Folge gehabt, und ihre Wiedererweckung „in Welschland" den Beginn einer neuen Zeit verkündigt habe.

Straßburg, Nürnberg, und Augsburg sind drei Städte, in denen nicht blos hervorragende Gelehrte und Künstler durch ihre Werke und die von ihnen ausgehende persönliche Anregung ein neues geistiges Leben begründen, sondern auch Hauptplätze des Buchdrucks und Buchhandels, aus deren unermüdet thätigen Pressen kleine Handbücher und große Folianten als Verkünder der neuerwachten Antike hervorgehn, endlich auch Sitze eines verständigen Bürgerthums, das von der richtigen Erwägung geleitet, daß nur in der tüchtigen Heranbildung des kommenden Geschlechts die Bürgschaft für eine gedeihliche Zukunft liege, seine reichen Mittel anwendet, um die besten Lehrer zu berufen und vortreffliche Lehranstalten für die Jugend zu errichten.

Viertes Kapitel.

Die Schulen.

Luthers gewaltiges Wort an die Vorsteher der deutschen Städte (1524), daß sie Schulen begründen und erhalten sollten, war für Viele eine schöpferische Mahnung, die zahlreiche Neubildungen ins Leben rief, aber es knüpft an bereits bestehende Einrichtungen an. Niedere und höhere Schulen gab es aller Orten; die Mahnung eines Theologen aus dem Jahre 1470: „Man soll die Kinder frühzeitig zur Schule schicken bei ehrbaren Meistern," beweist den ernsten Sinn der geistlichen Führer, und mannigfache urkundliche Nachrichten bezeugen, daß die Schulen fleißig besucht, und der Lehrerstand in hohem Ansehn gehalten wurde. Während bis in das zweite Drittel des 15. Jahrhunderts der Unterricht ein durchaus elementarer war, und das Hauptgewicht auf die religiöse Unterweisung gelegt wurde, begann gegen Ende des Jahrhunderts unter Einwirkung des Humanismus die gelehrte Richtung ihren Einzug in die Schulen zu halten.

Nicht alle diese Schulen, von denen einige bald zu hoher Blüthe gelangten, können hier genannt werden; es genügt, auf die von Schlettstadt, Deventer und Münster hinzuweisen, welche die charakteristischen Eigenthümlichkeiten der humanistischen Schulen zur Erscheinung bringen, der bedeutendsten Lehrer und der begabtesten Schüler sich rühmen können.

Die Schule von Schlettstadt und ihr Meister Ludwig Dringenberg verdienen den Vorrang. Man verglich sie gern mit dem trojanischen Pferde: wie aus dessen Höhlung die griechischen Helden gewappnet herausgestiegen seien, so seien aus dieser Schule die Humanisten gerüstet zum literarischen Kampfe entlassen worden. Trotz dieses nicht unrichtigen Vergleichs war Dringenberg kein Bahnbrecher, nicht einmal ein standhafter Kämpfer. Denn seine Lehren, so sehr sie auch darauf gerichtet waren, die grammatischen Regeln der lateinischen Sprache gründlich einzuprägen, die weitschweifigen Commentare aber, welche den Sinn verhüllen, zu verbannen, waren weit entfernt von classischer Latinität. Da er mit der Uebersetzung eines seiner Lieblingssprüche: „Alt aff, jung pfaff, darzu wild bären, sol nieman in sin hus begeren," welche einer seiner begabtesten Schüler lieferte:

Inveterata pati non simia debet in aedes,
Ursus silvestris, presbiter et juvenis

zufrieden war, so kann er nicht sonderlich große Ansprüche an gute Latinität gemacht haben; und da er selbst über den Tod Herzogs Karls des Kühnen von Burgund folgende von Jak. Wimpheling in seine deutsche Geschichte aufgenommenen Zeilen dichten konnte:

Oppida trina tibi, dux Carole, dura fuere,
In rebus Gransen, grege Murthen, corpore Nanse,

so zeigte er dadurch, daß er die lateinischen Dichter nicht mit allzugroßem Erfolge gelesen hatte. Aber schlimmer war, daß er selbst in Folge dieser mäßigen humanistischen Studien sich in seinem Gewissen beunruhigt fühlte, allen Umgang mit den alten Heiden abbrechen und sich nur frommen Betrachtungen und Uebungen widmen wollte. Diesen Entschluß theilte er dem Patricier Siegmund Gossembrot in Augsburg mit. Da kam er nun freilich an den Rechten. Denn Gossembrot, der, wie bekannt, schon früher Säldner gegenüber zum Retter des Humanismus geworden war, freute sich, an Dringenberg sein Rettungs- und Bekehrungswerk aufs Neue üben zu können. Dringenberg mag den Argumenten des Freundes gelauscht haben, er erhielt den Brief 1466, wirkte aber noch bis zu seinem Tode 1490, er mag von jener Kleingläubigkeit zurückgekommen sein und hatte mit seinem scheinbaren Abfall nicht mehr und nicht weniger gethan als gar Mancher, der bei herannahendem Alter die freieren Ueberzeugungen seiner Jugendzeit abschwört, als gar mancher Humanist der ältern Generation, der die heidnischen Autoren mit seiner besondern im Alter stärker hervortretenden christlichen Gesinnung nicht wohl vereinigen mochte.

Einer der bedeutendsten Schüler Dringenbergs war Peter Schott (geb. 9. Juli 1458, gest. 12. Sept. 1490), ein Mann, der um so größere Aufmerksamkeit verdient, weil er einer der ersten reichen und vornehmen Städter war, welcher die neue Bildung sich anzueignen trachtete, zugleich einer der Ersten, der die Studienreise nach Italien unternahm und trotz der überraschenden Eindrücke, welche er hier empfing, Selbständigkeit genug behielt, um das Aeußerliche, das sich in der italienischen Renaissance vielfach kundgab, zu erkennen und die Eigenthümlichkeit der deutschen Bildung, die der italienischen zwar untergeordnet, aber deswegen nicht barbarisch sei, zu betonen. Freilich hatte er auch Italien nicht blos flüchtig gestreift, sondern gründlich kennen gelernt, denn er war 4 Jahre in Bologna gewesen, um Jurisprudenz zu studiren, die er später eine „thörichte Kunst" nannte, und hatte dann Rom und die übrigen Städte besucht. Als er nach Straßburg, seiner Vaterstadt, zurückkehrte, war er der Einzige daselbst, welcher Griechisch verstand. Er wurde Theologe, blieb aber Humanist. Denn wenn er auch als Theologe wirkte, Unsitten bekämpfte, gegen die Pfründenhäufung auftrat, seinen in Italien gewonnenen Freund, den großen Bohuslans von Hassenstein, zur Unterdrückung der Hussiten oder Vereinigung derselben mit den Katholiken zu bewegen suchte, so war er ebenso eifrig bemüht, seine Kenntniß des Lateinischen zu vermehren und die Unbildung zu vertreiben. Er ging in seinem redlichen Eifer wohl über das Ziel hinaus, wenn er die Lieder, welche die Kinder bei festlichen Umzügen sangen, benutzte, um die Hochhaltung der Studien zu lehren,

„denn Virgils Muse," so dichtete er, „sei für einen Schilling und Ciceros Toga für einen Hering zu kaufen," aber er faßte das Uebel bei der Wurzel an, indem er 1485 gegen ein von Papst Sixtus IV. erlassenes Dekret, nach welchem Bürger, d. h. unadlige Gelehrte von den Capiteln der Kathedralkirchen ausgeschlossen sein sollten, energisch protestirte. Und wie er bei diesem Protest von der richtigen Erkenntniß geleitet wurde, daß die Vertreter der neuen Richtung auch äußerlich sicher und ehrenvoll dastehen müßten, so sah er auch ein, daß diese Vertreter mit größerm Erfolg wirken könnten, wenn sie vereinigt statt vereinzelt kämpften. Aus solchen Beweggründen muß man seine Sucht erklären, sich mit jedem Schriftsteller, dessen Name ihm bekannt wird, in Verbindung zu setzen. Denn eitel war er nicht, vielmehr bescheiden und einfach, wissensdurstig und lernbegierig, so daß er es in seinen Briefen nicht verschmäht, sich Erklärungen grammatischer Ausdrücke und Uebersetzungen eigenthümlicher Worte zu erbitten. Neben der Wissenschaft aber liebte er Vaterstadt und Vaterland, und wenn er Gedichte schrieb, in denen er gern die von den Italienern erlernte römische Mythologie einmischte, aber die in Italien heimische Frivolität vermied, so benutzte er sie gern zum Preise Straßburgs, der silberglänzenden (Argentoratum) Stadt, die durch weise Regierung ihre Freiheit bewahre, zum Lobe Maximilians, des jugendlichen Königs, der durch seine Kämpfe den Ruhm der alten Deutschen erneuern wolle. Schotts kleine Schriften (Lucubrationes 1498) sind keine genialen Leistungen, aber sie sind ein laut redendes Zeugniß für einen trefflichen Mann, und die spätere Generation wußte wohl, daß sie durch die Herausgabe seiner Schriften ihrem Vorgänger und dadurch sich selbst ein ehrenvolles Denkmal errichtete.

Die Nachfolger Dringenbergs gingen zunächst in seinen Wegen; sie waren Reformer aber keine Revolutionäre, sie gingen lieber langsamen und sichern Schritts, statt eilig vorwärts zu stürmen und später genöthigt zu werden, die leicht gewonnene Stellung schnell aufzugeben. 1490 folgte Crato Hofmann von Udenheim, ein tüchtiger Lehrer, sittlich, fromm, ernst und heiter zur rechten Zeit, wie seine Schüler ihn hübsch charakterisiren: festive severus et severe festivus, unterrichtet und wohl auch empfänglich für Sachinhalt und Formschönheit der alten Schriftsteller, aber ohne geistige Selbständigkeit, vielmehr dermaßen seines Meisters Wimpheling Ansichten folgend, daß er eine in Jenes Kreise entstandene über das unerlaubte Zusammenleben beider Geschlechter handelnde burlesk-satirische Schrift (De fide meretricum), welche selbst für Erwachsene Derbheiten genug enthält, als wirksame Lectüre für seine Schuljungen betrachtete und als solche herausgab. Nach ihm, 1501, kam Hieronymus Gebwyler (1473—1545), der später Lehrer in Straßburg, dann in Hagenau wurde. Durch seine Wirksamkeit geht ein moderner Zug, denn mehr als Andere beschäftigt er sich mit zeitgenössischen Schriften, er legt die Grammatik des Cochläus seinem Unterricht zu Grunde, wählt für seine Schüler die Lectüre der Dichtungen des Battista Mantovano, oder seines Genossen Gresemundt. und gibt des Lefèvre d'Etaples Einleitung zur Ethik des Aristoteles heraus

Diese Hinneigung zum Neuen veranlaßt ihn auch zur Betrachtung der Zeitereignisse, zu einem Nachweis des Deutschthums des Elsasses (Libertas Germaniae 1519), in welchem er in Folge seines übermäßigen patriotischen Eifers das alte Märchen der Abstammung der Deutschen von den Trojanern gläubig nachschreibt; zu einer Verherrlichung Kaiser Karls V. (Panegyris Carolina 1521), in der er es aber auch an politisch-kirchlichen Mahnungen nicht fehlen läßt. Daneben fesselten ihn historische Studien, bald über das Leben der Heiligen, bald über die Genealogie der Habsburger, fleißige, aber kritiklose Untersuchungen, in die sich manchmal bewußte Parteilichkeit mischt, ferner philologische Arbeiten, z. B. Herausgabe der Comödien des Plautus, die er denen des Terenz vorzog, endlich religiöse Betrachtungen und Streitigkeiten mit seinen Gegnern. Denn er war streng katholisch gesinnt und sehr erbittert auf die Jünger der neuen Religion, um so erbitterter, da er selbst die Schäden der alten Kirche klar erkannte und vor wie nach der eingetretenen Spaltung die schlechten Sitten der Geistlichen und die Mißstände am römischen Hofe offen rügte. Gebwyler leitete die Schlettstadter Schule bis 1509, er nahm auch junge Leute in sein Haus, deren einer die Art seines Unterrichts folgendermaßen schildert: „Morgens nimmt er das Doctrinale (die Grammatik des Alexander de Villa Dei) mit uns durch, um 9 Uhr Stücke aus alten Autoren, Horaz, Ovid u. A., Nachmittags die Schriften des Battista Mantovano; Montag müssen wir Verse metrisch behandeln. Um 4 Uhr müssen wir Alles wiederholen, was während des Tages gelehrt worden ist.“ Die Erläuterungen, welche der Lehrer gab, sind, wie man aus den erhaltenen Proben erkennen kann, durchaus antiquarisch, äußerlich, die sinnliche Anschauung bleibt unberücksichtigt; ist z. B. vom Löwen und Tiger die Rede, so werden Stellen aus Vergil und Aulus Gellius citirt, und statt einer Erklärung des Pardel steht der classische Satz: pardus animal cujus femina pardalis nuncupatur.

Der Nachfolger Gebwylers nach kurzem Interregnum war Joh. Sapidus (1511—1525). „Ich hann vill barbara nomina, ich muß ein mall ein wenig lateinisch machen,“ mit diesen Worten trat er, der sich ja selbst einen lateinischen Namen aus seinem deutschen: Witz zurechtgemacht hatte, einmal bei seinen Schülern ein. Dies erzählt sein begeisterter Jünger Thomas Platter, der von der Schlettstadter Anstalt unter dieser Leitung sagt: „Das was die erst schull, do mich ducht, das recht zugieng.“ Der aber wußte von den Schulen zu erzählen, denn er hatte viele durchlaufen, ohne etwas ordentliches zu lernen, er hatte noch erlebt, daß „graeca lingua noch nienert im Land war“ und daß außer dem Lehrer Niemand ein gedrucktes Buch hatte; da mußte man nun, was man las „erstlich dictieren, dann distingwieren, dann construieren, zuletzt erst exponieren,“ so daß die Schüler große Scharteken mit nach Hause brachten. In Breslau waren 9 baccalaurii zu einer Stunde in derselben Stube; in Schlettstadt war die Schule damals von 900 Schülern — der Lehrer durfte von Jedem 10 Schilling-Pfennige jährlich nehmen — besucht, und doch scheint an dem letztern Orte bei weitem größere Ordnung geherrscht zu haben.

Auch die alte Methode war verlassen: statt des Doctrinale war der Donat eingezogen; das ertödtende Auswendiglernen war einem naturgemäßen Aneignen gewichen, die lateinische Sprache war nicht mehr ausschließlicher Gegenstand des Unterrichts, auch die griechische wurde gelehrt; in der Behandlung der Schüler war die früher übliche Rohheit geschwunden.

Sapidus (1490—1561), ein Schüler Gebwylers, war gleich Diesem eifriger Anhänger seines nahen Verwandten Wimpheling, dem er in der Hochhaltung des christlichen Dichters Mantovano folgte, in dessen ihm von Mönchen herrührenden Anfechtungen tröstende Worte zurief und vielleicht auch die humoristisch-satirische Schilderung widmete, die man in den Dunkelmännerbriefen findet. Aber die Abhängigkeit von dem Meister hatte ihre Grenzen; die religiöse Ueberzeugung ließ sich nicht gebieten, wie die wissenschaftliche Meinung; Sapidus ging in das Lager der Reformatoren über, empfing von dem ehemaligen Gönner die Drohung, er werde der Inquisition denuncirt werden und gab, da Schlettstadt katholisch geblieben war, 1525 sein Schulamt auf. In der reformatorischen Bewegung nimmt er eine ehrenwerthe Stellung ein, wenn er auch kein Reformator ist, er wird von Luther geschätzt, von Zwingli geehrt und als ein künftiger wahrer Bischof bezeichnet; seit 1538 bekleidete er in Straßburg wiederum eine Schulstelle. Sapidus ist kein fleißiger Schriftsteller; das Wenige indessen, was er schrieb, verdient Beachtung. Er war ein eifriger Erasmianer und schrieb einmal einen „Streit Galliens und Germaniens um Deutschland," in welchem er ihn als Sohn Deutschlands bezeichnet. Eine Sammlung seiner Epigramme (1520) vereinigt Spott-, Sinn- und Lobgedichte, ist bemerkenswerth wegen der Erwähnung und der Lobpreisung vieler charakteristischer Persönlichkeiten, wegen ihres Hinweises auf moralische Zustände, ihres Spottes gegen die Frauen, gegen die ungelehrten Skotisten, die Verächter griechischer Studien, die übereifrigen Christen, die sich durch einen Juden, den sie zum Genuß von Schweinefleisch zwingen wollen, die Frage vorlegen lassen müssen, ob denn ihre Religion auf den Genuß solchen Fleisches gegründet sei; wegen ihrer Hervorhebung des wahren Christenthums und der echten Theologie, die nicht in Ceremonieen und äußeren Formen, sondern in Liebe und Tugend bestehe.

Was Schlettstadt für den Süden und Westen, das leistete für den Norden Deutschlands die Schule von Deventer, so lange sie unter der Leitung des Alexander Hegius stand. Hegius (1433—1498) kam 1474 nach Deventer und blieb daselbst bis zu seinem Tode. Er entfaltete hier eine so bedeutende Wirksamkeit im Dienste des Humanismus, daß die bedeutenden Männer der folgenden Jahrzehnte sich gerne, wenn auch mit Unrecht, rühmten, Schüler des Hegius zu sein. Jedenfalls haben, um nur einige Hervorragende zu nennen, Erasmus, Herm. v. Busche, Joh. Caesarius, G. Listrius, Murmellius, Mutian u. A. seine Schule besucht und das Verdienst des Lehrers dankbar anerkannt. Hegius war kein universaler Gelehrter, aber ein stets eifriger und lernbegieriger Mann, der, wie eine Anekdote über ihn berichtet, selbst Nachts sich keine Ruhe gönnte, sondern sich zur Nachtarbeit dadurch zwang, daß er einen angezündeten Kerzenstumpf in die Hand nahm, um, falls er vom Schlafe übermannt würde, durch das weiterbrennende Licht sofort geweckt und wieder zur Arbeit getrieben zu werden. Seine Schriften, die nach dem Tode des Meisters von einem Schüler herausgegeben wurden, enthalten kleine Gedichte, philosophische Abhandlungen, zerstreute grammatische Bemerkungen, deutsche Uebersetzungen lateinischer Ausdrücke und einzelne Briefe. Sie zeigen eine für jene erste Zeit des Humanismus bedeutsame Kenntniß der lateinischen Sprache, Gewandtheit im Ausdruck, wenn auch ein seltsames Gefallen an Wortspielen, ferner eine oberflächliche Bekanntschaft mit der griechischen Sprache, deren Nutzen er in Gedichten preist, in seltsamen Sätzen die Nothwendigkeit derselben zum Verständniß einzelner lateinischer Ausdrücke, einzelner bei dem Gottesdienst gebräuchlicher Worte begründend; „erst durch das Griechische", ruft er aus, „wissen wir, daß wir baptizati sind." Hebräische Bücher sind ihm dagegen prorsus ignoti. Zwei Commentare, welche Butzbach als von Hegius herrührend erwähnt, zum doctrinale des Alexander und zu den damals so beliebten Dichtungen des Battista Mantovano scheinen nicht erhalten zu sein, aber schon die Wahl der letzteren zeigt die fromme Richtung des Verfassers. Dieselbe tritt auch in den Gedichten hervor, die sich mit Vorliebe an die Jungfrau Maria wenden, außerdem Geburt, Passion und Auferstehung Jesu besingen und manche Heiligen, z. B. Andreas und Agathe feiern. Aber zum würdigen Preise dieser und ähnlicher Gegenstände wählt der Dichter antike Metren und verfehlt nicht, seine Leser mit diesen bekannt zu machen. Auch einige Zeitgenossen feierte er in Liedern und die Stadt Deventer, welcher er selbst so großen Ruhm verschaffte; er freut sich, daß seine Genossen, besonders auch die Adligen, Hermann v. Busche, Rudolf v. Langen, die Barbarei aus Deutschland vertreiben. Er polemisirt gegen diejenigen, welche „Prognostiken" schreiben und sich die Fähigkeit beimessen, für sich und Andere die Zukunft vorherzusehn; und wenn er die vielfachen Uebel beklagt, von denen die Menschheit heimgesucht werde, so vergißt er neben Krankheiten und Krieg nicht, die Münzverschlechterung hervorzuheben; er bekämpft Trägheit und Neid, preist die Gerechtigkeit und empfiehlt die Pflege der Studien als würdigste Beschäftigung.

Aber sein Hauptverdienst besteht nicht in diesen schriftstellerischen Arbeiten, sondern in seiner pädagogischen Wirksamkeit, in seinem energischen und glücklichen Kampfe gegen die mittelalterlichen Lehrbücher, in seinem beständigen Hinweise auf die Classiker, als auf die einzige Quelle des richtigen lateinischen Ausdrucks. „Er war eine jener geborenen Lehrernaturen", sagt Otto Jahn, „welche unwillkürlich durch ihr Wesen, Erscheinung, Behaben und Leben belehren, bilden und erziehen, die in den verschiedensten Schülern die geistige und sittliche Kraft wecken und stärken, auf Jeden seiner Art gemäß einwirken und in dieser Thätigkeit ihre volle Befriedigung finden." Er war seinen Schülern auch Vorbild und Muster strenger Moral; die Zöglinge hatte er nicht im Auge, wenn er seinen Spruch: „Der Dienst Vieler ist dem entsetzlichsten Tode gleich" aussprach. Ursprünglich einer heitern Lebensauffassung, welche das Vergnügen als begehrenswerth erklärte, ergeben, wurde er, je älter er wurde, desto ernster und strenger, beachtete nur die Literatur, welche zur Erzeugung frommer Gesinnung diente, und nahm in den letzten Jahren seines Lebens das priesterliche Gewand. Niemals aber ermüdete er in freundlicher Förderung seiner Schüler und in Unterstützung der Armen, so daß er sein beträchtliches Vermögen an Dürftige vertheilte und bei seinem Tode nichts als Kleidungsstücke und Bücher hinterließ.

„Ja das war ein Mann, gar alles Lobes würdig, wie er denn auch im Leben und im Tode von den gelehrten Männern verdientermaßen gepriesen worden ist. Wie eine glänzende Leuchte strahlte er durch seine Rechtschaffenheit unter dem Volke, durch sein umfassendes Wissen und seine große Begabung unter dem Chor der gelehrten Leute vor Allen hervor." Mit diesen Worten pries den Verstorbenen ein dankbarer Schüler, Johannes Butzbach (1477 bis 1526), der im Todesjahre des Meisters nach Deventer gekommen war, trotz der kurzen Zeit aber, die er mit ihm zusammenleben konnte, sich seines Unterrichts zeitlebens erinnerte. Der Schüler wurde ein frommer, unterrichteter Mann, der, auf schriftstellerischen Ruhm Verzicht leistend, nur zur Erbauung und Belehrung seiner Genossen religiöse Tractate schrieb und Nachrichten über die zeitgenössischen Gelehrten sammelte. Wichtiger indessen als durch diese lang athmigen Darlegungen und unfruchtbaren Zusammenstellungen wurde er durch sein Wanderbuch (Hodoeporicon), in dem er schlicht und anmuthig seine eignen Lebensschicksale beschreibt und durch solche Schilderung wichtige Beiträge gibt zur Erkenntniß des Wesens der Schulen und des Lebens der Schüler zur Zeit des Humanismus.

Johannes Butzbach, der sich nach seiner Vaterstadt Miltenberg (milder Berg) Piemontanus nannte, wurde 1477 geboren. Sein Vater war Weber, lebte in ärmlichen Verhältnissen und war froh, da dem ältesten bald andere Kinder folgten, daß eine kinderlose, reiche und fromme Verwandte den Knaben an Kindesstatt aufnahm. Sie behandelte ihn zärtlich, wurde aber durch diese Zärtlichkeit nicht gehindert, an den Knaben das scheinbar grausame Verlangen des Schulbesuches zu stellen, ein Verlangen, zu dessen Ausführung Johannes nicht durch Worte, sondern nur durch Schläge und Bretzel veranlaßt werden konnte. Doch die Muhme starb früh und wie schmerzlich der Knabe auch diesen Verlust empfand, so freute er sich doch in der Hoffnung, daß der schlimme Schulspaß nun ein Ende haben würde. Aber er wurde in seiner Hoffnung getäuscht: er wurde von den Eltern zur Fortsetzung des Schulbesuchs genöthigt und mußte, um der Qual, die man ihm bereiten wollte, zu entgehn, sich während der Schulzeit verstecken, betrog die Eltern und täuschte die Lehrer. Freilich wurde er, sobald man die Schliche entdeckte, mit Gewalt in die Schule gebracht, hier aber mit Schlägen in so furchtbarer Weise willkommen geheißen, daß die Eltern sich genöthigt sahen, ihn herauszunehmen, nun aber auch sich Mühe gaben, dem prügelnden Schulmeister ein passenderes Amt, nämlich das des Stadtbüttels, zu verschaffen. Indeß jubelte der Knabe, als wäre er dem Gefängniß entronnen, glaubte sogar an das Ziel seiner Wünsche gelangt zu sein, da sein Vater sich entschloß, ihn einem fahrenden Schüler (Bacchant), der gerade in Miltenberg sich befand, als jugendlichen Begleiter (Schütz) mitzugeben, und trennte sich daher in seinem kindischen Leichtsinn fast freudig von seinen Eltern, die ihn nur mit Schmerz und Wehmuth entließen.

Aber gar bald wurde er in der Aussicht, mit seinem ältern Genossen ein schönes, behagliches Leben zu führen, betrogen und mit des Lebens Elend bekannt gemacht. Denn der Bacchant wanderte nur, um seinen Körper zu pflegen und kümmerte sich um seine geistige Ausbildung ebensowenig wie um das Wohlergehn seines Schützlings, ja bediente sich desselben nur zur Herbeischaffung von Lebensmitteln und Geld. In dieser dienenden Stellung hatte Butzbach, wie die „Schützen" jener Zeit überhaupt, zunächst die rohen Mißhandlungen seines Herrn zu erdulden, sodann das Gespött der Schüler, außerdem die zornige, nicht selten mit Thätlichkeiten verstärkte Abweisung durch die Hausfrauen, endlich die oft empfindlich nahe Berührung mit Hunden und mit den Dienern der Gerechtigkeit. Daß nicht alle diese Knaben, die in zartestem Alter rohen und verdorbenen Führern anvertraut wurden, physisch und moralisch untergingen, ist merkwürdig; daß Manche sich aus dieser widrigen Lage zu anerkennenswerther Tüchtigkeit durcharbeiteten, ist ein Zeichen von großer sittlicher Kraft. Unter den Letzteren muß Butzbach ehrenvoll genannt werden.

Mit seinem Zuchtmeister wanderte der Knabe durch viele Städte und Dörfer des südöstlichen Deutschlands und je weiter er kam, um so mehr hatte er zu leiden. Da der Ertrag des Bettelns nicht ausreichte, so wurde Johannes, trotz seines Sträubens, zum Stehlen angehalten, ja er sollte einmal sogar zum Graben nach geheimen Schätzen genöthigt werden, und entging nur mit knapper Noth dieser Forderung. So war er durch Nürnberg, Bamberg, Regensburg nach Böhmen gekommen, hatte sich längere Zeit in Eger aufgehalten, wo der Bacchant endlich einmal für gut fand, eine ordentliche Schule zu besuchen, da fand er endlich Gelegenheit, den schon lange gehegten Plan, seinem Peiniger fortzulaufen, zur Ausführung zu bringen. Einmal mißlang der Versuch und trug dem Zurückgebrachten eine furchtbare Züchtigung ein; zum zweiten Male gelang er.

Butzbach war frei, er war glücklich genug, nach dem nahegelegenen Bade, dem jetzigen Karlsbad, zu entkommen und benutzte seinen dortigen Aufenthalt, nicht etwa um seinem wundgeschlagenen Körper die nöthige Kräftigung angedeihen zu lassen, sondern um in einem schon damals bestehenden Gasthause als Kellner einzutreten. Auch diesem Gewerbe, das freilich der wissenschaftlichen Ausbildung ebensowenig förderlich war, als seine frühere Thätigkeit, wurde er bald entzogen, da er von einem böhmischen Edelmanne als Diener mitgenommen und in seiner und anderer Herren Dienste — er wurde nämlich wie eine Waare von einem Besitzer an den andern verschenkt oder verkauft — viel Böses selbst thun oder mitansehn mußte. Auf seinen mannigfachen Streifereien erwarb er sich Kenntniß der böhmischen Sitte und Sprache, gelangte auch nach

Prag, von dessen Herrlichkeit er entzückt war, obgleich er die hier und an anderen Orten Böhmens herrschende hussitische „Ketzerei" aufs Heftigste verdammte. Nachdem er drei Jahre lang in verschiedenen Stellungen in Böhmen gelebt hatte, empfand er, unter Zusammenwirken von mancherlei Umständen, die Sehnsucht nach der Heimath so mächtig, daß er den Entschluß faßte zu fliehn. Doch verschmähte er hierbei, trotzdem er an Schwarzkunst glaubte, die Hülfe einer Zauberin, die ihn in anderthalb Tagen nach seiner Vaterstadt zu befördern versprach und entrann, der eignen Kraft vertrauend, seinem letzten Herrn.

Allerdings mußte er noch Manches über sich ergehen lassen, ehe er Miltenberg wieder erreichte: in einer Stadt trieb er das Fleischerhandwerk, einem Kaufmann mußte er, um eine kurze Weiterbeförderung zu erlangen, ein Märchen von seiner vornehmen Abkunft erzählen. Als er nun endlich ankam, erfuhr er, daß er seinen Vater längst verloren habe und einen Stiefvater besitze. Indeß nahm dieser ihn freundlich auf und brachte den Jüngling einige Zeit darauf nach Aschaffenburg zum Erlernen des Schneiderhandwerks. Die Lehrzeit überstand Johannes, wenn auch unter mancher Noth und Pein, dann ging er nach Mainz, wo er seinem Handwerk fleißig oblag, in der klosterreichen Stadt aber die Sehnsucht nach der Stille des klösterlichen Lebens immer mehr erwachen fühlte und nach Ruhe begehrte, die ihm, wie er meinte, nach seiner stürmisch erregten Jugend wohlthun würde. Um diese zu erlangen, ging er als Klosterschneider nach Johannisberg.

Aber hier regte sich mächtig in ihm die lange unterdrückte Lust zu lernen. Zwar war er 21 Jahre alt und hatte kaum die ersten Anfangsgründe in allen Gegenständen des Wissens inne, aber er hegte zu sich das feste Vertrauen, daß er alle Hindernisse besiegen werde. Er ging nach Deventer. Dort mußte er sich zunächst mit kleinen Kindern auf dieselbe Schulbank setzen, aber er überwand, vermöge seines Eifers, unterstützt durch seine Fähigkeiten, die bisher geschlummert hatten, alle Schwierigkeiten so leicht, daß er in zwei Jahren von der achten bis zur dritten Classe aufstieg. Aber nicht blos das Lernen, sondern auch das Leben machte ihm Pein: materielle Noth, der er durch Betreiben seines Handwerks abhelfen mußte, Krankheiten, durch das ungewohnte Klima verursacht, endlich Lockungen mancher Gefährten, die, weniger stark als er, ihn der Schule entfremden wollten. Aber er harrte aus, bis er mit einem Genossen von dem Abte von Laach bewogen wurde, in sein Kloster zu treten. So verließ Johannes, an der Wende des Jahrhunderts, im Dez. 1500, die Schule und kam, nach einer Wanderung durch den auch im Winter schönen Rheingau, an seinen neuen Bestimmungsort. Er trat ins Kloster als Novize ein und legte nach kurzer Probezeit das Mönchsgelübde ab, selig in dem Berufe, den er als den herrlichsten betrachtete, freudig erregt durch Tugenden und Thätigkeit seiner Genossen, entzückt über die herrliche Natur und die schönen Gebäude, in denen er von nun an seine Tage zubringen sollte.

Deventer blieb ihm lieb und werth, aber mehr das alte unter Leitung des Hegius blühende, als das neue, von den Nachfolgern gemäß den veränderten Anschauungen umgestaltete. Die Bedeutung Deventers schwand rasch, theils in Folge des Todes des mächtig eingreifenden Leiters, theils in Folge der neu aufblühenden Schwesteranstalten, Emmerichs im Süden, Münsters im Osten und Alkmaars im Nordwesten.

Nur eine derselben, die von Münster, verdient eine eingehendere Schilderung, vor Allem wegen der Persönlichkeit der beiden am meisten um sie verdienten Männer Rudolf von Langen und Johannes Murmellius. Beide sind keine bedeutenden Menschen, aber während ihres ganzen arbeitsreichen Lebens in einer und derselben Richtung thätig und gerade in Folge dieser Einseitigkeit fördernd und einflußreich.

Rudolf von Langen ist 1438 geboren und 1519 gestorben. Er ist seßhafter als alle seine gelehrten Zeitgenossen; von dem specifisch humanistischen Wandertriebe erscheint er niemals angesteckt, nur nach Italien läßt er sich locken, weilt mehrmals und längere Zeit daselbst und schöpft aus den dort ihm bekannt werdenden Leistungen und Bestrebungen Anregung zu eignem Wirken, doch ohne die unkirchliche Gesinnung italienischer Humanisten zu theilen und ohne ihre frivole Lebensweise nachzuahmen. Er ist ein Alter, der sich jugendlich zu erhalten meint, wenn er sich mit Jünglingen umgibt, ein liebenswürdiger Beförderer Aermerer, ein wackerer Priester, aber er ist ein recht mittelmäßiger Dichter und ein Historiker, dem nicht weniger als alle Eigenschaften zum Geschichtschreiber abgingen. Vor Allem aber ist er ein thatkräftiger, zielbewußter Mann, der unverrückt an seinem Lebensplan, der Reorganisation des Münsterischen Schulwesens, festhält und denselben trotz mancher Gegenbestrebungen, mochten sie nun aus Münster selbst stammen oder durch die Kölner Theologen beeinflußt sein, schließlich durchführt. Denn wenn auch einzelne humanistische Bestrebungen auf diesem Gebiete sich früher gezeigt hatten — schon 1485 erscheint eine lateinische Comödie von Kerckmeister, der sich gymnasiarcha Monasteriensis nennt — so ist doch die Neuschöpfung der Domschule, die Berufung des Alexander Hegius, der freilich den Ruf ablehnte, Langens Werk. Die Anstalt trat 1500 ins Leben, zuerst mit vier Classen, denen ein Jahrzehnt später zwei neue hinzugefügt wurden, als eine geistliche Anstalt, die daher naturgemäß auf den Religionsunterricht den größten Nachdruck legte, sodann Latein — seit 1512 auch Griechisch — Philosophie, Poetik, Rhetorik und Dialectik lehrte. Das humanistische Wesen dieser Schule zeigte sich sofort in der Bevorzugung der lateinischen Sprache und in der methodischen Art der Unterweisung, erst später in der Umgestaltung der Hülfsmittel und der Lehrbücher, in Ersatz der mittelalterlichen durch neue und zweckmäßigere. An dieser Umänderung haben drei Männer mitgearbeitet, die in der Geschichte des deutschen Humanismus einen Platz verdienen. Der erste ist Timan Kemner, Münsters erster Rector (seit 1500, geb. c. 1470 gest. 1535), ein verdienter Schulmann und fleißiger Schriftsteller. Seine pädagogische Tüchtigkeit wird von Niemandem bestritten, seine literarischen Leistungen dagegen, die er gern als Compendien bezeichnet: Compendien der Logik, Rhetorik, Dialectik, Naturphilosophie wurden von einem Gegner wohl „Dispendien der Schüler" genannt. Beim Beginne seiner Thätigkeit verfaßte er Commentare zu mittelalterlichen Lehrbüchern, gegen Ende seines Lebens hoffte er durch heftige Beschimpfung derselben seine eigne ihnen früher gewidmete Thätigkeit vergessen zu machen, wie er denn überhaupt seine Leistungen zu rühmen, sein Verdienst nicht selten auf Kosten Anderer zu erhöhen verstand.

Der zweite ist Anton Tunnicius (1481—1541). Sein Verdienst besteht namentlich in der von ihm herausgegebenen ersten deutschen Sprüchwörtersammlung, welche außer den deutschen verständig ausgewählten Sprüchwörtern lateinische den Sinn umschreibende in Hexametern abgefaßte Uebersetzungen enthält. Aus einer solchen Sammlung kann man nicht unbedingt auf die Gesinnung des Sammlers schließen, weil dieser zu sehr an den Stoff gebunden ist, also eine willkürliche Auswahl schwer treffen kann, trotzdem wird man nicht irren, wenn man dem Tunnicius fromme, kirchliche, dabei antigeistliche Anschauung, sodann humanistische Neigungen zuschreibt. Diese erkennt man nicht blos aus dem Umstande, daß der Verfasser seinen deutschen Sprüchwörtern lateinische Uebersetzungen hinzuzufügen für nöthig hält, sondern aus der Entlehnung mancher Sprüche aus römischen Schriftstellern und der nicht seltenen Empfehlung der lateinischen Sprache.

Der dritte, Johannes Murmellius, unter den Genannten der Bedeutendste (1480—1517), war nach seiner durch einen Streit mit Kemner abgebrochenen Thätigkeit an der Domschule Rector der Ludgerischule in Münster, später Vorsteher der Schule in Alkmaar, die er zu hoher Blüthe brachte. Er ist Philologe, Pädagoge, Dichter, ein Mann von ernster Gesinnung und reger Antheilnahme an den Fragen der Zeit, streitlustig, kühn und rücksichtslos im Angriff, so daß er vielleicht seinen frühen Tod durch die niedrige Rache eines gekränkten Gegners fand. Unter seinen Schriften sind die pädagogischen die wichtigsten. Er ist ein frommer Pädagoge, er stellt das Wissen nicht über den Glauben und die Sitten; „nichts ist verderblicher, als ein gelehrter und dabei schlechter Mensch" oder „Nicht wissen ist besser als mit Schuld lernen" lauten seine Sätze, er eifert für die Theologie, wenn auch gegen die Theologen und bekennt ausdrücklich, daß er in allen seinen Schriften nichts billige, „was nicht von der römischen Kirche beschlossen und angenommen sein wird." Seine zahlreichen pädagogischen Schriften, im Ganzen 25, erfreuten sich der besten Aufnahme; gibt es doch eine, welche in 77 Auflagen bis zum Ende des vorigen Jahrhunderts verbreitet war. Drei seiner Unterrichtsschriften verdienen eine kurze Erwähnung. Die erste, das Enchiridion scholasticorum, welche bei der Untersuchung, ob öffentlicher oder Privatunterricht vorzuziehen sei, für den erstern sich entscheidet, betont die Nothwendigkeit des Lernens auch für die Fürsten, feiert die segensreiche Erfindung der Buchdruckerkunst und gewährt nur ungern Italien den geistlichen Primat, gibt Vorschriften über die Pflichten der Lehrer und Schüler, legt auf die körperliche und moralische Ausbildung hohen Werth und versucht eine Methodik des Unterrichts. Zunächst fordert der Autor das Erlernen der Grammatik, sodann eine vielseitige Beschäftigung mit der Dichtkunst: die Dialektik diene zur Schärfung des Verstandes und sei nichts als eine Vorbereitung zur Philosophie; der Schulunterricht sei nur eine Vorstufe zum Studium der Wissenschaften, unter denen er der Theologie den Ehrenplatz einräumt. Er braucht in dieser Schrift einmal ein hübsches Wort: Die Kindheit (pueritia) vergeht schnell, aber kindisches Wesen (puerilitas) bleibt, wenn man es nicht durch Lernen vertreibt. Die zweite Schrift, pappa puerorum, ist hauptsächlich ein Uebungsbuch für deutsche Knaben zum Erlernen der lateinischen Sprache: zu diesem Zwecke stellt der Verfasser ein lateinisch-deutsches Wörterbuch, eine Sammlung der gebräuchlichen Sprüchwörter, ferner der hauptsächlichen Sitten- und Anstandsregeln zusammen und theilt eine Reihe von Gesprächen zwischen zwei Schulknaben mit. In diesen Gesprächen nun, die gleichfalls in lateinischer und deutscher Fassung gegeben werden, üben sich, höchst charakteristisch für die naive Auffassung jener Zeit, die zwei Knaben auch im Schimpfen und im Gebrauch von Trinkerredensarten; es muthet eigenthümlich an, wenn man die Unterweisung des Lehrers vernimmt, der Schüler habe nebulo, veterator, carnifex mit „Lecker, Unflat, henkermäßig Bube“ zu übersetzen, oder einem Genossen, der das Vorgetrunkene nicht alsbald „nachkommen“ will, entweder die deutschen Worte „Ich sal dit kruysken dich voer den kop werpen“, oder die classische Wendung zuzurufen: Nisi tantundem potaris, hunc calicem in os tibi impingam. — Die dritte Schrift: Scoparius (Besen) „gegen die Vorkämpfer der Barbarei und die Verächter der Humanität“ soll dazu dienen, mit den alten Lehrbüchern der Grammatik und Dialektik aufzuräumen, die wissenschaftlicheren der Humanisten zu empfehlen, durch ein stattliches Verzeichniß der in den letzten Jahrzehnten erschienen Ausgaben und Commentare classischer Schriftsteller den Gegnern zu imponiren, unter den zur Schullectüre geeigneten Autoren trotz aller Anfechtungen der mit ihrem moralischen Sinne Prunkenden auch den Terenz zu empfehlen, und besonders die Lectüre der heiligen Schriften zu verlangen.

Das bis zum Anfange des 16. Jahrhunderts allgemein gebräuchliche grammatische Handbuch war das 1199 entstandene Doctrinale des Alexander de Villedieu (de Villa Dei), das in den denkbar schlechtesten Versen, deren Verständniß allein schon ein Studium erfordert, die Regeln der Wort-, Satz- und Verslehre zusammenstellt. Da es mehr ein Hülfsbuch für den Lehrer als ein Lehrbuch für den Schüler sein sollte, so lag es allerdings weniger an dem Verfasser als an seinen gedankenlosen Benutzern, die freilich in sämmtlichen europäischen Ländern mehrere Jahrhunderte hindurch vertreten waren und nach Tausenden zählten, daß dieses Werk mit seinen noch übleren Glossatoren die fast alleinige Grundlage des sprachlichen Unterrichts wurde. Indessen auch der Verfasser hatte schwer gesündigt. Zunächst entbehrt die Eintheilung seines Werkes der verständigen Ordnung. Denn die zwölf Kapitel enthalten nach einander Regeln über regelmäßige und unregelmäßige Declination, Comparative und Superlative, Genus, Präterita und Supina, unregelmäßige Verba; einzelne Verbarten z. B. Frequentativa; Gebrauch der Casus; Construction, sowohl der Verba als der Eigenschaftswörter und Conjunctionen; Metrik; Accente; grammatische Figuren. Eine solche Eintheilung ist unlogisch und unmethodisch und nicht im Stande, dem Schüler einen richtigen Begriff der Sprache beizubringen. Der schlimmste Fehler des Werkes ist aber die geistige Selbständigkeit, die man bei anderen Autoren als besondern Vorzug rühmt, denn sie ist hier nicht Zeichen einer originellen Denkart, sondern Produkt beschränkter Auffassung und thörichten Hasses gegen die römischen Classiker.

Schlimmer noch als mit der Grammatik war es mit den Wörterbüchern bestellt, nur daß deren größere Thorheit und Unvollkommenheit den Kampf leichter und den Sieg schneller und allgemeiner machte. Eines der schlimmsten war das aus dem 13. Jahrhundert stammende des Hugutio, das seine Stärke namentlich in der Etymologie suchte. Es bewies schon Unwissenheit des Autors, wenn es lateinische Worte aus lateinischen herzuleiten suchte, etwa auscultare = aures sono culcare oder lictor = legis ictor, aber es wurde hochkomisch, wenn es griechische Worte durch lateinische zu erklären unternahm, presbyter aus praebet suis iter, oder anachoretus aus cor agentes nämlich jejunio; und gab Beweise der lächerlichsten Unverschämtheit, wenn es Anstrengungen machte, Kenntniß der griechischen Sprache darzuthun, durch Erklärungen, wie arismetica (arithm.) = ares quod est virtus et richimus quod est numerus oder kataklysmos = kata quod est universale et clysma quod est pars = omnes partes.

Das Bewußtsein, daß durch solche Lehrmittel eine wirkliche Kenntniß der Sprachen des Alterthums nicht erzielt werden könnte, war unter den Humanisten der ältern Generation nicht so allgemein, wie man erwarten sollte. Vielmehr dauerte es Jahrzehnte, bis die ersten schüchternen Versuche gemacht wurden, diese Lehrmittel aus den Schulen zu verdrängen, und der Humanismus hatte sein Ende erreicht, ohne daß neue genügende Bücher an Stelle jener alten unbrauchbaren getreten waren. Den Anfang zu einer Reform machte Reuchlins großes Werk, der in einem Vierteljahrhundert (1478 bis 1504) etwa 25 mal gedruckte Vocabularius breviloquus, das, zwar noch durchaus unvollkommen, wenigstens den großen Fortschrit anbahnte, daß es an die alten Autoren selbst heranging und statt eine Concordanz für die lateinische Bibelübersetzung, die Vulgata, zu sein, wenigstens das Bestreben zeigte, den Wortschatz der römischen Classiker zu sammeln und zu ordnen.

Die Grammatiken und Wörterbücher nun, welche von den Humanisten verfaßt wurden und die Bestimmung hatten, an die Stelle jener veralteten zu treten, lehnen sich entweder direkt an einzelne Schriftsteller des Alterthums an, sind Specialwörterbücher einzelner vielgebrauchter Autoren oder Realencyklopädieen, freilich dem Inhalt und dem Umfang nach unbedeutende, des classischen Alterthums, oder sie hängen unter einander zusammen, dergestalt, daß das

Wörterbuch nur eine Ergänzung der Grammatik ist. Derart ist Joh. Altensteigs Vokabular; seit 1508 eins der beliebtesten Handbücher der neuen Richtung. Von alphabetischer Anordnung ist nicht die Rede, vielmehr wird der Wortschatz nach den acht Redetheilen verzeichnet, auch innerhalb der einzelnen Theile wird eine solche Einreihung nicht immer gewahrt. Von Vollständigkeit ist nicht die Rede: bei den Zahlwörtern werden nur die ersten angegeben, mit dem Zusatze: wer die übrigen wissen wolle, möge sie bei Lorenzo Valla nachlesen. Solche Anführung moderner Autoren ist häufig; nicht minder häufig ein Hinweis auf das Griechische, mehr um die neu erlangte Kenntniß darzuthun, als um eine nothwendige Erklärung zu geben; seltener eine Rücksichtnahme auf das Deutsche, denn die Benutzer sollten ja eben dazu angehalten werden, Lateiner zu werden.

Die Grammatiken, zu denen Altensteig den erklärenden Wortschatz zu liefern beabsichtigte, sind die des Joh. Heinrichmann und Joh. Brassikan, zweier Tübinger Professoren. Der Hauptfehler dieser Bücher ist die geringe Rücksicht auf das Aeußere, auf die typographische Anordnung, durch welche schon für das Auge das Wesentliche von dem Unwesentlichen zu unterscheiden war, die mangelhafte Eintheilung. Im Einzelnen sind sie nicht frei von Seltsamkeiten: sie constatiren 8 Casus, als 7. und 8. nämlich den Ablativ ohne Präposition und den Dativ, der statt eines von einer Präposition regierten Accusativ steht; zu den Adverbien rechnen sie Romae und Tubingae. Zeigt schon die letzterwähnte Anführung eine Erwähnung der Stadt, in der sie lebten, so beweisen Beispielssätze wie die folgenden: „Maximilian und Maria sind sehr gerecht; Constanz, eine Stadt, nahe der Schweiz, die aber nie vom Reich abfallen wird; man sagt, daß Basel sich von Deutschland getrennt habe,“ Hindeutungen auf die Zeit und bekunden zugleich die Gesinnungsart der Autoren. Indessen ihnen liegt weniger an der Gestaltung des Reiches als an der der Wissenschaft; demgemäß haben sie höchstens einen Stoßseufzer gegen Deutschlands Feinde, warnen aber um so eindringlicher vor den Feinden des Wissens; wenn sie bei der Declination vor das Hauptwort hic setzen, an Stelle des Artikels, so vergessen sie nicht hinzuzufügen, stehe letzteres Wort allein, so sei es Pronomen, nicht Artikel, wie die Ungebildeten meinen, sie mißbilligen aufs Heftigste „die Ausdrücke, welche die Barbaren im Munde führen,“ sie betonen, daß wie Blei von Eisen, sich das wahre Latein von dem der Sophisten unterscheide. Durch das Lehren dieser Sprache glauben sie Deutschland einen Dienst erwiesen zu haben; sie empfangen aber auch volltönendes Lob, indem sie von Heinrich Bebel den römischen Helden gleichgestellt, mit Manlius und Camillus verglichen werden.

Die Reform im Schulwesen durfte indessen nicht bei einer Umgestaltung der Lehrbücher stehen bleiben. Vielmehr mußte zunächst der Widerwille gegen die Schulen, der in verschiedenen Kreisen herrschte, gebrochen werden; bei den Rittern, welche das Lernen als Beschimpfung ihrer Standesehre betrachteten, bei den Aermeren, die es als überflüssig und zeitraubend ansahen und bei den Geistlichen, die es als Mittel zur Erweckung oder Stärkung der Irreligiosität verdammten. Der Kampf gegen die Letzteren ist eine der Hauptaufgaben des Humanismus; die Aermeren mochten durch die besseren Stellungen gelockt werden, welche den Unterrichteten in Aussicht standen; die Ritter gelangten zu innerer Umkehr vermöge des besseren Geistes, der in die Edleren einzog. Einer der Besten aus ihrer Schaar, Sigmund von Herberstein (1486—1566), der sich als Reisender, Historiker und Diplomat anerkennenswerthe Verdienste erwarb, berichtet in seiner Selbstbiographie zum Jahr 1497: „Der Schul halben mußt ich aber von den Ungeschickten viel Spottwort anhören. Nannten mich einen Doctor, Bakkalaureum, Boßen, Schreiber, Schüler. Die mich ein Doctor nannten, den gab ich antwurt: mir wäre Leid, daß ich keiner wär; daß ich aber was gelernt und daß Schreiben und mehrers kund dann er, um soviel deucht ich mich bessers sein. Solches mir bei den Verständigen viel Ruhms bracht hat." Die Gesinnung, welche Herberstein mit diesen Worten ausspricht, verbreitete sich bald unter seinen Genossen, in den ersten Jahrzehnten des 16. Jahrhunderts schmückten sich manche Vornehme mit dem Titel: doctor et miles (Ritter und Gelehrter).

Sodann mußte die Schulzucht gebessert, d. h. gemildert werden. In der ersten Zeit des Humanismus herrschte noch die barbarische Prügelmethode (vgl. o. S. 393). Noch Luther erzählt, er sei von einem Lehrer fünfzehnmal gestäupt worden, und Erasmus berichtet, daß ein Schulmeister nach der gemeinsamen Mahlzeit immer einen Schüler hervorzog und einem rohen Prügel meister zur Züchtigung übergab, der, sinnlos sein Amt verwaltend, einen schwächlichen Knaben erst losließ, als er selbst von Schweiß troff und der Knabe halbtodt zu seinen Füßen lag; der Lehrer aber, der mehrfach aber vergeblich, durch den Zuruf: „es ist genug!" den Büttel zum Aufhören zu bewegen gesucht hatte, wendete sich mit ruhiger Miene zu den Schülern und sagte: „Er hatte zwar nichts gethan, aber er mußte gedemüthigt werden." Auch in dieser Beziehung trat alsbald eine segensreiche Aenderung ein. Von einem andern, dem Ersterwähnten unähnlichen Lehrer Luthers, von Trebonius in Eisenach, wird erzählt, daß er, sobald er in die Classe eintrat, den Hut abnahm und zu dem Schulgehülfen sagte: „Es sitzen hier Knaben, aus welchen Gott Bürgermeister, Kanzler und Doctores macht."

Das barbarische Verfahren der Lehrer gegen die Schüler wurde nicht selten durch ein furchtbar rohes Betragen der Schüler veranlaßt. Unter ihnen fanden sich schlimme Elemente genug, die Bachanten waren verwegene Patrone, nicht selten über das Schüleralter heraus, die Schützen schon in ihrer Kindheit verderbte Burschen, die in Folge der anderen beschwerlichen Geschäfte, die ihnen oblagen, geringe Lust und Fähigkeit zum Lernen besaßen. Bei einer derartigen Natur der Schüler kam es zu den seltsamsten Vorfällen, deren einen eine jüngst veröffentlichte Nürnberger Chronik folgendermaßen beschreibt. Am 17. Juli 1500 verweigerten die Schüler der St. Sebaldusschule zu Nürnberg ihren Lehrern den Eintritt, ließen sich durch Zureden nicht von ihrer Weigerung abbringen und mußten von den Stadtknechten belagert werden. Diese wollten anfänglich nicht kommen, da sie durch eine frühere Aeußerung des Schulmeisters: „sie sollten die Diebe am Galgen regieren, mit seinen Schülern werde er allein fertig werden,“ gekränkt waren, stürmten dann, auf einen Befehl der Obrigkeit, die Schule, deren Vertheidiger sich mit Spießen wehrten, fanden aber nur Wenige vor, da die Meisten sich durch einen Sprung aus dem Fenster gerettet hatten. Gegen die Empörer wurde nun ein Rathsbeschluß veröffentlicht, laut welchem die Schüler ein Jahr lang die Stadt zu meiden oder sich dem Schulmeister in Strafe zu geben hatten, „der es zimlicher wegs mitt in halt in peywesen deß priesters so uber der schul gesetzt ist“. Die Wirren dauerten aber fort, und zwar scheint der Humanismus an diesem Weiterbestehn eine gewisse Mitschuld zu haben. Aus dem Jahre 1503 wird nämlich berichtet, daß die Poeten, d. h. doch wohl die vorgerückteren Schüler, welche bereits Humaniora studirten, mit dem Cantor, dem Unterlehrer, der die Schüler zum Chordienst brauchen wollte, in Streit geriethen. Der Streit wurde allgemeiner und hatte die Folge, daß einige Lehrer entlassen wurden, die Schüler aber sich eine Zeitlang vollkommen vom Schulbesuch dispensirten, ein Faktum, dessen Erzählung dem Chronisten die Worte entlockt: „das ist villeicht in hundert oder tausend jahren nie geschehn“.

In diesen und anderen Beziehungen Reformen angestrebt und erreicht zu haben, ist das große Verdienst Jakob Wimphelings, des Lehrers Deutschlands (1450—1528). Wimphelings schriftstellerische Thätigkeit, von der früher schon manche Proben gegeben wurden, ist eine durch und durch pädagogische. Sie zeigt nicht blos das Bemühen, den Jugendunterricht zu fördern und umzugestalten, sondern stellt sich eine größere und allgemeinere Aufgabe. Wie er der Schuljugend umfassendere Kenntnisse in leichter, verständlicher und daher schneller anzunehmender Form beibringen wollte, so gedachte er der Universitätsjugend einen nach Höherm strebenden Geist einzupflanzen (Heidelberger Reden), den Vertretern einzelner Berufe einen Codex für ihr moralisches und wissenschaftliches Verhalten aufzustellen, den Juristen in der Apologia pro republica christiana, den Theologen in der Schrift de integritate, den Fürstensöhnen das Erhabene aber auch Schwierige ihres Berufes vorzustellen (Agatharchia, gerichtet an Ludwig, Sohn des Pfalzgrafen Philipp), die Fürsten selbst in ihrem Streben zu festigen und zur Ausführung hoher Aufgaben zu ermuntern (Philippica). Und wie die Fürsten, so auch das Volk. Fast in jeder seiner Schriften kehrt die Mahnung an das deutsche Volk wieder, die Unwissenheit abzuschütteln, um den von den anderen Völkern gemachten Vorwurf der Barbarei als ungerechtfertigt zu erweisen: in diesem Sinne aufgefaßt ist Wimphelings Epitome rerum Germanicarum, die erste allgemeine deutsche Geschichte, nichts Andres als eine Erziehung des deutschen Volkes zum Patriotismus durch die Geschichte.

Für Wimphelings specielle Erziehungslehre nun kommen hauptsächlich zwei Schriften in Betracht: Isidoneus und Adolescentia. Zwei Punkte treten in denselben besonders nachdrücklich hervor: die beständige Hinweisung auf das Deutsche, sowohl deutsches Wesen als deutsche Sprache; sodann die Betonung des engen Zusammenhangs von Unterricht mit Erziehung, von Beibringung nothwendiger und nützlicher Kenntnisse mit Stärkung der Moral und Religiosität; an der Spitze der erstgenannten Schrift steht der Satz, daß eine segensreiche und sorgfältige Erziehung der Kinder die einzig wahre Grundlage der Religion, der Grundpfeiler sittlichen Lebens, die Zierde jedes Standes, das Heil des Staates sei, daß von ihr die richtigere Auffassung der Theologie und aller anderen Wissenschaften und Künste, der sichere Sieg über Laster und Unlauterkeit abhänge. Der Isidoneus (Wegweiser) beginnt mit den Vorschriften zur Erlernung der lateinischen Sprache. Dieselben empfehlen nachdrücklichst die Hervorhebung des Nothwendigen, mahnen also ab von einer Benutzung weitschweifiger und ungehöriger Commentare; legen sodann besondern Werth auf die praktische Benutzung der Kenntnisse zum Schreiben von Briefen, zum Reden, zur Begrüßung von Gästen. Auf die Erlernung der Grammatik folge die Lectüre der Classiker. Die Verächter der alten Dichter werden mit vielerlei Ehrentiteln bedacht; „zweibeinige Esel, Maulwürfe, träge Bestien" u. a. m. heißen Diejenigen, welche Bildung ohne Alterthumsstudien für möglich halten, oder welche ihre Moral und Religiosität durch die Lectüre heidnischer Dichter zu gefährden meinen. Aber nicht alle seien erlaubt: Juvenal und Martial und die Elegiker verbieten sich von selbst, auch Persius und Ovid seien aus der Schule auszuschließen, von den Komikern Plautus vorzuziehen. Der Unterricht in der lateinischen Sprache sei indessen nur die Grundlage, nicht das Ziel. Dieses sei vielmehr die Ausbildung in den Wissenschaften und die Veredlung der Moral. „Wenn jemals," so heißt es an einer Stelle, „die ehemalige Blüthe des christlichen Lebens und eine wahrhafte Erneuerung in unserer Kirche wiederhergestellt werden kann, so müssen sie ihren Ursprung von einer trefflichen Erziehung haben." Darum müsse der Lehrer nicht nur durch seine Kenntnisse, sondern durch sein sittliches Verhalten den Schülern ein Vorbild sein; er müsse die Schüler unterweisen und mahnen, nicht züchtigen und strafen; nicht einmal mit dem Finger solle des Knaben Haupt berührt werden.

Die zweite Schrift, prosaische und poetische Abschnitte enthaltend, Lesestücke aus anderen Autoren, unter denen die alten und neuen ziemlich gleichmäßig berücksichtigt sind, auch wohl gelegentliche politische Anspielungen, Mahnungen zum Türkenzuge und heftige Ausfälle wider die Unbotmäßigkeit der Schweizer, ist hauptsächlich der Erziehung, nicht dem Unterricht gewidmet. Sie erforscht die Anlagen der Kinder und sucht die Ziele der Erziehung festzustellen. Bei den Anlagen unterscheidet er gute und böse, mahnt jene zu befördern und diese, z. B. Wollust, Unbeständigkeit, Heftigkeit, Lüge zu bekämpfen. Als Ziel der Erziehung betrachtet er Erreichung wahrer Sittlichkeit und Kräftigung der Religion. Um zu solchem Ziele zu gelangen, fordert er Ehrerbietung vor dem Glauben und den Priestern, Schamhaftigkeit, Reinlichkeit, sparsamen Sinn und Maßhalten im Reden und im Thun u. a. m.

Wimpheling ist weder ein praktischer Schulmann noch ein Philosoph, d. h. nicht nur, er hat niemals ein öffentliches Lehramt bekleidet und kein selbständiges philosophisches System aufgestellt, sondern auch er ermangelt gründlicher psychologischer Kenntniß und vielleicht auch des wahrhaft philosophischen Sinnes. Trotzdem ist er der pädagogische Classiker des ältern Humanismus geworden und verdient diese Ehrenstellung theils wegen seines treuen, sein ganzes Leben hindurch einer und derselben Sache gewidmeten Strebens, theils wegen der Begeisterung, die er in sich trägt und in Anderen entzündet. Zwei Hauptmängel jedoch hafteten seiner Unterrichtslehre an, wurden durch den bedeutendsten Schulmann des 16. Jahrhunderts, Johannes Sturm in Straßburg, noch stärker ausgeprägt und dauerten vermöge des von solchen tonangebenden Männern geübten Einflusses weiter fort, das Fehlen nämlich eines Realunterrichts und die Verdrängung der deutschen Sprache. Durch Sturm, den einseitigen Philologen, wurde noch ein dritter hinzugefügt, den man ebenso wie jene beiden ersten als Ausschreitungen des Humanismus bezeichnen muß. Sturm nämlich setzte alle Hebel, theoretischen Unterricht, Ausbeutung der Schullectüre, schriftliche und mündliche Uebungen, in Bewegung, um aus seinen Schülern Redner zu machen, die, soweit es irgend auf moralischem Boden möglich war, mit Cicero rivalisiren könnten, er erhob über Alles die Nachahmung (imitatio) eines erstorbenen Idioms, das zu wahrer Neubelebung weder kommen konnte noch durfte. Diese ausschließliche Berücksichtigung der Beredtsamkeit hatte indessen noch einen fernern Nachtheil, nämlich den, daß auch die Dichter nur äußerlich, nur nach ihrer Wichtigkeit für die Eloquenz betrachtet wurden, daß also alles Das, was zur Läuterung des Geschmacks, zur Erhebung des Gemüths, zur Veredlung des Herzens aus den Dichtern geschöpft werden konnte, in den Hintergrund trat oder absichtlich zur Seite gedrängt wurde.

Trotz dieser und ähnlicher Anstrengungen, denn in demselben Sinn wie Sturm in Straßburg wirkten Val. Trotzendorf in Goldberg, Michael Neander in Ilfeld u. A., wurde Deutschland nicht zu einem zweiten Latium. Mochten die Humanisten der spätern Zeit sich noch so vernehmlich rühmen, Deutschland hätte Rom erreicht, ja übertroffen, wie es Frischlin in seiner Comödie „Julius redivivus" that, da er den um sein Urtheil über die modernen Dichter befragten Cicero die Antwort ertheilen läßt:

Was ich meine?
Was Andres, als daß ich beschwören möchte,
Es müssen alle Berge deutschen Bodens
Parnass' und Helikone sein, die Quellen
All Hippokrenen, überdem so fließe
(Wie Fabeln von der Arethusa melden)
Der Strom Permessus unterirdisch durch
Verborg'ne Höhlen in den deutschen Rhein, —

die Tieferblickenden erkannten doch, daß bei dieser Pflege der äußern Cultur die Bildung eine durchaus einseitige blieb, das deutsche Wesen aber ernstlich gefährdet wurde. Diese Gefährdung jedoch war nicht die Schuld Wimphelings und der Seinen, sondern Sturms und seiner Genossen. Jene waren wie die Kinder, die das Niegesehene neugierig anstarrten, hastig ergriffen und eigensinnig festhielten, diese hätten wie die Männer sein sollen, die das Vorhandene nach seinem dauernden Werth für die Zeit und für das Volk untersuchen mußten. Zwischen Wimphelings und Sturms Tagen liegt fast ein halbes Jahrhundert. Jener war groß geworden in der Epoche des Wiedererwachens des Alterthums, Dieser (1507 geboren) hatte schon in seiner Kindheit von dem Wiederaufleben deutschen Geistes und deutscher Sprache vernommen. Nicht die Schuld des Humanismus daher, sondern der einseitigen Gelehrten, welche in der zweiten Hälfte des 16. Jahrhunderts in eine veränderte Zeit die unveränderten Tendenzen einer frühern Richtung übertrugen, ist es, daß die Schulen die nationale Entwicklung nicht genugsam förderten und Uebelstände erzeugten, an deren Fortwirken theilweise noch die heutige Zeit krankt.

Fünftes Kapitel.

Die Universitäten.

In Zeiten mächtiger nationaler Erregung, in denen die academische Jugend, treu ihrem Berufe, als Wahrerin idealer Güter sich zeigt, pflegt man immer von Neuem den Satz aufzustellen, daß die deutschen Universitäten stets an der Spitze der geistigen Bewegung gestanden hätten. Dieser Satz ist jedoch völlig unhistorisch. Will man sich von der Ungeschichtlichkeit desselben überzeugen, so braucht man nur einen Blick auf die Culturentwicklung des vorigen Jahrhunderts zu werfen, in welchem die Universitäten der wunderbaren Erregung der Geister gegenüber fast theilnahmlos blieben, oder auf die des 17. Jahrhunderts, in welchem sie dem Drängen vieler Verständigen nach Einführung der deutschen Sprache beharrlichen Widerstand entgegensetzten und, entgegen den aufklärerischen Tendenzen der Vorgeschrittenen, Vertheidiger mancher abgelebten Vorstellungen und Institutionen blieben. Auch im Zeitalter des Humanismus geht der geistige Aufschwung nicht von den Universitäten aus, sondern wird von Nichtzünftigen in die Universitäten hineingetragen, von den Jüngeren, welche, der Autorität der Aelteren widerstrebend, dem Neuen sich von vornherein geneigt zeigen; die Alten dagegen, welche gern bei ihren Anschauungen und Gewohnheiten bleiben, vermögen sich erst allmählich, nicht selten nach langem heftigen Sträuben an die neuen Sitten und Gesinnungen zu gewöhnen.

Die Universitäten des Mittelalters, die seit der Gründung Prags (1348) ziemlich zahlreich errichtet wurden (Wien 1365, Heidelberg 1385, Köln 1388, Erfurt 1392, Leipzig 1409, Rostock 1409), und die zur Zeit des Humanismus in noch rascherer Folge einander drängten, (Greifswald 1456, Freiburg und Basel 1460, Ingolstadt 1472, Mainz und Tübingen 1476, Wittenberg 1502 und Frankfurt a. O. 1506, an die man Marburg anschließen mag, das freilich erst dem Reformationszeitalter seine Entstehung verdankt 1527), sind in der ersten Periode durchaus, größtentheils auch in der zweiten wesentlich kirchliche Gründungen. Sie sind es nicht nur dadurch, daß Kirchengüter zu ihrer Unterhaltung bestimmt werden, sondern auch dadurch, daß Geistliche die Stiftung anregen und daß der Papst durch eine Bulle, die manchmal nur durch mehrere Romfahrten und Zahlung erklecklicher Geldsummen erlangt werden konnte, also gewiß nicht als bloße Form betrachtet werden kann, der neuen Anstalt seine

Bestätigung ertheilte. Erst in der spätern Zeit trat, nachdem die Städte schon längst ihr Bemühen, Universitäten zu erhalten, bekundet hatten, landesfürstliche Stiftung und wohl auch Bestätigung ein; der erste Kaiser, der eine Universität aus eigner Machtvollkommenheit bestätigt, ist Maximilian I., er, der den Kurfürsten den Befehl einschärfte, ein Jeder solle in seinem Gebiete eine Universität besitzen; er, der Erste, der sich ohne päpstliche Krönung Kaiser nennt. Also erst mit dem Wachsen des Selbständigkeitsgefühls unter den Weltlichen beginnt die äußere und innere Befreiung der Universitäten von der Kirche.

Die Zahl der Studirenden läßt sich nicht ohne Weiteres aus den sorgfältig geführten, größtentheils erhaltenen und in neuester Zeit vielfach herausgegebenen Immatrikulationsbüchern entnehmen, weil in diese Jeder aufgenommen wurde, der mit der Universität in Beziehung stand, also auch die Lehrer, selbst die Handwerker; die ungeheuren Zahlen, die nicht selten als Zeugnisse für den regen Bildungstrieb jener Zeiten angeführt werden, sind durchaus übertrieben. Für Basel hat Paulsen während der ersten zwanzig Jahre eine durchschnittliche Frequenz von 280 Studenten, während des folgenden gleich langen Zeitraums von 177; für Tübingen von 233, für Erfurt in der Zeit der Hauptblüthe (1450—1479) eine solche von 852, allerdings eine höchst achtungswerthe Zahl, berechnet.

Das Alter, in welchem die Studenten zur Universität zogen, war sehr verschieden. Oft waren sie noch nicht den Knabenjahren entwachsen — denn Fälle, wie der Melanchthons, welcher zu 12, und der Reuchlins, welcher zu 15 Jahren auf die Hochschule kam, sind keineswegs selten, — oft waren sie auch über die eigentliche Bildungszeit heraus, ältere Herren, Ehemänner und Väter. Da kam es denn vor, daß Studenten in Rücksicht auf ihre braven Frauen oder auf Bitten ihrer Kinder ihre Strafen erlassen oder ermäßigt bekamen, andrerseits mußte einer auf vier Wochen in den Carcer wandern, weil er sein Weib geschlagen hatte.

Das jugendliche Alter der Mehrzahl der Studirenden hatte in der Thatsache seine Begründung, daß die unterste und meist besuchte Fakultät, die der Artisten, unseren höheren Lehranstalten entsprach und die nothwendige philologische und philosophische Vorbildung zu anderen Studien gewährte. Daher kam es gar nicht selten vor, daß Scholaren mitten in ihrer Studienzeit die Universität verließen, die Aermeren vielleicht in der Hoffnung, nach Besserung ihrer Verhältnisse die unterbrochenen Studien wieder aufzunehmen, die Wohlhabenderen, um in das praktische Leben einzutreten, etwa wie die Söhne unserer gebildeten Familien nach halbvollendetem Gymnasialcursus der Geschäfts- oder Gewerbethätigkeit sich zuwenden. Andere harrten aus, erwarben nach etwa 3 Jahren den Titel eines Baccalaureus, nach $3^1/_2$ Jahren die Würde eines Magisters und blieben meist als Lehrende an derselben Universität, der sie als Lernende angehört hatten. Höher als die Artistenfakultät standen die übrigen, aber sie waren weit schwächer besucht als jene. Am schwächsten die medicinische, weil höchstens die großen Städte einen gelehrten Arzt bezahlen wollten und konnten; fast ebenso schwach die theologische, weil die meisten Cleriker, trotz der Empfehlung und Begünstigung des Universitätsstudiums durch die Kirche, überhaupt nicht studirten, oder, bei einem etwaigen Universitätsbesuch, sich mit einem Cursus im canonischen Rechte oder den Vorbereitungsstudien in der Artistenfakultät begnügten; stärker die juristische, namentlich, nachdem in Folge der Einführung des römischen Rechts in Deutschland, der Begründung des Reichskammergerichts und mehrerer Provinzialgerichte der Verbrauch an gelehrten Richtern ein ungeahnt bedeutender geworden war.

Neben der Eintheilung in Fakultäten bestand, ebenso wie jene von den früher bereits existirenden auswärtigen Universitäten entlehnt, die Sonderung nach Nationen, aber die letztere, die dort in der That eine nationale Bedeutung besaß, hatte hier höchstens eine landsmannschaftliche, und hatte hier die Rechte bei Wahlen u. dergl. längst verloren, welche dort den wesentlichen Theil ihrer Befugnisse ausgemacht hatten.

Die Studirenden waren im Wesentlichen Schüler, welche mit den Professoren zusammenlebten, die manchmal auch nicht viel mehr waren als ältere Schüler, denn, wie Paulsen sehr hübsch auseinandergesetzt hat, „lernend fing man den Cursus an, lernend und lehrend setzte man ihn fort, blos lehrend endlich schloß man ihn ab, um schließlich in der Regel in einem geistlichen Amt dem praktischen Leben zurückgegeben zu werden.“ Das Zusammenleben der Schüler und Docenten ward dadurch ermöglicht, daß die Professoren bis zur Mitte des 15. Jahrhunderts unverheirathet waren, — war doch der Cölibat in den Statuten der meisten Universitäten geboten; — über einen sich Verheirathenden faßte die Wiener Matrikel ihr Urtheil in den vernichtenden Worten zusammen: uxorem duxit versus in dementiam. Durch das zur Zeit und unter dem Einflusse des Humanismus sich hervordrängende Laienelement traten manche Ausnahmen von der Regel ein, aber die Regel selbst wurde erst durch die Reformation aufgehoben. Der Magister wohnte mit seinen Studenten, etwa zwölf zahlenden, zu denen meistens noch einige Aermere traten, in Universitäts- oder Stiftungshäusern, Bursen genannt (daher das Wort „Bursch“); der Magister als regens oder rector, der seine Studenten nicht blos beköstigte, kleidete, mit Lehrmitteln versah, sondern auch unterrichtete; die Scholaren, die ihren Magister auf Ausgängen begleiteten und überhaupt seine dienende Gefolgschaft bildeten. Das Leben war gemeinsamer Arbeit und frommen Uebungen geweiht, der Genuß war verpönt. Gemäß der Bestimmung eines Freiburger Professors für sein 1496 begründetes domus sapientiae: „da die Weisheit in den Häusern derer, die wohlleben, sich nicht findet, so müssen feine Mahlzeiten und alle Leckereien, wie böse Sirenen, von unserm Hause der Sapientia weit wegbleiben“, wurde überall verfahren. Die Mittheilung des Speisezettels der beiden täglichen Mahlzeiten in einer Leipziger Burse, den die Dunkelmännerbriefe schwerlich erfunden haben, mag das Gesagte illustriren. Primum dicitur semper i. e. teutonice: grutz (wörtlich „immer“,

Ein Universitäts-Auditoriu

Deckfarbenmalerei von Laurentius de Voltolina (Anfang des 15. Jahrh.) darstellend den Fr

Aus einer Handschrift des Liber Ethicorum Fratris Henric

Das den Boden bedeckende Gras lehrt, daß die Vorlesung im Freien stattfindet, anscheinend in ein

Unten rechts ist das Blatt bezeichnet: Laurentius de Voltolina pinxit. Sorgfältige, aber kindli

(Reproduction

m fünfzehnten Jahrhundert.

Henricus de Allemannia sein Kolleg über Ethik lesend. (Berlin, Kgl. Kupferstichcabinet.)
Allemannia sacre theologie professoris ord. S. Augustini.
rings umschlossenen Hofraum. Die Zuhörer, links vier, rechts zwanzig, sitzen auf Pultbänken.
und in den Farben grelle Malerei auf Pergament; auf der Rückseite Text in zwei Colonnen,
Originalgröße.)

weil es bei keiner Mahlzeit fehlt), secundum continue i. e. sop (wörtlich „beständig", vielleicht auch ins Unendliche continuirt, nämlich durch Zugießen von Wasser), tertium cottidie i. e. muß (wörtlich: täglich), quartum frequenter i. e. magerfleisch (wörtlich: häufig), quintum raro i. e. gebröttes (gebratenes, wörtlich: selten), sextum numquam i. e. kesse (wörtlich: niemals), septimum aliquando i. e. epfel und birn (wörtlich: manchmal).

Diese Zustände blieben während der ganzen Zeit des Humanismus. Aber der Zwang, den die Bursen ausübten, wurde den jungen Leuten unerträglich, den Genußsüchtigen, weil sie in Folge der strengen Aufsicht sich um die Hoffnung auf ein freies Leben betrogen sahen, den Höherstrebenden, weil sie Art und Stoff des Lernens, im Wesentlichen dieselben wie die in der Schule gebräuchlichen, verachteten. Diese häuften auf das Bursenwesen, die Leiter der Convicte und die ihnen ähnlichen übrigen Universitätslehrer Spott und Hohn und bewirkten dadurch, daß sie trotz ihrer Minderzahl am lautesten und heftigsten deklamirten, die Annahme ihrer parteiischen Meinung auch bei den Späteren.

Die Umgestaltung der Universitäten indessen, welche die Humanisten erstrebten, beschränkte sich nicht auf die äußeren Einrichtungen, sondern erstreckte sich auf die Schätzung der Studien, die ihren Ausdruck fand in der Rangordnung der Fakultäten. War ehedem die Artistenfakultät, mochte man sie auch mit hochtönenden Worten als „Ernährerin aller übrigen Studien" bezeichnen, nur die Vorbereiterin zu einem höhern Beruf, so sollte sie nun, selbstverständlich bei verständiger und hingebender Pflege der Studien des Alterthums, der eigentliche Mittelpunkt der Universitäten werden. Es dauerte nicht lange, bis diese Meinung die herrschende wurde. Dazu wirkten Alle mit, welche den Studien des Humanismus ergeben waren, nicht etwa blos die Jüngeren, die als geschworne Feinde des Alten auftraten, sondern auch die Gemäßigteren, die durchaus nicht unbedingte Anhänger der „Redner" waren, theilweise sogar die „Poeten" haßten. Als Beispiel mag einer der Angesehensten der Gemäßigten, Jakob Wimpheling, erwähnt werden. Er hielt in Heidelberg 1499 eine Rede „zur Eintracht zwischen Dialektikern und Rednern", in welcher er auf die Nothwendigkeit hinwies, die Humaniora auf den Universitäten ordnungsmäßig lehren zu lassen. Diese Ermahnung hatte für Heidelberg ihren guten Grund. Denn diese Universität bot den Jünglingen, welche humanistische Studien zu betreiben wünschten, wenig oder nichts. „Niemand," so klagte Celtes, der 1484 dorthin gezogen war, „lehrt hier lateinische Grammatik oder widmet sich dem feinen Studium der Redner. Die Mathematik ist ein unbekanntes Ding, um Astronomie bekümmert sich Niemand, über die Dichter der Alten lächelt man, und vor den Büchern Virgils und Ciceros hat man Furcht." Das Bedürfniß also war constatirt, aber die Begründung ist originell. „Wegen dieser Studien," so meint der Redner, „ziehen viele deutsche Jünglinge nach italienischen Universitäten. Wäre es nicht ehrenvoller und nützlicher für unser Vaterland, wenn sie hier lernen könnten und hier ihr Geld verzehrten."

Dann weist er auf andre Hochschulen hin, welche diese Studien pflegen, Basel, Freiburg, Tübingen, Ingolstadt, Wien und schließt mit der beredten aber unhistorischen Wendung, daß Heidelberg als die älteste deutsche Universität den jüngeren nicht nachstehen dürfe.

Diese Einführung des humanistischen Lehrfaches bereitete freilich für die Zukunft eine höchst beklagenswerthe Einseitigkeit vor, nämlich das Vorherrschen der philologischen Ausbildung über die Erwerbung der Kenntnisse in den Realien, eine Einseitigkeit indessen, welche, so schlimm sie auch in der Folge wurde, ursprünglich nicht so bedenklich war, weil bei der damals herrschenden unvollkommenen Naturbeobachtung auch das Studium der Naturwissenschaften und Medicin durch fleißige Benutzung der der Vergessenheit entrissenen Alten kräftige Förderung erhielt.

Die Mitglieder der neuen Richtung, welche Lehrstoff und Lehrmethode der alten Universitäten mißbilligten, mußten auch unzufrieden sein mit den dort ertheilten academischen Graden und Würden. Was konnte ihnen an einem Werthzeichen liegen, ertheilt von Solchen, die selbst ihnen unwerth dünkten? Und ferner: der academische Titel schien eine Vorbedingung zu sein für ein Amt im Stadtrathe oder am Fürstenhofe; der echte Humanist aber, namentlich der jugendliche, der die Noth des Lebens noch nicht kannte, mochte er nun durch Unterstützung seines Vaters oder eines vornehmen Gönners von Sorgen befreit sein, hielt die Annahme eines Amtes für unvereinbar mit der Betreibung freier Studien. Der Kampf gegen die academischen Grade tritt in allen Perioden der Renaissance hervor und in allen Ländern, in welchen dieselbe herrschend wird. Um Petrarcas allzubekannten Beispiels zu geschweigen, so sucht der Engländer Wiclif (gest. 1384) nachzuweisen, daß die Predigt des Evangeliums auch durch Nichtgraduirte biblisch gerechtfertigt und kirchlich zulässig sei, und der Niederländer Vives (gest. 1540), wenn er auch die Würde nicht völlig verdammt, ist bemüht, ihre so häufige Vertheilung an Unwürdige, an „Köche, Schneider, Zimmerleute, ja an Räuber“ durch den Umstand zu erklären, daß die Prüfenden Geld annehmen. In Deutschland entbrannte der Kampf, vielleicht durch Enea Silvios heftige Verdammung der Universitätslehrer angeregt, heftig. Schon Felix Hemmerlin, die Ertheiler und Empfänger solcher Würden gleichmäßig verspottend, schlug vor, Doctoren der Narrheit zu ernennen und fand mit diesem Vorschlage Beifall, wie der gewiß alte etymologische Scherz (doctor = Doc Thor) beweist; Bartholomäus von Köln meinte, ein solcher Titel sei ein leeres Wort und kündige kein Wissen an; oder, um neben den Beiden sonst sehr Zahmen einen Extremen zu nennen, Andreas Carlstadt nannte sich einen neuen Laien, wollte weder Magister noch Doctor heißen, weil er eine eitle Ehre nicht annehmen wolle, die Christus seinen Jüngern verboten habe. Besonders lebhaft war der Widerwille gegen solche falsche Zier in Erfurt. „Wo die Vernunft den Vorsitz führt, da bedarf es keiner Doctoren,“ in diese Worte faßte der Meister der jungen Schaar, Mutian, seine Verdammung zusammen und rieth den Jünglingen ab, sich um solche Titel zu bewerben; rieth er ihnen aber einmal zu, so that er es etwa mit dem Zusatz: „damit du unter dieser Maske die Unmündigen in Schrecken setzen kannst," oder mit der Empfehlung, man solle, statt das Geforderte zu lernen, nur die Lehrer bestechen, ihre Stimme erkaufen, denn es sei nichts daran gelegen, im Ernst zu erforschen, „was streitsüchtige Sophisten über die Jünglinge unserer Schaar urtheilen".

Von Erfurt aus wurden dann auch zwei Werke beeinflußt, welche den Kampf gegen dieses Titelwesen mit siegreichem Spotte führten: Huttens Nemo und die Dunkelmännerbriefe.

Hutten hatte sich niemals um einen academischen Grad beworben — wird er einmal in einem Bestallungsbrief des Erzbischofs von Mainz Doctor genannt, so verdankt er diese unverdiente Ehre vielleicht dem Bestreben des Auftraggebers, von seinem Gesandten so pomphaft als möglich zu sprechen, — er war namentlich aus Italien zurückgekommen, ohne den juristischen Doctorhut mitzubringen. Durch solche Vernachlässigung feststehender Gewohnheiten hatte er die Abneigung der Seinen verschärft, die überhaupt unzufrieden mit den Studien des jungen Ritters waren und ein äußeres Zeichen derselben sehen wollten, und hatte sowohl von ihnen als von den Vertretern alter Schulweisheit oft genug hören müssen, daß er ohne Titel doch eigentlich nichts sei. Dieser Vorwurf nun veranlaßte ihn, einen ältern poetischen Scherz auszuarbeiten, in welchem von diesem Niemand alles mögliche Gute und Schlimme erzählt wird, Aussagen, „deren Witz", wie Strauß sagt, „in der Zweideutigkeit besteht, daß der Niemand zunächst als wirkliche Person erscheint, von der ganz außerordentliche unglaubliche Dinge ausgesagt werden, bis er auf einmal als bloße Verneinung zerplatzt." Die ernste Wendung, auf die es dem Dichter mehr ankam als auf einige scherzhafte Bemerkungen, nimmt er in der Widmung an Crotus, an deren Schluß es heißt: „Wohlan, wir die wir tüchtigen freien Geistes sind, wir wollen Alles lieber thun, als dem Urtheil des Pöbels dienen, wir wollen Nichts sein, weil wir gut zu sein uns bestreben, Nichts wissen, weil wir Manches recht wissen. Wenn du dasselbe meinst wie ich, so wollen wir den thörichten Urtheilsspruch verachten und die Albernheit der Menschen belächelnd ewig Nichts bleiben; mögen andere Doctoren werden und sich mit dem Namen brüsten, weil sie die Sache nicht erreichen können."

Die Dunkelmännerbriefe sind voll von Spöttereien gegen die Titelsucht, gegen die ewig lange Zeit (8 bis 18 Jahre), der man bedürfe, um ein Doctorat zu erlangen; die alten Zöpfe sprechen mit Wehklagen von den jungen Herrlein, die nach dem Muster der Apostel keine Magisterwürde begehren. Der Verspottung des Magisterthums ist besonders gleich der erste Brief gewidmet, das Magistermahl (prandium magistrale) mit seinen gelehrten Untersuchungen, ob magister nostrandus oder magistrandus zu sagen sei, mit seinen Fragen, ob man den Gelehrten, der Mitglied von zehn Universitäten sei, mit dem Singular membrum oder dem Plural membra zu bezeichnen habe, und mit seinen Zweifeln, ob man das Wort magister von magis und ter abzuleiten habe, da doch der Lehrer dreimal soviel wissen müsse als ein Schüler, oder von magis und terreo, da er durch seine Autorität den Schülern Schrecken einjagen solle.

Dieser Spott der Gereifteren, die bereits zu einem gewissen Abschluß ihrer Studien gelangt waren, ist keineswegs das einzige Zeichen des Widerstands der academischen Jugend gegen ihre Widersacher, ein anderes ist das offene Bekennen der neuen außerhalb der eigentlichen Fakultäten betriebenen Studien, das schon in den Matrikelbüchern sich zeigt in Ausdrücken wie ad studium humanitatis juravit, ein Ausdruck, der wie ein offener Protest klingt gegen die früher übliche Ausschliessung alles nicht Fakultätgemäßen.

Die academische Jugend hat nun aber allezeit das Privilegium besessen und wohl benutzt, neben dem Ernste der Studien die Freuden des Lebens zu pflegen. Zwar waren die Gesetze streng darauf bedacht, den Vergnügungen enge Grenzen zu ziehen, aber grade wegen dieser Beschränkung theilten sie mit anderen Gesetzen das Schicksal, rasch übertreten zu werden. So war z. B. in Tübingen den Studenten, die in Bursen unter Aufsicht zusammenwohnen sollten, geboten, Predigten und Collegien fleißig zu besuchen, Privatlehrer zu halten, dagegen verboten, Verbal- und Realinjurien zu brauchen, während der Nacht auf der Straße zu lärmen, übermäßig zu trinken, ungewöhnliche oder unziemliche Kleider zu tragen. Aber gegen Alles wurde gesündigt. Der Fleiß war so gering, daß die Behörden nicht selten die Eltern auffordern mußten, die jungen Leute doch von der Universität wegzunehmen; getrunken wurde in ungeheuren Quantitäten, so daß einmal constatirt wurde, daß vier Studenten dreißig Maß Wein vertilgt hatten; statt einfacher Kleider wurden die kostbarsten Stoffe gewählt, in denen die bürgerlichen Studenten wie Krieger und Edelleute einherzustolziren liebten, oder wohl auch zum Hohne der Behörden seltsame Mummereien, oder einfache lange Bademäntel oder gar noch einfachere Tracht genommen. Statt der geforderten Ruhe herrschte aber bei Tage und bei Nacht die ärgste Unruhe, unter der namentlich die drei ewigen Feinde der Studenten: Nachtwächter, Pudel (Pedelle) und Philister (Bürger) zu dulden hatten. Die Quälereien, denen die den beiden ersten Classen angehörigen Wächter der öffentlichen Ordnung ausgesetzt waren, wurden oft so arg, daß bei eintretenden Vacanzen nur schwer Jemand gefunden wurde, der ein so gefährliches Amt annahm: die Streitigkeiten mit der Bürgerschaft der Stadt, auch mit den Bewohnern der umliegenden Dörfer kamen oft so weit, daß förmliche Schlachten geliefert und Friedensschlüsse durch die Behörden vermittelt wurden, wobei es dann vorkam, daß die Bürgerschaft wegen der ausgestandenen Angst „zur Ergötzlichkeit" zwei Eimer Wein erhielt.

Ein anschauliches Bild der Studentenvergnügungen, wie sie sich seit den Zeiten des Humanismus herausgebildet hatten, nicht ohne Einfluß der größern Verrohung der folgenden Jahrzehnte, bieten die während des ganzen 16. Jahrhunderts beliebten Spiele vom verlornen Sohn und die Studentencomödien. In jenen meist deutschen, von der biblischen Parabel angeregten Stücken, in welchen ein verzärtelter Muttersohn, nicht selten gradezu ein Student, des zügellosen Genusses wegen sein Vaterhaus verläßt, sein Vermögen in lüderlicher Gesellschaft verpraßt und theils von Hunger, theils von Reue getrieben wieder zur Heimath zurückkehrt, wo er als Verlorener und Wiedergefundener freudig aufgenommen wird, findet man vielfach Studenten als Anführer oder Theilnehmer des tollen Wirthshaustreibens, in dem der Verlorene Vermögen, Gesundheit und Ehre einbüßt. In diesen wird das ganze academische Treiben behandelt, die verschiedenen Typen der Studentenschaft dargestellt: der gewissenhafte Collegienbesucher, der Raufbold, der beim Spiele Streit anfängt, seinen Genossen verwundet und in Conflikt mit der Polizei geräth, bei welchem die ihm sonst abholden Commilitonen auf seiner Seite sind; der Wirthshausheld und geschworene Ehefeind, der freilich, wenn er des Trunkes voll ist, außereheliche Liebesfreuden nicht verschmäht, endlich der schwärmerische Jüngling, der jeder Schürze nachläuft und weniger aus wahrer Liebe als aus Anstandsgefühl das nicht sehr zimperliche Wirthstöchterlein zur Frau nimmt, nachdem der anfangs heftige Widerstand der beiden Elternpaare bald beseitigt ist. Unter den Vorgängen des Studentenlebens wird einer der rohesten, zugleich aber charakteristischsten, nämlich die feierliche Aufnahme des Neuankommenden (des Fuchses), die depositio des beanus, am liebsten geschildert. Gegen einen solchen Beanus schien Alles erlaubt; galt er doch, wie man in komischer anagrammatischer Worterklärung seinen Namen zu deuten versuchte, als eine bestia amata nusquam oder als eine bestia equalis asino nihil vere sciens oder man sagt: beanus est animal nesciens vitam studiosorum. Die Deposition selbst war daher mit Qualen und Mißhandlungen mancherlei Art verbunden, die dazu bestimmt waren, die schlechten Säfte aus dem Novizen zu entfernen, seine Fuchshörner abzuhobeln (man wird an den gehobelten Eck erinnert oben S. 380) und ihn durch solche Kur zur Aufnahme in die Studentengemeinschaft tauglich zu machen. Die angedeuteten Comödien sind freilich aus dem Jahre 1550, aber die ganze Betrachtungsweise gehört durchaus der Humanistenzeit an; in einer zunächst für die Krakauer Studenten bestimmten, aber auch in Deutschland viel gebrauchten Gedichtsammlung des Laurentius Corvinus aus dem Jahre 1504 finden sich Verse de beano, in welchen es heißt: „Seine Augen machen ihn dem Wolfe gleich, sein Haar dem Bock, seine langen Ohren dem Esel, ein solches Wesen ist einer menschlichen Wohnung nicht würdig, in einer Höhle muß er wohnen, wie der wilde Eber.“

Trotz dieser und ähnlicher Rohheiten, die von dem Gebrauch eben gewonnener academischer Freiheit kaum zu trennen sind und als natürliche Entschädigung für den Zwang erscheinen, dem die jungen Leute in den Bursen unterworfen waren, darf man sich das Studentenleben jener Tage keineswegs als ein völlig verrohtes denken. Vielmehr herrschte auch hier harmlose Freudigkeit, frische Lebenslust vor; der überschäumende Jugendmuth zeigte sich weniger in häßlichen Ausschweifungen, als in lauten Trinkgelagen; für die Qual, die sie durch das Lateinische erlitt, rächte sich die Jugend durch Trinklieder, in welchen sie lateinische und deutsche Verse ergötzlich mischte. Eines derselben, freilich erst durch Fischart mitgetheilt, aber gewiß ein Erzeugniß früherer Zeiten, mag hier seinen Platz finden, umsomehr da es durch seine Erwähnung der bursa (Bursch) durchaus in diesen Zusammenhang gehört.

Wolauf ir brüder allzumal
quos sitis vexat plurima!
ich weiß ein wirt, klug überal
quod vina spectat optima.

Sein wein mischt er nicht mit dem saft
e puteo qui sumitur
ein jeder bleibt in seiner kraft
e botris ut exprimitur.

Herr wirt bringt uns ein guten wein
in cella quod est optimum!
die brüder wollen fröhlich sein
ad noctis usque terminum.

Wer greinen oder murren will
ut canes decet rabidos,
der mag wol bleiben aus dem spil
ad porcos eat sordidos!

Frisch auf! die bursch will frölich sein,
levate sursum pocula,
Got gesegn uns den und andern wein,
in sempiterna secula.

Trinken und Singen hat sich allzeit wohl mit Studiren vertragen. Studirt aber wurde viel. Die Studien der Artistenfakultät — denn nur diese kommt hier in Betracht — bestanden theils in Vorlesungen, theils in Uebungen und Disputationen. Jene waren theils ordentliche Vorlesungen, theils außerordentliche, concurrirende, die ersteren, wie es scheint, von den besoldeten, wirklich angestellten Lehrern gehalten, unseren Privatvorlesungen entsprechend, mit dem Anfange des Semesters beginnend, die letzteren, für die Zurückgebliebenen oder Examinanden bestimmt, daher auch erst in der Mitte des Semesters, nicht allzulange vor dem Termin anfangend, und von den Magistern gehalten, unseren Privatissimis und Prüfungscursen vergleichbar. Diese, die Uebungen und Disputationen, wurden von den Magistern, die hier in ihrer Tracht zu erscheinen hatten, wöchentlich einmal drei Stunden lang veranstaltet; für Vorlesungen und Uebungen wurde Honorar bezahlt. Der Stoff für Vorlesungen und Uebungen ist derselbe: außer Grammatik, die je nach der Vorbildung der Studirenden berücksichtigt, und wenn berücksichtigt, sowohl nach Alexander als Donat, also nach veralteter und neuer Methode gelehrt wird, Logik, Dialektik, Rhetorik, theils nach Aristoteles, selbstverständlich in den mittelalterlichen lateinischen Uebersetzungen, theils nach den elenden, aus jämmerlichen Hülfsmitteln zusammengeschmierten logischen Handbüchern des sog. Petrus Hispanus, also auch hier wieder eine verderbliche Mischung des Originalen und Abgeleiteten, des Richtigen und Verkehrten; ferner Physik und Astronomie; bei den Magistranden kam Ethik und Psychologie, Metaphysik und Geometrie hinzu, auch Arithmetik und Musik si legantur. Der letztere Zusatz, im Lehrplan selbst befindlich, beweist entweder, daß nicht immer genügende Lehrkräfte vorhanden, einzelne Fächer also manchmal verwaist waren, oder, daß die genannten Gegenstände nicht als obligatorische, sondern als fakultative betrachtet wurden. Die Uebungen unterscheiden sich von den Vorlesungen nur durch die Art; in den Vorlesungen docirte und interpretirte der Lehrer — das letztere mehr als das erstere, da eben jede Vorlesung sich dergestalt an eine bestimmte Vorlage anschloß, daß sie den zusammenhängenden Vortrag entbehrlich, ja manchmal unmöglich machte —, in den Uebungen waren die Schüler thätig. Von einer freien Selbstthätigkeit der Schüler kann indessen ebensowenig die Rede sein, wie von einer vom Banne des Alten sich lösenden Wirksamkeit der Lehrer; vielmehr war bei diesen Disputationen genau vorgeschrieben, wieviel Sätze, Fragen, Einwendungen vorgebracht werden durften, die Antworten waren bestimmt formulirt, also die vollkommenste Examendressur nicht nur erlaubt, sondern geboten. Sechzig solcher Disputationen, theils von Magistern, theils von älteren Baccalaureen, mußte der künftige Baccalaureus als attiver oder passiver Theilnehmer, je nach dem Gutdünken des Leiters, beigewohnt haben; dreißig ferneren der künftige Magister.

Man kann von den mittelalterlicher Universitäten, deren Gestalt und Wesen durch den Humanismus, wenn auch ganz allmählich, umgebildet wurde, nicht sprechen, ohne des großen Streites zwischen Nominalismus und Realismus zu gedenken, der für das Mittelalter etwas Aehnliches bedeutet, wie der Streit zwischen Humanismus und Scholastik in der neuern Zeit. Etwas Aehnliches, denn auch jene Gegner bezeichnen sich oder werden von Anderen bezeichnet als die Neuen und Alten, so daß es manchmal an einer und derselben Universität zur Unterscheidung einer via antiqua und via moderna kommt; und doch etwas Verschiedenes, weil Humanismus und Scholastik zwei entgegengesetzte Richtungen, Nominalismus und Realismus zwei verschiedenartige Betrachtungsweisen innerhalb einer Richtung der Scholastik sind. Der Realismus ist diejenige Weltansicht, welche an die Wirklichkeit des Allgemeinen glaubt, das eigentlich Wirkliche und Existirende nur in der Gattung und Art sieht, die Individuen aber für bloße vorübergehende Erscheinungen und Besonderungen ihrer Art hält. Der Nominalismus dagegen hält nur die individuellen Dinge für wirklich, betrachtet aber die Allgemeinheiten als bloße Begriffe und Abstractionen, die nur in unserm Kopfe existiren. Unter diesen Anschauungen ist die des Realismus die ältere, die daher die jüngere als unrechtmäßig eindringende betrachtet und verfolgt, und in dieser Verfolgung manchmal Unterstützung bei der öffentlichen Gewalt findet, z. B. in Paris, wo 1473 die Bücher der Nominalisten an Ketten gelegt werden. Trotz dieser Verfolgung erhielt sich der Nominalismus, und wurde lebenskräftig, weil er ja eben das neue Prinzip der Forschung aussprach, daß das Allgemeine nur als Abstraction aus der Erfahrung vorhanden sei, das unmittelbar Wirkliche, Sichtbare, Einzelne aber in seiner Eigenthümlichkeit untersucht und dargelegt werden müsse und erst durch die Erkenntniß vieler Einzeldinge der Fortschritt zum Verständniß des Allgemeinen gewagt werden könne. Ungeachtet dieser Stellung des Nominalismus zur Wissenschaft ist er selten oder nie Begünstiger humanistischer Studien geworden; vielmehr hatten einige Hauptvertreter der letzteren früher zum Realismus geschworen und einige Hochburgen des Nominalismus, in denen die Lichtfreunde sicheres Obdach hätten finden sollen, wurden die Zufluchtsorte der Obscuranten.

Die oben mitgetheilte Studienordnung, die sich in ziemlich ähnlicher Weise auf allen Universitäten gefunden haben wird, ist die der Universität Basel. Der Streit zwischen Nominalismus und Realismus wurde vielleicht nirgends lebhafter geführt, als hier, und so mag sie, obwohl der Gründung nach eine der jüngsten, unter den hier zu betrachtenden den ersten Platz einnehmen. Umsomehr, da Basel, nachdem es schon Manche in die Reihe der Universitätsbürger ohne Gebühr aufgenommen hatte, weil sie „Poeten und Redner" seien, und manchen der herumziehenden Humanisten zeitweiligen Aufenthalt und gelegentliche Lehren verstattet hatte, vielleicht die erste deutsche Hochschule ist, die und zwar im Jahre 1474 und in der Person des Joh. Matthias von Gengenbach einen Lehrer anstellt, der täglich eine Stunde in den freien Künsten und eine in der Poesie zu lesen hat, d. h. daß sie dem Humanismus die offizielle Geltung verschafft.

Basel ist 1460, mit einer Bestätigungsbulle des humanistischen Papstes Pius II. gegründet, in einer gewissen Abhängigkeit von Italien, die sich in der Berufung bedeutender italienischer Gelehrten zeigt, mit hervorragender Berücksichtigung der juristischen Fakultät, welche die gleiche Anzahl von Stellen, wie die drei übrigen Fakultäten zusammen, erhielt. Da indessen der erwartete Zuzug ausblieb, den man als Wirkung der berühmten ausländischen Lehrer und als Folge der Begünstigung des vornehmlich praktischen Studiums erwartet hatte, so gab man die kostspielige Ausländerei auf und gönnte den übrigen Fakultäten dieselbe Theilnahme wie der juristischen. Wirklich verdankt auch Basel nicht ausländischen Juristen, sondern inländischen Humanisten seine Blüthe; seine eigentliche Bedeutung liegt darin, daß es ein rüstiges Werkzeug in dem Kampfe der Neuen gegen die Alten ist.

Basels Glanz war lange Zeit Joh. Heynlin a Lapide (von Stein, nach seinem Geburtsorte benannt, 1425—1496), das Haupt des Realismus, dem Humanismus jedoch nicht fernstehend. Zuerst 1464 und 1465, dann 1474 bis 1478, endlich von 1487 bis zu seinem Tode der Universität oder wenigstens der Stadt Basel angehörend, hat er ungemein viel zu ihrer Blüthe beigetragen. Während seiner letzten Lebensjahre zog er sich, wie manche Männer jener Generation, in ein Kloster und zwar in die Karthause zu Basel zurück, ohne die äußere Ruhe, die er begehrte, zu finden, denn er wurde von seinem Abte ohne Rücksicht auf sein Alter und seine Stellung gepeinigt, wohl aber innere Ruhe erlangend.

Denn als die, welche ehedem seine Wirkung verspürt hatten und ihm Kraft zutrauten, noch ferner solche Wirkung zu üben, das Verlangen an ihn stellten, weiter öffentlich thätig zu sein, antwortete er: „wenn er zwo Seelen hette, wellte er gnug die eine an gut Gesellen gewagt han". Ehedem hatte er grade in Basel als Prediger bedeutend gewirkt, war dabei dort und überall, wohin sein Weg ihn geführt hatte, als Verbesserer der Sitten, als Erneuerer alter kirchlicher Gewohnheiten, als lebhafter Fürsprecher der Gelehrsamkeit thätig gewesen. Vor Allem aber war er Philosoph und vertheidigte Jahrzehnte, nachdem der echte Plato über den echten Aristoteles in Italien triumphirt hatte, noch den unechten Aristoteles und den auf Grund von dessen Aussagen behaupteten falschen Idealismus. Als Theologe widmete er der Jungfrau Maria eine schwärmerische Verehrung, aber diese Verehrung glaubte er besser grade dadurch zu bekunden, daß er ihre eigne Geburt in menschlicher Weise geschehen ließ, um dann ihre, der von Menschen erzeugten Jungfrau, Erwählung durch den heiligen Geist um so wunderbarer und göttlicher erscheinen zu lassen, als dadurch, daß er, seinen sonstigen Gesinnungsgenossen, den Dominikanern ähnlich, auch Mariä unbefleckte Empfängniß behauptete. In dieser seiner Gesinnung ließ er sich nicht irre machen durch Heilige, welche eine entgegengesetzte Meinung aufgestellt, denn, so lautet sein etwas spitzfindiger Schluß: „Wie groß auch die Zahl der heiligen Doctoren, welche für die entgegengesetzte Lehre citirt werden, sein möge, so seien sie nie zur Entscheidung der Frage versammelt gewesen, und haben daher auch nicht authentisch darüber entscheiden können." Aber er ist von der Wahrheit seiner Meinung so durchdrungen, daß er sich an dieser Ausrede nicht genügen läßt, vielmehr die Heiligen selbst eines Irrthums zeiht, ja den kühnen Satz aufstellt: „Wenn sie jetzt lebten, so würden sie entweder ihre Behauptungen zurücknehmen oder sie waren keine Heiligen." Durch solche Aeußerungen erwirbt sich Heynlin von Stein durchaus keinen Platz unter den Reformatoren, aber er hat auf den Ehren- oder Spottnamen eines Makulisten ebenso begründeten Anspruch wie Sebastian Brant. Mit diesem aber und den Seinen steht der Baseler Theologe in enger Beziehung; er gilt ihnen nicht grade als gleichstehender Genosse, aber er ist ihnen ehrwürdig als Anreger und Gönner des Humanismus.

Als Schüler Heynlins von Stein bezeichnete sich Johannes Amerbach (1444—1514), der berühmte Buchdrucker, der mit seinem gelehrten und durchaus der neuen Richtung zugethanen Collegen Joh. Froben, Freund und Berather, Förderer und Unterstützer des Humanismus und der Humanisten wurde. Des Humanismus, da ihre Pressen die Schriften der Alten und Neuen, vielbändige Ausgaben der Bibel und Kirchenväter ebensogut wie kleine humanistische Flugschriften vervielfältigten; der Humanisten, weil sie diese als gelehrte Mitarbeiter, als Correctoren in ihren großen Druckereien anstellten, den Jüngeren dadurch über die sonst erwerblose Zeit der Vorbereitung forthalfen, und den Aelteren eine unabhängige und trotz aller Mühseligkeiten den Wissenschaften nutzbringende Stellung gewährten. Bedeutender indessen als der

Vater Johannes Amerbach wurden die drei Söhne Basilius, Bruno und Bonifacius, welche in trefflicher Weise erzogen wurden und ihrer Erziehung Ehre machten.

Wirklich Hervorragendes leistete freilich nur der jüngste, Bonifacius (geb. 1495, gest. 1562), ein bedeutender Rechtsgelehrter, seit 1525 Professor in Basel, der bei den Zeitgenossen einen so weit verbreiteten Ruf besaß, daß er von auswärtigen Fürsten, z. B. dem Herzog Christoph von Wirtemberg, bei Ausarbeitung neuer Gesetze um sein Gutachten angegangen wurde, und durch seine umfassende Thätigkeit die Absicht der Vorfahren, Basel zu einem Mittelpunkt des juristischen Studiums zu machen, verwirklichte. Amerbach ist aber nicht einseitiger Jurist. Ebenso wie er seinen gleichfalls die Rechte studirenden Sohn nachdrücklich auf die Nothwendigkeit philosophischer Durchbildung hinwies, und in dem Jünglinge die Liebe zum Griechischen entzündete, so hatte er in sich selbst die Versöhnung der juristischen und humanistischen Richtung, die sich sonst so oft und heftig befehdeten, längst vollzogen. Solche Einigung war ein Werk des Erasmus, des langjährigen Freundes und Berathers des Amerbach'schen Hauses, des mächtigen Förderers des Baslerischen Geisteslebens. Von Erasmus aber wurde auch Amerbachs Stellung zur Reformation bestimmt, gleich seinem Meister nahm auch er ihr gegenüber eine zurückhaltende Stellung ein und bewirkte durch seine gewichtige Stimme die zögernden Beschlüsse des Baseler Raths. Auch mit Holbein war er befreundet, sein Bild ist von Holbein gemalt, viele der Holbein'schen Zeichnungen sind durch ihn erhalten. Denn sein Haus war, etwa wie das Pirckheimers, ein Mittelpunkt für Gelehrte und Künstler, ein Sammelplatz für Gegenstände der Literatur und Kunst; noch jetzt bilden seine Sammlungen einen Hauptschatz der Baseler Bibliotheken und Museen; seine umfangreichen Briefbände, angefüllt mit zahllosen Briefen deutscher Gelehrten, welche sich in den verschiedensten Angelegenheiten an den reichen und gebildeten Mann wandten, enthalten höchst werthvolles, theilweise noch unbenutztes Material zur Geschichte des Humanismus und der Reformation.

Der bedeutendste unter den jüngeren Baseler Humanisten ist unstreitig Henricus Glareanus, Heinrich Loriti aus Glarus (1488—1563), der zweimal mehrere Jahre (1514—1517, 1522—1529) zu Basel lebte und lehrte, nicht immer in Frieden mit den übrigen Gliedern der Universität. Denn er erregte den Zorn Mancher durch die Errichtung einer eignen Bursa, in der er seine speziellen Landsleute um sich versammelte und glaubte mit Recht auf die offiziellen Vertreter der Universität zürnen zu dürfen, weil sie ihm nur die Rechte eines gewöhnlichen Magisters einräumten und Sonderrechte, auf die er als „gekrönter Dichter" Anspruch erhob, verweigerten. Die Universitätsherren rächten sich dadurch, daß sie seine Anschläge von den Kirchenthüren abrissen und ihm das Halten gewisser Collegien verboten; er spottete ihrer auf alle Weise, z. B. einmal, indem er zu einer Disputation auf einem Esel in die Aula einritt, weil er sonst keinen Platz zum Sitzen habe. Schließlich siegte er doch, weniger mit seinen persönlichen als mit seinen sachlichen Ansprüchen, die logischen Disputationen wurden abgeschafft und eine Professur für Geschichte eingerichtet, jenes ein Zeichen des Abfalls von der alten scholastischen Methode, dieses ein Zugeständniß an den Humanismus. Während seines ersten Baseler Aufenthaltes traf er dort mit Erasmus zusammen. Trotzdem das persönliche Verhältniß beider Männer zwischen begeisterter Anhänglichkeit und lauer Gleichgültigkeit schwankte, ja einmal zu gehässiger Abneigung sich verschärfte, so daß Glarean den Erasmus geradezu eines literarischen Diebstahls, nämlich der Veröffentlichung seiner Mittheilungen über die richtige Aussprache des Griechischen bezichtigte und Erasmus in seinem Testamente den Glarean nicht mit der kleinsten Gabe bedachte, ein Schwanken, das sich durch die Unverträglichkeit der beiden Charaktere, der keinen Widerspruch und keine Selbständigkeit duldenden Eitelkeit des Erasmus und Glareans raschen und jähzornigen Wesens erklärte, so wird des Letztern geistige Richtung von nun an völlig und beständig durch Erasmus bestimmt. Durch ihn wurde er zur einseitigen Pflege der humanistischen Studien geführt, durch ihn zur Abneigung gegen die reformatorischen Tendenzen, als welche die Entfaltung der Wissenschaften gefährdeten und den Gelehrten aus der stillen Studirstube zum Kampfe mit streitlustigem Volke aufriefen. Diese Abneigung bekundete er durch Hohn gegen die Neuerer, durch Abbrechen aller freundschaftlichen Beziehungen sogar mit langjährig vertrauten Genossen; die Pflege der Studien durch Vorlesungen und Privatunterricht, den er, wo er auch war, besonders gern seinen Landsleuten ertheilte, durch lateinische Briefe und Gedichte, durch seine Ausgaben lateinischer und griechischer Schriftsteller und seine Anmerkungen zu denselben, besonders durch seine critischen, dem Livius zugewendeten Arbeiten, die auch von neueren Editoren als brauchbar anerkannt und benutzt werden.

Glareans humanistische Gesinnung und Thätigkeit unterschied sich nun von der der Genossen durch drei Dinge, 1. durch seinen spezifisch schweizerischen Patriotismus, 2. durch seine wissenschaftliche Bearbeitung der Geographie, 3. durch seine Pflege der Musik. Gegenüber dem urdeutschen Patriotismus der übrigen Humanisten verleugnet Glarean selbst in seinem Lobgedicht auf Maximilian (bei Gelegenheit des Aufenthalts des Kaisers in Köln 1512) den Schweizer nicht, beglückwünscht vielmehr den Kaiser wegen seines damals mit den Schweizern geschlossenen Bündnisses; während jene gern von einer Vergrößerung Deutschlands träumten, hofft er, daß das rechte Ufer des Rheins und der Schwarzwald noch einmal der Schweiz zufallen würden; schon 1510 begann er ein Heldengedicht über einen der größten Triumphe der Schweizer, nämlich ihren Sieg bei Näfels, kam aber weder zur Vollendung noch zur Veröffentlichung seines Gedichtes.

Sein Patriotismus macht ihn auch zum Geographen. Denn zuerst (1515) versucht er, nach dem Muster Strabos, eine Beschreibung der Schweiz, der ein Panegyrikus auf die Schweizer beigefügt wird, mit gelegentlicher Erwähnung der sagitta des Giulielmus (Tells Pfeil), der einmal mit Brutus verglichen wird, dann (1521) schreibt er sein Buch von der Geographie (de geographia liber unus). Dies Buch, aus dem mit Rücksicht auf die frühere Schrift die Schweiz völlig verbannt ist, enthält in seinem ersten größern Theil einen Abriß der mathematischen Geographie, freilich nach der gänzlich unvollkommenen Kenntniß jener Zeit, außerdem oft in recht unklarer Darstellung; der kleinere Theil gibt eine Beschreibung von Europa, Asien, Afrika, freilich nicht nach eigener Anschauung oder neueren Forschungen, sondern meist nach den Angaben der Alten, Ptolemäus und Strabo, mit wenigen eignen Zusätzen über deutsche Städte und zeitgenössische Persönlichkeiten, z. B. über den Einfluß Heinrichs VIII. auf die Cultur seines Landes. Das Schlußkapitel de regionibus extra Ptolemaeum, in dem man einen Bericht über die neuen Entdeckungen erwartet, enttäuscht diese Erwartungen durchaus; Amerika wird nur mit einem Worte erwähnt; die Frage, ob in einigen Versen Virgils (Aeneide Buch 6) diese Länder angedeutet sind, scheint den gelehrten Geographen, der seine Philologennatur doch niemals verleugnen kann, mehr zu interessiren als die Entdeckungen selbst.

Glareans größte, von den Zeitgenossen und Späteren viel benutzte, übersetzte und mehrfach in Auszügen dargestellte Arbeit ist sein musikalisches Werk Dodekachordon (Basel 1547), ein stattlicher Foliant. Schon 30 Jahre früher hatte er eine „Einführung in die Musik" geschrieben; nun legte er eine völlige Umarbeitung vor, in welcher er namentlich die herrschende Meinung, daß es nur 8 Tonarten gäbe, zu bekämpfen und die Existenz von 12, welche den Arten der alten griechischen Musik entsprächen, zu beweisen suchte. Durch diese Tendenz der Anknüpfung des Modernen an das Alte wird auch dieses Werk zu einem echt humanistischen Erzeugniß, es besitzt aber auch einen großen Werth für die Musikgeschichte jener Zeit in der daselbst mitgetheilten Sammlung der Compositionsproben aus dem 15. und 16. Jahrhundert, unter denen sich auch einzelne Compositionen Glareans befinden. Die Musik ist übrigens dem Verfasser eine heilige Kunst; nur der ernste, gottgeweihte Gesang wird von ihm empfohlen, der leichtfertige, frivole dagegen verdammt.

Gegenüber den vielen Dutzendmenschen des Humanistenzeitalters ist Glarean endlich bemerkenswerth durch seine stark ausgebildete Persönlichkeit. Er war heftig, aufbrausend, voll Witz, voll seltsamer Launen und Späße, die den Zeitgenossen so gefielen, daß sie nicht blos weitererzählt wurden, sondern auch gesammelt im Druck erschienen, kampflustig und streitgewandt, trotz seiner großen Bildung abergläubisch, trotz seiner wirklich bedeutenden und umfassenden Gelehrsamkeit bescheiden — bezeichnete er doch selbst einmal die „Mittelmäßigkeit" als die ihn vornehmlich charakterisirende Eigenschaft — trotz seines deutschen Patriotismus ausschließlich Anhänger der lateinischen und Verächter der deutschen Sprache. Auch in dieser Verachtung, in der er freilich nicht allein steht, übertrifft er die Anderen; denn Wenige mochten gleich ihm die deutsche Sprache nur zur Wahl von Schimpfwörtern tauglich erachten; von Tiberius sagt er einmal, man könnte kaum eine lateinische Bezeichnung für ihn finden (quod vix latine dixeris), aber deutsch könne man ihn recht wohl nennen: „ein abgefeimter, ehrloser, znichtiger Böſewicht."

Auf Basel folge Tübingen, wohin Heynlin von Stein von Basel aus seine Schritte gelenkt hatte, wohin fast ein Jahrhundert später Bonifacius Amerbach seinen Sohn Basilius zum Studiren sandte.

In einer sogenannten Comödie (de optimo studio scholasticorum), die freilich als dramatisches Werk, wenn sie überhaupt so bezeichnet werden darf, gänzlich verfehlt ist, aber als Ausdruck der Gesinnung einer mächtigen Partei Beachtung verdient, wird ein Bauer vorgeführt, der seinen Sohn studiren lassen möchte. Dieser Sohn hat bereits zwölf Jahre die Schulbänke gedrückt — sein Ulmer Meister wird als Jakobutius Schnaltzhaff verspottet — und von nichts Anderm als dem Doktrinale und seinen Commentarien gehört, nun ist er nach einer Universität gezogen. Dort wird er von einem Poesieverächter vor der Dichtkunst gewarnt — wir wissen, was Poesie damals bezeichnet — er aber spottet dieser Warnung und alsbald sind die Gegner mitten im Streit, in dem Lieblingskampf jener Zeit, über den Vorzug der Poesie oder der Theologie. Der Student weist auf alle unzüchtigen Stellen und Erzählungen der Bibel hin, um den Vorwurf der Unsittlichkeit von der Poesie abzuwehren und schliesst mit dem begeisterten Lobe seiner Auserwählten: „Die übrigen Dinge gehören nicht allen Zeiten, Altern und Orten an, die poetischen Studien aber erheben die Jugend, ergötzen das Alter, erhöhen das Glück, gewähren im Unglück Schutz und Trost, sind treue Genossen im Hause und liebe Gefährten auf der Wanderung."

Die Stätte, auf welcher der wackere Student die von ihm so lebhaft vertheidigten Studien eingesogen hat, ist Tübingen, der Verfasser der Comödie, der sich dann wohl auch als Lehrer des Jünglings fühlte, ist Heinrich Bebel.

Die Universität Tübingen ist eine Stiftung aus der Zeit des Humanismus, die päpstliche Bulle, von dem schrecklichen Sixtus IV. ausgestellt, trägt das Datum des 9. November 1476; der Stifter ist Graf Eberhard. Die innere Einrichtung indessen zeigt keinen wesentlichen Unterschied gegenüber der früherer Perioden: trotzdem der Landesherr Stifter ist ist er nicht der Erhalter: die Unterhaltungskosten werden vielmehr auch hier durch geistliche Anstalten gewährt und zwar durch Incorporation von 3 Pfarrkirchen und 8 Präbenden des Chorherrenstifts Sindelfingen. Auch von einer besondern Bevorzugung des Humanismus ist nicht die Rede, noch weniger von seiner ausschliesslichen Berücksichtigung; vielmehr ist die Artistenfakultät, zu der die Humanisten gehörten, in Bezug auf die Stellung, die Gehälter, die sie den einzelnen Lehrern einräumt, die niedrigste; sie erscheint wie eine Durchgangsstufe zu höheren Fakultäten. Vorzugsweise bei den Artisten zeigt sich die Einwirkung des Humanismus; zwei ihrer Mitglieder seien hervorgehoben, das eine, das die Verquickung der alten und neuen Richtung, das andere, das den Sieg der neuen darstellt.

Conrad Summenhart (c. 1450—1501) ist der Vertreter der ältern

Partei. Er ist kein Ciceronianer und kein Poet, kein Popularphilosoph und kein eleganter Schriftsteller, sondern schwerfällig in Sinn und Wort, aber er ist, was mehr bedeuten will, ein selbständiger Denker. Er ist Philosoph und Theologe, Physiker und Nationalökonom. Als Philosoph steht er noch völlig auf dem Boden der alten Lehrweise; Aristoteles, nicht der, den die Humanisten aus ihren Studien des Originals kennen lehrten, sondern der durch die verderbten Uebersetzungen des Mittelalters Ueberlieferte, ist sein Meister; das Wesen der Schulautorität ist ungebrochen. Als Theologe rieth er zum Studium der Bibel, war friedlich und wünschte auch die Genossen von jedem Streit abzumahnen, er soll einmal ausgerufen haben: „Wer befreit mich Unglücklichen von der Streittheologie!“ Er erkannte die Nothwendigkeit einer Kirchenreform an Haupt und Gliedern und sprach sein Verlangen nach einer solchen lebhaft aus: er unterschied sehr genau zwischen der Papstgewalt, die aus dem evangelischen Gesetz geflossen sei, und der wider dasselbe erstarkten und beklagte laut die durch die Vergrößerung der Papstgewalt erzeugte Verweltlichung und Verwirrung der christlichen Kirche. Zwar war er zaghaft und vorsichtig genug, bei allen gegen das herrschende Kirchensystem gerichteten Aeußerungen, z. B. gegen den Zehnten hinzuzufügen, daß er nichts gegen den orthodoxen Glauben zu behaupten wage, aber er wandte sich doch, ohne in den Zorn gleichzeitiger humanistischer Eiferer zu gerathen, gegen die Mönche und verdammte ihren Luxus, ihr Streben nach Privatbesitz, ihre Unwissenheit, ihre stete Hingabe an weltliche Geschäfte. Als Physiker ist er zwar leichtgläubig, so daß er sich selbst nicht von den thörichtesten Märchen abwendet, die Erscheinung eines Kometen z. B. als sichere Ankündigung von vier Dingen: Hitze, Wind, Krieg, Fürstensterben betrachtet, aber nicht abergläubisch, so daß er sich von der Wahnwissenschaft der Astrologie und allen mit ihr zusammenhängenden Betrügereien fernhält; ja als Beobachter der Natur, oder vielmehr als Anhänger und Fortbildner der scholastisch-aristotelischen Naturlehre bietet er den Ansatz zur Entwicklungslehre, „wonach die höher organisirten Gebilde aus den niedriger organisirten und diese aus den anorganischen unter der Einwirkung meteorischer und siderischer Einflüsse hervorgehn“. Als Nationalökonom endlich verkündet er keine reformatorischen Gedanken, aber gibt die Ansichten der Zeitgenossen treu wieder. Er redet nicht ohne Begeisterung von der Gütergemeinschaft der Menschen während des paradiesischen Zustandes der Welt, hält aber eine solche Gemeinschaft für unwiederbringlich verloren in Folge der seitdem eingetretenen Verderbtheit des Menschengeschlechts; er spricht über Wucher und Zinsnehmen, dergestalt, daß er, theils den Darlegungen der Zeitgenossen, theils eigenen Erwägungen folgend, zwischen der wucherischen Absicht, nämlich der Ausbeutung der augenblicklichen Noth des Nebenmenschen und dem Streben Anderer zur Prachtentfaltung oder Ausdehnung des Geschäftsbetriebs unterscheidet; er handelt vom Luxus und gibt bei dieser Gelegenheit ein höchst interessantes Verzeichniß der von Männern und Frauen getragenen Luxus- und Schmuckgegenstände, die er nicht gerade verbietet, sondern nur dann verdammt wenn sie eine unsittliche Absicht des Tragenden erkennen lassen. Alle diese und viele andere Lehren werden in langathmigen Abhandlungen, denen jeder, auch der kleinste Redeschmuck fehlt, vorgetragen, aber der Reichthum von Anschauungen und der redliche Forscherfleiß entschädigen für diesen gänzlichen Mangel an schöner Form.

Im Gegensatz zu ihm ist Bebel der begeisterte Priester des Cultus der schönen Form.

Heinrich Bebel (geb. 1472, gest. 1518) war der Sohn unvermögender Bauern, behielt zeitlebens eine gewisse Zuneigung zu dem Volke, aus dem er stammte, fühlte sich wohl im Umgang mit Bauern und verrieth in seiner literarischen Thätigkeit, obwohl er sich für dieselbe ausschließlich der lateinischen Sprache bediente, eine populäre Tendenz, indem er z. B. Neigung für Volkslieder hegte, deutsche Sprüchwörter sammelte und dieselben, freilich in lateinischer Uebersetzung, herausgab.

Von 1497 an war er Lehrer an der Tübinger Universität, unermüdlich thätig für eine große Schülerschaar, die an dem Meister mit Liebe und Begeisterung hing. Er gehörte zu den einseitigen und gerade vermöge ihrer Einseitigkeit eifervollen Philologen, welche sich als Wächter der Reinheit der lateinischen Sprache ausgaben, er war ein fanatischer Verfechter der Classicität. Demgemäß warnte er in seinen Verzeichnissen der Muster für lateinische Prosa und Poesie sowohl vor Ennius, der vorclassisch, als vor Apollinaris und dessen Zeitgenossen, den christlichen Poeten, die nachclassisch seien, verdammte die mittelalterlichen Schriftsteller, und bekannte, auch unter den Neueren Petrarca, Filelfo, Mantovano, Panormita, Carlo Aretino nur dann zu folgen, wann sie den Alten nachahmen oder die Regeln der Lateiner und Griechen beachten; von Enea Silvio räth er sogar völlig ab. Die Unparteilichkeit, die er in solcher Art gegen seine italienischen Gesinnungsgenossen und Vorläufer beweist, übt er auch gegen die Deutschen, von denen er behauptet, daß bisher noch keiner die Eloquenz in ihrer alten Reinheit wiederhergestellt habe, eine Behauptung, die ihm natürlich von Manchem, der das Verdienst der Wiederherstellung für sich in Anspruch nahm, arg verdacht wurde. Um die Schüler nun in diesem Labyrinth der lateinischen Sprache zurechtzuweisen, stellte er für ihren Gebrauch ein Verzeichniß der besten Redensarten zusammen, gab, um sie in den Stand zu setzen, lateinische Verse und Briefe, das erste Erforderniß für einen jungen Humanisten, zu schreiben, Lehrbücher der Metrik und Epistolographie heraus, verfaßte Anmerkungen zu lateinischen Schriftstellern, gab einzelne der in seinen Vorlesungen behandelten Autoren heraus und verfehlte nicht, in Streitschriften und kleinen Gedichten, Briefen und Reden die Wissenschaft — d. h. in seinem Sinne die genaue Kenntniß der lateinischen Sprache — zu preisen und die Gegner der Wissenschaft zu schmähen.

Auch sonst war Bebel ein streitlustiger Mann, aber er stellte in seinen Kämpfen selten seine Person in den Vordergrund, sondern bemühte sich der Sache zu dienen. Die Sache aber, der er diente, war der Humanismus; die

Gegner desselben, einerseits die vaterlandslosen Deutschen und ebenso die deutschfeindlichen Ausländer, andererseits die religionsstolzen Theologen und die Wissenschaftshasser waren seine Feinde. Gegen die ersteren schrieb er, der Patriot, der nichts Höheres kannte, als sein Deutschland und seinen Kaiser und der daher manche Ereignisse aus Maximilians Regierungszeit in schwungvollen Versen besang, namentlich zwei Schriften. Die eine, „von dem Autochtonenthum der Deutschen“, mit der die „von Lob, Alter, Thaten der Deutschen“ zusammenhängt, gehört in die Reihe der historisch-vaterländischen Arbeiten, die, wenn nicht geradezu Fälschungen, doch Beschönigungen der Wahrheit zu nennen sind, und welche die Unabhängigkeit der Deutschen von den Römern, dagegen die Einwirkung der Deutschen auf das römische Reich, die enge Verknüpfung der Germanen mit ihrem Heimathslande, ihrer wahrhaften Muttererde, — nicht etwa ihre Herkunft von einem andern Volke, gar den Trojanern —, dagegen die Abstammung anderer Völker, nicht nur der Franken und Burgunder, sondern — man denke! — auch der Normannen und Skoten von dem deutschen behaupten. In der andern bekämpft Bebel, vielleicht weniger durch die sachliche Differenz als durch die schmähende Bezeichnung „Barbaren“ gereizt, welche der Gegner wider die Deutschen gebraucht hatte, mehr mit patriotischem Zorn als mit philologischen und historischen Gründen, eine Ansicht des Venetianers Leonardo Giustiniani, daß der Name Imperator, mit dem die deutschen Kaiser sich schmückten, in echt classischer Sprache gar nicht die höchste Staatswürde bezeichne und daß eine Kaiserkrönung bei den römischen Herrschern nicht vorgekommen sei.

Den eigentlichen Anlaß zu seinem Kampfe gegen die Theologen fand Bebel in Abneigung derselben gegen die neuen Studien, denn ihre Liebessachen können ihn, den weinlustigen Sinnenmenschen, nicht allein zum Kampfe wider sie aufgerufen haben. Freilich geberdet er sich in seinem „Triumph der Liebe“ (triumphus Veneris), als wenn er nur Vertheidiger der Keuschheit gegen die ungeistlichen Gelüste der Priester sein wollte. Die Göttin der Liebe läßt er in diesem in gutgebauten und wohlklingenden lateinischen Hexametern geschriebenen Werke als die Herrscherin auftreten, der alle Menschen ohne Unterschied des Alters und Standes unterthan sind. Um diese Herrschaft zu beweisen, zumal die Königin an ihrer Allmacht zu zweifeln scheint, werden alle ihre Schaaren ihr vorgeführt, zuerst die Thiere, dann die Menschen, von diesen in vorderster Reihe die Geistlichen, vom Papste an durch die ganze Menge der Welt- und Klostergeistlichkeit bis herab zu den einfachen Mönchen und Nonnen, sodann die Weltlichen, auch sie vom Könige bis herunter zu den Landsknechten, an letzter Stelle, freilich nicht im geringsten Maße, die Weiber. Sie alle geben sich als treue Anhänger der Venus zu erkennen, wollen ihr dienen, ja drängen sich zu den ersten Plätzen in ihrem Gefolge. Allein dieser ist von Anfang an den Bettelmönchen zuerkannt, jede Anstrengung, ihn diesen zu entreißen, bleibt fruchtlos. Nun will gegen das versammelte Heer der Venus die Tugend ihre Schaar rüsten, aber sie vermag nur eine kleine Anzahl Getreuer um sich zu versammeln, die bei dem ersten Zusammenstoß mit dem feindlichen Haufen zerstiebt und den triumphirenden Anhängern der Venus das Feld überläßt.

Theilweise gegen die Geistlichen wendet sich auch Bebels bekanntestes Buch, die facetiae oder „geschwenck". Kein einziger Stand nämlich, wenn sie auch alle gelegentlich erwähnt und durchgehechelt werden, kommt so häufig vor als der geistliche; ihr unsittliches Leben, dessen sie sich noch rühmen, statt darüber Scham zu empfinden, ihre crasse Unwissenheit, Käuflichkeit und Genußsucht, die Dreistigkeit, mit der sie dem Volke alberne Märchen verkünden, wird verspottet. Als solche Märchen aber betrachtet er nicht nur abgeschmackte Erzählungen von Wundergeschichten, unwürdiges Prahlen mit angeblichen Reliquien, sondern auch das Pochen auf die Fürsprache der Heiligen, auf den Ablaß, auf die Kraft der guten Werke, ja er scheint auch an den Glauben von der Auferstehung zu rühren. Denn wenn er von einem Bauer erzählt, der die Auferstehung nicht glauben will und auf den eindringlichen Zuspruch des Priesters erklärt, er werde es glauben, wenn er dazu gezwungen werde, aber der ehrwürdige Vater werde schon sehen, daß es nichts damit sei, so mochte der Erzähler nicht blos einen Witz machen durch die Art, wie der Zweifelnde recht behalten will, sondern er versucht, den Glauben selbst ins Lächerliche zu ziehen. Daneben geißelt er die Leichtgläubigkeit des niedern Volkes, die Betrügereien einzelner Stände, namentlich der Müller, der von Satiren, Räthselbüchern und Liedern mit auffälliger Abneigung Beurtheilten; er spottet über die Juden, über den Uebermuth des Adels, über die Landsknechte, freilich nicht ohne Sympathie für ihr keckes und lustiges Auftreten, das sie zu Lieblingen auch der von ihnen Geschädigten machte, selbst über die Fürsten, „die mit greulichem Fluchen das Fluchen verbieten", vor Allem aber über die Unsittlichkeit der Männer und Weiber. Indem er Letzteres thun will, fällt er oft aus der Rolle des Sittenrichters, die ihm wirklich nur eine eingelernte Rolle ist, und zeigt sich, seiner wahren Natur mehr entsprechend, als schlüpfriger Erzähler. Als solcher geht er bei Poggio in die Schule, aus dessen Facetien (vgl. oben S. 142) er überhaupt Vieles entlehnt, aber er zeigt sich dem Meister unähnlich nicht blos dadurch, daß er nicht so ausschließlich wie jener von geschlechtlichen Dingen redet, sondern daß er in einer Tendenz, die man doch nur in sehr beschränktem Sinne eine patriotische nennen kann, statt italienischer oder allgemeiner Geschichten, die an keinem bestimmten Orte spielen, deutsche erfindet oder aus seinen Quellen entnimmt, daß er ferner Volksmärchen und Volksgeschichten vielfach in seine Schwänke einreiht. So bekundet er auch in diesen Facetien, trotzdem sie in lateinischer Sprache geschrieben, einem Abte gewidmet — widmete doch Hutten antifürstliche Schriften den Fürsten und antipäpstliche dem Papst — und für die Gelehrten bestimmt waren, die volksmäßige Tendenz, die für ihn charakteristisch ist.

Der Gegensatz der beiden Richtungen, die sich während der ganzen Zeit des Humanismus feindlich gegenüberstanden, sich heftig befehdend und von dem Wunsche beseelt, einander den Untergang zu bereiten, tritt vielleicht nirgends deutlicher hervor als zu Köln in den Persönlichkeiten des Ortuin Gratius und Hermann von Busch.

Die Universität Köln gehört im Gegensatz zu Basel und Tübingen der ersten Gründungsperiode deutscher Hochschulen an: 1389 wurde, nachdem schon 1388 die päpstliche Bulle erlangt war, unter Zusammenwirken des städtischen Raths und der geistlichen Behörden eine allgemeine höhere Lehranstalt ins Leben gerufen, die Lehrer waren zumeist Kölner Canoniker, die Unterhaltungsgelder flossen aus geistlichen Stiftern. Es war nicht eigentlich eine Neugründung, sondern eine Zusammenfassung der einzelnen meist theologischen Lehranstalten, die, äußerlich und innerlich der Pariser Universität nachgebildet, schon während des Mittelalters bestanden hatten: waren doch hier die drei großen Lehrer der Scholastik, Albertus Magnus, Thomas von Aquino, Duns Skotus thätig gewesen und waren von hier aus die Namen der Thomisten und Skotisten bald als Ehren- bald als Schimpfnamen verbreitet worden. In Folge dieser Entstehungsart bewahrte Köln seinen vorwiegend, wenn auch nicht ausschließlich theologischen Charakter; es beanspruchte ferner, kraft seines nahen Zusammenhangs mit der Pariser Mutteranstalt, eine Autoritätsstellung in Deutschland und sah mit Unwillen andere Anstalten neben sich entstehen, die von der Anerkennung eines solchen Anspruchs nichts wissen wollten, vielmehr volle Gleichberechtigung für sich verlangten. Eine viel schlimmere Kränkung indessen erfuhren die Kölner Theologen durch das Aufkommen einer humanistischen Schule an ihrer eignen Universität, einer Schule, die in offenbarem Bruch mit der Kölner und der mittelalterlichen Tradition überhaupt in dem Kampfe zwischen Theologie und Poesie der Poesie den Sieg zuerkannte.

Hermann von Busch (Pasiphilus, wie er sich gern nennt, mochte er nun durch diesen Namen das schwertönende Wort Westphalus ersetzen, oder wirklich andeuten wollen, daß er Allen lieb sei, geb. 1468, gest. 1534), ein Ritter und Dichter, der freilich das Ritterliche in seinem Wesen selten oder nie zum Vorschein kommen läßt, ist der Classiker des deutschen Humanismus. Ein Schüler des Rudolf Agrikola und ein Pflegling des Rudolf von Langen, zugleich aber ein Jünger italienischer Cultur, mußte er lange kämpfen, ehe er die fromme, leicht zum Antihumanistischen führende Richtung Jener überwand und den Mittelweg zwischen ihr und italienischer Frivolität fand. Dieser Kampf ward ihm, zumal bei der großen Gefügigkeit seiner Natur, nicht leicht. So lange er, von echt humanistischem Wandertrieb ergriffen, die verschiedensten Theile Deutschlands durchstreifte und in den Universitäten und Handelsstätten, in die er kam, viele und begeisterte humanistische Genossen, aber wenige und schwächliche Gegner fand, schritt er scheinbar gefestet auf der humanistischen Bahn einher, sobald er aber in Köln allein gelassen, oder im Verein mit Wenigen gegen Viele zu kämpfen hatte, wurde er schwach. Anfangs

Ein Stück aus der großen Ansicht von Köln, welche im Jahre 1531 Anton von Worms in Holzschnitt ausgeführt hat; (rechts der Dom).

zwar bewährte er seine Gesinnung. Nachdem er nämlich seiner Gewohnheit nach ein Lobgedicht auf Stadt und Universität veröffentlicht hatte, hielt er eine Rede gegen die Theologen, in welcher er die von Jenen gezeigte Verachtung der Erkenntniß der heiligen Schrift und der geistigen Bildung überhaupt, ihr Streben nach Reichthum als unwürdig brandmarkte, während er sein äußerlich bescheidenes aber durch die von ihm und seinen Schülern gesammelten geistigen Schätze glänzendes Leben als wahrhaft schön und würdig bezeichnete. Noch mehr als durch diese Rede, die grade ihrer übertriebenen Gegensätze wegen ziemlich unwirksam blieb, verletzte er die Gegenpartei durch seine Ausgabe der Grammatik des Donat und durch die in derselben mehrfach vorgetragene Ansicht, daß grammatische Studien nicht blos Knaben, sondern auch Erwachsenen gezienten, vorausgesetzt, daß sie in wissenschaftlicher und nicht in geschmacklos barbarischer Weise getrieben würden. Nun aber, als er durch solche Bemerkungen die Erbitterung der Gegner erregte und von ihnen die Entgegnung erhielt, der Poet möge seine unreife Weisheit für sich behalten, wich er dermaßen zurück, daß er nicht nur in der nächsten Ausgabe seines Buches die gerügte Stelle ausließ, sondern auch einem Gedicht des Anführers seiner Gegner, eben jenes Ortuin Gratius, einen Platz einräumte und auch später einzelnen Werken der Kölner, welche seiner wirklichen Gesinnung nicht entsprechen konnten, empfehlende Verse beigab. Spät erst, fast zu spät für seinen Ruhm erkannte er die Charakterlosigkeit solcher Handlungsweise, wendete sich nun seinen alten Gesinnungsgenossen, die er innerlich niemals verlassen hatte, wieder zu und blieb nun fester und lebhafter Verkünder der humanistischen Ideen. Während die übrigen Genossen sich mit gelegentlicher Betonung ihres Standpunktes begnügten, eben weil sie durch ihr Gesammtwirken ein genügendes Glaubensbekenntniß ablegten, hielt sich Busch für verpflichtet, gleichsam um einen Widerruf seines zeitweiligen Abfalls zu leisten, die Anschauungen seiner Partei zu einem System zusammenzufassen. Dies that er in seiner Vertheidigungsschrift: Vallum humanitatis. Daß es eine Lehrschrift sein soll, dazu bestimmt, Andersgläubige zu bekehren, Parteigänger zu stärken, zeigt schon die Form; an der Spitze eines jeden der acht Bücher steht eine These, welche durch die folgenden historischen Berichte und logischen Gründe bewiesen werden soll. Der Nachweis aber, der in dem ganzen Werke zu geben war, ist der, daß die humanistischen Studien für die Jugend überhaupt und besonders für die der Theologie sich widmenden Jünglinge durchaus nicht schädlich seien, im Gegentheil viele Förderung der Ausbildung des Geistes und Herzens gewährten, daß diese ihre Bedeutung von jeher anerkannt worden sei und daß also das Betreiben dieser Studien weder eine Irrung noch ein Verbrechen genannt werden dürfte. Um den Beweis für Güte und Nothwendigkeit dieser Studien zu erbringen, nahm er die Geschichte, die Bibel nebst den Schriften der Kirchenväter zu Hülfe, aus jener zeigt er, in welcher Verehrung Dichtung und Beredtsamkeit bei allen Völkern des Alterthums gestanden hätten und wie hoch sie in Italien im 15. Jahrhundert gehalten worden wären, wobei denn außer den Laien auch die Geistlichen, die bildungsfreundlichen Päpste Nikolaus V. und Leo X. und manche andere glänzende Vertreter der Renaissance genannt werden. Aus diesen wies er nach, daß die Propheten der vorchristlichen sowie die heiligen Männer der nachchristlichen Zeit sich der erhabenen ungebundenen oder der geschmückten gebundenen Rede bei allen feierlichen Veranlassungen, um eine größere Wirkung zu erzielen, bedient hätten, und daß die Kirchenväter das Studium der Schriftsteller des Alterthums meistens warm empföhlen, denn die Stellen, in welchen sie dagegen zu eifern schienen, hätten ihren Grund in besonderen Veranlassungen, augenblicklicher starker Erregung gegen die Heiden u. a. Im Ganzen wird die Poesie, hier nicht in dem damals üblichen Sinne der Alterthumsstudien, sondern in der Bedeutung: Dichtkunst, höher gestellt als die Prosa, haben doch Moses und Jeremias, Hiob und Salomo sich derselben bedient; grade in den erhabensten Momenten ströme den Begeisterten der poetische Ausdruck zu. Das Werk ist keineswegs eine bloße Deklamation wie so viele Schriften jener Zeit, sondern eine durchaus wissenschaftlich gehaltene Streitschrift, und vermöge der daselbst angeführten Stellen älterer und neuerer Autoren, die einen großen Theil des Ganzen ausmachen, eine wohlgefüllte Rüstkammer, aus der die Genossen die Waffen gegen die Angriffe der Gegner entnehmen konnten.

Ein ganz anderes Bild bietet Buschs Gegner Ortuin Gratius (1491 bis 1545), eine Zeit lang Führer der antireuchlinischen und somit antihumanistischen Partei, dabei aber selbst voll humanistischer Neigungen, ja von den Seinen, die gesinnungstüchtige „Poeten" in ihrer Mitte gern leiden mochten, um durch sie den sträflichen Heiden entschiedener entgegentreten zu können, als ein glänzender und bedeutender Poet gepriesen. Statt ein kleines Licht bei den Humanisten zu bleiben, zog er es vor, eine große Leuchte unter ihren Gegnern zu werden. Ob er nur durch Eitelkeit und in Verläugnung seiner wahren Gesinnung oder ob er durch eine wirkliche Wandlung seiner Ueberzeugung zu diesem Schritte veranlaßt worden, ist schwer zu sagen; seine spätere Thätigkeit läßt seine Redlichkeit einigermaßen fraglich erscheinen; die Humanisten betrachteten ihn allgemein als Abtrünnigen und überschütteten ihn, den bestallten Latinisten der Feinde, mit Spott und Hohn, wogegen er sich mit geringem Witz und großer Grobheit, wie es sein Recht war, wehrte. Will man indessen seine geistige Eigenthümkeit erkennen, so darf man nicht blos die gegen ihn ausgestoßenen und von ihm erwiderten Schmähungen betrachten, sondern man muß seine übrigen Arbeiten, seine Reden vermischten Inhalts (Orationes quodlibeticae 1508) und seine Sammlung historischer Schriften (Fasciculus rerum expetendarum ac fugiendarum Köln 1535) in Erwägung ziehn. Jene, im Ganzen neun, vielleicht nach der Zahl der neun Musen, haben die Bestimmung, ebensoviele Künste und Wissenschaften zu empfehlen, machen auf uns allerdings nicht mehr den vielleicht bei einigen Zeitgenossen hervorgerufenen, jedenfalls in einem Beiwort zum Titel versprochenen „sehr angenehmen" Eindruck, denn sie sind inhaltlich ohne Tiefe und in ihrem Ausdruck breit und schwülstig. Aber man thäte sehr Unrecht, sie als scholastisches Produkt den humanistischen Erzeugnissen jener Periode entgegenzusetzen, denn Gratius' Reden können sich mit diesen sowohl in eifrigem Zusammenraffen von Belegstellen classischer Autoren — Stellen der Griechen freilich nur in lateinischer Uebersetzung — im Haß gegen die Verächter der Wissenschaft, im Preise der Philosophie, unter welchem Namen er die Wissenschaft überhaupt begreift, durchaus messen. Außer den sieben freien Künsten, welche die mittelalterliche Bildung ausmachten, hält er die Poesie für nothwendig, deren Definition er nach Boccaccio gibt, bei der Grammatik dringt er auf eine gebildete Ausdrucksweise und empfiehlt im Gegensatze zu den früher üblichen barbarischen Lehrbüchern die Schriften der modernen Grammatiker, und wenn er in der Philosophie dem Albertus Magnus den Vorrang vor den großen Männern des Alterthums einräumt, so thut er dies nicht aus spezieller Vorliebe oder absichtlicher Herabsetzung des Alterthums unter das Mittelalter, sondern er bedient sich zur Begründung dieses Vorzugs einer Stelle des Heinrich Bebel, den er mit lobenden Beiwörtern schmückt. Ebensowenig läßt sich seine zweite, ihm von einigen neueren Forschern sehr mit Unrecht abgesprochene Sammlung als vorwiegend antihumanistisch bezeichnen. Sie beginnt mit der Abhandlung des Enea Silvio über das Baseler Concil und enthält außer dieser mehr als 60 kleine Schriften, die sich theils auf die Geschichte und Gesetzgebung des deutschen Reichs und der Kirche, theils auf die Kämpfe dieser beiden Mächte unter einander beziehen. Aber man sieht bald, daß die von den frommen Katholiken „zu fliehenden" Dinge weit stärker vertreten sind, als die „zu erstrebenden". Denn außer der Schrift des Lorenzo Valla gegen die Schenkung Constantins sind die Glaubensartikel der Waldenser und Wicleffs, Poggios Brief über den Märtyrertod des Hieronymus von Prag und die hundert Beschwerden Deutschlands gegen den päpstlichen Stuhl abgedruckt. In diesen und manchen anderen Schriften ertönen laute Klagen über Uneinigkeit und Verderbtheit der Kirche, werden Wünsche ausgesprochen für die Herbeiführung einer Reform. Der Eindruck solcher Klagen und Wünsche konnte durch des Herausgebers Vor- und Nachreden, durch seine zahlreichen Randbemerkungen und durch eine längere Schlußabhandlung nicht vernichtet, kaum abgeschwächt werden, das Werk mußte vielmehr dazu dienen, die Gegner der Kirche zu stärken, ihre Freunde zu verwirren. Das Buch legt daher durch seine allgemeine Haltung und durch einzelne Bemerkungen Zeugniß dafür ab, daß Gratius gegen das Ende seines Lebens in seinen Anschauungen ein Anderer geworden sein muß; er lobt Reuchlin, den er früher verdammt hatte und druckt eine Schrift Huttens ab, die er früher am liebsten verbrannt hätte.

Ortuin Gratius ist daher ebensowenig wie seine Fakultäts- und Gesinnungsgenossen, aus denen wenigstens einer der Meistgenannten, Arnold von Tungern, hervorgehoben sein mag, ein Barbar, wie ihn die zeitgenössischen Gegner schalten, er ist auch kein Heuchler, wie ihn die modernen Eiferer zu nennen belieben, aber er ist ein Schwächling, der aus den Anschauungen seiner Umgebung nicht heraustreten kann, wenn er auch möchte, ein Kurzsichtiger, der vom Humanismus nur das Aeußerliche, die Beachtung eines gewissen Classicismus der Sprache erkennt, das Innere dagegen, die Bewährung geistiger, freiheitlicher Ideen nicht ahnt.

Er und die Seinen sind zwar nicht die einzigen und maßgebenden Vertreter der Gesammtuniversität, sie gehören vielmehr zunächst einer, der theologischen Fakultät an, aber sie sind es, welche durch ihr beständiges unangemessenes Vordrängen bei den Außenstehenden die Meinung erweckten, daß ihre Gesinnung in Köln nicht nur die herrschende, sondern die alleinig vorhandene sei, daß daher die Bezeichnung der dortigen Universität als Sitz des Obscurantismus gerechtfertigt sei. Diese Bezeichnung ist indessen nicht gerechtfertigt. Grade in der Kölner Matrikel finden sich Beispiele, daß Studirende die humanitas als ihr Studium bezeichnen, eben jene Jünglinge, welche, wie die Alten klagten, zu den Poeten liefen, d. h. zu den Humanisten, die in loserer oder festerer Beziehung zur Universität standen. Solcher Humanisten gibt es vornehmlich drei, weniger durch ihre Schriften als durch ihre Lehrthätigkeit berühmt, alle sicher von den tonangebenden Persönlichkeiten in Köln mit scheelen Augen angesehen, so daß schon zu ihrer Zeit das Gerücht von Belästigungen, ja geradezu von Verfolgungen entstehen konnte, die sie durch die Kölner zu erleiden hatten. Der eine ist Joh. Rhagius Aesticampianus (eigentlich Rack aus Sommerfeld 1460—1520), der Wanderlehrer des Humanismus, der seine Anregung aus Italien schöpft, von den Italienern auch den frischen angriffsfreudigen Ton lernt, einer der wenigen Humanisten, die sich mit voller Entschiedenheit der Reformation anschlossen und ihr dauernd ergeben blieben. Auf seinen Wanderreisen, die ihn von Basel bis Krakau, von Freiburg bis Frankfurt führten, — er kam auch nach Leipzig, woraus er wirklich vertrieben wurde und endete in Wittenberg — gelangte er auch nach Köln, wo er vermuthlich Hutten zum Schüler hatte, in seiner Interpretation lateinischer Classiker von dem Bewußtsein getragen, daß er eine höhere Mission erfülle als die, die Kenntniß einer todten Sprache einem neuen lebendigen Geschlechte zu überliefern. Der zweite, Joh. Caesarius (1460—1551), ein langes Leben in beständiger Dürftigkeit hinbringend und weder fähig noch auch gewillt, sein vielseitiges Wissen — denn er war Theologe, Philologe, Naturkundiger und Arzt, — zu Anderm als zum Erwerbe des Nothdürftigsten zu verwerthen, ist der Apostel des Griechischen, der überall, wohin er kommt, diese neue Kunde verbreitet und in diesem Sinne, er, der ehrwürdige Greis, von den dankbaren jugendlichen Mitgliedern des folgenden Geschlechts „unser alter Vater“ genannt werden konnte. Daß er wirklich von den Kölnern zu leiden hatte, lehrt ein an ihn gerichteter Trostbrief des Agrippa von Nettesheim (1520) oder, um mit dem Briefschreiber zu reden, eine Glückwunschepistel, „denn wenn Dich die Kölner Magister hassen, so ist es ein Lob, Dich verfolgen ein Ruhm, Dich schädigen ein Gewinn“. In demselben Briefe wird den Kölnern auch schuld gegeben, den Grafen Hermann von Neuenaar mit schändlichen Verläumdungen hinterrücks angegriffen zu haben. Wenn Aesticampianus und

Caesarius die wissenschaftlichen Märtyrer des Humanismus genannt werden dürfen, so ist Neuenaar (1491—1530) der populäre Fanatiker. Er ist ein hochgeborener Herr, in ehrenvoller Stellung, mit ansehnlichem Vermögen, er braucht nicht die Lande zu durchziehen, um Andere zu lehren, er erhält den Besuch von Gesinnungsgenossen in seinem wohlversehenen Hause; er beladet sich nicht mit dem schweren Gepäck philologischer Gelehrsamkeit, sondern kämpft mit den leichten Waffen des Witzes und der Satire; er erhebt nicht stillschweigend durch wissenschaftliche Erklärung der Alten Protest gegen die Unwissenheit der Neueren und bricht höchstens gelegentlich in einen Schrei der Entrüstung aus, sondern seine Schriftstellerei ist überhaupt nur eine gelegentliche, aus den augenblicklichen Vorgängen des Geisteslebens geschöpfte, in unmittelbarer Beziehung grade mit den Kölner Wirren stehende. Er ist der Rufer im Streit, der die Genossen sammelt, die Treuen belobt, die Schwankenden ermuntert, durch seinen Muth und seine Ausdauer; durch seine fanatische Einseitigkeit ein stetes Aergerniß der Feinde und ein nimmer wankender Hort der Genossen.

Grade durch diese Eigenart steht Neuenaar den Erfurtern durchaus nahe. Denn wenn irgendwo, so war grade in Erfurt der Sitz der rührigen mehr durch ihre Thätigkeit als durch ihre Zahl mächtigen jüngern Humanistenpartei. Aber auch aus einem andern Grunde mag Erfurt an Köln angeschlossen werden, weil nämlich die Entstehung der letztern Universität der der erstern nicht unähnlich war. Der Rath verschaffte sich päpstliche Privilegien, fundirte die Universität auf Präbenden zweier Collegiatkirchen und eröffnete die hohe Schule 1392. Universität und Stadt standen seitdem in engen, wenn auch nicht immer freundschaftlichen Beziehungen; gab es doch keine Universitätsstadt, in welcher die Musensöhne in so handgreifliche Berührungen mit den „Philistern" kamen, wie grade hier, dergestalt, daß diese Kämpfe durch humanistische Dichter eine poetische Verherrlichung fanden. —

Die erste Entwicklung der Universität wich nicht wesentlich ab von der der übrigen deutschen Hochschulen, und zeigte nur den Unterschied, daß der Humanismus hier früher als an den meisten anderen Orten, schon durch Peter Luder 1460, eine nicht offizielle Vertretung erlangte, der bald die offizielle folgte. Auch hier übrigens macht sich eine Scheidung der Humanisten in zwei Parteien bemerkbar, in eine schüchterne, zur Vermittlung mit den Personen und dem System der früheren Schulen geneigte, und eine entschiedene, kampflustige und rücksichtslose, welche die Vernichtung des mittelalterlichen Lehrsystems und die Verhöhnung der Anhänger desselben als seine Aufgabe betrachtete. Was Heynlin von Stein in Basel und seine Gesinnungsgenossen in Köln und Tübingen, das ist vornehmlich Jodocus Trutfetter in Erfurt; dem Glarean und seinen überall zerstreuten jugendlichen Genossen entspricht hier, freilich alle überstrahlend, Erfurts Glanz, die Leuchte des Humanismus, Conrad Mutian.

Jodocus Trutfetter aus Eisenach (Isenacensis doctor), der Lehrer Luthers (1460—1519), seit 1476 in Erfurt, von 1506—1510 in Wittenberg, seitdem wieder in Erfurt, wird von Eoban Hesse besungen als „der große Herold der göttlichen Eigenschaften, glänzend unter den Rednern wie Phoebus unter den Gestirnen". Einen solchen Ruhm verdient der Gefeierte allerdings nicht. Er war kein glänzender Geist, er schuf nichts Neues, aber er wußte als eifriger Schriftsteller und gewissenhafter Lehrer das Ererbte kommenden Geschlechtern zu überliefern. Er war Philosoph und Theologe. Als Philosoph schrieb er binnen drei Jahren sechs Werke über Logik, darunter einige kleinere Schriften, aber auch einen Quartanten von 68 Bogen, in den er sich noch wegen vieler Auslassungen entschuldigt, alles Hand- und Lehrbücher, die für die Erfurter Jugend bestimmt waren; später ein großes Werk über Physik. In allen diesen Schriften benutzte oder commentirte er fast ausschließlich Aristoteles und Petrus Hispanus, wenn er auch nicht verfehlt, einer Sitte der Zeit folgend eine lange Liste von Führern zu citiren, unter denen neben Philosophen und Theologen älterer und neuerer Zeit auch Historiker und Poeten vertreten sind. Er ist ein Moderner, d. h., wie früher (oben S. 415) auseinandergesetzt worden, Nominalist, aber frei von dem Bestreben seiner Parteigenossen, Proselyten zu werben und mit Heftigkeit die Gegner zu befehden. Als Theologe wirkte er durch Predigten und Lehren; eigentlich theologische Schriften dagegen schrieb er nicht, weil er die scholastischen Lehrbücher auch für den Geistlichen als beste Vorbereitung betrachtete und brachte es durch die Art seines Lehrens mehr als durch den Inhalt seiner Lehre dahin, daß selbst die Schüler, die sich seiner Methode entfremdeten und die scholastische Lehrweise ebenso wie den scholastischen Lehrinhalt als unnütz ja verderblich betrachteten, den Verkehr mit ihm nicht aufgaben. Er war wirklich fromm, ein gläubiger Verehrer der Reliquien, dem Leben abgeneigt, so daß er selbst befreundeten Laien das Versprechen abnahm nicht zu heirathen, aber auch in religiösen wie in philosophischen Dingen nicht bekehrungslustig, sondern Jedem das Recht seiner Meinung gewährend. Durch solche Duldsamkeit bewahrte er sich die Liebe der Aelteren und erwarb sich die Verehrung der Jüngeren, die selbst dann ungetrübt blieb, als er gewiß nicht aus eignem Antrieb und schwerlich mit leichtem Herzen, als Mitglied seiner Fakultät gegen Reuchlin auftrat. Ein ganzer Humanist war er also nicht, wie schon ein derartiges Auftreten zeigt, aber er war ein Forscher, der ein Bewußtsein von der neuen geistigen Strömung besaß, der selbst, wie einer seiner Genossen von ihm rühmt, „das Ungebildete der alten Schulsprache milderte", der das Treiben der Jugend um ihn her nicht ungern sah und der, wie namentlich die vielen Verse der Poeten beweisen, mit denen seine Werke geziert wurden, auch von ihnen stets hochgehalten wurde.

Aber der wirkliche Führer der Jugend, das angebetete Haupt der Erfurter Schaar, auch von den Fernen angestaunt als Aeltester der neuen Kirche war Conrad Mutianus Rufus (geb. 1471, gest. 1526). Mehr als irgend einer der deutschen Humanisten gemahnt er in seinem Wesen und Denken an wohlbekannte italienische Gestalten. Wäre er ein reicher Florentiner gewesen und nicht ein armer Thüringer Canonikus, so hätte er dem Niccolo Niccoli auch äußerlich geglichen, wie er ihm innerlich glich, aber er hat Eigenschaften, die auch an Lorenzo Valla oder Codro Urceo erinnern: Lehrtrieb und Kampfeifer, Unlust am Produciren und Spottsucht, religiösen Freisinn und Begeisterung für das Antike.

Wirklich hatte Mutian seine Bildung aus Italien geholt. Denn wenn er auch schon, bevor er nach Italien zog (1493) in Deventer die Schule, in Erfurt die Universität lernend und lehrend besucht hatte, so legte er doch erst in Italien während seines dortigen zehnjährigen Aufenthaltes den Grund zu seiner umfassenden Gelehrsamkeit. Er studirte Jurisprudenz, erlangte in Bologna den Doctorgrad, und sprach daher später aus eigner Erfahrung, wenn er vor der Erlangung akademischer Grade warnte; er pflegte mit Eifer humanistische Studien, Form und Inhalt der alten Schriftsteller gleichermaßen berücksichtigend, Gründlichkeit und Eleganz glücklich vereinend; er wandte sich auch der Theologie zu, theils aufmerksamen Auges die moralischen Gebrechen der Geistlichkeit und die Streitigkeiten der religiösen Gesellschaften betrachtend, durch welche wie er meinte, die Kirche ebenso sehr wie durch die Angriffe von außen gefährdet würde, theils der seltsamen religions-philosophischen Richtung zugethan, welche Pico von Mirandola in Italien begründet hatte und welche, noch während seines italienischen Aufenthaltes, Reuchlin in Deutschland heimisch zu machen versuchte. Von 1503 bis zu seinem Tode lebte er als Canonikus in Gotha, nicht aber in Gemeinschaft mit seinen Amtsbrüdern, denn diese haßte er wegen ihrer Trägheit und ihrer Feindschaft gegen die Bildung, sondern in engstem Zusammenhang mit den Erfurter Studenten, die ihn und nicht ihre Universitätslehrer als ihren geistigen Vater verehrten. Den Zusammenhang mit ihnen wahrte er theils durch kleine Reisen, die er nach Erfurt antrat, theils durch die Wallfahrten, die die gern pilgernde Jugend nach Gotha unternahm, theils und hauptsächlich durch einen lebhaften Briefwechsel, den er mit der Jugend unterhielt. Dieser Briefwechsel ist wohl das schönste Zeugniß für die hehre Auffassung Mutians von seinem Berufe als Lehrer und Erzieher.

Zunächst belehrt er die Jugend. Wie er selbst diejenige Zeit für die am besten angewandte hielt, die er unter Büchern verbrachte, wie er Freudenthränen weinte, sobald er eine recht stattliche Büchersendung empfing, und sich schon an einer Liste von Büchertiteln erquickte, wenn er die Werke selbst nicht erlangen konnte, so wünschte er auch unter seinen Schülern die Lust an dem Buche als an der wahren Quelle der Gelehrsamkeit zu entfachen und die entzündete zu nähren. Unter Büchern verstand er aber nicht die dicken Hand- und Lehrbücher, welche den eigentlichen Universitätsstudien zu Grunde lagen, sondern die Schriften der römischen und griechischen Autoren; sie sollten die geistige Nahrung der Jünglinge bilden und ihnen so vertraut werden, daß sie in allen Lebenslagen ihren Rath und ihre Entscheidung befolgen konnten, wie er z. B. jener Mittheilung, er habe vor Freuden geweint, gleich ausseinen geliebten Alten die Begründung folgen ließ, daß auch ein Mann vor Freuden weinen dürfe. So gern er aber auch antiquarische, grammatische, selbst orthographische Belehrungen darbietet, so nachdrücklich er auf einen reinen wohlgeglätteten Stil dringt, so will er von geistloser äußerlicher Nachahmung der alten Dichter nichts wissen, er vergleicht solche Abschreiber mit Blutsaugern, die nur die schlechten Säfte dem Körper entziehen, das gesunde Blut aber darin lassen; er spöttelt sogar über den hochverehrten Reuchlin, der in gelehrt klingender Spielerei die Sachsen, Meißner und Thüringer mit den alten Axenern, Mysern und Tyrigeten zu identificiren versucht hatte, indem er meint, die Axener seien wohl ein eben solches Rauchvölklein gewesen als die Capnobaten, die Anhänger Reuchlins.

Sodann erzieht er die Jugend. Als strenger Richter gewährt er ihren Leistungen mehr Tadel als Lob und ist am strengsten gegen die, von denen er am meisten erwartet; „wenn ich dich nicht liebte", sagt er einmal „würde ich dich nicht bestrafen." Er ermahnt die Jünger zur Sittlichkeit, nicht blos in Bezug auf den Inhalt ihrer Gedichte, „ein guter Dichter müsse keusch sein", sondern auch zur Bethätigung im Leben, weil er diese sittliche Freiheit als die schönste Blüthe der eben errungenen geistigen Freiheit betrachtet.

In einem scherzhaften Universitätsplan, den er einmal entwirft, verlangt er für jede Hochschule einen Sophisten, zwei Mathematiker, drei Theologen, vier Juristen, fünf Mediciner, sechs Redner, sieben Hebraisten, acht Griechen, neun Grammatiker (d. h. Lehrer der lateinischen Sprache) und „zehn rechtsinnige Philosophen, gleichsam die Spitzen und Häupter des gesammten geistigen Lebens"; das Denken steht ihm eben höher als das Wissen. Demgemäß ist auch sein eignes philosophisch-religiöses Glaubensbekenntniß wichtiger als seine Anschauung von der Gelehrsamkeit. Dieses Bekenntniß freilich machte er nicht zum Gemeingut seiner Jünger, nur dem Vertrautesten theilte er es mit, versäumte aber nie, dem Adressaten der geheimen Briefe die Weisung zu geben, das Schriftstück zu verbrennen. Solche Vorsichtsmaßregeln bekunden nicht nur Scheu vor der Oeffentlichkeit, vornehme Zurückhaltung von der Menge, sondern eine gewisse Schwäche des Charakters, und daß er ihr wirklich unterworfen war, zeigte er in seinem Schwanken während des Reuchlin'schen Streites, als dieser durch den Kaiser zu Ungunsten des Humanisten entschieden zu werden schien, durch sein Laviren beim Beginne der Reformation und durch sein Zurückweichen beim Herannahen des Todes.

Aber lebhaft und entschieden erscheint er in seinem religiösen System zur Zeit seiner Kraft. Er ist kein frivoler Lüstling, der durch seinen Spott Freiheiten für sich erlangen will, sondern ein ernster Denker, der Aeußerlichkeiten beobachtet, vielleicht wegen des Beispiels für Schwache, hauptsächlich aber, um desto eher das Recht zu haben, sich innerlich über dieselben hinwegzusetzen. Wie ihm in der Gelehrsamkeit der Inhalt über die Form geht, so in der Religion der bleibende Gehalt über den zufälligen Ausdruck. Religion sind ihm nicht die Formen: nur selten bringt er selbst das Meßopfer dar, verwirft die Ohrenbeichte, spottet der Fastenspeisen, verachtet die Lügenmärchen der Priester, wie er die Priester selbst verachtet und erklärt mit Entschiedenheit: „Den Rock, Bart und die Vorhaut Christi verehre ich nicht; ich verehre den lebendigen Gott, der weder Rock noch Bart trägt, auch keine Vorhaut auf der Erde zurückgelassen hat.“ Urkunde der Religion ist ihm nicht die Bibel, vielmehr übt er die Kritik, die er bei den Schriftstellern des Alterthums gelernt hat, auch an den Büchern des alten und neuen Testaments, nicht in dem Sinne, daß er bestimmte critische Fragen über Entstehung einzelner Bücher zu lösen unternimmt, sondern in dem, daß er manche Erzählungen bezweifelt, Seltsamkeiten bespöttelt, die Wunder leugnet. Ja nicht einmal das Christenthum ist ihm die einzig wahre Religion. „Das Christenthum begann nicht mit der Fleischwerdung Christi, sondern viele Jahrhunderte früher; denn der wirkliche Christus, der wahre Sohn Gottes, ist die göttliche Weisheit, welche ebenso den Juden wie den Griechen und Germanen zu Theil ward.“ Und ein andermal heißt es: „Der wahre Christus ist nicht ein Mensch, sondern Geist und Seele, die sich nicht schauen, nicht mit den Händen fassen und nicht begreifen läßt.“ Seine Religion also ist nicht das geoffenbarte göttliche Gesetz, sondern die höchste Moral, Liebe der Menschen unter einander, Friede des Geistes, Ruhe der Seele. „Das Gebot Gottes“, in diese Worte faßt er seine Lehre zusammen, „welches die Seele erleuchtet, hat zwei Kapitel, daß du Gott liebst und die Menschen wie dich selbst. Dieses Gesetz macht uns des Himmels theilhaftig. Das ist das natürliche Gesetz, nicht in Stein gehauen, wie das des Moses, nicht in Erz gegraben, wie das römische, nicht auf Pergament oder auf Papier geschrieben, sondern von dem höchsten Lehrer in unsre Herzen gegossen. Wer diese denkwürdige und heilsame Eucharistie fromm genug verzehrt, der thut etwas Göttliches. Denn der wahre Leib Christi ist Friede und Eintracht und keine heiligere Hostie kann es geben als gegenseitige Liebe.“

Wollte man alle Mitglieder der Mutian'schen Schaar nennen, so müßte man eine lange Liste entwerfen. Unter den Namen, die da zu nennen wären, befinden sich manche schon erwähnte und noch zu erwähnende, wie Hermann vom Busch, Hutten, Eoban Hesse; auch Manche, die keinen Theil an dem Bunde hatten, rühmten sich später, ihm anzugehören, gleichsam um einer großen Ehre theilhaftig zu werden, etwa wie man früher als besondern Ehrentitel den eines Schülers der Schlettstadter Schule betrachtet hatte. Aus dieser Genossenschaft mögen drei genannt werden, Heinrich Urban, Petrejus Aperbach, Crotus Rubeanus.

Heinrich Urban, Mutian etwa gleichaltrig, mit ihm seit 1492 befreundet, war Mitglied des Cisterzienserordens, lebte im Kloster Georgenthal unweit Gotha, sah den Freund oft und unterhielt mit ihm eine lebhafte Correspondenz. Daß unter den Briefen, die er empfing, auch die besprochenen religiösen Bekenntnisse Mutians sich befanden, zeugt dafür, daß er ähnliche Gesinnungen hegte, aber auch die wissenschaftlichen Bestrebungen Beider stimmten überein. Er ist es, der mühsam erspartes Geld, vier Goldgulden, an Aldo Manuzio nach Venedig schickt, mit der Bitte, er möchte ihnen, „die nicht weit von den Fuggern wohnten", Bücher dafür schicken, neue, wie Bessarions und Merulas Schriften, aber auch alte, Xenophon u. a., und der die Befriedigung seiner, das mitgesendete Geld wohl übersteigenden Wünsche durch die Bemerkung zu erreichen hofft, man gedenke in ihrem Kreise des eifrigen gelehrten Druckers stets in stillem Gebete. Er war, wie Mutian ihn einmal charakterisirt hat, „der besondere Gönner guter Gesellen, ein eifriger Förderer der Latinität", dessen Streben durch folgenden Brief Mutians gekennzeichnet wird: „O, Urban, unser Weg ist gerade, eng, uneben, hügelig, steil und beschwerlich, entweder rauh durch Dornengestrüppe oder durch Felsen versperrt, so daß wir nur mit großer Mühe und Anstrengung und immer in Gefahr, zu fallen, vorschreiten können. Gerade ist unser Weg, weil wir einmüthig Gott allein suchen und verehren, eng, weil Wenige mit uns nach Wissenschaft und sanfteren Sitten streben; steil, weil er zum Studium der lateinischen Sprache führt: zu einem wahren geistigen Gute gelangen Wenige ohne Anstrengung."

Petrejus Aperbach (1480—1532), gehört zu den meistgenannten und doch wenigstgekannten jüngeren Humanisten. In allen Briefwechseln kommt sein Name vor, als ein Rufer im Streit, von Mutian wird er gern als „zweiter Mutian" oder als „Feldherr der lateinischen Abtheilung", von Heinrich Stromer einmal in einem ungedruckten Briefe (an Joh. Lange, 22. Juni 1522) als „Spötter der Götter und Menschen" (derisor deorum et hominum) bezeichnet. Beide Benennungen zeichnen ihn, wenn sie auch sein Wesen nicht erschöpfen. Dieses ist vielmehr ewige Jugendlichkeit selbst bei reiferm Alter, Begeisterungsfähigkeit und Begeisterungsbedürfniß, glühender Haß gegen die Theologen, die er mit dem Spottnamen Sophisten oder noch anderen stärkeren belegt, gegen die Juristen, die er jurisperditi statt jurisperiti nennt, Aufgeben seiner Persönlichkeit und Aufgehn in die allgemeinen Angelegenheiten, patriotischer Eifer, der zwar ein wenig gekränkt ist über das ihm aus Rom berichtete Wort Leos X.: „er habe nicht geglaubt, daß alle Deutschen zusammen soviel wissen, wie Reuchlin allein", weil es die übrigen Deutschen kränke, aber es doch freudig aufnimmt als eine aus dem gegnerischen Lager stammende, daher um so werthvollere Anerkennung der hohen Kenntnisse dieses einzigen Mannes, dessen Vertheidigung und Verherrlichung er sein Leben weihte.

In diesem Streben fand Aperbach einen Genossen in Joh. Crotus Rubeanus (eigentlich Jäger aus Dornheim [Jäger = Schütze, das Sternbild = Crotus, Dorne = Brombeere = rubens also Rubeanus] c. 1480 bis 1540), der mehrfach und immer für längere Zeit in Erfurt weilte und selbst dann, wenn er fern war, mit den Erfurtern in engster Verbindung blieb. Er war kein beschäftigungsloser Literat, sondern Lehrer und Geistlicher in Fulda, dann in Preußen, zuletzt in Halle, kein gelehrter Schriftsteller, wenn er auch einmal (in einem ungedruckten Briefe an Joh. Lange) eine gelehrte Schrift über griechische Grammatik ankündigt, sondern ein Satiriker, der nicht blos in zahlreichen Briefen die philosophastros und theologastros höhnte und schmähte, sondern manchen größeren satirischen Werken jener Zeit z. B. den Dunkelmännerbriefen, wenn auch nicht seinen Namen, so doch seine eifrige Mitarbeit lieh. Er war, obwohl Geistlicher, kein Theologe von Beruf, aber mit Luther innig befreundet und anfänglich seiner Sache aufs Eifrigste ergeben. Aber entschiedener als bei Anderen tritt bei ihm der Rückschlag ein und deutlicher als bei Vielen lassen sich die Gründe darthun. Die Protestanten freilich, die jeden zur alten Kirche Zurückkehrenden oder ihr Treugebliebenen — denn ein wirklicher Austritt hatte bei den Meisten gar nicht stattgefunden — als einen Rückschrittler und Abtrünnigen betrachteten, oder, die innere Umkehr Andersmeinender bezweifelnd, eigensüchtige Motive zur Erklärung des Schrittes bereit hatten, wußten auch von Crotus Uebles zu sagen, Luther nannte ihn in seiner derben Manier Dr. Kröte, die heftigen Lutheraner meinten, er sei wieder Katholik geworden, um seinen Bauch zu pflegen, und die milderen, er habe sich, des Kampfes überdrüssig, nach wissenschaftlicher Muße gesehnt. In zahlreichen Schriften — und schon die Zahl derselben spricht für die Bedeutung, welche man dem Ereigniß beimaß — suchte man den alten Humanisten, der als solcher Feind der Römlinge sein mußte, dem neuen Katholiken entgegenzustellen und sah, weil man die Unverträglichkeit Beider dargethan zu haben glaubte, die Charakterlosigkeit des Neophyten für erwiesen an. Und doch hatte er nur gethan, was fast alle der hervorragenden Humanisten auch gethan hatten, er hatte offen bekannt, daß die Entwicklung der Reformation seinem Ideale nicht entspräche, theils weil statt einer von der Gesammtheit berathenen und angenommenen Reform ein Einzelner Aenderungen vorgenommen und dadurch jedem andern Einzelnen scheinbar das Recht eingeräumt hätte, willkürliche Umgestaltungen zu versuchen, theils weil meist die äußere Form zum Gegenstande des Streites gewählt, der innere Werth der Menschen, die Moral aber unverändert geblieben, ja höchstens zu Schaden gekommen wäre. Gegen solche geschichtsphilosophische und sittliche Bedenken war es leicht, lebhafte Deklamationen zu häufen, in denen man der Verderbniß der alten Kirche die „Freiheit eines Christenmenschen" entgegenstellte, in denen man Huttens Schatten heraufbeschwor, damit er „heftig und feurig wie er war und ein geschworener Feind aller Gleißnereien, den frechen Heuchler, grade wenn er beim Hochamt das Rauchfaß schwinge, mit den Chorsängern die Kniee beuge, zu Schande mache", aber es war ungeschichtlich, gerade Hutten aufzurufen, der, hätte er länger gelebt, gemäß seiner ganzen Entwicklung den starren Protestanten schwerlich große Freude bereitet hätte, und unedel, einen Mann, dessen Bundesgenossenschaft man gerne gesehen und aus den reinsten Motiven erklärt hatte, nun der Heuchelei zu zeihen, weil er ein Gegner geworden war.

Als die Schrift gegen Crotus veröffentlicht wurde von einem Erfurter, oder den Erfurtern Nahestehenden, mag nun Justus Jonas oder Menius der Verfasser sein, gegen einen der besten Erfurter gerichtet, war freilich die Erfurter Sodalität längst zerstoben, Hutten war todt, Mutian, das Oberhaupt, war dahingegangen, die übrigen Mitglieder von Erfurt weggezogen oder, wenn noch dort anwesend, selbst Trümmer einer schönen Vergangenheit und freud- und kraftlose Bejammerer dahingeschwundener Pracht.

Sechstes Kapitel.

Die gelehrten Gesellschaften. Allgemeine Verbreitung des Humanismus.

Schon bei der Schilderung der Universitäten, am meisten bei der Erfurter, tritt die Thatsache hervor, daß neben der geschlossenen Gesellschaft, dem alten festgeordneten Lehrkörper, ein neuer freier Verein, meist aus jüngeren Männern bestehend, wirksam ist, den „alten Weg“ zu verlassen und einen neuen einzuschlagen. Diese freien Vereine, die sodalitates literariae, waren indessen nicht auf die Universitäten, überhaupt nicht auf eine bestimmte Stadt beschränkt, sondern hatten theilweise ihre Mitglieder in ganz Deutschland zerstreut. Unter diesen Gesellschaften treten zwei besonders hervor: die rheinische und die Donaugesellschaft (Rhenana und Danubiana).

Die Donaugesellschaft steht in der engsten Verbindung mit der Wiener Universität; der zweitältesten in Deutschland, gestiftet 1365, als Ableger der Pariser Hochschule, mit vorzugsweiser Berücksichtigung der theologischen Fakultät. Doch war trotz des Widerstandes der Theologen — einer derselben, Conrad Säldner, ist uns schon früher begegnet (oben S. 329) — der Humanismus frühzeitig eingezogen: die von dem Humanismus geforderte Pflege der lateinischen Sprache gedieh so sehr, daß schon 1499 die Rectoren der Universität an die Studenten das Verlangen stellten, sich nicht mit den Produkten der Vulgärsprache abzugeben, weil aus ihnen kein ursprüngliches Wissen geschöpft werden könnte. Trotzdem konnte noch M. Joh. Heckmann, als er 1510 Rector war, er, der freilich selbst von Joh. Eck als Sophist und Thor gegeißelt und mit der Gegnerschaft des Rhein, Donau und Neckar bedroht wird, es wagen, einem Poeten, der über Metrik lesen wollte, dies Colleg zu verbieten und ihm mit Carcerstrafe zu drohen, theils weil dieser dem Rector ungehorsam gewesen war, theils weil er sich unterstanden hatte, dem Rector „auf die Bude zu rücken“ und obschon nicht einmal Baccalaureus, ihn, den Magister, zu duzen! (Quod simplex socius deberes tibisare unum rectorem universitatis qui est magister noster, wie die Dunkelmännerbriefe sagen; die Anhänger des mittelalterlichen Latein konnten sich nämlich lange nicht zur Ablegung des unclassischen vos und Annahme des classischen tu entschließen).

Die Donaugesellschaft hat eine Art officielles Document aufzuweisen und entfaltet eine gewisse officielle Thätigkeit. Das Document ist eine von der Gesellschaft veranstaltete Ausgabe der Cosmographie des Lucius Apulejus

(1497), welcher Widmungsgedichte von achtzehn Mitgliedern des Vereins, die, wenn nicht die Gesammtzahl, so doch die Hauptzahl repräsentiren, beigegeben sind. Betrachtet man die Mitgliederliste, so bemerkt man die auffällige Erscheinung, die wohl in der engen Verbindung des Vereins mit dem kaiserlichen Hofe ihre Erklärung findet, daß die Dichter nicht Jünglinge, sondern Männer in Amt und Würden sind, welche, entgegen der sonst üblichen Art der Humanisten, sich mit ihren vollen Titeln, als „kaiserlicher Secretär, königlicher Leibarzt, Doctor der Rechte" bezeichnen, die außer ihrem Amt auch ihre wissenschaftliche Qualification z. B. Mathematiker, Theologe nennen und sich wenigstens als Pädagogen aufführen, wenn sie nichts Anderes von sich zu sagen wissen.

Die officielle Thätigkeit ist die Wirksamkeit einer aus diesem Verein hervorgehenden kleinern Gesellschaft, die von Maximilian in enge Verbindung mit der Universität gesetzt wird: des vom Kaiser 1501 errichteten Collegiums der Dichter und Mathematiker. Es war zusammengesetzt aus vier Universitätslehrern, stand unter Leitung des jeweiligen Vertreters der Poesie, hatte die Aufgabe, die „Beredtsamkeit der frühern Zeit wiederherzustellen" und besaß das Privilegium, den Studirenden der Dicht und Redekunst an der Wiener Universität auf Grund einer mit ihnen vorgenommenen sorgfältigen Prüfung den von ihnen begehrten poetischen Lorbeer zu ertheilen.

Unter den Mitgliedern der Donaugesellschaft mögen drei genannt werden, ein Poet, ein Redner und ein Mathematiker. Der Mathematiker ist Georg Tannstetter aus Rain (Collimitius, Rain = Grenze = limes) 1482—1535, ein hochgeehrter Mann, sowohl in der artistischen Fakultät als in der medicinischen, der er später angehörte, mit der höchsten Würde bekleidet, als Leibarzt bei mehreren Kaisern in großem Ansehn stehend, zu politischen Missionen verwendet und wegen seiner Verdienste in den Adelstand erhoben. Er war auch Astronom, als solcher dem Papst Leo X. zu der von diesem geplanten Kalenderverbesserung empfohlen und für dieselbe in einem Gutachten thätig und Herausgeber verschiedener Kalender (Ephemeriden), aber, wie die meisten Astronomen jener Zeit, auch Astrologe. Diese seine Wissenschaft wurde so hochgehalten, daß selbst auf seinem Grabstein seine Fähigkeit verkündet wurde, „aus den Himmelszeichen das Künftige vorherzusehn"; seine Prophezeiungen hatten allgemeine Geltung, seitdem er den Tod des Kaisers Maximilian bis auf den Tag vorausgesagt haben sollte; als es 1523 hieß, er habe aus der im folgenden Jahre eintretenden Planeten-Constellation den Untergang der Stadt Wien vorausgesagt, mußte er gegen diese Meinung öffentlich auftreten und die herrschenden Befürchtungen zerstreuen. Für die Entwicklung der Wissenschaft freilich hat Tannstetter mehr als durch solche Träumereien durch die Unterstützung gewirkt, welche er den geographisch-historischen Plänen des Kaisers lieh, und durch seine damals ziemlich vereinzelt dastehenden Bemühungen um Kartographie und physikalische Geographie.

Der Poet ist Johann Crachenberger, der von 1499—1508 Vorsteher der Gesellschaft war und 1511 noch lebte. Er nannte sich, da er seinen deutschen Namen für zu barbarisch hielt, mit dem wohlklingenden Namen Pierius Graecus, schrieb lateinische Verse und beschäftigte sich vorzugsweise mit lateinischen Autoren, enthielt sich aber, trotz dieser Begünstigung des Alterthums und trotz seiner echt humanistischen Namensveränderung, humanistischer Einseitigkeit in solchem Grade, daß er eine deutsche Grammatik zu schreiben beabsichtigte.

Der, so Letzteres berichtet, ist der Redner des Kreises, Johann Spießhaimer (Cuspinian 1473—1529), seit 1496 wirklich lector ordinarius artis oratoriae an der Wiener Universität, aber auch in manchen anderen Aemtern beschäftigt, in der nächsten Umgebung des Kaisers lebend. Denn Kaiser Maximilian liebte ihn und gab ihm eine Reihe von Aufträgen und Aemtern. Theils schickte er ihn als Gesandten nach Ungarn und Polen, um durch zwei Heirathen zwischen Mitgliedern des habsburgischen und ungarischen Hauses das Friedensband knüpfen und festigen zu lassen, theils ernannte er ihn zum kaiserlichen Präfekten der Stadt Wien, damit in dieser leicht beweglichen Stadt das fürstliche Interesse gewahrt würde. Er aber liebte den Kaiser, nicht nur in der prunkvollen Weise, welche die übrigen Humanisten zur Schau trugen, sondern in wahrer Herzlichkeit und tiefer Ergebenheit, dergestalt, daß er in seinem Tagebuche, das sonst nur ganz kurz die äußeren Daten seines Lebens verzeichnet, das Todesjahr seines Herrn als ein unseliges und trauervolles schildert. Außer diesen kaisertreuen Bemerkungen kommen in jenem Tagebuche höchstens noch einzelne religiöse Aeußerungen vor, denn Cuspinian war fromm, dem alten Glauben treu ergeben, dem er am Ende seines Lebens nach kurzer Hinneigung zu den protestantischen Neuerungen doppelte Innigkeit bewies. Das Tagebuch indessen ist nicht die einzige Frucht seiner literarischen Neigung, vielmehr entsprach der Vielseitigkeit seines Wissens auch eine vielseitige schriftstellerische Thätigkeit. Denn er war nicht nur Redner und Diplomat, zu welch letzterer Thätigkeit er juristischer und staatsmännischer Kenntnisse bedurfte, sondern auch Philologe, Dichter und Mediciner. Seine literarische Thätigkeit in diesen drei Fächern jedoch erhebt sich nicht über das Mittelmaß der humanistischen Leistungen: er ist ein gewissenhafter Herausgeber und Commentator der Schriften des römischen Alterthums, er hat von den Lateinern den Gebrauch der antiken Metra gelernt, und bemüht sich, das, was die Alten über ihre hervorragenden Aerzte gesagt, sorgsam zusammenzustellen. Zu eigenthümlicher Bedeutung aber erhob sich Cuspinian durch seine historischen Arbeiten. Theils sind es Editionen mittelalterlicher Historiker, die, bisher nur handschriftlich, sehr Wenigen bekannt gewesen waren, theils sind es selbständige Ausarbeitungen, in denen Alterthum, Mittelalter und Neuzeit ziemlich gleichmäßig vertreten sind. Der eignen Zeit widmet er, außer dem mehrfach erwähnten Tagebuche, eine Geschichte des sogen. Wiener Congresses 1515, d. h. der in Wien stattgehabten Zusammenkunft des Kaisers mit den Königen von Ungarn, Polen und Böhmen. Mit dem Mittelalter beschäftigt sich sein Hauptwerk: Austria, eine Geschichte Oesterreichs von den babenbergischen Markgrafen bis zu Maximilians Tode, nebst einer ausführlichen geographischen Beschreibung. Letztere sollte nach dem ursprünglichen Plane des Autors mit Karten und Plänen bereichert werden, trägt mit dem redlichsten Fleiß weitschichtiges Material zusammen und zeigt, wenn es auch von keinem hervorragenden critischen Werth ist, doch Anläufe zur Kritik, so daß es z. B. das fabelhafte Alter des habsburgischen Stammes läugnet und die damals noch vielgeglaubten angeblichen Privilegien Cäsars und Neros für Oesterreich verwirft. Was die Austria für das deutsche Mittelalter, das sollten die beiden Werke de consulibus und de caesaribus für das Alterthum und die allgemeine Geschichte Europas sein. Freilich, das erstere ist mehr eine Zusammenstellung wichtiger und seltener Schriften mit großen Commentaren des Herausgebers und das letztere verfolgt gewissermaßen einen pädagogischen Zweck, indem es künftigen Zeiten und insbesondere künftigen Herrschern wie in einem Spiegel die Tugenden vorhalten soll, welche einen Regenten zieren und die Laster, welche ihn brandmarken, aber beide sind überaus fleißige Arbeiten, mit Hülfe gelehrter Freunde von allen Orten her zusammengebracht, rühmliche Zeugnisse für Cuspinians gelehrten Sinn, seine Verehrung des Alterthums und seine Liebe zum Vaterlande.

Unter den nicht eben zahlreichen Gedichten Cuspinians befindet sich auch eins „an den vortrefflichen, um die Wissenschaften wohl verdienten kaiserlichen Secretär, den Gönner der Musen, Joh. Fuchsmag." Dieser Fuchsmag (Fusemannus c. 1450—1510), Philologe und Historiker, Diplomat im Dienste des Herzogs Sigmund von Tirol, später zweier Kaiser, auf Reichstagen und in Gesandtschaften mehrfach ausgezeichnet, Maximilians wissenschaftliche Neigungen unterstützend, ist weniger interessant durch seine selbständigen Leistungen, chronologische und numismatische Abhandlungen, auch eine handschriftlich gebliebene Geschichte Karls des Kühnen, als durch die Arbeiten, die er Anderen zu entlocken verstand. Die Genossen der Donaugesellschaft betrachteten ihn solcher Fähigkeit wegen und wohl auch aus dem Grunde, weil er durch seine nahen Beziehungen zum Kaiser ihnen nützlich wurde oder wenigstens werden konnte, als ihren besondern Mäcen. Ihm wurde daher das von der Gesellschaft gemeinsam herausgegebene Buch: Epitoma de mundo des Lucius Apulejus gewidmet, mit einer Zuschrift, in der es ziemlich übertreibend von ihm heißt: „Wer unter den hervorragenden Männern Deutschlands ist eifriger und strebsamer in der Erforschung beider Sphären des Himmels und der Erde als Du? Wer ist kundiger in Betreff der Zahlen und Maßverhältnisse der Erdkörper und der großen Gestirne am Firmament? Wer ist im Stande, mit größerer Sachkenntniß von Völkern und Staaten, von Städten, Meeren und Flüssen zu sprechen? Und wer ist mehr im Stande, Aufschlüsse zu geben von mannigfachen Thier- und Menschenarten, von ihrer Verschiedenheit nach ihren verschiedenen Himmelsstrichen, klimatischen Verhältnissen, unter denen sie leben?"

Das eigenthümlichste Denkmal aber hat Fuchsmag sich selbst errichtet. Aehnlich dem Corvcius (S. 293), erbat und erlangte er von Freunden und Gesinnungsgenossen Gedichte und vereinigte sie in einer Sammlung. War bei dem Italiener die Verherrlichung der Heiligen die Hauptsache, so tritt bei den Deutschen die Lobpreisung der humanistischen Studien in den Vordergrund; dem enthusiastischen Preise des Papstes entspricht hier ein nicht minder lebhafter Preis des Kaisers; und das über Gebühr laute Triumphgeschrei über die Verdienste des Sammlers und Bestellers ist beiden Sammlungen gemeinsam. Dagegen ist von Liebe, dem ewigen Thema sonstiger lateinischer Gedichte, wenig die Rede, wohl aber von Heiligem — nennt sich doch einer der Dichter geradezu monachus — und Profanem, von Geschichte und Politik; das deutsch-nationale Gefühl im Gegensatz zum Auslande wird hervorgehoben; Gelegenheitsgedichte mannigfacher Art, „allerlei Glückwünschungen", wie ein Poet des 17. Jahrhunderts sich ausdrücken würde, und Leichencarmina kommen vor, unpoetische Gegenstände, wie das jahrelange Fasten des Schweizers Clausius, werden besungen und manch Einer bittet recht prosaisch um Geld. Man denke indessen nicht, daß hier blos armselige Bettelpoeten ihr Wesen treiben, vielmehr sind auch tüchtige Männer darunter, z. B. Joh. Reuchlin, und gerade durch ihre Beiträge erhält die Sammlung ihren Charakter, den eines frischen Stimmungsbildes aus der damaligen Wiener Poetenzunft.

Freilich Reuchlin gehört dem Wiener Kreise nicht an. Er hat sein Gedicht — eine Trauerode auf den Tod Kaiser Friedrichs III. — bei Gelegenheit einer Gesandtschaftsreise geschrieben, seine Heimath aber ist Schwaben, und wie er selbst näher dem Rhein als der Donau wohnt, so steht er in engerer Beziehung als zur Donaugesellschaft zur sodalitas literaria Rhenana. Die rheinische Gesellschaft hat ihren Sitz in Heidelberg. Aber gerade sie war in keiner Weise an den Ort gebunden. Sie hatte ihre Mitglieder nicht blos in unmittelbarer Nähe des Mittelpunktes, wie etwa in Worms, sondern weit ins deutsche Land hinein, nach Schwaben und Franken, erstreckte sie ihre Zweige. Nürnberg, Regensburg, Freiburg waren durch eifrige wenn auch nicht sehr hervorragende Mitglieder vertreten, Augsburg sendete seinen hochverdienten Conrad Peutinger, der, eben weil er nicht sonderlich schöpferisch war, als ein besonders wichtiges Mitglied einer derartigen Vereinigung erscheinen mußte, die Genossen zum Aufspüren, Mitsammeln anregend und ihnen seine kleinen Funde mit der Freude und zugleich mit der Beschränktheit des Sammlers vorweisend. Wie die Donaugesellschaft am Kaiser, so besaß die rheinische am Pfalzgrafen Philipp einen hohen Gönner, aber freilich nur einen, der äußerlich dabei war, während der Kaiser mit Herz und Seele an dem Unternehmen sich betheiligte. Wie jene, so hatte auch die rheinische zu ihren Mitgliedern Mathematiker und Poeten, Schulmänner und Beamte, sie hatte auch gemeinschaftliche Unternehmungen, wie die nach einem Nürnberger Fund veranstaltete Herausgabe der Werke der Nonne Hrotsuitha, welche die Genossen lange in Athem hielt und ein Lieblingsgegenstand langjähriger

Correspondenz blieb. — Das allverehrte Haupt dieser Gesellschaft war Joh. Dalburg, Bischof von Worms (1445—1503).

„Unter den Philosophen war er Plato, unter den Musikern Timotheus, unter den Rednern Demosthenes, unter den Astronomen Firmikus, unter den Mathematikern Archimedes, unter den Dichtern Virgil, unter den Cosmographen Strabo, unter den Priestern Augustinus, unter den Frommen Numa Pompilius." Mit diesen Worten preist Joh. Trithemius den Vorsteher und Censor der rheinischen Gesellschaft. Und wie von diesem seine inneren Vorzüge, so werden von Anderen z. B. Celtes seine äußeren Gaben gerühmt: seine schöne, schlanke Gestalt, der alte Ruhm des Hauses; der kriegstüchtigen Ahnen, die dem Nachkommen ein glänzendes Vorbild seien.

Joh. von Dalburg hatte seine Studien in Erfurt begonnen, sie in Italien fortgesetzt, war dort Doctor der Rechte geworden, hatte dort mit hervorragenden Männern persönliche Beziehungen mancher Art geknüpft und Gelegenheit gesucht und gefunden, die verschiedenen Ausprägungen des Geisteslebens kennen zu lernen. Nach Deutschland zurückgekehrt, war er Bischof von Worms geworden (1482) und hatte in dieser Stellung mannigfaltige, oft ziemlich schwere geistliche und obrigkeitliche Geschäfte zu versehen, wurde einer der beliebtesten und einflußreichsten Rathgeber seines Fürsten, des Pfalzgrafen, und hatte in seinem Auftrage, ebenso wie in dem des Kaisers Maximilian, mehrfache Gesandtschaftsreisen nach der Schweiz, nach Rom und Paris zu unternehmen. Diese amtliche diplomatische Thätigkeit jedoch, so gewissenhaft er ihr oblag, betrachtete er nicht als Lebenszweck; vielmehr wollte er, den von ihm angestaunten italienischen Fürsten, geistlichen sowohl als weltlichen gleichend, mehr Mäcen als Augustus sein. Begründung und Vermehrung seiner Bibliotheken — denn er besaß mehrere und zwar in Ladenburg und Heidelberg —, eifriger Verkehr mit den Gelehrten, unter denen Rudolf Agrikola und Joh. Reuchlin ihm am nächsten standen, bei welchen er seine edle Geburt und hohe Stellung nur dazu benutzte, um den Freunden zu spenden, vielseitige gelehrte Studien, das waren die Beschäftigungen, durch deren beständige Uebung er seine Lebensaufgabe wahrhaft zu erfüllen meinte. Er war auch schriftstellerisch thätig. Unter diesen seinen Schriften nennt Tritheim außer den unvermeidlichen Reden, Gedichten und Briefen, vier, deren Titel — denn mehr kennen wir von ihnen nicht — charakteristisch für die Geistesentwicklung des Mannes sind. Das eine, „ein Buch über das Münzwesen", war gewiß nicht eine nationalökonomische Abhandlung, sondern eine antiquarische Untersuchung über römische Münzen, wie sie dem Forschungseifer jener Zeit entsprach; das zweite „über den Ursprung des Adels", vielleicht durch die freiheitlichen Anregungen der italienischen Theoretiker veranlaßt, doppelt bedeutsam, weil hier nicht ein Bürgerlicher über den ihm verhaßten Stand, sondern das Mitglied eines altadligen Hauses über seine eigene Kaste zu reden hatte; das dritte, „über die geheimen Mysterien der Zahlen", ohne Zweifel mystische Spielereien, hervorgerufen durch die kabbalistisch-neuplatoni-

Conrad Peutinger.
Nach dem Gemälde von Christoph Amberger (1490—1563).
(Augsburg, Kreis- und Stadtbibliothek.)

schen Spielereien Reuchlins, der, wie wir wissen, den größten Einfluß auf Dalburg übte. Denn auch die vierte Schrift, „Sammlung von einigen tausend griechischen und deutschen Worten, die in beiden Sprachen dasselbe bedeuten", die übrigens schwerlich so reichhaltig gewesen, wie sie durch die übertriebene Bezeichnung Tritheims sich darstellt, muß als eine Anregung der auf die griechische Sprache hinweisenden Bestrebungen Reuchlins betrachtet werden und war gewiß, trotz der etymologischen, von Unkenntniß der Sprachentwicklung zeugenden Spielereien und der nationalen Großmannssucht, die darin ihr Wesen getrieben haben mögen, ein dankenswerthes Unternehmen.

In engster Beziehung zu der rheinischen Gesellschaft lebte der Magus des Südens, Johannes Trithemius, eine der charakteristischsten Figuren der Renaissancezeit, Geschichtsfälscher und Alchymist, Sterngucker und Politiker, Theologe und Humanist.

Er ist 1462 geboren und 1516 gestorben. 1482 trat er als Mönch ins Kloster Sponheim, wurde schon im folgenden Jahre Abt, erregte durch sein beständiges Studiren bei den bildungsfeindlichen Mönchen Anstoß, resignirte daher 1507, nachdem er trotz einer längern Reise keinen Umschlag der feindlichen Stimmung hatte erwirken können und lebte bis zu seinem Tode als Abt des Schottenklosters zu St. Johann in Würzburg.

Jene Reise, von der er die Herstellung des klösterlichen Friedens vergeblich erhofft, hatte ihn nach Berlin zum Markgrafen Joachim, dem Humanistengönner, geführt. Die Reise selbst war für ihn ziemlich erfolglos, denn die Mark erschien ihm physisch und geistig unfruchtbar; auf der Rückreise traf er Faust den Wundermann, Georg Sabellikus Faustus, wie Tritheim ihn nennt, konnte aber zu keiner Unterredung mit ihm kommen, weil, wie er triumphirend erzählt, Faust vor ihm floh. Triumphirend, denn Tritheim sah in jenem Nekromantiker und Astrologen einen Konkurrenten, er hielt sich selbst für einen Zauberer und wurde von den Zeitgenossen und den Späteren dafür erklärt. Mannigfache Erzählungen bekundeten diese seine übernatürliche Fähigkeit. Es klingt ziemlich zahm, daß er dem Wilhelm von Grumbach vorausgesagt haben soll, er würde seinem Vaterlande entweder zu großem Vortheile oder großem Nachtheile werden und in letzterm Falle seine Unthaten mit gräßlichem Tode büßen; bedenklicher ist es schon, daß er in einem Wirthshause, wo es durchaus nichts zu essen gab, nur an das Fenster klopft und alsbald von außen wie durch Geisterhand gereicht, ein wohlbestelltes Mahl vorgesetzt bekommt; aber geradezu an Faustische Beschwörungsgeschichten erinnert es, daß er dem Kaiser Maximilian seine verstorbene Gemahlin Maria vorzaubert und zwar so ähnlich, daß nicht einmal das schwarze Mal fehlte, das sie am Halse hatte. Den Anlaß zu solchen Sagen und Gerüchten gab Tritheim selbst durch seine der Geheimlehre gewidmeten Schriften, besonders seine Steganographie. Die Gestalt, in der das Werk 1606 erschien, entsprach freilich nicht völlig dem von dem Autor 1499 aufgestellten Programm; diese Nichtübereinstimmung berechtigt aber nicht, an der Authenticität des gedruckten

Werkes zu zweifeln, sondern veranlaßt uns nur, jenes Programm als die zweifellose Willensmeinung des Verfassers zu betrachten. In dem ersten Buche wollte er hundert Arten von Geheimschriften mittheilen, die nur den beiden Correspondenten offenbar, allen Uneingeweihten völlig unklar seien, in dem zweiten die Kunst, durch einen Boten, aber dergestalt, daß dieser selbst von dem Mitzutheilenden nichts wüßte, oder auch ohne einen Boten, auf große Entfernungen hin Nachrichten übermitteln; das dritte Buch sollte lehren, einen des Lateinischen Unkundigen in zwei Stunden mit dieser Sprache vollkommen bekannt zu machen. Das vierte endlich sollte die Kunst darlegen, den eignen Willen dem Eingeweihten in Gegenwart Anderer ohne Worte und Winke, sogar mit geschlossenen Augen, ohne Störung einer währenddessen von dem Geheimlehrer oder Anderen vorzunehmenden Handlung mitzutheilen. Alle diese seltsamen und unglaublichen Vorgänge wollte Trithеim durch eine Offenbarung erfahren haben, an deren Göttlichkeit er gewiß glaubte.

Trotz dieser abergläubischen Vorstellungen war Tritheim kein Ungläubiger, vielmehr ein Gläubiger, der wie ein Bußprediger von dem Elend des menschlichen Lebens zu reden wußte, wie ein eifervoller Moralist mit unerbittlicher Schärfe gegen die sittlichen Schäden der Kloster- und Weltgeistlichen losfuhr, wie ein strenger Katholik aber den Papst für unantastbar erklärte, den Grund für diese Schonung in dem Bibelworte findend: „Wider die Götter eifere nicht." Andererseits hinderte ihn der schwindelnd hohe Flug seiner Gedanken nicht, die Dinge dieser Welt sorgsam zu beobachten, außer dem Leben der Geister auch das Geistesleben zu studiren, Bücher zu lieben und sich der nüchternen philologisch-historischen Gelehrsamkeit zu befleißigen, in der jene Zeit excellirte. Doch auch in seinen Veröffentlichungen dieser Art, in dem Cataloge der kirchlichen Autoren, dem Verzeichniß der berühmten Schriftsteller Deutschlands, der gelehrten Männer des Carmeliter- und Benediktinerordens, konnte er von dem Schwindelhaften seines Wesens — denn er war mehr Betrüger als Betrogener — nicht lassen. In allen diesen Werken, so brauchbar sie als Literaturlexika, und zwar als die ersten derartigen modernen Versuche, als Meldungen eines wohlunterrichteten Zeitgenossen und als Lesefrüchte eines fleißig zusammentragenden Forschers auch sind, ist doch viel Täuschendes und Irreführendes verborgen. Denn Tritheim ist kein Geschichtsschreiber, der nur die Wahrheit sucht, sondern er begehrt den Nachweis seiner Lieblingsideen, gleichviel ob sie der Wahrheit entsprechen: die Lobpreisung seiner Zeit auf Kosten der vergangenen, die Verherrlichung Deutschlands gegenüber dem Auslande, die Rühmung der geistlichen Orden auf Kosten der Laien. In dieser Tendenz liegt schon der Keim zur wirklichen Geschichtsfälschung.

Diese Fälschung tritt in seinen Geschichtswerken offen hervor. Drei derselben sind hervorzuheben. Die Geschichte der Abtei Sponheim, Darstellung ihrer Schicksale von ihrer Gründung bis zum Ende von Tritheims Amtsführung, mit Erwähnung der wichtigsten gleichzeitigen Vorgänge aus der deutschen Geschichte; die große Chronik des Klosters Hirschau (**Annales Hirsaugienses**) von 830—1513, die mit Unrecht den Namen des Klosters an der Spitze trägt, da sie in Wirklichkeit eine in großem Maßstabe angelegte Weltgeschichte ist; eine Frankenchronik, die in drei Bänden eine Erzählung der Thaten der Franken von 440 v. Chr. bis 1514 darbieten sollte, in Wirklichkeit nur bis zu einem kurzen Compendium des ersten Jahrtausends dieser Geschichte gediehen ist. Alle drei Werke sind, soweit sie sich nicht auf die eigene Lebenszeit des Schriftstellers beziehen, und in diesen Partien aus den Erfahrungen und Erlebnissen des Vielgewanderten und Wohlunterrichteten Nutzen schöpfen, Compilationen aus bekannten Quellen. In der Benutzung dieser Quellen ist Tritheim weder objectiv, noch zuverlässig, selbst handschriftliche Quellen, wie den **Codex Hirsaugiensis**, eine Sammlung von Urkunden des Mittelalters, die seitdem gedruckt worden ist, benutzt er, sobald er sie zu Rathe zieht, mit seltsamen Auslassungen, Zusätzen, Umkehrungen. Er verfährt, auch seinen Quellen gegenüber, mit bestimmten Tendenzen, er will seine Klostergenossen erbauen, er will die Mitglieder des ihm nahestehenden Ordens der Dominikaner gegen alle Vorwürfe vertheidigen. Als eifriger Gegner der Juden zeiht er diese der Ermordung von Christenkindern, trotzdem er in seiner Quelle die Nachricht fand, daß der die Untersuchung anstellende Kaiser nichts Gewisses über die Beschuldigung habe ergründen können und trotzdem er an einer andern Stelle bemerkt, die Verfolgungen der Juden entständen weniger aus christlichem Eifer für Religion und Gerechtigkeit, als aus Verlangen nach dem Gelde der Verfolgten. Als Kirchenmann beurtheilt er die Kirchenhäupter stets im günstigen Sinne und tritt bei der Darstellung der Kämpfe zwischen Kaisern und Päpsten auf die Seite der Letzteren; ja er wird, zunächst aus jenen kirchlichen Motiven, dann freilich auch aus nationaler Einseitigkeit ein Gegner der Verbindung zwischen deutschem Königthum und römischem Kaiserthum und zeigt in beredter Weise die Schäden auf, welche aus dieser Verbindung hervorgegangen sind. Aehnliche Tendenzen veranlassen ihn geradezu zur Fälschung. Um eine wissenschaftliche Blüthe des Klosters Hirschau, um die alte Verbindung desselben mit Fulda zu erweisen, erfindet er einen Fuldaer Chronisten Meginfried, der 1010 gestorben sein soll; um das alte Märchen von der trojanischen Abstammung der Franken glaubhaft zu machen und um fabelhafte Thaten der Franken in den ersten christlichen Jahrhunderten zu erweisen, die sich denen der Römer würdig zur Seite stellen und den Ruhm der Deutschen in der ersten Zeit ihres Auftretens herrlich erscheinen lassen, erdichtet er den Geschichtschreiber Hunibald, der, in den Zeiten Königs Chlodwig lebend, und aus alten verlorenen Quellen schöpfend, die Geschichte des Frankenreichs in der ältesten Zeit geschildert habe. Meginfried und Hunibald sind nur Geschöpfe der Tritheim'schen Phantasie, Niemand außer ihm hat ihre Handschrift je gesehen, von dem Hunibald'schen Codex, der in Sponheim gewesen sein soll, gibt er erst in Würzburg Kunde, dem Kaiser Maximilian, der aufs höchste begierig ist, einen so ehrwürdigen Zeugen alter deutscher Herrlichkeit kennen zu lernen, gibt er eine kläglich ausweichende Auskunft. Und dabei ist der Betrug so plump, daß Tritheim selbst durch gewisse Floskeln, derart, daß die Handschrift schwer leserlich, daß sie vielleicht interpolirt sei, sich salviren zu müssen glaubte, und war so leicht zu enthüllen, daß selbst in jenem unkritischen Zeitalter gar Mancher, z. B. Hermann von Neuenaar, den Schwindel aufdeckte, nachdem schon Beatus Rhenanus vor den thörichten Träumereien des angeblich fränkischen Schriftstellers gewarnt und Wimpheling den Tritheim der Ungenauigkeit und Flüchtigkeit bezichtigt hatte.

Dieser selbe Trithemius nun, der als Charlatan und Betrüger Entlarvte, ist ein grundgelehrter Mann, ein Polyhistor von staunenswerther Vielseitigkeit, in allen Kenntnissen, die der Humanismus werth hielt, wohlbewandert; nur das Versemachen schien ihm eine knabenhafte Arbeit, Trauergedichte und Grabinschriften waren seinem Bedünken nach die einzige für Männer passende poetische Uebung. Trotz dieser wesentlichen Unterschiede zwischen ihm und den übrigen Vertretern des Humanismus steht er in engster Verbindung mit den Männern der neuen Partei, ist Schüler der Einen, Lehrer der Anderen, durch die Zugehörigkeit zur rheinischen Gesellschaft mit Vielen aufs Engste verbunden und von dem Grundsatze beseelt, Allen ein Freund zu sein.

Kleinere Kreise von Humanisten thaten sich an vielen Orten zusammen. Der Unterschied zwischen ihnen und den beiden genannten Hauptvereinen besteht hauptsächlich darin, daß sie an einen bestimmten Ort gebunden sind, ihre Uebereinstimmung darin, daß sie gleich stark wie jene sich die Pflege der humanistischen Studien angelegen sein lassen, daß sie durch einen bedeutenden Namen zusammengehalten werden und in der Verehrung des Meisters einig sind. Solche Vereine mußten sich nicht grade in Städten bilden, in denen Schulen und Universitäten sich befanden, aber sie knüpften sich in solchen am leichtesten. Derart sind die Gesellschaften in Ingolstadt, deren Leiter der Geschichtsschreiber Joh. Aventin war, von dem später die Rede sein wird, in Basel, deren Haupt der früher erwähnte Bonifacius Amerbach und deren treibende Kraft seine von Uebertreibung nicht freizusprechende Verehrung des Erasmus war, in Schlettstadt und Straßburg, an deren Spitze Jakob Wimpheling stand und zu deren Mitgliedern die uns wohlbekannten Gelehrten dieser beiden humanismuseifrigen Städte gehörten.

Will man weiter gehn, so kann man, wie K. Hagen dies gethan hat, eine Wanderung durch das damalige Deutschland antreten und man wird bemerken, daß in jeder Stadt Deutschlands Männer der neuen Richtung vertreten waren. Unter diesen Gesellen befand sich jedes Alter und jeder Stand; sie alle bildeten gleichsam einen großen geheimen Bund, der freilich nicht durch Abzeichen, Statuten und seltsame Ceremonien zusammengehalten wurde, aber durch das festere Band stillen Einverständnisses und großer gemeinsamer Ziele unzertrennlich geknüpft war. Eine rege Correspondenz, welche alle übrigen Arten der Erholung vertrat, verband die Getrennten und der den Deutschen angeborene Wandertrieb, der trotz der Schwierigkeit der Reisen damals zu üppiger Entfaltung kam, näherte die Entfernten.

Die Aufstellung eines derartigen Verzeichnisses indessen, für deren Vollständigkeit selbst der genaueste Kenner der Humanistenperiode nicht bürgen könnte, würde meist nur statistischen Werth besitzen und durch seine Häufung von Namen den Leser mehr verwirren als aufklären. Daher begnüge ich mich, um die weite Verbreitung des Humanismus zu kennzeichnen, mit der Erzählung einer Anekdote und der Zeichnung eines Lebensbildes.

Die oft angeführte Anekdote ist diese: In Boppard am Rhein lebte ein Zollbeamter Eschenfelder, der schon durch die Latinisirung seines Namens (Cinicampianus) seine Zugehörigkeit zum Humanistenbunde bekundete. Er hatte das Glück, an seinem Wohnorte den Erasmus bei einer Rheinreise, die dieser machte, zu sehen und war über dieses Glück so erfreut, daß er sich nicht damit begnügte, den Verehrten zu sehn, sondern nicht eher ruhte, bis er ihn in sein Haus geführt und seinen Verwandten und Freunden vorgestellt hatte. Die Schiffer, die unruhig zur Abfahrt drängten, beschwichtigte er durch Weinspendung und versprach ihnen noch Zollerlaß bei ihrer Rückkehr dafür, daß sie ihm einen solchen Mann gebracht hätten. Erasmus, der nicht ohne Selbstgefälligkeit dieses Geschichtchen erzählt, fügt seine Lieblingsmaxime hinzu: „Wie schlecht sind doch die Mönche, da selbst die Zöllner die schönen Wissenschaften treiben."

Daß diese Maxime nicht ganz zutraf, lehrt das Beispiel des Mannes, der, obwohl er in einem entlegenen Kloster lebte, den Humanisten sich persönlich zu nähern sucht und die humanistischen Anschauungen zu theilen, ja Anderen mitzutheilen unternimmt. Das war Nikolaus Ellenbog, Mönch zu Ottobeuern (1481—1543). Den Beruf der Klostergeistlichen, nützliche Kenntnisse zu verbreiten, faßte er in dem höhern Sinne, die Geistlichen zu Hauptträgern geistiger Cultur zu machen; demgemäß errichtete er in seinem Kloster eine Druckerei und eine höhere Lehranstalt, mit dem ausgesprochenen Zweck, deren Besucher zu homines trilingues zu machen. Er selbst war ein solcher „dreisprachiger" Mann, gebrauchte in seinen Schriften und Briefen die lateinische Sprache mit Geläufigkeit und Geschick, doch ohne besondere classische Feinheit, und fügte den lateinischen Redewendungen mit großer Vorliebe griechische und hebräische Floskeln ein, die er durch langjähriges, mühsames Studium — mußte er doch viele Jahre warten, bis er eine hebräische Bibel erlangte und konnte nur durch eine Art von Combination die Kenntniß der hebräischen Buchstaben erlangen — sich angeeignet hatte. Das Studium des Hebräischen hatte er vielleicht in der Hoffnung begonnen, seine astrologisch-kabbalistischen Träumereien zu verwirklichen, denn er glaubte fest und steif an astrologischen Wahn. Ueberhaupt war er nicht eben ein freier, hoher Geist, sein Gesichtskreis erstreckte sich oft nicht weit über die Mauern seines Klosters. Er war ein gläubiger Theologe und ein sittenstrenger Mönch, gleich empört über sittenlose Klosterstürmer, wie über neuerungslustige Protestanten, schrieb gegen Luther und dessen Genossen langathmige Tractate, in denen Heftigkeit und Wortschwall oft Beredtsamkeit und gute Gründe ersetzen müssen; er beschäftigte sich mit Geschichte, brachte es aber nicht über das Sammeln von Nachrichten und Denkmälern, höchstens bis zu einem Versuch chronikenartiger Zusammenstellung; in den verschiedensten Gebieten tappte er herum, ohne das Ziel zu erreichen, nicht selten ohne den richtigen Weg zu finden. Und doch ist er mit ganzer Seele Humanist, verficht gegen seine Klosterbrüder und andere Mönche mannhaft die Sache Reuchlins, läßt sich selbst durch die Pariser Entscheidung nicht irre machen und hegt den dringenden Wunsch, wie er dem Verehrten schreibt, „daß die widrigen Mäuler deiner Feinde gestopft würden," nicht blos weil die Gegner den Meister in seiner geistigen Ruhe stören, sondern weil sie die freie Entwicklung der Wissenschaft hindern. Er genoß in seinem Leben nur geringe Ehren; als er aber einen seiner Briefe an Reuchlin in der von diesem herausgegebenen Sammlung der „Briefe berühmter Männer" abgedruckt sah, da jubelte er auf, freute sich über das Wort Cubitus, in das man seinen deutschen Namen Ellenbog latinisirt hatte und mag mit etwas unleserlicher Hand, wie wir noch heute in seiner handschriftlichen Briefsammlung sehen, in griechischer und hebräischer Sprache freudestrahlend den Vermerk auf das Concept eines seiner Briefe eingetragen haben: „In die Hand meines Geliebten."

Im Vergleich mit den freien italienischen Akademieen stehen die deutschen gelehrten Gesellschaften bedeutend zurück. Sie entbehren zunächst, da die Mitglieder meist nicht an demselben Orte leben, des festen persönlichen Zusammenhangs und der dadurch möglichen Einwirkung des Einen auf den Andern; sie entbehren ferner der Männer, deren Führung eine ganz unbestrittene ist, denn selbst ein Dalburg kann schwerlich mit Cosmo von Medici, Bessarion und Pomponio Leto zusammengestellt werden; sie entbehren endlich des leitenden Gedankens, der bestimmten Tendenz, welche die italienischen Akademieen auch von einander unterscheiden läßt. Denn während die des Ersten als Pflegerin der platonischen Philosophie, die des Zweiten als Gönnerin der hellenistischen Studien, die des Dritten als Erforscherin des römischen Alterthums hervortritt, sind die deutschen Gesellschaften unterschiedslos Pflanzstätten der Dichtkunst und Gelehrsamkeit, ohne daß eine jede besondere Aufgaben zu erfüllen hätte. Doch meine man nicht, daß ihre allgemeine und einzige Aufgabe in der gegenseitigen Verherrlichung ihrer Mitglieder bestanden hätte. Vielmehr betrachten sich die Mitglieder als Strebende, nicht aber als Vollendete. Hören sie auch lieber Lobsprüche, so sind sie, wenigstens die Verständigeren unter ihnen, nicht unempfänglich für begründeten Tadel, sie schicken sich Arbeiten vor deren Drucklegung zu und bitten um ein unparteiisches Urtheil, sie planen auch wohl gemeinsame Unternehmungen, wenn gleich deren Herstellung durch die Entfernung der einzelnen Mitglieder von einander sehr erschwert wird. Derartige Unternehmungen beziehen sich wohl manchmal auf das classische Alterthum, das den Vereinen so gut wie dem Einzelnen Lebenselement war, aber sie wenden sich doch, entsprechend den alle Mitglieder erfüllenden patriotischen Bestrebungen, vorzugsweise dem deutschen Mittelalter zu und suchen Geschichts- und Dichtwerke der Deutschen, die freilich in lateinischer Sprache geschrieben waren, hervor, um zu zeigen, daß selbst in den barbarischen Zeiten die Deutschen nie völlig Barbaren gewesen seien. Bei diesen Versuchen hat es an Mißgriffen nicht gefehlt — denn literarische Neulinge sind eben wie die Kinder, die nach dem Ersten, Besten, am liebsten nach dem Bunten und Schillernden greifen — aber die Tendenz, welche die Männer leitet, ist eine edle, theilweise großartige zu nennen, und man handelt mit schnöder Ungerechtigkeit gegen sie, wenn man sie, wie man es gethan, der Fälschungsgelüste bezichtigt und durch solche unbegründete Anschuldigung ihren wohlerworbenen Ruhm in unverdiente Schmach verkehrt. —

Die treibende Kraft, das belebende Princip der beiden Hauptvereine ist ein Mann, der überhaupt als einer der kühnsten, unermüdlichsten Apostel des Humanismus erscheint, ein eifriger Wanderprediger, dem aber bei allem Ernst seiner Thätigkeit die fröhliche Laune und die frische Genußfähigkeit stets erhalten bleibt, der Dichter Conrad Celtes.

Siebentes Kapitel.

Dichtung und Dichter.

Wer die Literatur der Renaissancezeit in Italien betrachtet, findet es auffallend, daß so viele Männer sich trotz der zur Vollkommenheit ausgebildeten, durch Wohlklang entzückenden italienischen Sprache für ihre Dichtungen der lateinischen bedienten, ja daß sie jene von der ganzen Nation bewunderte verwarfen und des Fortlebens nicht würdig erachteten. Weniger auffallend möchte eine solche Sinnesart in Deutschland erscheinen; denn die deutsche Sprache war damals noch nicht genügend ausgebildet, um zu poetischer Behandlung anzureizen, das Publikum aber, das deutschen Gesängen etwa Beifall spenden mochte, war nicht der Art, daß es von dem Dichter besonders begehrt wurde. Trotz der erklärlichen Hinneigung der Deutschen zu der Sprache Roms bleibt ihre Dichtung unvollkommner als die der Italiener; den vielen bedeutungsvollen neulateinischen Dichtungen der Italiener können nur verhältnißmäßig wenige der Deutschen ebenbürtig zur Seite gestellt werden. Der Grund dieser Inferiorität kann nicht in dem Mangel an dichterischer Fähigkeit gesucht werden, er liegt auch nicht in der kürzern Dauer des deutschen Humanismus, die etwa zur Erzeugung eines vollkommenen Werks nicht ausgereicht hätte, vielmehr in dem wenig entwickelten Sinn für Formschönheit und dem mangelhaften Verständniß für das Wesen der Dichtung. Schon Wimpheling hatte, von Nützlichkeits- und Sittlichkeitsgrundsätzen ausgehend, die Poeten den Prosaikern nachgesetzt, er hatte, seinem Lieblingsautor Battista Mantovano folgend, das Gedicht als „eine in bestimmte Maße eingezwängte und durch besondern Schmuck ausgezeichnete Art der Rede" definirt und als Wesen der Dichtung bezeichnet, eine Wahrheit unter gewissen Umhüllungen vorzutragen. Sein Genosse, Sebastian Brant, stellt in einem bekannten Holzschnitte den Dichter als einen ältlichen Mann dar, vor einem Pulte sitzend, auf dem ein großer Foliant liegt. Diese Anschauung, welche ihn veranlaßt, in der Vorrede zu seinem dichterischen Hauptwerke die Thätigkeit des Dichters als ein Sammeln „mit besonderm Fleiß, Ernst und Arbeit" zu bezeichnen, bleibt bei den Humanisten die herrschende; die Theoretiker vergleichen den Dichter gern mit einer Biene, die auf allen Blumen herumfliegt und, aus ihren Kelchen sich vollsaugend, den Honig in ihre Zelle zusammenträgt. Das alte Wort, daß der Dichter geboren und nicht gemacht wird, scheint vergessen zu sein; nach der herrschenden Ansicht kann Jedweder zum

Dichter werden durch Geschicklichkeit, Uebung und Nachahmung (arte, exercitatione, imitatione).

Nach solchen Regeln machte jeder deutsche Humanist seinen Vers, glaubten Viele Dichter zu sein. Manche wurden wirklich geschickte Versmacher, deren leicht dahinfließenden Rhythmen man die Mühe nicht anmerkt, deren sich die Poeten unterzogen hatten; Wenige sind als wahrhafte Dichter zu bezeichnen.

Ein wirklicher Poet ist Conrad Celtes. Er nannte sich vielleicht mit größerm Stolz als historischem Recht den „ersten in Deutschland gekrönten Dichter", aber er durfte sich sehr wohl als einen poeta laureatus bezeichnen.

Conrad Celtes Protucius (eigentlich Pickel = Meißel, lateinisch = Caelites, Celtes, griechisch Protucius von πρὸ und τύκος) ist am 1. Febr. 1459 in dem fränkischen Dorfe Wipfeld geboren. Er erwarb in Köln, sodann in Heidelberg eine gelehrte Bildung, begann, obwohl er selbst weder dem Alter noch dem Wissen nach zum Lehrer geeignet schien, an verschiedenen deutschen Hochschulen, in Erfurt, Rostock und Leipzig zu lehren und ging nach Italien, dessen Hauptstädte er in einem kaum sechsmonatlichen Aufenthalte besuchte, seine Kenntniß des Griechischen vervollkommnend, Handschriften erwerbend und mannigfache persönliche Beziehungen anknüpfend. Kaum zurückgekehrt, erlangte er (18. April 1487) in Nürnberg die Ehre der Dichterkrönung, eine Ehre, auf die er als auf die vollgültigste Anerkennung seines Dichtertalents bis zum Ende seines Lebens hinblickte. Diese Krönung aber betrachtete er trotzdem nicht als Abschluß seiner Bildung, vielmehr reiste er, zunächst um seine Kenntnisse der Mathematik und Astronomie zu vervollkommnen, nach Krakau. Dort nun begann er die Apostelthätigkeit für den Humanismus. Wohin er auch kam, vereinigte er die Gleichgesinnten zu einem Bunde und strebte darnach, seitens dieser Bundesmitglieder neue Genossen werben zu lassen, dergestalt, daß nicht nur die großen früher geschilderten Vereine, die rheinische und Donaugesellschaft, sondern auch kleinere Genossenschaften, in Ofen und eben in Krakau auf ihn zurückzuführen sind; eine fünfte, die für den Norden Deutschlands dieselbe Bedeutung haben sollte, wie die genannten für den Westen, Süden und Osten, eine sodalitas albina oder Baltica kam nicht zu Stande. Von Krakau, wo er zwei Jahre blieb, setzte er nun die große Wanderschaft ins Werk, die ihn durch ganz Deutschland führte, vielfach zu kurzem Verweilen, zum Lehren und Dichten, nirgends aber zu dauerndem Aufenthalte geneigt. Nicht einmal in Nürnberg, der reichen und dem Humanismus wohlgesinnten Stadt, ließ er sich fesseln; aus der Universität Ingolstadt, an der er zweimal, 1492 und 1494 als Lehrer der Poesie und Beredtsamkeit auftrat, trieb ihn seine Wanderlust, die Ungewißheit seiner Stellung und das mißwollende Benehmen seiner Collegen, und als er zum drittenmal seine unterbrochene Thätigkeit an der bairischen Universität aufnahm (1497), wurde er fast ebenso unwillig empfangen, wie er ungerne hinging. Daher traf ihn der langersehnte Ruf nach Wien in der erwünschtesten Stimmung. Dort in der ihm vertrauten Stadt fand er ein gut vor-

Conrad Celtes, Kaiser Friedrich III. seine Werke überreichend; Holzschnitt von A. Dürer. Titelbild in: Opera Hrosvite illustris virginis et monialis Germane Gente saxonica orte nuper a Conrado Celtes inventa. Gedruckt zu Nürnberg, 1501.

bereitetes Feld für seine Thätigkeit; er war die Seele der Donaugesellschaft, das leitende Haupt des Collegiums der Dichter und Mathematiker, die treibende Kraft der Universität. Er beschäftigte sich mit großen Plänen, mit Vollendung seiner Dichtungen, mit Herausgabe der alten Classiker und mittelalterlichen Historiker, mit Ordnung der königlichen Bibliothek, vor Allem mit seinem Lieblingsgedanken, einer Germania illustrata, der Herausgabe einer großen geographisch-historischen Beschreibung Deutschlands. Der letztgenannte Plan kam nicht über die ersten Anfänge hinaus, auch die übrigen wurden nur theilweise gefördert. Der Grund für diese traurige Erscheinung liegt hauptsächlich in dem Umstande, daß Celtes ein Anreger, aber kein Arbeiter war, ferner in dem, daß Celtes durch sein ungeregeltes, oft zügelloses Leben das, was ihm von Arbeitskraft geblieben war, untergrub. Er war noch nicht fünfzig Jahre, da kam er sich selbst wie ein abgelebter Greis vor, bereits ein Jahr vor seinem Tode dichtete er sich eine Grabschrift, am 4. Febr. 1508 starb er und wurde unter großen Ehren begraben. Kurze Zeit vor seinem Tode hatte er ein Testament gemacht; darin vermachte er der artistischen Fakultät der Wiener Universität seine Bücher und das, was er für sein kostbarstes Besitzthum hielt, nämlich das ihm vom Kaiser verliehene Privilegium der Dichterkrönung nebst seinem silbernen Lorbeerkranze.

Celtes ist voll Stolz und Selbstbewußtsein. Er fühlt sich als der Erste, welcher in Deutschland lateinisch gedichtet, mahnt die Jugend, ihm zu folgen und ihn zu übertreffen, er stellt sich Horaz an die Seite und wünscht, daß seine Gedichte in Deutschland denselben Erfolg und dieselbe Dauer hätten, wie die Jenes in Italien. Die Nachahmung des Horaz ist freilich zu deutlich hervortretend, er gebraucht dieselben Metren wie der antike Dichter, er dichtet gleich ihm vier Bücher Oden, läßt ihnen ein Buch Epoden folgen und schließt mit einem carmen saeculare; er ist ihm ähnlich in Angriffslust und Kühnheit, folgt ihm in manchen Anschauungen und Gesinnungen. In seinen Dichtungen ist er durchweg Lyriker. Nur selten mischt er in die lyrischen Werke Erzählungsversuche, z. B. in einem anmuthigen Gedichtchen, das an Goethes „Wirkung in die Ferne" erinnert; seine eigentlichen epischen und dramatischen Leistungen sind sehr schwach und mit Reminiscenzen an das Alterthum überladen. So treten in dem ludus Dianae, einem zu Ehren des Kaisers, als dieser zu Wien das Collegium der Dichter und Mathematiker eingerichtet hatte, veranstalteten Spiele, die heidnischen Götter und Göttinnen auf; und in der Rhapsodie, die Celtes dem Kaiser nach dem erfochtenen Siege im bairischen Erbfolgestreite widmete, feiern Apollo mit den neun Musen, Merkur, Bacchus mit Faunen und Satyrn des Triumphators Verdienste.

Celtes ist ein Dichter der Liebe. Er nennt die Liebe gelegentlich seine einzige chronische Krankheit. Die vier Bücher seiner amores sind, wenn auch nicht ausschließlich, doch größtentheils der Liebe gewidmet und auch in den übrigen Dichtungen, den Oden und Epigrammen, finden sich, wenn er auch in den letzteren bisweilen eine finstere Miene anzunehmen trachtet, erotische Verse. Aber seine Muse ist nicht keusch und züchtig, sondern wild, ja nicht selten frivol. Er verlangt nach Genuß, fühlt sich wohl im wilden Taumel, beschreibt mit großem Behagen die äußeren Vorzüge seiner Geliebten, und schildert mit einer Deutlichkeit, die den modernen Leser in das größte Erstaunen setzt, die genossenen Liebesfreuden. Seine Liebesgesinnung ist nicht treu und beständig, selten vielmehr hat ein Dichter den Grundsatz: „ein anderes Städtchen, ein anderes Mädchen" so praktisch zur Geltung gebracht; seine vier Bücher amores sind vier verschiedenen Damen Hasilina, Elsula, Gretula, Barbara gewidmet, einmal richtet er geradezu ein Gedicht an

Die Insignien der Hofpoeten. Nach einem Albrecht Dürer zugeschriebenen Holzschnitt.

Venus, in welchem er wenigstens tres amores erwähnt, und außer ihnen treten noch manche andere Heldinnen seiner flüchtigen Neigungen auf. Denn wie er selbst keine Treue bietet, so verlangt er auch keine Treue; da er die Frauen, die sich ihm ergeben, betrügt, so rechnet er auch von ihrer Seite auf keine Beständigkeit; da er einmal, aus süßer Umarmung mit einer seiner Freundinnen durch den Gatten oder einen begünstigten Nebenbuhler aufgescheucht, sich in sehr dürftiger Bekleidung zum Fenster heraus rettet, so zürnt er nicht lange, sondern kehrt, nur leisen Vorwurf auf den Lippen, zu der Ungetreuen zurück. So sind seine Liebesgedichte keine Verkündigungen reiner erhabener Gefühle, keine tugendhaften sittlichen Ergüsse, aber es sind farbenprächtige Schilderungen, mächtig erregende sinnliche Darstellungen, wie glänzende aber wurmstichige Früchte, von der starken Gluth südlicher Sonne gereift. Sie und originell, weil sie ja eben aus eigenen Erlebnissen und eigener Empfindung geschöpft sind, und doch möchte man manchmal Anklänge an fremde Vorbilder, etwa Petrarca, vermuthen; wenigstens kehrt auch bei Celtes der von dem italienischen Dichter häufig ausgesprochene Gedanke wieder, daß die Geliebte durch seine Gedichte berühmt werden, daß sie der Nachwelt bekannt sein und mancher Späterlebenden Neid erregen würde.

Er ist ein Wandervogel. Wie er in seinen Neigungen unbeständig hin und her flattert, so zieht er auch flüchtig durch die Lande, selten lange verweilend, nirgends festen Fuß fassend. Ihm ist das Wandern Bedürfniß, er ermahnt die Freunde, ein Gleiches zu thun und sieht im Wandern ein Stück seiner Natur, weil er die Sucht hat, Neues zu sehen, weil er Naturgenuß ersehnt, weil er hofft, durch sein Erscheinen an den verschiedensten Orten Ruhm zu erhalten, und weil er wie ein echter Apostel beim Durchziehen der Lande die neuen Ideen des Humanismus zu verbreiten denkt. Freilich zum Sänger der Natur fehlt ihm die Empfänglichkeit und Naivetät des Naturkindes; schreibt er daher Gesänge zum Lobe des Frühlings u. ähnl., so verräth er durch das farblose allgemeine Lob, das er spendet, daß dies nicht durch den unmittelbaren Eindruck auf das Gemüth hervorgerufen, sondern durch mühsame Reflexion gewonnen ist, und zeigt durch seine häufigen Erwähnungen antiker Gottheiten, daß er dem Alterthum noch Anderes als die Ausdrücke entlehnt hat. Ruhm verlangt er, wie ein echter Sohn der Renaissance. „Der Tod," heißt es einmal bei ihm, „sei der süßeste, der mit Ruhm bei der Nachwelt wieder auflebt." Der Ruhm aber, nach dem er strebt, ist nicht die häufige Nennung seines Namens bei und von den Namenlosen, auch nicht bei den blos mit einem Titel Prunkenden, sondern bei den wahrhaft Gelehrten. Die Titel verachtet er. Als er einmal aufgefordert wurde, einen ungelehrten Doctor zu grüßen, antwortete er: „Doctoren haben wir mehr als genug, wir bedürfen der Gelehrten." (doctos quaerimus, doctores plures habemus.) Wer ist nun aber gelehrt? Auch darauf ertheilt er eine Antwort: „Ein guter Geist ist der, welcher die Schriften Anderer erklärt, ein besserer, welcher Ausländisches überträgt, der beste der, welcher Neues erfindet."

Als den wirklichen Verkünder neuer und großer Ideen aber betrachtet er den Dichter. In prächtigen Versen feiert er die Würde der Dichtkunst und die hohe unvergleichliche Stellung der Poeten. Wohl weiß er, daß für die Dichter kein rechter Platz vorhanden sei, weil Aerzte und Advocaten den Raum beengen, für die Dichtkunst keine würdige Schätzung, weil „Würfel, Wein und Venus" die Welt beherrschen, aber er läßt sich von dieser Meinung der Welt nicht imponiren, verlacht den ihm ertheilten Rath, die „unfruchtbaren" Musen zu verlassen, weil er nicht im klingenden Lohn den wirklichen Entgelt für die Studien erblickt, sondern in der „süßen Freiheit" des Geistes und Gemüths.

Conrad Celtes. Holzschnitt von Hans Burgkmair (1472—1559).

Die ernsten Aufgaben indessen, denen er sein Leben widmet, hindern ihn nicht, sein Leben zu genießen; „wir wollen uns des Lebens freuen, da das, was ehedem nichts war, doch in nichts zurückkehrt," so lautet einer seiner Sprüche und in vielen seiner Gedichte kehrt der Gedanke, auch ohne jene etwas resignirte Begründung, wieder, daß man die Gaben der Erde genießen solle. „Schlaf, Wein, Freundschaft, Philosophie" nennt er gelegentlich einmal die Güter, deren er sich freut und ist eifrig bemüht, einzelne dieser Güter zu besingen. Eigentliche Weinlieder finden sich in seinen Poesien wenig, obwohl Gott Bacchus unter den von ihm angerufenen Göttern des Alterthums eine vornehme Rolle spielt, aber die Freundschaft wird in seinen Gesängen eifrig gefeiert, wie sie denn auch sein Leben verklärt und verschönt. Die Freunde sind ihm die Genußspender, aber sie sind ihm auch die Gewährer des Lebensunterhalts. Er scheut sich nicht, sich ihnen häufig und dringend in Erinnerung zu bringen, denn er ist der Meinung, daß die Dichter der Mäcene bedürfen und sagt wohl gelegentlich, daß er eben nur, weil er solche habe entbehren müssen, Kleinigkeiten geschrieben und zu einem bedeutenden Kunstwerk (legitimum poema) sich nicht habe aufschwingen können. Er ist dankbar für jede Gabe und bezeigt seinen Dank lebhaft durch herzliche Verse. Aber freundschaftliche Anerkennung ertönt nicht blos Denen, welche zu spenden verstehen, sondern Allen, welche durch gleiche Gesinnung und mannigfache Lebensbeziehung mit ihm verbunden sind, den Mitgliedern der Donau- und rheinischen Gesellschaft, den wackeren Patriciern Nürnbergs und manchen stillen, einsam lebenden und doch auf die Menge mächtig wirkenden Gelehrten wie Reuchlin und Tritheim. Ein solches Band der Gemeinsamkeit verknüpft den Dichter nicht blos mit den Lebenden, sondern auch mit den Todten, er feiert Albert den Großen, er rühmt sich der Verwandtschaft mit dem gewaltigen Gregor von Heimburg und singt mit Begeisterung das Lob des Erfinders der Buchdruckerkunst.

Dieses Lob stammt bei ihm zunächst aus dem Gedanken an die Vortheile, welche jene Kunst der wissenschaftlichen Entwickelung gebracht habe, sodann aus der wonnigen Empfindung, daß jener Erfinder ein Deutscher sei. Denn Deutschland und den Deutschen ist sein Herz geweiht. Seine Wanderungen sind dazu bestimmt, das Vaterland selbst zu schauen, seine Liebesgedichte sind in vier Bücher, „nach den vier Theilen Deutschlands," getheilt, er richtet an den Kaiser eine Uebersicht von ganz Deutschland, als Einleitung zu einer großen poetischen Beschreibung des deutschen Landes, die er in Aussicht stellt, er plant ein Epos Theodorich, das er hauptsächlich zum Ausdruck seiner vaterländischen Gefühle benutzen will. Er ruft als ein Vorläufer der späteren patriotischen Dränger seine Landsleute zum Türkenkrieg auf, er dichtet ein Streitgedicht zwischen Venedig und Deutschland, in welchem er letzterm trotz der bedeutenden Macht und den Schutzheiligen des erstern den Sieg prophezeit, er mahnt die Deutschen ab, in Italien zu studiren, und fordert die wissensdurstigen Italiener auf, nach Deutschland zu kommen, zumal die Juristen, denn der Kaiser sei doch Träger und Bewahrer des gesammten Rechts; er hegt die Hoffnung und wendet, beim Aussprechen derselben, den Blick in nicht mißzuverstehender Weise auf sich selbst, daß auch in der Dichtkunst die Deutschen den Italienern bald gleichstehen, ja sogar vorangehen würden.

In Folge dieses übereifrigen Patriotismus ist er, ungleich den meisten andern deutschen Humanisten, kein Verehrer Roms. Als er in Rom einzieht, fühlt er weniger Enthusiasmus für die unendliche Größe der ewigen Stadt, als Schauder über ihren verwahrlosten Zustand, und wenn er beim Anblick der öden Ruinen in den Ruf ausbricht: „Nur die Tugend und die Schriften bleiben bestehen," so beweist er damit, daß er von der damals üblichen Ruinenschwärmerei völlig frei war. Ja, er geht noch weiter. Als er von der Auffindung der römischen Leiche (oben S. 155 fg.) berichtet, da meint er nicht, wie die leicht entzündlichen Römer, dies Faktum sei ein Zeugniß von der ewigen Dauer des römischen Namens, von der leiblichen Auferstehung der antiken Schönheit, sondern er knüpft an das trockene Referat die einigermaßen schadenfrohe Bemerkung, ein ähnlicher Fund, würde er in hundert Jahren gemacht, würde wohl kaum noch den römischen Namen antreffen. Demzufolge gibt er auch, und zwar gleichfalls ungleich den Meisten seiner Zeitgenossen, bei einem Vergleiche zwischen Griechen und Römern den Ersteren den Vorzug, mit der Begründung, die Römer seien reicher an Worten, die Griechen aber reicher an Dingen gewesen. Er gibt sich die größte Mühe, die Kenntniß des Griechischen zu verbreiten und es wirkt geradezu rührend, wenn er am Schlusse eines seiner Werke ein griechisches Alphabet mittheilt, um wenigstens die griechischen Buchstaben diejenigen zu lehren, welche die Sprache selbst nicht verstehen.

Diese antirömische Gesinnung wird beeinflußt, vielleicht geradezu hervorgerufen durch seine Abneigung gegen Rom als Hauptstadt des Priesterthums. Denn die Priester haßt er, theils weil sie Deutschland in Banden halten, theils weil sie durch ihre Trunkenheit ihren Stand beschimpfen, theils weil sie in Folge ihrer Unwissenheit die Entwickelung geistigen Lebens hemmen; nicht aber deswegen, weil er der Religion abgeneigt wäre. Vielmehr hat er häufig fromme Anwandlungen; er unternimmt Wallfahrten, freilich zu dem Zwecke, Krankheiten los zu werden, er feiert in langen Gedichten, denen man wegen ihres künstlichen oder gar gekünstelten Baues nicht alle echte Empfindung absprechen darf, Gott und die Heiligen, ja er verkündet nicht selten in lebhafter Rede einzelne kirchliche Lehren. Und doch nimmt man Anstand, ihn einen wahrhaften Katholiken zu nennen. Schon die Zeitgenossen zweifelten an seiner Religiosität, die frommen Theologen, weil sie strenge Gläubigkeit mit so stark ausgeprägter humanistischer Gesinnung für unvereinbar erklärten; die bald auf ihn folgenden Protestanten wähnten in ihm einen Bundesgenossen zu besitzen, weil er gelegentlich die Priester höhnte; der päpstliche Index verdammte seine Schriften, aber wohl weniger wegen seiner irreligiösen als wegen seiner unsittlichen Gedichte. Nicht auf Grund dieser parteiischen Zeugnisse aber erheben wir unsere Zweifel. Vielmehr ruht dieser auf der seltsamen Thatsache, daß Celtes, wenn er auch häufig über den böhmischen Unglauben spottete, doch einmal in so entschiedener Weise die beiden Thatsachen, die eine, daß Huß verbrannt worden, die andere, daß seine Lehre in Böhmen allgemein verbreitet ist und sein Lob dort gesungen wird, einander gegenüberstellt, daß man den Gedanken nicht abweisen kann, auch er habe für die Frage, wo die Wahrheit eigentlich liege, keine befriedigende Antwort gewußt.

Darüber aber ist er sich klar, daß die Religion durch Aberglauben geschädigt wird. Darum eifert er, wenn er auch wohl, einer poetischen Licenz sich bedienend, von den Vorzeichen redet, welche sich vor dem Tode des Königs Matthias von Ungarn gezeigt haben, gegen die Astrologen und ihre Lügen. Er weist ihnen an der Hand der Thatsachen nach, wie oft ihre Prophezeiungen nicht eintreffen und schilt ihre Ueberhebung, das Schicksal der Könige und Reiche bestimmen zu wollen; die Zukunft sei und bleibe den Menschen verborgen, Gottes allein sei das Wissen.

Durch alle diese Anschauungen bekundet sich Celtes als einen bedeutenden Träger der Ideen des Humanismus. Er ist ein nicht unbedeutender Gelehrter, ein eigenartiger Denker, fromm und patriotisch gesinnt, voll lebhaften Gefühls für das Gute und Schöne und zugleich ein kunstvoller Beherrscher der Sprache, ein wirklicher Dichter.

Celtes fand viele Nachahmer, am wenigsten aber in der Dichtungsart, in der er excellirt hat, in der Liebesdichtung. Vielleicht hängt diese seltsame Thatsache mit einem Zuge von Innerlichkeit zusammen, der dem deutschen Gemüth Ehre macht. Die Liebesdichtung entspringt, wenn sie nicht blos gewohnheitsmäßige Spielerei ist, dem Herzen. Die Sprache des Gefühls kann aber nicht eine erlernte Sprache sein, so gern man sich auch derselben bedient und so virtuos man sie handhabt, sondern nur die Sprache sein, in der man die ersten Laute zu lallen begonnen hat, in der man die gewöhnlichsten und heiligsten Angelegenheiten des Lebens zu behandeln gewohnt ist. Darum sind die lateinischen Liebeslieder der Humanisten, wenn man sie mit den gleichzeitigen der Liebe geweihten deutschen Volksliedern vergleicht, geringfügig und dürftig, welke fruchtlose Blüthen gegenüber jenen farbenreichen Blumen, die Wohlgerüche aushauchen und Früchte versprechen. Dazu kommt noch ein Anderes. Die erotische Dichtung wird leicht und wurde in jenem naiv-sinnlichen Zeitalter noch leichter als heutzutage, zu deutlich in ihren Darstellungen, zu real in ihren Forderungen, sie war daher leicht in Gefahr, den Dichter zum Sinnenmenschen zu machen, und bei dem Leser Frivolität zu erregen. That sie dies nun, so trug sie selbst dazu bei, jene alten Vorwürfe zu begründen, welche die Gegner des Humanismus gegen die Poesie erhoben hatten und durch die Befolgung einer Aeußerlichkeit die Wirksamkeit und Geltung einer ganzen Richtung zu gefährden. Um solche Gefahr zu vermeiden, ließen die deutschen Humanisten, so gern sie sonst italienisches Beispiel nachahmten, den Italienern die Schlüpfrigkeit

¶ Jesus. Celeste Rosariū. lōgū ɔtinet. l. pater nr̄. ⁊ aue maria et v. Symbola. Breue cōtinet. x. pr̄ nr̄. ⁊ x. aue ma. ⁊ j. Sym.

¶ Ab Alexādro. vj. cōfirmatū dotatūqꝫ. vij. annoꝝ indulgñ. Raymundus legat⁹. C. dies. Vitus episcopus Bābergeñ cū suo Suffraganeo. lxxx. dies. Cū cōpluribꝰ alijs

Geistlicher Rosenkranz.

Facsimile des Titelholzschnittes in Jakob Locher, Rosarium Celestis curiae et patriae triumphalis. Gedruckt zu Nürnberg 1517.

(spurcitiem Italis linquito), wie sie der alte Peter Schott in einem gegen die italianisirenden Deutschen gerichteten Gedicht ermahnt hatte und wandten sich anderen Stoffen und Gebieten zu.

Aber auch die religiösen Dichtungen, die mit der Liebespoesie übrigens in engerm Zusammenhang stehn als man häufig annimmt, — denn auch bei ihnen ist es ja eine Frau, wenn auch eine Göttin, Maria, welche von schwärmerisch Liebenden angesungen wird — zeigen nicht die höchste Stufe der Vollendung. Sie sind von der zarten Innigkeit mancher mittelalterlichen geistlichen Gesänge und von der männlichen volksbewegenden Kraft der Kirchenlieder Luthers und seiner Genossen gleich weit entfernt. Auch sie kranken an dem Fehler mancher Produkte der Humanistenzeit, dem Behagen an leerem Wortschwall, sie zeigen nur zu deutlich, daß sie der Mode zu Liebe niedergeschrieben, nicht dem innern Drange entsprungen sind. Wenige waren so ehrlich, wie Hermann vom Busche, der übrigens außer 300 Versen auf Maria auch noch Gedichte auf einzelne Märtyrer schrieb und der offen bekennt, er schreibe solche Gedichte hauptsächlich deswegen, weil er sehe, daß andere Poeten ein Gleiches thäten. Was bedeuten solcher mehr naiv als frivol ausgesprochenen Gesinnung gegenüber frommklingende Verse? Gesinnungslosigkeit und daraus entstehende Phrasenhaftigkeit verringern den moralischen Werth der religiösen Gedichte; ihr ästhetischer Werth wird beeinträchtigt durch die fast in allen Gedichten hervortretende Mischung von Heiligem und Unheiligem, antikem und christlichem Götterglauben. Wenn Jakob Canter „der Frisier“, wie er sich nennt, das Mitglied einer literarisch bedeutsamen Familie, die mit Agrikola nicht blos stammverwandt, sondern auch nahe befreundet war, sapphische Oden zu Ehren der Jungfrau Maria dichtet, so wählt er zunächst ein Versmaß, das vermöge seiner Künstlichkeit zum wirklichen Ausdruck religiöser Gesinnung ungeeignet ist, aber er wird geradezu geschmacklos, wenn er von der Gefeierten als „Mutter des Donnerers“ (genitrix tonantis) spricht, wenn er Gott Vater als princeps superum bezeichnet und dem Lichte der Himmlischen das Dunkel der Unterwelt gegenüberstellt.

Auch Jakob Locher, obwohl er von Wimpheling als Heide denuncirt wurde, dichtete christliche Verse, in denen er nicht blos ausdrücklich die, welche an den alten Fabeln der Heiden grösseres Gefallen als an den Erzählungen von den Vorfahren Christi finden, als rasend bezeichnet, sondern im Einzelnen Gott Vater, Sohn und heiligen Geist, Maria, den Chor der Engel, Patriarchen und Propheten, Apostel und Evangelisten preist und alle Diejenigen, welche in alter und neuer Zeit für den christlichen Glauben gelitten und gestrebt, als Märtyrer und Eremiten, Mönche und Nonnen, Priester und ehrsame Wittwen wegen ihres Kampfes und ihrer Gesinnung belobt. Aber auch für seine Gesinnung ist es kennzeichnend, daß er seine von Frömmigkeit überströmende Vorrede mit der antiken Grußformel: Dii bene vortant schließt und in seiner an den Leser gerichteten poetischen Schlußrede mit dürren Worten sagt, nun habe er gezeigt, daß er auch solche Gedichte zu machen verstehe

Facsimile des Titelbildes aus Jakob Locher, Libri philomusi
Panegyrici ad Regem Tragedia de Thurcis et Suldano Dyalogus de heresiarchis.
Gedruckt zu Straßburg bei Grüninger 1497.

und dürfe hoffen, daß der gehässige Neid, der so oft gegen ihn laut würde, verstummte.

Einer der fruchtbarsten geistlichen Dichter war Sebastian Brant (oben S. 365—369), zugleich auch einer der am aufrichtigsten empfindenden, dessen religiöses Gefühl sicher größer war als seine poetische Kunst. Seine lateinischen Gedichte zerfallen sichtbar in zwei Theile, einen geistlichen und einen weltlichen, die durch die gleich zu erwähnende, hier ohne rechten Grund abgedruckte Comödie Reuchlins streng von einander getrennt sind. Diese Gedichte, meist in Distichen oder sapphischem Versmaß, lassen nun kaum einen Heiligen ohne Vers. Sie beginnen selbstverständlich mit Maria, die hier wiederum als die unbefleckt Empfangende und ebenso Empfangene erscheint, verweilen mit Vorliebe bei den Heiligen Sebastian und Onuphrius, den nach der Sitte der Zeit durch besonderen Cultus geehrten Namensheiligen Brants und seines Sohns, und berücksichtigen hauptsächlich diejenigen, welche im Elsaß und in Süddeutschland vorzügliche Anbetung fanden. Da laufen Seltsamkeiten genug mit unter, z. B. die Vergleichung der Arbeiten des Onuphrius mit denen des Hercules, bei welcher der mythologische Held den Kürzern zieht, denn er habe nur Ruhm, der Heilige aber seliges Leben gewonnen, oder Geschmacklosigkeiten, wie die an Maria gerichtete Mahnung, sie solle ihrem Sohne ihre Brüste zeigen und ihn durch solchen Anblick zur Milde stimmen, oder Künsteleien wie die, daß jede Strophe einer zum Lobe des Karthäuserordens bestimmten Ode mit dem Worte Carthusianus endet, aber im Ganzen herrscht Schwung und echte Gesinnung. In diesen Gedichten kommt das Gefühl der Sündhaftigkeit zum Ausdruck und dabei das Bewußtsein von der himmlischen Gnade, das feste Vertrauen auf die göttliche Gerechtigkeit und das Aufhören jener strengen Scheidung zwischen Arm und Reich, welche im irdischen Leben soviel Ungerechtigkeit hervorrufe, die innige Ueberzeugung von dem engen Zusammenhange zwischen der Menschheit und Gott. Man glaubt dem Dichter, wenn er das einsame Leben, die stille Entsagung, die frommen Uebungen empfiehlt, man merkt ihm an, daß der tiefe Nothschrei nach Gottes Barmherzigkeit ihm aus dem Herzen kommt; für ihn ist es keine Floskel, wenn er flehend den Quell der Gnade anruft: „Mache, daß ich Dir lebe.“

Nicht selten wird Celtes als gleichwerthig Helius Eobanus Hessus an die Seite gestellt, aber mit Unrecht, denn er ist kein hervorragender Dichter wie jener. Hessus ist 1488 geboren und 1540 gestorben. Frühzeitig ein Mitglied des Erfurter Kreises geworden, fühlt er sich in diesem am wohlsten, kann in der Ferne die Sehnsucht nach ihm kaum bemeistern und bewahrt nach dessen Zerstreuung und Vernichtung sein Bild in liebevoller Erinnerung. Nur in diesem Kreise erscheint er anregend und angeregt, unter fröhlichen Genossen, in süßem Nichtsthun; in anderer Umgebung, als Lehrer im damaligen Ordensland Preußen oder in Nürnberg, als Professor in Marburg erlahmt er bald. Durch seine Verheirathung, eine zahlreiche Nachkommenschaft, die er in der

Ehe erzeugte, durch seine Trunksucht und sein ungeregeltes Leben gerieth er in Noth und Elend, denen er durch beständige Betteleien, mit denen er Freunden und Gönnern lästig wurde, zu entgehen suchte. Einer regelmäßigen Thätigkeit war er feind, weil er durch dieselbe eine Hemmung seines dichterischen Flugs befürchtete; er gab vor, sich nach einem Amte zu sehnen, so lange er frei war und erfüllte seine Pflichten schlecht, sobald er ein Amt erlangt hatte. Hessus war Reuchlinist und Erasmianer, aber er war auch als Parteigänger nicht, wie er sollte, völlig der Sache ergeben, sondern hatte immer sein liebes Ich im Auge, dessen geringste Verletzung feste Anhänglichkeit lockern und vorgebliche Treue wankend machen konnte.

Eoban Hesse besaß ein bedeutendes metrisches Talent. Alles gestaltete sich leicht bei ihm zum Verse, und diese Leichtigkeit des Versemachens hat ihm mehr Ruhm verschafft als der Gehalt seiner Dichtungen. Seine Gelegenheitsgedichte sind überaus zahlreich, gewandt und anmuthig, aber häufig inhaltsleer und phrasenhaft; er dichtet auf Bestellung und in Hoffnung auf Bezahlung und wird dadurch unwahr. Seine beschreibenden und erzählenden Gedichte, Berichte über kleine Erfurter Lokalereignisse, Beschreibung Preußens, Schilderung der Stadt Nürnberg, Darstellung des hessisch-würtembergischen Krieges sind, als historisch-geographische Werke betrachtet, zu ungenau und als Dichtungen zu sehr mit Erzählung von Thatsachen angefüllt. Seine poetischen Uebersetzungen, unter welchen die der Ilias und der Psalmen als die größten und wichtigsten hervortreten, sind freie, geschmackvolle Bearbeitungen, welche eine wunderbare Beherrschung der lateinischen Sprache und ein feines Verständniß der Originale verrathen, Bearbeitungen indessen, welche, obwohl sie damals in zahllosen Werken erschienen und als Wunderwerke angestaunt wurden, für uns nur den Werth ehrwürdiger Antiquitäten haben; sie zeigen höchstens die äußerlichen Qualitäten des Dichters, nicht aber die inneren, weder selbständige Erfindung eines neuen noch künstlerische Verwerthung eines überkommenen Stoffes. Sein einziges größeres poetisches Originalwerk sind die „Heroiden", Briefe der Heiligen, anhebend mit denen der Jungfrau Maria und schließend mit denen der heiliggesprochenen Gemahlin des Königs Heinrich II., Kunigunde, Briefe, welche ihren Stoff aus der Bibel oder der Legende entnehmen und hauptsächlich dazu dienen, christliche Frömmigkeit in antikem Gewande zu verkünden. Auch ihr Werth ist ein wesentlich literarhistorischer; keiner wird sich heute mehr an diesen Dichtungen erbauen, die Meisten werden nur die Leichtigkeit seiner Verse und die Kühnheit bewundern, mit der er in einer der Antike huldigenden Zeit einen christlichen Stoff wählte und besang. Eoban besaß Talent, aber keinen Charakter. Im heitern Lebensgenuß war er Allen voran, in Bethätigung seiner Ueberzeugung stand er hinter den Meisten zurück. Er trat vielen bedeutenden Humanisten persönlich nahe, aber entfernte sich von ihnen, sobald er seine Eigenliebe gekränkt fühlte oder eine Störung seiner Ruhe befürchtete, z. B. von Erasmus, zu dem er ehedem voller Begeisterung gewallfahrtet war, und gegen den er später Haß empfand, nachdem dieser sich seinen Spott und offenen Tadel wider ihn erlaubt hatte, ja er verleugnete sogar Freunde wie Hutten, sobald er das Beharren bei denselben für gefährlich erachtete, ließ sein Vermächtniß unerfüllt und sein Andenken ungeehrt. Er war Luther wohlgesinnt, aber über die Leipziger Disputation und über die päpstliche Bannbulle sprach er kein Wort weder der Anerkennung noch der Mißbilligung, erklärte sich erst für Luther, als die Erfurter lebhaft für ihn Partei genommen hatten, und wollte es selbst dann mit keiner Seite ganz verderben, so daß er in dem später halbkatholischen Erfurt sich mit den Protestanten gut vertrug und in dem ganz protestantischen Nürnberg die Berührung mit den Feinden des Evangeliums zwar scheute, aber für Nürnbergs treuen Protestantismus kein Wort des Lobes zu finden vermochte. Er besaß auch keine politische Treue und keine nationale Gluth: er bediente sich in keinem seiner Werke der deutschen Sprache — nur ein deutsches Briefchen von ihm ist bekannt —, seine Gedichte an den Kaiser sind Schulübungen, seine patriotischen Verse, die er in seine Gelegenheitsdichtungen einstreute, voll von erborgter Empfindung; der Beweis für seine Unwahrheit und Unbeständigkeit ist die Thatsache, daß er ehedem Sickingens Lob gesungen hatte, nach dessen Untergang aber den von dem Landgrafen von Hessen über Sickingen erfochtenen Sieg preisen will. Seine Spielerei mit dem ihm im Scherz verliehenen poetischen Königthum ist kindisch, seine beständigen Betteleien, in denen er den gegenwärtigen Gönner auf Kosten des vergangenen lobt oder sein gegenwärtiges Elend durch unwahre Schilderungen früheren Glücks recht augenfällig zu machen sucht, erniedrigen ihn in den Augen selbst mitleidiger Beurtheiler. Sein leichtes Talent und seine liebenswürdige Laune haben ihm während seines Lebens viele Anerkennung, auch nach seinem Tode große Bewunderung verschafft, die aber von einer nüchternen Kritik auf das gebührende Maß zurückgeführt werden muß.

Eoban Hesse ist einer der Hauptvertreter der farb- und gesinnungslosen, zur Zeit des Humanismus üppig wuchernden Lobdichtung, die nicht nach der Würdigkeit des Gepriesenen fragte, sondern entweder aus Nachahmung der Mode oder aus Parteirücksichten oder aus niedrigen Motiven die Vertreter neuer Geistesrichtung pries. Solche Lobverse sind von allen Humanisten gelegentlich gemacht worden, kaum ein Werk erschien damals, ohne daß es, mochte es nun selbständige Arbeit oder Ausgabe eines alten Schriftstellers sein, am Anfang oder am Ende, oder an beiden Stellen, hochtönende Worte zum Preise des Verfassers, des Herausgebers oder des von diesen gewählten Gegenstandes enthielt. Da nun dieser Gegenstand den Lobrednern häufig unbekannt, die Person, deren Preis es galt, ihnen gleichgültig war, so war die Folge davon nicht nur eine kalte in den conventionellen Lobpreisungsformeln sich ergehende Rühmung, sondern häufig genug, sobald nur der später Auffordernde ein Gegner des frühern Auftraggebers war, ein direkter Widerspruch mit den früher ausgesprochenen Ansichten. Und weil die Humanisten weder im Lob noch im Tadel eine Grenze kannten, so konnte es leicht kommen, daß der heute als Heros Gefeierte morgen als erbärmlicher Wicht gegeißelt

Quiſquis habes noſtra fixos in imagine vultus
Notius hac Heſſo noueris eſſe nihil
Talis enim pulchram Pegneſi Eobanus ad vrbem
Poſt ſeptem vitæ condita luſtra fuit.

VERTE.

Eoban Heſſe; Facſimile des Holzſchnittes von Albrecht Dürer
in Eoban Heſſe's: Elegia ad illustrissimum principem Joannem Fridericum ducem Saxoniae.
Gedruckt u Nürnberg 1526.

wurde, oder daß man im Anhange einer Schrift sich als begeisterter Verfechter einer Sache gerirte, als deren leidenschaftlicher Bekämpfer man in einer frühern erschienen war. Solches widerfuhr z. B. Adam Werner, da er den Kampf gegen die von Brant vertheidigte unbefleckte Empfängniß der Maria unterstützte, bei dieser Unterstützung aber völlig vergaß, daß er in vergangenen Tagen ein Vorkämpfer für Brant und seine Anschauungen gewesen war, oder Hermann vom Busch, der gedankenlos, wenn nicht gar gesinnungslos genug war, Schriften der Kölner, welche nur antihumanistischen Inhalts sein konnten, beistimmende Verse mitzugeben und damit seine Partei und sich selbst zu schänden.

Inhaltlich ist diese ganze Dichtung sehr wenig werth, formell ist sie jedoch nicht unbedeutend und für die Charakteristik des ganzen Humanismus ist sie von hohem Werth. Darum sei es gestattet, an einem Beispiel Umfang und Art dieser Lobes- und Gelegenheitsdichtung zu zeigen. Ich wähle Heinrich Bebels Opuscula in der Ausgabe von 1508. Den Reigen eröffnet Thomas Wolf aus Straßburg mit anspruchslosen Versen des Inhalts, die Zeit sei zum Lehren geeignet, die Buchdruckerkunst erleichtere den Lehrern ihre Aufgabe. Darauf verwünscht Wolfgang Bebel, der Bruder des Verfassers, dessen neidische Feinde und ermahnt die Jugend, zahlreich zu den neuerschlossenen Quellen zu strömen. In dem Namen der Jugend bedankt sich Wolfgang Richard für das neue Werk, er sieht in ihm einen neuen Lichtspender, der die Finsterniß der Barbarei völlig vernichten werde, und wiederholt, nachdem er von Wolfgang Bebel den Dank, natürlich auch in Versen, für seinen Dank eingeheimst, an einer andern Stelle seinen Gedanken, daß die römische Rede durch Bebel ihren alten Glanz wiedererlangt habe. Trotz der römischen Rede will aber der folgende Sänger, der Priester Ulrich, nicht zum Römer werden, vielmehr freut er sich seines Deutschthums, und während er Römern und Griechen die Rühmung ihrer Poeten überläßt, will er als Deutscher seinen Heros feiern. In dieselbe Lobposaune stößt Bebels stets getreuer Schildknappe Heinrichmann; er preist seinen Meister, „die Ehre des Vaterlandes, unsere Zierde und unsern Ruhm." Schon er weiß, daß das Licht des Freundes desto heller strahlt, je dunkler die Finsterniß ist, die den Feind umgibt, daher kann er von Letzteren, von den Barbaren, nicht schlimm genug reden, er ermahnt die Deutschen zum Kampfe gegen die Feinde und betet zu Gott: „zerschmettre du, höchster Lenker des Himmels, die Wüthenden." Nachdem nun der Verfasser selbst in der bekannten kräftigen Weise der Humanisten von einem Zoilus geredet, vereinigen sich alsbald Heinrichmann und Wolfgang Bebel, um diesem Gegner scharf zu Leibe zu gehn, wobei Ersterer bemerkt, der Feind bleibe von dem Meister stets so weit entfernt, wie der Krebs von dem Vorwärtsschreitenden. Doch über diese Angriffe wird das Lob des Meisters nicht vergessen, Georg Hermann preist ihn als Dichter und Lehrer, Mich. Coccinius mahnt die Jugend, dem hohen Beispiele zu folgen, dann werde das ganze lateinische Land ihr Lob verkünden, und endlich erhebt Leonhard Clemens, Presbyter aus Ulm, seine Stimme, um in äußerst schlechten Versen die Barbarei zu beklagen, und meint ziemlich naiv, daß auch er besser lateinisch schreiben würde, wenn der herrliche Mann nur früher erschienen wäre.

Derartige Dithyramben haben bei Bebel, der ein bedeutender Mensch war, einigermaßen ihre Berechtigung, sie werden aber lächerlich, wenn sie in ähnlicher Ueberschwänglichkeit auch für Unbedeutende erschallen. Von solchem Gebahren hielten sich nur Wenige frei, z. B. Reuchlin, dessen Werke, freilich außer seinen Comödien, von Lobgedichten Anderer meistens frei sind und der sich der Lobpreisung, wenigstens der dichterischen, seiner Zeitgenossen ziemlich enthielt. Ueberhaupt machte sich eine gewisse Reaction gegen diese ungemessene Verherrlichung bemerkbar, gerade die Aelteren und Bedeutenderen, also die, welche berechtigte Ansprüche auf Anerkennung hatten, mahnten die Jugend zur Mäßigung, aber sie hatten mit ihren Mahnungen, zumal sie selbst dieselben gelegentlich schnöde verletzten, nur geringen Erfolg.

Außer den Personen, unter denen manche vielbesungene Fürsten und Gelehrte schon früher genannt sind, wurden mit besonderer Vorliebe die Städte gepriesen.

Dichtern ist eigen die Sitte, der Vaterstadt Mauern zu preisen,
Hoch zu erheben die Flur, wo sie erblickten das Licht,

so singt Joh. Murmellius in einem zum Preise seiner Vaterstadt Roermund gedichteten Liede. Dies holländische Städtchen nun, das heute noch nicht 10,000 Einwohner hat, und damals jedenfalls keine Großstadt war, wird hier als ein Ort gefeiert, dessen Name durch die ganze Welt fliegt, als ein kriegsberühmter Platz, vor dem Parthien trotz seiner Vernichtung des Crassus und Griechenland trotz seiner Besiegung des Xerxes zurückstehen müsse, als eine Stadt, die durch ihre Mischung von Einfachheit und Prunk Milet und Tarent vorzuziehen sei.

In ähnlicher Weise erschallt das Lob vieler Städte und Flecken. Denn es bleibt nicht dabei, daß die Dichter ihre Geburtsstadt preisen, bei Einzelnen wird es vielmehr zum förmlichen Sport, jeder Stadt zu huldigen, in der sie kürzere oder längere Zeit verweilen. Dadurch bekommt diese Dichtung einen gewerbsmäßigen Zug, man merkt sehr bald, daß das Lob der rechten Begründung entbehrt; der Dichter dankt nicht der Geburtsstätte, nicht dem Orte, in dem er sich lange aufgehalten und Wohlthaten genossen hat, sondern er bringt sich bei dem Rathe oder den vielvermögenden Vätern der Stadt in empfehlenswerthe Erinnerung; indem er der Stadt huldigt, will er sich, da er in sie einzieht, ein angenehmes und bequemes Leben bereiten. Zu diesem Mangel an Charakter und Gesinnungstüchtigkeit tritt noch der Mangel an Individualisirung und Lokalisirung, derselbe, an welchem auch die Briefe und Reden der Humanisten kranken. Statt nämlich einer wirklichen anschaulichen Beschreibung des Ortes, statt einer lebensvollen, aus wahrer Kenntniß und echter Begeisterung hervorquellenden Schilderung der Geschichte, statt einer natürlichen, aus Achtung und persönlicher Theilnahme entstehenden Darstellung ihrer hervorragenden Bürger erhalten wir hier eine conventionelle Poesie, die der Anschauung, des historischen und persönlichen Lebens entbehrt und, wie sie, selbst der Empfindung bar und nur auf den Erfolg berechnet ist, auch in dem Leser keine wahre Empfindung erregt. Solcher poetischer Sünden hat sich jeder Dichter der Humanistenzeit zu zeihen, selbst die bedeutendsten, wie Celtes, sind nicht frei davon; einzelne kann man aber als Erzdichter bezeichnen, d. h. als solche, die keine Stadt unbedichtet vorbeilassen konnten.

Wenn man von den großen prosaischen Lobpreisungen absehen will, welche, wenn sie auch nach Inhalt und Tendenz vollkommen in diesen Zusammenhang passen, dennoch ihrer Form wegen aus demselben auszuscheiden sind, z. B. Celtes' große Lobschrift auf Nürnberg und Meinhards culturgeschichtlich wichtiger Dialog über Wittenberg, so ist als solcher Dichter namentlich Herm. Busch zu nennen, der, in seiner Gesinnung ja überhaupt nicht tactfest, immer diejenige Stadt am meisten lobte, in der er grade lebte und von deren Rath er eine Belohnung zu erhalten wünschte. Sein Gedicht zu Ehren Leipzigs mag hier eine Besprechung finden und im Anschluß daran andere derselben Stadt gewidmete Verse.

Buschs 1504 verfertigtes Gedicht ist dem Rathe der Stadt mit einer Widmung überreicht, in der aus dem Alterthum Beispiele von Freigebigkeit der Fürsten und Städte gegen ihre Geschichtschreiber zusammengestellt und der modernen Stadt gleichsam zur Nachachtung empfohlen werden. Liest man das Gedicht, so mag man seine leicht hinfließenden Hexameter anerkennen, aber man kann, sobald man auf das häufig wiederkehrende Lips und das einmal vorkommende Plesa (Pleiße) nicht achtet, an jede beliebige Stadt denken, so farblos ist das ganze Gedicht. Die Fruchtbarkeit der Stadt wird gepriesen und als ein Geschenk der Ceres gerühmt, desgleichen kaum Apulien und Sizilien aufzuweisen habe, ein in der Nähe befindlicher See wird dem Benacus verglichen, Wälder, in denen Dryaden und Faunen ihr Wesen treiben, erinnern an die bewaldeten Bergrücken des Alburnus, beim Anblick der Schafe meint der Dichter in Arkadien zu sein und die Pracht der Blumen und Früchte erweckt ihm sofort eine Reminiscenz an die Gärten der Hesperiden. Nirgends jedoch tritt ein wirklich individueller Zug, nirgends eine Beziehung auf lebende Personen oder zeitgenössische Ereignisse hervor, kurz, nirgends eine Zuthat, durch welche das matte Lobgerede Leben und Frische erhalten konnte.

Etwa zwanzig Jahre früher, vermuthlich 1483, hatte Conrad Wimpina seine Gedichte zum Lobe der Stadt den burgimagistris (Busch schrieb classischer: den Consuln und dem Senat) überreicht. Er begrenzte sich seine Aufgabe, indem er nicht von der Stadt im Allgemeinen, sondern von dem Ursprung des meißnischen Fürstenhauses und der Entstehung der Universität sprechen wollte und sich bei der Beschreibung der Stadt durch Aufzählung einzelner Punkte selbst von dem bloßen Geschwätze abzog und zur Erwähnung bestimmter Thatsachen nöthigte. In Folge dessen ist von einzelnen Häusern die Rede, die mehr oder minder anschaulich beschrieben werden, eine Uhr wird geschildert, ein Kloster und drei Thore werden genannt, und bei der „Beschreibung der Leipziger Religion“ wird von dem Bemühen der Bürgerschaft gesprochen, eine neue Thomasschule zu bauen; man erfährt, daß drei Bürgermeister und 36 Rathmänner an der Spitze der Stadt stehen. Aehnlich geht der Darsteller in der Geschichte der Universität zu Werke, bei der er, nach einem Abriß der böhmischen Geschichte, unter besonderer Belobigung Karls IV., von der Universität Prag, von der Auswanderung vieler Lehrer und Schüler nach Leipzig, von den Collegien und Bursen der verschiedenen Fakultäten und Nationen, von den Hörsälen und Bibliotheken (wo es z. B. heißt, die Mediciner und Theologen hätten ihre Bücher in demselben Zimmer) ausführlich handelt. Mit einer Lobpreisung des heiligen Kreuzes und einer Ermahnung an die Studenten, ihren Studien sich fleißig hinzugeben, schließt der Dichter. Er läßt es an Uebertreibungen nicht fehlen, flicht auch, wo er kann, in die Dichtung sowohl als in die Einleitungen Reminiscenzen an das Alterthum ein, aber im Ganzen gibt er doch ein ziemlich anschauliches Bild einer Stadt und einer Universität im Zeitalter des Humanismus und der Reformation.

An das Lobgedicht — denn diesen Charakter trägt das lyrische Gedicht jener Zeit durchaus —, reiht sich das Strafgedicht, zunächst die Comödie. Die Wiederbelebung des Dramas, besonders des Lustspiels ist eine Wirkung des Humanismus, die Comödien des Terenz und Plautus werden eifrig wieder gelesen, übersetzt, freilich in roher Manier, die nur schlecht die Feinheiten und Schönheiten des Originals wiederzugeben im Stande war; die Werke der Alten wurden nachgeahmt. Das lateinische Drama, das im Laufe des 16. Jahrhunderts in Deutschland zu hoher Blüthe gelangen sollte, hat freilich während des Zeitalters des Humanismus nur seine Vorläufer entsendet, die mehr die Lust an der neuen Gattung verkünden, als ihre Vollkommenheit beweisen. Doch mögen einzelne genannt und skizzirt werden, weil sie die verschiedenen Arten der modernen Comödie andeuten, die, welche Unsitten der Zeit lächerlich zu machen, die, welche um persönliche Beleidigungen zu rächen, den Gegner zu höhnen, ein Zerrbild seiner Person und seines Wirkens zu zeichnen sucht, die, welche, im Dienste des Humanismus stehend, Lob und Preis dieser geistigen Richtung verkündet und endlich die, welche ohne Rücksicht auf Zeit- und Streitfragen Scherz und Lachen hervorzurufen strebt.

Als Vertreter der beiden ersten Dichtungsarten mag Reuchlin gelten, der in einer historisch nicht ganz zutreffenden Weise von Celtes und Hutten Begründer des modernen Lustspiels genannt und als solcher gefeiert wurde. Manche Unsitten seiner Zeit geißelte er in den Scenica progymnasmata, die nach den Nebentitel Henno nach dem Haupthelden des Stücks führen. Der Stoff dieses Stückes ist freilich im Wesentlichen der französischen Farce vom maître Pathelin entlehnt. Es ist die Geschichte von der Schurkerei des Dieners, der seine ihm vertrauenden Herren bestiehlt, seinem Rechtsbeistand folgt, da dieser ihm räth, vor dem Gericht sich taubstumm zu stellen, und auf alle an ihn gerichteten Fragen nur mit Ble zu antworten, indem er ihm, wenn er diese Bedingungen einhalte, die Erwirkung der Freisprechung in Aussicht stellt und der schließlich seinem Befreier mit derselben Münze zahlt, die dieser ihn kennen gelehrt hat. Trotz der Anlehnung an ein fremdes Muster wußte Reuchlin doch dem Stoffe neue Wendungen abzugewinnen und zeitgemäße Anspielungen hinzuzufügen. Solche Anspielungen sind die theils heftigen theils witzigen Ausfälle gegen die Prozeßsucht der niederen Stände, namentlich der Bauern, gegen die Richter, die nicht gemäß der Gerechtigkeit der Sache, sondern entsprechend der erhaltenen Bezahlung ihre Entscheidungen fällen, gegen die Astrologen, die, der Rathsuchenden Leichtgläubigkeit benutzend, die Fragenden mit allgemeinen Redensarten abspeisen, die geheimnißvoll klingen und doch nichts besagen. Die Comödie war, wie ihre sehr häufigen Drucke beweisen, damals ein sehr beliebtes Stück, der Dialog ist witzig, die Chöre sind frisch, ein darin vorkommender Ausspruch: „Der Arme fürchtet nichts, er kann nichts verlieren", scheint damals zum geflügelten Wort geworden zu sein.

Eine persönliche Rache und zwar gegen den Augustinermönch Holzinger, den schlechten Rathgeber Eberhards d. J. von Würtemberg, übt das zweite Stück Sergius oder Capitis caput, das Haupt des Hauptes, d. h. der bloße Kopf, der einem Menschen nicht mehr angehört und ohne Inhalt ist. Der Kopf ist der Schädel eines Elenden, welcher, zuerst Christ, dann Muhammedaner, in beiden Religionen Uebles gewirkt hat, der nun von dem speculativen Besitzer als Kopf eines Heiligen durch die Lande getragen, als vielwirkend, allvermögend dem staunenden Volke angepriesen wird, bis dieses nach langem Irrthum die Wahrheit erkennt und das Gefühl verehrungsvoller Scheu in energischen Abscheu verwandelt.

In den Dienst der humanistischen Ideen tritt die Comödie dann, wenn sie zur Pflege der classischen Studien ermuntert und mit leichtem Hohne oder strengem Ernst die Schäden geistlosen Dahinlebens und unwissenschaftlicher Trägheit aufrollt. Die Gesinnung solcher Comödien ist immer recht wacker, die Kunstform manchmal außerordentlich schwach wie in der früher (S. 421) erwähnten Comödie Bebels, manchmal aber doch anziehend und geschickt, wie in Wimphelings Stylpho. Der Held, der dem Stücke den Namen gibt, ist als Curtisan aus Rom nach Deutschland heimgekehrt, mit päpstlichen Anwartschaften auf vier Pfarren versehen, von denen zwei sogleich, zwei ziemlich bald verwerthet werden sollen. In seinen Hoffnungen wird er von dem Dorfpfarrer, der, gleichfalls ohne wirkliches Verdienst, auf Grund ähnlicher Empfehlungen seine Stelle erlangt hatte, bestärkt und geht, obwohl er von einem Jugendfreunde, einem armen Studenten, der sich, da er keinen Gönner besitzt, mühsam durchs Leben schlagen muß, Vincentius, gewarnt wird, siegesbewußt zum Bischof. Dieser aber weist ihn zunächst an den Schulrector, von dem er ein Zeugniß über seine Bildung beibringen soll. Ein solches aber erlangt er nicht. Denn seine Aussprache ist schlecht, seine grammatische Kenntniß so erbärmlich, daß er dixo, dixis als die zu dixit gehörigen Formen erklärt, daß er narraverunt ableitet von narvo, narvas, narvare, auf die Frage des Prüfenden: Es tu de legitimo thoro, die er nicht versteht, die Antwort ertheilt: Non sed sum de Laudenburga und endlich, aufgefordert, zu sagen, was sacramentum sei, die classische Erklärung abgibt: Est nobilissimum ydeoma ex fontibus Graecorum ortum habens. Auf Grund des seinen Kenntnissen entsprechenden Zeugnisses wird er von dem Bischof weggejagt und wird endlich, da er eine andere Stelle nicht erlangen kann, Schweinehirt. Der Dichter schließt mit dem lehrhaften Epilog: „Welch ein wunderbarer Wechsel des Schicksals! Aus einem Höfling ein Ackertrapp! Der Vertraute der Cardinäle wird zum Knechte der Bauern, der Aufgeblasene erniedrigt, der Seelenhirt zum Sauhirten! Solch klägliches Ende nimmt die Unwissenheit! Vincentius hingegen begibt sich mit der von den Eltern empfangenen Unterstützung auf die Hochschule zurück, studirt eifrig die Rechte und wird zuerst Kanzler des Fürsten, dann mit dessen Hülfe Canonicus und zuletzt wird er einhellig zum Bischof erwählt. Er verwaltete sein Amt mit Glück und Klugheit."

Im Gegensatz zu diesen Dramen mit lehrhafter Tendenz gibt es Comödien, die blos scherzen wollen und die sich insofern der lyrischen Dichtung nähern, als auch sie von Liebe und Liebesgenuß reden. Als Meister dieser Dichtungsart mag Christoph Hegendorffinus (1500–1540) gelten. Da er von Liebesgenuß redet, so hat er manche Derbheiten und scheut vor Obscönitäten nicht zurück. In der Comödie de sene amatore verspottet er den liebelustigen Alten, der nicht alt scheinen will, obwohl er nur zu sehr den Verlust der Jugendkraft bemerkt, in der andern, Comoedia nova, redet er von den Liebestollheiten der Jungen. Ein leichtsinniger Bursche zeugt mit seiner Geliebten ein Kind und läßt dem ahnungslosen sittenstrengen Vater diese Frucht der Liebe ins Haus bringen, zugleich seinen Bruder, der ihm ungemein ähnlich sieht, als Vater des Kindes angeben. Die Glaubhaftmachung dieser Lüge gelingt um so leichter, als die Amme, die den Bruder nie gesehen hat, nur den wirklichen Vater Zug für Zug zu beschreiben hat, um ein Bild des Angeschuldigten zu entwerfen und als dieser der unerhörten Anklage gegenüber so verdutzt erscheint, daß er in der That als Schänder der Familienehre betrachtet wird. Der Vater beschwört nun den Schuldigen, den er für unschuldig hält, durch Verheirathung mit dem entehrten Mädchen die Schande wieder gut zu machen, die der seiner Meinung nach Schuldige, in Wirklichkeit Unschuldige, auf sie gewälzt hat. Der Thäter willigt mit Freuden ein, denn er hat nichts Besseres gewollt als diese vorgebliche Sühne. Der Dichter aber, der sich an anderen Stellen lebhaft gegen den Vorwurf verwahrt, er verderbe die Jugend, schließt mit einem Chorgesang, durch den er solchen Vorwurf nur bestärken kann: „Jetzt ist Zeit zur Tollheit, später wird Zeit zur Reue sein; wenn ihr nicht trinkt und singt, werdet ihr nüchtern bleiben, ihr süßen Liebeskämpfer."

Von der Tragödie ist im Zeitalter des Humanismus noch kaum die

Rede. Zwar schreibt Jakob Locher, der kühne Bahnbrecher, eine Tragödie „von den Türken und dem Sultan“ und nimmt den Mund sehr voll, theils um sein Verdienst zu preisen, „den Schwaben diese bisher ungewohnte Schreibart“ eröffnet zu haben, theils um sich, wie er es liebt, zornig gegen seine Feinde zu wenden, aber er liefert doch mehr patriotische und religiöse Deklamationen als eine dramatische Arbeit; wenn er auch die fünf Theile dieser Arbeit Akte nennt und an das Ende der theils prosaischen theils poetischen Abschnitte Chorlieder setzt, die den humanistisch gebildeten, von der schönen Form

Facsimile einer Illustration in Jakob Lochers Tragödie von den Türken und dem Sultan (Libri philomusi Panegyrici ad Regem Tragedia de Thurcis et Suldano Dyalogus de heresiarchis), gedruckt zu Straßburg bei Grüninger 1497: Die Sultane.

entzückten Dichter verrathen. Trotzdem ist der Versuch lehrreich, weil er zeigt, was man damals unter einer Tragödie verstand und weil er die Ansichten jener Zeit kennen lehrt. Im ersten Akt tritt eine weibliche Gestalt, der Glaube, auf, schildert in langer Rede die der christlichen Religion und den christlichen Völkern durch die Türken zugefügten Schäden und fordert die Gebieter des Weltalls, Kaiser und Papst, zur Bekämpfung des gewaltigen Feindes auf. Da indessen der Wille der Mächtigen, namentlich ihre zu einem derartigen Unternehmen nöthige Eintracht fraglich erscheint, so richtet im zweiten Akte das christliche Volk an Gott die Bitte, die erwünschte Einigkeit der Gemüther herbeizuführen. Diese Bitte scheint gefruchtet zu haben, denn im dritten Akte unterreden sich Papst und Kaiser bereits über die zu ergreifenden Mittel, empfangen von den Fürsten die Nachricht ihrer Bereitwilligkeit und sind mit ihren Berathungen so schnell zu Ende, daß am Schlusse des Aktes bereits ein Bote den Türken die Kriegserklärung der Verbündeten überbringen kann. Im vierten Akt erfährt man aber erst das von Kaiser

**Actus quītus.expeditōʒ xpia-
ni exercitus cōtinʒ,loquit̄ dux et vexillifer crucis et aq̄le.**

Facsimile einer Illustration in Jakob Lochers Tragödie: Auszug des christlichen Heeres gegen die Türken.

und Papst herrührende officielle Manifest, nach dessen Kenntnißnahme die Herrscher der europäischen und asiatischen Türkei Vertheidigungsmaßregeln berathen und ihre Unterthanen zu den Waffen aufrufen. Der eigentliche Kampf findet im fünften Akte statt. Wenigstens meldet, nach einer Soldatenrede des christlichen Heerführers, die Fama den Sieg der Christen und der Triumphzug des Kaisers wird gefeiert.

Von einer wirklichen Tragödie ist in dem Stücke nicht die Rede. Es ist vielmehr eine poetische Erzählung geschehener oder gehoffter Ereignisse mit vielen lyrischen, in schwierigen und seltenen Versmaßen gedichteten Partieen. Bote und Chor sind die hauptsächlich handelnden Personen, mit Zeit und Raum wird in willkürlichster Weise umgegangen, das Ganze ist eben mehr eine in gut kaiserlicher Gesinnung gehaltene Fiction als eine dramatische Handlung. Trotzdem wurde das Stück und zwar in Gegenwart des Kaisers aufgeführt, auch zwei späteren Dramen wurde dieselbe Gunst zu Theil, dem einen, das gleichfalls vom Türkenkrieg handelt und zu diesem Behuf eine Art Fürstencongreß vereint, dem andern, das eine den mythologischen Darstellungen ziemlich treu nachgebildete Erzählung vom Urtheile des Paris enthält, aber beide zeigen dasselbe Ueberwuchern des lyrischen Elements und bedeuten wenig oder nichts für die Entwicklung dramatischer Kunst.

An die dramatische Dichtung läßt sich Dasjenige anschließen, was die humanistische Literatur an epischer Dichtung besitzt. Wirkliche Epen hat sie gar nicht aufzuweisen; größere erzählende Werke überließ sie der Volkssprache; was sie von historischen Gedichten enthält, das sind auf die Thaten hervorragender Zeitgenossen gemachte Lobgedichte, die von eigentlich historischen ebenso weit entfernt sind, wie der Panegyrikus von dem wahrheitsgetreuen Bericht, oder sind metrische Versuche, die sich eben nur durch ihre Form von gewöhnlichen prosaischen Relationen unterscheiden. Die einzige zur epischen Dichtungsart gehörende Gattung, welche damals gepflegt wurde, sind die Schwänke, die durch Poggio ihr Bürgerrecht in der humanistischen Literatur erlangt hatten. Zwei von Deutschen herrührende Nachahmungen derselben, die des Augustin Tünger und des Heinrich Bebel, sind bereits gewürdigt worden (S. 353 und 415); als dritte soll die des Ottomar Luscinius (vgl. S. 372) betrachtet werden. Er ist in seinen Schwänken weniger Satiriker als Erzähler, er will Unterhaltungslectüre liefern, eine Abbildung der Gespräche geben, wie sie in den damaligen Gesellschaftskreisen geführt wurden. Die Kreise, die er schildert, wohl auch die einzigen, die er kennt, sind freilich die der Gelehrten; von dem volksthümlichen Tone, den Bebel so gut zu treffen wußte, ist unser Autor ebenso weit entfernt wie von dem localen. Er erzählt also nicht Geschichten, die er auf seinen Reisen erfahren oder in seiner Heimath erkundet hat, sondern berichtet von Gesprächen und Disputationen, bei denen er unter den Gelehrten der Gelehrteste, unter den Witzigen der Witzigste ist, und entnimmt ferner, da er ja eben hauptsächlich für Gelehrte schreibt, seine Geschichten zumeist aus griechischen und römischen, aus patristischen und biblischen Schriften, weniger aus den modernen Schwankerzählern; letzteres zu seinem Glück, da der Abstand in der Erzählungskunst zwischen ihm und seinen Vorgängern sehr groß ist. Trotz der Verehrung, die er vor seinen Quellen zu haben vorgibt, bezeugt er ihnen nicht die nöthige innerliche Achtung, selbst dem Heiligen gegenüber ist er unsauber, vielleicht weniger aus wirklicher Frivolität, als aus seiner schon früher hervorgehobenen Theilnahmlosigkeit gegenüber den großen, die Zeit bewegenden Fragen. Durch seine Gelehrsamkeit wird er zu etymologischen Spielereien verführt, durch seine Philisterhaftigkeit zum Moralisiren: als echter Humanist fügt er seinen Erzählungen Verse ein, prunkt mit seinen Bekanntschaften und schmeichelt seinen Gönnern, schilt gelegentlich auf die Unwissenheit der Sophisten, seltener auf die Ueberhebung und Pedanterie der Gelehrten, erzählt nicht ohne Behagen von unzüchtigen Handlungen der Geistlichen und polemisirt gegen Astrologie und Wundersucht.

Mit der Comödie steht die Satire in engem Zusammenhang. Jene kann gewisse Thorheiten der Zeit lustig verspotten, diese soll, von ernstem Geist getragen, ein Strafgericht halten über verschrobene Menschen und verderbte Dinge. Beide Richtungen fanden in jener Zeit ihre Vertretung. Die sachliche Satire, freilich mit starker Einmischung des persönlichen Elements, erhielt ihr classisches Muster in den Dunkelmännerbriefen, die besser an anderer Stelle besprochen werden, die persönliche wurde in den zahllosen Streitigkeiten der Humanisten, sowohl unter einander als wider die gemeinsamen Feinde, angewendet, und gab oft mehr einen Beweis für die maßlose Heftigkeit, als die dichterische Befähigung der Streitenden.

Als ein Beispiel für die kunstvoll behandelte Satire mögen die Dichtungen des Euricius Cordus (1486—1535) dienen. Cordus ist zwar auch Philologe aus Neigung, Arzt und ärztlicher Schriftsteller des Broderwerbs wegen, Theologe aus Enthusiasmus für Luther, für die Macht seiner Persönlichkeit mehr als für die Richtigkeit seiner Lehre, aber von Beruf ist er Satiriker. In einer Schrift bezeichnet er sich als ein „auffrichtiges, offenliches und einfaches Gemüth, das nye liegen noch triegen, noch heucheln gelernt", und in einem Epigramm redet er zu sich: „Du verstehst nicht zu schmeicheln, nicht die Wahrheit zu verschweigen und doch wunderst Du Dich, daß Deine Bücher mißfallen:" mit solchen Aussprüchen kennzeichnet er sein Wesen. Er ist ernst und streng, er scheint nur zu lachen über die schlechten Sitten, während er in Wirklichkeit über dieselben weint und trauert. Er bespöttelt Kleines wie Großes. Er lacht über die Scheinheiligen, welche die lüsternen alten Dichter tadeln, aber sich trotz ihres „erleuchteten Christenthums" nicht schämen, das von Jenen Geschilderte zu begehn, über die Alten, die jung zu bleiben wähnen, über die reichen Geizhälse, die lüderlichen Weiber, die unwissenden und pedantischen Gelehrten, die schlechten Dichter und betrügerischen Advocaten. Er zürnt und tobt in heftiger Rede gegen die Astrologie, deren Hebamme der Wahnsinn und deren Mutter die Vermessenheit sei, gegen die Verderbtheit der Geistlichen und die Sündhaftigkeit der Päpste, gegen Rom als Pfuhl der Verbrechen, gegen Mißbrauch der Religion zu schändlichem Gewinn, gegen die Unterdrückung Deutschlands durch eine ausländische zumal geistliche Macht, gegen die Herrschsucht der Großen und ihre unwürdige, wider die Bauern geübte Tyrannei, aus deren Mitte hervorgegangen zu sein er selbst sich rühmt. Dieses Individuelle macht seine Epigramme so eigenthümlich und anziehend. Er spricht nicht im Allgemeinen von den Zuständen der Welt in der Weise, als wenn er diesen Zuständen völlig antheilslos gegenüberstände, sondern im Einzelnen von seinen eigenen Zuständen oder von seinen Anschauungen über das Allgemeine. Er tadelt seine Feinde und lobt seine Freunde, er preist seine Frau, die ihm trotz Dürftigkeit und Leiden, gegen die er zu kämpfen hatte, sein Haus zu einer Stätte reinen Glücks zu machen wußte. Die Städte, in denen ihm wohl war, z. B. Erfurt, dessen frischen und lebensvollen Kreisen er angehört, erscheinen in schönem, farbigem Bilde, Braunschweig dagegen, dessen Bevölkerung und Gesinnung ihm unleidlich war, als eine Stadt, „wo der Himmel so trübe und die Luft so dick ist, daß, obwohl auf der ganzen Erde die Strahlen der Sonne glänzen, dort doch ewige Finsterniß bleibt", als eine Stadt, „deren Bewohnern man das Evangelium auf keine andere Weise beibringen könne, als indem man es ihnen unter ihr Lieblingsgetränk, die Mumme, mische." Das Evangelium wurde immer mehr die große Angelegenheit seines Lebens, der Humanismus trat zurück. Mutian, der Gott aller Erfurter, mußte weichen, Erasmus, der ehedem Hochgepriesene, wurde wegen seiner reformationsfeindlichen Stellung in den Hintergrund gedrängt, Luther erscheint ihm als der Held der Zeit, als der muthige Kämpfer, der zwar wider gefährliche Anstrengungen der Gegner aber endlich doch mit glücklichem Erfolge eine neue Epoche der Weltreinigung und Geistesbefreiung herbeiführt.

Die satirische Dichtung kann von der didaktischen nur schwer getrennt werden. Wenigstens gehen in der dem Humanismus gleichzeitigen deutschen Literatur beide Richtungen derart in einander über, daß man das Hauptwerk der ganzen Gattung, das schon erwähnte „Narrenschiff" des Sebastian Brant ebensowohl zu der einen als zu der andern rechnen könnte. Die didaktische Dichtung war bei den Deutschen vom frühen Mittelalter an sehr beliebt; ihre Beliebtheit wurde gesteigert durch das Behagen, welches die gesammte Renaissancezeit an dieser uns so unpoetisch erscheinenden Gattung empfand. Daher beeiferten sich die Verschiedensten, in dieser Richtung thätig zu sein, Dichter von Profession verfertigten sogen. artes metrificandi, Anleitungen zur Gewinnung neuer Adepten ihrer Kunst, aber auch die Vertreter strengerer Wissenschaft hielten sich nicht für zu gut, um in zierlichen Versen von ihrem Berufsfache zu reden. Was heute nur etwa von Humoristen zur Belustigung ihrer Fachgenossen unternommen wird, das war damals Lebensarbeit ernster Männer; und gewiß meinten Eoban Hesse und Euricius Cordus, um nur zwei besonders Versgewandte aus der Schaar derartiger Poeten hervorzuheben, ein recht verdienstvolles Werk zu thun, wenn sie ihre mühsam gewonnenen medicinischen Kenntnisse in poetischen Handbüchern niederlegten.

Durch derartige Versuche, die zahlreich genug sind, um eine besondere Beachtung zu verdienen, wird die Dichtung in ein so nahes Verhältniß zur Wissenschaft gebracht, daß es angemessen ist, nach der Schilderung der Entfaltung der Poesie die Entwicklung der Wissenschaft ins Auge zu fassen.

Achtes Kapitel.

Ein Blick auf die Entwicklung der Wissenschaft.

Die Wiedererweckung des Alterthums hat in allen Ländern, in denen sie statthat, zunächst die Folge, daß die classische Philologie eifrig gepflegt wird. Dem Eifer entspricht indessen wenigstens in Deutschland weder die Fähigkeit noch das Wissen. Daher bleibt das Studium der lateinischen Sprache im Wesentlichen auf das eine, in Ansehung der frühern Zeit allerdings bemerkenswerthe Resultat beschränkt, daß die wirklichen Dokumente des classischen Alterthums aus den Umhüllungen, in welche sie das Mittelalter willkürlicher und verkehrter Weise gesteckt, losgelöst und in ihrer wahren Gestalt gezeigt werden. Die selbständigen Leistungen der deutschen Humanisten dagegen sind, wie an anderer Stelle (oben S. 398—405) gezeigt wurde, geringfügig und äußerlich, theils weil den Forschern die Erkenntniß der Sprachgesetze, die Einsicht in die Entwicklung der Sprachen abging, theils weil das Ziel, nach dem sie strebten, ein verkehrtes und unerreichbares war.

Der lateinischen Sprache schloß sich die griechische an. Die Verehrung, welche man ihr zollte, war mindestens dieselbe wie die, welche der lateinischen zu Theil wurde, aber die Beschäftigung mit ihr und demzufolge ihre Kenntniß war eine ungleich geringere. Zwar fiel in Deutschland der eine Grund fort, welcher in Italien das Studium der Sprache erschwerte, nämlich die eifersüchtige Abneigung gegen das Griechenthum, aber andere Umstände hinderten ihre schnelle Verbreitung, nämlich die größere Schwierigkeit der Sprache, der Mangel einer Jahrhunderte langen Tradition, welche doch der lateinischen Sprache zu Gute gekommen war, die Seltenheit der Hülfsmittel und Lehrer. Statt der vielen lehreifrigen Griechen, die, nach Italien ausgewandert, dort das Geheimniß ihrer Sprache verkündeten, waren in Deutschland nur die Wenigen, welche bei ihrer Wallfahrt nach Italien von dieser seltenen Kunde etwas erhascht hatten, Meister und Lehrer.

Unter den Männern der ältern Generation gelten Reuchlin und Celtes fast als die Einzigen, welche Griechisch gründlich verstanden. Beide suchten durch Unterricht und durch Schriften, theils Lehrbücher, theils Uebersetzungen griechischer Autoren mit Anmerkungen, theils Ausgaben einzelner griechischer Schriften ihre Kenntnisse Anderen nutzbar zu machen und erregten durch diese wenn auch geringfügigen Leistungen Staunen und Bewunderung. Alle diese Anstrengungen aber kamen nur den Jüngeren zu Gute, die Aelteren hielten sich, nicht mit unwilliger Verachtung, sondern aus Erkenntniß ihres Unvermögens von dieser „fremden Kunst" zurück. Viele der bereits geschilderten Männer legten ein Bekenntniß ihrer Unwissenheit ab. Wimpheling sagt: „Ueber das Griechische habe ich kein rechtes Urtheil, da ich in der Jugend diese Sprache nicht gelernt habe; jetzt freilich könnte ich passende Lehrmeister finden, wenn ich, wie Marcus Cato, die Fähigkeit besäße, noch im Alter zum Schüler zu werden"; Ulrich Zasius ist einer der wenigen deutschen Gelehrten, die geradezu eine Abneigung gegen die griechische Sprache zur Schau tragen, er nennt sich stolz einen Lateiner, aber keinen Griechen; Bebel enthält sich in einer Schrift, in welcher er die nachahmenswerthen Muster der Alten aufzählt, des Urtheils über die Griechen, weil er der Sprache derselben unkundig sei, und Peutinger, an Reuchlin schreibend, erröthet, weil er kein Griechisch verstehe. Wurde in jener ersten Zeit auf einer Universität der Versuch gemacht, die griechische Sprache als Lehrgegenstand einzuführen, so ging es nicht ohne Kampf gegen die Sophisten, d. h. die dem Alten Treubleibenden ab, wie Dionysius Reuchlin erfahren mußte, da er in Heidelberg als Erster Griechisch lehrte.

Auch in den folgenden Jahrzehnten änderte sich die Sache nicht völlig. Als 1509 der Baseler Buchdrucker Joh. Amerbach eine Ausgabe der Werke des Hieronymus veranstaltete und eines Mannes bedurfte, der alte griechische Handschriften entziffern könnte, da wandte er sich an Reuchlin und begründete seine Bitte um Unterstützung mit den Worten: „Wenn Du mich verlässest, weiß ich Keinen in Deutschland, der mir helfen kann." Ja, noch 1528 erzählt Thomas Platter, daß er, während er bei Mykonius in Zürich Unterricht empfing, beim Lateinischen stehen blieb, „graece unterwand er sich nicht vast, denn die Griekisch sprach was noch seltzam, ward wenig brucht."

Keiner der Heroen der griechischen Studien schrieb eine griechische Grammatik — von einer solchen Reuchlins gibt es nur eine unsichere Kunde, — man bediente sich vielmehr zum Unterricht der in Italien gebrauchten Hülfsmittel. Umsomehr, da die deutschen Buchdrucker bis zum Ende des 15. Jahrhunderts keine griechischen Typen hatten; für griechische Stellen, die man anführen wollte, wurde ein leerer Raum gelassen; ja noch am Anfange des folgenden Jahrhunderts zeigen sich in Druckwerken monströse Unformen griechischer Buchstaben. Als das erste in Deutschland erschienene griechische Buch wird gewöhnlich die Grammatik des Priscianus genannt, welche 1501 bei dem Erfurter Verleger Wolfgang Schenk — er nannte sich halb griechisch, halb lateinisch Lupambulus Ganymedes — herauskam. Diesem folgten mehrere, in denen bald einzelne griechische Worte, bald größere griechische Stellen vorkamen. Die ersten griechischen Texte scheinen die 1522 von Reuchlin veranstalteten Ausgaben der Gegenreden des Aeschines und Demosthenes zu sein. Eine der beliebtesten und zugleich ältesten Grammatiken ist die in Universitätsvorlesungen entstandene und nur auf Bitten von

Freunden in Druck gegebene des Oekolampad (Graecae literaturae dragmata), die ein fleißiges Studium, aber doch beschränkte und unmethodische Kenntnisse kundgibt. Sie zerfällt in drei Theile, deren erster und dritter über Aussprache und Syntax recht kurz, deren zweiter über Deklinationen und Conjugationen sehr ausführlich handelt, sie unterscheidet 5 Deklinationen und 13 Conjugationen, lehnt sich vielfach an die Vorgänger an, citirt wenig Beispiele aus den griechischen Schriftstellern, hält sich von der gelehrten Sucht, Kenntniß des Lateinischen und Hebräischen zu verrathen, ziemlich frei, macht aber, ähnlich wie die zeitgenössischen lateinischen Grammatiker, Anspielungen auf hervorragende Persönlichkeiten jener Zeit, so daß unter den Beispielen einmal Capnion (Reuchlin) vorgebracht wird.

Auch die Lexika, z. B. das gleichfalls 1518 im Anhang zum Elucidarius des Hermann Torrentinus erschienene, übrigens durchaus mit lateinischen Typen gedruckte griechische Wortverzeichniß sind durchaus elementar und wimmeln von Fehlern. Wichtiger als Grammatiken und Lexika sind die Uebersetzungen. Die Uebersetzer bedienten sich theils der deutschen, theils der lateinischen Sprache, häufiger der letztern, sie waren nicht etwa handwerkmäßige Arbeiter, sondern tüchtige Gelehrte; selbst die besten Humanisten hielten sich nicht zu gut für diese Thätigkeit. Die Absicht derselben war nicht das Verdrängen der griechischen Autoren, sondern die Einführung ihrer ungelehrten Landsleute in ein ihnen bisher fremdes Gebiet; niemals meinten sie durch die Uebersetzung das Original verdrängen oder ersetzen zu können; vielmehr ward von einem der Ersten die Ansicht geäußert und gewiß von Vielen getheilt, „daß jedes Werk in der Sprache, in der es abgefaßt sei, einen schönern Klang habe und daß es den Weinen gleiche, die, von einem Faß in das andere geschüttet, ihren guten Geschmack verlieren.“ Manche dieser Uebersetzungen waren ungelenk, manche, namentlich die lateinischen, sündigten durch ein übermäßiges Streben nach Eleganz; die rechte Mitte zwischen sclavischer Anlehnung und getreuer Wiedergabe des Sinnes bei freiem Schalten über die Worte wurde von den Wenigsten gewahrt.

Die wirkliche Blüthe der griechischen Studien in Deutschland wird erst durch die Reformation gezeitigt. Durch die immer steigende Beachtung, welche der Bibel zu Theil wird, durch die Erweckung und Belebung des kritischen Sinnes wird die Aufmerksamkeit in höherm Grade als bisher auf das Original der heiligen Bücher gelenkt. Ganz ähnlich steht es mit den hebräischen Studien. Auch hier war zwar der Urtext durch Reuchlin wieder entdeckt, ebenso wie die ursprüngliche Fassung der Evangelien durch Erasmus erschlossen war — ihnen bleibt daher das Verdienst des Pfadfindens, des muthigen Voranschreitens unbestritten — aber die wirkliche Ausbildung dieser Studien gehört der Reformationszeit an. Die Stärkung des religiösen Sinnes, das reichlichere Vorhandensein brauchbarer Hülfsmittel, die Einführung dieses Gegenstandes in den Lehrplan der Universitäten, und, wenn auch in geringem Maße, der höheren Schulen, dies sind die Momente, welche die allgemeine Verbreitung dieser Studien erleichtert, ja erst ermöglicht haben.

Zwar auch in der Humanistenzeit strebte man nach dem volltönenden Namen eines trium linguarum peritus. Es galt als ein Triumph des humanistischen Gedankens, daß im Jahr 1518, hauptsächlich unter Einwirkung des Erasmus, das collegium Buslidianum in Löwen gegründet wurde, dessen Hauptaufgabe darin bestand, die drei Sprachen zu lehren. Aber Erasmus selbst verstand kein Hebräisch, und die übrigen Humanisten glaubten schon weit zu sein, wenn sie sich ein ungefähres Verständniß von Reuchlins großem Lehrbuch verschafft hatten.

Reuchlin hatte Vorläufer. Der kenntnißreichste derselben, auch dieser freilich oft in den größten Irrthümern befangen, Conrad Pellikan, schrieb sehr frühzeitig, 1501, ein kleines Hülfsbuch über die Art, das Hebräische zu lesen und zu verstehen und gab in seiner interessanten Selbstbiographie die Methode an, deren er sich beim Selbststudium der schwierigen Sprache bedient hatte. Er las nämlich in einer judenfeindlichen Schrift des Petrus Niger, „Der Stern des Messias", einzelne hebräische Phrasen (mit lateinischen Buchstaben geschrieben), denen eine wörtliche Uebersetzung beigefügt war. Nun fanden sich im Anhange des Buches, in Form einer Fibel, das hebräische Alphabet, Vokale und Punkte, als Beispiele eine Anzahl Worte. Das gab denn Material zu weiteren Studien. Er notirte sich die gegebenen Worte, suchte nach ähnlichen, deutete sich deren Sinn aus den bereits bekannten, versuchte auch wohl aus dem Zusammenhange die Erklärung unbekannter Formen und Worte zu entnehmen. Freilich verfiel er in die seltsamsten Irrthümer, lange glaubte er, daß der den Artikel bezeichnende Buchstabe zum Wortstamme gehöre und bedauerte, daß man bei dem hebräischen Verbum die dritte Person so oft vorfinde statt wie beim lateinischen die erste, indessen schritt er, trotz vieler Mißgriffe und trotzdem ihm fast nur die Nacht zu seinen Studien blieb, so schnell vor, daß der Schüler bald zum Meister wurde.

Unter den Lehrern der hebräischen Sprache die kenntnißreichsten, wenn auch nicht die geachtetsten, waren die Juden und die getauften Juden. Die ihrem Glauben Treugebliebenen waren entschieden auch die gelehrteren, aber sie waren selbst den christlichen Schülern, die das auf den Juden lastende und den Umgang mit ihnen erschwerende Vorurtheil durchbrachen, schwierige Lehrmeister, weil sie der Kenntniß der lateinischen Sprache ermangelten; die Uebergetretenen, die sich durch längern Umgang mit den Gelehrten die Bekanntschaft jener Sprache angeeignet hatten, waren unzuverlässig und oft wenig kenntnißreich. Unter den Letzteren ist einer der Merkwürdigsten Matthäus Adrianus, in Spanien geboren, Arzt von Beruf, der im 2. Jahrzehnt des 16. Jahrhunderts in vielen Städten Deutschlands und der Nachbarschaft, Tübingen, Basel, Löwen, Wittenberg als Lehrer der hebräischen Sprache erscheint, überall freudig bewillkommnet, aber ebenso schnell verlassen, ein Mann von vielseitigem Wissen, stark ausgeprägtem Selbstbewußtsein, einer leicht lästig werdenden Unverträglichkeit, aber von freier Anschauung in Leben und Glauben. Wie hoch er von sich dachte, das hat er in einem lateinischen Briefe an Joh. Amerbach, einem interessanten und ergötzlichen Aktenstücke ausgesprochen, das von so furchtbaren Fehlern gegen die einfachsten Regeln der lateinischen Sprache wimmelt, daß es dem jüngsten Lateinschüler zur Schande gereichen müßte. Darin bot er sich zum Corrigiren der in der Hieronymus-Ausgabe vorkommenden hebräischen Stellen an, denn das könne außer ihm Niemand in Deutschland, rühmte seine Schriften, die uns unglaublich winzig vorkommen und seine medicinische Kunst, von der wir keine Proben besitzen. Daß er aber auch gute Gedanken entwickeln und frei reden konnte, das zeigte er in einer Rede „zum Lobe der Sprachen", deren gutes Latein wohl nicht auf sein Conto zu setzen, deren Ideengang aber gewiß sein Eigenthum ist. Daß er nun in dieser Rede die hebräische Sprache sehr lobt, selbst mit gewaltiger Uebertreibung: „die Sprache der noch unbefleckten Natur, die nach dem Ursprung der Welt ihren Anfang nahm", erscheint bei ihm als Hebraisten natürlich; daß er die Uebersetzungen nicht für genügend hält, sondern das Herangehn an die Originalquellen für nothwendig erklärt, ist ein Zeichen der wissenschaftlichen Anschauung der Zeit; daß er aber, von Hieronymus redend, für sich und die Seinen dieselben Rechte in Anspruch nimmt, die der Kirchenvater verlangt hatte und diese Forderung mit dem Satze begründet: „Hieronymus war ein Mensch, Vieles wußte er nicht, Manches übersah er, oft war er nachlässig", das war eine Kühnheit der Anschauung, die ihm zur Ehre gereicht.

Manche Anfechtungen, die Adrianus erfuhr — und auch die eben angeführte Stelle hatte für ihn Angriffe zur Folge und zwang ihn, Löwen zu verlassen — mögen ihren Ursprung darin haben, daß die Altgläubigen nicht vergessen konnten, daß er als Jude geboren sei und daß sie ihm die Beschäftigung mit der hebräischen Sprache verübelten. Denn daß auch Andere in Folge des Betreibens ihrer Lieblingsstudien derartige Vorwürfe erdulden mußten, erfährt man aus dem Zeugnisse eines andern Hebraisten, des Joh. Böschenstein (1472—1532). Dieser, gewiß einer der Gelehrtesten, als Christ geboren, streng religiös gesinnt, wurde, eben jener Studien wegen, mancher Sünden geziehen und mußte den Vorwurf hören, er sei ein Jude. Es half ihm nichts, daß er die wohlbekannten christlichen Mitglieder seiner Familie aufzählte, die Anschuldigung blieb an ihm haften, ja sie wurde nicht blos von den Zeitgenossen, sondern auch von den Späteren wiederholt, die sich an Luthers derbe Bezeichnung hielten: „Böschenstein sei dem Namen nach ein Christ, in der That aber ein Erzjude." Der Angeschuldigte, der allerdings von den Vorurtheilen der Zeit derart frei war, daß er sagte, er würde sich nicht für verworfen halten, wenn er Jude wäre, „dann ich wayss, das got kein person besonder ansicht," erkannte den tiefern Grund solcher Vorwürfe und sprach ihn offen in dem Satze aus: „wir müssen entgelten der hebrayschen hayligen sprach."

Derartige bedauernswerthe Folgen hatte das Studium der deutschen Sprache für den Gelehrten nicht, wohl aber stand diesem das gelehrte Vorurtheil in ähnlicher Stärke gegenüber, wie dem der hebräischen das religiöse. Die meisten der Humanisten hielten es unter ihrer Würde deutsch zu schreiben; wie sie ihre deutschen „barbarischen" Namen unter den wohlklingenden lateinischen zu verbergen suchten, so redeten sie statt ihrer Muttersprache die Sprache Roms. Trotzdem gab es Manche, die sich des Deutschen bedienten. Zunächst zum Uebersetzen, sodann zum Behandeln solcher Dinge, die vor das Forum des Volkes gehörten. Die Uebersetzungsliteratur, als deren classischer Begründer Niklas v. Wyle schon früher geschildert worden, hat eine ungemein große Anzahl Werke aufzuweisen, gar manche mit dem Ausdruck unbehülflich ringend, oft dermaßen, daß es zu ihrem Verständniß nöthig erscheint, das Original zu vergleichen, trotzdem von hohem Werth, weil sie den Lateinunkundigen eine neue unbekannte Welt erschloß. Man denke nur daran, daß ein so fruchtbarer und talentvoller Dichter, wie Hans Sachs, fast alle seine Stoffe dieser Uebersetzungsliteratur verdankt. Die Schriftsteller, welche allgemeine Angelegenheiten behandeln, zu deren Verständniß eine blos gelehrte Bildung nicht nöthig war, bedienen sich mit feinem Tacte in wichtigen Fällen der deutschen Sprache. Denn es ist kein Zufall, daß Reuchlin seinen „Augenspiegel", diese beredte Vertheidigung freier, von kirchlicher Autorität unbeeinflußter Meinungsäußerung, diesen kühnen Beweis des Satzes, daß „ein Laie auch theologische Subtilitäten ergründen könne", in deutscher Sprache schrieb; und es ist wohlerwogene Absicht Huttens, daß er seine lateinischen Schriften übersetzt und ausschließlich deutsch zu schreiben anfängt, sobald er zur Ueberzeugung gelangt, daß das Interesse an den Dingen, die er treibt, weit hinaus über den kleinen Kreis der Gelehrten gedrungen sei.

Indessen die deutsche Sprache selbst wird zum Gegenstand wissenschaftlicher Behandlung. Joh. Müller hat in seiner trefflichen, dieser Frage gewidmeten Untersuchung drei Stadien unterschieden, welche diese Beschäftigung zu durchlaufen hatte. Zuerst nämlich wird das Deutsche Mittel zur Gewinnung eines Wortverständnisses des Lateinischen, sodann wird es Mittel zur Erzielung einer sachlichen Klarheit im Lateinunterricht, endlich werden Versuche zur Begründung eines wissenschaftlichen Lehrgebäudes der deutschen Sprache angestellt. Das erste und dritte dieser Stadien könnte man als vor- und nachhumanistisch bezeichnen; das zweite gehört recht eigentlich der Zeit des Humanismus an. Dieses Mittel wird nun in doppelter Art angewendet. Entweder so, daß man das Deutsche als Unterrichtssprache gebrauchte, um die lateinische Elementargrammatik verständlich zu machen, ohne daß man über das Deutsche Beobachtungen anstellte, Beweis dafür ein etwa 1480 gedruckter Tractat, der die Casus und Tempora verdeutschen lehren sollte. Oder so, daß man über das Deutsche selbständige Beobachtungen anstellte, sei es nun, daß in einem besondern Kapitel Vergleiche zwischen beiden Sprachen gemacht wurden, um den Schülern die Uebertragung aus der einen in die andere zu erleichtern, sei es, daß im ganzen Verlaufe der Untersuchung Rücksicht auf das Deutsche als auf das vermittelnde Idiom genommen wurde. Für jede dieser beiden Methoden sind classische Beläge vorhanden; für die eine das von 1485 bis 1506 in mindestens 13 Drucken nachweisbare exercitium puerorum, das jedenfalls durch einen Holländer möglicherweise durch einen von Rud. Agrikola beeinflußten holländischen Humanisten bearbeitet ist; für das andere die zwei Grammatiken Joh. Aventins (1512 und 1517). Das Holland entstammende Lehrbuch ist als erster Versuch lateinisch-deutscher Sprachvergleichung von hohem Werth und höchst merkwürdig deswegen, weil die Heranziehung des Deutschen als wesentliches Stück des Unterrichts in der lateinischen Grammatik aufgefaßt wird. Die beiden Grammatiken Aventins sind bedeutsam, weil sie in wohlerwogener Absicht für alle vorkommenden lateinischen Formen die deutschen Ausdrücke beibringen und weil sie ferner deutsche und griechische Ausdrücke nebeneinanderstellen, um die große Verwandtschaft beider Sprachen zu erweisen. Eine vollständige deutsche Grammatik dagegen kennt das Zeitalter des Humanismus nicht, weder in deutscher noch in lateinischer Sprache; der bereits früher (S. 440) erwähnte Plan Johann Crachenbergers ist, wenn er überhaupt greifbare Gestalt gewonnen hatte, nicht ausgeführt worden; wie weit er aber auch gediehen sein mag, so ist er, wie wiederum Müller geistreich angedeutet hat, weniger dem humanistischen Sinne entsprungen, als dem praktischen Bedürfnisse, nicht hervorgegangen aus den Unterhandlungen des Verfassers mit seinen Collegen von der gelehrten Donaugesellschaft, so deutschthümlich diese Discussionen auch klingen mochten, sondern steht im Zusammenhang mit der Stellung, welche der Autor in der kaiserlichen Kanzlei einnahm.

Die Bildung der Zeit, so großen Werth sie auch auf die Erlernung der Sprachen legte, war doch keine ausschließlich philologische. Schon die Beschäftigung mit der deutschen Sprache ist nicht nur ein Zeichen sprachlicher Liebhaberei, sondern eine Wirkung patriotischer Ideen; die Liebe zum Vaterlande erzeugt oder nährt das Gefallen an seiner Sprache.

Dieser vaterländische Gedanke bewirkt, daß die Humanisten sich den Denkmälern der Vorzeit zuwenden, die Geschichte Deutschlands erforschen und darstellen. Schon oft ist von derartigen historischen Arbeiten die Rede gewesen: Tritheim und Wimpheling, Bebel, Peutinger, Cuspinian gehören hierher mit ihren Untersuchungen über römische und mittelalterliche Geschichte, mit ihren Urkundensammlungen und neuen Ausgaben bedeutsamer Historiker, mit ihren oft mehr patriotischen als historischen Deklamationen und ihren gewiß unhistorischen Fälschungen. Auch einzelne theoretische Schriften, z. B. Pirckheimers Uebersetzung des lucianischen Dialogs: Ueber die Art, Geschichte zu schreiben, müssen in diesem Zusammenhange erwähnt werden.

Nirgends aber tritt die patriotische Geschichtsanschauung mit ihren Vorzügen und ihren Schwächen deutlicher hervor, als in der Exegesis Germaniae (Darstellung Deutschlands) des Franz Irenikus (1495—1559), den drei

Büchern deutscher Geschichte (Rerum Germanicarum libri tres) des Beatus Rhenanus (1485—1547) und Joh. Aventins großen Geschichtswerken.

Irenikus machte durch sein Verhalten seinem Namen: Friedlieb keine sonderliche Ehre. Vielmehr war er ein streitbarer Mann, zu religiösem Kampfe ebenso aufgelegt, wie zu geistigem Ringen. Ist ja sein historisches Werk nichts Anderes als ein lebhafter Protest gegen alle von Ausländern den Deutschen gemachten Vorwürfe, eine Verkündigung der Trefflichkeit der Deutschen in Vergangenheit und Gegenwart. Irenikus rühmt die Sittenreinheit der Deutschen, er verherrlicht ihre Geistesgröße, ihre künstlerische Begabung, er feiert ihre große Geschichte und sonnt sich in der Herrlichkeit seines Kaisers. Die zwölf Bücher seines Werkes bieten keine zusammenhängende Geschichte, auch keinen recht einheitlich geordneten Inhalt. Die drei ersten Bücher enthalten eine Uebersicht über germanische Alterthümer, die vier folgenden einen Abriß deutscher Geschichte, freilich nur für die ersten Jahrhunderte des Mittelalters, die fünf letzten eine geographische Beschreibung. Aber der Autor liebt Abschweifungen, er redet gern von seinen Freunden und theilt deren Briefe und Gedichte mit, er verweilt länger als es die Oekonomie seines Buches zulassen sollte, bei der Geschichte und Genealogie der Pfalzgrafen, in deren Gebiet er lebt, er feiert die Universität Heidelberg, der er sein Werk als eine Weihgabe überreichen möchte, er fühlt sich am wohlsten, wenn er in lateinischer Sprache von seinen geliebten Alten reden kann. Er ist kein vollendeter Stilist; er läßt sich in seinen antiquarischen, namentlich in seinen etymologischen Versuchen manche Fehler zu Schulden kommen, an denen seine Unwissenheit oft geringere Schuld hat, als seine Deutschthümelei; er ist auch kein hervorragender Critiker, denn trotz des ihn erfüllenden Bewußtseins, daß nur aus den Quellen die wahre Belehrung geschöpft werden könnte, tappt er oft unsicher umher und ist nicht glücklich in der Wahl derjenigen, denen er sich anvertraut. Aber mehr werth als etwaige gelehrte Vollendung ist die Frische und Jugendlichkeit, die das ganze Buch durchzieht, die Freude am Stoff als an einem nationalen, die Hingebung an die ruhmvolle Vergangenheit der deutschen Nation.

In dieser Hinsicht steht die Arbeit einzig da, und ist auch dem durch sie angeregten Werke des Rhenanus, eines höchst achtbaren Mitgliedes des elsässischen Humanistenkreises, bei weitem vorzuziehen, obwohl dieses gelehrter, gründlicher, critischer, einheitlicher ist als jene. Während Irenikus sich vorzugsweise mit dem deutschen Alterthum beschäftigt, widmet sich Rhenanus fast ausschließlich dem deutschen Mittelalter, untersucht in einer Anzahl von Abhandlungen — denn auf eine fortlaufende Darstellung leistet er völlig Verzicht — geographische und geschichtliche Dinge, Gerichtsverhältnisse und Sprache und zeigt überall hervorragende Kenntniß und sachliche Klarheit. Er ist in erster Linie Alterthumsforscher, erst in zweiter Patriot, daher läßt er sich durch die Vaterlandsliebe seinen critischen Sinn nicht trüben, gesteht, im Gegensatz zu seinen engherzigeren Landsleuten die Thatsache zu, daß Gallier ehemals über Deutschland geherrscht hätten, belächelt die unwissenschaftlichen Erklärungsversuche deutscher Namen aus fremdsprachlichen Wörtern, während er freilich in der Herleitung deutscher Eigennamen aus deutschen Wörtern zu weit geht, und verwirft die damals allgemein geglaubte Hypothese von dem trojanischen Ursprung der Franken. Er übt Conjecturalcritik, d. h. er verbessert auf Grund seiner Kenntniß der alten Sprachen die Handschriften und Drucke der von ihm benutzten Schriftsteller des Alterthums; er übt aber auch historische Critik, indem er den sogen. falschen Berosus, d. h. das unter dem Namen des Berosus 1498 erschienene Geschichtswerk des Giov. Nanni durch eine Prüfung der darin berichteten Thatsachen, namentlich durch eine Vergleichung mit dem griechischen Texte des Josephus, als eine spätere Erdichtung nachweist. Er ist ein echter Humanist in seinen patriotischen Anwandlungen, die ihn oft mitten in den trockensten Untersuchungen überkommen; in seiner Bewunderung für die Schriftsteller des Alterthums, deren manche er, selbst wenn sie seinen Zwecken ganz fern liegen, citirt, nur eben um den Umgang mit den geliebten Todten auch bei unpassenden Gelegenheiten zu unterhalten; endlich auch in seinem Hasse gegen die Mönche, die er als Vertreter der Unwissenheit, als Anhänger eitler Träume und eben dadurch als Feinde der wahren Geschichte brandmarkt.

Solch humanistisches Gebahren gehört auch zu den Eigenthümlichkeiten des größten humanistischen Historikers, des Joh. Aventin, (1477—1534), des Großmeisters und Fürsten deutscher Geschichtschreibung, wie ihn dankbare Nachfolger bewundernd genannt haben. „Wer das menschliche Herz und den Bildungsgang des Einzelnen kennt, wird nicht in Abrede stellen, daß man einen trefflichen Menschen tüchtig heranbilden könnte, ohne dabei ein anderes Buch zu gebrauchen als Tschudis schweizerische oder Aventins bairische Geschichte," hat Goethe gesagt. Dieser Ausspruch ist wohl nicht von Uebertreibung freizusprechen und doch birgt er eine große Wahrheit in sich, nämlich die, daß in Aventins Geschichtswerken ein ganzer Mensch mit echt menschlichen Gefühlen, Leiden und Freuden sich zeigt.

Die beiden großen Geschichtswerke Aventins, die deutsch geschriebene „bayrische Chronik" und die lateinisch abgefaßten Annales Bojorum — die vielfachen kleineren können hier außer Acht bleiben — imponiren weder durch Reichhaltigkeit und Neuheit ihres Inhalts, noch durch die Kunstmäßigkeit ihrer Anordnung. Vielmehr kennt man den Stoff, soweit er in den älteren Partieen, den vorchristlichen und mittelalterlichen Zeiten verarbeitet ist, ebenso gut aus anderen Geschichtswerken; die Anordnung aber läßt Mancherlei zu wünschen übrig, denn oft wird Unzusammengehöriges zusammenerzählt, z. B. von der Macht der Venetianer und der Geburt eines wunderbar gestalteten Mädchens, und nicht minder oft wird die ruhige Darstellung durch ungehörige Abschweifungen unterbrochen. Wohl aber besteht die Bedeutung dieser Werke in der Art, wie Aventin die Geschichte betrachtet und in der Ausführung seines hohen Berufes.

Die Geschichtschreibung ist ihm eine ernste heilige Aufgabe, eine „besonz dere gnad und gab des allmächtig, gütig, himmlisch Vaters", zu der er einen innern Beruf fühlt und zu der er sich durch ernstes Studium vorbereitet. Der Zweck der Geschichte ist ein moralisch politischer: Erkenntniß der Bedürfnisse und Pflichten des Menschen für Gegenwart und Zukunft. Will sie diesen Zweck erreichen, so muß sie der Wahrheit dienen, die Wahrheit aber schont weder die Sache noch die Person. Darum hegt er Gefühle des Hasses und spricht diese Gefühle offen aus. Er haßt den Clerus, die Pfaffen, die er den Wölfen gleich zu meiden anräth, weil er sie aller Laster für fähig hält. Aber er kennt auch die Liebe und äußert sie unverhohlen. Er liebt Deutschland, nicht blos weil es seine Heimath, sondern weil es die Erbin der Weltherrschaft ist, „die vierte und letzte Monarchie der Danielschen Weissagung, an deren Fortbestand die Weltdauer geknüpft ist." Und weil er Deutschland liebt, tadelt er seine üblen Gewohnheiten und schlechten Sitten, die Schwächen der Kaiser und die Uneinigkeit der Fürsten.

Aventin gemahnt an seine humanistischen Vorgänger und Genossen darin, daß er die deutsche Vorzeit nicht strahlend genug schildern kann, auch darin, daß er mit einem oft zu weit getriebenen Patriotismus die Geschichte und Zustände Deutschlands verklärt.

In manchen Dingen freilich steht er hinter den Humanisten zurück. Er ist weder so gelehrt wie sie, noch besitzt er einen gleich kritischen Geist. Was Jene bekämpft hatten, die Fabel von der trojanischen Abstammung der Deutschen, von dem falschen Berosus, das nimmt er, der Rhenanus' Werk allerdings schwerlich gesehn, auf Treu und Glauben an, er scheut sich nicht, den von ihm angeführten Personen des Alterthums oder Mittelalters in ganz uncritischer Weise Reden in den Mund zu legen, die voll von Anspielungen sind auf die Zeit, in der der Schriftsteller lebt. Im Gegensatz zu dem frohen Optimismus, der die leichtlebigen, meist jugendlichen Genossen des Humanismus erfüllt, ist er düsterer Pessimist, der von dem eigenen Leben wenig Freude und Genuß erwartet und die Entwicklung der Gesammtheit nicht in rosigem Schimmer sieht.

Den Humanisten aber überlegen ist er darin, daß er, obwohl classisch gebildet und selbst an unpassender Stelle bemüht, den Schein der Gelehrsamkeit zu wahren, deutsch schreibt. Und zwar sucht er die deutsche Sprache in ihrer Reinheit und Volksthümlichkeit anzuwenden, damit sie Jedermann verständlich sei. „Denn unser Redner und Schreiber, voraus so auch Latein können, biegen und krümmen unser Sprach in Reden und Schreiben, vermengens, fälschens mit zerbrochenen lateinischen wörtern, machens mit großen Umschweifen unverständig, ziehen gar von ihrer auf die lateinische Art mit Schreiben und Reden, das doch nit sein soll." Schon in solchem Ausspruch ist die Anerkennung seiner Zugehörigkeit zum Volke enthalten; sie zeigt sich noch deutlicher darin, daß er mit offenem Freimuth die Vertreter der höheren Stände verantwortlich macht für die traurigen Zustände seiner Zeit. Er weist verachtend auf sie hin, „die im schweis und blut der armen und frommen unschuldigen

Boius Auentinus faciem sic gessit, & ora,
Atq; habitu tali conspiciendus erat.
Magnus in historijs scriptor, ueterum monumenta
Explicuit: uiuet dum uagus orbis erit.

D O M
IOAN. AVENTINVS VIR SINGVLARI ERVDI.
FIDE AC PIETATE PRÆDITVS: PATRIÆ SVÆ
ORNAMENTO, EXTERIS ADMIRATIONI FVIT:
BOIORVM, ET GERMANIÆ STVDIOSISSIMVS:
RERVM ANTIQVARVM INDAGATOR SAGACISSIMVS:
VERÆ RELIGIONIS OMNISQ. HONESTI AMATOR.
CVI H M AD POSTERIT. MEMORIAM P EST
⊖ V IDVS IAN. ANNO M. D. XXXIIII.

Johannes Aventinus.
Holzschnitt von Hans Sebald Lautensack (etwa 1507—1560).

Menschen Reichthum, Gewalt und Ehre suchen. Denn zu Allem, was große Herren ansahen und sündigen, muß der arm Mann büßen und sein Hab darbringen und wahrlich als viel deren güldene Ketten, Ring, Sammet und Seide tragen, so viel müssen Unterthanen hierüber zu Grund gehen." Er ist ein Mann des Volkes und ein Mann der Freiheit. Diese Freiheit aber beansprucht er nicht für sich, sondern für Alle; seine Forderung geht dahin, daß „freiem Volk nicht allein die Gedanken, sondern auch die Rede frei sein soll; wie einem ums Herz ist, soll ers dürfen heraussagen."

Mit der Geschichtsforschung hing die Geographie damals eng zusammen. Theils war auch für die Entwicklung dieser Wissenschaft der patriotische Gedanke wirksam, die Lust, die Schönheiten des deutschen Landes, seine Fruchtbarkeit und seinen Reichthum zu erkennen und zu schildern; theils wurde sie durch die Entdeckungen jenes Zeitalters beeinflußt. Die Historiker sind meist auch Geographen, z. B. Irenikus in seinem oben (S. 488) gewürdigten Werke, oder wie Joachim von Watt (Vadianus) einer der vielseitigsten unter den vielseitigen Humanisten jenes Zeitalters, Humanist, Philologe, Theologe, Historiker, Arzt und Politiker. Er ging in seinen historisch-geographischen Arbeiten mit Vorliebe von seiner Vaterstadt St. Gallen aus, der er, nachdem er durch seine Studien lange von ihr ferngehalten worden war, bis zum Ende seines Lebens angehörte, und wußte diesen Ort frisch und anschaulich, mit der Liebe des Patrioten und doch mit der Treue des unbefangenen Beobachters zu schildern. Von anderen geographischen Arbeiten, denen des Heinrich Loriti aus Glarus, die gleichfalls in berechtigtem Lokalpatriotismus von der Schweiz ausgehn, aber die Betrachtung über die ganze bekannte Welt ausdehnen, ist früher (S. 419 fg.) die Rede gewesen.

Schon in den Büchern des Letztgenannten wird Amerika erwähnt. Die großartige Entdeckung des neuen Welttheils macht indessen auf die deutschen Humanisten nicht jenen gewaltigen Eindruck, den sie bei den Gelehrten anderer Länder, z. B. Italiens und Spaniens, hervorruft. Der Grund dieser seltsamen Erscheinung liegt theils darin, daß Deutsche an jenen epochemachenden Fahrten nur wenig betheiligt waren, theils darin, daß die deutschen Humanisten, durch ihr Verweilen in der gelehrten Welt, sich dem Handels- und Verkehrstreiben der Nation ziemlich entfremdet, und daher die Bedeutung geographischer Entdeckung nicht genugsam würdigen können. Wenn Tritheim in einem Briefe sagt (1507), er habe nicht Geld genug, um eine Weltkarte für vierzig Gulden zu kaufen, er werde sich aber auch niemals überreden lassen, daß eine Weltkarte so viel Werth haben könnte, so verräth er mit dieser Aeußerung die Beschränktheit humanistischer Auffassung, welche mit Wehmuth oder Zorn die Zerstörung der antiken Weltanschauung betrachtete. Freilich ging auch aus humanistischen Kreisen die Reaction gegen solche Anschauungen hervor und es ist ein Triumph wissenschaftlicher Gesinnung, wenn Vadian (1518) ausruft: „In den Meinungen über die Lage der Welt ist den neueren Schriftstellern, die mit freiem Blick beobachten, mehr zu trauen als den Berichten der Alten."

Mehr als ein Jahrzehnt früher waren die Berichte der Reisenden deutsch und lateinisch, sowohl die Briefe selbst als eine aus den Briefen geschöpfte Darstellung erschienen. Jene waren schon 1503 lateinisch, 1506 deutsch veröffentlicht worden, und hatten den Ruhm des Christoffel Dawber (Columbus) in Deutschland verbreitet, diese rührte von Martin Waldseemüller (Hylacomilus) her, ein trotz vieler Flüchtigkeiten interessantes und eben weil es das erste war, historisch wichtiges Buch, das durch den Satz: „Den vierten Erdtheil darf man füglich Amerika, gleichsam das Land des Amerigo (Vespucci) heißen, weil es von ihm entdeckt worden ist," die große, von der Nachwelt verewigte Ungerechtigkeit der Namensgebung beantragte und dadurch die Schuld der Undankbarkeit auf sich und sein Zeitalter lud.

So haben die Deutschen, da sie selbst kein Entdeckervolk waren, wenigstens dazu beigetragen, die Resultate der Entdeckungen Anderer den Zeitgenossen mitzutheilen. Einzelne hatten anregend auf die spanischen und portugiesischen Entdecker gewirkt, wie Martin Behaim (1459—1506) der Nürnberger, der noch jetzt den Ruhm eines den Großen dienstbaren Helfers bewahrt, während er freilich auf den größern, ihm früher bereitwillig gewährten eines gleichstehenden Mitarbeiters verzichten muß; er und andere Deutsche haben durch ihre Karten und Erdgloben, so unvollkommen diese Leistungen auch waren, die Leistungen Anderer vorbereitet oder das wirklich Geleistete gewissenhaft aufgezeichnet und treulich verkündet.

Die Erkenntniß, daß die Geographie eine naturwissenschaftliche Disciplin sei, war im Zeitalter des Humanismus freilich nicht allgemein verbreitet, doch berechtigt der nahe Zusammenhang, der in Wirklichkeit zwischen den zwei Wissenschaften besteht, nach Erwähnung der geographischen Leistungen einen Blick auf die Entwicklung der Naturkunde zu werfen.

Die wesentlichen Bereicherungen, welche die naturwissenschaftlichen Fächer erhielten, flossen nicht ausschließlich aus der Quelle gesunder, verständiger Beobachtung, sondern vorzugsweise aus genauer Erforschung der Alten, welche als die einzigen oder wenigstens die hauptsächlichen Rathgeber betrachtet wurden. Daß dies der Fall war, mag, da hier nichts weniger als eine Geschichte der Wissenschaften gegeben werden soll, ein flüchtiger Blick auf Botanik und Mineralogie lehren.

Ein italienischer Humanist, Ermolao Barbaro, hatte der Naturkunde, speciell der Botanik große Dienste geleistet dadurch, daß er einen emendirten Text des Plinius herzustellen suchte und daß er eine Uebersetzung des griechischen Botanikers Dioskorides veranstaltete und in 5 Büchern Corollarien dazu schrieb, d. h. aus anderen Schriftstellern des Alterthums gesammelte Erläuterungen zu den von Jenem behandelten Pflanzen. Diese Methode blieb zunächst auch für Deutschland maßgebend. Demselben griechischen Autor wandte sich die critische und erläuternde Thätigkeit des Grafen von Neuenaar zu, und an den nämlichen Autor sich anlehnend, gab der als Satiriker bekanntere Euricius Cordus in geistreich-witziger Weise die Nomenclatur aller von Jenem behandelten Pflanzen. War in solchen Werken nur die Botanik der Alten gepflegt worden, so wurde in anderen die gelehrte Kenntniß mit selbständiger Beobachtung verbunden und endlich die Anschauung ausschließlich als Quelle der Belehrung benutzt. Demgemäß gab Otho Brunfels 229 Bilder von Pflanzen, die er natürlich selbst beobachtet hatte, die er aber gleichwohl im Dioskorides nachzuweisen bemüht war, und Hieronymus Bock wurde der Erste, der Kräuter und Pflanzen wirklich eingehend beschrieb, genaue Angaben über die Fundorte der einzelnen Gewächse machte und, die systemlose alphabetische Aneinanderreihung derselben verwerfend, ihre systematische Anordnung nach ihrer Verwandtschaft herzustellen suchte.

Wie diese und einzelne Spätere, die eben durch Bestrebungen und Leistungen der Genannten angeregt wurden, als Väter der deutschen Pflanzenkunde bezeichnet werden, so wird ein anderer Humanist, Georg Agrikola (1490—1555), der auch von den Studien des Alterthums aus seinen Weg zur Naturkunde genommen hatte, als der Schöpfer aller neuern europäischen Mineralogie bezeichnet. Die ersten dreißig Jahre seines Lebens war er Philologe, später, nach der Heimkehr aus Italien, das auch für ihn das wahre Culturland war, wurde er Mineraloge. Als solcher gab er niemals die critisch-philologische Richtung ganz auf, untersuchte vielmehr mit Vorliebe die mineralogischen Angaben der Alten, aber doch so, daß er sie mit dem Wissen der Gegenwart verglich. Die wichtigsten seiner Schriften sind zwei, die eine, in der er die Grundzüge einer physikalischen Geologie niederlegte, die andere, in der er die erste systematische und vollständige Beschreibung der Mineralien gab, dieselben nach Farbe, Durchsichtigkeit, Geschmack, Geruch, Härte, Schwere, äußerer Gestalt in verschiedene Classen eintheilte, ihren ökonomischen Gebrauch besprach und ihre Fundorte mittheilte. Wie er selbst der eignen Anschauung einen großen Theil seines Wissens verdankte, so suchte er auch Anderen die Möglichkeit solcher Anschauung zu gewähren, dadurch, daß er sein Hauptwerk mit trefflichen Holzschnitten zierte. Agrikola war kein Stubengelehrter, sondern ein Mann, der an den Bewegungen der Zeit regsten Antheil nahm, in dem heftig angefachten religiösen Streite der alten Kirche treu blieb und durch solches Festhalten an dem von den meisten seiner Landsleute aufgegebenen Standpunkte sich schwere Unannehmlichkeiten zuzog.

Im Anschlusse an die beschreibenden Naturwissenschaften sei mit einem Worte der Mathematik und der Medicin gedacht. Auch für die letztere rief, in ähnlicher Weise wie für das naturgeschichtliche Studium überhaupt, „die Reinigung der Texte der alten Quellen die ersten Anfänge besserer Naturerkenntniß hervor", wie ein neuerer Geschichtschreiber der Arzneikunde sich ausgedrückt hat, aber der erfreulichen Anregung folgten keine hervorragenden Leistungen. Vielleicht schadete sogar die Neubelebung der alten Quellen der gesunden Fortentwicklung der Wissenschaft, insofern nämlich die Autorität dieser bewährten Führer die selbständige Beobachtung seitens der Neueren überflüssig machte, oder wenigstens in den Hintergrund drängte. Zwei merkwürdige Thatsachen nämlich zeigt das medicinische Studium jener Zeit, die eine, daß das Universitätsstudium der Mediciner ein wesentlich philologisches blieb, die andere, daß Humanisten, die sich während ihrer Universitätszeit durchaus von Medicin fern gehalten hatten, erst später des Broterwerbs wegen dieser Wissenschaft und diesem Berufe sich zuwendeten. Daß bei solcher Vorbereitung die Resultate sehr ungenügende sein mußten, liegt auf der Hand. Daher erschallen auch seitens der Berufenen laute Klagen über das unwissenschaftliche Gebahren vieler Aerzte; ein Dekan der Wiener Fakultät erklärt einmal, die doctores medicinae hielten schlechte Vorlesungen, sie seien ohne Kenntnisse, aber voller Eitelkeit und Streitlust, und ein Anderer hält seine Collegen nur des Fortjagens werth. Die Klagenden sind aber nicht etwa streitsüchtige Jünglinge, sondern ernste und ruhige Männer, die in der Wissenschaft eine achtungswerthe Stellung einnehmen.

Viel bedeutendere Fortschritte als die Medicin machte im Zeitalter des Humanismus die Mathematik und Astronomie, hauptsächlich angeregt durch die epochemachenden Arbeiten des Johann Müller aus Königsberg (Regiomontan 1436—1476). Er, der, wie Giovio sagt, als der vorzüglichste aller Astronomen, die bisher gelebt haben, verehrt wurde, galt den deutschen Humanisten schon deswegen als ein rühmens und nachahmungswerthes Muster, weil er die philologischen Studien geschätzt und eifrig betrieben hatte; die Patrioten freuten sich seiner, weil er als Deutscher die Vorurtheile, welche an dem deutschen Namen hafteten, zerstören half und die Moralisten jubelten über ihn, weil sie an seinem Beispiel darthun wollten, daß Moral und Wissenschaft untrennbar verbunden seien.

Mathematiker und Mediciner waren damals fast allgemein der Wahnwissenschaft der Astrologie ergeben. Gerade dieser allgemeinen Verbreitung wegen muß auch von der Astrologie gesprochen werden, obwohl ihr der Charakter einer Wissenschaft nicht zukommt.

Joh. Stoffler aus Justingen (1452—1531) möchte wohl als Haupt der damaligen Astrologen gelten dürfen. Er war freilich in Folge des damals herrschenden Strebens nach Vielseitigkeit auch Lehrer und Volksarzt, Mathematiker und Astronom, Cosmograph und Mechaniker, Theologe und Humanist. Er war von Ingolstadt ausgegangen „ein herrlich Hochschul, die etwan in den freien Künsten meine süsse Mutter gewest ist," war, nach Erlangung einer vielseitigen Bildung Pfarrer in Justingen geworden und hatte sich, „da er nichts weiter als diese gute Pfarre begehrte", erst nach langem Drängen des Herzogs Ulrich von Würtemberg entschlossen, eine Professur der Mathematik und Astronomie in Tübingen anzunehmen (1511). Dort war er eingezogen „Lust zu lehren und zu lernen begierig." Denn er besaß die echte Gelehrtennatur, sich niemals für fertig zu halten und doch bereit auch das Unfertige zu verkünden. Er lehrte und schrieb, er verfertigte Uhren und rechnete Kalender aus, er suchte Vergangenes zu begründen und die Zukunft zu bestimmen. In seinen Bestrebungen wurde er von wahrer Frömmigkeit geleitet, so daß er sich gern als einen „Ritter der Kirche Jesu Christi" bezeichnete und in seinen Vorlesungen mit der größten Demuth von dem göttlichen Walten sprach, dessen Einwirkung auf die studirende Jugend er erbat und erwartete. Diese fromme Gesinnung verläßt ihn auch in seinen astrologischen Grübeleien nicht, denn die Sterne werden ja durch göttliche Bestimmung regiert. Die Sterne bestimmen Gesundheit und geistige Entwicklung der Menschen. Wohl weiß er, daß er mit solchen Behauptungen einigen Aerzten ein Lächeln ablockt und den Theologen ein Aergerniß bereitet, aber die Theologen glaubt er durch seine Frömmigkeit zu besänftigen und den Aerzten redet er gütlich zu durch den Satz: „Es soll auch Niemand achten, daß ich meine Sichel wolle ausstrecken in einen fremden Schnitt, welcher meinen Herren Aerzten und nicht mir befohlen ist, denen ich dies gebe zu bessern und zu strafen." Trotzdem gibt er medicinische Vorschriften, bestimmt die Zeiten zur Einnahme von Arzneien, zum Beginnen gewisser Kuren, wendet sich mit solchen Auseinandersetzungen nicht an die Gelehrten, sondern an die Laien in deutschen Prosaabhandlungen und in deutschen Versen, die freilich, z. B. der folgende:

Kein Blut will ich von mir nit lon
Denn es nit gsund in diesem Mon

keine sonderliche Meinung von seiner poetischen Begabung erwecken. Die Constellation der Gestirne übt jedoch nicht blos Einfluß auf das Wohlbefinden des Einzelnen, sondern auf die Schicksale der Gesammtheit aus, und die Aufgabe der Astrologen besteht eben darin, die Stellung derselben zu berechnen, die Einzelnen und die Völker auf das Zukünftige vorzubereiten. Indem der Astrologe seinen Freunden die Nativität stellt, d. h. die Stellung der Gestirne bei ihrer Geburt angibt, wird er gewissermaßen zum Propheten. Stofflers Thätigkeit in dieser Beziehung war eine vielseitige und sehr gesuchte; die größte Bedeutung aber erlangte er durch folgende Vorhersagung auf das Jahr 1524, die er in seine 1499 erschienenen Ephemeriden aufnahm: „In diesem Jahre wird es weder Sonnen- noch Mondfinsterniß geben; dagegen werden höchst merkwürdige Gestalten der Wandelsterne zu schauen sein. Im Monat Februar werden nämlich 20 Conjunktionen der kleinsten, kleinen und großen eintreten, von denen 16 das Wasserzeichen besitzen, die fast in dem ganzen Weltall, dem Klima, den Reichen, Provinzen, den einzelnen Ständen, Erd- und Wasserthieren, ja allen Geschöpfen der Erde unzweifelhafte Veränderung und Umkehr bedeuten und zwar eine solche, wie sie weder von alten Leuten erlebt, noch seit Jahrhunderten von Historikern beschrieben wird. Erhebet daher eure Häupter, ihr christlichen Männer." Diese in so bestimmten halb wissenschaftlich, halb prophetisch klingenden Ausdrücken vorgetragene Vorhersagung machte bei den leichtgläubigen Zeitgenossen einen ungeheuern Eindruck; der 25. Febr. 1524 wurde allgemein als ein Tag schweren Unheils, von den Einen als der jüngste Tag, von den Anderen als Beginn einer zweiten Sintfluth gefürchtet. Fromme Theologen suchten zwar auf das Unstatthafte solcher Eingriffe in die göttliche Weltregierung hinzuweisen, astrologische Concurrenten verhöhnten die Bestimmtheit der Angaben: Letzteren

IOANNES STOFLERVS
Mathematicus:

Quem genuit Iustinga, fouet, sepelitq; Tubinga:
Procli sum interpres, auctor Ephemeridum.

M. D. XXXII.

Joh. Stoffler.
Holzschnitt in Reusner, Icones sive Imagines virorum Literis illustrium. Straßburg 1590.

erwiderte Stoffler ganz richtig, daß er weder von Ueberschwemmungen, noch von Weltuntergang gesprochen, weder einzelne Menschen noch bestimmte Länder genannt habe und Ersteren entgegnete er, daß er eine erste und zweite Ursache unterscheide, die erste, die von Gott stamme und dem menschlichen Auge verborgen sei, die zweite, die Dinge anzeigend, durch welche Gott wirke; von jener letztern dürfe der Mensch sprechen und sie zu ergründen suchen. Daß das Jahr 1524 vorüberging, ohne die angekündigten großen Veränderungen zu bringen, braucht kaum gesagt zu werden, das Merkwürdige ist nur, daß trotz seines fast lächerlichen Fehlgriffs Stofflers Ansehen unangetastet blieb, ja daß es Leute genug gab, welche den großen Bauernkrieg des Jahres 1525, dessen Vorläufer sich ja in das vorhergehende Jahr erstreckten, als das von dem Astrologen geahnte und verkündete Ereigniß bezeichneten.

Astrologen sind, wie das Beispiel Stofflers lehrt, keineswegs immer unwissenschaftliche Thoren, sondern häufig philosophische Grübler, die, in ihrem Denken auf Irrwege gerathen, in den Sternen untrügliche Pfadweiser gefunden zu haben glauben. Sie sind daher den Philosophen näher verwandt, als man auf den ersten Blick meint.

Bedeutende Philosophen kennt das Humanistenzeitalter in Deutschland nicht. So viel Raum auch auf den Universitäten dem Studium der Philosophie gegönnt war, so wenig Fortschritte hat es doch dem Mittelalter gegenüber aufzuweisen. Vielmehr blieb es bei einer unwissenschaftlichen Erklärung der alten Lehrbücher, bei wortreichen, schematischen äußerlichen Erläuterungen philosophischer Begriffe. Die einzige Frucht, die der Humanismus zeitigte, war das Zurückgehen auf die Alten und in Folge davon die ganz hervorragende Berücksichtigung des Cicero und des Quintilian, ferner die ohne Kampf in ziemlich unselbständiger Anlehnung an Italien erfolgende Erhebung des Plato über den Aristoteles. Wie in der Grammatik ein Kampf gegen Alexander de Villa Dei geführt wird, so wird in Logik und Dialectik das Werk des Petrus Hispanus bekämpft, aber das Auftreten gegen diese „Barbaren“, wie sie von den eifrigen Humanisten genannt werden, ist weder so allgemein noch so erfolgreich, daß die Bekämpften auch wirklich vertrieben werden. Schreiben die Humanisten Lehrbücher, wie Agrikola, so sind sie nicht so glücklich, die Einführung derselben auf den Universitäten zu erleben; wurde ja doch zwanzig Jahre nach Agrikolas Tode dem philosophischen Unterricht der neugegründeten Universität Wittenberg eines der scholastischen Lehrbücher, der Tartaretus, zu Grunde gelegt.

Unter den Philosophen mag wenigstens einer, Gregor Reysch, genannt werden, nicht weil er der bedeutendste war, sondern weil er vielleicht das umfangreichste Werk, „die erste philosophische Encyklopädie“ geschrieben hat. Dieses Buch, Margarita philosophica, zeigt am besten die seltsame Art der damals herrschenden philosophischen Betrachtungsweise. Philosophie ist nämlich der Inbegriff der Wissenschaft überhaupt. Daher gehören zu ihr und werden in dem über 600 Seiten starken Quartbande, den der Verfasser trotz dieses Umfanges als eine quantitate quidem parvum bezeichnet, freilich, wie er hinzusetzt, continentia immensum, behandelt: lateinische Grammatik, Kunst des Briefschreibens, Arithmetik, Musik, Geometrie, Astronomie; von speciellen philosophischen Wissenschaften Logik, Rhetorik, Naturphilosophie,

Allegorische Darstellung des Lehrgebäudes der Philosophie.
Holzschnitt in Gregor Reysch, Margarita Philosophica. Straßburg 1503.

unter welchem Namen hauptsächlich die Grundzüge der Naturgeschichte gelehrt werden und Moralphilosophie. Unter der Moralphilosophie wird auch ein Haupttheil der Theologie mit einbegriffen; über die Seele wird in langen Auseinandersetzungen gehandelt und „der Wahnsinn der Manichäer getadelt, daß die Seele ein Theil der göttlichen Substanz sei"; die Existenz eines Purgatoriums wird gegen die Griechen aus der Schrift erwiesen. Gemahnt ein solches Verfahren durchaus an mittelalterliche Behandlungsweise, so trägt Anderes humanistisches Gepräge an sich. In einem Kapitel wird nämlich die Lehre von der Unsterblichkeit der Seele mit den Worten Platos bewiesen; in einem folgenden wird sie durch Zeugnisse der Schrift unterstützt, gleich als wenn die Bibel nur als Hülfstruppe der eigentlichen Kerntruppe beigesellt würde. Dies Nebeneinander von Scholastik und Humanismus tritt in dem ganzen Werke hervor; es zeigt sich im Inhalte, es zeigt sich im Stil, in dem das Verlangen nach Classicismus mit der Lust, das festgewurzelte Alte zu wahren, sichtbar ringt, es zeigt sich auch in den zahlreichen durch das ganze Werk zerstreuten zumeist zur Verdeutlichung des Gelehrten bestimmten Illustrationen, in denen ein veredelter Geschmack den mühsamen Kampf gegen kindische Betrachtungsweise aufzunehmen scheint. In der eigentlichen Philosophie ist Aristoteles der unbedingte Meister, kein anderer Schriftsteller wird so oft wie er citirt, natürlich stets in lateinischer Sprache, obwohl gelegentlich in den späteren Ausgaben des Buches griechische, allerdings schwer lesbare Typen gebraucht werden: von den Kirchenvätern scheint Augustin der Lieblingsautor zu sein. Von der Fülle des Inhalts kann man sich schwer einen Begriff machen: hier werden pädagogische Fragen behandelt, dort ein Abriß der Physiologie gegeben, lange Darstellungen des astrologischen Wahns wechseln mit kurzem Hinweise auf juristische Gegenstände. Das Ganze, in Unterhaltungen des Lehrers und Schülers abgetheilt, gipfelt in einer Lobpreisung des echten Wissens gegenüber dem falschen Wissen, dem unnützen Grübeln; jenes wird prägnant, aber nicht recht classisch als studiositas, dieses als curiositas bezeichnet.

An derselben Universität wie Reysch, in Freiburg, wirkte Ulrich Zasius, der Reformator der Jurisprudenz (geb. 1461, gest. 1535).

Die Thätigkeit eines humanistisch gebildeten Juristen wurde in jener Zeit erleichtert durch die Reception des römischen Rechts in die Gerichtshöfe, durch die Einführung desselben in die Universitäten, sie wurde erschwert durch die bittere Feindschaft, welche die Humanisten gegen die Jurisprudenz und gegen die Vertreter derselben hegten. Dieser Haß war zunächst von den Deutschen aus Italien critiklos übernommen, wie folgendes charakteristische Beispiel zeigt. Bebel äußerte sich wegwerfend über Justinians Gesetzbuch, Zasius stellte ihn deswegen zur Rede, der Angegriffene meinte aber sich genügend zu rechtfertigen mit der Bemerkung, er habe keine Veranlassung gehabt, nach Gründen zu suchen, da Lorenzo Valla ähnliche Angriffe unternommen. Aber auch durch selbständiges Nachdenken und durch persönliche Schicksale der deutschen Humanisten wurde die Abneigung gegen die Rechtswissenschaft genährt. Durch persönliche Schicksale, indem viele genöthigt waren, gegen ihre Neigung, dem Willen ihrer Väter folgend, die Rechtsstudien zu ergreifen, und nun die durch das erzwungene Studium erzeugte Unlust auf die Wissenschaft selbst übertrugen: durch Nachdenken, das theils durch die Vorliebe der Humanisten für die schöne

HVLDRICHVS ZASIVS
Iurisconsultus.

Tam Sophiæ Zasius, quâm Iuris doctor in arte
Sum bonus: hoc passim fama susurrat anus.

M. D. XXXV.

Ulrich Zasius.
Holzschnitt in Reusner, Icones sive Imagines virorum Literis illustrium. Straßburg 1590.

Form, theils durch überwiegende Rücksichtnahme auf äußere Mißstände beeinflußt wurde. Demgemäß war das barbarische Latein der Juristen ein ebenso beliebter Angriffspunkt wie ihre Geldgier und Rabulisterei; das Hauptbedenken war aber doch das Materielle, Aeußerliche, mit den tausend kleinlichen Dingen des täglichen Lebens in Berührung Stehende, von der Willkür einzelner Personen, Richter und Anwälte Abhängende der Wissenschaft, das die in der weiten Ideenwelt der Alten Lebenden abstieß. Solche Bedenken hatten geringen Werth, wenn sie von Männern ausgesprochen wurden, wie Wimpheling, der nur flüchtig an dem Studium genippt hatte, sie erscheinen bedeutsam, wenn sie von Männern ausgehen, die während ihres ganzen Lebens praktische Juristen waren, wie Reuchlin. Inhaltlich freilich sind die Bedenken Beider ziemlich gleichbedeutend, es sind Proteste der Idealisten gegen eine reale Welt. Wimpheling sagt einmal, er habe sich nach kurzem Studium von der Jurisprudenz abgewendet, denn „zu wenig fand ich im Text sammt Glossen von Gott, von den Engeln, von der menschlichen Seele und ihren Fähigkeiten, von Tugenden, von Leben und Tod und von den Leiden unsers Erlösers, dagegen destomehr von Präbenden und Amtswürden, von Prozessen, Richtern, Klagen und endlosen Mühseligkeiten in Streitigkeiten, und von Weitläufigkeiten bei Prozeßverhandlungen — lauter Dingen, die zwar sehr viel Geld einbringen, aber dem innern Wesen meiner Natur völlig widerstreiten." Und Reuchlin secundirt, indem er spöttisch von der seichten Kunst des Rechts spricht, „die von den Parteien durch so großen Preis erkauft, von Advokaten für mehr als göttlich gehalten werde, die aber niedriger sei als irgend ein Handwerk für Den, dessen Sinn auf Hohes gerichtet sei und nichts Kleinliches und Zufälliges erstrebe. Denn welcher Schmuck, welche Würde kann in einem Studium liegen, das an der Erklärung einzelner Punkte und Buchstaben klebt, wie kann man eine Wissenschaft achten, in der Jeder eine Begründung seiner Rechte und Ansprüche zu finden glaubt, aus der man lohnenden Gewinn zu ziehen sich bemüht? Ist es denn etwas Großes, den Namen jedes Paragraphen zu kennen und für alle Fälle anzuwenden? Verdient nicht der Apotheker dieselbe Anerkennung, der für die einzelnen Krankheiten Salben und Mittel kennt, oder der Schuster, der jedem Fuß sein Maß anzupassen weiß? Denn als Recht gilt ja doch nur, was die Menschen wollen, die Richter, schwache Menschen, ertheilen den Urtheilsspruch, sie, die sich durch Schmeichelei, Bestechung und Redekunst ein günstiges Urtheil abkaufen lassen."

Mit ähnlicher Schärfe traten die Satiriker auf, Brant, Erasmus, der z. B. sagte, es sei leichter, dreimal eine juristische Prüfung zu machen, als einmal eine grammatische, Euricius Cordus, der einem jungen Freunde, der Jurist werden wollte, empfahl, nichts zu lernen, sondern nur zu schwatzen, zu lügen und zu betrügen, und Ulrich von Hutten, der es nicht verwinden konnte, daß er einen Theil seiner Jugendzeit dem Rechtsstudium hatte opfern müssen, der nun über den „accursianischen Absynth" klagte, den er trinken müsse, über die kimmerische Finsterniß, in der er schmachte, und der, die Kaufleute, Aerzte, besonders aber die Juristen als die Deutschland arm machenden und verwüstenden Räuber anklagend, die Sachsen am baltischen Meere glücklich preist, „weil sie gesund an Körper und Geist, in alter Sitte und Einfachheit lebend keine Aerzte brauchen und keine Juristen dulden."

Auch Ulrich Zasius fällt über die Jurisprudenz ähnliche Urtheile wie seine Genossen, die Humanisten. Denn auch er ist Humanist. Nachdem er 1492 zum Stadtschreiber in Freiburg ernannt worden war, hat er einige Jahre lang die lateinische Schule in Freiburg geleitet, und ist erst gegen Ende des Jahrhunderts Lehrer der Jurisprudenz geworden. Aber auch als solcher tadelte er den Zustand der Rechtswissenschaft und die Eigenheiten der Juristen, die unkritische und übereifrige Annahme der mittelalterlichen Commentatoren, das Befolgen einer unbegründeten Tradition, die sich im Laufe der Jahrhunderte herausgebildet hatte. Zur Abänderung solcher Zustände verlangt er ein Zurückgehn auf die Quellen. In der Aufstellung und Durchführung dieser Forderung besteht sein Hauptverdienst. Er ist der erste Deutsche, der es wagt, Ausländer, besonders Italiener und Franzosen in dieser ihrer Domäne, der Erklärung römischer Rechtsbücher anzugreifen, einer der ersten Humanisten, die antiquarische Studien zur Erläuterung der Quellen verwerthen. Durch solches Eintreten hat er direkt oder indirekt den Druck der großen Rechtssammlungen, Institutionen, Pandekten u. a. veranlaßt, welchen G. Haloander 1529—1531 in Nürnberg, nicht ohne bedeutsame Unterstützung des Nürnberger Raths veranstaltete. Trotzdem ist er kein unbedingter Anhänger des römischen Rechts, vielmehr will er nur dasjenige lehren, „was nützlich, heilsam und den Sitten Deutschlands entsprechend sei.“ Daher zeigt die von ihm herrührende Reformation des Stadtrechts von Freiburg, und in geringerm Grade auch das Gesetzbuch für die Markgrafschaft Baden, eine Schonung des deutschen Rechts und eine Wahrung deutscher Gewohnheiten überall da, wo diese fest im Volke wurzeln. Als Gelehrten und Humanisten bekundet er sich aber vornehmlich in seinem Auftreten gegen die Versuche, die römischen Rechtsbücher zu popularisiren, er ist entrüstet über Murners Verdeutschung der Institutionen und erklärt, „diejenigen verdienen Züchtigung, welche jetzt die Wissenschaft des Civilrechts, die sie selbst kaum von außen kennen gelernt haben, in die Muttersprache übertragen und zu allerlei Spielereien verwenden (Anspielung auf Murners juristisches Kartenspiel); denn nicht genug, daß sie selbst völlig unwissend sind, machen sie auch die Anderen zu Narren.“

Zasius war Humanist, stand in enger Verbindung mit den oberrheinischen Humanisten und war wie sie ein halber Reuchlinist. Denn ohne sonderlich thätigen Antheil an dem Reuchlin'schen Streite zu nehmen, galt er doch als Parteigänger des Humanistenhauptes, dergestalt, daß er in dem poetischen Berichte einer Rundreise durch Deutschland, die einem der Dunkelmänner in den Mund gelegt wird, als gleich gefährlich wie „die bewaffneten und schrecklichen Adligen“ der Stadt Freiburg erscheint, die sich über den armen Kerl lustig machen, ja ihm den Tod drohen.

Neuntes Kapitel.

Johannes Reuchlin.

Fast in allen Wissensgebieten, die im Zeitalter des Humanismus erste oder erneute wissenschaftliche Behandlung erfuhren, war Johannes Reuchlin bewandert, er, der vielgefeierte „Phönix Germaniens“, er, der in Gemeinschaft mit Erasmus als „die Augen Deutschlands“ gepriesen wurde. Von Beruf war er Jurist, er nannte sich zeitlebens legum doctor (Doktor der Rechte), war viele Jahre Anwalt in Stuttgart und länger als ein Jahrzehnt einer der drei Oberrichter des schwäbischen Bundes gewesen, er soll auch, so melden wenigstens einige gut unterrichtete Zeitgenossen, juristische Tractate geschrieben haben. Das naturwissenschaftlich-medicinische Gebiet streifte er durch einige Uebersetzungen aus griechischen Schriftstellern. Denn im Griechischen war er Meister, einer der Wenigen, die diese Sprache verbreiteten, theils durch kleine ziemlich unbedeutende Schriften, theils durch Privat- und öffentlichen Unterricht. Daher nannten sich Viele seine Schüler, noch bevor er jemals öffentlich gelehrt, und als er wirklich in seinem hohen Alter in Ingolstadt und Tübingen als akademischer Lehrer auftrat, wurde dieses Auftreten als ein epochemachendes Ereigniß weithin verkündet und begrüßt. Griechisch war daher auch der Beiname, den er sich selbst gab: Capnion (= kleiner Rauch, Reuchlin), den er freilich fast nur in einigen Briefen und in einem wissenschaftlichen Werke anwendete, den er aber von seinen Freunden und Anhängern gern gebrauchen ließ. Er war ein bedeutender Lateiner, kein eleganter Stilist, aber ein gründlicher Kenner der römischen Schriftsteller. In seiner Jugend hatte er ein Lexikon geschrieben (Vocabularius breviloquus), das, wenn es auch keine neue Epoche der Sprachwissenschaft begründete, mancherlei Auswüchse mittelalterlicher Latinität entfernt und vor Allem das Zurückgehn auf die unverfälschten Quellen des Alterthums als obersten und unumstößlichen Grundsatz aufgestellt hatte. In den wissenschaftlichen Werken seines Mannesalters, in seinen Briefen, gebrauchte er die lateinische Sprache derart, daß er den Namen eines Ciceronianers, den er freilich auch nicht in Anspruch nahm, nicht verdiente; er gehört zu den Humanisten, welche stets ihren deutschen Namen gebrauchen, ohne auch nur eine lateinische Endung demselben anzufügen. Auch die deutsche Sprache liebte er, bediente sich ihrer nicht ohne Kraft und Gewandheit in einigen für ungelehrte Fürsten bestimmten Uebersetzungen und in den Schriften, Rathschlägen, Gutachten und Vertheidigungen, in denen er sich theils an seinen kaiserlichen Auftraggeber wendete, theils in einer allgemeinen Angelegenheit zu dem Volke redete. Er beschäftigte sich mit Geschichte, redigirte in seiner Heidelberger Zeit eine nach den vier Weltaltern geordnete Chronik, die man wohl als erstes humanistisches Geschichtsbuch bezeichnet hat und verfaßte als Einleitung zu seines Landsmanns, Joh. Nauklers, großer Chronik eine enthusiastische Lobrede auf Geschichte und Geschichtschreibung. Er war auch Dichter, wenn man an die Dichtung den bescheidenen Maßstab legt, welchen die Humanisten anzulegen pflegten, verbrachte seine Zeit aber nicht mit Lobversen, in denen die meisten seiner Genossen excellirten, sondern verfaßte die zwei früher erwähnten Comödien, die, wenn auch als Dichtwerke unvollkommen, als Beiträge zur Zeitgeschichte höchst merkwürdig sind.

Seinen Hauptruhm jedoch erlangte Reuchlin durch seine philosophischen und hebraistischen Arbeiten. Für beide Arten von Studien bediente er sich der Hülfe gelehrter Juden; unmittelbar knüpft er an den Italiener Pico della Mirandula an (vgl. oben S. 304), der von ihm in dankbarer Gesinnung als „der weise Graf, der Gelehrteste unseres Zeitalters" bezeichnet wird.

In zwei großen Werken hat er das Resultat seiner Studien niedergelegt. Das eine führt den Titel: Vom wunderthätigen Wort (de verbo mirifico, 1494), das andere: Von kabbalistischer Kunst (de arte cabbalistica, 1517), das erstere ist nur als Vorbereitung zu letzterm zu betrachten. Beider Quellengebiet ist das gleiche, nämlich die griechischen neupythagoräischen Philosophen und die hebräisch-kabbalistische Literatur des Mittelalters. Die Kabbalah, in welche Reuchlin, den italienischen Humanisten folgend, sich vertieft, ist die jüdische Geheimlehre, die, in nachbiblischer Zeit entstanden, zuerst mündlich fortgepflanzt, seit dem 12. Jahrhundert schriftlich fixirt worden war und ziemlich früh unter den Christen Eingang gefunden hatte. Sie suchte hauptsächlich zwei Fragen zu lösen, auf welche die Bibel keine den grübelnden Geist völlig befriedigende Antwort ertheilt hatte, nämlich die nach dem Wesen der Gottheit und die nach der Geschichte der Schöpfung. Mit der Kabbalah sei, so führt Reuchlin aus, die neupythagoräische Lehre eng verwandt und zwar deshalb, weil Pythagoras von den jüdischen Weisen gelernt habe. Das Ziel beider Lehren sei keineswegs das der Magie und Astrologie, überhaupt keiner wunderbaren Geheimkunst, sondern allein die Erhebung des Menschengeistes zu Gott, die Verklärung des irdischen Lebens und die Vorbereitung zur himmlischen Glückseligkeit.

Das wunderthätige Wort nun, dessen Kraft im ersten Buche dargethan werden soll, ist das Tetragrammaton, der vierbuchstabige unaussprechliche Gottesname Jhvh, „jene unvergleichliche Bezeichnung, von den Menschen nicht erfunden, sondern ihnen nur durch Gott anvertraut, ein heiliger und hochzuverehrender Name, der Gott besonders in der Urreligion zukommt, der Allmächtige, den die Ueberirdischen anbeten, die Unterirdischen fürchten, die Natur des Weltalls küßt." Dieses Wort stellt die Verbindung her zwischen dem endlichen Menschen und dem unendlichen Gott, einigt die entgegengesetzten

Auffassungen der verschiedenen Unterredner des Werks, des Heiden Sidonius und des Juden Baruchias, von denen der Eine die sinnliche Wahrnehmung, der andere das Denken als einzige Erfahrungsquelle statuirt, während Capnion, der dritte Unterredner, beide Quellen gelten lassen will. Eine solche Bedeutung kommt dem wunderbaren Wort deshalb zu, weil jeder Buchstabe desselben seine geheimnißvolle Bedeutung habe. Der erste Buchstabe Jod, der Gestalt nach ein Punkt, dem Zahlwerth gleich zehn, deute Anfang und Ende aller Dinge an; der zweite He, als Zahlzeichen fünf, die Vereinigung Gottes (Dreieinigkeit) mit der Natur (Zweiheit nach Plato und Pythagoras); der dritte Vav, dem Zahlwerth gleich sechs, das Produkt der Einheit, Zweiheit und Dreiheit; der vierte, dem zweiten gleich, aber an dieser Stelle Anderes, nämlich die Seele bedeutend, die das Medium zwischen Himmel und Erde, wie die Fünf Mitte zwischen der Einheit und der heiligen Zehnzahl sei. Ist schon in dieser Namenserklärung eine Vereinigung der christlichen und jüdischen Lehre angedeutet, ein Hineingeheimnissen der christlichen Mysterien in den jüdischen Gottesnamen, so soll durch die weitere Ausführung bewiesen werden, daß der Name Jesu (Jhsvh) nichts sei als eine Vermehrung des Tetragrammaton durch einen Buchstaben und zwar den s-Laut, der im Hebräischen zur Bildung der Worte „heiliges Feuer, heiliger Name, geweihtes Oel" diene. Demgemäß ist der Name Jesu und was sich daraus von selbst ergibt, die christliche Lehre, der Höhepunkt der philosophischen Bildung der Welt.

Aufgabe des zweiten Werks ist zunächst der Beweis, daß die messianische Lehre, die, obwohl von Bibel und Talmud vorherverkündet, durch die jüdischen Erklärer nicht recht verstanden worden, der eigentliche Gegenstand der Kabbalah sei. Dieselbe Lehre nun sei auch der Grundstein der pythagoräischen Philosophie. Letztere habe indessen mit jener jüdisch-philosophischen Richtung auch die mannigfachsten Berührungspunkte in den großen Grundsätzen der Moral und den geheimnißvollen Wegen der Erkenntniß gemein. Der Erörterung dieser Geheimnisse, nämlich der 50 Pforten der Erkenntniß, der 32 Pfade, die zur Wahrheit führen und der 72 Engel, welche die Vermittler zwischen Gott und Menschheit spielen, ist ein großer Theil des Werkes gewidmet. Ein nicht minder großer der formellen Kabbalah, der eigentlich kabbalistischen Kunst, deren Wesen darin besteht, aus den Worten einen tiefern Sinn als den gewöhnlichen zu entnehmen und zwar 1. durch Umstellung der Buchstaben innerhalb eines Wortes (Gimatria); 2. durch Auseinanderzerrung der Buchstaben eines Worts, dergestalt, daß jeder als Anfangsglied eines neuen betrachtet wird (Notarikon), 3. durch eine derartige Vertauschung der Buchstaben, daß für den ersten des Alphabets der letzte, für den zweiten der vorletzte und so fort gesetzt wird.

Ueber solche Versuche geht man jetzt lächelnd oder ärgerlich hinweg und verweist sie ins Reich der unwürdigen Träumereien. Wir sind zu klarer Erkenntniß gelangt und erheben uns leicht hochmüthig über das unsichere

Tappen, das ziellose Umhertasten unserer Vorgänger. Indessen übersehe man nicht, daß dieses Versenken in abstruse Probleme, ganz abgesehen davon, daß es von einem redlichen, wenn auch irregeleiteten Forscherstreben Zeugniß ablegt, ein gänzlich vernachlässigtes Literaturgebiet eröffnete und zum Studium einer Sprache anleitete, die als eine heilige verehrt wurde. Solches Verdienst hat Wieland in einem schönen Satz gefeiert. „Reuchlin sprach (zur orientalischen Literatur) das Machtwort: „Stehe auf, komme herauf, Todter!" Der Todte kam, wie er war, mit rabbinischen Grabtüchern umwunden und sein Haupt mit dem Schweißtuch der Kabbalah verhüllt: das zweite Wort war und ist ungleich leichter: „Löset ihn auf und lasset ihn gehen." Und das ist das gelobte Verdienst der Folgezeiten Reuchlins gewesen."

Die kabbalistischen Studien hängen mit den hebraistischen aufs engste zusammen. Für Reuchlin bedeuteten diese die Vorbereitung, jene die Vollendung, die Nachwelt entschuldigt die ersteren, weil sie die Entwickelung der letzteren gefördert haben. Auch Reuchlins Zeitgenossen sind nicht unbedingte Gläubige der kabbalistischen Lehre. Einige, namentlich mystisch angehauchte Geistliche, durchdringen sich mit diesen Geheimnissen und gehen darin so weit, daß der eine Vorlesungen über dieselben halten will, der andere eine Apologie schreibt. Manche, freilich mehr dem antihumanistischen und speciell dem antireuchlinistischen Lager entstammend, treten als offene Gegner auf, die theils die unnützen Spekulationen verwerfen, theils Begünstigung der Juden und Herabsetzung des Christenthums in der Kabbalah wittern; die Meisten begnügen sich, den erasmischen Satz, daß ihm weder Talmud noch Kabbalah je beifällig erschienen, geradezu aussprechend oder wenigstens billigend, mit lebhafter Anerkennung von Reuchlins ungeheurer Gelehrsamkeit.

Die Wiedererweckung der hebräischen Sprache ist Reuchlins großes und unbestreitbares Verdienst. Er lernt die Sprache bei deutschen und italienischen Juden, denen er ohne Verachtung naht, ja denen er als seinen Meistern dankbare Verehrung bezeugt, er verschafft sich in Italien hebräische und chaldäische Bücher und notirt gewissenhaft Ort und Zeit des Ankaufs, um beim Anschauen seiner Schätze sich die schönen Augenblicke der ersten Bekanntschaft zurückzurufen, er unterrichtet durch Schrift und Wort privatim, dann öffentlich die herbeiströmenden Jünger: er unterzieht sich mühsamen, handwerksmäßigen Arbeiten, Interlinearübersetzungen, kleinen Texteditionen. Seine beiden Hauptleistungen aber sind seine „hebräischen Anfangsgründe" (Rudimenta hebraica 1506) und sein Werk über Accente und Orthographie (de accentibus et orthographia linguae hebraicae 1518).

Das erstere Werk ist Grammatik und Lexikon zugleich. Beide Theile zeigen die engste Anlehnung an den bedeutendsten jüdischen Grammatiker und Lexikographen des Mittelalters, David Kimchi, der, wenn auch anfänglich gar nicht oder nur spärlich citirt, im Verlaufe des Werkes gewissenhaft als Hauptführer angegeben wird. Ihm ist die Methode entlehnt, die Wörter nach Wurzeln zu ordnen und die Derivate, der alphabetischen Ordnung zuwider, unter den Wurzelwörtern zusammenzustellen; ihm der Stoffreichthum entnommen, dergestalt, daß der Wortschatz bei Reuchlin so gut wie keine Vermehrung erhält; ihm die Manier abgelernt, zum Verständniß der einzelnen Worte Bibelstellen anzuführen, nur mit der abgeschmackten Veränderung, die Stellen in lateinischer Fassung zu geben, und mit der willkommenen Zuthat der Angabe von Buch und Kapitel, deren Kimchi für die bibelfesten Juden nicht bedurfte; ihm auch ein Theil der rabbinischen und talmudischen Gewährsmänner, die Reuchlin trotz sonstiger Ehrlichkeit manchmal in einer Weise anführt, als wollte er sich selbständige Kenntniß derselben zuschreiben. Diese in ausgedehntem Maße vorgenommene Benutzung, die man heutzutage gewiß als Plagiat verdammen würde, ist entschuldbar, wenn man bedenkt, daß bei dem Mangel anderer Hülfsmittel eine freie Gestaltung des Stoffes kaum möglich war. Daß aber Reuchlin diesen seinen Vorgänger überhaupt verstand, ihn, der in äußerst knapper Redeweise nur für Leser geschrieben, die seit der frühesten Kindheit mit dem Hebräischen vertraut waren, dessen Text ihm ohne Anmerkungen, unpunktirt, zuerst wie ein Buch mit sieben Siegeln vorkommen mußte, das zeugt von einer wunderbaren Fähigkeit, sich in ein fremdes Gebiet zu versetzen. Reuchlin schrieb nicht für Wissende, er schrieb ferner für Christen: er mußte daher in seinen grammatischen ebenso wie in seinen lexikalischen Bemerkungen durchaus elementar sein und konnte Rücksicht nehmen auf Glauben und Wissen seiner Leser. Wie er daher gern seine classische Belesenheit zeigt und gelegentlich auf die deutsche Sprache hinweist, so deutet er, wenn auch selten, seinen christlichen Standpunkt an, wählt als Lesestück die Genealogie der Maria und ändert, dem Evangelium zu Gefallen, einzelne Bibelstellen.

Das zweite Werk ist weit specieller, es lehrt die Accente, die Andeutungen des rednerischen Maßes, die musikalischen Zeichen. Es ist ungleich gelehrter als das erstere. Der zwischen beiden liegende Zeitraum von zwölf Jahren hatte genügt, um den Lehrling zum Gesellen zu machen; Reuchlin schaltet freier mit dem Stoff, wenn er ihn auch noch nicht völlig beherrscht. Er ist nicht mehr so unbedingt abhängig von den rabbinischen Führern, wenn er sie auch nicht ganz entbehren kann, ja oft ist auch hier David Kimchi seine Quelle, selbst wenn er dessen Benutzung nicht ausdrücklich eingesteht.

Nicht in den Einzelheiten besteht der Werth derartiger Werke, und daher wird ihr Werth auch nicht beeinträchtigt durch den Umstand, daß viele dieser Einzelheiten falsch und die richtigen, statt selbständig erforscht zu sein, fremden Werken entnommen sind, sondern in dem Hinweise auf eine uneröffnete Wissensquelle, und in der Begeisterung für die neue Erkenntniß. Durch die hebräische Sprache wird die Bibel neu erschlossen, der Urtext, der so gut wie gänzlich vernachlässigt worden war, in seiner Reinheit hergestellt und die Vulgata in ihrer absichtlichen oder blos durch Unwissenheit verursachten Verderbniß bloßgelegt. „Unser Text liest so, die hebräische Wahrheit aber lautet anders", oder „ich weiß nicht, was unsere Interpreten geträumt haben, was sie schwatzen"; mit solchen und ähnlichen Ausdrücken weist Reuchlin alle alten

Uebersetzer, besonders die Vulgata zurecht. In diesem kühnen Auftreten gegen eine Jahrhunderte hindurch fast für heilig gehaltene Uebertragung liegt der großartige Werth von Reuchlins hebräischen Studien; hier wagt nicht nur der Laie theologische Subtilitäten zu ergründen, sondern hier setzt der furchtlose Denker die Wissenschaft an die Stelle des Glaubens.

In dieser ihrer Bedeutung wurde Reuchlins Thätigkeit nur von wenigen Zeitgenossen erfaßt. Die Gelehrten rühmten ihn und Manche, nicht so viele als man glauben möchte, bemühten sich, seiner Anregung zu folgen, das bücherkaufende Publikum blieb ziemlich theilnahmlos. Noch 1510 mußte Reuchlin, nur um den Buchdrucker bezahlen zu können, 600 Exemplare der 1500 starken Auflage des ersten großen Werkes an einen Basler Buchhändler, den Folioband zu $^1/_3$ Gulden, verkaufen und mußte Ueberredung genug anwenden, um den Zögernden zum

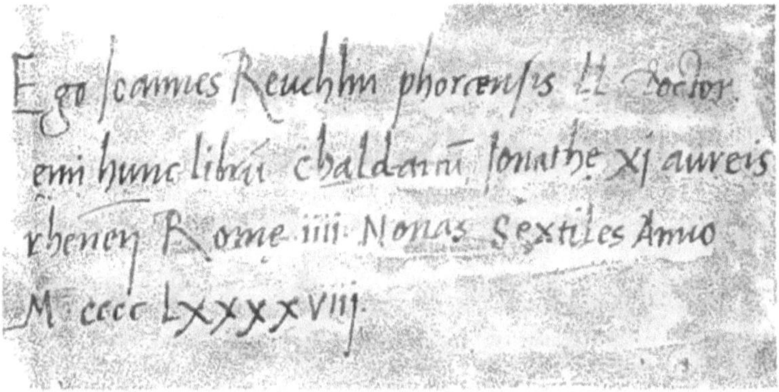

Facsimile von Reuchlins Handschrift in seinem Handexemplar des Alten Testaments; in der Universitätsbibliothek zu Heidelberg. (Originalgröße.)

Ankauf zu bewegen. Trotz dieser Art von Mißerfolg beharrte Reuchlin bei dem einmal begonnenen Studium, das er als seine Lebensaufgabe betrachtete. In einem Briefe (1512), in dem er jenem Basler Buchhändler den Glauben zu erwecken sucht, er werde seinen Kauf nicht bereuen, sondern viel Geld aus den Büchern lösen, drückt er dieses feste Beharren auf dem einmal eingeschlagenen Wege sehr schön aus: „Denn soll ich leben, so muß die hebräisch sprach herfür mit Gottes hilf, sterb ich dann, so hab ich doch einen anfang gemacht, der nicht leichtlich wird zergehn." Er hatte das Bewußtsein, der Erste auf diesem Wege zu sein und den Stolz, der leicht diesem Gefühle des Bahnbrechens entspringt; dieser Empfindung lieh er dadurch Worte, daß er an den Schluß seiner Rudimente den hochklingenden Satz stellte: **Exegi monumentum aere perennius**, ich habe ein Werk errichtet dauernder als Erz.

Durch solche Werke — die grundlegenden und hervorragenden wenigstens waren bereits erschienen — hatte Reuchlin sich die Bewunderung der Nation verschafft, trotzdem er, in der Stille seines Gelehrtenzimmers verweilend, den lauten Markt des Lebens vermieden hatte. Da wurde er 1509 durch ein seltsames Ereigniß genöthigt, aus seiner Ruhe hervorzutreten; sein persönliches Schicksal verflocht sich mit einer allgemeinen Angelegenheit, die mit Recht als der Höhepunkt der humanistischen Bewegung bezeichnet wird.

Er war weit über die Mitte des Lebens hinaus, den Sechzigen nahe, als er in seinem Hause zu Stuttgart den Besuch eines ihm unbekannten Mannes empfing. Dieser wies ihm ein kaiserliches Mandat vor, das ihm die Vollmacht ertheilte, sämmtliche Bücher der Juden zu confisciren und richtete an den gelehrten Hebraisten die Aufforderung, ihn auf dieser Confiscationsreise zu begleiten. Reuchlin nahm den Besucher nicht unfreundlich auf, lehnte freilich die Erfüllung dieser Bitte ab, wies ihn auf einige Bedenklichkeiten des kaiserlichen Schreibens hin und äußerte seine Zweifel an der Rechtgläubigkeit des Fremden.

Dieser nämlich, Johannes Pfefferkorn (1469—1522), der als Jude geboren, 1505 zum Christenthum übergetreten war, hatte alsbald nach der Annahme des neuen Glaubens eine so maßlose Heftigkeit gegen seine früheren Religionsgenossen gezeigt, daß Viele diese Heftigkeit nicht als Aeußerung seiner wahren Gesinnung, sondern als Wirkung seiner Verbindung mit den Kölner Dominikanern betrachteten. Mag er nun wirklich von dem Fanatismus des Convertiten erfüllt gewesen sein, oder mag er im Dienste seiner neuen Brotherren und, um ihnen zu gefallen, übertrieben, mag er endlich, was freilich das Unwahrscheinlichste ist, seinen Namen zu den Produktionen seiner Genossen hergegeben haben, genug er veröffentlichte 1507—1509 vier heftige judenfeindliche Schriften. In der ersten, „Judenspiegel", will er die Juden von der Verderblichkeit ihres Glaubens überführen und sie glauben machen, daß sie mehr aus alter Gewohnheit als aus Ueberzeugung ihrer Religion treu blieben; in zwei anderen „Judenbeichte" und „Osternbuch" macht er sich lustig über die religiösen Gebräuche der Juden überhaupt und ihre Ceremonien an bestimmten Feiertagen; in einer vierten, „Judenfeind", sucht er die täglich von den Juden geübten, ja durch ihre Religion gebotenen Schlechtigkeiten gegen die Christen aufzudecken; in allen aber empfiehlt er als nothwendige und wirksame Mittel gegen Halsstarrigkeit, Irrlehre und Feindseligkeit, das Verbot des Wuchers, den zwangsweisen Besuch christlicher Predigten und hauptsächlich die Wegnahme der jüdischen Bücher.

Um die Durchführung derartiger Vorschläge zu erwirken, wandte er sich an den Kaiser und erhielt, kraft der Unterstützung geistlicher und weltlicher Großen, das erwähnte Mandat zur Confiscation der Bücher der Juden. Die Betroffenen remonstrirten, der Erzbischof von Mainz wollte, vielleicht aus feindseligem Gefühl gegen den Kölner, die eigenmächtig ohne seine Theilnahme geschehende Erledigung einer geistlichen Angelegenheit in seinem Sprengel nicht dulden; diese Einsprüche hatten ein neues kaiserliches Mandat zur Folge, das den Erzbischof von Mainz zum Leiter der ganzen Angelegenheit ernannte und ihm auftrug, zur Berathung der Sache Gelehrte der Universitäten Mainz, Köln, Erfurt, Heidelberg, ferner Reuchlin, Viktor von Carben und Jakob von Hochstraten zu sich zu berufen.

Viktor von Carben (1422—1515) war ein armer Kölner Priester, der seine hebräischen und dürftigen talmudischen Kenntnisse, die er als Jude in seiner Jugendzeit sich angeeignet, später, da er Christ geworden war, gegen seine früheren Glaubensgenossen benutzte. In einer lateinisch geschriebenen Schrift, von Leben und Sitten der Juden (de vita et moribus Judaeorum), deren lateinische Fassung vielleicht nicht sein Eigenthum ist, hatte er den Juden mancherlei Verbrechen schuldgegeben und den Talmud als den Hauptgrund ihrer Feindseligkeit gegen das Christenthum bezeichnet.

Jakob von Hochstraten (1460—1527) war Ketzermeister in Köln, ein streitsüchtiger Mann, rücksichtslos und kühn im Angriff, „so daß er keinen Fürsten scheute und sich von keinem Worte besiegen ließ", ungemein rührig, nicht ohne classische Bildung, tiefer blickend als die meisten seiner Genossen, so daß er die Gefahren, welche den geistigen und kirchlichen Anschauungen des Mittelalters von Seiten des Humanismus drohten, früher und klarer als sie erkannte und von Anfang an mit Heftigkeit und nicht ohne Geschick gegen dieselben auftrat.

Die gebotene Berufung der Gelehrten erfolgte nicht. Wohl aber setzte Pfefferkorn seine judenfeindliche schriftstellerische Thätigkeit fort, richtete eine längere Schrift an den Kaiser, eine kürzere „an alle Geistlichen und Weltlichen", beide dazu bestimmt, die Redlichkeit seiner Gesinnung, die Nützlichkeit und Nothwendigkeit seines Auftretens zu erweisen. Trotz dieser Schriften erlangte er für den Augenblick nichts. Vielmehr wurden in Folge eines neuen kaiserlichen Mandats den Juden einstweilen ihre Bücher zurückgegeben, durch ein ferneres der Erzbischof aufgefordert, von den genannten Gelehrten schriftliche Gutachten einzufordern.

Die Gutachten liefen ein. Die der beiden Kölner Theologen sowie die der Kölner und Mainzer Universität billigten Pfefferkorns Forderungen durchaus, ja überboten dieselben sogar, die der Erfurter und Heidelberger erklärten die Sache für nicht recht spruchreif oder verlangten eine ordnungsgemäße Untersuchung. Reuchlins Gutachten ist das einzige, das die Sache zu vertiefen und wissenschaftlich zu erledigen bemüht ist. Es gibt einige wenige von den Juden selbst verabscheute „Schmachbücher" der Verdammung preis und sucht alle übrigen als der Erhaltung im hohen Grade werth zu erweisen. Nur kurz verweilt es bei der Schutzrede für die Glossen und Commentare der Bibel, Predigt- und Gesangbücher, philosophische und naturwissenschaftliche, poetische und satirische Schriften, länger bei der Kabbalah, am längsten bei dem Talmud. Der Talmud, dem man aus Unkenntniß oder Böswilligkeit viel Ucbles nachgesagt habe, müsse erhalten bleiben, theils weil er zum geeigneten Kampfobjekt dienen könnte, die Kräfte der christlichen

Theologen zu erproben, theils weil er manche Stellen zum Beweise des christlichen Glaubens zu liefern geeignet sei. Gegen alle diese Bücher, selbst wenn sie Gefährliches enthielten, einzuschreiten, hätte die christliche Kirche kein Recht, da die Juden auch von der Kirchenlehre nur als Andersgläubige, nicht als Ketzer betrachtet, von dem weltlichen Recht aber als Mitbürger des deutschen Reichs angesehen würden. Ein gewaltthätiges Einschreiten gegen die jüdischen Bücher würde nie eine wirkliche Ausrottung der gesammten Literatur zur Folge haben; zu der Rechtlosigkeit des Verfahrens würde sich also noch die Wirkungslosigkeit gesellen. Der einzig gerechte Kampf gegen etwaige falsche Meinungen und gegen den Glauben der Juden überhaupt sei wissenschaftliche Belehrung: sie könne erzielt werden durch eindringliche Beschäftigung mit den jüdischen Schriften.

Die Gutachten übten keine unmittelbare Wirkung. Sie wurden mit mancherlei Begleitschreiben an den Kaiser geschickt, der indessen keine Entscheidung auf Grund derselben traf, sondern, wie eine Angabe vermuthen läßt, eine neue Commission einsetzte, die in Gemeinschaft mit den Juden berathen sollte, der ferner, wie aus einem damals erlassenen Mandat hervorzugehen scheint, die wirkliche Beschlußfassung einem künftigen Reichstage vorbehielt.

Mit diesem Hinausschieben war der Streit um Verbieten oder Erlauben der jüdischen Bücher abgethan; ein andrer Streit begann, nicht zwischen Judengönnern und Judenfeinden, sondern zwischen Humanisten und Dunkelmännern, der alte Kampf zwischen Theologie und Wissenschaft, das Verlangen des Rechts freier Meinungsäußerung gegenüber inquisitorischer Verketzerungssucht.

Reuchlins Gutachten war versiegelt dem Erzbischof von Mainz, für den es allein bestimmt war, zugekommen, es wurde, man weiß nicht, ob mit oder ohne dessen Zustimmung, Pfefferkorn bekannt und von diesem, der sich der Diskretion nicht bewußt war, die er als Privatmann einem amtlich erstatteten Gutachten gegenüber hatte, beantwortet. In dieser Antwort, dem „Handspiegel" (1511), spricht er Reuchlin jede gelehrte Kenntniß ab, gibt, um dessen Unkenntniß an einem besonders drastischen Beispiele darzuthun, ein abschreckendes Bild von dem abscheulichen und christenfeindlichen Inhalt des Talmud, wirft, unter Anwendung eines von Polemikern gern gebrauchten aber nicht viel beweisenden Kunstgriffs, seinem Gegner die Widersprüche vor, die sich zwischen seinem jetzigen Gutachten und einer einige Jahre früher veröffentlichten Schrift fanden, und denunzirt ihn als Judengönner, „Ohrenbläser, Stubenstencker, Plippenplapper, Beutelfeger, Hinterschützer, Seitenstecher."

Durch die Heftigkeit dieser Angriffe, ebenso wie durch die unrechtmäßige Kenntnißnahme seines Gutachtens gereizt, wünschte Reuchlin ein gerichtliches Verfahren gegen seinen Angreifer; da ein solches, obwohl es ihm versprochen war, zu lange auf sich warten ließ, ergriff er selbst die Feder zur Abwehr. Diese Abwehr nannte er, im Anklange an den Titel der Pfefferkorn'schen Schrift „Augenspiegel" und veröffentlichte sie noch in der Ostermesse 1511. Er theilte in ihr sein Gutachten mit, erzählte, unter Abdruck der dazu gehörigen

Aktenstücke, die Vorgeschichte desselben, rechtfertigte sein Verfahren, wies die von seinem Gegner erhobenen Anklagen, daß er nämlich die unter seinem Namen herausgekommenen Schriften nicht verfaßt habe und, durch Bestechung der Juden veranlaßt, ihr Gönner geworden sei, energisch zurück, und blieb ihm, in Erwiderung von dessen Schmähungen, kein heftiges Wort schuldig. Trotz dieser lebhaften Proteste und heftigen Aeußerungen steht der „Augenspiegel“ weit zurück hinter dem leidenschaftslos geschriebenen, ruhig und sachlich gehaltenen Gutachten. Hier hatte einzig und allein der ernste Forscher gesprochen, der ohne Rücksicht auf etwaige Folgen zu seinem Kaiser als seinem obersten weltlichen Richter mit derselben Aufrichtigkeit und Ehrerbietung sich wendet, wie zu seinem Gott; dort, wo er zu der Menge zu reden, Anklagen zu erwidern, Mißdeutungen zu fürchten hatte, wich Reuchlin scheu zurück, entkräftete muthige Aeußerungen und hielt sich nicht frei von spitzfindigen Auslegungen seiner eigenen Sätze.

Bei den Gegnern erreichte er freilich durch solchen äußern Rückzug nichts. Sie kümmerten sich wenig um die halbe Zurücknahme, sondern hielten sich an das zuerst dargelegte ganze System, sie griffen den „Augenspiegel“ an, aber doch nur des Gutachtens wegen, das durch ihn zur allgemeinen Kenntniß gelangt war.

Pfefferkorn begann den Angriff. Er predigte in Frankfurt mit Erlaubniß des dortigen Stadtpfarrers gegen das Buch, bewog ihn, den Verkauf desselben zu hindern und die Kölner theologische Fakultät zur Prüfung der Schrift aufzufordern. Von der Bereitwilligkeit der Fakultät, auf eine solche Prüfung einzugehn, erhielt Reuchlin zeitig genug Kunde, und wandte sich, um dem Sturm zuvorzukommen, denn Verurtheilung schien mit Untersuchung gleichbedeutend, in freundschaftlichen und offiziellen Briefen nach Köln. Jene waren an einen alten Bekannten, Conrad Kollin, diese an das Haupt der Fakultät, Arnold von Tungern, gerichtet. Zuerst bescheiden, fast demüthig, wurde der Ton dieser Briefe, je mehr die Kölner sich in ihren Antwortschreiben als Ketzerrichter geberdeten, selbstbewußt, rücksichtslos; nicht wie ein um Gnade Bittender, sondern wie ein stolz auf sein Recht Vertrauender trat Reuchlin den Kölnern entgegen. Er wies die Vorwürfe zurück, daß er des Kaisers Plan durchkreuzt, er leugnete, daß die Fragen, die ihm vorgelegt worden wären, nur von einem Theologen beantwortet werden könnten, er erklärte sich für wohlberechtigt, die deutsche Sprache zu gebrauchen, und nahm das Vorrecht des Angegriffenen für sich in Anspruch. Schon damals war er von der Ahnung ergriffen, daß sein Kampf nicht das Ringen eines Einzelnen sei, daß vielmehr der Streich, der wider ihn geführt werde, gegen die ganze Schaar seiner Gesinnungsgenossen bestimmt sei. „Welche Bewegung“, mit diesen Worten schloß er seinen an Kollin gerichteten, aber für die ganze Fakultät bestimmten Absagebrief, „müßte es verursachen unter den Kriegsleuten von Adel und Unadel, auch jenen, welche die Brust ohne Harnisch, aber voller Narben haben, wenn ein Redner mit der Kraft eines Demosthenes ihnen Anfang, Mitte und

Ende dieses Handels entwickeln und zeigen würde, wem es dabei um Christus, und wem um den Beutel zu thun gewesen. Und glaube mir, zu jener Zahl der Starken würden sich auch die Poeten und Historiker gesellen, von denen in dieser Zeit eine große Anzahl lebt, die mich als ihren ehemaligen Lehrer, wie billig, ehren; sie würden ein so großes Unrecht, von meinen Feinden an mir verübt, ewigem Andenken übergeben und mein unschuldiges Leiden schildern, zu eurer hohen Schule unvergänglicher Schmach."

Die Folgezeit lehrte, wie richtig diese Vorhersagung war. Die Kölner freilich ließen sich von dieser Drohung so wenig imponiren, daß sie unter verschiedenen Namen Schriften gegen Reuchlin ausgehen ließen, welche die Aufgabe hatten, die irreligiösen Aeußerungen seines Gutachtens, sowie seiner im „Augenspiegel" lateinisch, in einer spätern Schrift deutsch vorgetragenen Erklärungen zusammenzustellen, daß sie ferner gerichtliche Schritte gegen Reuchlin thaten. Der erste war, daß sie ein kaiserliches Verbot des „Augenspiegels" erwirkten, in Folge dessen Reuchlin eine heftige Schmähschrift gegen die Kölner schrieb und durch persönliche Vorstellung beim Kaiser erwirkte, daß seinen Gegnern, freilich auch ihm, Stillschweigen auferlegt wurde. Der zweite, daß sie die theologischen Fakultäten der Universitäten Erfurt, Mainz, Köln, Löwen, die letztere an Stelle der Heidelberger, die sich nicht zuverlässig genug gezeigt hatte, und Paris zu Gutachten über den, von den Kölnern in einem eigens präparirten Texte vorgelegten „Augenspiegel" aufforderten und von den meisten — nur Erfurt wollte die persönliche Achtung vor dem Verfasser gewahrt wissen — die von ihnen gewünschte völlige Verdammung erlangten. Dann kam der dritte und entscheidende. Hochstraten, durch die Entscheidungen der Fakultäten sich für autorisirt genug haltend, citirte Reuchlin vor sein Gericht, dieser appellirte an den Papst und erlangte, daß der Bischof von Speier zur Entscheidung der Angelegenheit aufgefordert wurde. Das Speierer Urtheil (29. März 1514) fiel zu Gunsten Reuchlins aus; um eine Abänderung dieses Spruchs zu erlangen, wandte sich Hochstraten nach Rom. Zwei Jahre lang wurde die Sache dort, wo Hochstraten persönlich erscheinen mußte, Reuchlin sich durch Sachwalter vertreten lassen durfte, eifrigst betrieben. Reuchlin selbst war unermüdlich thätig, er wandte sich brieflich an den Papst, die Cardinäle, an alle einflußreichen Männer in Rom; für ihn traten Kaiser und Könige, Laien und Geistliche aller Länder ein; Theologen aller Art verwandten sich für die Kölner Berufsgenossen. Am 2. Juli 1516 war in der zur gerichtlichen Entscheidung eingesetzten päpstlichen Commission ein für Reuchlin günstiger Beschluß gefaßt worden; trotzdem erfolgte seitens des Papstes weder seine Freisprechung, noch eine Verdammung der Gegner, sondern ein mandatum de supersedendo (Aufschubsmandat). Dadurch war die Sache nicht entschieden, sondern nur aufgeschoben; das stille Buhlen um die Gunst der Mächtigen wurde fortgesetzt und auch das laute Kampfgeschrei verstummte nicht.

Einige Jahre waren vergangen. Da mischte sich Franz von Sickingen, einer der Kriegsleute von Adel, auf die Reuchlin schon 1512 hingewiesen hatte, zugleich einer Derer, die Reuchlins Schüler zu sein sich rühmten, in den Streit. Er hatte mit den Dominikanern, nicht blos denen von Köln, schon manchen Strauß ausgefochten und wußte, daß man durch energisches Handeln schneller mit ihnen fertig würde, als durch lautes Reden. Darum drohte er ihnen mit gewaltthätigem Ueberfall (1519), wenn sie sich nicht alsbald bereit zeigten, die Prozeßkosten, zu deren Zahlung sie in der Speierer Sentenz verurtheilt worden waren, an Reuchlin zu entrichten. Sein Plan dabei war weniger, dem Alten Geld zu verschaffen, das, mochte es auch für jene Zeit eine nicht unbedeutende Summe sein, doch nicht genügend war, um ihm ein sorgenfreies Alter zu bereiten, sondern mehr, ihm das Bewußtsein der Ruhe und Sicherheit zu gewähren, vermöge des durch die That von den Gegnern gemachten Zugeständnisses, daß sie Unrecht gehabt hätten und sich der Entscheidung fügten. Er erlangte wenigstens so viel, daß die Dominikaner, die sich nicht für besiegt hielten, da sie nicht vom Papst verurtheilt waren, sich zu Friedensunterhandlungen bereit zeigten. Aber diese Bereitwilligkeit war nur eine scheinbare. Denn eben als sie ohne sonderlichen Zwang diese Bereitwilligkeit kundgaben, kannten sie wahrscheinlich bereits das Resultat der stillen, von den Humanisten wenig beachteten, aber um so eifriger fortgesetzten Thätigkeit Hochstratens und der Seinen, nämlich die durch Jene erlangte päpstliche Ungültigkeitserklärung der Speierer Sentenz. Damit war freilich eine Verurtheilung Reuchlins nicht ausgesprochen, die Sache gleichsam nur in die erste Instanz zurückgewiesen, aber die veränderte Gesinnung, die nun in Rom herrschte, hauptsächlich in Folge der immer mehr erstarkenden reformatorischen Bewegung, die zumeist als eine Fortsetzung und Folge des humanistischen Treibens betrachtet wurde, war deutlich ausgesprochen. Trotzdem hielten die Dominikaner ihr Wort. Während eines Convents in Frankfurt (1520) — Sickingen stand fast vor den Thoren — trat das Schiedsgericht zusammen und faßte den Beschluß, daß die Dominikaner ein Schreiben an den Papst zu richten hätten, in welchem sie die Unterdrückung des Streits, Aufhebung der Ungültigkeitserklärung des Speierer Urtheils, Auferlegung ewigen Stillschweigens für beide Parteien erbitten sollten, daß sie sich ferner zu verpflichten hätten, niemals den Streit von Neuem anzufachen. Ein solches Schreiben, mochte es nun der Gesinnung der Versammelten wirklich entsprechen, oder nur durch Furcht und Noth dictirt sein, ist wirklich nach Rom abgegangen, Reuchlin gab von der Existenz und dem Inhalt desselben seinen alten, bewährten römischen Gönnern Nachricht und spornte sie zu einer letzten, wie er wohl hoffen durfte, unbedeutenden und gleichwohl siegreichen Kraftanstrengung an.

Indessen seine Hoffnung schlug fehl. In demselben Rom, in welchem heidnische Gesinnung fast offiziell an Stelle des christlichen Glaubens getreten war, in welchem hebräische Sprache und Literatur derart in Gunst stand, daß eine Professur für dieses Fach an der römischen Universität errichtet und von

Seiten des Papstes eine Aufforderung zum Drucke des Talmuds erlassen wurde, in welchem der Humanismus nicht als eine Liebhaberei einzelner Kreise, sondern als das Lebenselement aller Gebildeten galt, in welchem speziell Reuchlin, nach dem Ausrufe eines begeisterten deutschen Humanistenjünglings „Allen im Munde und im Herzen lebte" — in demselben Rom wurde die jüdische Religion verdammt, die hebräische Literatur als verderblich erklärt, der Humanismus angegriffen und Reuchlin verurtheilt. Am 23. Juni 1520 nämlich wurde durch einen päpstlichen Beschluß die Ungültigkeitserklärung der Speierer Entscheidung wiederholt, der „Augenspiegel" als ein ärgerliches, frommen Christen anstößiges, den Juden unerlaubt günstiges Buch für den Gebrauch untersagt und vernichtet, Reuchlin zu ewigem Stillschweigen verdammt und in die gesammten Kosten des Prozesses verurtheilt.

Unter den deutschen Humanisten machte diese völlig unerwartete Entscheidung einen so geringen Eindruck, daß sie kaum von einem Zeitgenossen beachtet und mitgetheilt wurde; erst in neuester Zeit ist sie durch archivalische Forschung ans Licht gezogen worden. Der Grund für diese seltsame Mißachtung ist nicht allein in der Gleichgültigkeit gegen päpstliche Befehle zu suchen, sondern in dem Bewußtsein, daß diese Entscheidung nur eine längst in anderm Sinne entschiedene Angelegenheit aufs Neue zum Vorschein brächte. Die deutschen Humanisten fragten wenig nach der Speierer Sentenz oder dem römischen Mandat, nach Reuchlins Gutachten oder nach dem Talmud, sie sahen, daß ihr Führer angegriffen war von Männern, die schon wegen ihres Standes, noch mehr wegen ihrer Gesinnung ihnen verhaßt waren, da waren sie mit ihrer Entscheidung längst fertig und bedurften keines römischen Tribunals. Ihr Tribunal war die öffentliche Meinung, ihre Anklageschriften und Vertheidigungsreden waren Satiren und Gedichte. Sie begannen den Kampf gegen die Gegner, deren geistige Capacität sie klar erkannten, deren maulwurfsartige geheime Thätigkeit sie aber unterschätzten, mit vollständigem Siegesbewußtsein, sie schlossen ihn mit der Ueberzeugung, daß der Feind aus allen Verschanzungen getrieben und für alle Zeiten vernichtet sei.

Fast von dem Augenblicke an, da der Prozeß in Mainz angestellt wurde, begann auch eine zweite Auflage des literarischen Kampfes. In der ersten waren Reuchlin und Pfefferkorn die einzigen Steiter gewesen; in der zweiten traten sie hinter den Genossen, den Kölner Dominikanern einerseits, den deutschen Humanisten andererseits zurück.

Reuchlin selbst ergriff selten das Wort. Ganz zuerst (1513) hatte er seine heftige „Vertheidigung gegen die Kölner Verläumder" (calumniatores, seitdem wurde das Wort, in abgeleiteten Formen, etwa calumnienses, wegen seines Anklingens an Colonienses, gern zu beleidigenden Wortspielen gebraucht), ausgehen lassen; die Vorreden und Widmungsschreiben seiner späteren wissenschaftlichen Arbeiten benutzte er zu Schutzreden für seine Ehre und zu Bittgesuchen an hochstehende Freunde; er veröffentlichte zwei Sammlungen der an ihn gerichteten Briefe (Epistolae clarorum virorum 1514 und epistolae illustrium virorum 1519), in denen er um so eher auf Selbstvertheidigung verzichtete, als er ja hier die Zeugnisse der Berühmten für sich reden ließ.

Rühriger war Pfefferkorn. In vier deutschen Schriften — denn die seinen Namen tragenden lateinischen sind nicht von ihm — hat er von 1514 bis 1521 die Sache vertreten, welche ihm zur Lebensaufgabe geworden war. Vergleicht man indessen diese Arbeiten: „Sturmglock, Beschirmung, Streitbüchlein, Eine mitleidige Klag", mit den Veröffentlichungen der frühern Zeit, so bemerkt man einen charakteristischen Unterschied. Die Bekämpfung der Juden, früher das ausschließliche Thema seiner Schriften, tritt nun zurück, wenn sie auch nicht ganz schwindet. Im Vordergrund steht nun die Be-

Satire auf Reuchlin: derselbe ist doppelzüngig dargestellt, hinter ihm seine Schüler; unter dem Fußtritt Pfefferkorns bricht sein Stuhl zusammen. Aus Pfefferkorns Streydtpuechlin 1516.

kämpfung Reuchlins, der in Prosa, Vers und Lied als Verläumder und Ungelehrter, als ein Doppelzüngiger verhöhnt und beschimpft wird, letzteres theils mit Anspielung auf den von ihm erstrebten und erlangten Ruhm, ein Kundiger zweier (richtiger dreier) Sprachen zu sein, theils mit Hindeutung auf die Widersprüche, in die er sich verwickelt haben soll. Aber hauptsächlich tritt doch in allen diesen Schriften das persönliche Element hervor, die Lust, von sich zu sprechen und das Verlangen, sich von allen gegen ihn erhobenen Anklagen zu reinigen. Zwar läutet die eine Schrift Sturm gegen den Sünder und Verbrecher Reuchlin und die andere klagt über ihn, als wäre er längst gerichtet, und weint dem Gefallenen eine heuchlerische Thräne nach, aber die beiden Hauptschriften sind eben doch, trotz ihres heftigen Tons und ihrer anklägerischen Geberden Selbstvertheidigungen, Wiederherstellungen seiner, wie er sagt, mit Unrecht angegriffenen und schwer verletzten Ehre. Uns mag es wenig interessiren, ob dieser streitbare Gegner der Humanisten Fleischer zu Dachau gewesen, daselbst des Diebstahls bezüchtigt und in Folge dieser Anklagen seines Heimathsrechts verlustig geworden; der Umstand aber, daß er solche Beschuldigungen zu zerstreuen sucht, sowie der fernere, daß er, um seinen Leumund zu bessern, eine Belobigung der Stadt Nürnberg, Schutzbriefe und Empfehlungsschreiben des Kaisers, sowie weltlicher und geistlicher Fürsten mittheilt, sind charakteristisch für den Mann, der einem hochverdienten Gelehrten sein letztes Lebensjahrzehnt vergällte und der mit seinen gleichgesinnten Verbündeten der thörichten Hoffnung lebte, eine geistige Macht, wie der Humanismus es war, zu zerstören.

Den wenigen Publicationen der beiden Hauptgegner nun stellten sich zahlreiche Schriften der Parteiangehörigen Beider an die Seite. Für die Anhänger Reuchlins, die schon früher unter dem Gesammtnamen der Pfleger der Künste oder des Studiums der Humanität (artes, studium humanitatis) aufgetreten waren, kommt der Name der Reuchlinisten auf, ein Catalog derselben wird aufgezeichnet und neben dieser offiziellen Heerschau manche kleineren Truppenversammlungen abgehalten, in welche die etwa vergessenen Kämpfer sich begierig drängen, um auch ihre Namen denen der Hauptkämpen angereiht zu sehen. Für seine Gegner macht sich der Name der obscuri viri geltend, wörtlich: die unbekannten, dunkelen Männer, so von den Humanisten genannt, im Gegensatze zu den clari viri, den hellen, berühmten Männern, deren Briefe Reuchlin gesammelt hatte; von der Nachwelt aber als „Dunkelmänner" bezeichnet und unter dieser Bezeichnung gebrandmarkt. Diesen Namen führte die classische Satire der Humanisten ein, die epistolae obscurorum virorum, bei deren Abfassung Hutten und Crotus Rubeanus der Löwenantheil gebührt. Diese Beiden sind die rührigsten unter den rührigen, durch Zahl und Geist hervorragenden Reuchlinisten. Die Partei der Kölner, an und für sich weniger zahlreich, vor allen Dingen weniger literarische Elemente aufweisend, ist mehr auf die Vertheidigung als auf den Angriff bedacht; als ihre Hauptkämpen erscheinen Hochstraten und Ortuin Gratius, ersterer der finstere Bußprediger, letzterer der Poet der Partei.

Die Dunkelmännerbriefe erschienen in zwei Theilen, 1515 und 1517, ohne Nennung eines Verfassers, mit falscher Ortsangabe, mit der kühnen Fiction, sie seien vom Papst Leo freundlich aufgenommen worden. Alle diese Vorsichtsmaßregeln freilich waren nicht geeignet, Humanisten und Antihumanisten irre zu führen, sie alle wußten von vornherein oder merkten alsbald, daß die Schrift dem Lager der Reuchlinisten entstamme, und daß sie keineswegs zur Verherrlichung des Papstthums oder der Geistlichkeit bestimmt sei. Als Hauptverfasser gelten mit Recht die beiden Obengenannten; einzelne andere Humanisten, die noch Privatfehden auszufechten hatten, oder diese alten Geschichten zu verewigen trachteten, mögen einzelne Beiträge beigesteuert haben, wie etwa Busch, in Erinnerung an seinen Urfeind Tilemann Heuerling: der Schluß des ersten Bandes trägt ein specifisch elsässisches Gepräge.

Die Dunkelmännerbriefe geben sich aus als Briefe der an verschiedenen Orten lebenden Parteiangehörigen der Kölner, gerichtet an Ortuin Gratius. Er ist ihr Gott, er, der Theologe, Jurist, Mediciner, vor allem der Poet, er, aller freien Künste Meister. An ihn wenden sie sich, „die tölpischen genußsüchtigen, von dummer Bewunderung und fanatischem Hasse beschränkten deutschen Pfaffen." Schon durch ihre Namen wirken sie komisch, Langschneiderius, Hasenmusius, Straußfederius, Scheerschleiferius, Buntemantellus, Eitelnarrabianus, Dollkopfius und Tilemann Lumplin. Wie in diesen Namen, so kommt in den Briefen selbst das ergötzlichste Deutsch-Latein zum Vorschein, der unbestimmte Artikel wird mit unus, der bestimmte mit hic wiedergegeben, jede Phrase scheint zuerst in dem gewöhnlichsten Deutsch erdacht und dann mit einer wahrhaft künstlerischen Verschmähung jedes halbwegs guten lateinischen Ausdrucks ins Lateinische übertragen zu sein. Die Briefschreiber sind geschmacklos in ihren Bildern und Vergleichen, in ihren Adressen und Unterschriften, in ihrem Durcheinandermengen von Wichtigem und Läppischem, in ihren Höflichkeitsbezeigungen und Grußformeln, von denen die folgende:

„Wieviel Tropfen sind im Meer
Und wieviel Begutten laufen in Köln umher,
Wieviel Haare besitzt des Esels Haut,
Soviel Grüße rufe ich zu Dir laut",

noch gar nicht die schlimmste ist. Sie halten fest an dem Altgewohnten, sind stolz auf ihren Magister- und Doctortitel und sehen in den Angreifern der akademischen Würden ihre schlimmsten Feinde. Sie sind ungebildet, sie kennen nichts Höheres, als ihre veralteten und verderbten Lehrbücher, sie fühlen sich wohl in ihrem unwissenschaftlichen Treiben, in den nutz- und fruchtlosen Uebungen eitlen Scharfsinns und sehen mit stolzer Verachtung auf die neumodischen Poeten und Redner, welche der schönen Form huldigen, und mit inquisitorischem Grimm auf die Alterthumsfreunde, welche die heidnischen Götter verehren. Sie sind roh und unsittlich, sie schwelgen und prassen, sie gehen, theils Tölpel, theils Cyniker, ihren Liebesabenteuern nach, beichten dieselben, halb lüstern, halb zerknirscht, denn sie wissen ja, daß Meister Ortuin an Pfefferkorns schönem Weibchen sein Schätzchen hat und ein milder Richter fleischlicher Vergehen sein wird. Sie betrachten sich für die wahren Priester, weil sie Messen lesen und alle Ceremonien beobachten, und toben gegen die Prediger, die ohne Künstelei reden, sich über das Curtisanenwesen beschweren, gegen Pfründenhäufung eifern und die schlechten Sitten der Geistlichen tadeln, das Evangelium höher halten als päpstliche Entscheidung. Vor Allem aber sind sie Antireuchlinisten, sie spähen eifrig nach jedem Pamphlet der Kölner und erbauen sich daran, sie verdammen die Schriften der Humanisten, auch ohne sie gelesen zu haben, und haben mit den rüstigen Jüngern der neuen Partei schwere Händel zu bestehn. — Dem deutschen des Lateinischen unkundigen Leser einen Begriff von diesen Briefen zu geben, fällt sehr schwer, hauptsächlich deswegen, weil in einer deutschen Uebersetzung der Reiz verloren geht, der in dem deutsch-lateinischen Kauderwelsch liegt. Vielleicht gelingt es mit der Uebertragung eines Theils des Hauptstückes der ganzen Sammlung. Dies ist nämlich ein Brief des Magisters Philipp Schlauraff, der eine Reise durch Deutschlands Städte beschreibt und die mannigfachen widrigen Schicksale berichtet, welche er durch die Reuchlinisten zu erdulden hat. Die Erzählung geschieht in den denkbar schlechtesten lateinischen gereimten Versen; einige Hauptstellen der Reisebeschreibung lassen sich etwa durch folgende absichtlich, dem Original entsprechend, schlecht und unregelmäßig gebaute Knittelverse wiedergeben:

Herr Gott und großer Christ, Der unsere ganze Hoffnung ist,
Du wollest mir recht gnädig sein Gegen alle bösen Feinde mein!
Schicke einen Teufel mir, Der zum Galgen befördert schier
Juristen und Poeten, Die mich bringen in große Nöthen.
In allen Städten ging's mir so, Nie ward ich meines Lebens froh.
Hab den Weg nach Wien genommen, Doch 's ist mir schlecht bekommen.
Rector war Collimitius, Gsegnes ihm der heilige Antonius,
Verräther er mich nannte, Mich fast in den Carcer bannte,
Wenn mich nicht gerettet Heckman. Doch plagt mich weidlich Vadian
Der mich genommen aufs Korn, Weil ihn Johannes Pfefferkorn
In seinem Streitbüchlein geschändet, Drum er gegen mich sich wendet.
Ich sagt', ich habe nichts gethan, Und flehte ihn fast weinend an,
Er sollt' mich laufen lassen; Doch rieth ihm mich zu fassen
Der Rector der Lilienburse, Der ihm kam zum Succurse.
Darauf sagt' Cuspinianus, Der Günstling des Maximilianus,
Die Magister der freien Künste, Seien Doctoren der geilen Brünste . .
Vor seiner Wuth ich flüchte, Den Weg nach Nürnberg richte.
Dort lebt Pirckheimer, wißt ihr, Der nicht einmal ist Magister
Er schreibt an Dialogen Gegen uns die Theologen.
Und ferner, was auch nicht ohne, Er steht pro Capnione
Verbunden mit seinen Genossen Und bereitet uns arge Possen.
In Erfurt gings mir nicht besser, Da plagt' mich jeder Professor.
Der Aperbach begann den Tanz, Eoban Hesse verfolgt' mich ganz
Und rief: man soll' auf den Straßen Mich nicht unverhauen lassen
Und sagte: ihr lieben Söhne, Brecht ihm aus all' seine Zähne,
Er ist ein Theologikus Und macht Reuchlin sehr viel Verdruß,
Drauf schrie Crotus Rubeanus: Wer ist denn dieser Beanus,
Der uns so unbekannt kommt vor? Doch ich sagte: ich bin auch Doctor
In Tübingen ists nicht minder toll, Da ists von Reuchlinisten voll
Die schreiben viele Bogen Und ärgern die Theologen.
Der schlimmste ist Melanchthon, Der redet im schändlichsten Ton
Kann ich ihn todt erschauen, So gelob' ich unsrer Frauen
Ich wallfahrt' nach weiter Fern, Wie thät' ich das so gern.
Dann ist der Bebel, der Meister, Sein Schüler, Brassikan heißt er
Und Paulus Vereander, Die schworen alle miteinander,
Sie wollten mich gründlich verhauen, Wenn ich nochmals mich ließe schauen;
Hätt' mich nicht ein Bruder gerettet, Schlecht wär' ich gewesen gebettet.

Die Dunkelmännerbriefe, die sich als Erzeugnisse der streitbaren Mönchspartei ausgaben, bewirkten zuerst vollkommen die beabsichtigte Täuschung. In England freuten sich die Bettelmönche, eine Schrift zu ihren Gunsten erhalten zu haben und ein Dominikanerprior in Brabant kaufte eine Anzahl Exemplare, um mit denselben seinen Obern ein Geschenk zu machen. Selbst in Deutschland, wo man der Sache nahe genug hätte stehen sollen, um die Tendenz gleich zu erkennen, wurde man eine Weile getäuscht. Der Schlußbrief des zweiten Theils freilich machte jedes Mißverständniß unmöglich. In diesem wandte sich nämlich der Magister Malleolus „aus dem Paradiese" mit heftiger Schmähung gegen Ortuin, tadelte ihn, daß er es wage, fromme Männer zu verketzern, Barbaren zu vertheidigen, Poeten und Lateiner zu lästern, und schloß die Verdammung mit dem zürnenden Ruf: „Zum Henker mit Euch und Eurer ganzen Sippschaft." Aber der heftige Aufschrei der Kölner, der nun folgte, bewies am deutlichsten, wie gut der Streich gesessen, den die Gegner geführt hatten.

Wie Ortuin Gratius in den Dunkelmännerbriefen als Hauptangegriffener erscheint und darum auch auf dieselben in heftigen aber äußerst witzlosen Pamphleten antwortete, um so witzloser, als er sich in seiner Antwort, den Lamentationes obscurorum virorum, der Fiction der Gegner, freilich in umgekehrtem Sinne bediente, so ist Hochstraten in anderen Schriften Hauptzielpunkt der Satire. Er als Ketzermeister war in Rom vielfach Hintertreppen gegangen, mit Geld und List hatte er einflußreiche Männer gewonnen, er galt bei Freunden und Gegnern als der Rathende und Thatende, als Hauptveranlasser der römischen Entscheidung. Auch als streitbarer Schriftsteller war er mehrfach aufgetreten, in zwei Apologieen, in denen er die humanistischen Angriffe abzuwehren versuchte, und in einer Angriffsschrift, durch die er, wie er hoffte, die Kabbalah zerstören, und, was ihm wohl wichtiger, die humanistische Partei vernichten würde. Welche Bedeutung man diesem Gegner zuschrieb, das zeigt der Umstand, daß Erasmus, der nicht gern aus seiner Reserve heraustrat, sich entschloß, ein Abmahnungsschreiben an Hochstraten zu richten. In diesem Briefe ergriff er nicht Partei, sondern ermunterte den ihm persönlich unbekannten Antireuchlinisten, ebenso wie er ja vorher die Humanisten ermahnt hatte, zur Mäßigung im Kampf, zur Beschleunigung des Friedens. „An dir ist es", so rief er aus, „die Schmähungen zu unterdrücken, zu deiner Ehre, zum Ruhm des Standes, dem du angehörst, des Studiums, das du in würdiger Weise pflegst. Trenne die Person von der Sache; der Mensch kann irren, dann ist sein Irrthum zu verdammen, aber seine Ehre ist zu bewahren, sein wissenschaftliches Streben ist hochzuhalten, mit dem er die Theologie nicht verdunkelt, sondern erhellt, nicht bekämpft, sondern fördert." Die übrigen Humanisten waren freilich nicht der Ansicht, daß Hochstraten die Studien in würdiger Weise pflege, sie spöttelten vielmehr grade über seine Sucht, gelehrt zu scheinen, bei der völligen Unfähigkeit, gelehrt zu sein. Mehrere Schriften sind grade diesem Gegenstand gewidmet; die schärfste, um so schärfer, da sie sich wider den Feind richtet, nachdem er äußerlich den Sieg davongetragen hatte, ist „Der triumphirende Hochstraten" (Hocbstratus ovans 1521). Da wird der Gegner selbst vorgeführt, wie er von seinen Schlichen und Ränken berichtet, wie er sich seiner Unwissenheit und seiner schillernden Halbgelehrsamkeit rühmt, wie er mit seinen Genossen weitere Kampfpläne beräth und bei dieser Berathung in solchen Eifer kommt, daß er nahe daran ist, mit seinen eigenen Helfershelfern einen Streit zu beginnen, und wie er endlich einen Triumphgesang anstimmt über den errungenen Sieg.

Thatsächlich hatte er ja Recht erhalten. Aber nichts spricht deutlicher für die Ueberzeugung der Humanisten, daß ihrer der Sieg auch ohne richterliche Entscheidung sei, als der Umstand, daß schon drei Jahre vor der definitiven Urtheilssprechung der „Triumph Reuchlins" (triumphus Capnionis) gesungen und Hochstraten als der Besiegte geschildert und gedemüthigt worden war. Angeregt durch Dürers gewaltiges Werk, den Triumphzug des Kaisers, der, seit 1512 in Arbeit, grade in den humanistischen Kreisen großes Interesse erregte, weil sie ja solchen Ruhmesverklärungen, zumal den auf das Alterthum anspielenden, sehr geneigt waren, hatte ein ungenannter Künstler auch einen Triumphzug Reuchlins entworfen. Mit dem Künstler verband sich der Dichter, mag nun der als Autor angegebene Eleutherius Byzenus Hutten sein, was das Wahrscheinlichere ist, oder Busch, der unter dem Pseudonym Accius Neobius gleichfalls einen Triumph Reuchlins geschrieben haben soll. Bild und Gedicht stehen in engem Zusammenhang, beide schildern den Triumphzug des Gefeierten, der ihm bei seiner Rückkehr in seine Vaterstadt, Pforzheim von seinen Landsleuten und von seinen deutschen Bewunderern überhaupt bereitet wurde.

Der Zug[1]) bewegt sich durch die mit Laub und Blumen bestreuten Straßen und zwischen festlich behängten Häusern. Voran werden die Waffen und die Götzen der Ueberwundenen getragen: jenes sophistische Schlüsse und Beweise, erkaufte Titel, blutige Griffel, Scheiterhaufen in Abbild und dergl.; dieses die vier Ungethüme Aberglaube, Barbarei, Unwissenheit und Neid, von denen eine abschreckende Beschreibung in allegorischem Geschmack gegeben wird. Hierauf folgen in Ketten die besiegten Feinde: Hochstraten, der Feuermann, der Feuer frißt, Feuer speit und dessen anderes Wort „ins Feuer" ist; dann der trunkene neidische Ortuin, der ehrsüchtige scheinheilige Arnold von Tungern, der Judas Pfefferkorn, gegen welchen der Dichter den Henker herbeiruft, ihn zu verstümmeln und an den Füßen zu schleifen, endlich die Reuchlinsfeinde zu Mainz und Frankfurt, zwei eifervolle Pfarrer, die selbst von der Kanzel aus das Humanistenhaupt verketzerten. Auf die Gefangenen folgen Opferstiere, dann Musik und Sänger, die ein Loblied auf Capnion anstimmen; endlich auf einem mit allerlei edlem Gesträuch und Blumen gezierten Wagen die ehrwürdige Gestalt des Triumphators selbst, die grauen Schläfen mit Lorbeer

1) Die folgende Beschreibung des Zuges aus Strauß, Ulrich v. Hutten S. 171.

Der Triumph Reuchlin's.

Holzschnitt in: Eleutherii Byzeni (Ulrich von Hutten) Triumphus Doctoris Reuchlin; 1518 (wahrscheinlich in Hagenau) erschienen.

Das Bild stellt Reuchlin dar, einziehend in seine Vaterstadt Pforzheim. Vor dem geöffneten Thore derselben sind die Häupter der Stadt, Männer, Frauen, Jünglinge und Jungfrauen, geschmückt mit Kränzen und Lorbeerzweige tragend, zum Empfange des Gefeierten versammelt. Von einem Altane herab begrüßt ihn Musik. Aus dem Fenster an der Seite des Thores wird bei seinem Nahen ein Mönch herabgestürzt, als Symbol dafür, daß durch Reuchlin's Einzug das Pfaffenthum aus der Stadt vertrieben werde. Von rechts her kommt der große Humanist heran. Er sitzt auf einem mit Blumen umwundenen Wagen, das Haupt mit Lorbeer bekränzt und den Lorbeerzweig in der Linken. In der rechten Hand hält er ein Buch, welches Hutten's Gedicht als den Augenspiegel bezeichnet. Der Wagen, auf dessen Pfad Kinder Blumen streuen, wird von einer Schaar Poeten, Juristen und anderer humanistischer Gelehrten umgeben. Vor den Pferden her zieht eine fröhliche Gruppe: ein Loblied auf Reuchlin singend, Zither, Flöten und andere Instrumente spielend; eine bekränzte Mutter(?) — Weihgeschenk für den Sieg — in ihrer Mitte. Zwischen dieser und den harrenden Städtern bewegt sich die interessanteste Gruppe des Bildes; die Niedergeworfenen und die Siegestrophäen allegorisch darstellend. Voran wird eine Tafel mit einem Bilde getragen, durchlöcherte Bücher und ein Kasten, welche die widerlegten Schlüsse und Argumente der Theologisten enthalten. Dann folgt auf den Schultern zweier Männer eine Bahre mit spöttischen Darstellungen der vier beliebten Gottheiten der Theologisten: Aberglaube, Barbarei, Unwissenheit (schauderhaft als Weib, mit dickem Bauche sitzend dargestellt) und Neid. Ihren Göttern folgt die Reuchlin entgegene(?) Schaar der Magister, als Gefangene mit einer schweren Kette umwunden. Der an der hinteren Ecke links, welchem die Kette um den Hals geschlungen ist, ist Hochstraten; neben ihm schreitet mit verbundenen Augen Ortuin Gratius, und der, welcher an der hinteren Ecke rechts etwas über die anderen hervorragt, ist Tungern. Ganz vorn sehen in der Gruppe drei Mönche auf; die große starke Figur mit der Mütze auf dem Kopfe und auf den Rücken gebundenen Händen ist Petrus Mayer, Prediger in Frankfurt; der vor diesem ist Bartolomäus Zehender, Prediger in Mainz, und neben letzterem Johann Vertram von Naumburg, Priester in Mainz. Ganz im Vordergrunde liegt auf dem Boden Pfefferkorn: Die Zunge ist ihm ausgerissen, die Hände sind ihm auf den Rücken gebunden, durch seine Waden hat ein Henker eine Zeile geschlagen, ihn daran schleifend; ein anderer hat seinen Kopf gefaßt und scheint im Begriff, ihn zu schlagen.

und Epheu umwunden, den Augenspiegel in der rechten und einen Oelzweig in der linken Hand; zum Beschluß, gleichfalls bekränzt, die Schaar der Rechtsgelehrten und Poeten, die er alle vom Untergang, der auch ihnen von den Dunkelmännern zugedacht war, befreit hat.

Wichtiger aber als diese Erfindung des Zuges ist doch die Gesinnung, welche derselben zu Grunde liegt. Der glühende Haß gegen die Gegner, als Feinde des Wissens, aber auch als Feinde guter Sitte und wahren Glaubens, die unter dem Deckmantel der Religion auch in früheren Zeiten mancherlei Verbrechen begangen; die hochgeschwellte Begeisterung für Reuchlin, d. h. doch hier nur der Enthusiasmus für die Sache der Freiheit und der Wissenschaft, die in der Person dieses Hauptmannes verkörpert und durch die Anstrengungen der Feinde gefährdet erschien.

Wohin man auch blickt, in dem gesammten Humanistenlager dieselbe Stimmung und dasselbe Verlangen, diese Stimmung zum Ausdruck zu bringen. Man sagt nicht zu viel, wenn man behauptet, daß Jahre lang, etwa von 1512—1517, die Reuchlinsche Angelegenheit Geist und Herz der Deutschen völlig gefangen nahm. In zahlreichen Schriften — Böcking zählt 44, freilich von 1505 bis 1521 — und in fast zahllosen Briefen wird diese Sache behandelt, jedes Ereigniß erzählt und commentirt. Es sind beständig dieselben Gedanken und häufig die nämlichen Worte, die man vorbringt, aber man hört ja immer von Neuem das gern, was den Sinn erfüllt. Auch das Ausland betheiligt sich an diesem deutschen Streit: England, das durch Erasmus dem Humanismus gewonnene Land, Frankreich trotz der den Kölnern zu Liebe gefällten, Reuchlin ungünstigen Pariser Entscheidung, Italien ungeachtet der eifrigen Bemühungen der Antihumanisten und der geheuchelten oder wirklichen Gleichgültigkeit, die man deutschen Angelegenheiten gegenüber empfand, sie alle haben ihre Reuchlinisten, die in Briefen und Schriften dem Meister Verehrung und Zustimmung bekunden. In Deutschland bildete Erfurt das Centrum der Reuchlinistenpartei. Von dort aus gingen viele der anonymen Schriften aus, meist satirischen Inhalts, die den Dunkelmännern mehr Schaden bereiteten als Folianten voll ernster Gelehrsamkeit, dort wurde von Mutian, der in neidloser Anerkennung vor dem Größern sich beugte, und von den Seinen Reuchlins Lob eifrigst verkündet. Zur Kennzeichnung so vieler, nicht selten übertreibender Huldigungsreden, mag eine einzige, aus einem Briefe des Enricius Cordus genügen: „Sei mir gegrüßt und nochmals und zum drittenmal gegrüßt, du bester, gelehrtester, unbescholtenster Reuchlin. Gegen so viele scheußliche Ungeheuer, die aus dem alten Schmutze der Barbarei auftauchen, rufe ich nochmals: Sei gegrüßt, du unbesiegbarer Hercules, du Schützer der Gelehrten, süßestes Kleinod der Musen. Ich liebe dich mehr als dein bester Freund, dein Antlitz zu sehen ist mein höchster Wunsch. Da ich nicht selbst zu dir eilen kann, so erfreue ich mich an den Berichten der Freunde, die von dir kommen. Ich jubele, wenn sie Gutes verkünden, aber siegen mußt du, siege bald und laß uns nicht in banger Erwartung."

Von ähnlichen Aeußerungen, ja von gar manchen noch überschwänglicheren und dennoch nicht unwahren wimmelt der Briefwechsel Reuchlins. Sie beweisen die hohe Verehrung für seine Person, die allgemeine Begeisterung für die von ihm vertretene Sache, die eine Zeit lang derart im Vordergrunde des geistigen Interesses der Nation stand, daß man fast glauben konnte, sie wäre die einzige, welche die Aufmerksamkeit in Anspruch nahm. Von 1518 an ändert sich die Sachlage. Die Reformation stellt sich neben den Humanismus, um bald über ihm zu stehen und schließlich die Geister der Nation allein zu beherrschen.

Reuchlin ist kein Reformator. Bei aller Kühnheit, die er der alten Kirche gegenüber zeigt, bleibt er ihr treuer Sohn. Wenn er auch die recipirte lateinische Bibelübersetzung tadelt und vor ihr der „hebräischen Wahrheit" den Vorzug gibt, wenn er auch die mittelalterlichen Erklärer zurechtweist und lieber seiner eigenen Kenntniß als ihrer Führung folgt, so unterwirft er doch seine einzelnen Meinungen, sein ganzes Lehrgebäude dem Urtheile der Kirche. Er hat einzelne freie Aeußerungen über Papstthum und geistliches Wesen gethan, gelegentlich den Reliquienkram gegeißelt und, allerdings im Auftrage eines Andern, vor dem Papste die Schliche seiner Diener aufgedeckt und mit männlicher Kühnheit von ihm vorenthaltenes Recht gefordert, — dennoch betrachtet er das Papstthum als die höchste und unverletzliche Autorität. Darum verdammt er alle die, welche jene Autorität angegriffen hatten und deswegen verurtheilt worden waren. Er billigt den Feuertod des Savonarola, nicht etwa weil er ihn für einen Gegner der Humanisten, sondern weil er ihn für einen Ketzer hält, er verabscheut das Treiben des Hans Böhme, eines einfachen Bauern, der fast ein halbes Jahrhundert vor Luther reformatorische und revolutionäre Lehren gepredigt und seine schwärmerischen Lehren mit dem Tode gebüßt hatte.

Die hohe Verehrung vor der Kirche, die Betrachtung derer, welche gegen päpstliche Autorität und kirchliche Lehren gekämpft, als Ketzer und Ungläubige, endlich die Furchtsamkeit des alternden und vielgeprüften Mannes bestimmen seine Stellung zur Reformation. Er sah in ihr ein gewaltsames Durchbrechen festgefügter Ordnung, ein ungebührliches Auftreten des Einzelnen gegen den Gesammtwillen, er fürchtete, nachdem er der Geistlichen Tücke erfahren, Unannehmlichkeiten für seine Person. So hoch er daher Luthers Gelehrsamkeit achtete, so nahe er durch seinen Großneffen Melanchthon den reformatorischen Kreisen stand, so lehnte er jede Verbindung seiner Angelegenheit mit der Luthers ab und entfernte sich von seinem Verwandten, als dieser von dem Reformator nicht mehr zu trennen war. Keine Aeußerung und keine Handlung seines Lebens berechtigt, ihm reformatorische Gesinnungen zuzuschreiben; die oft erzählte Geschichte, daß er seinen Gastfreund Joh. Eck in Ingolstadt an der Verbrennung von Luthers Büchern gehindert habe, beweist nur, daß er selbst zu sehr den Zorn der Eiferer gespürt und an seinem eigenen Beispiel zu deutlich die Erfolglosigkeit gewaltthätigen Auftretens gegen schriftstellerische Zeugnisse erfahren hatte. Denn die Reformation mißbilligte er durchaus und bezeugte ausdrücklich, daß er der alten Kirche lebe und sterbe. Dies that er, wie es scheint, nach der päpstlichen gegen Luther erlassenen Bulle in einem an die baierischen Fürsten gerichteten Briefe. Den Brief kennen wir nicht, wohl aber ein bitteres Schreiben Huttens an den früher so hochverehrten Meister (22. Febr. 1521). Es ist ein Absagebrief in entschiedenster Form, ein Fehdebrief der Jungen gegen die Alten, der rücksichtslos vordrängenden Stürmer gegen die rücksichtsvollen Bedenklichen, zugleich der Hohn des Welt- und Menschenkenners gegen die Einfältigen und Leichtgläubigen: „Selbst wenn du durch die Mißbilligung von Luthers Ansichten dich von Rom befreien könntest, so würde ich es doch für unehrenhaft halten, daß du eine Partei bekämpfst, der, wie du siehst, diejenigen angehören, deren Gesinnungsgenosse du in jeder ehrenhaften Sache sein solltest Versuche es nur und wenn es dein Alter erlaubt, gehe nach Rom, wohin es dich so sehr drängt und küsse dem Papst Leo den Fuß, schreibe doch gegen uns, wonach du Verlangen trägst."

Reuchlin ist nicht nach Rom gegangen; es ist nicht bekannt, daß er sich dem Papste unterwürfig genaht hat: er hat sicher nicht gegen die Protestanten geschrieben, aber er war zu Ende mit seinen Hoffnungen und seinem Vertrauen; er hatte keine Freude mehr an der Gegenwart und sah nur mit trübem Bangen in die Zukunft.

Reuchlin beschloß sein ruhm- und arbeitsreiches Leben am 30. Juni 1522, lebensmüde aber nicht arbeitsüberdrüssig, vielmehr bis zum letzten Hauche von Lernlust erfüllt. Es hat etwas Rührendes, ihn noch in den letzten Jahren, zwar vom Alter gebeugt, von schweren Lebenserfahrungen niedergedrückt, aber doch mit Freude und Lust sein Lehramt an der Universität antreten zu sehen, wie er durch die Anerkennung der Mächtigen, durch das Herbeiströmen der lerneifrigen Jugend neue Kräfte zu gewinnen scheint. Er gehört nicht zu den schaffenden Geistern, welche unsterbliche Denkmale voll ewiger Jugendlichkeit errichtet, bleibende Werke hervorgerufen, die allen Geschlechtern großen und mühelosen Genuß bereiten; denn er ist kein Künstler und ist kein kühner Denker, der die letzten Consequenzen zu ziehen den Muth hat. Aber er ist ein rastloser Forscher, ein vielseitiger Gelehrter, ein muthiger Pionier in unbekannten Wissensgebieten und ein unerschrockener Wahrheitsfreund. Wahrheit aber ist ihm nicht die überlieferte Meinung, nicht die gebotene Satzung, sondern nur die durch selbständige Untersuchung gewonnene Ueberzeugung; sein Wahrheitsstreben schildert er selbst in den schönen Worten: „ich liebe den heil. Hieronymus und ich neige mich verehrend vor Nikolaus von Lyra, aber nur die Wahrheit bete ich an als Gott."

Zehntes Kapitel.

Desiderius Erasmus.

Unter den Huldigungen, die Reuchlins Andenken erwiesen wurden, ist eine der merkwürdigsten die „Apotheose Reuchlins", eine Vision, die ein Franziskaner in der Todesstunde des Gefeierten gehabt haben soll.

Jenseits einer Brücke, die über einen Bach führte, erblickte der Seher eine herrliche Wiese. Auf die Brücke zu schritt Reuchlin in weißem Gewande, hinter ihm ein schöner Flügelknabe, sein guter Genius. Große schwarze Vögel verfolgten ihn mit Geschrei, er aber wandte sich um, schlug das Kreuz gegen sie und verjagte sie durch dies Zeichen und sein Wort. An der Brücke empfing ihn der sprachgelehrte hl. Hieronymus, begrüßte ihn als Collegen und brachte ihm ein Kleid, ganz mit Zungen in dreierlei Farben besetzt, zur Andeutung der drei Sprachen, welche beide verstanden. Die Wiese und die Luft war mit Engeln angefüllt; auf einen Hügel, der sich auf der Wiese erhob, senkte sich vom offenen Himmel eine Feuersäule nieder, in dieser stiegen die beiden Seligen, sich umarmend, unter dem Gesang der Engelchöre empor[1]).

Der Verfasser dieser Apotheose war Desiderius Erasmus. Er war kein begeisterter Jüngling, als er dies schrieb, sondern in der Vollkraft seines Lebens stehend, auf dem Gipfel seines Ruhmes. Er hatte früher nicht immer jene unbefangene Würdigung für seinen Zeit- und Ruhmesgenossen besessen, obwohl er jedes neidische Gefühl gegen ihn hätte unterdrücken dürfen. Denn er vereinigte in sich die Gaben, die Jenen geschmückt hatten: vielseitige gelehrte Kenntnisse, unstillbaren Forschertrieb zugleich mit den Fähigkeiten, die Jenem gefehlt hatten, Eleganz des Ausdrucks, sprühenden Witz; er durfte sich in weit höherm Grade als jener des unmittelbaren Einflusses auf die Mitlebenden, des Eingreifens in die wichtigen Angelegenheiten der Zeit rühmen.

Desiderius Erasmus ist den 28. Oktober 1467 zu Rotterdam geboren und am 12. Juli 1536 in Basel gestorben. Er war ein uneheliches Kind des Gerhard de Praet, der sich durch ein übereiltes Gelübde hinderte, des Kindes Mutter zu heirathen; er verlor in sehr zartem Alter Vater und Mutter, die, durch widrige Umstände gezwungen, dem Knaben ein wahrhaft häusliches Leben versagen mußten. Zuerst war er in Deventer unterrichtet worden, dann wollte er die Universität beziehn. Aber theils dem Drängen

1) Nach D. F. Strauß' Analyse: Ulrich v. Hutten S. 484 fg.

seiner Vormünder nachgebend, die ihn loszuwerden wünschten, theils durch die begeisterten Schilderungen eines Jugendfreundes Cornelius Werdenus, gelockt, trat er in das Kloster Stein (Emmaus) bei Gouda ein. Dieses scheinbare Abscheiden von der Welt hatte jedoch weder ein Erwachen klösterlicher Neigungen noch eine Trennung von den bereits liebgewordenen Studien zur Folge. Denn wenn er auch eine Schrift von der „Verachtung der Welt" schrieb, in welcher er die Gründe darlegte, die einen Jüngling zum Eintritte in ein Kloster bestimmten, so that er dies mehr, um den Wunsch eines Vaters zu befriedigen und um einen Beitrag zu der damals Mode gewordenen Sinnesart zu liefern, als um den Ausdruck seiner Neigung zu geben. Vielmehr wurde er im Kloster erst recht antiklösterlich und im Mönchsgewande nur noch mehr antimönchisch gesinnt und bewies diese Feindseligkeit nicht nur durch stilles und lautes Ankämpfen gegen klösterliche Regeln, sondern durch eine Anzahl kleinerer Schriften, in welchen schwärmerische Begeisterung für humanistische Bildung und Haß gegen geistliches so leicht mit Unwissenschaftlichkeit gepaartes Treiben verkündet wird.

Trotz seiner Abneigung gelang es ihm erst 1491 das Kloster zu verlassen. Den Anlaß zu diesem längst ersehnten Schritt gab eine Aufforderung des Bischofs von Cambrai, der als Begleiter für eine von ihm beabsichtigte Romreise einen jugendlichen Gelehrten wünschte und seine Wahl auf Erasmus lenkte. Allerdings kam dieser damals noch nicht nach Rom, aber des Klosters war er für alle Zeiten ledig. In Cambrai fand er Freunde, die ihm materielle Hülfe gewährten und ihm gemüthlich nahe traten und dauernd nahe blieben, dennoch sehnte er sich darnach, in einem Centrum der Wissenschaft zu leben und für größere Kreise zu wirken. Zur Befriedigung dieses Sehnens ging er 1496 nach Köln, von dort nach kurzem Verweilen nach Paris.

Zehn Jahre lang gehörte er nun, der Niederländer, Frankreich und England, hier Paris, dort London und Oxford an. Trotzdem ist er weder Engländer noch Franzose geworden, die Sprache beider Völker blieb ihm vielmehr fast ebenso verschlossen wie die deutsche. Während aber jene beiden Nationen bei aller Verehrung, die sie ihrem Gaste zollten und zollen, ihn nicht als den ihrigen betrachteten, fingen die Deutschen schon damals an, ihn als ihren Landsmann anzusehn, wenn er auch selbst es vermied, sich über seine Nationalität auszusprechen, theils aus einer gewissen weltbürgerlichen Empfindung, theils aus Ueberhebung, die den um seine Person geführten Streit der Nationen nicht ungern sah. So gleichgültig er nun auch die von übermäßigem Deutschthum eingegebenen Aufforderungen deutscher Humanisten, sich offen als Deutschen zu erklären, hinnahm und so spät er sich entschloß, von nostra Germania zu reden, so hatten die Deutschen doch Recht, ihn als den Ihrigen zu bezeichnen. Denn nicht blos die Geschichte und politische Zugehörigkeit seines Landes nähert ihn den Deutschen, sondern sein vieljähriger Aufenthalt in Deutschland, sein unzerreißbarer Zusammenhang mit dem deutschen Geistesleben macht ihn gewissermaßen zum Deutschen. Nur in Deutschland erscheint er fast in gleichem Maße als Geber und Empfänger; in allen übrigen Ländern ist er entweder das Eine oder das Andere, in Italien mit Behagen aus den Quellen der Bildung schöpfend, in Frankreich und England nur von seinen Schätzen austheilend, höchstens gleichgestimmte Genossen zum Beharren auf dem einmal eingeschlagenen Wege ermunternd.

In Frankreich und England lernte er bei Italienern, welche in jenen Ländern zufällig ihren Wohnsitz aufgeschlagen hatten, welchen er übrigens die schuldige Dankbarkeit keineswegs wahrte, und lehrte junge Adlige, die gerne seiner Fürsorge anvertraut wurden. Von dieser seiner Thätigkeit, von seinem Leben bei und mit den Freunden, von dem Volke und den Vornehmen, von den kleinen Vorfällen des täglichen Lebens ebenso wie von den großen geistigen Angelegenheiten, von dem literarischen und politischen Treiben berichtete er in zahllosen Briefen. Diese und zwar mehr die an seine Freunde, als die nicht minder zahlreichen an seine Gönner gerichteten sind bleibende Denkmale seines leichten Talents, seines witzigen, originellen, trotz der todten Sprache, deren er sich bediente, durchaus lebendigen Stils. Er ähnelt in diesen Briefen Voltaire, mit dem er auch sonst viele Berührungspunkte darbietet durch seine Vielseitigkeit, Wanderlust, Weltbürgerlichkeit, ebenso wie durch seine Eleganz, die Lust an Aeußerlichkeit und seine Charakterschwäche. Diese Briefe gehören zu den, nicht eben sehr zahlreichen Denkmalen der humanistischen Literatur, welche nicht blos formell anmuthen, wegen der leichten zierlichen und doch nicht gezierten Darstellungsweise, sondern auch inhaltlich unveraltet sind wegen ihrer liebenswürdigen Schilderung eines frischen ereignißreichen Lebens.

Die Schilderung des Einflusses, welchen Erasmus auf die strebenden Jünglinge und reifen Männer Frankreichs und Englands übte, gehört der Culturgeschichte der genannten Länder an. Nur die Thatsachen sind kurz zu constatiren, daß die Umwandlung der Universität Paris aus einer Hochburg des Scholasticismus in eine Pflanzstätte humanistischer Wissenschaft theilweise sein Werk ist und daß England im Wesentlichen ihm die Vertrautheit mit der classischen Literatur zu danken hat. Ein Band innigster Freundschaft verknüpfte ihn mit Thomas Morus, dem gelehrten, feinsinnigen, gemüthvollen und charakterfesten Kanzler Englands, und es gibt in Erasmus' Leben kaum einen menschlich anziehendern Abschnitt als die Wochen und Monate, die er in unmittelbarer Nähe dieses würdigen Mannes und seiner geistes- und herzensstarken Familie zugebracht hat. Durch ihn wurde er auch der königlichen Familie nahe gebracht, hatte Gelegenheit, den spätern Heinrich VIII. als jungen Prinzen zu sehen und übersandte diesem ein Gedicht, in welchem das Lob Englands, seiner Einwohner und seines Königs gesungen wurde, der „patriotischer als die Dacier, gottesfürchtiger als Numa, beredter als Nestor, diplomatischer als Caesar, freigebiger als Mäcenas und nur mit etwas sparsam sei, nämlich mit dem Blute seiner Unterthanen."

Von England aus begab sich Erasmus nach Italien (1506), nicht als

Schüler, sondern als berühmter Mann, und empfing dort von Cardinälen und Päpsten, von Vereinen und Universitäten hohe Ehren, die er aber auch als schuldigen Tribut entgegennahm. Die Thronbesteigung des von ihm besungenen englischen Prinzen rief ihn nach England zurück, die wenig prompte Erfüllung der ihm dort gemachten Versprechungen und das inzwischen begonnene Pontifikat Leos X. ließen ihn den raschen Weggang aus Italien bedauern, aber weder Italien noch England können sich in der nächsten Zeit seines Besitzes rühmen, sondern Deutschland wird sein Aufenthaltsort und seine Heimath. Seit 1513 lebt er in Basel, in engster Beziehung mit den dortigen Buchdruckern und den literarischen Kreisen Basels und der Nachbarstädte. Dorthin und nach Löwen pilgern die deutschen Humanisten, von dem Verlangen getrieben, den berühmten Mann zu sehen und von der Hoffnung erfüllt, durch seine ermunternden Worte oder Anerkennungsschreiben den geistigen Ritterschlag zu erhalten. Der Basler Aufenthalt wird durch gelegentliche Reisen nach England unterbrochen, durch längeres Verweilen in den Niederlanden, wohin ihn der junge König Karl, Deutschlands künftiger Kaiser, lockte, besonders in Löwen, wo die schon erwähnte dreisprachige Anstalt eine großartige Entwicklung des Humanismus zu verheißen schien; aber immer von Neuem reizt den Umherschweifenden das friedliche Basel mit seinen thätigen Menschen und rührigen Pressen. Mehr und mehr ist Erasmus durch eine staunenswerthe schriftstellerische Thätigkeit und durch eine Correspondenz, deren Ausdehnung selbst in jener Zeit ohne Gleichen ist, zum Orakel Europas geworden, zum Schiedsrichter in geistigen, religiösen und politischen Angelegenheiten, der von den Regierenden aller Länder ebenso um Rath gefragt wird, wie von den streitenden Parteien, er wird als eine geistige Macht ersten Ranges auch von denen geschätzt, die sich seinen Entscheidungen nicht ohne Weiteres fügen. Er überlebt die Herrschaft des Humanismus und tritt ein in das Zeitalter der Reformation. Aber wo sie herrschend wird, kann seines Bleibens nicht sein, er verläßt daher Basel, sobald die Reformation dort ihren siegreichen Einzug gehalten hat, und siedelt nach Freiburg über, wo er in innigem Verkehr mit anderen Humanisten, die gleich ihm ihren religiösen Standpunkt mit dem des Protestantismus nicht vereinigen konnten, bis zu seinem Tode ausdauert.

Mehrere Jahre vorher (1534) war u. d. T. „das Spiel zu Paris", ein satirisches Stück, vermuthlich von einem persönlichen Feinde des Erasmus herrührend, erschienen, das in treffenden Zügen die Hauptpersonen in der großen geistigen und religiösen Bewegung der Zeit charakterisirte. Vor einer im königlichen Saal zu Paris sitzenden, Papst und Cardinäle vorstellenden Versammlung brennt ein Feuer, das durch eine Aschendecke verhüllt ist. Da erscheint ein Mann, bezeichnet als Joh. Reuchlin, welcher der Versammlung den traurigen Zustand der Kirche vorhält, die Schäden abzustellen mahnt und, um das Gesagte sinnbildlich zu erklären, mit einem Stabe die Asche von dem Feuer entfernt und die Flamme hell auflodern läßt. Sodann Hutten, der den Papst Antichrist schilt und die Versammlung mit Schmähungen überhäuft, zum Feuer tritt und es mit so gewaltiger Anstrengung zu furchtbarem Brande anfacht, daß er in Folge der Anstrengung todt niederstürzt. Endlich kommt Luther mit einem Haufen Holz, wirft nach ein paar lauten Worten seine Bürde ins Feuer und erregt dadurch eine Gluth, welche die ganze Erde zu vernichten droht. Zwischen Reuchlin und Hutten war Erasmus aufgetreten, der, da er mit den hohen geistlichen Würdenträgern befreundet ist und befreundet bleiben will, zu keinerlei Maßregeln anräth, das Feuer ansieht, jedoch ungestört brennen läßt und, sich zu den Cardinälen setzend, ihre Ehrenbezeugungen willig entgegennimmt. Inmitten der eifrigen Parteimänner erscheint er als der Parteilose, unter den Handelnden und Thätigen als der Zuschauende und Abwartende.

„Erasmus ist ein Mann für sich", mit diesen Worten wird er von den Dunkelmännerbriefen, deren Sache das Charakterisiren sonst nicht eben ist, kurz und treffend bezeichnet. Im Sinne der Verfasser dieser Briefe ist es kein Ruhm; denn ihnen bedeutet der Spruch, daß der also Charakterisirte innerhalb des Humanismus eine Sonderstellung einnehme, daß er zwar nicht etwa den Dunkelmännern angehöre, aber auch in den Reihen der Humanisten nicht als gewöhnlicher Soldat dienen wolle. In unserm Sinne dagegen ist es für den Charakterisirten eine ehrende Bezeichnung; denn ist es schon zu keiner Zeit leicht, etwas Eigenartiges, von der Menge Unterschiedenes zu sein, so ist dies besonders schwer zu einer Zeit, in der ein großer Gedanke die Strebenden erfüllt und unbedingte Annahme und Ausführung dieses Gedankens gebieterisch verlangt wird. Wer da seinen eigenen Weg geht, wird leicht von beiden Parteien, die ihn vergeblich als den Ihrigen in Anspruch zu nehmen trachteten, befehdet und läuft Gefahr, von der Nachwelt als ein Halber angesehen und gescholten zu werden.

In dem Gesichte des Erasmus tritt vor Allem der humoristisch-satirische Zug um den Mund hervor, welcher dem Antlitz einen eigenthümlichen Ausdruck verleiht. Er ist ein Hinweis darauf, daß der Besitzer dieser Züge Spott und Witz gern braucht, um die Thorheiten der Menschen für sich zu belächeln und Anderen zum Lachen zu empfehlen. Streitgerüstet gegen sie aufzutreten vermochte er nicht; mit Fäusten dreinzuschlagen lag nicht in seiner Natur. Mag er immerhin übertreiben, wenn er denen, die ihn besuchen wollen, ein Schreckbild vormalend, sagt, sie würden nur den Schatten eines Menschen sehen, und wenn er gar in seinem Alter sich als den Schatten eines Schatten bezeichnet, jedenfalls war er kein Herkules. Vielmehr war er klein und schwächlich; „ein grauer, ehrsamer Alter und ein zarter, kleiner Mensch", wie ihn Keßler, ein Zeitgenosse, schildert; von früher Kindheit an, in Folge der verkehrten Erziehung, schwerlich aber durch eigene Schuld, zu manchem Leiden geneigt, gegen jede Abweichung des Klimas, gegen jeden Wechsel der Witterung empfindlich, an die peinlichste Regelmäßigkeit in Speise und Trank gebunden, und trotz der Beobachtung strenger Vorsichtsmaßregeln im höhern Alter von lästigen und überaus schmerzlichen Krankheiten heimgesucht.

Erasmus von Rotterdam.
Gemälde von Hans Holbein dem jüngeren; 1497—1554. (Basel.)

Er war ein kranker Mensch, der, um den schwachen Lebensfunken zu erhalten, die größte Rücksicht auf sich nehmen mußte oder wenigstens nehmen zu müssen glaubte, dieselbe aber auch von Anderen beanspruchte, der sich selbst keine Unregelmäßigkeit gestatten durfte, ohne schlimme Folgen davon zu verspüren, und daher auch bei Anderen jedes wilde und gewaltsame Vorwärtsschreiten streng verwarf. Trotz seiner Krankhaftigkeit und Schonungsbedürftigkeit jedoch war er schonungslos gegen Andere, hielt, sobald er ihre Lächerlichkeit durchschaute oder durch sie in seiner Eigenliebe gekränkt war, das erbitterte Wort nicht zurück, scheute sich aber immer vor dem Aeußersten und entwich, durch Zaghaftigkeit getrieben, die nicht selten für Feigheit galt. „Er thut nicht ungleich Müttern", sagt Keßler, „die ihre Kinder schlagen; so sie vermeinen, sie würden zu viel Weinen und Schmerzen bewegt werden, fangen sie an, mit ihnen zu zärteln: ei, schweige, es gilt gleich, du bist mir dennoch lieb." Empfindungen der Liebe und des Hasses wechselte er schnell, wie leicht erregbare Naturen immer thun; bald neigte er sich dem eben gewonnenen Freunde in rückhaltloser Offenheit zu, berichtete ihm beim ersten Anblick Erlebtes und Gedachtes, und vertraute ihm die rücksichtslose Beurtheilung und Verdammung Anderer an; bald zog er sich, von dem leisesten Hauche des Verdachtes schwer getroffen, zurück und verwandelte glühende Freundschaftsversicherung in den Ausdruck übelwollender Bosheit.

Aber er war ein Mann für sich auch in seiner geistigen Entwicklung. Er war nicht auf regelmäßigem, gebahntem Wege gegangen, war nicht durch verständige Führung geleitet allmählich ans Ziel gelangt, sondern hatte gegen den Willen seiner natürlichen Berather den Pfad zur Wissenschaft betreten, hatte sich, da er die Weisung unverständiger, wenn auch vielgeltender Meister verschmähte, selbst zurechtfinden müssen und war, wenn auch nach großen Anstrengungen, viel weiter gelangt, als Jene ihn hätten geleiten können. Durch solchen Erfolg hatte er ein übergroßes, wenn auch entschuldbares Vertrauen auf die eigene Willenskraft und Geistesstärke gewonnen und mußte diese Selbstschätzung noch erhöhen, da er, noch in ziemlich jugendlichem Alter stehend, von begeisterten Anhängern erhoben, später sogar als Meister und König gepriesen wurde. Je älter er wurde, desto höhern Ruhm gewann er, „also daß zugleich", wie Keßler sagt, „sein Name in ein Sprüchwort verwandt ist, solcher Maßen, was kunstreich, fürsichtig, gelehrt und weis geschrieben ist, spricht man, das ist erasmisch, d. h. unfehlbar und vollkommen." Derartigen Lobeshymnen widersteht kaum Einer; schwache Naturen ergeben sich, durch den Wahn bethört, nun wirklich vollkommen zu sein, thatenloser Ueberhebung, starke Naturen hören zwar nicht auf, durch wackere Leistungen die Berechtigung jenes Ruhms zu erweisen, aber sie beanspruchen nun auch, in oberherrlicher Weise die Leistungen Anderer beurtheilen zu dürfen, sie werden sehr empfindlich über jeden Widerspruch, der solchen Urtheilen entgegengesetzt wird, zeigen sich erbittert über den Tadel, der etwa gegen eigene Leistungen laut wird, und weisen mit einer Gehässigkeit, die nur selten in richtigem Verhältniß zu dem Angriffe steht, jedes Wort des Gegners als eine frevelhafte Einmischung in ihre Herrscherrechte zurück.

Auch in seiner Lebensstellung war Erasmus ein Mann für sich. Die meisten Humanisten waren Beamte, Universitäts- und Privatlehrer, Juristen oder Geistliche, bei Vielen war die Verbindung zwischen Amt und literarischer Thätigkeit eine rein äußerliche, bei Manchen stand Beides in entschiedenem Widerspruch. Erasmus ist einer der wenigen Schriftsteller jener Zeit, die ein Amt nicht begehren, das angebotene ungern annehmen, eben weil sie nur ihrer Wissenschaft zu leben trachten. Indessen selbst ein so fruchtbarer Schriftsteller, wie er, konnte von seiner Feder nicht leben; bezahlten doch die Buchhändler wenig oder nichts, da sie selbst jeden Augenblick befürchten mußten, den Ertrag einer wirklich gangbaren Waare durch die Thätigkeit eines rasch fertigen Nachdruckers einzubüßen. Darum mußte er vornehme Freunde und Beschützer haben, die als Lohn für die Widmungen eines Autors Geld und Geschenke bereit hielten, deren Unterstützung er auch sonst, keineswegs immer aus Noth, in Anspruch nahm, und deren kostbare Gaben, goldene und silberne Becher, werthvolle Münzen u. a. er gern seinen Besuchern vorwies. So viele dieser Mäcene nun auch aus wirklicher Lust an der Beförderung der Wissenschaft spendeten und sich belohnt genug hielten, wenn sie einen Mann wie Erasmus sich verpflichtet hatten, so viele verlangten auch für ihre Spenden Rücksichten der verschiedensten Art. Und so kam es, daß er, der ein Amt verschmäht hatte, weil er das Joch des Dienstes zu schwer befunden hatte, die noch schwerere Abhängigkeit von der wechselnden Gunst Vieler zu tragen hatte; daß er, der Einem nicht hatte dienen wollen, nun Vielen dienen mußte.

Die schriftstellerische Thätigkeit des Erasmus ist eine ungemein fruchtbare und vielseitige. Es gibt kaum ein geistiges Gebiet, das er nicht betritt, und keins, das er beschreitet, wo er sich nicht als Künstler bewegt. Er tritt in den verschiedensten Formen auf: bald leicht gerüstet, bald mit dem schweren Gepäck classischer Gelehrsamkeit beladen; bald in Prosa, bald in Poesie, doch je älter er wird, immer mehr der erstern als der seiner Natur gemäßern Schreibart sich zuwendend; bald in großen weit angelegten Lehrschriften, bald in kurzen epigrammatisch zugespitzten Dialogen; bald als Lobredner mancher Dinge, von denen er aus eigner Erfahrung nicht viel wußte, z. B. der Ehe, der medicinischen Kunst, von denen er aber wohl gelegentlich nach humanistischer Manier auch nicht übel zu sprechen wußte, bald als Tadler geistiger Fehler und mancherlei Gebrechen; bald in Folianten, bald in fliegenden Blättern, erstere und letztere nicht selten mit Vignetten bedeutender Künstler, mit Titelbordüren nach Zeichnungen Holbeins u. A. geschmückt; überall aber, wo er erscheint, das Gesammtwissen der Zeit repräsentirend, das Alte vertiefend, zu Neuem anregend.

Zunächst ist Erasmus Philologe. Er ist ein Meister des lateinischen Stils und einer der Vorzüglichsten unter den Wiedererweckern der griechischen Sprache. Die drei Gründe, welche die lateinische Ausdrucksweise so Vieler, und zwar grade der Begabtesten in jener Zeit verderbten: der tägliche Verkehr in der Landessprache und die, wenn auch mäßige Benutzung derselben zu schriftstellerischen Arbeiten: die Anwendung der lateinischen Sprache zu wissenschaftlichen Specialuntersuchungen, die theilweise dem Genius der Sprache widerstanden: endlich die Sucht, dem Meister der Classicität, Cicero, nachzuahmen, und dadurch die selbständige Sprachgestaltung und Geistesentwicklung zu hindern — fallen bei ihm vollständig fort. Denn er lebt meist in Ländern, deren Sprache er kaum kennt, er arbeitet meist über Sachen, die zu einer Behandlung in lateinischer Sprache eher auffordern, als von einer solchen abrathen, und er entfernt sich von Cicero, weil er von der Erkenntniß beseelt ist, daß ein Selbstdenker sich auch seine Sprache in eigenthümlicher Weise gestalten müsse.

Aus diesen Gründen hält er sich für berechtigt, in seinem Dialoge Ciceronianus ein Strafgericht über die einseitigen Latinisten zu halten. Er hatte wider sie auch Anlaß zu persönlicher Erbitterung, war er doch von ihnen der „Irrende" (mit höhnischer Verzerrung seines Namens: Errasmus für Erasmus) und der „Wiederkäuer" (Porrophagus, wegen seines häufigen Gebrauches des Worts porro) genannt worden. In diesem Dialoge nun schildert er den Ciceronianer Nosoponus, der sieben Jahre ausschließlich mit der Lektüre Ciceros zugebracht und drei Lexika sich angefertigt hat, ein Wortverzeichniß, eine Aufstellung der Redensarten und eine Aufzählung der am Anfang und Ende der Phrasen gebräuchlichen Accentuation und Modulation. Er ist nun entschlossen, nur diese Lexika als Quellen der Latinität zu benutzen und zwar dergestalt, daß er auch nur die Formen, die zufällig von seinem Meister angewendet werden, gebraucht, so daß er also das Femininum eines Adjektivs oder den Genitiv eines Substantivs nur vorbringen darf, wenn er wirklich für diese Form einen Beleg bei seinem Vorbilde findet. Er darf ferner nur arbeiten in der Stille einer besonders ausgewählten Nacht, von keinem Geräusch, von keinem Lichtschein gestört, mit nüchternem Magen und heiligem Sinne; eine Nacht reicht kaum aus zur Herstellung eines vollendeten Satzes, dieser aber muß wieder und wieder gewendet werden, bis er wirklich als Glied eines billigenswerthen Ganzen erscheinen kann. Das Haupt der Anticiceronianer, Bulephorus, erweist, entgegen derartigen Uebertreibungen, die Lächerlichkeit solchen Beginnens, er setzt auseinander, daß Cicero viele Eigenschaften in geringerm Grade als andere römische Schriftsteller besessen, z. B. Humor, Kürze, Klarheit der Darstellung, Glaubwürdigkeit, daß er ferner nicht über Alles geschrieben habe, daß der Gedankenkreis, in dem er sich bewegt, nicht mehr der der neuern Zeit sei, daß Staatsleben und Religion vielmehr andere Anforderungen an den modernen Autor stelle, kurz, daß ein völliges selbstverleugnendes Anschließen an Cicero ein Zeichen thörichter und unfruchtbarer Geistesabhängigkeit sei.

Nicht mindere Dienste als der lateinischen, leistete Erasmus der griechischen Sprache. Er ist ihr eifrigster Pfleger, behandelt griechische Texte mit feiner Kenntniß und scharfer Kritik, übersetzt und paraphrasirt classische und patristische Autoren mit vollendeter Beherrschung der Sprache und der Materie, und hält sich in seinen Erklärungen zu griechischen Schriften ebenso fern von

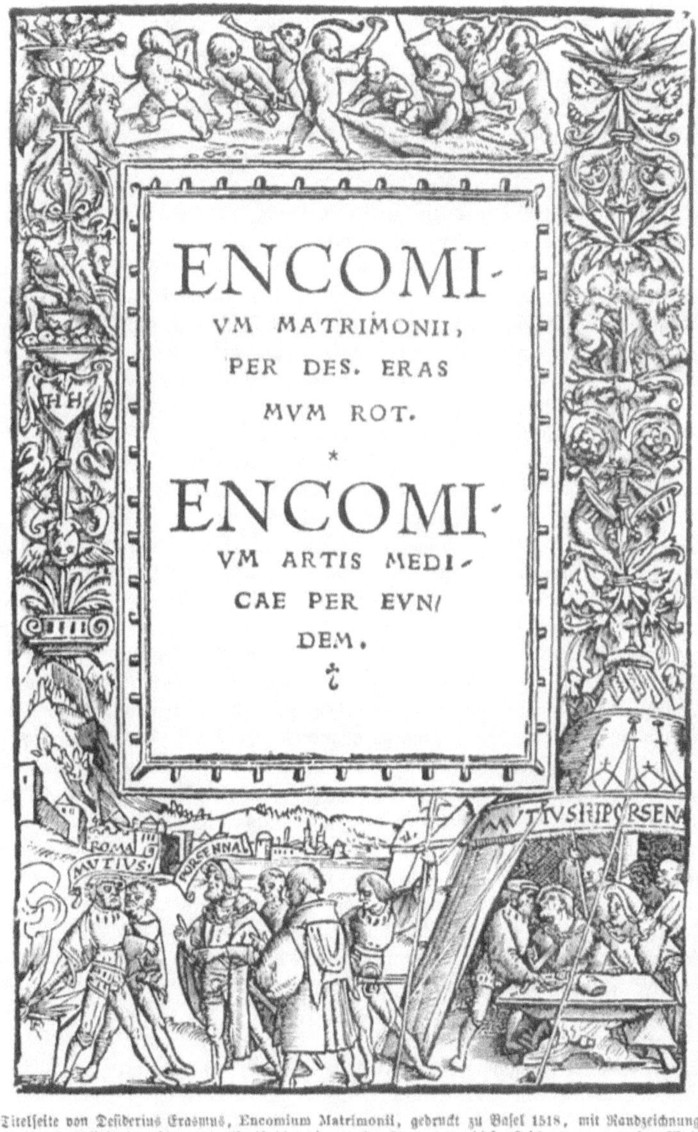

Titelseite von Desiderius Erasmus, Encomium Matrimonii, gedruckt zu Basel 1518, mit Randzeichnung von Hans Holbein dem jüngeren. Es ist dies die zweite Anwendung dieser Zeichnung; zum ersten Male wurde sie auf dem Titel zu Aeneae Platonici Christiani de immortalitate animae, Basel 1516, gedruckt.

philologischer Kleinkrämerei wie von allgemeinem ästhetischem Gerede. Die griechische Aussprache bestimmte er durch eine kleine, durch witzige und scharfsinnige Bemerkungen belebte Schrift (De recta latini graecique sermonis pronunciatione). Durch sie wird die seitdem herrschend gebliebene Aussprache begründet, welche dem in Diphthongen vorkommenden v-Laut das Consonantische nimmt, und das Vorherrschen des J-Lautes selbst in den E-Vokalen beschränkt. Die Aenderung ist nach Angabe des Erasmus durch Mittheilungen einiger Griechen veranlaßt, nach Heinrich Loritis Zeugniß durch ihn angeregt; sie trat, ohne sich auf eine bestimmte Tradition zu gründen, willkürlich der üblichen sogenannten Reuchlinischen, dem Wesen nach der jetzigen neugriechischen Aussprache, entgegen; aber daß sie fast ohne Weiteres, ausschließlich auf die Autorität des Erasmus hin herrschend wurde, das beweist das großartige Ansehn, dessen Erasmus sich damals erfreute.

Mit der Philologie hing die Pädagogik damals aufs Engste zusammen. Der Unterricht in den Schulen beschränkte sich, wie schon früher (S. 398 ff.) gezeigt wurde, in jener Zeit zumeist auf die classischen Sprachen. Durch diese Beschränkung wurde der Philologe, vielleicht manchmal gegen seinen Willen, zur Beschäftigung mit Unterrichtsfragen gedrängt; Erasmus aber neigte seiner Natur nach zu Erörterungen derartiger Dinge. Er war kein praktischer Schulmann und doch hat grade er vielleicht das beliebteste Schulbuch jener Zeit geschrieben, die colloquia familiaria, die „vertraulichen Gespräche“ und ein großes Werk, die Sprüchwörtersammlung (Adagiorum opus), das man in hohem Grade als Volkserziehungsbuch bezeichnen kann.

Die vertraulichen Gespräche erschienen zuerst 1519, wurden allmählich vermehrt und ausgedehnt, bis sie im Jahre 1530 zu ihrer jetzigen Gestalt gediehen. Es sind Unterhaltungen über die verschiedensten Gegenstände, in leichtem, fließendem Stil, in eleganter, klarer Ausdrucksweise, mit witzigen, satirischen Bemerkungen. Uns erscheint die Wahl der Stoffe, die Art der Behandlung nicht immer sehr geeignet für junge Leute; jene Zeit war darin nachsichtiger und naiver, sie war nicht abgeneigt, auch das, was uns verfänglich, ja anstößig erscheint, der Jugend zuzumuthen. Denn von Frauen, ehrsamen und unehrenhaften, wird berichtet, einmal eine Frauenversammlung (gynaekosynedrion) geschildert, in welcher über die Zulassung der Jungfrauen gestritten, die Rangordnung der Versammelten nach ihrer Kinderzahl bestimmt, und zuletzt der Beschluß gefaßt wird, für die Frauen das Vorrecht der Kindererziehung und womöglich abwechselnd mit den Männern, die Bekleidung öffentlicher Aemter, bei denen das Tragen von Waffen nicht nothwendig ist, zu erwirken. Dann erhalten die Grammatiker ihren Hieb: in einer Versammlung dieser Gelehrten werden Debatten über ein verderbtes Wort Anticomarita geführt, und die seltsamsten verkehrtesten Erklärungen vorgebracht, von denen eine durch Gesammtbeschluß zur allgemein gültigen Meinung erhoben wird. In anderen werden moralische Eigenschaften behandelt, Genügsamkeit, Freundschaft, Schwelgerei, die abergläubischen Vorstellungen verschiedener Kreise, insbesondere der Seeleute, werden gegeißelt, die deutschen Wirthshäuser mit ihrem Schmutz und ihrer Dürftigkeit geschildert, Krieg und Frieden, die politischen Zustände der Zeit werden dargestellt, wobei es an Betheuerungen erasmischer Friedensliebe nicht fehlt. Nicht selten kommt der humanistische Gedanke zum Ausdruck: gegenüber dem falschen Ciceronianismus die echte Verehrung Ciceros, die einmal in dem Satze gipfelt: „so oft ich einzelne seiner Schriften lese, küsse ich das Buch und verehre seinen heiligen, von göttlichem Odem erfüllten Geist“: gegenüber dem äußerlichen Griechenthum, das sich nur an der Schönheit der Form berauschte, das innerliche, das die Weisheitssätze griechischer Philosophen bewundert und bei dem Anhören tiefer und gehaltvoller Lehren in den Ruf ausbricht: „Heiliger Sokrates, bitte für uns.“ Neben allen diesen Dingen, die doch nur als Nebensachen zu betrachten sind, gelangt das eigentlich pädagogische Element zur Geltung; pädagogische Mahnungen sind durch das ganze Buch zerstreut, Mittheilungen über verschiedene Gruß- und Danksagungsformeln, so gut wie die Beschreibungen des Ganges zur Schule, Vorschriften über die kleinen Ereignisse des täglichen Lebens und die großen Fragen guter Lebensführung.

Das zweite Werk, die Sprüchwörtersammlung, wurde, in ähnlichem Grade wie das erstgenannte, aus einem Handbüchlein zu einem Folianten. Denn in seiner ersten Ausgabe (1500) war es eine trockene Zusammenstellung von einigen hundert Sprüchwörtern, ein opus jejunum atque inops, wie der Sammler selbst es charakterisirte; in den definitiven Ausgaben, seit 1515, ein starker Folioband, in dem mehr als viertausend Sprüchwörter verzeichnet und erklärt sind. „Sprüchwörter“, d. h. hier nur zum geringen Theil die in kurzen Sätzen zusammengefaßte Weisheit der modernen Völker, selbstverständlich in lateinischer Uebersetzung, sondern die Weisheit der Alten, aus den lateinischen und griechischen Autoren mit vieler Mühe zusammengetragen, „berühmte Worte“, laut der erasmischen Deutung, „deren Inhalt bekannt und deren Ausdruck seltsam und neu ist.“ Die Erklärung besteht einerseits in einer Darlegung des Wort- und Sachsinns und der Aufführung zahlreicher ähnlich klingender und Aehnliches bedeutender Beispiele aus dem Alterthum, — rühmte doch schon der Verleger der Ausgabe von 1508, es seien mehr als 10000 Verse aus Homer, Euripides und anderen griechischen Dichtern mitgetheilt, — andererseits in sehr langen Abschweifungen, Erzählungen, welche, an die Sprüchwörter anknüpfend, die mannigfachsten Lebensverhältnisse beleuchten. Aus einem reichen vielbewegten Leben theilte der Schriftsteller in behaglichstem Plauderton Hunderte von Geschichten mit, bei deren Erzählung er um so eher seine Erzählungslust walten lassen konnte, als ja alle diese Geschichten nur zur Illustrirung der Lehrsätze dienen sollten. Diese Geschichten sind keineswegs immer harmlos und sollen nicht harmlos sein, sie enthalten vielmehr heftige Ausfälle gegen die Frauen, Juristen, Adligen, gegen die Eitelkeit der verschiedenen Stände und Nationen. Sie wissen indessen ebensowohl zu loben wie zu tadeln: gekrönte Häupter, hochstehende Gönner, tüchtige Gelehrte; über

Aldus Manutius heißt es einmal: „Die Bibliothek des Ptolemäus war begrenzt von den Mauern eines Hauses, die von Aldus errichtete erkennt nur die Grenzen der Welt als die ihrigen an." Denn auch dieses dem Umfange und Inhalte nach bedeutsame Werk stellt sich durchaus in den Dienst der humanistischen Ideen, ist ein lebhafter Protest gegen Unwissenheit und Unwissenschaftlichkeit, und eine bald schwungvolle, bald humoristische Vertheidigung des Wissens und der Gelehrsamkeit. Jene letzteren Stellen nebst manchen witzig und anmuthig erzählten Geschichten geben dem Werke, obwohl es als Ganzes heute veraltet ist, noch jetzt einen eigenthümlichen Reiz; damals wog das stoffliche Interesse vor, die Tausende von Weisheitssprüchen imponirten, die zahllosen Stellen der Alten, die uns jetzt in Folge einer sehr erleichterten Lektüre der Schriftsteller bekannt sind, waren scheinbar neuentdeckt. So mußte das Werk, wie ein Zeitgenosse einmal sagt, als ein Schatzkästlein der Weisheit erscheinen, zu dem man, wie zu den sibyllinischen Büchern, seine Zuflucht nahm, und, wie ein neuerer Schriftsteller es geistreich ausgedrückt hat, so konnte es dazu dienen, den nahen Zusammenhang zwischen antiker und moderner Cultur und die Richtigkeit des Satzes zu erweisen, daß die Literatur der Sammelpunkt menschlicher Einsicht und Vernunft ist.

In beiden Werken, den Sprüchwörtern und den Gesprächen, wird aber mit Vorliebe ein Gegenstand behandelt, auf den bisher noch nicht hingewiesen wurde, nämlich der religiöse. Nicht daß mit besonderm Eifer Religion und Theologie in ausführlichen Darlegungen besprochen würden, sondern so, daß in diesen humanistisch-pädagogischen Schriften naturgemäß der Feinde des Humanismus, der Mönche und Theologen gedacht, wird. Da finden sich in den „Gesprächen" heftige Ausfälle gegen die Bettelmönche, welche in unwürdiger Weise geistliches und kaufmännisches Treiben mit einander vereinen, gegen ihre Unbekanntschaft mit der Bibel und ihre Unwissenheit überhaupt, gegen ihre Schwelgerei und Sittenlosigkeit, gegen ihre übermäßige Beachtung der Ceremonien und ihre Vernachlässigung des wahren Inhalts religiöser Vorschriften: der Autor macht sich lustig über die, welche in Todesnöthen nach einem geistlichen Gewand Verlangen tragen, gleich als wollten sie dadurch den Tod verjagen oder das Sterben leichter machen. Nicht minder lebhaft protestirt er in den „Sprüchwörtern" gegen die weltliche Macht der Päpste und das irdische Treiben der Geistlichen. „Sie sollen regieren", heißt es einmal, „aber nicht in irdischen, sondern in himmlischen Dingen, sie sollen triumphiren, aber nicht mit den Kriegswaffen in der Hand, kriegerisch sein, aber nur gegen die Feinde Christi, mit Wehr und Waffen behütet, aber nur mit dem Schild des Glaubens, sie sollen reich sein, aber nur durch die Perle des Gebets."

Durch solche und ähnliche Ausfälle werden die beiden großen humanistisch-pädagogischen Werke zu Kampfmitteln gegen die Theologen, und bilden den Uebergang zu den satirischen Schriften, in deren Abfassung Erasmus Meister war. Unter diesen die bedeutsamste ist „das Lob der Narrheit", laus stultitiae die im Jahre 1509 zuerst erschien.

Das „Lob der Narrheit" ist eine geistreiche satirische Schrift, die, wie ihre zahlreichen Auflagen, Uebersetzungen in verschiedene Sprachen, die Erklärungen seitens gelehrter Philologen, die Illustrationen Holbeins, von ihm zunächst zu seinem Vergnügen an den Rand seines Exemplars gezeichnet, seitdem aber mehrfach veröffentlicht, beweisen, dem Geschmacke der Zeitgenossen und späterer Geschlechter entsprach. Die Idee zu dem Buche ist nicht sonderlich neu, vielmehr hatte sich die Spielerei des Alterthums, lächerliche oder schädliche Dinge zu loben, und das Lob der betreffenden Eigenschaft der Vertreterin derselben selbst in den Mund zu legen, in der Humanistenzeit fortgesetzt, so daß es damals an Schriften, welche Faulheit und Trunkenheit, Liebesgenuß und Ausschweifung, Krankheiten, z. B. Podagra u. A. lobten, nicht fehlte. Der Unterschied zwischen diesen Schriften und der erasmischen ist hauptsächlich der, daß während jene sich auf einen bestimmten Stand, auf eine einzelne Gesellschaftsklasse beschränkten, diese allgemeinerer Natur ist, die ganze Welt zu umfassen scheint, freilich dann doch mit Vorliebe die Humanisten und ihre Gegner betrachtet. Dieser allgemeinere Gesichtspunkt ist in gewissem Sinne ein Vorzug, aber auch ein Fehler und zwar einmal deswegen, weil der Verfasser durch Wahrung desselben weitschweifig und breit wird, sodann deswegen, weil er gerade in Folge seiner Betonung des Allgemeinen die einzelnen Beziehungen auf die Persönlichkeiten und Vorgänge des Tages in den Hintergrund drängt.

Die Thorheit selbst tritt redend auf und rühmt sich ihrer Macht. Sie fühlt sich als Herrscherin der Welt, denn sie weiß, daß ihr alle Völker unterthan sind, jedes einzelne in seiner besonderen Nationalthorheit befangen, stolz auf einen eingebildeten Vorzug: „die Germanen auf ihre Körpergröße und ihre Kenntniß der Magie", nicht zum Wenigsten die Holländer, die einmal gradezu als „meine Holländer" bezeichnet werden. Kein Alter, kein Geschlecht kann ihr entgehen, Alter und Jugend, Männer und Frauen ziehen ihren Siegeswagen, am eifrigsten die Letzteren, denn „das Weib bleibt thöricht, ja wird doppelt thöricht, wenn es weise zu sein sich bemüht." Liebe und Wein sind ihre treuen Gehülfen, sie erzeugen Zorn und Begierde und andere Fehler, die die Thorheit als ihre Wirkungen erkennt. Moralische und geistige Gebrechen sind Zeugen ihrer Macht. Sie weist triumphirend hin auf die Selbstgefälligkeit der Menschen, auf die Kriege, auf die Künste, deren Pflege dem eitlen Streben nach Ruhm zumeist zu verdanken sei, auf das Verlangen nach Schätzen, auf Jagd und Spiel, auf Astrologie und alle Arten des Aberglaubens, auf den Adelsstolz und die Sucht, sein Geschlecht in die graue Vorzeit hinabzuleiten. Als ihre treuen Anhänger erscheinen die Grammatiker, die dem Buchstaben unterthan sind, in beständigem Kampfe unter einander leben, stolz darauf sind, den Knaben das A B C beizubringen, beim Finden eines alten Steins oder Gedichtes ein ähnliches Triumphgefühl besitzen, als hätten sie Afrika besiegt und Babylon erobert und wie jener Sechzigjährige, der bereits zwanzig Jahre über der Grammatik gebrütet, keine größere Sehnsucht kennen, als die, so lange zu leben, bis sie wirklich die acht Redetheile sorgsam unterschieden hätten. Noch schlimmer sind die Philosophen, „durch Bart und Mantel ehrwürdig", die sich allein weise dünken, sich allein als „Geheimräthe der Natur" betrachten und die Uebrigen als Schattenjäger belächeln.

Die Hauptschaar in dem Heer der Thorheit aber sind die Theologen. Da die Rednerin Letztere nennt, zögert sie fortzufahren, denn so meint sie: „Ich weiß nicht, ob es nicht besser ist, die heiligen Gottesgelehrten mit Stillschweigen zu übergehen und diesen pestilenzialischen See nicht zu berühren, noch dieses stinkende Kraut anzufassen, weil dergleichen Leute sehr hochmüthig und reizbar sind, damit sie mich nicht schaarenweise mit tausend Folgerungen und Schlüssen anfallen, und zum Widerruf zwingen oder, falls ich nicht nachgebe, mich für eine Ketzerin ausschreien" Aber sie nimmt ihren Muth zusammen und spricht von ihnen, als ihren liebsten Söhnen und eifrigsten Anhängern. Sie beweisen ihre Thorheit durch ihre Untersuchungen z. B. durch welche Kanäle die Sünde in die Welt gekommen sei, wie lange Zeit Christus gebraucht habe, um sich im Leibe der Jungfrau zu entwickeln, ob Gott die Gestalt einer Frau, eines Kürbisses oder eines Kieselsteins annehmen könnte, ob Christus zur Zeit, da er am Galgen hing, noch Mensch genannt werden konnte und ob er nach der Auferstehung noch gegessen und getrunken habe. Sie beweisen sie ferner durch ihre Predigten, die, statt zu christlichem Lebenswandel zu ermuntern, unfruchtbare theologische Erörterungen vorbringen, z. B. die Mysterien des Namens Jesus aufzeigen, daß er nur drei verschiedene Casusendungen habe und daß in diesen Endungen s, m, u ein unaussprechliches Geheimniß verborgen sei. (Wer erkennt nicht hier die Parodie von Reuchlins kabbalistischen Ideen? oben S. 506.) Sie beweisen sie endlich durch die ganze Art ihres Lebens. In dieser Hinsicht lassen alle Theologen viel zu wünschen übrig, am meisten aber die Mönche. „Sie halten es für eine große Frömmigkeit, so wenig gelernt zu haben, daß sie nicht einmal lesen können; wenn sie ihre Psalmen, die sie gar nicht einmal verstehen, mit ihren Eselsstimmen in der Kirche herblöken, meinen sie die Ohren der Heiligen zu kitzeln: überall betteln sie mit unverschämtem Gebrülle und verdrängen dadurch die anderen Bettler. Dennoch wollen sie, wie sie sagen, den Aposteln gleich sein." An diesem Anspruche nun mißt die Thorheit Verdienst, Leben und Thätigkeit aller Geistlichen, der Höchsten und der Geringsten. Sie zeigt, daß auch die Päpste, und sie vielleicht am meisten, ihr, der Thorheit, unterthan seien und ihr pflichtig bleiben müßten, wenn sie nicht alle ihre Privilegien, weltliche Freuden und Genüsse verlieren wollten, denn alle diese Schätze, auf deren Besitz Päpste und Cardinäle so stolz seien, verdankten nur ihr, der Thorheit, ihr Dasein und seien weit entfernt von den Besitzthümern, welche die alte Zeit gekannt und die Weisheit von ihren Jüngern gefordert. „Nun aber gilt es bei den Priestern für veraltet und gar nicht zeitgemäß, Wunder zu thun, für mühselig, das Volk zu belehren, für scholastisch, die heilige Schrift zu erklären; Beten heißt müßig, Weinen weibisch und jämmerlich, Darben gemein, Demüthig sein schändlich und unwürdig dessen, der auch den größten

Herrscher kaum gestattet, die Füße der Heiligen zu küssen; statt sich nach dem Tode zu sehnen, wünschen sie ihn weit weg, und als das Schlimmste gilt ihnen, trotz des Vorbildes des Erlösers, am Kreuze zu sterben.“

Das „Lob der Narrheit“, das keinen Stand schont, erbitterte vornehmlich die Theologen. Sie hatten zu dieser Erbitterung guten Grund, da eben ihnen doch der Kampf in erster Linie galt. Denn das Buch entstand bei der Rückkehr des Erasmus aus Italien; auch auf ihn also hatte, wenn auch in geringerm Grade als auf Hutten und Luther der römische Aufenthalt in dem Sinne gewirkt, daß er ihn die Schäden der römischen Curie erkennen lehrte und zum lebhaften Proteste gegen dieselben herausforderte. Er freilich, der nach jedem kühnen Schritte ängstlich zurückwich, versuchte auch diesem heftigen Angriffe seine Schärfe zu nehmen und erklärte in einer Rechtfertigungsschrift, daß er in jenem Buche dieselben Zwecke nur in anderer Form verfolgt habe, wie in seinem „Handbüchlein“, im Buch „von der Fürstenerziehung“, und im Lobspruch auf Karl V., „daß er nämlich ermahnen, nicht schelten, nützen, nicht verletzen, die Sitten der Menschen befördern, nicht schädigen wollte.“

Aber bei Erasmus darf der Kritiker und Historiker ohne Scheu sich als den besser Wissenden bezeichnen, d. h. die Motive aufdecken, welche Jener zu verschweigen für gut fand. Wir wissen also, trotz des Protestes des Autors, daß die meisten der bisher behandelten Schriften und grade die letzterwähnte nicht im geringsten Maße anticlerikal, ja in gewissem Sinne antireligiös sind. Die Curie, deren einflußreichste Vertreter den Erasmus bei Lebzeiten mit Ehren und Geschenken überhäuft hatten, wußte sehr wohl, was sie that, wenn sie manche der genannten Bücher auf den Index brachte.

Erasmus ist nicht selten als eine religiöse, ja wohl auch als eine specifisch christlich-katholische Natur bezeichnet worden. Er ist aber weder das Eine noch das Andere. Die Thatsachen, die man zum Beweise beider Behauptungen angeführt hat, seine Arbeiten über das neue Testament und die Kirchenväter, sowie seine Polemik mit Luther beweisen nichts. Denn jene sind die Arbeiten eines Philologen, nicht aber eines Theologen, diese die Anstrengungen eines Herrschers im geistigen Gebiet, der sein Primat angegriffen sieht und zu verlieren fürchtet, und die Ausführungen eines Philosophen, der sein Denken nicht einem einseitigen Gebote gefangen geben will, nicht aber die eines eifrigen Katholiken. Wären sie das Letztere, so hätte Erasmus nicht alle die furchtbaren von den Reformatoren geführten Angriffe gegen die weltliche Macht des Papstes, gegen die übermäßige Gewalt des Clerus und gegen viele einzelne Satzungen der katholischen Kirche ruhig ertragen und hätte sich erst gegen Luther bei Gelegenheit der Frage vom freien Willen gewendet, deren Entscheidung in erster Linie der Philosophie zukommt. Der Gegensatz zwischen Luther und Erasmus ist also nicht der des Protestanten und Katholiken, sondern der des Theologen und des Philosophen. Aehnlich ist auch der Unterschied zwischen Erasmus und Reuchlin nicht der des neutestamentlichen und des alttestamentlichen Exegeten, sondern der des Philologen und Aesthetikers auf der einen und des religiös gestimmten Sprachforschers auf der andern Seite. Das ungeheure Verdienst, das sich Erasmus durch die Herausgabe des griechischen Textes des Neuen Testaments, durch seine klaren und geschmackvollen Paraphrasen biblischer Stücke um die Werthschätzung der Bibel, um ihre Einführung gerade in gelehrte Kreise erwarb, wird nicht geschmälert durch die Behauptung, daß er diese Arbeiten nicht aus religiösem Drange, sondern aus einem gewissen historisch-kritischen und polemischen Bedürfnisse unternahm. Zu einer Zeit, da mit Eifer und Geschick die schriftlichen Denkmäler des classischen Alterthums erforscht und herausgegeben wurden, sah er die Zeugnisse jener ersten christlichen Zeit über Gebühr vernachlässigt; vielleicht wollte er auch, indem er jene Quellen altchristlicher Lehre aufdeckte, seiner eignen Zeit den Vergleich nahelegen zwischen der Herrlichkeit jener und der Verderbtheit der eignen Tage. Nichts aber charakterisirt das philologische Bestreben des Erasmus mehr, als das Zusammenwerfen von Bibel und Kirchenvätern. Denn gläubiger Sinn zieht ihn nicht zu den letzteren, sein kritisches Gewissen mußte ihn den gewaltigen Sprung von dieser zu jenen lehren, so gut wie Reuchlin, der mit größter Bestimmtheit zwischen Hieronymus und der „hebräischen Wahrheit" unterschied; was ihn anlockt, ist wohl zumeist das sprachlich-philologische Interesse an den Denkmälern des Alterthums.

Die Theologie des Erasmus ist nicht leicht darzulegen. Drei Perioden derselben sind deutlich zu unterscheiden: die vorreformatorische, die reformatorische und die nachreformatorische. In der ersten kommt das allgemeine Reformbedürfniß zum Ausdruck ohne Rücksicht auf bestimmte praktische Versuche; in der zweiten die abwartende Stellung in und gegenüber den lutherischen Wirren; in der dritten die Abwehr gegen die Reclamationen und Angriffe beider Parteien, der protestantischen sowohl wie der katholischen. Bei diesem zeitlichen Unterschiede mannigfachen Aussprechens kann es auch an Widersprüchen nicht fehlen, dergestalt, daß alle vier Parteien, die Protestanten, Katholiken, Indifferenten und Radikalen Sätze anführen können, die sie zu berechtigen scheinen, ihn als den ihrigen zu betrachten. Trotz dieser Widersprüche ist eine Grundanschauung die herrschende und durchgehende, nämlich die des humanistischen Radikalismus. Es bleibt freilich bei der Gesinnung und kommt nie zu Thaten, weil Erasmus die Consequenzen seines Denkens zu ziehen sich scheute, aber die Gesinnung besteht fort. Sie bewirkt, daß die Führer der Protestanten viel eifriger sind in seiner Bekämpfung, als in dem Angriffe gegen die übrigen Häupter der katholischen Kirche und daß sie ihn nicht blos als Mitglied einer religiösen Gegenpartei, sondern als Heiden und Epikuräer befehden, sie bewirkt auch, daß die Mitglieder der äußerlich mit ihm verbundenen Partei ihn sich widerwillig als Bundesgenossen gefallen lassen.

Zur Erkenntniß der vorreformatorischen religiösen Gesinnung des Erasmus ist, wie K. Hagen sehr richtig gezeigt hat, „das Handbüchlein des christlichen Streiters" eine der wichtigsten Schriften. Es ist ein Erbauungsbuch, voll von frommer, weltfeindlicher und weltentsagender Stimmung, und in dieser Hinsicht den zahlreichen, humanistischen Abhandlungen „von der Verachtung der Welt" verwandt, die doch schließlich ein Hohn auf die weltlustige Anschauung des Humanismus sind, aber es ist auch ein streitbares Buch gegen Anschauungen und Gebräuche der katholischen Kirche. Es streitet gegen die übliche Auffassung der Bibel und gegen die herrschende Ansicht von den Ceremonieen.

Die Bibel ist dem Erasmus ein heiliges und doch zugleich ein profanes Buch. Heilig in dem Sinne, daß sie die lautere Quelle der Religion ist, die unbedingten Glauben verlangt, profan in dem, daß sie in gleicher Weise wie die Schriften der heidnischen Alten zu lesen und aufzufassen ist, nämlich in allegorischem Sinne. Dieser gebe vielen Erzählungen der Alten eine tiefere Bedeutung, dergestalt, daß die Fabel von den Giganten die Vermeidung des Kampfes gegen Uebermächtige und die Nothwendigkeit des Verkehrs mit Gleichgestellten, die Geschichte von dem Becher der Circe die Wahrheit lehre, daß die Menschen durch übermäßigen Genuß zu Thieren entarten. Auch die Geschichten der Bibel müßten derartig allegorisch aufgefaßt werden. „Wenn du ohne Allegorie liesest, daß die Kinder sich schon im Mutterleib gestritten, daß die Erstgeburt um ein Linsengericht verkauft, der Segen des Vaters hinterlistig weggeschnappt, daß Goliath von der Schleuder Davids getroffen, daß Simson das Haar abgeschnitten worden sei, so will das nicht so viel sagen, als wenn du die poetische Erfindung liesest. Was ist für ein Unterschied zwischen den Büchern der Könige und der Richter und der Geschichte des Livius, wenn du erst auf die Allegorie Rücksicht nimmst. Denn durch diese faßt man viele Dinge in höherm Sinn, die ohne sie bedenklich und anstößig erscheinen, z. B. die Ränke Davids, der Ehebruch, der durch einen Meuchelmord erkauft war, die verderbliche Liebe Simsons, die verbrecherische Unzucht Loths mit seinen Töchtern." Freilich, wie diese und andere Erzählungen allegorisch aufzufassen sind, sagt Erasmus nicht, und auch wir können seine Gedanken nicht errathen. Im Allgemeinen kann man nur sagen: in dieser ganzen Auffassung liegt ein gewaltiger Ansatz zur Kritik, eine Andeutung der menschlichen Entstehungsart der Bibel, vor Allem eine geistige Durchdringung des Bibelworts an Stelle der äußerlichen Annahme desselben.

Diese Anschauung leitet ihn auch bei der Betrachtung der Ceremonieen. Auch sie sind an und für sich wenig bedeutend und gewinnen einen höhern Werth nur durch ihre Vergeistigung und Vertiefung. Der Werkdienst allein heiligt nicht, sondern entheiligt, weil er, statt das Wesen der Sache zu ehren, unwesentliche Aeußerlichkeiten in den Vordergrund stellt und seine Bekenner entweder gradewegs zur Immoralität oder mindestens zu entgeistigter Anschauung führt. Daher tadelt Erasmus mit heiligem Zorn Diejenigen, welche durch Beobachtung aller äußerlichen Vorschriften der Frömmigkeit genug gethan zu haben glauben und nach Erfüllung ceremonieller Gebote sich wieder dem gemeinen verbrecherischen Leben zuwenden, ja grade durch die pünktliche Ausführung der Satzungen einen Freibrief für ihr sündhaftes Treiben erlangt zu haben wähnen. Mit großem Eifer wendet er sich aber auch gegen Diejenigen, welche, ohne grade Sünder zu sein, doch durch Hervorkehrung des Aeußerlichen das Innerliche vernachlässigen und dadurch das Wesen der Religion verkennen: „Du betest die Gebeine des Paulus an, nicht seinen Geist, Du hältst ein Stückchen seines Körpers werth, das Du durch das Glas sehen kannst, und bewunderst nicht den ganzen Geist des Paulus, der aus seinen Schriften hervorleuchtet? Du ehrst das Bildniß Christi, in Stein oder Holz gebildet oder gemalt; viel frömmer würde es sein, das Bild seines Geistes zu ehren, das in dem Evangelium niedergelegt ist. Kein Apelles vermöchte den wahren Christus so zu malen, wie es das Evangelium thut. Und dieses Bild bewunderst Du nicht, betest Du nicht an, umfassest Du nicht in Deinem Geiste. Du besitzest so heilige, so wirksame Reliquien Deines Herrn; statt sie aber zu ehren, suchst Du entferntere auf. Erstaunt siehst Du das angebliche Kleid oder Schweißtuch Christi an und liesest schläfrig Christi Lehren. Größer als das Größeste hältst Du es, wenn du den kleinsten Theil vom Kreuze Christi zu Hause besitzest, aber das ist nichts dagegen, wenn Du das Mysterium des Kreuzes in Deinem eignen Busen trägst."

Es gehört zu den wesentlichsten Irrthümern protestantischer Geschichtschreibung, jeden Humanisten, der freisinnige Anschauungen über Ceremonieenwesen geäußert, gegen ungeistliches Wesen der Geistlichen geeifert, und zum Bibellesen angefeuert, ohne Weiteres unter die Reformatoren zu werfen und ihn als fahnenflüchtig zu bezeichnen, wenn er sich dem Protestantismus nicht anschloß. Jene polemischen Ansichten können indessen durchaus für sich bestehen, ohne den positiven Anschluß an eine neue Religionspartei zu fordern. Vielmehr erscheint gerade diese den Humanisten und Erasmus vor Allem für anstößig, weil sie innerhalb der alten Glaubensgemeinschaft das Ganze zu reformiren suchen, durch die Bildung einer neuen Sekte aber den Bestand der Gemeinschaft und die Geltung des Glaubens selbst gefährdet erachten. Daher schmähen sie die neuen Religionsstifter und weisen nicht ohne Hohn auf die unläugbaren Schäden hin, welche sich bei den Bekennern dieser neuen Religion finden, wie sie früher die Unsitten der Alten aufgezeigt hatten. Nicht diese Schmähungen jedoch, obwohl sie seit etwa 1522 sich in den Briefen und Schriften das Erasmus sehr zahlreich finden, d. h. seitdem er zur Ueberzeugung gekommen war, daß die von ihm angestrebte Vermittlung fruchtlos und daß die lutherische Partei stark genug wäre, um sich allein weiterzubilden, nicht diese Schmähungen bilden das Wesen seiner antireformatorischen Gesinnung. Vielmehr kommt diese besser in seinen philosophisch-theologischen Schriften über den freien Willen zum Ausdruck, de libero arbitrio 1526 und Hyperaspistes 1527. Beide Schriften haben, wie man nicht unrichtig gezeigt hat, fünf Gründe zu bekämpfen, die Luther für die Unfreiheit des Willens ins Feld geführt hatte. Drei derselben könnte man allgemein theologische nennen: die Unvereinbarkeit des freien Willens nämlich mit der

Vorherbestimmung Gottes, mit der Macht Satans über die Menschen, mit der zum Schlechten zwingenden Gewalt der Erbsünde; einen als historisch bezeichnen, daß nämlich die Juden trotz ihres Strebens nach Gerechtigkeit in Ungerechtigkeit verfielen, die Heiden dagegen, gleichsam ohne Anstrengung zur Gnade gelangten; den letzten als specifisch christlich, daß der Opfertod Christi unnöthig gewesen wäre, wenn der Mensch sich durch eigenes Streben zur Hoheit hätte erheben können. Gegen alle diese Gründe hält Erasmus an der innerlichen Güte der Menschennatur fest, an der Möglichkeit der Selbstbestimmung trotz göttlicher Voraussicht, an der optimistischen Weltanschauung der Humanisten gegenüber der pessimistischen der Reformatoren. Neben solcher philosophischen Abwehr kommt auch die religiöse zur Geltung. Luther hatte das erfolglose Streben der Juden nach Gerechtigkeit als einen Beweis für den unfreien Willen angeführt; Erasmus gibt zu, daß jene nicht zum Heil gelangt seien, aber er betrachtet als die richtige Ursache, daß sie keinen wahren Begriff der Religion gehabt, daß sie nur Ceremonieendienst geübt und die innere Heiligung verabsäumt hätten.

Diese freiere Betrachtungsweise der Religion dauert auch in der nachreformatorischen Zeit fort. Trotz der Schwierigkeit, sich zwischen den beiden Haufen der Gegner durchzuwinden, wußte Erasmus den selbständigen Standpunkt zu behaupten. Die Zweifel an der Dreieinigkeit, welche er früher ausgesprochen hatte, äußerte er auch später noch, wenn auch etwas leiser und mit häufigem Hinweis auf seine gut katholische Gesinnung, die skeptischen Anschauungen über Authentie und Heiligkeit der biblischen Bücher behielt er bei. Er warf den Evangelisten Unwissenheit, Unkenntniß der grammatischen Regeln vor, Fehler, die an vielen Stellen den Bibeltext verderbten, er behauptete weiter, daß ohne Allegorie verstanden die Bibel häufig kalt und leer sei. Die Ceremonieen betrachtete er nach wie vor als unwesentlich und höchstens als Zeichen äußerer Religiosität; über die Taufe dachte er gering, und verlangte, getreu seinen übrigen Anschauungen, eine geistige Durchdringung dieses Sakraments, eine Ergänzung der Wassertaufe durch Reinigung und Heiligung des Innern.

Erasmus war ein Mann für sich. Er ist es nicht blos durch die Selbständigkeit seiner Anschauungen, sondern auch durch seine eigenartige Stellung gegenüber den tonangebenden Personen. Außer ihm kann man Mutian, Reuchlin und Hutten als die eigentlichen Häupter des Humanismus bezeichnen. Zwischen ihm und dem Erstern herrschte dauernd inniges Einverständniß, weil Jener nichts für sich verlangte; Reuchlin gegenüber blieb es bei einer lauen, von Eifersucht nicht freien Anerkennung, trotz der nach dem Tode ihm erwiesenen Huldigung, mit Hutten kam es zum offenen Kampfe.

In seinen „vertraulichen Gesprächen“ gedenkt Erasmus des Gegners an zwei Stellen. In dem einen Gespräch: „Der Soldat und der Karthäuser“ erzählt er mit Heine'scher Ironie, ohne grade dessen in der Disputation ge-

gefälltes Schlußurtheil auszusprechen, von dem Streite eines Mönchs und eines Soldaten, in welchem die Streitenden sich ihre Unthaten vorwerfen, in dem andern, „die ungleiche Ehe", berichtet er von der Vermählung eines schönen jungen Mädchens mit einem elenden, von Krankheit zerfressenen Mann, dessen einziger Vorzug der Rittername sei. Wenngleich in diesen beiden Gesprächen der ritterliche Stand des Feindes verspottet wird, so handelt es sich bei dem Streite beider Männer doch nicht blos um den Gegensatz der Stände, denen sie angehören. Vielmehr sind sie Vertreter zweier verschiedener Anschauungen, durch eine weite Kluft von einander getrennt.

Erasmus war ein feiner bartloser Mann, mit leiser Stimme, mit schönen Geberden; Hutten ein derb auftretender Ritter, mit rauher Stimme, struppigem Bart, Sporen an den Füßen. Hutten war nie wohler, als wenn er auf der Landstraße einherzog, ohne Geld und Gut, nur ein paar Bücher im Ranzen, für Wohnung und Ernährung auf gastliche Freunde hingewiesen; Erasmus sehnte sich auf seinen Reisen, auf denen er wie ein hochgeborener Herr einherzog und die Huldigungen der Freunde und Verehrer wie einen schuldigen Tribut entgegennahm, stets nach der Heimath und baute sich zuerst in Basel, dann in Freiburg ein bequemes Haus, das ihm allein zur Wohnung diente. Hutten verschmähte hohe Gönner und Freunde, befand sich nur kurz und höchst ungern in Dienstbarkeit, da er Unabhängigkeit als das erstrebenswertheste Gut betrachtete; Erasmus neigte sich Größeren gern, nahm Rücksicht auf sie, wenn er auch nicht gerade in ihren Diensten stand und wies den ihn besuchenden Fremden mit Vorliebe seine Kapseln voll von Briefen seiner Freunde und Verehrer, seine Schränke, angefüllt mit goldenen und silbernen Bechern und anderen Geschenken reicher Gönner. Hatte Erasmus große gelehrte Werke geschrieben, die Frucht glücklicher Muße, bewundernswerthe Zeugnisse tief eindringenden Scharfsinns und emsigen Forscherfleißes, so kam der viel umhergeworfene Ritter nur dazu, kleine Schriften ausgehen zu lassen ohne gelehrtes Beiwerk, nur zur Erreichung bestimmter Zwecke dienend. Erasmus war ein Weltbürger, der seine Knabenjahre in Holland, seine Jünglingszeit in Frankreich und England, sein Mannesalter in Deutschland verbrachte, der kein Vaterland kannte als die Gelehrtenrepublik, keine Sprache schrieb als die lateinische; Hutten dagegen war ein Deutscher, der auch in fremden Landen sein Deutschthum nicht verleugnete, der es als die größte Schmach betrachtete, daß Deutschland noch immer von Fremden Barbarenland gescholten wurde, der deutsch schrieb, als er zur Ueberzeugung gekommen war, daß eine neue Zeit für Deutschland herangebrochen sei. Erasmus hielt sich für den König im Reiche der Geister und arbeitete, so sehr er auch die Wissenschaft liebte und zu ihrer Förderung beitrug, doch zunächst immer für sich; Hutten dagegen verwendete seine beste Kraft im Dienste Größerer, für den Ritter Sickingen und für das Ritterthum, für den Gelehrten Reuchlin und den Humanismus, für den theologischen Kämpfer Luther und für die Reformation.

So neigt sich unsere Sympathie dem ritterlichen Kämpen zu. Zudem ist er in dem Streite wenn auch der Anfänger, so doch der Beleidigte. Er war, aus Deutschland flüchtend, nach Basel gekommen, elend und dem Tode nahe und hatte gehofft, in Basel eine Freistatt und bei Erasmus freundliche Aufnahme zu finden. Beide Hoffnungen indessen schlugen fehl. Erasmus hatte den Gesinnungsgenossen schnöde zurückgewiesen, er wollte sich durch den Umgang mit dem Uebelbeleumundeten keine schlechte Nachrede und keine Gefahren bereiten.

Durch solch unerwartetes Betragen gereizt, schrieb Hutten seine Herausforderung (Expostulatio cum Erasmo), der Erasmus den erst nach dem Tode des Ritters ausgegebenen „Schwamm zum Abwaschen der Hutten'schen Bespritzungen" (Spongia adversus aspergines Hutteni) entgegensetzte. In der fast gleichzeitigen deutschen Uebersetzung führt Huttens Angriff den Nebentitel: „Handlung, allermeist die lutherische Sache betreffend". Nicht mit Unrecht. Denn die Streitschrift behandelt außer dem persönlichen Gegensatze der Kämpfenden besonders die Stellung des Angegriffenen im Reuchlin'schen Streit und in der Reformation, sie sucht Widersprüche seines Benehmens aufzufinden und verweilt mit Behagen bei Darstellung derselben, sie zeiht ihn der ungerechten Beurtheilung der Humanisten und denuncirt ihn als den seiner Vergangenheit nach entschiedensten Lutheraner, sie warnt ihn vor den Römlingen, die ihn eher als Unterworfenen und Gefangenen, denn als Freund und Wiedergewonnenen betrachten würden, und stellt eine Schilderung der kläglichen Rolle, die er jetzt spiele, der glänzenden gegenüber, die er einst gespielt.

Solche Widersprüche als nichtig zu erweisen, hatte nun freilich Erasmus leichtes Spiel. Wenn seine frühere Bedeutung von Hutten in dem Satz zusammengefaßt worden war: „Er ist der fleißige und scharfsinnige Erklärer der Bibel, der Wiederhersteller wahrer Frömmigkeit, der Verjager des Aberglaubens, der Entdecker der Betrügereien der römischen Päpste und der Wiederbringer des guten, durch ehrgeizige und habsüchtige Neuerungen verdrängten Alten, der Freiheitsbringer und Freiheitsrufer wider die tyrannischen Unterdrücker der Christenheit", so durfte Erasmus mit Stolz derartige Ruhmestitel auch für seine spätere Zeit in Anspruch nehmen. Daß er dies mit Selbstbewußtsein, in richtiger Erkenntniß seiner großen Leistungen thut, wird man ihm nicht verargen, jedoch wird man auch zugestehen müssen, daß er sich nur in wortreicher aber sachlich armer Weise gegen den Vorwurf der Doppelzüngigkeit vertheidigt und daß er durch sein heftiges Poltern gegen Hutten, von dem er wissen mußte, daß er damals schon mit dem Tode rang, eine Unwürdigkeit beging. Indessen mag der moralische Werth der Schrift noch so niedrig sein, ihr Hauptinteresse besteht in den Aeußerungen des Verfassers über seine Stellung zum Humanismus und zur Reformation. Nicht mit Unrecht äußert er, daß sein Angreifer durch die heftige Polemik „die frommen Verächter der Wissenschaften" wider ihn erregt und damit der gemeinsamen Angelegenheit geschadet habe. Er unterscheidet die Sache des Evangeliums, die er unbedingt zu der seinen macht, von der Sache Luthers; er weiß in seiner Weise den Unterschied zwischen der letztern und der Hutten'schen Richtung zu erkennen und zu bestimmen; er predigt sein altes Lieblingsdogma, daß man mit kluger Ueberredung, nicht aber mit stürmischer Gewalt Reformen durchführen solle. Er faßt einmal sein Gesammtprogramm in die Worte zusammen: „Die Gönner der evangelischen Partei mögen ihre Gunst einfach und klug beweisen, keinen geheimen Verschwörungen sich hingeben und keine Schmachbücher ausgehen lassen gegen Papst und Fürsten, denn durch solche Dinge verschaffen sie den Angegriffenen Lob und bereiten den Vertheidigten Schaden. Daher sollen die Gelehrten, deren Wissen durch solch lautes Poltern geschädigt wird, mit einander zusammenkommen, um den Zwiespalt der Welt zu beenden, sie mögen das zum Heil der Christenheit und zum Ruhme Christi ihnen Gutscheinende in geheimen Briefen Kaiser und Papst angeben, redlich und offen auftretend, wie vor Gott."

Elftes Kapitel.

Ulrich von Hutten.

Ulrich von Hutten ist am 21. April 1488 auf Schloß Steckelberg in Franken geboren. Er gehört einer tüchtigen, aber verarmten Ritterfamilie an. Der Vater hatte den Erstgeborenen Ulrich, vielleicht um ihn dem glänzenden Elende des Ritterthums zu entziehen, für den geistlichen Stand bestimmt und schickte den Elfjährigen, um die Verpflichtung frühzeitig beginnen zu lassen und unauflöslich zu machen, nach dem Stift Fulda. Aber der Sohn ließ sich nicht fesseln. Nachdem er einige Jahre klösterlichen Unterricht genossen, jedoch bevor er irgend ein Gelübde abgelegt hatte, entfloh er aus Fulda und begab sich mit seinem Befreier, dem früher schon erwähnten Crotus Rubeanus, nach Köln (1505), von dort aus nach Erfurt. Von seiner Familie nicht unterstützt, mußte er suchen seinen Lebensunterhalt sich zu verdienen und so ist diesem Streben ebensowohl wie dem humanistischen Wandertriebe sein Durcheilen der verschiedensten deutschen Universitäten zuzuschreiben. Er war in Frankfurt und Leipzig, Greifswald und Rostock, vier Hochschulen, in denen der Humanismus noch mit der Scholastik rang, meist mit dem Studium der Humaniora beschäftigt, manchmal auch als Lehrer und Dichter thätig. Dann war er in Wittenberg und Wien, an beiden Orten erfolglos bemüht, eine gesicherte Stellung zu erlangen.

Schon kündigt sich bei ihm die Umwandlung vom Humanisten zum Politiker an. Theils um diese zum völligen Durchbruch kommen zu lassen, theils um seine mangelhaften Kenntnisse der griechischen Sprache zu vermehren, theils endlich um, dem Wunsche seines Vaters folgend, dem er sich, wie es scheint, wieder genähert hatte, Jurisprudenz zu studiren, geht er nach Italien. Die Reise jedoch hat nur theilweise den beabsichtigten Erfolg. Zwar bekundet er seine patriotische Gesinnung durch Gedichte und gelegentliche Kriegsdienste im kaiserlichen Heere, aber er gewinnt dem widerwillig ergriffenen Studium keinen Geschmack ab und kehrt in die Heimath zurück als ein Feind der Rechtswissenschaft, als ein Verächter der akademischen Würde und als grimmiger Gegner geistlicher und päpstlicher Herrschaft, die er aus nächster Nähe kennen gelernt hatte.

In Deutschland trat er sofort mit aller Entschiedenheit in die geistigen Kämpfe ein, welche Deutschland damals durchtobten, und sah sich nach einer friedlichen Lebensstellung um, da schweres Leiden, das er sich nicht ohne eigene Schuld zugezogen hatte, und das die damalige ärztliche Kunst nicht zu heilen vermochte, ihn an der Führung eines rein rittermäßigen Lebens hinderte. Eine solche Stellung jedoch war nicht leicht gefunden. Trotz der Dichterkrönung (12. Juli 1517), die ihn berechtigte, an Universitäten die freien Künste zu lehren, hielt er sich von den Hochschulen fern, in der richtigen Erkenntniß, zum akademischen Lehrer nicht zu taugen, aber er, der Freie, nahm einen Hofdienst in Mainz an und schien sich anfänglich in demselben so zu behagen, daß er sogar an eine Vermählung dachte. Als unwilligen Hofmann, als Begleiter des Mainzer Kirchenfürsten haben wir ihn schon früher gesehn (oben S. 356 und 373 fg.), einmal war er sogar, im Auftrage des Mainzer Erzbischofs, als Gesandter in Frankreich.

Zuerst noch in loser Beziehung zum Mainzer Hofe, bald von jedem Dienstverhältnisse frei, lebte er nun als Schriftsteller, Politiker und Krieger. Als letzterer in dem Feldzuge des schwäbischen Bundes gegen Ulrich v. Wirtemberg, gegen den er eine Privatrache ältern Datums auszufechten hatte. Während dieses Zuges befreundete er sich näher mit Franz v. Sickingen, in dem er einen Genossen für seine geistigen, politischen, religiösen Pläne zu finden hoffte. Eines solchen bedurfte er umsomehr, da er weder in Karl V den er in eifervollen Schriften aufgerufen, noch in Ferdinand, den er durch persönliche Ueberredung zu gewinnen gehofft hatte, die erwarteten Helfer fand. In Sickingens Burgen, Landstuhl und Ebernburg, lebte er vom Herbst 1520 an, nie seine allgemeinen Pläne außer Augen lassend, hauptsächlich aber bemüht, auf seinen Freund einzuwirken, für ihn zunächst seine lateinischen Schriften verdeutschend. Eine ganz kurze Zeit erscheint er auch als Diener des Kaisers, mehrere Monate verschwindet er völlig vom Schauplatze, dann tritt er wieder bei Sickingen auf, mit ihm auf Reformen des Ritterstandes, auf Umgestaltungen des Reiches sinnend, und mit ihm Kraft und Ansehn in kleinlichen Fehden oder unwürdigen Handstreichen vergeudend. Da Sickingens Feldzug gegen Trier kläglich scheiterte, durfte Hutten auf einen Erfolg seiner politischen Pläne nicht rechnen, von Kaiser und Fürsten verfolgt, von den Geistlichen gehaßt konnte er sich in Deutschland nicht mehr halten. Er begab sich nach der Schweiz, fand in Basel kurzen Aufenthalt und, nach längerm Verweilen in Mühlhausen, eine letzte Zuflucht in Zürich. Nahe bei der letztgenannten Stadt, auf der Insel Ufenau, ist er Ende August 1523 gestorben, arm und verlassen, nach schwerer, schmerzvoller Krankheit zuletzt noch schwer und unverdient durch des Erasmus böse Verdächtigungen gekränkt.

In dem letzten Briefe, welchen Hutten schrieb, (15. Aug. 1523) „an Bürgermeister und Rath der Stadt Zürich", in welchem er sich gegen die an dieselben Adressaten gerichteten Denunciationen des Erasmus verwahrt, braucht er einmal den Ausdruck: „Dann ich je dafür gehalten sein will, daß ich alle Zeit her, seit ich aus meinen kindlichen Jahren erwachsen, anders nicht, denn einem tuglichen und frommen, rittermäßigen von Adel wohl ziemlich und der Gebühr, gehandelt und gewandelt hab."

Mit solchem Ausspruche zeichnet er am besten den Grundzug seines Wesens. Er war ein Ritter und wie er selbst nie vergaß, was er seinem

Ulrich von Hutten.
Facsimile eines gleichzeitigen anonymen Holzschnittes.

Stande schuldig sei, so verlangte er auch von den Anderen Achtung für seinen Stand und für dessen politische und sociale Rechte. Nimmt man noch die beiden Aussprüche hinzu, gleichsam seine Wappensprüche, mit denen er gern seine Briefe und Schriften schloß, den frühern: „Redlich und ohne Prunk" (Sinceriter citra pompam) und den spätern „Ich habs gewagt"

(Jacta est alea), so hat man das Bild des ritterlichen, wahrheitsliebenden, kampflustigen Mannes, der in der Geschichte des Humanismus eine eigenartige Rolle zu spielen berufen war.

Gar manche andere Humanisten traten schriftstellerisch auf, auch wenn sie an den Angelegenheiten, die sie behandelten, innerlich nicht betheiligt waren. Hutten konnte nur schreiben, wenn ihn die Sache mit fortriß. „Die Hebeamme von Huttens Geiste war der Zorn", sagt D. F. Strauß. „Seine Werke steigen an Bedeutung im Verhältniß, als die Gegenstände seines Zornes bedeutender werden, dieser selbst reiner wird."

Sein erster Zorn entbrannte wider die Lötze. Henning Lötze, Professor der Rechte in Greifswald, und dessen Vater Wedeg hatte den jugendlichen Ankömmling in sein Haus aufgenommen, gekleidet und gespeist und, sei es nun aus allgemein menschlichem Wohlwollen oder aus Rücksicht auf seinen Namen und seinen Stand, in jeder Beziehung zuvorkommend behandelt. Vielleicht war aber gerade die ritterliche Gesinnung und das humanistische Wissen des Gastes, die den Gastgeber, einen städtischen Patrizier und einen Anhänger der alten wissenschaftlichen Richtung, anfänglich bestochen hatten, Grund zur baldigen Entfremdung. Jedenfalls wurde Hutten von seinen bisherigen Wirthen aufgefordert, nach kurzem Aufenthalte Haus und Stadt zu verlassen und, wenn wir seiner Erzählung, dem einzigen Bericht über diese Ereignisse, trauen dürfen, von den Dienern des Hauses auf der Straße angefallen, seiner Kleider und Bücher beraubt, verspottet und bedroht.

Halbnackt kam er in Rostock an. Mitleidige Menschen erbarmten sich seines Elendes, die humanistisch Gebildeten wandten sich ihrem Genossen zu. Kaum hergestellt griff er zur Feder, um den ihm angethanen Schimpf in grellen Farben zu schildern. Er that dies in zwei Büchern „Klagen wider die Lötze" (Querelarum libri duo), 20 großen Gedichten in Distichen, die den neuen Rostocker Freunden und Gönnern gewidmet wurden. Ein Anderer hätte sich damit begnügt, die Gerichte und die Obrigkeit aufzurufen, freilich mit zweifelhaftem Erfolge, denn die Beschuldigten waren sehr angesehene und einflußreiche Männer. Hutten aber, wenn er sich auch dem pommerschen Fürsten und dessen Rathgeber bittend, wenn auch nicht unterwürfig naht, richtet seine Klage doch hauptsächlich an die Ritter und an die Poeten. Denn eben er macht seine Privatangelegenheit zur gemeinsamen Sache aller Männer seines Standes und seines Berufes. Die Ritter, und unter ihnen vor Allem seine Namens- und Blutsverwandten, fordert er auf, den alten Lötze, wenn er nach Frankfurt zur Messe zieht, zu fangen und ihn so lange festzuhalten, bis er, der Beleidigte, das Strafgericht an ihm vollziehen könnte. Die Dichter, besonders die ihm innig vertrauten Eoban Hesse und Crotus Rubeanus, die ihrerseits schon manche Lanze mit den Antihumanisten gebrochen hatten, bittet er, ihre Kraft auch gegen die neuen Feinde zu erproben und schickt seine Muse auf eine Rundreise durch die ihm bekannten Theile Deutschlands, vornehmlich Mittel- und Norddeutschland, um eine Truppenschau über die verfügbaren Humanisten zu halten. Er beginnt natürlicherweise mit Rostock, verweilt mit Vorliebe bei Frankfurt, wo sein Schriftchen gedruckt werden sollte, hält dankbaren Sinnes längere Zeit bei Erfurt still, gedenkt auch liebevoll seiner Mutter, während er seines Vaters nur kurz erwähnt, und schließt, gewiß nicht ohne Absicht, mit Reuchlin, der durch seine mannigfachen Leistungen seiner Vaterstadt einen unvergänglichen Namen verschafft habe. Der Grund, weswegen er sich an alle deutschen Dichter wendet, ist der, daß der grimme Feind Lötze ihnen so gut schaden könnte wie ihm, und die Aufforderung, die er an sie richtet, ist die, ihn zu beklagen, die Freiheit, die er sich genommen, zu entschuldigen und seinen Feind, den Bereiter bitterer Schmerzen, zu hassen.

Der Fluch gegen die Feinde erfüllte sich nicht, vielmehr gelangten dieselben zu immer größeren Ehren. Auch der Hutten'sche Appell an die Freunde erscholl vergeblich. Es ist wenigstens nicht bekannt, daß auch nur einer seiner Genossen sich bewogen fühlte, für ihn einzutreten, so wenig auch nur ein Ritter sich geneigt zeigte, in dieser Sache den Wegelagerer zu spielen. In den Briefen der Zeitgenossen findet sich kaum eine Andeutung der Angelegenheit. Jene Gedichtsammlung aber, ob sie nun von den Angegriffenen aufgekauft oder durch Zufall zerstört wurde, ward so selten, daß ihre Herausgabe am Anfange dieses Jahrhunderts einer Entdeckung gleichkam.

Als Feinde der Poesie und der Poeten waren die Lossier von Hutten vor ganz Deutschland denuncirt und grade deswegen dem allgemeinen Hasse preisgegeben worden. Denn die Poesie d. h. eben die Alterthumswissenschaft ist das Studium seines Lebens. Er kennt die alten Schriftsteller und führt gerne Stellen aus ihnen an, er schreibt ein klares, nicht selten elegantes, vor Allem aber durch ursprüngliche Gedanken gekräftigtes und eigenartiges Latein, er kennt die praktische Technik, wie er denn, dem Beispiel vieler Humanisten folgend, ein Lehrbuch von der Kunst des Versemachens geschrieben hat, er ist ein Meister der Prosa. In drei Arten von Prosaschriften excellirt er und grade in solchen, in denen das Persönliche, Oratorische hervortritt, also nicht in langen, lehrhaften Abhandlungen, sondern in Briefen, Reden und Dialogen; er besitzt Selbsterkenntniß genug, um die für sein Talent geeignetsten Arten zu pflegen.

Auch in Huttens speciell humanistischen Schriften kommt das persönliche Element durchaus zum Vorschein. Daher schreibt er nicht, wie so viele seiner Genossen, allgemeine Lobreden auf den Humanismus, sondern er vertheidigt nur das augenblicklich Angegriffene, mag nun er selbst oder der von ihm aufs innigste verehrte Führer der Humanistenpartei der Bedrängte sein. Vier solcher Kampfspiele sind schon erwähnt: der „Niemand", die lebhafte Vertheidigung seines Nichts-Seins und der starke Angriff gegen die hohen Träger akademischer Würden und die Verächter der Humanitätsstudien (S. 410), die Dunkelmännerbriefe, an deren Abfassung er in hohem Grade betheiligt ist, und der „Triumph Reuchlins", der ihm höchst wahrscheinlich angehört

(S. 518 ff. 522), ja der Schwanengesang des Ritters, seine bittere Fehdeschrift gegen Erasmus (S. 546), geht von einer Verherrlichung der Studien aus, denen er seine beste Kraft gewidmet hatte.

Zeigt sich in allen diesen Schriften der Zorn des Ritters, der durch Angriffe der Widersacher erregt ist, so tritt in einer andern, die man gleichfalls hierher rechnen kann, die ruhige Empfindung, die gehaltene Begeisterung für die Entfaltung der Wissenschaft mehr hervor. Diese Schrift ist das Sendschreiben an Pirckheimer, (25. Oct. 1518) die Darlegung von Huttens Lebensauffassung enthaltend. Der Nürnberger Patricier, der vielerfahrene Menschenkenner, war nämlich mit des Ritters Dialog vom Hofleben (S. 358) ebensowenig einverstanden gewesen, wie mit dem Entschlusse des Verfassers, das Leben am Hofe zu versuchen, und hatte als älterer Freund dem Jüngern Vorstellungen über diesen Entschluß und jene Schrift gemacht. Durch solche Darstellungen hatte er diesen dahin gebracht, ihm seine Auffassung des Lebens in längerer Entwickelung darzulegen. Der reiche Nürnberger Weltweise hatte seine Freude am Leben, diente, wenn es ihm gefiel, der Stadt, zog sich aber öfter zu seiner glückseligen Ruhe zurück; ihm entgegen sucht der vermögenslose Ritter, zunächst für sich, dann für die Menschen überhaupt, die Berechtigung, ja die Nothwendigkeit der Verbindung von Wissenschaft und Leben, hier insbesondere von Hofleben zu erweisen. Nicht, was er vom Hofleben sagt, interessirt uns in hohem Grade, obwohl auch hier gerade das persönliche Element eine Rolle spielt, das ritterliche Wesen, das des Anschlusses an die Mächtigen bedarf, im Gegensatz zu dem Machtgefühl des selbstbewußten Städters, der die Fürsten meidet, sich deutlich kundgibt und obwohl andererseits dieses Anschlußbedürfniß an die Gebietenden zu den Merkmalen des Humanismus gehört. Was uns an dem Sendschreiben noch heute lebhaft erregt, das ist die begeisterte Lobpreisung der Studien, die sich in ihm findet. Auch hier fehlt es nicht an dem Ritterlichen, nicht an Hohn gegen die Thoren, welche meinen, wissenschaftliche Beschäftigung sei wider die Ritterwürde, nicht an eifriger Belobigung der Wackeren, welche die Verträglichkeit des Ritterthums mit geistiger Arbeit zuerst gelehrt. Aber vor Allem spricht der Briefschreiber von sich, von seinem Eifer für die reuchlinische Sache, von seinem Muth, den Feinden entgegenzutreten und weder ihre offenen noch versteckten Angriffe zu scheuen, von seinen frohen Hoffnungen auf die gedeihliche Entwickelung geistiger Bestrebungen. Nicht ohne Selbstbewußtsein spricht er von seinem Fleiß, daß er überallhin eine kleine Bibliothek mitnehme, um jeden freien Augenblick den Studien zu weihen; „wenn Liebe zu den Studien den Gelehrten macht, dann weiche ich in dieser Hinsicht Keinem in Deutschland." Endlich werde es dahin kommen — das Folgende nach Strauß' Uebersetzung — „daß die besseren Wissenschaften wieder aufleben, die Kenntniß beider Sprachen uns in gleicher Weise wie Griechen und Italiener schmücke, in Deutschland Bildung ihren Wohnsitz nehme, die Barbarei über die hyperboreischen Berge hinaus und bis zum baltischen Meere verbannt sei. Unterdessen wollen wir das Holz der Palme nachahmen, indem wir, je schwerer jene uns auflegen, um so beharrlicher emporstreben und gegen die lästigen Unterdrücker mit unbeugsamer Hartnäckigkeit uns erheben".

Schon bei der ersten Fehde, in welcher der Zorn des Schriftstellers zum Ausbruch gekommen war, hatte er seine Privathändel zu einer allgemeinen Angelegenheit erheben wollen, nicht minder in einem andern Falle, in welchem er den Uebergang vom Humanisten zum Politiker machte.

Hans Hutten, der Sohn Ludwigs, eines Vetters unseres Ulrich, war Stallmeister des Herzogs Ulrich von Wirtemberg geworden, und besaß die Gunst des Fürsten in hohem Grade, bis er sich verheirathete. Denn die von ihm Erwählte war dem Herzog früher nicht gleichgültig gewesen, nun hoffte dieser, im Vertrauen auf die lockeren Sitten der Zeit und seinen eigenen Neigungen folgend, den Umgang mit der Verheiratheten fortzusetzen. Um solch unerlaubten Handel zu ermöglichen, fiel er dem jungen Ehemanne zu Füßen, seine unzähmbare Leidenschaft betheuernd. Von einem so ungewöhnlichen Schritte sprach Hans, theils aus Lust am Erzählen von Seltsamkeiten, theils aus Verlangen, in der schwierigen Lage sich Raths zu erholen, zu seinen und des Herzogs Nächsten. Darüber, denn die Mitwisser des Geheimnisses wahrten auch ihrerseits das Stillschweigen nicht, wurde er von seinem Herrn zur Rede gestellt, suchte drum, da es ihm unheimlich am Hofe wurde, um Versetzung in ein anderes Amt, oder Urlaub für eine Reise zu seinen Verwandten nach, konnte aber die Gewährung der Bitte nicht erlangen. Da aber erhielt er in freundschaftlicher Weise von dem Herzog die Aufforderung, ihn auf einem Ritt nach Böblingen zu begleiten (7. Mai 1515) und wurde im Walde von seinem Herrn, nachdem dieser Hofleute und Dienerschaft zu entfernen gewußt hatte, in schmählichster Weise ermordet.

Eine grauenhafte That wie diese verlangte Rache. Die gesammte Familie des Getödteten vereinigte sich auf Familientagen und gab ihrer Entrüstung in Klagen an die würtembergischen Stände, in Ausschreiben an das Reich lebhaften Ausdruck; der Werbesoldat für die Vereinigung der Getrennten, der Verkünder des entsetzlichen Ereignisses an die weitesten Kreise Deutschlands und des Auslandes, der gewaltige Strafredner war Ulrich Hutten. In fünf Reden von 1515 bis 1519 wußte er die weitesten Kreise für die Unthat zu interessiren, den Mörder als ein Scheusal, den Gemordeten als Inbegriff aller Tugenden hinzustellen, und ein Lichtbild von des Herzogs Gemahlin zu entwerfen, die ihrem Mann, übrigens ohne Rücksicht auf jene That, davongelaufen war. Er rief die Baiernherzöge, die Verwandten der Frau, die Schwaben, die Unterthanen des Mörders, endlich den Kaiser zur Rache auf. Wirklich lud der Kaiser den Herzog vor sein Gericht, ächtete ihn, da er nicht erschien, sondern eine mit Unwahrheiten angefüllte Vertheidigungsschrift schickte, schloß aber bald mit ihm einen Vertrag, demzufolge er nach Zahlung einer Entschädigungssumme und Einsetzung einer Regierungsvertretung auf sechs Jahre der Acht enthoben werden sollte. Der Vertrag wurde freilich nicht gehalten und erst nach neuen Verbrechen des Herzogs wurde vom schwäbischen Bunde ein Feldzug gegen den Landfriedensbrecher unternommen, der mit der Vertreibung desselben endigte.

An diesem Feldzuge betheiligte sich Ulrich Hutten. Aber mehr als durch seine Waffen erwirkte er durch seine kühnen Reden gegen den Herzog. Zwar übertrieb er in denselben, denn weder ist der Herzog ein solches Scheusal, noch seine Gemahlin und der Ermordete solche Lichtgestalten, wie der Redner sie schildert, aber er lieferte in diesen Reden Zeugnisse kühnsten Freimuths, hoher Begeisterung, die auch Hörer und Leser gewaltig mit fortriß. Hier erkennt man deutlich, wie der Zorn aus einem der Familie angethanen Schimpf entsteht, sich aber geläutert zum Schmerz über die traurigen Zustände Deutschlands, zur Klage über das allgemeine Weh erhebt.

Schon in diesen Reden erscheint der Kaiser als Hort des Rechts und der Freiheit. „Gib uns Gehör", so heißt es in einer derselben, „Beschützer der Unschuld, Erhalter der Gerechtigkeit, Wahrer der Freiheit, Liebhaber der Frömmigkeit. Gib uns Gehör, du Nachfolger des Augustus, Liebhaber des Trajanus, Herr des Erdkreises, Lenker des menschlichen Geschlechts. Entferne die allgemeine Furcht. Rette, was von Deutschland noch übrig ist." Dem Kaiser galt Huttens und aller Humanisten Liebe und Begeisterung, dessen Spöttern und Feinden sein Haß und sein Zorn.

Gelegenheit zu solchem Zorn war während Maximilians Regierungszeit genugsam vorhanden. Sein Ansehn in Deutschland war nicht eben groß, und die Schwäche seines Willens, Ordnung zu schaffen, hatte sich in den wirtembergischen Wirren deutlich genug gezeigt. Auch das Ausland beugte sich nicht mehr dem kaiserlichen Namen. Die Türken klopften ungebührlich laut an den Thoren des Reichs und die Italiener erinnerten sich unwillig an die alte Verbindung Italiens mit Deutschland. Gegen jene, freilich ebenso sehr gegen die Fürsten, die den Kaiser ohne Unterstützung ließen und ihrer Reichspflicht höchst ungenügend nachkamen, schrieb Hutten seine Türkenrede, von der schon früher (oben S. 373) gesprochen wurde; gegen die Italiener, hauptsächlich gegen die Venetianer, welche, auf ihre Macht und ihre isolirte Stellung vertrauend, einen ganz besondern Unwillen gegen die kaiserliche Gewalt zur Schau trugen, dichtete er heftige Epigramme (vgl. schon oben S. 276). In diesen und anderen Schriften indessen suchte er nicht nur die Abneigung gegen die Fremden zu verkünden, sondern auf die ruhmreiche und glanzvolle deutsche Vergangenheit hinzuweisen und zu lehren, daß Deutschland nicht entartet, sondern der ruhmreichen Vorzeit würdig sei, und suchte ferner von der Macht des Kaisers in hohen Worten zu reden und ihn an seine Pflichten Italien gegenüber zu erinnern. Das Gedicht, das er zu diesem Behuf im Namen Italiens an den Kaiser richtet, liest sich ganz ähnlich wie Petrarcas häufige Mahnschreiben, nur daß freilich im Munde des Deutschen der Appell des hülfeflehenden Italiens nicht so wirkungsvoll klingen konnte, wie in dem Munde des patriotischen Italieners, der selbst an den Schmerzen seines uneinigen Vaterlandes litt.

Nicht nur bei dem Anblick der kaiserlichen Ohnmacht mußte den leicht erregbaren Ritter der Zorn übermannen; er mußte vielmehr in ihm auch erwachen, wenn er die traurige Lage seiner Standesgenossen übersah. Als ein Ueberbleibsel des Mittelalters waren die Ritter in die neue Zeit hineingerathen und vermochten sich in derselben nicht mehr zurecht zu finden. Die veränderte Kriegskunst machte sie in den Heeren unmöglich oder wenigstens entbehrlich, dem neuen geistigen Aufschwunge gegenüber verhielten sie sich theilnahmlos; und der erstarkten Macht des Fürstenthums gegenüber hatten sie noch nicht gelernt, eine politische Rolle zu spielen. Diese ihnen zu verschaffen, ist Huttens Streben. Zu solchem Verlangen wird er veranlaßt durch den traurigen Zustand des Ritterthums, gefördert durch das Selbstbewußtsein, das in ihm durch die Betrachtung seiner eigenen Stellung erregt wurde, und durch das Idealbild des Ritterthums, das er in seinem Freunde Franz von Sickingen zu sehen glaubte.

Die Erneuerung der kaiserlichen Macht ist der erste Punkt in Huttens Programm. Diese Macht ist beschränkt durch das Herübergreifen des päpstlichen Armes in deutsche Verhältnisse und kann nur durch Lähmung des letztern wieder gestärkt werden. Zur Schwächung des päpstlichen Ansehns muß aber nicht blos versucht werden, die unerschwinglichen Geldforderungen der Curie aufhören zu machen, sondern eine beträchtliche Verminderung der Zahl und eine Verbesserung der Qualität der geistlichen Diener herbeizuführen. Die geistlichen Stellen müssen durch würdige und gelehrte Männer besetzt werden, wobei denn freilich die praktische Frage, wer diese Stellen zu besetzen habe, ob Papst oder Kaiser, kaum gestreift, geschweige denn erledigt wird. Nur Eines steht dem Reformator fest, daß nicht etwa die Fürsten durch Ernennung der Geistlichen ihr Beamtenheer vergrößern und ihr Ansehn stärken dürfen; sind sie ja doch die schlimmsten Widersacher der kaiserlichen Macht. Das Auftreten gegen die Fürstengewalt ist der durchgehende negative Zug durch alle politischen Aeußerungen Huttens; minder klar ist der positive. Nur das Eine ist gewiß, daß er bei seiner neuen Reichsorganisation den Rittern eine vornehme Stelle einzuräumen gedenkt. Vielleicht lassen sich in der Entwicklung seiner politischen Gedanken drei Stufen unterscheiden. Die erste ist, daß Ritter und Landsknechte ein großes kaiserliches oder Reichsheer bilden sollen, das die Ruhe im Innern zu befestigen, die Macht nach außen zu erhöhen habe. Zur Bezahlung desselben solle der „gemeine Schatz", gebildet aus den vielen durch Verminderung der Geistlichen verfügbar gewordenen Geldern dienen, der dann freilich außer zu derartigen militärischen, auch zu allgemeinen Culturzwecken verwendet werden solle. Die zweite Stufe ist die Verbindung des Ritterthums mit den Städten. Auch hier war, wenn die Darstellung in Huttens Dialog „Die Räuber" die richtige ist, Sickingen für die Klärung und Milderung der Ansichten seines heftigen Freundes erfolgreich thätig, denn während dieser die gehässige Stimmung gegen die Städter nicht los werden kann, ja zu gewaltthätigem Ausdruck bringt, sucht jener den Zorn der wahren Ritter und wahren Städter gegen die unedlen Mitglieder beider Stände, die Wegelagerer und die betrügerischen Kaufleute, und gegen die übrigen Räuber: die Juristen und die Geistlichen, zu entfachen und die also Zornigen zu gemeinsamem Streben, dem Kampfe gegen die Knechtschaft und für die Freiheit, zu vereinen. Die dritte Stufe endlich, für die sich freilich keine bestimmte Schrift Huttens als Zeugniß aufweisen läßt, würde die sein, daß zu den Städtern und Rittern die Bauern treten sollten, um für den Kaiser gegen Fürsten und Geistliche zu kämpfen. Denn eben um einen solchen Kampf, um Revolution und nicht mehr um Reform handelt es sich in Huttens späteren Schriften. Oft wird sie mit großen Worten angekündigt, aber niemals folgt eine That, welche jene Worte hätte rechtfertigen können. Die Bundesgenossen, welche der Ritter aufrief, waren mit ihm höchstens in dem einen Ziel einig, der Stärkung der kaiserlichen Macht, nicht in dem andern, der Wiederbelebung des Ritterthums; der neue Kaiser Karl aber hielt sich für stark genug, um Förderer entbehren zu können, die von vornherein erklärten, ihm nicht ohne Belohnung ihre Dienste zu weihen.

Die politischen Reformpläne Huttens sind, wie Ulmann treffend gezeigt hat, außer den Hoffnungen des Autors auf eine Erstarkung der kaiserlichen Macht, auch bedingt durch den Einfluß lutherischer Ideen von der Freiheit des Christenmenschen und der antichristlichen Tyrannei der Päpste.

Das Auftreten gegen die päpstliche Herrschaft beginnt mit Huttens literarischem Auftreten überhaupt. Zuerst freilich erscheint es als eine Nebenaufgabe, allmählich wird es ihm Hauptsache, schließlich alleiniger Zweck seines Lebens und Denkens. Humanistische, politische, religiöse Antriebe, zu verschiedenen Zeiten verschieden stark, wirken bestimmend auf ihn ein. Die ersteren lehren ihn den Haß gegen die Geistlichkeit als die Feindin des Wissens, die zweiten weisen ihn auf die beklagenswerthe Aussaugung Deutschlands, auf seine kirchliche Rechts- und Schutzlosigkeit hin, die dritten bewegen ihn zur Bestrafung der verderbten sittlichen Zustände der päpstlichen Curie.

Huttens Zorn gegen Rom bricht aus, sobald er in Italien das unpäpstliche Benehmen Julius' II. mitangeschaut. Eben dadurch unterscheidet er sich von anderen damaligen humanistischen Papstfeinden, daß er sich nicht immer in Allgemeinheiten verliert, sondern von bestimmten Einzelvorgängen ausgeht. Wie zuerst das Treiben jenes Papstes, so ist es später das Benehmen gewisser Cardinäle in Augsburg und Worms oder einzelne Vorfälle, z. B. die Erledigung von Bisthümern, an welche er anknüpft. Ferner sind es praktische Vorschläge, die er in seinen Schriften betont, Vorschläge, die besonders das Wegströmen des deutschen Geldes nach Rom verhindern und die mannigfachen Vorwände (Bau der Peterskirche, Türkensteuer), unter denen die Curie Beiträge verlangte, als nichtig entlarven sollen. Endlich sind es Lehren, die er aus der Geschichte zieht. Wie er selbst eine Anzeige „wie allwegen sich die Päpste gegen den Kaisern gehalten" schreibt, in der er aus der Geschichte den Nachweis liefert, daß noch niemals ein Papst sich redlich gegen einen Kaiser benommen habe, so gibt er antikirchliche Schriften früherer Zeit, z. B. die Vallas über die constantinische Schenkung, ferner eine Sammlung von Streit- und Lehrschriften „zur Vernichtung des Schismas“ aus dem 14. Jahrhundert heraus und begleitet sie mit eifervollen Vorreden.

Die Gedanken, die Hutten in seinen antipäpstlichen Schriften zum Ausdruck bringt, sind im Wesentlichen stets dieselben; nur der Ausdruck wird immer erregter, immer leidenschaftlicher. In einem Dialoge, „das Fieber I“, beginnt er mit leichten Kampfspielen, indem er das Fieber, das ihn plagen will, zu wohlgenährten Domherren und schwelgerischen Cardinälen schicken will; in dem folgenden „Fieber II“ empfängt er von dem Fieber, das, seiner Anweisung gehorchend, zu einem Geistlichen gezogen war, ausführlichen Bericht über das schwelgerische, insbesondere unsittliche Leben der Geistlichen, über die Gründe desselben, Müßiggang und Reichthum, und über das verderbte Rom, das solches Treiben begünstige, statt es zu unterdrücken. Gegen Rom selbst eifert er in dem „Vadiskus oder die römische Dreifaltigkeit“, einer angeblich den Mittheilungen eines römischen Consuls Vadiskus entnommenen Aufzählung von Triaden (Dreidingen), die das Unwesen Roms und des päpstlichen Hofes zeichnen sollen. Mit drei Dingen, hatte es da geheißen, treiben die Römer Handel: mit Christus, geistlichen Lehen und Weibern; drei Dinge bringen die Fremden aus Rom mit: unreines Gewissen, verdorbenen Magen und leeren Beutel; drei Dinge könnten Rom bessern: Einigkeit der Fürsten, Klugwerden des Volkes und Angriff eines Türkenheeres. Nach Deutschland, speciell nach Augsburg 1518 führt ein vierter Dialog, „die Anschauenden“, in welchem Sol und Phaeton über das zu ihren Füßen sich regende Menschengetümmel, besonders über den sich spreizenden Cardinal unterreden, durch die starken Anklagen, welche sie vorbringen, sein Mißfallen erregen, schließlich von ihm in den Bann gethan werden und mit verachtendem Lächeln sich weg von ihm in ihre himmlische Wohnung begeben.

Die genannten Schriften und manche ähnliche sind lateinisch geschrieben und mit mannigfachen humanistischen Beigaben, besonders zahlreichen Anführungen aus den römischen und griechischen Schriftstellern, versehen. Je weiter Hutten indessen in seinem Kampfe gegen Rom fortschreitet, desto mehr verändert er seine Kampfrüstung, er vertauscht die Stellen der classischen Autoren mit Sätzen der Bibel und bedient sich statt der lateinischen fortan der deutschen Sprache. Ein solcher Tausch ist aber bei ihm kein äußerlicher, sondern hängt bei ihm mit dem Wandel seiner Ueberzeugungen zusammen. Ehedem hatte er lateinisch geschrieben, theils weil sich der Gebrauch dieser Sprache für einen Genossen der gelehrten Kreise ziemte, theils weil er der Hoffnung lebte, durch einen derartigen privaten Verkehr seine Gegner umzustimmen. Jetzt schrieb er deutsch, weil er an die Oeffentlichkeit appelliren, weil er vor dem lateinunkundigen Volke seine Klagen erheben und Recht erlangen wollte. Wie er selbst einmal ausruft:

Latein ich vor geschrieben hab,
Das war eim jeden nicht bekannt,
Jetzt schrei ich an das Vaterland,
Teutsch Nation in ihrer Sprach
Zu bringen diesen Dingen Rach.

Demgemäß verdeutschte er nicht nur seine lateinisch geschriebenen Dialoge, sondern verfaßte neue Schriften in Prosa und in Versen, bei denen man eher die Empfindung hat, daß der Autor das entsprechende Werkzeug für sein Talent gefunden, als die, daß er ein ungewohntes und unpassendes Instrument handhabe. Weniger passend erscheint die Anwendung von Bibelstellen: dem streitbaren Ritter will das fromme Gewand nicht recht zu Gesicht stehen. Aber er zieht es an, nicht etwa, weil er sich unfähig fühlt, das Schwert zu führen und darum sich mit der geistlichen Kutte bekleidet, sondern um schon ein äußerliches Zeugniß abzulegen, daß er über den Humanismus heraus zur Reformation fortgeschritten sei.

Denn als Huttens Zorn zum letzten Male entbrannte, da geschah es in Sachen der Reformation. Sein Zorn galt denselben Römlingen, die er schon als nationale und als geistige Feinde bekämpft hatte. Und doch war er kein Protestant nach dem Herzen Luthers und der Seinen. Nachdem er jene Herausforderung gegen Erasmus geschrieben, in welcher er dem Gegner einen Hauptvorwurf daraus gemacht, daß dieser Luthers Sache nicht mit genügender Wärme umfaßt, nachdem er sich und die Protestanten als die „wir", als die Träger einer neuen Cultur genannt, mußte er es doch noch erleben, daß die, welche er für seine Genossen hielt, seine Schrift als eine unwürdige bezeichneten, als „schlechte Frucht eines schlechten Geistes". Aber auch Erasmus hatte mit seinem gewöhnlichen Scharfblick die Sache klar erkannt und in seiner Entgegnung auf die Streitschrift das richtige Urtheil gefällt: „Hutten ist nichts weniger als ein Lutheraner."

Hutten hatte, nachdem er zuerst Luthers Streit mit den römischen Theologen als ein Mönchsgezänk belächelt, dann als eine brauchbare Unterstützung wider die Papstgewalt betrachtet hatte, während einer Zusammenkunft mit Crotus (in Bamberg 1520) eine richtigere Anschauung von dem Wesen dieser Streitigkeit erlangt. Nun wendet er sich schriftlich an Luther, bietet ihm seine Bundesgenossenschaft an, liest seine Schriften, veranlaßt Andere gleichfalls zur Lektüre derselben und wirbt für ihn, etwa in demselben Sinne, in welchem er Humanisten und Standesgenossen zu seinen frühern geistigen und ritterlichen Kämpfen aufgerufen hatte. In demselben Sinne, denn eben die reformatorische Angelegenheit ist ihm nicht das Ziel, sonderen nur eine neue Etappe in dem großen geistig-politischen Streite seiner Zeit. Mit Hülfe Luthers und dessen Genossen will er Rom entsühnen, das Papstthum reinigen, wenn nicht geradezu vernichten, Deutschland vom geistlichen und geistigen Joche Roms befreien, vor Allem aber seine politischen Reformpläne, die Stärkung der kaiserlichen Macht und die Verrückung der Standesverhältnisse durchsetzen. Eine Zeit lang wird Luther von ihm beeinflußt, so daß unmittelbar nach der ebenerwähnten Bamberger Zusammenkunft das patriotische, um nicht zu sagen politische Moment in seinen Briefen und Schriften besonders stark hervortritt: bald hört dieser Einfluß vollkommen auf. Er hört auf, nicht etwa blos weil die Fürsten, die von Hutten als verderbliche Eindringlinge zwischen

Ritter und Kaiser betrachtet und verworfen wurden, als die festesten Stützen der lutherischen Sache sich erweisen, und demgemäß von Luther, der eines solchen Schutzes bedurfte, gepriesen werden mußten, sondern hauptsächlich deswegen, weil das tiefe religiöse Gefühl, das den Wittenberger Mönch erfüllte, und je länger desto mehr sein gesammtes Wirken bestimmte, von dem irrenden Ritter nicht getheilt, ja kaum verstanden wurde. Luthers Briefe an Hutten sind nicht bekannt, aber Aeußerungen des Erstern schon aus der frühern Zeit zeigen, wie wenig der Reformator mit den Mitteln und mit den Zielen des Ritters einverstanden war. Je weiter Hutten vorschritt, desto größer wurde die Kluft, die ihn von den Reformatoren trennte; Zeuge dafür ist das eisige Schweigen, das seit 1521 über ihn von Wittenberg aus beobachtet wird, und die Theilnahmlosigkeit, die auf die Nachricht von seinem Tode herrscht.

Huttens reformatorische Dialoge und Schriften dagegen stellen sich durchaus in den Dienst Luthers. Er verhöhnt die diesen verdammende Bannbulle, er beklagt die Verbrennung seiner Schriften, er rühmt seine Worte und seine Thaten. Wenn er auch manche lutherische Ideen absichtlich oder unabsichtlich mißversteht, wenn er auch die hussitische Bewegung, eben weil sie eine nationale war, mit allzu lebhafter Anerkennung beurtheilt, wenn er auch in den Gesprächen: „der Warner I und II" die Bekehrung des Warners nicht durch Luther, sondern durch Sickingen erfolgen läßt, als schriebe er der praktisch-ritterlichen Ueberredung doch eine größere Beweiskraft zu, als der theoretisch-theologischen, so ist er dennoch stets bereit, für und unter Luther zu streiten. Den Betheuerungen, die er fast in seiner ersten reformatorischen Schrift, der Klage um die Verbrennung der lutherischen Bücher in Mainz, in den Versen aussprach:

Dich aber, liebster Bruder mein,
Durch sollich Macht vergwaltigt sein,
Bin deinethalben ich beschwert,
Doch hoff' ich, es werd widerkehrt,
Und werd gerochen Dein Unschuld:
Drum, Diener Gottes, hab Geduld.
Möcht ich Dir aber Beistand thun
Und rathen diesen Sachen nun,
So wöllt' ich, was ich hab an Gut
Nit sparen, noch mein eigen Blut —

diesen Betheuerungen ist er bis zum letzten Augenblick treu geblieben. Denn eben in seiner letzten Schrift, der Herausforderung des Erasmus, von der man sagen kann, daß sie mit seinem Herzblut geschrieben ist, erhob er als Hauptanklage gegen den frühern Meister die, daß er von Luther abgefallen sei und feierte Letztern mit schönen Worten als den Heros des Wortes, als den Propheten, der um sich, oder besser um Christus, eine große Schaar der Besten vereinigt, als den Priester, der eins sei mit dem Worte, das er verkünde. Wenige Monate nach Abfassung dieser Schrift ist Hutten gestorben, „nichts hinterlassend“, wie ein Zeitgenosse berichtet, „weder Bücher, noch Hausrath, — nur eine Feder.“

Mit dem Tode Huttens ist die Geschichte des deutschen Humanismus zu Ende. Wie die italienische Renaissance durch den deutschen Humanismus, so wird dieser durch die Reformation abgelöst. Damit soll nicht gesagt sein, daß nicht diese wie jener auch nach dem Erscheinen der ablösenden Macht noch tüchtige Leistungen entstehen sahen. Aber der Charakter dieser Leistungen ebenso wie das Wesen der Männer, welche dieser Richtung angehören, ist nach der Reformation ein wesentlich anderer als vorher: das rein gelehrte Element wiegt durchaus vor, die Theilnahme an den nationalen, an den großen geistigen Angelegenheiten des Volkes schwindet. Sodann ist die ältere Generation ins Grab gesunken. Zwar Erasmus überlebt seinen Gegner um mehr als ein Jahrzehnt, aber Reuchlin ist gestorben, und Mutian hat sich völlig zur Ruhe, freilich nicht einer glückseligen, wie er sie träumte, begeben. Diejenigen aber, die noch Jahre und Jahrzehnte in die neue Zeit hineinleben, weilen nicht offenen Auges und theilnehmenden Sinnes in dieser ungewohnten Epoche. Man vergleiche doch, was die Wimpheling, Pirckheimer, Peutinger, Busch, Crotus, um nur einige der Bedeutenderen zu nennen, vor 1523 geleistet haben, mit dem, was sie nachher schufen, um den gewaltigen Unterschied der Zeiten zu erkennen. Nicht ihr Alter hinderte sie an ferneren Arbeiten, sondern die Theilnahmlosigkeit des Publikums. Dieses fand allein an deutschen Flugschriften und theologischen Tractaten Gefallen; das Wiederaufblühen der deutschen Sprache und die frische Entwicklung der Volksliteratur drängte die gelehrte Bildung in den Hintergrund. So freudig nun auch der Historiker diese Umgestaltung des Interesses begrüßen muß, so widerwillig ertrugen die Humanisten dieselbe, da sie in jener Veränderung keine Besserung erkennen mochten. Vielmehr blickten sie, die zumeist auch der alten Kirche treu geblieben waren, wehmüthigen Blickes auf die alte Zeit zurück, entwarfen ein Lichtbild der früheren Tage und ein Zerrbild der neuen und ihrer Reformer. Aber selbst die Protestanten, soweit sie früher Humanisten gewesen, erinnerten sich, nicht ohne trübe Seitenblicke auf die Zeitgenossen zu werfen, daran, wie schön es ehedem gewesen. Um solche Erinnerungen aufzufinden, braucht man nicht etwa in geheimen Aufzeichnungen mürrischer oder zurückgesetzter Männer zu forschen, sondern offene Bekenntnisse der angesehensten Leute bieten sich dar. Der classische Zeuge dafür ist Joachim Camerarius, der in drei Briefsammlungen und zwei Biographien, zumal der des Eoban Hesse, Material zur Erkenntniß der Humanistenzeit sammelt und gleichzeitig Versuche macht, das Material zu verarbeiten. Auch diese Biographien wie jene Briefe sind ein heller Nachklang der Humanistenepoche, zunächst der frischen und fröhlichen Erfurter Zeit, jener Zeit, da unter den Eifrigen und Fröhlichen, unter den Muthigen und Rastlosen Ulrich von Hutten einer der Frischesten und Vordersten war.

In neuester Zeit hat man Lessing einen zweiten Hutten genannt. Der Geschichtschreiber des Humanismus kann einen solchen Vergleich dankbar annehmen. Denn es geschieht Hutten eine große aber verdiente Ehre, wenn man ihn mit diesem muthigsten und kühnsten deutschen Geisteshelden zusammenstellt. So viele Eigenschaften nun Beiden gemeinsam sind, zwei müssen doch hervorgehoben werden, die Hutten im Vorzuge vor seinem Nachfolger eigenthümlich sind und die zugleich als besonders charakteristisch für den deutschen Humanismus gelten dürfen: der fröhliche Optimismus und die Jugendlichkeit des Strebens. Während Lessing nach dem Scheitern mancher Hoffnungen sich in seine Bücher vergräbt und weder von der Gegenwart noch von der Folgezeit die Erfüllung seiner Lieblingsideen erwartet, hält Hutten und mit ihm der deutsche Humanismus an der Ueberzeugung fest, daß das Gute siegen müsse, daß die Zeit in der er lebe, eine köstliche sei, einer Ueberzeugung, der er in den bekannten Worten Ausdruck gegeben hat: „die Wissenschaften blühen, die Geister regen sich, es ist eine Lust zu leben." Während Lessing in höheren Jahren grämlich und mürrisch, eben in der Stimmung des Alters, sich von den Bestrebungen und Ideen der laut und muthig auftretenden Jugend abwendet, ja den Versuch macht, gegen dieselben aufzutreten, fühlt Hutten und mit ihm die Humanistenschaar sich eins mit den Bemühungen der neuen Zeit. Er ist der ewige Jüngling, der unermüdlich ringt und kämpft und mitten in der Thätigkeit, im kriegerischen Anstürmen, dem Sieg sich nahe wähnend sein Leben beschließt. Er gemahnt unwillkürlich an den Goethe'schen Euphorion. Denn wie Jenes, so ist es auch seine Devise:

Immer höher muß ich steigen,
Immer weiter muß ich schaun.

Wie Jener, so ruft auch er den Schläfrigen und Muthlosen, den vor Schwierigkeiten und Gefahr Zurückschreckenden zu:

Träumt ihr den Friedenstag?
Träume wer träumen mag!
Krieg ist das Losungswort,
Sieg! Und so klingt es fort

Literarische Notiz.

Das folgende Verzeichniß von Quellen und Bearbeitungen zur Literaturgeschichte der Renaissance in Italien und des Humanismus in Deutschland erhebt nicht den Anspruch, eine erschöpfende bibliographische Zusammenstellung zu sein. Vielmehr will es nur einen Ersatz bieten für die absichtlich ausgelassenen Anmerkungen und den Leser in den Stand setzen, die Führer kennen zu lernen, die den Verfasser bei Ausarbeitung seines Werkes geleitet haben. — Für die italienische Renaissance überhaupt ist das Hauptwerk: Jakob Burckhardt: Die Cultur der Renaissance in Italien. 3. Aufl. hrsg. von L. Geiger, 2 Bände, Leipz. 1877 und 1878. Ihm schließen sich ebenbürtig die Arbeiten Voigts und Gregorovius' an: G. Voigt: Die Wiederbelebung des classischen Alterthums oder das erste Jahrhundert des Humanismus. Berlin 1859. 2. Aufl. Zwei Bde. 1880 und 1881. Gregorovius: Geschichte der Stadt Rom im Alterthum. 8 Bde. 3. Aufl. Stuttgart 1880. Unbedeutend ist: J. A. Symonds: Renaissance in Italy. 1. Bd.: The age of the despots. Lond. 1875. 2. Bd.: The revival of learning. Lond. 1877. 3. Bd: The fine arts, Lond. 1877, wozu dann neuerdings Lond. 1881 zwei nicht minder dicke Schlußbände: The italian literature gekommen sind, welche ebensowenig wie die früheren die großen Lobsprüche verdienen, die ihnen von manchen Seiten gezollt worden sind. Sehr fleißig gearbeitet, aber zu weitschweifig und ohne sonderliche Förderung unserer Kenntniß ist G. Körting: Geschichte der Literatur Italiens im Zeitalter der Renaissance. 1. Bd.: Petrarca. Leipzig 1878. 2. Bd.: Boccaccio. Leipzig 1880. Ebenso nur für einen Theil der hier behandelten Periode das weit angelegte Werk von Giosia Invernizzi: Storia letteraria d'Italia. Il Risorgimento. Parte I. Il secolo XV. Milano 1878, wozu dann als Fortsetzung freilich mehr der allgemeinen italienischen als der speciellen Renaissanceliteratur U. A. Canello: Storia della letteratura italiana nel secolo XVI. Mailand 1880. gehört. Einzelheiten bietet das 5 Studien über Machiavelli, Castiglione, Sannazaro, Ariosto und Guicciardini zusammenfassende Buch: A. de Tréverret: L'Italie au 16. siècle. Études littéraires, morales et politiques. 2 Bde. Paris 1877 und 1879. Wissenschaftlich und künstlerisch gleich werthlos ist dagegen: Comte de Gobineau: La Renaissance. Scènes historiques. Paris 1877. Eine gute Uebersicht gewährt P. Villari in der Einleitung zu seinem Buch: Niccolò Machiavelli e i suoi tempi. Florenz 1877. Bd. I, beachtenswerth noch einzelne Abschnitte in Band II und III. Florenz 1881 und 1882; einzelne Beiträge bieten: Hub. Janitschek: Die Gesellschaft der Renaissance in Italien und die Kunst. Vier Vorträge. Stuttgart 1879, und H. Hettner: Italienische Studien. Zur Geschichte der Renaissance. Braunschweig 1879. Zu beachten bleiben ferner die allgemeinen Darstellungen der italienischen Literaturgeschichte, unter denen H. Tiraboschi: Storia della letteratura italiana (ich citire nach der Ausgabe Florenz

1805—1812, 9 Bde.) die gelehrteste, aber auch die äußerlichste, und L. Settembrini: Lezioni di letteratura italiana detatte nell'università di Napoli. 2. Aufl. 3 Bde. Neapel 1869, die geistreichste und für die hier behandelte Zeit die eingehendste ist. Für manches Kunstgeschichtliche ist Vasari: Vite de' piu eccellenti pittori scultori e architetti benutzt (citirt nach der Ausgabe in 16 Bänden, Mailand 1807—1811.) Eine kritische Uebersicht neuerer Erscheinungen: L. Geiger: Neue Schriften zur Geschichte des Humanismus in: Historische Zeitschrift. Bd. XXXIII. (1874), 49—125.

Erstes Buch.

2. Kap. Albertino Mussato, Opera, Venedig 1636. Muratori. Script. rer. Ital. vol. X. Vgl. F. A. Wichert: Beiträge zur Kritik der Quellen für die Geschichte Kaiser Ludwig des Baiern. IV. Albertini Mussati Ludovicus Barbarus. Forschungen zur deutschen Geschichte XVI. (1871), 71—82; J. Wychgram; A. M. Ein Beitrag zur italienischen Geschichte des 14. Jahrhunderts. Leipzig 1880; für die Dramen J. L. Kleins von Materialien strotzendes, aber ins Ungemessene gehendes barockes Werk. Geschichte des Dramas. Band IV—VII, Leipzig 1860—1874, das auch für die dramatische Literatur der Folgezeit benutzt ist. Ferner Cicurgo Capelletti A. Mussato e la sua tragedia Eccerinis Parma 1882.

Latini. Fauriel: Histor. littéraire de la France XX, 276—304; Schück: Dantes classisches Studium und Brunetto Latini in: Jahrbücher für Philologie und Pädagogik 1865, 265—289. — Fil. Villani: Liber de civitatis Florentiae famosis civibus ed. Galletti 1847. — Il tesoretto ed. Zanzoni. Florenz 1824. — Li livres dou tresor ed. Chabailles. Paris 1863.

Dante. F. X. Wegele: Dante Alighieris Leben und Werke. 3. Aufl. Jena 1879. J. A. Scartizzini: Dante A., seine Zeit, sein Leben und seine Werke. Frankf. a. M. 1880. Ders.: Abhandlungen über Dante A. das. — Für die Stellen aus der Göttlichen Comödie ist die Uebersetzung von Philalethes. 3 Bde. Leipzig 1871 benutzt. Die kleineren Schriften P. Fraticelli: Opere minori di Dante. 3 voll. Florenz 1856, 1857, deutsche Uebersetzung von L. Kannegießer und K. Förster: Bibliothek italienischer Classiker. 23, 26, 27. (Für S. 14: Alfred Stern: Milton, Leipzig 1879, Bd. IV, 102). — Sodann im Allgemeinen für die ältere Zeit der Renaissance: Adolfo Bartoli: I due primi secoli della letteratura italiana. 2 Bde. Mailand 1880. E. Gebhart: Les origines de la renaissance en Italie. Paris 1879.

3. Kap. Petrarca. Opera, erste Ausgabe 1494, meist benutzt die beiden Editionen Basel 1554. Basel 1581. Auf die Fehlerhaftigkeit derselben nachdrücklichst hingewiesen zu haben ist das Verdienst von Attilio Hortis, der in den Scritti inediti di F. P. Triest 1874 mancherlei Ungedrucktes herausgegeben hat. Nicht in die Werke aufgenommen ist das große Werk de viris illustribus, das in Original und alter lateinischer Uebersetzung (von Donato degli Albanzani) neuerdings von Razzolini zum ersten Male veröffentlicht worden ist, Bologna 1874. Kritische Ausgabe der Africa von F. Corradini 1874, italienische Uebersetzung des Gedichts von L. B. Gaudo, Oneglia 1874 und Agost. Palesa, Pad. 1874. Die Briefe hat Fracassetti herausgegeben und übersetzt und zwar in den drei Werken: Epistolae rerum familiarium. 2 Bde. Florenz 1859—1863; Lettere delle cose familiari. 5 Bde. Florenz 1863—1867; Lettere senili. 2 Bde. Florenz 1869. 1870. — Poemata minora quae extant omnia ed. G. Rossetti. Triest 1828—1834. 3. Bde. — Rime, erste Ausg. Venedig 1470, eine der schönsten von Marsand, 2 Bde. 1819 und 1820. Angeblich

petrarkische von Thomas: Monumenta saecularia Monacensia. München 1859. Neuere Veröffentlichungen und Sammlungen von Carbone und Ferrato. Flor. und Pad. 1874. (Darüber und über viele andere 1874 veröffentlichte Säcularschriften: L. Geiger, italienische Schriften z. Petrarcafeier, Augsb. Allg. Ztg. 1875, Nr. 38. 57. 58. Unter diesen Gelegenheitsschriften ist aber das bedeutsame Sammelwerk: Petrarca e Venezia, Venedig 1874 besonders hervorzuheben.) Sehr empfehlenswerthe Ausgabe mit kritischen und erklärenden Anmerkungen: G. Carducci: Rime di F. P. sopra argomenti storici morali e diversi. Livorno 1876. Deutsche Uebersetzungen der Rime von K. Förster, Altenburg 1818. 3. Aufl. Leipz. 1851; K. Kekulé und L. v. Biegeleben. 2. Bde. Stuttgart und Tübingen 1844; W. Krigar. 2. Aufl. Hannover 1866; J. Hübner, 100 ausgewählte Sonette. Berlin 1868. — Bibliographien, Marsand: Biblioteca petrarchesca. Mailand 1826; Att. Hortis: Catalogo delle opere di F. P. esistenti nella Petrarchesca Rossettiana. Triest 1874 (vorzüglich); Ferrazzi: Bibl. petrarch. Bassano 1878 (unbedeutend). Verzeichnisse von Petrarca-Handschriften in den öffentlichen Bibliotheken Italiens und in den römischen Bibliotheken, letztere von E. Narducci, Rom 1874. — Biographien, die ältesten aus dem 15. Jahrhundert abgedruckt bei Tommasini: Petrarca redivivus. 2. Ausg. Padua 1650. Unter den neueren: de Sade, Mémoires sur la vie de Petr. 3 vol. Amsterd. 1764—1767, auch deutsch 3 Bände Lemgo 1775—78. Baldelli: Vita di F. P. zuerst 1797. Blanc: Petrarca in Ersch u. Gruber Realencyklop. III. Ser. 19 Bd. S. 204—254. Mezières: Pétrarque Paris 1868, 2. Aufl. 1873. L. Geiger: Petrarca Leipz. 1874. — Einzelheiten: Zumbini Studi sul Petrarca Neapel 1878. — A. Viertel: Die Auffindung von Cicero's Briefen durch P. Königsberg i/Pr. 1879 vgl. G. Voigt in den Berichten der sächs. Akad. d. Wiss. Juli 1879.

4. Kap. Boccaccio. Opere volgari hgg. von Moutier, 17 Bände Florenz 1827—1834. Eine Gesammtausgabe der lateinischen Schriften existirt ebensowenig wie eine neue Ausgabe einzelner Schriften, vorzügliche Nachweisungen über Handschriften, Drucke der einzelnen Schriften und reichhaltige gelehrte Anmerkungen über dieselben bietet das sehr umfangreiche Werk von Attilio Hortis: Studi sulle opere latine di B Triest 1879. Vgl. ferner Bibliografia Boccacesca oder Serie delle edizioni delle opere di G. B. latine, volgari, tradotte e trasformate hgg. von Franc. Zambrini, Bologna 1875. — Le lettere edite et inedite, hgg. übersetzt und erklärt von Francesco Corraggini Florenz 1877. — In deutscher Sprache ist fast nur das Dekamerone übersetzt, dieses häufig genug, die verbreitetste wohl die von D. W. Soltau 3. Ausg. Berlin 1874. — Biographien: Baldelli, Vita di G. B. Florenz 1806. M. Landau: G. B., sein Leben und seine Werke Stuttg. 1877. — Vgl. ferner Schück: Zur Charakteristik der italienischen Humanisten des 14. und 15. Jahrh. Breslau 1857.

5. Kap. Lini Colucii Pierii Salutati epistolae edd. a Jos. Rigaccio 2 Bände. Florenz 1741—42. Auch Mehus beabsichtigte eine Briefsammlung herauszugeben, von der auf Bände berechneten Sammlung ist indessen nur ein Band (1741), 31 Briefe enthaltend, erschienen. — Ueber Marsigli einige an ihn gerichtete Briefe Petrarcas und die Darlegung Fracassetis Lettere senili II, 246 ff. Gedruckt von ihm Commento a una canzone di F. Petrarca. Bologna 1863 und lettera contro i vizi della corte del papa in Rivista contemp. 1872. — An Giov. de Ravenna gibt es einige Briefe von Salutato und Petrarca, andre hat Voigt in einer Leipziger Handschrift entdeckt. Vs. chronologische Untersuchung, Wiederbelebung I, S. 216 A 1. — Il Paradiso degli Alberti ritrovi e ragionamenti del 1389 a cura di Alessandro Wesselofsky.

3 Bände, Bologna 1867. Die 2 ersten Bände enthalten die Einleitung, der dritte den Text. — Sachettis Novellen 1. Ausg., Florenz 1724; Ausgabe der Werke von O. Gigli, 3 Bände. Florenz 1857 bis 1861. Wichtig für die Novellisten überhaupt: M. Landau, Beiträge zur Geschichte der italienischen Novelle. Wien 1875. — Die zahlreichen Ausgaben von Villani's Geschichtswerk sind bei Potthast, Biblioth. hist. medii aevi p. 562 fg., Nachtragsband 117 fg. verzeichnet. Vgl. Gervinus, Geschichte der florentinischen Historiographie. in: Historische Schriften. Frankfurt a. M. 1833. — Fil. Villani's Biographien sind in mehrfachen z. th. apokryphen italienischen Uebersetzungen, der lateinische Text erst Florenz 1847 von Galletti u. d. T.: Liber de civitatis Florentiae famosis civibus herausgegeben worden. — Ueber Zan. da Strada, Fracassetti, Lett. fam. del Petrarca III, p 126—130. — Il Dittamondo. Vicenza 1474, Venedig 1501, die neueste mir bekannte Ausgabe. Venedig 1836.

6. Kap. Für Cosimo die allgemeinen Werke über die Medici vgl. unten Kap. 10. Zeitgenössische Lob- und Schmähschriften, theils handschriftlich, theils nicht vollendet: Giov. Mar. Filelfo, Cosmiades sive de laud. Cosmi Med. libri II. Amerigo Corsini de vita C. M. patris patriae und Franc. Filelfo: Commentarionum florentinarum libri 3 ad Vitalianum Borrhomaeum (beabsichtigt waren 10 Bücher). Das Hauptwerk bleibt noch immer: Ang. Fabroni, Magni Cosmi Medicei vita. Pisa 1789. Für die Literatur des ersten mediceischen Kreises, dann für die Schriftsteller des 15. Jahrh. überhaupt höchst wichtige Quelle: Vite di uomini illustri del secolo XV scritte da Vespasiano da Bisticci stampate la prima volta da Angelo Mai [im Spicilegium Romanum 1839, mit besonderm lateinischen Titel] e nuovamente da Adolfo Bartoli. Florenz 1859. Ferner die mächtige Einleitung von Mehus zu seiner Ausgabe der Epistolae Ambrogii Traversarii. Flor. 1749. Diese Briefe schon vorher, wenn auch nicht so vollständig, in Martene und Durand, Vett. script. ampl. collectio t. III, p. 6—728. Von A. T. ferner Hodoeporicon, gleichfalls von Mehus herausgegeben, Florenz 1680, über ihn C. Meiners, Lebensbeschreibungen berühmter Männer aus der Zeit der Wiederherstellung der Wissenschaften. Zürich 1796. II, S. 222—307. — Vespasiano Bisticci Commentario della vita di Messer Gianozzo Manetto hgg. von P. Fanfani, Turin 1862, Band 2 einer Collezione di opere inedite e rare. [Die Biographie in den vite ist nur ein Auszug aus dem Comm.] ferner Naldius Naldi: Vita G. M. bei Muratori XX, col. 532 ff. — Leonardi Bruni Aretini epistolae ed. Mehus. Flor. 1742. 2 Bände, mit einer sehr großen Einleitung über das Leben, neuerdings Cirillo Monzano, Archivio storico, nuova serie vol. V, p. I, 29—59, p. II, 3—34; historiarum florentini populi libri XII, Argent. 1610; rerum in Italia suo tempore gestarum commentarius seu libellus de temporibus suis libri 2, bei Muratori vol. XIX auch in mehrfachen Sonderausgaben; die griechische Schrift περὶ πολιτείας Φλωρεντίνων hgg. von L. W. Hasper. Leipzig. 1861, deutsch von K. Fr. Neumann, Frankf. 1822. — Shepherd life of Poggio italienisch bearbeitet und vermehrt von Tonelli, 2 Bände. Florenz 1825. Opera Franc. Poggii. Basel 1513 u. öfter. Epistolae Poggii Florentini hgg. von Tonelli. 1. Band. Flor. 1832, 2. Bd. 1859, 3. Band 1861, die letzten beiden von ungeheurer Seltenheit. Die florentiner Geschichte ist neu edirt. Die Schrift: De balneis prope Thuregum sitis descriptio franz. und lateinisch: Les bains de Bade hgg. von A. Méran. Paris 1876. Ueber Einzelnes Reifferscheid, die Quintilianhandschrift Poggios im Rhein. Museum f. Philologie N. F. Bd. 23 (1866) und die Einleitungen zu den neuen kritischen Ausgaben lateinischer Autoren. Ganz thöricht ist Roß: Tacitus and Bracciolini. The annals forged

in the XVth century. London 1878. — Ueber Florentiner Universität und Florentiner Studien überhaupt Prezziner, Storia del publico studio di Firenze, 2 Bde. Flor. 1788 fg.

Florentiner Concil: Pichler: Geschichte der kirchlichen Trennung zwischen Orient und Occident von den ersten Anfängen bis zur jüngsten Gegenwart. 2 Bde. München 1864 und 1865. Bd. 1, 380 ff. Frommann: Kritische Beiträge zur Geschichte der Florentiner Kircheneinigung. Halle 1872. — Fritz Schultze: Geschichte der Philosophie der Renaissance. 1. Bd. Ge. Gem. Plethon und seine reformatorischen Bestrebungen. Jena 1874. C. Alexandre: Traité des lois ou receuil des fragments. Paris 1858. — Wolfgang von Goethe: Studien und Forschungen über das Leben und die Zeit des Cardinals Bessarion, 1395—1472. Abhandlungen, Regesten und Collektaneen. Als Manuscript gedruckt (Weimar) 1871. Henri Vast: Le cardinal Bessarion (1403—1472), étude sur la chrétienté et la renaissance vers le milieu du 15 siècle. Paris 1878. Bessarionis Opera omnia bei Migne. Patrologie grecque, Band 161, Paris 1868. — Sieveking: Geschichte der platonischen Akademie. Göttingen 1812, eine oft angeführte, aber gänzlich unbedeutende kleine Schrift. — Ueber Giovanni Cavalcanti, Gervinus, historische Schriften 1833, S. 73—80. Istorie Florentine ed F. Polidori. 2 Bde. Florenz 1838. 1839. — Marsilii Ficini Florentini insignis Philosophi Platonici opera. 2 Bde. Fol. Basel 1561. Leopoldo Galeotti: Saggio intorno alla vita et agli scritti di M. F. im Arch. stor. ital. Nuova Serie vol. IX, 25—91, vol. X, 4—55. — Ueber Landino: A. M. Bandini, Specimen lit. Flor. saec. 15. 2 Bde. Florenz 1748 und 1751. Commento di Chr. L. sopra la comedia di Dante. Flor. 1481, darüber C. Hegel: Ueber den historischen Werth der ältern Dantecommentare. Leipzig 1879, S. 71—84.

Für Kapitel 7 u. 8 ist nochmals auf: Gregorovius, Gesch. der Stadt Rom (Bd. VII) zu verweisen; sodann auf Georg Voigt: Eneo Silvio Piccolomini als Papst Pius II. 3 Bde. Berlin 1856—1863. Stef. Porcaro: Petri de Godes Vicentini Dyalogon de conjuratione Porcaria hrsg. von M. Perlbach. Greifswald 1879. — Ueber Nic. Perotto, Zeno: Dissertationes Vossianae I, 256—274. — Kunstthätigkeit: E. Muntz, Les arts à la cour des papes. 2 Bde. Paris 1878 und 1879, ein ausgezeichnetes Werk, das, trotzdem es seinem Titel nach nur der Kunstgeschichte anzugehören scheint, auch wichtige Beiträge zur Literaturgeschichte bietet. — L. B. Alberti: Opere volgari ed. Bonucci. 5 Bde. Florenz 1844 ff. Vita. (wahrscheinlich Selbstbiographie) bei Muratori, Script. rer. Ital. XXV, 295 ff. A. Springer: Bilder aus der neueren Kunstgeschichte. Bonn 1867, S. 69—102; viele Notizen bei Jakob Burkhardt: Geschichte der Renaissance (2. Aufl. Stuttg. 1878) passim. — Laurentii Vallae opera omnia. Basel 1543 (enthalten nicht die Geschichtswerke). Ferner: L. V. Opuscula tria ed. J. Vahlen, Wien 1869. 3 Hefte. Gleichfalls von Vahlen: Lor. V. 2. Ausg. Berlin 1870. Zumpt: Leben und Verdienste des L. V. in A. Schmidts Zeitschrift für Geschichtswissenschaft. Bd. IV. Originell sind H. Janitschek's Ansichten (Gesellsch. der Ren. S. 16 ff.), lehrreich Invernizzi, S. 105—143. — Maffeo Vegios Schriften sind zumeist in der Bibliotheca maxima veterum patrum. Leyden 1677, S. 632—787 gedruckt; Ces. Vignati: Elegio di M. V. di Lodi 1855. — Die Werke des Biondo Flavio sind nicht gesammelt: Roma instaurata mit Italia illustrata zusammen erschien Rom 1474. Roma triumphans zuerst Brixen 1462, die Dekaden zuerst Venedig 1483. Für die Werke des Enea Silvio ist, statt zahlreicher Citate, auf die vortrefflichen Nachweisungen in G. Voigts oben angeführtem Buche zu verweisen. — Neugedruckt ist nur die Schrift: De viris illustribus (Publik. des Stuttg. litter. Vereins I, 1839);

von neueren Abhandlungen seien genannt über die Briefe G. Voigt im Archiv für österr. Gesch. Bd. XVI; ferner: Victor Bayer: Die historia Friederici III. imperatoris des E. S., eine kritische Studie zur Geschichte des Kaisers Friedrich III. Prag 1872. — Hieronymi Aliotti Aretini Epistolae et opuscula ed. Gabr. Mar. Scarmalli. 2 Bde. Arezzo 1769. Jo Ant. Campani Opera. Rom 1502, ed. Mich. Fernus. J. A. C. Epistolae et poemata una cum vita auctoris rec. Joh. Burch. Menke Leipzig 1707 — Platinae Opera. Köln 1529. Die vitae pontificum das., auch 1574. Daniel Moller: Disputatio de Platina. Altorf 1694. — Für Paul II.: Muntz' obenerwähntes Werk. Band II. Für Sixtus IV. bes. die Nachweisungen von Gregorovius VII, 527 ff., 646 ff. — Jac. Volaterrani Diarium Romanum bei Muratori XXIII. Ueber ihn und die Nachfolger einige Bemerkungen bei Ranke, zur Kritik neuerer Geschichtschreiber. 2. Aufl. 1874. — Burchardi diarium oder Hist. arcana sive de vita Alexandri VI. papae ed. Leibnitz, Hannover 1697. ed. Genarelli, Florenz 1855; über ihn H. Heidenheimer: Ein deutscher Ceremonienmeister am päpstlichen Hofe. Grenzboten III, 1879, S. 178—190. — Steph. Infessura, publicirt von Eccard, Corpus hist. II.; dann bei Muratori III. 2, S. 1109 ff. Römische Leiche: s. d. von Janitschek S. 120 veröffentlichten Brief: Bartolomaeus Fontius Francisco Saxetto. Rom, 17. April 1485. — Pomponio Leto: Sabellicus: vita Pomponii in den Epistolae des Sabellicus liber XI, auch separat Straßb. 1510. Elogium Michaelis Ferni in Fabricius: Bibl. med. et infim. latinitatis, tom. VI. append. ed. Mansi und Petri Marsi funebris oratio habita Romae in obitu Pomponii Leti. Rom, o. J. (vgl. Tiraboschi VI, 645).

9. Kapitel. Mailand: Corio, storia di Milano ed. Mailand 1503. de Gingins: Dépêches des ambassadeurs milanais. 2 Bde. Paris und Genf 1858. Joh. Simoneta: De rebus gestis Francisci I. Sfortiae bei Muratori, Scriptores tom. XXI. Universität Pavia neuerdings: Memorie e Documenti per la storia di università di Pavia. Literatur: Saxius: hist. lit. typ. Mediol. Bibliothek: Indagini storiche artistiche e bibliografiche sulla libreria Viscontea Sforzescha del Castello di Pavia. Mailand 1875. — Antonii de Luschis Carmina quae supersunt fere omnia. Patavii 1858. Vgl. Giov. da Schio: sulla vita e sugli scritti di Antonio Loschi. Padova 1858.— Gasparini Barzizii et Guiniforti filii opera ed. J. A. Furiettus. Rom. 1723. 2 Bde. G. F. H. Beck: Dissert. inaug. de Orosii fontibus — et alia de Antonii Raudensis aliquo opere inedito. Marb. 1832.

P. Cand. Decembrio. Für die bei ihm wie später bei Anderen — Isotta von Rimini, Bojardo, M. A. Flaminio — erwähnten Medaillen vgl. das Werk von A. Armand: Les médailleurs italiens des 15 et 16 siècles. Essai d'un classement chronologique de ces artistes et d'un catalogue de leurs oeuvres. Paris 1879. Ueber denselben Gegenstand neuerdings die vorzüglichen Arbeiten von Julius Friedlaender: Die Vaticanischen Schaumünzen des 15. Jahrhunderts, Berlin 1881, 1882, und Alois Heiß: Les médailleurs de la Renaissance, drei Foliohefte, Paris 1881 bis 1883. Ueber den Vater Uberto Decembrio vgl. L. Geiger, Beziehungen zwischen Deutschland und Italien zur Zeit des Humanismus in: Zeitschrift für deutsche Culturgeschichte 1875, S. 104—109. Die von P. C. Dec. geschriebenen Vitae Filippi Mariae und Franc. Sfortiae bei Muratori, Script. XX. — C. Rosmini: Vita di Fr. Filelfo. 3 Bde. Mailand 1808. Epistolae Filelfi. Venedig 1502. fol. Satirae seu Hecatostichon Decades II. Mailand 1476. — Mantua: Ant. Possevini jun. Gonzaga. Mantua 1628. Bettinelli: Delle lettere e delle arti mantovane. Mantua 1774.

Ch. N. Arco: Delle arti e degli artifici di Mantova. Mantua 1857 58. 2 Bde. Briefe der Isabella herausgegeben von d'Arco, im Arch. storico, Appendice II, 206—326. — Tavari: Notizie stor. intorno a studio pubbl. ed ai maestri ... che tennero scuola in Mantova. Mantua 1876. F. Prendilacque: Vita Victorini Feltrensis lat. hrsg. von N. della Laste Pad. 1774, ital. von Brambilla, Como 1871 (andere Quellenschriften bei Voigt 1, 537 A. 1). C. Rosmini: Idea dell' ottimo precettore nella vita e disciplina di Vittorino de Feltre e de' suoi discepoli. Bassano 1801. — Battistae Mantuari Opera omnia. 4 Bde. Antwerpen 1556, vita von Florid. Ambrosio. Turin 1784. — Angelo Dalmistro: Elogio di Teofilo Folengo. 2. Ausg. 1803. Maccaronicum opus. 1. Ausg. Ven. 1517. [F. W. Genthe: Geschichte der maccaronischen Poesie und ihrer vorzüglichsten Denkmale. Halle und Leipzig. 1829.] Orlandino, 1. Ausg. Ven. 1526. Atto della Pinta s. Drammatiche rappresentazioni di Sicilia (Palermo 1875) t. I, 39—261. — Della vita e delle opere di Antonio Urceo detto Cadro. Studj e ricerche di Carlo Malagola. Bologna 1878. Verona: Giuliari: Della letteratura Veronese al cadere del secolo XV e delle sue opere a stampa. Bologna 1876. C. Rosmini: Vita e disciplina di Guarino Veronese e de' suoi discepoli. Brescia 1805—1806. 3 Bde.

10. Kap. Zeitgenössische Biographie des Lorenzo von Medici von Nic. Valori ital. 1568, lateinisch herausgegeben von Mehus 1749. Spätere: Fabroni: Laurentii Medicei magnifici vita. Pisa 1784, 2 Bde. Roscoe: Life of Lor de Medici called the Magnificent London 1795. 10. Aufl. London 1851, in alle Sprachen übersetzt, 1797 schon ins Deutsche, dazu von demselben: Illustrations historical and critical of the life of L. d. M. 1822; dagegen Sismondi: Histoire des républiques italiennes. Band II und Gino Capponi: Arch. storico 1, besonders: Storia della republica di Firenze. 2 Bde. Florenz 1875. Alfred von Reumont: Lorenzo de' Medici il Magnifico. 2 Bde. Leipzig 1874. B. Buser: Die Beziehungen der Mediceer zu Frankreich während der Jahre 1434—1494 in ihrem Zusammenhang mit den allgemeinen Verhältnissen Italiens. Leipzig 1879. Ders.: Lorenzo di Medici als italienischer Staatsmann. Eine Skizze nach handschriftlichen Quellen. Leipzig 1879. Albert Castelnau: Les Médicis. 2 Bde. Paris 1879 (auch für Cosimo und Leo X. sehr wichtig). Einzelne Briefe der Lucrezia Tornabuoni. Hrsg. von Cesare Guasti. Florenz 1857, ihre Gedichte in der großen Ausgabe der Laude. Florenz 1863. Die Werke Lor. v. Med. sind vielfach gedruckt (vgl. Gamba, Testi di lingua. S. 648—660), hervorzuheben die Prachtausgabe: Opere. 4 Bde. Florenz 1825 und die hübsche Edition von Carducci: Poesie. Florenz 1859. — Ang. Politiani opera. Basel 1553. De conjuratione Pactiana commentarius. Florenz 1478, neu gedruckt das. 1769. Prose volgari inedite e poesie latine e greche edite e inedite. Hrsg. von Isidore del Lungo. Florenz 1869. Stanze, Ottave, Rime. Hrsg. von Giosuè Carducci. Florenz 1863, praelectio in priora Aristotelis analytica cui titulus Lamia (1482), ital. übersetzt von Isidore del Lungo. Florenz 1875. Von demselben Aufsätze über A. P. im Arch. stor. ital. ser. III, Bd. 11 und Nuova antologia Bd. X. Ferner, Mencken, Historia vitae A. P. Leipzig 1736 und J. Mähly: A. P. Leipzig 1864. — Lettere di Luigi Pulci a Lorenzo il magnifico e ad altri. Lucca 1868 (hrsg. von Salvatore Bonghi). Sonnetti di Matteo Franco e L. P. Venedig 1520. Il Morgante maggiore 1. Ausg. Venedig 1487, neuerdings con note philologiche von Pietro Sermolli. Florenz 1855. Darüber: La materia del Morgante in un ignoto poema cavalleresco del secolo XV per Pio Rajna. Bologna 1869. Ciriffo Calvaneo.

Florenz 1490, neue Ausgabe von S. L. G. E. Audin. Florenz 1854. Ueber Pulcis, Bojardos und Ariosts Rittergerichte die gelehrten und geistreichen Bemerkungen bei Leopold Ranke: Zur Geschichte der italienischen Poesie. Berlin 1837. — Joh. Pici Mirandulensis Opera omnia. 1. Ausg. Venedig 1498, dann z. B. 2 Bde. Basel 1572 (am Anf. eine vita des Verf. von seinem Neffen Joh. Franc. Picus): eine wenig genügende Biographie gibt Meiners, Lebensbeschreibungen berühmter Männer. Bd. II (das. auch eine größere gleichfalls unzureichende Arbeit über Ang. Poliziano). — Ein genaues Verzeichniß der Schriften Savonarolas und der über ihn handelnden biographischen Literatur in dem Hauptwerk von Pasquale Villari: La storia di Girolamo Savonarola. 2 Bde. Florenz 1859 und 1861; ferner Perrens: Jérôme Savonarole. 2 voll. Paris 1853 und Ranke: S. und die florentinische Republik gegen Ende des 15. Jahrhunderts in dessen: Historisch-biographische Studien. Leipzig 1878. S. 181—358.

11. Kap. Urbino. Dennistoun: History of the Dukes of Urbin. Bde. London 1853. 54. Fil. Ugolino: Storia di conti e duchi d'Urbino. 2 Bde. Florenz 1859. — Ueber Gism. Malatesta Symonds: Sketches of Italy and Greece. London 1872. Besonders Ch. Yriarte: Rimini. Un condottiere au 15 siècle, études sur les lettres et les arts à la cour des Malatesta Paris 1882. — Guidobaldo und Elisabeta: P. Bembus, De Guidobaldo et Elisabeta Gonzaga ducibus. Venedig 1530, auch in den wichtigen Opera Bembi. Basel 1556, für Bembus außerdem noch die zahlreichen Ausgaben seiner italienischen Briefe. — Bald. Castiglione: Il cortegiano (Classikerausgabe). 2 Bde. Mailand 1803. Opera latina ed Serassi. Bergamo 1773. Ueber ihn: A. de Tréverret: L'Italie au 16. siècle. 2 Bde. Paris 1877 und 1879, ein Buch, das auch für Ariost, Sannazaro und Macchiavelli zu vergleichen ist.

12. Kap. Ferrara. Annales estenses, Muratori, Script. rer. Ital. XX; diario Ferrarese das. XXIV. Paul. Jovius: vita Alfonsi ducis (Florenz 1550), italienisch von G. B. Gelli. Florenz 1555. — Gregorovius: Lucrezia Borgia. 2 Bde. Stuttgart 1874. 3. Aufl. — Borsetti: Historia almi Ferrariae gymnasii. 2 Bde. Ferrara 1733. Barotti: Memorie istoriche di Letterati Ferraresi. 2 Bde. Ferrara 1792 und 1793. — Strozzii poetae pater et filius. Venedig 1513. — Coelii Calcagnini Opera. Basel 1544. Gyraldi opera. Basel 1580. Leyden 1696. — Bojardo: Orlando innamorato. 1. Ausg. Venedig 1486, erste vollständige Scandiano 1495, neuerdings Antonio Panizzi: Orl. inn. di Bojardo (nach der Ausgabe von 1513) ed Orl. fur. di Ariosto with an essay on the romantic narrative poetry of the Italians; memoirs and notes. 9 Bde. London 1800ff. Bojardos Werk ist aber hauptsächlich in den Umarbeitungen von Domenichi und Berni bekannt geworden. Deutsche Uebersetzungen von J. D. Gries. Stuttgart 1835—39, 4 Bde; G. Regis. Berlin 1840. — Ariosto. G. A. Barotti: Vita di L. A. Ferrara 1773. Fernow: Leben L. A. des Göttlichen, nach den letzten Quellen bearbeitet. Zürich 1809. Neuerdings: Biographie von Pipoli. Ferrara 1875. Opere minori ed. Fil. L. Polidori. 2 Bde. Florenz 1857. Le Satire autografe publ. dal comitato ferrarese. Bologna 1875 (deutsche Ausgabe von Ahlwardt. Berlin 1794). Lettere di L. A. tratto dall'archivio di stato in Modena. Hrsg. von Antonio Cappeli. 2. Ausg. Bologna 1866. Orlando furioso. 1. Ausg. 1516, nur 40 Gesänge enthaltend, wieder abgedruckt von Crescentino Giannino. 2 Bde. Ferrara 1875. Erste vollständige Ausgabe (46 Gesänge) 1532; eine der neuesten con note e discorso proemiale di Giacomo Casella. Florenz 1877. 2 Bde. Deutsche Uebersetzungen, die erste von Dietr. v. Werder 1636, die besten von J. D. Gries.

4 Theile. Jena 1804—1808 und K. Streckfuß. Halle 1819—1825. 6 Bde.; neuerdings illustrirte Ausgabe übersetzt von H. Kurz mit Einleitung von P. Heyse 1882 und Gildemeister 1882. Erläuterungsschriften: U. Guidi: Annali delle edizioni e delle versioni dell Orl. fur. e d'altri lavori al poeme relativi. Bologna 1861. Manuale Ariostesco del dott. G. B. Bolza. Venedig 1866. Raini: Fonti dell' Orl. fur. Florenz 1876.

13. Kap. Neapel. Panormita: de dictis et factis Alphonsi. Trist. Caracciolo: De Fernando qui postea rex Aragonum fuit ejusque posteris bei Muratori XXII; Cam. Porzio: Congiura de 'Baroni del regno di Napoli contra il re Ferdinando I, neue Ausg. Neapel 1859. Regis Ferdinandi primi instructionum liber 1486—1487. Hrsg. von Scipione Volpicella. Neapel 1861. — Ant. Panormitani Hermaphroditus. Primus in Germania edidit et apophoreta adjecit F. C. Forbergius. Coburg 1824. Epistolae A. P. Venedig 1533. — Pontani Opera 4 Bde. Basel 1556. Vgl. C. M. Tallarigo: Giovanni Pontano e i suoi tempi. 2 Bde. Neapel 1874. — Sannazaro: Opere vulgari. Padua 1723. Opera omnia. Venedig 1535, Amsterdam 1689 und mehrfach. Schlechte Uebersetzung des Gedichts de partu virginis bei Th. A. Fastnacht: Drei Perlen der neulateinischen Poesie. Leutkirch und Leipzig 1875.

14. Kap. Für die Ueberschrift des Kapitels und das Historische überhaupt. Ranke: Geschichte der romanischen und germanischen Völker von 1494—1514. 2. Aufl. S. 207—266. Ferner Brosch: Papst Julius II. und die Gründung des Kirchenstaats. Gotha 1878. Ders.: Geschichte des Kirchenstaats. 1 Bd. Gotha 1880. Romanin: Storia documentata di Venezia. Venedig 1855 ff. Bd. 3—5. Als neu edirtes Quellenwerk die Dispacci di Ant. Guistiniani hrsg. von Pasquale Villari. 3 Bde. Florenz 1876 (für die Jahre 1502—1505). Sodann Bembus: Hist. Venet. Als Quellenschriften ferner: Chronicum venetum bei Muratori: vol. XXIV. Malipiero: Annali veneti. Bd. VII. Joh. Bapt. Egnatii de exemplis illustr. virorum Venetae civitatis atque aliarum gentium. Paris 1554. Sansovino: Venezia citta nobilissima e singolare descritta in 14 libri. Venedig 1581. — Vita Bernardi Justiniani ed. Antonio Stella. Venedig 1533. — Franc. Barbari et aliorum ad ipsum epistolae 1425—1453 ed. Quirini. Brescia 1743. Von dems.: Diatriba praeliminaris in duas partes divisa ad F. B. epistolas. Brescia 1741. — Andreae Naugerii orationes duae carminaque aliquot. Venedig 1530. A. N. Opera ed. Gianantonio Volpi Padua 1718. — Jul. Schück: Aldus Manutius und seine Zeitgenossen in Italien und Deutschland. Berlin 1862. A. F. Didot: Alde Manuce et l'hellénisme en Venise. Paris 1875. L. Geiger: Aldus Manutius und die deutschen Humanisten in: Zeitschr. f. deutsche Culturgesch. 1875. S. 112—124. — Für Michel Angelo: A. Springer: Rafael und Michelangelo. Leipzig 1876; H. Grimm: Leben Michelangelos. 5. Aufl. Braunschweig 1881. Ders. neuerdings: Fiorenza (zu Dantes und Michelangelos Gedichten). Preuß. Jahrb. (1881). Die Gedichte, auf welche in Grimms Aufsatz Bezug genommen ist, am besten bei Guasti, casate degli autografi. Florenz 1863, deutsch von Sophie Hasenclever. Leipzig 1872. —

15. Kapitel. Roscoe: the life of Leo X. in sehr vielfachen Ausgaben, besser die italienische Uebersetzung von Bossi 7 Bde.; auch mehrfach deutsch übersetzt. Audin: Historie de Léon X. 3 Bde. Von Quellenschriften: Paul Jovius: Vita Leonis X. Jovi vitae. — Eine ältere Arbeit von Fabroni: Vita. Pisa 1797. Ferner Ranke: Päpste. Deutsche Geschichte im Reformationszeitalter Band 1 und die citirten Werke von Gregorovius, Castelnau, Brosch. — Bandini: Il Bibbiena ossia il ministro di

stato. Livorno 1758. Erste Ausgabe der Calandra Siena 1521, neue Ausgabe, Triest 1858. — Opera Sadoleti. 3 Bde. Verona 1737 mit einer vita des Antonio Fiordibello. Sadoleti epistolae quotquot extant. 5 Bde. Rom 1760. — Ueber Pietro Pomponazzo sind die Geschichten der Philosophie, z. B. Ritter zu vergleichen. Schriften: Tractatus de immortalitate animae, vollendet 1516. 1. Ausgabe 1534. Sein de naturalium effectuum admirandorum causis seu de incantationibus liber mit den übrigen Schriften zusammen in Petri Pomponatii opera. Basel 1567. — Paul Jovius: bes. Elogia virorum literis illustrium quotquot vel nostra vel avorum memoria vixere. Basel 1572. Arsillus: De poetis urbanis, abgedruckt in den gleich zu erwähnenden Coryciana und bei Tiraboschi. Pierius Valerianus: Poemata. Ferrara 1550 de literatorum infelicitate. Ven. 1620 auch bei Mencken: analecta de calamitate literatorum. Leipzig 1707. M. A. Flaminius: Carminum libri VIII. Patavii 1727. Ueber seine Religion hat Schelhorn gehandelt: Amoenit. hist. eccl. et liter. II, 30 ff. Coryciana ed. Blosius Palladius 1524. Dazu jetzt P. Schönfeld: Andrea Sansovino und seine Schule. Stuttgart 1881. Trissino: L'Italia liberata dai Goti, die ersten 9 Bücher 1547 gedruckt, die 18 letzten 1548. Sofonisba. 1. Ausg. Rom 1524, neue Edition 1864. Morsolin: G. G. Trissino: Monografice di un letterato del secolo XVI Vicenza 1878. — Opere di Giov. Rucellai. Padua 1772, erste Ausgabe der Rosmonda 1515, der Api 1539. Vittoria Colonna: Rime. 1. Ausg. 1538, eine der besten P. Erc. Visconti. Rom 1840, deutsche Uebersetzung von K. L. Kannegießer. Berlin 1854; Lettere meist mit den Rime zusammen z. B. von Enrico Saltini. Florenz 1860, einzelne übersetzt bei A. v. Reumont: Briefe heiliger und gottesfürchtiger Italiener. Freiburg i. B. 1877; über V. C. E. Wackerhagen. Halle 1861. — Für Rafael soll nur auf Springers Werk und die vorzügliche Arbeit von Müntz: Rafael. Paris 1881 verwiesen werden. — L. Alamanni Versi e prose hrsg. von Pietro Raffaelli. 2 Bde. Florenz 1859.

16. Kap. Ueber Hadrian VI. das Werk von Höfler, Prag 1879; für das Pontifikat Hs. und Clemens VI. ist besonders Gregorovius zu vergleichen. G. Mazzuchelli: La vita di Pietro Aretino. Padua 1741. 2. Ausg. Brescia. 1763. S. Samosch: P. A. und andere italienische Charakterköpfe. Berlin 1881. Opere di P. A. ordinate et annotate da Massimo Fabi. Mailand 1863. Lettere scritte al s. P. A. 1. Ausg. Venedig 1551, neue Ausg. von Teodorico Landoni. 2 Bde. Bologna 1873. 74. Für Machiavelli ist jetzt das Hauptwerk: Pasquale Villari: N. M. e i suoi tempi illustrati con nuovi documenti. 3 Bde. Florenz 1877, 1881 und 1882; deutsch von B. Mangold. Leipzig 1877 ff. Bei Vill. ist auch die frühere Literatur bibliographisch sorgfältig und kritisch verzeichnet: Ausg. der Opere, kritisch und mit vielem ungedruckten Material bereichert, aber unvollendet hrsg. von Passerini, Fanfani, Milanesi. 6 Bde. Florenz 1873—77. Brauchbar: Opere. 11 Bde. Mailand 1810—11. Uebersetzung von Joh. Ziegler. 8 Bde. Karlsruhe 1832—1841; außerdem: Der Fürst übers. von Grützmacher. Berlin 1870; Florentinische Geschichte übersetzt von A. v. Reumont. Leipzig 1846. Theile.

Zweites Buch.

Von allgemeineren Werken sind außer dem ganz veralteten, übrigens nur theilweise Deutschland gewidmeten Buche von Meiners: Lebensbeschreibungen berühmter Männer aus der Zeit der Wiederherstellung der Wissenschaften. 3 Bde. Zürich 1795—1797, Erhards Geschichte des Wiederaufblühens wissenschaftlicher Bildung, vornemlich in Deutschland. 3 Bde. Magdeburg 1827—1832 (flüchtig und äußerlich). K. Hagen: Deutschlands religiöse und literarische Verhältnisse im Reformationszeitalter, 3 Bde. Erlangen 1843—1845 (ausgezeichnet durch Auffassung und Gelehrsamkeit). Gänzlich unbedeutend ist Schröder: Das Wiederaufblühen der classischen Studien in Deutschland im 15. und zu Anfang des 16. Jahrhunderts und welche Männer es befördert haben. Halle 1864. — Dagegen bietet Janssens: Geschichte des deutschen Volkes, 1 Band, Freiburg i Br. 1878, auch unter dem besondern Titel: „Die allgemeinen Zustände des deutschen Volkes beim Ausgange des Mittelalters", in manchen Partieen eine vortreffliche Darstellung der Culturgeschichte in der Uebergangsepoche vom Mittelalter zur Neuzeit.

1. Kap. Delprat, G. H. M., Die Brüderschaft des gemeinsamen Lebens. Deutsch bearbeitet von G. Mohnike, Leipzig 1840. — 7 Briefe des Gerh. Groot, mitgetheilt von Nolte in der Tübinger theologischen Quartalschrift 52 S. 280—305. — W. Wattenbach: Petrus Luder, der erste humanistische Lehrer in Heidelberg. Erfurt, Leipzig, Basel, Carlsruhe 1869. Abdruck aus der Zeitschrift für Geschichte des Oberrheins. Band XXII. Das. XXIII: Nachträgliches über Petrus Luder. Das. Band XXVIII. Ders.: Samuel Karoch von Lichtenberg, ein Heidelberger Humanist. Das. Band XXV Wattenbach, Sigismund Gossenbrot als Vorkämpfer der Humanisten und seine Gegner. — Felix Hemmerlins Opuscula ed. Sebastian Brant. 1496. Reber: F. H. Zürich 1846. H. H. Vögeli: Zum Verständniß von Meister Hämmerlis Schriften. Zürich 1873 vgl. Züngers Facetien hgg. von A. v. Keller, Tübingen 1874. — Clemens Brockhaus: Gregor von Heimburg. Leipzig 1861. Schriften gesammelt 1608 (wahrscheinlich von M. Goldast.) — Aus der zahlreichen Literatur über Cusa sei hervorgehoben: F. A. Scharpff, Der Cardinal und Bischof Nicolaus vom Cusa als Reformator in Kirche, Reich und Philosophie im 15. Jahrh. Tübingen 1871. Ders. hat die wichtigsten Schriften des N. v. C. übersetzt, das. 1862. — Rudolphi Agricolae Opera. Köln 1539, 2 Bände. Tresling, Vita et merita R. A. Groningen 1830. Bossert, De R. A. Frisio, literarum in Germania restitutore Paris 1865. Allg. deutsche Biogr. Bd. 1. S. 151—156 und Reuchlins Briefwechsel ed. Geiger S. 8 (9. Nov. 1483). —

2. Kap. Eine Literatur über die deutsche Kaisergeschichte kann hier nicht gegeben werden. Von den Quellenschriften ist nur zu nennen: Grünbeck, historia Frid. III et Max. I hgg. von Chmel: Oesterr. Geschichtsforscher I, (1838) S. 65—97. Ueber Maximilians geistige Bestrebungen Böhme: de insigni favore M. erga poetas 1767. — und Horawitz: Kaiser M. und die Geschichtswissenschaft, Oesterreichische Wochenschrift 1872, S. 545—553. Max' Werke: Weißkunig, zuerst 1775 erschienen, darüber R. v. Liliencron in Raumers hist. Taschenbuch, 5. Folge 3. Jahrg. S. 321—358. Teuerdank, zuerst 1517 erschienen, neue Ausgaben von K. Haltaus, Quedlinburg 1836, von K. Goedeke, Leipzig 1878. Maximilians Triumphzug s. Thausing, Dürer S. 382 ff. Neuerdings (1882 Berlin, Nicolais Verlag): Der Triumphwagen des Kaisers Max. Drei Blätter in Lichtdruck. Das Lied (S. 345) bei Liliencron: Hist. Volkslieder der Deutschen. — Ueber Eberhard: Stälin, Wirtembergische Geschichte, Band. Stuttgart 1856. A. Züngers Facetien, hgg. von A. v. Keller. Tübingen 1874. — Georg Spalatins historischer Nachlaß und Briefe, hgg von G. Neudecker und L. Preller. 1. Band. Das Leben und die Zeitgeschichte Friedrichs des Weisen. Jena 1851. — May, Kurfürst und Erzbischof Albrecht von Mainz, 2 Bände. Regensburg 1874 und 1878.

Kap. Ueber den ganzen Straßburger und elsässischen Humanistenkreis ist zu vgl. das vorzügliche Werk von Ch. Schmidt: Histoire littéraire de l'Alsace à la fin du XV et au commencement du XVI siècle. 2 Bde. Paris 1879, eine der ausgezeichnetsten Arbeiten, welche die Geschichte des deutschen Humanismus aufzuweisen hat. Neuerdings von dems. Verf.: Zur Geschichte der ältesten Bibliotheken und der ersten Buchdrucker zu Straßburg. Str. 1882. — Literatur über Wimpheling im Allgemeinen, s. unten 4 Kap.; im Einzelnen. Wimphelings Germania und Murners Nova Germania, Neudruck, Straßburg 1874. L. Geiger: Wimpheling als deutscher Schriftsteller (Archiv für Literaturgeschichte VII, 164—175). Hehle: Der schwäbische Humanist Jakob Locher Philomusus. Programm des Gymnasiums in Ehingen 1873, 74, 75. Brant. Varia carmina. Basel 1498. Narrenschiff ed. Zarncke, Leipzig 1854, musterhafte auch für die Geschichte des Humanismus vorzügliche Ausgabe Auch die Ausgabe vo' K. Goedeke, Leipzig 1872, ist sehr empfehlenswerth. Ueber das Bernense scelus s. Böcking, Opp. Hutt. Bd VII, p. 308—314. Ueber Brant als Juristen Stintzing, Geschichte der populären Literatur des römischen kanonischen Rechts in Deutschland. Leipzig 1867. — Augsburg, Chroniken der deutschen Städte Bd. V—VIII. H. A. Lier, Der Augsburgische Humanistenkreis mit besonderer Berücksichtigung Bernhard Adelmanns von Adelmannsfelden. Augsburg 1880. F. A. Veith, Historia vitae atque meritorum C. Peutingeri Augsb. 1753. G. W. Zapf: C. P. Sermones convivales de mirandis Germaniae antiquitatibus. Augsb. 1781. A. Th. Herberger, C. P. in seinem Verhältniß zu Kaiser Maximilian I. Augsb. 1851. Complurium eruditorum vatum carmina ad magnificum virum D. Blasium Hölcelium, sacri Cäsaris Maximiliani consiliarium, Maecenatem eorum praecipuum Augustae Vindelicorum in celeberrimo principum conventu impressa Augsb. 1518. Die auf den Augsburger Reichstag von 1518 bezüglichen humanistischen Schriften sind bei Böcking, Hutteni Opera V, 97—300 zusammengestellt. Woltmann, H. Holbein und seine Zeit, 2. Aufl., 2 Bände, Leipzig 1872—74. — Nürnberg, Chroniken, Bd. I—IV. W. Wattenbach, Hartmann Schedel als Humanist in Forschungen zur deutschen Geschichte, Bd. X. Thausing: Dürer, Geschichte seines Lebens und seiner Kunst. Leipzig 1876. Ders.: Dürers Briefe, Tagebücher u. Reime. Wien 1872. Bil. Pirckheimeri opera ed. Goldast. 1610. Der eccius dedolatus gedruckt bei Böcking Hutteni Opera IV. F. Binder, Charitas Pirckheimer, Aebtissin zu St. Clara in Nürnberg, 2. Aufl. Freib. i. Br. 1878. — O. Hase, Die Koburger Buchhändlerfamilie zu Nürnberg. Lpz. 1869. Ch. Scheurl, Brie'e, hgg. von Soden u. Knaake, 2 Bde. Potsdam 1872.

4. Kap. Für Schlettstadt einige Abschnitte in C. Schmidt, hist. litt. de l'Alsace. Röhrich: in Zeitschrift für hist. Theologie hgg. von Ilgen 1834, derselbe: Mittheilungen aus der Geschichte der evangelischen Kirche des Elsasses, Straßb. 1855, I. S. 78—109. Strüver: Die Schule zu Schlettstadt 1450—1560. Ein Beitrag zur Culturgeschichte des Mittelalters, Leipzig 1880. — Jo. Sapidi Epigrammata Straßb. 1521. Ders.: Lazarus sive Anabion 1532. —

Alex. Hegius, Opuscula Daventriae 1503. Von neueren Arbeiten: Molhuysen in: Overysselscher Almanak Deventer 1853 S. 37—66. Krafft und Crecelius: Mittheilungen über Alex. Hegius und seine Schüler in Ztschr. des berg. Geschichtsvereins VII, (1871) S. 213—286. Dieselben: Beiträge zur Gesch. des Hum. Elberfeld 1875, S. 1—14, und Dillenburger: Alex. Hegius und Rud. v. Langen in Zeitschr. f. d. Gymn.-Wesen N. F. IV, S. 481—502. Allg. D. Biogr. Bd. XI, S. 283—285.

Butzbachs Selbstbiographie mit Aufzählung seiner Schriften, mitgetheilt bei

Böcking Opp. Hutteni, supplem. vol II, 437—442. O. Jahn: Populäre Aufsätze aus der Alterthumswissenschaft, Bonn 1868. Chronika eines fahrenden Schülers oder Wanderbüchlein des Joh. Butzbach übersetzt von D. J. Becker. Regensburg 1869. — A. Parmet: Rudolf v. Langen. Leben und gesammelte Gedichte des ersten münsterischen Humanisten. Ein Beitrag zur Geschichte des Humanismus in Deutschland. Münster 1869. D. Reichling: Joh. Murmellius, sein Leben und seine Werke Freib. i. Br. 1880. Ders.: Ausgewählte Gedichte des J. M. Urtext und metrische Uebersetzung. Freib. i. Br. 1881. — Für die Lexika, Haase, De studiis philologicis medii aevi. Breslauer Universitätsschrift 1856. Ch. Thurot, De Alexandri de villa Dei doctrinali. Paris 1850. — Rieggers Amoenitates Friburgenses 2 Bände — 1775 ff. (Quellensammlung und Bibliographie für Wimpheling) Wiskowatoff, Jak. Wimph., sein Leben und seine Schriften. Berlin 1867. Bernh. Schwarz: J. W., der Altvater des deutschen Schulwesens. Gotha 1875. L. Kückelhahn: Joh. Sturm, Straßburgs erster Schulrector, besonders in seiner Bedeutung für die Geschichte der Pädagogik. Leipzig 1872. Dagegen E. Laas. Die Pädagogik des Johannes Sturm, historisch und kritisch beleuchtet. Berlin 1872. — Das Buch von Kämmel: Geschichte des Schulwesens in dem Uebergange vom Mittelalter zur Neuzeit, Leipzig 1882, ist erst nach Drucklegung dieses Abschnittes erschienen.

5. Kap. Im Allgemeinen Paulsen: Die Gründung der deutschen Universitäten im Mittelalter und Organisation und Lebensordnungen der deutschen Universitäten im M.-A. Sybels historische Zeitschrift, N. F. Bd. IV, 251—311, 386—440, zwei treffliche Arbeiten, die einen vielfach irrig aufgefaßten Gegenstand zum ersten Male historisch beleuchten. — Kampf gegen akademische Würden: Wiclif. De graduationibus scholasticis, Wiener Handschrift 3929, Lechler, Wiclif I, 425; L. Vives de causis corr. scientiae bei Böcking, Hutt. opp. VII, 520 ff. Hemmerlins Opera fol. 115—119; Butzbach, Wanderbüchlein, S. 160; Jäger, Carlstadt S. 137. — Huttens Nemo bei Böcking I, 175—187, III, 107—118. — R. v. Mohl: Geschichtliche Nachweisungen über die Sitten und das Betragen der Tübinger Studirenden während des 16. Jahrhunderts, Tübingen 1871. Erich Schmidt: Komödien vom Studentenleben aus dem 16. und 17. Jahrhundert. Leipzig 1880. Das Gedicht S. 414 aus Goedeke und Tittmann: Liederbuch aus dem 16. Jahrh. Leipzig 1867, S. 140 — Zarncke: Die deutschen Universitäten im Mittelalter 1. Beitrag. Leipzig 1857. — Vischer: Geschichte der Universität Basel. Von der Gründung 1460 bis zur Reformation 1529. Basel 1860. F. Fischer: Joh. Hennlin genannt a Lapide. Basel 1851. Einzelnes in Basler Chroniken hgg. von W. Vischer und A. Stern. 1. Band Leipzig 1872. Bonif. Amerbach: Fechter in den Beiträgen z. vaterl. Geschichte, Basel 1843. Bd. 2. A. D. B. I, 397 fg. Bonifacii Basiliique Amerbachiorum et Varnbueleri epistolae mutuae hgg. von L. Sieber. Basel 1877. Ueber Glarean vgl. A. D. B. IX, 210—213. H. Schreiber: H. Loriti Gl., seine Freunde und seine Zeit, Freiburg 1837. — Die Komödie Bebels in den Opuscula z. B. 1509. Einzelne Stellen derselben sind der Rede Ciceros pro Archia entnommen. Ueber Tübingen das Hauptwerk (Roth): Urkunden zur Geschichte der Universität Tübingen aus den Jahren 1476—1550. Tübingen 1872. Die Geschichten der Universität von Beck und Klüpfel sind für die ältere Zeit ungenügend. Ueber die vielen bei Gelegenheit der 4. Säcularfeier erschienenen Schriften vgl. Sybels hist. Zeitschrift 1877 S. 350—354. — H. Bebel: A. D. B. II, S. 195—199 und die dort angeführte Literatur. Zapf: H. B. nach seinem Leben und seinen Schriften Augsburg 1802. Manches über ihn und seine Genossen: Horawitz: Analekten zur

Geschichte des Humanismus in Schwaben. 2 Hefte, Wien 1877 und 1878. — Köln: Bianco, Versuch einer Geschichte der alten Universitätsorganisation in Köln 1833. Desgl.: Die alte Universität Köln und die späteren gelehrten Schulen dieser Stadt 1850, C. Krafft: Aus der Kölner Universitätsmatrikel in: Zeitschr. für preuß. Geschichte Bd. 5 (1868). Ders.: Aufzeichnungen des schweizerischen Reformators Heinr. Bullinger und sein Studium zu Emmerich und Köln. Elberfeld 1870. Ders. und Cornelius: Beiträge zur Geschichte des Humanismus am Niederrhein und in Westphalen, 2 Hefte. Elberfeld 1870 und 1875. Ders. und W. Krafft: Briefe und Dokumente aus der Zeit der Reformation im 16. Jahrh. nebst Mittheilungen über Kölnische Gelehrte und Studien im 13. und 16. Jahrhundert. Elberfeld 1875. — Liessem: De Hermanni Buschii vita et scriptis. Bonn 1866. A. D. B. III, S. 637—640. Ortuin Gratius: Cremans in den Annalen des hist. Vereins für den Niederrhein XXIII, S. 192—224 und A. D. B. IX, S. 600—602. — Plitt: Jod. Trutvetter von Eisenach, der Lehrer Luthers in seinem Wirken geschildert. Erlangen 1876. Kampschulte: Die Universität Erfurt in ihrem Verhältnisse zu dem Humanismus und der Reformation 2 Bände. Trier 1858. 1860; ein Hauptwerk zur Geschichte des deutschen Humanismus, gleich ausgezeichnet durch Quellenstudium und Darstellung. Die Briefe Mutians im Auszuge bei Tentzel: Supplementum historiae Gothanae 1708. Unbedeutend und nur Bekanntes wiederholend W. Heinzelmann: Aus der Blüthezeit der Erfurter Universität. Die Anfänge des Humanismus. Erfurt 1876. Sehr wichtiges Material bei J. C. H. Weißenborn: Akten der Erfurter Universität (Geschichtsquellen der Provinz Sachsen Bd. VIII) Halle 1881, enthält z. B. die Studentenmatrikel von 1392—1492. — Petr. Aperbach A. D. B. I, 504: die erwähnten handschriftlichen Briefe in der Gothaer Bibliothek: Crotus Rubeanus A. D. B. IV, 610—612; Kampschulte De J. Cr. R. commentatio. Bonn 1862. —

6. Kap. Zur Donaugesellschaft vgl. unten Celtes Kap. 7 und die Werke zur Geschichte der Wiener Universität, Kink, 2 Bde., Wien 1854, besonders Aschbach: Die Wiener Universität und ihre Humanisten im Zeitalter Kaiser Maximilians I. (2. Bd. der Gesch. der Wiener Univ., Wien 1877). Seb. Ruf: Joh. Fuchsmagen in der Zeitschrift des Ferdinandeums für Tirol und Vorarlberg, Innsbruck 1877, S. 93—119. Die an ihn gerichteten Gedichte sind zum ersten Male gedruckt von A. Zingerle: De carminibus latinis saeculi XV et XVI ineditis Innsbruck 1880. — Rheinische Gesellschaft: Aschbach, Roswitha und Celtis 1868, der die alsbald von Köpke, Waitz u. A. als nichtig zurückgewiesene Hypothese von der Fälschung der Dramen der R. durch Celtis und seine Genossen aufstellte. Wiener: De soc. lit. Rhen. circa finem saeculi XV et aliquanto post celeberrima, Worms 1776; Häusser: Die Anfänge der classischen Studien in Heidelberg 1844. Ueber Dalburg: Horawitz und Eltester in der Allg. D. Biogr. IV, 701—703, brauchbar ist die alte Biographie von Zapf, Augsburg 1789, Nachtrag Zürich 1796, unbedeutend Ullmann: Memoria Joh. Dalburgii 1840, eine neuere Monographie wäre erwünscht. — Trithemius Opera ed. Freher, Frankfurt 1601, 2 Bände, ed. Busaeus, Mainz 1605. Eine gute Monographie von Silbernagel, Landshut 1868; weitschweifig und unbedeutend W. Schneegans: Abt J. Tr. und Kloster Sponheim, Kreuznach 1882; über die Geschichtsfälschung speciell Carl Wolff in: Württembergische Jahrbücher für Statistik 1863, S. 229—281 — Vgl. Nuenaar De origine et gentibus Francorum bei Schard, Script. rer. Germ. Rhenanus, Rerum Germ. libri tres (Straßb. 1610 p. 50) und Wimpheling De integritate, mitgetheilt bei Böcking, Opp. Hutt. VII, 763. — L. Geiger: Nikolaus Ellenbog, ein Theologe und

Humanist des 16. Jahrh. in der österr. Vierteljahrsschrift für kath. Theologie, Wien 1870 und 1871.

7. Kap. Klüpfel: De vita et scriptis Conradi Celtis hgg. von Rueff und Zell, 2 Bände, Freib. i. Br. 1827. Huemer in der Allg. D. Biogr. IV, 82—88. Aschbach: Geschichte der Wiener Universität II, 189—270. Ders. vorher in: Roswitha und Conr. Celtis, Wien 1867 und: Die früheren Wanderjahre des C. C., Wien 1869. — C. C. Quatuor libri amorum secundum quatuor latera Germaniae. Nürnberg 1502. Libri odarum quatuor cum epodo et saeculari carmine, mehrfach z. B. Straßburg 1513. C. C. 5 Bücher Epigramme hgg. von K. Hartfelder (nach der Nürnberger Handschrift) Berlin 1881. Ders. hat neuerdings (Sybel, Historische Zeitschrift 1881) über C. und die Heidelberger Universität gehandelt. Mittheilungen aus dem Freundeskreise des C. gibt Bezold im Anzeiger zur Kunde der deutschen Vorzeit, 1882 Nro. 2. — Jacobi Canter sapphicorum endecasyllaborum primicie dive Marie Virgini ex voto dicate und dess. Carmen saphicum de beata virgine, beide handschriftlich im Cod. lat. 4408 fol. 49—52 (München) Das. cod. 4417^{d} fol. 1—34 ein Prosadialog de solitudine, der gleichfalls religiöse und von anderen Humanisten oft in ähnlicher Weise ausgeführte Ansichten zum Ausdruck bringt. — Rosarium celestis curie et patrie triumphantis. A Jacobo Locher confectum, mehrfach erschienen z. B. Nürnberg 1517. Die Widmungsschrift ist aber schon aus d. J. 1499. — Brants geistliche Gedichte in den oben erwähnten Varia Sebastiani Brant carmina Straßb. 1498. — Celtis urbis Noribergae descriptio in den alten Ausgaben der amores z. B. 1502. A. Meinhard, Dialogus illustrate ac augustissime urbis Albiorene vulgo Vittenberg dicte situm amenitatem ac illustrationem dicens tirocinia nobilium artium jacentibus editus, Leipzig 1508. — C. Wimpinae almae universitatis studii Lipsiensis et urbis Lipsiae descriptiones poeticae zus. mit Buschs Gedicht hgg. von C. F. Eberhard, Leipzig 1802. — Reuchlins Henno vel Scenica progymnasmata zuerst 1497, Sergius vel capitis caput zuerst 1498, über beide m. Reuchlin S. 79—91, Wimphelings Stylpho 1494, darüber Goedeke, Arch. f. Litgesch. VII, 157—163; über Christ. Hegendorffinus Allg. D. Biogr. XI, S. 274. — Lochers Tragödie in der Sammlung: Libri Philomusi. Panegyrici ad Regem. Tragedia de Thurcis et Suldano. Dyalogus de heresiarchis, Straßburg 1497. — Euricii Cordi opera poetica ed. Meibom. Helmstadt 1616. Ueber ihn: Krause, Hanau 1863 und Horawitz in A. D. B. IV, 476—479.

8. Kap. Eine irgendwie erschöpfende Arbeit über das Studium der griechischen Sprache ist nicht vorhanden; eine Untersuchung von Horawitz längst versprochen. — Wimpheling, Isidoneus cap XXV. Zasii epistolae ed. Riegger I, 111; Bebelii opuscula 1504 fol. e 4a; Peutingers Brief an Reuchlin 12. Dez. 1512. — Das älteste Hilfsbuch: Elementale introductorium in nominum et verborum declinationes graecas. — Graecae literaturae dragmata Jo. Oecolampadio auctore (Vorr. 31. Aug. 1518) mehrfach erschienen z. B. Basel 1518. — L. Geiger: Das Stud. der hebr. Sprache in Deutschland vom Ende des 15. bis zur Mitte des 16. Jhrh. Breslau 1870. Ders.: Jahrbücher für deutsche Theologie. Bd. XXI, S. 191—228 und Gött. gel. Anz. 1878, Stück 9, S. 257—282. Conradi Pellicani de modo legendi et intelligendi hebraeum hgg. von E. Nestle, Tübingen 1877 und das Chronikon des Conr. Pellikan hgg. von B. Riggenbach. Basel 1877. — Joh. Müller: Quellenschriften und Geschichte des deutschsprachlichen Unterrichts bis zur Mitte des 16 Jahrhunderts. Gotha 1882, ein vorzügliches Werk, gleich ausgezeichnet durch die Mittheilung fast unbekannten Materials,

wie durch die kritische Verwerthung desselben. — Ueber Irenikus: Ad. Horawitz: Nationale Geschichtsschreibung im 16. Jahrh. in Sybels: Historische Zeitschrift 1871. Ders.: Deutsche Geschichtschreiber im Reformationszeitalter in: Im neuen Reich, 1872. Bd. 1, S. 361—376. — Ders.: Beatus Rhenanus. Eine Biographie. Wien 1872. B. Rh. literarische Thätigkeit in den Jahren 1508—1531. Wien 1872 und B. Rh., lit. Thät. 1530—42. Wien 1873. — Ders.: Die Bibliothek und Correspondenz des B. Rh. zu Schlettstadt. Wien 1874. — Ueber Joh. Aventin die biographischen Arbeiten von Th. Wiedemann. Freising 1858 und W. Dittmar, Nördlingen 1862. Die neue Ausgabe der Schriften, angeregt durch Döllingers Rede: Aventin und seine Zeit, München 1877, u. d. T.: Joh. Turmairs, genannt Aventinus, sämmtliche Werke, hgg. von K. v. Halm, F. Muncker, W. Vogt, S. Riezler, M. Lexer. Erschienen sind Bd. I, mit Aventins kleinen historischen und philologischen Schriften, Bd. II, 1. u. 2. Hälfte, Bd. IV, 1. Hälfte enthaltend Annales ducum Bojariae, Buch 1—4 und Bayerische Chronik, Buch 1. — Geographie vgl. Sophus Ruge, Zeitalter der Entdeckungen. Berlin 1881, 105, 233, 261 ff. — Ernst Meyer: Geschichte der Botanik. Band IV, Königsberg 1855. — Ueber Georg Agrikola Gümbel in Allg. D. Biogr. I, 143—145 und die dort angeführte Literatur Medicin. Nachweisungen bei Rosas, Gesch. der Wiener Hochschule und der medicinischen Fakultät derselben insbesondere Wien 1843. — F.C.A. Moll: Johannes Stöffler von Justingen. Ein Charakterbild aus dem ersten Halbjahrhundert der Universität Tübingen. Lindau 1877. Reischs Margarita philosophica Straßburg 1503, in den folgenden Jahren häufig erschienen. Stintzing, Ulrich Zasius. Basel 1857. Ders.: Geschichte der Rechtswissenschaft in Deutschland. München 1880. I, 155—172. Zasii epistolae ed. Riegger, Ulm 1774. A. Horawitz: Briefe des U. Z. und des Claudius Cantiuncula. Wien 1879.

9. Kap. L. Geiger: Johannes Reuchlin, sein Leben und seine Werke. Leipzig 1871. Daselbst ist die frühere Literatur verzeichnet, von der Mayerhoff. Berlin 1830, Lamey. Pforzheim 1855 zu verzeichnen sind. Ders.: Joh. Reuchlins Briefwechsel. Tübingen 1875. (Publikationen des Stuttgarter literarischen Vereins Bd. 126.) Nachträge dazu aus einer Münchener Handschrift, A. Horawitz: zur Bibliothek und Correspondenz Joh. Reuchlins. Wien 1872. — E. Gothein: Das Bild Reuchlins, Sybels hist. Zeitschr. 1881, weist nach, daß das von Lamey und Böcking veröffentlichte Bild Reuchlins nichts anders ist als die durch Hinzufügung eines Bartes u. a. zurechtgemachte Copie einer Rembrandtschen Zeichnung. — Dunkelmännerbriefe und Pfefferkorns defensio neu abgedruckt bei Böcking Opera Hutteni VI u. VII mit großem philologisch-historischen Commentar, bibliographischem Verzeichniß der im Reuchlinschen Streit gewechselten Schriften.

10. Kap. Des. Erasmi Opera ed. Lugd. Batavorum 1703—1706, 10 Bände Fol. Die Ausgabe ist unkritisch und unvollständig: für Kritik und Darstellung im Leben des Erasmus bleibt noch viel zu thun übrig. Neues Material theilen W. Vischer und A. Horawitz u. d. T. Erasmiana mit, der erstere Basel 1879, der letztere 2 Hefte, Wien 1880. 1881; dazu neuerdings Horawitz: Erasmus von Rotterdam und Martinus Lipsius. Wien 1882. — Woltmanns Werk über Holbein bietet wichtige Bemerkungen über E. Unter den älteren Biographieen sind die von Burigny und Heß zu erwähnen; ferner die von Müller (Hamburg 1828). Von den neueren ist Feugère, Erasme, étude sur sa vie et ses oeuvres Paris 1874, Durand de Laur, Erasme précurseur et initiateur de l'esprit moderne. Paris 1872, 2 Bde. fleißig, aber zu ungeordnet und zu panegyrisch (vgl. Gött. Gel. Anz. 1872, St. 49 und 50), Nisard, Renaissance et

réforme. Paris 1877 Bd. I zu erwähnen; am besten ist Drummond, Erasmus, his life and character, as shown in his correspondence and works. London 1873, 2 voll. — Vgl. ferner Stichart: E. von R. Seine Stellung zu der Kirche und zu den kirchlichen Bewegungen seiner Zeit. Leipzig 1872 Stähelin: E'. Stellung zur Reformation hauptsächlich von seinen Beziehungen zu Basel aus beleuchtet. Basel 1873. Suringar: Erasmus over neederlandsche spreekworden. Utrecht 1873.

Kap. 11. Ueber Hutten vgl. den bemerkenswerthen Artikel von Ulmann in A. D. B. XIII, 464—475 und desselben: Franz von Sickingen. Leipzig 1873. Hutten hat in A. D. Strauß einen unvergleichlichen Biographen und in Ed. Böcking einen mustergültigen Herausgeber gefunden. Die Biographie erschien in 2 Bänden. Leipzig 1858—1859, dazu als 3. Band (1860) Uebersetzung der Gespräche, 2. Aufl. Leipzig 1871, ohne die Gespräche, jetzt, gleichfalls ohne die letzteren in Strauß' Werken. Die Ausgabe: Ulrichi Hutteni equitis Germani opera quae reperiri potuerunt omnia in 5 Bänden, Leipzig 1859—64, dazu als 6. und 7. Band 1864—1870 die zum 9. Kap. erwähnte Wiedergabe und Bearbeitung der Dunkelmännerbriefe. Inhalt von Band 1 und 2 sind die Epistolae, 3. die poemata, 4. dialogi item pseudohuttenici nonnulli, 5. orationes et scripta didascalica. Zu dem Ganzen gehört Böckings: Index bibliographicus Huttenianus. Leipzig 1858. Die ganze Sammlung, das gesammte Material von und über Hutten zusammenstellend, nach den Originalen, oft mit peinlicher Beobachtung des bibliographischen Details, ist ein herrliches Ehrendenkmal sowohl für den Ritter, als für den Herausgeber und die werthvollste Erkenntnißquelle für die Geschichte des deutschen Humanismus.

Verzeichniß der Illustrationen.

Im Text.

Seite 4: Ein, in Brindisi geprägtes, Augustalis Friedrichs II. mit dem Bildniß des Kaisers. (Gezeichnet nach dem Original im königl. Münzcabinet zu Berlin.).

12: Dante. Nach einem Aquarell von Mussini. (Berlin, königl. Kupferstichcabinet.) Originalgemälde von Giotto (1276—1336).

50: Medaille mit dem Bildniß des Boccaccio. (Gezeichnet nach dem Original im königl. Münzcabinet zu Berlin.)

91: Anbetung der Könige. Gemälde des Sandro Botticelli (Filippi, 1447 bis 1515) mit dem Bildniß des Cosimo de Medici; in den Ufficien zu Florenz. (Photographische Originalaufnahme.)

98: Grabmal des Marsuppini in S. Croce zu Florenz; von Desiderio de Settignano, 1457—1485. (Photographische Originalaufnahme.)

100: Grabmal des Leonardo Bruni in S. Croce zu Florenz; von Antonio Rosellino; 1409—1490. (Photographische Originalaufnahme.)

127: Broncerelief des 15. Jahrhunderts, wahrscheintich Leon Battista Alberti darstellend. Original in der Collection Dreyfuß zu Paris. (Gazette des Beaux Arts, 1878.)

130: Fassade von Santa Maria Novella, erbaut von Leon Battista Alberti, zu Florenz. (Photographische Aufnahme nach der Natur.)

148: Sixtus IV. ernennt Platina zum Bibliothekar der Vaticana. Gemälde von Melozzo da Forli, 1438—1494; Rom, Vatican. (Photographische Originalaufnahme.)

161: Bildniß des Franz Sforza, Herzog von Mailand auf der von Sperandio, um 1447—1528, ausgeführten Medaille. Original im königl. Münzcabinet zu Berlin. (Friedlaender, die italienischen Schaumünzen des fünfzehnten Jahrhunderts.)

180: Von Vittore Pisano ausgeführte Medaille auf Lionello d'Este. Original im königl. Münzcabinet zu Berlin. (Ebd.)

182: Büste des Giovanni II. Bentivoglio. Relief in St. Giacomo zu Bologna. (Photographische Originalaufnahme.)

185: Piero de Medici. Büste von Mino di Giovanni da Fiesole, 1400—1486; Original im Bargello zu Florenz. (Photographische Originalaufnahme.)

Seite 188: Terracotta-Büste des Lorenzo Magnifico. (Von Carl Leonh. Becker nach dem Original im königl. Museum zu Berlin gezeichnet.)

208: Savonarola predigend; Facsimile eines gleichzeitigen Holzschnittes. (Gruyer, les illustrations des écrits de Jérome Savonarole publié en Italie au XVe et au XVIe Siècle et les paroles de Savonarole sur l'art. Paris, 1879.)

211: Bildnisse des Herzogs Federigo von Urbino und seiner Gattin Battista Sforza. Gemälde von Piero della Francesca, 1408—1494; Florenz, Ufficien. (Photographische Originalaufnahme.)

213: S. Francesco in Rimini. (Photographische Originalaufnahme.)

215: Von Matteo de Pasti ausgeführte Medaille mit dem Bildniß der Isotta degli Atti. Original im königl. Münzcabinet zu Berlin. (Friedlaender, die italienischen Schaumünzen des fünfzehnten Jahrhunderts.)

218: Triumph des Federigo von Urbino. Gemälde von Piero della Francesca auf der Rückseite seiner Bildnisse von Federigo von Urbino und Battista Sforza (s. Seite 211); Florenz, Ufficien. (Photographische Originalaufnahme.)

Bildniß des Giuliano de Medici. Gemälde von Sandro Botticelli in der königl. Gemäldegallerie zu Berlin. (Photographische Originalaufnahme.)

229: Medaille von Filippino Lippi, 1460—1505: Lucrezia Borgia als Gemahlin des Herzogs Alfonso Este von Ferrara. (Nach dem Original im königl. Münzcabinet zu Berlin.)

232: Der Palazzo Strozzi in Florenz. (Photographische Aufnahme nach der Natur.)

251: Medaille des Vittore Pisano mit dem Bildniß des Alfonso von Aragonien, König von Neapel. Original im königl. Münzcabinet zu Berlin. (Friedlaender, die italienischen Schaumünzen des fünfzehnten Jahrhunderts.)

265: Der Löwe von S. Marco, auf der Piazetta zu Venedig. (Photographische Originalaufnahme.)

266: Die Scuola S. Marco zu Venedig. (Photographische Aufnahme nach der Natur.)

268: Bildniß des Dogen Leonardo Loredano. Gemälde von Giovanni Bellini, 1426—1516; in der Nationalgallerie zu London. (Photographische Originalaufnahme.)

270: Grabmal des Dogen Pietro Mocenigo in St. Giovanni e Paolo zu Venedig. (Photographische Originalaufnahme.)

272: Reiterstatue des Colleoni, von Andrea del Verrocchio, um 1432—1488, zu Venedig. (Photographische Originalaufnahme.)

277: Medaille von Caradosso mit dem Bildniß des Papstes Julius II. und der Ansicht der Peterskirche nach dem Entwurf des Bramante (Donato Lazzari, 1444—1514). (Nach dem Original im königl. Münzcabinet zu Berlin.)

284: Papst Leo X. und die Cardinäle Medici und de Rossi. Gemälde von Rafael, im Palazzo Pitti zu Florenz. Nach dem Kupferstiche von Samuel Jesi, 1789—1853.

299: Aus Rafaels Bild „Vertreibung Heliodors aus dem Tempel“ die linksseitige Partie mit der Porträtfigur des in den Tempel hineinziehenden Papstes Julius II.; Original im Vatican. (Photographische Originalaufnahme.)

Seite 310: Macchiavelli. Terracotta-Büste im königl. Museum zu Berlin. (Photographische Originalaufnahme.)

315: Pietro Aretino. Nach dem Kupferstich von Marc Antonio Raimundi, um 1475—1527.

335: Rudolf Agrikola. Nach einem gleichzeitigen Kupferstich.

341: Medaille mit dem Bildniß Kaiser Friedrichs III. Nach dem Original im königl. Münzcabinet zu Berlin.

348: Maximilian Unterricht empfangend, Holzschnitt von Hans Burgkmair, 1472—1559, im „Weißkunig“. (Weißkunig, Wien 1775.)

349: Maximilian die Schwarzkunst erlernend. (Ebd.)

352: Das Grabdenkmal Eberhards im Barte; in der Stiftskirche zu Stuttgart. (Photographische Originalaufnahme.)

357: Albrecht von Mainz. Nach dem Kupferstich aus dem Jahre 1519 von Albrecht Dürer.

377: Willibald Pirckheimer. Nach dem Kupferstiche von Albrecht Dürer.

445: Conrad Peutinger; nach dem Gemälde von Christoph Amberger, 1490—1563, in der Kreis- und Stadtbibliothek zu Augsburg. Photographische Originalaufnahme.)

455: Conrad Celtes, Kaiser Friedrich III. seine Werke überreichend. Holzschnitt von Albrecht Dürer in: Opera Hrosvite illustris virginis et monialis Germane Gente saxonica orte nuper a Conrado Celte inventa. Nürnberg, 1501.

457: Die Insignien der Hofpoeten. Nach dem Albrecht Dürer zugeschriebenen Holzschnitt.

459: Bildniß von Conrad Celtes. Nach dem Holzschnitt von Hans Burgkmair.

463: Geistlicher Rosenkranz. Titelholzschnitt aus Jacob Locher, Rosarium Celestis curiae et patriae triumphalis. Nürnberg, 1517.

465: Ein arbeitender Dichter; Titelholzschnitt aus Jacob Locher, Libri philomusi Panegyrici ad Regem Tragedia de Thurcis et Suldano Dyalogus de heresiarchis. Straßburg, 1497.

469: Eoban Hesse. Holzschnitt von Albrecht Dürer aus Eoban Hesses Elegia ad illustrissimum principem Joannem Fridericum ducem Saxoniae. Nürnberg, 1526.

476: Die Sultane. Illustration zu Jakob Lochers Tragödie von den Türken und dem Sultan. (Jacob Locher, Libri philomusi Panegyrici ad Regem Tragedia de Thurcis et Suldano Dyalogus de heresiarchis. Straßburg, 1497.)

477: Auszug des christlichen Heeres gegen die Türken. (Ebd.)

491: Johannes Aventinus. Nach dem Holzschnitt von Hans Sebald Lautensack, um 1517—1560.

497: Joh. Stoffler. (Reusner, Icones sive Imagines virorum Literis illustrium. Straßburg, 1590.)

499: Allegorische Darstellung des Lehrgebäudes der Philosophie. (Gregor Reisch, Margarita Philosophica noua. Straßburg, 1503.)

501: Ulrich Zasius. (Reusner, Icones sive Imagines virorum Literis illustrium. Straßburg, 1590.)

Seite 509: Reuchlin's Handschrift in seinem Handexemplar des Alten Testaments; in der Universitätsbibliothek zu Heidelberg. (Photographische Originalaufnahme.)
517: Satirische Zeichnung auf Reuchlin. (Pfefferkorns Streydtpuechlin; 1516.)
531: Erasmus von Rotterdam. Gemälde von Hans Holbein dem jüngern, 1497—1554. Basel. (Photographische Originalaufnahme.)
535: Büchertitelzeichnung von Hans Holbein dem jüngern. (Desiderius Erasmus. Encomium Matrimonii, Basel, 1518.)
551: Ulrich von Hutten. Nach einem gleichzeitigen anonymen Holzschnitt.

Vollbilder.

Seite 140: Die Dichterkrönung des Enea Silvio Piccolomini durch Kaiser Friedrich III. Aus dem Freskencyklus von Bernardino Pinturicchio, 1454—1513: Darstellungen aus dem Leben des Enea in der „Libreria" des Domes von Siena. (Photographische Originalaufnahme.)
159: Grabmal des Giovanni Galeazzo Visconti von Galeazzo Pellegrini in der Certosa bei Pavia. (Photographische Originalaufnahme.)
160: Ansicht einer Ecke der Certosa bei Pavia. (Photographische Originalaufnahme.)
170: Zusammentreffen des Herzogs Ludovico Gonzaga mit seinem Sohne, dem Cardinal Francesco Gonzaga, vor Rom. Gemälde von Andrea Mantegna, 1431—1506, im Castello di Corte zu Mantua. (Photographische Originalaufnahme.)
181: Die Familie des Giovanni Bentivoglio. Gemälde von Lorenzo Costa, 1460—1535, in der Kirche von San Giacomo zu Bologna. (Photographische Originalaufnahme.)
250: Der Triumphbogen des Königs Alfons zu Neapel. Erbaut seit 1443 von Pietro di Martino. (Photographische Originalaufnahme.)
269: Das Grabmal des Dogen Vendramin; von Alessandro Leopardi († 1510) in S. Giovanni e Paolo zu Venedig. (Photographische Originalaufnahme.)
278: Das Grabmal des Ascanio Sforza in Santa Maria del Popolo zu Rom. Seit 1505 im Auftrag des Papstes Julius II. ausgeführt von Andrea Sansovino, 1460—1529. (Photographische Originalaufnahme.)
280: Die Erschaffung des Adam. Fresko, 1508, von Michelangelo Buonarroti an der Decke der sixtinischen Kapelle im Vatican. (Photographische Originalaufnahme.)
300: Vermählung Amors mit der Psyche. Gemälde von Rafael, ausgeführt seit 1518, an der Decke einer Halle der Villa Farnesina zu Rom. (Photographische Originalaufnahme.)
342: Kaiser Maximilian I. Nach dem Holzschnitt von Albrecht Dürer.
354: Friedrich der Weise von Sachsen. Nach dem Kupferstich von Albrecht Dürer.
384: Der Hof des Schlosses zu Nürnberg. Nach einer Zeichnung von Albrecht Dürer.

Doppelvollbilder.

Seite 207: Der Feuertod des Hieronymus Savonarola und der beiden Dominikanermönche, die mit ihm hingerichtet wurden, auf der Piazza della Signoria in Florenz, 7. April 1498. Nach einer ungefähr gleichzeitigen Malerei in der Zelle des Savonarola im Kloster von San Marco in Florenz. (Photographische Originalaufnahme.)

265: Eine Partie aus der großen Ansicht von Venedig im Jahre 1500. Nach dem auf Bestellung des dort ansässigen Nürnberger Kaufmannes Anton Kolb von Jacopo de Barbarij ausgeführten Holzschnitt.

267: Die Procession der Kreuzesreliquie auf dem Marcusplatze in Venedig 1496. Gemälde von Gentile Bellini, 1421—1501, in der Akademie zu Venedig. (Photographische Originalaufnahme.)

374: Ansicht von Nürnberg im Jahre 1552. Nach der Radirung von Hans Sebald Lautensack, um 1507— etwa 1560.

408: Ein Universitäts-Auditorium im fünfzehnten Jahrhundert. Nach dem Miniature von Laurentius de Voltolina. (Berlin, königl. Kupferstichcabinet.)

Beilagen.

Seite 18: Facsimile einer Seite aus der in Florenz 1483 erschienenen, mit Kupferstichen von Baccio Baldini (um 1436— etwa 1480) illustrirten Ausgabe von Dantes Göttlicher Komoedie; mit Commentar von Christophoro Landino. — Erste illustrirte Danteausgabe. (Comento di Christophoro Landino Florentino sopra la comedia di Danthe Alighieri poeta fiorentino. Florenz, 1483.)

44: Facsimile von Petrarcas Nachricht über Laura. Auf dem ersten Blatt der sogenannten Virgilhandschrift des Petrarca. In der Ambrosianischen Bibliothek zu Mailand. (Photographische Originalaufnahme.)

46: Triumph der Liebe; nach Petrarca. Facsimile eines italienischen Holzschnittes des fünfzehnten Jahrhunderts. (Triumphi del Petrarcha. Venedig, 1488.)

66: Facsimile von Boccaccios Handschrift: eine Seite aus dem sogenannten Zibaldone: Boccaccios Sammlung von Stellen lateinischer Schriftsteller mit erläuternden Randbemerkungen. Florenz, Bibl. Magliabecchiana. (Photographische Originalaufnahme.)

190: Ansicht von Florenz um das Jahr 1490. Nach dem gleichzeitigen im königl. Kupferstichcabinet zu Berlin befindlichen Holzschnitt.

198: Facsimile einer Seite aus der illustrirten Florentiner Ausgabe von Angelo Polizianos La Giostra di Giuliano de Medici.

274: Eine Probe der Typographieen des Aldus Manutius in Venedig: Facsimile einer Seite aus der Hypnerotomachia Poliphili. Venedig, 1499.

426: Ein Stück aus der großen Ansicht von Köln im Jahre 1531. Nach dem Holzschnitt von Anton von Worms.
Der Triumph Reuchlins. Holzschnitt aus der deutschen Schule vom Anfange des sechszehnten Jahrhunderts. (Triumphus Doc. Reuchlini Habes Studiose Lector, Joannis Capnionis viri praestantissimi Encomion. Triumphanti illi ex deuictis Obscuris viris, Id est Theologistis Colonieñ. & Fratribus de Ordine Praedicatorum, ab Eleutherio Byzeno decantatum 1518.)

www.ingramcontent.com/pod-product-compliance
Lightning Source LLC
Chambersburg PA
CBHW031932290426
44108CB00011B/526
* 9 7 8 3 9 5 7 0 0 6 2 2 6 *